[제 5 판]

형 법 학

– 총론 · 각론 –

박 상 기 · 전 지 연

집 현 재

제 5 판 머리말

제4판 발행 이후 3년이 지나는 동안 형법을 포함한 법령의 제·개정이 많았고 배임죄 관련 등 새로운 판례도 많았다. 제5판에서는 이러한 변화를 반영하여 가장 최신의 수준을 유지하고자 하였다. 개정되었지만 시행일이 조금 남은 법령도 개정된 내용을 토대로 설명을 하였다. 특히 2020년 10월 20일 자로 개정된 형법은 2021년 12월 9일 시행이 예정되어 있지만 신법을 바탕으로 하였다. 2021년 12월 9일 시행 예정인 개정 형법은 내용상으로는 개정 전 형법과 같지만 어려운 한자어나 표현을 한글화한 점에서 그 의미가 크다고 할 수 있다. 그리고 자기낙태죄(제269조 제1항)나 의사 등 낙태죄(제270조 제1항)의 경우 헌법불합치 결정으로 2020년 12월 31일을 시한으로 개정될 때까지 적용되었지만 시한 내의 개정이 이루어지지 않아 이 부분은 헌법재판소의 결정 내용을 소개하였다. 그 밖에도 형사특별법에 해당하는 각종 법률의 개정 내용과 징계권을 폐지한 민법의 개정 내용도 반영하였다.

끝으로 이번 개정판을 출간하도록 지원해주신 집현재 위호준 대표에게 감사드리고, 전체 편집을 맡아 수고해 주신 전충영 상무님께 감사드린다.

2021년 2월

저 자

머 리 말

근래에 형법을 포함한 형사법 관련 법령 다수가 개정되어 기존의 형법 교과서를 더 이상 사용하기가 어려울 정도가 되었다. 저자의 「형법강의」와 「형법총론」, 「형법각론」 역시 최근 진행된 법령의 제·개정으로 인하여 대대적인 손질이 불가피한 상태가 되었다. 그러나 총론과 각론의 교과서를 모두 개정하기에는 시간적 제약이 너무 많아서 이를 미뤄둔 채 총론과 각론을 통합한 한권의 형법교과서를 출간하게 되었다. 단권의 형법교과서가 사용하기에 편리한 점도 많을 것으로 생각한다. 또한 총론과 각론의 유기적 관계를 고려할 때 장점도 적지 않을 것으로 본다.

본서에서는 형법상의 내용과 관련 있는 최근까지의 형사특별법 규정을 비교적 자세히 소개하였다. 형사특별법 규정과의 비교는 관련 내용을 포괄적으로 이해하는 데에 반드시 필요하기 때문이다. 다음으로 2013년 상반기까지의 대법원 판례를 대폭 소개하였다. 형법을 구체적으로 이해하는 것은 물론 형법 적용의 최근 경향을 파악하는 데에 많은 도움이 될 것으로 본다. 이 밖에 한글을 전용하였으며, 혼동을 피하기 위하여 필요한 곳에만 한자를 병기하였다. 그리고 판례와 저자명은 독서의 편의를 위하여 각주에 표기하지 않고 본문의 괄호 안에 넣었다. 교과서 저자명의 경우 성명만을 인용하였으며, 논문의 경우에는 구체적으로 논문제목까지도 기재하였다. 본서가 학생들의 학습용에 중점을 두고 저술된 것이라서 자세한 각주가 필요하지 않다고 생각했기 때문이다. 그러나 보다 자세한 내용파악을 위한 구체적인 문헌검색은 성명만으로도 가능할 것으로 본다.

끝으로 무더운 여름에 본서의 원고를 꼼꼼하게 읽고 교정뿐만 아니라 내용까지도 검토해 준 연세대학교 법학전문대학원의 연구교수인 김슬기 박사에게 고마움을 전한다. 마찬가지로 본서의 출간을 위하여 헌신적으로 수고를 하여 주신 집현재 위호준 대표와 전충영 상무님의 노고에 깊이 감사드린다.

2013년 8월 22일

연세대학교 법학전문대학원 연구실에서

박 상 기

차　　례

[제 1 부　총　론]

제 1 편　일 반 론

제3편 형 벌 론

[제 2 부 각 론]

제 1 편 개인적 법익에 대한 죄

제 2 편 사회적 법익에 대한 죄

제 3 편 국가적 법익에 대한 죄

법령명 약어표

교특법 ……………………… 교통사고처리 특례법

도교법 ……………………… 도로교통법

성폭력처벌법……………… 성폭력범죄의 처벌 등에 관한 특례법

아청법 ……………………… 아동 · 청소년의 성보호에 관한 법률

여전법 ……………………… 여신전문금융업법

전자장치부착법 ………… 전자장치 부착 등에 관한 법률

정보통신망법……………… 정보통신망 이용촉진 및 정보보호 등에 관한 법률

통비법 ……………………… 통신비밀보호법

특가법 ……………………… 특정범죄 가중처벌 등에 관한 법률

특경법 ……………………… 특정경제범죄 가중처벌 등에 관한 법률

폭처법 ……………………… 폭력행위 등 처벌에 관한 법률

참고문헌

강구진	형법강의 각론 I , 박영사, 1983 [강구진]
권오걸	형법총론, 형설출판사, 2011 [권오걸]
	형법각론, 형설출판사, 2009 [권오걸]
김성돈	형법총론(제6판), 성균관대학교출판부, 2020 [김성돈]
	형법각론(제6판), 성균관대학교출판부, 2020 [김성돈]
김성천	형법총론(제9판), 소진, 2020
김성천/김형준	형법각론(제6판), 소진, 2017 [김/김]
김신규	형법총론 강의, 박영사, 2018 [김신규]
김일수/서보학	새로 쓴 형법총론(제13판), 박영사, 2018 [김/서]
	형법각론(제9판), 박영사, 2018 [김/서]
김종원	형법각론(상), 법문사, 1971 [김종원]
박상기/전지연/한상훈	형사특별법(제3판), 집현재, 2020 [박/전/한]
배종대	형법총론(제15판), 홍문사, 2021 [배종대]
	형법각론(제12판), 홍문사, 2021 [배종대]
백형구	형법각론(개정판), 청림출판, 2002 [백형구]
손동권/김재윤	형법총론, 율곡출판사, 2011 [손/김]
	형법각론, 율곡출판사, 2013 [손/김]
손해목	형법총론, 법문사, 1996 [손해목]
신동운	형법총론(제12판), 법문사, 2020 [신동운]
안동준	형법총론, 학현사, 1998 [안동준]
	형법각론, 전남대학교 출판부, 2011 [안동준]
오영근	형법총론(제5판), 박영사, 2019 [오영근]
	형법각론(제5판), 박영사, 2019 [오영근]
유기천	형법학(총론강의), 일조각, 1980 [유기천]
	형법학(각론강의), 법문사, 2012 [유기천]
이상돈	형법강론(제3판), 박영사, 2020 [이상돈]
이용식	형법총론(제2판), 박영사, 2020 [이용식]
	형법각론, 박영사, 2019 [이용식]

이재상/장영민/강동범	형법총론(제10판), 박영사, 2019 [이/장/강]
	형법각론(제11판), 박영사, 2019 [이/장/강]
이정원	형법총론, PDF파일, 2008 [이정원]
	형법각론, PDF파일, 2008 [이정원]
이형국/김혜경	형법총론(제5판), 법문사, 2019 [이형국]
	형법각론(제2판), 법문사, 2019 [이형국]
임 웅	형법총론(제11판), 법문사, 2019 [임웅]
	형법각론(제11판), 법문사, 2020 [임웅]
정성근/박광민	형법총론(제3판), 성균관대학교출판부, 2019 [정/박]
	형법각론(제3판), 성균관대학교출판부, 2019 [정/박]
정성근/정준섭	형법강의 총론(제2판), 박영사, 2019 [정/정]
	형법강의 각론, 박영사, 2017 [정/정]
정영일	형법개론(제3판), 박영사, 2010 [정영일]
조준현	형법총론(제5정판), 법원사, 2013 [조준현]
	형법각론(개정판), 법원사, 2005 [조준현]
진계호	신고 형법총론, 대왕사, 2003 [진계호]
	형법각론, 대왕사, 2003 [진계호]
차용석	형법총론강의, 고시연구, 1988 [차용석]
천진호	형법총론, 준커뮤니케이션즈, 2016 [천진호]
하태훈	사례중심 형법총론(전정판), 법원사, 2002 [하태훈]
허일태	형법연구(Ⅰ), 세종출판사, 1997 [허일태]
황산덕	형법총론(제7정판), 방문사, 1992 [황산덕]

제 1 부

총 론

[총론]

제 1 편

일 반 론

제 1 장 형법이란 무엇인가?

제 1 절 형법의 기원

Ⅰ. 현대 형법의 출현과 발달

오늘날 형법은 범죄행위를 규정하고 이에 대한 형벌 및 보안처분을 규정한 법을 말한다. 사적私的인 복수가 완전히 배제된 국가형벌권을 규정한 것이 현대국가의 형법의 모습인 것이다. 그러나 형법의 출발점은 이와 반대였다. 즉 사적인 복수에서 공적인 제재대상으로 변화한 것이 형법의 역사라고 할 수 있다. 보통법(the common law)이 발달한 영국에서는 범죄행위에 대한 사인소추(appeal)를 통한 속죄배상금(compensation)에 의해 범죄의 피해자는 구제를 받았다. 게르만법상으로도 형법은 사적인 의미를 가지고 있어서 부족에 대한 범죄행위는 다른 부족에 의한 복수(Fehde)를 허용하였다(Sippenfeindschaft). 이 경우 피의 복수(Blutrache)가 3대, 4대까지 이어질 수 있었다. 이를 종결짓기 위해서 일종의 협정을 맺었는데 여기에는 배상금(compositio)이 뒤따랐다. 그리고 부족에 대한 반역행위와 같은 경우에만 공동의 형벌이 가해졌다. 사적 형벌의 시대는 국가권력이 확립되기 이전의 사회였기 때문에 당연한 현상이었다.

우리나라의 경우 조선 왕조에서는 대명률大明律을 근간으로 한 형법이 적용되었다. 1910년 한일합방 이후 당시 일본의 형법이 적용되다가 1945년 해방 이후에는 미군정청의 군정령(제21호)에 따라 당시 조선인을 차별하였던 일부 규정만이 삭제된 채 해방 후까지도 당시 일본형법이 그대로 적용되었다. 이러한 일본형법('의용형법'이라고 부른다)의 적용상황이 1948년 대한민국 정부수립 이후에도 계속되다가 한국전쟁 중이던 1953년 대한민국 형법이 제정되었다(1953. 10. 3. 시행). 제정 당시 우리 형법은 일본이 자국의 형법을 개정하기 위해서 마련하였던 1940년 개정형법가안改正刑法假案의 영향을 크게 받았다고 볼 수 있는데, 일본 개정형법가안은 독일형법의 체계와 이론적 영향을 받은 것이다. 이후 1995년 개정과 2020년 한글화 개정 등 약간의 개정 과정을 거쳤지만 제정 당시의 내용에서 크게 달라지지는 않았다. 그리고 우리나라 형사법체계의 특징은 형법(협의의 형법) 이외에 각종의 형사특별법(국가보안법, 폭력행위 등 처벌에 관한 법률, 특정범죄 가중처벌 등에 관한 법률, 성폭력범죄의 처벌 등에 관한특례법 등)이 많다는 점이다. 여기에는 우리나라의 정치적·사회적 원인이 배경이 되었다고 할 수 있다. 그러므로 우리나라 형법의 전체 모습을 알기 위해서는 형법 이외에 형사특별법에 대한 지식이 필요하다.

Ⅱ. 범죄행위란 무엇인가?

형법은 범죄행위를 처벌하는 법이다. 그러므로 형법은 범죄행위에 관한 부분과 처벌에 관한 부분으로 이루어져 있다. 이처럼 범죄란 형법적 개념으로는 형법에 규정되어 형벌(제41조)이 부과되는 행위를 말한다. 살인이나 강도행위뿐만 아니라 자동차운전 중에 음주단속을 하는 경찰공무원으로부터 운전면허증의 제시를 요구받고 이를 제시하지 않은 행위도 형벌인 벌금 또는 구류가 부과되는 범죄행위에 해당한다(도로교통법 제92조 제2항, 제155조). 반면에 형법이 규정하고 있는 형벌이 아닌 행정벌(과태료나 범칙금 등)이 부과되는 행위는 범죄행위에 해당하지 않는다. 그러므로 자동차속도위반이나 사고를 수반하지 않는 단순한 교통위반은 범죄행위가 아니다.

이를 후술하는 범죄체계론적 의미에서 설명하면 범죄행위란 범죄성립요건인 형법상의 구성요건에 해당하고 정당화되지 않아야 하며, 행위자에게 책임이 인정되는 행위를 의미한다. 이와 달리 경험과학인 범죄학에서는 범죄행위를 형법학처럼 규범적으로 파악하는 대신에 사실적 관점에서 파악하기 때문에 형법적 범죄개념보다 훨씬 넓은 행위를 연구대상으로 한다. 예를 들면 일탈행위逸脫行爲나 비행행위非行行爲는 형법적 개념으로는 범죄행위가 아니지만 범죄학적 연구대상이 되는 것이다. 형법에서는 범죄학적 의미의 범죄가 아니라 형법적 의미의 범죄행위를 연구대상으로 한다.

Ⅲ. 형법의 구성체계

형법은 범죄행위와 이에 대한 형벌을 규정하고 있다. 범죄행위에 대한 규정은 범죄의 성립요건에 관한 내용으로 이루어져 있다. 범죄의 성립요건을 형법용어로는 '구성요건'이라고 부른다. 그러므로 범죄의 성립요건은 구성요건 해당사실의 다른 표현이다. 범죄의 구성요건은 협의의 형법 이외에 형사특별법, 행정법규 가운데 도로교통법과 같이 형사처벌을 주목적으로 하는 법은 아니지만 행정목적의 달성을 위하여 중요한 법규위반행위에 대하여 벌칙조항을 규정한 행정형법(예: 도로교통법, 자본시장과 금융투자업에 관한 법률, 조세범처벌법, 대외무역법, 경륜·경정법, 관세법,항공법, 부정경쟁방지 및 영업비밀보호에 관한 법률) 등에서도 마찬가지로 규정되어 있다(이를 광의의 형법이라고 한다). 예를 들면 도로교통법(제8조 제1항)상 보행

자는 보도와 차도가 구분된 도로에서는 언제나 보도로 통행하여야 하며 이를 위반한 때에는 20만원 이하의 벌금이나 구류 또는 과료에 처한다(동법 제157조 제1호)고 규정한 것 등이다.

협의의 형법은 총칙편과 각칙편으로 나뉘어 있는데, 총칙의 규정은 형사특별법을 포함하여 행정형법 등 광의의 형법에 모두 적용되는 일반원칙을 규정하고 있다. 즉 형법총론의 내용인 총칙규정은 다양한 범죄행위에 공통적으로 적용되는 공통의 원칙을 규정한 부분이다. 형법각론의 내용을 이루는 각칙은 개별 범죄행위의 구성요건과 이에 대해 부과되는 형벌을 규정하고 있다. 총칙은 다시 범죄행위를 확정짓는 내용에 해당하는 부분인 범죄론犯罪論과 범죄에 대한 효과로서 형벌의 내용을 대상으로 하는 형벌론刑罰論으로 대별된다. 형벌론은 확정된 범죄행위를 대상으로 하는 반면에 범죄론은 인간의 행위를 규범적으로 판단하여 범죄행위로 확정하는 단계의 문제이므로 형벌부과의 전 단계로서 더 중요하다. 한편 형법은 실체법이라는 점에서 범죄자에 대한 수사와 재판절차를 규정하고 있는 절차법인 형사소송법과 구별된다. 그리고 형이 확정된 기결수나 구속상태로 수사·재판중인 자, 즉 수형자의 형벌집행과 미결수용자의 수용에 관한 절차법으로는 '형의 집행 및 수용자의 처우에 관한 법률'이 있다.

제 2 절 형법의 기능

I. 보호기능

형법은 형벌이라는 제도적 해악을 통하여 범죄행위를 처벌함으로써 범죄를 예방하고 나아가서는 개인과 사회적 안전을 이루는 것을 목적으로 한다. 범죄행위는 사회적 병리현상으로서 사회가 존재하는 한 나타날 수밖에 없는 현상이다. 이를 방치한다면 개인은 항상 범죄위험에 노출되어 사회생활이 불가능하게 될 것이며, 전체 사회는 질서가 무너지고 사회적 평온이 파괴될 것이다. 구체적으로는 생명이나 재산, 명예, 공공의 안전과 평온 등 형법이 보호하고자 하는 많은 법적 이익(법익)은 종국적으로는 제재수단을 동원하여야만 그 기능을 발휘할 수 있다(법익보호 기능). 그리고 형법은 법익보호라는 공동체적 삶의 기본적 전제조건을 확보할 수 있게 하며, 궁극적으로는 사회가 유지될 수 있도록 한다(사회보호 기능). 한편 형법은 죄형법정주의를 규정하고 있다는 점에서 '범죄자의 마그나 카르타'(리스트 Franz von Liszt, 1851-1919)로 불려진다. 즉 누구라도 형법이 규정하는 범위 내에서만 처벌이 가능하기 때문에 형법은 사회 구성원을 무분별한 형사처벌의 위험으로부터 보호해 주는 기능을 한다(보장적 기능). 동시에 명시적인 형법규정은 일반으로 하여금 형법에 규정된 행위를 하지 않도록 하는 행위통제적 기능을 한다(규제적 기능).

Ⅱ. 보호기능의 한계

형법의 법익보호 기능과 사회보호 기능은 일정한 한계를 갖는다. 우선 법익보호 기능의 관점에서는 보호하고자 하는 법익의 대상이 무제한적일 수 없다는 점이다. 즉 법익보호의 대상이 제한적이지 않을 경우 과다한 범죄행위 규정으로 인하여 사회구성원에 대한 처벌과잉의 문제가 발생하고, 안전한 사회가 아니라 처벌의 위험에 항상 노출되는 공포사회로 변할 것이다. 사회보호 기능의 측면에서도 공동체적 삶의 다양성은 구성원 상호 간에 가치관의 충돌을 내포하고 있다는 점에서 형법의 사회보호 기능은 제한적이어야 한다. 즉 사상이나 윤리처럼 형법의 보호대상이 될 수 없는 영역이 존재함을 인정하는 형법의 자기제한적 자세가 중요하다(이를 '형법의 단편적 성격'이라고 한다). 그러므로 형법의 기능은 공동체적 삶을 가능하게 하는 최소한의 조건을 제시하는 행위규범으로 머물러 있어야 하며, 사회적 갈등 해결을 위한 최전선에 나서게 되면 오히려 공포사회의 근원으로 변질될 위험이 있다. 이 점에서 형법의 사회적 기능은 사회의 민주적 가치를 지키기 위한 보충적인 최후수단이면서 동시에 최소한의 수단이어야 한다(형법의 보충성·최후수단성).

제 2 장 형벌의 정당화

제 1 절 형벌론의 전개

형벌은 범죄자의 생명, 신체, 재산 등을 박탈하는 국가의 제재수단으로서 국가권력의 이름으로 개인의 가장 핵심적 법익을 침해하는 국가행위이다. 그렇기 때문에 당연히 이러한 국가 형벌권을 정당화시키는 근거는 무엇인가 라는 문제가 제기된다. 외형상 합법적인 국가형벌이라고 하더라도 정당성의 근거가 없을 때에는 한낱 국가에 의한 범죄와 다름없기 때문이다. 독재국가에서 정치적 반대자에 대해 자행된 각종 국가폭력도 대부분 사법부의 재판절차라는 형식적 요식행위를 거쳐 형벌로 부과되었던 사실은 대한민국의 현대사를 통해 주지하고 있는 바와 같다.

그러나 독재권력의 적나라한 권력남용에도 불구하고 국가형벌의 순수한 행사를 전제로 하는 형벌권의 정당화 근거를 둘러싼 논쟁은 독일을 비롯한 유럽의 형법학계에서 19세기에서 20세기 초까지 특히 활발히 전개되었다. 구체적으로 형벌론은 소위 구파와 신파로 나뉘는 형법이론의 핵심적 위치에 서 있던 쟁점이었다. 그리고 형벌론은 형법이론 전반에 걸친 논쟁의 한 분야로서 형법학 발전의 토대가 되었다고 할 수 있다.

중세 이후 계몽시대로 접어들자 프랑스, 이탈리아, 스페인 등의 영향을 받은 독일에서는 형법의 성격에 대하여 중세의 종교적 시각에 머물러 있었지만 대학의 영향력 증대와 법관의 사법적 행위, 즉 재판에 학문적 성격을 부여하기 시작하면서 형법의 학문적 발전이 비롯되었다. 당시 독일의 보통법(Das Gemeine Recht) 학자였던 카르프조프(Benedict Carpzov, 1595-1666)로 대표되는 종교적 형법관에 의하면 형벌은 신적 권위와 존엄을 유지하기 위한 것으로 형벌을 신의 정의를 유지하기 위한 응보라 하여 그 불가피성을 강조한다. 보통법 시대의 형법이 18세기까지 대학과 법원을 지배한 것과 동시에 근대의 자연법이 발달하기 시작하였다. 그로티우스(Hugo Grotius, 1583-1645)로 대표되는 자연법학파는 종교가 지배하던 중세의 종교적 인간의 자리에 근대의 스스로 생각하는 인간을 대치한다. 이로써 독립적 자아가 인정되는 인간이 법의 중심에 서게 된다. 이제 법의 진정한 근원을 신이 아니라 인간의 본성에서 찾기 시작하였다. 이러한 법사상은 몽테스키외(Montesquieu, 1689-1755)의 '법의 정신'(Esprit des Lois)이 출간되면서 유럽을 지배하는 사상이 되었다. 이러한 자연법사상은 형법을 포함하여 전체 법의 세속화, 합리화, 개인화로 이끈 원동력이었으며 점차 법의 체계화로 나아갔고 이성법理性法(Vernunftrecht)으로 발전하였다.

이러한 근대 계몽주의의 시대적 상황 아래에서 형법은 이제 범죄에 대한 보복적 수단보다는 장래 범죄를 예방하기 위한 목적으로, 형벌은 일종의 위협적 수단으로서 기능하는 것으로 인식의 변화가 일어났다. 가장 대표적인 학자가 "범죄와 형벌"(1764)을 쓴 이탈리아의 베카리아(Cesare Beccaria, 1738-1794)이다. 계몽주의 시대 형법학은 인간화로 특징지을 수 있다. 대표적인 것이 사형제도에 대한 비판과 형사절차에서 고문금지, 가혹한 형 집행방법에 대한 비판이다. 그리고 이러한 비판은 18세기 후반부터 실정법에 반영되기도 하여 사형폐지, 고문금지 등의 규정이 프로이센, 오스트리아 형법에 도입되기 시작하였다.

19세기 이후 독일형법학은 정치사상의 변화와 과학기술의 발달이라는 두 가지 요인에 의해 영향을 받아 발달하였다. 특히 정치사상적으로는 1789년 프랑스 혁명에 의해 나타난 자유주의에 따라 형법학은 특히 새로운 경향성을 띠기 시작하였다. 규문재판제도를 혁파하고 이를 위해 검사제도를 창안한 프랑스의 영향을 받아 당시 프로이센이나 바이에른 공국에서도 형사절차에 검사제도를 도입하거나 공판절차의 공개, 구두변론주의 도입 그리고 형사재판에 일반인을 참여시키는 등의 변화가 있었다. 형법적으로는 포이어바하(J. A. v. Feuerbach, 1775-1833)의 일반예방적 사상(심리강제설)과 헤겔(Hegel, 1770-1831)로 대표되는 응보사상의 결합, 법익개념의 등장, 법실증주의, 사비니(v. Savigny, 1779-1861)로 대표되는 역사법학파의 영향이 그 예이다. 이 시대의 형법사상을 우리는 구파라고 부른다.

구파란 칸트(Kant)와 헤겔로 대표되고 포이어바하에 의해 완성된 개인주의적이고 자유주의적인 근대의 형법이론을 가리킨다(법과 윤리의 구별, 자유의사, 응보형론, 객관주의 범죄론). 다만 포이어바하는 칸트의 관념적인 절대적 응보형론에 대하여 합리주의적 관점에서 일반예방론을 주장하고 목적형론을 전개하였다.

한편 19세기 말부터 산업혁명의 결과 사회적 병폐가 나타나기 시작하면서 형벌론 역시 변화하기 시작하였다. 즉 도시인구의 급격한 증가는 범죄의 양적·질적 변화를 가져왔으며, 구파의 형벌론으로는 대응할 수 없는 상황을 맞이하게 된 것이다. 이러한 배경에서 소위 신파이론(주관주의 범죄론, 교육형론, 사회방위론, 성격책임론)이 등장하게 되었으며 대표적인 학자는 독일의 리스트, 이탈리아의 롬브로소(C. Lombroso), 페리(E. Ferri) 등이다. 현재 형벌론은 크게 응보형론과 교육형론으로 나뉘어 있다. 이하에서 이를 중심으로 살펴보기로 한다.

제 2 절 응보와 교화 · 개선

Ⅰ. 응보형론(절대적 형벌론)

형벌은 사적 제재이건 국가형벌이건 범죄자에 대한 복수심을 만족시키는 데 있다는 점은 부인하기 어렵다. 사적인 형벌은 피해자의 복수심으로, 국가형벌은 피해자를 대신하여 국가작용으로서 범죄자를 처벌하는 것이 정의를 확립하는 것이라고 믿는 것이다. 영국의 형법학자 제임스 스티븐(James Stephen, 1829-1894)이 "형벌과 복수심의 관계는 결혼과 성욕 간의 관계와 같다"고 표현한 것은 형벌이 갖는 복수적 의미의 미묘한 뉘앙스를 잘 나타낸 것으로 볼 수 있다.

응보형론은 형벌을 범죄 예방을 위한 사회적 목적을 달성하기 위한 수단으로서가 아니라 오로지 범죄행위가 있었기 때문에 당연히 내려져야 하는 것으로서 정의실현이라는 관점에서 파악한다. 특히 칸트는 범죄자에 대한 형벌을 통해 범죄 예방이라는 사회적 목석을 추구하는 것은, 이성적이며 존엄성을 지닌 인간을 목적 달성을 위한 수단으로 취급하는 것이라고 비판하였다. 특히 오늘날의 응보형론은 계몽주의 철학의 영향을 받아 복수적 의미만으로 이해하는 것이 아니라 범죄에 대한 배분적 정의에 입각한 동등한 처벌을 강조한다.

Ⅱ. 목적형론(상대적 형벌론)

목적형론은 형벌을 넓은 의미에서 범죄 예방이라는 목적을 위하여 과하는 것으로 이해하는 입장이다. 즉 응보형은 형벌을 범죄가 발생하였으므로 과하는 것이라고 보는 반면에 목적형은 장래 범죄가 발생하지 않도록 형벌을 과하는 것으로 목표를 설정하고 있는 것이다. 목적형론은 크게 일반예방론과 특별예방론으로 나뉜다.

일반예방론은 형벌의 위하적威嚇的 성격을 강조하는 입장이다. 대표적인 예로는 포이어바하가 주장한 심리강제설이 있다. 이는 범죄행위에 대하여 형벌을 예고함으로써 일반인의 범죄유발을 심리적으로 억지시킬 수 있다는 견해이다. 이를 소극적 일반예방론이라고 부른다면 적극적 일반예방론은 형법이 국민으로 하여금 범죄 억지의 의식을 형성하고 각성하게 하여 범죄를 예방한다는 입장이다.

특별예방론은 범죄자가 다시 범죄에 빠져들지 않도록 하는 데에 형벌의 목적이 있다고 보는 입장이다. 교육형도 이에 해당한다. 대표적 특별예방론자인 독일의 리스트는 범죄를 범죄자와 사회환경의 복합적 산물이라고 보고 형벌이 갖는 사회교육적 효과를 중시하였다.

사회정책으로서 형사정책의 중요성을 강조한 것이다. 그리고 재범 방지, 범죄인의 개선을 통한 재사회화(사회복귀), 행형제도의 개선 등을 주장하였다.

Ⅲ. 검 토

형벌의 정당성에 관하여 응보형론은 '죄를 범했기 때문에', 목적형론은 '죄를 범하지 않도록' 형벌을 부과한다고 본다. 물론 목적형이라고 해서 범죄 예방을 위해서라면 모든 수단이 강구되어야 한다고 주장하지는 않는다. 그러므로 과잉금지 또는 비례성의 원칙이나 책임원칙을 확립함으로써 범죄 예방이라는 목표달성을 위한 수단 선택의 자의성을 배제한다. 그러나 형벌은 역시 범죄행위에 대한 응보적 관점에서 출발한다고 보지 않을 수 없다. 과잉금지원칙이나 비례성의 원칙도 결국 범죄에 상응하는 형벌을 부과하는 것을 전제로 하기 때문이다. 다시 말하면 응보형론은 형벌부과의 정당성을 주목하고, 목적형론은 응보적 형벌부과의 방향을 중시한다고 볼 수 있다. 그러므로 형벌이론은 응보형론과 목적형론이 결합된 형태로 이해하는 것이 타당하다.

제 3 장 죄형법정주의

제 1 절 죄형법정주의의 의의와 연혁

죄형법정주의는 행위책임원칙 및 책임주의와 함께 근대 형법의 근간을 이루는 원칙이다. 즉 죄형법정주의는 민주주의적 요청에 따른 산물로서 법률에 범죄로 규정되어 있지 않으면 범죄행위가 아니며 그렇기 때문에 형벌도 부과할 수 없다는 형법의 보장적 기능을 선언하는 기본원칙이다. 포이어바하가 표현한 "법률이 없으면 범죄도 없고, 형벌도 없다" (nullum crimen, nulla poena sine lege)는 말은 죄형법정주의를 가장 선명하게 표현한 것이다. 헌법 제12조 제1항 후단이나 제13조 제1항 전단 및 형법 제1조는 모두 죄형법정주의를 직·간접적으로 규정하고 있다.

판례 죄형법정주의

• "법률이 없으면 범죄도 없고 형벌도 없다"라는 말로 표현되는 죄형법정주의는 이미 제정된 정의로운 법률에 의하지 아니하고는 처벌되지 아니한다는 원칙으로서 이는 **무엇이 처벌될 행위인가를 국민이 예측 가능한 형식으로 정하도록 하여 개인의 법적 안정성을 보호하고 성문의 형벌법규에 의한 실정법 질서를 확립하여 국가형벌권의 자의적**恣意的 **행사로부터 개인의 자유와 권리를 보장하려는 법치국가 형법의 기본원칙**이며, 우리 헌법도 제12조 제1항 후단에 "법률과 적법한 절차에 의하지 아니하고는 처벌·보안처분 또는 강제노역을 받지 아니한다"라고 규정하고, 제13조 제1항 전단에 "모든 국민은 행위시의 법률에 의하여 범죄를 구성하지 아니하는 행위로 소추되지 아니하며"라고 규정하여 죄형법정주의를 천명하였고, 이를 근거로 형법 제1조 제1항은 "범죄의 성립과 처벌은 행위시의 법률에 의한다"라고 규정하고 있다(헌재결 1991. 7. 8, 91헌가4 전원재판부).

죄형법정주의는 연혁적으로는 1215년 영국의 마그나 카르타(Magna Charta)에서부터 유래한 것으로 보고 있으며, 1789년 프랑스 혁명 당시 '인간과 시민의 권리선언'(제8조)은 법률

주의원칙과 소급처벌의 금지라는 죄형법정주의의 핵심 내용을 담고 있다. 그 후 1791년 미국헌법(수정 제5조)에 적법절차에 관한 규정이 나타나고 있다. 우리 형법은 1953년 제정 당시부터 소급입법금지를 규정하고 있었으며(동 제1조), 1948년 대한민국의 제헌헌법 당시부터 죄형법정주의의 내용을 규정하고 있었다(동 제9조, 제23조).

제 2 절 죄형법정주의의 내용

Ⅰ. 법률주의

1. 의 의

법률주의는 범죄와 형벌이 법률로 규정되어야 한다는 원칙으로, 이는 범죄의 성립과 처벌은 행위시의 법률에 의한다는 형법규정(제1조)에 의하여 도출된다. 법률주의는 구체적으로는 관습형법의 금지 또는 성문법주의를 의미한다.

2. 관습형법의 금지

형법에서는 민법(제1조)이나 상법(제1조)과 달리 관습법에 의한 구성요건의 창설이나 형의 가중이 금지되며, 오로지 입법의 형식에 의해서만 범죄와 형벌이 정해져야 한다(헌법 제12조 제1항). 관습형법을 금지하는 이유는 성문의 제정법이 아니므로 그 개념과 범위가 명확하지 않은 결과 국민이 그 내용을 인식하기 어려워 만일 이를 인정하게 되면 형법의 예측가능성과 보장적 기능이 무너질 위험성이 있기 때문이다.

그러나 행위자에게 유리한 관습형법의 예외적 인정은 허용된다고 본다(통설). 이를 위해서는 첫째 관습법으로서의 요건을 갖추고, 둘째 실정법상의 근거가 없을 것을 전제로 하여 개별적으로 인정될 수 있을 것이다. 예를 들면 수리방해죄(제184조)에서 수리권을 들 수 있다. 이는 관습법이 법해석상의 보충적 근거로서 인정되는 경우이다. 이와 달리 한편에서는 관습형법의 직접적 법원성이 부정될 뿐 간접적 법원성은 인정된다는 견해가 있다. 그 예로서 부작위범에서 보증인 지위, 정당행위(제20조)에서 '사회상규' 등을 든다. 그러나 이는 관습법에 의해서 규범적 기속력이 인정되었다고 보기보다는 형법해석론에 맡긴 것으로 보는 것이 타당하다. 이들 개념은 입법에 의한 조문화가 사실상 불가능하고, 형법 이론의 발전에 따른 계속적인 내용 충족이 필요한 부분이기 때문이다. 그 밖에도 관습법에 의한 위법성조각사유나 책임조각사유, 초법규적 위법성조각사유를 인정하는 견해가 있다. 그러나 이는 비록 행위자에게 유리한 관습법이라고 하더라도 법적 불안정성과 행위결정의 불확실성을 초래하기 때문에 부인하는 것이 타당하다.

3. 국회제정법주의와 그 한계

(1) 국회제정법주의와 위임입법의 필요성

법률주의는 형벌 구성요건의 실질적 내용을 형식적 의미의 법률로써 정하여야 함을 의미하므로 기관이나 단체의 내부규약이나 정관에서 형사처벌의 대상 행위를 정하도록 하는 것은 죄형법정주의에 위반된다.

그러나 현대국가의 기능과 역할 증대는 입법부만에 의한 입법행위보다는 오히려 대통령이나 행정부가 제정하는 명령에 위임할 필요성이 커지고 어느 면에서는 불가피한 상황이 되었다고 할 수 있다. 이에 따라 헌법 제75조는 "대통령은 법률에서 구체적으로 범위를 정하여 위임받은 사항……에 관하여 대통령령을 발할 수 있다"고 규정하여 위임입법의 근거와 한계를 제시하고 있다. 즉 형벌 관련 위임입법의 경우 입법부에서 제정한 모법인 수권법률授權法律에서 처벌 대상인 행위가 어떠한 것인지 예측할 수 있을 정도로 구체적으로 정하고, 형벌의 종류 및 그 상·하한을 명확히 규정하여야 한다.

판례 자치규범과 처벌규정

• **형벌 구성요건의 실질적 내용을 법률에서 직접 규정하지 아니하고 금고의 정관에 위임한 것은 범죄와 형벌에 관하여는 입법부가 제정한 형식적 의미의 '법률'로써 정하여야 한다는 죄형법정주의 원칙에 위반된다.** 금고 또는 연합회는 국가 또는 지방자치단체의 사업 육성을 위한 필요한 지원 등을 받을 수 있고, 정치 관여가 일체 허용되지 않는 등 공공성이 강하며, 정관은 법인 내부의 자치규범으로서 법규범에 준하는 성질을 인정받고 있지만, 그렇다고 하더라도 죄형법정주의가 지니고 있는 법치주의, 국민주권 및 권력분립의 의미를 고려할 때 무엇이 범죄이며 그에 대한 형벌이 어떠한 것인가는 입법부가 제정한 법률에 의하여야 하며, 이러한 원칙은 훼손되어서는 안 되는 헌법상의 원칙이다(헌재결 2001. 1. 18, 99헌바112 전원재판부).

(2) 처벌법규의 위임 한계

위임입법의 결과 구성요건의 전부 또는 일부를 형법이 아닌 다른 법률이나 명령 또는 규칙, 조례(지방자치법 제15조) 등으로 내용보충을 위임한 것을 백지형법白地刑法이라고 부른다(형법상의 예: 중립명령위반죄(제112조), 조세범처벌법 제13조 제1호: "법에 의한 정부의 명령사항에 위반한 자"). 그러므로 백지형법의 내용은 보충규범에 의하여 결정된다. 그러나 백지형법의 보충규범 충전은 자칫 죄형법정주의상의 명확성의 원칙이나 과잉금지원칙 등을 무너뜨릴 위험성이 있으므로 백지형법에의 위임은 구체적·개별적(특정위임)이어야지 포괄적·일반적 위임(포괄위임)은 허용되지 않는다.

판례 형벌법규와 위임입법의 한계

• 위임입법에 관한 헌법 제75조는 처벌법규에도 적용되는 것이지만 처벌법규의 위임은 특히 긴급한 필요가 있거나 미리 법률로써 자세히 정할 수 없는 부득이한 사정이 있는 경우에 한정되어야 하고 이 경우에도 법률에서 범죄의 구성요건은 **처벌대상인 행위가 어떠한 것일 것이라고 이를 예측할 수 있을 정도로 구체적으로 정하고 형벌의 종류 및 그 상한과 폭을 명백히 규정** 하여야 한다(헌재결 1991. 7. 8, 91헌가4 전원재판부).

• 사회현상의 복잡다기화와 국회의 전문적 · 기술적 능력의 한계 및 시간적 적응능력의 한계로 인하여 형사처벌에 관련된 모든 법규를 예외 없이 형식적 의미의 법률에 의하여 규정한다는 것은 사실상 불가능할 뿐만 아니라, 실제에 적합하지도 아니하기 때문에 특히 긴급한 필요가 있거나 미리 법률로써 자세히 정할 수 없는 부득이한 사정이 있는 경우에 한하여 수권법률(위임법률)이 구성요건의 점에서는 처벌대상자의 범위 등을 예측할 수 있을 정도로 구체적으로 정하고, 형벌의 점에서는 형벌의 종류 및 그 상한과 폭을 명확히 규정하는 것을 전제로 하여 위임입법은 허용된다(대판 2006. 6. 15, 2004도756).

Ⅱ. 명확성의 원칙

명확성의 원칙이란 범죄구성요건과 형사제재에 관한 규정이 법관의 자의적恣意的인 해석이나 자유재량 판단을 허용하지 않도록 구체적이어야 할 것을 의미한다. 즉 명확성의 원칙은 누구나 법률이 처벌하고자 하는 행위가 무엇이며, 그에 대한 형벌이 어떠한 것인지를 예견할 수 있고, 그에 따라 자신의 행위를 결정할 수 있도록 구성요건이 명확할 것을 의미하는 것이다(헌재결 2001. 1. 18, 99헌바112 전원재판부). 이를 통하여 국민은 예측가능성이 생기며, 형사사법기관의 형벌권 남용을 방지할 수 있다. 그러나 입법자의 입장에서는 해석을 필요로 하는 다의적 · 규범적 개념을 사용하는 법규의 제정이 불가피하다. 그렇지 않을 경우 구성요건이 지나치게 구체적이고 정형화되어 변화하는 사회생활관계를 규율할 수 없게 될 것이기 때문이다. 그러나 이 경우에도 해석을 통하여 법이 보호하는 가치뿐만 아니라 법이 금지하는 행위 내용을 분명히 인식할 수 있어야 하고, 이를 위반하는 경우의 형사제재를 예견할 수 있어야 한다. 합리적 인간이 법규의 내용을 판단할 수 없으면 적정절차위반으로서 무효라고 보는 미국에서의 '불명확하기 때문에 무효'이론(void for vagueness doctrine)도 이를 의미한다.

판례 명확성의 원칙

① 경범죄처벌법(2012. 3. 21. 법률 제11401호) 제3조 제1항 제33호 위헌소원

• 심판대상조문 : 경범죄처벌법(2012. 3. 21. 법률 제11401호로 전부개정된 것) 제3조(경범죄의

종류) ① 다음 각 호의 어느 하나에 해당하는 사람은 10만원 이하의 벌금, 구류 또는 과료科料의 형으로 처벌한다.

33. (과다노출) 여러 사람의 눈에 뜨이는 곳에서 공공연하게 알몸을 지나치게 내놓거나 가려야 할 곳을 내놓아 다른 사람에게 부끄러운 느낌이나 불쾌감을 준 사람.

결정요지 : 심판대상조항은 알몸을 '지나치게 내놓는' 것이 무엇인지 그 판단기준을 제시하지 않아 무엇이 지나친 알몸노출행위인지 판단하기 쉽지 않고, '가려야 할 곳'의 의미도 알기 어렵다. 심판대상조항 중 '부끄러운 느낌이나 불쾌감'은 사람마다 달리 평가될 수밖에 없고, 노출되었을 때 부끄러운 느낌이나 불쾌감을 주는 신체부위도 사람마다 달라 '부끄러운 느낌이나 불쾌감'을 통하여 '지나치게'와 '가려야 할 곳'의 의미를 확정하기도 곤란하다. 심판대상조항은 '선량한 성도덕과 성풍속'을 보호하기 위한 규정인데, 이러한 성도덕과 성풍속이 무엇인지 대단히 불분명하므로, 심판대상조항의 의미를 그 입법목적을 고려하여 밝히는 것에도 한계가 있다.

대법원은 "신체노출행위가 단순히 다른 사람에게 부끄러운 느낌이나 불쾌감을 주는 정도에 불과한 경우 심판대상조항에 해당한다"라고 판시하나, 이를 통해서도 '가려야 할 곳', '지나치게'의 의미를 구체화 할 수 없다.

심판대상조항의 불명확성을 해소하기 위해 노출이 허용되지 않는 신체부위를 예시적으로 열거하거나 구체적으로 특정하여 분명하게 규정하는 것이 입법기술상 불가능하거나 현저히 곤란하지도 않다. 예컨대 이른바 '바바리맨'의 성기노출행위를 규제할 필요가 있다면 노출이 금지되는 신체부위를 '성기'로 명확히 특정하면 될 것이다.

따라서 심판대상조항은 죄형법정주의의 명확성원칙에 위배된다(헌재결 2016. 11. 24, 2016헌가3 전원재판부).

② 전기통신기본법 제47조 제1항 위헌소원

• 심판대상조문 : 제47조(벌칙) ① 공익을 해할 목적으로 전기통신설비에 의하여 공연히 허위의 통신을 한 자는 5년 이하의 징역 또는 5천만원 이하의 벌금에 처한다.

결정요지 : 이 사건 법률조항은 "공익을 해할 목적"의 허위의 통신을 금지하는바, 여기서의 "공익"은 형벌조항의 구성요건으로서 구체적인 표지를 정하고 있는 것이 아니라, 헌법상 기본권 제한에 필요한 최소한의 요건 또는 헌법상 언론·출판의 자유의 한계를 그대로 법률에 옮겨 놓은 것에 불과할 정도로 그 의미가 불명확하고 추상적이다. 따라서 어떠한 표현행위가 "공익"을 해하는 것인지, 아닌지에 관한 판단은 사람마다의 가치관, 윤리관에 따라 크게 달라질 수밖에 없으며, 이는 판단주체가 법전문가라 하여도 마찬가지이고, 법집행자의 통상적 해석을 통하여 그 의미내용이 객관적으로 확정될 수 있다고 보기 어렵다. 나아가 현재의 다원적이고 가치상대적인 사회구조 하에서 구체적으로 어떤 행위상황이 문제되었을 때에 문제되는 공익은 하나로 수렴되지 않는 경우가 대부분인바, 공익을 해할 목적이 있는지 여부를 판단하기 위한 공익간 형량의 결과가 언제나 객관적으로 명백한 것도 아니다. 결국, 이 사건 법률조항은 수범자인 국민에 대하여 일반적으로 허용되는 '허위의 통신' 가운데 어떤 목적의 통신이 금지되는 것인지 고지하여 주지 못하고 있으므로 표현의 자유에서 요구하는 명확성의 요청 및 죄형법정주의의 명확성원칙에 위배하여 헌법에 위반된다(헌재결 2010. 12. 28, 2009헌바88: 미네르바 사건).

명확성의 원칙은 형벌과 보안처분이라는 형사제재 영역에서도 준수되어야 한다. 이러한 의미에서 양형의 불균형을 시정하기 위한 양형기준이 필요하다. 그리고 형기가 형 선고 시에 확정되지 않고 형의 집행단계에서 결정되는 부정기형의 경우 절대적 부정기형은 금지되며, 형의 장기와 단기가 규제되는 상대적 부정기형만이 수형자의 사회복귀라는 형사정책적 고려를 통하여 정당화된다(소년법 제60조 제1항 참조).

한편 불명확한 법률의 적용을 법원의 법 해석을 통하여 해결하려는 사후적 명확화는 입법자와 법관 사이의 전도된 역할분담이라고 하지 않을 수 없다. 이는 명확성의 원칙이 법관의 법 해석에 종속되는 것을 의미하고 결과적으로 입법부의 역할 소홀과 사법부의 역할 과잉이 결합하는 상황을 초래할 것이기 때문이다.

Ⅲ. 유추해석의 금지

형벌규범에 대한 법 해석은 언제나 형법이 갖는 보장적 기능을 훼손하지 않는 범위 내에서만 허용되며, 해석을 통하여 법의 흠결부분을 보충하여 구성요건을 창설하거나 형벌을 가중하는 실질적인 새로운 법 규범의 형성이나 창조는 허용되지 않는다. 이를 유추해석의 금지라고 한다. 예를 들어 자동차등 불법사용죄(제331조의2)에서 자전거는 본 죄의 행위객체에 해당하지 않음에도 불구하고 점증하는 자전거 절도를 방지하기 위하여 이를 포함시키는 유추해석은 허용되지 않는다.

판례 유추해석의 금지

• 죄형법정주의는 국가형벌권의 자의적인 행사로부터 개인의 자유와 권리를 보호하기 위하여 범죄와 형벌을 법률로 정할 것을 요구한다. 그러한 취지에 비추어 보면 형벌법규의 해석은 엄격하여야 하고, 명문의 형벌법규 의미를 피고인에게 불리한 방향으로 지나치게 확장해석하거나 유추해석하는 것은 죄형법정주의의 원칙에 어긋나는 것으로서 허용되지 아니한다(대판 2013. 11. 28, 2012도4230).

성폭력범죄의 처벌 등에 관한 특례법(이하 '성폭력처벌법'이라고 한다) 제14조 제1항, 제2항, 제3항에 의하면, 성폭력처벌법 제14조 제1항의 촬영의 대상은 '성적 욕망 또는 수치심을 유발할 수 있는 다른 사람의 신체'라고 보아야 함이 문언상 명백하므로 위 규정의 처벌 대상은 '다른 사람의 신체 그 자체'를 카메라 등 기계장치를 이용해서 '직접' 촬영하는 경우에 한정된다고 보는 것이 타당하므로, 다른 사람의 신체 이미지가 담긴 영상도 위 조항의 '다른 사람의 신체'에 포함된다고 해석하는 것은 법률문언의 통상적인 의미를 벗어나는 것이어서 죄형법정주의의 원칙상 허용될 수 없고, 성폭력처벌법 제14조 제2항 및 제3항의 촬영물은 '다른 사람'을 촬영대상자로 하여 그 신체를 촬영한 촬영물을 뜻하는 것임이 문언상 명백하므로, 자의에 의해 스스로 자신의 신체를 촬영한 촬영물까지 위 조항에서 정한 촬영물에 포함시키는 것은 문언의 통상적인 의미를 벗어난 해석이다(대판 2018. 3. 15, 2017도21656).

• 형법 제52조나 국가보안법 제16조 제1호에서도 공직선거법 제262조에서와 같이 모두 '범행발각 전'이라는 제한 문언 없이 "자수"라는 단어를 사용하고 있는데 형법 제52조나 국가보안법 제16조 제1호의 "자수"에는 범행이 발각되고 지명수배된 후의 자진출두도 포함되는 것으로 판례가 해석하고 있으므로 이것이 "자수"라는 단어의 관용적 용례라고 할 것인바, **공직선거법 제262조의 "자수"를 '범행발각 전에 자수한 경우'로 한정하는 풀이는 "자수"라는 단어가 통상 관용적으로 사용되는 용례에서 갖는 개념 외에 '범행발각 전'이라는 또 다른 개념을 추가하는 것으로서 결국은 '언어의 가능한 의미'를 넘어 공직선거법 제262조의 "자수"의 범위를 그 문언보다 제한함으로써 공직선거법 제230조 제1항 등의 처벌범위를 실정법 이상으로 확대한 것**이 되고, 따라서 이는 단순한 목적론적 축소해석에 그치는 것이 아니라, 형 면제 사유에 대한 제한적 유추를 통하여 처벌범위를 실정법 이상으로 확대한 것으로서 죄형법정주의의 파생원칙인 유추해석금지의 원칙에 위반된다(대판 1997. 3. 20, 96도1167 전원합의체).

그러나 법 해석은 실정법 적용을 위하여 불가피하므로 허용되는 법 해석과 허용되지 않는 유추해석은 구별하여야 한다. 즉 유연한 법 해석은 변화하는 사회현상을 법적 평가의 대상으로 수렴하기 위해서 필요한 것이다. 예를 들어 현행 형법(제237조의2) 개정 전에 복사문서의 문서성을 인정한 대법원 판결(대판 1989. 9. 12, 87도506 전원합의체)은 유연한 법해석의 한 예이다.

Ⅳ. 소급효금지의 원칙

1. 의 의

소급효금지의 원칙이란 범죄와 그 처벌은 행위 당시의 법률에 따르고 행위 후에 법률을 제정하여 그 법률에 의해 이전의 행위를 처벌해서는 안 된다는 것이다. 즉 법률시행 이전의 행위를 처벌하기 위한 소급입법은 금지되며, 동시에 법률 시행 이전의 행위에까지 신법을 소급적용하는 것은 금지된다는 것이다. 소급입법이나 신법의 소급효를 허용하게 되면 형법법규가 갖는 의사결정 기능이나 행위결정 기능이 무의미하게 되기 때문이다. 소급효금지의 원칙은 법치국가의 일반원칙 중에서 형법에 특유한 원칙으로서 개인의 권리영역에 대한 불리한 침해는 예견가능하여야 할 뿐만 아니라 이에 대한 국민의 신뢰이익이 보호되어야 한다는 것을 전제로 한다. 헌법에서도 형벌불소급의 원칙을 규정하고 있다(제13조 제1항).

2. 적용 예외

소급효금지의 원칙은 행위자에게 불리한 소급효를 금지함으로써 형법의 보장적 기능을 수행한다. 따라서 행위자에게 소급효를 적용하는 것이 유리한 경우에는 소급효금지의 원칙의 적용이 배제된다. 이에 따라 형법은 "범죄 후 법률이 변경되어 그 행위가 범죄를 구성하지 아니하게 되거나 형이 구법보다 가벼워진 경우에는 신법에 따른다"(제1조 제2항)라고 규정하여 소급효에서 가장 핵심인 행위시법이 아닌 재판시법을 적용하도록 하고 있다.

3. 문제되는 적용영역

(1) 절차법

소급효금지의 원칙이 실체법인 형법에 대하여 적용되고 절차법인 형사소송법에 대하여도 적용되는가이다. 이에 대하여는 절차법에 소급효의 적용이 가능하다는 견해(긍정설)와 불가능하다는 견해(부정설)로 나뉘고 있다. ① 소급효 긍정설에 의하면 우리 헌법 및 형법에서 규정하고 있는 소급효금지의 원칙은 범죄의 성립과 처벌에 관한 실질적 의미의 형법에만 적용되는 것이다. 따라서 형벌권을 실현하기 위한 절차법적 규정에는 소급효금지의 원칙이 적용되지 않는다고 한다. ② 소급효 부정설에 의하면 헌법 및 형법 규정에서 '법률과 적법한 절차'라는 문언에는 '행위시의 법률과 적법한 절차'를 의미하는 것으로서, 일반국민의 입장에서 예측가능성은 일정한 행위가 처벌되느냐의 문제이지 그것이 실체법적 사유인가 절차법적 사유인가의 문제가 아니라고 한다.

절차법은 그 속성상 범죄의 성립 여부와 무관할 뿐만 아니라 예측가능성을 침해하는 것도 아니라는 점에서 소급효를 긍정할 수 있다. 이 문제는 특히 친고죄에서의 고소와 공소시효에 그 의미가 있다. 즉 친고죄를 비친고죄로 하거나 공소시효를 연장한 신법을 적용하는 때에는 소급효금지의 원칙이 적용되지 않는다. 물론 이 경우에도 고소기간이 지났거나 공소시효가 완성된 때에는 신법에 의한 소급 적용이 금지된다.

(2) 보안처분

보안처분에 대하여 소급효의 적용이 가능한가에 대하여 긍정설과 부정설이 대립한다. 긍정설은 보안처분은 형벌이 아니라 장래의 위험성으로부터 행위자를 보호하고 사회를 방위하기 위한 것이라는 점에서 이를 긍정한다. 이에 반하여 부정설은 보안처분도 범죄에 대한 제재로서 자유를 제한하고 있는 것이며 보안처분에 대하여 적용되지 않는다면 형벌불소급의 원칙의 의의가 상실된다고 본다. 독일형법은 명문으로 보안처분의 경우 재판시법을 적용하도록 규정하고 있다(제2조 제6항). 그러나 우리 헌법 제12조 제1항은 "… 처벌, 보안처분 또는 강제노역"에 대하여 법률과 적법한 절차에 의할 것을 규정하고 있고, 독일형법과 같은 명문의 규정이 없다. 또한 형벌과 보안처분에서 설정된 목표는 이질적인 것이 아니므로 양자의 차별화는 타당하지 않으며, 보안처분이라는 우회적인 방법으로 형벌불소급의 원칙을 유명무실하게 할 위험성이 있으므로 보안처분도 소급효금지의 원칙을 적용하여 소급효를 부정하여야 한다. 판례는 보호관찰명령에 대한 소급 적용은 소급효금지의 원칙에 반하지 않으나(대판 1997. 6. 13, 97도703), 사회봉사명령의 경우에는 형벌불소급의 원칙이 적용된다고 보았다(대결 2008. 7. 24, 2008어4).

(3) 판례변경

판례변경으로 인하여 사후적으로 처벌받게 될 경우 이를 사후법 금지원칙에 위배된다고 할 수 있는지가 문제된다. 즉 행위 당시의 판례를 따르면 처벌대상이 되지 않았지만 행위 후 판례가 변경되어 처벌대상으로 된 경우 새로운 판례에 따라 처벌하는 것이 소급효금지원직에 반하지 않는가이나. 그러나 이 경우에는 소급치벌 금지대상에 해당하지 않는다고 보아야 한다. 판례변경은 유추해석이나 소급효 인정 등의 경우가 아닌 한 언제나 가능하고 허용되는 것으로서 소급입법과는 다르기 때문이다. 반면에 판례를 신뢰한 행위자의 신뢰보호라는 측면을 고려할 때 이를 위법성의 착오 유형에 해당하는 것으로 볼 가능성은 남는다.

판례 판례변경으로 인한 사후적 처벌의 예

• 특정범죄가중처벌등에관한법률위반(조세)사건에서 대법원은 "국토계획법이 정한 토지거래허가구역 내의 토지 등을 매수하였으나 그에 따른 토지거래허가를 받지 아니하고 이전등기를 마치지도 아니한 채 그 토지를 제3자에게 전매하여 그 매매대금을 수수하고서도 최초의 매도인이 제3자에게 직접 매도한 것처럼 매매계약서를 작성하고 그에 따른 토지거래허가를 받아 이전등기까지 마친 경우에, 그 이전등기가 말소되지 아니한 채 남아 있고 중간의 매도인이 수수한 매매대금도 제3자에게 반환하지 아니한 채 그대로 보유하고 있는 때에는 예외적으로 중간의 매도인에게 자산의 양도로 인한 소득이 있다고 보아 양도소득세 과세대상이 된다고 봄이 상당하고, 제3자에게 그 토지를 전매하지 아니하고 그 토지를 취득할 수 있는 권리를 양도한 경우라고 하여 달리 볼 것은 아니다"고 판시하여 특가법위반죄를 인정하였다(대판 2012. 2. 23, 2007도9143). 이러한 판례변경은 대판 2011. 7. 21, 2010두23644(전원합의체)를 통하여 이루어졌고 이에 근거한 판결이다.

Ⅴ. 적정성의 원칙

1. 의 의

적정성適正性원칙이란 국가작용의 적합성·합목적성을 의미한다. 국가목표의 달성을 위한 제반 수단 가운데 어느 것을 선택하는가는 입법자의 재량에 위임되어 있다. 그렇더라도 추구하는 목표를 달성하기에는 부적합한 수단을 동원하여 이를 성취하고자 할 때에는 적정성을 상실한다. 그리고 국가적 목표 달성의 절차 역시 적정하여야 한다(영미법상의 due process). 그러므로 헌법상의 인권보장 규정에 반하는 처벌규정이나 필요성 또는 합리성을 결여한 처벌규정 등은 죄형법정주의에 위배된다.

2. 비례성의 원칙

비례성원칙이란 범행의 경중과 행위자의 책임, 즉 형벌 사이에 균형을 갖추어야 함을 의미한다. 다시 말하면 범죄자 처벌이라는 국가적 목표 달성의 중요성과 기본권 침해의 정도를 비교·형량하여 양자가 불균형을 이룰 때에는 금지된다는 원칙을 말한다. 과잉금지원칙이라고도 한다. 왜냐하면 보호하려는 법익이 침해되는 이익보다 작을 경우 이러한 법 규범에 대한 수인受忍의 기대가능성은 낮을 것이기 때문이다. 이 원칙은 형사사법 작용의 영역에서는 형벌 등의 적정성을 의미하므로 잔인하거나 과도한 형벌이나 보안처분 또는 형사소송절차에서의 강제처분은 허용되지 않는다.

판례 **책임원칙과 비례성의 원칙**

① 야간특수폭행 등의 가중처벌과 비례성원칙

• 형사법상 책임원칙은 기본권의 최고이념인 인간의 존엄과 가치에 근거한 것으로, 형벌은 범행의 경중과 행위자의 책임 즉 형벌 사이에 비례성을 갖추어야 함을 의미한다. 따라서 기본법인 형법에 규정되어 있는 구체적인 법정형은 개별적인 보호법익에 대한 통일적인 가치체계를 표현하고 있다고 볼 때, 사회적 상황의 변경으로 인해 특정 범죄에 대한 형량이 더 이상 타당하지 않을 때에는 원칙적으로 법정형에 대한 새로운 검토를 요하나, 특별한 이유로 형을 가중하는 경우에도 형벌의 양은 행위자의 책임의 정도를 초과해서는 안 된다. …그럼에도 불구하고, 그 행위가 야간에 행해지고 흉기 기타 위험한 물건을 휴대하였다는 사정만으로 일률적으로 5년 이상의 유기징역형에 처하도록 규정한 것은 실질적 법치국가 내지는 사회적 법치국가가 지향하는 죄형법정주의의 취지에 어긋날 뿐만 아니라 기본권을 제한하는 입법을 함에 있어서 지켜야 할 헌법적 한계인 과잉금지의 원칙 내지는 비례의 원칙에도 어긋난다(헌재결 2004. 12. 16, 2003헌가12 전원재판부).

② 양심적 병역거부와 비례성원칙

• 양심적 병역거부는 '양심에 따른' 병역거부를 가리키는 것일 뿐 병역거부가 '도덕적이고 정당하다'는 의미는 아니다. 따라서 '양심적' 병역거부라는 용어를 사용한다고 하여 병역의무이행은 '비양심적'이 된다거나, 병역을 이행하는 병역의무자들과 병역의무이행이 국민의 숭고한 의무라고 생각하는 대다수 국민들이 '비양심적'인 사람들이 되는 것은 결코 아니다. 병역종류조항에 대체복무제가 마련되지 아니한 상황에서, 양심적 병역거부자들이 현재의 대법원 판례에 따라 처벌조항에 의하여 형벌을 부과받음으로써 양심에 반하는 행동을 강요받고 있으므로, 병역종류조항은 양심의 자유를 제한한다.

병역종류조항은, 병역부담의 형평을 기하고 병역자원을 효과적으로 확보하여 효율적으로 배분함으로써 국가안보를 실현하고자 하는 것이므로 정당한 입법목적을 달성하기 위한 적합한 수단이다. 병역종류조항은 병역의 종류를 현역, 예비역, 보충역, 병역준비역, 전시근로역의 다섯 가지로 한정적으로 열거하고 있다. 그런데 위 병역들은 모두 군사훈련을 받는 것을 전제하고 있으므로, 양심적 병역의무자에게 병역종류조항에 규정된 병역을 부과할 경우 그들의 양심과 충돌을 일으킬 수밖에 없다. 이에 대한 대안으로 논의되어 온 대체복무제는 군사훈련을 수반하는 병역의무를 일률적으로 부과하는 것에 비하여 양심의 자유를 덜 제한하는 수단임이 명백하므로, 대체복무제를 도입할 경우 현재의 병역종류조항과 동등하게 입법목적을 달성할 수 있는지 살펴본다. 양심적 병역거부자의 수는 병역자원의 감소를 논할 정도가 아니고, 이들을 처벌한다고 하더라도 교도소에 수감할 수 있을 뿐 병역자원으로 활용할 수는 없으므로, 대체복무제 도입으로 병역자원의 손실이 발생한다고 할 수 없다. 전체 국방력에서 병역자원이 차지하는 중요성이 낮아지고 있는 점을 고려하면, 대체복무제를 도입하더라도 우리나라의 국방력에 의미있는 수준의 영향을 미친다고 보기는 어렵다. 국가가 관리하는 객관적이고 공정한 사전심사절차와 엄격한 사후관리절차를 갖추고, 현역복무와 대체복무 사이에 복무의 난이도나 기간과 관련하여 형평성을 확보해 현역복무를 회피할 요인을 제거한다면, 심사의 곤란성과 양심을 빙자한 병역기피자의 증가 문제를 해결할 수 있다. 따라서 대체복무제를 도입하면서도 병역의무의 형평을 유지하는 것은 충분히 가능하다. 위와 같이 대체복무제의 도입이 우리나라의 국방력에 유의미한 영향을 미친다거나 병역제도의 실효성을 떨어뜨린다고 보기 어려운 이상, 우리나라의 특수한 안보상황을 이유로 대체복무제를 도입하지 않거나 그 도입을 미루는 것이 정당화된다고 할 수는 없다. 따라서 대체복무제라는 대안이 있음에도 불구하고 군사훈련을 수반하는 병역의무만을 규정한 병역종류조항은, 침해의 최소성 원칙에 어긋난다.

병역종류조항이 추구하는 '국가안보' 및 '병역의무의 공평한 부담'이라는 공익은 대단히 중요하나, 앞서 보았듯이 병역종류조항에 대체복무제를 도입한다고 하더라도 위와 같은 공익은 충분히 달성할 수 있다고 판단된다. 반면, 병역종류조항이 대체복무제를 규정하지 아니함으로 인하여 양심적 병역거부자들은 최소 1년 6월 이상의 징역형과 그에 따른 공무원 임용 제한 및 해직, 각종 관허업의 특허 · 허가 · 인가 · 면허 등 상실, 인적사항 공개, 전과자에 대한 유 · 무형의 냉대와 취업곤란 등 막대한 불이익을 감수하여야 한다. 양심적 병역거부자들에게 공익 관련 업무에 종사하도록 한다면, 이들을 처벌하여 교도소에 수용하고 있는 것보다는 넓은 의미의 안보와 공익실현에 더 유익한 효과를 거둘 수 있을 것이고, 국가와 사회의 통합과 다양성의 수준도 높아지게 될 것이다. 따라서 병역종류조항은 법익의 균형성 요건을 충족하지 못한 것으로 판단된다.

결론적으로 양심적 병역거부자에 대한 대체복무제를 규정하지 아니한 병역종류조항은 과잉금지원칙에 위배하여 양심적 병역거부자의 양심의 자유를 침해한다(대판 2018. 11. 1, 2016도10912 전원합의체).

제 4 장 형법의 시간적 · 장소적 · 인적 적용범위

제 1 절 시간적 적용범위

1. 행위시법주의와 재판시법주의

범죄의 성립과 처벌은 행위시의 법에 의하는 것을 행위시법주의라고 한다(헌법 제13조 제1항 및 형법 제1조 제1항). 이는 형법의 소급적용을 금지하는 것으로서 죄형법정주의의 핵심적 내용에 해당한다. 여기에서 행위시라고 함은 범죄행위의 종료시를 의미하며(대판 1994. 5. 10, 94도563), 결과 발생 여부를 묻지 않는다. 범죄행위가 신법과 구법에 걸쳐서 행하여진 경우에는 신법 시행 이후의 행위로 본다. 그리고 법률의 변경이란 형식적 의미의 법률의 변경만이 아니라 명령, 규칙 등의 하위법규도 포함된다.

한편 형법은 행위시의 법률보다 재판시의 법률이 범죄자에게 유리한 경우에는 재판시법을 적용하도록 하고 있다(제1조 제2항). 이는 법적 안정성과 예측가능성의 측면에서 어느 경우에도 범죄자에게 유리한 법을 적용하여야 한다는 죄형법정주의의 기본이념에 따른 것으로 볼 수 있다. 이러한 예로는 그 밖에도 범죄 후 법률의 변경으로 비범죄화한 경우가 있다(대판 1991. 1. 8, 90도2485). 이 경우에는 형사소송법상 "범죄 후의 법령개폐로 형이 폐지되었을 때"(동법 제326조 제4호)에 해당되어 면소판결을 선고하여야 한다. 다만 피고인에게 재판이 확정된 후 법률이 변경되어 비범죄화한 경우에는 이미 확정된 기판력으로 인하여 무죄로 될 수는 없으나 미확정자와의 형평성을 고려하여 형의 집행을 면제한다(제1조 제3항).

법률의 변경으로 형의 경중에 차이가 있는 경우에도 재판시법의 형이 가볍다면 재판시법을 적용한다. 형의 경중은 원칙적으로 법정형을 기준으로 하며 주형뿐만 아니라 부가형도 비교대상이 된다. 만일 범죄 후 여러 차례 법률이 변경되었을 때에는 행위시법과 재판시법 사이의 모든 중간시법을 비교하여 가장 가벼운 법을 적용하여야 한다.

2. 한시법과 추급효

(1) 한시법의 의의

한시법限時法이란 유효기간을 명시한 한시입법으로서 특별한 일시적 사정으로 인하여 임시적으로 제정된 법을 말한다. 이는 일정기간이 지나면 폐지될 법이므로 범죄 후 법이 폐지되었을 때 처벌을 할 수 있는지 여부가 문제된다. 이 밖에 유효기간을 정하지 않았지만 법령의 목적과 내용이 임시적인 성격을 지닌 법령을 포함하여 한시법이라고 보는 견해도 있다. 그러나 한시법은 전자의 의미로 제한하는 것이 타당하다. 확정된 유효기간을 전제로 하는 것이 법률 효력의 시간적 범위에 관한 불확실성을 해소할 수 있기 때문이다.

(2) 한시법의 효력

한시법의 유효기간이 경과하기 전에 범행을 한 경우에 유효기간이 경과한 다음에도 이를 처벌할 수 있는지 여부가 한시법의 효력, 즉 추급효追及效 문제이다. 이는 재판시 유효한 적용법규가 없는 경우이지만 이에 관해서 형법이 명문규정을 두고 있지 않으므로 문제가 된다.

1) 인정설

한시법의 유효기간 경과 후에도 한시법을 추급 적용하는 추급효를 인정하는 견해이다. 이 학설은 첫째 행위시에 존재한 행위의 불법성은 비록 법률이 효력을 상실하였다고 하더라도 비난받아야 하며, 둘째 추급효를 인정하지 않게 되면 한시법의 유효기간 종료가 가까워짐에 따라 위반행위가 급증하더라도 유효기간이 경과한 후 처벌할 수 없게 되어 법의 실효성이 떨어진다는 입장이다.

2) 부정설

이는 추급효를 인정하지 않는 입장으로서 형법이 행위자에게 유리한 법률 변경의 경우 신법주의(재판시법주의)를 인정하고 있을 뿐(제1조 제2항) 행위자에게 불리한 한시법의 추급효를 인정하는 예외규정을 두고 있지 않은 점을 그 근거로 든다(예외규정에 의해서만 한시법의 추급효를 인정할 수 있다). 그러므로 재판시에는 유효기간의 경과로 효력을 상실한 한시법만 있을 뿐이므로 면소판결(형사소송법 제326조 제4호)을 선고하여야 한다고 보는 학설이다.

3) 동기설

동기설은 법률변경의 동기가 법적 견해의 변경인가(재판시법 적용) 아니면 사실관계의 변화에 따른 것인가(행위시법 적용)에 따라 후자의 경우에만 추급효를 인정하는 견해이다.

판례는 동기설을 따르고 있다. 즉 판례는 "일반적으로 어떤 행위에 대한 형벌규정이 폐지된 경우에 그것이 법률이념의 변경에 따라 종전에 그 행위를 처벌대상으로 삼은 것이 부당하다는 반성적 고려에서 폐지된 것이라면 이는 형사소송법 제326조 제4호 소정의 범죄 후 법령의 개폐로 형이 폐지된 경우에 해당하여 면소의 대상이 되지만, 이와 달리 다만 형벌규정 제정 당시의 사회적, 경제적 사정의 변경에 따라 형벌규정이 폐지되거나 또는 처벌법규의 체계를 정리하기 위하여 발전적으로 폐지된 경우에는 면소의 대상이 되지 않는다"고 판시하고 있다(대판 1985. 5. 14, 85도529).

판례 동 기 설

① 부정설(재판시법 적용)

• 형벌법령 제정의 이유가 된 법률이념의 변천에 따라 과거에 범죄로 보던 행위에 대하여 그 평가가 달라져 이를 범죄로 인정하고 처벌한 그 자체가 부당하였다거나 또는 과형이 과중하였다는 반성적 고려에서 법령을 개폐하였을 경우에는 형법 제1조 제2항에 따라 신법을 적용하여야 한다(대판 2016. 1. 28, 2015도18280).

• 2010. 7. 23. 법률 제10395호로 개정되어 신설된 정치자금법 제10조 제3항은 "후원인이 후원회 지정권자에게 직접 후원금을 기부한 경우 해당 후원회 지정권자가 기부받은 날부터 30일 이내에 기부받은 후원금과 기부자의 인적사항을 자신이 지정한 후원회의 회계책임자에게 전달한 경우에는 해당 후원회가 기부받은 것으로 본다"고 규정하면서 경과규정을 별도로 두고 있지 아니한바, 이와 같이 개정하게 된 것은 국회의원 등 후원회 지정권자가 후원인으로부터 직접 정치자금을 받아 단기간 내에 후원회 회계책임자에게 전달한 경우까지 후원인이 후원회에 직접 입금한 경우와 다르게 보아 처벌대상으로 삼은 **종전의 조치가 부당하다고 보았기 때문이다**. 따라서 이 사건에서 피고인이 공소외인으로부터 받은 정치자금을 30일 내에 공소외인의 인적사항과 함께 피고인의 후원회 회계책임자에게 전달하였다면, 이는 **형법 제1조 제2항의 '범죄 후 법률의 변경에 의하여 그 행위가 범죄를 구성하지 아니한 때'에 해당한다**고 할 것이다(대판 2011. 4. 14, 2010도2540).

② 인정설(행위시법 적용)

• 미신고 자본거래 행위를 처벌하는 외국환거래법령의 형이 가볍게 개정되면서 형사처벌의 대상이 모든 미신고행위에서 미신고금액 10억원을 초과하는 행위로, 다시 미신고금액 50억원을 초과하는 행위로 변경된 사안에서, 위와 같은 법규 개정은 법률이념의 변경이 아니라 다른 사정의 변천에 따라 **그때그때의 특수한 필요에 대처하기 위하여 법령이 개폐된 경우로서 형법 제1조 제2항이 적용되지 않는다**(대판 2012. 4. 26, 2011도17639).

동기설은 법률이념의 변경과 정치적 · 사회적 · 경제적 정세의 변화는 독립적이 아니고 상호 보완적이라는 점을 도외시한 것이라고 보지 않을 수 없다. 또한 재판시법 원칙을 규정한 형법 제1조 제2항의 취지와도 배치되는 결론이다. 그러므로 한시법의 추급효는 법률 내용보다는 기술적인 문제로 보는 것이 타당하다. 이러한 입장에서 부정설이 법률기속의 원칙에 부합하는 견해라고 볼 수 있다.

3. 백지형법

(1) 의 의

백지형법白地刑法이란 형벌의 종류와 한도만을 규정하고 구체적인 구성요건의 내용은 다른 법규에 위임하여 별도의 보충(보충규범)을 필요로 하는 형벌법규를 의미한다(예: 중립명령위반죄(제112조)). 즉 다른 형벌법규에 의하여 구성요건의 내용이 구체화되지 않는 이상 적용이 불가능한 구성요건을 말하는 것이다. 백지형법은 구성요건의 내용이 전문적이거나 기술적인 내용을 포함할 경우에 불가피하게 관련 법규에 위임하여야 하기 때문에 발생한다.

(2) 백지형법의 시간적 적용범위

백지형법은 보충규범에 의하여 적용 여부가 결정되기 때문에 보충규범의 개폐는 곧 적용법조의 차이를 초래한다. 이에 따라 만일 백지형법의 보충규범이 개폐되어 재판시법에 의하면 처벌대상이 되지 않거나 형이 감경된 경우에 구법인 행위시법을 적용할 것인지 아니면 신법인 재판시법을 적용할 것인지 여부가 문제된다. 이는 보충규범의 개폐를 형법 제1조 제2항이 규정하고 있는 '법률의 변경'으로 볼 것인지 아니면 단순한 법률의 내용변경으로 볼 것인지의 문제이다.

1) 제1설

보충규범의 개폐를 구성요건의 내용 변경에 불과하다고 보아 형법 제1조 제1항에 의하여 행위시법을 적용하여야 한다는 견해이다.

2) 제2설

이는 보충규범의 개폐는 법률의 변경에 해당한다고 보아 형법 제1조 제2항을 적용하여야 한다는 견해로서 다수설이다. 이는 추급효를 부인하는 견해로서 보충규범이 변경되어 처벌대상에서 제외되면 면소판결을 하여야 한다고 본다.

3) 제3설(절충설)

개폐된 보충규범의 내용 여하에 따라 행위시법이나 재판시법을 적용하여야 한다는 견해이다. 즉 구성요건 자체에 관한 변경인지(재판시법 적용) 아니면 사실면에서의 법규의 변경에 해당하는 것인지(행위시법 적용)에 따라 다르게 판단한다.

백지형법이 보충규범의 충족을 필요로 하는 것은 행위의 특수성이나 상황의 가변성에서 비롯되는 것이다. 그리고 보충규범에 의하지 않고는 백지형법의 적용은 불가능하다. 그러므로 보충규범이 변경되는 것은 곧 법률의 변경에 해당한다고 보는 것이 타당하고(제2설) 이러한 해석이 제1조 제2항의 정신과도 부합한다.

제 2 절 장소적 적용범위

형법의 장소적 적용범위는 어느 지역에서 형사사건이 발생한 경우 해당 사건에 자국형법을 적용하여 행위자를 처벌할 수 있는가의 문제이다. 물론 장소적 적용범위라는 용어는 적용범위의 문제에서 단지 어느 지역이나 장소만이 문제되는 것이 아니라, 행위자의 국적이나 보호법익과 같은 것도 문제되므로 적절한 표현은 아니다. 여기서 이러한 용어상의 혼란을 피하기 위해 형벌적용법(Strafanwendungsrecht)이라는 용어를 사용하기도 한다. 장소적 적용범위에 대하여는 속지주의, 속인주의, 보호주의, 세계주의, 형사대리처벌주의 등과 같은 다양한 입법방식이 존재한다. 우리 형법은 총칙의 제2조에서부터 제7조까지 그리고 각칙이나 특별법에서 장소적 적용범위에 관한 다수의 규정들을 가지고 있다.

Ⅰ. 속지주의

형법은 “대한민국 영역 내에서 죄를 범한 내국인과 외국인에게 적용한다”(제2조)고 규정하고 있으며 이를 속지주의(또는 영토주의)라고 한다. 즉 형법의 효력이 미치는 장소적 범위는 자국의 영역 내에서 발생한 모든 범죄에 대하여 행위자의 국적을 불문하고 형법이 적용되는 것을 의미한다. 국외를 운항 중인 자국의 선박이나 항공기 내에서 발생한 범죄에 대해 자국형법을 적용하는 기국주의(제4조)도 속지주의의 변형이다. 이 원칙은 주권국가의 영토고권과 독립성, 그리고 평등성을 존중하는 원칙이며, 동시에 증거조사는 범행 현장에서 하는 것이 소송 경제를 도모하고 개별 사건의 실체적 진실을 밝히는 데에 적합하다는 점에 그 근거가 있다. 그러나 구체적으로는 대한민국의 통치권이 실질적으로 미치는 지역으로 한정하는 견해(통치권기준설)와 헌법 제3조의 영토조항에 따라 형법의 장소적 적용범위를 정하는 견해(영토주권기준설)로 나눌 수 있다. 대법원은 통치권기준설을 취하고 있다.

속지주의 원칙에 따라 범죄구성요건의 전부 또는 일부가 대한민국의 영역 내에서 이루어지면 형법이 적용되며, 공범의 경우에는 정범의 행위지뿐 아니라 공범의 행위지도 범죄지로 볼 수 있다. 판례가 인정하는 공모공동정범의 경우에는 범행지가 아니라 공모지도 범죄지에 포함시키고 있다.

판례 공모공동정범과 범죄지

- "형법 제2조를 적용함에 있어서 **공모공동정범의 경우 공모지도 범죄지로 보아야 할 것**이므로 원심이 공모지는 범죄지로 볼 수 없고, 따라서 피고인 최○○이 이 사건 향정신성의약품을 매수한 행위는 외국인의 국외범에 해당한다고 본 것은 형법 제2조 국내범에 관한 법리를 오해한 위법이 있고…"(대판 1998. 11. 27, 98도2734).

대한민국 영역은 한반도와 그 부속도서(헌법 제3조) 및 영해를 의미하므로 북한도 대한민국 영역에 포함되지만 대한민국의 통치권이 현실적으로 행사되는 지역은 아니다. 그러므로 북한지역은 대한민국의 형법이 적용되지 않는 외국에 준하여 취급하여야 할 것이다. 판례 역시 외국인이 자국을 출발하여 북한에 들어간 행위는 대한민국의 영역 내에서 이루어진 것이라고 보아 형법 제2조를 적용하여야 한다는 입장이었으나 판례를 변경하여 이를 외국인의 국외범(제5조, 제6조)에 해당하는 문제로 보았다.

판례 외국인의 국외범과 국가보안법

- 대한민국 국민이 아닌 사람이 외국에 거주하다가 그곳을 떠나 반국가단체의 지배하에 있는 지역으로 들어가는 행위는, 대한민국의 영역에 대한 통치권이 실지로 미치는 지역을 떠나는 행위 또는 대한민국의 국민에 대한 통치권으로부터 벗어나는 행위 어디에도 해당하지 않으므로, 이는 국가보안법 제6조 제1항, 제2항의 탈출 개념에 포함되지 않는다(대판 2008. 4. 17, 2004도4899 전원합의체). 즉 피고인의 행위는 외국인의 국외범에 해당되지만 국가보안법위반은 형법 제5조, 제6조에 포함되지 않으므로 형사처벌 대상이 아니다.

Ⅱ. 속인주의

자국의 국적을 가진 자에 대해서는 범죄지를 불문하고 자국의 형법을 적용한다. 이를 속인주의라고 하는데 형법 역시 대한민국 영역 외에서 죄를 범한 대한민국 국민에 대해서도 형법이 적용된다고 규정하고 있다(제3조). 그러므로 비록 외국에서 그 행위가 범죄행위에 해당하지 않더라도 한국형법에 의하여 범죄행위에 해당하는 이상 한국형법이 적용된다(적극적 속인주의 또는 국적주의). 그러나 이러한 적극적 속인주의에 대해서는 행위지법에 의해서도 가벌성이 인정되는 경우로 제한하여야 한다는 주장이 제기될 수 있다.

판례 **국내법과 행위지법**

• **"도박죄를 처벌하지 않는 외국 카지노에서의 도박이라는 사정만으로 그 위법성이 조각된다고 할 수 없으므로,** 원심이, 피고인이 상습으로 1996. 9. 19.부터 1997. 8. 25.경까지 사이에 판시와 같이 미국의 네바다 주에 있는 미라지 호텔 카지노에서 도박하였다는 공소사실에 대하여 유죄를 인정한 것도 정당하고, …… 도박죄의 위법성조각에 관한 법리오해 등의 위법이 있다고 할 수 없다"(대판 2004. 4. 23, 2002도2518).

이 판례는 국내에서 특별법에 의해 일부 지역에서 내국인에 대해 카지노에서의 도박행위를 허용하더라도 도박행위가 원칙적으로는 허용되지 않으므로 외국 카지노에서 도박행위는 형법상 도박죄에 해당한다고 본 것이다.

속인주의는 자국민의 국외범죄에 대해서 뿐만 아니라 대한민국 영역 내의 외교면제지역에서 대한민국 국민이 범죄행위를 한 경우에도 적용된다는 것이 대법원 판례이다.

판례 **국내 외교면제 지역 내에서의 내국인의 범죄행위**

• 국제협정이나 관행에 의하여 서울에 있는 미국문화원이 치외법권 지역이고 그곳을 미국영토의 연장으로 본다 하더라도 그곳에서 죄를 범한 피고인들에 대하여 우리 법원에 먼저 공소가 제기되고 미국이 자국의 재판권을 지금까지도 주장하지 않고 있는 바에야 속인주의를 함께 채택하고 있는 우리나라의 재판권은 피고인들에게도 당연히 미친다 할 것이다. 또 미국문화원 측이 피고인들에 대한 처벌을 바라지 않았다고 하여 그 재판권이 배제되는 것도 아니다(대판 1986. 6. 24, 86도403).

Ⅲ. 보호주의

형법은 대한민국 영역 외에서 내란의 죄, 외환의 죄, 국기에 관한 죄, 통화에 관한 죄, 유가증권 · 우표와 인지에 관한 죄, 문서에 관한 죄 중 제225조 내지 제230조(공문서에 대한 죄), 인장에 관한 죄 중 제238조(공인 등의 위조 · 부정사용죄)를 범한 외국인에게 적용한다(제5조)고 규정하여 부분적으로 보호주의를 채택하고 있다. 이러한 보호주의는 특정 범죄에 대하여 외국인의 국외범을 처벌하는 경우로서 보호법익과 관련되는 원칙이다. 즉 자국의 중요한 보호법익을 침해하는 범죄행위에 대해서는 범죄자의 국적과 범죄지를 불문하고 자국 형법을 적용하는 원칙이다. 그래서 이를 국가보호주의라고도 한다.

동시에 형법은 외국인이 외국에서 대한민국이나 대한민국 국민에 대하여 범죄행위를 한 경우에도 우리 형법을 적용하고 있다. 즉 제6조에서 "대한민국 영역 외에서 대한민국 또는 대한민국 국민에 대하여 전 조에 기재한 이외의 죄를 범한 외국인"에게도 형법을 적용한다고 규정하고 있다. 제6조의 외국인은 국가적 법익에 대한 죄나 개인적 법익에 대한 죄를 범한 외국인을 의미하는 것으로 해석할 수 있다. 사회적 법익에 대한 죄는 제5조에 해당하는 것으로 볼 수 있다. 다만 행위지의 법률에 의하여 범죄를 구성하지 않거나 소추가 면제되는 경우 또는 형의 집행을 면제할 경우에는 우리 형법을 적용하지 않는다(제6조 단서).

판례 외국인의 국외범

• 내국 법인의 대표자인 외국인이 내국 법인이 외국에 설립한 특수목적법인에 위탁해 둔 자금을 정해진 목적과 용도 외에 임의로 사용한 데 따른 횡령죄의 피해자는 당해 금전을 위탁한 내국 법인이다. 따라서 그 행위가 외국에서 이루어진 경우에도 행위지의 법률에 의하여 범죄를 구성하지 아니하거나 소추 또는 형의 집행을 면제할 경우가 아니라면 그 외국인에 대해서도 우리 형법이 적용되어(형법 제6조), 우리 법원에 재판권이 있다(대판 2017. 3. 22, 2016도17465).

• **캐나다 시민권자가 캐나다에서 위조사문서를 행사한 경우**: 캐나다 시민권자인 피고인이 캐나다에서 위조사문서를 행사하였다는 내용으로 기소된 사안에서, 형법 제234조의 위조사문서행사죄는 형법 제5조 제1호 내지 제7호에 열거된 죄에 해당하지 않고, **위조사문서행사를 형법 제6조의 대한민국 또는 대한민국 국민의 법익을 직접적으로 침해하는 행위라고 볼 수도 없으므로** 피고인의 행위에 대하여는 우리나라에 재판권이 없는데도, 위 행위가 외국인의 국외범으로서 우리나라에 재판권이 있다고 보아 유죄를 인정한 원심판결에 재판권 인정에 관한 법리오해의 위법이 있다(대판 2011. 8. 25, 2011도6507).

• **외국선적 선박 내에서 외국인의 대한민국 국민에 대한 범죄행위**: 조선족 중국인인 피고인들(6명)은 참치잡이 원양어선 페스카마(PESCA MAR) 15호에 승선하여 남태평양 해상에서 근무하던 중 한국인 선원들이 피고인들에 대하여 조업거부 등을 이유로 징계의결을 하고 피고인들을 하선시키기 위하여 사모아로 회항하게 되자, 자신들의 의사에 반하여 하선당하는 데 불만을 품은 나머지 선장, 갑판장 등 한국인 선원 7명과 인도네시아인 선원 3명, 조선족 중국인 선원 1명 등 선원 11명을 잔혹하게 살해하였다(대판 1997. 7. 25, 97도1142). 이 사건은 외국선적의 배에서 외국인이 대한민국 국민에 대해 범행을 한 경우로서 한국형법이 적용된 예이다.

Ⅳ. 세계주의

세계주의(Weltrechtsprinzip)는 범죄가 국외의 어디에서 발생하였는지, 또한 행위자나 피해자의 국적 여하를 불문하고 특정한 범죄의 경우에 자국형법을 적용할 수 있다는 입장이다. 형법은 총칙에서 세계주의에 관한 명문의 규정을 두고 있지 않다. 그러나 각칙의 제31장 약취·유인 및 인신매매의 죄에 해당하는 범죄에 대하여는 대한민국 영역 밖에서 본 죄를 범한 외국인에게 우리 형법을 적용함으로써 세계주의를 실현하고 있다(제296조의2). 그리고 국제조약의 이행법률인 '마약류 불법거래 방지에 관한 특례법'과 "국제형사재판소 관할범죄의 처벌 등에 관한 법률"의 집단살해죄 등에 대해 세계주의가 적용된다.

V. 외국에서 집행된 형

대한민국 국민이 외국에서 범죄를 범한 경우 적극적 속인주의와 범죄지의 속지주의가 중복되어 이중처벌의 가능성이 있다. 그러므로 구 형법은 범죄에 의하여 외국에서 형의 전부 또는 일부의 집행을 받은 자에 대하여는 형을 감경 또는 면제할 수 있도록 하였다. 헌법재판소는 이 규정이 이중처벌금지원칙에는 위배되지 않지만 신체의 자유를 과도하게 침해한다고 하여 헌법불합치 결정을 하였다(헌재결 2015. 5. 28, 2013헌바129). 이에 따라 형법 제7조는 외국에서 형의 전부 또는 일부의 집행을 받은 자에 대하여는 집행된 형의 전부 또는 일부를 형의 선고에 산입하도록 개정되었다(전지연, 외국에서 집행받은 형의 선고와 형법 제7조의 개정방향, 형사판례연구(24), 1면 이하).

판례 형법 제7조

① 외국에서 집행된 형

• 입법자는 외국에서 형의 집행을 받은 자에게 어떠한 요건 아래, 어느 정도의 혜택을 줄 것인지에 대하여 일정 부분 재량권을 가지고 있으나, …외국에서 실제로 형의 집행을 받았음에도 불구하고 우리 형법에 의한 처벌시 이를 전혀 고려하지 않는다면 신체의 자유에 대한 과도한 제한이 될 수 있으므로 그와 같은 사정은 어느 범위에서든 반드시 반영되어야 하고, 이러한 점에서 입법형성권의 범위는 다소 축소될 수 있다.

입법자는 국가형벌권의 실현과 국민의 기본권 보장의 요구를 조화시키기 위하여 형을 필요적으로 감면하거나 외국에서 집행된 형의 전부 또는 일부를 필요적으로 산입하는 등의 방법을 선택하여 청구인의 신체의 자유를 덜 침해할 수 있음에도, 이 사건 법률조항과 같이 우리 형법에 의한 처벌시 외국에서 받은 형의 집행을 전혀 반영하지 아니할 수도 있도록 한 것은 과잉금지원칙에 위배되어 신체의 자유를 침해한다(헌재결 2015. 5. 28, 2013헌바129).

② 외국에서 집행된 미결구금

• 형법 제7조는 "죄를 지어 외국에서 형의 전부 또는 일부가 집행된 사람에 대해서는 그 집행된 형의 전부 또는 일부를 선고하는 형에 산입한다"라고 규정하고 있다. 이 규정의 취지는, 형사판결은 국가주권의 일부분인 형벌권 행사에 기초한 것이어서 피고인이 외국에서 형사처벌을 과하는 확정판결을 받았더라도 그 외국 판결은 우리나라 법원을 기속할 수 없고 우리나라에서는 기판력도 없어 일사부재리의 원칙이 적용되지 않으므로, 피고인이 동일한 행위에 관하여 우리나라 형벌법규에 따라 다시 처벌받는 경우에 생길 수 있는 실질적인 불이익을 완화하려는 것이다. 그런데 여기서 '외국에서 형의 전부 또는 일부가 집행된 사람'이란 문언과 취지에 비추어 '외국 법원의 유죄판결에 의하여 자유형이나 벌금형 등 형의 전부 또는 일부가 실제로 집행된 사람'을 말한다고 해석하여야 한다. 따라서 형사사건으로 외국 법원에 기소되었다가 무죄판결을 받은 사람

은, 설령 그가 무죄판결을 받기까지 상당 기간 미결구금되었더라도 이를 유죄판결에 의하여 형이 실제로 집행된 것으로 볼 수는 없으므로, '외국에서 형의 전부 또는 일부가 집행된 사람'에 해당한다고 볼 수 없고, 그 미결구금 기간은 형법 제7조에 의한 산입의 대상이 될 수 없다(대판 2017. 8. 24, 2017도5977 전원합의체)(이에 대한 평석은 전지연, 외국에서 행해진 미결구금의 국내형의 산입여부와 개정방안, 형사법연구, 제30권 제2호(2018), 117면 이하).

제 3 절 인적 적용범위

헌법은 대통령 및 국회의원에 대해서는 형법 적용범위의 특례를 인정하고 있다. 즉 대통령은 내란 또는 외환의 죄를 범한 경우를 제외하고는 재직중 형사상의 소추를 받지 아니한다(헌법 제84조). 그러나 헌법상의 탄핵소추(헌법 제65조)는 별개의 문제이다. 국회의원은 국회에서 직무상 행한 발언과 표결에 관하여 국회 외에서 책임을 지지 아니한다(헌법 제45조). 이는 대의민주주의의 근간인 의사표현의 자유를 보장하기 위한 면책특권免責特權이다. 그리고 국제법상 국가원수와 외교관, 그 가족 및 내국인이 아닌 종자에 대해서는 접수국의 재판관할권이 면제된다. 그러나 이는 실체법인 형법으로부터의 면제는 아니다.

한·미주둔군지위협정(Status of Forces Agreement, SOFA)에 의하여 대한민국 당국과 미 합중국 군 당국은 각자의 관할권 원칙에 따라 독자적인 형사재판권을 보유한다. 즉 합중국 군 당국은 대한민국 안에서 합중국 군대의 구성원과 군속, 그들의 가족에 대해 합중국 법령이 부여한 모든 형사재판권과 징계권을 가진다(속인주의 원칙. 협정 제122조 제1항 가). 다음으로 대한민국 당국은 합중국 군대의 구성원, 군속 및 그들의 가족에 대하여 대한민국 영역 안에서 범한 범죄로서 대한민국법령에 의하여 처벌할 수 있는 범죄에 관하여 형사재판권을 갖는다(속지주의 원칙. 협정 제22조 제1항 나). 그러므로 미군과 군속 및 그 가족이 대한민국 영역 내에서 범한 모든 범죄는 대한민국 당국의 형사관할권의 대상이 된다.

지위협정에 따르면 파견국과 접수국 중 한 국가의 법령에 의해서만 처벌 가능한 범죄의 경우에는 처벌 가능한 국가가 전속적 관할권을 갖는다(협정 제22조 제2항 가). 재판관할권을 행사할 권리가 경합할 경우에는 "오로지 합중국의 재산이나 안전에 대한 범죄, 또는 합중국 군대의 타 구성원이나 군속 또는 그들의 가족의 신체나 재산에 관한 범죄"와 "공무집행 중에 발생한 작위나 부작위에 의한 범죄"의 경우에는 합중국 군 당국에 1차적으로 재판관할권을 부여하고, 그 외의 경우에는 모두 대한민국 사법당국이 1차적 재판권을 갖는 것으로 규정하고 있다(협정 제22조 제3항 나). 여기에서 "공무집행 중"의 판단에는 합중국 군 당국이 발급한 공무증명서가 결정적인 기준이 된다는 점에서 논란의 소지가 있다.

이처럼 합중국 군 당국이 1차적 재판관할권을 갖는 경우를 제외하고는 모두 대한민국 정부가 1차적으로 재판관할권을 갖는다. 그러나 이 경우에도 전속적 재판권의 경우와 비슷하게 본 협정(협정 제22조 제3항 다)과 합의의사록 규정(협정 제22조 제3항 (나)에 관한 합의의사록)에 의하여 합중국 군 당국의 요청이 있으면 대한민국 당국의 재판권 행사가 특히 중요한 경우를 제외하고는 일정한 절차(미국 측의 관할권 포기요청)에 따라 한국측이 1차적 재판권을 포기하도록 규정하고 있다. 이 부분이 논란이 되는 내용이다.

[총론]

제 2 편

범 죄 론

제 1 장 범죄론 체계

제 1 절 범죄론 체계와 그 기능

Ⅰ. 범죄론 체계의 내용

오늘날 범죄행위를 규범적으로 규정하기 위해서는 범죄론 체계에 의한 판단을 거쳐서 하게 된다. 특히 독일형법학의 영향을 받은 우리나라나 일본의 경우는 물론이고 미국의 경우에도 행위에 대한 형법적 평가의 단계는 우리와 별로 다를 바 없다. 우리나라 형법학에 지대한 영향을 준 독일 형법학이론, 특히 20세기 초 벨링(E. Beling, 1866-1932)에 의해서 확립된 3단계 범죄론 체계를 구체적으로 살펴보면 먼저 행위가 구성요건에 해당하여야 한다. 즉 행위가 형법상 범죄행위로 규정되어 있어야 하는 것은 죄형법정주의 원칙에 비추어 보면 당연하다. 이는 대륙법 국가의 법 체계처럼 단일의 독립적인 '형법'전을 갖추고 있거나 아니면 개별 범죄유형에 따라 다양한 형사특별법의 형태로 운영되는 영·미의 법 체계나 차이가 없다. 그리고 구성요건이란 범죄로서 성립하기 위한 실질적 요건을 의미하기 때문에 객관적 구성요건뿐만 아니라 주관적 구성요건 역시 충족되어야 한다.

다음으로 구성요건에 해당하는 행위라고 하더라도 모두 형사처벌의 대상으로 되는 것은 아니다. 구성요건에는 해당하지만 그 행위를 불법 또는 위법행위라고 평가할 수 없는 상황적 여건이 존재하기 때문이다. 이것이 위법성의 문제로서 그 예가 정당행위(제20조), 정당방위(제21조)나 긴급피난(제22조) 등 소위 위법성조각사유이다. 그러므로 위법성 판단은 처벌할 가치가 있는 해악의 존재를 확인하는 단계이다.

끝으로 오늘날의 형사책임은 행위책임이면서 동시에 책임원칙이 적용된다. 즉 행위가 구성요건에 해당하고 정당화될 수 없는 위법행위이더라도 발생한 행위의 결과를 행위자 개인의 형사책임으로 귀속시킬 수 있으려면 개인의 책임이 전제되어야 한다. 행위자에게 그 행위에 대한 비난을 할 수 있어야 하는 것이다. 여기에서 형사책임능력(제9조 이하)의 문제나 비난가능성 등의 문제가 제기되는 것이다. 그러므로 범죄의 성립 여부를 판단하는 것은 실질적으로는 위법성과 책임판단이라고 할 수 있다. 이처럼 행위자에 대한 형사책임의 귀속은 구성요건, 위법성, 책임이라는 3단계의 검토를 거친 후에 가능한 점에서 범죄론은 체계화되는 것이다.

이러한 상황은 영·미 형사법 체계에서도 동일하게 인정되는 바이다. 영국이나 미국 형법에서 역시 정당방위(self defence)나 긴급피난이 논의되는 것은 당연한 것이다. 다만 이를 정당성(justification, 위법성)과 면책(excuse, 책임)이라는 범죄론 체계구조로 분석하지 않을 뿐이다. 대신에 상황이나 필요성에 대한 오판에서 비롯된 행위는 정당성의 문제로, 행위자의 구성요건적 행위가 정당화될 수는 없으나 최소한 개인적 책임을 인정하기에는 미흡하다고 판단될 때에는 면책되는 것으로 본다. 이는 양자의 개념적인 구별 실익을 인정하지 않은 영·미식 합리주의적 사고의 결과일 뿐이다. 그러나 일반적인 시각에서 양자를 구별하면 구성요건에 해당하는 어느 행위가 정당화되는 것은 그 행위가 옳거나 최소한 바람직하지 않다고 볼 수 없는 행위("The conduct is thought to be right, or at least not undesirable")를 가리키고, 면책된다는 것은 그 행위가 바람직하지 않으나 어떤 이유 때문에 행위자를 비난할 수 없는 행위("The conduct is thought to be undesirable but that for some reason the actor is not to be blamed for it")라고 본다.

Ⅱ. 범죄론 체계의 기능

형법은 사회 내에서 발생하는 법익침해적 행위를 규정하고 이에 대하여 형사처벌을 부과하는 법 규범이다. 어느 행위가 법 규범에 의하여 범죄행위로 규정된다는 점에서 범죄행위는 사회현상 가운데 형법적 판단에 따라 선별된 행위라고 볼 수 있다. 그리고 형사사법기관은 법 규정에 따라 특정행위에 대한 범죄행위 해당 여부를 판단하고 이에 대하여 형벌을 부과하는 것을 임무로 한다.

그러나 사회 내에서 발생하는 법익침해적 행위는 그 형태와 내용이 복잡다기하다. 만일 이러한 경우를 모두 상정하고 형법을 제정한다면 형법의 구성요건은 헤아리기 힘들 정도로 다수일 것이며, 형사정책적으로도 부정적인 형법의 과잉 상황을 초래할 수 있다. 여기에서 형법은 일부 행위에 대해서만 형법적 의미의 범죄로 규정이 가능하다는 점을 인정하여야 한다(이를 형법의 단편적 성격이라고 한다). 동시에 입법기술적 한계 때문에 해석에 의하여 적용이 가능할 수 있도록 죄형법정주의의 범위 내에서 개별적·특정적 개념을 사용하지 않고 일반적·포괄적 개념을 사용하여 입법을 할 수밖에 없다.

이러한 상황에서 범죄론 체계는 통일적 체계가 갖는 내재적 성격, 즉 형법을 해석하는 데에 원칙과 한계를 설정하여 불합리하고 자의적恣意的인 법 해석과 법 적용을 차단하는 기능을 한다. 또한 일관성과 형평성을 유지하여 사안별 균형을 이룰 수 있게 한다. 즉 법관으로 하여금 일관성 있는 법 적용과 법의 내면에 존재하는 상이한 구성요건의 공통점과 입법목적을 인식하게 하는 법 발견의 원동력으로 기능한다.

이러한 측면과 달리 추상화된 범죄론 체계는 개별 사안을 해결하는 데에 구체적 타당성을 결여한다는 비판이 있다. 상이한 개별 사안을 체계로 포섭하여 해결하는 결과 초래되는 획일화의 위험성에 대한 지적이다. 동시에 이러한 체계종속적 방법은 법 감정 등에 비추어 보다 설득력 있는 해결가능성을 감소시키며, 때로는 형사정책적으로 불합리한 결론을 도출하기 쉽다는 역기능을 지적하는 것이다.

이러한 지적은 궁극적으로 개별 사안을 해결한다는 구체적인 목표설정의 차이에서 비롯되는 것은 아니다. 그러나 체계 중심이 아니라 문제 중심 사고에 의하여 개별 사건을 해결할 경우에는 법적 명확성이라는 죄형법정주의 원칙에 위배될 가능성이 있다는 점을 지적하지 않을 수 없다. 범죄론 체계는 형법에서 가장 중요한 예측가능성과 법적 확실성을 담보하는 수단이다. 사안별 타당성을 추구하기 위하여 범죄론 체계를 포기하는 것은 형법의 중심 기능을 포기하는 것과 같다. 여기에서 우리는 범죄론 체계가 난순한 도그마가 아님을 일 수 있다. 그렇더라도 문제 중심 사고가 형법상의 문제해결에서 완전히 배제되는 것은 아니다. 범죄론 체계범위 내에서 구체적 타당성을 발견하기 위한 방법론으로서 필요한 경우도 있는 것이다. 예를 들어 방법의 착오를 해결하기 위한 여러 학설은 고의의 인정범위를 둘러싼 연역적인 해결책이라고 하기보나는 구체적 타당싱을 싱정한 귀납적인 방법으로 주장되는 것으로 볼 수 있기 때문이다.

제 2 절 범죄론 체계의 발전

Ⅰ. 범죄론 체계와 행위론

범죄는 인간의 외부적 행위를 통해서 나타난다. 그러나 인간행위가 인간의 의사와 무관하게 이루어지는 것이 아니라 밀접한 연관 속에서 실행된다는 점에서 범죄론 체계는 특히 고의와 과실의 체계적 지위를 둘러싸고 커다란 차이를 보인다.

1. 인과적 행위론과 고전적 범죄론 체계

고전적 범죄론 체계는 인과적 행위론에 근거하고 있다. 인과적 행위론은 인간행위를 순수한 자연과학적 대상 개념으로 파악하여 행위를 오로지 형법적 평가를 위한 연결점의 의미로만 파악하며, 행위와 비행위, 즉 형법적 평가의 대상이 될 수 없는 현상을 분리하는 기능만을 인정한다. 그러므로 인과적 행위론에서는 행위방법과 관련된 의사방향이나 내용은 중요하지 않으며, 결과적으로 범죄체계론상 구성요건과 위법성의 단계에서는 고의범과 과실범을 구별하지 않게 된다. 특히 미수범의 경우 구성요건해당성의 단계에서는 그 의미가 드러나지 않는다(인과적 행위론의 현대적 수정 학설인 신고전적 범죄론 체계에서는 결국 미수범의 경우에는 구성요건적 고의를 주관적 불법요소로 인정하고 있다). 이처럼 인과적 행위론은 구성요건 단계에서는 행위와 결과 및 양자 사이의 인과관계가 판단의 대상이 되고, 위법성 단계에서는 위법성조각사유의 객관적 요건이 존재하는지 여부가 판단의 대상이 된다. 그리고 책임의 단계에서 책임능력의 문제와 책임의 종류로서 고의와 과실을 구별하고, 책임조각사유로서 기대불가능성도 검토된다. 여기에서 유의할 점은 책임요소로 편입된 고의의 내용으로 객관적 구성요건 요소에 대한 인식뿐만 아니라 위법성의 인식도 포함한다는 것이다(그러므로 위법성 인식이 없으면 고의범이 성립할 수 없게 된다. 위법성의 착오와 관련하여 이를 엄격고의설이라고 부르며, 오상방위의 경우에 의미가 있다).

인과적 행위론에 대해서는 행위의 본질을 외면하고 있다는 비판이 가해진다. 즉 인간의 행위란 인과적으로 단순한 결과의 유발이 아니라 그러한 결과를 초래한 행위자의 내심의 의사가 핵심이며, 이를 행위개념에서 제외하는 것은 부당하다는 것이다.

2. 목적적 행위론과 범죄론 체계

목적적 행위론에서는 행위란 인간의 의사에 의해 지배되는 목적 지향적인 인간활동이라고 본다. 즉 인간행위를 맹목적 행동으로서 인과적인 것이 아니라 목표를 설정하고 그 목표를 달성하는 데에 가장 적합한 수단을 선택하는 것으로 파악한다. 그러므로 고의범과 과실범은 행위구조가 서로 다르기 때문에 당연히 행위를 요소로 포함하는 구성요건의 단계에서 검토하여야 한다고 보는 입장이다. 여기에서는 책임의 단계에서 고의범과 과실범에 공통으로 인정되어야 하는 책임능력 유무, 위법성 인식의 가능성, 기대가능성을 평가 요소로 삼으며 위법성의 인식을 독립적인 책임요소로 보았다는 점이 특징이다(그러므로 위법성 인식이 결여되면 책임이 조각되며 이러한 입장을 엄격책임설이라고 부른다).

목적적 행위론은 인간행위의 목적 지향성이라는 특성을 반영하여 범죄론 체계를 한 단계 발전시켰다는 평가를 받는다. 반면에 과실범의 경우 목적 지향성을 설명하기가 어려운 난관에 봉착하게 된다. 또한 외부적 행위가 전혀 없는 부진정 부작위범의 경우 과연 '행위'의 내용으로서 목적 지향성을 어떻게 설명할 수 있는지가 비판의 대상이 된다.

3. 사회적 행위론

사회적 행위론에서는 인간행위를 인간의 의사에 의하여 지배되거나 지배 가능한 사회적으로 중요한 행위라고 정의한다. 그러므로 작위뿐만 아니라 부작위도 행위의 사회적 중요성이 있다고 보기 때문에 모든 인간행동의 공통의 기준이 된다. 그리고 사회적 행위론의 범죄론 체계는 목적적 행위론의 체계와 크게 다르지 않다.

사회적 행위론은 인간행위의 사회적 중요성이라는 관점에서 행위를 파악한다는 점에서는 타당하다. 사회적 중요성을 내포하지 않는 인간행위는 사회적 관심사 또는 규범적 평가의 대상으로 떠오르지 않을 것이기 때문이다. 그러나 문제는 사회적 중요성이라는 관점이 구체적 실질을 내포하지 못하고 있다는 점이다. 단순히 "인간의 의사에 의하여 지배되거나 지배 가능한 사회적 의미 있는 행위"라고만 한다면 인간의 의사에 의해 지배되지 않는 행위를 과연 행위라고 할 수 있으며, 사회적 의미가 전혀 없는 행위가 형법적 관심 대상이 될 수 없다는 반론에 봉착한다. 결국 형법상 행위는 구성요건과 관련짓지 않고 고찰하게 되면 어떠한 사회적 의미도 구체화할 수 없게 된다. 그리고 행위의 사회적 의미는 그 자체로서가 아니라 구성요건 해석에 대한 사회적 의미 변화에 따라 달라질 수도 있는 것이다. 즉 전구성요건前構成要件적인 행위의 사회적 중요성이란 공허한 개념이며, 그렇기 때문에 사회적 행위론은 인과적 행위론이나 목적적 행위론에 비해 행위를 합리적으로 설명하고는 있지만 일종의 포장개념에 불과하다는 기능적 한계를 지적하지 않을 수 없다.

4. 현대의 범죄론 체계와 행위론

오늘날 범죄론 체계는 소위 목적론적 범죄론 체계를 따르는 것이 지배적 견해라고 할 수 있다(이를 '합일태적 범죄론체계'라고도 한다). 즉 형법규범이 갖고 있는 금지 또는 권고규범적 성격에 맞추어 범죄론 체계를 정립하고 있는 것이다. 구체적으로 살펴보면 구성요건 단계에서는 객관적 구성요건과 주관적 구성요건을 검토하고, 위법성에서는 객관적 위법성 조각사유 및 주관적 위법성 조각사유(위법성 정당화사유)를, 마지막으로 책임의 단계에서는 책임능력, 책임요소로서의 고의책임(고의의 이중적 기능을 인정한다), 불법인식(위법성 인식), 책임조각사유 유무를 평가 대상으로 한다.

한편 행위론과 관련해서는 행위의 존재론적 또는 사물논리적 구조를 밝히는 것이 형법의 영역에 속하는 것이라고 볼 수 없다는 점을 인식하여야 한다. 인간행위의 본질론은 법규범이 지향하는 목표와 일치하지 않으며 직접 관련된 문제도 아니다. 오히려 행위론은 형법상의 불법을 구성하는 행위는 어떠한 질을 구비하고 있어야 하는가라는 규범적 문제를 대상으로 하여야 한다. 기존의 행위론에서 이러한 본질론을 배제하면 남는 문제는 행위가 갖는 범죄 체계론상의 기능 문제가 될 것이다.

Ⅱ. 결과불법과 행위불법

범죄행위는 현상적으로 살펴보면 대부분 행위와 결과로 이루어져 있다. 그리고 행위와 결과는 각각 규범위반적 성격을 지니고 있다. 여기에서 위법성의 근거를 행위와 결과 가운데 어느 곳에 두는가에 따라 행위불법론(또는 행위무가치론)과 결과불법론(결과무가치론)으로 나뉜다.

결과불법론은 객관적 시각에서 위법성을 평가하는 것에 중점을 두고 있으며 행위불법론은 행위자의 내면의 태도를 중시한다. 즉 후자의 경우 법익 침해라는 결과를 초래한 행위자의 내심의 방향이 행위로 나타난 것이므로 행위가 위법성 판단의 핵심이라는 것이다. 행위불법론은 종래 위법성의 본질로서 법규범위반설法規範違反說과 연결되어 있다. 법규범위반설에서는 위법성을 법 규범 또는 법 질서에 반하는 것으로 이해하며 위법성의 실질을 도덕이나 윤리, 사회적 상당성과 같은 가치문제로 바라본다. 이와 달리 결과불법론은 형법을 사회통제의 수단으로 보기 때문에 법익을 침해하거나 또는 그러한 위험을 발생하게 하는 것에 대하여 위법성을 인정한다(법익침해설). 그러므로 결과불법론은 객관주의적 범죄론의 성격을 띠며, 행위불법론은 주관주의적 범죄론에 해당한다고 할 수 있다.

이러한 행위불법과 결과불법의 관계는 형법상의 행위론에 의해 영향을 받았다. 인과적 행위론에 기초한 고전적 범죄론 체계에 의하면 불법성은 결과불법만을 가지고 판단하게 된다. 이에 대해 행위불법론은 인간행위의 내면적 관련성을 강조한 목적적 행위론(Welzel)에 의해서 주장되었다. 목적적 행위론에 따르면 결과를 지향하는 목적성은 행위의 내용이기 때문에 불법성을 판단하는 요소가 된다. 여기에서 불법성은 행위자와 분리될 수 없는 성질을 갖기 때문에 이를 인적 불법론人的 不法論이라고도 한다. 이 경우 결과불법은 행위불법이 인정되는 범위 내에서만 의미가 있게 된다. 예를 들어 방어의사 없이 한 정당방위 상황에서의 방어행위는 외견상 고의적인 법익 침해행위에 해당한다. 그러나 객관적인 상황이 정당방위상황이었다는 점에서 결과불법은 부인될 수 있지만 행위불법은 그대로 남게 된다. 따라서 행위자가 정당방위가 필요한 상황이라는 인식, 곧 정당방위의 주관적 성립요건(주관적 정당화사유)인 방어의사를 갖고 있어야만 행위불법성은 제거될 수 있는 것이다.

제3절 법인의 행위주체성과 범죄능력

Ⅰ. 서 언

형법상의 구성요건은 자연인의 범죄행위를 대상으로 하여 출발하였다. 그러나 자연인뿐만 아니라 법인도 사회생활상 중요한 기능을 수행하게 되었고, 그 결과 법인에 대한 형사처벌이 사회적으로 필요한 상황이 되었다. 우선 법인에 대한 형사처벌 문제와 관련해서는 법인의 범죄능력 인정 여부와 법인의 형사책임(형벌능력)과의 연관성을 어떻게 파악할 것인가가 초점이다.

Ⅱ. 법인의 범죄능력

법인의 범죄(행위)능력에 대해서는 긍정설과 부분적 긍정설 및 부정설로 나뉜다.

1. 긍정설

긍정설은 법인실재설을 토대로 하여 법인에게도 범죄능력을 인정하여도 논리적으로 문제가 없고 법인 기관을 통한 의사형성의 가능성이 있으며, 재산형의 부과는 가능하고 효과적일뿐 아니라 생명형도 이들 법인에 대한 해산명령 등으로 의미해석을 하면 적용이 가능하다고 본다. 또한 책임능력 역시 사회적 책임의 귀속능력으로 볼 수 있고, 법인의 사회적 기능의 중요성에 비추어 범죄능력과 수형능력의 인정이 형사정책적으로도 필요하다고 주장한다.

2. 부분적 긍정설

부분적 긍정설(신동운, 오영근, 임웅)은 법인처벌규정이 있는 범위 내에서는 법인의 행위능력을 예외적으로 인정하거나, 형사범에서는 법인의 범죄능력을 부정하고 행정범의 경우에는 긍정하는 견해이다. 그리고 형법이 책임주의원칙을 취하고 있는 이상 법인의 범죄능력을 전면적으로 부정하는 것은 책임주의라는 형법의 기초를 무너뜨리는 이론으로서 타당하지 않다고 주장한다.

3. 부정설

범죄능력은 속성상 자연인을 전제로 한 것이며 법인은 주체적 자기결정능력이 없으므로 법인에게는 인정되기 어렵다고 보는 견해이다. 법인에게는 자연인에게 가능한 생명형이나 자유형과 같은 수형능력도 없으며, 법인에 대한 형사처벌(벌금형)은 사회적 필요성에서 나온 형사정책적 산물이다. 그리고 현실적으로 범죄능력이 없음에도 불구하고 이를 인정하여야 한다는 것은 오히려 책임원칙을 넘어서는 주장이다.

법인 처벌을 규정한 양벌규정은 자연인을 처벌하면서 동시에 법인을 처벌하는데, 이는 책임원칙 때문이 아니라 법인 책임을 의제한 정책적 판단에서 비롯되기 때문이다. 법인에 대해 법 인격의 취소나 해산명령, 영업정지와 같은 행정적 제재수단을 동원할 수 있다고 하지만 이는 형벌에 해당하지 않는 것으로서 행정적 목적 달성을 위한 제재수단에 불과하다. 또한 법인의 범죄능력을 인정하게 되면 결과적으로 법인에 소속되었지만 범죄행위에 전혀 관여하지 않은 사람도 불이익을 받게 되어 자기책임 원칙에도 반한다. 그러므로 법인의 범죄능력은 부인하는 것이 타당하다(판례, 배종대, 이/장/강, 이정원, 이형국).

판례 법인의 범죄능력

• 형법 제355조 제2항의 배임죄에 있어서 타인의 사무를 처리할 의무의 주체가 법인이 되는 경우라도 법인은 다만 사법상의 의무주체가 될 뿐 범죄능력이 없는 것이며 그 타인의 사무는 법인을 대표하는 자연인인 대표기관의 의사결정에 따른 대표행위에 의하여 실현될 수밖에 없어 그 대표기관은 마땅히 법인이 타인에 대하여 부담하고 있는 의무내용 대로 사무를 처리할 임무가 있다 할 것이므로 법인이 처리할 의무를 지는 타인의 사무에 관하여는 법인이 배임죄의 주체가 될 수 없고 그 법인을 대표하여 사무를 처리하는 자연인인 대표기관이 바로 타인의 사무를 처리하는 자 즉 배임죄의 주체가 된다(대판 1984. 10. 10, 82도2595 전원합의체). 본 판결로 대판 1983. 2. 22, 82도1527; 1982. 2. 9, 80도1796 등은 변경되었다.

• 법인은 사법상의 권리의무의 주체가 될 수 있음은 별론으로 하더라도 법률에 명문의 규정이 없는 한 그 범죄능력은 없고 그 법인의 업무는 법인을 대표하는 자연인인 대표기관의 의사결정에 따른 대표행위에 의하여 실현될 수밖에 없다고 할 것인 바, 자동차관리법 제13조 제5항의 규정에 의하여 시·도지사로부터 등록된 자동차에 관한 직권 말소등록의 통지를 받고 당해 자동차의 자동차등록증·등록번호판 및 봉인을 반납하여야 하는 의무를 부담하는 "당해 자동차를 소유하여 온 자"가 법인인 경우에는 자연인인 대표기관이 그 업무를 수행하는 것이므로 같은 법 제82조 제2호에서 '제13조 제5항의 규정에 위반하여 정당한 사유없이 등록번호판 및 봉인을 반납하지 아니한 자'라 함은 법인의 대표기관인 자연인을 의미한다고 할 것이다(대판 2007. 10. 26, 2006도7280).

Ⅲ. 법인 처벌의 근거

법인의 범죄능력을 부인하는 부정설에 입장에서도 법인을 처벌하는 행위자 이외에 법인을 처벌하는 양벌규정(예: 조세범처벌법 제18조, 부정경쟁방지 및 영업비밀보호에 관한 법률 제19조, 성폭력처벌법 제51조, 대외무역법 제57조 등)의 존재로 인하여 법인 처벌의 이론적 근거에 관한 학설의 대립이 있다.

양벌규정에 의한 법인 처벌의 근거에 관해서는 종업원이나 법인의 기관의 행위에 의한 법인의 대위책임을 인정하는 무과실책임설(김/서, 배종대, 이/장/강), 법인 자신의 종업원에 대한 관리·감독의무 위반에 기초한 부작위책임을 인정하는 부작위감독책임설(오영근, 정/박), 법인의 종업원(행위자)의 선임 내지 감독책임을 인정하면서 법인의 반증이 없으면 과실이 추정된다고 보는 과실추정설(김대휘, "양벌규정의 해석", 형사판례연구(10), 26면)로 나뉜다.

오늘날 법인의 형사책임이 문제되는 것은 기업의 생산활동이 확대되어 가면서 이들 기업의 행위로 인한 사회적 위해성 또한 증대되고 있기 때문이다. 법인에 대한 양벌규정을 둔 것은 바로 이러한 기업조직에 대한 제재 필요성이 형사정책적으로 필요하기 때문이다. 헌법재판소는 종업원 등의 범죄행위에 관하여 비난할 근거가 되는 법인의 의사결정 및 행위구조, 즉 종업원 등이 저지른 행위의 결과에 대한 법인의 독자적인 책임에 관하여 전혀 규정하지 않은 채, 단순히 법인이 고용한 종업원 등이 업무에 관하여 범죄행위를 하였다는 이유만으로 법인에 대하여 형사처벌을 하는 것은 책임주의에 반한다는 이유로 위헌결정을 하였다(헌재결 2007. 11. 29, 2005헌가10 전원재판부). 이에 따라 양벌규정을 둔 행정형법의 규정은 법인 또는 개인의 위반행위를 방지하기 위하여 해당 업무에 관한 상당한 주의와 감독을 게을리 하여 행정법규 위반행위를 한 경우를 조건으로 하여 행위자 이외에 법인이나 개인에게도 형을 과한다고 규정하여야 한다는 점을 밝혔다. 이러한 헌법재판소 위헌결정의 취지에 비추어볼 때 무과실책임설은 더 이상 타당하지 않게 되었다. 그러므로 양벌규정에 의한 법인 처벌의 근거는 과실책임이며, 과실의 내용은 법인의 기관으로서 법인과 동일시되는 대표자의 과실이나 법인의 종업원에 대한 감독소홀 과실이라고 할 수 있다.

제 2 장 구 성 요 건

제 1 절 객관적 구성요건

Ⅰ. 구성요건과 위법성

구성요건이란 살인이나 절도와 같이 형사처벌이 필요하다고 판단한 행위를 처벌하기 위하여 범죄의 성립요건을 기술한 것이다. 그리고 이러한 행위를 처벌하기 위한 구성요건의 총체가 형법이며, 형법규정은 구성요건을 통하여 불법행위의 내용을 기술해 놓고 있다. 그러므로 불법성을 인정하기 위한 기본적 전제조건은 구성요건해당성이며 구성요건에 해당하는 행위는 이를 정당화하는 사유(위법성조각사유)에 해당하지 않는 한 위법한 행위라고 할 수 있다(구성요건의 위법성 추정 기능이라고 한다). 왜냐하면 구성요건이란 보호법익, 예를 들면 개인의 생명·재산이나 사회의 안전, 국가의 존립과 같은 이익들을 보호하기 위하여 가벌성이 인정되는 특정 행위를 추출한 것이므로 구성요건에 해당한다는 것은 곧 위법행위임을 추정하게 하기 때문이다. 그리고 불법이란 구성요건해당성과 위법성을 포함하는 개념이다.

〈소극적 구성요건 요소론〉

형법은 범죄행위에 대한 불법성, 즉 형사책임 여부를 판단하기 위하여 구성요건과 위법성 판단을 거치는 구조로 이루어져 있다. 그리고 행위에 대하여 구성요건해당성과 위법성이 인정되면 행위자 개인의 형사책임 여부를 판단한다. 이를 책임이라고 하며 이러한 책임판단을 함으로써 3단계 구조를 이루고 있다.

소극적 구성요건 요소론은 이와 달리 범죄론 체계를 불법(구성요건해당성＋위법성)과 책임의 2단계로 나누어 파악하는 입장의 이론이다. 이 이론에서는 행위의 불법성을 인정하기 위해서 통상의 구성요건은 존재하여야 하는 적극적 구성요건인 반면에 구성요건에 해당하는 행위를 정당화시켜 주는 위법성조각사유가 존재할 경우 범죄의 불법성이 상실되게 하는 요소이므로 이를 소극적 구성요건 요소라고 본다(이렇게 파악하는 구성요건 개념을 총체적 불법구성요건이라고 부른다). 그러므로 예를 들면 살인죄 규정은 '사람을 살해하지 말라'는 의미가 아니라 '정당한 이유 없이 사람을 살해하지 말라'는 의미를 내포하고 있다고 해석하는 것이다. 그 결과 위법성조각사유가 인정되어 정당화되는 행위는 금지규범(살인죄 규정)에 저촉되는 것이 아니며, 정당방위로 사람을 살해할 경우 이는 구성요건에도 해당하지 않는다고 보게 된다.

그러나 이 이론의 문제점은 구성요건 자체가 갖는 실질적 기능이 무시되어 사람을 살해하더라도 정당방위에 의한 것이라면 구성요건해당성 자체도 부인하는 결과가 된다는 점이다. 이는 구성요건에 해당하는 행위에 대하여 예외적으로만 정당성을 인정하는 구성요건과 위법성의 가치 차이를 부인하는 것으로서 비록 정당방위로 사람을 살해하는 것이라고 하더라도 이를 소극적 구성요건의 흠결로 구성요건해당성이 없다고 보는 것은 타당하지 않다. 사람을 살해하였다는 법익 침해는 남아있기 때문이며, 이는 법익 침해 자체가 없는 행위, 예를 들어 통행인이 많은 곳을 지나다가 마주오던 사람과 부딪치는 행위를 동일시하는 것과 다름없다. 결론적으로 위법성조각사유가 존재한다고 해서 구성요건해당성까지도 제거되는 것은 아니라는 점에서 위법성조각사유의 부존재를 소극적 구성요건해당성이라고 보는 것은 타당하지 않다.

Ⅱ. 객관적 구성요건의 형태적 분류

1. 행위와 결과

(1) 결과범과 거동범

객관적 구성요건 가운데 가장 중요한 것은 행위와 결과이다. 위험범이나 미수범은 법익침해의 결과가 발생하지 않았음에도 불구하고 결과 발생의 위험성이나 결과 발생으로 연결되는 행위에 착수한 것 때문에 처벌하는 경우이다. 결과범(또는 실질범)이란 행위 이외에 구체적인 결과 발생을 필요로 하는 구성요건을 말한다. 예를 들면 살인죄(제250조)에서 살해행위 이외에 사망이라는 결과 발생이 필요한 것과 같다. 상해죄(제257조)나 손괴죄(제366조)도 마찬가지이다.

이와 달리 거동범(또는 형식범)은 결과 발생을 필요로 하지 않으며 단순한 거동(행위)만으로도 구성요건이 실현되는 범죄유형을 말한다. 거동범은 미수와 기수가 구별되지 않는 범죄유형이다. 예를 들면 위증죄(제152조)에서 선서한 증인의 허위증언만으로도 구성요건은 실현된 것이며, 위증으로 인하여 오판의 결과가 발생할 것을 필요로 하지 않는다. 무고죄(제156조), 공연음란죄(제245조), 음화 등 반포·판매·임대·공연전시죄(제243조), 명예훼손죄(제307조), 모욕죄(제311조), 입찰방해죄(제315조)도 거동범에 해당한다.

판례 거동범

- **입찰방해죄**는 위계 또는 위력 기타의 방법으로 입찰의 공정을 해하는 경우에 성립하는 것

으로서, 입찰의 공정을 해할 행위를 하면 족하고 현실적으로 입찰의 공정을 해한 결과가 발생할 필요가 없으며, 위력의 사용은 폭행·협박의 정도에 이르러야만 되는 것도 아니다(대판 1993. 2. 23, 92도3395).

• **위증죄**는 선서한 증인이 고의로 허위진술을 함으로써 성립하고 그 진술이 당해 사건의 판결에 어떠한 영향을 미치게 하였는가는 위증죄 성립에 아무 관계가 없다(대판 1966. 9. 13, 66도863).

[구별개념] 실질범과 형식범

결과범과 비슷하지만 다른 것으로서 실질범이 있다. 실질범은 법익 침해뿐만 아니라 위험이 발생한 경우에 성립하는 범죄유형을 말한다(침해범과 위험범을 포함). 실질범에 대응하는 것으로 형식범이 있다. 형식범은 결과나 위험성과 무관하게 법규 위반 사실만으로 성립하는 범죄를 말한다. 주로 행정범에 속하는 범죄유형이다.

(2) 침해범과 위험범

침해범과 위험범은 법익 보호의 정도에 따른 분류로서 침해범은 협의의 결과범으로서 구성요건상의 행위객체가 침해되어야 기수에 이르는 범죄이다. 이에 반해 위험범(또는 위태범)은 보호법익이 침해될 위험이 있으면 성립하는 범죄로서 위험 발생을 필요로 하는 구체적 위험범과 결과로서의 위험 발생을 전제로 하는 추상적 위험범으로 구별한다. 구체적 위험범은 위험의 발생이 구성요건 표지에 해당하기 때문에 법관은 위험 발생 여부를 판단하여야 한다(이러한 의미에서 광의의 침해범이라고 할 수 있다). 반면에 추상적 위험범은 위험성이 구성요건 표지에 해당하지 않으며 규범의 존재 근거가 되므로 법관이 구체적인 사안에서 위험이 존재하는지 여부를 판단할 필요가 없다.

형법은 구체적 위험범에 대하여 "공공의 위험을 발생"하게 한 경우를 들고 있으며, 그 예로는 방화죄의 일부 구성요건(제166조 제2항, 제167조, 제179조 제2항, 제181조 등)이 있다. 추상적 위험범의 예로는 위증죄, 현주건조물등 방화죄(제164조 제1항), 일반건조물 등 방화죄(제166조 제1항), 교통방해죄(제185조), 협박죄(제283조), 신용훼손죄(제313조), 업무방해죄(제314조) 등이 있다.

판례 위험범

① 도로교통법 제45조의 약물운전금지위반죄가 위태범인지 여부

• 도로교통법 제45조에 "자동차등의 운전자는 제44조의 규정에 의한 술에 취한 상태 외에 과로·질병 또는 약물(마약 대마 및 향정신성의약품과 그밖에 행정안전부령이 정하는 것을 말한다)의 영향과 그 밖의 사유로 인하여 정상적으로 운전하지 못할 우려가 있는 상태에서 자동차등을 운전하여서는 아니 된다"고 규정하고 있다. 위 규정의 법문상 필로폰을 투약한 상태에서 운전하였다고 하여 바로 처벌할 수 있는 것은 아니고 그로 인하여 정상적으로 운전하지 못할

우려가 있는 상태에서 자동차 등을 운전한 경우에만 처벌할 수 있다고 봄이 상당할 것이나, 위 도로교통법위반죄는 이른바 위태범으로서 약물 등의 영향으로 인하여 '정상적으로 운전하지 못할 우려가 있는 상태'에서 운전을 하면 바로 성립하고, 현실적으로 '정상적으로 운전하지 못할 상태'에 이르러야만 하는 것은 아니다. 따라서 피고인이 필로폰 투약의 증상이 나타나는 통상적인 수량을 투약하고 근접한 시간 내에 운전을 하였다면 위태범인 위 도로교통법위반죄가 성립하고, 피고인이 현실적으로 필로폰 투약의 영향으로 인하여 정상적으로 운전하지 못하는 상태에 이르러야 하는 것은 아니다(대판 2010. 12. 23, 2010도11272).

② 협박죄의 위험범성

• 협박죄는 사람의 의사결정의 자유를 보호법익으로 하는 위험범이라 봄이 상당하고, 협박죄의 미수범 처벌조항은 해악의 고지가 현실적으로 상대방에게 도달하지 아니한 경우나, 도달은 하였으나 상대방이 이를 지각하지 못하였거나 고지된 해악의 의미를 인식하지 못한 경우 등에 적용될 뿐이라고 판시하여 위험범설에 입각하고 있다(대판 2007. 9. 28, 2007도606 전원합의체).

(3) 상태범과 계속범

상태범은 일정한 법익 침해가 발생하면 범죄가 완성되어 그 이후의 행위는 범죄행위를 구성하지 않는 범죄를 말한다. 살인죄, 절도죄 등이 대표적인 예로서 절도죄는 절취행위를 통하여 타인의 재물을 취득하면 절도죄는 완성되고 그 이후에는 침해상태가 계속되므로 더 이상의 침해행위는 인정되지 않는다. 판례는 내란죄도 상태범으로 본다(아래 판례 참조). 반면에 일정한 법익 침해의 상태가 계속되는 동안에는 범죄 역시 계속되는 것을 계속범이라고 한다. 감금죄(제276조), 주거침입죄(제319조), 범죄단체가입죄(제114조) 등이 그 예로서 감금행위가 계속되는 한 감금죄의 객관적 · 주관적 구성요건 역시 계속 실현되는 것이다.

판례 상태범과 계속범

① 내란죄의 상태범성

• 내란죄는 국토를 참절하거나 국헌을 문란할 목적으로 폭동한 행위로서, 다수인이 결합하여 위와 같은 목적으로 한 지방의 평온을 해할 정도의 폭행 · 협박행위를 하면 기수가 되고, 그 목적의 달성 여부는 이와 무관한 것으로 해석되므로, **다수인이 한 지방의 평온을 해할 정도의 폭동을 하였을 때 이미 내란의 구성요건은 완전히 충족된다고 할 것이어서 상태범으로 봄이 상당하다**고 판시하였다(대판 1997. 4. 17, 96도3376 전원합의체).

② 체포죄의 계속범성

• 체포죄는 계속범으로서 체포의 행위에 확실히 사람의 신체의 자유를 구속한다고 인정할 수 있을 정도의 시간적 계속이 있어야 하나, 체포의 고의로써 타인의 신체적 활동의 자유를 현실적으로 침해하는 행위를 개시한 때 체포죄의 실행에 착수하였다고 볼 것이다(대판 2018. 2. 28, 2017도21249).

계속범과 상태범을 구별하는 실익은 ① 정범과 공범의 성립시기가 계속범의 경우에는 기수 이후에도 가능하지만 상태범은 불가능하다는 점, ② 공소시효가 계속범의 경우에는 기수 시점이 아니라 위법한 상태가 제거된 시점부터 진행된다는 점, ③ 정당방위의 성립과 관련해서 계속범은 침해범죄의 기수 이후에도 가능하지만 상태범의 경우에는 기수 이후에는 불가능하다는 점에 있다.

계속범의 경우에는 범죄가 계속되는 도중에 법률 개정이 있는 경우 각각 독립된 행위에 해당하므로 법 개정 전후를 나누어 평가하여야 한다(기소 역시 독립적으로 하여야 한다).

판례 계속범의 법률 개정시 적용 법조

• 계속범의 성질을 갖는 건축법상 무단 용도변경 및 사용의 공소사실을, 그 행위기간 사이의 건축법에 대한 위헌결정 및 건축법 개정에 기인한 처벌규정의 효력상실과 경과규정 등으로 인하여, **시기별로 각각의 독립된 행위로 평가**하여 적용 법률을 특정하고 그에 따라 유·무죄의 판단을 달리하여야 한다(대판 2001. 9. 25, 2001도3990). **즉 이러한 경우 개정된 건축법이 시행되기 전의 행위에 대해서는 개정 전의 건축법을, 그 이후의 행위에 대해서는 개정된 건축법을 각각 적용하여야 하는 것이다.**

2. 행위주체

(1) 일반범과 신분범

통상적으로 범죄의 주체는 사람이다(일반범). 그러나 구성요건 가운데에는 행위주체를 일정한 범위로 한정하고 있는 경우가 있다. 이를 신분범이라고 한다. 신분범은 다시 일정한 신분을 가진 경우에만 처벌 대상이 되는 진정신분범과 신분을 가지고 있으면 형이 무거워지거나 가벼워지는 부진정신분범으로 나뉜다. 전자의 예로는 수뢰죄('공무원 또는 중재인'), 위증죄('법률에 의하여 선서한 증인'), 허위진단서등의 작성죄('의사, 한의사 …'), 횡령죄('타인의 재물을 보관하는 자'), 배임죄('타인의 사무를 처리하는 자') 등이 있다. 부진정신분범으로는 존속살해죄('직계비속'), 영아살해죄('직계존속') 등이 있다. 신분범을 인정하는 실익은 특히 신분자와 비신분자 간에 이루어지는 공범관계, 간접정범의 문제에 있다.

판례 농업협동조합법상 호별방문죄의 진정신분범성

• 판결이유 : 농업협동조합법 제50조 제2항은 "임원이 되고자 하는 자는 정관이 정하는 기간 중에는 선거운동을 위한 조합원을 호별로 방문하거나 특정장소에 모이게 할 수 없다"고 규정하여 그 호별방문죄의 주체를 '임원이 되고자 하는 자'로 제한하고 있는 바, … 호별방문죄는 그 주체를 '임원이 되고자 하는 자'로 특별히 제한하고 있어서 '임원이 되고자 하는 자'가 아닌 자의 호별방문은 금지되지 아니하고 있는 점, **'방문'이라는 행위의 태양은 행위자의 신체를 수단**

으로 하는 것으로 행위자의 인격적 요소가 중요한 의미를 가지는 점… 등에 비추어 보면, **농업협동조합법상의 호별방문죄는 '임원이 되고자 하는 자'라는 신분자가 스스로 호별방문을 한 경우만을 처벌하는 것**으로 보아야 하고, 비록 **신분자와 비신분자와 통모하거나 신분자가 비신분자를 시켜 방문케 하였다고 하더라도 비신분자만이 호별방문을 한 경우에는 신분자는 물론 비신분자도 같은 죄로 의율하여 처벌할 수 없다**(주: 피고인이 아니라 비신분자인 피고인의 동생이 단독으로 조합원의 집을 방문하였다)(대판 2003. 6. 13, 2003도889).

평　가: 이 판례는 호별방문죄를 진정신분범으로 본 것이다. 그리고 신분자가 비신분자와 통모하거나 비신분자를 시켜서 호별방문행위를 하게 하였더라도 양자를 처벌할 수 없다고 하였다. 이는 형법 제33조 본문의 적용(신분자와 비신분자의 공동정범, 교사범, 종범 성립을 인정)을 배제한 판결로서 신분자(임원 출마자)의 구성요건해당행위가 없었다는 점에 그 이유가 있다고 본다. 특히 '방문'이라는 행위 태양은 행위자의 인격적 요소가 중요하다고 하여 일종의 자수범을 인정한 것으로 보인다. 그 결과 신분자에게 간접정범을 인정할 수 있는 이론적 가능성은 있지만(이 경우 비신분자는 불가벌적인 도구에 불과하다) 자수범은 간접정범을 인정할 수 없다는 점에서 부인된다. 또한 신분자에게 공범인 교사범을 인정하게 되면 진정신분범의 정범적격성이 없는 문제점이 있다.

신분범 대신에 의무범을 인정하는 견해가 있다. 이는 구성요건에 규정된 신분 유무가 아니라 형법외적인 의무자로서의 지위가 인정되면 의무범에 해당되어 신분범처럼 취급하여야 한다는 입장이다. 그러므로 의무범을 인정하면 형법상의 신분요소가 아니라 의무위반 여부에 따라 행위자의 정범성을 판단하게 된다.

(2) 결합범

실현되는 구성요건의 수를 기준으로 한 분류로서 결합범이란 단일범과 달리 여러 개의 구성요건이 결합하여 별개의 독립된 구성요건을 이룬 경우를 말한다. 결합범의 예를 들면 강간죄와 살인죄가 결합한 강간살인죄(제301조의2), 체포 · 감금죄 및 약취 · 유인죄와 감금죄가 결합한 인질강요죄(제324조의2), 폭행 · 협박죄와 절도죄가 결합한 강도죄(제333조), 강도죄와 강간죄가 결합한 강도강간죄(제339조) 등이 있다. 성폭력처벌법상으로는 특수강도강간죄(동법 제3조)가 있다.

(3) 자수범

직접 구성요건을 실현시킨 자만이 정범이 될 수 있는 범죄유형을 자수범自手犯이라고 한다. 즉 자수범은 직접적인 구성요건의 실현행위에 불법의 핵심이 놓여 있는 범죄유형이다.

자수범과 관련해서는 긍정론과 부인론이 있다. 자수범부인론의 입장에서는 인과관계만을 행위자의 정범성을 판단하는 기준으로 삼아서 결과에 대한 원인 제공을 하면 모두 정범으로 인정하거나(단일정범개념론), 형법 제33조 본문이 신분관계가 없는 자에게도 신분범과의 공동정범이나 교사범, 방조범을 인정하고 있고, 제34조 제1항은 간접정범을 교사 또는 방조의 예에 의하여 처벌한다고 규정하여 제33조 본문을 다시 적용하면 결국 신분 없는 자도 간접정범이 될 수 있다고 해석하여 현행 형법상 자수범은 인정되지 않는다는 견해이다. 이에 반해 자수범긍정론은 구성요건의 행위자가 직접 범행을 할 것을 전제로 하거나 정범 자신의 인격적 행동의 표출이 요구되는 범죄가 있으며 간접정범은 공범이 아니기 때문에 자수범을 인정하여야 한다는 입장이다. 자수범 여부에 대한 판단의 기준은 다양하지만 구성요건 가운데에는 직접 이를 실현하여야 정범이 될 수 있는 구성요건이 있다는 점에서 자수범의 존재를 부인할 수는 없으므로 긍정론이 타당하다(통설). 예를 들어 위증죄의 경우에 행위자는 자기가 경험하여 알게 된 사실을 직접 증언하는 자이므로 이를 경험하지 않은 제3자에 의한 위증죄의 성립은 불가능한 것이다(대판 1985. 11. 26, 85도711). 여기에서 진정신분범은 자수범에 해당한다고 볼 수 있다.

판례 강제추행죄의 비자수범성

• 강제추행죄는 사람의 성적 자유 내지 성적 자기결정의 자유를 보호하기 위한 죄로서 정범 자신이 직접 범죄를 실행하여야 성립하는 자수범이라고 볼 수 없으므로, 처벌되지 아니하는 타인을 도구로 삼아 피해자를 강제로 추행하는 간접정범의 형태로도 범할 수 있다. 여기서 강제추행에 관한 간접정범의 의사를 실현하는 도구로서의 타인에는 피해자도 포함될 수 있으므로, 피해자를 도구로 삼아 피해자의 신체를 이용하여 추행행위를 한 경우에도 강제추행죄의 간접정범에 해당할 수 있다(대판 2018. 2. 8, 2016도17733).

자수범의 본질에 관한 학설대립에도 불구하고 다음의 경우에는 자수범이라고 하는 데에 견해가 일치되어 있다. 첫째, 행위자의 신체가 구성요건의 실현 도구로 이용되어야 하는 범죄는 자수범에 해당한다. 예를 들면 공연음란죄(제245조), 피구금자간음죄(제303조 제2항), 음주운전죄(도로교통법 제44조, 제148조의2), 유사강간죄(군형법 제92조의2, 아청법 제7조 제2항)가 있다. 특가법상 도주차량운전자(제5조의3)·위험운전치사상죄(제5조의11)의 운전자도 자수범으로 보아야 한다. 둘째, 위증죄(제152조)처럼 고도로 일신적인 신분범, 즉 행위자 스스로의 행위를 형법 이외의 법률이 요구하는 경우가 있다. 마지막으로 오로지 행위자의 일신적 행위나 인격적 태도 표출이 구성요건 실현의 핵심을 이루는 범죄로서 명예훼손죄(제307조), 모욕죄(제311조), 업무상 비밀누설죄(제317조)가 있다.

자수범의 경우에는 직접 구성요건을 실현하지 않는 자는 공동정범이 될 수 없으며, 타인을 도구로 이용하는 간접정범이 인정되지 않는다. 즉 공동정범이나 간접정범은 구성요건을 직접 실현하지 않더라도 정범이 될 수 있다는 점에서 자수범의 본질에 맞지 않기 때문이다. 그러나 어느 범죄 유형을 자수범으로 보아야 하는지에 대해서는 논란이 있다. 한편 제한적 정범개념을 인정한다면 자수범에서도 교사범이나 방조범의 성립은 가능하다.

제 2 절 부작위범

Ⅰ. 부작위범의 개념과 유형

1. 부작위의 본질

형법상의 행위에는 적극적 행위인 작위뿐만 아니라 소극적 행위, 즉 부작위도 포함된다. 즉 형법에는 요구되는 특정한 행위를 하지 않는 경우를 처벌하는 것을 내용으로 하는 구성요건이 있으며(예: 퇴거불응죄), 통상의 구성요건도 "위험의 발생을 방지할 의무가 있거나 자기의 행위로 인하여 위험발생의 원인을 야기한 자가 그 위험발생을 방지하지 아니한 때에 발생한 결과에 따라 처벌"하는 부진정부작위범 규정이 있다(제18조).

이러한 부작위는 현상적으로 관찰할 때에는 아무 것도 하지 않는 무無에 불과하지만 그로 인한 형법적 법익 침해까지 존재하지 않는 것은 아니다. 그러므로 부작위에 의한 법익 침해의 결과를 방지하기 위해 형법은 일정한 자에게 작위의무를 부과하고 있다. 그런데 부작위가 형법적 의미를 갖기 위해서는 부작위에 대한 판단을 전제로 한다. 이러한 판단은 부작위의 존재론적 실체를 확인하는 것이 아니라 결과 발생을 방지할 수 있는 행위의 가능성과 그 필요성을 전제로 하는 규범적 판단을 거쳐서 비로소 형법적 의미를 갖는다. 따라서 결과 방지를 위한 작위행위의 필요성이나 요구성은 부작위에 대한 형법적 평가의 동기를 제공해 준다고 할 수 있다.

2. 작위와 부작위의 구별

결과 발생을 초래한 어떤 행위가 작위에 해당하는가 아니면 부작위인가는 대부분 현상적·외부적으로 쉽게 구별할 수 있다. 예를 들어 사람을 살해하는 것이 작위에 의한 살인인지 아니면 부작위에 의한 살인인지는 쉽게 구별할 수 있는 일이다. 그러나 작위와 부작위의 구별이 쉽지 않은 경우도 있다. 예를 들면 과실범의 경우에 교통사고를 일으켜 사망사고를 야기한 경우 부주의한 운전행위로 사망의 결과를 발생하게 한 점에서 작위범에 해당한다고 볼 수 있다. 반면에 운전자로서의 주의의무를 다하지 않은 점에서는 부작위적 요소를 배제할 수 없다.

이러한 작위와 부작위의 구별에 대해서는 ① 행위의 사회적 의미에 따라 작위와 부작위 가운데 어느 것이 더 중요한지를 판단하는 방법, ② 의심스러운 때에는 작위를 인정하는 견해, ③ 인과관계를 기준으로 하는 견해가 있다. ①의 견해는 행위에 대한 법적 비난의 중심이 어디에 있는지를 중심으로 판단하는 견해로서 작위와 부작위 가운데 어느 것이 형법적으로 중요한지를 기준으로 한다. 그러나 형법상 행위는 구성요건과의 관련성 속에서 판단하여야 하기 때문에 행위의 사회적 의미를 기준으로 하는 것은 자의적 판단으로 흐를 위험성이 있다. ②의 견해는 형법이 작위범을 전제로 규정하고 있는 점에서 작위를 우선적으로 인정하는 것은 타당하다. 그러나 불법성의 중심이 작위인지 부작위인지를 적극적으로 구별하지 않는 것은 행위의 성격 규명이 형법적 평가의 최우선 대상이라는 점을 감안할 때 수긍하기 어렵다. 결론적으로는 양자의 구별은 결과 발생을 초래한 원인행위가 무언인지를 중심으로 하여야 할 것이다. 그러므로 작위와 부작위를 구별하기 위해서는 먼저 일정한 법익 침해의 결과를 지향하는 신체적 활동이 있었는가 여부와 이러한 적극적 행위와 발생한 결과 간에 인과관계가 있는지를 확인하여야 한다. 이러한 요건이 구비되면 작위가 인정되고, 그렇지 않으면 부작위에 해당한다.

판례 작위와 부작위의 구별

• **판결이유**: 피고인들(의사, 레지던트)은 피고인 3(1년차 수련의)에게 뇌경막 외출혈상을 입고 뇌수술 후 자가호흡이 불가능한 상태여서 호흡보조장치를 부착하고 있던 피해자를 집으로 후송하고 호흡보조장치를 제거할 것을 지시하는 등의 적극적 행위를 통하여 퇴원하면 사망하게 될 것이라는 설명을 듣고도 수술비 등을 이유로 퇴원을 강력히 요구한 원심공동피고인(피해자의 처와 딸)의 부작위에 의한 살인행위를 도운 것이므로, 이를 작위에 의한 방조범이라고 판시하였다: "어떠한 범죄가 적극적 작위에 의하여 이루어질 수 있음은 물론 결과의 발생을 방지하지 아니하는 소극적 부작위에 의하여도 실현될 수 있는 경우에, **행위자가 자신의 신체적 활동이나 물리적·화학적 작용을 통하여 적극적으로 타인의 법익 상황을 악화시킴으로써 결국 그 타인의 법익을 침해하기에 이르렀다면, 이는 작위에 의한 범죄**로 봄이 원칙이고, 작위에 의하여 악화된 법익 상황을 다시 돌이키지 아니한 점에 주목하여 이를 부작위범으로 볼 것은 아니며, 나아가 악화되기 이전의 법익 상황이, 그 행위자가 과거에 행한 또 다른 작위의 결과에 의하여 유지되고 있었다 하여 이와 달리 볼 이유가 없다"(대판 2004. 6. 24, 2002도995: 보라매병원 사건).

평 가: 대법원은 작위와 부작위를 구별하는 데에 법익 침해에 이르게 된 신체적 활동이나 물리적·화학적 작용을 중시하는 점에서 법익 침해에 이르게 된 인과관계를 중심으로 하여 구별을 하는 것으로 볼 수 있다.

3. 진정부작위범과 부진정부작위범

형법상의 행위에는 작위뿐만 아니라 부작위도 포함된다. 부작위란 외형상 어떠한 작위 행위도 하지 않는 것을 말한다. 부작위는 요구되는 행위를 하지 않을 경우에 처벌되는 진정부작위범과 작위를 전제로 하는 구성요건이지만 부작위에 의하여 작위범과 마찬가지로 범행을 하는 부진정부작위범으로 나뉜다. 부작위범을 법 규범 위반형태와 관련하여 살펴보면 진정부작위범은 명령규범을 위반한 것이고, 부진정부작위범은 금지규범을 위반한 것이다. 금지규범을 위반한 점에서 부진정부작위범은 작위범의 법 규범 위반형태와 같다.

형법은 부작위 자체가 구성요건 해당행위가 되는 진정부작위범의 경우에는 개별 구성요건에 처벌규정을 두고(제103조 제1항(전시군수계약불이행죄), 제116조(다중불해산죄), 제117조 제1항(전시공수계약불이행죄), 제145조 제2항(집합명령위반죄), 제319조 제2항(퇴거불응죄)), 부진정부작위범의 경우에는 처벌의 근거규정(제18조. "위험의 발생을 방지할 의무가 있거나 자기의 행위로 인하여 위험발생의 원인을 야기한 자가 그 위험발생을 방지하지 아니한 때에는 그 발생한 결과에 의하여 처벌한다.")을 두고 있다. 이러한 입법상의 차이는 진정부작위범과 달리 부진정부작위범은 작위범의 구성요건을 대부분 부작위에 의해서도 실현할 수 있기 때문에 개별적 구성요건을 두지 않는 것이다.

부작위범은 작위범과의 관계에서 그 구별이 외형상 모호한 경우도 있다. 작위적 요소와 부작위적 요소가 경합하여 결과를 발생시킨 경우가 있기 때문이다. 예를 들어 과실범에서 주의의무 위반행위는 주의의무를 하지 않은 점에서 부작위와 주의의무를 위반한 작위가 동시에 존재한다. 의사가 소생가능성이 없는 환자에게 부착된 인공심폐기 작동을 중단시킨 경우에도 역시 구조행위를 하지 않은 부작위와 인공심폐기 작동을 중단시킨 작위가 동시에 인정되는 것이다. 이처럼 작위와 부작위가 병존하는 상황에서는 작위범을 인정하여야 한다. 형법상 구성요건은 작위를 전제로 규정하고 있으며 작위가 인정되는 이상 작위의무를 전제로 하는 부작위범을 인정할 필요가 없기 때문이다. 이를 부작위의 보충성이라고 한다.

Ⅱ. 부진정부작위범

제18조(부작위범) 위험의 발생을 방지할 의무가 있거나 자기의 행위로 인하여 위험발생의 원인을 야기한 자가 그 위험발생을 방지하지 아니한 때에는 그 발생된 결과에 의하여 처벌한다.

1. 객관적 구성요건

형법은 금지규범을 위반한 행위에 대하여 처벌하는 형식으로 규정되어 있으므로 구성요건에 해당하는 행위규정은 작위적 방법을 전제로 하고 있다. 이와 달리 부작위에 의하여 작위범의 구성요건을 실현시키는 부진정부작위범이 성립하기 위한 요건은 작위범의 경우와 다를 수밖에 없다. 우선 부진정부작위범은 존재론적으로 보아 어떠한 작위도 없었음에도 불구하고 형사책임이 문제되는 것은 구성요건에 해당하는 결과가 발생한 점에 있다. 다음으로 부진정부작위범의 행위주체는 보증인 지위에 있는 작위의무자이어야 하며(진정신분범), 일정한 구성요건의 경우에는 행위방식이 작위와 동가치성이 인정되어야 한다. 그리고 외형상의 행위가 없기 때문에 인과관계의 문제가 발생하며, 비록 작위의무자라고 하더라도 모든 결과 발생에 대하여 책임을 부담할 수는 없기 때문에 결과 발생을 방지할 수 있는 가능성(기대가능성)이 전제되어야 한다.

(1) 결과 발생

부진정부작위범이 성립하기 위해서는 구성요건에 해당하는 결과가 발생하여야 한다. 결과가 발생하지 않은 경우 실행의 착수 여부를 판단하여 미수범 성립을 검토하여야 한다.

(2) 결과 발생 방지가능성

부진정부작위범에서 보증인에게 결과 발생을 방지하기 위한 적법행위에 대한 기대가능성이 있어야 하는 이유는, 보증인에게 자신의 이익이 중대할 정도로 침해될 위험이 있거나 결과 발생을 방지할 가능성이 없을 때에는 작위의무 이행을 기대할 수 없기 때문이다. 즉 결과 발생을 방지할 현실적 가능성이 있어야 한다. 비록 법익보호의무가 있더라도 발생하는 모든 법익 침해에 대하여 책임을 부담할 수는 없기 때문이다. 그러므로 예를 들어 익사 직전의 아이를 구조하여야 할 작위의무가 인정되더라도 수영능력이 없는 보증인에게 이를 요구할 수는 없다. 또한 수영능력이 인정되더라도 거리가 너무 멀어 구조가능성이 없는 경우에도 역시 작위의무를 이행할 가능성은 없다. 이러한 기대가능성은 부진정부작위범에서 작위의무를 인정하기 위한 전제조건의 한 요소이므로 구성요건의 단계에 속하는 문제이다.

(3) 보증인지위와 발생 근거

1) 의 의

부진정부작위범에서는 구성요건이 실현되는 것을 방지할 의무가 있는 자만이 행위주체가 될 수 있다(진정신분범). 즉 보증인지위는 구성요건이 실현되는 것을 방지하여야 하는 행위자의 의무를 나타내며, 형법(제18조)에서는 이를 '위험의 발생을 방지할 의무가 있는 자'라고 규정하고 있다. 이처럼 위험의 발생을 방지할 의무, 즉 구성요건 실현의 방지의무를 작위의무라고 한다. 그리고 신분범인 부진정부작위범에서 작위의무자를 확정짓는 것은 죄형법정주의의 명확성의 원칙에서도 중요하다.

2) 체계적 지위

보증인지위의 체계론적 지위에 대해서는 ① 부진정부작위범에서 부작위는 아무 것도 하지 않은 상태이므로 보증인의 부작위에 대해서 위법성은 인정할 수 없으며(구성요건의 위법성 추정기능을 인정하지 않음) 보증인이 부작위를 할 때에 위법성이 인정되므로 작위의무는 위법성에 해당한다는 위법성설과 ② 보증인지위와 보증인 의무 모두가 구성요건 요소라는 구성요건설 및 ③ 이분설이 있다. 통설인 이분설에 따르면 부진정부작위범에서 보증인지위는 행위주체의 요건에 해당하므로 구성요건 요소에 속한다. 반면에 보증인지위의 내용을 이루는 작위의무는 법적 의무에 해당하는 것으로서 위법성 요소이며 이에 대한 인식은 위법성 인식에 해당하며 착오가 발생하면 구성요건의 착오가 아니라 위법성의 착오에 해당한다고 보아야 한다.

3) 보증인의무의 발생 근거

(가) 형식설

보증인의무의 발생 근거에 관해서 종래의 통설은 형식적 관점에서 법령이나 계약, 조리 또는 선행행위先行行爲에서 발생한다고 보았다. 형법은 '위험의 발생을 방지할 의무'가 있거나 '자기의 행위로 위험발생의 원인을 야기'(선행행위)한 자에 대하여 부진정부작위범을 인정하고 있으므로 형식설이 제시한 법령이나 계약은 이미 규정되어 있다고 볼 수 있다. 법령에 의한 작위의무의 예로는 사업주의 위험 예방을 위한 안전조치의무(산업안전보건법 제38조), 운전자의 구호조치의무(도로교통법 제54조), 의사의 응급조치의무(의료법 제15조 제2항), 친권자의 보호의무(민법 제913조), 경찰관의 보호조치의무(경찰관직무집행법 제4조) 등이 있다. 조리에 의한 작위의무 인정 여부에 대해서는 적극설(판례, 다수설)과 소극설이 대립되어 있다. 그러나 후술하는 기능설의 입장에서는 보증인의무의 내용을 어떻게 파악하느냐에 따라 조리의 내용과 범위가 달라진다. 그러므로 표면적인 학설 대립은 의미가 없다.

판례 **조리상의 보증의무**

• 인터넷 포털 사이트 내 오락채널 총괄팀장과 위 오락채널 내 만화사업의 운영 직원인 피고인들에게, 콘텐츠 제공업체들이 게재하는 음란만화의 삭제를 요구할 조리상의 의무가 있다고 하여, 구 전기통신기본법 제48조의2 위반 방조죄의 성립을 긍정하였다(대판 2006. 4. 28, 2003도4128). 즉 대법원은 피고인들에게 콘텐츠 제공업체들이 성인만화방에 게재하는 만화 콘텐츠를 관리·감독할 권한과 능력을 갖고 있었다고 보고, 따라서 음란만화들이 지속적으로 게재되고 있다는 사실을 안 이상 이를 게재한 콘텐츠 제공업체들에게 그 삭제를 요구할 조리상의 의무가 있었다고 판시하였다.

(나) 기능설

형식설이 보증인의무의 형식적 근거를 중심으로 하는 데 반해 기능설(실질설)은 보증의무를 실질적 내용에 따라 분류하여 판단한다.

(a) 특정법익에 대한 보호의무

특정법익에 대한 보호의무의 구체적 내용을 살펴보면 ① 자연적 결합관계, ② 밀접한 공동체관계, ③ 보호의무의 인수引受가 있다.

① 자연적 결합관계는 부모와 자녀 간 또는 부부관계처럼 가족과 친족 간에 상호 인정되는 의무를 말한다. 그러나 구체적으로 어느 범위까지 인정할 것인가는 개별적으로 판단하여야 한다. 예를 들어 동거 중인 남녀 간에는 자연적 결합관계보다는 밀접한 생활공동체관계로 인정하는 것이 타당하다.

② 밀접한 공동체관계는 생활공동체나 위험공동체가 대표적인 예이다. 이러한 공동체는 법 질서에 반하지 않을 것이 전제조건이다. 그러므로 범죄조직 내 구성원 간이나 모두가 위험에 처한 상황에서는 상호 간에 보증인의무가 없다.

③ 보호의무의 인수로 인한 보증인의무는 사법상의 계약이나 보호의무의 사실상의 인수에 의하여 인정되는 보증인의무이다(예: 환자치료를 맡은 의사의 의무). 이 경우에는 인수합의의 유효성이나 계약체결 여부와는 상관 없이 보증인의무가 인정된다. 또한 반드시 법적인 인수가 아니더라도 사실상 인수한 경우에는 인정된다(예: 같은 방향으로 출퇴근하기 때문에 동승시킨 경우의 운전자).

(b) 안전조치의무

특정한 위험원危險源에 대한 안전조치의무의 발생원인으로는 ① 선행행위, ② 위험방지의무, ③ 제3자의 위험행위에 대한 감독의무가 있다.

① 형법 제18조도 규정하고 있는 선행행위로 인한 보증인의무는 자신이 제3자의 법익에 대하여 침해의 위험성을 야기하였기 때문에 이를 방지할 의무가 발생하는 경우이다. 이 경우 선행행위가 위법하여야 하는가 아니면 적법한 선행행위라고 하더라도 그로 인한 법익 침해의 결과 발생을 방지할 보증인으로서의 책임을 지는가에 대해서는 견해가 나뉜다. 즉 결과 발생을 초래하게 한 선행행위의 적법·위법을 불문하고 결과 발생을 야기하였으면 보증인의 의무를 인정하는 견해(야기설)와 위법한 선행행위에 국한해서 보증인의 의무를 인정하는 견해(의무위반설)로 나뉜다. 자신의 행위로 인하여 법익 침해의 위험성이 야기되었다고 하더라도 이러한 행위가 적법하다면 이에 대해 결과 발생을 방지할 보증인의무까지 부담시키는 것은 타당하지 않으므로 의무위반설이 타당하다.

② 위험방지의무에서 비롯되는 보증인의무는 시설물 소유자나 관리자의 위험방지의무를 예로 들 수 있다. 구체적으로는 자동차나 맹견, 공작물 등과 같이 생명·신체에 대한 위험을 야기할 가능성이 있는 물건이나 시설 등을 사실상 또는 법적으로 지배하는 자의 결과 발생 방지의무를 의미한다.

③ 제3자의 위험행위에 대한 감독의무에서 비롯되는 보증인의무는 특정인이 법익 침해

행위를 하지 않도록 하여야 할 지도 · 감독자의 의무를 말한다. 예를 들어 교사는 학생에 대해서, 그리고 부모는 미성년자인 자녀에 대해서 범죄행위를 하지 않도록 할 의무가 있다. 또한 정신병원 관리자의 정신병자에 대한 감독책임도 여기에 해당한다.

보증인의무의 발생 근거에 관한 형식설과 기능설은 상호 배척관계에 있지 않고 보완관계에 있는 것으로 보아야 한다. 즉 보증인의무의 형식적 발생 근거를 기준으로 하는 입장이 형식설이고, 기능설은 보증인과 피보호자와의 관계를 중심으로 한 보증인의무의 내용에 따라 보증인의 행위 방향을 제시하는 입장이라고 할 수 있다.

(4) 작위와 부작위의 동가치성

작위와 부작위의 동가치성同價値性이란 부작위가 작위와 동등하게 평가될 수 있어야 한다는 것을 말한다. 작위범에 비해 불법성의 정도가 낮은 부진정부작위범을 작위범과 동등하게 취급하여 처벌하는 것은(부진정부작위범은 감경사유에 해당하지 않는다) 죄형법정주의에 대한 중대한 침해의 위험성을 안고 있다. 이러한 위험성을 제거하기 위하여 한편으로는 기술한 바와 같이 작위의무자를 명확히 하는 것이며, 다른 한편으로는 부작위가 작위와 동등하게 평가될 수 있어야 한다는 동가치성의 요구를 통해서이다. 후자 즉 부진정부작위범에서 동가치성이란 보증인지위에 있는 자의 부작위가 작위적 방법에 의한 구성요건의 실현과 동등한 것으로 평가될 수 있어야 한다는 것을 말한다. 동가치성은 형법에 규정되어 있지는 않지만 학실(통설)과 판례에서 이를 전제로 하고 있다.

판례 부작위의 작위와의 동가치성

① 동가치성을 인정한 경우

• 압류된 골프장시설을 보관하는 회사의 대표이사가 압류시설의 사용 및 봉인의 훼손을 방지할 수 있는 적절한 조치 없이 골프장을 개장하게 하여 봉인이 훼손되게 하였다.

대법원은 압류시설이 위치한 골프장의 개장 및 운영 전반에 걸친 포괄적 권한과 의무를 지닌 피고인으로서는 위와 같은 회사의 대외적 의무사항이 준수될 수 있도록 적절한 조치를 취할 위임계약 혹은 조리상의 작위의무가 존재한다고 보아야 할 것인데, 이러한 작위의무의 내용 중에 불특정의 고객 등 제3자에 의한 위 봉인의 훼손행위를 방지할 일반적 안전조치를 취할 의무까지 있다고 할 수는 없겠지만, 적어도 위 압류, 봉인에 의하여 사용이 금지된 골프장 시설물에 대하여 위 시설물의 사용 및 그 당연한 귀결로서 봉인의 훼손을 초래하게 될 골프장의 개장 및 그에 따른 압류시설 작동을 제한하거나 그 사용 및 훼손을 방지할 수 있는 적절한 조치를 취할 의무는 존재한다고 보았고, 이러한 피고인에게 인정되는 작위의무의 내용에 비추어 위와 같은 피고인의 부작위(조치의무 불이행)는 위 봉인을 훼손하고 압류시설을 사용함으로써 그 효용을 해하는 적극적 작위로서의 행위와 다름없다고 형법상 평가될 만한 공무상표시무효죄의 실행행위라고 볼 수 있다고 판시하였다(대판 2005. 7. 22, 2005도3034).

• 법원의 입찰담당 공무원이 자신이 맡고 있는 입찰사건의 입찰보증금이 담당 사무원에 의해 계속적으로 횡령되고 있는 사실을 알면서도 담당 공무원으로서는 이를 제지하고 즉시 상관에게 보고하는 등의 방법으로 그러한 횡령행위를 방지해야 함에도 불구하고 이를 묵인하였다.

대법원은 형법상 부작위범이 인정되기 위해서는 형법이 금지하고 있는 법익 침해의 결과 발생을 방지할 **법적인 작위의무**를 지고 있는 자가 그 의무를 이행함으로써 결과 발생을 쉽게 방지할 수 있었음에도 불구하고 그 결과의 발생을 용인하고 이를 방관한 채 그 의무를 이행하지 아니한 경우에, 그 **부작위가 작위에 의한 법익 침해와 동등한 형법적 가치**가 있는 것이어서 그 범죄의 실행행위로 평가될 만한 것이라면, 작위에 의한 실행행위와 동일하게 부작위범으로 처벌할 수 있고, 여기서 작위의무는 법적인 의무이어야 하므로 단순한 도덕상 또는 종교상의 의무는 포함되지 않으나 작위의무가 법적인 의무인 한 성문법이건 불문법이건 상관이 없고 또 공법이건 사법이건 불문하므로, **법령, 법률행위, 선행행위로 인한 경우는 물론이고 기타 신의성실의 원칙이나 사회상규 혹은 조리상 작위의무가 기대되는 경우에도 법적인 작위의무는 있다**(대판 1996. 9. 6, 95도2551)고 판시하였다.

• 삼촌인 피고인이 10살과 8살인 어린 조카 2명을 데리고 저수지에 갔다가 한 조카가 물에 빠지자 구조를 하지 않고, 나머지 조카의 소매를 잡아당겨 저수지에 빠뜨려 두 조카 모두 익사하게 하였다.

대법원은 피고인이 조카인 피해자(10세)를 살해할 것을 마음먹고 저수지로 데리고 가서 미끄러지기 쉬운 제방 쪽으로 유인하여 함께 걷다가 피해자가 물에 빠지자 그를 구호하지 아니하여 피해자를 익사하게 한 것이라면 피해자가 스스로 미끄러져서 물에 빠진 것이고, 그 당시는 피고인이 살인죄의 예비 단계에 있었을 뿐 아직 실행의 착수에는 이르지 아니하였다고 하더라도, 피해자의 숙부로서 익사의 위험에 대처할 보호능력이 없는 나이 어린 피해자를 익사의 위험이 있는 저수지로 데리고 갔던 피고인으로서는 피해자가 물에 빠져 익사할 위험을 방지하고 피해자가 물에 빠지는 경우 그를 구호하여 주어야 할 **법적인 작위의무**가 있다고 보아야 할 것이고, 피해자가 물에 빠진 후에 피고인이 살해의 범의를 가지고 그를 구호하지 아니한 채 그가 익사하는 것을 용인하고 방관한 행위(부작위)는 피고인이 그를 직접 물에 빠뜨려 익사시키는 행위와 다름없다고 형법상 평가될 만한 살인의 실행행위라고 보는 것이 상당하다고 판시하였다(대판 1992. 2. 11, 91도2951).

② 동가치성을 부인한 경우

• 피고인이 갑과 토지 지상에 창고를 신축하는 데 필요한 형틀공사 계약을 체결한 후 그 공사를 완료하였는데, 갑이 공사대금을 주지 않는다는 이유로 위 토지에 쌓아 둔 건축자재를 치우지 않고 공사현장을 막는 방법으로 위력으로써 갑의 창고 신축 공사 업무를 방해하였다는 내용으로 기소된 사안에서, 피고인이 일부러 건축자재를 갑의 토지 위에 쌓아 두어 공사현장을 막은 것이 아니라 당초 자신의 공사를 위해 쌓아 두었던 건축자재를 공사 완료 후 치우지 않은 것에 불과하므로, 비록 공사대금을 받을 목적으로 건축자재를 치우지 않았더라도, 피고인이 자신의 공사를 위하여 쌓아 두었던 건축자재를 공사 완료 후에 단순히 치우지 않은 행위가 위력으

로써 갑의 추가 공사 업무를 방해하는 업무방해죄의 실행행위로서 갑의 업무에 대하여 하는 적극적인 방해행위와 동등한 형법적 가치를 가진다고 볼 수 없는데도, 이와 달리 보아 공소사실을 유죄로 인정한 원심판결에 부작위에 의한 업무방해죄의 성립에 관한 법리오해의 잘못이 있다(대판 2017. 12. 22, 2017도13211).

• 인터넷 포털서비스 사이트를 운영하는 회사와 그 업무총괄담당임원 및 대표이사가 정보제공업체에 서버에 대한 이용권한을 주어 이 업체들이 이 회사 사이트에 게재한 음란한 내용의 만화 등을 가입자들이 이용할 수 있도록 함으로써 전기통신역무를 이용하여 음란한 부호, 문언, 음향, 영상을 반포, 판매하였다.

대법원은 "작위를 내용으로 하는 범죄를 부작위에 의하여 범하는 부진정부작위범이 성립하기 위하여는 **부작위를 실행행위로서의 작위와 동일시할 수 있어야** 하는데, 이 사건에서 음란한 정보를 반포·판매한 것은 정보제공업체이므로, 위와 같은 작위의무에 위배하여 그 반포·판매를 방치하였다는 것만으로는 음란한 정보를 반포·판매하였다는 것과 동일시할 수는 없고, 따라서 피고인들이 정보제공업체들의 전기통신기본법 위반 범행을 **방조하였다고 볼 수 있음은 별론으로 하고 위와 같은 작위의무 위배만으로는 피고인들을 전기통신기본법 위반죄의 정범에 해당한다고 할 수는 없다**"고 판시하였다(대판 2006. 4. 28, 2003도80).

동가치성의 내용에 대해서는 ① 행위방법상의 동가치성을 의미한다는 견해(통설)와 ② 일체의 부작위가 작위와 동등하게 평가될 수 있어야 한다는 견해(김/서·임웅)로 나뉜다. 즉 전자는 구성요건상 특정한 행위방법에 의해서 실현되어야만 하는 구성요건의 경우에 작위와의 동가치성을 요구하는 견해이며, 후자는 단순결과범의 경우에도 동가치성이 필요하다는 견해이다. 특히 우리 형법상 부진정부작위범은 임의적 감경사유에도 해당하지 않는데 동가치성의 요건을 특정한 행위방법이 요구되는 결과범의 경우에만 동가치성이 필요하다고 하는 것은 과잉처벌이라는 비판을 받을 가능성이 있다는 것을 그 이유로 든다.

부진정부작위범의 과도한 인정가능성을 통제하기 위한 것으로는 우선 기술한 보증인지위의 인정문제가 있다. 다음으로 동가치성의 문제가 있다. 그러나 부진정부작위범에서 동가치성의 문제는 부작위범 처벌의 남용가능성을 제한하는 기능을 하기는 하지만 이를 모든 범죄에 적용하는 것은 이를 금지할 이유는 없지만 실익은 없다. 즉 이론적으로는 단순결과범의 경우에도 동가치성을 적용하여야 한다고 주장할 수 있지만 구체적인 행위의 내용상 과연 어느 경우에 동가치성이 인정된다고 볼 것인지는 불명확하다. 예를 들어 살인죄(제250조)와 같은 단순한 결과범은 특정한 행위방법을 통하여 구성요건을 실현할 필요가 없다. 그러므로 부작위로 인하여 결과가 발생한 경우 보증인의 작위의무 및 결과 발생 방지 가능성이 인정되면 부작위범이 인정된다. 즉 부작위와 결과 간에 자연과학적 인과관계가 결여되어 있음에도 불구하고 보증인지위에 있는 자의 부작위가 결과 발생 방지 가능성과 관련하여 작위적인 구성요건의 실현에 버금가는 불법성이 인정될 때 부진정부작위범을 인정하는 것이다. 이에 반해 사기죄(제347조)의 경우처럼 기망행위라는 특정한 행위방법에 의한 재물이나 재산상의 이익취득을 요건으로 하는 범죄유형에서는 부작위에 의한 기망행위가 작위적 기망행위와 동등한 의미를 지닌다고 판단될 때에 부작위에 의한 사기죄를 인정할 수 있다. 만일 특정한 행위방법상의 동가치성을 요구하지 않을 경우에는 재물이나 재산상의 이익취득만을 이유로 사기죄를 인정할 수는 없기 때문이다. 그러므로 부작위범에서 동가치성의 문제는 특정한 행위방법을 전제로 하는 결과범에서 구성요건 해당행위와 같은 의미를 지닌다고 보아야 한다.

(5) 인과관계

1) 부작위범의 인과관계

부진정부작위범이 성립하기 위해서는 결과가 발생하여야 한다(예: 아이를 납치한 후 음식을 주지 않아 굶어서 사망한 경우). 물론 처벌규정이 있는 한 미수범 성립도 가능하다. 그리고 발생한 결과는 부작위로 인한 것이어야 한다. 이러한 관계를 부작위범에서 인과관계를 인정하는 것으로 볼 것인지에 대해서는 견해가 나뉜다. 긍정설은 합법칙적 조건관계 속에서 부작위범의 인과관계를 인정할 수 있다는 견해이다. 반면에 부정설은 행위를 통하여 결과를 발생시킬 수 있는 작위행위가 존재하지 않는 부작위범에서의 인과성이란 인정할 수 없으며 사고의 영역에서만 존재할 뿐이라고 본다.

그러나 부작위범에서 인과관계를 부정한다고 하더라도 부작위가 불가벌인 것은 아니므로 작위범과 마찬가지로 부작위범의 인과관계를 인정할 수 있다고 본다. 물론 부작위는 외형상 나타나는 작위적 행위가 아니기 때문에 부작위로 인한 결과 발생인지 여부가 작위범에서의 인과관계 입증과 내용상 다르다. 부작위범에서는 보증인이 작위의무를 다하였으면 결과가 발생하지 않았을 것이라는 조건적 관계 속에서 인과성을 인정할 수 있을 뿐이다. 결국 부작위범에서 인과관계는 '기대되는 행위를 하였다면 결과가 발생하지 않았을 것'이라는 판단을 통하여 원인성을 인정할 수 있다(작위범에서의 현실적 인과관계와 구별하여 '가정적 인과관계'라고 부른다). 결과가 발생하지 않았을 가능성의 정도에 대해서는 고도의 개연성이 인정되는 수준이어야 한다. 그리고 기대되는 행위의 내용은 작위의무의 내용과 일치한다. 만일 부작위의 인과성이 의심스러운 때에는 작위범과 마찬가지로 행위자에게 유리한 판단을 하여야 한다.

한편 위험감소설의 입장에서는 사후적 판단을 통하여 작위의무를 이행하였을 경우 결과 발생의 위험성이 현실적으로 감소하였다고 판단될 경우에는 부작위에 대한 결과 귀속이 가능하다고 본다. 부작위범에서 인과관계는 기술한 바와 같이 작위범과 다른 특수성을 갖고 있으며, 인과관계가 인정되더라도 발생한 결과에 대한 형사책임 귀속의 문제는 남게 된다. 이러한 의미에서 위험감소설은 인과관계를 인정하는 견해와 배척관계에 있는 것은 아니라고 볼 것이다.

2) 부작위범의 객관적 귀속조건

부진정부작위범에서 객관적 귀속조건은 작위범과 마찬가지로 발생한 결과는 부작위라는 의무위반행위로부터 비롯되어야 한다(작위의무자의 의무위반 관련성). 만일 결과방지의무를 다한 경우에도 동일한 결과가 발생할 것으로 예상되는 경우에는 객관적 귀속은 인정되지 않는다.

2. 주관적 구성요건

부진정부작위범은 과실범으로 처벌될 수 있는 경우를 제외하고는 고의가 있어야 한다. 부진정부작위범에서 고의는 작위의무자가 보증인지위를 인식하고 구성요건에 해당하는 결과 발생의 가능성이 있음에도 불구하고 이를 방치하겠다는 의사결정을 한 것을 의미한다. 그러므로 작위의무자는 위험 상황 및 구성요건적 결과 발생을 방지할 수 있는 가능성을 인식하고 있어야 한다.

보증인지위와 여기에서 비롯되는 보증인의무를 분리하는 이분설의 입장에서는 보증인지위는 구성요건 요소이므로 이에 대한 착오는 구성요건의 착오에 해당한다. 반면 보증인지위에서 나오는 보증인의무의 구체적 내용에 대한 착오는 객관적 행위 상황과 관련된 것이 아니므로 이에 관한 착오는 위법성의 착오에 해당한다.

판례 **부진정부작위범의 고의**

• 부진정부작위범의 고의는 반드시 구성요건적 결과 발생에 대한 목적이나 계획적인 범행 의도가 있어야 하는 것은 아니고 법익 침해의 결과 발생을 방지할 법적 작위의무를 가지고 있는 사람이 의무를 이행함으로써 결과 발생을 쉽게 방지할 수 있었음을 예견하고도 결과 발생을 용인하고 이를 방관한 채 의무를 이행하지 아니한다는 인식을 하면 족하며, 이러한 작위의무자의 예견 또는 인식 등은 확정적인 경우는 물론 불확정적인 경우이더라도 미필적 고의로 인정될 수 있다. 이때 작위의무자에게 이러한 고의가 있었는지는 작위의무자의 진술에만 의존할 것이 아니라, 작위의무의 발생 근거, 법익 침해의 태양과 위험성, 작위의무자의 법익 침해에 대한 사태지배의 정도, 요구되는 작위의무의 내용과 이행의 용이성, 부작위에 이르게 된 동기와 경위, 부작위의 형태와 결과 발생 사이의 상관관계 등을 종합적으로 고려하여 작위의무자의 심리상태를 추인하여야 한다(대판 2015. 11. 12, 2015도6809 전원합의체: 세월호사건).

Ⅲ. 관련문제

1. 부작위범과 과실범

과실에 의한 부작위의 경우에도 과실범 처벌규정이 있는 한 과실범이 성립한다. 부작위에 의한 과실이 인정되는 경우는 ① 작위의무 불이행이 주의의무위반에 해당하고, ② 구성요건 요소(법익에 대한 위험, 결과 발생 방지의 가능성, 보증인지위)를 인식한 상황에서 구성요건에 해당하는 결과가 발생한 때이다.

판례 과실에 의한 부작위

• **사건개요** : 간호사가 다른 환자에게 수혈하여야 할 혈액봉지를 피해자에 대한 혈액봉지로 오인함으로써 혈액형이 B형인 피해자에 대하여 A형 혈액을 수혈하여 피해자로 하여금 급성 용혈성 수혈부작용 등으로 사망하게 하였다.

판결이유 : 수혈은 종종 그 과정에서 부작용을 수반하는 의료행위이므로, 수혈을 담당하는 의사는 혈액형의 일치 여부는 물론 수혈의 완성 여부를 확인하고, 수혈 도중에도 세심하게 환자의 반응을 주시하여 부작용이 있을 경우 필요한 조치를 취할 준비를 갖추는 등의 주의의무가 있다. 그리고 의사는 …… 그 의료행위를 시술하는 기회에 환자에게 위해가 미치는 것을 방지하기 위하여 최선의 조치를 취할 의무를 지고 있고, **간호사로 하여금 의료행위에 관여하게 하는 경우에도 그 의료행위는 의사의 책임하에 이루어지는 것이고 간호사는 그 보조자에 불과하므로, 의사는 당해 의료행위가 환자에게 위해가 미칠 위험이 있는 이상 간호사가 과오를 범하지 않도록 충분히 지도·감독을 하여 사고의 발생을 미연에 방지하여야 할 주의의무가 있고,** 이를 소홀히 한 채 …… 간호사에게 당해 의료행위를 일임함으로써 간호사의 과오로 환자에게 위해가 발생하였다면 의사는 그에 대한 과실책임을 면할 수 없다(대판 1998. 2. 27, 97도2812).

평　가 : 의사에게 업무상과실치사죄를 인정하고 간호사에게는 작위에 의한 과실치사죄가 인정된다. 이 경우 의사의 부작위는 과실범에서의 주의의무 불이행이라는 일반적인 부작위와는 다르다. 예를 들어 교통사고와 같은 과실범의 경우에는 운전행위라는 작위를 통하여 직접 결과가 발생하므로 주의의무 불이행이라는 부작위에도 불구하고 작위범에 해당하지만 이 사건에서 의사는 혈액형의 일치성 여부를 직접 확인하지 않은 부작위로 말미암아 환자가 사망한 것이므로 부작위범에 해당하는 것이다.

2. 부작위범과 공범

부작위범의 경우에는 적극적 행위가 존재하지 않기 때문에 행위 태양을 가지고 정범과 공범을 구별하는 작위범에서와 같은 학설대립이 타당하지 않다. 한편 부작위와 공범 가담의 문제는 다음 두 가지 경우로 나누어 판단하여야 한다.

(1) 부작위범에 대한 공범 가담

부작위범에 대한 작위적인 교사범이나 종범은 제한 없이 가능하다. 작위에 의한 가담이므로 가담자에게 보증인지위는 필요하지 않다. 교사범의 경우에는 보증인지위에 있는 자에게 부작위에 머물 것을 교사할 수 있고, 종범은 정신적 격려 등으로 부작위의 결정을 강화시키는 등의 방법으로 가담이 가능하다. 부작위범과 공동정범으로 가담하는 것도 가능하다.

(2) 부작위에 의한 공범 가담

부작위에 의한 공범 가담은 공동정범이나 종범의 형태로 가능하다. 이 경우에 가담자는 부작위범으로서 인정되어야 하므로 보증인지위를 갖는 자이어야 한다. 부작위에 의한 공범 가담의 경우에 ① 정범 또는 종범을 인정하는 견해와 ② 종범만을 인정하는 견해(다수설)가 있다. 이에 대해서는 부작위범의 경우 보증인지위에 있는 자가 작위적 방법으로 범행을 하는 자와 공동정범으로 범행을 실현할 수 있다고 보는 것이 타당하다. 반면에 예를 들어 창고를 감시하는 경비원이 물건이 절취 당하지 않도록 감시할 작위의무는 있지만 물건에 대한 불법영득의사는 없는 경우에 이를 절취하는 행위를 보고도 제지하지 않고 묵인한 부작위에 대해서는 절도죄의 종범에 해당한다고 보아야 할 것이다. 또한 공동정범에게 요구되는 공동가공의 의사 등이 결여된 자에 대해서는 방조범을 인정하여야 한다. 그러므로 ①의 견해가 다당하다. 판례도 같은 견해이다(대판 2006. 4. 28, 2003도80; 2004. 6. 24, 2002도995). 자수범이나 신분범에 대해서는 부작위에 의한 정범성을 인정할 수 없으며 방조범을 인정하여야 한다(전지연, 부작위범에서 정범과 공범의 구별, 형사판례연구(13), 95면).

판례 **부작위범 사이의 공동정범**

• 공중위생관리법 제3조 제1항 전단은 "공중위생영업을 하고자 하는 자는 공중위생영업의 종류별로 보건복지부령이 정하는 시설 및 설비를 갖추고 시장·군수·구청장에게 신고하여야 한다"고 규정하고 있고, 제20조 제1항 제1호는 '제3조 제1항 전단의 규정에 의한 신고를 하지 아니한 자'를 처벌한다고 규정하고 있는 바, 그 규정 형식 및 취지에 비추어 신고의무 위반으로 인한 공중위생관리법 위반죄는 구성요건이 부작위에 의하여서만 실현될 수 있는 진정부작위범에 해당한다고 할 것이고, 한편 부작위범 사이의 공동정범은 다수의 부작위범에게 공통된 의무가 부여되어 있고 그 의무를 공통으로 이행할 수 있을 때에만 성립한다고 할 것이다. 그리고 공중위생영업의 신고의무는 '공중위생영업을 하고자 하는 자'에게 부여되어 있고, 여기서 '영업을 하는 자'라 함은 영업으로 인한 권리의무의 귀속주체가 되는 자를 의미하므로, 영업자의 직원이나 보조자의 경우에는 영업을 하는 자에 포함되지 않는다고 해석함이 상당하다(대판 2008. 3. 27, 2008도89).

그러나 교사범은 속성상 부작위에 의하여 성립할 수 없다. 보증인지위에 있는 자가 간접정범의 방식으로 가담할 수 있는지 여부에 대해서는 긍정설과 부정설이 있다. 간접정범의 경우에는 직접행위자의 행위에 의하여 결과가 발생할 뿐 행위에 직접 가담하지 않는 자에게 정범성을 인정하기는 어렵기 때문에 부작위에 의한 간접정범은 부인하는 것이 타당하다.

판례 부작위에 의한 공범 가담

① 백화점 가짜 상표 부착 판매 방치와 부작위에 의한 방조

• 사건개요 : 백화점과 계약을 하고 입점한 업주 측에서 직원과 제품을 모두 책임지고 판매하는 특정 매장에서 가짜 상표가 새겨진 상품이 판매되고 있는 사실을 알고서도 아무런 조치를 취하지 않음으로써 가짜 상표가 새겨진 혁대 등을 계속하여 판매할 수 있게 하였다.

판결이유 : 대법원은 "바이어를 보조하여 특정 매장에 관한 상품관리 및 고객들의 불만사항 확인 등의 업무를 담당하는 직원은 자신이 관리하는 특정 매장의 점포에 가짜 상표가 새겨진 상품이 진열·판매되고 있는 사실을 발견하였다면 고객들이 이를 구매하도록 방치하여서는 아니되고 **점주나 그 종업원에게 즉시 그 시정을 요구하고 바이어 등 상급자에게 보고하여 이를 시정하도록 할 근로계약상·조리상의 의무가 있다**고 할 것임에도 불구하고 이러한 사실을 알고서도 점주 등에게 시정조치를 요구하거나 상급자에게 이를 보고하지 아니함으로써 점주로 하여금 가짜 상표가 새겨진 상품들을 고객들에게 계속 판매하도록 방치한 것은 작위에 의하여 점주의 상표법위반 및 부정경쟁방지법위반 행위의 실행을 용이하게 하는 경우와 동등한 형법적 가치가 있는 것으로 볼 수 있으므로, 백화점 직원인 피고인은 부작위에 의하여 공동피고인인 점주의 상표법위반 및 부정경쟁방지법위반 행위를 방조"한 것으로 인정할 수 있다고 판시하였다(대판 1997. 3. 14, 96도1639).

② 부작위에 의한 배임방조

• 형법상 방조는 작위에 의하여 정범의 실행행위를 용이하게 하는 경우는 물론, **직무상의 의무가 있는 자**가 정범의 범죄행위를 인식하면서도 그것을 방지하여야 할 제반조치를 취하지 아니하는 부작위로 인하여 정범의 실행행위를 용이하게 하는 경우에도 성립된다 할 것이므로 은행지점장이 정범인 부하직원들의 범행을 인식하면서도 그들의 은행에 대한 배임행위를 방치하였다면 배임죄의 방조범이 성립된다(대판 1984. 11. 27, 84도1906).

제 3 절 인과관계와 객관적 귀속

제17조(인과관계) 어떤 행위라도 죄의 요소되는 위험발생에 연결되지 아니한 때에는 그 결과로 인하여 벌하지 아니한다.

Ⅰ. 인과관계의 존재와 형사책임의 인정문제

인과관계는 원인(행위)과 결과 간의 연결된 관계를 의미한다. 형법상으로는 행위가 존재하면 이 행위가 당해 구성요건이 상정하고 있는 결과를 발생시켜야 한다. 그런데 행위가 존재하고 결과가 발생하였더라도 아직 양자 간에 인과적 관계가 확인된 것은 아니다. 다른 원인이 개입되어 결과가 발생할 수도 있기 때문이다. 여기에서 원인행위의 존재와 결과의 발생만으로는 결과에 대한 책임을 행위자에게 귀속시킬 수 없으며 행위와 결과 사이에 인과관계가 인정되어야 함을 알 수 있다. 이것은 형사책임을 인정하기 위한 출발선에 해당하는 조건이다. 그러나 자연과학적 판단을 하는 인과관계가 인정된다고 하더라도 법적 판단을 전제로 하는 형사책임의 인정범위와 일치한다고 볼 수 없다. 즉 인과관계는 형사책임 귀속의 필요적 전제조건이지만 유일한 조건은 아니다. 형법(제17조) 역시 어느 행위라도 죄의 성립요소 되는 위험 발생에 연결되어야 그 결과에 대해서 처벌할 수 있음을 규정하고 있다.

인과관계라는 사실판단의 문제와 형사책임 귀속범위를 확정하는 규범적 판단의 문제를 포함하는 인과관계론의 핵심문제를 해결하는 방법론으로는 크게 두 가지가 있다. 하나는 상당인과관계설에 의한 접근방법이고, 다른 하나는 인과관계의 인정 여부와 형사책임 귀속의 문제를 분리하는 객관적 귀속론의 방법이다.

여기에서 판례가 취하고 있는 전자의 방법을 택하더라도 형사책임의 인정범위는 인과관계 유무와 성격이 다른 문제라는 점은 인정하고 있다. 그 결과 규범적 의미를 내포하는 '상당'인과관계라는 개념을 통해서 형사책임의 범위를 정하는 것이다. 후자의 방법을 택할 경우에는 인과관계의 존재를 전제로 결과를 행위자의 행위로 귀속시킬 수 있는 객관적 기준에 따라 판단한다(객관적 귀속론).

갑이 을에게 총을 발사하여 을이 사망한 경우에는 인과관계가 인정되는 범위와 형사책임이 인정되는 범위가 일치하므로 추가적인 법적 판단을 필요로 하지 않는다. 그러나 예를 들어 갑이 을을 살해할 생각으로 칼로 찔렀으나 이로 인하여 사망한 것이 아니라 을이 입원한 병원의 화재로 사망한 경우 병원에 입원하지 않았으면 을은 사망하지 않았을 것이므로 갑의 행위와 을의 사망 사이에 조건설적인 의미에서 인과관계가 인정되지만 이를 곧 갑에게 을의 사망에 대한 결과책임을 부담지울 수는 없는 것이다.

Ⅱ. 인과관계론

1. 합법칙적 조건설

원래의 조건설은 '그러한 원인이 없었더라면 그러한 결과도 발생하지 않았을 것'(conditio sine qua non. 절대적 제약관계)이라고 인정될 경우에는 양자 간에 인과관계를 인정하는 견해이다. 다수의 원인이 존재할 경우에 각 원인은 결과 발생에 대하여 절대적 제약관계에 있기 때문에 이를 모두 동등하게 취급하게 된다. 그러므로 등가설等價說이라고도 한다.

그러나 순수한 조건설에 의할 경우 결과 발생에 대한 원인은 너무 광범위하여 이로 인한 인과관계의 인정범위가 너무 확대되기 때문에 이를 제한할 필요성이 있다. 결과 발생에 직접 연결되지 않는 형식적인 인과관계 등을 배제하고 인과관계 유무를 판단하는 합리적인 조건설, 즉 합법칙적 조건설에 의하여 판단한다. 합법칙적 조건설 역시 절대적 제약관계의 기본 입장을 토대로 판단하지만 다른 한편으로는 특정한 원인행위가 결과 발생에 실질적으로 효력을 미쳤는가를 기준으로 한다. 또한 결과가 행위에 시간적으로 뒤따르고 전문가 영역에서 인정되고 있는 자연법칙에 적합한 경우에 인정된다.

형사책임의 귀속범위를 정하기 위한 첫 번째 검토사항으로서 합법칙적 조건설에 의하여 인과관계가 인정되면 다음 단계로는 후술하는 객관적 귀속이론에 의하여 형사책임의 범위를 판단하게 된다.

2. 상당인과관계설

인과관계의 판단기준으로 상당성을 대입하는 학설로서 이는 인과관계 문제를 사실 판단과 동시에 규범 판단의 문제로 파악하여 문제를 해결하려는 시각이다. 즉 자연과학적 의미에서 인과관계가 인정되더라도 일반적으로 또는 경험적으로 상당성이 인정되지 않은 경우에는 인과관계 자체를 부인하여 형사책임의 범위를 제한하는 이론이다. 판례의 입장이기도 하다.

대법원이 상당인과관계의 문제를 인과관계 유무 확정과 형사책임 귀속범위 확정의 문제로 보는 시각은 다음 판례를 통해 알 수 있다.

판례 **야간에 고속도로를 무단 횡단하는 사람을 치어 사망하게 한 사건**

• **사건개요** : 밤 10시 22분 경…피해자 등은…고속도로 우측 도로변에 서 있다가 피고인이 1차로에서 2차로로 진로를 변경하여 고속버스를 추월한 직후에 피고인 운전의 자동차 30 내지 40m 전방에서 고속도로를 무단 횡단하기 위하여 2차로로 갑자기 뛰어들었고, 피고인은 그제서

야 위와 같이 무단 횡단하는 피해자 등을 발견하였으나 충격을 피할 수 있는 조치를 하기에 이미 늦어 피해자 등을 충격하여 사망하게 하였다.

판결이유 : 피고인이 급제동 등의 조치로 피해자 등과의 충돌을 피할 수 있는 상당한 거리에서 피해자 등의 무단 횡단을 미리 예상할 수 있었다고 할 수 없고(피고인이 상당한 거리에서 피해자 등이 도로변에 서 있는 것을 발견하였다고 하더라도 피해자 등이 갑자기 고속도로를 무단 횡단한 이상 피고인으로서는 이를 예견하여 피해자 등과의 충돌사고를 예방하기 위하여 급정차 등의 조치를 취할 수 있도록 대비하면서 운전할 주의의무도 없다), 이 사건 사고 지점이 인터체인지의 진입로 부근이라 하여 달리 볼 수 없으며, 또 원심이 판시한 바와 같이 피고인에게 야간에 고속버스와의 안전거리를 확보하지 아니한 채 진행하다가 고속버스의 우측으로 제한최고속도를 시속 20km 초과하여 고속버스를 추월한 잘못이 있더라도, 이 사건 사고 경위에 비추어 볼 때 피고인의 위와 같은 잘못과 이 사건 사고 결과와의 사이에 상당인과관계가 있다고 할 수도 없다(대판 2000. 9. 5, 2000도2671).

평 가 : 이 판결에서 대법원은 운전자가 안전조치를 취하였다면 보행자와의 충돌을 피할 수 있었다는 등의 특별한 사정이 인정되는 경우에만 자동차 운전자의 과실이 인정될 수 있다고 하여 **인과관계가 인정되더라도 형사책임의 귀속범위는 다를 수 있음**을 보여주고 있다. 대법원은 우선 인과관계 판단이 자연과학적 사실판단이 아니라 형사책임의 범위를 정하는 규범적 판단에 속하므로 주의의무위반이 인정되더라도 이로 인하여 결과가 발생한 것으로 볼 수 없는 경우, 즉 주의의무를 준수하였더라도 결과가 발생하였을 것으로 판단되는 경우에는 결과에 대한 형사책임을 부담하지 않는다는 점, 도로교통에서 신뢰의 원칙을 인정한 점을 들 수 있다.

상당인과관계설은 상당성 판단기준과 관련하여 객관적 상당인과관계설, 주관적 상당인과관계설, 절충적 상당인과관계설로 나뉜다. ① 객관적 상당인과관계설은 과학적 일반인의 입장에서 행위시에 존재하였던 모든 사정과 예견 가능한 행위 후의 사정을 기초로 상당성 여부를 판단한다(배종대). 행위 후의 사정에 대해 행위 당시에 객관적으로 예측 가능하였는지 여부를 판단하므로 '객관적 사후예측설'이라고도 한다. 이와 달리 ② 주관적 상당인과관계설은 일반인의 입장에서 행위자 본인이 행위시에 인식한 사실이나 인식할 수 있었던 사실을 기초로 하여 상당성을 판단한다. ③ 절충적 상당인과관계설은 일반인과 행위자가 알고 있는 사실을 종합하여 일반인의 입장에서 상당성을 판단하는 견해이다.

상당성을 판단하는 데에 적용될 구체적인 내용은 ① 실행행위가 결과 발생으로 연결될 확률, ② 중간에 개재된 사정의 이상성異常性의 대소, ③ 개재사정이 결과에 미친 기여도의 대소라고 볼 수 있다.

판례 상당인과관계

① 상당인과관계를 인정한 판례

• 상해를 가하여 치료받던 중 합병증으로 사망한 사건: 피고인이 갑의 뺨을 1회 때리고 오른 손으로 목을 쳐 갑으로 하여금 뒤로 넘어지면서 머리를 땅바닥에 부딪치게 하여 상해를 가하고 그로 인해 사망에 이르게 하였다는 내용으로 기소된 사안에서, 갑이 두부 손상을 입은 후 병원에서 입원치료를 받다가 합병증으로 사망에 이르게 되어 피고인의 범행과 갑의 사망 사이에 인과관계를 부정할 수 없고, 사망 결과에 대한 예견가능성이 있었는데도, 이와 달리 보아 상해치사의 공소사실을 무죄로 판단한 원심판결에 법리오해의 위법이 있다(대판 2012. 3. 15, 2011도17648).

• 17시간 가량 차량에 포박 감금해 사망한 사건: 4일 가량 물조차 제대로 마시지 못하고 잠도 자지 아니하여 거의 탈진 상태에 이른 피해자의 손과 발을 17시간 이상 묶어 두고 좁은 차량 속에서 움직이지 못하게 감금한 행위와 묶인 부위의 혈액 순환에 장애가 발생하여 혈전이 형성되고 그 혈전이 폐동맥을 막아 사망에 이르게 된 결과 사이에는 상당인과관계가 있다(대판 2002. 10. 11, 2002도4315).

• 도로상의 누워있는 피해자를 역과한 사건: 비가 내리는 심야에 편도 2차선 도로 중 2차로를 시속 약 60km의 속도로 선행 차량과 약 30m 가량의 간격을 유지한 채 진행하다가 선행 차량에 역과된 채 진행 도로상에 누워있는 피해자를 뒤늦게 발견하고 급제동을 할 겨를도 없이 이를 그대로 역과하여 피해자가 사망한 사건에서 대법원은 피고인 운전 차량의 역과와 피해자의 사망 사이의 인과관계를 인정하였다(대판 2001. 12. 11, 2001도5005).

• 폭행을 피해 달아나다 교통사고로 사망한 사건: 피고인이 피해자의 얼굴을 수회 때리고 발로 배를 수회 차는 등 폭행을 하므로 피해자는 이를 모면하기 위하여 도로 건너편의 추어탕 집으로 도망가 도움을 요청하였으나, 피고인은 이를 뒤따라 도로를 건너간 다음 피해자의 머리카락을 잡아 흔들고 얼굴 등을 주먹으로 때리는 등 폭행을 가하였고, 이에 견디지 못한 피해자가 다시 도로를 건너 도망하자 피고인은 계속하여 쫓아가 주먹으로 피해자의 얼굴 등을 구타하는 등 폭행을 가하여 전치 10일간의 흉부피하출혈상 등을 가하였고, 피해자가 위와 같이 계속되는 피고인의 폭행을 피하려고 다시 도로를 건너 도주하다가 차량에 치여 사망하였다. 대법원은 피고인의 위 상해행위와 피해자의 사망 사이에 상당인과관계가 있다고 보아 상해치사죄를 인정하였다(대판 1996. 5. 10, 96도529).

② 상당인과관계를 부인한 판례

• 좌회전 금지구역에서 후행 차량 추돌사건: 피고인이 좌회전 금지구역에서 좌회전한 것은 잘못이나 이러한 경우에도 피고인으로서는 50여 미터 후방에서 따라오던 후행 차량이 중앙선을 넘어 피고인 운전차량의 좌측으로 돌진하는 등 극히 비정상적인 방법으로 진행할 것까지를 예상하여 사고발생 방지조치를 취하여야 할 업무상 주의의무가 있다고 할 수는 없고, 따라서 좌회전 금지구역에서 좌회전한 행위와 사고발생 사이에 상당인과관계가 인정되지 아니한다(대판 1996. 5. 28, 95도1200).

• 항행유지선이 견시의무를 다하였으나 피항선의 조선상 과실로 피항하지 못해 발생한 선박

충돌사건: 어로작업중인 항행유지선과 이를 피항할 의무가 있는 피항선이 서로 충돌할 경우에 피항선이 위 항행유지선의 존재나 위치를 정확히 알지 못하고 운행하다가 충돌한 것이라면 항행유지선을 조선하던 피고인에게도 적절한 위험신호를 미리 발하여 그 위치를 상대방 선박에게 알림으로써 피항하도록 하지 못한 과실이 있다고 하겠으나, 만일 피항선의 조선자가 항행유지선의 존재와 위치를 정확히 알고 있으면서 이를 피항하려다가 조선상의 과실로 충돌한 것이라면 항행유지선의 피고인이 위험신호를 미리 발하여 그 위치를 알림으로써 피항하게 하지 못한 잘못이 사고발생의 원인이 되었다고 보기는 어려울 것이다. …만일 피고인이 견시의무를 다하여 미리 피항선인 남방호의 근접을 발견하였더라도 충돌의 위험이 닥친 단계에서 스스로 방향 변경 등의 방법으로 **위험을 피할 도리가 없는 이상 피고인이 견시의무를 소홀히 한 과실은 이 사건 사고발생과 상당인과관계가 있다고 볼 수 없을 것**이다(대판 1984. 1. 17, 83도2746).

3. 합법칙적 조건설과 절대적 제약관계

(1) 가정적 인과관계

만일 결과를 발생시킨 제1의 원인이 없었더라도 제2의 원인에 의하여 결과가 발생할 것이 확실한 경우를 가정적 인과관계라고 부른다. 조건설에 의하면 원인(제1원인)이 없으면 결과가 발생하지 않아야 하는데 이 경우에는 제2의 원인에 의하여 결과가 발생할 것이기 때문에 조건설의 절대적 제약관계라는 전제가 타당하지 않은 경우가 된다. 예를 들어 갑의 행위가 병의 사망을 초래한 경우 갑의 행위가 실현되지 않았더라도 갑과 함께 병을 살해하려던 을의 행위로 인하여 결국 병이 사망하였을 것이라고 추정될 경우 인과관계는 갑과 병의 사망 간에 존재하며 을과 병의 사망 간에는 존재하지 않는다. 인과관계는 현실적으로 실현된 원인과 결과 간에만 인정되므로 가정적 인과관계는 잠재적 또는 예비적 원인에 불과할 뿐 현실적 인과관계로 인정되지 않는다.

(2) 택일적 인과관계

둘 이상의 원인이 동시에 독립적으로 동일 행위 객체에 작용하여 결과가 발생한 경우를 말하며 이 경우에는 각각 인과관계가 인정된다. 예를 들면 서로 모르는 사이인 갑과 을이 A를 살해하기 위하여 독립적으로 A의 집에 폭발물을 설치하여 A를 폭사시킨 경우이다. 그러나 위의 예에서 갑의 경우 자신의 행위가 없었더라도 을의 행위로 인하여 동일한 결과가 발생하였을 것이므로(반대의 경우도 마찬가지이다) 절대적 제약관계의 조건에 맞지 않는다. 원인행위가 없었더라면 결과가 발생하지 않아야 하는데 이 경우 어느 하나의 원인이 없었더라도 결과는 발생하였을 것이기 때문이다. 논리적으로 조건설이 수정될 수밖에 없는 경우이다. 이에 대해 택일적 인과관계의 경우에도 절대적 제약관계는 존재한다고 수정적인 해석을 하는 견해가 있다. 즉 여러 조건이 택일적이지만 이들 다수의 조건이 중첩적이 아니었어도 결과를 발생시킨 경우에는 절대적 제약관계가 인정된다는 것이다.

(3) 누적적 인과관계

누적적 또는 중첩적 인과관계는 각각의 원인이 단독으로는 결과를 발생시킬 수 없고 누적적으로 작용해야만 결과 발생이 가능한 경우에는 각각의 원인에 대하여 인과관계가 인정된다. 누적적 인과관계는 절대적 제약관계의 논리가 적용되는 경우이다.

판례 누적적 인과관계의 예

- 건물(삼풍백화점) 붕괴의 원인이 건축계획의 수립, 건축설계, 건축공사 공정, 건물 완공 후의 유지관리 등에 있어서의 과실이 복합적으로 작용한 데에 있다고 보아 각 단계별 관련자들을 업무상과실치사상죄의 공동정범으로 처단하였다(대판 1996. 8. 23, 96도1231). 이 판결에서 법원은 누적적 인과관계를 인정하였으며, 동시에 과실범 및 결과적 가중범의 공동정범을 인정하였다.

(4) 추월적 인과관계

제1의 원인행위가 있었지만 그 사이 다른 원인행위에 의해 결과가 발생하여 제1의 원인이 결과로 연결되지 않은 경우 발생한 결과와 다른 원인행위 간의 관계를 추월적 인과관계라고 부른다. 예를 들어 갑이 A를 살해하기 위하여 음료수에 치사량의 독극물을 섞었는데 이를 모르고 마신 A가 사망하기 전에 을이 A를 총으로 사살한 경우 을의 행위와 발생한 결과 간의 관계를 추월적 인과관계로 표현한다(또는 갑의 입장에서는 인과관계의 단절이라고도 부른다). 이 경우 갑은 살인미수죄, 을은 살인죄에 해당한다. 갑의 행위는 결과로 연결되지 않았다는 점에서 A의 사망에 대한 인과관계가 인정되지 않는데 이는 모든 원인행위를 동등하게 평가하는 조건설의 입장과는 상충된다.

(5) 비전형적 인과관계

구성요건에 해당하는 행위가 결과 발생의 유일한 원인일 필요는 없으므로 다른 원인이 개입한 비전형적 인과관계의 경우에도 인과관계가 부인되는 것은 아니다. 구체적으로는 피해자의 행위가 개입된 경우(자발적 행위나 과실. 아래 판례 ① 참조), 제3자의 행위(고의 또는 과실행위. 아래 판례 ② 참조)가 개입된 경우, 행위자 본인의 행위나 특수한 사정이 개입된 경우를 나누어 판단할 필요가 있다. 각각의 경우에 중요한 것은 최초의 행위와 추가적 개입행위 간에 어느 것을 결과 발생에 연결된 원인행위로 볼 것인가이다. 판례 역시 자신의 행위로 초래된 위험이 그대로 또는 그 일부가 범죄 결과로 현실화된 경우라면 비록 그 결과 발생에 제3자의 행위가 일부 기여하였다 할지라도 그 결과에 대한 죄책을 면할 수 없다고 보고 있다(대판 2009. 4. 23, 2008도11921).

판례 다른 원인이 개입한 비전형적 인과관계

① 결과 발생에 피해자 과실이 개입된 경우

• 예인선단과 허베이 스피리트호의 충돌로 허베이호 좌현 1, 3, 5번 유류탱크에 각 한 군데씩 구멍이 생기고 그 구멍으로부터 이 사건 기름이 누출되었는데, 그 누출 정도는 위와 같은 탱크 파손으로 인하여 추가 요인이 없는 경우에도 물리 법칙에 따라 자연적으로 현실화될 것이 예상되는 범위 내의 것일 뿐 허베이호 선원들의 추가적인 행위로 인하여 통상 예상되는 범위를 초과하는 정도에까지 이른 것은 아닌 사실이 인정된다. 그렇다면 위 법리에 비추어 볼 때 비록 허베이호 선원들이 유류탱크 파손 이후 오염 방지 주의의무를 게을리하지 않았더라면 이 사건 충돌로 인한 기름 누출의 정도를 줄일 수 있었다고 하더라도, 이 사건 예인선단이 허베이호의 유류탱크에 구멍을 내어 이 사건 기름 누출의 위험을 초래한 행위와 실제 발생한 이 사건 기름 누출이라는 결과 사이에 인과관계가 단절된다고 볼 수는 없다(대판 2009. 4. 23, 2008도11921).

• 폭력조직원들로부터 심한 자상을 입어 급성신부전증이 발생되어 치료를 받던 중 음식과 수분의 섭취를 조절하여야 하는데도 불구하고 김밥과 콜라 등을 함부로 먹은 탓으로 합병증이 유발하여 사망하였다. 대법원은 "살인의 실행행위가 피해자의 사망이라는 결과를 발생하게 한 유일한 원인이거나 직접적인 원인이어야만 되는 것은 아니므로…, **살인의 실행행위와 피해자의 사망과의 사이에 다른 사실이 개재되어 그 사실이 치사의 직접적인 원인이 되었다고 하더라도, 그와 같은 사실이 통상 예견할 수 있는 것에 지나지 않는다면 살인의 실행행위와 피해자의 사망과의 사이에 인과관계가 있는 것**으로 보아야 할 것이다. …급성신부전증을 치료할 때에는 수분의 섭취량과 소변의 배설량을 정확하게 맞추어야 하는 사실, 위 피해자는 외상으로 인하여 급성신부전증이 발생하였고 또 소변량도 심하게 감소된 상태였으므로 음식과 수분의 섭취를 더욱 철저히 억제하여야 하는데, 이와 같은 사실을 모르고 콜라와 김밥 등을 함부로 먹은 탓으로 체내에 수분저류가 발생하여 위와 같은 합병증이 유발됨으로써 사망하게 된 사실 등을 인정할 수 있는 바, … 위 피고인들의 … 범행으로 인하여 위 피해자에게 급성신부전증이 발생하였고 또 그 합병증으로 위 피해자의 직접사인이 된 패혈증 등이 유발된 이상, **비록 그 직접사인의 유발에 위 피해자 자신의 과실이 개재되었다고 하더라도 이와 같은 사실은 통상 예견할 수 있는 것으로 인정**되므로, 위 피고인들의 이 사건 범행과 위 피해자의 사망과의 사이에는 인과관계가 있다"고 보아 살인죄를 인정하였다(대판 1994. 3. 22, 93도3612).

• 피고인이 아파트 안방에서 안방 문에 못질을 하여 동거하던 피해자가 술집에 나갈 수 없게 감금하고, 피해자를 때리고 옷을 벗기는 등 가혹한 행위를 하여 피해자가 이를 피하기 위하여 창문을 통해 밖으로 뛰어 내리려 하자 피고인이 이를 제지한 후, 피고인이 거실로 나오는 사이에 갑자기 안방 창문을 통하여 알몸으로 아파트 아래 잔디밭에 뛰어 내리다가 다발성 실질장기 파열상 등을 입고 사망하였다. 대법원은 피고인의 중감금행위와 피해자의 사망 사이에 인과관계를 인정하고 피고인에게 중감금치사죄를 인정하였다(대판 1991. 10. 25, 91도2085). 이 판결에서 대법원은 피해자가 창문에서 스스로 뛰어내린 개입행위에도 불구하고 인과관계는 인정된

다고 보았다.

② 결과 발생에 제3자의 과실이 개입된 경우

• 피고인이 고속도로 2차로를 따라 자동차를 운전하다가 1차로를 진행하던 갑의 차량 앞에 급하게 끼어든 후 곧바로 정차하여, 갑의 차량 및 이를 뒤따르던 차량 두 대는 연이어 급제동하여 정차하였으나, 그 뒤를 따라오던 을의 차량이 앞의 차량들을 연쇄적으로 추돌케 하여 을을 사망에 이르게 하고 나머지 차량 운전자 등 피해자들에게 상해를 입힌 사안에서, 편도 2차로의 고속도로 1차로 한가운데에 정차한 피고인은 현장의 교통상황이나 일반인의 운전 습관·행태 등에 비추어 고속도로를 주행하는 다른 차량 운전자들이 제한속도 준수나 안전거리 확보 등의 주의의무를 완전하게 다하지 않을 수도 있다는 점을 알았거나 충분히 알 수 있었으므로, 피고인의 정차 행위와 사상의 결과 발생 사이에 상당인과관계가 있고, 사상의 결과 발생에 대한 예견가능성도 인정된다는 이유로, 피고인에게 일반교통방해치사상죄를 인정하였다(대판 2014. 7. 24, 2014도6206).

• 피고인이 제왕절개수술 후 대량출혈이 있었던 피해자를 전원(轉院) 조치하였으나 전원받는 병원 의료진의 조치가 다소 미흡하여 도착 후 약 1시간 20분이 지나 수혈이 시작된 사안에서, 피고인의 전원지체 등의 과실로 신속한 수혈 등의 조치가 지연된 이상 피해자의 사망과 피고인의 과실 사이에 인과관계가 인정된다(대판 2010. 4. 29, 2009도7070).

• 주먹으로 피해자의 복부를 강타하여 복막염 등으로 사망케 되었다면 비록 수술지연 등 과실이 피해자의 사망의 공동원인이 되었다 하더라도 피고인의 폭력행위와 치사의 결과 간에는 인과관계가 있다(대판 2000. 7. 4, 2000도2154).

(6) 구조방해행위와 인과관계

구조방해행위로 인하여 구조행위를 할 수 없게 되고, 그 후 결과가 발생한 경우에 구조방해행위와 결과 간에 인과관계를 인정할 수 있는지 여부가 문제된다. 구조방해행위와 결과 발생 간의 인과관계는 가정적 상황이 아닌 경우에는 합법칙적 조건설의 입장에서도 인과관계를 인정할 수 있다고 본다. 그러므로 예를 들어 응급실에 입원한 피해자에게 수혈할 희귀 혈액봉지를 빼앗아 피해자가 사망하게 한 행위는 혈액 탈취행위가 의사의 치료를 불가능하게 한 것이므로 환자의 사망에 대해 인과적이라고 보는 것이다. 그러나 구조방해행위가 인정되더라도 구조행위의 성공 여부가 불확실한 경우에는 가정적·잠재적 상황에 불과하므로 인과관계를 부인하여야 한다.

Ⅲ. 객관적 귀속론

객관적 귀속론은 합법칙적 조건설에 의하여 인과관계가 인정된 경우에 실행행위와 결과의 관련성 여부를 판단하여 형사책임의 귀속범위를 정하는 기준에 관한 이론이다. 상당인과관계론이 제시하는 형사책임의 귀속판단이 '상당성'이라는 단일의 추상적 기준만이 제시된 것에 비해 객관적 귀속론은 상당성 판단의 구체화·실질화를 의미한다고 볼 수 있다.

형법상 객관적 귀속론은 불법론을 객관화하는 기능을 한다. 그리고 객관적 귀속이라고 부르는 이유는 행위자의 고의가 아니라 행위귀속의 문제에 속하기 때문이다.

1. 객관적 귀속의 기본요건

과실범의 영역에서 발전한 독일의 이론인 객관적 귀속론은 두 가지 원칙을 따르고 있다: ① 행위자의 행위가 직접 구성요건적 결과 발생의 위험을 야기하여야 하며(위험의 야기), ② 행위자가 조성한 위험이 구성요건적 결과 발생으로 이어져야 한다(위험의 실현). 위험의 실현 즉 위험의 현실화는 행위와 결과 간에 법적 관련성이 인정되는 것을 내용을 한다.

그리고 위험을 야기하였어야 하므로 비록 결과가 발생하였더라도 위험감소행위로 인하여 초래된 경우에는 야기된 위험이 현실화된 것이 아니므로 객관적 귀속의 대상이 아니다. 위험감소행위란 행위자가 이미 진행되고 있는 인과과정 속에서 자신의 행위를 통하여 보다 중한 결과 발생의 피해를 줄이기 위한 행위를 의미한다. 형법은 보다 중요한 법익 침해를 방지하기 위한 행위를 금지할 수 없기 때문에 위험감소행위로 인하여 결과가 발생하더라도 결과 발생에 대한 인과관계는 인정되지만 객관적 귀속은 부인된다.

결과 발생과 관련하여 귀속의 기준으로 현재 주장되고 있는 내용으로는 다음과 같은 것이 있다.

(1) 의무위반 관련성

의무위반 관련성이란 행위자에게 (주의)의무위반이 인정되지만 만일 행위자의 의무위반이 없었다고 하더라도 동일한 결과가 발생하였을 것으로 예상되는 경우에는 형사책임의 귀속을 인정하지 않는 것을 말한다. 결과회피가능성 여부가 불확실한 경우에는 결과귀속을 부인하는 견해도 마찬가지이다. 이에 따라 과실범의 경우 행위자가 주의의무를 다하여 행동하였더라도 법익 침해의 결과가 발생하였으리라고 예상될 때에는 그 결과를 행위자에게 귀속시킬 수 없게 된다(대판 2000. 9. 5, 2000도2671; 1995. 12. 26, 95도715 참조). 과실범에서 주의의무의 준수를 요구하는 것은 이를 통하여 결과 발생을 피할 수 있다고 보기 때문인데 주의의무를 다하였더라도 동일한 결과 발생이 예상되는 상황이었다면 주의의무위반을 이유로 형사책임을 인정하는 것은 주의의무설정의 목적과 상충되기 때문이다.

판례 **주의의무위반과 결과 책임 유무**

• 한의사인 피고인이 피해자에게 문진하여 과거 봉침을 맞고도 별다른 이상반응이 없었다는

답변을 듣고 부작용에 대한 충분한 사전 설명 없이 환부인 목 부위에 봉침시술을 하였는데, 피해자가 위 시술 직후 쇼크반응을 나타내는 등 상해를 입은 사안에서, 제반 사정에 비추어 피고인이 봉침시술에 앞서 설명의무를 다하였더라도 피해자가 반드시 봉침시술을 거부하였을 것이라고 볼 수 없어, 피고인의 설명의무 위반과 피해자의 상해 사이에 상당인과관계를 인정하기 어렵다고 판단하였다(대판 2011. 4. 14, 2010도10104).

• 선행 교통사고와 후행 교통사고 중 어느 쪽이 원인이 되어 피해자가 사망에 이르게 되었는지 밝혀지지 않은 경우 후행 교통사고를 일으킨 사람의 과실(주: 전방 주시의무 태만)과 피해자의 사망 사이에 인과관계가 인정되기 위해서는 후행 교통사고를 일으킨 사람이 주의의무를 게을리하지 않았다면 피해자가 사망에 이르지 않았을 것이라는 사실이 증명되어야 하고, 그 증명책임은 검사에게 있다(대판 2007. 10. 26, 2005도8822).

이에 대하여 위험증대설은 행위자에게 주의의무위반 관련성이 부인되더라도 자신의 행위로 인해 허용된 위험의 정도를 넘어서는 결과 발생의 위험성을 증대시킨 것만으로 결과귀속을 인정하는 견해이다. 위험증대설에 의하면 의무위반 관련성 기준보다 형사책임 귀속의 범위가 확대된다.

(2) 보호목적(범위) 관련성

결과가 침해된 당해 규범의 보호목적(범위) 내에 해당하여야 한다. 이 경우의 규범은 특정한 결과 발생을 방지하기 위한 금지 또는 주의의무규정을 의미하며, 고의범뿐만 아니라 과실범에게도 해당한다. 규범의 보호목적 관련성에 따르면 규범의 보호내용과 무관하게 발생한 결과라면 비록 행위자의 행위에서 비롯되었다고 하더라도 그 결과를 행위자에게 귀속시킬 수 없다. 그러므로 ① 행위자의 행위 이외에 피해자 스스로 또는 제3자가 초래한 결과나 위험(예: 환자의 수술거부로 인하여 사망한 경우)에 대해서는 행위자에 대해 객관적 귀속을 할 수 없다. ② 또한 경험칙의 범위를 벗어나서 합리적 예견이 불가능한 비전형적 인과과정을 거쳐 결과가 발생한 경우, ③ 인간의 지배능력 밖에서 발생한 결과에 대해서도 역시 결과귀속이 인정되지 않는다.

2. 형법 제17조와 객관적 귀속론

형법 제17조는 "어떤 행위라도 죄의 요소되는 위험발생에 연결되지 아니한 때에는 그 결과로 인하여 벌하지 아니한다"고 규정하고 있다. 이는 인과관계가 인정되더라도 형사책임을 인정하기 위해서는 또 다른 요소가 필요하다는 의미이다. 즉 인과관계 유무만으로 형사책임 여부가 확정되는 것은 아니라고 한 것이다. 그러므로 제17조는 인과관계가 인정된다고 하여 행위자에게 모든 결과에 대한 형사책임을 인정할 수 없다는 원칙론을 규정한 것으로 보는 것이 정확하다.

문제는 형사책임의 범위를 정하기 위하여 어떠한 기준에 따라 인과관계를 규범적으로 재단하는가에 달려 있다. 이에 대한 방법론으로서 상당인과관계설과 객관적 귀속이론이 있음은 기술한 바와 같다. 결론적으로 객관적 귀속이론은 결과에 대한 법적 예측가능성과 논리적 합리성이라는 측면에서 상당인과관계설에 비해 우월하다고 할 수 있다. 상당인과관계설이 주장하는 상당성이라는 기준은 객관적 귀속이론이 제시하는 귀속기준에 비해 상대적으로 추상적이면서 법관의 자의적 판단을 상당성이라는 개념으로 포장할 위험성이 내재되어 있다.

그러므로 형법 제17조는 객관적 귀속이론을 전제하고 입법한 것은 아니라고 하더라도 행위와 결과 간에 조건설적인 인과관계가 인정되더라도 형사책임 인정범위를 확정하는 것은 별개의 문제라는 점을 규정한 것으로 해석하는 것이 타당하다. 즉 합법칙적 조건설에 의하여 인과관계 유무를 확정하고, 객관적 귀속기준에 따라 형사책임의 범위를 제한하게 한 규정으로 해석하는 것이 규정의 취지에 부합한다.

제 4 절 주관적 구성요건

> 제13조(고의) 죄의 성립요소인 사실을 인식하지 못한 행위는 벌하지 아니한다. 다만, 법률에 특별한 규정이 있는 경우에는 예외로 한다.

Ⅰ. 고 의

1. 의 의

고의는 범죄사실을 인식하는 것을 의미한다. 즉 범죄유형을 기술한 객관적 구성요건을 인식하고 이를 실현하려는 의사를 말한다. 형법(제13조)은 "죄의 성립요소인 사실을 인식"하는 것으로 고의를 규정하고 있다. 형법상으로는 고의를 인식의 측면만을 규정한 것으로 볼 수 있지만 이는 행위자에게 목표 실현에 대한 의지적 요소가 필요하지 않은 것으로 본 것이 아니라 구성요건 요소를 인식하지도 못한 행위는 처벌할 수 없다는 최소한의 요건을 규정한 것이다. 그리고 행위 결과에 대한 의욕이란 행위 상황에 대한 인식이 없이는 불가능한 것이다. 그러므로 고의의 본질을 인식과 의사의 두 요소로 파악하는 것은 타당하다. 이러한 고의는 가치판단이 아니라 행위에 대한 심리적 사실을 의미하며, 결과에 대한 형사책임의 주관적 귀속 근거가 된다. 또한 행정법규에서 형사처벌을 규정한 경우에도 과실범 처벌을 전제로 하지 않는 한 고의가 구비되어야 한다. 형법은 고의범을 처벌하는 것을 원칙으로 하고 있으며 법률에 특별한 규정이 있는 경우에 한하여 고의가 없는 행위를 처벌하기 때문이다(제13조). '특별한 규정'에 해당하는 범죄 형태가 과실범이다.

판례 행정형법범과 고의

• **행정상의 단속을 주안으로 하는 법규**라 하더라도, 명문규정이 있거나, 해석상 과실범도 벌할 뜻이 명확한 경우를 제외하고는 형법의 원칙에 따라 **고의가 있어야 벌할 수 있다**(대판 1986. 7. 22, 85도108).

2. 고의의 범죄론 체계상 위치와 기능의 이중성

인과적 행위론을 토대로 하는 고전적 범죄론 체계에서는 고의를 과실과 함께 책임요소로 파악하였다. 그러나 목적론적 범죄론 체계 이후 현대의 범죄론 체계에서는 고의를 행위형태와 책임 형태라는 양면으로 파악한다(통설). 즉 고의를 주관적 구성요건 요소로 파악하되(구성요건요소설) 동시에 책임 요소로서의 성격도 인정된다는 입장이다. 그래서 행위 요소로서의 고의는 주관적 구성요건 요소로 자리매김하고, 책임 요소로서 고의는 고의책임이라는 형태로 인정하고 있다. 행위 요소로서의 고의는 예를 들어 살인행위는 사람을 살해하는 행위와 함께 살해하겠다는 의사를 가진 경우에 살인행위로서 인정되는 것처럼 주관적 의사를 배제한 채 살인행위의 의미를 판단할 수 없는 것이다. 책임 요소로서 고의는 살인행위가 금지행위임에도 불구하고 살인행위로 나아가겠다는 의사결정의 측면을 의미한다. 이를 고의의 이중 기능이라고 부른다(과실도 역시 이중 기능을 인정한다).

판례 고의의 구성요건성

• "공직선거법 제250조 제2항 소정의 허위사실공표죄에서는 **공표된 사실이 허위라는 것이 구성요건의 내용을 이루는 것이기 때문에 행위자의 고의의 내용으로서 그 사항이 허위라는 것의 인식이 필요**하다…"(대판 2005. 7. 22, 2005도2627).

고의의 이중 기능은 책임원칙과 관련이 있다. 즉 책임형법에 기초한 현대 형법에서 책임과 형벌은 균형을 이루어야 한다. 이에 따라 고의범과 과실범의 영역에서는 처벌의 차별화(제14조)와 법정형의 차이로 나타난다. 그런데 이처럼 고의범과 과실범에 대해 처벌상의 차별화와 차별적인 형량을 규정한 것은 고의행위나 과실행위가 비단 행위불법의 측면에서 뿐만 아니라 책임에서도 차이가 있다는 점을 의미하는 것이다. 즉 구성요건 요소로서의 고의는 객관적 구성요건을 실현시키기 위한 인식·의욕을 내용으로 하는 반면, 책임 요소로서의 고의책임은 행위자 개인과 관련하여 일종의 심정적 불법성을 띠는 것으로서 법적 비난의 대상이 되는 행위를 하기로 결정한 점(타인의 생명을 박탈해서는 안 된다는 금지규범의 무시) 등이 그 내용이다. 형법상 양형조건인 '범행동기'나 '범행수단'(제51조)은 고의행위의 심정적 불법성이 발현된 것을 전제로 한 예라고 할 수 있다(책임요소로서의 고의).

고의의 이중 기능은 범죄론 체계에서 오상방위와 같은 위법성조각사유의 객관적 성립 요건에 관한 착오의 경우 그 차이가 드러난다. 즉 오상방위자의 방어행위에 대해서 구성요건적 고의를 인정하는 데에는 문제가 없지만 방위의사로 상대방을 공격하기로 결정한 의사방향은 고의책임의 관점에서 볼 때 비난할 수 없게 된다. 결국 고의책임의 결여로 인하여 고의범은 인정되지 않는다고 보는 것이 이중 기능을 인정하는 입장의 결론이며 제한적 책임설 또는 법률효과제한적 책임설의 입장을 따른다면 결과적으로 과실범 처벌규정이 있는 경우에 한하여 과실범의로의 처벌가능성만이 남게 된다.

3. 고의의 인식대상

고의가 인정되기 위한 인식대상에는 객관적 구성요건 요소가 가장 핵심이다. 즉 고의를 인정하기 위해서는 행위자가 구성요건에 해당하는 사실관계를 인식하고 있어야 한다. 법률규정을 인식하는 것은 고의의 인식대상이 아니다. 즉 법률의 금지규정을 인식하는 것은 위법성의 내용이지 고의의 내용은 이니다. 인식의 범위는 발생한 사실의 중요 부분에 대하여 인식하면 되고 세세한 부분까지 인식하여야 하는 것은 아니다. 고의의 인식대상을 간단히 살펴보면 다음과 같다.

(1) 행위태양(방법)

형법상의 행위는 구체적으로 행위태양行爲態樣이 명시된 경우와 그렇지 않은 경우가 있다. 예를 들면 예배방해죄(제158조)나 살인죄(제250조)는 행위태양을 규정하고 있지 않은 반면에 공무집행방해죄(제136조)는 '폭행·협박', 먹는 물의 사용방해죄(제192조 제1항)에서 '물에 오물을 넣는 행위', 사기죄(제347조)는 '기망행위'를 규정하고 있다. 이 경우 행위자는 행위 태양에 대한 고의가 있어야 한다.

(2) 행위주체

일반적으로 구성요건은 행위주체를 제한하고 있지 않지만 예를 들면 수뢰죄(제129조)에서 '공무원 또는 중재인', 업무상비밀누설죄(제317조)에서 '의사, 한의사 등'처럼 행위주체를 제한하고 있는 신분범에서는 행위자가 자신의 신분에 대한 인식이 있어야 해당 구성요건에 대한 고의가 인정된다.

(3) 행위객체 · 행위내용

대부분의 구성요건은 행위객체를 규정하고 있는데 고의가 인정되려면 행위객체를 인식하여야 한다. 예를 들어 문서에 관한 죄(제225조 이하)에서 '공 · 사문서', 살인죄(제250조)에서 '사람', 절도죄(제329조)에서 '재물', 미성년자에 대한 간음죄(제305조)에서 13세 미만이라는 사실을 인식하여야 고의가 인정된다.

구성요건 가운데에는 행위객체가 불필요한 경우도 있으나 이 경우에는 행위내용을 인식하여야 한다. 예를 들면 공연음란죄(제245조)에서는 공연히 음란한 행위를 하면 죄가 성립하는 것이기 때문에 행위자는 자기 행위의 음란성에 대해서 인식하고 있으면 된다.

공연음란죄(제245조)에서 '음란성'이나 간첩죄(제98조)에서 '국가기밀', 명예훼손죄(제307조)에서 '명예'나 '허위의 사실'과 같이 가치평가적 의미 해석이 필요한 규범적 구성요건의 경우에는 이러한 요소에 대한 의미 인식이 곧 고의의 내용이 된다.

(4) 결과 또는 위험

상해죄(제257조)와 같은 결과범에서는 결과를 예견하여야 하고, 현주건조물방화죄(제164조)와 같은 추상적 위험범에서는 위험 발생의 가능성을, 자기소유일반건조물방화죄(제166조 제2항)와 같은 구체적 위험범에서는 위험 발생을 예견하여야 한다.

(5) 인과관계

인과관계는 객관적 구성요건 요소로서 고의의 인식대상에 포함된다(인식필요설)(통설). 이에 대해 객관적 귀속을 인정하는 한 인과과정에 대한 인식은 고의의 내용이 아니라는 인식불요설(이정원)이 있다. 그러나 인과과정에 대한 인식의 문제는 순수한 객관적 귀속의 문제에만 해당되는 것은 아니라고 본다. 고의의 인식대상에는 인과과정에 대한 인식은 객관적 귀속을 가능하게 하는 행위상황에 대한 전체 인식이 포함된다. 즉 주관적 구성요건인 고의에 귀속이 가능할 수준의 행위 상황에 대한 인식을 요구하는 것이다. 그러므로 행위자는 행위과정에 대한 중요한 부분에 대하여 예상하고 있어야 할 뿐 세부적이고 구체적인 부분까지 인식할 수 있는 것은 아니다. 그렇다면 결과가 행위자의 예상과 다른 과정을 통해 실현되었더라도 이러한 상위相違가 일반적인 생활 경험칙상 예측 가능한 한계를 넘어서지 않았고, 이러한 행위에 대한 다른 판단이 정당화될 수 없다면 착오에 해당하지 않는다.

(6) 가중적 · 감경적 구성요건

형을 가중하거나 감경하는 가중적 또는 감경적 구성요건 요소도 고의의 인식대상이다. 예를 들면 존속살해죄(제250조 제2항)나 영아살해죄(제251조)에서 행위객체가 직계존속이나 직계비속이라는 점에 대한 인식이 있어야 하며 그렇지 않은 경우 착오의 문제가 발생한다.

Ⅱ. 고의의 형태

1. 확정적 고의

일반적으로 고의는 행위자가 구성요건적 행위 상황인 객관적 구성요건 요소에 대한 인식을 하면서 동시에 구성요건의 실현을 의욕하는 것을 의미한다. 이를 확정적 고의라고 한다. 그러나 결과 발생에 대한 의욕의 정도는 상대적 · 단계적이기 때문에 경우에 따라서는 약한 형태의 의욕이 인정되더라도 고의범 성립을 인정하여야 할 경우도 있다. 그러므로 판례는 확정적 고의뿐만이 아니라 이러한 불확정적 고의도 인정한다. 불확정적 고의는 결과 발생에 대한 확신이 없는 경우의 고의를 의미하며 법적 효과는 확정적 고의와 동일하다. 불확정적 고의에 해당하는 대표적인 예가 후술하는 미필적 고의이다.

판례 불확정적 고의

• 살인죄에서 살인의 범의는 반드시 살해의 목적이나 계획적인 살해의 의도가 있어야 인정되는 것은 아니고, **자기의 행위로 인하여 타인의 사망이라는 결과를 발생시킬 만한 가능성 또는 위험이 있음을 인식하거나 예견하면 족한 것이며 그 인식이나 예견은 확정적인 것은 물론 불확정적인 것이라도 이른바 미필적 고의로 인정되는 것**인 바, 피고인이 범행 당시 살인의 범의는 없었고 단지 상해 또는 폭행의 범의만 있었을 뿐이라고 다투는 경우에 피고인에게 범행 당시 살인의 범의가 있었는지 여부는 피고인이 범행에 이르게 된 경위, 범행의 동기, 준비된 흉기의 유무 · 종류 · 용법, 공격의 부위와 반복성, 사망의 결과 발생가능성 정도 등 범행 전후의 객관적인 사정을 종합하여 판단할 수밖에 없다(대판 2006. 4. 14, 2006도734).

2. 미필적 고의

(1) 의 의

미필적 고의未必的 故意(dolus eventualis)는 객관적 구성요건 요소를 인식하였지만 직접고의와 달리 구성요건적 결과 발생을 직접적으로 추구하지 않거나 확신하지 않은 상태의 고의를 의미한다. 미필적 고의는 고의의 한계영역에 해당하는 것으로서 후술하는 인식있는 과실과 경계선을 이룬다.

판례 미필적 고의의 예

• 피해자를 아파트에 유인하여 양 손목과 발목을 노끈으로 묶고 입에 반창고를 두 겹으로 붙인 다음 양 손목을 묶은 노끈은 창틀에 박힌 시멘트 못에, 양 발목을 묶은 노끈은 방문손잡이에 각각 잡아매고 얼굴에 모포를 씌워 감금한 후 수차 아파트를 출입하다가 마지막 들어갔을 때 피해자가 이미 탈진 상태에 이르러 박카스를 마시지 못하고 그냥 흘려버릴 정도였고 피고인이 피해자의 얼굴에 모포를 덮어씌워 놓고 그냥 나오면서 피해자를 그대로 두면 죽을 것 같다는 생각이 들었다면, 피고인이 위와 같은 결과 발생의 가능성을 인정하고 있으면서도 피해자를 병원에 옮기지 않고 사경에 이른 피해자를 그대로 방치한 소위는 **피해자가 사망하는 결과에 이르더라도 용인할 수밖에 없다는 내심의 의사 즉 살인의 미필적 고의가 있다**고 할 것이다(대판 1982. 11. 23, 82도2024).

[예] 갑은 을의 하복부를 길이 20센티미터 가량의 과도로 찔렀다. 갑은 을이 이로 인하여 사망할지도 모른다고 생각하였지만 그러나 죽지 않기를 바랐다. 을은 사망하지는 않았다.

위 [판례]와 [예]는 행위자의 의사방향이 다르다. 위의 [예]처럼 행위자가 구성요건적 결과 발생의 가능성을 인식하였다는 점에서는 [판례]에서의 행위자와 마찬가지이다. 그러나 결과에 대한 행위자의 의사방향은 서로 다르다는 점에서 미필적 고의와 인식 있는 과실은 경계선상의 개념이다(확정적 고의 → 미필적 고의 → 인식 있는 과실 → 인식 없는 과실). 즉 그 구별은 의사적 측면이 아니라 의욕적 측면에서 가능할 뿐이다. 양자의 구별은 고의와 과실의 차이를 밝혀주는 중요한 의미를 지니며, 양자의 구별기준에 대해서는 아래와 같은 견해가 주장되고 있다.

(2) 학 설

1) 용인설과 감수설

용인설容認說에서는 결과 발생의 가능성을 인식하는 외에 이러한 결과 발생을 내심으로 용인 또는 승인하는 것을 미필적 고의로 본다. 이 견해는 고의의 의욕적 요소를 구별기준으로 삼으며 대법원도 많은 판례에서 이러한 견해를 취하고 있다.

한편 미필적 고의를 내심의 승인이나 승낙 등의 의미가 아니라 발생가능한 법익 침해방향으로의 의사결정으로 이해하는 감수설甘受說의 입장이 있다. 용인설이 구성요건적 결과 발생의 가능성을 인식하였을 뿐만 아니라 결과 발생을 용인하는 내심의 의사가 있음을 필요로 하는 데 대하여, 감수설은 구성요건이 실현되어도 이를 받아들이겠다는, 즉 감수하겠다는 의사만 있으면 된다는 점에 있다. 용인설이 구성요건의 실현을 용인하겠다는 내심의 의사를 가지고 있다는 점은 결과 발생을 감수하겠다는 의미와 다를 바 없으므로 전체적으로는 감수설도 용인설의 범주에 해당하지만 의욕적 측면을 상대적으로 약화시킨 학설이라고 할 수 있다. 행위자의 생각(의사)과 바람(의욕)을 결합하여 판단하는 입장이다.

판례 **용인설의 예**

- 대구지하철화재 사고 현장을 수습하기 위한 청소 작업이 한참 진행되고 있는 시간 중에 실종자 유족들로부터 이의제기가 있었음에도 대구지하철공사 사장이 즉각 청소 작업을 중단하도록 지시하지 아니하였고 수사기관과 협의하거나 확인하지 아니하였다고 하여 위 사장에게 그러한 청소 작업으로 인하여 증거인멸의 결과가 발생할 가능성을 용인하는 내심의 의사까지 있었다고 단정하기는 어렵다(대판 2004. 5. 14, 2004도74).
- 피고인은 사촌처남인 갑으로부터 그가 해외취업을 알선하고 있다면서 해외 취업희망자를 모집하여 달라고 하므로 피해자들에게 해외취업을 하도록 권유하여 오던 중, 해외취업을 희망하는 피해자들로부터 비용 등 명목으로 돈을 받았다. 그 후 피고인과 피해자 등 모두 9명은 미국에 입국할 의도 아래 인솔자인 재미교포라는 을, 병과 함께 도미니카국에 이르렀는데 을, 병이 몰래 사라져 버리고 결국 미국에 입국할 수도 없어 약 50일 정도 도미니카국에 불법체류하다가 귀국하였다.

대법원은 이에 대해 "이른바 미필적 고의라 함은 결과의 발생이 불확실한 경우 즉 행위자에 있어서 그 결과 발생에 대한 확실한 예견은 없으나 그 가능성은 인정하는 것으로, 이러한 미필적 고의가 있었다고 하려면 **결과 발생의 가능성에 대한 인식이 있음은 물론 나아가 결과 발생을 용인하는 내심의 의사가 있음**을 요한다"고 하여 피고인에게 사기죄의 미필적 고의를 인정하지 않았다(대판 1987. 2. 10, 86도2338). 이 사건에서 피해자 가운데는 피고인의 형도 포함되어 있으며 피고인 스스로도 피해를 본 점 등을 인정하여 사기죄의 고의를 부인한 것이나.

2) 무관심설

무관심설은 행위자가 발생 가능한 법익 침해의 결과에 대해 무관심한 태도를 가지고 행위를 하였다면 미필적 고의가 인정된다는 견해이다. 고의의 유무를 판단함에 중요한 것은 행위자의 행위 동기나 심리적 태도가 아니라 행위자가 발생가능한 법익 침해(결과 발생)의 방향으로 자신의 행위를 결정하였는가의 여부에 있다.

3) 가능성설과 개연성설

가능성설 또는 인식설은 행위자가 결과 발생의 구체적인 가능성을 인식하고 행위를 하였을 때 미필적 고의를 인정한다. 이는 고의의 지적知的 요소에 중점을 두는 학설이다. 그 결과 인식 있는 과실도 고의로 평가되는 문제점이 있다. 특히 위험사회라고 부를 만큼 구성요건적 결과 발생의 가능성이 높은 현대사회에서 결과 발생의 가능성에 대한 인식만으로 미필적 고의를 인정한다는 것은 경계하여야 한다.

판례 결과 발생 가능성에 대한 인식 · 예견

• 무술교관 출신인 피고인이 인체의 급소를 잘 알고 있으면서도 무술의 방법으로 피해자의 울대를 가격하여 피해자를 사망케 한 사건에서, 대법원은 피해자가 먼저 피고인을 할퀴고, 피고인의 고환을 잡고 늘어지는 등 피고인을 폭행한 것이 원인이 되었다고 하더라도 살인의 미필적 고의를 인정할 수 있다고 판시하였다. 즉 "살인죄에 있어서의 범의는 반드시 살해의 목적이나 계획적인 살해의 의도가 있어야만 인정되는 것은 아니고, 자기의 행위로 인하여 타인의 **사망의 결과를 발생시킬 만한 가능 또는 위험이 있음을 인식하거나 예견**하면 족한 것이고 그 인식 또는 예견은 확정적인 것은 물론 불확정적인 것이라도 이른바 미필적 고의로도 인정되는 것"이라고 판시하였다(대판 2000. 8. 18, 2000도2231).

• 남편의 전처소생 딸인 피해자(9세)를 도로에서 약 17미터 떨어진 야산 속의 밭으로 데리고 들어가 주먹으로 피해자의 얼굴을 수차례 때리고, 이에 피해자가 피고인의 머리채를 잡아 뜯고 왼쪽 팔꿈치를 입으로 무는 등 반항을 하자 가지고 있던 양말로 피해자의 목을 감아 양말의 양 끝을 양손에 나누어 잡고 피해자의 머리를 땅에 비비면서 약 4분 동안 2회에 걸쳐 목을 졸라 그에게 약 4주간의 치료를 요하는 상해를 가하고 피해자를 실신시킨 후 피해자를 버려둔 채 그곳을 떠났는데, 그 이후 피해자가 스스로 깨어나 소생하였다.

이에 대해 대법원은 "살인죄의 범의는 자기의 행위로 인하여 피해자가 사망할 수도 있다는 사실을 **인식 예견하는 것으로 족하고 피해자의 사망을 희망하거나 목적으로 할 필요는 없고,** 또 확정적인 고의가 아닌 미필적 고의로도 족한 것인 바, …… 실신시킨 후 그곳을 떠나버린 이상 그와 같은 자신의 가해행위로 인하여 피해자가 사망에 이를 수도 있다는 사실을 인식하지 못하였다고 볼 수 없으므로, 적어도 그 범행 당시에는 피고인에게 살인의 범의가 있었다 할 것"이라고 판시하였다(대판 1994. 12. 22, 94도2511).

개연성설蓋然性說은 행위자가 결과 발생의 가능성뿐만 아니라 개연성까지도 믿고 행위를 한 경우에 미필적 고의를 인정하는 학설이다. 개연성이란 가능성보다 협소한 개념이지만 가능성과 구별하기는 용이하지 않다. 그리고 인식적 측면만이 강조되고 의욕적 측면이 간과되는 문제점이 있다.

4) 판례의 입장

대법원은 미필적 고의에 관하여 기본적으로 용인설에 입각하고 있다. 즉 "범죄구성요건의 주관적 요소로서 미필적 고의라 함은 범죄사실의 발생 가능성을 불확실한 것으로 표상하면서 이를 용인하고 있는 경우를 말하고, 미필적 고의가 있었다고 하려면 범죄사실의 발생 가능성에 대한 인식이 있음은 물론 나아가 범죄사실이 발생할 위험을 용인하는 내심의 의사가 있어야 하며, 그 행위자가 범죄사실이 발생할 가능성을 용인하고 있었는지의 여부는 … 외부에 나타난 행위의 형태와 행위의 상황 등 구체적인 사정을 기초로 하여 일반인이라면 당해 범죄사실이 발생할 가능성을 어떻게 평가할 것인가를 고려하면서 행위자의 입장에서 그 심리상태를 추인"하여야 한다는 것이다(대판 2004. 5. 14, 2004도74; 2005. 4. 15, 2004도6404).

이처럼 대법원은 고의를 행위 결과에 대한 행위자의 심리적 태도를 중심으로 결과 발생가능성을 인식 또는 예견하였는지 여부와 결과 발생가능성에 대한 용인 여부를 기준으로 판단하고 있다. 즉 인식설 또는 가능성설에 입각한 것도 있지만 일반적으로는 용인설에 근거하고 있다고 할 수 있다.

3. 개괄적 고의

개괄적 고의란 행위자가 예상하였던 인과과정과 현실적으로 진행된 인과과정이 일치하지는 않지만 의도하였던 결과는 발생한 경우의 고의를 의미한다(후술하는 인과관계의 착오 참조).

4. 택일적 고의

택일적 고의(dolus alternativus)는 상이한 구성요건 가운데 한 구성요건을 실현시키고자 하는 경우에 인정되는 고의를 의미한다. 여기에는 사실관계에 대한 불확실한 인식의 경우와 행위객체에 대한 불확정적 인식의 경우가 있다. 전자의 예를 들면 의식을 잃고 길가에 쓰러져 있는 사람의 지갑을 가져갈 경우 만일 이 사람이 사망한 경우라면 점유이탈물횡령죄(제360조)에 해당하고 살아있는 경우라면 절도죄(제329조)에 해당하는 경우 행위자의 고의는 둘 중에 하나의 고의에 해당하는 것이다. 후자의 경우는 다수의 목표물이 존재할 경우 행위자가 어느 목표물에 맞을지 확신하지 못할 경우에 인정되는 고의를 의미한다. 예를 들면 자동차를 향하여 총을 발사하면서 그 옆에 있는 사람도 맞을지 모른다고 생각한 경우에 자동차에만 명중하고 사람이 맞지 않았으면 명중한 행위객체에 대한 손괴죄(기수)와 맞지 않은 행위객체에 대한 살인미수죄가 인정된다(상상적 경합). 만일 어느 객체에도 맞지 않은 경우에는 두 가지 구성요건에 대한 미수죄가 성립한다. 또한 군중을 향하여 발포하는 경우 구체적인 목표를 정하지 않고 발사하더라도 군중 가운데 누군가에게는 명중하여 사망할 것이므로 살인죄의 고의는 인정되는 것이다.

사전적 고의와 사후적 고의는 범행 당시가 아니라 그 이전에 행위자가 가지고 있던 고의를 사전적 고의라고 하며, 행위 시점 이후에 비로소 갖는 고의를 사후적 고의라고 한다. 그러나 고의는 언제나 행위 당시의 인식을 전제로 해서 인정되는 것이므로 양자는 모두 형법상의 고의라고 할 수 없다.

Ⅲ. 기타 주관적 구성요건

고의 이외에 주관적 구성요건으로는 목적범에서의 목적을 들 수 있다. 예를 들면 형법 가운데 내란죄(제87조)에서 '국토를 참절하거나 국헌을 문란할 목적', 범죄단체조직죄(제114조)에서 '사형, 무기 또는 장기 4년 이상의 징역에 해당하는 범죄를 목적', 무고죄(제156조)에서 '형사처분 또는 징계처분을 받게 할 목적', 문서위조죄(제225조 이하)에서 '행사할 목적', 출판물 등에 의한 명예훼손죄(제309조)에서 '비방할 목적', 조세범처벌법(제11조 제1항)에서 '조세의 회피 또는 강제집행의 면탈을 목적으로' 등이다.

> 목적범에서의 목적은 구성요건의 실현을 위하여 구체적으로 요구되는 요소이므로 확정적 고의의 단계로서 거론되는 목적(의도)과는 다르다. 확정적 고의에서의 목적은 범행의 목표달성과 관련한 의욕의 측면에서 가장 직접적이고 확정적인 정도를 나타내며 고의의 범주에 포함되는 개념이기 때문에 별도로 목적이라는 용어를 사용할 실익은 없다.

목적범은 진정목적범과 부진정목적범으로 나눌 수 있다. 진정목적범은 목적이 범죄성립의 요건으로 되어 있는 구성요건을 지칭하고, 부진정목적범이란 목적이 형을 가중 또는 감경하는 사유로 되어 있는 구성요건을 말한다. 예를 들어 내란죄, 범죄단체조직죄나 무고죄 등은 진정목적범에 해당하고, 내란목적살인죄, 모해위증죄나 출판물등에 의한 명예훼손죄 등은 부진정목적범에 해당한다.

이러한 특별한 주관적 구성요건 요소가 고의와 다른 점은 객관적 구성요건과의 관련성이 없다는 점이다. 즉 목적범의 경우 목적의 달성 여부는 구성요건의 실현 여부와 무관하다. 예를 들어 행사할 목적으로 공문서를 위조하였다고 하더라도 실제로 행사하였는지 여부는 동 죄의 성립 여부에 영향을 주지 않는다.

목적범 이외에 행위자의 주관적 의사가 표출되는 구성요건 유형으로는 경향범 및 표현범을 들 수 있다. 경향범傾向犯이란 강제추행죄(제298조)나 공연음란죄(제245조)처럼 행위자의 심리적 경향성(성적 경향성)이 범죄의 성격을 규정짓는 유형을 말한다. 표현범表現犯 역시 모욕죄(제311조)처럼 행위자의 내심의 의사(상대방에 대한 경멸적 평가)가 외부로 표현되는 것으로서 고의와 다른 차원의 주관적 요소가 내재된 구성요건 유형에 해당한다고 할 수 있다. 그러나 이들 유형에서의 주관적 요소는 주관적 구성요건해당성을 판단하는 데에 영향을 주는 것은 아니며 구성요건 실현상의 특징에 불과하다.

제 5 절 구성요건의 착오

제15조(사실의 착오) ① 특별히 무거운 죄가 되는 사실을 인식하지 못한 행위는 무거운 죄로 벌하지 아니한다.

Ⅰ. 착오의 개념

구성요건에 해당하는 사실을 행위자가 인식하고 예견한 것과 다른 결과가 발생하는 경우가 있다. 이는 행위자의 주관적 인식과 객관적 현실(상황)이 일치하지 않았기 때문이다. 착오는 이러한 경우를 의미하는 인식유형이다. 형법상 착오의 유형에는 크게 구성요건의 착오와 위법성의 착오로 나눌 수 있다.

구성요건의 착오는 구성요건 요소에 대한 행위자의 인식과 현실적·구체적 정황이 일치하지 않은 경우를 말한다. 즉 존재하는 객관적 구성요건 요소에 대한 인식이 행위자에게 결여되었기 때문에 고의가 인정될 수 없으며, 결국 구성요건해당성을 인정할 수 없게 된다. 그러므로 형법은 "죄의 성립 요소인 사실을 인식하지 못한 행위는 벌하지 아니한다"(제13조 본문)고 규정하고 있다. 이는 죄의 성립요소인 객관적 구성요건 요소에 대한 행위자의 인식이 없으면 주관적 구성요건인 고의가 인정되지 않으며 결과적으로 처벌하지 않음을 의미한다.

구성요건의 착오는 착오의 대상, 착오의 내용 등에 따라 유형이 구별되고 이 경우 행위자에게 구성요건적 고의를 인정할 수 있는지 여부를 판단하는 일종의 주관적 귀속론에 해당하는 이론이 구성요건의 착오론이다.

그리고 형법은 "특별히 중한 죄가 되는 사실을 인식하지 못한 행위는 중한 죄로 벌하지 아니한다(제15조 제1항)고 규정하고 있다. 이는 구성요건 해당 사실이 각각 다른 착오의 경우(추상적 사실의 착오)와 형의 가중·감경사유에 관한 착오의 경우에도 인식하지 못한 내용에 대하여 고의를 인정하지 않음을 의미한다. 즉 제13조는 구성요건의 착오에 관한 일반규정이고 제15조는 구성요건의 착오에 관한 특별규정인 셈이다.

Ⅱ. 구성요건의 착오와 위법성의 착오

형법은 착오를 사실의 착오(구성요건의 착오, 제15조)와 법률의 착오(위법성의 착오 또는 금지착오, 제16조)로 구분하여 규정하고 있다. 양 착오는 착오의 대상이 다르다. 사실의 착오는 객관적 구성요건 요소에 대한 인식이 결여되어 있어서 고의가 인정될 수 없는 착오이다. 그래서 구성요건의 착오라고도 부른다. 반면에 법률의 착오는 행위에 대한 법적 허용성 여부에 관한 착오이다. 자신의 행위가 법적으로 금지되어 있다는 점, 즉 위법한 행위라는 사실을 인식하지 못한 경우이므로 금지착오 또는 위법성의 착오라고도 부른다.

한편 구성요건의 착오나 위법성의 착오는 반대 형태로도 나타날 수 있다. 즉 구성요건의 착오는 존재하는 객관적 구성요건 요소에 관한 착오인 데 반해 만일 행위자가 객관적 구성요건 요소가 존재하지 않는 데도 불구하고 존재한다고 생각하였다면 이 역시 착오의 한 경우로서 불능미수(제27조)의 문제가 발생한다. 그리고 자기 행위가 법적으로 허용되어 있는 데도 불구하고 금지되어 있다고 착오를 일으킨 반대 형태의 위법성의 착오의 경우는 환상범幻想犯 또는 환각범이라고 하며 불가벌이다.

Ⅲ. 구성요건의 착오의 대상

구성요건의 착오의 대상은 고의의 인식대상에 대한 착오범위와 일치한다. 그러므로 구성요건 요소에 해당하는 사항, 즉 행위객체, 행위방법, 인과과정 및 가중적·감경적 구성요건 등과 관련하여 착오를 일으킨 경우를 상정할 수 있다.

행위객체나 행위방법은 인과과정과 관련된 착오유형은 아니라고 보는 것이 타당하다. 행위객체의 착오의 경우에는 행위자가 대상의 동일성에 대하여 혼동을 한 경우이기 때문이다. 그리고 행위방법의 착오는 범행방법이 실패로 끝난 경우이므로 이를 인과과정과 관련된 착오로 유형화하는 것은 정확하지 않다.

구성요건의 착오 중 객체 및 방법의 착오와 관련한 법적 효과를 설명하기 위하여 유형화한 것이 구체적 사실의 착오와 추상적 사실의 착오 개념이다. 구체적 사실의 착오는 행위자가 인식·예견한 결과와 발생한 결과 간에 구성요건적 동일성이 인정되는 경우를 말하고, 추상적 사실의 착오는 인정되지 않는 경우를 의미한다. 이러한 착오의 유형화는 하나의 설명 방법에 불과할 뿐이며 구성요건의 착오의 종류는 아니다. 이러한 개념을 사용하지 않아도 개별적으로 법적 효과를 판단하면 되지만 모두가 사용하는 상황이어서 본서에서도 이를 사용하기로 한다.

이와 함께 설명이 필요한 내용이 추상적·법정적·구체적 부합설이다. 이는 객체의 착오와 방법의 착오 효과를 설명하기 위한 학설이다.

① 구체적 부합설은 행위자가 인식한 사실과 발생한 사실이 구체적으로 부합(일치)하는 경우에만 발생한 결과에 대한 고의·기수 책임을 인정한다. 인식한 사실과 발생한 결과가 일치하지 않는 경우에는 인식한 사실에 대한 미수범을 인정하고, 발생한 사실에 대해서는 과실범 처벌규정이 있을 경우 과실범을 인정한다. 그리고 미수범과 과실범은 상상적 경합관계에 서게 된다. 객체의 착오에서 구체적 사실의 착오의 경우에는 고의·기수범을 인정한다.

② 법정적 부합설은 행위자가 인식한 사실과 현실적으로 발생한 사실이 법정적으로 일치하면 고의·기수범을 인정한다. 다시 말하면 발생한 사실이 인식한 사실과 법적 구성요건상 동일한 행위유형에 해당하면 고의·기수범을 인정하는 것이다. 양자가 일치하지 않은 경우에는 발생한 사실에 대한 과실범, 실현되지 않은 사실에 대한 미수범을 인정한다. 판례의 입장이다.

③ 추상적 부합설은 행위자가 인식한 사실과 실제로 발생한 사실이 일치하지 않더라도 죄를 범하였다고 인정되면 실현되지 않은 사실에 대해서도 고의·기수범을 인정하는 견해이다. 범죄를 하려고 한 이상 결과가 발생하면 비록 인식한 내용과 다르더라도 행위자의 인식과 추상적으로는 부합한다는 것이 이 견해의 논리이다. 예를 들어 가벼운 손괴죄를 범하려다가 사람을 사망하게 한 경우에도 실현되지 않은 손괴죄의 기수범을 인정하고 과실치사죄를 인정하는 것이다(양 죄의 상상적 경합). 반대로 중한 죄를 실현하려다가 경한 죄가 실현된 경우에는 실현된 경한 죄에 대한 고의·기수범과 실현되지 않은 중한 죄의 미수범을 인정한다. 그러나 경한 죄는 중한 죄에 흡수된다고 봄으로써 결과적으로는 실현되지 않은 중한 죄의 미수범만을 인정하게 된다. 이 학설의 주장자는 없으므로 언급할 필요는 없다.

구성요건의 착오는 행위자에게 고의를 인정할 것인지 여부의 문제이다. 이를 위해서는 구체적 행위 상황에 대한 판단이 전제되어야 한다. 그런데 세 학설은 개별 학설의 장·단점을 떠나 행위자에게 고의를 인정할 것인지 여부를 구체적으로 판단하지 않고 학설이 상정하고 있는 도식화된 결론을 대입시키는 문제점이 있다.

1. 객체의 착오

행위자가 행위객체의 동일성 또는 행위객체의 성질에 대하여 착오를 일으킨 경우를 객체의 착오(error in objekto del persona, mistake of identity)라고 한다. 객체에 대하여 혼동을 일으킨 경우이다.

객체의 착오는 방법의 착오와 달리 공범사건의 경우에 문제가 된다. 즉 교사범이나 공동정범, 간접정범이 개입된 경우 가담자 가운데 한 사람이 객체의 착오를 일으킨 경우 다른 가담자에게도 객체의 착오를 인정할 것인지가 문제된다.

(1) 추상적 사실의 착오의 경우

예를 들어 수렵 중 멧돼지라고 생각하고 총을 발사하였으나 가서 보니 수렵 중이던 동료가 맞아 사망한 경우처럼 동질이 아닌 행위객체 간에 착오가 발생한 경우 발생한 결과에 대하여 과실범으로 처벌이 가능하다. 사람인지 동물인지를 정확히 확인하지 않고 사격을 한 행위에 대해서 과실이 인정되기 때문이다(제267조, 제13조, 제15조).

구체적 부합설과 법정적 부합설은 같은 결론이다. 그러나 추상적 부합설에 의하면 손괴의 고의로 사람을 사망하게 한 경우에는 손괴죄의 기수와 과실치사죄를 인정한다.

(2) 구체적 사실의 착오의 경우

동질의 행위객체 간에 착오를 일으킨 경우이다. 예를 들어 갑을 살해하려고 기다리다가 '갑'이라고 생각하고 사람을 죽였는데 갑이 아니라 을을 살해한 경우와 같다. 이때에는 실현된 행위객체에 대한 고의·기수범이 인정된다. 대상은 다르더라도 사람이라는 행위객체에 대한 고의를 인정할 수 있기 때문이다. 또한 사이가 나쁜 갑의 승용차를 손괴하려고 생각하면서 유리창을 깼는데 나중에 알고 보니 알지 못하는 을의 승용차인 경우에도 을의 승용차에 대한 손괴죄가 인정된다.

구체적·법정적·추상적 부합설 모두 실현된 사실의 고의·기수범을 인정한다.

판례 객체의 착오

- 폭력조직원인 피고인들이 그들의 동료를 납치·폭행한 타워파 폭력조직원들에 대하여 보복을 하기로 결의한 후, 1993. 2. 15. 05:30경 전주시 소재 여관으로 찾아가서 상호 공동하여 일부는 그곳 안내실에서 여관 종업원이 경찰에 연락을 하지 못하도록 감시하고, 뒤이어 도착한 다른 일행은 여관문 앞 및 여관 302호실 방문 앞에서 망을 보고, 나머지 일행은 각목과 쇠파이프, 낫과 다른 흉기를 각 소지한 채 위 302호실로 들어가 그 곳에서 잠을 자던 무고한 피해자 두 명을 타워파 폭력조직원으로 잘못 알고 각기 각목과 쇠파이프로 머리와 몸을 마구 때리고, 낫으로 팔과 다리 등을 닥치는 대로 여러 차례 찍어 한 사람은 사망하고 다른 피해자는 중상을 입은 사건에서 피고인들에게 살인 및 살인미수죄를 인정하였다(대판 1994. 3. 22, 93도3612). 이 사건은 피해자의 동일성을 잘못 파악한 객체의 착오에 해당한다.

2. 방법의 착오

방법의 착오(aberratio ictus)는 행위방법이 잘못되어 결과가 예상과 다르게 발생한 경우를 의미한다(그러므로 방법의 실패라고 부를 수 있다). 방법의 착오는 인과관계의 착오와는 다르다. 인과관계의 착오는 행위자가 목표로 삼았던 대상에 대하여 예상과 다른 인과과정을 통하여 예상한 결과가 발생한 경우를 의미하고, 방법의 착오는 행위자가 목표로 삼았던 대상이 아닌 다른 대상에 대하여 결과가 발생한 경우를 가리킨다.

(1) 추상적 사실의 착오의 경우

목표로 삼은 행위객체와 성질이 다른 행위객체에 결과가 발생한 경우의 착오유형이다. 예상한 결과와 발생한 결과 사이에 구성요건의 동질성이 인정되지 않는다. 이 경우 형사책임은 발생한 결과에 대한 과실책임과 목표로 삼은 행위객체에 대한 미수책임이 인정된다. 그러므로 예를 들어 사람을 살해하기 위하여 총을 발사하였으나 그의 승용차에 맞아 손괴된 경우에는 살인미수죄가 성립한다. 이 경우 손괴죄의 과실범은 처벌하지 않기 때문에 과실범 처벌은 문제되지 않지만 차에 탄 사람을 살해하려면 자동차의 손괴는 불가피하기 때문에 미필적 고의를 인정하여 손괴죄를 인정하는 것이 타당하다. 즉 양 죄는 상상적 경합범에 해당한다. 구체적 부합설과 법정적 부합설의 입장도 같다.

(2) 구체적 사실의 착오의 경우

동질의 행위객체 사이에서 방법이 잘못되어 예상과 다른 행위객체에 결과가 발생한 경우를 말한다. 즉 갑을 살해하기 위하여 총을 발사하였으나 잘못되어 을에게 맞은 경우와 같다. 이때에는 ① 발생한 결과에 대한 고의·기수 책임이 인정된다는 견해(법정적 부합설)와 ② 발생한 결과에 대한 과실범과 목표로 삼은 대상에 대한 미수범(실행의 착수가 인정되는 경우)의 상상적 경합을 인정하려는 견해(구체적 부합설)로 나뉜다.

1) 구체적 부합설

구체적 부합설의 견해는 결과가 발생한 행위객체에 관한 고의가 행위 당시의 고의와 구체적으로 일치하지 않았음을 이유로 든다. 이 학설은 행위자의 고의가 특정한 행위객체와 관련되어 있음에 주목하여 행위자의 고의가 전혀 없었던 목표물에 결과가 발생한 경우에 결과만을 놓고 고의의 기수범을 인정하는 것은 타당하지 않다고 본다.

2) 법정석 부합설

법정적 부합설에서는 목표와 결과가 형식적으로 부합하면 된다는 것으로서, 법정의 부합범위에 관해 다시 발생한 사실과 인식한 사실이 동일 구성요건에 속하여야 한다는 구성요건부합설과 범죄의 성질이 동일하면 된다는 죄질부합설로 나뉜다. 구성요건부합설은 발생한 사실과 인식한 사실이 모두 동일 구성요건 내에 속하면 행위의 동가치성을 인정한다. 그러므로 기본적 구성요건과 가중적 또는 감경적 구성요건 간에 착오가 발생하더라도 고의·기수범을 인정한다(신동운). 이에 대하여 죄질부합설은 죄질이 동일한 범위 내에서 착오가 발생하면 발생한 결과에 대하여 고의·기수범을 인정하는 입장이다(이/장/강, 임웅, 정/박). 이 때 죄질이란 행위 정형을 고려하지 않고 범죄의 성질이 동일한가 여부를 의미한다. 그러므로 절도죄와 점유이탈물횡령죄 사이에서 발생한 착오의 경우에도 고의·기수범을 인정할 수 있다고 한다.

3) 평 가

이 두 학설 역시 행위자의 고의를 중심으로 하는 것이 아니라 발생한 결과를 토대로 행위자의 고의 유무를 귀납적으로 판단하려는 사고에서 출발하는 문제점을 안고 있다. 즉 행위자가 점유이탈물이라고 생각하고 물건을 가져갔다면 이에 대해 절도죄의 고의를 인정할 수는 없는 것이며 굳이 점유이탈물횡령죄와의 죄질 동일성 여부를 판단할 필요가 없는 것이다.

방법의 착오에 관한 학설을 보면 모든 상황을 도식화하여 도출된 결론을 대입하는 해결방법상의 문제점이 있다. 그러나 이는 개별적인 상황에서 행위자에게 고의를 인정하여야 할 것인지 여부를 판단하는 방법론으로 접근하여야 한다. 이러한 관점에서 방법의 착오에서 구체적 사실의 착오유형을 살펴보면 ① 발생한 결과에 대하여 미필적 고의가 인정되면 당연히 이에 대하여 고의·기수 책임을 인정하여야 하고, ② 행위자의 범행계획상 피해자의 동일성 여부를 중요시하지 않은 경우에도 결과에 대하여 고의·기수 책임을 인정하여야 한다(예: 수 많은 시위대 가운데 한 사람을 조준하여 사격하였으나 다른 사람이 맞아 사망한 경우). ③ 그러나 침해된 행위객체를 행위 당시에 인식하지 못한 상태였다면 과실책임을 인정하는 것이 타당하다. 또한 ④ 행위자와 피해대상과의 관계가 고의를 인정할 수 없는 관계(예: 아버지와 아들, 부부관계, 정당방위 상황에서 무고한 사람에게 피해를 입힌 경우 등)인 경우에도 법정적 부합설을 취하는 것은 사실관계와 부합하지 않는 도식적인 해결책이다.

판례 **방법의 착오**

• 피고인이 먼저 피해자 1을 향하여 살의를 갖고 소나무 몽둥이(길이 85센티미터 직경 9센티미터)를 양손에 집어 들고 힘껏 후려친 가격으로 피를 흘리며 마당에 고꾸라진 동녀와 동녀의 등에 업힌 피해자 2의 머리 부분을 위 몽둥이로 내리쳐 피해자 2를 현장에서 두개골절 및 뇌좌상으로 사망케 하였다. 대법원은 이를 살인죄로 의율한 원심조처는 정당하게 인정되며 소위 타격의 착오가 있는 경우라 할지라도 행위자의 살인의 범의성립에 방해가 되지 않는다고 판시하였다(대판 1984. 1. 24, 83도2813).

이 판결에서 굳이 학설을 전제로 하지 않더라도 등에 아이가 업혀 있는 상태에서 그 어머니를 몽둥이로 내려친다면 아이가 맞을 가능성을 염두에 두었을 것이고 그럼에도 불구하고 행위로 나아간 이상 최소한 미필적 고의를 충분히 인정할 수 있어서 어느 경우에나 행위자에게 살인죄가 인정된다고 볼 수 있다.

• 피고인이 하사를 살해할 목적으로 발사한 총탄이 이를 제지하려고 피고인 앞으로 뛰어들던 병장에게 명중되어 병장이 사망한 사건에서 하사를 살해할 목적으로 총을 발사한 이상 그것이 목적하지 아니한 병장에게 명중되어 사망한 경우에 병장에 대한 살인의 고의가 있는 것이라고 판시하였다(대판 1975. 4. 22, 75도727).

이 판결의 문맥상 대법원은 방법의 착오에서 소위 법정적 부합설을 취하고 있다. 만일 이 사건에서 병장의 사망에 대한 미필적 고의가 인정되는 사실관계라면 결론은 타당하다. 그러나 만일 피고인이 **병장이 뛰어드는 것을 전혀 예상하지 못하였거나 보지 못하였다면** 살인의 고의·기수가 아니라 과실치사죄를 인정하고, 하사관에 대한 살인미수죄를 인정하는 것이 타당하다.

3. 인과과정의 착오

(1) 유 형

행위자는 인과과정에 대한 대략적인 예상을 하면서 실행에 착수한다고 볼 수 있다. 그런데 인과과정은 행위자의 예상과 일치하기도 하지만 일치하지 않을 수도 있을 것이다. 인과과정에 관한 착오란 이처럼 행위자의 범행 실현의 과정이 행위자의 예상에서 벗어나 다른 진행과정을 거쳐 실현된 것을 의미한다. 즉 목표가 실패로 끝난 것이 아니라 성공하였지만 인과적 진행과정상 예상과 다른 착오가 발생한 경우이다.

이 경우를 유형화하면 ① 발생한 결과가 비전형적 인과과정을 거친 경우와 ② 범행 결과가 행위자의 고의행위에 의해서가 아니라 이와 연결된 고의 없는 다른 행위에 의해서 발생한 경우로 나눌 수 있다.

①의 경우에는 우선 착오의 문제 이전에 행위에 대한 객관적 귀속의 문제가 제기된다. 만일 객관적 귀속이 불가능할 정도의 비전형적 인과과정을 거쳐 결과가 발생하였다면 더 이상 주관적 귀속의 문제나 인과관계의 착오의 중요성(본질성) 여부 판단은 무의미하기 때문이다.

②의 유형은 통상적인 인과과정 관련 착오와 특별한 형태로서 소위 개괄적 고의라고 하는 착오유형을 말한다. 이 착오유형은 발생한 결과를 행위자에게 객관적으로 귀속시키는 것은 문제가 없으나 행위시 고의가 다르기 때문에 행위자에게 어떠한 고의를 인정할 것인지가 문제로 남는다. 이하는 이에 관한 설명이다.

> 인과과정에 대한 착오가 문제되는 경우란 결과와 행위 간에 객관적 귀속은 인정되지만 행위자가 객관적으로 예상할 수 있는 범위 내의 인과과정인데도 불구하고 예상하지 못한 과정을 통해 결과가 발생한 경우가 될 것이다.

(2) 개괄적 고의의 법적 취급

소위 개괄적 고의라고 소개되어 있는 착오유형은 범행 결과가 행위자의 최초의 고의행위에 의하여 발생한 것이 아니라 이와 연결된 최초의 고의와 내용이 다른 2차적인 고의행위에 의해 발생한 경우를 의미한다. 결과가 의도한 2차적 행위에 의해서가 아니라 의도하지 않은 1차적 행위에 의해 발생한 경우도 마찬가지이다. 판례에 나타난 예를 보면 다음과 같다.

판례 '개괄적 고의'의 경우

• 갑과 을은 피해자를 때려 넘어뜨린 다음 순간적으로 분노가 폭발하여 피해자를 살해하기로 마음먹고 피해자의 가슴과 머리를 돌멩이로 내려친 다음 다시 피해자를 일으켜 세워 을이 복부를 1회 때려 뒤로 넘어지게 하여 피해자가 뇌진탕 등으로 인하여 정신을 잃고 축 늘어지자 그가 죽은 것으로 오인하고 그 사체를 몰래 파묻어 증거를 인멸할 목적으로 피해자를 그 곳에서부터 약 100미터 떨어진 개울가로 끌고 가 삽으로 웅덩이를 파고 피해자를 매장하여 피해자로 하여금 질식하여 사망하게 하였다(대판 1988. 6. 28, 88도650).

여기에서 갑과 을은 피해자가 구타로 인하여 사망한 것으로 생각하고 파묻었으나 사망하지 않았고 사실은 매장으로 인하여 질식사한 것으로 판명되었다. 그렇다면 사망의 결과를 직접 초래한 매장행위시에 갑과 을은 살인의 고의가 아니라 증거인멸의 고의만을 가지고 있었다고 보아야 하는데 구타행위시에 가졌던 살인의 고의와의 관계가 문제의 핵심이다.

1) 고의 · 기수를 인정하는 견해

① 개괄적 고의설은 규범적인 관점에서 고의를 개괄적(포괄적)으로 파악하여(dolus generalis) 최초의 고의를 뒤따르는 행위까지도 확장하여 행위의 전 과정을 동일한 고의의 연속으로 보는 견해이다. 위 판례에서 대법원은 피고인들에게 피해자가 피고인들이 살해의 의도로 행한 구타행위에 의하여 직접 사망한 것이 아니라 죄적을 인멸할 목적으로 행한 매장행위에 의하여 사망하게 되었다 하더라도 전 과정을 개괄적으로 보면 피해자의 살해라는 처음에 예견된 사실이 결국은 실현된 것으로서 피고인들은 살인죄의 죄책을 면할 수 없다고 판시한 것은 이러한 입장이다.

이 학설은 착오를 인정하지 않고 고의의 인정범위를 확장하여 문제를 해결하는 방법론 및 행위자의 고의는 구성요건 요소를 대상으로 한 구체적인 고의이어야 하는데 결과 발생 시점에서 행위자는 이미 종결된 최초행위의 고의와 다른 내용의 고의를 가지고 있었다는 점에서 문제가 있다.

② 인과관계의 착오설은 고의의 인식대상에는 인과과정도 포함되므로 위의 사례와 같은 경우는 인과과정의 착오에 해당한다고 보고(이 점에서 착오를 인정하지 않는 개괄적 고의설과 다르다) 두 번째 행위로 인한 결과는 비본질적이고 경미한 인과과정상의 상위相違에 해당한다는 견해이다. 결과 발생을 직접 야기한 두 번째 행위 역시 제3자가 아니라 행위자 본인이 직접 하였으므로 결과와 동일한 내용의 고의를 가지고 범행을 시작한 행위자에게 발생한 결과에 대해 고의 · 기수 책임을 인정하는 것이 타당하다는 통설적 입장이다. 이 견해가 가장 타당하다. 행위자가 계획한 범행 목표가 행위자 스스로의 행위에 의하여 실현되었다는 점에서 그에게 결과에 대한 고의를 귀속시키는 것이 당연하기 때문이다.

2) 미수범설

이는 의도한 행위에 의해서는 결과가 발생하지 않았으므로 미수범을 인정하고 결과를 직접 발생시킨 행위에 대해서는 과실범을 인정하여 양자의 실체적 경합범이 성립한다는 견해이다(이용식, "소위 '개괄적 고의'의 형법적 취급", 형사판례연구(2), 35면.). 연속된 전·후 두 개의 행위를 사실적 측면을 중시하여 각각 독립적인 행위로 보고, 고의는 범행시에 존재하여야 한다는 고의 인정의 기본원칙에 입각한 이론이므로 논리적으로 외견상 타당한 것처럼 보인다. 그러나 이 견해는 형법에서 결과귀속의 문제는 논리적 귀결만이 아니라 규범적이고 가치판단적 성격을 지니고 있는 점을 도외시한 이론이다. 또한 행위자가 가진 최초의 고의와 발생한 결과의 내용이 동일하고 뒤이은 행위가 역시 행위자에 의해 이루어진 것이라면 전체적으로 주관적 귀속을 인정하는 것이 타당하다고 보아야 한다.

4. 가중적·감경적 구성요건에 대한 착오: 제15조 제1항의 적용범위

(1) 가중적 구성요건이란 기본적 구성요건에 추가로 형벌가중사유를 포함하는 객관적 구성요건으로서 예를 들면 살인죄(제250조 제1항)에 대한 존속살해죄(동조 제2항), 절도죄(제329조)에 대한 특수절도죄(제331조) 등이다. 만일 행위자가 행위시에 중한 구성요건 요소에 대하여 인식하지 못하였다면 이는 죄의 성립 요소인 사실에는 해당하지 않으므로 제13조가 적용되는 것은 아니며 제15조 제1항에 의해 기본적 구성요건에 해당한다(통설).

(2) 한편 제15조 제1항을 기본적 구성요건과 가중적 구성요건 간의 착오의 경우뿐민 아니라 ① 인식한 범죄에 비해 발생한 범죄가 가중적 구성요건일 필요는 없고 죄질이 중하면 제15조 제1항이 적용된다는 견해(이/장/강)가 있다. 예를 들어 점유이탈물횡령의 고의로 절도죄를 범한 경우 점유이탈물횡령죄(제360조)가 성립한다고 한다. 이 견해는 행위의 외부적 태양은 동일하고 행위자의 고의만이 상이한 관계라면 제15조 제1항을 적용하여도 문제가 없다. ② 이와 달리 경중의 구별이 있는 모든 구성요건 간의 착오 가운데 경한 사실을 인식하였으나 중한 사실이 발생한 모든 경우를 적용대상으로 한다는 견해가 있다(배종대, 임웅, 정/박) 이에 따르면 예를 들어 손괴의 고의로 상해의 결과가 발생한 경우에도 제15조 제1항을 적용하여 중한 죄인 상해죄의 고의·기수로는 처벌할 수 없다고 한다. 그러나 이 견해는 죄질이 다른 범죄 간의 경중을 구별할 수 있다는 전제를 하고 있으며, 굳이 제15조 제1항을 적용하지 않더라도 해결이 가능한 경우까지 무리하게 포함시키는 문제점이 있다. 즉 위의 예에서 제15조 제1항이 아니더라도 상해의 고의가 없는 행위자에게 상해죄를 인정할 수는 없으며 손괴미수죄(제366조, 제371조)와 과실치상죄(제266조)만이 성립하는 것이다.

제 3 장 위 법 성

제 1 절 위법성의 본질

I. 위법성의 의의

위법성이란 법 질서를 위반하는 것을 의미한다. 그런데 법 질서란 적법행위와 위법행위를 구별하는 객관적 평가기준으로서의 기능을 한다. 이처럼 형법을 평가규범으로서 파악하고 이에 반하는 경우 위법성을 인정하는 것을 객관적 위법성론이라고 한다. 이에 반해 주관적 위법성론은 평가규범 이외에 의사결정규범으로서의 기능을 인정하는 입장이다. 이에 따르면 의사결정능력이 없는 자의 행위는 위법성도 인정되지 않는다고 본다. 여기에는 형법 질서뿐만 아니라 법 질서 전체를 의미하므로 전체 법규범의 관점에서 보아 구성요건 해당 행위라고 하더라도 허용되는 행위가 있다. 다시 말하면 구성요건은 금지(또는 요구)규범의 총체이므로 이를 위반하면 곧 위법하다고 생각할 수 있다. 그러나 전체 법 질서의 측면에서는 구성요건에 해당하는 행위도 이를 허용하여 정당화시켜주어야 할 필요성 또한 인정된다. 즉 구성요건에 해당하는 행위가 언제나 위법하다고 할 수 없으며 오로지 위법성이 추정될 뿐이다(구성요건의 위법성 추정 기능). 위법성조각사유는 이처럼 구성요건에 해당하더라도 이를 허용하는 사유로서 그 이유는 행위반가치(불법)가 존재하지 않기 때문이다.

위법성과 불법은 같은 의미로 사용되기도 하지만 엄밀하게는 차이가 있다. 불법이란 구성요건에 해당하고 위법성이 인정되는 행위를 의미하고(그러므로 불법구성요건은 구성요건해당성+위법성을 의미), 위법성은 구성요건에 해당하는 행위가 금지(또는 요구)규범에 반하는 것을 말한다. 위법성은 구성요건 해당행위와 법 질서와의 관계개념으로서 유무의 문제에 해당하고, 불법은 행위에 대한 법적 반가치성을 의미하므로 행위방법 등에 따라 정도의 차이가 있으므로 불법의 차등화가 가능하다. 그러므로 불법은 정도에 따라 형량을 달리할 수 있다.

Ⅱ. 위법성조각사유

1. 종 류

형법상 일반적 위법성조각사유로는 정당행위(제20조), 정당방위(제21조), 긴급피난(제22조), 자구행위(제23조), 피해자의 승낙(제24조)이 있다. 그 밖에 각칙상의 개별적 위법성조각사유로는 명예훼손죄에서 사실의 증명에 의한 위법성조각(제310조)이 있다. 일반적 위법성조각사유의 경우 정당행위, 정당방위, 긴급피난, 자구행위는 모두 법익 침해의 상대방이나 무고한 제3자의 법익 침해를 통하여 자기나 타인의 법익을 보호하는 것인 데 반해 피해자의 승낙에 의한 위법성조각은 동일한 법익주체의 법익 침해를 통한 법익 보호라는 특징이 있다.

2. 주관적 요건 (주관적 정당화 요소)

위법성조각사유가 인정되기 위해서는 위법성조각사유의 객관적 요건뿐만 아니라 주관적 요건도 갖추어야 한다(통설, 판례). 이에 대해 위법성 판단의 대상에 주관적 사정을 고려할 필요가 없다는 입장에서는 주관적 정당화 요소가 불필요하다고 보는데, 불법판단에서는 결과반가치와 함께 행위반가치도 고려하여야 한다고 볼 때 불요설은 타당하지 않다.

또한 우리 형법은 정당방위, 긴급피난, 자구행위에 대해서 '상당한 이유'를 성립요건으로 하고 있는데 위법성을 조각하는 행위의 상당성은 곧 행위자의 주관적 정당화 요소를 전제로 하여야만 판단이 가능한 요건이라고 보아야 한다. 정당행위의 경우에도 법령이나 업무로 인한 행위 및 사회상규에 적합한 행위를 한 경우 주관적으로 정당행위에 대한 인식이 없다는 것은 상상할 수 없으며, 피해자의 승낙에 의한 행위를 한 경우에도 피해자의 승낙 사실을 분명하게 인식하는 것을 조건으로 하므로 주관적 정당화 사유는 모든 위법성조각사유에 요구되는 성립요건이라고 보아야 한다.

주관적 정당화 요소란 자기의 행위가 정당화된다는 인식, 구체적으로는 정당행위에서 법령에 의한 행위 또는 업무행위로서의 인식 등, 정당방위에서의 방위의사, 긴급피난에서 피난의사, 자구행위에서 자구의사 등이 이에 해당한다. 이러한 주관적 정당화 요소가 갖추어지지 않은 상태에서의 행위는 행위자가 자기 행위의 위법성을 인지한 것으로 보아야 하므로 비록 결과 반가치성은 없다고 하더라도 행위 반가치성이 존재하므로 정당화될 수 없다(개인적 불법론의 입장).

판례 방위의사나 피난의사가 없는 경우

• 피고인들에게 방위의사나 피난의사가 있다고 볼 수도 없어 정당행위, 정당방위 · 과잉방위, 긴급피난 · 과잉피난에 해당한다고 할 수는 없다고 할 것이다(대판 1997. 4. 17, 96도3376 전원합의체). 이는 방위의사나 피난의사 등 주관적 정당화 사유(주관적 위법성조각사유)의 부존재를 이유로 위법성을 인정한 경우이다.

주관적 정당화 요소의 내용과 관련해서는 ① 위법성조각사유의 객관적 요건이 존재한다는 사실을 인식하는 것만으로 충분하다는 인식설, ② 정당화 사유를 실현한다는 목적적 인식까지도 필요하다고 보는 의사설(다수설)로 나뉜다. 후자의 견해는 주관적 정당화의 전제조건으로 행위동기나 목적을 추가하여 요구하는 입장이다. 그러나 고의범에서 고의의 인식수준과 마찬가지 정도의 주관적 요소가 인정되면 행위 반가치가 없으므로 방위행위가 성립한다고 본다.

주관적 정당화 요소를 갖추지 못한 경우 그 법률효과에 대하여는 기수범설과 불능미수범설이 대립하고 있다(상세히는 '정당방위'의 '방위의사' 부분 참조).

제 2 절 정당행위

제20조(정당행위) 법령에 의한 행위 또는 업무로 인한 행위 기타 사회상규에 위배되지 아니하는 행위는 벌하지 아니한다.

I. 의 의

정당행위란 법령에 의한 행위, 업무로 인한 행위, 기타 사회상규에 위배되지 않는 행위로서 위법성이 조각되어 처벌하지 않는다. 정당행위는 '사회상규에 위배되지 않는 행위'를 포함하고 있어서 개념적으로 가장 기본적인 위법성조각사유에 해당하고, 그 결과 법령에 의한 행위나 업무로 인한 행위도 사회상규에 위배되지 않는 행위의 예시에 해당한다는 견해도 있다(김/서, 손/김, 오영근, 이/장/강, 임웅). 그러나 엄밀하게는 법령에 의한 행위의 경우 법 질서 전체의 통일성이라는 관점에서 위법성조각사유를 인정하고 있으므로 사회상규와는 성격이 다른 정당행위 사유라고 보는 것이 정확하다. 그럼에도 불구하고 사회상규 적합성이 갖는 포괄적 성격으로 인하여 적지 않은 대법원 판결들이 정당방위(제21조)에 해당함에도 불구하고 정당행위로 포섭하고 있음은 정당행위가 갖는 이러한 성격에서 비롯되는 현상이라고 할 수 있다.

Ⅱ. 법령에 의한 행위

법령에 의하여 허용된 행위는 위법성이 조각된다. 대표적으로는 공무집행행위, 노동쟁의행위, 징계행위 등이 있다. 이 외에도 '모자보건법'에 따른 임신중절행위, '폐광지역개발지원에 관한 특별법'에 따라 인가된 카지노에서 내국인이 도박을 하는 행위, '한국마사회법'에 따른 마권의 구매 등 법령에 의해 위법성이 조각되는 경우는 많다.

1. 공무집행행위

공무원의 공무집행행위는 법령에 근거를 두거나 상관의 적법한 명령에 의하여 수행되므로 정당화된다. 법령에 의한 행위가 정당화되는 것은 법 질서의 통일성이라는 원칙에서 비롯된다. 형법을 포함하여 모든 법이 전체적으로 동일한 구성원리에 의하여야 하기 때문이다. 그러므로 다른 법에 의하여 허용되는 행위가 형법에 의해서 위법한 평가를 받아서는 안 된다. 정당행위에 해당하는 공무집행행위의 대표적인 예를 들면 형벌집행행위, 형사소송법상의 각종 강제처분(체포, 구속, 압수, 수색, 검증 등)과 현행범 체포행위 등이다. 그러나 법령에 의한 공무집행행위라고 하더라도 그 행위가 적법절차를 준수하지 않았다면 정당화되지 않는다.

판례 공무집행의 적법성

- 피고인(사법경찰관)이 즉결심판 피의자의 정당한 귀가요청을 거절한 채 다음날 즉결심판법정이 열릴 때까지 경찰서 보호실에 강제 유치시키려고 피의자를 경찰서 내 즉결피의자 대기실에 10-20분 동안 있게 하였다. 대법원은 형법 제124조 제1항의 불법감금죄에 해당하고, 이로 인하여 피의자를 보호실에 밀어 넣으려는 과정에서 상해를 입게 하였다면 특정범죄가중처벌등에관한법률 제4조의2 제1항(불법체포·감금치상) 위반죄에 해당한다고 판시하였다. 그리고 피고인의 정당행위 주장에 대해서는 형사소송법이나 경찰관직무집행법 등의 법률에 정하여진 구금 또는 보호유치 요건에 의하지 아니하고는 즉결심판 피의자라는 사유만으로 **피의자를 구금, 유치할 수 있는 아무런 법률상 근거가 없고, 경찰 업무상 그러한 관행이나 지침이 있었다 하더라도 이로써 원칙적으로 금지되어 있는 인신구속을 행할 수 있는 근거로 할 수 없다**고 하여 이를 부인하였다(대판 1997. 6. 13, 97도877).

한편 상관의 명령행위 역시 그 명령이 적법한 때에 한하여 이를 이행한 복종행위가 정당화된다. 예를 들어 군인의 직위 및 복무에 관한 기본법(제25조), 검찰청법(제7조), 국가공무원법

(제57조) 등의 근거에 의하여 발령된 적법한 상관의 명령은 정당행위로서 위법성이 조각된다. 다만 위법한 명령이라고 하더라도 절대적 구속력을 가진 명령의 경우 위법성이 조각된다는 견해(하태훈, "상관의 명령에 복종한 행위", 형사판례연구(9), 177면), 책임이 조각된다는 견해(다수설)가 있다. 위법성이 조각된다는 견해는 만일 구속력 있는 상관의 명령에 복종하는 행위가 위법하다고 보게 되면 복종의무를 다한 부하의 행위에 대해서 정당방위가 가능하게 된다는 점을 들어 부당하다는 것이 그 논거이다. 그러나 위법한 명령수행행위를 적법하다고 보는 것은 타당하지 않으며, 구속력 없는 상관의 위법한 명령을 그대로 따른 행위는 어느 경우에도 정당화되거나 책임이 조각된다고 볼 수 없다. 다만 상관의 명령을 따르지 않을 경우 자기의 생명에 위험이 초래될 한계적 상황에서는 강요된 행위(제12조)를 이유로 책임조각의 가능성은 있다.

판례 상관의 위법한 명령 수행

• 공무원이 그 직무를 수행함에 즈음하여 상관은 하관에 대하여 범죄행위 등 위법한 행위를 하도록 명령할 직권이 없는 것이며, 또한 하관은 소속 상관의 적법한 명령에 복종할 의무는 있으나 그 명령이 이 사건에서와 같이 대통령 선거를 앞두고 특정후보에 대하여 반대하는 여론을 조성할 목적으로 확인되지도 않은 허위의 사실을 담은 책자를 발간·배포하거나 기사를 게재하도록 하라는 것과 같이 **명백히 위법 내지 불법한 명령인 때에는 이는 벌써 직무상의 지시명령이라 할 수 없으므로 이에 따라야 할 의무가 없고**, 설령 안기부가 그 주장과 같이 엄격한 상명하복의 관계에 있는 조직이라고 하더라도 안기부 직원의 정치관여가 법률로 엄격히 금지되어 있고,… 이 범행이 강요된 행위로서 적법행위에 대한 기대가능성이 없다고 볼 수 없다(대판 1999. 4. 23, 99도636).

• 공무원이 그 직무를 수행함에 있어 상관은 하관에 대하여 범죄행위 등 위법한 행위를 하도록 명령할 직권이 없는 것이고, 하관은 소속상관의 적법한 명령에 복종할 의무는 있으나 그 명령이 참고인으로 소환된 사람에게 가혹행위를 가하라는 등과 같이 **명백한 위법 내지 불법한 명령인 때에는 이는 벌써 직무상의 지시명령이라 할 수 없으므로** 이에 따라야 할 의무는 없다. 그러므로 설령 대공수사단 직원은 **상관의 명령에 절대 복종하여야 한다는 것이 불문률로 되어 있다 할지라도** 국민의 기본권인 신체의 자유를 침해하는 고문행위 등이 금지되어 있는 우리의 국법 질서에 비추어 볼 때 그와 같은 불문률이 있다는 것만으로는 고문치사와 같이 중대하고도 명백한 위법명령에 따른 행위가 정당한 행위에 해당하거나 강요된 행위로서 적법행위에 대한 기대가능성이 없는 경우에 해당하게 되는 것이라고는 볼 수 없다(대판 1988. 2. 23, 87도2358: 박종철 고문치사 사건).

2. 노동쟁의행위

노동쟁의행위는 헌법상 보장된 근로자의 단결권·단체교섭권·단체행동권(헌법 제33조)을 토대로 노동조합 및 노동관계조정법(제37조 이하)에 인정되어 있는 권리이다. 그러므로 근로자의 파업이 위력에 의한 업무방해죄(제314조)의 구성요건에 해당하더라도 위법성이 조각된다. 그러나 정도를 벗어난 쟁의행위는 정당화될 수 없다. 쟁의행위의 기본원칙은 그 목적·방법 및 절차에 있어서 법령 기타 사회질서에 위반되어서는 안 되며(동법 제37조 제1항), 판례 역시 쟁의행위는 첫째 그 주체가 단체교섭의 주체로 될 수 있는 자이어야 하고, 둘째 그 목적이 근로조건의 향상을 위한 노사 간의 자치적 교섭을 조성하는 데 있어야 하며, 셋째 사용자가 근로자의 근로조건 개선에 관한 구체적 요구에 대하여 단체교섭을 거부하였을 때 개시하되 특별한 사정이 없는 한 조합원의 찬성결정 및 노동쟁의 발생신고를 거쳐야 하고, 넷째 그 수단과 방법이 사용자의 재산권과 조화를 이루어야 할 것은 물론 폭력의 행위에 해당하지 않아야 한다고 한다(대판 1991. 5. 24, 91도324). 그러므로 쟁의행위가 근로조건의 개선과 직접 관련 없는 정치적 사안이나 사회적 이슈를 그 이유로 하는 경우에는 정당화될 수 없다. 즉 쟁의행위의 절차와 수단뿐만 아니라 목적도 본래의 허용되는 범위를 일탈하여서는 안 된다. 또한 합법적 노동단체가 아닌 노동조합의 쟁의행위는 당연히 법령에 의한 행위가 아니며 업무로 인한 행위에도 해당되지 않는다.

판례 기업의 구조조정과 쟁의행위

- 정리해고나 사업조직의 통폐합 등 기업의 구조조정의 실시 여부는 경영주체의 고도의 경영상 결단에 속하는 사항으로서 이는 원칙적으로 단체교섭의 대상이 될 수 없고, 그것이 긴박한 경영상의 필요나 합리적 이유 없이 불순한 의도로 추진되는 등의 특별한 사정이 없는 한, 노동조합이 실질적으로 그 실시 자체를 반대하기 위하여 쟁의행위에 나아간다면, 비록 그 실시로 인하여 근로자들의 지위나 근로조건의 변경이 필연적으로 수반된다고 하더라도 그 쟁의행위는 목적의 정당성을 인정할 수 없다. 또한 쟁의행위에서 추구되는 목적이 여러 가지이고 그 중 일부가 정당하지 못한 경우에는 주된 목적 내지 진정한 목적의 당부에 의하여 그 쟁의목적의 당부를 판단하여야 하고, 부당한 요구사항을 제외하였다면 쟁의행위를 하지 않았을 것이라고 인정되는 경우에는 그 쟁의행위 전체가 정당성을 갖지 못한다고 보아야 한다(대판 2011. 1. 27, 2010도11030).

3. 징계행위

법령상 징계가 인정되는 경우로는 보호소년 등의 처우에 관한 법률상의 징계권(동법 제15조)이 있다. 그러나 징계권의 행사도 사회상규에 위배되지 않는 범위 내에서 행사되어야 정당하다.

판례 처벌의 허용 요건과 정당행위

- 4세인 아들이 대소변을 가리지 못한다고 닭장에 가두고 전신을 구타한 것은 정당행위에 해

당하지 않는다(대판 1969. 2. 4, 68도1793).

교사의 체벌행위는 교사나 학생 모두에게 인간으로서의 존엄성이나 가치를 훼손당할 수 있다는 점, 각 학생에 대하여 체벌의 균형성을 유지하기가 어렵다는 점에서 허용될 수 없다. 초·중등교육법은 학생에 대한 징계권(제18조)을 규정하고 있다. 즉 초·중등교육법 제18조 제1항은 "학교의 장은 교육상 필요한 경우에는 법령과 학칙으로 정하는 바에 따라 학생을 징계하거나 그 밖의 방법으로 지도할 수 있다. 다만, 의무교육을 받고 있는 학생은 퇴학시킬 수 없다"고 규정하여 징계권을 인정하고 있다. 그리고 제20조 제4항은 "교사는 법령에서 정하는 바에 따라 학생을 교육한다"고 규정하며, 그 법 시행령 제31조 제1항은 법 제18조 제1항 본문의 규정에 의하여 학교의 장은 교육상 필요하다고 인정할 때에는 학생에 대하여 1. 학교 내의 봉사, 2. 사회봉사, 3. 특별교육이수, 4. 1회 10일 이내, 연간 30일 이내의 출석정지, 5. 퇴학처분 등의 징계를 할 수 있다고 규정하고, 제31조 제8항은 "학교의 장은 법 제18조 제1항 본문에 따라 지도를 할 때에는 학칙으로 정하는 바에 따라 훈육·훈계 등의 방법으로 하되, 도구, 신체 등을 이용하여 학생의 신체에 고통을 가하는 방법을 사용해서는 아니 된다"고 규정하고 있다. 이에 따라 교사는 초·중등교육법이 정하는 방법으로 징계를 하여야 한다. 그러나 체벌은 법령상 허용되지 않는다고 보아야 한다.

판례 **교사의 체벌행위**

• 여자중학교 교사가 많은 학생이 지켜보는 교실 밖에서 여중생 네 명에게 주먹으로 머리를 때리거나 신고 있던 슬리퍼로 양 손을 때리고 모욕감을 느낄 정도의 심한 욕설을 한 사건에서, 대법원은 "**교정의 목적에서 나온 지도행위가 아니어서 학생에게 체벌, 훈계 등의 교육적 의미를 알리지도 않은 채 지도교사의 성격 또는 감정에서 비롯된 지도행위라든가, 다른 사람이 없는 곳에서 개별적으로 훈계, 훈육의 방법으로 지도·교정될 수 있는 상황이었음에도 낯모르는 사람들이 있는 데서 공개적으로 학생에게 체벌·모욕을 가하는 지도행위라든가, 학생의 신체나 정신건강에 위험한 물건 또는 지도교사의 신체를 이용하여 학생의 신체 중 부상의 위험성이 있는 부위를 때리거나 학생의 성별, 연령, 개인적 사정에서 견디기 어려운 모욕감을 주어 방법·정도가 지나치게 된 지도행위 등은 특별한 사정이 없는 한 사회통념상 객관적 타당성을 갖추었다고 보기 어려운 것**"이라고 판시하였다(대판 2004. 6. 10, 2001도5380).

• 교사가 초등학교 5학년생을 징계하기 위하여 양 손으로 교탁을 잡게 하고 길이 50cm, 직경 3cm 가량 되는 나무 지휘봉으로 엉덩이를 두 번 때리고, 학생이 아파서 무릎을 굽히며 허리를 옆으로 틀자 다시 허리부분을 때려 6주간의 치료를 받아야 할 상해를 입힌 행위는 그 방법 및 정도가 교사의 징계권행사의 허용한도를 넘어선 것으로서 정당한 행위로 볼 수 없다(대판 1990. 10. 30, 90도1456).

• 교사가 대나무 막대기로 초등학생의 전신을 구타하여 상해를 입힌 경우에는 정당행위에 해

당하지 않는다(대판 1978. 3. 14, 78도203).

4. 현행범 체포행위

현행범인은 누구든지 영장 없이 체포할 수 있으므로(형사소송법 제212조) 사인私人의 현행범인 체포는 법령에 의한 행위로서 위법성이 조각된다. 그러나 현행범인 체포의 요건으로서는 행위의 가벌성, 범죄의 현행성·시간적 접착성, 범인·범죄의 명백성 외에 체포의 필요성, 즉 도망 또는 증거인멸의 염려가 있을 것을 요한다. 이러한 한계를 벗어나는 체포행위는 그 부분에 관한 한 법령에 의한 행위로 될 수 없으나 사회상규에 위배되지 않는 행위로서는 정당화될 수 있다. 이 경우 적정한 한계를 벗어나는 행위인가 여부는 결국 정당행위의 일반적 요건을 갖추었는지 여부에 따라 결정된다(대판 1999. 1. 26, 98도3029).

판례 **현행범 체포행위**

- 피고인의 차를 손괴하고 도망하려는 피해자를 도망하지 못하게 멱살을 잡고 흔들어 피해자에게 전치 14일의 흉부찰과상을 가한 경우, 정당행위에 해당한다(대판 1999. 1. 26, 98도3029).

Ⅲ. 업무로 인한 행위

업무란 사람이 사회생활상의 지위에 기하여 계속적·반복적 의사로 행하는 사무를 말한다. 업무는 타인의 위법한 행위로부터 보호할 가치가 있는 것이면 되고, 업무의 기초가 된 계약이나 행정행위 등이 반드시 적법하여야 하는 것은 아니다.

업무로 인한 행위가 법령에 규정된 내용일 때에는 법령에 의한 행위에 해당하여 위법성이 조각된다. 그러나 법령에 규정되어 있지 않더라도 업무의 내용이 사회생활상 정당하다고 인정될 만한 경우에는 위법성이 조각된다. 업무로 인한 행위와 법령에 의한 행위의 차이점은 정당행위의 전제가 되는 법령에 의한 행위는 행위의 내용 자체가 구성요건에 해당하는 것이며, 업무로 인한 행위가 법령에 규정되어 있다면 이는 법령에 의한 행위에 포함된다. 그러므로 업무로 인한 행위는 법령에 정당화 규정이 없는 경우만을 의미한다고 본다.

1. 변호사·성직자의 업무행위

변호사는 소송에 관한 행위 등을 행하는 것이 그의 직무이다(변호사법 제3조 참조). 그 결과 법정에서의 변론활동이 타인의 명예를 훼손하는 사실을 적시하거나(제307조) 업무상 알게 된 비밀을 누설하더라도(제317조) 업무로 인한 행위로서 정당화된다. 즉 변호사의 법정변론이 언제나 구성요건에 해당하는 것을 그 내용으로 하는 것은 아니지만 수임한 사건의 성격과 변론 내용에 따라 구성요건에 해당할 수 있으나 업무로 인한 행위로서 정당화되는 것이다.

성직자의 경우에도 범인을 적극적으로 돕지 않는 한 찾아 온 범인에게 도피처를 제공하는 것이나 불고지죄에서 범인을 수사기관에 알리지 않는 행위만을 하였을 경우에는 업무로 인한 행위에 해당한다고 보아야 한다.

판례 **성직자의 범인은닉행위**

- 성직자라 하여 초법규적인 존재일 수는 없으며 성직자의 직무상 행위가 사회상규에 반하지 아니한다 하여 그에 적법성이 부여되는 것은 그것이 성직자의 행위이기 때문이 아니라 그 직무로 인한 행위에 정당, 적법성을 인정하기 때문인 바, 사제가 죄지은 자를 능동적으로 고발하지 않는 것에 그치지 아니하고 은신처마련, 도피자금 제공 등 **범인을 적극적으로 은닉·도피케 하는 행위는 사제의 정당한 직무에 속하는 것이라고 할 수 없다**(대판 1983. 3. 8, 82도3248: 부산미국문화원방화사건).

2. 안락사

죽음이 임박한 환자의 고통을 덜어주기 위해서 생명을 단축시켜 사망하게 하는 행위를 안락사라고 한다. 안락사의 문제는 법적 차원의 문제뿐만 아니라 환자의 인권문제, 생명윤리의 문제 및 죽음에 대한 전통적 의식 등의 문제와 관련되어 있다.

안락사는 불치환자에게 고통을 감소시키는 약품을 투여하는 것이 동시에 생명단축을 부수적으로 초래할 수도 있는 간접적 안락사, 불치환자의 생명을 적극적으로 단축시키는 적극적 안락사, 인공적인 생명연장장치를 제거하거나 응급조치를 하지 않음으로써 사망하게 하는 소극적 안락사로 분류할 수 있다(전지연, 안락사에 대한 형법적 고찰, 한림법학 FORUM, 1994/95, 113면 이하).

적극적 안락사는 환자의 의사에 따른 것으로 보고, 환자의 의사가 아니라 제3자의 의사에 의해서 행해지는 경우를 자비살(mercy killing)이라고도 부른다. 형법상 적극적 안락사는 허용되지 않는다. 즉 환자의 의사와 일치하는 안락사라고 하더라도 촉탁·승낙살인죄(제252조 제1항), 자살교사·방조죄(제252조 제2항)가 규정되어 있기 때문에 적극적 안락사를 인정할 수 없다.

간접적 안락사나 소극적 안락사가 허용될 수 있을 것이다(김/김, 배종대, 이/장/강). 이 가운데 소극적 안락사는 치료중단행위로서 인간으로서의 존엄을 유지하면서 죽을 권리를 인정하여야 한다는 의미에서 존엄사(death with dignity)라고도 한다. 존엄사의 경우에는 생명단축을 직접 목적으로 하지 않는다는 점에서 안락사의 본래 의미와는 조금 다르다. 의료행위가 환자와 의사 간의 의료계약인 점, 그리고 헌법상 보장되는 환자의 인격권과 행복추구권(헌법 제10조)에 기초한 자기결정권을 존중하는 의미에서나 또는 의사에게 진료의무의 한계를 인정한다는 측면에서 위법성을 조각할 수 있다고 본다(대판 2009. 5. 21, 2009다17417 전원합의체).

그런데 '호스피스·완화의료 및 임종과정에 있는 환자의 연명의료결정에 관한 법률'(제15조 이하)에 의해 소극적 안락사(연명의료중단결정)가 허용되었다(2018년 2월 4일 시행). 이에 대비하여 환자가 자신이 회복 불가능한 사망의 단계에 이르렀을 경우에 의료인에게 자신의 연명치료 거부 내지 중단에 관한 의사를 미리 밝히는 서면(사전의료지시-living will)을 작성해 두는 것이 필요하다.

3. 언론매체의 취재활동

신문이나 방송 등 언론매체들은 국민의 알 권리를 충족시켜주는 기능을 하므로 취재활동은 헌법상 표현의 자유의 일부에 포함시켜서 보장하고 있다. 그러나 취재활동이라고 하더라도 실정법을 위반하거나 사회상규에 벗어나는 행위를 할 경우에는 정당화될 수 없다. 예를 들면 취재활동의 명목으로 타인의 주거에 허락을 받지 않고 들어갈 경우에는 주거침입죄(제319조), 외교상의 기밀누설행위는 외교상기밀누설죄(제113조)에 해당할 수 있다. 그리고 취재원 몰래 촬영을 하는 등의 행위 역시 초상권에 대한 침해로서 허용되지 않는다.

판례 **언론보도와 정당행위**

• 방송사 기자인 피고인이, 구 국가안전기획부 내 정보수집팀이 대기업 고위관계자와 모 중앙일간지 사주 간의 사적 대화를 불법 녹음하여 생성한 녹음테이프와 녹취보고서로서, 1997년 제15대 대통령 선거를 앞두고 위 대기업의 여야 후보 진영에 대한 정치자금 지원 문제 및 정치인과 검찰 고위관계자에 대한 이른바 추석 떡값 지원 문제 등을 논의한 대화가 담겨 있는 도청자료를 입수한 후 그 내용을 자사의 방송프로그램을 통하여 공개한 사안에서, 피고인이 국가기관의 불법 녹음을 고발하기 위하여 불가피하게 위 도청자료에 담겨있던 대화 내용을 공개하였다고 보기 어렵고, 위 대화가 보도 시점으로부터 약 8년 전에 이루어져 그 내용이 보도 당시의 정치질서 전개에 직접적인 영향력을 미친다고 보기 어려운 사정 등을 고려할 때 위 대화 내용이 비상한 공적 관심의 대상이 되는 경우에 해당한다고 보기도 어려우며, 피고인이 위 도청자료의 취득에 적극적·주도적으로 관여하였다고 보는 것이 타당하고, 이를 보도하면서 대화 당사자들의 실명과 구체적인 대화 내용을 그대로 공개함으로써 수단이나 방법의 상당성을 결여하였으며, 위 보도와 관련된 모든 사정을 종합하여 볼 때 위 보도에 의하여 얻어지는 이익 및 가치가 통신비밀이 유지됨으로써 얻어지는 이익 및 가치보다 우월하다고 볼 수 없다는 이유로, 피고인의 위 공개행위가 형법 제20조의 정당행위에 해당하지 않는다고 판시하였다(대판 2011. 3. 17, 2006도8839 전원합의체).

이 판결에서 과연 통신비밀 유지를 통해 얻는 이익이 정치인 및 검사들에 대한 사실상의 증뢰행위, 정보기관의 도청 등 불법적인 사실관계에 관한 보도가치보다 우월한지 의문이다. 결과적으로 범죄행위의 은폐를 지지하는 판결이다.

Ⅳ. 사회상규에 위배되지 않는 행위

1. 의 의

사회상규社會常規에 위배되지 않는 행위란 "법 질서 전체의 정신이나 그 배후에 놓여 있는 사회윤리 내지 사회통념에 비추어 용인될 수 있는 행위"이거나 "정상적인 생활형태의 하나로서 역사적으로 생성된 사회생활 질서의 범위 안에 있는 것이라고 생각되는 경우"를 말한다(판례). 어떠한 행위가 사회상규에 위배되지 않는 정당한 행위인지는 구체적인 사정 아래서 합목적적, 합리적으로 고찰하여 개별적으로 판단되어야 하는데, 첫째 그 행위의 동기나 목적의 정당성, 둘째 행위의 수단이나 방법의 상당성, 셋째 보호이익과 침해이익 간의 법익 균형성, 넷째 긴급성, 다섯째 그 행위 이외의 다른 수단이나 방법이 없다는 보충성 등의 요건을 갖추어야 한다(대판 2006. 4. 27, 2003도4735; 2004. 5. 28, 2004도1497).

그러나 사회상규는 그 의미가 언제나 해석에 의지할 수밖에 없는 추상적이고 불확정 개념이다. 그리고 형법 제20조에 의한 위법성조각은 다른 위법성조각사유와 내용적으로 중첩적·보충적으로 적용되는 것을 배제할 수 없다. 그러므로 비록 법령이나 업무로 인한 행위에 해당하더라도 사회상규에 위배되지 않아야 하며, 반대로 법령이나 업무로 인한 행위가 아니더라도 사회상규에 위배되지 않는 한 위법성이 조각된다.

판례 사회상규

① 사회상규에 위배되지 않는 행위

• 갑 주식회사를 사실상 관리하는 을이 갑 회사가 사업용 부지로 매수한 토지에 관하여 처분금지가처분등기를 마쳐 두었는데, 위 토지를 매수하려는 병에게서 가처분을 취하해 달라는 취지의 청탁을 받고 돈을 수수하였다는 내용으로 기소된 사안에서, 을이 받은 돈은 부정한 청탁의 대가임이 분명하고 을에게 부정한 청탁에 대한 인식이 없었다고 볼 수 없어 배임수재죄가 성립하나, 반면 병은 사업의 더 큰 손실을 피하기 위하여 가처분 취하의 대가로 을이 지정하는 계좌로 돈을 송금한 점, 병으로서는 위 돈이 궁극적으로 갑 회사에 귀속될 것인지 을에게 귀속될 것인지에 관한 분명한 인식이 있었다고 볼 수 없는 점 등 제반 사정에 비추어, 병이 가처분 취하의 대가로 돈을 교부한 행위는 사회상규에 위배되지 아니하여 배임증재죄를 구성할 정도의 위법성은 없다(대판 2011. 10. 27, 2010도7624).

• '회사의 직원이 회사의 이익을 빼돌린다'는 소문을 확인할 목적으로, 비밀번호를 설정함으로써 비밀장치를 한 전자기록인 피해자가 사용하던 개인용 컴퓨터의 하드디스크를 떼어내어 다른 컴퓨터에 연결한 다음 의심이 드는 단어로 파일을 검색하여 메신저 대화 내용, 이메일 등을 출력한 사안에서, 피해자의 범죄 혐의를 구체적이고 합리적으로 의심할 수 있는 상황에서

피고인이 긴급히 확인하고 대처할 필요가 있었고, 그 열람의 범위를 범죄 혐의와 관련된 범위로 제한하였으며, 피해자가 입사시 회사 소유의 컴퓨터를 무단 사용하지 않고 업무 관련 결과물을 모두 회사에 귀속시키겠다고 약정하였고, 검색 결과 범죄행위를 확인할 수 있는 여러 자료가 발견된 사정 등에 비추어, 피고인의 그러한 행위는 사회통념상 허용될 수 있는 상당성이 있는 행위로서 형법 제20조의 '정당행위'에 해당한다(대판 2009. 12. 24, 2007도6243).

• 골프클럽 경기보조원들의 구직편의를 위해 제작된 인터넷 사이트 내 회원 게시판에 특정 골프클럽의 운영상 불합리성을 비난하는 글을 게시하면서 위 클럽담당자에 대하여 한심하고 불쌍한 인간이라는 등 경멸적 표현을 한 사안에서, 게시의 동기와 경위, 모욕적 표현의 정도와 비중 등에 비추어 사회상규에 위배되지 않는다고 보아 모욕죄의 성립을 부정하였다(대판 2008. 7. 10, 2008도1433).

• 여관주인이 자신이 운영하는 여관에서 같은 동네 **친구들과 함께 저녁식사 후 저녁 값을 마련하기 위하여 도박을 한 경우**, 형법상 도박죄는 성립하지 아니하고 풍속영업의 규제에 관한 법률 위반죄의 구성요건에는 해당하나 사회상규에 위배되지 않는 행위로서 위법성이 조각된다(대판 2004. 4. 9, 2003도6351).

• 화장실 천정의 누수문제로 연립주택 위층에 살던 피고인과 다투어오던 연립주택 아래층에 사는 피해자가 위층 피고인의 집으로 통하는 상수도관의 밸브를 임의로 잠근 후 이를 피고인에게 알리지 않아 하루 동안 수돗물이 나오지 않자 피고인이 상수도관의 밸브를 열기 위하여 부득이 피해자의 집에 들어가려고 하였으나 출입을 거부하자 피해자를 밀치고 들어간 행위는 정당행위에 해당한다(대판 2004. 2. 13, 2003도7393).

• 피해자(남, 57세)가 술에 만취하여 아무런 연고도 없는 가정주부인 피고인의 집에 들어가 유리창을 깨고 아무데나 소변을 보는 등 행패를 부리고 나가자, 피고인이 유리창 값을 받으러 피해자를 뒤따라가며 그 어깨를 붙잡았으나, 상스러운 욕설을 계속하므로 더 이상 참지 못하고 잡고 있던 손으로 피해자의 어깨부분을 밀치자 술에 취하여 비틀거리던 피해자가 몸을 제대로 가누지 못하고 앞으로 넘어져 시멘트 바닥에 이마를 부딪쳐 1차성 쇼크로 사망한 사건에서, 대법원은 피고인의 행위는 피해자의 부당한 행패를 저지하기 위한 본능적인 소극적 방어행위에 지나지 아니하여 **사회통념상 용인될 수 있는 정도의 상당성이 있어** 형법 제20조에 정한 정당행위에 해당한다고 판시하였다(대판 1992. 3. 10, 92도37).

• 술에 취해 주먹으로 피고인의 얼굴을 2회 가량 때려 피고인을 넘어뜨리는 등 행패를 부리는 자의 뺨을 2회 때린 행위는 사회상규에 위반되지 아니하는 행위로서 위법성이 없다(대판 1989. 5. 23, 88도1376).

② 사회상규에 위배되는 행위

• 조합장인 피고인이 자신에 대한 감사활동을 방해하기 위하여 조합 사무실에 있던 컴퓨터에 비밀번호를 설정하고 하드디스크를 분리 · 보관한 행위는 중요한 자료의 훼손을 막는 것을 넘어서 조합의 정보처리에 관한 업무를 방해할 의도를 가지고 한 것으로 보이고, 이를 두고 사회상규에 위배되지 아니하는 정당행위에 해당한다고 볼 수는 없다(대판 2012. 5. 24, 2011도7943).

• 부항 시술행위가 광범위하고 보편화된 민간요법이고, 그 시술로 인한 위험성이 적다는 사정

만으로 그것이 바로 **사회상규에 위배되지 아니하는 행위**에 해당한다고 보기는 어렵고, … 피고인이 행한 부항 시술행위가 보건위생상 위해가 발행할 우려가 전혀 없다고 볼 수 없는데다가, 피고인이 한의사 자격이나 이에 관한 어떠한 면허도 없이 영리를 목적으로 위와 같은 치료행위를 한 것이고, 단순히 수지침 정도의 수준에 그치지 아니하고 부항침과 부항을 이용하여 체내의 혈액을 밖으로 배출되도록 한 것이므로, 이러한 피고인의 시술행위는 **의료법을 포함한 법질서 전체의 정신이나 사회통념에 비추어 용인될 수 있는 행위에 해당한다고 볼 수는 없고,** 따라서 사회상규에 위배되지 아니하는 행위로서 위법성이 조각되는 경우에 해당한다고 할 수 없다(대판 2004. 10. 28, 2004도3405).

• 간통 현장을 직접 목격하고 그 사진을 촬영하기 위하여 상간자의 주거에 침입한 행위는 사회상규에 위배되어 정당행위에 해당하지 않는다(대판 2003. 9. 26, 2003도3000).

2. 제20조의 성격

제20조를 법률적인 명문규정이 없어도 초법규적 위법성조각사유가 인정될 수 있다는 선언적 주의규정에 불과하다는 견해가 있다. 그러나 제20조가 정당방위나 긴급피난에 포함되지 않아도 사회적으로 허용될 수 있는 행위에 대한 위법성조각을 규정하고 있는 이상 규정 외의 위법성조각사유를 인정할 수 있는 근거는 없다고 보아야 한다. 그러므로 사회상규적합성을 초법규적 성격으로 규정짓고 실질적 법률개념이 아니라고 하는 것은 타당하지 않다. 이 개념 역시 사회생활상 용인될 수 있는 범위 내의 행위에 대한 정당화가 필요하다는 관점에서 제시된 법률적 개념으로 보아야 하고 규범적 해석을 통해 해당 여부가 판단되어야 하기 때문이다. 그리고 사회적 변화에 대응하기 위하여 초법규적 위법성조각사유를 인정하지 않더라도 사회상규에 대한 해석을 통하여 이러한 필요성에 부응할 수 있다는 점에서 굳이 초법규적 위법성조각사유를 인정하여야 할 이유는 없다.

Ⅴ. 오상정당행위

오상정당행위는 정당행위 상황이 아님에도 불구하고 이를 오인하여 '정당행위'를 한 경우를 말한다(아래 「오상방위」 참조). 그러므로 사회상규 적합성 여부에 관한 착오는 오상정당행위에 해당한다.

제 3 절 정당방위

> 제21조(정당방위) ① 현재의 부당한 침해로부터 자기 또는 타인의 법익(法益)을 방위하기 위하여 한 행위는 상당한 이유가 있는 경우에는 벌하지 아니한다.

Ⅰ. 의 의

정당방위란 현재의 부당한 침해로부터 자기 또는 타인의 법익을 방위하기 위한 상당한 이유가 있는 행위를 말한다. 정당방위는 법익 침해의 위험에 직면하여 자기 보호와 법 질서 수호에 정당화 근거가 있다. 현대국가에서 자력구제는 금지되지만 국가권력에 의한 법익보호가 불가능한 상황에서는 부당하게 침해되는 법익을 방어하기 위한 행위는 본능적이고 일종의 권리행사에 해당하는 행위로서 정당화되며, 개인에 의한 보완적인 법익 보호는 법 질서 수호의 기능을 한다고 보는 것이다. 특히 국가의 법 질서 수호는 "법은 불법 앞에 굴복할 필요가 없다"는 점에서도 중요하다. 정의를 실현하기 위해서는 부당한 침해에 대한 방위행위가 요구되기 때문이다. 이 점이 정당방위가 긴급피난과 달리 법익형량이나 우월적 이익의 원칙을 적용하지 않는 이유이다.

Ⅱ. 성립요건

1. 현재의 부당한 침해

(1) 침 해

인간에 의한 침해가 있어야 정당방위가 허용된다. 정당방위는 대인방위對人防衛이므로 동물에 의한 침해의 경우 동물이 인간에 의해 이용되었을 때에 이를 조종하는 인간에 대하여 정당방위가 가능하다. 동물에 대해서는 긴급피난이 가능하다. 부당한 침해행위에는 고의적인 것뿐만 아니라 과실로 인한 경우에도 포함된다. 책임 없는 자의 침해나 작위의무가 인정되는 경우에는 부작위에 의한 침해도 여기에 해당한다.

(2) 침해의 현재성

다음으로는 침해의 현재성이 인정되어야 한다. 이는 정당방위의 시간적 한계를 의미하는데, 침해행위가 목전에 임박하거나, 이미 시작되었거나 아직도 진행 중인 경우에 현재성이 인정된다. 계속범의 경우에는 범행이 종료되는 시점까지 침해의 현재성이 인정된다. 그러므로 과거의 침해에 대한 보복적 행위는 정당방위에 해당하지 않는다. 예를 들어 피해자의 침해행위에 대하여 자기의 권리를 방위하기 위한 부득이한 행위가 아니고, 그 침해행위에서 벗어난 후 분을 풀려는 목적에서 나온 공격행위는 정당방위에 해당한다고 할 수 없다(대판 1996. 4. 9, 96도241).

이와 관련하여 예방적 정당방위가 허용되는지가 문제된다. 예방적 정당방위란 지금 예방하지 않으면 장래에 예상되는 침해를 방어할 수 있는 방법이 불가능하거나 현저히 곤란해질 것으로 예상되는 경우에 취하는 방어행위를 말한다. 정당방위는 현재의 침해에 대한 방위행위이기 때문에 장래 발생이 예상될 뿐인 침해에 대해서는 인정되지 않는다. 그러나 과거부터 지속적으로 침해가 진행되어 왔기 때문에 장래에 발생할 것도 거의 확실한 침해(지속적 위험)에 대한 정당방위 인정 여부는 단순한 예방적 정당방위와는 성격이 다르다고 보아야 한다. 한편 폭력행위 등 처벌에 관한 법률 제8조(정당방위등)는 "이 법에 규정된 죄를 범한 자가 흉기 기타 위험한 물건 등으로 사람에게 위해를 가하거나 가하려 할 때 이를 예방 또는 방위하기 위하여 한 행위는 벌하지 아니한다"고 규정하여 정당방위의 시간적 한계를 확장하고 있다.

판례 의부살해사건

• 사건 당시 대학생이던 피고인이 약 12살 때부터 의붓아버지인 피해자의 강간행위에 의하여 정조를 유린당한 후 계속적으로 피해자와의 성관계를 강요받아 오다가 공동피고인인 남자친구와 함께 술에 취해 잠들어 있는 피해자를 식칼로 찔러 살해한 사건에서, 대법원은 피고인이 피해자로부터 부당한 침해상태가 반복하여 계속되었으므로 침해의 현재성을 인정할 여지가 없는 것은 아니지만 그렇다고 하여도 피고인들의 살인행위는 사회통념상 상당성을 결여하여 정당방위가 성립하지 아니한다고 판시하였다(대판 1992. 12. 22, 92도2540). 이 사건에서 대법원은 침해의 현재성이 아니라 상당성 판단을 통하여 정당방위를 부인하고 살인죄를 인정하였다.

이와 관련하여 '매 맞는 여성증후군'(battered woman's syndrom, BWS)을 고려할 필요가 있다. 이 증후군은 배우자나 동거 남성으로부터 구타당하는 여성의 경우 구타의 반복이 일정한 규칙성을 갖는 것과 상응하게 여성도 심리적 특징(안도감과 불안감의 반복적 교차 등)을 나타내기 때문에 이 부분에 대한 전문가 감정을 받을 필요가 있는 것이다.

(3) 침해의 부당성

부당한 침해여야 한다. 부당성은 전체 법 질서에 비추어 위법함을 의미하며, 공·사법상의 위법성이 모두 포함된다. 그러므로 정당행위나 정당방위처럼 형법상 정당화되는 행위에 대한 정당방위는 인정되지 않는다.

판례 공무집행과 정당방위 여부

• 경찰관의 체포행위가 적법한 공무집행을 벗어나 불법하게 체포한 것으로 볼 수밖에 없다면, 피의자가 그 체포를 면하려고 반항하는 과정에서 경찰관에게 상해를 가한 것은 불법체포로 인한 신체에 대한 현재의 부당한 침해에서 벗어나기 위한 행위로서 정당방위에 해당하여 위법성이 조각된다. 경찰관들이 체포영장을 소지하고 메트암페타민(일명 필로폰) 투약 등 혐의로 피

고인을 체포하려고 하자, 피고인이 이에 거세게 저항하는 과정에서 경찰관들에게 상해를 가하였다고 하여 공무집행 방해 및 상해의 공소사실로 기소된 사안에서, 피고인이 경찰관들과 마주하자마자 도망가려는 태도를 보이거나 먼저 폭력을 행사하며 대항한 바 없는 등 경찰관들이 체포를 위한 실력행사에 나아가기 전에 체포영장을 제시하고 미란다 원칙을 고지할 여유가 있었음에도 애초부터 미란다 원칙을 체포 후에 고지할 생각으로 먼저 체포행위에 나선 행위는 적법한 공무집행이라고 보기 어렵다는 등의 이유로 공소사실에 대하여 무죄를 선고한 원심판단이 정당하다(대판 2017. 9. 21, 2017도10866).

• 경찰관들이 임의동행을 거부하는 피고인을 강제로 경찰차에 태워 연행하려고 하자 피고인과 그 일행이 이에 저항하여 몸싸움을 벌이던 중 피고인이 경찰관들의 모자를 벗겨 머리를 툭툭 치고 뺨을 때린 경우, 이는 저항의 상당한 정도를 벗어난 것으로서 부당한 법익 침해를 방위하기 위하여 상당한 이유가 있는 행위라고 볼 수 없고, 경찰관들이 그와 같은 행위를 한 피고인을 야간의 폭행으로 인한 폭력행위 등 처벌에 관한 법률 위반죄의 현행범으로 체포한 것은 체포의 실질적인 요건을 구비한 것일 뿐만 아니라 당시 범죄사실의 요지 등의 고시절차를 위반한 것으로 보이지도 아니하므로 결국 피고인에 대한 현행범 체포는 적법하고, 따라서 그와 같은 현행범 체포과정에서 피고인이 격렬하게 반항하면서 경찰관들을 발로 차 상해를 가한 행위는 정당방위에 해당하지 않는다(대판 2004. 12. 23, 2004도6184).

2. 자기 또는 타인의 법익

정당방위는 자기뿐만 아니라 타인(제3자)에 대한 법익 침해에 대해서도 가능하다. 보호법익은 개인적 법익(생명, 신체, 재산, 자유, 명예, 업무 등)이 대상이다. 사법상의 권리에 대한 정당방위도 허용되는지에 대해서는 검토가 필요하다. 일조권 침해에 대해서는 정당방위로 보호될 수 있는 성격이 아니므로 허용되지 않는다고 본다. 또한 단체교섭을 거부하는 사용자를 감금하는 등의 행위도 정당방위에 해당하지 않는다고 본다. 반면 어업권 또는 민법상의 부권父權을 보호하기 위한 정당방위는 침해의 현재성이 인정되고 즉각적인 침해 배제가 요구되는 상황이라면 허용될 수 있다고 본다.

판례 정당방위

① 정당방위를 인정한 경우

• 갑회사가 을이 점유하던 공사현장에 실력을 행사하여 들어와 현수막 및 간판을 설치하고 담장에 글씨를 쓴 행위는 을의 시공 및 공사현장의 점유를 방해하는 것으로서 을의 법익에 대한 현재의 부당한 침해라고 할 수 있으므로 을이 그 현수막을 찢고 간판 및 담장에 씌어진 글씨를 지운 것은 그 침해를 방어하기 위한 행위로서 정당방위를 인정하였다(대판 1989. 3. 14, 87도3674).

• 국유토지가 공개입찰에 의하여 매매되고 그 인도집행이 완료되었다 하더라도 그 토지의 종

전 경작자인 피고인이 파종한 보리가 30센티미터 이상 성장하였다면 그 보리는 피고인의 소유로서 그가 수확할 권한이 있다. 그러므로 토지매수자가 토지를 경작하기 위하여 소를 이용하여 쟁기로 성장한 보리를 갈아 뭉개는 행위는 피고인의 재산에 대한 현재의 부당한 침해라 할 것이므로 이를 막기 위하여 그 경작을 못하도록 소 앞을 가로막고 쟁기를 잡아당기는 등의 피고인의 행위는 정당방위에 해당된다(대판 1977. 5. 24, 76도3460).

• 타인이 보는 자리에서 자식으로부터 인륜상 용납할 수 없는 폭언과 함께 폭행을 가하려는 피해자(피고인의 차남, 21세)를 1회 구타한 행위는 피고인의 신체에 대한 법익뿐만 아니라 아버지로서의 신분에 대한 법익에 대한 현재의 부당한 침해를 방위하기 위한 행위로써 정황에 비추어 볼 때 피고인으로서는 피해자에게 일격을 가하지 아니할 수 없는 상당한 이유가 있는 행위로써 정당방위에 해당한다(대판 1974. 5. 14, 73도2401).

② 정당방위를 부인한 경우

• 아파트입주자대표회의의 운영비 지출관련 사건에서 피고인을 비판하는 내용의 게시문을 아파트 게시판에 공고하자 이를 뜯어버린 손괴행위에 대해 피고인의 명예를 훼손하는 내용이 없다고 하여 정당방위를 인정하지 않았다(대판 2006. 4. 27, 2003도4735).

국가적 · 사회적 법익에 대한 침해시에도 정당방위가 허용되는지에 대해서는 긍정설(신동운, 이형국, 임웅)과 부정설(다수설)이 있다. 긍정설은 예를 들어 중요한 국가기밀을 외국으로 밀반출하려는 자를 수사기관에 알려 제지할 만한 시간적 여유가 없어서 개인이 이 기밀문서를 탈취한 경우에는 정당방위에 해당한다는 것이다. 그러나 이 경우에는 정당행위 또는 긴급피난을 인정하는 것이 타당하다고 본다. 정당방위는 개인을 보호하기 위한 것이지 국가나 사회방위를 위한 제도는 아니기 때문이다. 따라서 정당방위를 통한 국가긴급구제(Staatsnothilfe)는 인정되지 않는다고 보아야 한다.

판례 **불법행위 폭로와 정당방위**

• 국군보안사령부의 민간인에 대한 정치사찰을 폭로한다는 명목으로 군무를 이탈하고 폭로한 행위에 대해서, 피고인의 부대이탈행위가 자기 또는 타인의 법익에 대한 현재의 부당한 침해를 방위하기 위한 행위로서 사회적으로 상당하여 형법 제21조에 정한 정당방위에 해당한다거나 같은 법 제20조에 정한 사회통념상 허용될 수 있는 정당행위에 해당한다고 볼 수는 없다(대판 1993. 6. 8, 93도766).

3. 상당한 이유 (상당성)

정당방위가 성립하려면 침해행위에 의하여 침해되는 법익의 종류, 정도, 침해의 방법, 침해행위의 완급과 방위행위에 의하여 침해될 법익의 종류, 정도 등 일체의 구체적 사정들을 참작하여 방위행위가 사회적으로 상당한 것이어야 한다(대판 2005. 6. 9, 2004도7218).

상당한 이유란 상황적으로 방위행위가 필요하고 그 방법이 사회상규에 비추어 적정한 것을 의미한다. 그러나 상당성 개념의 추상성으로 인하여 구체적으로는 어떠한 기준으로 이를 판단할 것인지가 문제되는데 다음과 같은 기준에 따라 판단할 수 있을 것이다.

(1) 필요성

방위행위가 결과 발생을 방지하기 위하여 필요한 상황이어야 한다(행위의 필요성). 즉 정당방위 '행위'의 상당성이 인정되어야 한다. 그러므로 정당방위의 방법이 공격적이 아니더라도 법익 침해를 방어할 수 있는 상황에서 공격적 방어를 하는 것은 상당성이 결여된 것으로 보아야 한다. 이는 정당방위의 허용성에 관한 문제에 해당하며, 후술하는 정당방위의 제한범위와 관련되어 있다.

판례 상당성이 인정되지 않은 경우

- 피고인(전투경찰대원)이 상관의 심한 기합에 격분하여 상관을 사살한 행위에 대해 상당성 결여를 이유로 정당방위를 인정하지 않았다(대판 1984. 6. 12, 84도683). 이 사건에서 피고인은 자기보호를 위한 정당방위보다는 다른 방법을 선택하였어야 한다. 군대와 같은 조직 내에서의 가혹행위가 심각한 문제이지만 이를 해결하기 위한 방법으로 정당방위를 인정하는 것은 또 다른 피해를 낳을 수 있는 문제를 초래할 것이기 때문이다.

(2) 적정성

정당방위의 수단·방법 및 목적이 적정하여야 한다(수단의 적정성). 정당방위에 법익형량의 원칙이 적용되는 것은 아니지만 공격자에 대한 침해위험성이 상대적으로 적은 방법을 선택하여야 한다(수단선택의 제한성). 예를 들어 맨손으로 공격하는 상대방에 대하여 깨어진 병을 가지고 대항하는 것은 방어수단으로서 상당성이 결여된 것이다(대판 1991. 5. 28, 91도80). 이는 정당방위 '결과'의 상당성이 인정되어야 함을 의미한다. 그러나 자신의 법익에 대한 침해를 감수하고 최소한의 수단을 선택하여야 한다는 의미는 아니며, 또한 방어행위의 결과가 예상을 벗어나 중한 결과가 발생하더라도 정당방위가 필요한 상황에서 과실로 인한 경우에는 위법성이 조각된다. 결과 무가치성이 존재하지 않기 때문이다. 이 때 방위의사를 인정하는 이론적 근거에 대해서는 정당방위 상황을 이미 인식하고 방위행위에 들어갔으므로 이를 인정할 수 있다고 보는 것이 타당하다.

판례 수단·방법·목적의 상당성

① 수단의 상당성이 인정되지 않은 경우

- 낭비와 도박의 습벽이 있으며, 평소 피고인(처)에게 자주 폭행·협박을 하고, 변태적인 성행

위를 강요하는 등의 사유로 결혼생활이 파탄되어 별거 및 이혼소송중인 남편이 찾아와 가위로 피고인의 오른쪽 무릎 아래 부분을 긋고 피고인의 목에 겨누면서 이혼하면 죽여버리겠다고 협박하자 피고인이 칼로 남편의 복부를 찔러 사망하게 한 사건에서, 대법원은 방위행위로서의 한도를 넘어선 것으로 사회통념상 용인될 수 없다는 이유로 정당방위나 과잉방위에 해당하지 않는다고 판시하였다(대판 2001. 5. 15, 2001도1089).

그러나 이 판례에서 피고인은 지속적인 폭행에 시달리고 있었으므로 이에 따른 피고인의 심리적 상태를 고려한다면 최소한 과잉방위를 인정하는 것이 타당하였다고 본다.

② 목적 내지 방법의 상당성이 인정된 경우

• 축협에 의하여 적법하게 직장폐쇄가 이루어지고 있었음에도, 근로자가 아닌 피해자가 일방적으로 업무에 복귀하겠다면서 피고인의 퇴거 요구에도 응하지 않은 채 계속하여 사업장 내로 진입을 시도한 것은 건조물침입죄 또는 퇴거불응죄를 구성하고, 이에 대응하여 피고인이 공소외 11과 공동하여 피해자를 폭행·협박한 것은 사업장 내의 평온과 노조의 업무방해행위를 방지하기 위한 목적에서 행하여진 것으로서 그 목적 내지 방법의 상당성 등에 비추어 정당방위 내지 정당행위에 해당한다(대판 2005. 6. 9, 2004도7218).

• 갑과 을이 공동으로 인적이 드문 심야에 혼자 귀가중인 병녀에게 뒤에서 느닷없이 달려들어 양팔을 붙잡고 어두운 골목길로 약 10m 정도 끌고 들어가 담벽에 쓰러뜨린 후 갑이 음부를 만지며 반항하는 병녀의 옆구리를 무릎으로 차고 억지로 키스를 함으로 병녀가 정조와 신체를 지키려는 일념에서 엉겁결에 갑의 혀를 깨물어 설절단상을 입혔다면 병녀의 범행은 자기의 신체에 대한 현재의 부당한 침해에서 벗어나려고 한 행위로서 그 행위에 이르게 된 경위와 그 목적 및 수단, 행위자의 의사 등 제반사정에 비추어 위법성이 결여된 행위이다(대판 1989. 8. 8, 89도358).

4. 방위의사

(1) 필요성 여부

정당방위를 할 경우 주관적 정당화 요소로서 방위의사가 필요하다(통설; 대판 1997. 4. 17, 96도3376 전원합의체). 이는 방위의사를 통하여 방위행위의 정당성이 확보된다고 보는 행위무가치론의 귀결이며, 결과무가치론의 입장에서는 결과적으로 방위행위로 인정될 수 있으면 충분하다는 방위의사불요설을 주장한다. 방위의사의 내용에 대해서는 방위상황과 방위행위에 대한 인식이라는 견해와 방위목적·동기까지도 구비되어야 한다는 견해로 나뉜다. 그러나 정당방위 상황을 인식하고 방위행위를 한다는 방위의사는 필요하지만 그 내용은 방위행위에 대한 단순한 인식정도만으로 충분하다고 보는 것이 타당하다.

(2) 방위의사를 결한 경우 법적 효과

만일 방위의사가 없이 한 고의 또는 과실행위가 결과적으로 상대방의 공격을 저지한 경우(이를 우연방위라고도 한다)에는 객관적 상황은 정당방위 상황이지만 주관적 정당화 사유인 정당방위 의사가 결여되어 있다. 정당방위에서 방위의사가 흠결된 경우의 법적 효과에 대해서는 기수범설(소수설)과 불능미수설(다수설)이 있다.

이 경우 고의의 우연방위와 과실에 의한 우연방위로 나누어 살펴 볼 수 있다. 전자의 경우에는 객관적으로는 정당방위 상황이지만 '방위행위' 역시 고의행위임에 분명하다. 다만 이 경우 결과 반가치가 인정되지 않으므로 불능미수범(제27조)을 인정하는 것이 타당하다. 반면에 상대방의 공격을 모르는 상태에서 예를 들어 총을 오발하였는데 상대방 공격자가 맞아 사망하여 생명을 건진 후자의 경우에는 과실에 의한 우연방위로서 방위의사필요설을 따르면 행위 반가치가 존재하므로 정당방위를 인정할 수 없다. 그러나 이 경우에도 방위행위자는 과실치사죄의 책임을 지지만 역시 결과 반가치의 부존재로 인하여 불능미수범으로 본다면 결국 과실범의 (불능)미수는 인정되지 않으므로 불가벌적이다.

Ⅲ. 정당방위의 제한 및 근거

정당방위의 제한근거에 대해서는 법 질서 수호원리설, 권리남용금지설 등이 있다. 법 질서 수호원리나 권리남용금지를 들어서 정당방위를 제한하려는 견해는 정당방위의 상당성이라는 문제와 별개로 정당방위를 제한하는 입장이다. 그러나 정당방위는 '상당한 이유'(제21조 제1항)가 있을 경우에 한하여 허용하고 있으므로 이를 정당방위를 제한할 수 있는 실정법적 근거로 보아야 한다. 즉 정당방위의 제한문제는 정당방위의 성립요건인 상당성의 문제와 동일하게 판단하는 것이 타당하다.

1. 침해법익과 보호법익 간의 현저한 법익 불균형

부당한 침해행위로 인하여 침해되는 법익과 방위행위에 의하여 침해될 법익 간에 현저한 법익 불균형이 존재할 때에는 정당방위가 제한된다. 정당방위에서는 긴급피난과 같은 법익 균형성을 요구하지는 않지만 경미한 공격에 대한 과도한 방위행위에 대해서는 상당성을 인정할 수 없기 때문이다. 이는 또한 권리남용금지라는 일반원칙에도 해당하는 경우이다. 특히 생명에 대한 침해가 예상되는 방위행위는 그에 상응하는 침해행위가 인정될 때에 허용된다고 보아야 한다.

판례 **긴박성과 상당성이 결여된 경우**

• 피고인 소유의 밤나무 단지에서 피해자가 밤 18개를 푸대에 주워 담는 것을 보고 푸대를 빼앗으려다가 반항하는 그녀의 뺨과 팔목을 때려 상처를 입힌 사건에서, 대법원은 피고인의 행위가

비록 피해자의 절취행위를 방지하기 위한 것이었다고 하여도 **긴박성과 상당성을 결여**하여 정당방위라고 볼 수 없다고 판시하였다(대판 1984. 9. 25, 84도1611).

2. 책임능력이 감소 · 결여된 자의 침해행위

어린아이나 정신질환자, 만취자와 같이 책임능력이 감소 · 결여된 자로부터 공격을 받았을 때에도 위법한 침해가 인정된다고는 볼 수 있다. 그러나 피공격자가 자신의 이익을 포기하거나 위태로운 상황에 이르지 않고도 침해행위를 피할 가능성이 있을 경우에는 공격적 방위행위는 제한되어야 한다. 상당성이라는 관점에서 볼 때 공격적 정당방위행위가 필요한 상황이 아니며, 침해행위자에게도 귀책적이 아니기 때문이다. 이러한 경우에는 회피 또는 방어적 방위행위를 인정하는 것이 타당하다.

3. 도발행위

도발행위는 일종의 자초한 침해로서 정당방위가 인정되지 않는다. 스스로 침해상태를 야기한 행위에 의해서 침해행위가 있더라도 이를 부당한 침해라고 볼 수 없으며 이러한 자를 법적으로 보호할 필요도 없기 때문이다.

판례 도발행위와 정당방위

• 피고인이 피해자를 살해하려고 먼저 가격한 이상 피해자의 반격이 있었더라도 피해자를 살해한 행위가 정당방위에 해당한다고 볼 수 없다(대판 1983. 9. 13, 83도1467).

과실로 상대방의 침해를 야기하여 정당방위 상황을 초래한 경우에는 의도적인 도발이 아니므로 정당방위를 인정할 수 있으나 방어적 행위만으로 제한하고, 경미한 침해행위는 감수하여야 할 것이다. 학설에 따라서는 의도적 도발을 포함하여 유책한 도발의 경우에도 정당방위권을 인정하되 선행하는 도발행위에 대해서는 구성요건에 해당하는 경우 별도로 처벌하자는 이론도 있다. 이를 원인이 불법한 행위이론(actio illicita in causa)이라고 한다. 그러나 이는 동일행위자에게 한편으로는 적법행위(정당방위)를 인정하면서 다른 한편으로는 위법행위(도발행위)를 인정하는 논리적 모순에 빠지는 결함이 있는 이론이다.

4. 싸 움

싸움은 상호 간에 공격과 방어를 동시에 하는 것을 의미한다. 이처럼 공격과 방어의 동시성으로 말미암아 일방의 행위를 부당한 침해에 대한 정당방위로 볼 수 없다는 것이 싸움에 대한 법적 판단이다. 결과적으로 당사자는 폭행죄나 상해죄(폭처법에도 해당)에 해당하고, 정당방위를 인정하지 않는 것이 학설(이/장/강, 임웅, 정/박)과 판례(대판 2000. 3. 28, 2000도228; 1993. 8. 24, 92도1329)의 입장이다.

이러한 학설과 판례의 입장은 원칙적으로 타당하다. 그러나 사실관계를 분석하여 과연 '서로 공격할 의사'로 싸우다가 먼저 공격을 받고 이에 대항하여 가해하게 된 것인지 여부를 판단하는 것이 중요하다. 즉 싸움의 원인제공자가 분명한 경우에는 싸움으로 전개되었더라도 최초의 피해자에게 정당방위를 인정하여야 할 것이다.

판례 싸움과 정당방위 여부

• **사건개요**: 피고인이 처남인 피해자의 집에서 피해자가 술에 만취하여 피고인의 처인 누나와 말다툼을 하다가 누나의 머리채를 잡고 때렸다. 이를 목격한 피고인(남편)이 화가 나서 피해자와 싸우게 되었는데, 그 과정에서 몸무게가 85kg 이상이나 되는 피해자가 62kg의 피고인을 침대 위에 넘어뜨리고 피고인의 가슴 위에 올라타 목 부분을 누르자 호흡이 곤란하게 된 피고인이 안간힘을 쓰면서 허둥대다가 그 곳 침대 위에 놓여있던 과도로 피해자에게 상해(왼쪽 허벅지를 길이 21cm 가량의 과도로 1회 찔러 피해자에게 약 14일간의 치료를 요하는 좌측대퇴외측부 심부자상)를 가하였다.

판결이유: 대법원은 피고인의 행위는 피해자의 부당한 공격을 방위하기 위한 것이라기보다는 서로 공격할 의사로 싸우다가 먼저 공격을 받고 이에 대항하여 가해하게 된 것이라고 봄이 상당하고, 이와 같은 싸움의 경우 가해행위는 방어행위인 동시에 공격행위의 성격을 가지므로 정당방위 또는 과잉방위행위라고 볼 수 없다고 판시하였다(대판 2000. 3. 28, 2000도228).

평 가: 이 사안을 살펴보면 술에 취한 피해자가 피고인의 처인 누나를 구타하고, 피고인보다 20kg 이상이나 무거운 피해자가 자신의 목을 눌러 호흡이 곤란한 상황에서 피고인이 위험을 예감하고 손에 잡힌 과도로 피해자에게 자상을 입힌 것으로 볼 수 있다. 그렇다면 이는 원심판결과 같이 전형적인 정당방위 상황에 해당한다고 보아야 할 것이다.

5. 경찰관에 의한 정당방위 문제

경찰관은 범인의 체포, 도주의 방지, 자기 또는 타인의 생명·신체에 대한 방호, 공무집행에 대한 항거의 억제를 위하여 필요하다고 인정되는 상당한 이유가 있을 때 그 사태를 합리적으로 판단하여 필요한 한도 내에서 무기를 사용할 수 있다. 다만 형법에 규정한 정당방위나 긴급피난에 해당하는 때, 사형·무기 또는 장기 3년 이상의 징역이나 금고에 해당하는 죄를 범하거나 범하였다고 의심할 만한 충분한 이유가 있는 자가 경찰관의 직무집행에 대하여 항거하거나 도주하려고 할 때 또는 체포, 도주의 방지나 항거의 억제를 위하여 다른 수단이 없다고 인정되는 상당한 이유가 있는 때를 제외하고는 무기사용으로 인하여 사람에게 위해를 주어서는 안 된다고 규정하고 있다(경찰관직무집행법 제10조의4 제1항). 경찰관의 무기사용이 위와 같은 요건을 충족하는지 여부는 범죄의 종류, 죄질, 피해 법익의 경중, 위해의 급박성, 저항의 강약, 범인과 경찰관의 수, 무기의 종류, 무기사용의 태양, 주변의 상황 등을 고려하여 사회통념상 상당하다고 평가되는지 여부에 따라 판단하여야 하고, 특히 사람에게 위해를 가할 위험성이 큰 권총의 사용에 있어서는 그 요건을 더욱 엄격하게 판단하여야 한다. 정당방위나 긴급피난에 해당할 때에는 무기사용을 통하여 사람에게 위해를 끼칠 수 있다(동법 제10조의4 제1항 제1호).

한편 경찰관직무집행법에 따른 무기사용의 경우 법령에 의한 행위로서 정당행위 해당성 여부가 문제될 수 있다. 그러나 법령에 의한 행위는 법령에 의하여 허용된 일상적인 직무집행행위를 의미하고 무기사용과 같은 경우는 예외적인 상황에서 허용되는 것이므로 정당방위 성립 여부가 문제된다고 할 것이다.

Ⅳ. 과잉방위

> **제21조(정당방위)** ② 방위행위가 그 정도를 초과한 경우에는 정황(情況)에 따라 그 형을 감경하거나 면제할 수 있다.
> ③ 제2항의 경우에 야간이나 그 밖의 불안한 상태에서 공포를 느끼거나 경악(驚愕)하거나 흥분하거나 당황하였기 때문에 그 행위를 하였을 때에는 벌하지 아니한다.

1. 의 의

과잉방위는 정당방위 상황은 존재하지만 침해행위에 대한 방위행위의 균형성이 상실되고 방어방법의 상당성이 결여된 경우를 말한다. 즉 방위행위의 방법이 과도하여 결과의 상당성이 인정되지 않는 경우이다. 그러므로 예를 들어 침해의 현재성이 인정되지 않은 경우에 이루어진 방위행위는 정당방위가 아니거나 현재성에 대한 착오에 기인한 경우에는 오상방위에 해당하며 과잉방위는 아니다. 제2항의 과잉방위는 형벌감면적 과잉방위이고, 제3항은 불가벌적 과잉방위를 규정하고 있다.

판례 과잉방위

① 과잉방위를 인정한 경우

• 피고인이 상황에 따라서는 인명에 치명적인 상해를 가할 수 있는 구명신호총으로 백색신호탄 1발을 공중을 향하여 발사하여 피해자인 공소외인을 협박한 사실을 인정할 수 있는 바, 피고인이 위와 같은 행위를 하게 된 것은 공소외인 등으로부터 폭행을 당하여 수세에 몰리자 이에 대항하기 위한 것이었으므로 피고인의 행위는 자기의 법익에 대한 현재의 부당한 침해를 방

위하기 위한 것이라고 볼 수 있으나, **맨손으로 공격하는 상대방에 대하여 위험한 물건인 구명 신호총을 가지고 대항하는 것은 당시의 상황에 비추어 사회통념상 그 정도를 초과한 방위행위로서 상당성이 결여된 것**이라고 보지 아니할 수 없고, 또한 피고인과 공소외인이 서로 언쟁을 하던 장소가 피고인 집 근처이고 여러 상점들이 밀집해 있는 삼거리 대로변으로 어둡지 아니하였던 것으로 보이며, 당시 그 주변에는 주민의 다수가 위와 같은 상황을 구경하고 있었다는 것이어서 이러한 상황에 비추어 당시 피고인의 위와 같은 대항행위가 야간의 공포나 당황으로 인한 것이었다고 보기도 어렵다. 원심이 피고인의 정당방위 또는 야간의 공포나 당황으로 인한 과잉방위 주장을 배척하고 다만 그 정황을 참작하여 형을 감경한 조치는 옳다(대판 1996. 11. 8, 96도1995).

• 세 사람(갑, 을, 병)이 피고인에게 이유 없이 욕설을 하여 피고인이 이에 대꾸하자 피고인의 얼굴에 연필깎기용 면도칼을 들이대며 찌를 듯이 위협을 하고, 술병을 깨어 던져서 피고인의 왼 손목에 맞게 하고, 시멘트벽돌을 집어 던지는 등 공격을 하므로 피고인은 공격행위를 계속하여 올 경우 이에 대항하기 위하여 자신이 사용하던 곡괭이 자루를 집어 들고 약 50미터 떨어진 곳까지 도망가는데도 각목과 전화 케이블선을 들고 계속 쫓아와 마구 휘두르며 피고인의 어깨, 머리 등을 마구 때리므로 이에 대항하여 피고인도 곡괭이자루를 마구 휘두른 결과 갑은 머리 뒷부분을 맞아 사망하고 을은 상해를 입었으며 피고인 자신도 왼쪽 셋째 손가락이 부러지는 상해를 입었다.

대법원은 집단구타를 당하게 된 피고인이 더 이상 도피하기 어려운 상황에서 이를 **방어하기 위하여 반격적인 행위를 하려던 것이 그 정도가 지나친 행위를 한 것**이므로 과잉방위에 해당한다고 판시하였다(대판 1985. 9. 10, 85도1370).

② 경찰관의 정당방위를 인정한 경우

• 사건개요 : 씨름대회에서 우승할 만큼 건장한 체구의 소유자였던 갑은 김○○를 밀어붙여 피고인과 김○○가 거의 동시에 뒤로 넘어졌고 이어서 갑은 김○○의 배 위에 올라타서 공격하였다. 이 때 피고인은 갑이 김○○의 목을 조이는 등 폭행하고 있는 것을 발견하고 이를 제지하기 위하여 공포탄 1발을 발사하여 갑에게 경고를 하였지만 갑은 계속해서 같은 자세로 몸싸움을 계속하자 피고인은 갑을 향하여 실탄 1발을 발사하여 갑의 흉부를 관통하자 김○○에 대한 압박을 풀고 꽃집 밖으로 나와 쓰러졌다. 그런데 나중에 확인하여 보니 피고인의 추측과 달리 갑은 칼을 소지하지 않고 있었으며, 즉시 병원으로 후송되었으나 패혈증으로 사망하였다.

판결이유 : 대법원은, 동료 경찰관으로부터 "갑이 술집에서 맥주병을 깨 다른 사람의 목을 찌르고 현재 자기 집으로 도주하여 칼로 아들을 위협하고 있다"는 상황을 고지받고 현장에 도착한 피고인으로서는, **갑이 칼을 소지하고 있는 것으로 믿었고 또 그렇게 믿은 데에 정당한 이유가 있었다고 할 것이므로, 피고인과 김○○가 갑과의 몸싸움에 밀려 함께 넘어진 상태에서 칼을 소지한 것으로 믿고 있었던 갑과 다시 몸싸움을 벌인다는 것은 피고인 자신의 생명 또는 신체에 위해를 가져올 수도 있는 위험한 행동이라고 판단할 수밖에 없을 것**이고, 따라서 피고인이 공포탄 1발을 발사하여 경고를 하였음에도 불구하고 계속하여 폭행하고 있었고, 또 갑이 언제 칼을 꺼내어 공격할지 알 수 없다고 생각하고 있던 급박한 상황에서 김○○를 구출하기 위

하여 권총을 발사한 것이므로, 이러한 피고인의 권총 사용이, 경찰관직무집행법 제10조의4 제1항의 허용범위를 벗어난 위법한 행위라거나 업무상과실치사죄에 해당하는 행위라고 할 수는 없다고 판시하였다(대판 2004. 3. 25, 2003도3842).

평 가: 이 판결의 사안은 오상과잉방위 또는 과잉방위의 문제가 쟁점이지만 과잉방위에 해당한다고 보는 것이 타당하다. 피고인이 처한 상황은 정당방위에 해당한다고 보는 것이 타당하며 다만 방위행위의 상당성이 문제되기 때문이다.

2. 법적 취급

과잉방위는 정도를 초과한 때에는 형의 임의적 감면사유(제2항)에 해당하고, 야간이나 그 밖의 불안한 상태에서 공포를 느끼거나 경악하거나 흥분하거나 당황하였기 때문에 그 행위를 한 때에는 필요적 면제사유(제3항)이다. 과잉방위는 그 원인이 착오에서 비롯된 것이 아니라는 점에서 오상방위와 다르다. 즉 오상방위의 경우에는 정당방위의 객관적 상황이 존재하고 있다고 오인한 경우임에 반하여 과잉방위는 행위자가 방위행위의 과잉성(상당성 초과)을 인식하고 있는 경우이다. 이에 대해 상당성의 초과를 인식하였는지 여부는 문제되지 않는다는 견해가 있다(이/장/강, 정/박). 제3항의 경우에는 행위자가 책임조각적인 심리적 공황상태에서 한 방위행위이므로 상당성 초과 여부에 대한 인식이 있었더라도 과잉방위에 해당한다고 볼 수 있다. 그러나 제2항의 경우에는 상당성 초과를 인식하였다면 과잉방위에 해당한다고 볼 수 없다.

과잉방위는 방위행위의 방법이 정도를 초과한 경우와 침해의 현재성이 결여된 경우(예: 사전적 방위행위나 사후적 방위행위)를 들 수 있다. 전자의 경우는 특히 제3항이 규정하는 상황에서 더욱 가능성이 크다. 그러나 후자의 경우에 제21조 제2항을 적용하는 것은 타당하지 않으며 이 경우는 오상방위에 해당 여부가 문제될 수 있다. 현재성 유무는 과잉의 문제가 아니라 정당방위 인정 여부의 문제에 해당하기 때문이다.

이러한 과잉방위의 법적 성질에 대해서는 ① 책임이 감소되거나 소멸된 데에 그 이유가 있다고 보는 책임감소·소멸설(통설)과 ② 위법성·책임감소소멸설(정/박)이 있다. 책임감소·소멸설이 타당하다. 왜냐하면 과잉방위는 행위자의 개인적 상황을 이유로 하는 형의 감면이라고 보아야 하기 때문이다. 책임감소·소멸설에 의할 경우 과잉방위행위는 위법성은 인정되므로 이에 대해 정당방위가 가능하다는 논리가 된다. 그러나 이는 정당방위를 무의미하게 할 소지가 있으므로 예외적으로 생명을 위태롭게 하거나 침해가 중지된 상황인데도 방위행위를 할 경우(침해의 현재성이 인정되지 않는다)에만 정당방위를 인정하여야 한다.

Ⅴ. 오상방위

오상방위는 정당방위의 객관적 성립요건이 갖추어지지 않은 상황임에도 불구하고 정당방위 상황이라고 착오를 일으켜 방위행위를 한 경우를 말한다.

오상방위는 위법성조각사유의 착오문제에 해당한다. 이 경우 착오를 일으킨 오상방위자의 행위에 대한 책임과 관련해서는 크게 ① 위법성 착오설과 ② 구성요건의 착오설로 나뉜다. 이에 대해서는 책임론에서 다루기로 한다.

Ⅵ. 오상과잉방위

오상과잉방위는 현재의 부당한 침해가 없음에도 불구하고 오신하여 이러한 침해가 있다고 생각하고 침해에 비해 상당한 정도를 초과하여 과도한 반격을 가하는 경우를 말한다. 오상과잉방위는 오상방위와 과잉방위가 결합한 형태로서 과잉방위규정을 적용할 것인지 여부에 대해 논란이 있다(책임론에서 후술).

제 4 절 긴급피난

제22조(긴급피난) ① 자기 또는 타인의 법익에 대한 현재의 위난을 피하기 위한 행위는 상당한 이유가 있는 때에는 벌하지 아니한다.
② 위난을 피하지 못할 책임이 있는 자에 대하여는 전항의 규정을 적용하지 아니한다.
③ 전조 제2항과 제3항의 규정은 본조에 준용한다.

Ⅰ. 의 의

긴급피난은 "자기 또는 타인의 법익에 대한 현재의 위난을 피하기 위한 상당한 이유가 있는 행위"를 의미한다(제1항). 정당방위와 함께 긴급상황에서 법익을 보호하기 위한 행위의 일종이다.

긴급피난은 위난에 처한 자기 또는 타인의 법익(이 경우는 일종의 긴급구조행위에 해당한다)을 보호하기 위한 다른 수단이 없을 때 제3자의 법익을 희생시켜서 법익을 보호하는 행위이다. 즉 자기 또는 타인의 우월적 이익 또는 최소한 동등한 이익을 보호하기 위한 위법성조각사유이다. 긴급피난이 정당방위와 다른 점은 제3자의 법익을 침해해서 자기 또는 타인의 법익을 보호한다는 점이다. 긴급피난이 제3자의 법익 침해를 수반한다는 점에서 피난행위로 인한 피침해법익은 보호법익에 비해 상대적으로 가치가 최소한 같거나 낮은 것이어야 한다(법익형량의 원칙).

또한 정당방위는 공격자의 공격이 부당(위법)한 침해행위여야 한다는 점에서 정당방위를 부정(침해행위) 대 정(방어행위)으로 파악하는 데 비해 긴급피난은 정正 대 정正의 관계로 파악하기도 한다. 그러나 긴급피난은 부당하지 않은 침해는 물론 부당한 침해에 대한 피난행위도 허용되므로 침해행위와 피난행위가 부정 대 정의 관계도 가능하고 정 대 정의 관계도 가능하다.

Ⅱ. 법적 성질

무고한 제3자의 법익 침해를 정당화하는 긴급피난행위의 정당성의 근거를 어디에서 찾을 것인가가 긴급피난의 본질론이다. 형법은 제1항에서 긴급피난행위라고 하더라도 '상당성'이 인정되는 경우에 벌하지 않는다고 규정함으로써 불가벌의 법적 근거를 두고 있으며, 이러한 입법적 상황에서 긴급피난의 본질론은 '상당성'이 갖는 범죄론적 의미 분석에 해당한다고 볼 수 있다.

긴급피난의 법적 성질에 대해서는 위법성조각설, 이분설(위법성 및 책임조각설), 책임조각설 등이 있다.

1. 위법성조각설

긴급피난을 정당방위와 마찬가지로 위법성조각사유로 파악하는 견해이다. 형법(제22조 제3항)은 야간이나 공포, 경악 등 심리적으로 불안스러운 상태에서 과잉피난을 한 경우에는 벌하지 않는다고 규정하고 있다. 이는 형법이 위법성조각의 일반원리로서 우월적 이익을 지닌 법익에 대한 긴급피난을 허용하고 있으며, 법익의 균형이 무너진 과잉피난의 경우에는 책임을 조각하는 의미로 볼 수 있다. 이러한 의미에서 긴급피난은 위법성조각사유로 보는 것이 타당하다(통설). 물론 생명과 같이 법익형량이 불가능하고 허용되지 않는 경우에 책임이 조각되는 긴급피난을 인정하는 것이 요청되는 것은 사실이다. 그러나 현행 형법이 위법성조각적 긴급피난과 책임조각적 긴급피난을 구별하지 않고 있기 때문에 후술하는 이원론이 입법론적으로는 타당하다고 하더라도 현행법 해석론으로서는 무리한 주장이라고 본다.

2. 이분설

이분설(이원설)은 피난행위자의 보호법익과 제3자의 피해법익을 비교하여 가치가 동등하다고 판단될 때에는 책임조각사유로, 그리고 피난행위자의 생명이나 신체를 보호하기 위하여 제3자의 생명 · 신체 이외의 법익을 침해하는 긴급피난의 경우에는 위법성조각사유로 보는 견해이다. 이 밖에 제22조는 위법성조각적 긴급피난으로, 기타의 경우에는 책임조각사유로서 초법규적 긴급피난으로 이원화하여 인정하여야 한다는 견해도 있다. 이러한 이원설의 입장은 독일형법이 자기 또는 타인의 생명 · 신체 · 자유 · 명예 · 재산 및 기타 법익을 보호하기 위한 피난행위로서 그 행위에 의해 보호되는 이익이 긴급피난에 의해 침해되는 이익보다 현저히 큰 경우의 긴급피난인 위법성조각적 긴급피난(§34)과 자기, 친족 또는 친지의 생명 · 신체 · 자유에 대한 위난을 피하기 위한 행위는 책임조각적 긴급피난(§35)으로 구분하여 규정한 것에서 시사받은 것이다.

3. 책임조각설

책임조각설은 제3자의 정당한 법익을 침해한 행위를 정당(적법)하다고 볼 수 없지만 피난행위자에게는 자신의 법익을 보호할 수 있는 다른 수단이 없는 상황이었다는 점에서 기대불가능성을 이유로 한 책임조각사유로 보는 견해이다.

Ⅲ. 성립요건

1. 자기 또는 타인의 법익에 대한 위난

긴급피난에 의하여 보호되는 자기 또는 제3자의 법익은 생명, 신체, 자유, 명예, 재산 등과 같은 개인적 법익은 물론이고 국가적 법익이나 사회적 법익도 포함한다(예: 교통소통, 진화작업). 이 점에서 정당방위와 다르다. 국가적 법익을 예방적으로 보호하기 위한 긴급피난은 위난의 발생이 확실히 예견되는 경우에는 허용된다고 보아야 한다. 국가적 법익이나 사회적 법익을 보호대상에 포함시키는 것은 법익형량에 의해 더 중요한 제3자의 법익이 침해될 위험성이 없기 때문이다. 그러나 생명을 박탈하는 긴급피난은 제외된다. 예외적으로 국민의 절대적 기본권을 완전히 무시하는 독재자를 살해하는 경우에는 이에 대한 허용성 여부를 배제하지 않는 견해가 있다.

우리 형법은 일본형법(제37조)이나 독일형법(§34, §35), 스위스형법(§34)과 달리 긴급피난행위를 통해서 보호하고자 하는 법익의 종류가 법문상 열거되지 않은 점이 특징이다. 그러므로 긴급피난의 대상법익은 형법상 보호되는 법익에 국한되지 않으며 사법私法상의 법익을 위해서도 긴급피난이 허용된다. 그리고 보호되는 법익의 주체는 정당방위와 달리 구체적으로 특정되어야 하는 것은 아니다. 즉 일반의 이익을 위한 긴급피난도 허용된다고 보아야 한다. 예를 들어 일반인의 도로교통의 안전을 위협하는 행위에 처한 경우의 긴급피난이나 일반의 건강을 심각하게 위협하는 마약 거래를 방지하여야 할 일반의 이익을 위한 긴급피난행위 등이다. 우리 형법상 '타인의 법익'이란 규정 역시 긴급피난행위자에게 속하는 법익 이외의 법익으로서 특정·불특정을 불문하고 해당하는 것으로 이해하는 것이 타당하다. 이 점이 정당방위와 다른 점이라고 할 수 있다.

한편 국가(작용)에 의한 긴급피난(일종의 국가긴급피난)의 허용성 여부에 대해서 독일에서는 오직 국가적 중요 법익에 대한 현실적인 위험이 존재하는 예외적이고 예측불가능한 상황하에서만 인정한다(BGHSt 27, 260: "Kontaktsperre-Fall" 접촉금지판결). 예를 들면 테러리스트를 고문하여 인질이 붙잡힌 위치를 알아낸다든가, 동료 테러리스트의 규모와 위치 등을 알아내는 것이 정당화될 수 있는지가 문제되는 상황이다.

2. 현재의 위난

(1) 위난의 원인

위난의 원인이 반드시 인간행위여야만 하는 것은 아니며, 동물의 공격, 자연재해, 전쟁, 사고, 폭동 등 제한이 없다. 뿐만 아니라 원인 제공이 없이 발생한 위난 상황에서도 긴급피난은 허용된다. 예를 들면 운전 중 갑자기 의식불명상태에 빠지게 된 운전자가 사망할지도 모를 교통사고를 방지하기 위하여 제3자의 법익을 침해하는 경우이다. 그러므로 정당방위와 달리 위법하지 않은 원인에 의하여 위난 상황이 발생하였더라도 법익을 보호할 다른 수단이 없으며 법익형량에 따라 우월적 법익이라고 판단되면 긴급피난이 허용된다. 긴급피난을 할 목적으로 위난을 자초한 경우에는 예외적으로 이익형량의 결과에 따라 긴급피난이 허용되지만 상대방의 정당방위에 대한 긴급피난은 허용되지 않는다.

(2) 위난의 현재성

위난은 법익에 대한 침해가 현재 진행되고 있거나 위난이 과거부터 지속되어 왔기 때문에 위난이 박두한 시점이어야 한다. 또한 현재 위난이 진행되지는 않고 있지만 긴급피난을 하지 않으면 더 이상 법익 보호가 불가능한 상황도 현재성이 인정된다(예방적 긴급피난의 허용). 이는 위난 상황이 지속된 경우로서 여름 장마철에 붕괴 위험성이 있는 건축물을 예방적 차원에서 긴급히 철거하거나 예측 불가능한 중증 정신질환자를 일시적으로 감금하는 행위 등이다.

판례 긴급피난을 부인한 경우

• 집회장소 사용 승낙을 하지 않은 갑 대학교 측의 집회 저지 협조요청에 따라 경찰관들이 갑 대학교 출입문에서 신고된 갑 대학교에서의 집회에 참가하려는 자의 출입을 저지한 것은 경찰관직무집행법 제6조의 주거침입행위에 대한 사전 제지조치로 볼 수 있고, 비록 그 때문에 소정의 신고 없이 을 대학교로 장소를 옮겨서 신고 없이 한 집회를 급박한 현재의 위난을 피하기 위한 부득이한 것이었다고 볼 수는 없는 것이어서 긴급피난에 해당한다고도 할 수 없다(대판 1990. 8. 14, 90도870).

3. 피난행위의 상당성

긴급피난에서 자기 또는 타인의 법익에 대한 현재의 위난을 피하기 위한 '상당한 이유 있는 행위'에 해당하려면, 첫째 피난행위는 위난에 처한 법익을 보호하기 위한 유일한 수단이어야 하고, 둘째 피해자에게 가장 경미한 손해를 주는 방법을 택하여야 하며, 셋째 피난행위에 의하여 보전되는 이익은 이로 인하여 침해되는 이익보다 우월해야 하고, 넷째 피난행위는 그 자체가 사회윤리나 법 질서 전체의 정신에 비추어 적합한 수단일 것을 요하는 등의 요건을 갖추어야 한다(대판 2006. 4. 13, 2005도9396).

(1) 이익형량의 원칙

긴급피난은 이익형량의 원칙이 적용된다. 즉 긴급피난에 의하여 보호하려는 이익과 이로 인하여 침해되는 이익을 비교·형량하여 보호되는 이익이 우월하거나 최소한 같을 경우에 인정된다. 이 점에서 정당방위와 성질이 다르다. 우리 형법상 이익형량의 원칙은 '상당성'의 의미에 포함되어 있다고 보는 것이 타당하다.

판례 낙선운동과 긴급피난

• 시민단체가 시민불복종운동으로서 확성장치 사용, 연설회 개최, 불법행렬, 서명날인운동, 선거운동기간 전 집회 개최 등의 방법으로 특정후보자에 대한 낙선운동을 하는 것은 이러한 행위가 시민불복종운동으로서 헌법상의 기본권 행사 범위 내에 속하는 정당행위이거나 형법상 사회상규에 위반되지 아니하는 정당행위 또는 긴급피난의 요건을 갖춘 행위로 볼 수는 없다고 판시하였다(대판 2004. 4. 27, 2002도315).

• [외국판례] 충돌하는 법익 간의 형량을 통하여 보호법익에 대한 우월적 이익을 인정한 독일 판례를 살펴보면 다음과 같다: 다른 운전자를 보호하기 위하여 만취한 사람의 자유를 제한하여 운전을 못하게 한 경우(OLG Koblenz NJW 1972, 2275면), 자전거를 탄 사람과의 충돌을 피하기 위하여 속도제한을 무시하고 운전한 경우, 가족을 귀찮게 하는 것을 막기 위하여 정신병자를 일시적으로 감금하는 행위(BGHSt 13, 197면), 마약거래를 수사하기 위하여 주거에 침입한

경우(OLG München NJW 1972, 2275면), 모국에서의 생명이나 신체의 위해를 피해 정치적 망명을 하려고 위조 여권을 독일의 출입국 관리에게 제시한 경우(Celle NJW 1988, 2394면).

반대로 긴급피난을 인정하지 않은 경우로는 정부의 주택건설정책을 비판하면서 비어있는 타인의 주거를 무단 점거하면서 그곳에서 생활을 한 경우(§ 123 StGB)(Düsseldorf NJW 1982, 2678면), 양심적 병역거부 인정절차의 결과를 무시한 병역거부(§§ 15, 20 Wehrstrafgesetzbuch, 군형법)(BayOLG JR 1977, 117면) 등이다.

(2) 피난행위의 보충성

긴급피난은 다른 수단을 선택할 여지가 없는 상황에서 한 불가피한 행위이어야 한다. 즉 피난행위는 위난에 처한 법익을 보호할 수 있는 유일한 수단이어야 한다. 긴급피난이 위난 원인과 무관한 제3자의 법익 침해를 전제로 하기 때문이다. 그러므로 제3자의 법익을 침해하지 않는 다른 피난방법이 있다면 긴급피난은 인정되지 않는다. 그러므로 예를 들어 긴급히 병원으로 후송하여야 할 환자가 발생하였는데 운전이 가능한 사람이 주취상태인 한 사람뿐일 경우 도로교통법을 위반하여 운전을 하는 긴급피난이 허용된다고 보아야 한다.

판례 긴급피난의 보충성

• 피고인으로서는 자신의 진돗개를 보호하기 위하여 몽둥이나 기계톱 등을 휘둘러 피해자의 개들을 쫓아버리는 방법으로 자신의 재물을 보호할 수 있었을 것이므로 피해견을 기계톱으로 내리쳐 등 부분을 절개한 것은 피난행위의 상당성을 넘은 행위로서 형법 제22조 제1항에서 정한 긴급피난의 요건을 갖춘 행위로 보기 어려울 뿐 아니라, 그 당시 피해견이 피고인을 공격하지도 않았고 피해견이 평소 공격적인 성향을 가지고 있었다고 볼 자료도 없는 이상 형법 제22조 제3항에서 정한 책임조각적 과잉피난에도 해당하지 아니한다(대판 2016. 1. 28, 2014도2477).

• 3명의 상대방과 싸우다가 힘이 달리자 옆 포장마차로 달려가 길이 30센티미터의 식칼을 가지고 나와 이들 3명을 상대로 휘두르다가 이를 말리면서 식칼을 빼앗으려던 피해자의 귀를 찔러 상해를 입힌 사건에서, 대법원은 피고인에게 상해의 범의가 인정되며 상해를 입은 사람이 목적한 사람이 아닌 다른 사람이라 하여 과실상해죄에 해당한다고 할 수 없고, 싸움의 경위, 범행방법 등 제반 사정에 비추어 긴급피난에 해당하지 않는다고 판시하였다(대판 1987. 10. 26, 87도1745). 이 판결에서는 정당방위나 과잉방위도 인정하지 않았는데 이는 피난행위의 상당성을 인정하지 않은 것으로 볼 수 있다.

• 선박의 이동에도 새로운 공유수면점용허가가 있어야 하고 휴지선을 이동하는 데는 예인선이 따로 필요한 관계로 비용이 많이 들어 다른 해상으로 이동을 하지 못하고 있는 사이에 태풍을 만나게 되고(태풍 내습시 배에는 태풍에 대비하여 7, 8명의 선원이 타고 있었다) 그와 같은 위급한 상황에서 선박과 선원들의 안전을 위하여 사회통념상 가장 적절하고 필요불가결하다고 인정되는 조치를 취하였다면 형법상 긴급피난으로서 위법성이 없어서 범죄가 성립되지 아니한다고 보아야 하고 미리 선박을 이동시켜 놓아야 할 책임을 다하지 아니함으로써 위와 같은 긴

급한 위난을 당하였다는 점만으로는 긴급피난을 인정하는데 아무런 방해가 되지 아니한다(대판 1987. 1. 20, 85도221). 이 판결의 경우 비록 사전대피를 하지 않은 행위와 관련하여 과실을 인정하지 않음으로써 후술하는 자초위난으로도 보지 않은 점을 알 수 있다.

• 임신의 지속이 모체의 건강을 해칠 우려가 현저할 뿐더러 기형아 내지 불구아를 출산할 가능성마저도 없지 않다는 판단하에 부득이 취하게 된 산부인과 의사의 낙태 수술행위는 정당행위 내지 긴급피난에 해당되어 위법성이 없는 경우에 해당된다(대판 1976. 7. 13, 75도1205).

이 판결에서도 모체의 건강(경우에 따라서는 생명에 대한 위험까지도 예상된다)을 태아의 생명보다도 우위에 둔 점을 인정할 수 있다. 여기에서 긴급피난에 의해 보호받는 법익주체는 임부이며, 긴급피난행위에 의해 법익이 침해되는 주체는 태아이다. 그리고 낙태시술을 한 의사는 타인(임부)의 법익을 보호하기 위하여 낙태시술을 한 것이다. 반면 기형아나 장애아를 출산할 가능성이 있는 경우에 임신중절을 인정하는 것은 사회적 논란의 여지가 있는 부분이다.

(3) 피난행위의 적합성

피난행위는 그 자체가 사회윤리나 법 질서 전체의 정신에 비추어 적합한 수단이어야 한다. 판례는 아파트 입주자대표회의 회장이 다수 입주민들의 민원에 따라 위성방송 수신을 방해하는 케이블TV방송의 시험방송 송출을 중단시키기 위하여 케이블TV방송의 방송안테나를 절단하도록 지시한 행위를 긴급피난 내지는 정당행위에 해당한다고 볼 수 없다고 판시하였다(대판 2006. 4. 13, 2005도9396). 이는 안테나 절단이라는 방법이 보충성원칙이나 수단의 적합성 측면에서 긴급피난에 해당하지 않는다고 본 것이다.

4. 주관적 성립요건

긴급피난은 위난을 피하기 위한 목적으로 이루어진 행위이어야 한다. 즉 형법은 피난행위를 '위난을 피하기 위한 행위'이어야 한다고 규정하고 있다. 그러므로 피난행위에는 내심으로 피난의사가 존재하여야 한다. 만일 피난의사가 인정되지 않을 경우에는 제3자의 법익침해에 대한 불능미수범 또는 기수범에 해당한다.

그러나 피난의사라고 할 때에 정확한 의미가 무엇인지를 밝히는 것이 중요하다. 왜냐하면 피난의사가 피난의 목적 또는 의도를 의미하는 것인지 아니면 단순히 피난행위를 한다는 인식만을 의미하는 것인지는 다르기 때문이다. 전자의 의미라면 피난행위자는 피난행위의 목적이나 동기가 전적으로 피난행위를 향한 것이어야 한다는 의미가 될 것이다. 반면에 후자의 의미 정도로 이해한다면 피난행위자는 위난 상황을 인식하고 자기 행위가 피난행위를 향한 것이라는 점을 인식하는 정도로 충분하다고 볼 수 있을 것이다. 그러므로 긴급피난행위자가 피난 상황을 인식하고 의무적으로 반드시 양 법익 간의 비교형량절차를 거쳐야 하는 것은 아니다.

긴급피난이 제3자의 법익을 침해하지 않고는 위난에 처한 법익을 보호할 수 없다는 현재의 위난 상황을 전제로 하고 있으므로 제3자의 법익 침해가 불가피한 피난행위라는 사실을 인식하는 정도만으로 충분하고 이에 더하여 피난행위의 정당성을 인식하는 등 피난행위의 정당한 의도성까지를 요구하는 것은 무리이다. 그러므로 예를 들어 교통사고를 일으킨 운전자가 중상을 입은 피해자를 병원으로 후송하는 경우에 내심으로 경찰관의 사고현장에 대한 수사를 일시적으로 피하기 위한 목적을 가지고 있었더라도 피난의사를 부인할 수 없다. 특히 피난의사의 정도를 엄격하게 요구할 경우 과실범에 대하여 긴급피난을 인정하기 어렵게 된다. 법익교량의 결과 주의의무를 위반하였더라도 생명, 신체에 대한 현재의 위난을 방지하기 위한 긴급피난을 인정하여야 할 경우가 있기 때문이다.

Ⅳ. 자초위난

자초위난自招危難은 예를 들어 자신의 과실로 불을 내어 이를 피하기 위해 옆집으로 허락도 받지 않고 들어간다거나(과실의 자초위난), 자살을 하기 위하여 여관방에서 불을 지르다가 다시 살아나기 위하여 방문 창을 부수고 나온 경우(고의의 자초위난)처럼 위난의 원인제공자가 긴급피난행위자 자신인 경우를 말한다.

이처럼 자신이 초래한 위난을 피하기 위한 긴급피난도 인정할 수 있는가가 문제된다. 자초위난은 정당방위에서 상대방의 방어행위를 도발한 자의 경우와 유사한 구조를 가지고 있으므로 이에 대한 인정 여부를 둘러싸고 견해가 대립하고 있다. 즉 ① 긍정설(책임조각설을 근거로 한다), ② 부정설(자초위난의 경우에 유형 여하를 불문하고 긴급피난을 인정하지 않는 견해), ③ 절충설(고의의 자초위난의 경우에는 긴급피난을 허용하지 않지만 과실의 자초위난에 대해서는 이를 인정하는 견해), ④ 원인이 불법한 행위론(actio illicita in causa)에 입각한 견해로서 자초위난의 원인행위와 긴급피난행위를 분리하여 긴급피난에 해당할 경우에 이를 인정하되 원인행위의 불법성이 인정되면 이를 별도로 처벌할 수 있다는 입장이다. 그러나 상대방에 대한 의도적 도발에서 비롯되는 정당방위와 달리 긴급피난의 경우에 원인이 불법한 행위이론을 원용하는 것은 타당하지 않다.

[외국판례] 화물차 운전수가 과적한 상태(22톤 적재)에서 지반이 약한 3미터 넓이의 농로를 25미터 내지 30미터 정도 통과하다가 6만 마르크 정도 하는 화물차가 도로 옆으로 전복할 위험에 처하자 적재한 화학약품을 밭에 무단으로 살포하여 길을 통과한 사건에서 법원은 긴급피난상황을 야기한 것만으로 긴급피난이 배제되는 것은 아니므로 적재물의 무단살포에 대해서는 긴급피난을 인정하였으며, 위난의 원인행위에 대하여는 과실이 인정되므로 이는 별도로 처벌이 가능하다고 하였다(BayOLG, NJW 1978, 2046).

그러므로 자초위난은 ⑤ 개별적 처리설에 의하여 해결하는 것이 타당하다. 이 견해는 피난행위의 상당성 또는 법익교량의 관점에서 파악하여 구체적으로 긴급피난 인정 여부를 판단한다. 비록 위난이 자초된 경우라고 하더라도 법익의 중요성에 비추어 긴급피난을 허용하여야 하는 경우가 있을 수 있다는 점에서 자초위난에 대해서도 긴급피난을 개별적으로 인정하는 이 견해가 타당하다.

판례 위난을 자초한 경우

• 강간범이 스스로 야기한 강간범행의 와중에서 피해자가 강간범의 손가락을 깨물며 반항하자 물린 손가락을 비틀며 잡아 뽑다가 피해자에게 치아결손의 상해를 입힌 행위(강간치상죄 해당)에 대해 피고인인 범인이 긴급피난이라고 주장한 사건에서 대법원은 치아결손이라는 상해행위는 법에 의하여 용인되는 피난행위라 할 수 없다고 판시하였다(대판 1995. 1. 12, 94도2781). 이는 강간이라는 고의범행에 의하여 위난을 자초한 경우로서 긴급피난을 인정하지 않은 경우이다.

V. 긴급피난이 배제되는 특별의무자

위난을 피하지 못할 책임이 있는 자에게는 긴급피난이 허용되지 않는다(제2항). 여기에서 '위난을 피하지 못할 책임이 있는 자'란 군인, 경찰관, 소방관, 의사 등과 같이 직무를 수행하는 과정에서 직무 내용의 속성상 일정한 위험 수반을 감수하여야 할 의무가 있는 자를 말한다. 이들에게는 일반인보다 상대적으로 높은 위험부담이 요구되는데, 그 이유는 이들이 수행하는 직무 내용이 이들 개인의 법익에 대한 위태화를 전제로 하고 있을 뿐만 아니라 이들이 스스로 이러한 직무 수행을 자원하였다는 데에 있다. 물론 이러한 자에게 절대적으로 긴급피난이 부인되는 것은 아니다. 특별의무자라고 하더라도 이들에게 거역할 수 없는 절대의무를 부과할 수는 없기 때문이다. 그러므로 자신의 위험감수의무를 넘는 위난에 대한 긴급피난이나 보다 경미한 법익의 희생 위에 자신의 우월적 이익을 보호하는 긴급피난은 허용될 수 있다.

이와 함께 '위난을 피하지 못할 책임이 있는 자'의 범위에 부작위범에서 보증인지위에 있는 자도 포함되는가에 대해서 검토할 필요가 있다. 이에 관해서는 ① 제3자의 법익보호를 위하여 보증인지위에 있는 자는 제3자의 법익에 대한 위난 상황에서 자신의 법익 침해를 감수하고라도 제3자의 법익을 보호할 보증인으로서의 책임이 인정되므로 긴급피난의 대상에서 제한된다고 보는 긍정설과 ② 부정설이 있다. 보증인지위에 있는 자의 범위에는 경우에 따라서는 부부관계처럼 상호 간에 보증인지위에 있는 경우도 포함된다. 이 경우에 긴급피난의 제한은 곧 아내가 남편의 생명을 구하기 위해 자신을 위한 긴급피난을 제한받는 경우도 발생할 수 있으므로 일률적인 제한은 타당하다고 할 수 없다(부정설).

VI. 과잉피난, 오상피난

1. 과잉피난

과잉피난은 피난행위가 그 정도를 초과하여 상당성을 결여한 경우를 말한다. 이 경우 초과된 내용은 피난행위방법이 법익형량法益衡量의 원칙에서 일탈하여 상당성을 결여한 경우로 볼 수 있다. 그 밖에 수단선택의 과잉성, 즉 보충성補充性의 원칙을 일탈한 경우에도 과잉피난에 해당하는가에 대해서는 논란이 있으나 이를 인정하는 것이 타당하다. 과잉피난의 경우에는 위법성은 조각되지 않으나 정황에 따라 형을 감경 또는 면제할 수 있다(제3항, 제22조 제2항). 그러나 행위자가 야간 기타 불안스러운 상태하에서 공포·경악·흥분 또는 당황으로 인하여 과잉피난을 한 때에는 벌하지 아니한다(제3항, 제22조 제3항). 이는 책임조각적 사유에 기인한 것으로 볼 수 있다.

[외국판례] 자기 집에서 술을 마시고 있던 중 친동생이 낫으로 찌르려고 덤비자 생명, 신체에 위험을 느껴 술에 취한 상태에서 주차 중인 화물자동차에 일시 몸을 숨긴 후 이 차를 운전하여 약 6킬로미터를 가서 경찰서에 도움을 청한 도로교통법위반사건에서, 법원은 도중에 차를 멈추고 전화 등으로 도움을 청하지 않고 6킬로미터 이상을 술에 취한 상태에서 운전한 것은 생명, 신체에 대한 현재의 위난을 피하기 위한 것이지만 과잉피난에 해당한다고 판시하였다(東京高判 昭和 57(1982). 11. 29. 判例時報 1071권 145면).

2. 오상피난

오상피난은 객관적으로 긴급피난의 상황이 존재하지 않음에도 불구하고 이를 존재한다고 착오를 일으켜 긴급피난에 나아간 경우를 말한다. 이는 오상방위와 마찬가지로 일종의 착오상태이며, 구체적으로는 위법성조각사유의 객관적 성립요건에 관한 착오에 해당한다. 오상피난의 법적 효과는 고의를 조각하지는 않으나, 구성요건의 착오와 법적 효과를 같이 하며, 착오에 과실이 있는 경우에는 과실범으로 처벌한다고 보는 것이 타당하다(제한적 책임설의 입장).

Ⅶ. 초법규적 긴급피난의 문제

초법규적 긴급피난이란 형법상의 긴급피난 법리가 적용되지 않는 영역에서 예외적인 긴급피난을 허용할 수 있는가의 문제이다. 예를 들면 승객이 탑승한 민간 항공기를 납치한 테러범들이 불특정 목표물을 향해 비행기를 추락시키겠다고 위협하고 이것이 현실화할 가능성이 있을 경우 다수의 인명 피해를 예방하기 위한 차원에서 이 항공기를 격추시키는 경우이다. 헌법상 인간의 생명권은 불가침의 기본권이고 비교형량의 대상이 될 수 없다.

이와 관련하여 독일 연방헌법재판소는 극히 예외적인 상황에서의 항공기 격추를 허용한 연방항공안전법(Luftsicherheitsgesetz) 제14조에 대해 위헌결정을 하였다(BVerfGE NJW 2006, 751). 만일 이를 허용하게 되면 항공기에 탑승하는 승객은 언제든지 자신이 탑승한 항공기의 격추와 이로 인한 생명 포기에 동의한다는 이상한 논리가 성립하는 셈이고, 결과적으로 이는 생명권과 불가침의 인간 존엄성을 침해한다고 본 것이다. 그러므로 이러한 극단적 조치를 정당화할 수 있는 법적 근거를 찾기는 어렵다. 결과적으로 초법규적 긴급피난의 논리를 동원할 수밖에 없을 것이지만 여기에는 수긍하기 어려운 많은 문제점이 내재되어 있다.

Ⅷ. 의무의 충돌

1. 의 의

다수의 의무가 서로 충돌하여 일방에 대한 의무의 이행은 다른 일방에 대한 의무의 불이행을 초래할 수밖에 없는 상황을 의무의 충돌이라고 한다. 다시 말하면 보호하여야 할 두 개의 서로 다른 법적 의무 중에서 한 가지 의무만 이행할 수 있는 경우를 가리킨다.

그런데 의무의 충돌은 개념적으로는 ① 작위의무만이 충돌하는 경우와 ② 작위의무와 부작위의무가 충돌하는 경우로 나눌 수 있다. ①의 예로는 아버지가 익사 직전에 있는 두 아들을 구조하여야 하지만 현실적으로는 한 아이밖에 구조할 수 없는 경우를 들 수 있고, ②의 예로는 자신의 법익을 지킬 의무와 이를 위해 타인의 법익을 침해해서는 안 될 의무가 충돌하는 경우를 들 수 있다. 그런데 작위의무와 부작위의무가 충돌하는 경우는 긴급피난의 경우와 같다. 왜냐하면 작위의무(위난에 빠진 자기 또는 타인의 법익 보호)를 이행함으로써 부작위의무(타인의 법익을 침해하여서는 안 될 의무)를 이행하지 못하는 경우이기 때문이다. 그러므로 의무의 충돌은 작위의무와 부작위의무가 충돌하는 경우를 제외한 다수의 작위의무가 충돌하는 경우를 의미하며(통설), 이는 부진정부작위범의 경우와 같은 구조를 가지고 있다. 이와 달리 작위의무와 부작위의무가 충돌하는 경우까지 포함한다는 견해도 있다(오영근, 이형국, 손/김).

2. 법적 성질

의무의 충돌을 작위의무 간의 충돌 상황으로 이해할 경우 행위자, 즉 작위의무자는 일방의 법익을 선택적으로 보호할 수밖에 없다. 이 경우 행위자의 작위의무 불이행을 정당화하는 이론적 근거에 대해서는 초법규적 위법성조각사유설, 정당행위설, 법으로부터 자유로운 영역설, 특수한 긴급피난설 등이 있다. 초법규적 위법성조각사유설은 일반적 정당화 사유로 인정할 수 없으며, 법으로부터 자유로운 영역이론 역시 구성요건에 해당하지 않는 영역을 의미하므로 구성요건에 해당하는 의무의 충돌문제를 해결하는 데에는 적합하지 않다. 결국 의무의 충돌은 부진정부작위범의 위법성과 관련된 문제로 파악하고, 그 위법성 여부를 판단하여야 할 것이다.

3. 법적 취급

의무의 충돌에는 ① 동등한 가치를 지닌 법익 간의 충돌과, ② 상이한 가치를 지닌 법익 간의 충돌을 예상할 수 있다. 그리고 ③ 의무의 이행이 자신의 법익 침해를 야기할 수 있는 경우도 상정할 수 있다. ①의 경우에는 법익 침해의 정도를 기준으로 우선순위를 정하여 법익을 보호할 수 있을 것이다(예: 경상자와 중상자). 법익 침해의 정도도 동등한 경우에는 어느 법익을 구조하든 책임이 조각된다고 보아야 한다는 책임조각설(오영근, 임웅)과 위법성조각설(통설)이 있으나 위법성조각설이 타당하다. 이러한 상황은 의무이행자의 의지와 무관한 상황이고, 법이 불가능한 것을 요구할 수 없으므로 어느 의무를 이행하는가는 행위자의 선택에 따를 수밖에 없기 때문이다. ②의 경우에는 우월한 법익을 우선적으로 보호하여야 함은 당연하다. ③의 경우에는 구조할 법익의 선택이 가능한 상황하에서 작위의무자가 구조행위를 하지 않음으로써 보호된 자신의 법익보다 구조행위를 하지 않음으로써 침해된 타인의 법익이 현저히 중요하더라도 기대불가능성을 이유로 책임이 조각된다고 보아야 한다.

4. 인정요건

(1) 작위의무 간의 충돌

의무의 충돌은 작위의무 간의 충돌이어야 한다. 즉 일방의 의무이행은 다른 일방의 의무불이행을 초래할 수밖에 없는 상황이어야 한다.

(2) 의무의 내용과 가치교량

의무의 충돌은 불가피하게 일방의 의무불이행을 초래하기 때문에 포기하여야 할 법익을 결정하기 위한 법익 간 교량이 필요하다.

(3) 주관적 요건

행위자는 의무의 충돌 상황을 인식하고 있어야 한다. 그리고 법익 간 가치교량에 따른 의무이행임을 인식하고 있어야 한다.

제 5 절 자구행위

> **제23조(자구행위)** ① 법률에서 정한 절차에 따라서는 청구권을 보전(保全)할 수 없는 경우에 그 청구권의 실행이 불가능해지거나 현저히 곤란해지는 상황을 피하기 위하여 한 행위는 상당한 이유가 있는 때에는 벌하지 아니한다.
> ② 제1항의 행위가 그 정도를 초과한 경우에는 정황에 따라 그 형을 감경하거나 면제할 수 있다.

Ⅰ. 의 의

자구행위란 법률에서 정한 질차에 따라시는 청구권을 보전할 수 없는 경우에 그 청구권의 실행이 불가능해지거나 현저히 곤란해지는 상황을 피하기 위한 행위를 말한다. 자구행위는 보전이 가능한 권리를 대상으로 하기 때문에 원상회복이 불가능한 생명·신체·자유·정조·명예 등의 권리는 자구행위의 대상에 포함되지 않는다.

Ⅱ. 법적 성질

자구행위는 위법성조각사유라고 하는 데에 견해가 일치되어 있다. 자구행위를 초래한 원인은 상대방의 채무불이행에 있으므로 정당방위와 같은 사전적인 법익보호행위라고 하기보다는 사후적인 법익보호책이라고 할 수 있다.

또한 원칙적으로 청구권을 실행할 수 없을 경우에, 이는 사법절차를 통해서 보전되어야 하지만 이러한 국가사법작용의 행사를 기대할 수 없는 상황에서 개인에 의한 잠정적이지만 직접적인 보호 조치를 인정한다는 점에서 일종의 긴급상태 아래에서의 위법성조각사유이다. 그러나 자구행위는 청구권의 이행을 직접 추구하는 권리가 아니라 채권자로서의 지위를 확보하기 위한 보전적 성격을 지니고 있다.

Ⅲ. 성립요건

자구행위가 성립하기 위해서는 ① 법정절차에 의한 청구권 보전이 불가능한 상황이 인정되어야 하며, ② 청구권의 실행 불능 또는 현저한 실행 곤란을 피하기 위한 상당성이 인정되는 행위이어야 한다.

1. 청구권의 인정범위

민법은 자력구제를 점유물의 침탈행위에 대하여 인정하고 있다(민법 제209조 제2항). 그러나 형법상의 자구행위에는 이러한 제한이 없다. 그러므로 청구권의 원인이 물권(무체재산권 포함)인가 채권인가를 불문한다. 반드시 재산권일 필요도 없으며 친족권이나 상속권도 해당한다고 보는 것이 통설이다.

자구행위는 타인을 위해서는 인정되지 않으므로 자기의 청구권에 대한 침해이어야 한다. 이는 정당방위나 긴급피난이 자기뿐만 아니라 타인의 법익을 위해서도 인정되는 것과 구별된다. 그러나 청구권자로부터 자구행위의 실행을 위임받은 자는 자구행위를 할 수 있다(전지연, 자구행위의 해석상 몇 가지 문제점, 영남법학(제28호), 2009, 51면 참조).

2. 법정절차

자구행위는 법정절차에 의한 청구권 보전이 불가능한 경우에 인정된다. 이는 일정한 권리에 대한 위법한 침해를 전제로 한다. 즉 위법한 권리 침해가 청구권의 발생 원인에 해당한다. 청구권을 보전하는 법정절차란 국가기관에 의한 권리구제절차를 의미한다. 여기에는 주로 민사소송법상의 가압류, 가처분과 같은 청구권보전절차(동법 제696조 이하)가 포함될 것이나, 반드시 재판상의 절차에 국한시킬 필요는 없다.

판례 자구행위가 인정되지 않는 경우

• 갑이 임대인인 피고인의 승낙 없이 을로부터 이 사건 지하실을 전차하였기 때문에 그 전대차로써 임대인인 피고인에게 대항할 수 없다고 하더라도 갑이 불법침탈 등의 방법에 의하여 위 지하실의 점유를 개시한 것이 아니고 그동안 평온하게 음식점영업을 하면서 점유를 계속하여 온 이상 갑의 업무를 업무방해죄에 의하여 보호받지 못하는 권리라고 단정할 수 없고 피고인으로서는 마땅히 정당한 소송절차에 의하여 점유를 회복하여야 하고 위력으로 그 권리를 행사할 수 없다고 할 것이므로 피고인이 그 지하층의 열쇠를 새로 만들어 잠그고 그 곳에 설치되어 있는 피해자 갑 소유의 의자, 탁자 등을 들어내게 한 행위는 결코 사회상규에 위배되지 않는 정당한 행위이거나 자구행위에 해당한다고 볼 수 없다(대판 1986. 12. 23, 86도1372).

• 암장된 분묘라 하더라도 당국의 허가 없이 자구행위로 이를 발굴하여 개장할 수는 없다(대판 1976. 10. 29, 76도2828).

• 절의 출입구와 마당으로 약 10년 전부터 사용하고 또 그곳을 통하여서만 출입할 수 있는 대지를 전 주지의 가족으로부터 매수하여 등기를 마쳤다는 구실로 불법 침입하여 담장을 쌓기 위한 호를 파 놓자 그 절의 주지가 신도들과 더불어 그 호를 메워버린 사건에서, 대법원은 주지의 행위에 대해 자구행위로서의 요건을 갖추었다고 볼 수 없고 이를 인용하는 것이 사회상규에 해당된다거나 사회상규에 위배되지 아니한 행위라고 할 수도 없다고 판시하였다(대판 1970. 7. 21, 70도996).

3. 청구권 보전의 불가능

자구행위가 허용되기 위해서는 법정절차로는 청구권 보전이 불가능한 상황이어야 한다(보충성의 원칙). 불가능하다는 것은 절대적 불가능을 의미하는 것이 아니라 장소적, 시간적 제약관계라고 볼 수 있는 당시의 상황으로 인하여 법정절차에 따른 권리구제가 불가능함을 의미한다. 그러므로 예를 들어 자기 집을 증축하기 위하여 자기 땅에 일부 돌출되어 있던 타인 소유 가옥의 현관 일부를 철거한 행위는 비록 그 현관이 건축허가를 받지 않은 불법증축물이라고 하더라도 자구행위에 해당한다고 할 수 없다.

판례 자구행위

① 자구행위를 부인한 경우

• 주민들이 농기계 등으로 그 주변의 농경지나 임야에 통행하기 위해 이용하는 자신 소유의 도로에 깊이 1m 정도의 구덩이를 판 행위가 일반교통방해죄에 해당하고 자구행위나 정당행위에 해당하지 않는다(대판 2007. 3. 15, 2006도9418).

• 피고인들에 대한 채무자인 피해자가 부도를 낸 후 도피하였고 다른 채권자들이 채권확보를 위하여 피해자의 물건들을 취거해 갈 수도 있다는 사정만으로는 피고인들이 법정절차에 의하여 자신들의 피해자에 대한 청구권을 보전하는 것이 불가능한 경우에 해당한다고 볼 수 없을 뿐만 아니라, 또한 피해자 소유의 가구점에 관리종업원이 있음에도 불구하고 위 가구점의 시정장치를 쇠톱으로 절단하고 들어가 가구들을 무단으로 취거한 행위가 피고인들의 피해자에 대한 청구권의 실행불능이나 현저한 실행곤란을 피하기 위한 상당한 이유가 있는 행위라고도 할 수 없다(대판 2006. 3. 24, 2005도8081).

• 피고인이 피해자에게 석고를 납품한 대금을 받지 못하고 있던 중 피해자가 화랑을 폐쇄하고 도주하자, 피고인이 야간에 폐쇄된 화랑의 베니어판 문을 미리 준비한 드라이버로 뜯어내고 피해자의 물건을 몰래 가지고 나온 사건에서, 대법원은 위와 같은 피고인의 강제적 채권추심 내지 이를 목적으로 하는 물품의 취거행위를 자구행위라고 볼 수 없다고 판시하였다(대판 1984. 12. 26, 84도2582, 84감도397).

② 자구행위를 인정한 경우

• 도망중인 채무자를 우연히 만나 채무자가 투숙하는 호텔 객실로 따라 들어갔다가 채무자가 자꾸 피하려 하자 경찰에 기소중지자로 신고하여 함께 파출소까지 동행하였으나 채무자가 기소중지자로 처리되어 있지 않아 풀려난 후, 다시 채무자의 친구가 경영하는 술집으로 가서 다음날까지 채무자와 함께 있으면서 구속시키겠다는 등 채무변제를 독촉하여 채무자의 딸 명의로 되어 있는 커피숍을 채무변제조로 이전받고 정산한 잔액을 채무자에게 돌려준 사건에서, 법원은 채권자의 행위가 공갈죄의 갈취에 해당하지 않는다고 판시하였다(제주지판 1997. 4. 2, 96노384).

4. 청구권의 실행불능 또는 현저한 실행곤란을 피하기 위한 행위

청구권의 실행불능이나 현저한 실행곤란을 피하기 위한 행위가 자구행위이나 그 구체적인 방법은 일정하지 않다. 물건의 취거나 채권자의 체포 및 체포현장에서의 강제추심, 파괴 등이 가능하다. 그 밖에도 청구권보전을 위한 부수적 행위로서 일시적 감금이나 강요행위, 주거침입 등을 예상할 수 있다. 그러나 자구행위란 청구권을 보전하기 위한 수단이므로 이러한 목적을 벗어나 피청구권자의 재산을 임의로 처분하여 변제받거나 자의적으로 추심 또는 이행받는 것은 자구행위에 해당하지 않는다.

5. 상당성

자구행위는 상당한 이유가 있어야 한다. 자구행위의 상당성은 자구행위의 목적의 상당성과 방법의 상당성을 의미한다. 이에 따라 자구행위의 목적이 권리남용이나 사회윤리에 반하여서는 안 된다거나, 청구권이 보전 이익과 침해 이익 사이에서 어느 정도의 균형성이 필요하다는 등을 그 내용으로 한다.

6. 자구의사

이는 다른 위법성조각사유와 마찬가지로 자구행위의 주관적 정당화 요소이다. 그러므로 행위자는 청구권의 실행 불능 또는 현저한 실행 곤란을 피하기 위한 의사로 자구행위를 하였어야 한다.

Ⅳ. 과잉자구행위, 오상자구행위

자구행위가 그 정도를 초과한 경우를 과잉자구행위라고 한다. 이때에는 정황에 따라 그 형을 감경하거나 면제할 수 있다(제23조 제2항). 과잉자구행위는 위법성이 조각되는 것이 아니라 책임이 감경 또는 면제될 수 있다. 그러나 야간 기타 불안스러운 상태에서 공포·경악·흥분 또는 당황으로 인한 때의 불처벌조항은 과잉자구행위에는 적용되지 않는다.

판례 과잉자구행위

- 고의로 부도를 내고 잠적한 거래업자를 찾아내어 감금한 후 약속어음 등을 강취하고 지불각서 등을 강제로 작성하게 한 사건에 대해 법원은 사기 피해액 상당의 민사상 청구권을 통상의 민사소송절차 등 법정 절차로 보전하기가 사실상 불가능한 경우에 그 청구권의 실행불능 내지 현저한 실행곤란을 피하기 위한 행위로서 상당한 이유가 있으나, 위법성이 조각되는 자구행위의 정도를 초과하였으므로 과잉자구행위에 해당한다고 판시하였다(서울고판 2005. 5. 31, 2005노502).

오상자구행위는 자구행위가 허용되는 객관적인 상황이 아닌데도 불구하고 잘못 자구행위를 한 경우이다(예: 타인을 채무자로 잘못 알고 붙잡은 경우). 이는 위법성조각사유의 객관적 성립요건에 대한 착오의 경우이다.

제6절 피해자의 승낙

제24조(피해자의 승낙) 처분할 수 있는 자의 승낙에 의하여 그 법익을 훼손한 행위는 법률에 특별한 규정이 없는 한 벌하지 아니한다.

Ⅰ. 의 의

피해자의 승낙은 법익주체의 자유로운 처분이 가능한 법익에 대한 침해를 본인이 유효하게 승낙한 때에는 위법성을 조각하는 것을 말한다. 즉 "처분할 수 있는 자의 승낙에 의하여 그 법익을 훼손한 행위는 법률에 특별한 규정이 없는 한 벌하지 아니한다"(제24조). 법률에 특별한 규정이란 형법규정 이외에도 특별법규정을 들 수 있으며 대표적인 예로는 병역법, 군형법, 장기등 이식에 관한 법률 등이 있다(후술).

형법이 보호하는 법익을 개인이 처분할 수 있는가에 대해서는 여러 시각이 있다. 법익이 주관적 권리에 속하는 경우에 가능하다는 견해가 있는 반면에, 형법이라는 국가법 질서에 종속되는 모든 법익은 성질상 처분이 불가하다는 입장이 있다. 범죄를 이익 침해로 이해하는 사회법학파의 입장에서는 승낙은 법익 침해행위의 법익 침해성 자체를 배제시킨다고 본다.

Ⅱ. 승낙과 구성요건해당성

형법상의 죄 가운데에는 행위의 상대방이 법익 침해에 동의를 하였더라도 구성요건에 해당하는 경우가 있다. 예를 들면 승낙살인죄(제252조 제1항)나 의제강간·강제추행죄(제305조)의 경우에는 비록 피해자의 승낙을 받고 살해하거나 13세 미만의 사람과 간음을 한 경우에도 행위자는 승낙살인죄나 의제강간·강제추행죄에 해당한다. 이와 달리 피해자의 동의가 있으면 구성요건해당성 자체가 배제되는 경우를 명문으로 규정한 구성요건도 있다. 예를 들면 형법 제331조의2(자동차등불법사용죄)처럼 권리자의 동의는 구성요건해당성 자체를 조각하는 것이다. 나아가서는 구성요건의 내용상 상대방의 의사를 제압하는 것을 내용으로 하는 경우, 다시 말하면 법익주체의 의사에 반하는 행위를 구성요건해당행위로 규정한 경우에는 법익주체의 동의는 구성요건해당성 자체를 조각시킨다고 볼 수밖에 없다. 그러므로 이 경우에 행위자가 상대방이 동의한 사실을 알지 못한 경우에는 불능미수가 성립할 수 있다. 예를 들면 주거침입죄(제319조)나 비밀침해죄(제316조)의 경우 또는 체포·감금죄(제276조 제1항), 강요죄(제324조)나 절도죄(제329조)의 경우에 행위의 상대방이 승낙을 하였다면 타인의 주거에 주거권자의 승낙 없이 들어간 경우에 해당하지 않으며, 타인의 비밀을 그 의사에 반하여 침해한 것도 아니다. 또한 체포·감금죄의 경우에도 상대방의 이동의 자유를 침해한 것이 되지 않는다. 마찬가지로 본인의 승낙이 있다면 강요란 성립할 수 없으며, 소유자가 그 물건을 가져가라고 한 경우에 이를 가져온 행위를 절도죄의 구성요건에 해당한다고 볼 수 없다. 즉 이러한 구성요건에서는 '본인의 의사에 반하여'라는 표현은 없지만 본인의 승낙은 구성요건해당성을 조각하는 것이다. 이러한 의미에서는 승낙을 양해와 용어상 구별할 수는 있다.

판례 **양해의 경우**

• 피고인이 피해자에게 이 사건 밍크 45마리에 관하여. 자기에게 그 권리가 있다고 주장하면서 이를 가져간 데 대하여 피해자의 묵시적인 동의가 있었다면 피고인의 주장이 후에 허위임이 밝혀졌더라도 피고인의 행위는 절도죄의 절취행위에는 해당하지 않는다(대판 1990. 8. 10, 90도1211).

• 공문서의 위조라 함은 행사할 목적으로 공무원 또는 공무소의 문서를 정당한 작성권한 없는 자가 작성권한 있는 자의 명의로 작성하는 것을 말하므로, **공문서인 기안문서의 작성권한자가 직접 이에 서명하지 않고 피고인에게 지시하여 자기의 서명을 흉내 내어 기안문서의 결재란에 대신 서명케 한 경우라면 피고인의 기안문서 작성행위는 작성권자의 지시 또는 승낙에 의한 것으로서 공문서위조죄의 구성요건해당성이 조각된다**(대판 1983. 5. 24, 82도1426). 이는 문서의

명의인의 승낙에 의하여 문서위조죄의 보호법익인 '문서의 진정성에 대한 공공의 신뢰'를 무너뜨리는 것을 허용할 수 있다는 것이 아니라 승낙에 의하여 문서의 진정성에 대한 공공의 신뢰가 훼손될 위험성이 없어진다는 점에서 구성요건해당성을 배제하는 것이다. 여기에서는 승낙이라는 용어를 사용하였지만 제24조의 승낙과는 구별하여야 한다.

• [하급심판례] 강간치상죄는 강간죄와 마찬가지로 폭행 또는 협박으로 부녀자를 강간하려 한 경우에 성립하는 고의범으로서 **피해자가 성교행위를 승낙하고 있는 경우에는 구성요건해당성이 없어 범죄가 성립할 수 없음**은 물론 피해자가 겉으로는 승낙하지 않고 있다고 하더라도 내심의 진의는 승낙하고 있는 것이라고 행위자가 오신하여 성교를 하려고 한 과정에서 상해를 입힌 경우에도 강간치상죄의 고의는 조각되므로 같은 죄로 처벌할 수 없다(부산지판 1991. 8. 20, 91고합291).

양해와 승낙을 구별하는 견해는 독일형법에서 주장되는 것으로서 독일에서는 승낙에 해당하는 Einwilligung과 양해에 해당하는 Einverständnis를 구별하여 후자의 경우에는 구성요건해당성이 없다고 본다. 우선 행위 상대방의 동의가 있으면 구성요건해당성 자체를 배제하는 구성요건을 인정할 수 있음은 기술하였다. 이러한 경우를 양해라는 용어로 부를 수도 있을 것이다(이는 행위 상대방의 의사 여하에 따라 개별 구성요건의 내용을 무의미하게 하는 경우이다). 그리고 여기에 해당하는 구성요건은 피해자의 승낙처럼 반드시 개인적 법익을 그 대상으로만 하는 것은 아니다. 즉 사회적 법익에 해당하는 구성요건의 경우에도 동의가 있으면 구성요건해당성이 없는 경우를 인정할 수 있다. 예를 들면 문서명의인의 승낙을 받아 명의인을 대신하여 사문서를 작성한 경우 사문서위조죄의 구성요건에 해당하지 않는다. 반면에 피해자의 승낙은 승낙이 있을 경우 구성요건에는 해당하지만 위법성이 조각되는 경우를 의미한다.

양자의 구별은 구성요건상 명확하게 나타나 있지는 않지만 동일한 구성요건이 피해자의 의사의 의미에 따라서 구성요건해당성이 배제될 수도 있고 위법성이 조각될 수도 있다고 본다면 양자의 구별은 의미가 있을 것이다. 그러나 양해와 승낙을 구별하고 피해자의 의사를 해석하여 이를 동일한 구성요건 내에서 각각 구성요건해당성과 위법성의 단계에 선택적으로 자리매김할 수 있다고 보는 구별설의 입장은 타당하지 않다. 즉 법익주체의 법익포기의사가 구성요건해당성 자체를 배제하는지, 아니면 구성요건에는 해당하지만 위법성을 조각하는 기능을 하는 것인지는 구성요건상의 행위 태양을 중심으로 한 속성에서 비롯되는 것이라고 보아야 한다. 그리고 이 구성요건의 속성은 행위 태양을 해석하여 피해자의 동의 유무가 행위의 존재 자체를 배제하는지, 아니면 행위는 그 결과로 인하여 인정할 수밖에 없지만 위법하다고 볼 수는 없다고 보아야 하는지 여부를 판단하여야 한다. 그러므로 상해죄에서 상해행위에 대한 피해자의 동의는 상해행위의 존재 자체를 부인할 수 있는 것이 아니라 다만 그 위법성을 조각하는 것에 불과한 것이다. 반면에 주거침입죄에서 주거에 들어오도록 동의를 받아 들어간 경우에는 주거침입행위 자체가 존재하지 않으므로 구성요건해당성이 배제되는 것이다. 이는 강간죄나 절도죄 등에서도 마찬가지이다.

Ⅲ. 위법성조각의 근거

1. 법률행위설

이 견해는 피해자의 승낙을 일종의 법률행위로 보아 본인의 승낙에 의해 행위자는 법익 침해를 할 수 있는 권리를 부여받았으므로 그러한 권리를 행사하는 것은 법 질서에 의해 허용된다고 본다.

2. 이익포기설

이 견해는 피해자 스스로가 보호받을 권리를 포기하였을 때에는 법 질서가 이에 개입할 이익이 존재하지 않는다고 본다. 권리보호포기설이라고도 부른다.

3. 처분권설

구성요건은 법익 향유자의 처분권까지도 보호하는데 본인의 승낙에 의해 이러한 보호객체의 일부가 흠결되었다면 법 질서가 보호하여야 할 대상이 사라진 것과 마찬가지이므로 위법성을 인정할 수 없다는 견해이다. 이 견해에 의하더라도 개인의 처분권 범위 밖에 존재하는 법익에 대해서는 유효한 처분권을 인정할 수 없으므로 위법성이 조각되지 않음은 물론이다.

4. 법률정책설

개인적 자유를 방해받지 않고 행사하는 것은 자유주의적 법치국가에서 사회적 가치로 인정되어야 하므로, 법익주체의 법익 침해에 대한 승낙이라는 개인의 자율권이 이러한 권리의 행사로 인하여 침해되는 법익보다 가치 비중이 더 할 경우 그 위법성이 조각되어야 한다는 견해이다. 이는 일종의 법익교량적 사고에 기초한 견해이다.

5. 사회상당성설

법익을 처분하는 피해자의 승낙행위로 인한 법익 침해가 사회적으로 상당성이 인정되기 때문에 위법성이 조각된다는 견해이다(진계호, 황산덕). 행위무가치설에 기초하고 있는 견해라고 볼 수 있다.

Ⅳ. 성립요건

1. 법익주체의 승낙

승낙의 주체는 승낙에 의한 행위로 인해 자신의 법익이 침해되는 자이어야 한다. 즉 이는 구성요건에 의해 보호되는 법익주체의 승낙이어야 함을 의미한다. 그러나 예외적으로 어린 아이에 대한 부모나 법정후견인의 대리승낙도 허용된다.

2. 처분가능한 법익

(1) 처분가능한 법익의 범위

승낙에 의하여 위법성이 조각되는 법익으로는 우선 소유권이나 신용, 명예, 신체의 완전성 등과 같은 개인적 법익을 들 수 있다(예: 명예훼손죄, 모욕죄, 상해죄, 폭행죄 등). 국가적 법익은 승낙에 의해 포기할 수 있는 법익이 아니다. 그러나 일부 사회적 법익의 경우에는 승낙에 의한 구성요건해당성의 배제가 가능하다고 볼 수 있다. 이 경우 개인의 승낙에 의하여 사회적 보호법익의 훼손 위험성을 허용한다는 의미는 아니며 훼손 위험성이 사라지기 때문에 구성요건해당성을 배제한다고 보는 것이다.

판례 **피무고자의 승낙의 유효성**

• 피고인들은 공소외인과 그로부터 피해를 당한 사람들과의 합의를 주선하기 위하여 자신들도 피해자인 것처럼 행세하기 위하여 공소외인의 승낙을 받고 공소외인으로부터 차용금 피해를 당한 것처럼 허위사실을 기재한 이 사건 고소장을 제출한 사건. 대법원은 "무고죄는 국가의 형사사법권 또는 징계권의 적정한 행사를 주된 보호법익으로 하고 다만, 개인의 부당하게 처벌 또는 징계 받지 아니할 이익을 부수적으로 보호하는 죄이므로, **설사 무고에 있어서 피무고자의 승낙이 있었다고 하더라도 무고죄의 성립에는 영향을 미치지 못한다** 할 것이고, 무고죄에 있어서 형사처분 또는 징계처분을 받게 할 목적은 허위신고를 함에 있어서 다른 사람이 그로 인하여 형사 또는 징계처분을 받게 될 것이라는 인식이 있으면 족한 것이고 그 결과 발생을 희망하는 것까지를 요하는 것은 아니므로, 고소인이 고소장을 수사기관에 제출한 이상 그러한 인식은 있었다고 보아야 한다"고 판시하였다(대판 2005. 9. 30, 2005도2712).

• 작성명의인의 승낙과 사문서위조 여부: 문서의 위조라고 하는 것은 작성권한 없는 자가 타인 명의를 모용하여 문서를 작성하는 것을 말하는 것이므로 **사문서를 작성함에 있어 그 명의자의 명시적이거나 묵시적인 승낙(위임)이 있었다면 이는 사문서위조에 해당한다고 할 수 없다**(대판 2011. 9. 29, 2010도14587; 1998. 2. 24, 97도183).

(2) 생명, 신체의 경우

처분할 수 있는 법익 여부와 관련하여 문제되는 것은 사람의 생명과 신체이다. 먼저 생명에 대한 처분은 형법상 제한된다. 형법이 촉탁·승낙에 의한 살인죄(제252조)를 처벌하고 있기 때문이다. 형법은 처분할 수 있는 자의 승낙에 의한 행위는 법률에 특별한 규정이 없는 한 벌하지 아니한다고 규정하고 있으므로 신체 상해의 승낙행위도 허용된다고 보아야 할 것인가가 문제된다. 그러나 신체에 대한 처분권 행사는 사회상규나 윤리적 제약을 받아야 한다. 이와 관련하여 독일형법(§228)은 "피해자의 승낙에 의해 상해를 입힌 자는 그 행위가 선량한 풍속에 위배될 때에 한하여 위법하다"고 규정하고 있다. 형법의 해석에도 같은 제한을 두는 것이 타당하다고 본다(아래 판례 참조). 대법원 역시 "형법 제24조의 규정에 의하여 위법성이 조각되는 피해자의 승낙은 개인적 법익을 훼손하는 경우에 법률상 이를 처분할 수 있는 사람의 승낙을 말할 뿐만 아니라 그 승낙이 윤리적, 도덕적으로 사회상규에 반하는 것이 아니어야 한다"고 하여 동일한 입장이다(아래 판례 참조).

판례 승낙의 유효성을 인정하지 않은 경우

• 피고인이 피해자와 공모하여 교통사고를 가장하여 보험금을 편취할 목적으로 피해자에게 상해를 가하였다면 피해자의 승낙이 있었다고 하더라도 이는 위법한 목적에 이용하기 위한 것이므로 피고인의 행위가 피해자의 승낙에 의하여 위법성이 조각된다고 할 수 없다(대판 2008. 12. 11, 2008도9606).

• 피할만한 여유도 없는 좁은 장소에서 건장한 체격의 상급자인 피고인이 하급자인 피해자의 가슴과 배를 약 1분 가량 때려 사망하게 한 사건에서 대법원은 인체의 가장 중요한 부위를 점하고 있는 흉부에 대한 타격은 생리적으로 중대한 영향을 줄 뿐만 아니라 신경에 자극을 줌으로써 이에 따른 쇼크로 인해 피해자를 사망에 이르게 할 수 있고, 사망의 결과에 대한 예견가능성을 부정할 수도 없으므로 위와 같은 상황에서 이루어진 폭행이 장난권투로서 피해자의 승낙에 의한 사회상규에 어긋나지 않는 것이라고 볼 수 없다고 하여 폭행치사죄를 인정하였다(대판 1989. 11. 28, 89도201).

(3) 의료행위

의료행위는 많은 경우 형법상의 구성요건에 해당하는 외관을 갖고 있다. 그러므로 의료행위의 법적 성격을 둘러싸고 ① 구성요건해당성이 없다는 견해, ② 업무로 인한 정당행위설, ③ 피해자의 승낙행위설(대판 1993. 7. 27, 92도2345)로 나뉘어 있다. 의료행위를 단순히 업무로 인한 정당행위로 보게 되면 환자의 자기결정권이 경시되고 전단적 의료행위를 정당화시켜주는 결과가 된다. 또한 구성요건해당성이 없다는 견해는 의사의 모든 치료목적행위를 의료과실이나 환자의 의사를 무시한 경우에도 인정하는 결과가 될 것이다.

의료행위는 환자의 의사에 따른 치료 의뢰에서 시작된다. 즉 의료행위에 대한 환자의 승낙이 전제되는 것이므로 정당행위가 아니라 피해자의 승낙(제24조)에 의해 위법성이 조각된다고 보는 견해가 타당하다. 그리고 이 견해를 취할 때에 의사의 설명의무가 비로소 의미를 갖는다. 이를 종합하면 의료행위는 의학상의 법칙(lege artis)에 맞아야 하고, 환자의 동의가 있어야 정당화된다.

(4) 스포츠 활동

스포츠 가운데에는 사람의 신체나 생명에 위험을 초래할 수 있는 경기가 있다. 프로복싱이나 레슬링, 격투기 등이 그 예이다. 이러한 스포츠는 경기 도중에 상해의 결과가 발생하더라도 피해자의 승낙에 의한 행위(제24조)로서 위법성이 조각된다. 그리고 경기규칙에 따라 경기를 하던 도중에 상해나 상해치사 등의 결과가 발생한 경우에도 행위자에게 위법성에 대한 인식이 없다고 보아야 할 것이다. 그러나 고의적인 반칙으로 인하여 (중)상해나 사망의 결과가 발생하면 (중)상해죄(제257조, 제258조)나 상해치사죄(제259조)에 해당하며 위법성이 조각되지 않는다.

3. 사전적 승낙

법익 침해 이전에 승낙의 의사표시가 있어야 하며, 사후적인 승낙은 위법성을 조각하지 않는다. 피해자의 승낙은 원칙적으로 행위 이전에 언제든지 자유로이 철회할 수 있다. 그러나 철회 이전의 행위에 대해서는 승낙의 효력이 그대로 인정된다.

4. 유효한 의사표시에 의한 승낙

(1) 승낙능력

승낙자에게는 정신적 성숙도에 비추어 승낙능력이 있어야 한다. 피해자의 승낙능력은 민법상의 행위능력을 의미하지는 않으며 일반적 판단능력을 의미한다. 형법은 미성년자에 대한 간음·추행죄(제305조)에서 13세, 아동혹사죄(제274조)에서 16세, 미성년자약취·유인죄(제287조)에서 미성년(19세)과 같이 구성요건에 해당하는 행위대상자의 연령을 규정하고 있다. 그러므로 이러한 경우에는 이 연령 이하의 자의 승낙은 유효하지 않다. 법익주체가 승낙능력을 갖추지 못한 경우에는 대리가 허용되는 경우에 한하여 대리승낙도 허용된다고 보아야 한다(예: 아동의 치료를 위한 부모의 승낙). 그러나 예를 들어 장기이식과 같이 처분하는 법익의 성질상 대리할 수 없거나 사회상규에 어긋나는 대리승낙은 당연히 허용되지 않는다.

아동은 아직 가치관과 판단능력이 충분히 형성되지 아니하여 자기결정권을 자발적이고 진지하게 행사할 것을 기대하기가 어렵고, 자신을 보호할 신체적·정신적 능력이 부족할 뿐 아니라, 보호자 없이는 사회적 · 경제적으로 매우 취약한 상태에 있으므로, 이러한 처지에 있는 아동을 마치 물건처럼 대가를 받고 신체를 인계 · 인수함으로써 아동매매죄가 성립하고, 설령 위와 같은 행위에 대하여 아동이 명시적인 반대 의사를 표시하지 아니하거나 더 나아가 동의 · 승낙의 의사를 표시하였다 하더라도 이러한 사정은 아동매매죄의 성립에 아무런 영향을 미치지 아니한다(대판 2015. 8. 27, 2015도6480).

(2) 유효한 승낙

유효한 승낙은 자유의사에 기한 승낙이어야 하며 강제나 기망에 의한 의사의 흠결상태에서 표시된 것이 아니어야 한다. 그러나 모든 강제나 기망에 의한 승낙이 승낙의 유효성을 배제하는 것은 아니며 예외적으로만 의사의 흠결에 의한 승낙을 부인할 수 있다. 또한 기망으로 인하여 승낙의 동기에 관하여 착오를 일으킨 경우에는 승낙의 유효성에 영향을 미치지 않는다(전지연, 형법상 피해자의 동의, 차용석박사화갑기념논문집, 1994, 253면 이하; 착오에 의한 피해자의 승낙, 이형국교수화갑기념논문집, 1998, 229면 이하). 피해자의 승낙이 유효하기 위해서는 일정한 경우에는 설명이 전제되어야 한다. 예를 들면 환자의 승낙을 받기 위해서는 의사의 설명의무가 선행되어야 하는 것이다.

판례 유효한 승낙의 부정

① 불충분한 설명의 경우

• 산부인과 전문의 수련과정 2년차인 의사가 자신의 시진, 촉진결과 등만을 보고 초음파검사 등 피해자의 병증이 자궁외 임신인지, 자궁근종인지를 판별하기 위한 정밀한 진단을 하지 아니한 채 자궁근종으로 오진하고 이에 따라 피해자에게 자궁적출술의 불가피성을 강조하여 승낙을 받고 자궁적출수술을 한 사건에 대해 대법원은 "진단상의 과오가 없었으면 당연히 설명 받았을 자궁외 임신에 관한 내용을 설명 받지 못한 피해자로부터 수술승낙을 받았다면 위 **승낙은 부정확 또는 불충분한 설명을 근거로 이루어진 것으로서 수술의 위법성을 조각할 유효한 승낙이라고 볼 수 없다**"고 판시하였다(대판 1993. 7. 27, 92도2345).

② 강요의 경우

• 컨트리클럽 회장 등과 골프를 친 후 위 컨트리클럽 내 식당에서 식사를 하면서 그 곳에서 근무 중인 여종업원인 피해자들에게 함께 술을 마실 것을 요구하였다가 피해자들로부터 거절당하였음에도 불구하고, 위 컨트리클럽의 회장과의 친분관계를 내세워 피해자들에게 어떠한 신분상의 불이익을 가할 것처럼 협박하여 피해자들로 하여금 목 뒤로 팔을 감아 돌림으로써 얼굴이나 상체가 밀착되어 서로 포옹하는 것과 같은 신체접촉이 있게 되는 이른바 러브샷의 방법으로 술을 마시게 한 경우, 피고인과 피해자들의 관계, 성별, 연령 및 위 러브샷에 이르게 된 경위나 그 과정에서 나타난 피해자들의 의사 등에 비추어 볼 때 강제추행죄의 구성요건인 강제추행에 해당하고, 이 때 피해자들의 유효한 승낙이 있었다고 볼 수 없다(대판 2008. 3. 13, 2007도10050).

한편 승낙내용이나 승낙에 의한 행위방법이 법문에 규정되어 있지는 않지만 사회적 상당성이나 공서양속에 반하지 않아야 한다. 즉 사회상규에 반하는 내용의 승낙이거나 또는 행위방법이 일반적으로 인정될 수 있는 것이 아닐 때에는 위법성을 조각한다고 볼 수 없다.

판례 승낙의 윤리성·도덕성

• 갑이 때려 주면 돈을 주겠다는 요청을 하여 공소외 1 등이 갑을 폭행하였고, 그 과정에서 갑이 다발성 좌상 등의 상해를 입게 된 사실을 알 수 있는 바, 이와 같은 사정 아래에서라면 비록 갑이 먼저 공소외 1 등에게 때려 달라고 요청하였다 하더라도 그러한 갑의 요청은 윤리적·도덕적으로 사회상규에 어긋나는 것이어서 위법성조각사유로서의 피해자의 승낙에 해당한다고 할 수는 없을 것이다(대판 2010. 4. 29, 2010도2745).

• 8명이 몸에서 잡귀를 물리친다면서 뺨 등을 때리고 팔과 다리를 붙잡고 배와 가슴을 손과 무릎으로 힘껏 누르고 밟는 등 하여 피해자를 사망에 이르게 한 사건에서, 대법원은 "피해자의 승낙은 해석상 개인적 법익을 훼손하는 경우에 … 그 **승낙이 윤리적, 도덕적으로 사회상규에 반하는 것이 아니어야 한다**. … 이 사건에 있어서와 같이 폭행에 의하여 사람을 사망에 이르게 하는 따위의 일에 있어서 피해자의 승낙은 범죄성립에 아무런 장애가 될 수 없는 윤리적, 도덕적으로 허용될 수 없는 즉 사회상규에 반하는 것"이라고 판시하였다(대판 1985. 12. 10, 85도1892).

[하급심판례]

• 비성년자인 피해자를 유흥주점에서 접개원으로 일하게 하기 위한 유인 행위에 대하여 보호자인 친권자가 동의한 사건에서 법원은 "영리유인의 죄에서 피해자가 미성년자인 경우 **피해자 본인의 자유권뿐만 아니라 보호자의 감독권**도 보호법익이 되므로, 피유인자인 미성년자 본인의 승낙만으로는 범죄의 성립에 하등 영향을 미치지 못하고(더구나 형법 제287조의 규정 취지로 볼 때, 우리 법은 형법 제2편 제31장의 죄들에 대하여 미성년자에게 피해자로서의 승낙 능력을 인정하지 아니하였음이 명백하다), 보호자의 감독권은 미성년자의 보호와 정상적이고 건전한 성장을 도모하기 위한 것이므로, 보호자의 동의가 권리의 남용으로 공서양속에 반한다고 인정될 때에는 범죄의 성립에 영향이 없다"고 판시하였다(대전고판 2000. 10. 13, 2000노225).

• 피고인이 피해자의 정신질환을 치료하기 위해 안수기도를 하면서 피해자의 가슴과 머리를 눌러 전흉부 및 두정부피하출혈상을 가하고 정당성에도 불구하고 수단방법의 상당성, 법익의 교량, 긴급성, 보충성의 요건을 결한 것으로서 정당행위라 할 수 없고, 또 피해자의 승낙이 있는 경우에 해당한다고도 볼 수 없다(서울고판 1988. 11. 10, 88노2534).

만일 승낙이 협박에 의하여 이루어진 경우에도 유효한 승낙이라고 볼 것인가에 대해서 대법원은 아래와 같이 그 유효성을 인정하고 있다.

판례 **승낙이 협박에 의하여 이루어진 경우**

• 예금주인 현금카드 소유자를 협박하여 그 카드를 갈취하고 예금인출의 승낙을 받아 예금을 현금자동지급기에서 여러 번 인출한 사건에서, 대법원은 **하자 있는 의사표시이기는 하지만 피해자의 승낙에 의하여 현금카드를 사용할 권한을 부여받아 이를 이용하여 현금을 인출한 이상**, 피해자가 그 승낙의 의사표시를 취소하기까지는 현금카드를 적법, 유효하게 사용할 수 있고, 은행의 경우에도 피해자의 지급정지 신청이 없는 한 피해자의 의사에 따라 그의 계산으로 적법하게 예금을 지급할 수밖에 없는 것이라고 판시하였다. 또한 현금카드를 교부받은 행위와 이를 사용하여 현금자동지급기에서 예금을 여러 번 인출한 행위들은 모두 피고인의 단일하고 계속된 범의 아래에서 이루어진 일련의 행위로서 포괄하여 하나의 공갈죄를 구성하며, 현금지급기에서 피해자의 예금을 취득한 행위를 현금지급기 관리자의 의사에 반하여 그가 점유하고 있는 현금을 절취한 것이라 하여 이를 현금카드 갈취행위와 분리하여 따로 절도죄로 처단할 수는 없다고 하였다(대판 1996. 9. 20, 95도1728).

(3) 승낙의 표시방법

승낙의 표시방법으로는 내심의 동의만을 필요로 한다는 의사방향설(주관설), 승낙의사가 명시적으로 외부에 표출되어야 한다는 의사표시설(객관설), 명시적일 필요는 없으나 어떤 방법이든지 승낙사실을 인식할 수 있어야 한다는 절충설이 있다. 추정적 승낙까지도 인정하는 입장에서는 반드시 명시적인 의사표시를 전제로 할 수는 없으며 어떤 형식이든 의사가 외부에서 분명히 인식할 수 있는 상태이면 충분하다는 절충설의 입장이 타당하다(통설).

5. 주관적 요건

피해자의 승낙이 인정되기 위해서는 행위자가 피해자의 승낙사실을 인식하고 있어야 한다. 만일 피해자의 승낙사실이 없음에도 불구하고 착오로 인하여 오인한 경우에는 오상방위처럼 위법성조각사유의 객관적 성립요건에 대한 착오의 문제로서 해결하여야 한다. 반대로 승낙하였음에도 불구하고 이를 알지 못하고 구성요건에 해당하는 행위를 한 경우에는 위법성이 인정된다. 그러나 만일 이 경우 승낙을 구성요건을 조각하는 사유로 본다면 모두 고의가 인정되지 않는 구성요건의 착오에 해당한다.

Ⅴ. 추정적 승낙

1. 의 의

추정적 승낙이란 피해자의 처분가능한 법익이 침해될 위험상황에서 현재는 피해자가 승낙을 할 수 없는 상황이지만 그러한 상황이 아니었더라면 유효한 승낙을 하였을 것으로 추정되는 경우에 피해자의 승낙을 인정하는 것을 말한다.

추정적 승낙은 현실의 승낙을 대신하기 때문에 법익주체의 명시적인 의사가 항상 존중되어야 하며 그 의사가 불분명한 때에 한하여 대치될 수 있다. 그리고 추정적 승낙에 의한 행위자는 법익주체의 추정적인 의사가 무엇인지를 진지하게 검토하여야 하며 이는 바로 추정적 승낙을 인정할 수 있는 주관적 정당화 요소이다.

2. 법적 성질

① 독자적 위법성조각설　추정적 승낙은 긴급피난과 피해자의 승낙의 중간에 위치하는 독자적 구조를 가진 위법성조각사유라는 견해이다.

② 긴급피난설　추정적 승낙을 긴급피난의 일종으로 보는 견해이다. 그러나 추정적 승낙은 긴급피난과 달리 동일주체에 속하는 법익의 충돌을 의미하므로 양자의 속성이 다르다.

③ 사무관리설　민법상의 사무관리(제734조 제1항)에 의하여 위법성이 조각된다는 견해이다.

④ 승낙대체설　추정적 승낙과 피해자의 승낙에 의한 행위를 동등하게 보는 견해이다.

⑤ 이원설　추정적 승낙의 유형에 따라 사회상당성이나 허용된 위험의 원리에 의하여 위법성이 조각된다고 보는 견해이다.

⑥ 정당행위설　추정적 승낙을 형법상의 정당행위가 규정하고 있는 "기타 사회상규에 위배되지 않는 행위"로서 파악하는 견해이다.

이상의 견해 가운데 추정적 승낙은 사실상의 승낙을 받을 수 없는 상황에서 나타나는 현상이므로 피해자의 승낙과 동일한 법적 성질을 갖는 것으로 보는 승낙대체설의 입장이 타당하다. 사무관리설은 사무관리의 확대가능성으로 인한 타인의 생활영역 간섭이 문제될 수 있다. 승낙대체설에 대해서는 승낙이 없음에도 불구하고 있는 경우와 같다고 보는 것은 논리의 비약이라는 비판이 있다(김/김, 안동준, 이/장/강, 조준현, 이기헌, "추정적 승낙", 형사판례연구(6), 122면 이하). 그러나 추정적 승낙은 여러 가지 정황으로 보아 승낙이 확실히 기대되는 경우로서 피해자의 추정적 의사와 합치된다는 점을 그 내용으로 한다. 그러므로 명시적 승낙이 없음에도 불구하고 승낙이 있는 것과 마찬가지로 취급하여 제24조를 준용하여야 한다.

3. 유　형

(1) 피해자의 이익을 위한 승낙행위

이 경우에는 경험적으로 보아 누구나 경미한 이익을 희생하고서라도 상대적으로 중요한 이익을 보호하려는 생각을 가지고 있음을 전제로 해서 위법성조각을 인정한다(비교우위

이익의 원칙). 예를 들면 교통사고로 의식불명인 환자에 대한 동의 없는 수술행위나 부재중인 이웃집의 불을 끄기 위해서 창문을 부수고 들어가는 행위 등이다.

그리고 화재시 집 안에 있는 어린 아이를 구하기 위하여 올라간 소방관이 화염으로 인하여 아이를 안고 내려올 수가 없어서 아이를 3층 아래로 던져서 구하려고 하였으나 아이가 사망한 경우에도 추정적 승낙에 의한 정당화가 가능하다고 본다. 이 경우 소방관에게 아이의 사망에 대한 고의가 없으므로 구성요건해당성이 없다고 볼 수도 있다. 그러나 이러한 위급상황에서 소방관은 아이를 던지면 잘못해서 사망할지도 모른다고 생각하였을 것이고 그래도 구출가능성이 조금이나마 있으므로 던졌다고 볼 때 미필적 고의가 인정되지만 추정적 승낙에 의한 위법성조각을 인정하는 것이 타당하다.

추정적 승낙은 이 경우 법익주체와 피해자가 동일한 긴급피난의 경우와 중복된다. 그러나 이 경우에는 긴급피난에 우선한다고 보아야 한다. 그 결과 추정적 승낙이 배제될 때에만 긴급피난이 인정된다. 본인의 승낙을 대체하는 추정적 승낙이 본인(피해자)의 의사와 무관하게 인정되는 긴급피난보다 우선하여야 할 것이기 때문이다.

(2) 자기나 제3자의 이익을 위한 경우

침해행위가 피해자를 위해서가 아니라 행위자나 제3자의 이익을 위해서 실현된 경우에는 피해자의 이익이 크게 침해되지 않는 한 위법성이 조각된다.

4. 요 건

추정적 승낙의 요건으로는 ① 처분권을 가진 법익주체의 처분이 허용되는 법익일 것, ② 추정되는 승낙 내용이 선량한 풍속이나 사회상규에 위배되지 않을 것, ③ 명시적 승낙을 받을 수 없는 상황일 것, ④ 승낙이 객관적으로 기대될 것(승낙의 기대가능성), ⑤ 피해자의 진정한 의사에 대한 양심적 심사가 있을 것 등이다. 특히 피해자의 승낙이 기대되는지 여부에 대한 행위자의 양심에 따른 심사는 추정적 승낙의 주관적 정당화 사유에 해당한다. 만일 양심적 심사가 결여된 경우에는 행위자에게 행위불법은 인정되지만 결과불법은 인정되지 않는다.

판례 추정적 승낙의 유효성

• 사문서의 위·변조죄는 작성권한 없는 자가 타인 명의를 모용하여 문서를 작성하는 것을 말하므로 사문서를 작성·수정할 때 명의자의 명시적이거나 묵시적인 승낙이 있었다면 사문서의 위·변조죄에 해당하지 않고, 한편 행위 당시 명의자의 현실적인 승낙은 없었지만 행위 당시의 모든 객관적 사정을 종합하여 명의자가 행위 당시 그 사실을 알았다면 당연히 승낙했을 것

이라고 추정되는 경우 역시 사문서의 위·변조죄가 성립하지 않는다고 할 것이나, 명의자의 명시적인 승낙이나 동의가 없다는 것을 알고 있으면서도 명의자가 문서작성 사실을 알았다면 승낙하였을 것이라고 기대하거나 예측한 것만으로는 그 승낙이 추정된다고 단정할 수 없다(대판 2011. 9. 29, 2010도14587).

• 범행 당시 피고인과 피해자 사이에는 이 사건 가옥의 소유권에 대한 분쟁이 있어 현재까지도 그 분쟁이 계속되고 있는 사실에 비추어 볼 때, 피고인이 이 사건 가옥에 침입하는 것에 대한 피해자의 추정적 승낙이 있었다거나, 피고인의 이 사건 범행이 사회상규에 위배되지 아니한다고 볼 수 없다(대판 1989. 9. 12, 89도889).

제 4 장 책 임 론

제 1 절 책임주의원칙

Ⅰ. 의 의

구성요건에 해당하는 행위가 위법성이 인정되더라도 개인적인 책임이 인정되지 않으면 범죄는 성립하지 않는다. 책임은 범죄성립의 세 번째의 전제조건으로서 책임판단의 대상은 행위자이다. 즉 구성요건과 위법성의 단계에서는 행위가 법 규범과 일치하느냐의 문제를 검토하는 데 반해 책임영역에서는 당위성의 문제가 아니라 행위자가 다른 적법행위를 하는 것이 가능함에도 불구하고 위법한 행위를 한 데 대한 비난가능성을 묻는다.

책임주의 원칙은 행위의 불법성이 인정되어도 행위자의 책임이 전제되지 않는 한 형벌을 부과할 수 없다는 현대 형법의 기본원칙을 말한다("책임이 없으면 형벌도 없다"). 이러한 의미에서 책임은 형벌부과의 목적과 관련되어 있으며 개인에 대한 국가의 과도한 형벌부과를 통제하는 법치국가적 방어기능을 한다. 우리 형법은 책임주의를 직접적으로 규정하고 있지는 않다. 그러나 제16조는 "자기의 행위가 법령에 의하여 죄가 되지 아니하는 것으로 오인한 행위는 그 오인에 정당한 이유가 있는 때에 한하여 벌하지 아니한다"고 규정하여 행위자가 자기 행위의 위법성을 인식하고 있어야 처벌이 가능함을 밝히고 있다. 위법성의 인식은 행위자 개인의 인식영역에 해당하기 때문에 제16조는 책임이 행위자 중심의 개념이고 동시에 행위의 불법성만으로는 형벌부과가 불가능함을 나타내고 있음을 알 수 있다. 또한 개인의 형사책임능력에 관한 형법규정(제9조-제11조) 역시 책임주의 원칙에 근거한 것이다.

Ⅱ. 책임의 근거

1. 도의적 책임론

책임의 근거는 위법한 행위를 한 자에게 가해지는 도의적·윤리적 비난이라고 보는 것이 도의적 책임론이다. 도의적 책임론은 고전학파의 의사의 자유(비결정론)를 전제로 하므로 행위자의 자유로운 의사결정에 따른 범죄행위에 대한 윤리적 비난이 형벌이라고 본다. 형법을 최소한의 사회윤리가 법 규범화한 것으로 파악하는 입장이며, 행위자보다 행위를 중시하는 객관주의적 형법론이며 응보적 책임론이다.

2. 사회적 책임론

사회적 책임론은 인간의 행위가 행위자의 자유로운 의사결정이 아니라 소질과 환경이라는 인자에 의하여 결정된다고 보는 결정론적 입장(의사의 부자유)에서 이러한 반사회적 인자가 표출된 것을 범죄행위라고 본다(주관주의 형법론). 그리고 범죄행위가 행위자 개인의 결정에 따른 것이 아니지만 위험한 행위로부터 사회를 방위하기 위해서는 형법적 조치가 필요하고 그 근거가 책임이라고 한다. 형벌과 함께 보안처분을 인정하는 이론적 근거가 되며, 목적형주의와 연결된다.

3. 인격적 책임론

인격적 책임론은 행위자의 인격형성이나 생활방식에는 행위자의 인격적 결단작용이 개입한다는 점에 책임의 근거를 인정하는 견해이다(행상책임行狀責任, 생활결정책임). 즉 이 학설은 개인의 인격형성 과정에 대한 책임을 묻기 때문에 인격형성책임론이라고도 한다. 인격적 책임론은 범죄성립요건으로서 책임, 양형책임, 행형책임을 설명하는 데에는 적합한 이론이지만 인격형성에 대한 개인의 책임을 인정하는 것은 일종의 픽션에 해당한다는 점에서 문제가 있다.

Ⅲ. 책임 개념의 본질

1. 심리적 책임 개념

범죄론 체계 내에서 책임의 독자성을 확립한 것은 고전적 범죄론 체계이다. 고전적 범죄론 체계에서는 모든 객관적 요소는 불법의 영역으로 파악하였고, 주관적 요소는 책임의 영역으로 자리매김하였다. 즉 고전적 범죄론 체계에서는 책임의 문제를 행위자의 심리적 · 정신적 관계에서 찾기 때문에 책임은 행위자의 심리적 내용(인식 여부, 의욕 여부)과 동일하다고 보았다. 그 결과 고의와 과실도 행위자의 주관적 요소이므로 책임의 종류로 파악하였고, 반면에 책임능력은 책임의 내용이 아니라 전제조건이라고 하였다.

그러나 심리적 책임론은 고의나 과실이 있으면 책임을 인정하여야 하는데 예를 들어 강요된 행위(제12조)를 한 경우 고의가 인정됨에도 불구하고 책임을 조각하는 이유를 설명할 수 없으며, 결과에 대한 심리적 책임을 인정할 수 없는 인식 없는 과실의 경우에도 형사책임을 인정하는 근거를 설명할 수 없는 등 이론적 문제점이 있다. 여기에 목적적 행위론이 등장하여 고의와 과실을 책임의 요소가 아니라 구성요건 요소로 보면서 심리적 책임론의 기반은 유지될 수 없었다.

2. 규범적 책임 개념

규범적 책임론에서는 책임의 본질을 행위자가 범죄행위를 하기로 의사를 형성하고 이러한 의사를 실행한 데 대한 비난가능성이라고 보는 입장이다(통설). 즉 규범적 책임론은 행위의 법 규범 위반성, 즉 의무 위반성의 문제인 구성요건 · 위법성과 달리 의사형성과 의사실현이라는 심리적 사안에 대한 규범적 평가로 파악하는 것이다. 이처럼 책임을 불법행위에 대한 규범적 평가의 문제로 본 기본적 사고는 적법행위에 대한 기대가능성에도 불구하고 불법행위를 한 데 대한 비난성에 있다.

3. 기능적 책임 개념

기능적 책임개념은 책임의 본질 규명의 측면이 아니라 책임의 사회적 기능을 중시하는 입장이다. 즉 책임은 일반 예방의 관점에서 형벌 제한적 기능을 한다고 보기 때문에 책임개념은 형벌 목적을 달성하기 위한 수단으로 파악한다. 그러나 이러한 시각으로는 책임의 실질적 내용을 파악할 수 없으며 형법상 책임원칙이 갖는 독자적 의의를 상실하게 하는 문제점이 있다. 그리고 예방의 관점은 형사정책적 요소인데도 이를 책임개념에 도입함으로써 책임은 없으나 예방 필요성은 인정되는 경우나 예방 필요성은 없지만 책임은 인정될 때 이를 어떻게 해결하여야 할지 알 수 없게 하는 문제점이 있다.

제 2 절 책임능력

> **제9조(형사미성년자)** 14세 되지 아니한 자의 행위는 벌하지 아니한다.
>
> **제10조(심신장애인)** ① 심신장애로 인하여 사물을 변별할 능력이 없거나 의사를 결정할 능력이 없는 자의 행위는 벌하지 아니한다.
>
> ② 심신장애로 인하여 전항의 능력이 미약한 자의 행위는 형을 감경할 수 있다.
>
> ③ 위험의 발생을 예견하고 자의로 심신장애를 야기한 자의 행위에는 전2항의 규정을 적용하지 아니한다.
>
> **제11조(청각 및 언어 장애인)** 듣거나 말하는 데 모두 장애가 있는 사람의 행위에 대해서는 형을 감경한다.

Ⅰ. 의 의

형법상 책임능력이란 행위의 불법성을 변별하고(변별능력), 이에 따라 자신의 행위를 조종할 수 있는 능력(행위조종능력)을 말한다. 이러한 능력을 요구하는 것은 정상적으로 사고하고 판단하는 인간에 대해서만 형사책인을 물을 수 있다는 사고에서 출발한다. 그러므로 책임능력은 형벌능력(수형능력)을 의미하지 않으며 정상적 의사결정능력을 전제로 하는 범죄능력을 의미한다고 보아야 한다. 형법이 행위시에 책임능력이 존재하여야 하는 것도 이 때문이다. 책임능력에 관한 형법규정으로는 형사미성년자(제9조), 심신상실자와 심신미약자를 포함하는 심신장애인(제10조), 청각 및 언어 장애인(제11조)이 있다.

그러나 '성폭력범죄의 처벌 등에 관한 특례법'은 형사책임능력에 관한 특별규정을 두고 있다. 즉, 제20조(형법상 감경규정에 관한 특례)에서 "음주 또는 약물로 인한 심신장애 상태에서 성폭력범죄(제2조 제1항 제1호의 죄는 제외한다)를 범한 때에는 형법 제10조 제1항 · 제2항 및 제11조를 적용하지 아니할 수 있다"고 규정하고 있다. 또한 '아동 · 청소년의 성보호에 관한 법률'(제7조의2)에서도 음주 또는 약물로 인한 심신장애 상태에서 아동 · 청소년대상 성폭력범죄를 범한 때에는 형법 제10조 제1항 · 제2항 및 제11조를 적용하지 않을 수 있다고 규정하여 심신장애인과 청각 및 언어 장애인의 책임능력이 인정될 수도 있음을 의미하여 성폭력범죄에 대한 형사책임능력의 제한을 억제하고 있다.

Ⅱ. 책임무능력자

1. 형사미성년자

14세되지 아니한 자의 행위는 벌하지 아니한다(제9조). 이를 형사미성년자라고 하며, 생물학적 기준에 의하여 일률적으로 형사책임능력을 부인한 것이다. 형사미성년자 가운데 범죄행위를 한 10세 이상 14세 미만의 소년을 촉법소년觸法少年이라고 부른다(소년법 제4조 제1항 제2호). 촉법소년의 범죄행위는 형사처벌의 대상은 아니지만 소년법상 보호처분의 대상이 된다. 형사책임능력이 인정되는 14세 이상의 소년이라고 하더라도 19세 미만의 자는 '소년'으로 분류되어 소년법의 적용을 받는다. 즉 14세 이상 19세 미만의 소년으로서 형벌법규를 위반한 소년을 범죄소년이라고 한다(소년법 제4조 제1항 제1호). 범죄소년이 법정형 장기 2년 이상의 유기형에 해당하는 죄를 범한 때에는 법정형의 범위 안에서 장기와 단기를 정한 부정기형을 선고한다. 이 경우 장기는 10년, 단기는 5년을 초과하지 못한다(소년법 제60조 제1항). 또한 죄를 범할 당시 18세 미만의 소년에 대해서는 사형 또는 무기형으로 처할 것인 때에는 15년의 유기징역으로 하여야 하며(소년법 제59조), 원칙적으로 형법 제70조의 규정에 의한 환형유치처분을 하지 못한다(소년법 제62조).

2. 심신상실자

심신장애로 인하여 사물을 변별할 능력이 없거나 의사를 결정할 능력이 없는 자를 심신상실자라고 하며 심신상실자의 행위는 벌하지 아니한다(제10조 제1항). 심신장애는 심신상실의 생물학적 기초로서 정신병 또는 비정상적 정신상태와 같은 정신적 장애가 있는 것을 말한다. 예컨대 병적 정신장애(정신병), 정신박약, 중대한 의식장애와 정신병질과 같은 정신적 질환을 의미한다. 사물을 변별할 능력이란 행위의 성질이나 의미, 선악을 판단할 수 있는 능력을 의미한다. 곧 자신의 행위가 범죄행위라는 사실을 깨달을 수 있는 능력을 말한다. 의사를 결정할 능력이라 함은 행위의 의미를 인식하고 이에 따라 자신의 행위를 조종할 수 있는 능력을 의미한다.

심신상실은 심신장애와 같은 정신적 장애로 말미암아 사물에 대한 변별능력이나 그에 따른 행위통제능력이 결여 또는 감소되었음을 요한다. 따라서 정신적 장애가 있는 자라고 하여도 범행 당시 정상적인 사물변별능력과 행위통제능력이 있었다면 심신장애로 볼 수 없다(대판 1992. 8. 18, 92도1425). 그리고 특별한 사정이 없는 한 성격적 결함을 가진 사람에 대하여 자신의 충동을 억제하고 법을 준수하도록 요구하는 것이 기대할 수 없는 행위를 요구하는 것이라고는 할 수 없으므로, 무생물인 옷 등을 성적 각성과 희열의 자극제로 믿고 이를 성적 흥분을 고취시키는 데 쓰는 성주물성애증이라는 정신질환이 있다고 하더라도 그러한 사정만으로는 절도 범행에 대한 형의 감면사유인 심신장애에 해당한다고 볼 수 없고, 다만 그 증상이 매우 심각하여 원래의 의미의 정신병이 있는 사람과 동등하다고 평가할 수 있거나, 다른 심신장애사유와 경합된 경우 등에는 심신장애를 인정할 여지가 있다(대판 1995. 2. 24, 94도3163). 이 경우 심신장애의 인정 여부는 성주물성애증의 정도 및 내용, 범행의 동기 및 원인, 범행의 경위 및 수단과 태양, 범행 전후의 피고인의 행동, 범행 및 그 전후의 상황에 관한 기억의 유무 및 정도, 수사 및 공판절차에서의 태도 등을 종합하여 법원이 독자적으로 판단할 수 있다(대판 2013. 1. 24, 2012도12689; 1994. 5. 13, 94도581).

심신상실자의 행위는 벌하지 아니한다는 의미는 책임이 인정되지 않아 범죄가 성립하지 않아 처벌할 수 없다는 의미이다. 이와 같이 형법 제10조 제1항에 따라 벌할 수 없거나 같은 조 제2항에 따라 형이 감경되는 심신장애자로서 금고 이상의 형에 해당하는 죄를 지은 자가 치료감호시설에서 치료를 받을 필요가 있고 재범의 위험성이 있는 경우에는 치료감호대상자에 해당한다(치료감호법 제2조 제1항 제1호).

심신장애의 상태에 있었는지 여부에 대하여는 감정을 실시하여 그 결과까지 종합해 본 다음 범행 당시 심신상실 내지 심신미약의 상태에 있었는지 여부를 판단하여야 한다(대판 2011. 6. 24, 2011도4398). 다만 형법 제10조 제1항, 제2항에 규정된 심신장애의 유무 및 정도의 판단은 법률적 판단으로서 반드시 전문 감정인의 의견에 기속되어야 하는 것은 아니고, 정신분열증의 종류와 정도, 범행의 동기, 경위, 수단과 태양, 범행 전후의 피고인의 행동, 반성의 정도 등 여러 사정을 종합하여 법원이 독자적으로 판단할 수 있다(대판 1999. 1. 26, 98도3812).

판례 심신상실을 인정한 경우

• 범행당시 자신이 다니던 교회목사를 "사탄"이라고 생각하고 그를 죽여야만 피고인 자신이 천당에 갈 수 있다고 믿어 살해한 사건에서, 대법원은 범행 당시 정신분열증으로 심신장애의 상태에 있었던 피고인이 피해자를 살해한다는 명확한 의식이 있었고 범행의 경위를 소상하게 기억하고 있다고 하여 범행당시 사물의 변별능력이나 의사결정능력이 결여된 정도가 아니라 미약한 상태에 있었다고 단정할 수는 없는 것이므로 피고인은 정신분열증에 의한 망상에 지배되어 사물의 선악과 시비를 구별할 만한 판단능력이 결여된 상태에 있었던 것으로 보았다(대판 1990. 8. 14, 90도1328).

• 정신분열증으로 피해자가 사상적으로 불순하고 피고인의 종교생활을 방해하며 방사선으로 피고인을 고문할 것이라는 피해망상에 사로잡혀 이에 대한 정당방위를 한다고 살인미수를 범한 사건에서 대법원은 심신상실을 인정하였다(대판 1970. 7. 28, 70도1358).

Ⅲ. 한정책임능력자

1. 심신미약자

심신장애로 인하여 사물을 변별한 능력이나 의사를 결정할 능력이 미약한 자의 행위는 형을 감경할 수 있다(제10조 제2항). 심신미약자의 형을 필요적 감경에서 임의적 감경으로 개정한 것은 형법상의 책임원칙은 유지하되 감형 여부는 법관의 재량과 사건의 경중 등에 따라 신축적으로 적용할 수 있기 위한 것이다. 심신미약자도 금고 이상의 형에 해당하는 죄를 범한 경우에는 치료감호의 대상이 된다(치료감호법 제2조 제1항 제1호).

판례 심신미약

① 망상형 정신분열증질환과 심신미약

• 치료감호를 받은 전력이 있는 피고인이 같이 식사를 하러 갔던 다방종업원이 시간요금을 받고도 시간 전에 돌아가려고 한다는 이유로 소지하고 있던 식칼을 꺼내 들고 휘두르는 것을 식당 종업원인 피해자(여, 72세)가 제지하자, 이에 격분하여 들고 있던 식칼로 피해자를 찔러 사망하게 하였다.

피고인은 검찰조사에서 자기를 죽이려는 자가 있어서 칼을 소지하고 다닌다는 등의 말을 하여 피고인에 대한 정신감정을 실시하였는데, 이에 의하면 피고인이 망상형 정신분열증질환을 가지고 있으나 이 사건 범행은 환청이나 피해망상이 관련되어 있지 않았고, 자살하려던 피고인의 억압된 분노가 술로 인하여 억압되지 못하고 타인에게로 향해져 야기된 것으로 추정되며, 피고인은 생물학적으로 정신분열증을 가지고 있지만 범행 당시 살인의 위법성을 모르고 있었다고 생각하기 어려우며 술로 인해 억제기능이 저하되어 있기는 하지만 의사결정능력이 없다고 보기는 어렵다는 취지로 감정하였다. 대법원은 피고인이 정신질환으로 말미암아 그 억제능력이 저하되어 억제하지 못하고 범행에 나간 것이라면 정신질환은 행위통제능력감소의 원인을 이루고 있다고 보아 심신미약을 인정하였다(대판 1992. 8. 18, 92도1425).

② 충돌조절장애와 심신미약

• 자신의 충동을 억제하지 못하여 범죄를 저지르게 되는 현상은 정상인에게서도 얼마든지 찾아볼 수 있는 일로서, 특단의 사정이 없는 한 이와 같은 성격적 결함을 가진 사람에 대하여 자신의 충동을 억제하고 법을 준수하도록 요구하는 것이 기대할 수 없는 행위를 요구하는 것이라고는 할 수 없으므로, 원칙적으로 충동조절장애와 같은 성격적 결함은 형의 감면사유인 심신장애에 해당하지 아니한다고 봄이 상당하지만, 충동조절장애와 같은 성격적 결함이라 할지라도 **그것이 매우 심각하여 원래의 의미의 정신병을 가진 사람과 동등하다고 평가할 수 있는 경우에는 그로 인한 범행은 심신장애로 인한 범행으로 보아야 한다**(대판 2006. 10. 13, 2006도5360).

대법원은 이 사건에서 충돌장애에 대한 심신장애를 부정한 다른 사건들(대판 2011. 2. 10,

2010도14512; 2009. 2. 26, 2008도9867)과 달리 피고인의 병력, 가족관계, 성장환경, 그 동안의 전력, 피고인의 범죄 횟수 및 그 시간적 간격, 이 사건 각 범행 전후의 정황, 피고인에 대한 정신감정결과 등에 비추어 보면, 이 사건 각 범행은 피고인이 원래의 의미의 정신병을 가진 사람과 동등하다고 평가할 수 있는 정도로 매우 심각한 충동조절장애와 같은 성격적 결함으로 인하여 사물을 변별하거나 의사를 결정할 능력이 미약해진 상태에서 순간적으로 저지른 것일 가능성도 없다고 단정하기는 어렵다고 판시하였다.

2. 청각 및 언어 장애인

듣거나 말하는 데 모두 장애가 있는 사람의 행위에 대해서는 형을 감경한다(제11조). 이러한 장애의 원인은 선천적이든 후천적이든 불문한다. 그러나 청각 및 언어 장애인에 대한 교육의 발달로 인하여 이들에 대한 형사책임능력의 예외 인정은 폐지되는 경향이다. 예를 들면 독일의 경우 이러한 규정이 없으며 일본형법(제40조)에서도 1995년에 삭제되었다. 그러므로 청각 및 언어장애인에 대한 별도의 규정보다는 일반적인 심신장애 여부를 판단하여 처리하는 것이 입법론상 타당하다.

Ⅳ. 원인이 자유로운 행위

> 제10조(심신장애자) ③ 위험의 발생을 예견하고 자의로 심신장애를 야기한 자의 행위에는 전 2항의 규정을 적용하지 아니한다.

1. 의 의

원인이 자유로운 행위(actio libera in causa)는 책임능력 있는 자가 자의로 자신을 심신장애상태에 빠뜨리고 이러한 상태에서 하는 범행을 말한다. 예를 들어 음주나 약물복용과 같은 자책적인 원인으로 심신장애상태를 초래하고(원인설정행위) 이 상태에서 위법한 행위를 한 경우에 형법은 제10조 제1항과 제2항의 규정을 적용하지 않고 행위자를 처벌한다고 규정하여 구성요건 해당행위시에 책임능력이 존재할 것을 요구하는 행위·책임능력 동시존재의 원칙에 대해서 예외를 인정한 것이다. 이 유형은 실정법 규정이 없는 독일의 판례·학설에 의하여도 인정되고 있다.

2. 법적 근거

원인이 자유로운 행위의 법적 근거는 형법 제10조 제3항이다. 이에 대해 구성요건모델과 예외모델(책임모델 또는 확장모델이라고도 부른다)이라는 개념을 동원하여 설명하는 견해가 우리 학계의 다수설이다. 예외모델이란 원인이 자유로운 행위는 형법상 행위와 책임이 동시에 존재하여야 한다는 책임의 기본원칙에서 벗어나는 형태이므로 예외로서 인정되는 모델이라는 것이다(다수설). 구성요건모델이란 원인이 자유로운 행위에 대하여 책임을 인정하는 것이 행위·책임능력의 동시존재원칙에 위배되지 않는다고 본다(독일판례(BGHSt 17, 259)는 구성요건모델에 가깝다). 그 이유는 책임능력에 장애를 일으킨 원인행위시에 이미 구성요건 실현행위가 개시된 것으로 보기 때문이다. 즉 원인행위시까지 확장하여 구성요건 실현행위를 인정하기 때문에 구성요건모델이라고 부른다. 구성요건모델과 관련하여 원인이 자유로운 행위를 간접정범과 유사한 것으로 파악하는 견해도 있다. 자신을 심신장애상태로 만들어서 이를 이용하여 범행을 하기 때문이라는 것이다.

이러한 논의는 독일형법이 원인이 자유로운 행위에 관한 직접적 근거규정을 두지 않으면서도 판례·학설이 인정하고 있기 때문에 행위자에 대한 책임능력을 인정하는 데에 난관에 봉착하게 되어 이를 이론적으로 설명하기 위하여 주장되는 것이다. 그러나 원인이 자유로운 행위에 관한 직접적인 근거규정을 두고 있는 우리 형법 상황에서 책임능력에 관한 제10조 제1항, 제2항을 적용하지 않는다고 규정하고 있기 때문에 이를 정당화할 근거를 위의 두 가지 모델에서 찾는 것은 불필요하다(전지연, 원인에서 자유로운 행위, 한림법학 FORUM, 1994, 89면).

3. 가벌성의 근거

원인이 자유로운 행위의 법적 근거와 별도로 범행 당시에 책임능력의 존재를 전제로 하는 책임주의와 현상적으로는 일치하지 않는 문제에 관한 이론적 논의가 가벌성의 근거에 관한 것이다. 즉 제10조 제3항의 이론적 근거인 셈이다. 이에 관해서는 세 가지 견해가 있다.

(1) 원인설정행위설

심신장애상태를 야기하는 원인설정 행위시에는 책임능력이 있었으므로 이에 대한 책임비난이 가능하다고 보는 견해이다. 그러나 구성요건에 해당하지 않는 원인설정행위(심신장애야기행위) 자체만으로 가벌성의 근거를 삼기에는 무리가 있다.

(2) 실행행위설

책임능력이 결여된 상태에서 한 실행행위가 가벌성의 근거라고 보는 견해이다. 이 견해는 행위시에 책임능력이 존재하여야 한다는 원칙에 대한 예외로서 원인이 자유로운 행위의 가벌성을 인정하는 것이다. 이 견해를 따른다면 원인설정행위와 무관하게 가벌성을 인정하므로 원인이 자유로운 행위를 특별히 인정할 실익도 없게 된다.

(3) 결합설

원인설정행위와 실행행위를 결합하여 원인이 자유로운 행위의 가벌성의 근거가 된다는 견해(통설)로, 행위자가 자의로 심신장애상태라는 원인설정행위를 야기하고 이에 따라 구성요건을 실현하였다는 점에서 원인설정행위는 실행행위의 필요적 전 단계로서 양자의 상관관계를 인정할 수 있으므로 원인이 자유로운 행위를 처벌하는 것이 책임주의와 배치되지 않는다고 본다. 즉 심신장애 야기행위와 구성요건 실현행위 간에 연속성(연관성)을 인정하여 전체로서 책임능력을 인정하는 것으로서 이 견해가 타당하다.

4. 유 형

(1) 원인이 자유로운 고의행위

원인이 자유로운 고의행위란 행위자가 범행에 대한 고의를 가지고 자의로 심신장애상태에 빠뜨리고 이러한 상태를 이용하여 구성요건을 실현한 경우를 말한다. 주의할 점은 심신장애상태를 야기하는 원인설정행위가 고의행위인 것이 아니라 심신장애상태에서 범하려고 하는 구성요건 해당행위에 대해서 고의가 인정되어야 한다는 것이다.

판례 마약류 복용과 원인이 자유로운 행위

• 수회 폭력범죄의 전과기록이 있는 피고인이 폭력배인 다른 피고인 등에게는 범행도구로 사용하기 위하여 칼, 야구방망이 등의 흉기를 구입하도록 지시하고, 자신은 **남력을 키우기 위하여 히로뽕을 투약하는 등의 행위는 자의로 심신장애를 야기**한 경우에 해당한다고 보았다. 이에 따라 피고인에게 형법 제10조 제3항에 의하여 심신장애로 인한 감경 등을 할 수 없다고 하면서 살인죄를 인정하였다(대판 1996. 12. 23, 96도2588).

• 피고인들은 피해자 갑(여)을 범행장소로 유인하여 잔인한 방법으로 살해하여 매장한 다음, 곧이어 살인범행을 숨기기 위하여 갑의 행방을 찾고 있던 갑의 애인 을에게 갑의 거처로 데려다 준다고 속여 최초의 범행장소 부근으로 유인하여 살해하여 매장하였다. 대법원은 피고인들이 상습적으로 대마초를 흡연하였고 이 사건 살인범행 당시에도 대마초를 흡연하여 그로 인하여 심신이 다소 미약한 상태에 있었음은 인정되지만, 이는 **피고인들이 피해자들을 살해할 의사를 가지고 범행을 공모한 후에 대마초를 흡연**하고, 범행을 한 것으로 대마초 흡연시에 이미 범행을 예견하고도 자의로 위와 같은 심신장애를 야기한 경우에 해당하므로, 형법 제10조 제3항에 의하여 심신장애로 인한 감경 등을 할 수 없다고 판시하였다(대판 1996. 6. 11, 96도857).

이 판례에서 알 수 있듯이 대마초 흡연(원인설정행위)이 고의행위인 것이 아니라 먼저 살인의 고의를 가지고 대마초를 흡연한 것이다. 그러므로 대마초 흡연행위를 고의에 의한 원인설정행위로 파악하고 살인의 고의와 함께 이중의 고의를 인정한 판례처럼 해석하는 것은 정확하지 않다.

원인설정행위시의 고의내용 및 실현한 행위와의 일치성과 관련해서는 첫째, 고의는 구체적이고 특정되어야 한다. 막연히 어떠한 행위를 하게 되리라는 생각만으로 심신장애상태를 야기한 후 구성요건이 실현된 경우에는 원인이 자유로운 고의행위에 해당하지 않으므로 발생한 결과에 대한 행위자의 책임능력이 문제된다(경우에 따라서는 원인이 자유로운 과실행위에 해당할 수 있을 것이다). 그러나 세부사항까지 구체적이고 발생한 결과가 이와 일치할 필요는 없다. 예를 들어 아무 여성이나 강간하려고 결심하고 대마초를 흡연한 다음 특정 여성을 강간하였다면 원인설정행위시에 목표로 삼은 여성이 특정되지 않았어도 고의가 인정된다. 이처럼 원인이 자유로운 고의행위에는 심신장애 상태 야기시의 범행에 대한 고의와 심신장애상태에서 실행에 착수하는 시점에서의 고의라는 '이중의 고의'가 필요하다. 둘째 원인설정행위시에 가졌던 고의와 실제로 발생한 결과가 일치하지 않는 경우에는 착오의 예에 따라 처리한다. 그러나 심신장애 상태 전과 후의 고의가 다른 경우에는 변경된 고의에 의한 범죄행위를 처벌할 근거는 없다. 또한 원인이 자유로운 고의행위나 과실행위처럼 특정 범죄에 대한 고의나 결과 발생에 대한 예견가능성 없이 단순히 과도한 음주나 약물투여를 한 후 범죄행위를 한 경우에도 마찬가지이다. 이 경우에는 제10조 제3항에 해당하지 않게 되어 제1항 또는 제2항의 적용을 받기 때문이다. 과도한 음주행위나 마약류 등의 약물투여행위가 초래할 법익 침해의 위험성을 고려할 때 입법적 보완이 필요한 부분이다.

원인이 자유로운 고의행위의 실행의 착수시점은 구성요건에 해당하는 행위를 실행한 시점(실행행위시설)이다(통설). 원인설정행위는 책임의 근거는 될 수 있지만 이를 곧 실행의 착수로 볼 수는 없다. 부작위범의 경우 실행의 착수시점은 심신장애야기시설과 부작위시설로 나뉜다. 실행의 착수시점은 범죄구성요건을 실현하기 위한 직접적인 착수 여부를 기준으로 판단하여야 한다고 볼 때 부작위범의 경우 작위의무이행이 요구되는 시점을 기준으로 하여야 한다. 이러한 관점에서 심신장애 야기시에 이미 작위의무이행에 대한 기대는 무산된 것으로 보아 이 시점을 실행의 착수로 보는 것이 타당하다.

(2) 원인이 자유로운 과실행위

원인이 자유로운 과실행위는 자의로 심신장애 상태를 야기하고 과실로 구성요건적 결과를 발생시킨 경우를 말한다. 대표적인 예가 자동차를 운전하고 귀가할 생각을 하면서도 음주 후 자동차 운전을 하다가 교통사고를 낸 경우이다. 또한 평소에 주사가 심한 사람이 과음 후에 길 가던 사람에게 시비를 걸면서 폭행하여 사망하게 한 경우에도 책임능력을 인정하여 폭행치사죄가 성립한다. 이 경우 과실범으로서의 주위의무위반은 교통사고를 내거나 폭행을 하기 이전 시점, 즉 음주시부터 이미 인정된다고 볼 수 있다.

판례 스스로 명정상태에 빠진 후 운전을 한 결과 행인을 치어 사망하게 한 사건

• 형법 제10조 제3항의 규정은 고의에 의한 원인에 있어서의 자유로운 행위만이 아니라 과실에 의한 원인에 있어서의 자유로운 행위까지도 포함하는 것으로서 위험의 발생을 예견할 수 있었는데도 자의로 심신장애를 야기한 경우도 그 적용대상이 된다고 할 것이어서, 이 사건에서 피고인이 음주시에 교통사고를 일으킬 위험성을 예견하였는데도 자의로 심신장애를 야기한 경우에 해당하므로 형법 제10조 제3항에 의하여 심신장애로 인한 감경 등을 할 수 없다고 판시하였다(대판 1992. 7. 28, 92도999).

한편 도로교통법 제44조 제1항은 술에 취한 상태에서의 운전 금지를 규정하고 있으며, 제148조의2는 이를 위반한 행위에 대한 처벌조항을 두고 있다. 즉 주취운전행위는 구성요건해당행위이므로 원인이 자유로운 행위에 관한 제10조 제3항이 적용될 여지가 없다. 주취상태에서 자동차를 운전하는 행위는 원인행위가 아니라 그 자체가 구성요건 실현행위에 해당하기 때문이다. 즉 이러한 구성요건상의 행위는 구성요건해당행위와 분리되는 결과의 야기로 볼 수 없다.

원인이 자유로운 과실행위가 성립하기 위해서는 과실범에서 요구되는 주의의무위반이 있어야 한다. 반면에 심신장애 상태를 야기한 이후에 결과 발생을 방지하기 위한 안전조치를 하였으나 결국 예상하지 못한 원인으로 인하여 결과가 발생한 경우에는 여기에 해당하지 않는다.

5. 성립요건

(1) 자의로 심신장애 야기

심신장애 야기행위는 자의로 하여야 한다. 이 점에 관해서 우리나라의 다수설에서는 이를 고의나 과실에 의한 원인설정행위로 파악하고 있다. 즉 원인설정행위 자체를 고의나 과실로 야기하는 것을 전제로 하고 있으며 그 결과 원인이 자유로운 행위의 유형을 4유형설, 8유형설 등으로 분류를 하고 있다. 물론 원인설정행위시에 장래의 범행에 대하여 고의범행을 계획할 수도 있고, 부주의하여 과실범 발생가능성을 소홀히 할 수도 있다. 그러나 원인설정행위 자체는 구성요건과 무관한 행위이기 때문에 이를 구성요건 요소인 고의나 과실행위로 이해하는 것은 잘못이다.

또한 고의를 가지고 심신장애를 야기한다는 것을 심신장애 야기행위 자체에 대한 고의가 있다는 것으로 이해하는 것은 오해이다. 예를 들어 사람을 죽일 계획으로 술을 마시면서 총을 손질하다가 자기도 모르는 사이에 대취하면 이를 과실에 의한 음주행위로 판단하고, 대취할 생각으로 마시다가 결국 대취하면 고의적인 음주행위라고 나누어 평가하는 것은 이해하기 어렵다. 이 경우는 모두 자의에 의한 심신장애 상태 야기라고 보아야 하기 때문이다. 그리고 이처럼 '과실로' 심신장애 상태를 야기하였다고 해석한다면 이를 자의로 심신장

애 상태를 야기하였다고 보기도 어려워 형법 규정과도 배치된다. 그러므로 원인이 자유로운 행위에서 원인설정행위는 이를 고의나 과실에 의하여 야기하였기 때문에 책임능력을 인정하는 것이 아니라는 점을 인식하여야 한다.

결론적으로 '자의로'의 의미는 고의범행을 하기 위하여 자발적으로 심신장애를 야기할 행위(음주, 약물투여 등)를 하거나, 심신장애 상태에 빠질 것이 분명한데도 불구하고 이러한 행위를 스스로 하였다는 의미로 해석하여야 하며, 그리하여 결국 계획한 고의범을 실현하거나 주의의무위반으로 이어져서 과실범의 구성요건을 실현시켰기 때문에 책임능력을 인정하여 처벌하는 것이다.

(2) 위험 발생의 예견

제10조 제3항의 '위험의 발생을 예견하고'는 위험의 발생을 예견한 경우뿐 아니라 예견가능하였던 경우도 포함되는 것으로 해석한다(통설). 즉, 행위자는 위험의 발생 또는 위험 발생의 가능성을 예견하여야 한다는 것이다. 이 의미는 고의범의 경우에는 본인의 범행계획에 따른 것이므로 당연히 예견한다고 보아야 할 것이고, 과실범의 경우에는 예견가능성을 포함한다고 보아야 한다. 예견은 미래를 향한 현재시점에서의 판단이기 때문에 예견과 예견가능성은 근본적인 차이가 있는 것이 아니라 양자 모두 그 내용이 확정적이지 못하다는 점에서 마찬가지이다. 오히려 원인이 자유로운 과실범의 경우에는 통상적인 과실범의 경우보다 예견가능성이 높다고 할 수 있다. 왜냐하면 운전을 하고 귀가할 사람이 술을 마시는 것과 같이 행위자의 자의적인 심신장애 야기행위는 이로 인한 주의의무위반의 가능성(교통사고의 발생가능성)을 충분히 인식하고 있음을 의미하며 이는 결과 발생에 대한 예견가능성을 높여주고 있다고 볼 수 있기 때문이다.

판례 음주운전과 원인에서 자유로운 행위

• 음주운전을 할 의사를 가지고 음주만취한 후 운전을 결행하다가 교통사고를 일으킨 경우에는 음주시에 교통사고를 일으킬 위험성을 예견하였는데도 자의로 심신장애를 야기한 경우에 해당하므로 형법 제10조 제3항에 의하여 심신장애로 인한 감경 등을 할 수 없다고 할 것이다(대판 2007. 7. 27, 2007도4484; 1992. 7. 28, 92도999).

V. 특별법상의 책임능력 배제

'아동·청소년의 성보호에 관한 법률'은 제19조(형법상 감경규정에 관한 특례)에서 "음주 또는 약물로 인한 심신장애 상태에서 아동·청소년대상 성폭력범죄를 범한 때에는 형법 제

10조 제1항 · 제2항 및 제11조를 적용하지 아니할 수 있다"고 하여 임의적 배제규정을 두고 있다. 또한 '성폭력범죄의 처벌 등에 관한 특례법'에서도 같은 규정을 두고 있다(동법 제20조).

제 3 절 위법성의 인식

Ⅰ. 의 의

위법성의 인식이란 행위자가 자신의 행위가 법 질서에 반하고 그렇기 때문에 법 규범으로 금지되어 있다는 점을 인식하는 것을 의미한다. 즉 자신의 행위가 구성요건에 해당하고 위법하다는 행위자의 인식을 말하므로 이를 불법인식이라고도 한다. 이러한 위법성의 인식은 책임의 독자적 요소로서 그 내용은 형법조문이나 행위의 범죄성에 대한 인식이 아니라 자신의 행위가 법적으로 금지되었거나 또는 사회정의나 조리에 맞지 않는다는 정도의 인식을 말한다. 과실범의 경우에도 위법성 인식은 필요한데 이 경우에는 양심을 긴장시키면 자신의 행위가 법익을 침해하거나 위태롭게 할 수 있을 것이라는 인식을 말한다.

판례 위법성 인식의 정도

• 갑은 면사무소 호병계상으로 재식하고 있음을 기화로 자신의 동거녀인 을과의 사이에 출생한 병을 자신의 법률상 처인 정과의 사이에서 출생한 것처럼 호적부에 허위의 기재를 한 후, 그 정을 모르는 면장으로 하여금 이에 날인케 하여 허위내용의 호적부를 작성하였다. 대법원은 범죄의 성립에 있어서 위법성의 인식은 그 범죄사실이 사회정의와 조리에 어긋난다는 것을 인식하는 것으로서 족하고 구체적인 해당 법조문까지 인식할 것을 요하는 것은 아니므로 설사 형법상의 허위공문서작성죄(제260조 제1항)에 해당되는 줄 몰랐다고 가정하더라도 그와 같은 사유만으로는 위법성의 인식이 없었다고 할 수 없다고 판시하였다(대판 1987. 3. 24, 86도2673).

Ⅱ. 위법성 인식의 범죄론 체계상 위치

1. 고의설

고의설은 고의를 책임 요소로 파악하고 고의의 내용으로서 구성요건 요소에 대한 인식 · 인용과 함께 위법성의 인식도 포함된다고 보는 이론이다. 그러므로 위법성에 대한 인식이 없으면 고의가 인정되지 않는다고 본다. 그 결과 고의설에서는 구성요건의 착오(사실의 착오)나 위법성의 착오(법률의 착오)를 구별할 실익이 없다. 위법성 인식이 결여되면 결국 고의가 인정되지 않으므로 고의를 부인하는 구성요건의 착오와 다를 바가 없기 때문이다. 그러나 살인죄와 같은 자연범의 경우와 달리 행정법규를 위반하는 법정범의 경우(예: 내부자거래, 주가조작과 같은 증권거래법위반범죄)에는 위법성 인식을 입증하기 어렵기 때문에 고의를 부인하게 되어 처벌상의 허점이 많게 된다. 이를 제한하기 위하여 제한적 고의설이 주장되었는데 이는 행위자가 법 적대적인 태도로 인하여 위법성에 대한 인식을 하지 못한 경우에는 고의를 인정하는 견해이다.

2. 책임설

책임설은 위법성의 인식을 고의가 아니라 책임 요소로 파악하기 때문에 붙여진 명칭이다. 책임설에서는 위법성을 인식하지 못하면 책임 요소가 결여된 것으로 본다. 그러므로 위법성의 착오를 일으켜 위법성을 인식하지 못한 경우에는 고의가 아니라 책임이 조각될 뿐이다. 위법성의 인식은 구성요건에 해당하는 구체적 사실에 대한 인식을 내용으로 하는 고의와 달리 행위자가 자신의 행위가 법적으로 금지된 사실을 인식하는 것이고, 그럼에도 불구하고 위법행위로 나아가기로 한 의사결정(이를 '구성요건적 고의'에 대응하여 '책임고의'로 부르기도 한다: 고의의 이중기능)을 비난하는 핵심 요소이다. 이러한 차이는 특히 구성요건의 착오와 위법성의 착오를 비교하면 쉽게 알 수 있다(후술 참조). 그러므로 위법성의 인식을 책임 요소로 파악하는 책임설의 입장이 타당하다(통설).

한편 위법성의 착오와 형태가 다른 위법성조각사유의 전제조건(성립요건)에 관한 착오의 경우에도 책임이 조각되는 것으로 보는 견해를 제한적 책임설과 구별하기 위하여 엄격책임설이라고 하며, 이 경우에는 위법성의 착오와 달리 취급하여 구성요건의 착오와 유사하므로 책임고의를 조각한다고 보지만 법적 효과에 대해서는 과실범으로 처벌하여야 한다는 제한적 책임설(다수설)로 나뉜다.

Ⅲ. 법률의 착오(금지착오)

> **제16조(법률의 착오)** 자기의 행위가 법령에 의하여 죄가 되지 아니하는 것으로 오인한 행위는 그 오인에 정당한 이유가 있는 때에 한하여 벌하지 아니한다.

1. 의 의

법률의 착오는 자기의 행위가 법령에 의하여 죄가 되지 아니하는 것으로 오인한 행위는 그 오인에 정당한 이유가 있는 때에 한하여 벌하지 않는 것(제16조)을 말한다. 즉 법률의 착오란 행위자가 자기 행위가 구성요건에 해당한다는 사실은 알고 있으나 그것이 법적으로 금지되어 있다는 점을 알지 못해 위법성의 인식이 결여된 것을 말한다. 그래서 이를 위법성의 착오 또는 금지착오(독일형법 §17)라고 부르기도 한다. 자연범보다는 법정범에서 나타나기 쉬운 착오이다.

구성요건의 착오에서 행위자는 죄의 성립 요소인 사실을 알지 못함으로써 자기가 무엇을 하고 있는지를 모르는 것임에 반해, 법률의 착오는 자기가 무엇을 하고 있는지는 알지만 그 행위가 위법하다는 사실을 알지 못하고 있는 점에서 다르다. 그러나 "법률의 부지는 용서받지 못한다"(ignorantia juris non excusat)는 법언이 있듯이 행위자가 자기 행위가 위법한 줄 몰랐다는 변명 앞에서 형법이 무력화되어서는 안 된다. 그러므로 형법은 위법성의 인식을 하지 못한 것에 정당한 이유가 인정되는 경우에 한하여 벌하지 않는다고 규정하고 있다.

2. 법률의 착오의 유형

위법성의 착오가 발생하는 경우를 살펴보면, ① 금지한 법 규범 자체를 알지 못하는 경우(법률의 부지), ② 당해 법 규범이 효력이 없다고 생각하는 경우(효력의 착오), ③ 해당 법규범에 대한 해석을 잘못하여 자기 행위가 위법하지 않다고 생각한 경우(포섭의 착오)가 있다. ①의 예로는 심신상실의 상태에 있는 여성과 성관계를 갖는 것(준강간죄·제299조)이 금지되어 있지 않다고 생각하고 성관계를 갖는 경우를 들 수 있다. ②의 예로는 낙태죄의 규정이 아직 폐지되지 않고 폐지를 논의하는 과정에 있음에 대하여 낙태죄의 규정이 폐지되었다고 생각하고 낙태를 한 경우이다. ③의 예는 선물로 받은 장물은 장물취득죄에 해당하지 않는다고 생각한 경우, 유흥업소 주인이 미성년자의 유흥업소 출입제한 연령을 오인하여 제한 연령의 미성년자를 출입시킨 경우, 법원의 집행관이 유체동산에 대한 가압류집행을 실시하고 표시를 한 경우에 그 봉인 등의 표시가 법률상 효력이 없다고 믿고 이를 손괴한 경우(대판 2000. 4. 21, 99도5563)를 들 수 있다. 이와 같은 경우를 직접적인 위법성의 착오라고 부를 수 있다. 이에 반해 위법성을 인식하고 있었지만 자신의 경우에는 위법성조각사유가 존재하는 것으로 오인한 경우를 간접적인 위법성의 착오라고 부른다. 그러나 이는 제16조의 법률의 착오에 해당하지 않는다.

3. 법률의 부지

(1) 의 의

법률의 부지不知란 행위자가 금지규범의 존재 자체를 알지 못한 결과 자기 행위의 위법성을 인식하지 못한 경우를 말한다. 법률의 착오의 전형적인 형태이지만 대법원은 이를 법률의 착오에 포함시키지 않고 있다(아래 판례 참조). 반면에 다수설은 이를 법률의 착오에 포함시켜야 한다는 입장이다.

(2) 법률의 부지와 대법원 판례의 입장

대법원은 법률의 착오는 자기 행위가 적법하다는 점에 대하여 적극적으로 인식한 경우에 한하여 인정된다는 입장이다. 환언하면 행위자가 자기 행위의 법적 금지사실을 소극적으로 모르는 것에 불과한 법률의 부지는 법률의 착오에 해당하지 않는다는 것이다. 이러한 판례의 태도는 표면상으로는 법률의 부지를 법률의 착오에서 제외시키는 것으로 볼 수 있으며, 가장 전형적인 법률의 착오 유형인 법률의 부지를 법률의 착오라고 보지 않는 것은 타당하지 않다. 그러나 판례에 나타난 구체적인 사안을 분석해 보면 법률의 부지, 즉 위법성의 인식을 하지 못한 데 대하여 정당한 이유가 인정되느냐의 문제로 귀착한다고 할 수 있다. 아래의 판례에서도 피고인의 나이나 경력, 직업 등을 고려할 때 법률의 부지를 주장하더라도 위법성의 인식이 결여되었다고 판단할 수 없다는 취지로 이해할 수 있다(또한 대판 2006. 1. 13, 2005도8873 참조).

판례 법률의 부지를 이유로 법률의 착오를 부인한 경우

• **사건개요** : 인터넷 포털 사이트 내 오락채널 총괄팀장과 오락채널 내 만화사업의 운영 직원인 피고인들에게, 콘텐츠 제공업체들이 게재하는 음란만화의 삭제를 요구할 조리상의 의무가 있음에도 불구하고 피고인들이 삭제를 요구할 법적인 작위의무를 알지 못하였다는 이유로 음란만화를 삭제할 것을 요구하지 않았다.

판결이유 : 대법원은 "형법 제16조 법률의 착오는 단순한 법률의 부지를 말하는 것이 아니고, **일반적으로 범죄가 되는 경우이지만 자기의 특수한 경우에는 법령에 의하여 허용된 행위로서 죄가 되지 아니한다고 그릇 인식하고 그와 같이 그릇 인식함에 정당한 이유가 있는 경우에는 벌하지 않는다**는 취지이다. … 피고인들의 **나이, 학력, 경력, 직업, 지능 정도 등 제반 사정에 비추어** 보면 피고인들의 행위가 죄가 되지 아니하는 것으로 오인한 데 정당한 이유가 있다고 볼 수 없다"고 하면서 피고인들에게 부작위에 의한 구 전기통신법위반방조죄(제48조의2)를 인정하였다(대판 2006. 4. 28, 2003도4128).

위법성의 인식은 구체적인 처벌법규를 인식하는 것이 아니라 특히 자기의 직업과 관련하여 금지규범의 존재 유무에 대하여 모호한 상황에서는 이를 적극적으로 파악하려는 노력 유무가 중요하다고 볼 수 있다. 특히 위법성의 인식은 형법규범과 관련해서는 발생할 가능성이 거의 없고 행정법규와 관련해서 발생할 가능성이 높으며 이 경우에는 이러한 업무에 종사하는 자의 관련 법규 확인을 위한 노력을 판단의 기준으로 삼아야 할 것이다. 이러한 관점에서 대법원의 판례 가운데에는 문의에 따른 관계기관의 회신이나 관계 장관의 고시를 믿고 한 행위에 대해서도 정당한 이유가 있는 착오로 보지 않는 것은 일종의 포섭의 착오에 해당하는 경우이지만 정당한 이유가 인정되지 않는다는 입장에서 법률의 착오로 보지 않는 것으로 볼 수 있다(아래 판례 참조). 그러므로 법원은 법률의 부지에 해당하므로 법률의 착오가 아니라는 논리에서 벗어나 정당한 이유 유무를 중심으로 판단을 하여야 할 것이다.

판례 관계기관의 회신 등을 믿고 한 행위와 법률의 착오

- 보건사회부장관고시 등은 그 기간 내에 형식승인기구로 교체하지 아니하더라도 허가의 취소 등 행정제재를 하지 않는다는 취지일 뿐, 공중위생법상의 벌칙규정에 대한 면책적 효력이 있다고 할 수 없다. 그러므로 "피고인이 비록 보건사회부장관의 고시에 의하여 당국의 형식승인을 받지 아니한 전자오락기구를 사용하였다 하더라도 피고인의 행위가 죄가 되지 아니하는 것으로 오인하는 데 정당한 이유가 있다고 볼 수 없다"(대판 1991. 8. 27, 91도1523).
- 유선방송업이 허가대상인지 여부에 대한 피고인의 질의에 대하여 체신부장관으로부터 "유선방송설비는 전기통신기본법상의 자가전기통신설비로는 볼 수 없으므로, 위 법 제15조 제1항의 규율대상이 아니라"는 내용의 회신을 받았더라도 해당 회신은 법령의 해석에 관한 법원의 판단을 기속하는 것은 아니라고 보아 법률의 착오를 인정하지 않았다(대판 1987. 4. 14, 87도160).

4. 정당한 이유

형법은 법률의 착오를 인정하기 위한 요건으로 '정당한 이유'를 규정하고 있다. 판례는 '정당한 이유'의 존부에 관하여 "행위자에게 자기 행위의 위법의 가능성에 대해 심사숙고하거나 조회할 수 있는 계기가 있어 자신의 지적 능력을 다하여 이를 회피하기 위한 진지한 노력을 다하였더라면 스스로의 행위에 대하여 위법성을 인식할 수 있는 가능성이 있었음에도 이를 다하지 못한 결과 자기 행위의 위법성을 인식하지 못한 것인지 여부"에 따라 판단하여야 한다고 판시하고 있다(대판 2013. 3. 14, 2010도410). 또한 이러한 위법성의 인식에 필요한 노력의 정도는 "구체적인 행위 정황과 행위자 개인의 인식능력, 그리고 행위자가 속한 사회집단에 따라 달리 평가"되어야 한다는 입장이다. '정당한 이유'에 대한 판례의 이와 같은 태도는 자기 행위의 위법가능성에 대한 심사숙고나 조회하는 것만으로 부족하고 구체적으로 위법성 인식가능성이 있어야 함을 전제로 한다.

한편 독일형법은 책임조각사유로서 법률의 착오(§17)를 인정하면서 '회피가능성'(Vermeidbarkeit)을 요건으로 하고 있다. 독일형법상의 회피가능성은 행위자의 능력이나 지식을 고려할 때 행위자가 자기 행위의 위법성을 인식할 수 있었거나 위법성 여부를 확인할 수 있어서 행위의 불법성을 인식할 수 있는 가능성을 의미한다(불법인식의 가능성과 조사·확인의무). 즉 위법성에 대한 현실적인 인식 여부가 아니라 당위성에 기초한 인식가능성 또는 인식 노력 유무를 의미한다. 이와 달리 '회피가능성'을 양심의 긴장(BGHSt 2, 194)과 같은 행위자의 도덕적 기준에 따라 판단하는 것은 옳지 않다. 우리 형법상 정당한 이유는 위법성을 인식하지 못한 원인에 대한 규정으로 해석하여야지 위법성을 인식하지 못한 행위자의 태도나 방식만을 기준으로 삼는 것은 타당하지 않기 때문이다. 즉 행위자가 양심의 긴장을 한 것만으로 위법성의 착오가 인정되는 것이 아니라 양심의 긴장을 하였더라도 위법성 여부에 대한 조사·확인의무를 소홀히 한 경우에는 정당한 이유는 존재하지 않는 것이다.

정당한 이유가 인정되기 위해서는 행위자 개인이 자기 행위의 위법성에 대한 구체적 인식가능성을 전제로 한다. 책임 요소인 위법성의 인식은 행위자 개인을 판단대상으로 하여야 하기 때문이다. 이 경우 평균인적인 판단을 기초로 하면서 개별적인 인식능력을 고려한다. 다시 말하면 행위자의 인식능력을 통하여 행위의 위법성을 인식할 수 있는 현실적인 가능성을 전제로 하므로 위법성을 인식하지 못한 것이 이러한 가능성의 한계로 인한 것이라면 이는 착오에 대한 정당한 이유가 있다고 볼 수 있다.

판례 인식능력과 법률의 착오

• 피고인들인 사이버팀 직원들은 국가정보원 직원이라는 신분을 숨기고 일반인으로 행세하면서 익명으로 위와 같은 사이버 활동을 하였는데, 이러한 업무수행 방법에는 상당성이 없다. 이러한 행위로 정당이나 일반 시민들의 정치활동 자유나 정치적 의사형성의 자유 등 기본권을 침해하는 결과가 발생할 수 있다고 충분히 예상할 수 있었다. 이 사건 사이버 활동은 특정 정당이나 정치인을 직접 지지하거나 반대하는 내용이 많아 그 내용 자체만으로도 행위의 정당성을 의심하기에 충분하다. 따라서 피고인들은 자신들의 행위가 위법할 수도 있다는 인식을 충분히 할 수 있었다(대판 2018. 4. 19, 2017도14322 전원합의체: 국정원직원 댓글사건).

• '경제의 안정과 성장에 관한 긴급명령' 공포 당시 기업사채를 신고하지 않은 피고인에 대하여, **겨우 국문정도 해득할 수 있는 60세의 부녀자**가 채무자로부터 사채신고권유를 받았지만 지상에 보도된 내용을 참작하고 **관할 공무원과 자기가 소송을 위임하였던 변호사에게 문의 확인**한 바 채권이 이미 소멸되었다고 믿고 또는 그렇지 않다고 하더라도 신고하여야 할 기업사채에 해당하지 않는다고 믿고 신고를 하지 아니한 경우에는 이를 벌할 수 없다(대판 1976. 1. 13, 74도3680).

이 판례는 행위자가 위법성을 인식할 가능성이 낮고, 관계 공무원과 전문가에게 확인의무까지 이행한 경우로서 정당한 이유가 인정되는 경우이다.

문제는 이러한 인식가능성의 범위 내에서 위법성을 인식하지 못한 경우이다. 이러한 상황은 행위자의 법 의식이나 도덕적 수준이 영향을 미쳐 위법성 판단을 그르친 경우가 해당될 수 있다. 이때에는 위법성 판단을 잘못한 원인이 행위자를 비난할 만한 사유인가 여부가 중요하다. 만일 행위자의 법 의식에 문제가 있거나 과실범에게 요구되는 주의의무처럼 오인의 내용이 행위자의 업무와 관련되어 있다거나 행위자에게 특히 중요한 사안일 경우에는 오인에 대한 책임이 인정된다고 보아 정당성이 인정되지 않는다고 보아야 한다. 그러나 행위자가 조회나 확인을 통하여 위법성이 없다고 판단한 경우에는 그러한 의무이행이 행위자의 업무와 관련하여 통상적으로 인정될 만한 수준이라면 위법성의 착오를 인정하여야 할 것이다.

판례 '정당한 이유'의 긍정과 부정

① '정당한 이유'를 부정한 경우

• 판결이유 : "피고인들이 **변리사로부터 그들의 행위가 고소인의 상표권을 침해하지 않는다는 취지의 회답과 감정결과**를 통보받았고, 피고인들의 행위에 대하여 **3회에 걸쳐서 검사의 무혐의 처분이 내려졌다가 최종적으로 고소인의 재항고를 받아들인 대검찰청의 재기수사명령에 따라 이 사건 공소가 제기**되었으며, 피고인들로서는 이 사건과 유사한 **대법원의 판례들을 잘못 이해함으로써 자신들의 행위는 죄가 되지 않는다고 확신**을 하였고, **특허청도 피고인들의 상표출원을 반아들여서 이를 등록**하여 주기까지 하였다는 등 피고인들이 주장하는 사유들만으로는 위와 같은 기준에서 볼 때 피고인이 자신의 행위가 고소인의 상표권을 침해하는 것이 아니라고 믿은 데에 정당한 이유가 있다고 볼 수 없다"(대판 1998. 10. 13, 97도3337)고 하여 법률의 착오를 부인하고 있다.

평 가 : 이 판례에서 피고인의 상표권 침해 여부와 관련된 행위는 피고인의 업무와 관련된 것이므로 일반인보다 더 행위의 위법성 여부 판단을 숙고하여야 할 경우에 해당한다. 그런데 판결내용을 보면 피고인은 변리사의 감정결과와 3회에 걸친 검사의 무혐의 처분 및 특허청의 상표등록 수리 등 상표권 침해에 대한 위법성 인식은 인정하기 어렵다고 본다. 또한 만일 피고인이 위의 과정을 통하여 상표권 침해 여부를 판단하였다면 위법성을 인식할 수 있는 현실적 수단은 사법적 심사 이외에는 없다고 보아야 할 것이다. 그러나 법원의 판결을 통한 사법적 심사는 위법성 판단의 기준이 될 수 없다. 구체적 사안에서 사법적 판단은 적법성 판단을 하기 위한 사전적 심사기능을 할 수 없으며 사후적 심사만 가능하기 때문이다.

② '정당한 이유'를 인정한 경우

• 건설폐기물 처리업 허가를 받은 피고인이 예정사업지에 건설폐기물 처리시설을 설치한 후 변경허가를 받음으로써 변경허가 없이 그 시설의 소재지를 변경하였다고 하여 구 건설폐기물의 재활용촉진에 관한 법률 위반으로 기소된 사안에서, 피고인이 예정사업지에 시설 등을 미리 갖춘 후 실제 영업행위를 하기 전에 변경허가를 받으면 된다고 그릇 인식한 것은 정당한 이유 있는 법률의 착오에 해당한다(대판 2015. 1. 15, 2013도15027).

• 광역시의회 의원이 선거구민들에게 의정보고서를 배부하기에 앞서 미리 관할 선거관리위원회 소속 공무원들에게 자문을 구하고 그들의 지적에 따라 수정한 의정보고서를 배부한 경우, 대법원은 "피고인으로서는 의정보고서 배부가 구 선거관리위원회의 공식적인 지도에 맞추어 행한 것으로 공직선거및선거부정방지법에 위반되지 않는다고 믿을 수밖에 없었고, 또 그렇

게 오인함에 있어서 정당한 이유가 있는 경우에 해당한다고 보아야 할 것"이라는 이유로 의정보고서의 배부로 인한 공직선거 및 선거부정방지법위반의 점에 대하여 무죄를 선고하였다(대판 2005. 6. 10, 2005도835).

• 외국인 근로자를 기술연수자로 모집한 다음 기술연수자로 입국시킨 후, 국내업체에 취업시키기로 마음먹고, 노동부장관의 유료직업소개사업허가를 받지 않고 외국인 근로자를 국내업체에 취업 알선을 한 직업안정 및 고용촉진에 관한 법률위반사건에서, 대법원은 "행정청의 허가가 있어야 함에도 불구하고 허가를 받지 아니하여 처벌대상 행위를 한 경우, 허가를 담당하는 공무원이 허가를 요하지 않는 것으로 잘못 알려 주어 이를 믿었기 때문에 허가를 받지 아니하였다면, 허가를 받지 않더라도 죄가 되지 않는 것으로 착오를 일으킨 데 대하여 정당한 이유가 있는 경우에 해당하여 처벌할 수 없다"고 판시하였다(대판 1995. 7. 11, 94도1814).

• 국민학교 교장이 도 교육위원회의 지시에 따라 교과내용으로 되어 있는 꽃 양귀비를 교과식물로 비치하기 위하여 양귀비 종자를 사서 교무실 앞 화단에 심은 것이라면 이는 죄가 되지 아니하는 것으로 오인한 행위로서 그 오인에 정당한 이유가 있는 경우에 해당한다(대판 1972. 3. 31, 72도64).

5. 환상범

자기 행위가 형벌규범에 의하여 금지되어 있지 않아서 처벌되지 않음에도 불구하고 처벌된다고 오인한 경우로서 환상범 또는 환각범이라고 한다. 예컨대 동성연애가 처벌된다고 믿은 경우, 참고인이 수사기관에서 허위진술을 하면 모두 처벌된다고 믿은 경우이다. 이는 처벌되는데도 처벌되지 않는다고 오인하는 법률의 착오와 반대되는 상황이므로 반대형태의 법률의 착오라고도 한다. 환상범은 처벌규정이 없는 경우이므로 당연히 처벌되지 않는다.

환상범은 위법성의 인식 여부를 떠나서 구성요건적 고의 자체가 존재할 수 없다. 반면에 불능미수(제27조)는 반대형태의 구성요건의 착오이므로 구성요건적 고의가 존재할 수 없다는 점에서는 환상범과 일치하지만 환상범이 법익침해적 요인이 전혀 없는 상황에서의 착오임에 반해 불능미수는 법익 침해의 위험성이 인정되는 경우에는 처벌된다는 점에서 양자는 다르다.

6. 위법성조각사유의 객관적 성립요건에 관한 착오

(1) 의 의

위법성조각사유의 객관적 성립요건에 관한 착오는 위법성조각사유에 해당하는 객관적 상황이 존재하지 않는데도 불구하고 행위자가 이러한 상황이 존재한다고 오인하고 정당방위나 긴급피난 등의 행위를 한 경우를 말한다. 예를 들어 현재의 부당한 침해가 없거나 현재 위난에 처하지 않았으므로 정당방위나 긴급피난을 하여야 할 객관적 상황이 아닌데도 불구하고 이러한 상황으로 오인하고 정당방위를 하거나(오상방위) 긴급피난을 한 경우(오상피난)가 이에 해당한다. 이는 착오의 경우에 해당하므로 허용구성요건의 착오라고도 한다.

한편 예를 들어 오상방위의 경우에서 정당방위의 객관적 상황 유무가 아니라 공격자의 행위 정도에 대한 오판을 하고 과잉방위를 하였을 경우를 오상과잉방위라고 한다. 이 경우 위법성조각사유의 성립요건에 관한 착오와 동일하게 취급할 것인지 여부가 문제된다. 오상과잉방위도 정당방위의 적법성 요건인 '상당성'과 관련한 착오에 해당하므로 오상방위와 동일하게 취급하는 것이 타당하다고 본다.

판례 **직무집행행위와 오상방위**

• 사건개요: 대전둔산경찰서는 강도강간미수 사건의 용의자를 검거하기 위해 경찰관들로 하여금 탐문 및 잠복근무를 하도록 하였다. 동 경찰서 소속 경찰관 갑과 을은 사복 차림으로 승용차에 타고 잠복근무를 하던 중 혼자 걸어가는 피고인을 발견하고 승용차에서 내려 피고인에게 다가갔다. 피고인은 갑이 경찰공무원증을 제시하면서 다가갔음에도 곧바로 갑과 반대방향으로 도망하여 갑은 뛰어서, 을은 승용차를 타고 피고인을 쫓아갔다. 피고인은 욕을 하면서 150~200m 가량 도망가다가 을이 승용차로 앞을 가로막자 굴러 넘어졌고 이에 갑은 피고인이 일어나 도망하려는 것을 제지하려고 하였는데 피고인은 갑 및 승용차에서 내린 을에게 주먹을 휘두르고 발길질을 하여 갑과 을에게 각각 약 3주간의 치료를 요하는 상해를 입게 하였다. 갑과 을은 피고인을 공무집행방해 혐의의 현행범으로 체포하였다. 피고인은 공무집행방해죄 및 상해죄로 기소되어, 원심은 정당방위를 인정하여 무죄를 신고하였고 상고심은 이를 파기 환송하였다.

판결이유: 가. 피고인이 불심검문 대상자가 될 수 있는지 여부

… 경찰관들이 피고인을 불심검문 대상자로 삼은 조치는 피고인에 대한 불심검문 당시의 구체적 상황과 자신들의 사전 지식 및 경험칙에 기초하여 객관적·합리적 판단과정을 거쳐 이루어진 것으로서, 가사 피고인의 인상착의가 미리 입수된 용의자에 대한 인상착의와 일부 일치하지 않는 부분이 있다고 하더라도 그것만으로 경찰관들이 피고인을 불심검문 대상자로 삼은 조치가 위법하다고 볼 수는 없다.

나. 피고인에 대한 불심검문의 적법성 여부

… 이 사건 불심검문은 강도강간미수 사건의 용의자를 탐문하기 위한 것으로서 피고인의 인상착의가 위 용의자의 인상착의와 상당 부분 일치하고 있었을 뿐만 아니라 피고인은 경찰관이 질문하려고 하자 막 바로 도망하기 시작하였다는 것이므로, 이러한 경우 원심으로서는 경찰관들이 피고인을 추적할 당시의 구체적인 상황 …경찰관들이 취한 행동을 면밀히 심리하여 경찰관들의 이 사건 추적행위가 사회통념상 용인될 수 있는 상당한 방법으로 이루어진 것인지 여부를 판단하였어야 할 것이다. 그럼에도 원심은… 경찰관들의 불심검문이 위법하다고 단정하여 위 공소사실에 대하여 모두 무죄를 선고하고 말았으니, …이를 지적하는 상고이유 주장은 이유 있다(대판 2014. 2. 27, 2011도13999).

평 가: 이 사건에서 대법원은 경찰관직무집행법상의 불심검문의 대상자 및 적법성을 중

심으로 판시하고 있다. 피고인의 입장에서는 자신이 불심검문의 대상자가 아니며 불심검문의 절차 역시 위법하므로 정당방위에 해당한다고 주장하였다. 정당방위를 인정하지 않을 경우 다른 한편으로는 사건의 내용상 피고인이 정당방위 상황임을 오인하였다는 가능성, 즉 오상방위 해당 여부가 문제될 수 있을 것이다. 즉 당시 피고인은 하루 또는 이틀 전에 일어난 강도강간미수 사건의 내용을 알지 못하는 상태였고, 늦은 시간에 길을 걸어가다 사복 차림의 불심검문을 받게 되자 경찰관이 아니라 소위 '퍽치기'를 하려는 자들로 오인하였던 것이라고 주장하고 있고, 피하려다 넘어진 피고인이 주변에 고성으로 '경찰을 불러 달라'고 요청하여 지나가던 택시 기사도 이 소리를 듣고 정차하였던 사실 등을 볼 때 그러하다.

(2) 엄격책임설과 제한적 책임설

형법은 위법성조각사유의 성립요건에 관한 착오에 대하여 규정하고 있지 않으므로 이에 대한 법적 취급에 대해서는 학설에 따를 수밖에 없으며, 범죄론에서 가장 논란이 많은 부분 가운데 하나이다. 학설은 이를 위법성의 착오와 구성요건의 착오 가운데 어느 유형의 착오와 유사한 것으로 보는가에 따라 대표적으로 엄격책임설과 제한적 책임설로 나뉜다.

1) 엄격책임설

엄격책임설은 위법성조각사유의 객관적 성립요건에 관한 착오를 위법성의 착오와 동일하게 취급하는 견해이다. 즉 위법성조각사유의 객관적 조건들은 구성요건 요소가 아니므로 구성요건의 착오와 다르며 위법성의 착오의 일종으로 보아야 한다는 것이다. 그러므로 이러한 착오에 정당한 이유가 인정되면 일단 구성요건적 고의는 인정되므로 형법 제16조를 적용하여야 한다는 결론이 된다. 그러나 엄격책임설은 위법성조각사유의 객관적 성립요건에 관한 착오가 위법성의 착오와 같은 위법성 판단에 관한 것이 아니라 사실관계에 관한 착오라는 점과 부합되지 않는 결론이어서 타당한 이론이라고 하기 어렵다.

2) 제한적 책임설

제한적 책임설은 엄격책임설을 수정한 견해라는 의미에서 제한적 책임설이라고 한다. 여기에는 그 논거에 따라 여러 견해가 주장된다.

① 과실책임의제설 또는 법률효과제한적 책임설이 있다. 이 학설은 위법성조각사유의 객관적 성립요건에 관한 착오가 사실관계에 관한 것이라는 점에서 법률효과의 측면에서는 구성요건의 착오와 구조적으로 유사한 것으로 이해하는 입장이다. 여기에서 착오를 한 행위자는 책임 요소로의 고의가 조각된다고 보는데, 이 경우 구성요건적 고의에 대비되는 책임 요소로서의 고의는 행위자가 자신의 행위가 법적으로 금지된 사실을 인식하였음에도 불구하고 위법행위로 나아가기로 한 의사결정을 의미한다(책임고의). 고의의 이중기능이 실질적인 의미가 있는 것은 이처럼 위법성의 착오에서 제한적 책임설을 따를 때이다. 제한적 책

임설 가운데에서도 과실책임의제설은 법률 효과의 측면에서 행위자에게 과실범에서의 부주의성이 인정되므로 정당방위 등을 하여야 할 객관적 상황인지 여부를 분명하게 파악하여야 할 책무를 다하지 못한 데에 대하여 과실이 인정되면 과실범(예: 과실치사·상죄 등)으로 처벌하여야 한다는 입장이다. 이 견해가 가장 합리적이라고 본다(김/김, 배종대, 신동운, 이/장/강, 이형국, 임 웅, 정영일).

② 구성요건의 착오 유추적용설은 이와 달리 위법성조각사유가 성립한다고 오신한 행위자는 법에 충실하였으나 다만 상황에 대한 판단에 착오를 일으킨 경우라고 보아 구성요건적 고의를 인정할 수 없다고 보는 견해이다(김/서, 손/김, 안동준, 이정원, 장영민, 하태훈). 이에 따르면 위법성조각사유의 전제사실에 관한 착오를 구성요건의 착오와 마찬가지로 취급하되 이러한 착오를 회피할 수 있었다면 과실범으로 처벌하여야 한다고 본다. 그리고 이 경우 착오행위의 불법성이 배제된다고 보기 때문에 공범의 종속성에 입각하여 공범도 성립할 수 없다고 한다(이 견해는 독일판례의 입장이기도 하다).

3) 소극적 구성요건 요소론

소극적 구성요건 요소론은 개별적인 위법성조각사유를 불법구성요건을 구성하는 소극적 요소로 파악하는 입장이다. 그 결과 고의의 인식 내용에는 구성요건 요소와 함께 위법성조각사유가 존재하지 않는다는 점까지도 포함된다. 그러므로 소극적 구성요건 요소인 위법성조각사유의 성립요건(전제사실)을 인식하지 못한 경우 구성요건의 착오에 해당하게 되어 고의가 인정되지 않는다(제13조 적용). 그러나 이 견해는 2단계 범죄론 체계를 전제로 하여 위법성을 구성요건의 한 요소로 포함시켜 이해함으로써 위법성의 독자성을 부인하게 되는 문제점이 있다.

(3) 반대형태의 경우

위법성조각사유의 객관적 성립요건에 관한 착오의 반대형태는 예를 들면 사이가 나쁜 옆집 창문을 깨버려야겠다는 생각에서 돌멩이를 던졌는데 바로 그때 가스에 중독되어 혼수상태에 있던 집주인이 깨진 창문 덕분에 생명을 건질 수 있었던 경우처럼 위법성조각사유가 존재함에도 불구하고 행위자가 이를 알지 못한 경우로서 위법성조각사유의 주관적 요건이 결여된 경우이다. 이 경우의 형사책임에 대해서는 다음과 같은 견해가 있다.

① 기수책임설은 주관적 정당화 요소가 결여되어 있으므로 위법한 행위에 해당하여 기수범으로서의 책임을 져야 한다는 입장이다(독일판례). 이에 따르면 위의 예에서 행위자는 손괴죄의 책임을 진다.

② 미수책임설은 이 경우 행위 반가치성은 인정되지만 결과 반가치성이 없으므로 미수범과 마찬가지로 취급하여야 한다는 견해이다. 이 견해가 타당하다.

제 4 절 책임조각사유

Ⅰ. 기대가능성

1. 개 념

기대가능성이란 행위자에게 범죄행위 대신 적법행위를 기대할 수 있는 가능성을 말한다. 규범적 책임론에서는 책임비난의 근거를 행위자가 범죄행위 대신 다른 행위를 할 수 있었던 가능성에 두기 때문에 적법행위에 대한 기대가능성이 없을 경우, 즉 기대불가능성을 독자적인 책임조각사유로 인정한다. 현재 기대불가능성을 초법규적 책임조각사유로 인정하는 견해와 개별적인 책임조각사유로 규정한 실정법 해석의 제한원리로 인정하는 견해로 나뉜다.

부작위범의 경우에는 작위(또는 행위)가능성과 구별하여 기대불가능성은 규범의 문제로서 책임조각사유이고 작위가능성은 사실문제에 해당한다는 견해가 있다. 그러나 부작위범은 작위범과 달리 외부적·적극적 행위가 없음에도 불구하고 행위로 인정하는 것이며, 인정의 근거는 작위의무를 진 자로서 작위가 가능함에도 불구하고 이를 하지 않았고 이로 인하여 결과가 발생한 점에 주목하는 것이다. 예를 들어 전혀 수영을 하지 못하는 작위의무자에게 익사한 사고현장에서의 구조의무 이행은 불가능하며, 이 상황에서 구조행위를 하지 않은 작위의무자에게는 구성요건에 해당하는 행위(부작위) 자체가 없었다고 하여야 할 것이다. 즉 작위의무자에게 결과 발생 방지를 기대할 수 없다면 이는 작위범에서 작위행위를 통한 결과 실현과 동가치성을 인정할 수 없는 것과 마찬가지이다. 그렇지 않고 기대불가능성을 책임조각사유로 본다면 최소종속설이나 제한적 종속설을 따를 경우 작위의무자에게 불가능하기 때문에 극히 위험한 작위의무 이행을 만류한 친구에 대하여 부작위범의 공범을 인정하게 되는 문제가 발생할 수 있다. 결론적으로 적법행위에의 기대가능성 여부는 부작위에서 구성요건해당성 여부를 판단하기 위한 조건에 해당한다고 보는 것이 타당하다(구성요건해당성배제설).

2. 기 능

기대가능성은 독자적인 초법규적 책임조각사유라고 보기보다는 기대가능성이 없기 때문에 책임이 조각되는 개별적인 사례군의 공통 요소를 나타내는 집합개념에 해당한다. 이에 따라 기대가능성을 개별적인 형법규정의 범위와 한계를 제한하는 원리로서 인정하게 되면 고의의 작위범에서는 기대불가능성만을 이유로 책임이 조각되지 않는다. 오로지 기대불가능성을 본질로 하는 개별적인 책임조각규정에 따라 판단할 뿐이다.

판례 기대불가능성

① 인정한 경우

• 동해방면에서 명태잡이를 하다가 기관고장과 풍랑으로 표류 중 북한군 함정에 체포되어 납북된 후 북한을 찬양, 고무 또는 이에 동조하고 우리나라로 송환되면서 여러 가지 지령을 받아 수락한 행위(구 반공법위반)는 **살기 위한 부득이한 행위로서 기대가능성이 없다**고 할 것이다(대판 1967. 10. 4, 67도1115).

• 입학시험에 응시한 수험생으로서 자기 자신이 부정한 방법으로 탐지한 것이 아니고 우연한 기회에 미리 출제될 시험문제를 알게 되어 그에 대한 답을 암기하였을 경우 그 암기한 답에 해당된 문제가 출제되었다 하여도 위와 같은 경위로서 암기한 답을 그 입학시험 답안지에 기재하여서는 안 된다는 것을 일반 수험생에게 기대한다는 것은 보통의 경우 도저히 불가능하다고 하여 업무방해죄의 성립을 부인하였다(대판 1966. 3. 22, 65도1164). 그러나 이 사안에서는 허위사실 유포나 위계·위력행사가 없었으므로 업무방해죄의 구성요건해당성 자체가 인정되지 않는다고 보아야 할 것이다.

② 부정한 경우

• 직장의 상사가 범법행위를 하는 데에 가담한 부하에게 직무상 지휘복종관계에 있다 하여 범법행위에 **가담하지 않을 기대가능성이 없다고 할 수 없다**(대판 1986. 5. 27, 86도614). 3중의 부정어법을 쓴 난해한 문장이다. 결론은 상사의 범법행위에 가담하지 않을 기대가능성이 인정되므로 강요된 행위에 해당하지 않는다는 것이다.

이처럼 판례 가운데에는 기대불가능성을 독자적인 책임조각사유로 인정하는 듯한 판결도 있다. 그러나 구체적으로 살펴보면 기대불가능성을 기저로 한 형법상 강요된 행위 규정(제12조)에 따르더라도 동일한 판단을 할 수 있는 경우이다.

기대가능성의 개별적 기능을 살펴보면 과실범에서는 객관적·주관적 주의의무의 이행을 기대할 수 없을 때에는 과실이 인정되지 않는다. 부작위범에서 적법행위에의 기대가능성은 부작위범의 가벌성을 인정하기 위한 전제조건이다. 그러므로 기대가능성은 보증인지위에서 비롯되는 작위의무를 제한하는 기능을 한다. 만일 작위의무를 이행하는 것이 보다 큰 위험을 수반할 것이 예상되면 부작위가 허용된다.

기대가능성은 책임을 조각시키는 독립적인 책임조각사유라고 하기보다는 여러 유형의 책임조각사유에 내재된 공통의 요소라고 보아야 한다. 형법상 기대불가능성을 이유로 한 책임조각·감경사유로는 강요된 행위(제12조), 과잉방위(제21조 제2, 3항), 과잉피난(제22조 제3항), 과잉자구행위(제23조 제2항), 친족 간의 범인은닉·증거인멸죄(제151조 제2항, 제155조 제4항)가 있다.

그리고 독자적 책임조각사유로서 인정하는 견해에서는 기대가능성 유무의 판단기준에 관해서 국가표준설, 평균인표준설, 행위자표준설의 입장이 있다. 판례는 "적법행위를 기대할 가능성이 있는지 여부를 판단하기 위하여는 행위 당시의 구체적인 상황하에 행위자 대신 사회적 평균인을 두고 이 평균인의 관점에서 그 기대가능성 유무를 판단하여야 한다"(대판 2016. 5. 12, 2013도15616; 2008. 10. 23, 2005도10101)고 하여 평균인표준설을 취하고 있다.

Ⅱ. 강요된 행위

> **제12조(강요된 행위)** 저항할 수 없는 폭력이나 자기 또는 친족의 생명, 신체에 대한 위해를 방어할 방법이 없는 협박에 의하여 강요된 행위는 벌하지 아니한다.

1. 의 의

저항할 수 없는 폭력이나 자기 또는 친족의 생명·신체에 대한 위해를 방어할 방법이 없는 협박에 의하여 구성요건에 해당하는 행위를 한 경우에는 책임이 조각되는 것을 강요된 행위라고 한다. 이는 행위자에게 다른 적법행위를 할 기대가능성이 없다는 점 및 예방적인 측면에서도 처벌의 필요성이 없기 때문에 책임조각사유로 규정한 것이다.

2. 성립요건

(1) 저항할 수 없는 폭력

강요된 행위에서 폭력은 상대방의 저항을 억압하기 위하여 사용되는 유형력을 의미한다. 폭력은 개념상 절대적 폭력과 강제적 폭력으로 나눌 수 있다. 전자는 사람을 저항할 수 없도록 하는 육체적·물리적인 유형력의 행사를 의미하며, 후자는 상대방의 의사형성에 영향을 미쳐 일정한 행위를 하거나 하지 못하도록 하는 심리적 강제력의 행사를 의미한다. 다수설은 이러한 분류에 따라 강요된 행위의 폭력은 강제적 폭력만을 의미한다고 본다. 물리적 폭력에 의한 피강요자의 행위는 피강요자의 의사에 의한 것이 아니므로 도구에 불과하여 형법상 행위로 볼 수 없다는 것이 그 이유이다.

판례 **강요된 행위를 인정한 경우**

• "형법 제12조의 저항할 수 없는 폭력은, 심리적인 의미에 있어서 육체적으로 어떤 행위를 절대적으로 하지 아니할 수 없게 하는 경우와 윤리적 의미에 있어서 강압된 경우를 말할 수 있

다 하겠으며, 일정한 협박이란 자기 또는 친족의 생명, 신체에 대한 위해를 달리 막을 방법이 없는 협박을 말하고, 강요라 함은 피강요자의 자유스런 의사결정을 하지 못하게 하면서 특정한 행위를 하게 하는 것"이라고 판시하고 있다(대판 1983. 12. 13, 83도2276). 판례 역시 제12조의 폭력을 심리적인 의미로 이해하는 것으로 보인다.

- 18세 소년이 취직할 수 있다는 감언에 속아 도일하여 조총련 간부들의 감시 내지 감금하에 강요에 못이겨 공산주의자가 되어 북한에 갈 것을 서약한 행위를 한 것은 강요된 행위라고 인정하였다(대판 1972. 5. 9, 71도1178).
- 어로작업 중 북한에 납치되어 북한의 활동을 찬양하고 그 구성원의 물음에 대하여 아는 사실을 답하고 물품을 받는 등의 행위는 강요된 행위라고 봄이 상당하다(대판 1968. 11. 5, 68도1334).

이러한 다수설의 분류는 폭력개념에 대한 분류라기보다는 폭력의 정도程度에 관한 분류라고 보는 것이 정확하다. 그러나 폭력개념은 이러한 분류보다는 폭력의 수단·방법을 중심으로 파악하는 것이 핵심이다. 다수설처럼 폭력을 심리적 폭력으로 이해할 경우 방어할 방법이 없는 협박과의 구별을 무의미하게 한다. 형법 역시 저항할 수 없는 폭력이라고 규정하여 폭력행사의 수단을 강조하고 있다. 그러므로 강요된 행위에서의 폭력은 물리적 유형력을 행사하는 것으로 보아야 한다. 그리고 피강요자가 단순한 도구처럼 이용되어 법익을 침해할 정도로 가해진 폭력은 피강요자의 의사에 의한 행위가 아니므로 형법상 폭력개념으로 분류할 실익도 없다.

오늘날 폭력개념은 물리적 폭력개념, 즉 신체적 유형력의 행사를 폭력의 필수적 요소로 보지 않고 폭력의 피해자에게 미친 강압적 영향의 유형을 중심으로 파악하는 것이 추세이다. 이러한 폭력개념의 의미변화는 물리적 유형력의 행사를 어느 범위까지 인정할 것인지의 문제(예: 감금, 봉쇄, 연좌데모 등의 경우), 피해자의 심리에 미친 영향을 중심으로 한 심리적 폭력의 의미도 포함하여 보아야 할 것인지의 문제를 제기하고 있다(예: 외상후 스트레스).

(2) 방어할 방법이 없는 협박

협박이란 상대방으로 하여금 공포심을 갖게 할 의도로 해악을 가하겠다고 알리는 것을 말한다. 협박 내용의 실현가능성이나 실현의사는 문제되지 않는다. 협박의 상대방이 협박으로 인하여 공포심을 느끼고 구성요건에 해당하는 행위를 하였는지 여부가 중요하기 때문이다.

협박의 내용은 자기 또는 친족의 생명, 신체에 대한 위해를 중심으로 한 내용이어야 한다. 강간 위협은 신체에 대한 위해에 포함된다고 본다. 그러므로 자유박탈이나 명예훼손, 재산상의 손해를 입히겠다는 것은 통상의 협박개념에는 해당하지만 강요된 행위의 협박에는 해당하지 않는다.

친족의 범위에 대해서는 민법에 따라 결정한다. 사실혼 관계에 있는 배우자와 혼인 외의 자는 친족의 범위에 포함시켜야 한다(통설). 그러나 친구나 애인 등은 이에 포함되지 않는다고 보아야 한다.

(3) 강제상태하에서의 행위

피강요자는 폭력이나 협박에 의하여 의사결정이 강제되어 구성요건에 해당하는 행위를 하였어야 한다. 외부로부터의 폭력이나 협박에 따른 행위이어야 하므로 행위자의 억제할 수 없는 내재적 충동이나 성장과정을 통하여 형성된 확신으로 인하여 행위를 한 경우는 포함하지 않는다. 또한 단순한 상사의 명령에 따른 행위는 강제상태하에서의 행위라고 할 수 없다.

판례 **내재적 관념에 의하여 형성된 행위의 강요된 행위 부정**

- 형법 제12조에서 말하는 강요된 행위는 저항할 수 없는 폭력이나 생명, 신체에 위해를 가하겠다는 협박 등 다른 사람의 강요행위에 의하여 이루어진 행위를 의미하는 것이지 어떤 사람의 **성장교육과정을 통하여 형성된 내재적인 관념 내지 확신으로 인하여 행위자 스스로의 의사결정이 사실상 강제되는 결과를 낳게 하는 경우까지 의미한다고 볼 수 없다**(대판 1990. 3. 27, 89도1670: 김현희 사건).

3. 법적 효과

제12조에 해당하는 강요된 행위는 벌하지 아니한다. 의사결정이 강제된 상태에서 한 구성요건해당행위는 다른 적법행위를 기대할 수 없으므로 책임이 조각된다고 보는 것이다. 그러므로 강요된 행위에 의하여 법익이 침해될 위험에 처한 상대방은 정당방위나 긴급피난을 할 수가 있다. 한편 강요자는 책임이 조각되는 피강요자를 통하여 자신이 의도한 법익침해의 결과를 초래하였으므로 피강요자가 실현한 구성요건에 대하여 간접정범이 되며, 강요죄(제324조)에도 해당한다(상상적 경합).

4. 위법한 명령 수행행위

구성요건에 해당하는 상관의 위법한 명령을 수행한 경우에 이러한 행위의 불법성 여부가 문제된다. 이에 대해서는 초법규적 책임조각사유설(다수설), 면책적 긴급피난설, 강요된 행위설 등이 있다.

공무원은 상관의 직무상 명령에 대한 복종의무(국가공무원법 제57조)가 있고 군인도 정당한 명령

(군형법 제44조)에 복종할 의무가 있다. 그러나 이러한 명령은 부당한 명령까지 포함하는 것은 아니어서 이러한 명령에 복종하는 것은 적법하지 않으며, 다만 강요된 행위의 요건을 갖춘 경우에는 면책적 일 수 있다.

판례 **위법한 명령수행행위와 강요된 행위**

• 직장의 상사가 범법행위를 하는 데에 가담한 부하에게 직무상 지휘복종관계에 있다 하여 범법행위에 가담하지 않을 기대가능성이 없다고 할 수 없다(대판 2007. 5. 11, 2007도1373).

결론은 상사의 범법행위에 가담하지 않을 기대가능성이 인정되므로 강요된 행위에 해당하지 않는다는 것이다(제12조 적용).

• 공무원이 그 직무를 수행함에 있어 상관은 하관에 대하여 범죄행위 등 위법한 행위를 하도록 명령할 직권이 없는 것이고, 하관은 소속상관의 적법한 명령에 복종할 의무는 있으나 그 명령이 참고인으로 소환된 사람에게 가혹행위를 가하라는 등과 같이 명백한 위법 내지 불법한 명령인 때에는 이는 벌써 직무상의 지시명령이라 할 수 없으므로 이에 따라야 할 의무는 없다. 설령 대공수사단 직원은 상관의 명령에 절대 복종하여야 한다는 것이 불문률로 되어 있다 할지라도 국민의 기본권인 신체의 자유를 침해하는 고문행위 등이 금지되어 있는 우리의 국법질서에 비추어 볼 때 그와 같은 불문률이 있다는 것만으로는 고문치사와 같이 중대하고도 명백한 위법명령에 따른 행위가 정당한 행위에 해당하거나 강요된 행위로서 적법행위에 대한 기대가능성이 없는 경우에 해당하게 되는 것이라고는 볼 수 없다(대판 1988. 2. 23, 87도2358: 박종철군 고문치사사건).

• 휘발유 등 군용물의 불법매각이 상사인 포대장이나 인사계 상사의 지시에 의한 것이라 하여도 그 같은 지시가 저항할 수 없는 폭력이나 자기 또는 친족의 생명, 신체에 대한 위해를 방어할 방법이 없는 협박에 상당한 것이라고 인정되지 않은 이상 강요된 행위로서 책임성이 조각된다고 할 수 없다(대판 1983. 12. 13, 83도2543).

Ⅲ. 친족 간의 범인은닉과 증거인멸

형법 제151조 제2항과 제155조 제4항은 친족 간의 범인은닉과 증거인멸행위는 벌하지 않는다고 규정하고 있다. 이는 친족 간의 정의에 비추어 이러한 행위를 하지 않을 것을 기대하기 어렵다는 데에 입법취지가 있다고 보아야 한다. 그러므로 책임조각사유로 이해하는 것이 타당하다.

제 5 장 과 실 범

제 1 절 일반론

> **제14조(과실)** 정상적으로 기울여야 할 주의(注意)를 게을리하여 죄의 성립요소인 사실을 인식하지 못한 행위는 법률에 특별한 규정이 있는 경우에만 처벌한다.

Ⅰ. 형법규정

형법 제14조는 정상적으로 기울여야 할 주의를 태만히 함으로써 죄의 성립 요소인 사실을 인식하지 못한 행위, 즉 주의의무 위반행위를 과실행위로 정의하고 있다. 고의범이 구성요건적 결과를 야기하기 위한 행위자의 인식·의욕을 행위의 주관적 요소로 하고 있는 데 반해 과실범은 행위자의 부주의로 인하여 결과가 발생한 점에서 양자는 근본적으로 다르다. 그리고 과실범은 법률에 특별한 규정이 있을 때에 한하여 처벌한다고 하고 있는데 이는 고의범을 처벌하는 형법의 원칙에 대한 예외를 규정한 것이다. 형법이 규정하고 있는 과실범은 실화죄·업무상실화죄(제170조, 제171조), 과실폭발성물건파열죄(제173조의2), 과실일수죄(제181조), 과실교통방해죄(제189조), 과실치사·치상죄(제266, 267, 268조), 업무상과실·중과실장물죄(제364조)가 있다.

현대사회를 위험사회로 부르듯이 법익 침해의 위험성이 내재된 행위이지만 사회생활관계상 불가피하게 이루어지는 위험행위가 무수하다. 예를 들면 자동차 운전은 언제나 교통사고를 유발하여 생명·신체에 대한 침해를 가져올 수 있으며, 건설도 역시 안전사고를 초래할 수 있는 행위이다. 그렇지만 이러한 행위는 현대생활에서 필수불가결한 행위로서 운전자나 건설사업장의 책임자는 언제나 법익 침해의 가능성을 염두에 두고 그러한 결과를 회피하기 위하여 항상 주의를 기울여야 하는 것이다. 과실행위를 주의의무 위반행위라고 부르는 것은 이러한 이유 때문이다.

Ⅱ. 과실의 본질 · 유형

1. 주의의무위반으로서의 과실

과실, 즉 주의의무위반이란 결과 발생에 대한 예견가능성이 있었음에도 불구하고 적절한 결과회피행위를 하지 않음으로써 결과가 발생한 경우에 인정된다. 학설은 예견가능성을 과실의 실체로 보는 견해(구과실이론)와 결과 회피를 위한 의무위반을 과실의 실체로 보는 견해(신과실이론)로 나뉘어 있다. 구과실이론은 인과적 행위론에 기초한 이론으로서 결과반가치론에 입각하고 있고, 신과실이론은 행위반가치론에 입각하고 있다.

(1) 구과실이론 (책임요소설)

구과실이론은 행위자의 결과 발생에 대한 예견가능성을 과실의 실체로 보는 견해로서 부주의로 인하여 결과 발생을 예견하지 못한 점을 중시한다. 즉 구과실이론에서 주의의무는 곧 결과예견의무를 의미한다(그래서 예견가능성설이라고도 한다). 그리고 결과예견의무를 소홀히 함으로써 법익 침해의 결과를 초래하게 한 점이 과실의 본질이라는 것이다. 구과실이론은 과실을 책임 요소로 파악하였다(인과적 행위론에서 과실은 고의와 함께 구성요건 요소가 아니라 책임 요소에 해당한다고 보았기 때문이다). 이 경우 결과 예견의 기준과 관련하여 행위자의 주의능력을 초과하지 않는 범위 내에서의 과실처벌을 주장하는 주관설, 추상적인 일반인을 기준으로 하는 객관설, 행위자의 주의능력이 일반인보다 높을 경우 주의의무의 상한을 객관설에 따라 결정하여야 한다는 수정된 주관설이라고 할 수 있는 절충설이 주장되기도 하였다.

(2) 신과실이론

신과실이론은 구과실이론이 과실을 책임 요소로 파악한 것과 달리 과실 여부 판단을 위법성 단계와 책임 단계에서 파악한 점이 특징이다. 즉 신과실이론의 특징은 과실을 고의와 달리 객관적 측면은 위법성 단계에서 검토하고 주관적 측면은 책임의 단계에서 판단하는 과실의 2원화를 내용으로 한다. 그리고 구과실이론에서 결과에 대한 예견가능성을 중심으로 과실 개념을 파악한 것과 달리 결과회피의무를 중심으로 보며, 마지막으로 결과회피의무를 완화하여(예: 허용된 위험이론의 채용) 과실의 처벌범위를 제한하는 것을 특징으로 한다. 특히 결과회피의무를 완화하는 것은 현대사회에서 사회 전체의 발전을 위해서는 불가피한 것이라고 보는 입장이다.

(3) 불안감설

불안감설은 결과회피의무를 중시하는 점에서는 신과실이론과 같다. 그러나 현대사회에서 새로운 실험이나 건설공사 등의 경우 중대한 결과 발생에 대해서는 미지의 위험성이 존재한다. 그렇기 때문에 결과회피의무의 내용을 엄격하게 적용하여 처벌범위를 신과실이론에 비해 확대하게 된다. 즉 신과실이론처럼 구체적 결과에 대한 예견가능성을 요구하지 않으며 행위가 결과 발생의 불안감을 수반하는 정도이면 충분하다고 본다. 신과실이론에서 예견가능성이 구체적이라면 불안감설은 불안감이라는 추상적 기준을 기준으로 하는 점에서 과실 인정의 범위가 확대된다. 그리고 신과실이론과 마찬가지로 위법성 단계에서 과실을 판단한다.

불안감설은 위구감설 또는 신신과실이론이라고도 하며 일본학계에서 주장된 이론이다. 즉 1960년대 중반 이후 일본경제가 발전하면서 산업화의 부산물로 환경오염문제가 속출하자 신과실이론이 과실범 처벌의 범위를 제한했던 것에 반해 과실범 처벌을 확대하기 위해 등장한 것으로 과실범에서 일종의 위험증대설이라고 볼 수 있다.

(4) 이중기능설

오늘날 과실은 우선 체계적으로는 고의와 함께 구성요건 요소에 해당하면서 동시에 책임 요소에 해당하는 이중적 기능을 가지고 있다고 보는 것이 일반적이다(다수설). 즉 구성요건 요소로서 과실은 객관적 주의의무를 소홀히 한 부분에 대해 인정되며, 책임 요소로서 과실은 객관적 주의의무의 이행이 행위자의 개인적 가능성의 측면에서 가능하였는지 여부를 평가하는 것이다.

이처럼 객관적 주의의무를 구성요건의 문제로 보는 것은 다음과 같은 사고의 소산이다. 즉 과실의 결과범에서 과실행위와 결과 간에 단순한 인과관계가 인정된다고 해서 과실을 인정할 수는 없다는 것이다. 오히려 과실의 결과범을 규정한 구성요건은 단순히 법익침해적 결과를 야기하지 말라는 내용에 불과한 것이 아니라 구성요건적 결과회피를 위하여 주의의무를 기울이라는 것에 초점을 맞추고 있다는 점이다. 그러므로 과실범에서 객관적 주의의무위반 여부는 구성요건해당성 판단의 핵심이 되는 것이다.

2. 과실의 유형

(1) 인식 있는 과실 · 인식 없는 과실

이 분류는 이론상의 분류이다. 형법상 과실은 일반적으로 행위자가 자기 행위로 인하여 결과가 발생할 것이란 점에 대한 인식이 없는 상태에서 주의의무를 다하지 않은 결과 결과가 발생한 경우를 의미한다. 예를 들면 자동차를 운전하면서 전화 통화를 하는 것이 위험함에도 불구하고 통화를 하다가 신호등의 정지신호를 보지 못하고 통과하던 중 교통사고를 일으킨 경우 행위자는 자신의 운전 중 전화통화행위가 초래할 위험성을 인식하지 못하였고 이로 인하여 교통사고를 일으켰다는 점에서 운전자의 행위는 인식 없는 과실에 해당한다고 볼 수 있다. 그러나 만일 운전자가 운전 중 전화 통화를 하면서 운전 중 통화가 위험하다는 점을 인식하고 있었지만 그래도 주의해서 운전하면 교통사고는 발생하지 않을 것이라고 생각하면서 계속 통화를 하던 중 교통사고를 일으켰다면 그의 행위는 결과 발생 가능성에 대한 인식 있는 과실에 해당한다고 볼 수 있다(그러나 만일 운전자가 전화통화가 급하니까 교통사고가 나도 어쩔 수 없다고 생각하고 통화 중 교통사고를 냈다면 이는 미필적 고의에 해당할 수도 있다. 그러므로 교통사고가 언제나 인식 없는 과실 또는 인식 있는 과실에만 해당한다고 볼 수는 없다). 양 과실은 형법상 취급에서는 차이가 없으며 과실범의 성립 여부에 영향을 주지 않는다. 그리고 인식 있는 과실은 미필적 고의와의 구별개념으로서 의미가 있다.

판례 과실범에 있어서의 비난가능성의 지적 요소

- 소위 과실범에 있어서의 비난가능성의 지적 요소란 **결과 발생의 가능성에 대한 인식**으로서 인식 있는 과실에는 이와 같은 인식이 있고, 인식 없는 과실에는 이에 대한 인식 자체도 없는 경우이나, 전자에 있어서 책임이 발생함은 물론, 후자에 있어서도 그 결과 발생을 인식하지 못하였다는 데에 대한 부주의, 즉 규범적 실재로서의 과실책임이 있다고 할 것이다(대판 1984. 2. 28, 83도3007).

(2) 통상의 과실 · 업무상 과실 · 중과실

이 구별은 형법상의 과실범 규정에 따른 분류이다. 각각 법정형에 차이를 두고 있는데 업무상 과실(예: 업무상과실치사상죄(제268조), 업무상 실화죄(제171조), 업무상 과실폭발성물건파열죄(제173조의2 제2항), 업무상과실교통방해죄(제189조 제2항), 업무상과실장물죄(제364조))은 업무가 계속적·반복적인 수행을 요건으로 하기 때문에 결과 발생에 대한 예견가능성이 높다고 할 수 있으므로 통상의 과실범에 비해 상대적으로 무겁게 처벌한다. 이 경우 업무는 결과 발생 야기행위의 내용이어야 하며 이와 무관한 업무를 수행하던 중 발생한 결과에 대해서는 업무상 과실을 인정할 수 없다. 중과실은 통상의 과실에 비해 주의의무를 현저히 태만히 한 경우에 인정되는 과실이다(예: 중실화죄(제171조), 중과실교통방해죄(제189조), 중과실치사상죄(제268조), 중과실장물죄(제364조)).

제 2 절 과실범의 성립요건

Ⅰ. 과실범의 실행행위

과실범이 성립하기 위해서는 결과범의 경우(예: 실화죄, 과실치사 · 치상죄, 과실폭발성물건파열죄, 과실일수죄, 업무상 · 중과실장물죄)에는 실행행위와 객관적 구성요건 요소인 법익 침해의 결과가 있어야 한다. 그러나 과실범은 결과범의 경우와 함께 거동범의 경우(예: 과실교통방해죄)도 있으며 이 경우에는 주의의무 위반행위만으로도 구성요건해당성이 인정된다. 그리고 결과에 대한 예견가능성 대신에 구성요건 실현에 대한 인식가능성으로 충분하다. 과실결과범의 경우에는 단순히 과실행위만이 있는 경우에는 형법적 평가의 대상이 되지 않는다. 예를 들어 속도 위반을 하였지만 사고가 발생하지 않았을 경우 도로교통법상의 범칙금을 부담하는 것과는 별도로 업무상 과실치상죄의 형사책임은 지지 않는 것이다.

도로교통법상 혈중 알코올농도 0.03% 이상의 상태에서 하는 주취운전행위(제44조 제1항, 제148조의2)가 고의범에 해당하는지, 과실범에 해당하는지 여부에 대해서는 고의범과 과실범 모두에 해당한다고 보는 것이 타당하다. 만일 운전자가 음주로 인하여 자동차를 안전하게 운행할 수 없다고 생각하면서도 운전을 하였다면 고의범이라고 보아야 할 것이다. 반대로 주취로 인하여 안전운전을 할 수 없음에도 불구하고 할 수 있다고 오신하고 운전을 한 경우에는 과실범에 해당한다고 볼 수 있다. 그러나 알코올 함량을 초과한 주취상태에서의 운전행위는 모두 형사처벌의 대상이 되는 거동범이면서 일종의 자수범自手犯이다.

그리고 결과범에서는 결과와 행위 사이에 인과관계가 인정되어야 하며 이는 고의범에서와 마찬가지이다. 실행행위는 객관적 주의의무 위반행위라고 볼 수 있으며, 주관적 주의의무위반은 책임의 영역에서 평가한다. 결과가 발생하여야 한다는 점에서 과실범에서는 미수범이 인정되지 않으며, 다수의 범죄 가담형태인 공동정범이나 교사범, 방조범도 가담자의 고의를 전제로 인정되므로 과실범에서는 인정될 수 없다.

한편 신과실론자 가운데에는 과실범을 부작위의 구조로 파악하는 견해도 있다. 신과실이론이 결과회피의무를 중심으로 과실 개념을 파악하면서 의무불이행적 요소를 부작위로 이해하는 데 기인한 것이다. 과실범에 부작위적 요소가 있는 것은 사실이다. 그러므로 판례도 부작위에 의한 과실을 인정하고는 있지만 이는 작위에 의한 과실이 인정되지 않을 경우에 한하며 과실범은 기본적으로 작위범에 해당한다.

판례 **부작위에 의한 과실**

• 야간에 2차선의 굽은 도로상에 미등과 차폭등을 켜지 않은 채 화물차를 주차시켜 놓음으로써 오토바이가 추돌하여 그 운전자가 사망한 사안에서, 주차행위와 사고발생 사이에 인과관계가 없다고 보아 무죄를 선고한 원심판결을 심리미진 등을 이유로 파기하였다(대판 1996. 12. 20, 96도2030). 화물차 운전자의 부작위로 인한 결과 발생의 경우이다.

Ⅱ. 주의의무위반과 결과 발생

1. 주의의무위반의 내용

주의의무위반은 객관적 주의의무위반을 의미하며, 이는 사회생활상 요구되는 주의를 태만히 하여 결과 발생에 대한 예견이 가능하고 그래서 회피할 수 있었던 결과를 야기한 것을 의미한다(객관적 예견가능성과 결과회피가능성). 이처럼 주의의무의 내용을 객관적 주의의무로 이해하는 객관설이 통설이다. 이는 일반인을 표준으로 한다는 점에서 평균인표준설이라고도 부른다. 과실범에서 주의의무는 일반인에게 사회생활상 요구되는 주의의무의 수준이라는 점에서 객관설이 타당하다. 그러나 이 경우 행위자에게 전문지식이나 특별한 지식이 있을 경우에는 이를 고려하여 판단하여야 한다. 만일 이러한 전문지식의 보유를 배제하면 이는 부당하게 행위자의 주의의무의 범위를 축소시켜 주는 것이 되기 때문이다.

이에 대해 주관설은 행위자 개인의 능력을 기준으로 주의의무위반 여부를 판단하여야 한다는 입장이다. 즉 행위자가 자신의 능력범위 내에서 가능한 주의의무를 다하지 않은 경우에 주의의무위반을 인정할 수 있다고 보며 행위자표준설이라고도 한다.

한편 과실범이 성립하기 위해서는 결과 발생의 가능성을 예견하고 이를 회피하여야 할 의무를 전제로 한다. 예견가능성의 기준은 과실행위와 관련한 분야에서 일반인의 능력과 기준에 따른다(객관설).

판례 **의료행위에서 과실**

• 의료과오사건에서 의사의 과실을 인정하려면 결과 발생을 예견할 수 있고 또 회피할 수 있었는데도 예견하거나 회피하지 못한 점을 인정할 수 있어야 한다. 의사의 과실이 있는지는 같은 업무 또는 분야에 종사하는 평균적인 의사가 보통 갖추어야 할 통상의 주의의무를 기준으로 판단하여야 하고, 사고 당시의 일반적인 의학 수준, 의료환경과 조건, 의료행위의 특수성 등을 고려하여야 한다.

의사가 진찰·치료 등의 의료행위를 할 때는 사람의 생명·신체·건강을 관리하는 업무의 성질에 비추어 환자의 구체적 증상이나 상황에 따라 위험을 방지하기 위하여 요구되는 최선의 조치를 해야 한다. 의사에게 진단상 과실이 있는지를 판단할 때는 의사가 비록 완전무결하게 임상진단을 할 수는 없을지라도 적어도 임상의학 분야에서 실천되고 있는 진단 수준의 범위에서 전문직업인으로서 요구되는 의료상의 윤리, 의학지식과 경험에 기초하여 신중히 환자를 진찰하고 정확히 진단함으로써 위험한 결과 발생을 예견하고 이를 회피하는 데에 필요한 최선의 주의의무를 다하였는지를 따져 보아야 한다. 나아가 의사는 환자에게 적절한 치료를 하거나 그러한 조치를 하기 어려운 사정이 있다면 신속히 전문적인 치료를 할 수 있는 다른 병원으로 전원시키는 등의 조치를 하여야 한다(대판 2018. 5. 11, 2018도2844).

2. 주의의무위반의 제한

(1) 허용된 위험론

허용된 위험론은 현대사회가 기술적 발전으로 말미암아 현저하게 위험사회화 한 것에서 출발한다. 즉 각종 교통수단, 건설현장 등은 법익 침해의 가능성이 높은 위험 요소임에도 불구하고 사회적 필요성 때문에 이를 포기하거나 금지시킬 수 없는 것이 현실이다. 즉 법익 침해의 결과 발생이 예견되고 확률적으로도 일정한 결과의 발생은 불가피하지만 이를 금지시키지 못하는 위험을 허용된 위험이라고 부른다. 그리고 허용된 위험행위로부터 발생하는 법익 침해의 결과에 대해서는 형사책임을 지울 수 없다고 보는 것이 허용된 위험론의 주장이다.

허용된 위험의 다른 한 유형으로 '위험의 인수'를 들기도 한다. 이는 보호법익의 주체가 스스로 위험한 행위로 나아간 경우로서 예를 들면 위험하지만 사회적 상당성이 인정되는 운동경기가 있다. 그러나 이는 피해자의 승낙의 한 경우로 보는 것이 타당하다.

이러한 허용된 위험론은 과실범의 주의의무 범위를 제한하는 기능을 하게 되는데 과연 이를 주의의무 제한의 일반원리로 인정하여야 하는지에 대해서는 의문이다. 그 이유는 우선 개념의 불명확성 때문이다. 너무나 광범위한 위험성의 존재로 말미암아 허용된 위험이라는 이유만으로 주의의무를 면제시켜주는 것은 타당하다고 볼 수 없다. 다음으로는 굳이 허용된 위험론이 아니더라도 일반화된 위험행위로 인한 결과 발생에 대한 과실책임 유무는 주의의무의 일반적인 한계를 정하는 바에 따라 해결될 수 있으며 기타 이익교량의 원칙에 의해서도 해결할 수 있을 것이다. 그렇다면 허용된 위험론이란 범죄론 체계상 독자성을 가진 원칙이라고 할 수 없는 집합개념으로서 주의의무위반 여부를 평가하는 내재적 척도로서의 성격을 갖지만 이는 결국 주의의무위반의 판단기준과 중복된다.

(2) 신뢰의 원칙

1) 의 의

신뢰의 원칙이란 교통규칙을 준수하는 운전자는 상대방도 교통규칙을 준수하리라는 것을 신뢰하고 그 범위 내에서 주의의무를 다하면 충분하며, 상대방이 교통규칙을 위반하는 경우까지 예상하여 이에 대한 방어조치를 취할 의무는 없다는 원칙을 말한다. 즉 타인의 주의의무위반까지 예상하면서 통상의 수준을 넘는 고도의 주의의무를 하여야 할 필요는 없으므로 만일 상대방의 교통규칙 미준수로 인하여 사고가 발생하여도 자신의 주의의무 범위 내에서 준수한 경우에는 방어운전을 하지 않았다고 하더라도 결과에 대한 책임을 부담하지 않는다는 것이다. 현대사회에서 가장 빈번하게 발생하는 과실범 가운데 하나인 교통사고와 관련하여 독일판례(BGHSt 4, 47; 4, 182)를 통해 형성된 이론이며, 우리 판례나 학설도 모두 인정하고 있다.

판례 **신뢰의 원칙을 인정한 경우**

• 피고인이 이 사건 사고지점 도로 횡단보도 2차선상을 차량진행신호에 따라 정상적으로 약 60km의 속도로 진행하다가 위 횡단보도상을 신호를 무시한 채 우측에서 좌측으로 오토바이를 운전하여 갑자기 무단횡단하던 피해자 운전의 오토바이의 앞바퀴 부분과 피고인 운전의 위 승용차의 앞부분이 부딪쳐 위 피해자가 사망한 사실과 위 도로의 제한속도가 시속 70km인 사실을 인정하고, 위 인정사실에 의하여 제한속도를 준수하며 진행하는 피고인으로서는 신호기의 차량진행신호에 따라 그대로 진행하면 족하고 위 피해자 운전의 오토바이가 신호를 무시하고 갑자기 위 횡단보도를 무단횡단할 경우까지를 예상하여 사고예방을 위한 필요한 조치를 위하여야 할 업무상 주의의무는 없다 할 것이고, 이는 위 오토바이가 위 도로의 우측변에서 횡단보도를 횡단하려고 서 있는 것을 피고인이 미리 발견하였다 하더라도 다름이 없으며 달리 이 사건 사고발생에 있어서 피고인이 사고예방을 위하여 필요한 주의의무를 다하지 아니한 잘못이 있음을 인정할 만한 증거가 없다고 하여 제1심판결을 파기하고 피고인에게 무죄를 선고하였는바, 기록에 대조 검토하여 볼 때 원심의 위 인정 판단은 수긍되고 거기에 소론과 같은 신뢰의 원칙, 자동차 운전자의 주의의무에 관한 법리오해의 위법이 없다(대판 1994. 4. 26, 94도548).

• 차량의 운전자로서는 횡단보도의 신호가 적색인 상태에서 반대차선상에 정지하여 있는 차량의 뒤로 보행자가 건너오지 않을 것이라고 신뢰하는 것이 당연하고 그렇지 아니할 사태까지 예상하여 그에 대한 주의의무를 다하여야 한다고는 할 수 없다(대판 1993. 2. 23, 92도20770).

• 고속도로상에서 운행 중인 피고인에게 반대차선에서 진행해 오던 차량이 갑자기 중앙선을 침범하여 피고인 운행차선으로 들어올 것까지 예상하고 이에 대비하여 운전을 해야 할 주의의무가 있다고 할 수 없다(대판 1984. 5. 29, 84도520).

2) 신뢰의 원칙의 적용범위와 한계

신뢰의 원칙은 도로교통과 관련하여 생성된 이론이지만 그 밖에도 위험을 수반하는 활동에도 주의의무의 내용을 정하는 원칙으로 적용된다. 예를 들면 여러 전문가가 협동하여 시술하는 수술행위, 구조행위 등이 있다.

신뢰의 원칙은 본인과 상대방 상호 간의 규칙 준수를 전제로 한다. 그러므로 ① 스스로 규칙을 위반한 경우, ② 상대방이 규칙을 위반할 것이 명백하거나 또는 상대방이 이미 규칙을 위반한 경우에는 신뢰의 원칙을 기대할 수 없다. ③ 규칙 위반이 예상되는 특별한 사정이 있는 경우에도 신뢰의 원칙은 적용되지 않는다. 예를 들어 어린 아이나 노약자가 길을 횡단할 때에는 오던 길로 되돌아가는 등 행동을 예측하기 어려우므로 운전자에게는 통상의 주의의무보다 더 많은 주의의무가 요구된다.

판례 신뢰의 원칙의 제한

• 해상교통안전법 등에 의하면, 선박은 주위의 상황 및 다른 선박과 충돌할 수 있는 위험성을 충분히 파악할 수 있도록 시각·청각 및 당시의 상황에 맞게 이용할 수 있는 모든 수단을 이용하여 적절한 경계를 하여야 하고, 원칙적으로 정박선이 항행선과의 충돌 위험을 회피하기 위하여 먼저 적극적으로 피항조치를 하여야 할 주의의무를 부담하는 것은 아니지만 이미 충돌 위험이 발생한 상황에서 항행선이 스스로 피항할 수 없는 상태에 처해 있다면 정박선으로서도 충돌 위험을 회피하는 데 요구되는 적절한 피항조치를 하여야 할 주의의무가 인정되는 것이다(대판 1984. 1. 17, 83도2746). 또, 과실범에 관한 이른바 신뢰의 원칙은 상대방이 이미 비정상적인 행태를 보이고 있는 경우에는 적용될 여지가 없는 것이고, 이는 행위자가 경계의무를 게을리하는 바람에 상대방의 비정상적인 행태를 미리 인식하지 못한 경우에도 마찬가지이다(대판 2009. 4. 23, 2008도11921).

(3) 관리 · 감독과실

관리 · 감독과실이란 화재 · 폭발사고나 공장재해, 약품 · 식품사고가 발생한 경우에 직접 사고 발생에 관여한 자의 과실책임을 제외한 관리 · 감독자의 과실책임도 인정되는지에 관한 것이다. 이를 다시 감독과실과 관리과실로 분류하고 전자는 사람에 대한 지휘 · 감독 등의 부적절한 과실로 인하여 결과가 발생한 경우로서 간접방지형 과실로 보고, 후자는 사고 발생을 예방하기 위한 물적설비 · 인적체제를 정비하여야 할 의무를 의미하는 직접개입형 과실로 보기도 한다. 이들은 직 · 간접적으로 행위자를 감독하거나 관리하는 위치에 있기 때문에 사고를 미연에 방지할 의무를 위반하면 과실이 인정될 수도 있다(안전체제확립의무 위반). 이러한 관리 · 감독과실은 일종의 부작위에 의한 과실에 해당한다.

관리 · 감독과실은 관련된 사고가 사회적 폐해가 큰 경우가 많기 때문에 이를 넓게 인정하여야 한다는 필요성은 인정되지만 이들 관리·감독자가 구체적으로 구성요건적 결과에 대하여 예견하지 못하고 있었다는 점에서 과실범을 인정하는 데에 한계가 있다. 이에 관해서 대법원은 관리·감독자에게 권한이 있더라도 사실상 이를 행사하고 있었는지 여부, 발생한 사고와 관련하여 사고발생을 예방할 관리·감독권을 사실상 가지고 있었는지 여부에 따라 판단하는 입장이다.

판례 관리·감독과실

① 관리·감독과실을 부인한 판례

• 건설회사가 건설공사 중 타워크레인의 설치작업을 전문업자에게 도급주어 타워크레인 설치작업을 하던 중 발생한 사고에 대하여 건설회사의 현장대리인에게 업무상과실치사상의 죄책을 물을 수 있는지 여부에 대하여, 대법원은 "피고인이 사건 타워크레인의 설치작업을 관리하고 통제할 실질적인 지휘, 감독권한이 있었던 것으로는 보이지 아니하므로, 결국 피고인에게 위와 같은 지휘, 감독관계가 있음을 전제로 이에 따라 부과되는 업무상 주의의무를 위반한 과실이 있다고 할 수 없다"고 판시하였다(대판 2005. 9. 9, 2005도3108).

• 시공회사의 상무이사인 현장소장이 현장에서의 공사감독을 전담하였고 사장은 그와 같은 감독을 하게 되어 있지 않았다면 사장으로서는 그 공사의 진행에 관하여 직접적인 지휘·감독을 받지 않는 회사직원 혹은 고용한 노무자들이 공사시행상의 안전수칙을 위반하여 사고를 저지를지 모른다고 하여 이에 대비하여 각개의 개별작업에 대하여 일일이 세부적인 안전대책을 강구하여야 하는 구체적이고 직접적인 주의의무가 있다고 하기 어렵다(대판 1989. 11. 24, 89도1618).

• 호텔을 경영하는 주식회사에 대표이사가 따로 있고 동 회사의 실질적인 책임자로서 업무전반을 총괄하는 전무 밑에 상무, 지배인, 관리부장, 영업부장 등을 따로 두어 각 소관업무를 분담 처리하도록 하는 한편, 소방법 소정의 방화관리자까지 선정, 당국에 신고하여 동인으로 하여금 소방훈련 및 화기사용 또는 취급에 관한 지도감독 등을 하도록 하고 있다면 위 회사의 업무에 전혀 관여하지 않고 있던 소위 회장에게는 위 회사의 직원들에 대한 일반적, 추상적 지휘감독의 책임은 있을지언정 동 호텔 종업원의 부주의와 호텔구조상의 결함으로 발생, 확대된 화재에 대한 구체적이고도 직접적인 주의의무는 없다고 할 수밖에 없다(대판 1986. 7. 22, 85도108).

이 사건의 호텔회장은 갑자기 사망한 남편의 뒤를 이어 회장에 취임하였을 뿐 호텔경영에는 사실상 전혀 관여하지 않은 상태였으며 사고 당시에는 신병치료차 외국에 체류 중이었다. 그러나 예를 들어 사장이 회사경영에 관여한 경우 판례는 과실을 인정하고 있다(감독과실로 볼 수 있다)(대판 1984. 2. 28, 83도3007 참조).

② 관리·감독과실을 인정한 판례

• 도급계약의 경우 원칙적으로 도급인에게는 수급인의 업무와 관련하여 사고방지에 필요한 안전조치를 취할 주의의무가 없으나, 법령에 의하여 도급인에게 수급인의 업무에 관하여 구체적인 관리·감독의무 등이 부여되어 있거나 도급인이 공사의 시공이나 개별 작업에 관하여 구

체적으로 지시·감독하였다는 등의 특별한 사정이 있는 경우에는 도급인에게도 수급인의 업무와 관련하여 사고방지에 필요한 안전조치를 취할 주의의무가 있다(대판 2016. 3. 24, 2015도8621; 2009. 5. 28, 2008도7030; 1996. 1. 26, 95도2263).

• 성수대교 붕괴사고에 있어서 교량의 유지·관리 책임을 맡고 있던 서울시 도로국 및 산하 동부건설사업소 소속 공무원들에게 교량 제작 시공자들과의 공동과실 책임을 인정하였다(대판 1997. 11. 28, 97도1741). 이는 소위 감독과실(간접방지형)을 인정한 예이다.

• 건설기술관리법 제35조, 동 시행령 제56조의 규정은 공사감독관으로 하여금 위 법령이 정한 감독의무를 철저히 수행하게 하여 무자격자 또는 자격미달자가 건설공사에 참여함으로써 야기될 공사의 부실화와 그로 인하여 발생할지도 모르는 재해를 미연에 방지하고자 하는 일반예방적인 차원에서 사전에 이를 차단하기 위한 것으로 보여지고, …… 공사감독관이 위와 같은 직무에 위배하여 당해 건축공사가 불법 하도급되어 무자격자에 의하여 시공되고 있는 점을 알고도 이를 묵인하였거나 그와 같은 사정을 쉽게 적발할 수가 있었음에도 직무상의 의무를 태만히 하여 무자격자로 하여금 공사를 계속하게 함으로써 붕괴사고 등의 재해가 발생한 경우에 만일 자격 있는 자가 시공을 하였다면 당해 재해가 발생하지 아니하였거나 재해 발생의 위험이 상당히 줄어들었으리라고 인정된다면, 공사감독관의 그와 같은 직무상의 의무위반과 붕괴사고 등의 재해로 인한 치사상의 결과 사이에 상당인과관계가 있다고 봄이 상당하다 할 것이다(대판 1995. 9. 15, 95도906).

3. 과실범의 인과관계와 주의의무위반 관련성

과실결과범은 주의의무위반과 결과 간에 인과관계가 인정되어야 한다. 이 경우 과실행위와 결과 간의 인과관계는 고의범에서와 마찬가지로 판단하면 된다. 그러나 과실범은 고의범과 달리 발생한 결과가 의도한 것이 아니기 때문에 단순히 과실행위로 인하여 결과가 발생한 것만으로는 형사책임을 물을 수 없다. 비록 과실이 있었다고 하더라도 결과의 발생이 한편으로는 불가피한 상황도 있을 것이기 때문이다. 예를 들어 자동차(A)를 운전하던 중 신호등에서 앞 차(B) 바로 뒤에 정지하고 있는 동안 뒤에서 오던 차(C)가 추돌하는 바람에 앞 차를 연쇄 추돌한 경우(대판 1983. 8. 23, 82도3222), 두 번째의 추돌사고(A*B)에 대해서는 앞 차와의 안전거리를 지키지 않은 A차 운전자의 과실이 인정되더라도 만일 안전거리를 지켰어도 추돌이 불가피한 상황이었다면 A에게 안전거리 미준수라는 과실만으로 형사책임을 물을 수 없다는 것이다.

이러한 결론은 과실범을 처벌하는 근본 이유가 법익 침해의 결과가 발생하였기 때문만이 아니라 주의의무를 준수하여야 할 행위자가 이를 준수하지 않았고 바로 이로 인하여 결과가 발생한 경우에 한하여 형사책임을 인정하기 때문이다. 만일 이러한 관련성이 없음에도 불구하고 과실책임을 인정한다면 이는 결과책임을 인정하는 것과 다름없다. 여기에서 주의의무위반과 결과 발생 간에 인과관계가 존재하여야 한다. 즉, 주의의무위반으로 인하여 결과가 발생하여야 하는 것이며 이를 주의의무위반 관련성이라고 표현한다. 주의의무위반 관련성은 주의의무 위반사실이 있어도 이로 인하여 결과가 발생한 것이 아니라면 결과는 주의의무위반에 기인한 것으로 볼 수 없다는 것이다. 반면에 판례는 이를 인과관계의 문제로 취급하고 있다. 즉 주의의무위반이 발생한 결과에 대해서 인과적인가 아닌가를 판단한다.

위의 교통사고를 주의의무위반 관련성의 입장에서 분석해 보면 다음과 같다: 법원은 A가 앞차와의 안전거리를 준수하였더라도 C에 의한 추돌에 의하여 B를 추돌할 수밖에 없었는지 여부를 판단하여야 한다. 만일 이것이 긍정된다면 사고는 A의 의무위반 관련성에서 비롯된 것이 아니므로 A의 형사책임은 인정되지 않는다. 한편 이 사건은 규범의 보호목적이라는 객관적 귀속척도에 의해서도 검토될 수 있다. 즉 도로교통법 제19조(안전거리확보)는 동일한 방향의 앞차를 따라 운행하는 때에는 앞 차가 갑자기 정지하게 되는 경우에 그 앞 차와의 충돌을 피할 만한 필요한 거리를 확보하는 것이 목적이다. 그러므로 앞 차와의 안전거리 확보가 뒷 차에 의한 추돌로 인하여 앞 차와 연쇄추돌하는 상황을 방지하기 위한 것은 아니므로 객관적 귀속은 부인된다.

판례 **주의의무위반 관련성의 맥락에서 과실책임을 인정하지 않는 판결**

• **판결이유** : "피고인이 트럭을 도로의 중앙선 위에 왼쪽 바깥 바퀴가 걸친 상태로 운행하던 중 피해자가 승용차를 운전하여 피고인이 진행하던 차선으로 달려오다가 급히 자기 차선으로 들어가면서 피고인이 운전하던 트럭과 교행할 무렵 다시 피고인의 차선으로 들어와 그 차량의 왼쪽 앞부분으로 트럭의 왼쪽 뒷바퀴 부분을 스치듯이 충돌하고 이어서 트럭을 바짝 뒤따라가던 차량을 들이받았다면, 설사 피고인이 중앙선 위를 달리지 아니하고 정상 차선으로 달렸다 하더라도 사고는 피할 수 없다 할 것이므로 피고인 트럭의 왼쪽 바퀴를 중앙선 위에 올려놓은 상태에서 운전한 것만으로는 위 사고의 직접적인 원인이 되었다고 할 수 없다"(대판 1991. 2. 26, 90도2856).

평 가 : 이 판결은 피고인이 차선을 준수하지 않고 중앙선 위를 달린 과실(의무위반행위)은 인정되지만 이로 인하여 사고가 발생한 것으로 볼 수 없다는 취지이다. 피해자의 중앙선 침범행위가 있었기 때문이다. 그러나 이 판결 역시 인과관계는 인정되지만 의무위반 관련성이 인정되지 않는 것으로 이론을 구성할 수 있다.

주의의무위반 관련성이 의무를 다한 행위 상황에서도 결과 발생이 예견되는 경우에는 과실행위로 인한 결과귀속을 부인하는 입장인 데 반하여 위험증대설危險增大說의 입장은 주의의무위반 관련성 여부에 따른 결과귀속 판단 대신에 행위자가 주의의무 위반행위로 인하여 조성하였거나 증대시킨 위험이 결과 발생 과정에서 실현되었는지 여부에 따라 결과귀속을 판단한다. 이 경우 판단기준은 행위가 허용된 위험의 범주를 초과하였는지 여부로서 규범위반행위가 허용된 위험과 비교하여 결과 발생의 가능성을 증대시켰을 때에는(위험실현) 과실범의 구성요건을 충족시키는 의무위반행위가 인정된다고 본다(결과귀속의 인정).

위험증대설에 대해서는 '의심스러운 때에는 피고인에게 유리하게'라는 법 원칙을 제한적으로 적용하고 또한 침해범을 구체적 위험범으로 바꾸어 해석한다는 비판이 있다. 그리고 허용된 위험의 범위를 초과하였는지 여부를 판단하는 것은 우선 허용된 위험의 범위를 설정하는 것도 문제이기 때문에 쉽지 않으며, 결과 발생에 대한 위험성의 증대만으로 객관적 귀속을 인정하는 문제점도 있다. 위험증대설을 따르면 의료행위는 언제나 환자의 건강이나 생명 침해의 위험성을 증대하기 때문에 실패로 끝난 의료행위에 대해서는 과실의 경중을 불문하고 의사의 형사책임을 인정하여야 한다는 문제점이 있다.

4. 규범의 보호목적 관련성

과실범에서 결과는 규범이 설정한 보호목적의 범위 안에서 발생한 것이어야 한다는 것을 보호목적 관련성이라고 한다. 과실범에서 결과귀속의 또 하나의 기준으로 독일에서 제시되고 있는 보호목적 관련성은 과실행위가 법 규범이 금지하고 있는 결과 발생을 방지하는 데에 기여할 것을 요구한다. 즉 규범의 보호목적이라는 귀속기준은 침해된 규범의 구체적인 주의의무의 보호영역과 관련하여 판단하는 것을 의미한다. 이에 따라 주의의무를 위반하여 결과가 발생하였어도 주의의무위반과 결과가 규범의 보호목적 범위 내에서 일치하지 않을 때에는 객관적 귀속을 인정하지 않는다.

모든 과실범의 귀속판단을 보호목적 관련성이라는 기준으로 할 필요는 없지만 이에 관한 독일판례를 소개하면 과속하던 차량이 길가에 세워둔 화물차량 뒤에서 갑자기 뛰어나온 아이를 치는 사고를 낸 경우를 들 수 있다. 이 사고에서 운전자는 갑작스러운 상황이어서 사고를 피할 수 없었다. 그러나 만일 그가 만일 제한속도를 지켰더라면 사고지점에 더 늦게 도착하였을 것이므로 사고는 발생하지 않았을 것이라는 추론이 가능하다. 그러나 이는 제한속도 준수를 규정한 법 규범의 보호목적과는 관계 없는 해석이다. 제한속도 규정은 사고방지에 있지만 목표지점에 늦게 도착하는 방법이 아니라 위험발생시 적시에 정지할 수 있도록 하기 위한 데에 있기 때문이다. 그러므로 이 사건에서 운전자는 결과에 대한 형사책임을 지지 않는다는 것이다(BGHSt 33, 61). 그러나 규범의 보호목적 관련성이라는 기준을 굳이 적용하지 않더라도 행위와 결과 간의 주의의무위반 관련성 여부를 통해서도 형사책임 유무를 판단할 수 있다고 본다.

Ⅲ. 위법성

과실범의 경우에도 위법성이 인정되어야 한다. 고의범과 다른 점은 과실범에서는 위법성조각사유에 해당하는 행위의 구성요건해당행위가 과실행위라는 점이다. 과실범의 위법성 판단은 고의범과 마찬가지로 소극적 판단에 의하며 구성요건에 해당하는 과실행위가 있으면 위법성도 추정된다. 그러나 위법성조각사유가 인정되면 과실행위는 위법하지 않다. 과실범에서 위법성조각사유로는 정당방위, 긴급피난, 피해자의 승낙 등이 있다. 그러므로 예를 들어 화재진압을 위하여 소방차가 급히 운행하던 중 교통사고를 일으켜 행인을 부상하게 한 경우(긴급피난), 운동경기 중 과실로 상대방 선수에게 부상을 입힌 경우(피해자의 승낙), 체포에 저항하는 강도범을 검거하기 위하여 경고사격을 하였는데 지나가던 행인이 잘못 맞아 부상을 입은 경우(정당행위) 등이 있다.

한편 과실범에서 위법성조각사유에 해당하는 행위자의 주관적 정당화 사유가 존재하여야 하는지 여부에 대해서 필요설(김/서, 손해목, 안동준, 임웅)과 불필요설(배종대, 이/장/강, 정/박)이 있다. 과실범의 경우 위법성조각사유에 해당하는 행위에는 객관적으로 정당한 상황에서 행위를 하였으므로 행위불법이 인정되지 않으며 이를 조각할 주관적 정당화 사유는 필요하지 않다. 또 행위자는 위법성조각사유에 해당하는 행위 상황을 이미 인식하고 있으므로 별도로 정당화 행위를 할 의사를 필요로 하지 않는다고 보는 것이 타당하다. 그리고 과실범의 미수범은 처벌하지 않으므로 주관적 정당화 사유를 인정하더라도 불가벌이 되어 무의미하다.

Ⅳ. 책 임

과실범에서도 행위자의 책임능력과 위법성의 인식이 필요한 점은 고의범과 마찬가지이다. 그리고 주관적 주의의무위반이 있어야 한다(통설). 이를 판단하는 기준은 개인적 능력과 행위자가 갖고 있는 경험 및 지식 등이다. 또한 주관적 예견가능성도 책임의 영역에서 필요하다. 즉 구성요건에 해당하는 결과 발생에 대한 예견이 가능하여야 한다. 마지막으로 책임조각사유가 존재하지 않아야 한다.

제 3 절 결과적 가중범

> **제15조(사실의 착오)** ② 결과 때문에 형이 무거워지는 죄의 경우에 그 결과의 발생을 예견할 수 없었을 때에는 무거운 죄로 벌하지 아니한다.

Ⅰ. 개 념

결과적 가중범은 기본범죄를 범하였으나 결과적으로 중한 결과가 발생한 경우에 그 형이 가중되는 범죄를 말한다. 예를 들어 살인의 고의는 없이 상해를 입혔는데 피해자가 이로 인하여 사망하게 된 경우 가해자는 사망의 결과에 대해서도 형사책임을 지게 되는 것이다. 그러나 단순히 결과가 중하다고 해서 결과에 대한 책임을 모두 행위자에게 귀속시킨다면 형법의 책임주의원칙에 반하며 결과책임주의로 돌아가는 것을 의미한다. 이미 중세에서도 결과책임의 문제점으로 인하여 형사책임의 범위를 축소하고자 원인행위의 범죄성을 이유로 하거나, 중한 결과에 대한 행위자의 간접고의를 인정하는 등의 논리로 결과적 가중범을 제한하였다. 그렇기 때문에 현재에는 중한 결과에 대하여 과실이 인정되는 경우에 한하여 결과적 가중범을 인정하고 있다(제15조 제2항).

형법은 결과적 가중범의 형식을 인정하면서 형을 가중하고 있는데 결과적 가중범의 가중형에 대해서는 논란이 있다. 예를 들어 상해죄(제257조 제1항)와 과실치사죄(제267조)의 결합형태인 상해치사죄(제259조)의 경우 상해죄가 7년 이하의 징역이고 과실치사죄가 2년 이하의 금고형인데 비해 상해치사죄는 3년 이상의 징역형이라는 가중형을 규정하고 있다. 이에 대해 초과부분의 형은 책임주의원칙에 반한다는 주장이 제기되고 있다. 그러나 결과적 가중범이 지나치게 과중한 형을 규정한 경우가 아니라면 기본범죄의 위험성에 비추어 정당화될 수 있다고 본다.

Ⅱ. 유 형

1. 진정 결과적 가중범

진정 결과적 가중범은 고의적인 기본범죄와 과실에 의한 중한 결과 발생을 야기한 경우를 말하며 일반적인 결과적 가중범의 형태이다. 예를 들면 상해치사죄(제259조)나 폭행치사죄(제262조)의 경우 상해·폭행에 대한 고의는 있었지만 사망의 결과는 행위자의 과실로 발생한 것이다. 그러나 진정 결과적 가중범의 기본범죄가 반드시 고의범이어야만 하는 것은 아니다. 일반적으로는 기본범죄로서 고의범만을 규정하고 있지만 업무상 과실 또는 중대한 과실로 오염물질을 배출하거나 상수원을 오염시킴으로써 먹는 물의 사용에 위험을 끼쳐 사람을 죽거나 다치게 한 자를 처벌하는 경우와 같이 기본범죄를 과실로 하는 경우(환경범죄 등의 단속 및 가중처벌에 관한 법률 제5조 제2항)도 존재한다. 오스트리아형법의 경우에도 실화치사죄(§170 II)를 규정하여 과실에 의한 기본범죄와 과실에 의하여 중한 결과가 발생한 진정 결과적 가중범도 가능하다.

2. 부진정 결과적 가중범

부진정 결과적 가중범이란 기본범죄를 고의로 범하고 중한 결과는 과실범뿐만 아니라 고의범까지도 포함하는 결과적 가중범을 말한다. 부진정 결과적 가중범의 예로는 특수공무방해치상죄(제144조 제2항), 현주건조물방화치사 · 치상죄(제164조 제2항), 폭발성물건파열치상죄(제172조 제2항), 가스 · 전기등방류치상죄(제172조의2 제2항), 가스 · 전기등공급방해치상죄(제173조 제3항), 현주건조물일수치상죄(제177조 제2항), 교통방해치상죄(제188조), 먹는 물 혼독치상죄(제194조), 체포 · 감금치상죄(제281조 제1항 전문) 등이 있다.

중한 결과를 고의에 의해 범한 경우에는 이를 결과적 가중범이라고 할 필요가 없이 발생한 결과대로 고의범으로 처벌하면 될 것이다. 그럼에도 불구하고 이를 부진정 결과적 가중범의 유형으로 보는 것은 법정형의 불균형을 바로잡기 위한 법 규정의 해석에서 비롯된 것이다. 예를 들어 현주건조물방화치사죄(제164조 제2항 후단)는 현주건조물에 대한 방화(고의범)로 인하여 결과적으로 사람을 사망하게 한 경우를 전제로 한 구성요건이다. 이 경우 법정형은 7년 이상의 징역부터 무기, 사형까지 가능하다. 그런데 만일 사람을 살해하기 위하여 현주건조물에 방화를 하고 사람을 살해하였다면 살인죄와 현주건조물방화죄에 해당하게 되어 양죄를 상상적 경합범으로 보면 5년 이상의 징역형, 무기, 사형이 가능하다. 고의적인 살인범보다 과실로 사람을 사망하게 한 경우의 법정형이 높아지는 이러한 문제점을 구성요건 해석의 방법에 의하여 해결하기 위하여 인정되는 것이 부진정 결과적 가중범인 것이다.

판례 역시 부진정 결과적 가중범을 인정하고 있다. 그리고 부진정 결과적 가중범은 고의범에 대하여 특별관계(법조경합)에 있으므로 결과적 가중범만 성립하고 별도로 고의범의 죄는 성립하지 않는다(대판 2008. 11. 27, 2008도7311). 다만 고의로 중한 결과를 발생케 한 경우에 무겁게 벌하는 구성요건이 따로 마련되어 있는 경우에는 부진정 결과적 가중범과 중한 결과에 대한 고의범의 상상적 경합관계에 있다(예: 현주건조물방화치사죄와 강도살인의 경우).

판례 **부진정 결과적 가중범의 경우**

- 형법 제164조 후단이 규정하는 현주건조물방화치사상죄는 그 전단이 규정하는 죄에 대한

일종의 가중처벌 규정으로서 과실이 있는 경우뿐만 아니라, 고의가 있는 경우에도 포함된다고 볼 것이므로 사람을 살해할 목적으로 현주건조물에 방화하여 사망에 이르게 한 경우에는 현주건조물방화치사죄로 의율하여야 하고 이와 더불어 살인죄와의 상상적 경합범으로 의율할 것은 아니다(대판 1996. 4. 26, 96도485).

• 특수공무집행방해치상죄는 원래 결과적가중범이기는 하지만, 이는 중한 결과에 대하여 예견가능성이 있었음에 불구하고 예견하지 못한 경우에 벌하는 진정결과적가중범이 아니라 그 결과에 대한 예견가능성이 있었음에도 불구하고 예견하지 못한 경우뿐만 아니라 고의가 있는 경우까지도 포함하는 부진정결과적가중범이다(대판 1995. 1. 20, 94도2842).

Ⅲ. 성립요건

1. 기본범죄 및 기본범죄로 인한 중한 결과의 발생 (직접성)

결과적 가중범이 성립하기 위해서는 기본범죄를 실현하여야 하며 기본범죄가 미수범이더라도 상관없다. 예를 들어 현주건조물방화치사죄에서 현주건조물이 일부 소실되었더라도 이로 인하여 질식하여 사람이 사망하였다면 현주건조물방화치사죄에 해당한다.

결과적 가중범은 기본범죄와 중한 결과의 결합 형태이므로 양자 사이에는 내적 관련성이 존재하여야 한다. 이러한 내적 관련성의 내용을 인과관계로 보느냐 아니면 직접성의 원칙에 의하여 파악하느냐에 따라 이론 구성이 다르다. 만일 인과관계의 존재만으로 충분하다고 본다면 결과적 가중범의 인정 여부는 인과관계 유무에 의하여 결정될 것이다. 판례는 상당인과관계설에 입각하여 인과관계의 유무 판단을 신축적으로 하여 결과적 가중범 여부를 평가한다. 그러나 결과적 가중범에서는 기본범죄와 중한 결과 사이에 인과관계가 존재하여야 하는 것은 당연하지만(합법칙적 조건설) 이러한 인과관계가 형사책임 귀속의 유일한 조건일 수 있는지가 문제이다.

판례 기본범죄와 중한 결과 간의 인과관계

• 아파트 안방에 감금된 피해자가 가혹행위를 피하려고 창문을 통하여 아파트 아래 잔디밭에 뛰어내리다가 사망한 경우, 대법원은 피고인에게 피해자의 사망에 대한 형사책임을 인정하였다(대판 1991. 10. 25, 91도2085).

여기에서는 피해자에 대한 가혹행위가 원인이 되어 이를 피하려다가 사망한 것이므로 인과관계를 전혀 부인할 수는 없다.

• 강간을 당한 피해자가 집에 돌아가 음독자살하기에 이른 원인이 강간을 당함으로 인하여 생긴 수치심과 장래에 대한 절망감 등에 있었다 하더라도 그 자살행위가 바로 강간행위로 인하여 생긴 당연의 결과라고 볼 수는 없으므로 강간행위와 피해자의 자살행위 사이에 인과관계를 인

정할 수는 없다(대판 1982. 11. 23, 82도1446).

이 판례에서 피해자는 강간행위가 원인이 되어 자살에 이르게 되었다. 그러나 자살이라는 피해자의 사망이 강간행위로 인한 심리적 충격에서 비롯된 것은 인정되지만 강간으로부터 직접 사망에 이르게 된 것으로는 보기 어렵다고 보아 직접성을 인정하지 않았다.

결과적 가중범의 특징은 기본범죄가 없었다면 중한 결과의 발생은 인과적으로 불가능하다는 점에 있다. 이는 중한 결과에 대한 형사책임의 귀속을 위하여 직접성의 원칙이나 예견가능성을 대입하지 않더라도 전제되는 요건이다. 그러므로 인과관계만으로 중한 결과에 대한 책임의 유무까지를 정하는 것은 논리적으로 타당하지 않다. 또한 형법(제15조 제2항)은 결과적 가중범이 성립하기 위해서는 중한 결과에 대한 예견가능성이 있어야 한다고 규정하고 있으며 이는 곧 중한 결과에 대한 과실범 요건이 구비되어야 함을 의미한다(통설). 판례 역시 인과관계가 인정되어도 예견가능성이 없으면 결과귀속이 부인된다고 판시하고 있다.

판례 **인과관계가 인정되어도 결과귀속을 부인한 경우**

• **폭행치사죄는 결과적 가중범이므로 폭행의 범의 외에 사망의 결과에 대한 예견가능성이 있음을 요하며 이러한 예견가능성이 전혀 없는 경우에는 폭행과 사망의 결과 사이에 조건적인 인과관계가 인정된다고 하여도 폭행치사죄로 의율할 수는 없다**고 할 것이다. …피고인의 폭행정도가 서로 시비하다가 피해자를 떠밀어 땅에 엉덩방아를 찧고 주저앉게 한 정도에 지나지 않은 것이었고 또 피해자는 외관상 건강하여 전혀 병약한 흔적이 없던 자인데 사실은 관상동맥경화 및 협착증세를 가진 특수체질자이었기 때문에 위와 같은 정도의 폭행에 의한 충격에도 심장마비를 일으켜 사망하게 된 것이라면, 피고인에게 사망의 결과에 대한 예견가능성이 있었다고는 보기 어려울 것이다(대판 1985. 4. 3, 85도303).

그러므로 결과적 가중범에서도 행위자에 대한 형사책임의 객관적 귀속을 위하여 중한 결과가 기본범죄에 내재된 위험이 실현된 것으로 확인되어야 하며, 이는 곧 중한 결과가 기본범죄로 인하여 초래된 것이어야 함을 의미하고 이를 직접성의 원칙이라고 부른다. 이 경우 기본범죄는 결과가 아니라 행위를 의미한다고 보아야 한다. 만일 기본범죄의 결과와 중한 결과 간의 직접성이라면 기본범죄가 미수인 경우에는 결과적 가중범을 인정할 수 없게 될 것이기 때문이다.

2. 중한 결과에 대한 과실 · 고의 및 예견가능성

결과적 가중범에서 중한 결과는 행위자의 과실(진정 결과적 가중범)이나 고의(부진정 결과적 가중범)에 의하여 초래된 것이다. 그리고 형법 제15조 제2항은 중한 결과에 대하여 행위자가 예견할 수 있어야 한다고 규정하고 있다. 이는 중한 결과가 행위자가 예견한 범위 내에서 발생한 것이어야 함을 의미한다고 볼 수 있다. 그러나 주의의무위반을 배제한 결과 발생에 대한 예견가능성만은 과실범의 객관적 귀속을 가능하게 하는 하나의 조건이지 전부는 아니다. 또한 중한 결과가 기본범죄로부터 초래된 것이므로 이에 대한 예견가능성은 부인하기가 어렵다.

판례 예견가능성

① 예견가능성을 인정한 경우

• 4일 가량 물조차 제대로 마시지 못하고 잠도 자지 아니하여 거의 탈진 상태에 이른 피해자의 손과 발을 17시간 이상 묶어 두고 좁은 차량 속에서 움직이지 못하게 감금한 행위와 묶인 부위의 혈액 순환에 장애가 발생하여 혈전이 형성되고 그 혈전이 폐동맥을 막아 사망에 이르게 된 결과 사이에는 상당인과관계가 있다 할 것이고, 그 경우 피고인에게 **사망의 결과에 대한 예견가능성이 없었다고 할 수도 없을 것**이라고 판시하였다(대판 2002. 10. 11, 2002도4315).

② 예견가능성을 부인한 경우

• 폭행치사죄는 결과적 가중범으로서 폭행과 사망의 결과 사이에 인과관계가 있는 외에 사망의 결과에 대한 예견가능성 즉 과실이 있어야 하고, 이러한 예견가능성의 유무는 폭행의 정도와 피해자의 대응상태 등 구체적 상황을 살펴서 엄격하게 가려야 하는 것인 바, 피고인이 피해자에게 상당한 힘을 가하여 넘어뜨린 것이 아니라 단지 공장에서 동료 사이에 말다툼을 하던 중 피고인이 삿대질하는 것을 피하고자 피해자 자신이 두어 걸음 뒷걸음치다가 회전 중이던 십자형 스빙기계 철 받침대에 걸려 넘어진 정도라면, 당시 바닥에 위와 같은 장애물이 있어서 뒷걸음치면 장애물에 걸려 넘어질 수 있다는 것까지는 예견할 수 있었다고 하더라도 그 정도로 넘어지면서 머리를 바닥에 부딪쳐 두개골절로 사망한다는 것은 **이례적인 일이어서 통상적으로 일반인이 예견하기 어려운 결과**라고 하지 않을 수 없으므로 피고인에게 폭행치사죄의 책임을 물을 수 없다(대판 1990. 9. 25, 90도1596).

Ⅳ. 결과적 가중범의 공동정범

1. 서 언

결과적 가중범의 공동정범 인정 여부에 관한 논의의 중점은 기본범죄의 공동정범자 가운데 일부가 행한 범행으로 인하여 중한 결과가 발생한 경우에 기본범죄의 다른 공동정범에게도 그 중한 결과를 귀책시킬 것인가 하는 데에 있다. 이는 진정 결과적 가중범의 경우에만 해당되는 문제이다. 중한 결과에 대해 고의가 인정되는 부진정 결과적 가중범의 경우에는 당연히 공동정범이 가능하다.

2. 학설 및 판례

(1) 긍정설

긍정설은 행위공동설에 입각하여 주의의무를 공동으로 위반하는 과실범의 공동정범이 가능하다는 것을 전제로 결과적 가중범에서도 중한 결과에 대한 공동의 과실, 즉 공동의 주의의무위반이 있을 때에는 공동정범이 성립한다고 본다. 중한 결과에 대하여 과실이 없는 자가 기본범죄만을 공동으로 범했을 경우에는 기본범죄에 대해서만 공동정범을 인정하지만 기본범죄의 공동정범 전원이 중한 결과에 대한 과실이 있는 경우에는 결과적 가중범의 공동정범을 인정하는 견해(이/장/강, 이형국, 정/박)가 있는데 이 경우에는 공동정범을 인정할 실익이 없다고 보아야 한다. 그러므로 긍정설은 판례보다는 제한적 긍정설에 해당한다고 볼 수 있다.

그러나 고의가 아닌 주의의무위반의 공동이란 의사의 연락이 없는 단순한 시간적 동시성만을 의미하므로 이를 굳이 결과적 가중범의 공동정범이라고 부를 필요는 없을 것이다. 또한 주의의무위반이 없는 행위자에게 결과에 대한 예견가능성만을 이유로 중한 결과까지도 형사책임을 인정하는 것은 책임주의원칙에 반하는 것으로서 타당하지 않다.

(2) 부정설

부정설은 공동정범은 고의범 간에만 인정될 수 있다는 것을 전제로 한다. 즉 공동정범의 성립요건인 공동의 의사는 과실범 간에는 인정될 수 없다는 것이다(김/서, 배종대, 신동운, 안동준, 오영근, 임웅). 그러므로 기본범죄의 공동정범 가운데 중한 결과에 대한 과실이 있는 자만이 개별적으로 결과적 가중범에 해당한다고 본다. 만일 이러한 과실이 여러 사람에게 공동으로 있을 경우에는 굳이 공동정범을 인정하지 않더라도 각자에 대하여 개별적으로 결과적 가중범의 형사책임을 인정하면 된다.

(3) 판 례

판례는 공동정범은 결과를 공동으로 할 의사가 없더라도 행위를 공동으로 할 의사가 있었으면 성립한다는 행위공동설에 입각하여 결과적 가중범의 공동정범도 이를 인정하는 입장이다. 예를 들어 결과적 가중범인 상해치사죄(제259조)의 공동정범은 죽일 의사는 없이 폭행 기타의 신체침해행위를 공동으로 할 의사가 있으면 성립되고, 결과를 공동으로 할 의사는 필요하지 않으므로 패싸움을 하던 중 한 사람이 칼로 찔러 상대방을 죽게 한 경우에 다른 공범자가 그 결과인식이 없더라도 상해치사죄의 책임이 인정된다는 것이다(아래 판례 ③ 참조).

판례 결과적 가중범의 공동정범

① 결과적 가중범인 상해치사의 공동정범은 폭행 기타의 신체침해행위를 공동으로 할 의사가 있으면 성립되고, 결과를 공동으로 할 의사는 필요 없다 할 것인 바, … 피고인 갑, 을, 병이 공동하여 피해자의 신체를 상해하거나 피해자의 신체에 대하여 폭행을 가하는 기회에 피고인 을이 피해자를 살해한 것이라면 피고인 갑과 병이 살인의 공모를 하지 아니하였다 하여도 상해나 폭행행위에 관하여는 인식이 있었다고 할 것이므로 그 살인행위나 치사의 결과를 예견할 수 없었다고 할 수 없는 이상 상해치사의 죄책을 면할 수 없다고 보아야 할 것이다(대판 1993. 8. 24, 93도1674; 1991. 11. 12, 91도2156). 여기에서 을에게는 살인죄, 갑(및 병)에게는 상해치사죄를 인정한 것이다.

② **판결이유** : 가. 특수공무방해치사상과 같은 이른바 부진정 결과적 가중범은 예견가능한 결과를 예견하지 못한 경우뿐만 아니라 그 결과를 예견하거나 고의가 있는 경우까지도 포함하는 것이므로, 공무집행을 방해하는 집단행위의 과정에서 일부 집단원이 고의행위로 살상을 가한 경우에도 다른 집단원에게 그 사상의 결과가 예견가능한 것이었다면 다른 집단원도 그 결과에 대하여 특수공무방해치사상의 책임을 면할 수 없다.

나. 공동정범에 있어서는 범인전원이 일정한 일시, 장소에 집합하여 모의한 바 없고, 또 일부가 현실적으로 범죄실행에 가담한 일이 없다고 하여도 간접적 또는 순차적으로 범행의 포괄적 또는 개별적인 의사연락이 있으면 전체에 대하여 공동정범이 성립하는 것이고, 또 결과적 가중범에 있어서의 공동정범은 **행위를 공동으로 할 의사가 있으면 성립**하고 결과를 공동으로 할 의사는 필요 없다.

다. 부진정 결과적 가중범인 특수공무방해치사상죄에 있어서 공무집행을 방해하는 집단행위의 과정에서 일부 집단원이 고의로 방화행위를 하여 사상의 결과를 초래한 경우에 다른 집단원이 그 방화행위로 인한 사상의 결과를 예견할 수 있는 상황이었다면 특수공무방해치사상의 죄책을 면할 수 없으나 그 방화행위 자체에 공모가담한바 없는 이상 방화치사상죄로 의율할 수는 없다(대판 1990. 6. 26, 90도765).

평 가 : 이 판례는 부진정 결과적 가중범에 해당하는 가담자가 아닌 다른 가담자가 중한 결과에 대하여 예견가능성이 인정되는 경우에는 양자가 공동정범에 해당한다고 본 것이다. 즉 **부진정 결과적 가중범과 진정 결과적 가중범 간의 공동정범**을 인정한 것으로 볼 수 있는데 중한 결과만을 중심으로 본다면 이는 고의범과 과실범 간의 공동정범을 인정한 것과 같다.

③ 공동정범(형법 30조)은 실행행위를 같이하여 범죄를 저지른 것이라 함이 당원 판례가 지키는 견해(1962. 6. 14 선고, 62도57 판결 참조)이다. 여기에 동의 의사(의사의 연락)란 구성요건적 결과인식 즉 범의의 공동은 필요치 않다는 법리 위에 선 것이 분명하다고 하겠다. 따라서 결과적 가중범인 상해치사죄(형법 제259조)의 공동정범은 죽일 의사는 없이 폭행 기타의 신체침해행위를 공동으로 할 의사가 있으면 성립되고, 결과를 공동으로 할 의사는 필요 없는 법리이다(대판 1978. 1. 17, 77도2193).

그러나 행위공동설의 문제점을 논외로 하더라도 중한 결과에 대한 과실을 예견가능성만으로 해석하는 것은 결과적 가중범의 결과책임적 성격에 비추어 볼 때 제한적 적용범위를 벗어난 것이라고 보지 않을 수 없다. 또한 결과적 가중범에서 예견가능성은 기본범죄로 인하여 초래될 수 있는 중한 결과에 대한 예견가능성을 의미하는 것이다. 그런데 판례는 기본범죄에 가담한 타인의 고의행위가 초래한 중한 결과를 예견할 수 있었을 것이라는 가정하에 결과적 가중범을 인정함으로써(위 판례 ③ 참조) 결과적 가중범에서 기본범죄와 중한 결과 간의 직접성의 원칙을 무시하고 있다.

3. 결과적 가중범의 교사범과 방조범

결과적 가중범에서 기본범죄에 대한 고의를 가진 교사범이나 방조범은 인정된다. 예를 들면 갑이 을의 교사를 받아 병을 폭행하였는데 병이 교통사고로 머리를 다친 적이 있어서 아직 후유증이 남아있던 차에 갑의 폭행에 의해 사망한 경우 이 사실을 을은 알고 있었지만 갑은 알지 못하였다고 가정하면 형사책임은 다음과 같다. 우선 갑은 병의 뇌 부상을 알지 못하고 있었으므로 폭행치사죄(제262조)가 아니라 폭행죄(제260조 제1항)에 해당한다. 즉 단순한 폭행으로 인하여 병이 사망할지도 모른다는 데 대하여 객관적 예견이 불가능하였으므로 중한 결과에 대한 형사책임의 귀속은 인정되지 않는다고 보아야 한다(대판 1985. 4. 3, 85도303 참조). 을의 형사책임은 폭행치사죄에 대한 교사범이 인정된다(제262조, 제259조 제1항, 제31조 제1항, 제15조 제2항). 왜냐하면 을은 병이 뇌 부상을 입은 사실을 알고 있었으므로 과실범에서 객관적 주의의무위반 판단이 개인의 전문지식이나 특별한 지식도 고려해서 평가하는 점을 감안하면 병의 사망에 대한 과실이 인정되므로 형사책임의 귀속은 가능하다고 보아야 한다.

Ⅴ. 결과적 가중범과 미수

1. 기본범죄의 미수와 중한 결과의 기수

고의의 기본범죄가 미수이지만 과실에 의해 중한 결과가 발생한 경우에 결과적 가중범의 기수범으로 처벌할 것인가의 문제가 발생한다. 이 경우에 학설(통설)과 판례는 결과적 가중범의 기수를 인정한다. 또한 결과적 가중범인 강간등치상죄(제301조)와 강간등치사죄(제301조의2)의 행위주체에 강간미수범(제300조)까지도 포함시키고 있어서 실정법적 근거도 있다.

결과적 가중범의 핵심은 기본범죄와의 직접적 연관성 속에서 중한 결과가 발생한 데에 있으므로 기본범죄가 미수인 경우에도 기본범죄로 인하여 중한 결과가 발생하면 결과적 가중범의 기수범으로 인정하는 것이 타당하다.

판례 기본범죄가 미수인 경우

• 강도는 미수이지만 강도치상죄를 인정(대판 1985. 10. 22, 85도2001).

• 강간은 미수이지만 상해의 결과가 발생한 경우에 강간치상죄를 인정(대판 1984. 7. 24, 84도1209).

2. 부진정 결과적 가중범의 미수

부진정 결과적 가중범의 미수가 문제되는 경우로는 고의적으로 중한 결과를 발생시키기 위하여 기본범죄를 범하였으나 중한 결과는 미수에 그친 경우로서 예를 들어 A가 사람을 살해할 생각으로 현주건조물에 방화를 하였으나 사망하지 않은 경우가 이에 해당한다. 이 경우에는 기본범죄와 중한 결과를 상상적 경합범으로 처벌하여야 한다. 그러므로 위의 예에서 A에게는 현주건조물방화죄와 살인미수죄의 상상적 경합이 인정된다.

마찬가지로 부진정 결과적 가중범에서 중지미수를 인정하는 것도 가능하다. 부진정 결과적 가중범은 중한 결과를 고의적으로 범한 경우를 의미하므로 고의범에 대한 중지미수가 인정되듯이 부진정 결과적 가중범에서도 중지미수를 인정하는 것이 가능하고 필요하다. 예를 들어 살인을 하기 위하여 현주건조물에 방화를 한 다음 불에 타기 전에 스스로 불을 꺼서 살인의 결과를 방지한 경우 자의적 중지로서 중지범을 인정하여야 할 것이다. 그러나 미수범 처벌규정이 없으므로 현주건조물방화죄와 살인죄의 중지미수를 각각 인정하여 상상적 경합을 인정할 수밖에 없다. 입법적으로는 부진정 결과적 가중범을 정리하여 결과적 가중범의 미수를 인정하지 않는 방향으로 개정하는 것이 타당하다.

'성폭력범죄의 처벌 등에 관한 특례법'은 결과적 가중범인 강간등치사상죄(제8조 제1항 및 제2항, 제9조 제2항 및 제3항)를 규정하고 있다. 여기에서 기본범죄가 미수인 경우에도 결과적 가중범은 기수로 처벌된다고 규정하고 있다. 즉 특수강도강간, 특수강간 및 친족관계에 의한 강간이나 13세 미만 미성년자에 대한 강간, 장애인에 대한 강간에서 이들 범죄가 미수이더라도 상해의 결과가 발생하면 기수범으로 처벌하며(제8조 제1항, 제2항), 특수강간이나 강제추행, 친족관계에 의한 강간, 13세 미만 미성년자에 대한 강간, 장애인에 대한 강간 등의 기본범죄가 미수이더라도 사망의 결과가 발생하면 결과적 가중범의 기수범으로 처벌된다고 규정하고 있다(제9조 제2항, 제3항). 그러나 동법 제15조는 여전히 결과적 가중범인 강간 등 치사죄와 강간 등 치상죄의 미수범을 처벌한다고 규정하고 있다. 이는 기본범죄의 기수, 미수 여부를 불문하고 결과가 발생하면 결과적 가중범의 기수로 처벌하고, 결과적 가중범의 미수범은 당연히 제외되는 것을 전제로 하는 것으로 해석하여야 한다.

제 6 장 미 수 범

제 1 절 서 론

Ⅰ. 범죄의 실현단계

행위자가 범죄의사를 실현하기 위해서는 몇 단계를 거쳐야 한다. 우선 범죄는 이를 결심하는 행위자의 심리적 과정에서부터 시작된다. 그러나 범죄의사는 외부로 표출되기 전까지는 처벌의 대상이 될 수 없다. 내심의 의사만으로는 어떠한 법익도 침해하는 것은 아니며 사람을 그의 생각만으로 처벌할 수는 없기 때문이다. 구체적으로는 범죄를 결심하고 범행을 위한 준비단계를 거쳐 범행에 착수한 다음 기수에 이른다(음모 · 예비 → 실행의 착수 → 기수). 예를 들어 살인죄의 경우 범행대상을 결정하여 살인을 결심한 다음 범행방법을 선택하고 살인행위에 나아가는 것이다. 그러나 모든 범죄행위가 기수에 이르러야 처벌하는 것은 아니며 결과가 발생하지 않은 미수단계에서도 처벌규정이 있는 경우에는 예외적으로 처벌한다(제29조, 제254, 280조 등). 즉 사전적事前的으로 관찰하였을 때 허용될 수 없는 위험을 창출한 경우 미수범으로 처벌한다. 뿐만 아니라 중대한 범죄의 경우에는 예비 · 음모단계에서 그친 경우에도 처벌규정을 두고 있다(제28조, 제90, 101, 255조 등). 이처럼 미수범은 결과가 발생하지 않았음에도 불구하고 행위자의 범죄의사가 표출되어 결과 발생을 야기하는 촉발단계에 이르렀다는 점에서 과실범에서는 인정될 수 없고 고의범에만 인정된다. 형법상 미수범으로는 ① (장애)미수범(제25조), ② 중지미수범(제26조) 및 ③ 불능미수범(제27조)이 규정되어 있다.

1. 음모 · 예비

음모와 예비는 범죄 실행의 착수 이전의 준비행위로서 범행의 결심과 계획이라는 내부의사가 외부로 표출된 최초의 단계이다. 음모는 2인 이상이 범죄를 실행하기 위하여 합의하는 심적 형태의 준비행위이다. 즉 2인 이상이 일정한 범죄를 하기 위하여 서로 의사를 교환하고 합의하는 것을 말한다. 예비는 범죄를 실현하기 위한 물적 준비행위이다. 예를 들면 범죄에 사용할 흉기를 구입하는 것 등이다. 형법에서 예비와 음모를 처벌하는 경우는 법익의 중요성에 비추어 범행이 실행에 착수하기 이전 단계에서부터 보호하여야 할 필요성이 인정될 때이다. 음모와 예비는 같이 취급하며 예비단계에 이르지 않은 음모만으로는 일반적으로 처벌하지 않는다.

판례 **예비에 이르지 않은 음모**

• 일본으로 밀항하고자 피고인이 공소외인에게 도항비로 일화 100만엔을 주기로 약속하였으나 그 후 밀항을 포기하였다. 대법원은 "피고인의 행위가 이 정도에 그쳤다면 피고인의 소위는 밀항의 음모에 지나지 않는다 할 것이므로 원심이 피고인의 소위를 밀항의 예비정도에는 이르지 아니하였다고 판단하였음은 정당하다"고 판시하여 밀항단속법위반죄를 적용하지 않았다(대판 1986. 6. 24, 86도437). 현재는 밀항단속법 제3조 제3항에 의해 음모행위도 처벌이 가능하다(2013년 개정).

2. 미 수

범죄의 실행에 착수하였으나 행위를 종료하지 못하였거나 결과가 발생하지 않은 단계를 미수라고 한다(제25조 제1항). 예를 들면 유산 상속을 빨리 받기 위해 아버지를 죽이려고 독극물을 커피에 넣어 건네주었는데 한 모금 마신 아버지가 맛이 이상한 것을 알고 즉시 의사를 불러 살아난 경우에 존속살해미수죄(제250조 제2항, 제254조)에 해당한다. 미수범은 형법에 규정이 있어야 처벌하며(제29조), (장애)미수범의 형은 기수범보다 감경할 수 있다(임의적 감경)(제25조 제2항). 범죄의 실행에 착수하였으나 결과가 발생하지 않은 또 다른 유형의 미수범으로는 중지미수범(제26조)과 불능미수범(제27조)이 있다.

3. 기 수

기수既遂란 형법 각칙에 규정된 구성요건을 완전하게 실현한 경우를 말한다. 따라서 어떠한 경우에 범죄가 기수에 이르렀는가는 각 구성요건이 규정하고 있는 바에 따라 판단한다.

4. 종 료

(1) 의 의

기수를 구성요건의 형식적 실현으로 이해(형식적 기수)하는 견해에 의하면 기수 이후 종료가 범행의 실질적 기수(또는 완료)라고 주장한다(통설). 이러한 견해는 범죄행위의 기수시점을 형식적이 아니라 보다 실질적인 관점에서 범죄행위를 파악하여 경우에 따라서는 범행의 기수 이후의 행위도 형법적인 의미를 지닐 수 있으며, 결과적으로 기수와 관련된 법적인 효과를 범죄의 종료시에도 그대로 인정하자는 결론에 도달한다. 예를 들어 목적범이나 위험범의 경우 목적의 달성이나 위험의 실현시점이 종료시점이라고 보는 것이다.

종료개념이 의미가 있는 경우는 계속범의 경우이다. 계속범은 구성요건을 실현하는 기수시점부터 범행이 끝나는 시점까지 구성요건이 계속적으로 실현되는 범죄유형이다. 감금죄나 주거침입죄가 그 예이다. 이러한 범죄의 경우에는 공소시효는 종료시점을 기준으로 하게 되고(형사소송법 제252조 제1항), 공범 가담도 종료시점까지 가능하며 정당방위도 기수 이후 종료시점까지 인정된다. 그리고 가중적 사유가 있는 구성요건의 경우 기수 이후에 가중사유가 발생하면 가중적 구성요건을 적용하는 경우가 있기도 하다. 예를 들면 강도의 기수 이후 도주하던 중에 살인을 한 경우 사회통념상 범죄행위가 완료되지 않은 상태에서 이루어진 것이라고 보아 강도살인죄를 적용한 판례가 있다(대판 1996. 7. 12, 96도1108).

판례 **공소시효와 종료**

- 공소시효는 범죄행위가 종료한 때부터 진행한다(형사소송법 제252조 제1항). 미수범은 범죄의 실행에 착수하여 행위를 종료하지 못하였거나 결과가 발생하지 아니한 때에 처벌받게 되므로(형법 제25조 제1항), 미수범의 범죄행위는 행위를 종료하지 못하였거나 결과가 발생하지 아니하여 더 이상 범죄가 진행될 수 없는 때에 종료하고, 그때부터 미수범의 공소시효가 진행한다(대판 2017. 7. 11, 2016도14820).

(2) 범행의 종료이론과 죄형법정주의

범행의 단계적 유형으로서 종료개념을 인정하는 이론은 구성요건에 대한 목적론적 해석을 통하여 구성요건에 내재된 의미를 찾는 것을 주된 이유로 하고 있다. 그러나 구성요건의 목적론적 해석도 형법이 지향하는 보장적 기능의 한계 내에서만 가능하고 허용된다. 법익의 보다 완벽한 보호를 위한 구성요건의 확장적 해석은 죄형법정주의의 원칙을 무너뜨릴 위험을 안고 있다. 설사 법적인 허점을 보완하기 위한 것이라고 하더라도 그것은 확장적이거나 완화된 해석을 통해서가 아니라 입법적으로 해결하여야 할 문제이다. 즉 기수개념이 갖는 기능의 한계성이 나타나지 않는 한 또 하나의 독자적인 범행의 '실질적' 기수시점을 인정하는 것은 타당하지 않다.

Ⅱ. 미수범 처벌의 이론적 근거

제25조(미수범) ① 범죄의 실행에 착수하여 행위를 종료하지 못하였거나 결과가 발생하지 아니한 때에는 미수범으로 처벌한다.
② 미수범의 형은 기수범보다 감경할 수 있다.

구성요건이 상정하고 있는 결과가 발생하지 않았음에도 불구하고 미수범을 처벌하는 이유에 관해서는 주관설적 입장과 객관설적 입장, 그리고 이를 결합하는 입장으로 나뉜다.

1. 주관설

주관설은 미수범의 경우에도 행위자의 범행의사는 기수범과 다를 것이 없다는 주관주의적 형법이론에서 출발하여 미수범도 기수범과 동일하게 처벌되어야 한다고 한다. 즉 미수범은 비록 결과가 발생하지 않았지만 범죄행위를 시작하였으며, 이는 행위자의 범행의사가 외부에 표출된 것으로서 그 자체로도 행위의 불법성이 인정되어 처벌이 필요하다고 보기 때문이다(행위불법의 중시, 책임형법적 사고).

미수범을 처벌하는 근거로서 주관설적 입장을 도외시할 수 없다. 왜냐하면 행위자의 내심의 의사에 관한 관찰과 평가가 없이는 미수범의 처벌 근거를 찾기가 어렵기 때문이다. 주관설에 의하면 미수범의 형을 감경하는 것은 필요하지 아니하다. 주관설은 행위의 결과 반가치성을 소홀히 한다는 점, 내심의 범죄의사만으로는 미수범 처벌을 정당화할 수 없다는 점, 그리고 범죄의 예비단계까지도 처벌을 확대할 위험성이 있다는 문제점이 있다.

2. 객관설

미수범의 처벌 근거를 보호되는 행위객체에 대한 구체적인 위험성에서 찾는 견해이다. 그렇기 때문에 구성요건적 결과의 발생이 불가능한 경우(불능미수)에는 위험성이 없기 때문에 불가벌적이라고 한다. 구체적인 위험성의 존재 여부는 법관에 의한 사후적 예측을 근거로 한다.

3. 절충설

절충설은 주관설과 마찬가지로 행위자의 범죄의사를 미수범 처벌의 근거로 인정하지만 처벌 여부는 객관적인 기준에 의하여 제한하는 입장이다. 절충설에서 요구하는 객관적 기준을 제시하는 이론으로 인상설印象說이 있다. 인상설은 위법한 범죄의사의 실행이 법적 평온의 교란, 즉 법 질서의 효력에 대한 신뢰와 법적 안정성에 대한 일반의 감정을 무너뜨리는 정도에 이를 때에 미수범으로 처벌하여야 한다는 견해이다(독일의 통설).

4. 이원설

이원설에서는 미수범은 첫째 사후적으로 관찰하였을 때 행위자의 행위가 구성요건적 결과를 발생시킬 수 있는 위험을 야기하였거나(위험불법), 둘째 구성요건적 결과 발생을 추구하는 행위자의 의도가 불법일 때(목표불법) 처벌하여야 한다는 입장이다.

5. 결 론

형법은 결과 발생이 불가능하더라도 위험성이 있는 때에는 처벌한다고 규정하여(제27조) 기본적으로는 주관설의 입장에 서 있다고 볼 수 있다(행위불법의 중시). 그러나 동시에 미수범의 처벌은 형법에 규정된 경우로 제한함으로써(제29조) 주관설의 전면적 수용 대신 객관설의 입장도 반영하고 있다. 결론적으로 미수범의 형은 주관설에 의하면 기수범과 같이 처벌되어야 하고, 객관설에 의하면 기수범의 형보다 필요적으로 감경하여야 함에도 불구하고 형법이 이를 임의적 감경사유(제25조 제2항)로 규정한 점은 양자의 입장이 절충적으로 반영된 것으로 볼 수 있으므로 절충설이 타당하다(통설).

제2절 예 비 죄

> 제28조(음모, 예비) 범죄의 음모 또는 예비행위가 실행의 착수에 이르지 아니한 때에는 법률에 특별한 규정이 없는 한 벌하지 아니한다.

I. 의 의

예비란 범죄 실현을 위한 준비단계로서 아직 범죄의 실행에 착수하기 이전 단계를 말한다(미수와 구별). 예비는 단순한 내심의 의사와 다르기 때문에 예비를 인정하기 위해서는 의사가 외부로 표출될 것이 필요하다. 이에 반해 음모란 일정한 범죄를 실현할 목적으로 2인 이상이 합의를 이루는 것을 의미한다.

음모 또는 예비행위가 실행의 착수에 이르지 아니한 때에는 법률에 특별한 규정이 없는 한 벌하지 않는다(제28조). 형법상 예비행위를 처벌하는 구성요건으로는 내란죄 · 간첩죄 · 이적죄 · 폭발물사용죄 · 방화죄 · 일수죄 · 교통방해죄 · 통화위조죄 · 살인죄 · 강도죄 등이 있다. 그리고 국가보안법은 거의 대부분의 구성요건에서 예비행위를 처벌하는 규정을 두고 있다(제3조 제4항, 제5조 제4항, 제6조 제5, 6항 등). 또한 군형법에서도 예비행위를 처벌하는 다수의 구성요건이 존재한다(제8조, 제16조 등).

II. 법적 성격

예비죄의 법적 성격은 두 가지 측면에서 문제된다. 하나는 예비죄와 기본범죄와의 관계이며, 다른 하나는 예비행위의 실행행위성을 인정할 것인가의 문제이다. 예비죄의 법적 성격을 어떻게 규정할 것인가에 따라 예비죄의 미수와 공범 및 죄수문제에서 결론을 달리한다.

1. 발현형태설

발현형태설發現形態說은 예비죄를 독립적인 범죄유형으로 보는 것이 아니라 효과적인 법익보호를 위하여 처벌범위를 확장한 수정적 구성요건 형태라고 보는 견해이다. 즉 예비죄는 범죄의 중대성에 비추어 그 처벌범위를 범죄의 준비단계인 예비단계까지 확장한 것으로서 예비죄는 기본범죄의 발현형태에 불과하다고 보는 견해이다(통설, 판례).

판례 형법각칙의 예비죄

• 범죄의 구성요건 개념상 예비죄의 실행행위는 무정형 무한정한 행위이고 종범의 행위도 무정형 무한정한 것이고 형법 제28조에 의하면 범죄의 음모 또는 예비행위가 실행의 착수에 이르지 아니한 때에는 법률에 특별한 규정이 없는 한 벌하지 아니한다고 규정하여 예비죄의 처벌이 가져올 범죄의 구성요건을 부당하게 유추 내지 확장 해석하는 것을 금지하고 있기 때문에 형법각칙의 예비죄를 처단하는 규정을 바로 독립된 구성요건 개념에 포함시킬 수는 없다고 하는 것이 죄형법정주의의 원칙에도 합당한 해석이라 할 것이다(대판 1976. 5. 25, 75도1549).

2. 독립범죄설

독립범죄설 또는 독립구성요건설은 예비·음모행위는 독자적인 불법성을 지니고 있는 범죄행위라고 보는 견해이다. 형법이 예비행위나 예비죄의 법정형을 독립적으로 규정하고 있다는 것이 그 이유이다(김/서, 배종대).

3. 결 론

형법상의 구성요건 가운데에는 원래 예비행위에 해당하는 행위를 독립적인 구성요건으로 처벌하는 규정이 있는 반면에(예: 범죄단체 조직죄 등) 기본범죄에 대한 음모·예비행위를 처벌하는 규정만을 둔 경우도 있다. 후자의 경우는 기본범죄가 보호하고자 하는 법익을 사전적으로 보호한다는 데에 그 목적을 두고 있으며 형법상의 예비죄는 이러한 경우를 말한다. 이러한 유형의 예비죄는 처벌범위의 부당한 확장이라는 위험성을 내포하고 있기 때문에 형법은 법률에 특별한 규정이 있을 경우에만 처벌하고 있다(제28조 참조). 그러므로 기본범죄에 대한 예비죄는 독립적 구성요건이라기보다는 기본범죄의 발현형태에 해당한다고 보는 것이 타당하다(발현형태설).

Ⅲ. 성립요건

1. 고의 및 기본범죄를 범할 목적

(1) 예비의 고의

예비죄가 성립하기 위해서는 고의가 있어야 한다. 예비죄의 고의가 무엇을 의미하는지에 대해서는 ① 준비행위에 대한 고의라는 견해(김/서, 배종대, 손/김, 이/장/강, 이정원, 임웅)와 ② 기본범죄에 대한 고의를 의미한다는 견해(신동운, 안동준, 이형국, 정/박)로 나뉜다. 전자의 견해는 예비행위와 기본범죄 간에 차이를 전제로 하면서 예비행위 자체에 대한 고의가 있어야 예비행위를 처벌할 수 있다는 입장이다. 이에 대해 후자의 견해는 미수범의 고의가 기본범죄에 대한 고의를 의미하는 것과 마찬가지로 예비죄의 고의 역시 기본범죄를 지향하는 것이어야 하고, 기본범죄의 실행행위를 염두에 두지 않은 준비행위만의 인식은 무의미하다는 것을 그 근거로 한다.

고의는 구성요건 요소를 그 인식대상으로 한다. 그러므로 예비죄의 고의를 구성요건 해당행위가 아닌 범죄의 준비행위에 대한 고의로 보는 것은 고의의 본질에서 벗어난 견해로서 타당하지 않다. 구성요건상 독립적 형태의 범죄가 아닌 예비죄의 경우에는 예비행위 자체만으로는 범죄성을 띠지 않는 경우가 대부분인데, 기본범죄를 염두에 두지 않은 이러한 행위를 범죄행위의 고의라고 부를 수는 없기 때문이다. 나아가서 준비행위에 대한 고의로 보는 견해는 예비죄의 처벌범위를 확장할 위험성을 내포하고 있다. 따라서 예비죄의 법적 성격을 처벌범위를 확장한 수정적 구성요건 형태로 보는 입장에서는 기본범죄에 대한 고의를 필요로 한다고 보는 것이 논리적이다.

(2) 기본범죄를 범할 목적

예비죄는 '… 죄를 범할 목적으로 예비 또는 음모한 자'라고 규정함으로써 목적범의 형식을 취하고 있다. 그러나 원래 목적범은 고의 이외에 추가적인 구성요건 요소라는 점에서 예비죄에서의 목적을 본래의 목적범과 동일시할 수는 없다. 그러므로 예비죄에서의 목적은 예비죄의 고의가 기본적 구성요건에 해당하는 고의임을 나타내는 징표라고 보는 것이 타당하다.

판례 **예비죄와 기본범죄를 범할 목적**

• 강도예비 · 음모죄가 성립하기 위해서는 **예비 · 음모 행위자에게 미필적으로라도 '강도'를 할 목적이 있음이 인정되어야 하고** 그에 이르지 않고 단순히 '준강도'할 목적이 있음에 그치는 경우에는 강도예비 · 음모죄로 처벌할 수 없다(대판 2006. 9. 14, 2004도6432).

2. 예비행위

예비죄가 성립하기 위해서는 예비행위가 있어야 한다. 예비행위는 기본적 구성요건에 해당하는 행위가 아니기 때문에 행위 형태가 다양하다. 범행도구를 준비하거나 범행현장을 사전 답사하는 행위, 도주로를 확인하는 행위 등이 그 예이다. 통상적으로 예비행위란 자신이 계획하고 있는 범행의 준비행위를 의미한다(자기예비). 그런데 타인의 범죄 실행을 위한 준비행위(타인예비)에 대해서도 예비죄를 적용할 것인지가 문제된다. 그러나 예비죄의 인정은 제한적이어야 하며, 예비단계에서의 방조행위는 정범이 실행에 착수한 이후에 방조범에 해당한다고 보는 것이 타당하다. 그러므로 타인예비는 예비죄에 포함되지 않는다고 보아야 한다(판례, 다수설).

판례 **살인예비행위의 내용**

• 형법 제255조, 제250조의 살인예비죄가 성립하기 위하여는 형법 제255조에서 명문으로 요구하는 살인죄를 범할 목적 외에도 살인의 준비에 관한 고의가 있어야 하며, 나아가 실행의 착수까지에는 이르지 아니하는 살인죄의 실현을 위한 준비행위가 있어야 한다. 여기서의 준비행위는 물적인 것에 한정되지 아니하며 특별한 정형이 있는 것도 아니지만, 단순히 범행의 의사 또는 계획만으로는 그것이 있다고 할 수 없고 객관적으로 보아서 살인죄의 실현에 실질적으로 기여할 수 있는 외적 행위를 필요로 한다(대판 2009. 10. 29, 2009도7150).

Ⅳ. 관련문제

1. 예비죄의 공범

(1) 예비죄의 공동정범

통설과 판례(대판 1979. 5. 22, 79도552)는 예비행위를 공동으로 한 경우에 예비죄의 공동정범을 인정하고 있다. 범죄 실행의 준비행위가 공동정범의 형태로 가능한 것은 당연하다. 이를 위해서는 상호 간에 의사의 합치와 준비행위를 공동으로 할 것이 요구된다.

(2) 예비행위에 대한 교사범 · 종범

예비행위에 대한 교사범의 성립문제는 우선 교사자가 피교사자로 하여금 기본범죄에 대한 실행행위까지 나아갈 것을 기대하고 교사하였으나 실행에 착수하지 않은 경우와 피교사자가 예비에 그칠 것을 인식하고 교사한 경우로 나눌 수 있다. 후자의 경우에는 교사자로서의 고의가 결여된 경우이므로 불가벌이다. 전자의 경우는 형법 제31조 제2항에 따라 처리한다. 즉 교사를 받은 자가 범죄의 실행을 승낙하고 실행의 착수에 이르지 아니한 때에는 교사자와 피교사자를 음모 또는 예비에 준하여 처벌한다.

예비행위에 대한 종범의 성립문제에 대해서는 논란이 있다. 공범독립성설의 입장에서는 예비행위에 대한 방조행위를 방조의 미수로 보게 된다. 방조행위 자체를 독립적인 범죄유형으로 보기 때문이다. 반면에 공범종속성설의 입장에서는 긍정설과 부정설이 대립하고 있다. 예비죄에 대한 방조행위를 처벌하는 규정이 없고, 정범이 실행에 착수하지도 않은 단계에서의 방조행위를 처벌할 수 없다는 점, 예비죄의 처벌범위가 지나치게 확장된다는 점, 법 감정에도 반한다는 점 등에 비추어 부정설이 타당하다(판례, 다수설).

판례 예비행위의 방조

• **예비행위의 방조행위는 방조범으로서 처단할 수 없는 것**이고 그와 같은 법리는 특정범죄가중처벌등에관한법률 및 관세법에 규정된 무면허수입등 예비죄의 방조행위에 있어서도 마찬가지이다(대판 1979. 11. 27, 79노2201).

• **정범이 실행의 착수에 이르지 아니하고 예비단계에 그친 경우에는, 이에 가공한다 하더라도 예비의 공동정범이 되는 때를 제외하고는 종범으로 처벌할 수 없다**(대판 1979. 5. 22, 79도552).

2. 예비죄의 미수

예비죄의 미수범이 인정될 수 있는가에 대해서는 소극설(이/장/강)과 적극설(이형국)이 있으나 예비죄의 미수는 불가능하다고 보는 소극설이 타당하다.

제3절 미 수 범

I. 미수범의 개념

미수범이란 범죄의 실행에 착수하여 행위를 종료하지 못하였거나 결과가 발생하지 아니한 때(제25조 제1항)를 말한다(장애미수). 미수범을 처벌할 죄는 각칙의 해당 죄에서 정한다(제29조). 즉 법률의 규정이 있어야 미수범으로 처벌할 수 있다.

통상적으로 미수범이란 장애미수를 가리키며 장애미수범의 형은 감경할 수 있다(임의적 감경)(제25조 제2항). 또한 광의의 미수범으로는 실행에 착수한 행위를 자의로 중지하거나 그 행위로 인한 결과의 발생을 방지한 때(중지미수)(제26조)와 실행의 수단 또는 대상의 착오로 인하여 결과의 발생이 불가능하더라도 위험성이 있는 경우(불능미수)(제27조)가 있다. 미수는 개념적으로 범행을 결심하고 실행에 착수하는 것이므로 고의범에만 가능하고 과실범에서 미수는 불가능하다.

판례 장애미수와 불능미수

• '초우뿌리'나 '부자'는 만성관절염 등에 효능이 있으나 유독성 물질을 함유하고 있어 과거 사약으로 사용된 약초로서 그 독성을 낮추지 않고 다른 약제를 혼합하지 않은 채 달인 물을 복용하면 용량 및 체질에 따라 다르나 부작용으로 사망의 결과가 발생할 가능성을 배제할 수 없다. 피고인이 공소외 1과 공모하여 일정량 이상을 먹으면 사람이 사망에 이를 수도 있는 '초우뿌리' 또는 '부자' 달인 물을 피해자(공소외 1의 남편)에게 마시게 하여 피해자를 살해하려고 하였으나 피해자가 이를 토해버림으로써 미수에 그친 행위를 불능범이 아닌 살인미수죄로 본 제1심의 판단을 유지한 것은 정당하다(대판 2007. 7. 26, 2007도3687). 이와 같이 불능미수는 결과 발생이 불가능한 경우를 전제로 하는 반면에 장애미수는 결과 발생이 가능한 방법이지만 본 판례의 경우처럼 피해자가 토함으로써 결과가 발생하지 않은 경우에 인정된다.

Ⅱ. 미수범의 성립요건

1. 주관적 성립요건

미수범은 기수범과 마찬가지로 범행을 기수단계까지 수행하겠다는 고의가 있어야 한다. 그 밖에 목적과 같은 추가적인 주관적 구성요건 요소 역시 인정되어야 한다.

2. 실행의 착수

장애미수범과 중지미수범 및 불능미수범의 경우에 공통으로 요구되는 객관적 성립요건은 범죄의 실행의 착수가 있어야 한다는 점이다. 실행의 착수는 범죄 실행의 개시를 의미하는데, 예비의 다음 단계에 해당한다. 실행의 착수에 관해서는 다음과 같은 학설의 대립이 있다.

(1) 형식적 객관설

구성요건에 해당하는 행위의 일부분을 실행하였을 때에 실행의 착수를 인정하는 학설이다. 예를 들어 살인죄의 경우 행위자가 실제로 피해자를 향해 권총의 방아쇠를 당기거나 칼로 신체를 찌르거나, 독극물이 든 음료수를 건네주는 등의 행위가 있어야 비로소 실행에 착수한 것으로 보는 것이다. 그러나 이 견해는 행위자의 범행의사를 도외시하고 행위의 외관만 중시하게 되어 실행의 착수를 인정하는 시점이 너무 늦어진다는 문제점이 있다.

(2) 실질적 객관설

비록 구성요건에 해당하는 행위의 일부를 실행하지는 않았더라도 이와 밀접한 또는 결합된 행위를 하거나 법익 침해에 직접적인 위험을 야기시킨 시점에서 실행의 착수가 있다고 보는 견해이다. 다시 말하면 객관적으로 보아 구성요건에 해당하는 행위와 필연적으로 결합되어 있기 때문에 구성요건적 행위의 한 부분으로 볼 수 있는 행위가 있으면 범죄의 실행에 착수하였다고 본다. 그 밖에도 보호법익에 대한 직접적 위험을 야기하는 행위가 있을 때 실행의 착수를 인정하기도 한다. 일부 대법원 판결에서는 실질적 객관설에 입각한 판결이 있다(아래 참조).

판례 실질적 객관설에 따른 실행의 착수시기

① 인정한 경우

• 주거침입죄의 실행의 착수는 주거자, 관리자, 점유자 등의 의사에 반하여 주거나 관리하는 건조물 등에 들어가는 행위, 즉 구성요건의 일부를 실현하는 행위까지 요구하는 것은 아니고 **범죄구성요건의 실현에 이르는 현실적 위험성을 포함하는 행위를 개시**하는 것으로 족하다. 그러므로 출입문이 열려 있으면 안으로 들어가겠다는 의사 아래 출입문을 당겨보는 행위만으로 주거침입의 실행의 착수가 있었다고 할 것이고, 그 출입문이 잠겨 있어 들어가지 못한 것은 외부적 장애요소로 인하여 뜻을 이루지 못한데 불과하다고 판시하였다(대판 2006. 9. 14, 2006도2824).

• 야간이 아닌 주간에 절도의 목적으로 다른 사람의 주거에 침입하여 절취할 재물의 물색행위를 시작하는 등 그에 대한 사실상의 지배를 침해하는 데에 밀접한 행위를 개시하면 절도죄의 실행에 착수한 것으로 보아야 한다(대판 2003. 6. 24, 2003도1985, 2003감도26).

• 부부싸움을 하다가 격분하여 "집을 불태워 버리고 같이 죽어 버리겠다"며 창고 뒤에 있던 18ℓ들이 플라스틱 휘발유통을 들고 나와 처와 자녀 2명이 있는 집 주위에 휘발유를 뿌리고, 1회용 라이터를 켜 불을 놓아 집을 불 태우려고 하였으나, 불길이 번지지 않는 바람에 그 뜻을 이루지 못한 채 미수에 그치고, 이로 인하여 피고인을 만류하던 앞집 거주 피해자(남, 51세)로 하여금 약 4주간의 치료를 요하는 3도 화상을 입게 한 사건에서, 대법원은 매개물을 통한 점화에 의하여 건조물을 소훼함을 내용으로 하는 형태의 방화죄의 경우에 **"범인이 그 매개물에 불을 켜서 붙였거나 또는 범인의 행위로 인하여 매개물에 불이 붙게 됨으로써 연소작용이 계속될 수 있는 상태에 이르렀다면**, 그것이 곧바로 진화되는 등의 사정으로 인하여 목적물인 건조물 자체에는 불이 옮겨 붙지 못하였다고 하더라도, 방화죄의 실행의 착수가 있었다고 보아야 할 것"이라고 하여 현존건조물방화죄의 실행의 착수를 인정하였다(대판 2002. 03. 26, 2001도6641).

• 절도죄의 실행의 착수시기는 **재물에 대한 타인의 사실상의 지배를 침해하는데 밀접한 행위가 개시된 때**라 할 것인 바 피해자 소유 자동차 안에 들어 있는 밍크코트를 발견하고 이를 절취할 생각으로 공범이 차 옆에서 망을 보는 사이 차 오른쪽 앞문을 열려고 앞문손잡이를 잡아당기다가 피해자에게 발각되었다면 절도의 실행에 착수하였다고 봄이 상당하다(대판 1986. 12. 23, 86도2256).

이 판결은 재물에 대한 사실상의 지배라는 절도죄의 실질적인 보호법익을 침해하는 밀접한 행위가 있을 때 실행의 착수를 인정한 것으로서 실질적 객관설에 입각한 것으로 볼 수 있다(밀접행위설이라고도 부른다).

• 피고인이 격분하여 피해자를 살해할 것을 마음먹고 밖으로 나가 낫을 들고 피해자에게 다가서려고 하였으나 제3자가 이를 제지하여 그 틈을 타서 피해자가 도망함으로써 살인의 목적을 이루지 못한 경우, 피고인이 **낫을 들고 피해자에게 접근함으로써 살인의 실행행위에 착수**하였다고 할 것이므로 이는 살인미수에 해당한다(대판 1986. 2. 25, 85도2773).

② 부정한 경우

• 노상에 세워 놓은 자동차 안에 있는 물건을 훔칠 생각으로 자동차의 유리창을 통하여 그 내부를 손전등으로 비추어 본 것에 불과하다면 비록 유리창을 따기 위해 면장갑을 끼고 있었고 칼을 소지하고 있었다 하더라도 절도의 예비행위로 볼 수는 있겠으나 타인의 **재물에 대한 지배를 침해하는데 밀접한 행위를 한 것이라고는 볼 수 없어** 절취행위의 착수에 이른 것이었다고 볼 수 없다(대판 1985. 4. 23, 85도464).

(3) 주관설

주관설은 범죄를 범의의 표현이라고 보는 입장에서 출발한다. 즉 행위자의 범죄의사가 외부로 나타나기 시작한 때에 실행의 착수가 있다고 보는 것이다(이를 "범죄의사의 비약적 표동飛躍的 表動이 있었을 때"라고 하는 견해도 있다). 주관설은 행위를 외부적·객관적으로 관찰하지 않고 행위자의 생각이나 의도를 중심으로 실행의 착수시점을 결정함으로써 구성요건의 실현을 위한 행위 정형성을 무시하고, 경우에 따라서는 예비단계까지 미수범을 인정할 위험성이 있다.

판례 간첩죄의 실행의 착수

• 간첩의 목적으로 외국 또는 북한에서 국내에 침투 또는 월남하는 경우에는 기밀탐지가 가능한 **국내에 침투 상륙함으로써 간첩죄의 실행의 착수가 있다**고 할 것이다(대판 1984. 9. 11, 84도1381).

이 판결은 간첩활동을 위한 구체적인 행위가 개시되기 전인 국내 잠입시점을 기준으로 미수를 인정하였으므로 주관설에 입각한 것으로 볼 수 있다.

(4) 절충설 (주관적 객관설)

절충설은 행위자의 생각과 행위객체에 대한 행위의 직접적 위험성을 중심으로 실행의 착수 여부를 판단한다. 이 학설은 실질적 객관설과 유사하나 객관적 기준 이외에 개별 행위자의 범죄계획을 판단기준에 포함시키는 점에서 다르고 그렇기 때문에 개별적 객관설이라고도 한다. 즉 행위자의 범행계획에 비추어 볼 때 행위가 당해 구성요건에 의하여 보호되는 법익에 대한 직접적인 위험행위로 볼 수 있을 때에 실행의 착수를 인정하는 학설이다(통설).

(5) 형법의 규정 및 판례의 입장

형법은 범죄의 실행의 착수에 관하여 일반적 규정을 두지 않고 있다. 그러므로 학설 및 개별 구성요건의 해석을 통하여 판단하는 수밖에 없다. 이 경우 실행의 착수시점은 절충설에 의하는 것이 타당하다고 본다. 미수범을 처벌하는 이유가 기수범과 다를 바가 없는 행위자의 범죄의사가 외부로 표출된 점에 있고, 이 경우 개별 행위자의 범행계획을 기준으로 하는 것이 옳기 때문이다.

대법원은 실행의 착수와 관련하여 "구체적인 사건에 있어서 이러한 실행의 작수가 있었는지 여부는 범행 당시 피고인의 의사 내지 인식, 범행의 방법과 태양, 범행 현장 및 주변의 상황, 매개물의 종류와 성질 등의 제반 사정을 종합적으로 고려하여 판단하여야 한다"는 입장이다(대판 2002. 3. 26, 2001도6641). 대법원 판결이 실행의 착수와 관련하여 일관적이지는 않지만 이 판결에서 밝히고 있는 입장은 절충설과 다르지 않은 것으로 볼 수 있다.

판례 결합범의 실행의 착수시기

• 형법 제334조 제1항 소정의 **야간주거침입강도죄는 주거침입과 강도의 결합범으로서 시간적으로 주거침입행위가 선행되므로 주거침입을 한 때에 본 죄의 실행에 착수한 것**으로 볼 것인바, 같은 조 제2항 소정의 흉기휴대 합동강도죄에 있어서도 그 강도행위가 야간에 주거에 침입하여 이루어지는 경우에는 주거침입을 한 때에 실행에 착수한 것으로 보는 것이 타당하다(대판 1992. 7. 28, 92도917).

Ⅲ. 관련문제

1. 부작위범과 미수범

진정부작위범의 경우에도 미수범 처벌규정이 있으면 처벌할 수 있다(제319조 제2항, 제322조 참조). 부진정부작위범의 미수도 인정된다. 그러나 부진정부작위범의 경우에는 외형상 나타나는 행위가 없기 때문에 실행의 착수시점을 판단하는 것이 어렵다. 이에 관해서는 ① 최초의 구조가능시점기준설, ② 최후의 구조가능시점기준설, ③ 행위자의 입장에서 보아 법익보호를 위하여 결과방지가 요구되는 시점을 기준으로 하는 결과방지요구시점기준설이 있다. 예를 들면 수영교사가 익사 직전의 수영교습생을 고의적으로 구조하지 않고 죽이려고 한 사건에서 ①의 견해는 수영교사가 교습생을 익사로부터 구조할 수 있는 최초의 시점이 실행의 착수시점이 되고, ②의 견해에 의하면 수영교습생이 해안으로부터 멀어져 수영교사가 구조할 수 있는 한계거리에 도달하였을 때가 실행에 착수한 시점이 된다. 그러나 행위자의 입장에서 보아 즉각적인 구조행위가 없으면 법익보호가 구체적이고 직접적으로 위태로운 시점이 실행의 착수시점이라고 보는 ③의 견해가 타당하다(통설). 그러므로 위의 예에서 수영교습생에 대한 수영교사의 부작위는 최초나 최후의 객관적 시점이 아니라 수영교사의 살인의 고의가 부작위로 나타난 시점, 즉 수영교습생을 구조하여야 하는데 이를 방치한 시점에서 살인미수죄가 성립한다고 보아야 한다.

판례 부진정부작위범에서 실행의 착수

• 피고인이 미성년자를 유인하여 포박·감금한 후 단지 그 상태를 유지하였을 뿐인데도 피감금자가 사망에 이르게 된 것이라면 피고인의 죄책은 감금치사죄에 해당한다 하겠으나, 나아가서 그 감금상태가 계속된 어느 시점에서 피고인에게 살해의 범의가 생겨 **피감금자에 대한 위험발생을 방지함이 없이 포박·감금상태에 있던 피감금자를 그대로 방치함으로써 사망케 하였다면 피고인의 부작위는 살인죄의 구성요건적 행위를 충족**하는 것이라고 평가하기에 충분하므로 **부작위에 의한 살인죄**를 구성한다(대판 1982. 11. 23, 82도2024).

이 판례에 따르면 부진정부작위범에서 실행의 착수시점은 살인의 고의가 생겨 작위의무를 이행하지 아니한 시점이 된다. 그리고 이로 인하여 결과가 발생한 것이라면 인과관계가 인정된다고 보고 있다.

2. 거동범과 미수

거동범은 실행의 착수와 동시에 기수에 이르는 범죄이므로 미수와 기수가 구별되지 않는다. 예를 들어 음란물소지죄(제244조)의 경우 음란물을 소지하는 순간 구성요건은 실현된 것이므로 미수는 인정될 수 없다.

제4절 중지미수

> **제26조(중지범)** 범인이 실행에 착수한 행위를 자의(自意)로 중지하거나 그 행위로 인한 결과의 발생을 자의로 방지한 경우에는 형을 감경하거나 면제한다.

Ⅰ. 의 의

중지(미수)범이란 범죄의 실행에 착수한 자가 그 범죄가 완성에 이르기 전에 자의로 착수한 행위를 중지하거나 결과의 발생을 자의로 방지한 경우를 말한다. 중지범의 형은 필요적으로 감경 또는 면제된다. 중지범의 예를 들면 사람을 살해하기 위하여 칼로 한번 찔렀으나 곧 이를 중지하고 병원으로 급히 후송하여 생명을 구하도록 한 경우이다.

중지미수의 범죄체계론적 지위에 대해서는 위법성감소·소멸설, 책임감소·소멸설, 인적 처벌조각사유설, 양형규정설 등이 있다. 중지미수의 형을 면제한다고 해서 무죄라고 할 수는 없다. 그러므로 위법성이나 책임이 감소·소멸된다는 주장은 형법이 중지범의 형을 일단 유죄로 인정하고 형의 감경·면제를 인정하고 있다고 보는 점에서 설득력이 약하다. 오히려 중지미수의 형을 감면하는 것은 양형상의 입법적 배려라고 보는 것이 정확하다.

중지범은 범죄의 실행에 착수하였으나 그 실행행위를 마치지 않은 상태에서 중지하는 착수중지(미수)와 범행의 완성에 필요한 실행행위를 모두 마쳤으나 결과가 발생하기 전에 그 결과의 발생을 방지한 실행중지(미수)로 나뉜다.

Ⅱ. 형 감면의 이론적 근거

1. 형사정책설

중지미수범에게 형을 감면하는 것은 범행의 중지가 범행의 불법성이나 책임을 감경하는 행위는 아니지만 실행 중인 범행을 중단하거나 아니면 결과 발생을 방지하도록 결심하는 동기부여적 성격을 갖는다고 보는 학설이다. 포이어바흐(Feuerbach)는 중지범에 대한 형벌의 특혜가 범죄자로 하여금 불법성의 세계에서 적법성의 세계로 되돌아 가도록 하는 '황금의 다리'와 같은 형사정책적 기능을 한다고 보았다. 그러나 이 학설은 형의 감면을 통한 범죄억제효과가 추측일 뿐 실효성이 없다거나 범행중지 결심에 영향을 미치지 않는다는 비판을 받는다. 그러나 형사정책설은 범행의 중지를 심리적으로 촉구함으로써 범죄 피해자를 보호하려는 사고가 근저에 있다고 볼 수 있다.

2. 보상설

보상설(또는 은사설)은 행위자의 자의自意에 의한 범행 중단에 대하여 보상(대가)으로서 또는 일종의 은사로서 형을 감면해 준다는 견해이다. 그러나 이 학설은 범죄자에 대한 보상이 오직 중지범의 경우에만 인정되어야 하는 이유를 설명하지 못하는 문제가 있다. 이 견해는 중지미수를 책임조각사유나 양형사유의 일종으로 파악하는 견해로서 우리나라의 다수설이다.

3. 형벌목적설

형벌목적설에 의하면 중지미수는 행위자가 자의적으로 범행을 중지함으로써 일반예방적이든 특별예방적이든 행위자에 대한 형벌부과의 목적과 행위자의 위험성이 흠결되어 처벌할 필요성이 없다는 견해이다. 즉 행위자가 범행을 중지한 이상 형벌이 갖는 범죄예방적 기능이 무의미하게 되었다고 보는 것이다.

4. 책임이행설

이는 행위자가 자의적인 책임 이행을 통하여 범죄가 기수에 이르는 것을 방지하였다는 데에서 형벌 감면의 근거가 있다고 보는 견해이다. 그러나 책임의 이행을 범행중지나 결과발생의 방지와 동일시하는 것은 타당하지 않다. 실행의 착수로 인하여 이미 침해되기 시작한 법익의 측면을 간과하고 있기 때문이다.

5. 결 론

이상의 여러 학설을 살펴보면 형사정책설의 경우 입법자의 의도는 차치하고 범행 당시의 행위자의 심리와 관련하여 생각해보면 형벌감면을 통하여 범행으로부터의 후퇴를 유도하는 형사정책적인 고려는 현실적 효과가 없다고 본다. 범행의 실행에 착수한 자가 형벌 감면을 받기 위하여 자의로 범행을 중지할 것으로는 기대되지 않기 때문이다. 오히려 사후적 보상에 초점을 맞추는 보상설의 입장이 설득력이 있으며, 형을 면제하는 경우에는 형벌목적설의 주장도 타당하다. 전체적으로는 이상의 근거들이 복합적으로 작용하여 중지미수범의 형을 감경하거나 면제한다고 볼 수 있다.

Ⅲ. 자의성

중지미수범이 통상적인 (장애)미수범과 구별되는 것은 범인이 자의로 범행을 중지한 점에 있다. 그러나 행위자가 범행을 중단하였더라도 자의성이 인정될 수 없는 경우가 있다. 즉 행위자가 결과의 발생이 불가능하다는 사실을 알았을 때, 예를 들어 범행도구로 인하여 더 이상 범행 수행이 불가능한 경우에는 자의적 중지가 의미가 없다. 그러므로 탄환이 한 발만 남은 권총으로 쏘았으나 빗맞은 경우 범행을 중지하겠다고 결심하더라도 이는 장애미수에 해당할 뿐 중지미수에는 해당하지 않는다.

자의성自意性은 중지미수를 장애미수와 구별하는 핵심적 기준이라고 할 수 있으며, 이러한 자의성 판단을 위한 기준에 대해서는 다음과 같이 학설이 대립되어 있다.

1. 심리설(주관설)

심리설은 범행의 중지를 초래하게 된 동기가 심리적 강제에 의한 것인가(장애미수), 아니면 행위자가 범행의 계속 수행 여부를 자유롭게 선택할 수 있었지만 이를 중지한 것인가(중지미수)를 기준으로 자의성을 판단하는 학설이다. 또는 윤리적 동기에 의한 중지의 경우에는 중지미수를 인정하고, 기타 다른 동기에 의한 경우에는 모두 장애미수로 보는 학설을 주관설이라고 부르기도 한다.

주관설과 관련해서는 독일 형법학자 프랑크(Frank)의 공식이 인용된다. 즉 행위자가 결과를 발생시킬 수 있지만 이를 원하지 않아서 범행을 중지한 때에는 자의성이 인정되지만 반대로 결과 발생을 원하였지만 이를 달성할 수 없었을 때에는 범행을 중지하였어도 자의성을 부인하는 입장이다(임웅). 이는 행위자의 심리 여하에 따라 자의성을 판단하는 대표적인 견해이다. 이에 따르면 예를 들어 너무 가치가 없는 물건이라서 절취를 중지한 경우에는 자의성을 인정한다. 그러나 이 견해는 중지범에 대한 형벌적 보상 필요성을 전혀 인정할 수 없는 경우에도 원하지 않아서 범행을 중지한 때에는 자의성을 인정하여야 한다는 점, 그리고 자의성 여부를 계속적인 범행 수행의 가능성 유무에 따라 구별하고 있으나 자의성의 문제는 범행 수행의 가능성이 있음을 전제로 해서만이 문제된다는 점에서 타당하지 않다.

판례 자의성을 부인한 경우

• 범행당일 미리 제보를 받은 세관직원들이 범행 장소 주변에 잠복근무를 하고 있어 그들이 왔다 갔다 하는 것을 본 피고인이 **범행의 발각을 두려워한 나머지 자신이 분담하기로 한 실행행위에 이르지 못한 경우, 이는 피고인의 자의에 의한 범행의 중지가 아니어서** 형법 제26조 소

정의 중지범에 해당한다고 볼 수 없다(대판 1986. 1. 21, 85도2339).

2. 객관설

범행 중지의 원인이 내부적 요인에 기인한 것인가 아니면 외부적 사정으로 말미암은 것인가에 따라 전자의 경우에는 중지미수를 인정하지만 후자의 경우에는 장애미수라고 하는 견해이다. 그러므로 범행 도중에 공포심으로 인하여 범행을 중지한 경우에는 행위자의 내심의 의사에 따른 결정이므로 자의성이 인정된다고 보아 중지범을 인정한다.

이 견해는 내부적 요인과 외부적 사정을 구별하는 것이 쉽지 않다는 데에 문제가 있다. 행위자가 내부적 동기 변화로 인하여 범행을 중지하였더라도 이것이 외부적 자극이나 사정에 의하여 유발되는 경우가 많기 때문이다. 또한 외부적 요인에 의한 경우에는 중지범이 아니라고 하여 너무 협소하게 보는 반면에 외부적 상황에 의한 내심의 착각으로 인한 중지도 중지미수라고 하여 부당하게 확장할 위험성도 있다.

3. 절충설

절충설은 범행 중지의 원인이 행위자의 자율적 동기에 의한 경우에는 자의성을 인정하는 학설이다(다수설). 즉 행위자가 중대한 위험에 직면하지 않고도 범행을 마칠 수 있었음에도 불구하고 범행을 중단한 경우에는 자율적 동기에 의한 것으로서 중지범에 해당한다. 반대로 강요된 장애사유 또는 행위자가 극복할 수 없는 장애로 인하여 범행을 포기한 경우에는 자의성이 인정되지 않는다. 그러므로 행위자가 범행 중단의 주체였으며 계속적인 범행 수행이 가능한 상황이었는가가 중요한 기준이 된다. 행위자에게 범행 중단의 동기를 제공한 것이 외부적인 요인이었더라도 상관 없다. 독일 연방대법원도 행위자의 시각에서 보아 행위를 중단하지 않을 수 없는 장애요인이 존재하는지 아니면 행위 수행의 계속 여부를 결정할 주도권을 장악하고 있는지 여부에 따라 자의성 여부를 판단하여야 한다는 입장이다.

그러나 절충설은 행위자의 범행 중지를 심리적 측면에서만 평가한다는 점이 문제점으로 지적된다. 다시 말하면 자의적인 중지였는가는 오로지 행위자의 자유로운 심리상태에서 스스로 내린 결정이었는가에 좌우된다. 그 결과 중지범의 형을 필요적으로 감면하도록 한 보상적 취지와 배치되는 경우에도 자의성을 인정하게 된다는 비판이 있다.

[외국판례]

사건개요 : 전처와 전처의 애인에게 10만 마르크(DM)를 내지 않으면 살해하겠다고 위협하던 피고인은 이 요구가 받아들여지지 않자 전처를 살해하기 위해 퇴근시간에 맞추어 전처의 직장 주차장에서 기다리다가 전처를 만나러 온 전처의 애인을 보자 가지고 있던 칼로 수회 찔러 중

상을 입히고 도망가는 피해자를 뒤쫓다가, 전처가 퇴근하여 떠나기 전에 전처를 살해하기 위하여 다시 주차장으로 되돌아와 전처를 살해하였다.

판결이유 : 독일 연방대법원은 판결에서 전처에 대한 살인죄 이외에 피고인이 전처의 애인을 추격하여 살해하지 않고 되돌아 온 결정은 외부적 강요에 의해서가 아니라 피고인의 주체적 판단에 따른 결정으로서 자의성이 인정된다고 하여 중지범을 인정하였다(BGHSt 35, 186).

평　가 : 이 판결은 피고인이 자율적으로 전처의 애인에 대한 추격을 중지한 것을 이유로 중지미수를 인정하였으며 절충설에 입각한 것으로 볼 수 있다. 프랑크의 기준을 따르더라도 할 수 있지만 원하지 않아서 그만 둔 경우에 해당하므로 자의성을 인정하게 될 것이다. 그러나 이 판결에서 피고인에게 자의성을 인정한 것은 타당하지 않다. 범행을 중단한 사유는 또 다른 범행, 즉 전처를 살해하기 위한 것이었으며 이에 대해 보상적 성격의 중지범을 인정하는 것은 중지범의 입법적 취지에 어긋나기 때문이다. 참고로 독일형법(§ 24)상 중지범은 필요적 형 면제사유이다.

4. 규범설

규범설은 자의성 판단에 대하여 행위자의 자의적 중지라는 심리적 측면과 함께 중지사유가 중지범의 형을 감면하는 법 규범의 취지와 부합되는지 여부를 그 기준으로 삼는다. 즉 자발적 중지와 보상적 가치가 있는 중지이어야 자의성을 인정한다. 중지범의 형을 감면하는 이유는 범인의 범행 중지에 대한 보상적 성격에 있다(보상설). 그렇다면 행위자가 심리적으로 자유로운 상태에서 범행을 중지한 것만으로 중지범을 인정하는 것은 경우에 따라서는 보상적 가치가 없는 중지사유의 경우에도 중지미수를 인정하여야 하는 모순이 발생한다. 오히려 중지동기가 그에 상응하는 보상을 받을 만한 평가를 받을 수 있는지 여부가 중요하다고 할 것이다. 만일 행위자가 보다 덜 위험하거나 더 효과적인 방법으로 범행 목적을 달성하기 위하여 범행을 중지하였다면 이에 대해 보상적 성격의 형 감면을 하는 것은 중지범의 입법취지에 부합하지 않는다. 그러므로 중지미수를 인정한 형법의 목적, 즉 중지미수의 형의 감면근거와 범행의 중지사유가 일치하는 범위 내에서 자의성을 인정하여야 한다. 이러한 해석은 자의성을 규범목적적인 의미로 이해하는 것으로 볼 수 있으므로 규범설이라고 부른다.

규범설적 관점에서 자의성이 문제되는 경우를 살펴보면 ① 범행 도중에 계획하였던 대로 진행되지 않자 보다 유리한 기회를 잡기 위하여 범행을 중지한 경우에는 자의성이 인정되지 않는다. 단순한 범행 연기의 경우에도 자의성이 인정되지 않는다. ② 만일 범인이 특정한 범행 목표를 설정하지 않은 상태에서 실행에 착수하였으나 예를 들어 기대한 것보다 금액이 적어서 실망한 나머지 범행을 중지하거나, 특정한 범행 대상을 발견하지 못하여 중지한 경우에는 자의성이 인정되지 않는다. ③ 공포심에서 비롯된 중지의 경우, 예를 들어 범인이 지나가는 경찰차를 보고 곧 체포될 것 같은 두려움 때문에 범행을 중지하였다면 자의성이 인정되지 않는다.

이와 달리 ① 범인이 특별한 상황이나 사태 때문이 아니라 막연한 심리적 공포심이나 체포에 대한 두려움이 원인이 되어 중지한 경우에는 자의성이 인정된다. ② 피해자의 설득에 따라 범행을 중지한 경우에도 자의성을 인정하여야 한다(대판 1993. 10. 12, 93도1851; 1992. 7. 28, 92도917 참조). 또한 ③ 피해자에 대한 연민의 정이나 피해자가 당하는 고통의 모습을 보고 중지한 경우에도 자의성이 인정된다(대판 1999. 4. 13, 99도640 참조).

5. 판례의 입장

중지미수의 자의성 판단에 관한 대법원의 입장을 살펴보면 다음과 같다.

판례 외부적 사정에 의한 범행 중지로 본 경우

• 피고인 갑, 을, 병이 강도행위를 하던 중 피고인 갑, 을은 피해자를 강간하려고 작은 방으로 끌고 가 팬티를 강제로 벗기고 음부를 만지던 중 **피해자가 수술한 지 얼마 안 되어 배가 아프다면서 애원**하는 바람에 그 뜻을 이루지 못한 사건에서, 대법원은 강도행위의 계속 중 이미 공포상태에 빠진 피해자를 강간하려고 한 이상 강간의 실행에 착수한 것이고, 피고인들이 간음행위를 중단한 것은 **피해자를 불쌍히 여겨서가 아니라 피해자의 신체조건상 강간을 하기에 지장이 있다고 본 데에 기인한 것**이므로, 이는 일반의 경험상 **강간행위를 수행함에 장애가 되는 외부적 사정에 의하여 범행을 중지한 것**에 지나지 않는 것으로서 중지범의 요건인 자의성을 결여한다고 판시하였다(대판 1992. 7. 28, 92도917).

이 판결은 피고인이 외부적 장애사유로 인하여 범행을 중단한 것이므로 중지미수에 해당하지 않는다고 보는 입장이다. 이러한 판례의 판단기준에 대해 절충설에 입각한 것으로 보는 견해도 있다(하태훈, "중지미수의 성립요건", 형사판례연구(7), 69면). 그러나 대법원의 판결은 표현상 객관설적인 평가기준에 따라 중지미수를 부인한 것으로 보는 것이 타당하다. 대법원의 판단은 행위자가 외부적 장애로 인하여 범행을 중지하였다고 보기 때문이다. 만일 절충설적 입장을 따른다면 피고인은 피해자의 애원을 듣고 스스로의 판단에 따라 범행을 중지하기로 결정하였으므로 자의성을 인정하여야 할 것이다. 또한 규범설의 입장을 따르더라도 행위자가 자의적으로 중지한 것으로 보아 중지범을 인정하는 것이 타당한 경우이다.

판례 두려움에 의한 중지에 대해 자의성을 부인한 경우

• 피고인이 공소외 2에게 위조한 주식인수계약서와 통장사본을 보여주면서 50억원의 투자를 받았다고 말하며 자금의 대여를 요청하였고, 이에 공소외 2와 함께 50억원의 입금 여부를 확인

하기 위해 은행에 가던 중 은행 입구에서 차용을 포기하고 돌아간 것이라면, 이는 피고인이 **범행이 발각될 것이 두려워 범행을 중지한 것**으로서, 일반 사회통념상 범죄를 완수함에 장애가 되는 사정에 해당한다고 보아야 할 것이므로, 이를 자의에 의한 중지미수라고는 볼 수 없다(대판 2011. 11. 10. 2011도10539).

• 범죄의 실행행위에 착수하고 그 범죄가 완수되기 전에 자기의 자유로운 의사에 따라 범죄의 실행행위를 중지한 경우에 그 중지가 일반 사회통념상 범죄를 완수함에 장애가 되는 사정에 의한 것이 아니라면 이는 중지미수에 해당한다고 할 것이지만, 피고인이 피해자를 살해하려고 그의 목 부위와 왼쪽 가슴 부위를 칼로 수 회 찔렀으나 **피해자의 가슴 부위에서 많은 피가 흘러나오는 것을 발견하고 겁을 먹고 그만 두는 바람에 미수에 그친 것**이라면, 위와 같은 경우 많은 피가 흘러나오는 것에 놀라거나 두려움을 느끼는 것은 일반 사회통념상 범죄를 완수함에 장애가 되는 사정에 해당한다고 보아야 할 것이므로, 이를 자의에 의한 중지미수라고 볼 수 없다(대판 1999. 4. 13, 99도640).

• 피고인이 장롱 안에 있는 옷가지에 불을 놓아 건물을 소훼하려 하였으나 **불길이 치솟는 것을 보고 겁이 나서 물을 부어 불을 끈 것**이라면, 위와 같은 경우 치솟는 불길에 놀라거나 자신의 신체안전에 대한 위해 또는 범행 발각시의 처벌 등에 두려움을 느끼는 것은 일반 사회통념상 범죄를 완수함에 장애가 되는 사정에 해당한다고 보아야 할 것이므로, 이를 자의에 의한 중지미수라고는 볼 수 없다(대판 1997. 6. 13, 97도957).

위 판결들에서 대법원은 중지미수를 부인하고 미수범을 인정하였다. 그 이유는 놀라움이나 두려움은 사회통념상 범죄 수행에 장애요인이라고 보기 때문이다. 이 판결들 역시 결론적으로는 객관설에 입각한 것으로 볼 수 있다. 만일 절충설을 따른다면 범행 중지가 행위자의 자율적 동기에 따른 것이므로 자의성을 인정하였어야 할 것이다. 그러나 대법원은 위 판결에서 행위자가 범행을 중지한 사유가 자율적·내부적 동기에 의하여 형성된 두려움을 결론적으로는 범행 중지를 할 수밖에 없는 장애사유라고 평가하고 있다. 객관설에 대한 비판, 즉 내부적 요인과 외부적 요인의 구별이 용이하지 않다는 점이 바로 이러한 판결에서도 드러난다. 그러나 두려움이라고 하더라도 범행 현장에서 수사관에게 체포될 위험성을 느낀 나머지 중지한 경우의 두려움과 불길이 치솟거나 피해자가 피를 흘리는 것을 보고 느끼는 두려움은 다르다고 보아야 한다. 후자의 경우에 느끼는 두려움은 자신에게 피해로 돌아 올 상황에 대해 느끼는 두려움이 아니며, 그렇기 때문에 반드시 범행 중지를 하여야 할 심리적 사유라고 볼 수도 없다. 오히려 자신의 범행으로 인한 피해 결과에 대해 느끼는 두려움으로서 이로 인한 자발적 범행 중지는 보상적 성격을 지니는 중지라고 보는 것이 타당하다.

판례 피해자의 부탁으로 인한 중지의 경우

• 피고인은 피해자를 강간하려고 하다가 피해자가 **다음번에 만나 친해지면 응해 주겠다는 취**

> **지의 간곡한 부탁으로 인하여 강간을 중지**하고 피해자를 자신의 차에 태워 집에까지 데려다 준 사건에서 대법원은 피고인은 자의로 피해자에 대한 강간행위를 중지한 것이고 피해자가 다음에 만나 친해지면 응해 주겠다는 취지의 간곡한 부탁은 사회통념상 범죄실행에 대한 장애라고 여겨지지는 아니하므로 이 사건 피고인의 행위는 중지미수에 해당한다고 할 것이다(대판 1993. 10. 12, 93도1851).

이 판결에서 대법원이 중지미수를 인정한 것은 타당하다. 피고인의 범행 중지는 어느 학설에 의하더라도 자의성이 인정되기 때문이다.

전체적으로 대법원은 표현상으로는 사회통념과 범행 수행에 대한 외부적 장애를 기준으로 자의성 여부를 판단하고 있다. 여기에서 사회통념은 외부적 장애 여부를 판단하는 기준으로 제시된 것으로 볼 수 있다. 그러나 그 구체적 내용은 명확하지 않은데 사회통념이야말로 범행 중지자에 대해 형벌적 보상을 할 필요성이 있는지 여부를 판단하는 기준이 되어야 할 것이다.

Ⅳ. 중지행위: 실행의 중지 또는 결과의 방지

1. 착수미수와 실행미수의 구별

중지범은 범죄의 완성을 위하여 필요한 실행행위를 마치지 않은 상태에서 범행을 중지하는 착수중지(미수)와 범행의 완성에 필요한 실행행위를 모두 마쳤으나 결과가 발생하기 전에 그 결과의 발생을 방지하는 실행중지(미수)로 나뉜다.

양자를 구별하는 실익은 착수미수의 경우에는 결과 방지를 위한 추가적 행위가 요구되지 않는 반면에 실행 중지의 경우에는 비록 범행을 중지하였더라도 그것만으로는 충분하지 않으며 결과 방지를 위한 추가적인 행위가 있어야 하고 이러한 결과 방지행위가 성공하여야 한다는 점에서 성립요건이 다르다. 그러나 다수의 범행가담자가 있는 경우 중지범 해당 여부를 판단하는 데에는 양자의 차이가 없다. 착수미수와 실행미수를 구별하는 것이 언제나 명확한 것은 아니기 때문에 이에 대해서는 학설이 대립되어 있다.

(1) 주관설

주관설은 범행을 중지하는 시점에서 행위자의 생각을 기준으로 판단하는 학설이다. 즉 행위자가 범죄의 완성을 위하여 필요하다고 생각하는 행위를 다하지 않았을 때에 착수미수에 해당하고, 행위자의 범죄계획에 의한 모든 행위가 완결되었을 때를 실행미수라고 한다. 그 결과 범행 계속을 위하여 행위자가 새로운 범행 결심이 필요하다면 이는 실행미수에 해당한다. 이 학설은 범행 개시시점에서 범행계획과 관련한 행위자의 의사를 기준으로 하므로 전체계획설 또는 범행계획설이라고도 한다.

[외국판례] 질투심에서 애인을 살해하기로 결심한 피고인은 단도로 여러 차례에 걸쳐 애인의 몸을 찔러 심장부위에도 약 4.2센티미터 깊이의 자상을 입혔다. 범행 당시 피고인은 한 번만 찔러도 애인이 사망할지도 모른다고 생각하였다. 범행 후 애인의 노모(80세)가 딸의 비명소리를 듣고 방에 들어가자 피고인은 쓰러진 피해자 앞에 칼을 들고 서 있었으며, 더 이상 칼로 찌르지는 않았다. 노모가 피해자를 일으켜 소파에 눕힌 다음 전화로 구급차를 부르자 피고인은 범행현장을 떠났으며, 피해자는 응급처치의 결과 구조되었다. 이 사건에서 만일 실행미수를 인정한다면 피고인은 피해자가 사망하지 않도록 결과 발생 방지행위를 하여야 중지미수가 인정될 수 있다(그렇지 않으면 살인미수범에 해당한다). 그러나 피해자를 살해하기 위해 추가적인 행위가 필요한데 그만 둔 것으로 인정한다면(착수미수) 피고인에게 자의성이 인정되어 중지미수가 성립할 수도 있다. 이 판결에서는 실행미수를 인정하였다(BGHSt 22, 330).

(2) 객관설

개별행위설이라고도 하며 행위자가 한 범행의 일부인 개별행위를 중심으로 중지 여부를 판단한다. 이에 따라 만일 행위자가 결과를 발생시키기 위해서 추가적인 행위가 필요하다고 생각하면 착수미수단계에 있는 것이므로 단순한 범행의 중지만으로도 중지미수가 인정될 수 있다. 반면에 이미 이루어진 개별행위만으로도 결과가 발생할 수 있다고 생각하면 실행미수단계에 있는 것이 된다. 이 경우에는 결과 방지를 위한 행위자의 적극적인 방지행위가 있어야 중지미수가 인정될 수 있다. 이처럼 이 학설에서는 행위 중지 시점에서 행위자의 생각이 중요하므로 차후 재범행의 가능성을 염두에 두거나 범행 실패의 경우에 다른 범행방법을 생각하고 있었더라도 중지미수를 인정한다.

(3) 절충설

절충설은 주관적인 행위자의 범행계획과 객관적 기준을 종합하여 구별하는 학설이다(다수설). 죄수개념에 입각하여 결과가 발생하지 않고 끝난 행위와 이후에 계속된 행위가 단일행위를 구성한다면 결과가 발생하지 않고 끝난 시점에서 착수미수를 인정한다. 그리고 계속된 행위가 이전의 행위와 다른 새로운 범행이라고 볼 수 있는 경우에는 새로운 행위를 계속하기 전의 시점에서 실행미수를 인정하여 결과 발생을 방지하기 위한 행위가 필요하다고 본다. 죄수론에 입각하여 하나의 행위인가 아니면 수 개의 행위라고 볼 것인가에 따라 구별하므로 행위자의 범행계획을 기준으로 하는 주관설에 비해 객관적 요소가 가미되었다고 보는 것이다.

2. 착수미수의 성립요건

착수미수는 아직 마치지 않은 실행행위의 중단을 의미한다. 그리고 중지미수는 범행의 포기를 의미하므로 중지 당시에는 잠정적 중지가 아니라 종국적 중지여야 한다. 여기서 통설은 종국적 중지가 영원한 중지를 의미하는 것은 아니므로 다음 기회를 기다리기 위하여 중지하더라도 중지미수에 해당할 수 있다고 한다. 범행에 보다 유리한 상황을 기다리기 위하여 중지하더라도 이는 실질적으로 종국적 중지라고 할 수 있기 때문이다. 중지미수의 형을 특별히 취급하는 이유를 중지한 것에 대한 보상이라는 차원에서 이해한다면 보상을 받을 만한 가치로 범행을 중단하여야 한다고 본다. 따라서 더 좋은 기회나 시간을 노리기 위하여 범행을 중단하는 경우와 같이 일시적인 범행 중단의 경우에는 형에 대한 보상이 필요할 것으로 보이지 않기 때문에 중지미수를 부인하여야 할 것이다. 다만 범행을 중지한 이후에 다시 동일한 피해자를 대상으로 범행을 실행하는 경우 선행 범행의 중지범 성립 여부는 선행 범행과 후행 범행이 단일한 범행의사로 연결되어 있는가, 범의가 갱신되었는가에 달려있다고 보인다. 그리고 착수행위의 중지로 인하여 결과가 발생하지 않아야 한다,

판례 범의의 갱신과 죄수

• 사건개요 : 처가 가출하고 탄광사고로 청각을 잃은 피고인이 5남매의 어린 자녀를 직장도 없이 양육할 형편에서 돈을 취득할 목적으로 여성을 유인하여 붕대로 목을 감아 살해하였다.

판결이유 : 피고인이 미성년자를 유인하여 금원을 취득할 마음을 먹고 공소외 (갑)으로 하여금 피해자를 유인토록 하였으나 동인의 거절로 미수에 그치고, 같은 달 2차에 걸쳐 다시 피해자를 유인하였으나 마음이 약해져 각 실행을 중지하여 미수에 그치고, 다음 달 드디어 동 피해자를 인치, 살해하고 금원을 요구하는 내용의 협박편지를 피해자의 마루에 갖다 놓고 피해자의 안전을 염려하는 부모로부터 재물을 취득하려 했다면, 피고인은 당초의 범의를 철회 내지 방기하였다가 다시 범의를 일으켜 위 마지막의 약취유인 살해에 이른 것이라고 하지 않을 수 없으니, 그간에 **범의의 갱신이 있어 그간의 범행이 단일한 의사발동에 인한 것이라고는 할 수 없으므로 위 각 미수죄와 기수죄를 경합범**으로 의율한 원심판단은 정당하다(대판 1983. 1. 18, 82도2761).

평　가 : 여기에서 범인은 결국 피해자를 살해하였다(결과의 발생). 그러므로 (중지)미수가 될 수 없지만 결과 발생 이전에 가졌던 범행은 자의적으로 중지한 점이 인정된다. 판례는 이 부분에 대하여 중지미수를 인정하였다.

3. 실행미수의 성립요건

실행미수는 결과 발생(기수)의 방지를 내용으로 한다. 즉 행위자는 이미 결과 발생에 필

요한 모든 범행을 마친 후이므로 중지범이 성립할 수 있으려면 결과가 발생하지 않도록 적극적인 방지행위(작위)를 하여야 한다. 그리고 이러한 방지행위는 행위자 스스로 하여야 하며 타인에 의한 결과 방지는 중지미수에 해당할 수 없다. 그러나 결과 방지가 의료행위처럼 전문적인 성격의 도움을 필요로 할 경우에는 타인의 도움을 요청하고 이를 통하여 결과를 방지하였다면 중지미수가 인정될 수 있다.

결과 발생을 방지하기 위한 노력에도 불구하고 결과가 발생한 경우에는 기수의 책임을 지는 것은 당연하다. 그런데 결과가 행위자에게 귀속될 수 없는 다른 원인으로 인하여 발생한 경우에는 중지미수에 해당할 수 있다. 예를 들어 살인의 고의로 상해를 입혔는데 이 때 범인이 피해자를 살리기 위하여 병원으로 옮기던 도중에 이 차의 교통사고로 사망한 경우에는 살인죄의 중지미수(제250조 제1항, 제26조)에 해당한다고 보아야 한다.

학설은 결과 발생 방지행위와 결과의 불발생 사이에 인과관계가 인정되어야 한다고 본다(통설). 문제는 불능미수에 대한 중지미수 성립 가능성 여부이다. 즉 방지행위가 없었어도 결과가 발생할 수 없는 조건인 상황에서도 중지미수를 인정할 수 있는지 여부이다. 소극설은 행위자의 방지행위에 의하여 결과가 발생하지 않은 것은 아니므로 중지미수에 해당할 수 없다고 본다. 이 경우에는 불능미수를 인정하게 될 것이다. 그러나 중지미수의 형을 필요적으로 감면하는 것은 중지행위 및 결과 발생 방지행위가 있었다는 점이므로 만일 행위자가 자신의 방지행위를 통해 결과가 발생하지 않을 것으로 믿은 경우, 다시 말해 방지행위가 없을 경우 결과가 발생할 것으로 믿은 경우 중지미수를 인정하는 적극설의 입장이 타당하다(다수설).

Ⅴ. 다수인의 범행 가담과 중지미수

중지범은 단독범을 전제로 하고 있다. 그러므로 다수인이 가담하여 범행을 하던 중 1인이 범행을 중지한 경우에 중지미수의 법적 효과를 판단하는 데에는 문제가 발생한다.

1. 간접정범

간접정범의 미수는 직접 실행행위를 하지 않고 피이용자(실행행위자)에 대한 의사지배를 통하여 결과 발생을 위하여 필요한 행위 조종을 마친 경우에 해당하므로 착수미수와 실행미수의 구별은 있을 수 없다. 그러므로 피이용자가 간접정범의 의사에 반하거나 무관하게 중지한 경우에는 간접정범은 중지미수에 해당하지 않는다. 반면에 간접정범이 피이용자로 하여금 범행을 중지하도록 한 경우에는 간접정범은 중지미수에 해당한다.

2. 공동정범

중지미수는 중지행위만으로 인정되는 것이 아니라 제26조에 따라 결과가 발생하지 않아야 하므로 공동정범의 경우 공동정범자 가운데 1인의 중지만으로는 중지미수에 해당할 수 없으며 공동정범 전원에 대하여 범행을 중지시킨 경우에 한하여 중지미수가 인정된다. 이 경우 나머지 공동정범자들이 중지행위가 아니라 다른 원인으로 인하여 결과를 발생시키지 못하였다면 중지행위라도 중지미수가 아니라 장애미수에 해당한다고 보아야 한다. 우연한 결과 불발생으로 인한 법적 효과를 중지범에게 귀속시켜 결과 발생의 방지라는 일반적인 중지범 성립요건을 완화할 이유가 없기 때문이다. 반면에 범행의 실행에 착수하기 이전에 자의로 공모관계에서 이탈하면 공동정범에 해당하지 않는다. 중지미수는 실행의 착수 이후를 전제하고 있기 때문이다.

판례 공범과 중지미수

• 공범이 피해자의 사무실에서 금품을 절취하기 위해 물건을 물색하고 있는 동안 부근의 포장마차에 있던 피고인이 자신의 범행전력 등을 생각하여 양심의 가책을 느끼고 스스로 **피해자에게 공범의 침입사실을 알려 피해자와 함께 공범을 체포**한 사건에서, 대법원은 중지미수를 인정하고 피고인의 형을 면제한 원심판결을 유지하였다(대판 1986. 3. 11, 85도2831).

판례 공모관계의 이탈과 중지미수

• 판결이유: 주식시세조종의 목적으로 허위매수주문행위, 고가매수주문행위 및 통정매매행위 등을 반복한 경우, 이는 시세조종 등 불공정거래의 금지를 규정하고 있는 구 증권거래법 제188조의4(현행 '자본시장과 금융투자업에 관한 법률' 제176조)에 해당하는 수개의 행위를 단일하고 계속된 범의하에서 일정기간 계속하여 반복한 범행이라 할 것이고, 이 범죄의 보호법익은 유가증권시장 또는 협회중개시장에서의 유가증권 거래의 공정성 및 유통의 원활성 확보라는 사회적 법익이고 각각의 유가증권 소유자나 발행자 등 개개인의 재산적 법익은 직접적인 보호법익이 아닌 점에 비추어 위 각 범행의 피해법익의 동일성도 인정되므로, 구 증권거래법 제188조의4 소정의 불공정거래행위금지 위반의 포괄일죄가 성립하는 것이고, **피고인이 포괄일죄의 관계에 있는 범행의 일부를 실행한 후 공범관계에서 이탈하였으나 다른 공범자에 의하여 나머지 범행이 이루어진 경우**, 피고인이 관여하지 않은 부분에 대하여도 죄책을 부담한다(대판 2011. 1. 13, 2010도9927).

평　가: 이 판결은 몇 가지 점에서 문제 제기를 하지 않을 수 없다. 첫째 현행 '자본시장과 금융투자업에 관한 법률' 제176조(시세조종행위 등의 금지)의 보호법익이 일차적으로 유가증권시장 또는 협회중개시장에서의 유가증권 거래의 공정성 및 유통의 원활성 확보이지 개개인의 재산적 법익은 직접적인 보호법익이 아니라고 본 점이다. 물론 공정한 거래를 통하여 개개인의 재산권이 보호받는 것은 사실이다. 그러나 직접적인 재산상의 피해는 거래를 한 개개인이라는 점에서 이를 직접적인 보호법익이 아니라고 본 것은 타당하지 않다. 둘째 개개인의 재산이 보호법익이 아니라고 보기 때문에 결과적으로 지속적인 시세조종행위(주가조작)를 연속범으로 보고 포괄일죄가 성립한다고 본 점이다. 주가조작은 행위시 마다 재산상의 피해를 입는 거래당사자가 있기 마련인데 전체 주가조작행위를 포괄일죄로 취급하여 상대적으로 가볍게 처벌할 출구를 마련해 주는 이론적 근거가 되는 점에서 문제가 있다. 마지막으로 범행의 일부를 실행한 다음 공범관계에서 이탈한 경우 다른 공범자에 의한 후행 범행에 대해서도 죄책을 인정한 점이다. 즉 후행자에게 승계적 공동정범을 인정한다. 그러나 범행의 일부라고 하려면 결합범의 경우처럼 전체 범행의 일부여야 하는데 주가조작은 매 행위가 하나의 독립된 즉 완결된 범행 전체에 해당하므로 이를 범행의 일부로 보고 이탈 후 가담하는 나머지 가담자들의 행위를 통하여 비로소 전체 범행이 완성되는 것을 전제로 하는 승계적 공동정범론을 전개하는 것은 본질에 맞지 않고 타당하지도 않다(박상기, 포괄일죄와 연속범 및 공동정범성, 저스티스, 2012 .4, 330면 이하 참조).

• 피고인이 원심 공동피고인과 합동하여 피해자를 텐트 안으로 끌고 간 후 원심 공동피고인, 피고인의 순으로 성관계를 하기로 하고 피고인은 텐트 밖으로 나와 주변에서 망을 보고 원심 공동피고인은 피해자의 옷을 모두 벗기고 피해자의 반항을 억압한 후 피해자를 1회 간음하여 강간하고, 이어 피고인이 텐트 안으로 들어가 피해자를 강간하려 하였으나 피해자가 반항을 하며 **강간을 하지 말아달라고 사정을 하여** 강간을 하지 않은 사안에서, 대법원은 공동피고인이 피고인과의 공모하에 강간행위에 나아간 이상 비록 피고인이 강간행위에 나아가지 않았다 하더라도 중지미수에 해당하지는 않는다고 판시하여 성폭력처벌법상 특수강간죄를 인정하였다(대판 2005. 2. 25, 2004도8259). 이 경우 피고인이 단독범이었다면 피해자의 사정으로 강간을 중지한 것이므로 중지미수에 해당할 것이다. 그러나 공동정범 관계에 있었으므로 공동피고인의 기수에 이른 범행에 대해서 공동으로 정범의 책임을 지는 것이다.

• 구체적인 살해방법이 확정되어 피고인을 제외한 나머지 공범들이 피해자의 팔, 다리를 묶어 저수지 안으로 던지는 순간에 피해자에 대한 살인행위의 실행의 착수가 있다 할 것이고 따라서 피고인은 **살해모의에는 가담하였으나 다른 공모자들이 실행행위에 이르기 전에 그 공모관계에서 이탈**하였다 할 것이고 그렇다면 피고인이 위 공모관계에서 이탈한 이후의 다른 공모자의 행위에 관하여는 공동정범으로서의 책임을 지지 않는다(대판 1995. 7. 11, 95도955; 1986. 1. 21, 85도2371, 85감도347). 이 사안은 예비단계에서의 이탈에 해당한다.

3. 교사범 · 방조범

교사범 및 방조범의 경우에는 공범의 종속성에 따라 정범이 실행행위에 착수한 이후부터 중지미수가 성립할 수 있다. 교사범 · 방조범이 정범의 실행행위를 중지시킨 경우에는 중지미수의 공범이 될 수 있으며 정범의 중지행위가 없었을 경우에 정범은 장애미수에 해당한다. 반대로 이들의 중지행위에도 불구하고 결과가 발생한 경우에는 중지미수는 인정되지 않으며 교사범 또는 종범이 성립한다.

만일 중지행위자의 중지와 무관한 다른 원인에 의하여 결과가 발생하지 않거나 결과 발생이 불가능하였던 경우에는 중지행위가 인정되면 중지범을 인정할 수 있다는 견해가 있다(신동운).

Ⅵ. 예비의 중지

예비의 중지란 예비·음모행위를 처벌하는 경우에 예비단계에서나 또는 예비행위 이후 실행에 착수하지 않은 단계에서 중지한 경우 중지범을 인정할 것인가의 문제이다. 예를 들어 살인을 계획하고 범행도구로 등산용 칼을 구입한 자가 살인의 실행에 착수하기 전에 범행을 포기하고 칼을 버린 경우 또는 칼은 소지하였지만 살인범행은 포기한 경우이다. 예비죄의 미수는 인정되지 않으므로 예비행위에 착수하면 예비죄는 인정된다. 그런데 예비의 중지규정을 두고 있지 않으므로 이를 부정하는 경우에는 예비단계에서의 중지가 형을 필요적으로 감면하는 실행의 착수 이후의 중지범보다 무겁게 처벌될 수도 있다는 점에서 문제가 발생한다. 그렇기 때문에 이에 대해선 다음과 같은 견해가 있다.

① 부정설은 중지범은 범죄의 실행에 착수한 후 자의로 그 행위를 중지한 때에 성립하는 것이고, 예비·음모는 실행에 착수하기 전의 단계이므로 부정하여야 한다는 것이다. 그리고 이로부터 초래되는 처벌상의 불균형은 예비행위를 자수한 경우에 자수에 대한 필요적 감면규정(제90조 제1항 단서, 제101조 제1항 단서 등)을 유추 적용하여 시정할 수 있다고 한다. 판례는 부정설의 입장이다.

판례 예비의 중지

• 중지범은 범죄의 실행에 착수한 후 자의로 그 행위를 중지한 때를 말하는 것이고 실행의 착수가 있기 전인 예비·음모의 행위를 처벌하는 경우에 있어서 중지범의 관념은 이를 인정할 수 없다(대판 1999. 4. 9, 99도424; 1991. 6. 25, 91도436).

② 긍정설은 예비의 중지행위에도 중지미수의 규정을 준용하여 언제나 형을 감경 또는 면제받을 수 있도록 하여야 한다는 견해이다(오영근, 임웅). 그리고 감면대상이 되는 형은 중지미수의 경우처럼 기수의 형이 아니라 예비·음모에 대한 형이라고 한다.

③ 절충설은 예비의 형이 중지미수의 형보다 무거울 때에는 중지미수의 규정을 준용하여 형의 균형을 이루어야 한다는 견해이다(다수설).

예비의 중지 인정문제는 형의 불균형 가능성에서 비롯된다. 즉 실행에 착수한 이후에 중지한 경우보다 착수 이전단계에서 범행을 중지한 경우에는 예비죄로 처벌받아야 한다는 것은 불합리하다고 보지 않을 수 없다. 그러므로 예비죄의 형이 중지미수를 인정하는 경우보다 무거울 경우에는 중지미수의 규정을 준용하여 형을 감면하는 것이 타당하다고 본다. 그리고 중지미수는 행위자의 중지행위로 인하여 결국 범행 결과가 발생하지 않은 점에서 형을 감면하는 것인데 예비의 중지 역시 범행의 결과를 발생시키지 않은 점에서는 동일하므로 이러한 준용이 부당하다고 볼 필요는 없다.

제 5 절 불능미수

제27조(불능범) 실행의 수단 또는 대상의 착오로 인하여 결과의 발생이 불가능하더라도 위험성이 있는 때에는 처벌한다. 단, 형을 감경 또는 면제할 수 있다.

Ⅰ. 의 의

불능미수는 범죄행위의 성질상 결과 발생 또는 법익 침해의 가능성이 절대로 있을 수 없는 경우를 말하는 것이다(대판 2007. 7. 26, 2007도3687). 즉 불능(미수)범이란 행위의 성질상 어떠한 경우에도 구성요건이 현실적으로 실현될 가능성은 없지만 행위자가 이를 가능하다고 착오를 한 경우로서 잠재적으로 존재하는 위험성 때문에 미수범으로 처벌되는 경우를 말한다. 결과 발생이 불가능한 불능범을 처벌하는 것은 현실적인 위험 창출을 근거로 미수범을 처벌하는 기본방향과는 상충되는 입법적 태도이다. 이는 주관적 불법론의 한 예에 해당한다고 볼 수 있다.

형법은 불능범이라는 표제 아래 가벌적인 불능범을 규정하고 있다. 판례는 가벌적 불능범은 불능미수라고 하고, 행위수단이나 대상의 착오가 없었더라도 법익 침해의 결과 발생이 불가능하여 위험성이 인정되지 않기 때문에 불가벌적인 불능범은 단순히 불능범으로 표현하고 있다. 불능미수는 임의적 형벌감면사유이다.

판례 **치사량 미달의 농약에 의한 남편살해미수사건**

• 피고인이 남편을 살해할 것을 결의하고 배추국 그릇에 농약을 8미리 리터 가량 탄 다음, 남편에게 먹여 살해하고자 하였으나 이를 먹던 남편이 국물을 토함으로써 그 목적을 이루지 못하고 미수에 그친 사건이다.

대법원은 피고인이 사용한 위의 양은 그 치사량에 현저히 미달한 것으로 보이고, 한편 형법은 범죄의 실행에 착수하여 결과가 발생하지 아니한 경우의 미수와 실행수단의 착오로 인하여 결과 발생이 불가능하더라도 위험성이 있는 경우의 미수와는 구별하여 처벌하고 있으므로 피고인에게 형법 제254조, 제250조 제1항, 제25조의 살인미수의 죄책을 인정하는 것은 장애미수와 불능미수에 관한 법리를 오해하는 등 판결에 영향을 미친 위법이 있다고 판시하였다. 즉 이 판결은 장애미수가 아니라 가벌적인 불능미수를 인정한 것이다(대판 1984. 2. 14, 83도2967).

불능미수는 결과 발생을 위하여 필요한 구성요건 요소가 존재하지 않음에도 불구하고 존재한다고 착오를 일으킨 경우로서 존재하는 구성요건 요소를 착오로 인하여 인식하지 못한 구성요건의 착오와 반대되는 형태이다(반대형태의 구성요건의 착오). 불능미수범의 경우 행위자가 생각한 것과 달리 객관적 구성요건은 실현될 수 없다. 행위수단이나 행위의 대상이 존재하지 않기 때문이다. 그러나 행위자는 자기의 행위로 인하여 구성요건이 실현된다고 생각한 점에서 그 가벌성은 인정된다.

불능미수는 환상범幻想犯과 구별된다. 환상범이란 자기의 행위가 처벌되지 않는 행위임에도 불구하고 처벌된다고 착오를 일으킨 경우로서(반대형태의 위법성의 착오) 불능미수와 달리 어떤 경우에도 처벌되지 않는다.

불능미수와 관련하여 과거 독일에서는 구성요건 흠결론欠缺論이 주장되었다. 구성요건의 흠결론이란 구성요건에 해당하는 요소(행위주체, 행위객체, 수단이나 방법 등)가 흠결되었기 때문에 결과 발생이 처음부터 불가능한 경우에는 미수에 해당할 수 없으므로 불능범에 불과하다는 이론이다. 예를 들어 타인의 물건이라고 생각하면서 절취를 하거나 손괴하였지만 알고보니 자신의 물건인 경우에 이는 절도죄나 손괴죄의 구성요건에 해당하지 않기 때문에 미수범 성립 여부가 문제될 수 없다고 보는 것이다. 이 이론에 의하면 인과관계의 착오로 인하여 결과가 발생하지 않은 경우에는 불능미수를 인정하지만 수단이나 방법의 착오로 인하여 결과가 발생하지 않은 경우에는 구성요건이 실현될 수 있는 가능성이 존재하지 않으므로 불가벌적인 불능범에 해당한다고 보았다. 즉 사체를 살해하려고 총을 발사한 경우에는 인과관계의 착오로 인한 결과 발생의 불가능이 아니라 대상의 착오에서 비롯된 것이므로 불능범에 불과하다고 하는 것이다. 그러나 형법은 구성요건에 해당하는 대상이나 수단의 착오로 인하여 결과가 발생하지 않은 경우까지도 위험성이 인정되면 불능범이 아니라 불능미수를 인정하고 있으므로 이 이론을 적용할 수는 없다(통설).

Ⅱ. 성립요건

1. 결과 발생의 불가능

불능미수가 성립하기 위해서는 실행에 착수하였으나 결과가 발생할 수 없는 경우에 인정된다. 결과 발생이 불가능하다는 것은 행위자가 실행에 착수한 상황적 조건으로는 결과 발생이 절대적으로 불가능하다는 것을 의미한다. 결과의 발생이 불가능한 원인으로 형법이 규정하고 있는 것은 수단이나 대상의 착오로 인한 경우이다.

(1) 수단(방법)의 불능

수단의 불능이란 예를 들어 독약인줄 알고 살해대상에게 먹였으나 설탕물인 경우, 치사량 미달인 독극물로 살해하려고 한 경우(대판 1984. 2. 28, 83도3331), 약품배합 미숙으로 메스암페타민 완제품을 제조하지 못하여 미수에 그친 경우(대판 1985. 3. 26, 85도206)와 같이 행위자가 의도하는 수단이나 방법으로는 구성요건적 결과 실현이 불가능한 경우를 말한다.

판례 위험성 판단기준

- "불능범의 판단기준으로서 **위험성 판단은 피고인이 행위 당시에 인식한 사정을 놓고 이것이 객관적으로 일반인의 판단으로 보아 결과 발생의 가능성이 있느냐**를 따져야 하고, 한편 민사소송법상 소송비용의 청구는 소송비용액 확정절차에 의하도록 규정하고 있으므로, 위 절차에 의하지 아니하고 손해배상금 청구의 소 등으로 소송비용의 지급을 구하는 것은 소의 이익이 없는 부적법한 소로서 허용될 수 없다고 할 것이다. 따라서 **소송비용을 편취할 의사로 소송비용의 지급을 구하는 손해배상청구의 소를 제기하였다고 하더라도 … 결과 발생의 가능성이 없어 위험성이 인정되지 않는다**"(대판 2005. 12. 8, 2005도8105).
- 사자死者를 상대로 한 소송사기에서 불능미수를 부인한 사건에서 소송사기에 있어서 피기망자인 법원의 재판은 피해자의 처분행위에 갈음하는 내용과 효력이 있는 것이어야 하고, 그렇지 아니하는 경우에는 착오에 의한 재물의 교부행위가 있다고 할 수 없어서 사기죄는 성립되지 아니한다고 할 것이므로, **피고인의 제소가 사망한 자를 상대로 한 것이라면 이와 같은 사망한 자에 대한 판결은 그 내용에 따른 효력이 생기지 아니하여 상속인에게 그 효력이 미치지 아니하고 따라서 사기죄를 구성한다고는 할 수 없다**(대판 2002. 1. 11, 2000도1881).

위 두 판결은 행위자가 의도한 방법으로는 구성요건적 결과 발생이 불가능하며 또한 그 위험성도 인정되지 않기 때문에 가벌적인 불능미수를 인정하지 않았으며 불가벌적인 불능범으로 본 것이다.

(2) 대상(객체)의 불능

대상의 불능이란 예를 들어 살아있는 줄 알고 총을 쏘았으나 사실은 이미 사망한 경우, 살해 대상인 인물이 침대에 누워있다고 생각하고 살인의 고의로 사격을 하였으나 침대에 아무도 누워있지 않았던 경우와 같이 행위자가 목표로 삼은 대상이 구성요건을 실현시킬 수 없는 경우를 의미한다.

판례 **준강간과 불능미수**

• 피고인이 피해자가 심신상실 또는 항거불능의 상태에 있다고 인식하고 그러한 상태를 이용하여 간음할 의사를 가지고 간음하였으나, 실행의 착수 당시부터 피해자가 실제로는 심신상실 또는 항거불능의 상태에 있지 않았다면, 실행의 수단 또는 대상의 착오로 준강간죄의 기수에 이를 가능성이 처음부터 없다고 볼 수 있다. 이 경우 피고인이 행위 당시에 인식한 사정을 놓고 일반인이 객관적으로 판단하여 보았을 때 정신적·신체적 사정으로 인하여 성적인 자기방어를 할 수 없는 사람의 성적 자기결정권을 침해하여 준강간의 결과가 발생할 위험성이 있었다면 불능미수가 성립한다(대판 2019. 3. 28, 2018도16002 전원합의체).

(3) 주체의 불능

주체의 불능이란 예를 들어 배임죄상의 '타인의 사무를 처리하는 자'가 아님에도 불구하고 자신을 타인의 사무를 처리하는 자라고 오인하고 자기가 '임무에 위배되는 행위'를 하였다고 생각하는 경우처럼 진정신분범과 관련되어 있다. 형법(제27조)은 불능미수범에 대하여 주체의 불능을 규정하고 있지 않으므로 이를 불능미수의 대상에 포함시킬 수 없다는 견해(다수설)와 대상이나 수단은 예시적인 것에 불과하므로 주체의 착오도 불능미수의 유형에 포함시켜야 한다는 견해(소수설)가 있다. 다수설에 따르면 주체의 착오로 인한 불능은 불가벌적인 불능범에 해당한다고 보는 반면에 반대 견해는 불능미수범이 될 수 있다고 보는 점에서 차이가 있다. 어떤 형태의 불능이든 간에 위험성이 인정되면 이를 가벌적인 불능미수범으로 처벌하려면 후자의 견해가 타당하다. 반대로 죄형법정주의 원칙상 불능범 규정을 제한규정으로 본다면 다수설의 견해가 타당하다. 미수범의 처벌 근거를 행위자의 주관적 태도에서 찾고, 행위자가 주체의 착오를 일으켜 반가치적 행위를 하였다면 위험성이 인정되는 것을 조건으로 불능미수범으로 보는 것이 타당하다고 본다. 그러나 주체의 불능은 실제로는 문제되는 경우가 거의 없을 것이라고 본다.

2. 위험성

불능미수의 성립요건으로는 결과 발생이 불가능하여야 하는 것과 함께 위험성이 인정되어야 한다. 결과 발생이 불가능하다는 것은 자연과학적·사실적 의미에서 불가능하다는 것을 의미하지만 위험성은 규범적 의미를 지닌다. 그러므로 위험성 판단과 관련해서는 당해 사건에서 결과 발생의 현실적·사실적 위험성을 의미하는 것이 아니라는 점을 유의하여야 한다.

(1) 구객관설 (절대적 불능 및 상대적 불능설)

절대적 불능은 불능범에 해당하고 상대적 불능은 불능미수범으로 처벌하여야 한다는 견해이다. 절대적 불능이란 결과 발생이 개념적으로 불가능하여 어떠한 경우에도 그러한 방법이나 대상에 대해서는 결과가 발생할 수 없는 경우를 말한다. 반면에 상대적 불능이란 치사량 미달의 독극물에 의한 살해 시도의 경우처럼 원천적으로 결과 발생이 불가능한 것이 아니라 구체적 상황에서 불가능한 경우를 말한다(치사량에 도달하였을 때에는 살해가 가능). 그러나 이 견해에 대해서는 양자의 구별이 명확하지 않다는 비판이 있다. 또한 상대적 불능이라고 하는 경우도 객관적·구체적 상황에서는 결과 발생이 절대 불가능한 경우에 해당하므로 이를 상대적 불능이라고 하는 것도 타당하지 않다.

(2) 사실적 불능 및 법률적 불능설

이 학설은 사실적 불능은 상대적 불능과 같이 보아 불능미수범을 인정하고 주체의 착오와 같이 법률적 불능은 절대적 불능이라고 보아서 불능범을 인정하는 견해이다. 이 견해에 대해서는 사실적 불능과 법률적 불능의 구별이 명확하지 않으며, 사실적 불능이 절대적 불능에 해당할 수도 있으므로 이를 상대적 불능이라고 보는 것도 타당하지 않다.

(3) 구체적 위험설 (신객관설)

구체적 위험설은 행위 당시에 행위자가 인식한 사실과 일반인이 인식할 수 있었던 사정을 기초로 일반적 경험칙에 따라 객관적·사후적 예후에 따라 판단하는 견해이다(다수설). 이에 따르면 일반인이 결과 발생의 위험성을 느낄 수 있는 경우에는 불능미수를 인정한다. 예를 들어 빈 침대를 향해 살인의 고의로 사격을 가한 경우 불능미수를 인정하게 된다. 사격을 할 당시 행위자는 대상 인물이 누워있는 것으로 생각하였고, 일반인의 입장에서 보아도 살해의 위험성은 인정되기 때문이다.

판례 역시 준강간에서 행위자가 행위 당시에 인식한 사정을 놓고 일반인이 객관적으로 판단하여 보았을 때 정신적·신체적 사정으로 인하여 성적인 자기방어를 할 수 없는 사람의 성적 자기결정권을 침해하여 준강간의 결과가 발생할 위험성이 있었다면 불능미수가 성립한다고 하여 이러한 입장이다(대판 2019. 3. 28, 2018도16002 전원합의체).

행위 당시의 상황에서는 결과가 발생할 가능성이 없었다고 하더라도 행위수단이나 대상 등의 착오가 없었던 정상적 상태였다면 결과 발생이 가능하였으리라는 조건에서 위험성을 인정하고, 이를 토대로 처벌하는 것은 타당하다고 본다. 그렇다면 형법이 규정하고 있는 위험성이란 결국 구성요건이 실현될 수 있는 잠재적 위험성이라고 볼 수 있으며, 불능미수에 대한 형사처벌을 정당화하고 명확하게 하기 위해서는 구체적 위험성설이 상대적으로 가장 타당하다고 본다.

(4) 추상적 위험설 (주관적 위험설)

추상적 위험설은 행위자가 행위 당시에 인식한 사정(위험성 판단의 기초)이 실제로 존재하였다면 일반인의 입장(위험성 판단의 주체)에서 판단할 때 결과 발생의 위험성이 있다고 인정되는 경우에는 불능미수범을 인정하는 견해이다. 위험성 판단의 기초를 행위자에게 둔다는 점에서 주관적 위험설이라고도 부른다. 예를 들어 빈 호주머니에 손을 집어넣어 절취를 시도한 경우 만일에 돈이 들어있었다면 현금을 절취할 수 있었을 것이기 때문에 불능범이 아니라 불능미수범을 인정하게 된다. 또한 침대에 누워있는 사람을 살해하기 위해 총을 발사하였으나 빈 침대였던 경우에도 마찬가지이다. 판례의 입장이다.

판례 주관적 위험설에 입각한 위험성 판단

• 불능범의 판단기준으로서 위험성 판단은 **피고인이 행위 당시에 인식한 사정을 놓고 이것이 객관적으로 일반인의 판단으로 보아 결과 발생의 가능성이 있느냐**를 따져야 하므로 히로뽕제조를 위하여 에페트린에 빙초산을 혼합한 행위가 불능범이 아니라고 인정하려면 위와 같은 사정을 놓고 객관적으로 제약방법을 아는 **과학적 일반인의 판단으로 보아 결과 발생의 가능성이 있어야 한다**(대판 1978. 3. 28, 77도4049).

이 판결에서 위험성 판단의 기초는 피고인이 행위 당시에 인식한 사정이다. 그리고 위험성 유무를 판단하는 주체는 과학적 일반인이다. 즉 대법원은 위험성은 객관적으로 제약방법을 아는 과학적 일반인의 입장에서 판단하여야 하며, 이렇게 볼 때 피고인이 에페트린에 빙초산을 혼합하여 섭씨 80~90도로 가열하는 방법으로는 히로뽕을 제조할 수 없다고 보아 위험성을 인정하지 않았다.

(5) 주관설

주관설은 행위자가 실행에 착수함으로써 그의 범행의사가 분명하게 표출된 이상 객관적으로 결과 발생이 불가능하더라도 장애미수범으로 처벌하여야 한다는 견해로서 원칙적으로 불가벌적인 불능범을 인정하지 않는다. 그러나 이 설은 미수범의 처벌 근거를 행위자의 범죄적 의사의 실현에서만 보고 그 행위의 객관적 위험성을 고려하지 않는 지나치게 주관주의적 형법관에 근거한 이론이다. 그리고 형사처벌을 행위자의 범죄적 경향성과 연결짓는 것은 행위형법의 원칙에도 벗어나는 것이다.

(6) 인상설

인상설印象說은 다른 학설이 행위와 결과의 관련성 속에서 위험성을 판단하는 데에 비해 일반인의 법적 안정감에 대한 위험성이라는 관점에서 출발하는 견해이다. 즉 불능미수도 행위자의 법 적대적 의사가 표출된 행위에 해당하므로 만일 이를 처벌하지 않을 경우 일반인의 법적 안정감이나 사회적 평온상태를 위협하는 인상을 줄 우려가 인정될 경우 행위의 위험성을 인정한다(이형국 · 신양균, "불능미수의 법적 성격", 김종원교수화갑기념논문집(1991), 425면; 허일태, "불능미수범에 있어서 위험성의 의미", 형사판례연구(8), 54면 이하). 인상설에서는 행위자가 인식한 구성요건적 사실과 법익평온상태의 교란을 위험성 판단의 기초로 삼는다. 그리고 장애미수는 법익객체에 대한 구체적인 위험성을 의미하는 데 반해 불능미수는 일반적 위험성을 의미한다고 본다.

(7) 종 합

불능미수는 결과 발생의 가능성이 전혀 없음에도 불구하고 위험성이 존재한다는 이유로 형사처벌을 하는 것이다. 그러나 위에서 살펴 본 바와 같이 위험성 판단은 결과 발생의 현실적 가능성이 없음에도 불구하고 이를 인정하여야 하는 관계로 그 기준이 불명확하다. 그러므로 결과 발생의 가능성은 없으나 방법상 위험성이 현실적으로 인정되지만 우연한 조건이나 상황으로 인하여 결과가 발생할 수 없었던 경우라면 불능미수가 아니라 미수범으로 처벌하는 것이 타당할 것이다. 예를 들어 경찰관이 휴대한 권총을 탈취하여 경찰관에게 발사하였으나 총알이 장전되지 않아서 불발로 그친 경우, 남의 호주머니에 손을 넣었으나 호주머니가 비어 있어서 아무 것도 절취하지 못한 경우, 치사량이 미달이어서 살인의 목적을 달성하지 못한 경우에는 불능미수가 아니라 미수범을 인정하여야 하는 것이다. 그 밖의 경우, 예를 들어 타인의 물건인 줄 알고 훔쳤으나 사실은 자기 물건인 경우에는 불능범이라고 하여야 한다. 그리고 사체를 살아있는 사람으로 알고 사격을 가한 경우에는 사체손괴죄에 해당할 수는 있어도 살인죄의 불능미수범은 아니라고 보아야 할 것이다. 그러나 현행법상 불능미수를 규정하고 있으므로 위험성 판단은 이처럼 우연한 상황이나 조건으로 인하여 결과 발생이 불가능한 경우에만 인정하는 것이 타당하다고 본다. 그런 의미에서는 구체적 위험설이 가장 근접한 학설이다.

Ⅲ. 불능미수의 처벌

형법 제27조는 결과 발생이 불가능하더라도 위험성이 있으면 처벌하고, 다만 그 형을 감경 또는 면제할 수 있다고 규정하고 있다. 즉 임의적 감경사유로서 불능미수를 인정하고, 반면에 결과 발생이 불가능할 뿐만 아니라 위험성도 없는 행위에 대해서는 처벌하지 않는다. 이는 형의 필요적 감면사유로서 인정되는 중지범보다 무거우며, 장애미수범보다는 가볍다. 불능미수도 미수범이므로 형법에 미수범 처벌규정이 있어야 함은 물론이다.

제 7 장 정범과 공범

제 1 절 일반론

I. 정범과 공범의 관계

형법상의 구성요건은 단독범의 형태를 상정하고 규정되어 있다. 예를 들어 살인죄(제250조 제1항)의 경우 '사람을 살해한 자'라고 규정하여 단독으로 사람을 살해한 경우를 예정하고 있다. 이를 단독정범이라고 부를 수 있다. 그러나 현실적으로는 여러 사람이 공동으로 범행을 하는 경우가 많다. 이처럼 복수의 행위자가 가담하여 범행을 하는 경우에 이들의 가담형태에 따라 정범과 공범으로 구별하고 이에 대한 형사책임을 다루는 문제가 공범론이다.

입법적으로는 다수의 가담자가 있더라도 이를 일단 모두 정범으로 규정하고 양형상의 차이만을 인정하는 경우도 있다. 이를 단일정범 개념이라고 부른다. 오스트리아 형법(§12)은 범행을 직접 실현하거나 이를 교사 내지 방조하는 자도 모두 직접정범으로 규정하고 있다. 독일의 질서위반법(Ordnungswidrigkeitsgesetz §14)과 우리나라의 경범죄처벌법(제4조(교사·방조): 제3조의 죄를 짓도록 시키거나 도와준 사람은 죄를 지은 사람에 준하여 벌한다) 역시 내용상 이러한 형식을 취하고 있다. 이 경우에는 정범 이외에 공범은 존재하지 않는다. 정범과 공범을 구별하지 않고 구성요건상 정범은 범행 가담자 모두를 포함하는 것으로 보는 단일정범론의 입장은 결과 발생에 원인을 제공하는 모든 조건은 동등하다고 보는 등가설에 입각하고 있다. 단일정범 개념에서는 형법상의 공범 규정은 정범에 비하여 이들의 형을 제한하기 위한 처벌 축소 사유로 파악하며 이를 확장적 정범 개념이라고 한다. 이러한 입법형식은 범행 가담의 정도가 다른 행위자를 모두 동등하게 취급한다는 점에서 범행상의 역할의 차이를 무시하고 책임원칙에 위배되며 역설적으로 다른 것은 달리 취급하여야 하는 평등원칙에도 반한다. 또한 교사의 미수나 방조의 미수도 정범의 미수와 동일하게 처벌하거나 신분범이나 자수범自手犯의 경우에도 정범행위자를 차별화하지 않는 등 형사처벌의 범위를 부당하게 확대하는 문제점도 있다. 전체적으로 이러한 체계에서는 공범의 종속성 원칙은 무의미하다.

단일정범 개념과 달리 우리 형법은 정범(제30조, 제34조 제1항) 이외에 공범인 교사범(제31조)과 방조범(제32조)을 규정하는 이원적 입법체계를 취하고 있다. 이에 따라 정범과 공범의 구별문제가 발생한다. 다수의 행위자가 범행에 가담한 경우 발생하는 문제는 각 행위자 간에 가담 정도에 따라 형사책임을 분배하는 것이다(귀책범위의 확정). 이를 위해서는 우선 정범 개념을 확정하여야 한다. 그래야 공범의 범위가 결정되기 때문이다. 이처럼 범행 가담자 간에 정범과 공범을 구별하여 형사책임을 분배하는 입장을 제한적 정범개념이라고 한다. 그리고 교사범과 방조범을 예외적으로 처벌하기 때문에 이들 규정(제31조, 제32조)은 처벌 확장 사유에 해당한다.

우리 형법은 제한적 정범 개념에 입각하고 있으며 구성요건 역시 이에 따라 해석하고 있다. 확장적 정범 개념은 기술한 바와 같이 인과관계론에서 결과 발생에 원인을 제공한 자는 모두 동등하게 평가하여야 한다는 등가설에 입각하고 있다. 이러한 인과관계적 접근시각은 정범과 공범의 문제를 구성요건적 결과 실현보다 결과의 야기에 더 초점을 맞추는 것이다. 구성요건적 결과 야기에 초점을 맞출 경우 정범 이외에 방조행위나 교사행위를 한 자도 동등하게 결과 야기자에 포함되는 것으로 본다. 그러나 형법상 행위자는 원칙적으로 구성요건 해당행위를 실현하는 자이어야 하고 이를 정범으로 보는 것이 타당하다. 만일 구성요건 실현에 원인을 제공한 모든 행위자를 동등하게 취급하여 정범으로 본다면 이는 마치 칼로 상대방을 찌른 행위와 칼을 준비해서 행위자에게 건네 준 행위를 동일하게 평가하는 것과 같아서 구성요건 실현단계에서의 질적 차이를 무시하고 이를 양형상의 문제로 단순화하는 문제점을 안고 있다.

그러므로 우리 형법이 제한적 정범 개념에 입각하여 정범은 형법상의 각 구성요건을 직접 실현시킨 자로 제한하고 있는 것은 타당한 입법형식이다(예: 사람을 살해한 '자', 타인의 재물을 절취한 '자' 등). 그리고 공범은 정범처럼 구성요건을 직접 실현하는 자가 아니고 정범의 범행에 가담한 자이기 때문에 처벌을 위한 별도의 규정이 필요하고 이에 따라 교사범(제31조)과 방조범(제32조)을 규정하고 있다. 즉 형법 각칙상의 구성요건은 정범을 전제로 하고 있으므로 만일 총칙상의 공범규정이 없다면 교사범이나 방조범 처벌은 불가능하기 때문에 이를 규정한 것이다. 제한적 정범 개념에서 공범규정을 처벌 확장 사유라고 하는 것은 이 때문이다.

Ⅱ. 형법상의 범행 가담 형태

1. 범행 가담자의 수

형법상의 범행 가담 형태로서 가담자의 수에 따라 단독정범과 공범으로 나눌 수도 있다. 이 경우에는 정범에 가담하는 교사범과 방조범 이외에 공동정범도 가담자 수가 다수이므로 공범으로 분류할 수 있다. 그러나 이러한 분류는 단순한 가담자 수에 따른 분류이기 때문에 형법이론상 특별한 의미가 없다. 형사책임을 판단하기 위하여 중요한 것은 범행 가담자의 수가 아니라 가담자의 행위 내용이기 때문이다. 그리고 행위 내용에 따라 정범과 이에 종속되는 공범이 차별화될 수 있다.

이처럼 가담자의 행위 내용에 따라 정범과 공범을 분류하면 정범에는 단독정범과 공동정범이 포함되고 추가적으로 간접정범도 정범으로 분류된다. 반면에 교사범과 방조범은 구성요건에 해당하는 행위를 실행하는 것이 아니기 때문에 (협의의) 공범으로 분류한다. 그리고 이러한 형태의 총칙상의 공범은 정범이 범행을 실행하기 위하여 반드시 필요한 것은 아니기 때문에 임의적 공범이라고 부른다. 이에 반해 형법각칙상 구성요건의 내용에 따라 반드시 2인 이상의 범행 가담이 전제되어 있는 구성요건이 있다. 이를 필요적 공범이라고 한다.

2. 필요적 공범

필요적 공범이란 구성요건을 실현하기 위해서는 반드시 2인 이상의 범행 가담이 필요한 공범형태를 말한다. 필요적 공범의 예로는 집합범과 대향범을 들 수 있다. 대향범은 예를 들면 뇌물죄와 같이 2인 이상이 목표는 동일하지만 대향적 관계 속에서 구성요건을 실현하는 유형을 말한다. 이에 반해 집합범은 다수의 범행 가담자가 대향적 관여가 아니라 동일 방향·동일 목표의 행위가 집합하여 구성요건을 실현하는 유형으로서 내란죄나 소요죄를 예로 들 수 있다. 필요적 공범은 범행 가담자의 수가 다수라는 의미에서 공범이며, 형법상 임의적 공범에 적용되는 원칙의 적용을 받지 않는 특수한 형태의 공범이라고 보아야 한다.

(1) 집합범

다수인의 집단적 행위를 구성 요소로 하는 범죄를 집합범(또는 집단범)이라고 한다. 다수인의 집합이 없으면 구성요건해당성이 없다. 예를 들어 소요죄(제115조)는 한 사람에 의해서 실현될 수 없는 구성요건이어서 다수가 범행에 가담하여야 하며 이 경우 각자는 동등하게 정범으로 취급된다. 내란죄(제87조)의 경우에도 '국토를 참절하거나 국헌을 문란할 목적으로 폭동'하는 행위는 단독으로는 불가능하다. 그렇기 때문에 형법은 내란죄의 행위자를 다수를 전제로 해서 수괴, 참여자, 지휘자, 중요임무 종사자 등으로 구별하여 처벌하고 있다.

(2) 대향범

대향범對向犯은 범죄가 성립하기 위해서는 대향하는 2인 이상이 필요한 범죄를 말한다. 대향범이라는 용어는 상호 대향적 관계에서 동일한 목표를 위하여 공동으로 범행을 하는 것을 말한다. 예를 들면 뇌물수수죄에서 증뢰자(제133조)와 수뢰자(제129조), 범인은닉죄(제151조 제1항)에서 범인과 은닉자, 음화판매죄(제243조)에서 판매자와 구입자, 촉탁·승낙살인죄(제252조 제1항)에서 살인행위자와 촉탁자나 승낙자, 아동혹사죄(제274조)에서 위험한 업무에 사용하기 위하여 16세 미만의 아동을 인도받은 영업자 또는 그 종업자와 인도한 자, 배임수재죄와 배임증재죄(제357조)의 관계가 그러하다.

이 가운데 미성년자간음죄(제305조)에서 간음행위자와 미성년자, 촉탁·승낙살인죄에서 행위자와 촉탁자·승낙자, 음화판매죄에서 음화의 판매자와 구입자, 부당이득죄(제349조)에서 이득행위자와 궁박한 상태에 있던 피해자처럼 필요적 공범의 일종이면서도 처벌되지 않는 일방이 있는 구성요건이 있다. 이는 가담자의 범행 관여행위가 위법성이나 책임이 약해서 처벌의 필요성이 없다는 것 때문이라고 보아야 한다. 필요적 공범론은 이처럼 범죄의 실현에는 외견상 공범관계에 있지만 총칙상의 공범규정을 적용하지 않음으로써 처벌 대상에서 제외하는 데에 실익이 있다. 필요적 공범을 인정하지 않을 경우 특히 대향범에서 불가벌적인 범행 관여자가 방조범이나 교사범으로서 처벌될 수 있기 때문이다.

필요적 공범인 대향범에는 형법상의 정범과 공범(공동정범, 교사범, 방조범, 간접정범)을 전제로 적용되는 공소시효의 정지에 관한 형사소송법 제253조 제2항이 적용되지 않는다(서울고법 2012. 4. 13, 2011노2616. 또한 대판 2011. 10. 13, 2011도6287 참조). 대향범은 범죄구성요건과 죄질이 임의적인 공범과 다르고, 법정형도 별개로 규정되어 있는 점 등에 비추어 볼 때 대향범은 형법에서 규정하고 있는 공범과는 전혀 다른 것이기 때문이다.

판례 대향범의 공범규정 적용 여부

• 2인 이상 서로 대향된 행위의 존재를 필요로 하는 대향범에 대하여는 공범에 관한 형법총칙 규정이 적용될 수 없는데, 형법 제127조는 공무원 또는 공무원이었던 자가 법령에 의한 직무상 비밀을 누설하는 행위만을 처벌하고 있을 뿐 직무상 비밀을 누설받은 상대방을 처벌하는 규정이 없는 점에 비추어, 직무상 비밀을 누설받은 자에 대하여는 공범에 관한 형법총칙 규정이 적용될 수 없다고 보는 것이 타당하다. 따라서 변호사 사무실 직원인 피고인 갑이 법원공무원인 피고인 을에게 부탁하여, 수사 중인 사건의 체포영장 발부자 53명의 명단을 누설받은 사안에서, 피고인 을이 직무상 비밀을 누설한 행위와 피고인 갑이 이를 누설받은 행위는 대향범 관계에 있으므로 공범에 관한 형법총칙 규정이 적용될 수 없으므로 피고인 갑의 행위는 공무상비밀누설교사죄에 해당한다고 볼 수 없다(대판 2011. 4. 28, 2009도3642).

• 2인 이상의 서로 대향된 행위의 존재를 필요로 하는 대향범에 대하여는 공범에 관한 형법총칙 규정이 적용될 수 없는데, 구 의료법 제17조 제1항 본문은 의료업에 종사하고 직접 진찰한 의사가 아니면 처방전을 작성하여 환자 등에게 교부하지 못한다고 규정하면서 제89조에서는 위 조항 본문을 위반한 자를 처벌하고 있을 뿐, 위와 같이 작성된 처방전을 교부받은 상대방

을 처벌하는 규정이 따로 없는 점에 비추어, 위와 같이 작성된 처방전을 교부받은 자에 대하여는 공범에 관한 형법총칙 규정이 적용될 수 없다(대판 2011. 10. 13, 2011도6287).

(3) 합동범

2인 이상의 합동이 행위 태양으로서 구성요건에 명시된 범죄유형을 합동범이라고 한다. 예를 들면 특수도주죄(제146조), 특수절도죄(제331조 제2항), 특수강도죄(제334조 제2항), 특수강간죄(성폭력처벌법 제4조 제1항) 등이 있다. 합동범이 필요적 공범에 해당하는지 여부에 대해서는 긍정설(김성돈, 신동운, 오영근, 임웅)과 부정설(김/서, 이/장/강, 정/박) 및 합동범은 1인의 행위에 의해서도 범죄가 성립하지만 2인 이상이 가담하면 형벌이 가중된다고 보는 부진정 필요적 공범설(배종대, 손/김)이 있다. 필요적 공범이 형법 구성요건의 내용에 의하여 인정되는 공범유형인 데 반해 합동범은 구성요건의 행위 내용이 공동행위를 필요로 하는 것은 아니며 단순히 2인 이상이 현장에서 합동하여 구성요건을 실현시키는 형태인 만큼 이에 미치지 못하는 가담자에게는 임의적 공범 규정이 적용되어야 할 것이다. 그러므로 합동범은 필요적 공범에서 제외시키는 것이 타당하다.

(4) 필요적 공범과 총칙상의 공범규정

필요적 공범은 임의적 공범과 달리 구성요건 해당행위의 내용상 필수적으로 다수의 범행 관여를 전제로 한 분류이므로 필요적 공범 간에는 임의적 공범에게 적용되는 공범의 종속성 원칙이 적용되지 않는다. 그러므로 예를 들어 음화판매죄에서 매입자가 음화판매를 요구하였다거나 부당이득죄의 피해자가 먼저 이를 요청하였다거나, 미성년자 간음죄에서 미성년자가 유혹하여 간음행위를 하였더라도 이들을 동 죄의 교사범으로 처벌할 수 없다.

그러나 필요적 공범 이외의 외부 가담자는 집합범의 경우에는 방조범이나 교사범이 성립할 수 있다(통설). 대향범의 경우에는 공동정범까지도 성립할 수 있다는 견해(김/서, 김성돈, 배종대, 안동준, 오영근, 이/장/강, 이형국, 임웅)가 있으나 이는 필요적 공범에 포함되는 경우로 보아야 하고 교사범이나 방조범이 성립할 수 있을 뿐이라고 보는 것이 타당하다. 또한 필요적 공범이 모두 형사책임을 부담하는 것도 아니다(대판 1987. 12. 22, 87도1699). 예컨대 뇌물공여죄가 성립하기 위해서 반드시 뇌물수수죄가 성립되어야 하는 것은 아니다.

판례 필요적 공범의 처벌

- 형법 제357조 제1항의 배임수재죄와 같은 조 제2항의 배임증재죄는 통상 필요적 공범의 관계에 있기는 하나, 이것은 반드시 수재자와 증재자가 같이 처벌받아야 하는 것을 의미하는 것은 아니고, 증재자에게는 정당한 업무에 속하는 청탁이라도 수재자에게는 부정한 청탁이 될 수도 있다(대판 2011. 10. 27, 2010도7624).
- 뇌물공여죄와 뇌물수수죄는 필요적 공범관계에 있다고 할 것이나, 필요적 공범이라는 것은

법률상 범죄의 실행이 다수인의 협력을 필요로 하는 것을 가리키는 것으로서 이러한 범죄의 성립에는 행위의 공동을 필요로 하는 것에 불과하고 반드시 협력자 전부가 책임이 있음을 필요로 하는 것은 아니므로, 오로지 공무원을 함정에 빠뜨릴 의사로 직무와 관련되었다는 형식을 빌려 그 공무원에게 금품을 공여한 경우에도 공무원이 그 금품을 직무와 관련하여 수수한다는 의사를 가지고 받아들이면 뇌물수수죄가 성립한다. 피고인의 뇌물수수가 공여자들의 함정교사에 의한 것이기는 하나, 뇌물공여자들에게 피고인을 함정에 빠뜨릴 의사만 있었고 뇌물공여의 의사가 전혀 없었다고 보기 어려울 뿐 아니라, 뇌물공여자들의 함정교사라는 사정은 피고인의 책임을 면하게 하는 사유가 될 수 없다고 판단하였다(대판 2008. 3. 13, 2007도10804).

• 필요적 공범이라는 것은 법률상 범죄의 실행이 다수인의 협력을 필요로 하는 것을 가리키는 것으로서 이러한 범죄의 성립에는 행위의 공동을 필요로 하는 것에 불과하고 반드시 협력자 전부가 책임이 있음을 필요로 하는 것은 아니다. 다시 말하면 뇌물공여죄가 성립되기 위하여서는 뇌물을 공여하는 행위와 상대방측에서 금전적으로 가치가 있는 그 물품 등을 받아들이는 행위(부작위 포함)가 필요할 뿐이지 반드시 상대방측에서 뇌물수수죄가 성립되어야만 한다는 것을 뜻하는 것은 아니다(대판 1987. 12. 22, 87도1699). 이에 따라 피고인이 증뢰의 의사로서 뇌물을 공여한 이상 상대방에게 뇌물수수죄의 죄책이 있느냐 여부에 불구하고 피고인의 뇌물공여죄는 성립한다고 판시하였다.

Ⅲ. 정범과 공범의 구별

공범을 정범과 구별하는 것은 구체적으로는 공동정범을 방조범과 구별하는 것과 간접정범을 교사범과 구별하기 위한 것으로 볼 수 있다. 이하에서 살펴보면 다음과 같다.

1. 객관설

객관설은 구성요건에 해당하는 행위를 직접 행한 자만이 정범으로 보는 학설이다(형식적 객관설). 그리고 공범은 범행 준비에 도움을 주거나 또는 범행을 간접적으로 도운 경우에 인정된다고 본다. 그러나 객관설에 의할 경우 정범은 사실상 자수범에게나 인정될 수 있을 정도로 제한되며, 범행의 분담을 속성으로 하는 공동정범을 인정할 수가 없고, 간접정범도 정범이라고 볼 수 없게 되어 형법규정과 상치된다. 그러므로 현재 우리나라에서 형식적 객관설을 지지하는 견해는 없다. 그러나 객관설은 정범의 구성요건 해당행위 관련성을 내용으로 하는 점에서 행위지배설의 토대를 이룬다고 볼 수 있다.

2. 주관설

주관설은 정범과 공범을 구성요건 해당행위에 대한 객관적 분담 정도가 아니라 행위자의 주관적 의사 여하에 따라 구별하는 학설이다. 즉 자신의 자발적 의사(정범의사)로 범행을 하였는지 아니면 비자발적인 의사(공범의사)를 가지고 하였는지 여부에 따라 구별하는 것이다(그래서 이를 의사설 또는 고의설이라고도 한다). 한편으로는 실현된 결과와 이로 인한 행위자의 이익과의 연관성을 기준으로 하여 본인을 위하여 행위를 하였으면 정범으로 보고 타인을 위한 가담행위인 경우에는 공범이라고 보는 이익설도 주관설에 해당한다. 주관설은 객관적인 행위 가담정도를 기준으로 구별하지 않기 때문에 인과관계적으로는 동가치설에 입각하고 있으며, 정범 개념상으로는 모든 범행 가담자에 대해서 일단 동등하게 취급하여 정범성을 인정하고 주관적 기준에 따라 구별하기 때문에 확장적 정범 개념을 토대로 하고 있다.

주관설은 행위자의 의사만을 중시하는 나머지 정작 구성요건 해당행위의 수행 정도는 도외시하게 되어 구성요건해당성의 문제인 정범과 공범의 구별을 양형의 문제로 변질시키는 결과가 되었다는 비판을 받는다. 동시에 순수한 주관설은 판단자의 주관이 지나치게 작용하여 판결이 영향을 받을 수 있는 가능성을 내포하고 있다.

[외국판례]

① '쉬타신스키'(Staschynskij) 사건

• 독일에서 발생한 '쉬타신스키'사건의 경우에 (구)소련 비밀경찰인 KGB의 요원인 쉬타신스키가 서방으로 망명한 우크라이나 출신 반정부 정치인을 상부의 지령에 따라 뮌헨에서 독가스총으로 암살하였다. 이 사건 재판에서 1962년 독일 연방대법원은 정범은 살인지령을 내린 모스크바의 KGB 책임자라고 하면서 정작 행위자에 대해서는 정범의사가 없었음을 이유로 방조범이라고 선고하였다(BGHSt 18, 87). 이는 당시 쉬타신스키가 범행을 자백하고 전향을 하였으며, 동·서간 냉전이 치열한 정치 상황이었던 점을 감안할 때 서독정부는 범인에 대해서는 관용을 베풀고, 동시에 소련을 살인지령을 내리는 악한 정부로 낙인찍고자 한 부분이 반영된 것으로 볼 수도 있는 사건이다.

② '목욕조 사건'(Badewannen-Fall)

• 독일 제국법원(Reichsgericht) 시대의 '목욕조 사건'(RGSt 74, 84) 역시 출생 직후에 영아를 직접 살해한 자매관계인 행위자가 자기를 위해서가 아니라 산모인 자매를 위해서 영아를 살해하였다는 점을 들어 방조범으로 판시하여 피고인에 대한 사형선고를 면하게 하였다. 이 사건에 대하여는 피고인에 대한 사형선고를 피하기 위한 목적도 있었다는 당시 재판관의 기록도 있다(Hartung, JZ 1954, 430). 현재 독일에서 순수한 주관설은 독일형법(§ 25)과 상충되기 때문에 더 이상 주장되지는 않지만 판례나 일부 학설에서 주관설에 입각하여 정범과 공범을 구별하는 흐름은 유지되고 있다.

3. 행위지배설

행위지배설은 기존의 주관설적 입장과 객관설적 입장을 배합한 이론으로서 정범은 고의를 가지고 구성요건의 실행과정을 장악하는 중심인물이라고 본다. 그리고 행위지배는 이러한 중심 인물의 전제조건이며 행위지배를 통하여 구성요건의 실현을 가능하게도 하고 중단시킬 수도 있다는 것이다. 그러므로 정범은 범행 실행을 직접 하거나 역할을 분담하여 실행하는 경우 또는 범행 계획을 수립하고 타인을 이용하여 이를 실현시킨 경우에 성립한다. 이에 비해 공범은 구성요건 실행의 중심 인물이 아닌 주변 인물로서 구성요건 실행행위를 유도하거나 이를 돕는 행위에 그친 경우에 성립한다고 한다. 우리나라의 학설은 대부분 행위지배설에 입각한 정범과 공범의 구별을 지지하고 있다.

> 행위지배설은 독일에서 발전된 이론(Roxin, Täterschaft und Tatherrschaft, 126면 이하 참조)으로 행위지배의 유형을 ① 실행행위지배, ② 의사지배, ③ 기능적 행위지배로 나누고, 실행행위지배는 직접정범에 해당하고, 배후인물에 의한 의사지배는 간접정범의 경우이며, 역할분담에 따른 기능적 행위지배는 공동정범에 해당한다고 본다.

행위지배설은 정범과 공범을 구별하는 기준을 가장 합리적인 방법으로 제시하고 있다고 볼 수 있다. 즉 정범성을 판단하는 데에 구성요건 관련성을 간과할 수 있는 주관설의 약점을 보완하면서 동시에 객관설이 안고 있는 정범성 판단의 경직성을 완화하여 공동정범이나 간접정범의 입법취지를 살릴 수 있도록 하고 있는 것이다.

4. 행위지배설을 적용할 수 없는 범죄 유형

행위지배가 모든 범죄의 정범성을 판단하는 기준이 될 수 없음을 유의하여야 한다.

신분범의 경우에는 현실적인 행위지배 여부가 아니라 행위자의 신분 유무에 의하여 정범성이 가려진다. 예를 들어 업무상비밀누설죄(제317조)에서 비밀유지의무를 지고 있는 신분자가 비신분자로 하여금 타인의 비밀을 누설하게 한 경우에는 직접 행위자인 비신분자는 정범이 아니라 '신분없는 고의있는 도구'에 불과하다. 그리고 비밀을 누설하게 한 신분자가 (간접)정범이 된다.

자수범의 경우에는 구성요건을 직접 실현한 자만이 정범이 되기 때문에 공동정범이나 간접정범은 인정되지 않는다. 예를 들어 위증죄(제152조)에서 법률에 의하여 선서한 증인이 아니면 공동정범이 될 수 없다.

5. 판례의 입장

우리나라 판례는 공동정범과 관련하여 기능적 행위지배설에 입각한 판결을 내리고 있다. 즉 주관적 요건인 공동가공의 의사와 객관적 요건으로서 공동의사에 기한 기능적 행위지배를 통하여 범죄를 실현하였을 것이 필요하다는 입장이다(대판 2007. 1. 26, 2004도1632; 2004. 6. 24, 2002도995). 다른 판례에서도 "형법 제30조의 공동정범은 2인 이상이 공동하여 죄를 범하는 것으로서, 공동정범이 성립하기 위하여는 주관적 요건인 공동가공의 의사와 객관적 요건인 공동의사에 의한 기능적 행위지배를 통한 범죄의 실행 사실이 필요하고, 공동가공의 의사는 타인의 범행을 인식하면서도 이를 제지하지 아니하고 용인하는 것만으로 부족하고 공동의 의사로 특정한 범죄행위를 하기 위하여 일체가 되어 서로 다른 사람의 행위를 이용하여 자기의 의사를 실행에 옮기는 것을 내용으로 하는 것이어야 한다"고 판시하여 같은 입장을 유지하고 있다(대판 2006. 3. 9, 2004도206). 이처럼 객관적 측면에서는 기능적 행위지배설에 입각하여 공동정범과 방조범을 구별하면서도 동시에 주관적 측면에서는 간접정범과 유사하게 공동정범을 파악하고 있는 점이 특징이라고 할 수 있다.

판례 기능적 행위지배설을 따른 경우

- 공동정범의 본질은 행위자들이 공동의 의사로 역할을 분담하여 기능적 행위지배를 하고 있는 것임에 반하여, 종범은 그러한 행위지배가 없다는 점에서 양자가 구별된다(대판 2017. 5. 17, 2017도2573; 1989. 4. 11, 88도1247).
- "형법 제30조의 공동정범으로서의 책임을 묻기 위해서는 주관적 요건으로서 공동가공의 의사와 객관적 요건으로서 **공동의사에 의한 기능적 행위지배**를 통한 범죄의 실행사실이 필요한 바, 위 주관적 요건으로서 공동가공의 의사는 타인의 범행을 인식하면서도 이를 저지하지 아니하고 용인하는 것만으로는 부족하고 공동의 의사로 특정한 범죄행위를 하기 위하여 일체가 되어 **서로 다른 사람의 행위를 이용하여 자기의 의사를 실행에 옮기는 것**을 내용으로 하는 것이어야 하며, 흉기 기타 위험한 물건을 휴대하여 폭력행위등처벌에관한법률 제2조 제1항에 열거된 죄를 2인 이상이 공동하여 범한 경우라면 상해 등의 행위를 한다는 점뿐만 아니라 흉기 기타 위험한 물건을 휴대하여 그와 같은 행위를 한다는 점에 대하여도 공동가공의 의사와 공동의사에 기한 기능적 행위지배가 있어야 할 것이다"(대판 2005. 4. 15, 2004도8701).

Ⅳ. 공범의 종속성

1. 공범의 종속성과 독립성

정범행위는 구성요건에 해당하는 행위를 의미하기 때문에 정범의 행위를 교사하거나 방조하는 행위는 구성요건에 해당하는 정범행위라고 할 수 없다. 즉 교사행위나 방조행위는 구성요건을 실현하는 정범의 행위가 없는 한 독자적 의미가 없는 종속적 행위에 불과하다. 이처럼 정범의 구성요건 실현을 통하여 공범의 행위는 의미를 가질 수 있다고 보는 것이 결과불법론에 입각한 공범종속성설이다. 형법상 교사범은 "타인을 교사하여 죄를 범하게 한 자"(제31조 제1항)이고, 방조범은 "타인의 범죄를 방조한 자"(제32조)로 규정하고 있으며, 교사의 미수범을 독자적으로 처벌하지 않고 예비 또는 음모에 준하여 처벌(제31조 제2, 3항)하고 있음은 공범행위의 독자적 범죄성을 인정하지 않음을 의미한다. 판례 역시 공범의 종속성을 인정하고 있다.

판례 공범의 종속성

① 교사범의 정범종속성

• 정범의 성립은 교사범의 구성요건의 일부를 형성하고 **교사범이 성립함에는 정범의 범죄행위가 인정되는 것이 그 전제요건이 되는 것**이다(대판 2000. 2. 25, 99도1252; 1998. 2. 24, 97도183).

② 방조범의 정범종속성

• 병원 원장인 피고인 갑 등이 을 등에게 허위의 입·퇴원확인서를 작성한 후 교부하여, 을 등이 보험회사로부터 보험금을 편취하는 것을 방조하였다는 내용으로 기소된 사안에서, 정범인 을 등의 범죄가 성립되지 않는 이상 방조범에 불과한 피고인 갑 등의 범죄도 성립될 수 없는데도, 사기방조의 공소사실을 유죄로 인정한 원심판결에 법리오해의 위법이 있다(대판 2017. 5. 31, 2016도12865).

• **방조죄는 정범의 범죄에 종속하여 성립**하는 것으로서 방조의 대상이 되는 정범의 실행행위의 착수가 없는 이상 방조죄만이 독립하여 성립될 수 없다(대판 1979. 2. 27, 78도3113; 1974. 5. 28, 74도509).

이에 반해 정범의 성립을 전제로 하지 않고 독립하여 공범이 성립한다는 입장이 공범독립성설이다. 행위불법론에 입각한 공범독립성설에 의하면 공범행위는 공범의 반사회적 의사가 표출된 독자적인 범죄형태로 본다. 그렇기 때문에 정범의 성립 여부에 관계 없이 공범이 성립한다고 보아서 교사범이나 간접정범의 경우에도 동일한 실행행위에 해당하기 때문에 구별할 필요가 없다는 입장이다.

한편 자살교사죄(제252조 제2항)의 경우 정범인 자살자(또는 자살미수자)를 처벌하지 않음에도 불구하고 자살교사자를 처벌하는 것이 공범의 독립성설에 입각한 것이라고 주장할 수도 있지만 자살교사자는 정범과 공범의 관계 속에서 파악하는 것은 타당하지 않다. 이 죄는 자살교사행위 자체의 가벌성을 인정하여 처벌하는 것으로서 명칭은 자살'교사'죄이지만 자살교사행위를 정범의 실행행위로 규정한 정범에 해당한다고 보아야 한다.

2. 종속성의 정도

공범이 정범에 종속하여 성립하기 위해서 정범이 어느 정도의 성립단계에 도달하여야 하는지에 대해서는 견해가 나뉜다.

(1) 최소 종속형식

정범의 행위가 구성요건에 해당하면 위법성 · 책임성이 인정되지 않더라도 이에 대한 공범이 성립할 수 있다고 보는 견해이다.

(2) 제한적 종속형식

정범의 행위가 구성요건에 해당하고 위법성까지도 인정되어야 이에 대한 교사범 · 방조범이 성립가능하다고 보는 견해이다(통설). 그러므로 정범의 정당방위를 교사 · 방조하더라도 정범의 행위가 불법성이 인정되지 않으므로 교사범이나 방조범 역시 성립하지 않는다. 또한 형사미성년자를 교사하거나 방조하는 경우 행위자인 미성년자에게는 범죄가 성립하지 않지만 교사범이나 방조범은 성립한다.

(3) 극단적 종속형식

정범의 행위가 구성요건에 해당하고 위법 · 유책하여야 공범이 성립할 수 있다는 견해이다(신동운, 오영근).

(4) 확장적 종속형식

정범의 행위가 구성요건에 해당하고 위법 · 유책하며 가벌성의 조건까지도 갖추어야 공범이 성립할 수 있다는 입장이다.

이상의 네 가지 종속범위 가운데 극단적 종속형식과 제한적 종속형식이 주장되고 있는데 제한적 종속형식을 취하는 것이 통설이며 타당하다. 우선 공범의 성립 여부 판단은 행위의 불법성을 기준으로 하는 것이 타당하며 행위자 개인과 관련된 유책성 유무는 공범행위의 불법성을 판단하는 데에 기준이 되어서는 안 된다고 본다. 만일 정범의 유책성까지도 요구하는 극단적 종속형식을 취하게 된다면 범죄 피해가 현실적으로 발생하였음에도 불구하고 정범인 행위자의 개인적 책임조각사유로 인하여 공범이 있어도 이를 처벌하지 못하는 결과가 될 것이다. 특히 공범의 처벌 근거를 야기설에서 찾는다면 정범의 유책성이 아니라 구성요건에 해당하고 위법한 행위를 하게 한 것만으로 공범의 성립을 인정하는 것이 타당하다. 형법이 피교사자의 실행행위가 없음에도 불구하고 교사자를 처벌하는 것(제31조 제2, 3항 참조)은 정범의 행위가 유책하여야 공범이 성립할 수 있다고 하는 극단적 종속형식을 취하지 않은 결과로 보아야 한다.

Ⅴ. 공범의 처벌 근거

공범의 처벌 근거는 구체적으로는 교사범과 방조범을 처벌하는 근거에 관한 것을 대상으로 한다. 이에는 공범행위의 불법성에 기반한 행위불법론적 학설(책임가담설, 불법가담설)과 공범이 정범을 교사·방조하여 법익침해적 결과를 초래하게 한 데에서 처벌 근거를 찾는 결과불법론적 학설(순수야기설, 야기설)로 나눌 수 있다.

1. 책임가담설

공범이 교사나 방조행위를 통하여 정범을 범죄행위로 끌어들임으로써 정범의 범행을 유발시켰기 때문에 처벌된다고 보는 학설이다. 다시 말하면 공범이 정범의 행위에 가담하여 정범이 유책한 행위를 하도록 만든 데에서 공범의 불법성을 찾는 견해이다. 그러나 제한적 종속성의 범위 내에서 공범은 정범행위의 유책성을 전제로 해서 성립하는 것은 아니므로 이 학설은 극단적 종속형식을 따르지 않을 경우에는 타당하지 않다.

2. 불법가담설

정범의 범행은 교사나 방조행위의 결과로서 공범은 정범의 불법행위에 인과적으로 가담하여 자기의 범죄를 실현하였기 때문에 정범과 마찬가지로 처벌되는 것이라고 보는 학설이다. 이 학설은 행위무가치론에 기초한 이론으로서 책임가담설과 함께 공범행위의 불법성을 강조한다. 그러나 대향범처럼 현실적 가담행위가 있어도 처벌되지 않는 경우가 있다는 점에서 공범의 처벌근거로서 타당하지 않다.

3. 순수야기설

독립적 공범설이라고도 불리는 학설로서 공범의 처벌 근거는 정범의 행위에 가담한 것 때문이 아니라 공범행위의 독자적인 구성요건적 불법성에 있다고 본다. 즉 법익 침해의 결과를 중시하는 입장에서 공범의 불법 내용은 정범과 함께 의식적으로 법익을 침해한 데에 있다는 것이다. 이 견해는 정범행위를 경시하고 공범자의 행위에서 처벌 근거를 찾기 때문에 공범의 종속성을 인정하지 않는다.

4. 야기설

공범을 처벌하는 이유는 공범이 정신적·신체적 협력을 통해서 정범의 범행을 야기한 데에서 처벌 근거를 찾는 것이 (종속적) 야기설 또는 촉진설促進說의 입장이다. 즉 교사범의 경우에는 타인으로 하여금 범행을 결심하도록 함으로써 결과적으로 정범이 법익 침해를 하도록 한 데 대한 공동으로 원인을 제공하였기 때문이다. 그리고 방조범은 정범의 행위를 도와준 것과 함께 방조행위라는 외부적 행위를 통하여 정범에 부수하여 법익 침해를 한 것으로 볼 수 있기 때문이다. 이처럼 야기설은 결과무가치론에 기반한 이론으로서 순수야기설과 함께 인과적 공범론에 해당한다고 볼 수 있다. 이 견해가 타당하며 다수설이다.

5. 혼합적 야기설

혼합적 야기설 가운데 우선 행위반가치 · 결과반가치 구별설은 공범의 불법성은 행위 반가치적 측면과 결과 반가치적 측면 모두에 있기 때문에 처벌된다고 보는 학설이다(임웅, 정/박, 진계호). 즉 공범의 교사나 방조행위는 행위 반가치가 인정되므로 독자적으로 인정되고, 정범에 의해 발생한 결과 반가치에 대해서도 정범에 종속하여 처벌된다는 것이다. 공범의 교사나 방조행위가 정범을 전제로 하지 않더라도 사회적 비난의 대상이 될 수 있는 것은 부인할 수 없다. 그러나 현행 형법상 공범은 정범이 전제되지 않으면 성립조차 하지 않는다는 점에서 이 학설은 공범의 형사처벌의 근거로서는 타당하지 않다. 또한 종속적 법익 침해설(김/서, 오영근)은 정범행위를 야기한 점과 공범행위의 독자적 법익 침해행위에서 불법성이 도출된다고 보는데 이 역시 공범행위의 독자적 불법성을 인정한 점에서 문제가 있다.

제 2 절 공동정범

> **제30조(공동정범)** 2인 이상이 공동하여 죄를 범한 때에는 각자를 그 죄의 정범으로 처벌한다.

Ⅰ. 의 의

공동정범은 "2인 이상이 공동하여 죄를 범한 때"에 성립하는 유형으로서 각자를 그 죄의 정범으로 처벌한다(제30조). 형법이 공동정범을 규정한 입법적 이유는 공동정범은 단독정범과 행위 실현의 정도가 다르다는 데에 있다. 만일 다수의 범행 가담자가 모두 단독정범과 같은 동일한 행위를 실행하였다면 굳이 공동정범을 규정하지 않아도 각자를 정범으로 처벌하는 데에 문제가 없다. 그러나 다수의 가담자가 역할을 분담하여 범행을 완성할 경우 단독으로는 정범에 해당하지 않기 때문에 정범으로서의 처벌에 한계가 있다. 공동정범 규정은 이러한 범행 가담 형태에 대해서 정범성을 인정하기 위한 것이다. 그러한 처벌의 근거는 다수 가담자의 범행수행 방식이 단독정범의 경우와 마찬가지로 각자가 역할의 분담을 통하여 전체 범행을 완성시킨다는 데에 있다. 이처럼 일부실행 · 전부책임이 공동정범 규정이 갖는 실질적 의의이다.

Ⅱ. 행위공동설과 범죄공동설

공동정범이 2인 이상이 공동하여 죄를 범한 경우를 의미한다는 형법규정에 대해서 학설에서는 '무엇을 공동으로 하는 것인가'를 중심으로 공동정범의 본질론을 전개하고 있다. 여기에는 행위공동설과 범죄공동설이 대립하고 있다.

1. 행위공동설

행위공동설(김종원, "공동정범의 본질", 법정 1977/4, 44면 이하; 이/장/강, 임웅, 정성근)은 범죄를 행위자의 반사회적 성격의 징표로 파악하면서(주관주의적 입장) 공동정범이란 범죄를 수인이 '행위'를 공동으로 하여 각자의 범죄를 실현하는 것이라고 본다. 여기에서 말하는 행위는 구성요건에 해당하는 행위가 아니라 전구성요건적 의미의 행위이기 때문에 공동정범이 성립하기 위해서는 범행에 가담하는 수인 간에 특정한 구성요건을 실현하다는 인식이 필요하지 않으며 다만 사실상의 행위를 공동으로 한다는 인식만이 필요하다고 주장한다. 그러므로 여러 사람이 서로 다른 범죄에 걸쳐 공동정범으로 범행으로 할 수 있으며, 반드시 고의를 공동으로 가질 필요가 없으므로 고의범 이외에 과실범의 경우에도 수인이 과실'행위'를 공동으로 한 사실이 인정되면 공동정범이라고 보게 되며, 고의범과 과실범 간의 공동정범도 인정한다. 그리고 한 개의 범죄사실의 일부분을 공동으로 한 경우에도 공동정범을 인정한다(예: 승계적 공동정범).

이러한 행위공동설에 대해서는 형법적으로 무관한 행위가 공동정범의 실행행위가 될 수 있다는 점에서 비판을 받는다. 이러한 비판의 결과 행위공동설의 입장을 취하면서도 행위의 공동을 전구성요건적 사실행위의 공동이 아니라 구성요건적 사실행위의 공동으로 이해하는 입장이 있다(구성요건적 행위공동설).

2. 범죄공동설

범죄공동설은 공동정범을 다수인이 특정한 범죄를 공동으로 하여 범죄를 실현하는 것으로 이해한다. 다수인이 범죄를 특정하고 범행에 착수하여야 한다는 점에서(객관주의적 입장) 고의범에 대해서만 공동정범을 인정할 수 있다. 동시에 단일 범죄에 대해서만 인정되고 서로 다른 여러 개의 범죄에 걸쳐서는 공동정범을 인정할 수 없다고 본다. 이에 대해 수 개의 범죄가 서로 공통의 죄질을 가진 경우에는 구성요건상 중첩하는 범위 내에서 공동정범을 인정하는 수정적 견해도 있다(부분적 공동정범설).

3. 본질론의 문제점

위와 같은 공동정범의 본질론에 대해서는 다음과 같은 이유에서 그 실효성에 대해 의문을 갖는다. 즉 공동정범의 본질이란 곧 공동정범을 공범(특히 방조범)이 아니라 정범으로 인정하기 위한 전제조건이 무엇인가의 문제를 대상으로 하여야 한다. 그렇다면 '공동'의 의미를 밝히는 것보다 일부실행 · 전부책임이라는 단독정범의 수정형식으로서의 공동정범의 귀책 근거를 밝히는 것이 핵심문제이다. 그러므로 공동정범은 '공동'의 의미를 중심으로 할 것이 아니라 공범과의 구별을 통하여 그 모습을 밝히는 것이 타당하다. 또한 범죄공동설과 행위공동설이 단점을 보완하는 변형된 형태로 주장되는 것은 양 학설의 한계를 노정한 것이라고 보아야 한다.

Ⅲ. 성립요건

공동정범의 성립요건에 관하여 학설과 판례는 다음 두 가지 요건을 필요로 한다는 입장이다: ① 객관적 성립요건으로서 공동의 범행 실행, ② 주관적 성립요건으로서 공동의 범행 의사(통설; 대판 2005. 4. 29, 2003도6056).

1. 주관적 요건: 공동의 범행의사

(1) 내 용

공동정범이 성립하기 위해서는 범행 가담자 상호 간에 의사의 연락을 통한 공동의 범행의사가 필요하다. 즉 다수의 범행 가담자가 범죄 실행에 대한 역할 분담을 하기로 하는 의사합치를 의미하며, 이를 위한 의사연락은 명시적이 아니라 묵시적으로도 가능하고 공범자 전원이 동시가 아니라 순차적으로, 시간적으로도 범행 착수 이전이나 도중에도 가능하다(대판 1990. 6. 22, 90도767; 1990. 6. 26, 90도765 참조). 이러한 점에서 의사의 연락이 없는 다수인의 범행 가담 형태인 동시범(제19조 참조) 및 가담자 일방만이 범행의사가 있는 소위 편면적 공동정범片面的 共同正犯은 공동정범에 해당하지 않는다. 그러므로 갑과 을이 의사의 연락이 없이 각각 X를 살해할 생각으로 X가 마시는 커피에 치사량의 독을 넣은 경우 만일 X가 이를 마시고 사망하였다면 갑과 을은 살인죄의 공동정범이 아니라 동시범에 불과하다. 판례는 "공동가공의 의사는 공동행위자 상호 간에 있어야 하며 행위자 일방의 가공의사만으로는 공동정범관계가 성립할 수 없다"고 판시하고 있다(대판 1985. 5. 14, 84도2118). 한편 공동정범에서 범행 이후에 이루어진 사후적인 의사의 합치는 인정될 수 없다. 이와 관련해서는 승계적 공동정범이 문제된다(후술 참조).

공동의 범행의사는 범행의 실현을 위한 기능적 요소로서 파악하여야 한다. 통상의 공동정범은 기술한 바와 같이 범행의사의 사전적·사후적 또는 동시적 연락을 통하여 이루어진다. 그러나 공동의 범행의사가 반드시 가담자 간에 범죄를 모의하거나 세부적인 계획을 세우는 등의 내용을 의미하지는 않는다. 그러므로 범행 가담자가 누구인지를 인식하는 것은 공동정범 성립의 전제조건은 아니다. 예를 들어 디지털 네트워크를 이용한 범죄행위의 경우에는 기술적 특성으로 말미암아 범행 가담자 간에 상호 인지하지 않은 상태에서도 범행 실현이 가능하다. 즉 외견상 공동의 범행 모의가 없기 때문에 편면적 공동정범으로 보이지만 주모자의 범행 계획에 따라 다수 가담자의 개별적 가담행위가 전체적으로 하나의 범행을 완성할 수 있다.

공동의 범행의사는 공동정범으로서의 형사책임 귀속의 근거이면서 동시에 한계이다. 그러므로 공동의 범행의사에 포섭되는 실행행위에 한해서 공동정범을 인정할 수 있다. 즉 공동정범 상호 간 의사의 합치범위를 일탈한 고의귀속이란 인정되지 않기 때문에 가담자 가운데 어느 한 사람의 행위가 공동의사의 범위를 초과하였을 때에는 그 부분에 대하여 다른 공동정범에게 책임을 귀속시킬 수 없다('공동정범의 착오' 참조).

(2) 승계적 공동정범

1) 쟁점 및 학설

승계적 공동정범承繼的 共同正犯이란 선행자의 범행 도중 후행자가 선행자와 함께 또는 단독으로 범행의 잔존부분을 실행하는 형태를 말한다. 승계적 공동정범의 문제의 핵심은 후행자가 범행 가담 이전의 행위부분에 대하여 형사책임을 부담하는지 여부에 있다.

① 적극설(김종원, 손해목)에 의하면 일부실행·전부책임이라는 공동정범의 본질에 비추어 기능적 행위지배가 가능한 범위 내에서 선행자가 실현한 부분까지 후행 가담자에게 공동정범의 책임을 부담시키는 것이 타당하다는 입장이다. 또는 승계적이라는 개념에 유의하여 후행자가 선행자의 실행부분을 인정하고 이를 승계할 의사를 가지고 잔존부분을 완성했을 경우 전체 실현부분에 대한 공동정범의 성립을 인정하는 것이 승계적 공동정범의 개념에 합치된다고 하여, 결과적으로 승계적 공동정범을 독립된 공동정범의 한 형태로 인정하는 입장 등이 있다. 그러나 승계적 공동정범을 단순히 범행 도중에 가담하는 형태로만 이해하고 (승계적) 공동정범을 인정하는 것은 타당하지 않다.

② 소극설에서는 실현된 범행 부분에 대한 행위지배가 불가능한 점, 인과관계가 인정될 수 없는 점, 또는 실현의사가 없었다는 점을 이유로 선행자의 실행부분에 대한 후행자의 형

사책임 귀속을 인정하지 않는다(다수설).

2) 판례의 입장

판례는 승계적 공동정범에 대하여 부정적인 태도를 보이고 있다. 우선 공동정범 성립의 시간적 한계에 대하여 "원래 공동정범관계는 범죄가 기수되기 전에 성립되는 것이고 횡령죄가 기수된 후에 그 내용을 지득하고 그 이익을 공동취득할 것을 승낙한 사실이 있더라도 횡령죄의 공동정범관계는 성립될 수 없을 것인 바…"(대판 1953. 8. 4, 4286형상20)라고 판시하여 기수시점 이후의 승계적 공동정범을 인정하지 않는다. 마찬가지로 포괄일죄의 일종인 연속범에서 연속된 범행(히로뽕 제조행위) 도중에 가담한 자는 비록 그가 가담 이전에 이루어진 범행을 알았다고 하더라도 그 가담 이후의 범행에 대해서만 공동정범의 책임을 지는 것이라고 하여(대판 1982. 6. 8, 82도884) 승계적 공동정범을 부인하고 있다. 한편 결합범의 경우에는 후행자에게 전체 범행에 대한 방조범을 인정하고 있다(아래판례).

판례 승계적 공동정범과 승계적 종범

① 후행자에게 전체 범행에 대한 방조범을 인정한 경우

• "특정범죄가중처벌등에 관한 법률 제5조의2 제2항 제1호 소정의 죄는 형법 제287조의 미성년자 약취유인행위와 약취 또는 유인한 미성년자의 부모 기타 그 미성년자의 안전을 염려하는 자의 우려를 이용하여 재물이나 재산상의 이익을 취득하거나 이를 요구하는 행위가 결합된 단순일죄의 범죄라고 봄이 상당하므로 비록 타인이 미성년자를 약취, 유인한 행위에는 가담한 바 없다 하더라도 **사후에 그 사실을 알면서 약취, 유인한 미성년자의 부모 기타 그 미성년자의 안전을 염려하는 자의 우려를 이용하여 재물이나 재산상의 이익을 취득하거나 요구하는 타인의 행위에 가담하여 이를 방조한 때**에는 단순히 재물 등 요구행위의 종범이 되는데 그치는 것이 아니라 결합범인 위 특정범죄가중처벌등에 관한 법률 제5조의2 제2항 제1호 위반죄의 종범으로 의율함이 상당하다"(대판 1982. 11. 23, 82도2024).

② 승계적 공동정범을 부인한 경우

• 적어도 피고인 1, 2가 각각 원심공동피고인 2, 3의 피해 회사 소스프로그램의 도용사실을 알게 된 이후부터는 승계적 공동정범이 성립한다는 검사의 주장에 대하여, …피고인 1, 2에 대하여 원심공동피고인 2, 3과의 공동가공의 의사에 기한 기능적 행위지배를 인정할 수 없으므로 승계적 공동정범이 성립할 수 없다고 판단한 것은 정당한 것으로…(대판 2014. 5. 16, 2012도3676).

3) 결론 : 정범이론과 승계적 공동정범

승계적 공동정범을 인정하는 견해는 후행자의 의사를 근거로 하여 공동정범을 인정하는 순수한 주관설에 입각하고 있다고 볼 수 있다. 그러나 이는 정범이론적 관점에서 타당하지 않다. 주관설의 입장은 행위자가 어떠한 생각을 가지고 범행에 가담하였는가를 그 기준으로 삼는다. 즉 자기의 범행을 실현하고자 하는 의도였다면(정범의사) 정범이 되는 것이고, 반대로 타인의 범행을 도와 줄 의도밖에 없었다면(공범의사) 공범에 불과한 것이다. 이러한 주관설의 입장에 영향을 받아 승계적 공동정범의 문제에서도 이미 실현된 일부 범행을 인식하고 이를 바탕으로 하여 범행을 종결시킨 경우에, 이러한 후행자의 의사는 범행의 전체에 대하여 (공동)정범성을 인정할 수 있는 원인력을 갖는 것으로 파악하는 것이 적극설의 입장이다.

그러나 이러한 결론의 도출은 주관설의 입장과 일치한다고 볼 수 없다. 주관설에서 말하는 '정범의사'란 행위에 대한 단순한 동의와는 구별되어야 한다. 주관설에 따라서 후행자에게 공동정범으로서의 귀책이 가능하기 위해서는 범행의 실현의사가 요구된다. 즉 공동의 의사결정에 기초한 다수의 협력적인 범행 실현의 범위 내에서만 공동정범은 인정될 수 있다. 이러한 공동의사의 범위에 포섭될 수 없는 행위에 대해서는 어느 가담자도 공동정범으로서의 책임을 부담할 수 없는 것이다.

형식적 객관설에 의하게 되면 승계적 공동정범을 인정할 가능성은 더욱 줄어들게 된다. 왜냐하면 정범이란 구성요건을 전체적으로나 부분적으로 직접 실현할 때에만 인정되며, 행위 가담자의 의사란 공동정범으로서의 책임을 결정하는 데에 의미가 없기 때문이다. 또한 순수한 객관설에서는 구성요건에 해당하는 실행 행위자만이 정범에 해당하므로 범행이 기수에 이른 후에는 승계적 공동정범을 인정할 수 없다.

오늘날 정범개념을 정하는 데 있어서 지배적인 학설은 행위지배설이다. 특히 공동정범과 관련한 기능적 행위지배설의 입장에서 볼 때 공동정범이란 특정한 의사방향이나 범행 가담자의 주관적인 태도에 의해 결정되는 것이 아니라, 범행실현단계에서의 행위분담에 따라 결정되어지는 것이다. 때문에 구성요건이 일부 실현된 이후에 비로소 범행에 가담한 자는 이 실현된 부분에 대하여는 어떠한 행위지배도 없었다고 보아야 한다. 실현된 범행부분에 대하여는 행위지배가 객관적으로 불가능하며, 또한 선행하는 범행실현 순간에는 공동의 범행 실현을 위한 후행자의 고의도 결여되어 있기 때문이다. 결국 행위지배설에 따르면 승계적 공동정범에 있어서는 오직 잔존부분의 구성요건을 실현하는 과정에서만 행위지배를 생각할 수 있으며, 정범이론이 구성요건에 속하는 문제임을 인정한다면 승계적 공동정범에서의 소극적인 귀책이란 근거가 없는 것이다.

(3) 과실범의 공동정범

1) 의의 및 학설

과실범의 영역에서는 정범과 공범의 구별이 없는 단일정범 개념이 지배한다. 그리고 과

실행위 기여 정도는 양형의 문제에 해당한다. 반면에 과실범의 공동정범을 인정할 경우 이는 과실범 영역에서도 정범과 구별하는 이원적 정범 개념에 입각하는 것이 된다. 과실범의 공동정범은 구성요건적 결과를 직접 초래하지 않았더라도 2인 이상이 공동의 과실로 인하여 과실범의 구성요건적 결과를 발생하게 한 경우에 공동정범을 인정하는지의 문제이다. 이 경우 여러 사람의 과실이 동시적으로 작용한 경우도 있겠지만 특히 시간적 선·후관계속에서 누적적으로 작용한 경우에 과실범의 공동정범을 인정할 수 있는지가 문제된다. 만일 과실범의 공동정범을 인정한다면 과실의 정도가 경미하더라도 전체적으로 결과 발생에 원인으로 인정될 경우에는 마치 고의의 공동정범과 마찬가지로 일부실행·전체책임의 원리에 따라 공동정범이 되는 것이다. 그러나 공동정범에서 요구되는 범행 계획과 범행 실행의 공동성을 과실범에서 인정할 수 있는지가 문제된다.

(가) 인정설

과실범의 공동정범을 인정하는 견해(이용식, "과실범의 공동정범", 형사판례연구(7), 81면 이하 참조)는 행위공동설을 근거로 하는 것이 대표적이다(판례). 행위공동설은 공동정범에서 공동의 의사를 특정의 구성요건이 아니라 행위를 공동으로 할 의사로 이해하기 때문에 과실행위도 공동으로 할 경우 공동정범이 인정된다는 것이다. 그러나 공동정범의 본질론으로서 등장한 행위공동설의 문제점은 위에서 지적한 바와 같다.

공동행위주체설(유기천)에 의하면 공동정범이 성립하기 위해서는 공모만으로는 부족하고 실행행위의 분담이 있어야 하지만 공동행위를 하겠다는 의사의 연락에 의하여 '공동행위주체'가 성립한다고 보고 각자가 실행행위를 분담한 이상 과실로 결과를 발생시킨 경우에도 공동정범이 성립한다고 한다. 그러나 이 학설은 형법의 개인책임원칙을 무시하고 결과적으로 공동행위주체라는 단체책임을 인정한 것이다.

과실공동·행위공동설(이/장/강)에 의하면 과실범에서는 의사의 연락을 요하지 않고 의무의 공동이 있고 행위의 공동이 있을 때에는 공동정범이 성립할 수 있다는 견해이다. 공동정범의 본질에 관하여 행위공동설을 취하면서도 행위의 공동을 전법률적이 아니라 구성요건적 행위로 이해하는 점이 이 견해의 특징이다. 이 견해 역시 공동정범의 본질·성립요건을 무시하고 공동정범을 고의범의 공동정범과 과실범의 공동정범으로 이원화二元化한 문제점이 있다.

기능적 행위지배설에서도 과실범의 공동정범이 가능하다고 보는 견해가 있다(정/박). 즉 공동정범의 본질을 기능적 행위지배라고 보면서 과실범의 공동정범도 주의의무위반의 공동과 기능적 행위지배가 인정되는 한 가능하다고 본다. 또한 과실로 "구성요건적 행위사태를 지배하는 것"을 인정할 수 있다고 보면서 과실범의 공동정범을 인정하기도 한다(조준현). 그러나 기능적 행위지배설이란 사전에 계획된 특정한 범죄를 공동으로 수행하는 과정에서 그 진행상황을 통제할 수 있는 자에게 인정되는 개념이기 때문에 기능적 행위지배설에 입각하여 사전에 범행계획이 없는 과실범의 공동정범을 인정하는 것은 무리라고 본다.

(나) 부인설

과실범의 공동정범을 부인하는 견해(다수설)는 전통적으로는 범죄공동설에 입각하였다. 범죄공동설에서는 공동정범이 성립하기 위해서는 의사의 연락을 전제로 하는 특정 범죄를 실행하는 것이 필요하다고 보기 때문에 고의의 공동이 불가능한 과실범의 공동정범을 부인한다. 그러나 범죄공동설이 과실범의 공동정범을 부인한다고 해서 이 학설의 타당성 혹은 실익이 인정되는 것은 아님은 기술한 바와 같다.

2) 판례의 입장

판례는 과실범의 공동정범을 인정하고 있다. 즉 판례는 "형법 제30조에서 공동하여 죄를 범한 때의 죄는 고의범이고 과실범이고를 불문한다고 해석하여야 할 것이고 따라서 공동정범의 주관적 요건인 공동의 의사도 고의를 공동으로 가질 의사임을 필요로 하지 않고 고의행위이고 과실행위이고 간에 그 행위를 공동으로 할 의사이면 족하다고 할 것이므로 2인 이상이 어떠한 과실행위를 서로의 의사연락 아래 하여 범죄되는 결과를 발생케 한 것이라면 여기에 과실범의 공동정범이 성립되는 것이다"라고 판시하였다(대판 1962. 3. 29, 4294형상598). 이는 행위공동설에 입각한 판결이다.

또한 누적적 · 복합적 과실의 경우에도 공동정범성을 인정하고 있다. 즉 '성수대교 붕괴사고'에 대한 판결에서 건설업자의 시공상의 주의의무와 감독공무원들의 감독상의 과실, 유지 · 관리담당 공무원들의 유지 · 관리의무 등에 관한 과실행위를 근거로 하여 과실범의 공동정범을 인정하고 있다(아래 판례).

판례 과실범의 공동정범에서 공동의 목표

• 판결이유 : 공동정범에 관하여 성수대교와 같은 교량이 그 수명을 유지하기 위하여는 건설업자의 완벽한 시공, 감독공무원들의 철저한 제작시공상의 감독 및 유지 · 관리를 담당하고 있는 공무원들의 철저한 유지 · 관리라는 조건이 합치되어야 하는 것이므로, 위 각 단계에서의 과실 그것만으로 붕괴원인이 되지 못한다고 하더라도, 그것이 합쳐지면 교량이 붕괴될 수 있다는 점은 쉽게 예상할 수 있고, 따라서 위 각 단계에 관여한 자는 전혀 과실이 없다거나 과실이 있다고 하여도 교량붕괴의 원인이 되지 않았다는 등의 특별한 사정이 있는 경우를 제외하고는 붕괴에 대한 공동책임을 면할 수 없다고 봄이 상당하다 할 것이다. …이 사건의 경우, 피고인들에게는 트러스 제작상, 시공 및 감독의 과실이 인정되고, 감독공무원들의 감독상의 과실이 합쳐져서 이 사건 사고의 한 원인이 되었으며, 한편 **피고인들은 이 사건 성수대교를 안전하게 건축되도록 한다는 공동의 목표와 의사연락이 있었다고 보아야 할 것이므로,** 피고인들 사이에는 이

사건 업무상과실치사상등죄에 대하여 형법 제30조 소정의 공동정범의 관계가 성립된다고 보아야 할 것이다(대판 1997. 11. 28, 97도1740).

평 가: 이 판례는 전구성요건적前構成要件的 행위에 해당하더라도 과실범의 공동정범을 인정할 수 있다고 보는 행위공동설에 입각한 것이라고 할 수 있다. 즉 다리의 안전건축이라는 공동의 목표와 다리 건설에 관한 의사연락을 의사의 공동으로 보는 것이다. 그러나 공동정범을 구성요건의 공동실현을 목표로 하는 범행 가담 형태로 파악하지 않고 구성요건과 무관한 행위에 대한 의사의 합치를 공동정범에서의 의사의 합치로 보는 점에서 문제가 있다.

3) 결 론

과실범의 공동정범은 주의의무를 공동으로 위반하였다는 점에서는 현상적現象的으로는 가능할 것처럼 보인다. 그러나 공동정범에서 공동의 의미는 의사의 합치를 통한 협력적 가공형태를 의미한다고 보는 것이 어의적語義的으로 맞을 뿐만 아니라 일부 실행에도 불구하고 범행 전체에 대하여 책임을 지는 공동정범의 본질에도 맞는다고 보아야 할 것이다. 그러므로 공동정범에서 요구되는 공동의 범행 결의가 없다는 점, 행위지배나 주관설에 따른 정범의사도 인정될 수 없다는 점 등에서 과실범의 공동정범은 인정될 수 없다고 보아야 한다. 그리고 공동가공의 의사를 기능적 행위지배의 본질적 요건으로 파악한다면 더욱 더 주의의무의 공동위반을 공동정범의 주관적 요건으로 대치할 수는 없다고 본다. 또한 과실범의 공동정범은 개별 행위자의 주의의무위반의 정도와 그로부터 비롯되는 결과 발생의 크기를 형량하지 않고 전체적으로 공동'정범'으로 인정함으로써 형사처벌의 범위를 확대하고 있다. 그러므로 여러 사람의 공동과실에 의하여 결과가 발생한 경우에는 각자를 동시범으로 보아야 하며, 과실의 정도가 다를 경우에는 개별적으로 형사책임의 범위를 정하는 것이 과실범의 본질에 맞는다(전지연, 과실범의 공동정범, 형사법연구, 제13호(2000), 27면 이하 참조).

한편 형법은 동시범 가운데에서도 결과 발생의 원인이 밝혀지지 않은 경우(중첩적 인과관계의 경우)에는 미수범으로 처벌하며(독립행위의 경합)(제19조), 상해의 경우에는 공동정범으로 처벌한다(제263조)고 규정하고 있다. 제19조는 우선 고의행위와 고의행위가 경합하여 결과가 발생하였으나 원인행위가 판명되지 않은 경우에는 미수범으로 처벌한다는 내용이다. 이는 행위와 결과 간의 인과관계 입증을 전제로 하는 기수범의 처벌조건이 충족되지 않은 경우를 규정한 당연한 내용이다. 반면에 제263조는 고의행위와 고의행위가 독립적으로 경합한 경우에는 인과관계가 입증되지 않았더라도 상해죄의 기수의 공동정범으로 처벌한다. 공동정범의 성립요건인 공동의 범행계획이 없었지만 공동정범을 인정하는 것이다. 반면에 과실과 과실이 경합하여 상해(또는 사망)의 결과가 발생한 경우에 제263조의 규정을 적용할 수 있는지가 문제될 수 있다. 과실범에는 미수범이 성립할 수 없으므로 원인된 행위와 결과 간의 인과관계가 입증되지 않을 경우에는 제19조(독립행위의 경합)를 적용할 수 없으나 제

263조(상해죄의 동시범)는 적용가능한지가 문제된다. 판례는 기술한 바와 같이 다수의 과실행위가 중첩되어 상해나 사망의 결과가 발생한 경우에 과실범의 공동정범을 인정함으로써 독립행위의 경합 규정을 적용할 필요가 없다고 한다. 즉 업무상과실치사상죄, 업무상과실일반교통방해죄, 업무상과실자동차추락죄의 공동정범을 인정하는 이상, 여기에는 독립행위의 경합문제가 제기될 여지가 없다는 것이다(대판 1997. 11. 28, 97도1740). 이는 상해죄의 동시범 특례규정보다 시간적으로 더 광범위하게 형사책임을 인정한 것이라고 볼 수 있다. 판례처럼 시간적으로 선후에 걸쳐 다수의 과실이 인정되고 이러한 과실의 누적으로 인하여 결과가 발생한 것으로 보아서 과실범의 공동정범을 인정하게 되면 인과관계 입증은 불필요하고 시간적 동시성도 필요하지 않기 때문이다.

2. 객관적 요건 : 공동의 범행 실행

(1) 내 용

공동정범의 실행행위는 전체 가담자가 역할분담을 통하여 구성요건을 실행하는 것이다. 여기에서 각자의 분담행위는 범행의 기능적 분담이라는 차원에서 이해하여야 한다(기능적 행위지배). 즉 구체적으로는 분담한 역할의 내용이 구성요건 관련성이라는 관점에서 질적인 차이가 있지만 이러한 차이는 범행 가담자의 고의의 차이가 아니라 역할 수행의 용이성이나 계획에 따른 분담이라는 차원에서의 문제에 불과하다.

판례는 공동의사에 기한 기능적 행위지배를 통한 범죄의 실행사실이 필요하다고 하거나 행위자가 계획적으로 조종하거나 저지·촉진하는 등으로 지배하고 있어야 한다고 보고 있다(대판 2004. 6. 24, 2002도995).

한편 예상 가능한 파생적·부수적인 결과에 대해서도 기능적 행위지배는 인정된다. 즉 범죄의 수단과 모습, 가담하는 인원과 그 성향, 범행 시간과 장소의 특성, 범행과정에서 타인과의 접촉 가능성과 예상되는 반응 등 여러 상황에 비추어, 공모자들이 공모한 범행을 수행하거나 목적을 달성하고자 나아가는 도중에 부수적인 다른 범죄가 파생되리라고 예상하거나 충분히 예상할 수 있는데도 그러한 가능성을 외면한 채 공모한 범행에 나아갔다가 결국 그와 같이 예상되던 범행들이 발생하였다면, 비록 그 파생적인 범행 하나하나에 대하여 개별적인 의사의 연락이 없었더라도 당초의 공모자들 사이에 그 범행 전부에 대하여 암묵적인 공모는 물론 그에 대한 기능적 행위지배가 존재한다(대판 2018. 4. 19, 2017도14322 전원합의체).

(2) 예비단계와 공동정범

예비단계에서의 협력을 근거로 해서도 공동정범을 인정할 수 있는지 여부에 대해서는 부정하는 것이 타당하다. 왜냐하면 기능적 행위지배를 공동정범의 성립요건으로 인정한다면 범행의 중요부분에 대한 행위수행단계가 아닌 예비단계에서의 가담행위만으로는 방조범에는 해당할 수 있어도 공동정범에 해당할 수는 없다고 보아야 하기 때문이다. 판례는 실행행위 이전에 공모관계에서 이탈한 경우에는 공동정범을 인정하지 않는다(대판 1995. 7. 11, 95도955).

(3) 공범관계로부터의 이탈

공범관계로부터의 이탈은 실행의 착수 전과 후를 구분하여 판단할 필요가 있다. 실행의 착수 전에 공범관계로부터 이탈한 경우에는 예비단계에 불과하므로 전술한 바와 같이 공동정범이 성립하지 않는다(아래 판례 ① 참조). 반면에 실행의 착수 후에는 중지미수에 해당할 수 있는지 여부에 따라 판단하여야 할 것이다. 그러므로 공범관계로부터 이탈한 공범이 결과 발생을 저지한 경우에 한하여 공범 성립을 부정하는 것이 타당하다(아래 판례 ② 참조). 반면에 판례는 포괄일죄의 관계에 있는 범행의 일부를 공범들과 실행한 후 공범관계에서 이탈하더라도 다른 공범자에 의하여 나머지 범행이 이루어진 경우, 관여하지 않은 부분에 대하여도 죄책을 부담한다(아래 판례 ③ 참조).

판례 공범관계로부터의 이탈

① 살인범죄에서 실행의 착수 이전단계에서 이탈한 경우

• 사건개요 : 피고인이 3명의 다른 공범자들과 함께 피해자를 차에 태워 강간 및 강도(미수)를 한 후 다른 공범자의 제의로 피해자를 살해하기로 공모하고 저수지 부근에서 피해자를 내리게 하여 공범자들과 같이 피해자를 데리고 저수지로 갔는데 피고인은 그 때 심경의 변화를 일으켜 공범자들에게 피해자를 놓아주자고 말하였으나 거절당하자 혼자 그 장소를 떠났고 그 후 나머지 공범자들이 피해자를 저수지에 던졌다가 피해자가 헤엄쳐서 나오자 다시 산으로 데리고 들어가 목을 졸라 살해한 사건이다.

판결이유 : 대법원은 **"구체적인 살해방법이 확정되어 피고인을 제외한 나머지 공범들이 피해자의 팔, 다리를 묶어 저수지 안으로 던지는 순간에 피해자에 대한 살인행위의 실행의 착수가 있다 할 것**이고 따라서 **피고인은 살해모의에는 가담하였으나 다른 공모자들이 실행행위에 이르기 전에 그 공모관계에서 이탈하였다 할 것이고 그렇다면 피고인이 위 공모관계에서 이탈한 이후의 다른 공모자의 행위에 관하여는 공동정범으로서의 책임을 지지 않는다"**고 하여 피고인에 대한 강도살인죄를 인정하지 않았다(대판 1986. 1. 21, 85도2371, 85감도347).

평 가 : 이 판결은 피고인이 실행의 착수 이전에 공범관계로부터 이탈하였다는 것을 근거로 피고인에게 강도살인죄의 공동정범을 인정하지 않은 것이다. 문제는 피해자를 데리고 저수지까지 같이 간 시점에서 아직 살인의 실행의 착수가 없었다고 볼 것인지 여부이다. 실행의 착수를 인정한다면 위 피고인의 경우 다른 공범자들의 살인행위를 저지하지 못하였으므로 결과

적으로 강도살인죄의 공동정범에 해당한다고 보아야 할 것이다. 대법원은 이러한 판단을 하지 않고 살인에 대한 실행의 착수가 아직 이루어지지 않았다는 점을 이유로 피고인에 대한 공동정범 성립을 부정한 것으로 보인다(민유숙, "공범관계로부터의 이탈", 형사재판의 제 문제(제5권), 2005, 23면 이하 참조).

② 공모공동정범에서의 이탈

• **사건개요** : 다른 3명의 공모자들과 강도 모의를 하면서 삽을 들고 사람을 때리는 시늉을 하는 등 그 모의를 주도한 피고인이 함께 범행 대상을 물색하다가 다른 공모자들이 강도의 대상을 지목하고 뒤쫓아 가자 단지 "어?"라고만 하고 비대한 체격 때문에 뒤따라가지 못한 채 범행 현장에서 200m 정도 떨어진 곳에 앉아 있었으나 위 공모자들이 피해자를 쫓아가 강도상해의 범행을 한 사안이다.

판결이유 : 대법원은 "공모공동정범에 있어서 공모자 중의 1인이 다른 공모자가 실행행위에 이르기 전에 그 공모관계에서 이탈한 때에는 그 이후의 다른 공모자의 행위에 관하여는 공동정범으로서의 책임은 지지 않는다 할 것이나, 공모관계에서의 이탈은 공모자가 공모에 의하여 담당한 기능적 행위지배를 해소하는 것이 필요하므로 공모자가 공모에 주도적으로 참여하여 다른 공모자의 실행에 영향을 미친 때에는 범행을 저지하기 위하여 적극적으로 노력하는 등 실행에 미친 영향력을 제거하지 아니하는 한 공모관계에서 이탈하였다고 할 수 없다.

…피고인에게 공동가공의 의사와 공동의사에 기한 기능적 행위지배를 통한 범죄의 실행사실이 인정되므로 강도상해죄의 공모관계에 있고, 다른 공모자가 강도상해죄의 실행에 착수하기까지 범행을 만류하는 등으로 그 공모관계에서 이탈하였다고 볼 수 없으므로 강도상해죄의 공동정범으로서의 죄책을 진다"고 판시하였다(대판 2008. 4. 10, 2008도1274).

평 가 : 이 판결 역시 공모관계로부터 이탈한 것으로 인정하기 위해서는 범행에 대한 실질적이고 적극적인 영향력을 행사하여야 함을 전제로 하고 있다.

③ 포괄일죄에서의 이탈

• 주식시세조종의 목적으로 허위매수주문행위, 고가매수주문행위 및 통정매매행위 등을 반복한 경우, 이는 시세조종 등 불공정거래의 금지를 규정하고 있는 구 증권거래법 제188조의4에 해당하는 수개의 행위를 단일하고 계속된 범의하에서 일정기간 계속하여 반복한 범행이라 할 것이고, 이 범죄의 보호법익은 유가증권시장 또는 협회중개시장에서의 유가증권 거래의 공정성 및 유통의 원활성 확보라는 사회적 법익이고 각각의 유가증권 소유자나 발행자 등 개개인의 재산적 법익은 직접적인 보호법익이 아닌 점에 비추어 위 각 범행의 피해법익의 동일성도 인정되므로, 구 증권거래법 제188조의4 소정의 불공정거래행위금지 위반의 포괄일죄가 성립하는 것이고, **피고인이 포괄일죄의 관계에 있는 범행의 일부를 실행한 후 공범관계에서 이탈하였으나 다른 공범자에 의하여 나머지 범행이 이루어진 경우, 피고인이 관여하지 않은 부분에 대하여도 죄책을 부담한다**(대판 2011. 1. 13, 2010도9927). 대법원은 이 판결을 공모공동정범의 문제로 판시하고 있다. 그러나 범행 가담자가 범행의 일부를 공동으로 실행한 사실이 인정되기 때문에 공모에만 가담한 것을 의미하는 공모공동정범의 문제로 볼 수 없다.

(4) 공동실행의 정도

공동정범은 각 가담자가 기능적 역할 분담의 차원에서 범행을 하여 전체 범행을 완성하는 것이다. 즉 각자가 모두 직접 구성요건을 실현시켜야 하는 것이 아니며 각자의 행위와 결과 간에 인과관계의 입증을 필요로 하는 것도 아니다. 이때 전체 범행의 완성을 위한 기능적 중요도가 전제되어야 하며, 이는 범행계획의 실현이 부분적 가담행위의 수행을 통해 이루어지는 것을 의미한다. 그러므로 범행 현장에서 범행을 하지 않고 범행 현장 주변에서 망을 보는 행위도 공동의 역할 분담 차원에서 이루어진 것이라면 공동정범에 해당한다. 그러나 단순히 범행계획의 수립에 참가한 것만으로 공동정범을 인정하는 것은 자칫 공동정범의 객관적 구성요건 관련성을 형해화할 위험성이 있다(예: 공모공동정범의 문제). 전체 범행의 완성을 위하여 필요한 역할의 분담이 객관적으로 인정되어야 하며 모의에만 가담한 것을 공동정범이라고 볼 수는 없다.

(5) 공모공동정범

1) 의의 및 학설

공모공동정범共謀共同正犯이란 2인 이상의 자가 공모하여 그 공모자 가운데 일부가 범죄를 실행하였을 때 실행행위를 담당하지 않은 공모자를 일컫는 용어로서 이러한 공모자에게도 공동정범이 성립한다는 것이 공모공동정범을 인정하는 이론이다(대판 1994. 4. 12, 94도128: 용팔이사건. 또한 대판 1996. 12. 10, 96도2529). 이는 범죄행위에 직접 가담하지 않는 조직범죄의 수괴를 정범으로 처벌하기 위하여 고안된 이론으로서 특히 일본의 판례를 통하여 형성·발전되었으며 우리나라에도 영향을 미쳐 일부 학설과 대법원 판례가 이를 수용하고 있다.

(가) 부정설

다수학설은 공모공동정범을 부인한다. 부정설의 논거로는 특히 기능적 행위지배라는 공동정범의 기본구조에 맞지 않는다는 것이 대표적이다. 그리고 공모공동정범은 공동정범과 방조범의 구별을 어렵게 하여 결과적으로 형사처벌의 부당한 확대를 초래할 위험성이 있다는 지적도 있다.

(나) 긍정설

공모공동정범을 인정하는 대표적인 입장으로는 공동의사주체설이 있다. 이 이론에 따르면 공범종속성을 공동정범에도 적용하여 공모공동정범을 2인 이상이 공모한 범죄집단은 상호 일심동체가 되어 공동의사주체가 형성되고, 그 가운데 한 사람이 범행을 실행하면 이는 공동의사주체의 행위에 해당하므로 전원이 결과에 대하여 형사책임을 져야 하는 것으로 이해하는 견해이다(대판 1983. 3. 8, 82도3248).

다음으로는 **간접정범유사설**에 입각하여 공모공동정범을 인정하는 판례가 있다. 즉 두 사람 이상이 공동의 의사로 특정한 범죄행위를 하기 위하여 일체가 되어 서로가 다른 사람의 행위를 이용하여 각자 자기의 의사를 실행에 옮기는 것을 내용으로 하는 모의를 하여 그에 따라 범죄를 실행하였다면 이러한 공모에 참여한 사실이 인정되는 이상 직접 실행행위에 관여하지 않았더라도 다른 사람의 행위를 자기 의사의 수단으로 하여 범죄를 하였다는 점에서 자기가 직접 실행행위를 분담한 경우와 마찬가지라는 입장이다(대판 2006. 8. 25, 2006도3631; 1988. 4. 12, 87도2368; 1983. 4. 23, 92도2628).

한편 공모공동정범을 공동정범에서의 기능적 역할분담 차원에서 인정하는 견해가 있다(이/장/강). 이에 따르면 공동정범의 객관적 성립요건인 공동가공의 사실은 구성요건에 해당하는 실행행위를 분담한 경우에만 인정되는 것이 아니라 각자가 전체 계획의 범위 안에서 공동하여 결과를 실현하는 데 불가결한 요건이 되는 기능을 분담하였느냐에 따라 결정하여야 한다는 것이다. 이러한 의미에서 실행행위를 분담하지 않은 경우에도 범죄를 조직하고 지휘하거나 범죄의 실행자를 지정하여 실행하는 것과 같이 전체 계획의 중요한 기능을 담당하였다고 인정되는 공모자는 공동정범으로 처벌되어야 하므로 공모공동정범은 인정되어야 한다고 본다.

그러나 이러한 기능적 행위지배의 관점에서 공모공동정범을 파악한다면 이는 이미 논란의 대상이 되는 공모공동정범과는 무관한 문제가 된다. 왜냐하면 구성요건에 해당하는 실행행위를 분담하지 않더라도 다양한 방식의 기능적 역할 분담을 통하여 공동정범을 인정할 수 있다는 것은 공동정범의 본질에 비추어 당연히 도출되는 결론이기 때문이다. 그러므로 공모공동정범을 인정하기 위한 논거로서 이 견해의 실익은 적다고 보아야 한다.

2) 판례의 입장

판례는 기능적 행위지배설에 입각하여 공모공동정범을 인정하고 있다. 즉 판례는 형법 제30조의 공동정범은 공동가공의 의사와 그 공동의사에 의한 기능적 행위지배를 통한 범죄 실행이라는 주관적·객관적 요건을 충족함으로써 성립하므로, 공모자 중 구성요건행위를 직접 분담하여 실행하지 않은 사람도 이러한 요건의 충족 여부에 따라 이른바 공모공동정범으로서의 죄책을 질 수 있다는 입장이다(대판 2018. 4. 19, 2017도14322 전원합의체). 요컨대 구성요건행위를 직접 분담하여 실행하지 않은 공모자가 공모공동정범으로 인정되기 위해서는 전체 범죄에서 그가 차지하는 지위·역할, 범죄 경과에 대한 지배나 장악력 등을 종합하여 그가 단순한 공모자에 그치는 것이 아니라 **범죄에 대한 본질적 기여를 통한 기능적 행위지배가 존재**한다고 인정되어야 한다.

판례 **기능적 행위지배설에 입각한 공모공동정범의 인정**

• 형법 제30조의 공동정범은 공동가공의 의사와 그 공동의사에 기한 기능적 행위지배를 통한 범죄 실행이라는 주관적·객관적 요건을 충족함으로써 성립하는 바, **공모자 중 일부가 구성요건 행위 중 일부를 직접 분담하여 실행하지 않는 경우라고 할지라도 전체 범죄에 있어서 그가 차지하는 지위, 역할이나 범죄 경과에 대한 지배 내지 장악력 등을 종합해 볼 때, 단순히 공모자에 그치는 것이 아니라 범죄에 대한 본질적 기여를 통한 기능적 행위지배가 존재하는 것으로 인정된다면** 이른바 공모공동정범으로서의 죄책을 면할 수 없는 것이다(대판 2019. 11. 28, 2019도1056; 2012. 1. 27, 2011도626; 2007. 4. 26, 2007도428).

• 공모공동정범의 경우 범죄의 수단과 모습, 가담하는 인원과 그 성향, 범행 시간과 장소의 특성, 범행과정에서 타인과의 접촉 가능성과 예상되는 반응 등 여러 상황에 비추어, 공모자들이 공모한 범행을 수행하거나 목적을 달성하고자 나아가는 도중에 부수적인 다른 범죄가 파생되리라고 예상하거나 충분히 예상할 수 있는데도 그러한 가능성을 외면한 채 이를 방지하기에 충분한 합리적인 조치를 취하지 않고 공모한 범행에 나아갔다가 결국 그와 같이 예상되던 범행들이 발생하였다면, 비록 그 파생적인 범행 하나하나에 대하여 개별적인 의사의 연락이 없었더라도 당초의 공모자들 사이에 그 범행 전부에 대하여 암묵적인 공모는 물론 그에 대한 기능적 행위지배가 존재한다고 보아야 한다(대판 2018. 4. 19, 2017도14322 전원합의체).

만일 범죄의 모의에만 가담한 자를 공모공동정범으로 지칭하고 이를 형법 제30조의 공동정범에 포함시킨다면 대법원 판례가 요구하는 공동정범의 객관적 요건과 부합하지 않는다. 그러나 기능적 행위지배설에 입각하여 공모공동정범을 인정한 최근 판례는 공모공동정범의 의미를 단순히 공모에만 가담한 자가 아니라 범죄에 대한 본질적 기여를 통한 기능적 행위지배가 인정되는 경우로 한정하였기 때문에 전통적인 공모공동정범과는 다르며 외형상 공모공동정범을 인정하였지만 실질적으로는 기능적 행위지배설에 입각한 공동정범을 인정한 것으로 볼 수 있다. 이러한 의미에서 모의 가담자만을 의미하던 공모공동정범이라는 형식의 공동정범을 인정할 실익은 없다고 할 수 있다. 다만 기술하였듯이 공동정범의 가담형식으로서 물리적 가담 이외의 기능적 방법으로 가담하는 공동정범을 일컬어 공모공동정범이라고 부를 수 있을 것이다.

3) 결 론

공모공동정범의 문제는 공동의 실행행위 정도程度가 아니라 실행행위의 유무를 둘러싼 것이다. 그러므로 공모공동정범의 개념은 공모에만 가담하고 실행행위에는 전혀 가담하지 않은 자를 의미하는 것으로 제한하여 논의하여야 한다. 즉 이러한 형태의 가담자에게 형법 제30조가 규정하고 있는 공동'정범'으로서의 죄책을 인정할 수 있는 것인가의 문제가 공모공동정범 문제의 핵심이다.

공동정범이 성립하기 위해서는 공동실행의 의사뿐만 아니라 공동실행의 사실이 있어야 한다는 것은 학설·판례가 예외 없이 인정하고 있는 바이다. 이는 공모공동정범을 인정하는 입장에서도 공동정범에 관한 한 모두 이러한 성립요건을 요구하고 있다. 그럼에도 불구하고 공동실행의 사실이 전혀 없는 자에게까지 공동정범을 확대하여 인정하는 것은 결과적으로 통상의 공동정범과 별개의 공동정범을 인정하는 것과 다름없다.

그렇다면 문제는 공동정범의 성립요건에 대한 해석론으로 돌아가게 된다. 이는 정범과 공범을 구별하는 학설에서 나타난 바와 같이 그 경계선을 긋기가 명확한 것은 아니다. 그러나 최소한 공범수준 이상의 역할 분담을 전제로 하지 않는 공동정범이 있을 수 없다는 점에서 실행행위의 분담이 전혀 불필요하다고 보는 시각은 문제가 있다. 이와 함께 공모의 범위를 합리적으로 제한하여 이를 인정하고자 하는 견해도 있으나, 공모공동정범은 기술한 바와 같이 원래 공모에만 가담하고 실행행위에는 가담하지 않은 자를 의미하므로 이에서 벗어난 공모공동정범이란 이미 '공모'공동정범이 아니며, 이는 일반적인 공동정범의 법리에 의해 해결하여야 할 문제이다.

결론적으로 정범과 공범의 문제는 구성요건의 문제이므로 형사정책적 관점에서 신축적으로 적용할 성질의 것이 아니다. 만일 조직 범죄의 배후인물이나 수괴를 처벌하기 위한 필요성 때문이라면 굳이 공모공동정범을 인정하지 않더라도 간접정범 혹은 정범과 동일하게 처벌되는 교사범의 이론으로 해결할 수도 있으며 제34조 제2항(특수교사·방조)의 규정도 그 대안이 될 수 있을 것이다.

Ⅳ. 합동범

1. 합동범의 개념

합동범은 형법상 2인 이상이 '합동하여' 죄를 범하도록 규정된 공범 유형을 일컫는다. 형법에 규정된 합동범의 예로는 특수절도죄(제331조 제2항), 특수강도죄(제334조 제2항), 특수도주죄(제146조)가 있다. '성폭력범죄의 처벌 등에 관한 특례법'에도 합동범에 의한 특수강간죄(제4조 제1항)가 규정되어 있다.

〈'폭력행위등 처벌에 관한 법률' 제2조 제2항의 의미〉

폭처법 제2조 제2항은 "2인 이상이 **공동하여** 제1항에 열거된 죄를 범한 때에는 형법 각 본조에 정한 형의 2분의 1까지 가중한다"고 규정하고 있다. 이 규정이 합동범을 인정한 것인가에 대해서는 판례는 두 가지 입장이 있다. 하나는 합동범설의 입장에서 "수인이 동일한 장소에서 동일한 기회에 상호 다른 사람의 범행을 인식하고 이를 이용하여 범행을 한 경우를 뜻하는 것"(대판 1996. 12. 10, 96도2529; 1994. 4. 12, 94도128)이라고 판시하였다. 반면에 공동정범설에 입각한 판례로 '2인 이상이 공동하여'라고 함은 그 수인 간에 소위 공범관계가 존재하는 것을 요건으로 하고, 또 수인이 동일 장소에서 동일 기회에 상호 다른 자의 범행을 인식하고 이를 이용하여 범행을 한 경우임을 요한다는 것도 존재한다(대판 2000. 2. 25, 99도4305).

이 규정의 성격에 대해서는 ① 합동범설(신동운)과 ② 공동정범설(김용세, 정영일, "합동범에 관한 판례연구", 형사판례연구(7), 109, 123면)이 있다. 공동정범설은 폭처법 제2조 제2항은 법문상으로 뿐만 아니라 이에 관한 판례에서 합동범이라는 표현을 사용하고 있지 않은 점, "공모는 하였지만 범행장소에서 공동으로 실행행위를 분담하지 않은 자"라도 그 사람이 범행의 수괴인가 단순 공모자에 불과한가에 따라 기능적 행위지배성을 인정할 수도 부인할 수도 있으므로 반드시 합동범이라고 보아야 할 필요가 없다는 입장이다.

생각건대 판례가 "위 법률 제2조 제1항에 열거된 죄를 범하기로 공모한 다음 그 중 2인 이상이 범행장소에서 범죄를 실행한 경우에는 범행장소에 가지 아니한 사람들도 위 법률 제2조 제2항 소정 죄의 공모공동정범으로 처벌할 수 있다고 보아야 할 것"이라고 판시하고 있는 점을 볼 때 판례가 동 규정을 합동범뿐만 아니라 공동정범도 상정한 것으로 해석하는 것이 불가피하다. 이처럼 판례가 '2인 이상이 공동하여'의 의미와 관련하여 합동범성을 인정하고 범행 가담자가 3인인 경우에는 추가적인 1인의 (공모)공동정범을 인정하는 경우도 있어서 판례의 입장을 단정할 수는 없다. 다만 폭처법의 성격상 가중처벌의 취지에 맞게 강화된 요건을 필요로 한다고 보는 것이 타당하다.

2. 합동범의 본질론

형법에 규정된 합동범의 본질이 무엇인가에 관하여는 ① 합동범의 의미를 공동정범은 물론 공모공동정범까지도 포함하는 의미로 해석하는 견해(공모공동정범설), ② 합동범이 통상적인 공동정범의 경우와 본질적인 차이가 없지만 집단범죄에 대한 대책상 특별히 형을 가중한 것으로 보는 견해(가중적 공동정범설), ③ 합동의 의미를 시간적·장소적 협동을 의미한다고 보는 견해(현장설)(다수설), ④ 가중적 공동정범설과 현장설의 중간에서 파악하는 견해(현장적 공동정범설)(김/서)가 대립하고 있다.

판례는 현장설의 입장에 서 있다고 보아야 한다. 즉 대법원은 "형법 제331조 제2항 후단의 '2인 이상이 합동하여 타인의 재물을 절취한 자'(이하 '합동절도'라고 한다)에 관한 규정은 2인 이상의 범인이 범행 현장에서 합동하여 절도의 범행을 하는 경우는 범인이 단독으로 절도 범행을 하는 경우에 비하여 그 범행이 조직적이고 집단적이며 대규모적으로 행하여져 그로 인한 피해도 더욱 커지기 쉬운 반면 그 단속이나 검거는 어려워지고, 범인들의 악성도 더욱 강하다고 보아야 할 것이기 때문에 그와 같은 행위를 통상의 단독 절도범행에 비하여 특히 무겁게 처벌하기 위한 것이다. 합동절도가 성립하기 위하여는 주관적 요건으로 2인 이상의 범인의 공모가 있어야 하고, 객관적 요건으로 2인 이상의 범인이 현장에서 절도의 실행행위를 분담하여야 하며, 그 실행행위는 시간적, 장소적으로 협동관계가 있음을 요한다"고 판시하고 있다(대판 1998. 5. 21, 98도321 전원합의체).

판례 현장설

• 성폭력범죄의처벌및피해자보호등에관한법률 제6조 제1항의 2인 이상이 합동하여 형법 제297조의 죄를 범함으로써 특수강간죄가 성립하기 위하여는 주관적 요건으로서의 공모와 객관적 요건으로서의 실행행위의 분담이 있어야 하고, 그 실행행위는 시간적으로나 장소적으로 협동관계에 있다고 볼 정도에 이르면 된다. 피고인 등이 비록 특정한 1명씩의 피해자만 강간하거나 강간하려고 하였다 하더라도, 사전의 모의에 따라 강간할 목적으로 심야에 인가에서 멀리 떨어져 있어 쉽게 도망할 수 없는 야산으로 피해자들을 유인한 다음 곧바로 암묵적인 합의에 따라 각자 마음에 드는 피해자들을 데리고 불과 100m 이내의 거리에 있는 곳으로 흩어져 동시 또는 순차적으로 피해자들을 각각 강간하였다면, 그 각 강간의 실행행위도 시간적으로나 장소적으로 협동관계에 있었다고 보아야 할 것이므로, 피해자 3명 모두에 대한 특수강간죄 등이 성립된다(대판 2004. 8. 20, 2004도2870).

3. 합동범의 공동정범 성립 여부

합동범의 공동정범 문제는 3인 이상이 모의한 합동범죄에서 2인 이상은 현장설에 부합하는 범행을 하였으나 나머지 가담자는 이에 미치지 못한 경우 이들까지도 공동정범에 해당하므로 결과적으로 모두 합동범에 해당한다고 볼 것인가에 관한 것이다. 형법이 합동범으로 규정한 범죄에 대해서도 각 가담자에게 공동정범을 인정할 것인가에 대해서는 다음과 같은 견해가 있다.

(1) 판 례

판례는 합동범의 공동정범을 부인하는 입장을 취하다가 이를 변경하여 제한적으로 긍정하는 입장을 보이고 있다.

판례 합동범의 공동정범성

① 부인한 판례

• 형법 331조 2항 후단 소정 합동절도에는 주관적 요건으로서 공모 외에 객관적 요건으로서 시간적으로나 장소적으로 협동관계가 있는 실행행위의 분담이 있어야 하므로 갑이 공모한 내용대로 국도상에서 을, 병 등이 당일 마을에서 절취하여 온 황소를 대기하였던 트럭에 싣고 운반한 행위는 시간적으로나 장소적으로 절취행위와 협동관계가 있다고 할 수 없어 합동절도죄

로 문의할 수는 없으나 공동정범에 있어서 범죄행위를 공모한 후 그 실행행위에 직접 가담하지 아니하더라도 다른 공범자의 죄책을 면할 수 없으니… 갑은 일반 **절도죄의 공동정범 또는 합동절도방조**로서의 죄책을 면할 수 없다(대판 1976. 7. 27, 75도2720).

② 긍정한 판례

• 피고인이 비록 망을 본 일이 없다고 하더라도, 피고인이 합동절도의 범행을 현장에서 실행한 원심 공동피고인 1, 2와 공모하였고, 이 사건 범행을 직접 실행할 원심 공동피고인 2를 원심 공동피고인 1에게 소개하여 주었으며, 원심 공동피고인 2에게 이 사건 범행 도구인 면장갑과 쇼핑백을 구입하여 건네주었고, 원심 공동피고인 2, 1이 이 사건 범행을 종료할 때까지 기다려 그들과 함께 절취한 현금을 운반한 후 그 중 일부를 분배받은 것만으로도 단순한 공모자에 그치는 것이 아니라 이 사건 범행에 대한 본질적 기여를 통한 기능적 행위지배를 하였다고 할 것이고, 따라서 피고인이 원심 공동피고인 1, 2의 행위를 **자기 의사의 수단으로 하여 합동절도의 범행을 하였다고 평가될 수 있는 정범성의 표지를 갖추었다고 할 것**이므로, 원심 공동피고인 1, 2의 위 합동절도의 범행에 대하여 공동정범으로서의 죄책을 면할 수 없다(대판 2011. 5. 13, 2011도2021).

• 사건개요 : 삐끼주점 지배인인 피고인 갑은 피해자에게 술을 먹여 신용카드를 강취하고 비밀번호를 알아낸 다음 을, 병, 정과 인출한 현금을 분배할 것을 공모하고, 갑이 주점 내에서 피해자를 계속 붙잡아 두면서 감시하는 동안 을, 병, 정은 피해자의 신용카드를 이용하여 편의점 소재 현금자동지급기에서 현금 473만원을 인출하였다.

판결이유 : 3인 이상의 범인이 합동절도의 범행을 공모한 후 적어도 2인 이상의 범인이 범행현장에서 시간적, 장소적으로 협동관계를 이루어 절도의 실행행위를 분담하여 절도 범행을 한 경우에는 공동정범의 일반 이론에 비추어 그 공모에는 참여하였으나 현장에서 절도의 실행행위를 직접 분담하지 아니한 다른 범인에 대하여도 그가 현장에서 절도 범행을 실행한 위 2인 이상의 범인의 행위를 자기 의사의 수단으로 하여 합동절도의 범행을 하였다고 평가할 수 있는 정범성의 표지를 갖추고 있다고 보여지는 한 그 다른 범인에 대하여 합동절도의 공동정범의 성립을 부정할 이유가 없다고 할 것이다. 형법 제331조 제2항 후단의 규정이 위와 같이 3인 이상이 공모하고 적어도 2인 이상이 합동절도의 범행을 실행한 경우에 대하여 공동정범의 성립을 부정하는 취지라고 해석할 이유가 없을 뿐만 아니라, **만일 공동정범의 성립가능성을 제한한다면 직접 실행행위에 참여하지 아니하면서 배후에서 합동절도의 범행을 조종하는 수괴는 그 행위의 기여도가 강력함에도 불구하고 공동정범으로 처벌받지 아니하는 불합리한 현상이 나타날 수 있다.** 그러므로 합동절도에서도 공동정범과 교사범·종범의 구별기준은 일반원칙에 따라야 하고, 그 결과 범행현장에 존재하지 아니한 범인도 공동정범이 될 수 있으며, 반대로 상황에 따라서는 장소적으로 협동한 범인도 방조만 한 경우에는 종범으로 처벌될 수도 있다(대판 1998. 5. 21, 98도321 전원합의체. 이와 다른 견해를 표명하였던 대판 1976. 7. 27, 75도2720 등은 이를 변경).

평 가 : 이 판결의 경우 범행장소를 현금자동인출기가 설치된 곳으로 보아서 이러한 판시를 하였다고 보여진다. 그러나 특수절도죄의 입법취지나 성격상 기계가 설치된 장소와 피해자가 신용카드를 빼앗기고 비밀번호까지도 알려준 감금장소를 비교할 때 합동범의 현장성을 어

느 곳을 기준으로 하는 것이 타당한지는 생각해 볼 문제이다. 만일 갑, 을, 병, 정이 피해자로부터 신용카드를 빼앗고 비밀번호를 알아 낸 술집을 기준으로 한다면 굳이 갑에게 합동범의 공동정범으로 볼 것이 아니라 합동범으로 보아도 되었을 것이다.

(2) 학 설

1) 긍정설

합동범의 공동정범을 인정하는 견해는 시간적·장소적 협동관계에 있지 않더라도 공동정범성이 인정되면 결국 합동범에 해당한다는 입장이다. 그 주요 논거는 다음과 같다: ① 합동범의 형이 가중된 이유는 법익 침해의 현실적인 위험성이 현저하게 증대되었다는 점에 있는데, 이 경우 법익 침해의 위험성은 반드시 현장에서 장소적으로 실행행위를 분담함으로써만 증대되는 것은 아니고 비록 장소적으로 떨어져 있지만 기능적 역할 분담을 통해서도 얼마든지 증대될 수 있다. ② 형법은 합동범의 성립에 관하여 단지 '합동하여'라고만 규정하고 합동의 구체적 의미에 대해서는 해석에 일임하고 있으므로 현장설 역시 가능한 해석 가운데 하나일 뿐이다. 따라서 합동을 시간적·장소적 협동의 의미로 해석하지 않더라도 이를 유추해석이라고 할 수 없다. 이처럼 긍정설에 의하면 합동범의 성립요건에 해당하지 않더라도 합동범의 공동정범이 인정되면 결국 합동범에 해당할 수 있다는 것이다(서보학, 이호중, "합동절도의 공동정범", 형사판례연구(7), 130면 이하).

2) 부정설

부정설은 합동범의 성립요건으로 인정하고 있는 현장설을 근거로 하여 합동범의 공동정범 성립을 부정한다. 즉 언어적 의미에서 '합동'은 공동과 다르기 때문에 직접 실행행위에 가담하지 않은 자의 행위도 실행행위의 합동으로 해석하는 것은 일상 언어적 의미, 공동정범 규정과의 연관관계, 합동범의 연혁 등을 고려하면 문언상의 가능한 해석범위를 넘어선 것으로서 유추해석의 금지원칙에도 위배된다고 한다(임웅, 정영일, "합동범에 관한 판례연구", 형사판례연구(7), 129면; 하태훈).

또한 판례에서와 같은 수괴에 대해서는 합동절도의 교사범이나 방조범으로 처벌할 수 있으므로 처벌 불가의 불합리성도 근거가 없다는 점, 합동범의 성립에 가담자가 2인인 경우와 3인 이상인 경우의 구별이 자의적이라는 점, 실행행위의 분담방식에 특별한 제한이 없는 공동정범과 현장설을 기초로 하는 합동범은 서로 다르다는 점 등을 반대이유로 들 수 있다. 뿐만 아니라 합동범의 공동정범을 인정할 경우 공모공동정범까지도 인정하고 있는 판례의 입장에서 볼 때 결국 합동범의 공모공동정범까지도 확대될 위험성을 배제할 수 없다(아래 판례 참조). 또한 제331조 제2항의 특수절도는 흉기 휴대와 합동절도를 동등하게 취급하고 있다. 그렇다면 합동절도에 가담하는 개별 범인의 합동은 흉기 휴대에 버금가는 행위불법성을 보여야 할 것인데도 불구하고 전체 범행의 위험성을 이유로 합동성을 확대하고 있다.

결론적으로 합동범의 공동정범을 인정하는 주요 논거가 집단범죄에 대한 대처 필요성 때문이라면 현재의 합동범의 형식을 포기하고 이들 구성요건을 공동정범으로 파악하여 형을 가중하는 것이 입법론적으로 타당하다.

판례 합동범의 공모공동정범

① 합동범의 공모공동정범을 부인한 경우

• "폭력행위등 처벌에 관한 법률 제2조 제2항의 '2인 이상이 공동하여 전항 게기의 죄를 범한 때'라고 함은 그 수인 간에 소위 공범관계가 존재하는 것을 요건으로 하는 것이고 **수인이 동일 장소에서 동일 기회에 상호 다른 자의 범행을 인식하고 이를 이용하여 범행을 한 경우**임을 요한다고 할 것이다(당원 1986. 6. 10. 선고, 85도119 판결 참조). 그러므로 원심이 이와 같은 견해에 터잡아 피고인 을과 병의 판시 폭력행위등처벌에관한법률(제2조 제2항)위반의 공소사실에 대하여 상피고인 갑과의 공모사실은 인정되나 그와 공동하여 범행에 가담하였거나 그 범행장소에 있었다고 인정되지 아니함을 이유로 폭력행위등처벌에관한법률위반죄에 관한 범죄의 증명이 없는 때에 해당한다고 판단한 것은 정당하고…"(대판 1990. 10. 30, 90도2022).

② 합동범의 공모공동정범을 인정한 경우

• 피고인들은 비록 노조 조합원들의 감금, 손괴, 폭행, 상해 등 범죄행위들 중 일부에 대하여 구체적으로 모의하거나 이를 직접 분담하여 실행한 바가 없었다 하더라도, 위 각 범행에 대한 암묵적인 공모는 물론 그 범행들에 대한 본질적 기여를 통한 기능적 행위지배가 존재하는 자들로 인정된다 할 것이므로, 노조 조합원들이 행한 위 각 범행에 대한 공모공동정범으로서의 죄책을 면할 수 없다고 할 것이다(대판 2007. 4. 26, 2007도428). 이 판결은 폭력행위등처벌에관한법률위반(집단·흉기등상해) 등이 인정된 사건이다.

V. 공동정범과 형법 해석의 한계

공동정범은 다수 가담자의 형사책임 범위를 정한다는 점에서 오판을 범할 가능성이 많은 범행 형태이다. 즉 범죄를 실행한 자와의 관련성을 이유로 실제 범행에 가담하지 않은 자를 정범으로 인정할 수도 있으며, 방조범에 불과한 자를 정범으로 처벌할 가능성이 많은 범행 가담 형태이다. 그렇기 때문에 현실적·형사정책적 필요성을 들어 다양한 형태의 공동정범을 인정하고 또한 형법규정의 해석 한계를 넘어서게 되는 것을 경계하여야 한다. 즉 해석을 통한 공동정범의 확장은 일종의 연좌제적 형사책임을 인정할 위험성으로 연결될 수 있다.

형법학의 규범적·이론적 연구대상은 형법규정이며 형사정책적 현실은 규범화되기 전까지는 형법의 해석 범위를 넘어서는 영향을 주어서는 안 된다. 형사정책적 시각에서 볼 때 형법규정은 형사정책적 연구의 결과물에 해당한다. 만일 형법학이 형사정책적 현실로부터 영향을 받아 형법 해석에 다시 영향을 미치면 형법학과 형사정책학의 경계선이 모호해지고, 결국 형사정책적 형법학이 등장할 위험성이 있다. 즉 형법학이 형법규범과 형사정책적 필요성 사이의 간격을 메우는 일에 이용되어서는 안 될 것이다. 결국 이러한 문제점은 입법적 방식을 통해서 해결하는 것이 타당하다.

VI. 공동정범의 처벌과 관련문제

1. 공동정범의 처벌

공동정범은 각자를 그 죄의 정범으로 처벌한다(제30조). 공동정범성이 인정되면 비록 각자의 분담행위가 객관적 구성요건을 실현시킬 정도에 미치지 못하더라도 발생한 결과 전체에 대한 책임을 지기 때문에 정범으로 처벌하는 것이다. 그러나 각자의 역할이 다르기 때문에 구체적 양형에 차이가 나는 것은 별개의 문제이다. 이처럼 실현된 결과 전체에 대하여 책임을 지는 것은 범행 가담자 수인이 범행계획에 따라 행위를 분담하였기 때문이다. 그러므로 결과에 대한 책임은 공동의사의 범위에 포함되는 내용인 경우로 제한되며 이를 초과한 부분까지 책임을 지는 것은 아니다.

2. 공동정범의 착오

공동정범 가운데 1인이 객체에 착오를 일으킨 경우 다른 공동정범의 고의를 조각하지 않는다. 즉 객체의 착오는 무시된다. 그러므로 예를 들어 A를 살해하기로 모의를 한 갑과 을이 범행 현장에 각각 잠복 중에 갑이 B를 A로 잘못 알아 B를 살해한 경우 갑과 을 모두 B에 대한 살인죄의 공동정범이 되는 것이다.

3. 동시범

(1) 개 념

동시범이란 2인 이상의 행위자가 상호 의사의 연락이 없이 개별적으로 구성요건을 실현시키는 범행 형태를 말한다. 의사의 연락이 없기 때문에 동시범은 고의범이나 과실범 모두 가능하다. 예를 들어 서로 알지 못하는 갑과 을이 병을 살해하기 위하여 동시에 사격을 하여 병을 살해한 경우(고의의 동시범)나 안개 속에서 반대방향으로 운전하던 두 운전자가 각각 주의의무를 태만히 하여 정면 충돌하여 승객이 다친 경우(과실의 동시범)가 이에 해당한다.

동시범은 단독정범의 동시적 발생에 불과하므로 공동정범과 구별되며, 범행 현장에서

의사가 합치되는 경우를 지칭하는 소위 우연적 공동정범과도 다르다. 형법은 "동시 또는 이시의 독립행위가 경합한 경우에 그 결과 발생의 원인된 행위가 판명되지 아니한 때에는 각 행위를 미수범으로 처벌한다"(제19조)고 규정하고 있다(독립행위의 경합). 각 행위자의 행위와 결과 간에 인과관계가 포괄적으로 인정되지만 개별적으로는 입증되지 않은 상황이므로 미수범으로 밖에 처벌할 수 없는 것이다.

(2) 동시범과 상해죄의 동시범 특례

독립행위의 경합에 해당하는 제19조의 동시범과 달리 상해죄의 경우에는 "독립행위가 경합하여 상해의 결과를 발생하게 한 경우에 있어서 원인된 행위가 판명되지 아니한 때에는 공동정범의 예에 의한다"(제263조)고 규정하고 있다. 즉 공동정범의 성립요건인 공동의 의사가 결여되어 있음에도 불구하고 공동정범의 예에 따라 처벌하는 것이다.

이 규정의 법적 성격에 대해서는 ① 피고인에게 자기가 그 상해의 결과를 발생시킨 것이 아니라는 거증책임을 부담시키는 것으로 보는 거증책임전환설(다수설), ② 공동정범에 대한 법률상의 책임을 추정한다는 법률상 추정설, ③ 절차법상으로는 거증책임을 전환하고, 실체법상으로는 공동정범의 범위를 확장하는 규정으로 보는 이원설(신동운, 이형국, 정/박)이 있다. 거증책임전환설로 보는 것이 타당하다. 그런데 판례는 이 규정의 적용범위를 상해죄에 국한시키지 않고 폭행치사, 상해치사의 경우에도 적용하고 있다(대판 2000. 7. 28, 2000도2466; 1981. 3. 10, 80도3321). 그러나 제263조는 일반적 규정에 대하여 예외를 인정하는 특칙에 해당하므로 그 해석은 엄격하여야 하며 폭행치사와 상해치사의 경우까지 규정을 확대 적용하는 것은 피고인에게 불리한 유추해석이라고 보아야 한다.

제 3 절 간접정범

> **제34조(간접정범, 특수한 교사, 방조에 대한 형의 가중)** ① 어느 행위로 인하여 처벌되지 아니하는 자 또는 과실범으로 처벌되는 자를 교사 또는 방조하여 범죄행위의 결과를 발생하게 한 자는 교사 또는 방조의 예에 의하여 처벌한다.

Ⅰ. 의의 및 본질

1. 의 의

간접정범이란 타인을 이용하여 자기의 범죄를 실현하는 자를 말한다. 형법은 간접정범에 대하여 "어느 행위로 인하여 처벌되지 아니하는 자 또는 과실범으로 처벌되는 자를 교사 또는 방조하여 범죄행위의 결과를 발생하게 한 자는 교사 또는 방조의 예에 의하여 처벌한다"(제34조 제1항)고 규정하고 있다.

간접정범은 직접정범과 교사범의 사이에 존재하는 범행 형태로서 처벌상의 공백을 메우는 기능을 한다. 그리고 간접정범은 직접정범과 다르지만 타인을 도구처럼 이용하여 자기가 원하는 범행을 하도록 한다는 점에서 결과적으로는 직접정범과 유사하다. 문제는 간접정범이 이용하는 타인(피이용자)의 범위이다. 그리고 피이용자의 성격에 따라 이용방법도 정해진다고 볼 수 있다.

간접정범은 직접 구성요건을 실현하지 않기 때문에 직접 구성요건을 실현하여야 하는 자수범이나 구성요건을 직접 실현하는 자에게 신분적 요소가 요구되는 신분범의 경우에는 성립할 수 없다.

2. 본 질

간접정범이 공범인가 아니면 정범인가의 문제는 간접정범의 본질론에 해당한다. 우선 공범설(신동운, 차용석)은 다음과 같은 입장이다. 형법 제34조 제1항은 ① 어느 행위로 인하여 처벌되지 않는 자를 마치 도구처럼 이용하여 죄를 범하는 간접정범에 대하여 종래 협의의 공범 규정으로는 처벌할 수 없었던 불비점을 극복하기 위한 규정이고, ② 간접정범의 행위가 '교사 또는 방조'임을 명문으로 규정하고 있으므로 간접정범의 본질은 공범이라는 것이다. 이에 반해 정범설(다수설)에서는 간접정범의 본질은 다른 사람을 마치 도구처럼 지배하여 자신이 원하는 범죄를 하도록 조종한 점에 있다고 본다. 이러한 지배형태를 의사지배라고 부르기도 하는데 이는 피이용자가 자신의 범행 실현을 인식하지 못하고 간접정범의 범행의사를 대신 실현하고 있기 때문이다. 즉 공동정범을 기능적 행위지배형식으로 파악하는 데 비해 간접정범의 의사지배는 간접정범이 갖고 있는 우월적 의사와 인식으로 피이용자를 지배하는 것을 의미한다.

공범설의 주장은 형법규정에 대한 지나친 문리해석의 결과로 보인다. 공범설이 주장하는 이유 가운데 형법이 '교사 또는 방조'로 규정하고 있다는 것은 제34조의 제목이 간접'정범'이라고 규정하므로 간접정범은 정범에 해당한다고 하는 것과 마찬가지이다. 그리고 간접정범 규정이 범죄행위의 결과 발생이라는 요건을 추가하여 처벌 범위의 확대를 방지하고 있다는 것도 간접정범의 미수를 처벌하지 않는다는 것이 아니라 구성요건적 결과 발생을 요구하는 당연한 규정으로 보는 것이 타당하다. 또한 간접정범의 '교사 또는 방조'행위는 피이용자의 행위의 불법성과 비교할 때 정범에 대한 공범으로서의 교사나 방조행위와 비교하여 그 가벌성이 더 높다고 볼 때 간접정범은 정범에 해당한다고 보는 것이 타당하다. 한편 우리 형법이 간접정범을 교사범이나 방조범의 예에 따라 처벌한다고 규정한 것은 간접정범의 성격에 비추어 적절하지 않다. 즉 형법은 교사범을 정범과 동일하게 취급하고(제31조 제1항) 간접정범은 교사나 방조의 예에 따라 처벌한다고 규정하고 있기 때문에 현실적으로는 교사범이 간접정범에 비해 형사책임이 더 무겁다. 이처럼 우리 형법에는 공범에 대한 간접정범의 불법의 우위성이 반영되지 못하고 있는 점이 간접정범 규정을 해석하는 데에 장애요인이다.

3. 간접정범과 신분범 · 자수범

(1) 신분범과 간접정범

신분범이란 형법상 행위주체의 신분 요소가 구성요건 요소인 범죄 유형을 의미한다. 그런데 간접정범은 타인을 도구처럼 이용하여 자신이 목표로 하는 범죄를 실현하는 형태이므로 신분범에 해당하는 범죄도 간접정범의 방법으로 실현할 수 있다고 볼 것인지가 문제된다. 결론적으로 진정신분범에서는 신분 요소가 없는 자는 정범이 될 수 없으므로 비신분자는 간접정범 역시 될 수 없다고 보아야 한다. 그러므로 예를 들어 공무원이 아닌 자는 허위공문서작성죄(제227조)의 간접정범이 될 수 없는 것이다. 그리고 공무원이라고 하더라도 작성권한이 없는 공무원이 작성권한이 있는 공무원을 시켜 허위공문서를 작성하게 한 경우에도 간접정범이 될 수 없으며, 교사범이나 방조범이 성립 가능할 것이다.

판례 신분범과 간접정범

① 허위진단서작성죄(제233조)의 간접정범을 부인한 경우

• 원한관계에 있는 의사에게 보복할 생각으로 선천성 모반을 폭행으로 인한 것처럼 의사를 기망하여 허위진단서를 작성하게 한 경우에 허위진단서작성죄(제233조)를 인정하지 않았다. 즉 허위진단서작성죄는 의사가 사실에 관한 인식이나 판단의 결과를 표현함에 있어서 자기의 인식 판단이 진단서에 기재된 내용과 불일치하는 것임을 인식하고서도 일부러 내용이 진실 아닌 기재를 하는 것을 말하는 것이므로 의사가 주관적으로 진찰을 소홀히 한다던가 착오를 일으켜 오진한 결과로 객관적으로 진실에 반한 진단서를 작성하였다면 허위진단서작성에 대한 인식이 있다고 할 수 없으니 동 죄가 성립되지 아니한다고 판시하였다(대판 1976. 2. 10, 75도1888).

이 사건에서 의사를 기망한 자에 대한 허위진단서작성죄의 간접정범 성립 여부를 검토할 필요성이 있지만 기소되지 않은 부분으로서 결과적으로는 신분범죄인 허위진단서작성죄의 간접정범은 성립하지 않는다고 보아야 한다.

② 공문서위조죄의 간접정범을 부인한 경우

• 어느 문서의 작성권한을 갖는 공무원이 그 문서의 기재사항을 인식하고 그 문서를 작성할 의사로써 이에 서명 · 날인하였다면, 설령 그 서명날인이 타인의 기망으로 착오에 빠진 결과 그

문서의 기재사항이 진실에 반함을 알지 못한 데 기인한다고 하여도, 그 문서의 성립은 진정하며 여기에 하등 작성명의를 모용한 사실이 있다고 할 수는 없으므로, **공무원 아닌 자가 관공서에 허위 내용의 증명원을 제출하여 그 내용이 허위인 정을 모르는 담당공무원으로부터 그 증명원 내용과 같은 증명서를 발급받은 경우 공문서위조죄의 간접정범으로 의율할 수는 없다**(대판 2001. 3. 9, 2000도938).

이 판결은 공무원이 자신이 작성하는 공문서의 내용이 허위임을 인식하지 못하였다고 하더라도 기재사항 자체는 인식하였으므로 공문서위조죄(제225조)가 성립하지 않으며, 그 결과 허위사실을 기재한 증명원을 제출한 행위자 역시 간접정범이 아니라고 본 것이다. 그러나 이 경우 허위공문서작성죄의 간접정범 성립 여부를 검토할 필요가 있다고 본다. 결과적으로는 허위공문서작성죄 역시 신분범이기 때문에 피고인에게 간접정범을 인정할 수 없을 것이다.

(2) 자수범과 간접정범

자수범이란 구성요건을 직접 실현시켜야 하는 범죄를 말한다. 예를 들어 위증죄(제152조)의 경우 행위자는 법률에 의하여 선서한 증인으로 국한되며 제3자는 정범인 행위자가 될 수 없다. 그러므로 자수범의 경우에는 간접정범은 인정될 수 없다. 이 경우 배후인물은 교사범이나 방조범이 될 수 있을 것이다.

판례 **자수범의 간접정범 부인**

• 부정수표단속법의 목적이 부정수표 등의 발행을 단속처벌함에 있고(제1조), 허위신고죄를 규정한 위 법 제4조가 "수표금액의 지급 또는 거래정지처분을 면하게 할 목적"이 아니라 "수표금액의 지급 또는 거래정지처분을 면할 목적"을 요건으로 하고 있는데 수표금액의 지급책임을 부담하는 자 또는 거래정지처분을 당하는 자는 오로지 발행인에 국한되는 점에 비추어 볼 때 **발행인 아닌 자는 위 법조가 정한 허위신고죄의 주체가 될 수 없고, 허위신고의 고의 없는 발행인을 이용하여 간접정범의 형태로 허위신고죄를 범할 수도 없다**(대판 1992. 11. 10, 92도1342).

이 판결은 부정수표단속법상의 허위신고죄는 행위주체가 오로지 발행인에 국한되는 진정신분범이면서 동시에 자수범이어서 타인은 (간접)정범이 될 수 없다고 판시한 것이다.

Ⅱ. 성립요건 : 피이용자의 범위

간접정범은 '어느 행위로 인하여 처벌되지 아니하는 자' 또는 '과실범으로 처벌되는 자'를 이용하여 자신의 범죄를 실현시키는 자이다. '어느 행위로 인하여 처벌되지 아니하는 자' 즉 도구로 이용되는 자에 대하여 범행을 하는 경우에도 간접정범이 성립한다. 예를 들면 위조한 공문서를 문서가 위조된 것임을 알지 못하는 자에게 행사한 경우에는 위조문서행사죄가 성립한다(대판 2012. 2. 23, 2011도14441). 범죄 실현을 위하여 개입되는 행위로는 다음과 같은 경우가 있다.

판례 "어느 행위로 인하여 처벌되지 아니하는 자"의 의미

• 강제추행죄는 사람의 성적 자유 내지 성적 자기결정의 자유를 보호하기 위한 죄로서 정범 자신이 직접 범죄를 실행하여야 성립하는 자수범이라고 볼 수 없으므로, 처벌되지 아니하는 타인을 도구로 삼아 피해자를 강제로 추행하는 간접정범의 형태로도 범할 수 있다. 여기서 강제추행에 관한 간접정범의 의사를 실현하는 도구로서의 타인에는 피해자도 포함될 수 있으므로, 피해자를 도구로 삼아 피해자의 신체를 이용하여 추행행위를 한 경우에도 강제추행죄의 간접정범에 해당할 수 있다(대판 2018. 2. 8, 2016도17733).

• 형법 제34조 제1항이 정하는 소위 간접정범은 어느 행위로 인하여 처벌되지 아니하는 자 또는 과실범으로 처벌되는 자를 교사 또는 방조하여 범죄행위의 결과를 발생케 하는 것으로 이 어느 행위로 인하여 처벌되지 아니하는 자는 시비를 판별할 능력이 없거나 강제에 의하여 의사의 자유를 억압당하고 있는 자, 구성요건적 범의가 없는 자와 목적범이거나 신분범일 때 그 목적이나 신분이 없는 자, 형법상 정당방위, 정당행위, 긴급피난 또는 자구행위로 인정되어 위법성이 없는 자 등을 말하는 것으로 이와 같은 **책임무능력자, 범죄사실의 인식이 없는 자, 의사의 자유를 억압당하고 있는 자, 목적범, 신분범인 경우 그 목적 또는 신분이 없는 자, 위법성이 조각되는 자** 등을 마치 도구나 손발과 같이 이용하여 간접으로 죄의 구성요소를 실행한 자를 간접정범으로 처벌하는 것이라고 판시하고 있다(대판 1983. 6. 14, 83도515 전원합의체). 이 판결은 삭제된 구성요건인 국가모독죄(개정 전 형법 제104조의2) 관련사건에 관한 것이다.

1. 구성요건에 해당하지 않는 행위

피이용자가 구성요건에 해당하지 않는 행위를 한 경우는 객관적 구성요건이나 주관적 구성요건에 해당하지 않는 행위로 나누어 볼 수 있다.

(1) 객관적 구성요건에 해당하지 않는 행위를 이용하는 경우

강요나 기망에 의한 자살·자상행위를 이용하여 살인이나 상해의 목적을 달성하는 경우가 이에 해당한다. 예컨대 자살자가 자살을 강요당하였거나 자살의 의미나 상황을 인식하지 못한 경우이다. 그러나 단순히 타인을 교사 또는 방조하여 자살하게 하거나 위계 또는 위력으로써 자살을 결심하게 한 경우에는 간접정범에 의한 살인죄가 아니라 자살교사·방조죄(제252조 제2항) 또는 위계 등에 의한 살인죄(제253조)에 해당한다. 이 경우에는 자살자가 자살 결의를 스스로 내렸어야 한다는 점에서 간접정범과 구별된다.

판례 간접정범을 인정한 경우

• 피고인이 7세, 3세 남짓 된 어린자식들에 대하여 함께 죽자고 권유하여 물속에 따라 들어오게 하여 결국 익사하게 하였다면 비록 피해자들을 물속에 직접 밀어서 빠뜨리지는 않았다고 하더라도 자살의 의미를 이해할 능력이 없고 피고인의 말이라면 무엇이나 복종하는 어린자식들을 권유하여 익사하게 한 이상 살인죄의 범의는 있었음이 분명하다고 판시하였다(대판 1987. 1. 20, 86도2395). 이는 간접정범의 형태에 의한 살인죄를 인정한 것으로 볼 수 있다.

• 피고인은 동거한 사실이 있는 피해자 여인에게 피고인을 탈영병이라고 헌병대에 신고한 이유와 다른 남자와 정을 통한 사실들을 추궁한 바, 이를 부인하자 하숙집 뒷산으로 데리고 가 계속 부정을 추궁하면서 상대 남자를 말하자 대답을 하지 못하고 당황하던 피해자에게 소지 중인 면도칼 1개를 주면서 "네가 네 코를 자르지 않을 때는 돌로서 죽인다"는 등 위협을 가해 자신의 생명에 위험을 느낀 피해자는 자신의 생명을 보존하기 위하여 면도칼로 콧등을 길이 2.5센치, 깊이 0.56센치 절단함으로써 피해자에게 전치 3개월을 요하는 상처를 입혀 안면부 불구가 되게 하였다는 것으로서 이와 같이 피고인에게 피해자 여인의 상해결과에 대한 인식이 있고 또 피해자에 대한 협박정도가 의사결정의 자유를 상실케 함에 족한 것인 이상, 피고인에게 중상해 사실을 인정하였다(대판 1970. 9. 22, 70도1638).

(2) 고의 없는 도구

구성요건의 착오에 빠진 자를 이용하거나, 사실관계에 대한 피이용자의 부지상태를 이용하여 범행을 실현하는 경우가 이에 해당한다. 예를 들면 정을 모르는 자를 이용하여 밀수품을 운반하게 하는 경우 또는 간호사로 하여금 환자에게 독극물을 주사하게 한 의사의 행위가 이에 해당한다(이 경우 간호사에게 과실이 있더라도 간접정범에 해당한다).

판례 고의 없는 도구

• 감금죄는 간접정범의 형태로도 행하여질 수 있는 것이므로, 인신구속에 관한 직무를 행하는 자 또는 이를 보조하는 자가 피해자를 구속하기 위하여 진술조서 등을 허위로 작성한 후 이를 기록에 첨부하여 구속영장을 신청하고, 진술조서 등이 허위로 작성된 정을 모르는 검사와 영장전담판사를 기망하여 구속영장을 발부받은 후 그 영장에 의하여 피해자를 구금하였다면 형법 제124조 제1항의 직권남용감금죄가 성립한다고 판시하였다(대판 2006. 5. 25, 2003도3945). 이 사안에서 영장전담판사의 구속영장 발부행위는 직권을 남용한다는 점에 대한 고의가 없는 행위에 해당한다.

• 공동정범이 성립하려면 주관적으로 공동가공의 의사가 필요하고 객관적으로 공동가공의 사실이 있을 것을 요하므로, 그 **정을 모르는 보증인들로 하여금** 구 수복지역내소유자미복구토지의복구등록과보존등기등에관한특별조치법 제22조 제1항 제3호에 정한 허위의 보증서를 작성하게 한 경우에 간접정범이 성립하는 것은 별론으로 하고 공동정범이 성립할 여지가 없다(대판

1997. 7. 11, 97도1180).

• 경찰서 보안과장인 피고인이 갑의 음주운전을 눈감아주기 위하여 그에 대한 음주운전자 적발보고서를 찢어버리고, 부하로 하여금 일련번호가 동일한 가짜 음주운전 적발보고서에 을에 대한 음주운전 사실을 기재케 하여 그 **정을 모르는 담당 경찰관으로 하여금** 주취운전자 음주측정처리부에 을에 대한 음주운전 사실을 기재하도록 한 이상, 을이 음주운전으로 인하여 처벌을 받았는지 여부와는 관계없이 허위공문서작성 및 동 행사죄의 간접정범으로서의 죄책을 면할 수 없다(대판 1996. 10. 11, 95도1706).

(3) 신분 또는 목적 없는 고의 있는 도구

신분범에서 '신분'이나 목적범에서 '목적'은 구성요건 요소이므로 이러한 요소가 결여된 경우에는 구성요건해당성이 없다. 그러므로 신분 없는 고의 있는 도구를 이용하거나 목적 없는 고의 있는 도구를 이용한 경우에도 간접정범이 성립할 수 있다(통설). 그러나 부진정신분범이나 부진정목적범의 경우에는 정범에게 기본적 구성요건의 정범을 인정할 수 있으므로 이용자를 간접정범이 아니라 교사범으로 보아야 한다(아래의 판례 ②).

판례 목적 또는 신분

① 목적 없는 자를 이용한 경우

• 비상계엄 전국확대가 국무회의의 의결을 거쳐 대통령이 선포함으로써 외형상 적법하였다고 하더라도, 이는 피고인들에 의하여 국헌문란의 목적을 달성하기 위한 수단으로 이루어진 것이므로 내란죄의 폭동에 해당하고, 또한 이는 피고인들에 의하여 **국헌문란의 목적을 달성하기 위하여 그러한 목적이 없는 대통령을 이용하여 이루어진 것**이므로 피고인들이 간접정범의 방법으로 내란죄를 실행한 것으로 보아야 할 것이다(대판 1997. 4. 17, 96도3376 전원합의체).

② 신분

• 레미콘 제조업자인 피고인들이 한국산업규격을 위반한 레미콘을 생산하여 건설업체들에 공급하였다고 하여 구 건설기술관리법 위반으로 기소된 사안에서, 레미콘이 같은 법 시행령 제47조의3 제1항 제4호와 제6호에서 정한 '부순 골재'나 '순환골재'에 해당하지 않는 이상 같은 법 제24조의2 제2항, 제42조 제1호의3에 의하여 처벌할 수 없고, 건설업자 아닌 피고인들이 간접정범의 형태로 '건설업자'라는 일정한 신분을 요하는 신분범인 구 건설기술관리법 위반죄를 범할 수 없다는 이유로 무죄를 인정하였다(대판 2011. 7. 28, 2010도4183).

2. 위법하지 않은 행위

예를 들어 무고한 시민을 절도 현행범이라고 경찰관에게 신고하여 경찰관이 이를 체포하게 한 경우처럼 구성요건에 해당하지만 위법성조각사유에 해당하는 행위를 이용하여 자기의 범죄를 실현시킨 경우이다. 또한 소송사기처럼 국가기관을 기망하여 범죄를 실현시킨 경우나 무고한 사람을 체포하도록 수사기관에 허위로 범죄사실을 제보하여 체포되게 한 경우도 피이용자의 행위는 법령에 의하여 정당화되기 때문에 간접정범에 해당한다. 이처럼 타인의 적법행위를 이용한 경우에는 이용자에게 실현된 범죄에 대한 간접정범이 성립한다.

3. 책임 없는 행위

책임 없는 피이용자의 행위를 이용하는 경우에는 제한적 종속형식의 입장에서 이용자에게 교사범이 인정된다. 반면에 정범의 행위가 구성요건에 해당하고 위법·유책하여야 공범이 성립한다는 극단적 종속형식을 취하게 되면 책임 없는 피이용자의 행위를 이용한 경우에는 공범의 성립은 부정되고, 간접정범을 인정할 수 있다. 그러나 공범의 성립을 부정하는 것이 곧 간접정범의 성립을 인정하는 것이 아니라 간접정범의 인정 여부에 대하여 이용자에게 행위지배가 긍정되어야 한다.

(1) 책임무능력자의 행위나 강요된 행위(제12조)를 이용하는 경우

책임무능력자인 심신상실자나 형사미성년자의 행위를 이용한 경우에는 이러한 행위가 제34조가 규정하는 어느 행위로 인하여 처벌되지 않는 행위에 해당하므로 간접정범이 인정된다(김/서, 신동운, 임웅, 정/박). 예를 들어 초등학생을 시켜 방화를 하게 하거나 절취를 하게 한 경우에 이용자에게는 교사범이 아니라 간접정범이 인정된다. 간접정범에서 도구성을 인정하는 기준은 법적인 책임성이지 형사책임능력에 따른 자기결정 능력의 유무에 따를 수는 없기 때문이다. 또한 간접정범은 정범으로서 공범에 비하여 우위성을 지니고 있다는 점도 인정하여야 한다. 한편 책임조각사유로서 제12조에 해당하는 강요된 행위를 이용하여 자기의 범죄를 실현시킨 경우에는 간접정범이 인정된다.

(2) 법률의 착오에 빠진 자의 행위를 이용한 경우

법률(위법성)의 착오에 빠진 자의 행위를 이용하는 경우에 간접정범과 교사범 가운데 어느 것을 인정할 것인가에 대해서 견해가 나뉜다. 법률의 착오의 경우에 간접정범과 교사범을 구별하는 기준으로서 회피가능성(신동운, 오영근)이라든가 착오의 원인제공 여부(배종대, 이/장/강) 등을 제시하고 있다. 양자의 구별기준으로서 중요한 것은 직접행위자에 대한 귀책가능성 여부이다. 그러므로 피이용자에게 판단의 부자유가 인정된다면 교사범이 아니라 간접정범이 성립하고, 회피가능성이 인정되거나 착오의 원인을 제공한 책임이 인정되면 이용자에게 교사범을 인정하는 것이 타당하다.

[외국판례] 금지착오와 간접정범

• 경찰관인 피고인 갑은 공동피고인 을(여), 병(남)과 함께 신비주의와 망상 그리고 환상으로 뒤섞인 분위기 속에서 같이 살고 있었다. 갑은 자신의 성격 및 을에 대한 이루어질 수 없는 사랑 때문에 외부의 자극을 쉽게 받아들이는 심리 상황에 처해 있었다. 을과 병은 처음에는 장난으로 갑에게 수천년간 악을 창조하여 세계를 위협하는 묘왕猫王(Katzenkönig)의 존재를 믿게끔 만들었다. 을은 과거에 사랑하였던 남자친구가 결혼하였다는 소식을 듣고 증오와 질투심에서 그의 아내(A)를 살해하기로 하였다. 이를 위해 갑에 대한 지배력을 이용하기로 하였는데, 마침 병은 자신의 연적 갑을 제거할 기회로 생각하였다. 을과 병은 갑으로 하여금 묘왕이 A의 모습을 한 인간제물을 원하며, 이를 바칠 사람으로 갑을 선택하였다고 믿게 하였다. 만일 이를 거부하면 갑은 자기들을 떠나야 하며, 갑은 사후에 영원한 나락의 구렁텅이에 빠질 것이며 묘왕은 수백만의 인간을 몰살시킬 것이라고 위협하였다. 갑은 자신의 행위가 십계명 가운데 제5계("살인하지 말라")에 어긋나니 다른 방법을 모색하여 보자고 하였으나 인간을 구하기 위한 신의 명령이기 때문에 제5계가 갑에게는 해당되지 않는다고 하였다. 또한 갑의 영혼은 영원히 구원을 받을 것이라고 하였다. 결국 갑은 이에 따르기로 결심하고, 병으로부터 건네받은 칼을 들고 을과 병이 세운 계획에 따라 A를 죽이기 위해 등 뒤에서 목과 얼굴, 몸을 찔렀다. 이 때 다른 사람이 A를 구하기 위해 달려오자 갑은 달아났다. 갑은 A가 사망하였을 것이라고 믿었으나 A는 중상을 입은 채 살아났다.

이 사건에 대하여 독일연방대법원은 갑에게 살인미수죄를 인정하였다. 즉 비록 갑이 정신적으로 정상이 아닌 상태에서 살인을 하였더라도 형사책임을 인정하였다. 또한 오상방위도 부인하였으며 긴급피난을 인정하지도 않았다. 오히려 갑은 착오에 빠져 수백만 인류의 사망과 A의 사망 간의 이익형량을 하였고 A의 사망은 정당하다고 본 회피할 수 있었던 금지착오를 인정하였다. 그러나 여기에서 문제되는 것은 을과 병에 대한 간접정범 성립 여부이다. 결론적으로는 을과 병의 간접정범 성립을 인정하였다(BGHSt 35, 347).

4. 과실범으로 처벌되는 자

피이용자에게 과실이 인정되어 과실범으로 처벌되는 경우 이용자는 고의범죄의 간접정범이 될 수 있다. 예를 들어 간호사가 주사기에 든 약물의 내용을 확인하지 않고 의사가 시키는 대로 환자에게 주사하여 결국 의사가 살해하고자 했던 환자가 사망한 경우 이용자인 의사에게는 살인죄의 간접정범이 성립한다. 간호사에게는 과실이 인정되면 업무상 과실치사죄(제268조)가 성립할 것이다.

5. 배후정범의 문제

배후정범이란 피이용자가 처벌되는 경우에 이용자인 배후인물에 대해서도 간접정범을 인정할 경우를 지칭한다. 배후정범의 인정 여부가 문제되는 경우는 ① 회피 가능한 법률의 착오에 빠진 자를 이용하는 경우, ② 객체의 착오를 유도하여 이를 이용하는 경우, ③ 조직적인 명령체계를 통하여 범죄를 실현한 경우이다. 이 가운데 ①의 경우에는 구체적인 상황에 따라 간접정범이나 교사범이 인정된다. 배후정범과 관련해서는 공동정범이나 교사범을 인정할 경우를 제외하고는 간접정범의 성립을 부정하는 견해(다수설)와 긍정설(김/서, 손동권, 손해목) 및 부분적 인정설로 나뉜다.

(1) 객체의 착오를 이용한 경우

피이용자에게 객체의 착오를 유발하여 자신의 범죄를 실현한 경우에는 ① 이용자에게 간접정범을 인정하는 견해(배후정범의 인정), ② 이용자와 피이용자를 각각 동시범으로 보아야 한다는 견해, ③ 배후인물은 간접정범이 아니라 교사범이라는 견해가 있다. 이는 모두 피이용자에게 정범을 인정하는 점에서는 동일하다. 반대로 형법규정상 배후정범은 인정할 수 없으며 경우에 따라 공범이나 공동정범에 해당할 수 있을 뿐이라는 견해가 있다(배종대, 신동운, 이/장/강, 이정원, 이형국, 임웅, 정/박).

배후인물이 피이용자를 도구로 이용하여 결국 자신의 범죄목표를 달성하였으므로 이용자에게 간접정범을 인정하는 것이 타당하다. 그런데 문제는 형법이 '어느 행위로 인하여 처벌되지 아니하는 자'의 행위를 이용하는 경우로 간접정범의 성립범위를 제한하고 있다는 점이다. 이에 관해서는 피이용자의 범위와 관련하여 후술한다.

(2) 조직적 명령체계의 경우

범죄조직의 보스처럼 소위 조직지배를 하는 자에게 간접정범을 인정하거나 공동정범 또는 교사범을 인정하는 견해가 있다. 조직적 명령체계가 강력하여 구성원이 기계의 부속처럼 이용될 경우에는 간접정범의 성립을 인정할 수 있을 것이지만 이러한 조직은 범죄조직의 경우 이외에는 상정할 수 없을 것이다. 그렇다면 스스로 조직체계의 일원이 된 부분을 감안하면 이를 간접정범에서의 피이용자로 보기는 어렵다. 그러므로 이 경우에는 특수교사(제34조 제2항)로 처벌하는 것이 타당하다.

Ⅲ. 간접정범과 착오

1. 객체의 착오

피이용자의 객체의 착오가 이용자에게 어떠한 영향을 미치는가에 대해서 ① 간접정범에게 객체의 착오를 인정하는 견해(법정적 부합설의 입장)(신동운, 이/장/강, 정/박)와 ② 간접정범에게 방법의 착오를 인정하는 견해(구체적 부합설의 입장)(김/서, 배종대, 손/김, 손해목, 이정원, 이형국)로 나뉜다. ①의 견해를 따르면 피이용자의 객체의 착오는 이용자에게도 객체의 착오로 보아서 발생한 결과에 대한 고의·기수범으로 처벌된다. 반면에 ②의 견해를 따르면 피이용자의 객체의 착오는 이용자에게는 의도한 행위객체에 대한 범죄가 실패로 돌아간 것과 같으므로 방법의 착오가 된다고 본다(미수범과 과실범의 상상적 경합). 이용자의 입장에서 볼 때 피이용자의 객체의 착오로 인한 고의내용은 자신의 고의와는 전혀 내용이 다르므로 방법의 착오를 적용하는 것이 타당하다.

2. 피이용자의 고의·책임능력에 관한 착오

피이용자의 고의에 관한 착오는 이용자가 자기의 범행계획에 이용되어 범행을 실현한 피이용자가 고의가 없다고 생각하였는데 사실은 고의가 있었던 경우의 문제이다. 우선 피이용자에게 고의가 있었던 경우에는 간접정범설과 교사범설이 나뉜다. 이 경우에는 피이용자가 자신의 행위지배로 인하여 도구성을 상실하고 있으므로 이용자가 간접정범이 될 수 없는 상황이기 때문에 일종의 교사범의 미수에 해당한다고 보아야 한다. 결과적으로 피교사자가 이미 고의를 가지고 있는 경우로서 제31조 제3항(실패한 교사)의 예에 따라 예비·음모죄로 처벌하는 것이 타당하다.

피이용자가 책임능력이 없는 자라고 생각하고 이용하였으나 사실은 책임능력자인 경우에 이용자는 피이용자에 대한 의사지배를 하고 있지 않은 상황이다. 그러므로 간접정범이 될 수 없으며 교사범으로 보는 것이 타당하다(다수설). 반대의 경우에도 교사범을 인정하는 것이 이용자의 인식내용과 합치되므로 타당하다(배종대, 손해목, 안동준, 이/장/강, 임웅).

Ⅳ. 간접정범의 미수

간접정범의 미수도 정범의 미수와 마찬가지로 인정된다. 그런데 간접정범의 미수는 그 기준과 관련하여 ① 피이용자기준설(김성돈, 신동운)과 ② 이용자기준설(이/장/강, 임웅), ③ 개별화설(김/서, 배종대, 손/김, 오영근)로 나뉜다. 생각건대 피이용자가 실행에 착수하였으나 결과가 발생하지 않으면 당연히 미수로 인정되지만 피이용자의 실행의 착수 이전시점에서도 이용자인 간접정범의 이용행위 개시에 의해서 실행에 착수한 것이 되고, 결과가 발생하지 않으면 간접정범의 미수로 처벌된다. 즉 간접정범의 실행의 착수시점은 도구로 이용되는 피이용자가 아니라 이용자, 즉 배후자의 이용행위를 기준으로 하여야 한다. 그리고 간접정범의 미수는 공범의 미수가 아니라 일반 미수범의 처벌규정에 따라야 한다.

V. 간접정범에 관한 현행 형법규정의 문제점

1. 피이용자의 범위

형법상 간접정범에서 피이용자는 '어느 행위로 인하여 처벌되지 아니하는 자'로 규정되어 있다. 이 규정으로 말미암아 우리 형법상 배후정범은 성립할 수 없는 것으로 주장되고 있다. 다시 말하면 피이용자의 행위는 구성요건해당성이나 위법성 또는 책임이 없어서 어느 경우에도 범죄가 성립하지 않는 경우를 의미한다는 것이 다수설의 입장이다(배종대, 신동운, 이/장/강, 이형국, 임웅, 정/박).

그러나 이 규정에 대한 해석은 피이용자가 어느 경우에도 처벌되지 않는 경우는 물론이고 이용자가 이용하는 행위 내용으로는 처벌되지 않거나, 고의가 다른 피이용자를 이용하는 경우까지도 포함하는 것으로 해석하는 것이 간접정범의 본질에 부합한다.

간접정범에서 피이용자의 형사책임을 면제하여 주는 이유는 이용자, 즉 간접정범의 의사지배로 인하여 피이용자는 이용당하는 자신의 행위의미를 파악하지 못한다는 점에 있다. 그러나 만일 피이용자가 자신의 행위 내용을 파악하고 있었다면 이것까지도 형사책임의 대상에서 면제시켜줄 이유는 없다. 그러므로 예를 들어 자기(A)를 살해하기 위하여 잠복중인 자(X)를 이용하여 자기가 살해하고자 원하는 다른 사람(B)을 자기 대신 범행 현장에 나타나게 하여 결국 살해당하게 한 경우에는 A는 X의 객체의 착오를 이용하여 자신의 범죄목적을 달성한 경우이다. 이 때 X는 B에 대한 살인죄의 죄책을 지지만 A에게도 B를 살해당하게 한 데 대한 살인죄의 간접정범을 인정하여야 한다. 즉 '어느 행위로 인하여 처벌되지 아니하는 자'를 어느 경우에도 처벌되지 않는 자의 의미로 해석하면 이러한 결론은 불가능하다.

또한 피이용자를 통하여 실현시키고자 의도하는 행위 내용으로는 처벌되지 않는 자까지도 피이용자의 범위에 포함되는 것으로 해석하는 것이 타당하다. 즉 고의가 다른 피이용자의 행위를 이용하는 경우이다. 예를 들어 갑이 X를 살해하기 위하여 A, B, C를 이용하기로 하고 이들에게 X를 강탈하라고 부추겼다. 그리고 범행준비물로 갑은 A, B, C에게 수면제가 들어 있다는 플라스틱 병을 하나 주었는데 여기에는 수면제가 아니라 치사량의 염산이 들어 있었다. 그런데 A, B, C 세 사람은 범행을 하러 가던 도중 병을 열어보고 악취가 나자 극약인 것으로 알고 범행을 중단하고 돌아 왔다. 그래서 갑은 다시 D에게 식초라고 하면서 염산이 들어 있는 병을 주었다. 그러면서 식초를 X의 얼굴에 뿌리면 병원에 입원하게 될 것이고 그 사이에 X의 집을 털면 될 것이라고 말했다. 그러나 D는 갑의 계획을 눈치채고 염산이 들어 있는 병을 경찰에 넘겼다. 이 상황에서는 만일 A, B, C나 D가 강도미수죄나 강도예비죄 또는 상해미수죄로 처벌되더라도 갑에 대하여 살인미수죄의 간접정범을 인정하는 것이 타당하다. 독일연방대법원(BGHSt 30, 363 이하)은 피고인 갑에게 간접정범에 의한 살인미수죄를 인정하였다. 즉 어느 행위로 인하여 처벌되지 않는 자란 어느 경우에도 처벌되지 않는 자가 아니라 이용자가 실현하고자 의도하는 행위 내용(예: 살인)으로는 처벌되지 않는 경우로 제한할 필요성이 있는 것이다.

이처럼 전체적인 상황 속에서 이용자와 피이용자의 관계를 파악하면 이용자는 자신의 범행 목적을 달성하기 위하여 의시지배하에서 이러한 목적을 알지 못하는 피이용자를 움직이게 하고 있는 것이므로 비록 피이용자가 자기 책임하의 행위로 인하여 처벌되더라도 이용자에게는 간접정범이 성립할 수 있는 것이다. 결국 이러한 해석을 통하여 피이용자와 교사범에 해당하지 않는 배후 이용자를 동시에 처벌할 수 있는 배후정범의 인정 필요성과 가능성이 생긴다. 특히 이용행위의 방법으로 교사행위를 규정하고 있는 형법규정상 그러하다.

2. 이용행위의 문제점

형법은 간접정범의 이용행위에 대하여 피이용자를 '교사 또는 방조하여' 범죄행위의 결과를 발생하게 한 경우로 규정하고 있다. 간접정범이란 본질적으로 타인을 도구처럼 이용하여 자신의 범죄를 실현하는 형태인데 '도구'에 대하여 공범행위인 교사나 방조를 한다는 것은 불가능하다. 즉 간접정범이 교사나 방조를 한다면 피이용자는 어느 행위로 인하여 처벌되지 않는 자에 어떻게 해당할 수 있는지가 문제되는 것이다. 그러므로 제34조 제1항의 교사나 방조행위는 공범행위로서의 교사나 방조의 의미로 이해하기보다는 사주使嗾나 피이용자의 부지상태를 이용하는 등의 의미로 해석하는 것이 타당하다(김/서, 이/장/강, 이정원, 이형국).

한편 간접정범의 이용행위가 교사에 해당하면 교사범으로 처벌하고, 방조로 인정되는 경우에는 방조범의 예에 따라 처벌하여야 한다는 견해(임웅)가 있는데 형법규정을 형식상 따르는 결론이다. 그러나 이렇게 해석할 경우에는 피이용자는 공범의 종속성 원칙에 따라 어느 경우에도 정범에 해당하게 되어 처벌을 면할 수 없는 문제점이 발생한다.

3. 처벌상의 문제점

형법은 간접정범을 정범이 아니라 교사나 방조의 예에 따라 처벌한다고 규정하고 있다. 여기에서 교사범은 정범과 동일하게 처벌하므로(제31조 제1항) 간접정범을 인정하지 않더라도 결과적으로 문제된다고 볼 수 없다. 그러나 방조범은 정범보다 필요적으로 감경하기 때문에(제32조 제2항) 간접정범을 공범의 일종으로 파악하는 견해에서는 간접정범이 공범이라고 보는 근거라고 주장한다.

그러나 간접정범을 교사나 방조의 예에 따라 처벌한다고 규정한 것은 간접정범의 본질을 공범으로 파악하였기 때문이 아니라 직접정범에 비해 상대적으로 불법성이 약한 간접정범의 특성에 대한 양형상의 배려라고 볼 수 있다. 또한 간접정범에 대하여 공범설을 취하지 않더라도 간접정범의 형태가 방조에 의한 경우 형을 필요적으로 감경하는 것이 간접정범의 정범설과 배치되는 것은 아니다. 이는 공범이면서도 정범과 동등하게 처벌하여야 한다고 규정한 교사범 규정을 보아도 알 수 있다. 오히려 공범설이 주장하듯이 간접정범을 공범으로 파악하게 되면 피이용자의 행위가 구성요건에 해당하지 않거나 적법행위를 이용하는 경우에는 정범이 없는 공범들만의 범행을 인정하는 결과가 되어(제한적 종속성설의 입장) 공범독립성설을 취하지 않는 한 논리적으로 모순이다. 입법론으로는 간접정범을 정범과 동일하게 취급하되 법정형의 감경가능성을 남겨두는 것이 타당하다고 본다. 한편 간접정범의 미수는 미수범 일반규정(제25조 내지 제27조)에 따라 처벌되며 교사범의 미수규정(제31조 제2항, 제3항)이 적용되는 것은 아니다.

Ⅵ. 특수교사 · 특수방조

> **제34조(간접정범, 특수한 교사, 방조에 대한 형의 가중)** ② 자기의 지휘, 감독을 받는 자를 교사 또는 방조하여 전항의 결과를 발생하게 한 자는 교사인 때에는 정범에 정한 형의 장기 또는 다액에 그 2분의 1까지 가중하고 방조인 때에는 정범의 형으로 처벌한다.

1. 의의 및 법적 성질

자기의 지휘, 감독을 받는 자를 교사 또는 방조하여 범죄행위의 결과를 발생하게 한 자는 교사인 경우에는 정범의 형의 장기 또는 다액의 2분의 1까지 가중하고, 방조인 때에는 정범의 형으로 처벌한다(제34조 제2항). 이는 지휘 또는 감독자라는 우월적 지위를 이용하여 사실상 강요에 의한 의사지배가 용이한 점을 근거로 가중처벌하는 것이다. 이 규정의 법적 성질에 대해서는 ① 특수간접정범설(김/김), ② 특수교사 · 방조범설, ③ 양자를 모두 포함하는 특수가중규정이라는 설(김성돈, 배종대, 이/장/강)이 있다. ③의 견해가 타당하다. 이러한 해석을 통하여 조직범죄의 우두머리에 대한 처벌을 공모공동정범론에 의하지 않고 이 규정으로 해결할 수 있다.

2. 특수교사범 · 특수방조범의 가중처벌

특수교사범이란 자기의 지휘 · 감독을 받는 자를 교사하여 범죄의 결과를 발생하게 한 자를 말한다(제34조 제2항). 특수교사범에게는 정범에 정한 형의 장기 또는 다액의 2분의 1까지 가중한다. 가중이유는 특수관계에 있는 자를 교사하여 범죄를 하게 한 것은 피교사자의 약자적 지위를 이용한 것으로서 일반 교사자에 비해 범죄성이 크기 때문이다. 교사자의 지휘 ·

감독을 받는 자란 정당한 근무관계뿐만 아니라 범죄조직과 같이 사실상 지휘·감독관계에 있는 경우도 포함한다.

특수방조범은 자기의 지휘·감독을 받는 특수관계에 있는 자를 방조하여 범죄의 결과를 발생하게 한 자로서 정범과 같은 형으로 처벌한다.

제4절 교사범

> **제31조(교사범)** ① 타인을 교사하여 죄를 범하게 한 자는 죄를 실행한 자와 동일한 형으로 처벌한다.
> ② 교사를 받은 자가 범죄의 실행을 승낙하고 실행의 착수에 이르지 아니한 때에는 교사자와 피교사자를 음모 또는 예비에 준하여 처벌한다.
> ③ 교사를 받은 자가 범죄의 실행을 승낙하지 아니한 때에도 교사자에 대하여는 전항과 같다.

Ⅰ. 의 의

교사범이란 범죄의사가 없는 타인으로 하여금 범죄를 결의하여 그 죄를 실행하게 한 자를 말한다. 그러므로 교사범은 직접 범죄를 실행하는 피교사자(정범)에 종속하여 성립하는 공범의 일종이다. 형법은 "타인을 교사하여 죄를 범하게 한 자는 죄를 실행한 자와 동일한 형으로 처벌한다"(제31조 제1항)고 규정하고 있다. 간접정범이 자신의 의사지배를 통해 타인을 범행의 도구처럼 이용하여 범죄를 실행하게 하는 데 반하여 교사범은 범행에 대한 자기 자신의 행위지배가 없다는 점에서 구별된다. 그리고 교사범은 범행을 결심하지 않은 자로 하여금 범행의 결의를 하여 이를 실행하도록 하는 점에서 이미 범행을 결의하고 실행하는 자를 돕는 것에 불과한 방조범(종범)보다 불법성이 더 크다.

Ⅱ. 성립요건

1. 교사자의 교사행위

(1) 교사행위의 의의

교사행위란 타인으로 하여금 일정한 범죄를 결의하게 하는 것을 말한다. 교사행위의 방법에는 제한이 없다. 그리고 교사의 내용으로 범행일시, 장소, 방법 등의 세부적인 사항까지 특정하여 교사할 필요는 없다(대판 1991. 5. 14, 91도542). 그러나 교사자는 정범과 동일한 법정형으로 처벌하기 때문에 피교사자의 범행의사 형성에 영향력을 행사하여야 한다. 구체적인 방법으로는 설득이나 부탁, 위협, 유혹, 사례 약속 등이 그 예이다. 명시적인 방법과 묵시적 방법 모두가 가능하지만 부작위에 의한 교사는 인정되지 않는다(통설). 부작위의 방법으로는 범행 결정을 야기시키는 것이 불가능하다고 보기 때문이다.

판례 교사의 정도

• 막연히 "범죄를 하라"거나 "절도를 하라"고 하는 등의 행위만으로는 교사행위가 되기에 부족하다 하겠으나, 타인으로 하여금 일정한 범죄를 실행할 결의를 생기게 하는 행위를 하면 되는 것으로서 교사의 수단방법에 제한이 없다 할 것이므로, 교사범이 성립하기 위하여는 범행의 일시, 장소, 방법 등의 세부적인 사항까지를 특정하여 교사할 필요는 없는 것이고, **정범으로 하여금 일정한 범죄의 실행을 결의할 정도**에 이르게 하면 교사범이 성립된다.

피고인이 갑, 을, 병이 절취하여 온 장물을 상습으로 19회에 걸쳐 시가의 3분의 1 내지 4분의 1의 가격으로 매수하여 취득하여 오다가, 갑, 을에게 일제 드라이버 1개를 사주면서 "병이 구속되어 도망 다니려면 돈도 필요할 텐데 열심히 일을 하라(도둑질을 하라)"고 말하였다면, 그 취지는 종전에 병과 같이 하던 범위의 절도를 다시 계속하면 그 장물은 매수하여 주겠다는 것으로서 절도의 교사가 있었다고 보아야 한다.

교사범의 교사가 정범이 죄를 범한 유일한 조건일 필요는 없으므로, 교사행위에 의하여 정범이 실행을 결의하게 된 이상 비록 **정범에게 범죄의 습벽이 있어 그 습벽과 함께 교사행위가 원인이 되어 정범이 범죄를 실행한 경우**에도 교사범의 성립에 영향이 없다(대판 1991. 5. 14, 91도542).

교사는 여러 사람을 거쳐 최종 행위자로 하여금 범죄를 실행하게 할 수도 있다(연쇄교사 또는 간접교사). 그리고 이미 범죄를 결심하고 있는 자에게는 교사는 불가능하며(교사의 미수), 교사행위로 인하여 범행의 실행에 착수하여야 한다(교사의 원인성).

판례 교사행위와 범행의 인과성

• 피교사자가 범죄의 실행에 착수한 경우 그 범행결의가 교사자의 교사행위에 의하여 생긴 것인지는 교사자와 피교사자의 관계, 교사행위의 내용 및 정도, 피교사자가 범행에 이르게 된 과정, 교사자의 교사행위가 없더라도 피교사자가 범행을 저지를 다른 원인의 존부 등 제반 사정을 종합적으로 고려하여 사건의 전체적 경과를 객관적으로 판단하는 방법에 의하여야 하고, 이러한 판단 방법에 의할 때 피교사자가 교사자의 교사행위 당시에는 일응 범행을 승낙하지 아니한 것으로 보여진다 하더라도 이후 그 교사행위에 의하여 범행을 결의한 것으로 인정되는 이상 교사범의 성립에는 영향이 없다.

따라서 피고인이 결혼을 전제로 교제하던 여성 갑의 임신 사실을 알고 수회에 걸쳐 낙태를 권유하였다가 거부당하자, 갑에게 출산 여부는 알아서 하되 더 이상 결혼을 진행하지 않겠다고 통보하고, 이후에도 아이에 대한 친권을 행사할 의사가 없다고 하면서 낙태할 병원을 물색해 주기도 하였는데, 그 후 갑이 피고인에게 알리지 아니한 채 자신이 알아본 병원에서 낙태시술을 받은 사안에서, 피고인은 갑에게 직접 낙태를 권유할 당시뿐만 아니라 출산 여부는 알아서 하라고 통보한 이후에도 계속 낙태를 교사하였고, 갑은 이로 인하여 낙태를 결의·실행하게 되었다고 보는 것이 타당하며, 갑이 당초 아이를 낳을 것처럼 말한 사실이 있다는 사정만으로 피고인의 낙태교사행위와 갑의 낙태결의 사이에 인과관계가 단절되는 것은 아니라는 이유로, 피고인에게 낙태교사죄를 인정하였다(대판 2013. 9. 12, 2012도2744).

(2) 교사자의 고의

교사자에게는 피교사자로 하여금 특정한 범죄를 결의하게 하려는 교사행위에 대한 고의(교사의 고의)와 피교사자로 하여금 범죄행위를 기수에 이르도록 하겠다는 고의(정범의 고의)가 구비되어야 한다.

교사자는 막연히 범죄를 부추기는 것만으로는 부족하며 특정한 자에 대하여 특정한 범죄를 교사하여야 한다. 그러므로 다중을 상대로 한 교사범은 성립하지 않으며, 구체성을 결여한 범죄행위에 대한 교사도 인정되지 않는다. 따라서 단순히 연소한 사람에게 밥 값을 구하여 오라고 말한 정도로는 절도 범행을 교사한 것이라고 볼 수 없다(대판 1984. 5. 15, 84도418). 독일판례의 예를 들면 돈이 필요한 상대방에 대하여 은행이나 주유소를 털라고 말하자 응답을 하지 않은 채 헤어진 며칠 후에 실제로 은행 강도를 범한 경우에 교사범을 인정하지 않았다(BGHSt 34, 63.). 그 이유는 교사범이 구비하여야 할 범행에 대한 결의를 갖도록 하는 범행요구적 의미를 인정할 수 없다는 것이다.

교사범은 "죄를 실행한 자와 동일한 형으로 처벌"하기 때문에(제31조 제1항) 고의 역시 정범과 동일하게 가지고 있어야 한다. 즉 정범을 통한 범행 실현이라는 고의를 가지고 있어야 하므로 피교사자인 정범과 동일한 고의를 가지고 있어야 한다. 그리고 기수의 고의를 가지고 있어야 한다. 즉 교사범은 "타인을 교사하여 죄를 범하게 한 자"(제31조 제1항)로서 단순한 미수 이상의 의사를 가지고 있어야 한다.

2. 정범의 성립

교사범은 정범에 종속하여 성립하므로 피교사자, 즉 정범이 성립하여야 한다. 정범이 성립하여야 한다는 것은 피교사자인 정범의 행위가 구성요건에 해당하고 위법성이 인정되어야 교사범이 인정되는 것이다(제한적 종속형식).

판례 교사범의 정범종속성

• 정범의 성립은 교사범의 구성요건의 일부를 형성하고 교사범이 성립함에는 정범의 범죄행위가 인정되는 것이 그 전제요건이 되는 것이다(대판 1998. 2. 24, 97도183).

Ⅲ. 교사행위와 실행행위의 불일치

1. 실행행위의 초과 · 미달

(1) 실행행위가 교사 내용을 초과한 경우

이 경우에는 질적 초과와 양적 초과로 나누어 고찰할 수 있다. 질적 초과란 피교사자의 행위가 교사의 내용과 구성요건상 전혀 다른 경우를 의미한다. 예를 들어 절도를 교사하였는데 강간을 한 경우처럼 교사자의 고의와 피교사자의 실현된 범행 내용이 전혀 상이한 경우이다. 이는 교사한 범죄의 실행에 착수한 경우로 볼 수 없기 때문에 효과 없는 교사(제31조 제2항)에 해당하여 예비 · 음모를 처벌하는 경우 교사자는 교사한 구성요건의 예비 · 음모죄로 처벌된다.

양적 초과란 교사행위의 내용과 실현된 결과가 구성요건상 공통적인 요소를 가지고 있지만 결과적 측면에서 보아 교사 내용을 초과하여 실현된 경우를 말한다. 예를 들어 상해를 교사하였는데 살인을 하거나 절도를 교사하였는데 강도를 한 경우이다. 이 때에는 교사자는 피교사자에 의하여 실현된 범행 내용과 자신의 교사 내용이 일치하는 범위 내에서 형사책임을 부담할 뿐이다(예의 경우 상해교사죄 또는 절도교사죄로 처벌).

피교사자가 결과적 가중범을 범한 경우에는 중한 결과의 발생을 예견할 수 있었던 때(제15조 제2항)에는 교사자도 결과적 가중범의 교사범에 해당한다.

판례 교사범위의 초과와 교사자의 책임

• 교사자가 피교사자에 대하여 **상해 또는 중상해를 교사하였는데 피교사자가 이를 넘어 살인을 실행한 경우**에, 일반적으로 교사자는 상해죄 또는 중상해죄의 죄책을 지게 되는 것이지만 이 경우에 교사자에게 피해자의 사망이라는 결과에 대하여 과실 내지 예견가능성이 있는 때에는 상해치사죄의 죄책을 지울 수 있는 것이다(대판 2002. 10. 25, 2002도4089).

• 교사자가 피교사자에게 피해자를 "정신차릴 정도로 때려주라"고 교사하였다면 이는 상해에 대한 교사로 봄이 상당하다. 교사자가 피교사자에 대하여 상해를 교사하였는데 피교사자가 이를 넘어 살인을 실행한 경우, 일반적으로 교사자는 상해죄에 대한 교사범이 되는 것이고, 다만 이 경우 교사자에게 피해자의 사망이라는 결과에 대하여 과실 내지 예견가능성이 있는 때에는 상해치사죄의 교사범으로서의 죄책을 지울 수 있다(대판 1997. 6. 24, 97도1075).

(2) 실행행위가 교사 내용보다 경미한 경우

실행행위와 교사행위의 내용이 질적으로 동질성이 인정되는 경우에 피교사자가 과소실행한 때에는 공범의 종속성의 일반원칙에 따라 피교사자, 즉 정범의 형사책임 범위 내에서 책임을 지게 된다(통설). 그러므로 강도를 교사하였으나 피교사자가 절도를 한 경우에는 교사자는 절도죄의 교사범이 된다. 그러나 교사한 범죄가 예비·음모를 처벌하고, 그 형이 피교사자가 실행한 범죄의 형보다 무거운 경우에는 ① 양 죄의 상상적 경합을 인정하여 결국 교사한 범죄의 예비·음모죄로 처벌하여야 한다는 견해(통설)와 ② 양 죄의 법조경합으로 보는 견해(오영근)가 있으나 전자의 견해가 타당하다. 동질성이 인정되는 범행 간의 상위이므로 정범과 동일하게 처벌하는 교사범의 입법적 특성상 되도록이면 정범의 처벌 내용과 근접하는 것이 이러한 목적에 부합하기 때문이다.

2. 피교사자의 객체의 착오

범행교사와 관련하여 교사자가 행위객체를 특정한 경우에 피교사자가 행위객체에 대하여 착오를 일으켜 교사자가 교사한 것과 다른 행위객체에 대하여 결과가 발생한 경우에 교사자에게 어떠한 형사책임을 인정하여야 할 것인지가 문제된다. 예를 들어 교사자가 갑을 살해하라고 교사하였는데 피교사자가 을을 갑으로 알고 살해한 경우에 교사자에게 살인교사죄를 인정(객체의 착오설-법정적 부합설의 입장)(김성돈, 배종대, 손/김, 신동운, 임웅)할 것인지 아니면 갑에 대한 살인교사미수죄와 을에 대한 과실치사죄의 간접정범과의 상상적 경합범을 인정(방법의 착오설: 구체적 부합설의 입장)(김/서, 오영근, 이정원, 이형국)할 것인지가 문제되는 것이다(신양균, "정범의 객체의 착오와 교사자의 책임", 형사법연구 제25호 (2006 여름), 217면 이하 참조).

이 문제는 모든 경우를 일률적으로 판단하는 것이 타당하지 않음을 알아야 한다. 만일 법정적 부합설의 입장처럼 공범의 종속성을 이유로 정범에게 일어난 착오는 공범인 교사범에게 중요하지 않으며 종속성원칙에 따라 정범과 마찬가지로 객체의 착오를 인정하여야 한다면 교사(또는 방조)의 고의 내용에 따른 범행을 전제로 하는 공범의 종속성원칙에 반하는 해석이다. 그러므로 ① 만일 객체의 선정을 피교사자에게 일임한 경우 또는 객체의 착오가 일상적 생활관계상 예견가능한 경우에는 객체의 착오가 발생하였더라도 교사자에게 피교사자와 동일한 형사책임을 인정하는 것이 타당하다. 또한 행위객체를 특정하였어도 행위객체의 동일성이 중요하지 않기 때문에 그 불일치가 무의미한 경우, 예컨대 진품 고려청자를 절취하라고 교사하였는데 피교사자가 잘 몰라서 최근에 재현된 고려청자를 절취한 경우에는 교사자에게 피교사자와 동일하게 객체의 착오를 인정하는 것이 타당하다. 그러나 ② 행위객체의 동일성이 중요한 의미를 갖는 대상에 대하여 이를 구체적으로 특정한 경우에는 교사자에게 방법의 착오를 인정하는 두 번째 견해가 타당하다. 이 경우에는 실현된 결과가 교사자의 고의와 전혀 일치하지 않을 뿐만 아니라 교사자의 입장에서 오히려 원하지 않은 결과일 것이기 때문이다.

3. 피교사자의 고의 · 책임능력에 대한 착오

교사자가 피교사자의 고의나 책임능력의 존재 여부에 대하여 착오를 일으킨 경우의 처리에 대해서는 간접정범에서 피이용자에 대한 착오의 경우와 마찬가지의 상황으로 보아서 처리하여야 한다. 이와 관련하여 고의와 책임능력을 구분하지 않고 피이용자의 선의 · 악의만으로 구분하여 판단하는 견해도 있다(김/서). 그러나 행위지배라는 관점에서 볼 때 고의 유무와 책임능력의 유무를 구별하여 판단하는 것이 타당하다.

먼저 정범의 책임능력 유무에 대하여 착오를 일으킨 경우에는 어느 경우에도 교사범을 인정하여야 한다(통설). 이와 달리 고의 유무에 대하여 착오를 일으켜서 고의 없는 도구인 줄 알았으나 실제로는 정범에게 고의가 존재한 경우에는 ① 간접정범의 미수설, ② 미수의 교사범설이 있다. 이 경우에 정범은 행위지배를 하고 있었으므로 '이용자'에게 간접정범을 인정할 수는 없고 교사범을 인정하되 미수범에 불과하다고 보아야 한다. 반대로 피교사자에게 고의가 없음에도 불구하고 있다고 오인한 경우에는 피교사자에게 고의적인 정범행위를 인정할 수 없기 때문에 교사범이 성립할 수 없다고 보아야 한다. 동시에 이용자의 측면에서는 고의 없는 도구를 이용한 것도 아니므로 이용자가 간접정범에 해당한다고 볼 수도 없다. 다만 형사처벌의 허점을 감안하여 결과적으로 고의 없는 도구를 이용한 것으로 보아 간접정범을 인정하는 것이 타당할 것이다.

Ⅳ. 교사범과 신분

1. 진정신분범의 경우

진정신분범에서 신분자인 이용자가 비신분자인 제3자에게 범행을 교사한 경우 비신분자인 제3자는 '신분 없는 고의 있는 도구'에 해당한다. 이에 대해서는 간접정범설과 교사범설로 나뉠 수 있는데, 피이용자의 범행은 구성요건에 해당하지 않으므로 이용자인 신분자에게 교사범이 성립한다고 볼 수 없다. 이 경우 처벌상의 허점을 제거하기 위하여 신분자를 간접정범으로, 비신분자를 방조범으로 인정할 수도 있겠지만 직접 구성요건을 실현한 제3자가 정범이 아니라 공범이 된다는 것은 행위지배설의 입장과 배치되는 문제점이 있다.

2. 부진정신분범의 경우

부진정신분범의 경우 신분관계로 인한 형의 가감적 효과는 신분자에게만 영향을 미치므로 신분 없는 교사자나 피교사자에게는 영향이 없다(제33조 단서). 그러므로 존속살해죄에서 비신분자가 피교사자로 하여금 그의 존속을 살해하도록 교사한 경우에 교사자는 보통살인죄의 교사범이 되고 신분자인 피교사자는 존속살해죄에 해당한다. 한편 부진정신분범인 목적범에서 목적이 신분 요소에 해당하는가에 대해서는 논란이 있다. 대법원은 목적 역시 신분 요소에 해당한다고 보고 있다(아래 판례 참조). 만일 목적이 신분 요소가 아니라 단순한 주관적 구성요건 요소라고 본다면 목적범을 교사하는 자에게 기본적 구성요건의 교사범으로 처벌하여야 한다고 보아야 할 것이다(공범의 종속성 원칙을 적용).

판례 신분범에서 신분자인 교사자의 책임

• '타인을 교사하여 죄를 범하게 한 자는 죄를 실행한 자와 동일한 형으로 처벌한다'고 규정한 형법 제31조 제1항은 협의의 공범의 일종인 교사범이 그 성립과 처벌에 있어서 정범에 종속한다는 일반적인 원칙을 선언한 것에 불과하고, 따라서 이 사건과 같이 **신분관계로 인하여 형의 경중이 있는 경우**에 신분이 있는 자가 신분이 없는 자를 교사하여 죄를 범하게 한 때에는 형법 제33조 단서가 위 제31조 제1항에 우선하여 적용됨으로써 **신분이 있는 교사범이 신분이 없는 정범보다 중하게 처벌**된다(대판 1994. 12. 23, 93도1002).

이에 따라 대법원은 위증죄(제152조)에서 모해의 목적이 없는 피교사자는 단순위증죄(제152조 제1항)로, 모해의 목적을 가진 교사자는 모해위증죄(제152조 제2항)의 교사범으로 처벌하여야 한다고 판시하였다.

V. 교사범의 처벌

교사범은 정범과 동일한 법정형으로 처벌한다(제31조 제1항). 법정형이 동일하므로 선고형에서는 정범과 차이가 날 수 있음은 물론이다. 피교사자의 실행행위가 미수에 그친 경우 교사자는 미수범 처벌규정이 있는 한 미수범으로 처벌된다. 자기의 지휘·감독을 받는 사람을 교사한 때(특수교사)에는 정범에 정한 형의 장기 또는 다액에 그 2분의 1까지 가중한다(제34조 제2항). 이 경우 지휘·감독은 법적인 지휘·감독은 물론이지만 사실상의 지휘·감독도 포함한다.

Ⅵ. 교사의 미수와 미수의 교사

1. 교사의 미수

(1) 효과없는 교사, 실패한 교사

교사범은 피교사자와 동일하게 처벌되므로 피교사자의 범행이 미수에 그친 경우에는 미수범으로 처벌된다. 그리고 피교사자가 범행 교사를 받고 승낙을 한 다음 실행에 착수하지 않은 경우에는(이를 '효과 없는 교사'라고 한다) 교사자를 피교사자와 함께 예비·음모에 준하여 처벌한다(제31조 제2항). 교사를 하였으나 상대방이 범행을 거절하거나 이미 범행을 결심한 상태인 경우(이를 '실패한 교사'라고 한다)에는 교사자만을 예비·음모에 준하여 처벌한다(제31조 제3항). 그러나 피교사자가 특정한 범죄의 고의를 이미 가지고 있었더라도 교사자가 이보다 더 중한 범죄를 교사하여 실현하게 한 경우에는 중한 구성요건의 교사범이 성립한다. 예컨대 절도의 고의를 가진 자에게 강도를 교사한 경우, 폭행이나 상해의 고의를 가진 자에게 살인을 교사한 경우를 말한다.

판례 실패한 교사

• 교사범이란 정범인 피교사자로 하여금 범죄를 결의하게 하여 그 죄를 범하게 한 때에 성립하므로, 교사자의 교사행위에도 불구하고 피교사자가 범행을 승낙하지 아니하거나 피교사자의 범행결의가 교사자의 교사행위에 의하여 생긴 것으로 보기 어려운 경우에는 이른바 실패한 교사로서 형법 제31조 제3항에 의하여 교사자를 음모 또는 예비에 준하여 처벌할 수 있을 뿐이다(대판 2013. 9. 12, 2012도2744).

• 교사범이란 타인(정범)으로 하여금 범죄를 결의하게 하여 그 죄를 범하게 한 때에 성립하는 것이고 피교사자는 교사범의 교사에 의하여 범죄실행을 결의하여야 하는 것이므로, **피교사자가 이미 범죄의 결의를 가지고 있을 때에는 교사범이 성립할 여지가 없다**(대판 2012. 8. 30, 2010도13694). '게임산업 진흥에 관한 법률' 위반의 혐의로 수사기관에서 조사받는 피의자가 사실은 게임장·오락실·피씨방 등의 실제 업주가 아니라 그 종업원임에도 불구하고 실제 업주로부터 금전적 이익 등을 제공받기로 하고 단속이 되면 실제 업주를 숨기고 자신이 대신하여 처벌받기로 하는 역할(이른바 '바지사장')을 맡기로 하고 수사기관에 대해 자신이 실제 업주라고 허위로 진술하도록 교사를 받았다면 이미 범인도피를 결심하고 있었으므로 이에 대해서는 이후에는 범인도피교사가 인정되지 않는다고 한 판결이다. 이 경우 범인도피죄의 예비·음모를 처벌하지 않으므로 교사자에 대한 형사책임은 인정되지 않는다.

(2) 교사범의 공범관계 이탈

정범이 교사자의 교사행위에 의하여 범죄 실행을 결의하게 된 경우 실행행위 이전에 교사자가 범행을 중단할 것을 요구함에도 불구하고 피교사자가 범행을 실행한 경우 교사자가 공범관계로부터 이탈하여 교사범의 죄책을 부담하여야 하는지 문제된다.

교사범이 그 공범관계로부터 이탈하기 위해서는 피교사자가 범죄의 실행행위에 나아가기 전에 교사범에 의하여 형성된 피교사자의 범죄 실행의 결의를 해소하는 것이 필요하고, 이때 ① 교사범이 피교사자에게 교사행위를 철회한다는 의사를 표시하고 이에 피교사자도 그 의사에 따르기로 하거나 또는 ② 교사범이 명시적으로 교사행위를 철회함과 아울러 피교사자의 범죄 실행을 방지하기 위한 진지한 노력을 다하여 당초 피교사자가 범죄를 결의하게 된 사정을 제거하는 등 제반 사정에 비추어 객관적·실질적으로 보아 교사범에게 교사의 고의가 계속 존재한다고 보기 어렵고 당초의 교사행위에 의하여 형성된 피교사자의 범죄 실행의 결의가 더 이상 유지되지 않는 것으로 평가할 수 있다면, 설사 그 후 피교사자가 범죄를 저지르더라도 이는 당초의 교사행위에 의한 것이 아니라 새로운 범죄 실행의 결의에 따른 것이므로 교사자는 제31조 제1항에 의한 교사범으로서의 죄책을 부담하지는 않는다(형법 제31조 제2항에 의한 죄책을 부담할 가능성은 있다).

판례 **교사자의 범행 중단 요구에도 불구하고 피교사자가 범행을 계속한 경우**

• **사건개요**: 갑(피고인)은 을(피교사자)에게 전화하여 ○○은행 노조위원장인 피해자의 불륜관계를 이용하여 공갈할 것을 교사하였고, 이에 을은 피해자를 미행하여 피해자가 여자와 함께 호텔에 들어가는 현장을 카메라로 촬영한 후 갑에게 이를 알렸다. 그러나 갑은 을에게 여러 차례 전화하여 그 동안의 수고비로 500만원 내지 1,000만원을 줄 테니 촬영한 동영상을 넘기고 피해자를 공갈하는 것을 단념하라고 하여 범행에 나아가는 것을 만류하였다. 그럼에도 을은 갑의 제안을 거절하고 위와 같이 촬영한 동영상을 피해자의 핸드폰에 전송하고 전화나 문자메시지 등으로 1억원을 주지 않으면 여자와 호텔에 들어간 동영상을 가족과 회사에 유포하겠다고 피해자에게 겁을 주어 피해자로부터 현금 500만원을 교부받았다.

판결이유: 대법원은 교사범에게 공갈교사죄를 인정하였다. 피고인의 교사행위와 피교사자의 공갈행위 사이에는 상당인과관계가 인정되고, 피고인의 만류행위가 있었지만 피교사자가 이를 명시적으로 거절하고 당초와 같은 범죄 실행의 결의를 그대로 유지한 것으로 보이는 이상, 피고인이 공범관계에서 이탈한 것으로 볼 수 없다고 판시하였다(대판 2012. 11. 15, 2012도7407).

2. 미수의 교사

(1) 의 의

미수의 교사란 교사자가 피교사자의 범행을 기수가 아니라 미수단계에서 그치게 할 의

도로 교사한 경우를 말한다.

(2) 함정교사

미수의 교사의 전형적인 예로서 함정수사를 들 수 있다. 함정수사는 마약수사처럼 증거물을 확보하기가 어려운 범죄사건에서 범죄의 기회를 제공하는 등의 방법으로 범행을 유발하여 범인을 체포하는 수사방법으로 이용된다. 그러나 타인을 교사하여 범행을 유발하게 하지만 범행을 기수에 이르도록 할 고의는 없으며 실행에 착수한 다음 기수에 이르기 전에 범행현장에서 검거하는 것을 의미한다(기회제공형 함정수사). 수사기관이 계략을 사용하여 범인을 체포하는 수사방법이므로 여기에 동원되는 범죄유발자(프랑스어로 agent provocateur라고 한다)는 대개 수사관이나 동일 조직 내의 첩자일 경우가 많다.

판례 **함정수사의 의의**

- 함정수사라 함은 본래 범의를 가지지 아니한 자에 대하여 수사기관이 사술이나 계략 등을 써서 범죄를 유발케 하여 범죄인을 검거하는 수사방법을 말하는 것이므로, 범의를 가진 자에 대하여 범행의 기회를 주거나 범행을 용이하게 한 것에 불과한 경우에는 함정수사라고 할 수 없다(대판 2004. 5. 14, 2004도1066).

함정수사와 같은 미수의 교사에서 교사자에 대한 형사처벌은 교사범설과 불가벌설이 대립한다. 교사범의 고의는 기수의 고의를 포함하므로 피교사자의 행위가 미수에 그친 경우 미수의 교사는 불가벌로 보는 것이 타당하다(통설: 김/서, 안동준, 오영근, 이/장/강, 이형국, 임웅, 정/박). 그러나 교사자는 피교사자의 행위가 미수단계에만 나아갈 것으로 예상하였으나 교사자의 고의와 달리 미수단계를 넘어 기수에 이른 경우에는 결과 발생에 대한 교사자의 과실 유무에 따라 과실범에 해당한다는 견해(김/서, 오영근, 이/장/강, 조준현)와 방조범에 해당한다는 견해(배종대)가 있다. 과실범을 인정하는 것은 피교사자의 행위가 미수단계를 초과하지 않도록 하여야 한다는 교사자의 주의의무위반을 전제로 하고 있다. 그러나 결과 발생에 대한 동기유발을 하였다는 점에서는 발생한 결과에 대한 방조범을 인정하는 것이 타당하다.

그러나 함정수사는 범행의 고의가 없는 자로 하여금 범행을 유발한다는 점에서 제한이 필요하다. 국가권력 작용으로서 국민을 보호하기보다 범죄를 유발하고 범인을 만들어내기 때문이다. 그러므로 전혀 범행의 고의가 없는 자를 유인하여 범죄를 하도록 하여 체포하는 소위 범의유발형 함정수사는 위법한 수사방법으로서 적법성이 없다.

판례 허용되지 않는 함정수사

• 경찰관이 노래방의 도우미 알선 영업단속 실적을 올리기 위하여 그에 대한 제보나 첩보가 없는데도 손님을 가장하고 들어가 도우미를 불러낸 사안에서, 위법한 함정수사로서 공소제기가 무효라고 하였다(대판 2008. 10. 23, 2008도7362).

• 범의를 가진 자에 대하여 단순히 범행의 기회를 제공하거나 범행을 용이하게 하는 것에 불과한 수사방법이 경우에 따라 허용될 수 있음은 별론으로 하고, **본래 범의를 가지지 아니한 자에 대하여 수사기관이 사술이나 계략 등을 써서 범의를 유발케 하여 범죄인을 검거하는 함정수사는 위법함을 면할 수 없고**, 이러한 함정수사에 기한 공소제기는 그 절차가 법률의 규정에 위반하여 무효인 때에 해당한다고 볼 것이다(대판 2005. 10. 28, 2005도1247). 이는 소위 기회제공형 함정수사는 적법하지만 범의유발형 함정수사는 위법한 수사방법으로서 정당화될 수 없음을 판시한 것이다.

Ⅶ. 교사의 교사

1. 개 념

교사의 교사란 교사자와 피교사자의 2자 관계가 아니라 여러 명의 교사자(동시에 피교사자)가 개입하는 연쇄적 형태의 교사를 말한다. 예를 들어 갑이 을을 교사하고 을은 다시 병을 교사하여 종국적으로는 병이 범행을 실행하는 경우를 말한다. 교사의 교사를 다시 1인의 중간교사자가 개입하는 간접교사와 수인이 개입하는 연쇄교사로 구별하기도 한다(김/서, 배종대, 이/장/강, 임웅). 그러나 양자 간에 법적인 차이가 없으므로 이를 구별하는 것은 의미가 없다.

2. 연쇄교사의 가벌성

연쇄교사의 가벌성에 대해서는 부정설과 긍정설이 있을 수 있지만 현재 학설과 판례는 긍정설에 입각하고 있다. 간접교사라고 하더라도 교사의 인과성이 유지되기 때문에 교사범으로 처벌하는 것은 당연하다.

판례 연쇄교사

• 갑이 을에게 범죄를 저지르도록 요청한다는 것을 알면서 갑의 부탁을 받고 갑의 요청을 을에게 전달하여 을로 하여금 범의를 야기케 하는 것은 교사에 해당한다(대판 1974. 1. 29, 73도3104).

형법은 타인을 교사하여 죄를 범하게 한 자를 정범과 같이 처벌하고 있는데 여기에서

'죄'란 본범을 의미하는지 아니면 교사행위도 포함하는지 여부가 문제된다. 생각건대 '죄'의 범주에는 종국적으로 실현될 본범을 의미한다고 보아야 한다. 그러므로 교사범의 본질이 범죄 야기의 측면에서 반드시 직접 본범으로 연결되는 교사행위가 아니라 하더라도 연쇄적인 교사행위가 결국은 본범으로 연결되었다면 교사범에 해당한다고 볼 수 있는 것이다. 이에 대해서는 최초의 교사자가 최종의 피교사자를 알지 못하는 점을 들어 피교사자에 대한 특정성이 결여되어 있다는 비판이 있을 수 있지만 연쇄적인 교사의 직접 상호 간에는 언제나 특정성이 존재한다는 점에서 타당하지 않다.

3. 선의의 제3자 개입과 연쇄교사

교사사실을 인식하지 못하는 선의의 중간 교사자가 있는 경우에 교사의 고의가 인정되지 않는 선의의 교사자를 처벌할 수 없음은 당연하지만 이를 제외한 이전의 교사자에 대한 교사범 성립 여부는 문제이다. 이 경우 비록 중간에 선의의 제3자가 개입되었더라도 결국 교사로 인하여 고의를 갖게 된 피교사자가 범행을 실행하였으면 선의의 제3자를 개입시킨 교사자를 처벌하는 것이 형사정책적으로도 타당하다(통설). 결국 선의의 제3자가 개입하였더라도 최초의 교사행위가 인정되고 목표로 삼은 범행이 실현되었다면 "타인을 교사하여 죄를 범하게 한 자"에 해당하는 것이다.

제5절 방조범

> 제32조(종범) ① 타인의 범죄를 방조한 자는 종범으로 처벌한다.
> ② 종범의 형은 정범의 형보다 감경한다.

Ⅰ. 방조범의 의의

방조란 실행행위 이외의 행위로 정범의 실행행위를 도와주는 것을 의미한다. 형법은 "타인의 범죄를 방조한 자를 종범으로 처벌"하며, "종범의 형은 정범의 형보다 감경한다"(필요적 감경)고 규정하고 있다(제32조). 실제에 있어서는 정범의 행위와 방조행위의 한계가 분명하지 않은 경우가 많기 때문에 비록 정범의 실행행위의 일부를 실현하였더라도 방조범(종범)에 불과한 경우가 있을 수 있다(승계적 방조의 문제).

방조범은 범행에 대한 행위지배가 없다는 점, 범행 가담자 상호 간의 의사합치를 전제로 하는 공동정범과 달리 편면적 방조행위가 가능하다는 점에서 공동정범과 구별된다. 그리고 장물죄나 증거인멸죄, 범인은닉죄 등은 본범의 범행 이후에 성립하는 범죄행위라는 점에서 사후종범事後從犯이라고 부르기도 하지만 이들 구성요건은 엄밀한 의미에서는 독립적 구성요건에 해당하며 종범이 아니다. 또한 정범의 실행행위를 방조하는 형법각칙상의 범죄, 예를 들면 간첩방조(제98조 제1항), 자살방조(제252조 제2항), 도주원조(제147조)나 간수자의 도주원조(제148조)는 비록 방조 또는 원조라는 용어를 사용하고 있지만 정범종속적인 총칙상의 종범이 아니라 독립적인 정범에 해당한다. 그러므로 이들 범죄는 총칙상의 종범 감경대상이 아니다.

판례 간첩방조죄와 방조범

• 형법 제98조 제1항의 **간첩방조죄는 정범인 간첩죄와 대등한 독립죄**로서 간첩죄와 동일한 법정형으로 처단하게 되어 있어 형법 총칙 제32조 소정의 감경대상이 되는 종범과는 그 실질이 달라 종범 감경을 할 수 없는 것이므로 그 가중규정인 국가보안법 제4조 제1항 제2호의 반국가단체의 간첩방조죄에 대하여도 그 정범인 반국가단체의 간첩죄와 동일한 법정형으로 처단하여야 하고 종범 감경을 할 수 없다(대판 1986. 9. 23, 86도1429).

Ⅱ. 방조행위

1. 방조행위의 유형

형법상 방조행위는 정범에 종속하는 방조행위와 정범행위로서의 방조행위, 즉 독립적 구성요건인 방조행위가 있다.

(1) 정범종속적 방조행위

정범종속적 방조행위란 정범에 종속하여 성립하는 종범을 말한다. 방조행위가 정범행위에 종속하여 성립하는 경우 방조행위의 내용이 문제된다.

판례는 정범의 범행 결의를 강화하는 것도 방조행위로 보고 있으며, 학설은 방조행위를 "실행행위 이외의 행위로서 정범을 원조하여 정범의 범죄 실행을 용이하게 하거나 강화하는 일체의 행위"를 말하는 것으로 보고 있다. 예를 들어 자동차운전면허가 없는 사람에게 승용차를 제공하여 그로 하여금 무면허운전을 하게 하였다면 이는 도로교통법위반죄(무면허운전)의 방조행위에 해당한다(대판 2000. 8. 18, 2000도1914). 다만 이 경우에도 범행 결의를 강화하였다는 증명이 필요하다고 하여 인과 관련성이 불분명한 심리적 방조행위의 인정을 경계하는 견해(이용식)도 있다.

판례 무형적, 정신적 방조행위

• 사건개요 : 주식의 입·출고 절차 등 주식의 관리에 관한 일체의 절차를 정확하게 알고 있는 증권회사의 중견직원인 피고인들이 공동피고인 최○호에게 피해자의 주식을 인출하여 오면 관리하여 주겠다고 하였다. 이에 공동피고인이 출고전표를 위조하는 방법으로 주식을 인출하여오자 피고인들은 이 주식을 자신들이 관리하는 증권계좌에 입고하여 관리·운용하여 주었다.

판결이유 : 대법원은 "형법상 방조행위는 정범의 실행행위를 용이하게 하는 직접, 간접의 모든 행위를 가리키는 것으로서 그 방조는 유형적, 물질적인 방조뿐만 아니라 **정범에게 범행의 결의를 강화하도록 하는 것과 같은 무형적, 정신적 방조행위까지도 이에 해당한다**고 할 것이다. 따라서 … 피고인들이 … 공동피고인에게 피해자의 주식을 인출하여 오면 관리하여 주겠다고 하고, 나아가서 부정한 방법으로 인출해 온 주식을 피고인들이 관리하는 증권계좌에 입고하여 관리운용하여 주었다면, 이러한 피고인들의 행위는 정범인 … 공동피고인의 일련의 부정한 주식 인출절차에 관련된 출고전표인 사문서의 위조, 동행사, 사기 등 상호 연관된 일련의 이 사건 범행 전부에 대하여 방조행위가 된다"고 판시하였다(대판 1995. 9. 29, 95도456).

1) 정신적 방조

정신적 또는 지적 방조행위는 범행장소에 대한 설명, 금고나 문을 여는 방법, 범행대상에 대한 정보제공과 같은 기술적 조언의 형태나 조언, 범행현장에 함께 있어 주는 것, 정범의 범행 결의를 강화해주는 범행에 대한 격려 등의 방법으로 이루어지는 방조행위를 일컫는다. 이처럼 이미 범행을 결심한 자에 대해서만 방조가 가능하다는 점에서 교사범과 구별된다. 그러나 정신적 방조는 입증하기가 어려우므로 범행에 대한 긍정적 태도 표명을 이유로 인정할 것이 아니라 결과 발생에 대하여 입증할 수 있는 영향을 미쳤는가 여부에 따라 판단하여야 한다.

2) 부작위에 의한 방조

부작위에 의한 방조행위는 가능하다는 것이 통설과 판례(대판 1996. 9. 6, 95도2551; 1984. 11. 27, 84도1906)의 입장이다. 그러나 정범의 범행을 제지하지 않은 보증인적 지위에 있는 자의 부작위가 방조행위인지 아니면 정범행위인지 여부가 문제된다. 이에 대해서는 첫째 방조범설, 둘째 정범 또는 방조범이 모두 성립가능하다는 견해가 있다. 이 경우에는 부작위가 구성요건 해당행위인 경우에는 정범에 해당한다고 보아야 하고, 단순히 구성요건에 해당하는 행위를 도와주는 행위에 불과한 경우에는 방조범에 해당한다고 보는 것이 타당하다. 그러므로 은행지점장이 부하 직원의 은행에 대한 배임행위를 발견하고도 손해의 보전에 필요한 조치를 취하지 않고 방치한 경우에 업무상 배임죄의 방조범을 인정한 판례(대판 1984. 11. 27, 84도1906)를 이해할 수 있다. 마찬가지로 자녀를 살해하는 현장을 보고도 이를 방치한 부모는 살인이라는 구성요건 해당행위를 한 것은 아니므로 살인죄의 방조범에 불과하다. 또한 목적범이나 신분범처럼 정범이 성립하기 위해서 추가적인 구성요건 요소가 필요한 경우에 이를 구비하지 못한 부작위자는 종범에 불과하다. 자수범의 경우에도 부작위에 의한 정범 성립은 인정되지 않는다.

판례 부작위에 의한 방조

• 형법상 방조는 작위에 의하여 정범의 실행을 용이하게 하는 경우는 물론, 직무상의 의무가 있는 자가 정범의 범죄행위를 인식하면서도 그것을 방지하여야 할 제반 조치를 취하지 아니하는 부작위로 인하여 정범의 실행행위를 용이하게 하는 경우에도 성립된다.

따라서 법원의 입찰사건에 관한 제반 업무를 주된 업무로 하는 공무원이 자신이 맡고 있는 입찰사건의 입찰보증금이 계속적으로 횡령되고 있는 사실을 알았다면, 담당 공무원으로서는 이를 제지하고 즉시 상관에게 보고하는 등의 방법으로 그러한 사무원의 횡령행위를 방지해야 할 법적인 작위의무를 지는 것이 당연하고, 비록 그의 묵인 행위가 배당불능이라는 최악의 사태를 막기 위한 동기에서 비롯된 것이라고 하더라도 자신의 작위의무를 이행함으로써 결과 발생을 쉽게 방지할 수 있는 공무원이 그 사무원의 새로운 횡령범행을 방조 용인한 것을 작위에 의한 법익 침해와 동등한 형법적 가치가 있는 것이 아니라고 볼 수는 없다는 이유로, 그 담당 공무원을 업무상횡령의 종범으로 처벌하였다(대판 1996. 9. 6, 95도2551).

(2) 정범행위로서의 방조행위

형법에는 방조행위가 정범 종속적인 공범행위로서가 아니라 독립적 구성요건에 해당하는 행위로서 인정된 경우가 있다. 예를 들면 자살방조죄(제252조 제2항)나 간첩방조죄(제98조 제1항, 국가보안법 제4조 제1항 제2호)가 그러하다. 이들 구성요건은 행위방법이 방조행위일 뿐 실질적으로는 방조행위를 내용으로 하는 정범행위로서 독립적 구성요건이다. 간첩방조죄의 법정형이 간첩죄와 동일하게 사형, 무기 또는 7년 이상의 징역에 처하도록 한 것은 그 반증이다. 또한 간첩방조죄는 종범 감경이 되지 않는다.

이러한 정범행위로서의 방조행위가 어느 정도의 인과성을 가져야 하는지에 대해서는 학설·판례는 별도의 논의가 없다. 그러나 정범성을 띠기 위한 행위라는 점에서 정범종속적 방조행위보다 높은 인과성이 필요하다고 보아야 한다. 즉 자살방조죄의 경우에는 자살행위를 구체적으로 도와주는 행위, 예를 들어 자살용 물품을 제공하는 행위나 자살방법을 알려주는 행위 등이다. 그리고 간첩방조죄의 경우에는 간첩행위를 직접 도와주는 정도의 행위가 있어야 간첩행위와 동등하게 취급되는 간첩방조죄의 구성요건적 정당성을 확보할 수 있을 것이다. 그러나 기존의 판례는 이러한 수준에 미달하는 경우에도 구성요건해당성을 인정하는 문제점을 지니고 있다.

판례 자살방조죄와 '유서대필사건'

• 사건개요 : 피고인은 갑이 분신자살을 하겠다는 생각을 갖고 있음을 알고 그 실행을 용이하게 도와주겠다는 의도로 리포트 용지에 검은 색 사인펜으로 유서 2장을 작성하여 줌으로써 그 유서내용에 의하여 갑에게 그의 분신자살이 조국과 민족을 위한 행위로 미화될 것이며 사후의 장례의식을 포함한 모든 문제도 전국민족민주운동연합에서 책임진다는 것을 암시하는 방법으로 분신자살의 실행을 용이하게 도와주어 갑의 자살을 방조하였다는 사건이다.

판결이유 : 대법원은 자살을 결심하고 있는 자의 유서를 대필하여 준 행위를 자살방조죄에 해당한다고 하면서 "형법 제252조 제2항의 자살방조죄는 자살하려는 사람의 자살행위를 용이하게 실행하도록 함으로써 성립되는 것으로서, 그 방법에는 자살도구인 총, 칼 등을 빌려주거나 독약을 만들어주거나, 조언 또는 격려를 한다거나 기타 적극적, 소극적, 물질적, 정신적 방법이 모두 포함"된다고 판시하고 있다. 그러나 동 판결은 동시에 "적극적, 정신적 방법으로 자살하려는 사람에게 자살의 동인動因과 명분을 주어 자살을 용이하게 실행"하도록 하는 것도 자살방조죄에 해당한다고 판시하고 있다. 즉 **자살결심이 아직 불확정적인 사람에게 자살의 동인을 제공하는 행위도 자살방조죄에 해당한다**는 것이다(대판 1992. 7. 24, 92도1148).

평　　가 : 그러나 이러한 행위는 자살계획이 없는 사람에게 자살을 결심하도록 하는 정도에서 자살교사죄에 해당하지 않는 한 자살방조죄에는 해당하지 않는다고 보아야 할 것이다. 자살의 방조란 자살을 결심하고 있는 자에 대하여 자살을 용이하게 하여 주는 행위를 말한다. 자살도구를 제공하거나 자살방법을 알려주는 행위 등이 이에 포함된다. 즉 **자살방조죄에서의 방조행위는 직접 자살행위를 대상으로 하여야 한다**. 그러나 유서대필의 방법은 이 자살행위 자체를 용이하게 한 것이라고 볼 수는 없다(피고인은 유서대필사실 자체를 부인하였다). 그리고 이 사건은 그 후 재심으로 파기되었다(대판 2015. 5. 14, 2014도2946).

방조행위의 성격에 대한 판례의 이러한 입장은 정범 종속적 방조범에 대한 것과 동일하다. 간첩방조죄의 경우를 살펴보더라도 국가보안법 제4조 제1항 소정의 '반국가단체의 구성원 또는 그 지령을 받은 자'라는 요건은 정범인 간첩죄에 있어서만 필요로 하는 것이며 그 방조죄에 있어서는 이러한 요건이 필요하지 않으며, 오로지 '반국가단체의 간첩'이라는 인식만 있으면 그 주체가 될 수 있다(대판 1986. 9. 23, 86도1429)고 해석하고 있다. 간첩방조죄의 정범요건이 이처럼 간단하다면 행위요건은 그 만큼 더 엄격하여야 함은 당연하다. 그런데도 "일반 시중의 서점에서 구입할 수 있는 책자라 하더라도 그 기재내용이 군사기밀이나 국가기밀에 관련된 사항을 포함하고 있다면 그와 같은 책자를 수집하여 반국가단체의 구성원이나 그 지령을 받은 자에게 제공하는 행위는 국가보안법 소정의 간첩방조죄에 해당한다"는 위 판결의 판시내용은 이러한 요건에 부합한다고 보기 어렵다. 특히 군사기밀이나 국가기밀 관련사항 여부에 대한 해석이 신축적일 경우 간첩방조죄의 성립 여부 역시 신축적이 될 수밖에 없는 논리이다.

정범행위로서의 방조행위와 정범종속적인 방조행위를 구분하지 않는 대법원의 이러한 접근방법은 학설에서도 마찬가지이다. 즉 학설 역시 방조행위를 정범에 종속하는 본래의 방조범의 경우와 행위방법은 방조이지만 방조행위 자체가 독립적 구성요건 해당행위인 경우를 구별하지 않고 있다(김/서, 백형구, 오영근, 이/장/강, 이정원, 임웅).

2. 편면적 방조

편면적 방조란 정범이 종범의 방조행위를 인식하지 못한 상태에서 이루어지는 방조행위를 말한다. 즉 종범은 정범의 실행행위가 위법한 것을 전제로 해서 인정되지만(제한적 종속성) 정범이 종범의 방조행위를 인식하고 있을 필요는 없다.

3. 간접방조와 교사의 방조

방조의 방조, 즉 간접방조도 정범에 대한 방조로 인정된다. 그리고 교사를 방조하거나 방조를 교사한 경우에도 역시 정범에 대한 방조범이 성립한다(통설).

4. 방조행위의 인과성

방조행위와 정범에 의한 결과 발생 사이에 인과관계가 필요한지 여부가 방조행위의 인과성의 문제이다.

(1) 인과관계 불요설

이는 구성요건을 실현하는 정범의 행위가 종료되기 전 어느 시점에서건 방조행위를 통하여 정범의 행위를 촉진하면 되며, 반드시 정범의 결과 발생에 조건설적 인과관계일 필요는 없다는 견해이다(대판 1986. 12. 9, 86도198). 그 논거로는 본범에 대한 방조행위는 방조범 처벌규정에 의하여 성립과 처벌이 가능할 뿐만 아니라, 정범에 의하여 야기된 결과를 방조자에게 그 자신의 작품으로 귀속시킬 수도 없는 것이므로 방조범의 가벌성은 반드시 정범 영역에서 전제되는 인과관계에 의존할 필요가 없다는 점을 들고 있다.

판례의 입장을 인과관계 필요설로 이해할 것인지 아니면 불요설로 이해할 것인지에 대해서는 논란이 있을 수 있다. 그러나 인과관계의 필요성 여부를 판단할 경우에 확장된 의미의 인과관계로 이해한다면 사실상 논의 자체가 무의미하다. 다시 말해 정범의 범행 결의를 강화해 준 경우까지를 인과관계가 인정된다고 보는 것은 인과관계의 본래적 의미에 배치될 뿐만 아니라 방조범에서의 인과관계 문제를 혼란스럽게 한다. 그러므로 방조행위의 인과관계란 최소한 정범의 실행행위에 직접적이거나 간접적으로, 그리고 현실적이거나 잠재적으로 영향을 미치는 수준의 것이어야 한다고 보는 것이 타당하다. 이에 따르면 판례의 입장은 이러한 정도의 방조행위를 필요로 하지 않는다고 보는 인과관계 불요설에 입각하고 있다.

(2) 위험증대설

위험증대설은 방조범을 위험범으로 파악하여 인과관계를 요구하지 아니하는 견해로서 인과관계 불요설의 범주에 포함된다고 볼 수 있다. 즉 방조범을 추상적 위험범, 구체적 위험범 혹은 추상적·구체적 위험범으로 파악하여 방조행위를 통하여 결과 발생의 개연성을 높인 것만으로 충분하다는 것이 위험증대설의 입장이다. 그러나 위험증대설이라고 하더라도 현실적 위험증대를 의미하는지, 아니면 가능성만으로도 위험증대를 인정하는지가 명확하지 않다. 예를 들어 절도범에게 자물쇠를 열 수 있는 열쇠를 제공하였으나 사용하지 않은 경우에 방조의 미수로서 처벌되지 않는다고 보는 반면에 동일한 사안에서 위험증대를 인정하는 견해도 있다(이용식).

인과관계가 불필요하다는 입장에서의 위험증대설이라면 방조행위로 인하여 정범의 범행 수행을 용이하게 할 수 있는 가능성만으로도 위험성의 증대는 인정된다고 볼 수 있다. 위험은 현실적 발생가능성을 의미하는 것으로서 이 경우에도 정범행위의 현실적 방조가 필수적 요건이라고 보기 어렵기 때문이다. 그러하다면 위험증대설은 인과관계 불요설에 대한 비판에 직면하며, 종범의 미수를 처벌하지 않는데도 불구하고 위험야기 수준에 불과한 방조기도행위까지도 방조범으로 보게 된다는 지적에서 벗어나기 어렵다.

(3) 인과관계 필요설

방조행위와 정범의 결과 간에 다양한 정도의 차이가 있지만 기본적으로 인과관계가 존재하여야 한다는 견해이다(통설). 필요설의 논거로는 인과관계가 필요하지 않다고 할 경우 방조의 시도만으로도 유효한 방조행위가 되어 미수행위가 기수가 되는 모순이 발생하는 점, 방조범의 고의에는 본 범의 결과 발생에 대한 인과관계 인식이 포함되어야 하며 단순한 연대감의 표시행위만으로는 방조범이 될 수 없다는 점, 인과적이지 않은 방조행위를 인정한다면 본 범은 이의 도움을 받지 않은 행위이기 때문에 결국 방조범의 종속성 원칙을 무시하게 된다는 점 등이 주장된다.

인과관계가 필요하다고 보더라도 구체적인 내용에서는 여러 가지 입장이 있다. 우선 방조행위가 구성요건적 결과 발생을 위하여 범행 결의를 강화하거나 행위 수행을 용이하게 하거나 외부의 방해를 차단하는 등의 방법으로 정범의 행위에 영향을 미치면 된다는 견해가 있다.

이와 관련하여 정범행위연관설과 정범결과연관설을 구분하여 평가하는 견해가 있다(신동운, 이용식). 그리고 방조행위를 인정하기 위해서는 정범의 실행행위를 촉진하였을 뿐만 아니라 방조행위가 결과에까지 촉진적이거나 인과적인 영향을 미쳤을 경우에 한하여 방조자에 대한 귀책이 가능하다고 한다.

그러나 결과를 지향하지 않는 행위는 무의미하다는 점과 실행에 착수하지 않은 정범행위에 대한 방조행위는 불가벌이라는 점(정범이 실행에 착수하였다는 것은 이미 주관적인 측면에서 결과 실현을 목표로 하고 있다)을 고려할 때 결국 마찬가지라고 본다. 그리고 실무에서 인과관계 입증의 곤란을 피하기 위하여 정범행위만의 연관성을 요구한다고 하지만 그 차이가 현저한 것은 아니다. 왜냐하면 정범결과연관설을 취하더라도 반드시 객관적 귀속론에 의한 결과의 객관적 귀속과는 구분되는 개념으로 이해하고 방조행위가 정범의 범죄 실행의 방법이나 수단에 어떤 영향을 미쳤다 하더라도 인과관계는 인정하기 때문에 정범결과연관설을 취한다고 해서 정범행위연관설에 비하여 인과관계 인정요건이 강화되는 것은 아니기 때문이다. 이처럼 방조행위의 인과성은 정범의 행위를 지향하는 것이어야 하지만, 이것이 정범의 범행 결과와 무관하다는 것을 의미하는 것은 아니며 다만 공동정범과 다른 속성상 정범의 '범행을 돕는다'는 의미에서 정범행위 지향적이라고 보는 것이다.

이러한 입장에서는 범행도구를 마련해 주었으나 사용하지 않았다고 하더라도 인과성의 요구를 포기하지 않고서도 방조범을 인정할 수 있게 된다. 범행도구의 조달은 비록 사용하지 않았더라도 정범의 범행을 지향하는 행위이기 때문이다.

다른 한편으로는 결과범의 경우에는 방조행위와 정범의 실행행위에 의한 결과 발생 사이에 인과관계를 다루어야 하고, 거동범의 경우에는 방조행위와 정범의 실행행위 사이의 인과관계를 다루어야 한다는 견해가 있다. 이 견해 역시 기술한 바와 같이 행위와 결과를 구분하는 사고로서 방조행위의 인과성 여부를 판단하는 데에 특별한 의미를 부여하기 어렵다.

(4) 기회증대설

인과관계 필요설의 입장에서 방조행위가 정범의 범죄 실행 과정에서 구성요건적 결과 발생의 기회를 현실적으로 증대시켜야 한다고 보는 기회증대설이 있다(김/서, 신동운, 이정원, 정/박). 기회증대설에서는 방조행위와 실행행위 사이에 절대적 제약관계라는 의미에서가 아니라 변형된 인과관계 정도로 충분하다고 한다. 구체적으로는 구성요건적 결과 발생을 가능하게 하거나 용이하게 하는 것 또는 강화하거나 확실하게 하는 것 등이다. 그러므로 결과 발생의 기회를 감소시킨 경우나 정범의 계획보다 결과 발생의 범위를 축소시킨 경우, 즉 소위 위험감소의 경우에는 방조행위를 인정하지 않는다.

(5) 공범의 처벌 근거와 방조범의 인과관계

방조범의 인과관계 문제는 공범을 처벌하는 근거와 분리하여 논의할 수 없다. 공범이 처벌되기 위해서는 공범행위의 불법성이 인정되어야 하는데 인과관계의 문제는 공범의 불법성을 인정하기 위한 전제로서 논의되기 때문이다.

공범의 처벌근거가 논의의 실익이 있는가에 대한 문제제기도 있지만 공범의 처벌 근거는 공범처벌의 이론적 근거에 해당하는 문제로서 반드시 공범처벌의 법적 근거로 이해할 필요는 없다고 본다. 공범의 처벌 근거에 대해서는 주지하다시피 책임가담설과 불법가담설, 독립적 공범설 및 야기설이 있다. 책임가담설의 경우 제한적 종속형식을 취하는 한 책임이 인정되지 않는 정범행위에 대한 공범도 성립할 수 있기 때문에 논리적으로 타당하지 않다. 불법가담설은 정범의 범행에 인과적으로 가담하는 행위를 공범으로 보는 점에서는 타당하다. 그러나 일체의 인과적 가담행위가 공범이 된다고 볼 수 없는 경우, 예를 들어 대향범의 경우에도 공범으로 보게 되는 문제점과 방조범의 경우에는 적극적인 불법 가담을 인정하기 어렵다는 점에서 이론적으로 한계가 있다. 독립적 공범설은 공범종속설의 입장에서는 수용하기 어려운 견해이다. 결국 공범이 유형적이거나 무형적인 협력을 통해서 정범의 범행을 조장 또는 촉진하는 데에 공범의 처벌 근거가 있다고 보는 야기설 또는 촉진설이 가장 타당하다고 볼 수 있다(배종대, 안동준, 이/장/강, 이정원, 이형국, 조준현).

야기설의 입장에서 방조범의 인과관계를 살펴보면 현실적 인과관계를 요구하는 수준에시 방조행위가 없더라도 방조범을 인정할 수 있다. 그런데 정범의 실행행위와 결과 간의 인과관계와 방조행위와 정범행위 간의 인과관계는 같은 기준으로 판단할 수 없다. 방조행위에 대해서 정범적 수준의 행위지배를 필요로 한다고 볼 수 없으며, 정신적 방조행위도 방조행위로 인정하고 있기 때문이다. 그러므로 구성요건적 결과 발생의 기회 또는 가능성을 높이는 의미의 인과관계가 인정되면 충분하다고 본다(기회증대설). 따라서 정범종속적 방조행위는 정범행위의 실현을 직접 대상으로 하는 방조행위이어야 한다. 즉 방조행위의 인정범위가 부당하게 확대할 위험성을 제거하기 위해 방조행위는 구성요건에 해당하는 정범의 행위 실현을 직접 돕는 행위로 제한하여야 한다.

판례 **사진촬영행위와 무형적, 정신적 방조행위**

• 형법상 방조행위는 정범이 범행을 한다는 정을 알면서 그 실행행위를 용이하게 하는 직접, 간접의 모든 행위를 가리키는 것으로서 그 방조는 유형적, 물질적인 방조뿐만 아니라 정범에게 범행의 결의를 강화하도록 하는 것과 같은 무형적, 정신적 방조행위까지도 이에 해당한다. 원심이 적법하게 인정한 사실과 기록에 의하면, ① 피고인은 총학생회 사회부장으로 일하며 시위로 구속된 전력이 있는 자로서 이 사건 당일 인천대학교 총학생회 사무실에 있다가 원심 공동

피고인 이○주로부터 "대원을 데리고 인천시 청사에 기습투쟁을 가고 있으니 사진 촬영할 사람을 내보내라"는 말을 직접 들어 그 시위의 양상이 폭력적으로 전개될 가능성을 충분히 예측할 수 있었고, 촬영한 사진의 대다수도 사후 게시를 예상하여 촬영한 것으로서 인천시청 옥상에서 학생들이 구호를 외치는 장면이었던 점 등에서 위 이○주 등의 범행을 충분히 인식하고 있었던 것으로 보이며, ② 위 이○주로서는 피고인으로 하여금 **자신들의 시위현장을 사진으로 찍게 하여 사후에 일반대중이 볼 수 있도록 게시한다는 생각에서 이 사건 범행을 함에 있어 정신적으로 크게 고무되고 그 범행결의도 강화한 것**으로 보이며, ③ 피고인은 위 이○주 등의 범행을 돕겠다는 의도에서 이 사건 사진촬영 행위에 나아간 것으로 인정되는 점 등에 비추어 피고인의 이 사건 **사진촬영행위 등은 이 사건 폭력행위, 시위, 공용물건손상 등 범행의 방조행위가 된다**고 하지 않을 수 없다(대판 1997. 1. 24, 96도2427).

5. 방조행위의 시기

방조행위는 정범이 실행에 착수하기 이전인 예비단계부터 기수에 이르기까지 가능하다.

(1) 승계적 종범

승계적 종범이란 정범의 범행이 기수에 이르렀으나 종료되기 이전에 방조행위를 한 자를 말한다. 승계적 종범은 기수시점 이후에는 원칙적으로 인정되지 않는다고 보아야 한다. 그러나 다수설은 이를 인정하고 있다(김/서, 배종대, 손/김, 신동운, 이/장/강, 정/박). 기수시점 이후에도 승계적 종범이 가능한 예외적 경우로는 기수 이후에도 구성요건에 해당하는 법익 침해의 상태가 계속되거나(예: 화재로 불타고 있는 건물에 휘발유를 붓는 경우) 감금죄처럼 계속범의 경우가 있다. 그러나 절도범을 도피시키는 행위나 도품을 절도범과 함께 옮기는 행위는 절도죄의 방조범(이정원)이 아니라 범인도피죄(제151조)와 장물운반죄(제362조 제1항) 등에 해당한다.

판례 **미성년자 약취와 부작위에 의한 살인 방조**(주교사 사건)

• **사건개요**: 피고인은 1980. 11. 13. 17:30경 피해자 A를 자신의 아파트에 유인하여 양 손목과 발목을 노끈으로 묶고 입에는 반창고를 두 겹으로 붙인 다음, 양 손목을 묶은 노끈은 창틀에 박힌 씨멘트 못에, 양 발목을 묶은 노끈은 방문손잡이에 각각 잡아매고 얼굴에는 모포를 씌워 포박 감금하였다. 그 후 수차 그 방을 출입하던 중 같은 달 15일 07:30경에 피고인이 그 아파트에 들어갔을 때에는 이미 피해자가 탈진상태에 있어 박카스를 먹여보려고 해도 입에서 흘려버릴 뿐 마시지 못하기에 얼굴에 모포를 다시 덮어씌워놓고 그대로 위 아파트에서 나와 버렸다. 그때 피고인은 피해자를 그대로 두면 죽을 것 같은 생각이 들어 병원에 옮기고 자수할 것인가, 그대로 두어 피해자가 죽으면 시체를 처리하고 범행을 계속할 것인가 아니면 스스로 자살할 것인가 등 두루 고민하다가 결국 병원에 옮기고 자수할 용기가 생기지 않아 그대로 나와 학교에 갔다가 같은 날 14:00경에 돌아와 보니 이미 피해자가 사망하였다. 그러자 피고인은 자기를 따르는

여고생 갑에게 자기의 범행사실을 알리고 피해자의 부모로부터 금품을 갈취하는 데에 도와달라는 부탁을 받자 갑은 피해자 A의 부모에게 금품을 요구하는 협박전화와 협박편지를 보냈다.

판결이유 : 대법원은 특정범죄가중처벌등에 관한 법률 제5조의2 제2항 제1호 소정의 죄는 형법 제287조의 미성년자 약취, 유인행위와 약취 또는 유인한 미성년자의 부모 기타 그 미성년자의 안전을 염려하는 자의 우려를 이용하여 재물이나 재산상의 이익을 취득하거나 이를 요구하는 행위가 결합된 단순일죄의 범죄라고 봄이 상당하므로 **비록 타인이 미성년자를 약취, 유인한 행위에는 가담한 바 없다 하더라도 사후에 그 사실을 알면서 약취, 유인한 미성년자를 부모 기타 그 미성년자의 안전을 염려하는 자의 우려를 이용하여 재물이나 재산상의 이익을 취득하거나 요구하는 타인의 행위에 가담하여 이를 방조한 때에는 단순히 재물 등 요구행위의 종범이 되는데 그치는 것이 아니라 종합범인 위 특정범죄가중처벌등에 관한 법률 제5조의2 제2항 제1호 위반죄의 종범에 해당한다**고 판시하였다(대판 1982. 11. 23, 82도2024).

(2) 예비단계의 방조범

정범의 범행이 예비단계에 있을 때 이를 도운 행위만으로는 방조범이 성립하지 않는다고 보아야 한다. 판례 역시 종범이 처벌되기 위하여는 정범의 실행의 착수가 있는 경우에만 가능하고 정범이 실행의 착수의 단계에 이르지 아니한 예비의 단계에 그친 경우에는 이에 가공하는 행위가 예비의 공동정범이 되는 경우를 제외하고는 이를 종범으로 처벌할 수 없다는 입장이다(대판 1976. 5. 25, 75도1549). 그러므로 종범은 실행 착수 전에 장래의 실행행위를 예상하고 이를 용이하게 하는 행위를 하여 방조한 경우에도 성립하지만 정범이 실행에 착수하여야 한다는 점을 유의하여야 한다.

판례 **정범의 실행행위 착수 이전의 방조행위와 종범의 성부**

• 종범은 정범이 실행행위에 착수하여 범행을 하는 과정에서 이를 방조한 경우뿐 아니라, 정범의 실행의 착수 이전에 장래의 실행행위를 미필적으로나마 예상하고 이를 용이하게 하기 위하여 방조한 경우에도 그 후 정범이 실행행위에 나아갔다면 성립할 수 있다(대판 2013. 11. 14, 2013도7494). 이에 따라 대법원은 보험사기사건에서 피고인이 보험계약의 체결 과정에서 피보험자를 가장하는 등으로 도운 행위는 사기 범행을 위한 예비행위에 대한 방조의 여지가 있을 뿐이어서 피고인의 이러한 행위는 피보험자가 보험회사에 보험금을 청구하여 이를 지급받음으로써 정범으로서의 실행행위에 나아간 경우에는 그에 대한 방조행위가 될 수는 있겠지만 보험계약 체결 단계에서 방조행위를 하였다는 것만으로 피고인을 사기죄의 공동정범으로 처벌할 수는 없다고 판시하였다.

• 종범은 정범의 실행행위 중에 이를 방조하는 경우뿐만 아니라, **실행 착수 전에 장래의 실행행위를 예상하고 이를 용이하게 하는 행위를 하여 방조한 경우에도 성립**한다(대판 2004. 6. 24, 2002도995: 보라매병원 사건).

6. 방조행위에 대한 방조행위

방조행위에 대한 방조행위(연쇄종범連鎖從犯)도 방조행위에 해당하지만(대판 1977. 9. 28, 76도4183) 이 경우에 이중의 형벌감경은 인정되지 않는다. 그리고 방조행위를 교사하거나 교사범을 방조하는 행위도 결국 정범에 종속하여 성립하는 경우에는 교사범이 아니라 방조범에 해당한다.

Ⅲ. 방조범의 고의

방조범에게는 이중의 고의가 필요하다. 하나는 방조범은 정범의 실행을 방조한다는 이른바 방조의 고의와 정범의 행위가 구성요건에 해당하는 행위인 점에 대한 정범의 고의가 있어야 한다. 그러나 이와 같은 고의는 내심적 사실이므로 이를 부정하는 경우에는 사물의 성질상 고의와 상당한 관련성이 있는 간접사실을 증명하는 방법에 의하여 증명할 수밖에 없고, 이 때 무엇이 상당한 관련성이 있는 간접사실에 해당할 것인가는 정상적인 경험칙에 바탕을 두고 치밀한 관찰력이나 분석력에 의하여 사실의 연결상태를 합리적으로 판단하여야 한다(대판 2010. 1. 14, 2009도9963).

1. 정범의 고의

방조범은 고의적으로 정범의 범행을 방조하는 자이므로 자신이 방조하는 정범의 범행에 대한 인식이 있어야 한다. 정범에 의하여 실현되는 범죄의 구체적 내용을 인식할 것을 요하는 것은 아니고 미필적 인식 또는 예견으로 충분하다(대판 2010. 1. 14, 2009도9963). 즉 방조범의 고의가 정범의 고의와 세부적 사항까지 일치하여야 하는 것은 아니며, 범행의 주요 부분에 대하여 고의가 일치하면 충분하다. 그러므로 과실 방조는 인정되지 않으며 과실범 해당 여부가 문제될 뿐이다. 또한 정범의 고의는 기수의 고의를 전제로 하므로 방조범 역시 정범의 범행을 기수에 이르도록 하겠다는 고의가 필요하다. 그러므로 실행의 착수단계까지만 방조하겠다는 미수의 방조(소위 '함정방조')는 방조범으로서의 고의가 인정되지 않는 경우이다.

2. 방조의 고의

방조범은 정범을 도와 범행을 기수에 이르도록 하겠다는 방조행위의 고의를 가져야 한다. 즉 방조의 범행이 성립하기 위해서는 최소한 그 방조 상대방의 구체적인 범행의 실행을 원조하여 이를 용이하게 하는 행위의 존재 및 그 점에 대한 행위자의 인식이 요구된다 할 것이다(대판 2007. 1. 26, 2004도1632).

Ⅳ. 방조범과 착오

방조범과 착오문제는 방조범의 고의와 정범의 고의 간에 불일치가 존재하는 경우이다.

1. 정범의 초과 실행의 경우

정범이 방조범의 고의를 초과하여 범행을 한 경우에 방조범의 처벌범위는 교사범의 경우와 마찬가지로 결정하여야 한다. 그러므로 방조범은 정범에 의하여 수행된 범죄가 방조범의 고의를 초과하는 경우에는 이 부분에 대하여 형사책임이 인정되지 않는다. 판례 역시 방조자의 인식과 정범의 실행 간에 착오가 있고 양자의 구성요건을 달리할 경우에는 원칙적으로 방조자의 고의는 조각되는 것이나 그 구성요건이 중첩되는 부분이 있는 경우에는 그 중복되는 한도 내에서는 방조자의 죄책을 인정하여야 한다(대판 1985. 2. 26, 84도2987).

2. 결과적 가중범의 경우

정범이 결과적 가중범을 범한 경우에는 원칙적으로 기본범죄에 대해서만 방조범이 성립한다. 그러나 방조범이 중한 결과의 발생을 예견하였으면 결과적 가중범의 종범이 인정된다.

Ⅴ. 방조범의 처벌

1. 필요적 감경

종범의 형은 정범의 형보다 감경한다(제32조 제2항). 종범의 형(법정형)을 필요적 감경으로 한 것은 구성요건을 직접 실현한 자가 아니고 단지 결과에 대하여 간접적인 영향을 미친 것에 불과하여 불법과 책임의 정도가 정범보다 낮기 때문이다. 만일 정범의 행위가 미수에 그친 경우에는 종범의 형은 다시 임의적(제25조 제2항) 또는 필요적 감경(제26조)에 의하여 이중의 감경이 가능하다. 한편 여기서 감경한다는 것은 법정형을 정범보다 감경한다는 것이지 선고형을 감경한다는 것이 아니므로 종범에 대한 선고형이 정범보다 가볍지 않더라도 위법이라 할 수 없다(대판 2015. 8. 27, 2015도8408).

2. 예 외

관세법위반(제271조 제1항), 담배사업법위반(제31조), 선박법위반(제39조), 경범죄처벌법위반(제4조)의 경우에는 종범은 정범과 동일하게 처벌된다. 그리고 자기의 지휘·감독을 받는 자를 (교사 또는) 방조하여 범죄 결과를 발생시킨 자(특수방조)는 정범의 형으로 처벌한다(제34조 제2항).

제 6 절 공범과 신분

제33조(공범과 신분) 신분이 있어야 성립되는 범죄에 신분 없는 사람이 가담한 경우에는 그 신분 없는 사람에게도 제30조부터 제32조까지의 규정을 적용한다. 다만, 신분 때문에 형의 경중이 달라지는 경우에 신분이 없는 사람은 무거운 형으로 벌하지 아니한다.

I. 의 의

형법상 구성요건은 행위주체로서 행위자의 신분을 제한하고 있는 구성요건과 제한하지 않는 구성요건으로 나누어 규정하고 있다. 행위주체의 신분에 제한이 없는 비신분범의 경우에는 이들 범행에 다수가 가담하더라도 신분관계로 인한 차별적 판단은 불필요하다. 반면에 신분자만이 행위주체가 될 수 있거나 신분으로 인하여 형이 가중되거나 감경되는 경우에는 이들 범행에 비신분자가 가담할 경우 이들을 어떻게 취급할 것인지를 판단하여야 한다.

공범은 정범에 종속해서 성립하기 때문에 공범의 종속성은 신분범의 성립에도 영향을 미친다. 이러한 종속성의 정도를 제한적 종속형식에 입각하게 되면 공범은 정범의 불법(구성요건해당성, 위법성)에 종속하지만 책임에는 종속하지 않음을 의미한다. 만일 공범의 종속성을 신분범에 그대로 적용하면 정범이 신분자라면 공범 역시 비신분자라고 하더라도 공범이 성립한다고 보아야 할 것이다. 그러나 형법 제33조는 본문에서 공범의 종속성을 인정하면서도 단서에서는 이에 대한 예외규정을 두고 있다.

Ⅱ. 신분범

1. 신분범의 개념

신분범이란 행위자에게 일정한 신분관계가 존재하여야 범죄가 성립하거나 형의 경중에 영향을 미치는 범죄를 말한다. 누구나 범행의 주체가 될 수 있는 일반범과 비교되는 개념이다. 형법상 신분은 사회적 신분을 의미하는 것이 아니라 구성요건상 행위주체의 자격을 제한하는 요소로서 예를 들면 성별, 내·외국인, 친족관계, 공무원자격과 같은 신분은 물론 행위자 특유의 지위나 상태를 의미한다(대판 1994. 12. 23, 93도1002). 행위자의 신분은 행위 당시에 구비되면 족하므로 신분의 계속성은 필요하지 않다(김/서, 이/장/강, 이형국, 정/박).

신분범은 진정신분범과 부진정신분범으로 나뉜다. 진정신분범은 신분관계가 범죄 성립의 요건인 것을 말하고(예: 피의사실공표죄, 수뢰죄, 허위진단서등의 작성죄, 횡령죄·배임죄), 부진정신분범은 신분관계로 인하여 형이 가중되거나 감경되는 유형을 의미한다(예: 존속살해죄, 영아살해죄, 업무상횡령·배임죄).

2. 신분의 종류

신분 유무의 효과와 관련하여 범죄구성적 신분(진정신분범)과 형벌가감적 신분(부진정신분범), 소극적 신분으로 구별하는 형식적 분류가 있다. 여기서 소극적 신분은 신분으로 인하여 범죄가 성립하지 않거나 형벌이 조각되는 신분으로, 예컨대 친족간 범행에서 '친족', '14세 미만'인 형사미성년자, 변호사법위반죄에서 '변호사'의 신분을 말한다. 형법은 이러한 분류를 기초로 하여 규정하고 있다.

반면에 신분을 실질적 의미로 파악하여 분류하는 견해가 있다. 즉 행위자관련적·행위관련적 신분 구별설이다. 행위자관련적 신분이란 행위자의 개인적인 자격 또는 상태(예: 상습성, 업무성, 책임능력 등)를 말하고, 행위관련적 신분이란 행위자 개인의 특유한 신분이 아니라 누구에게나 존재할 수 있는 일반적 요소로서 공범의 종속성의 일반원칙에 따라 해결하여야 한다는 견해이다. 이와 관련하여 목적범에서 목적이 행위관련적 신분인지 아니면 행위자관련적 신분인지에 대해서는 논란이 있다. 대법원은 행위자관련적 신분으로 보고 있다(아래 판례). 그러나 목적범에서 목적은 주관적 구성요건 요소로서 행위관련적 요소로 보는 것이 타당하고 신분 요소에 해당하지 않는다고 보아야 한다.

판례 **신분관계의 의미**

• 형법 제33조 소정의 이른바 신분관계라 함은 남녀의 성별, 내·외국인의 구별, 친족관계, 공무원인 자격과 같은 관계뿐만 아니라 널리 일정한 범죄행위에 관련된 범인의 인적관계인 특수

한 지위 또는 상태를 지칭하는 것이다. 형법 제152조 제1항과 제2항은 위증을 한 범인이 형사사건의 피고인 등을 '모해할 목적'을 가지고 있었는가 아니면 그러한 목적이 없었는가 하는 범인의 특수한 상태의 차이에 따라 범인에게 과할 형의 경중을 구별하고 있으므로, 이는 바로 형법 제33조 단서 소정의 "신분관계로 인하여 형의 경중이 있는 경우"에 해당한다고 봄이 상당하다. 따라서 피고인이 갑을 모해할 목적으로 을에게 위증을 교사한 이상, 가사 정범인 을에게 모해의 목적이 없었다고 하더라도, 형법 제33조 단서의 규정에 의하여 피고인을 모해위증교사죄로 처단할 수 있다(대판 1994. 12. 23, 93도1002).

Ⅲ. 제33조의 본문과 단서의 적용범위

1. 신분관계로 인하여 성립될 범죄의 범위

제33조 본문은 "신분이 있어야 성립되는 범죄에 신분 없는 사람이 가담한 경우에는 그 신분 없는 사람에게도 제30조부터 제32조까지의 규정을 적용한다"고 하여 비신분자가 신분범에 가담한 경우에도 공동정범이나 교사범, 방조범이 성립할 수 있음을 규정하고 있다. 즉 신분이 없는 자가 단독으로는 신분범의 정범이 될 수 없지만 신분자인 정범과 함께 공범은 될 수 있다고 규정한 것이다. 그러나 제33조는 본문과 단서를 통하여 진정신분범과 부진정신분범을 함께 규정하고 있으므로 그 적용범위의 한계가 문제된다.

2. 제33조 본문의 의미

제33조 본문은 '신분이 있어야 성립되는 범죄'의 유형이 무엇인지에 대해서는 특정하지 않고 있다. 반면에 동조 단서는 부진정신분범의 경우를 규정한 것이다. 즉 제33조 본문은 비신분자가 신분범죄에 가담한 경우를 규정하고 있는 반면에 신분범에서 신분자가 비신분자의 범죄에 가담한 경우 신분자를 어떻게 처리하여야 할 것인지에 대해서는 규율하고 있지 않다. 제33조 본문이 규정하고 있는 신분범의 적용범위에 관하여는 다음과 같은 견해의 대립이 있다.

(1) 진정 · 부진정신분범설

제33조의 본문은 진정신분범이나 부진정신분범 모두를 포함하는 공범 성립에 관한 규정이고, 단서는 부진정신분범의 공범의 과형科刑에 관한 규정이라는 견해이다. 판례 및 소수설(신동운, 오영근, 진계호)의 입장이다. 그 이유로서는 형법 제33조가 양자를 구별하지 않고 있으며 오히려 신분범 전반에 대한 비신분자의 범죄 성립근거를 제공하는 규정을 두고 이로부터 발생하는 양형상의 불합리를 단서규정을 통하여 예외적으로 구제하는 방법을 택하고 있다는

것이다.

이에 따르면 부진정신분범의 경우 비신분자는 신분자와 함께 공동정범이 될 수 있으며, 다만 양형에서만은 제33조 단서 규정에 따라 기본적 구성요건의 양형범위 내에서 처단된다고 한다. 예를 들어 아버지를 살해하는 행위에 아들과 함께 친구가 가담한 경우 신분자인 아들과 비신분자인 친구는 모두 존속살해죄의 공동정범이지만 과형상 친구는 보통살인죄의 죄책을 지게 된다. 그러므로 결과적으로는 진정신분범설과 마찬가지로 처벌된다.

판례 **신분관계로 인하여 형의 경중이 있는 경우**

- 상호신용금고법 제39조 제1항 제2호 위반죄는 상호신용금고의 발기인 · 임원 · 관리인 · 청산인 · 지배인 기타 상호신용금고의 영업에 관한 어느 종류 또는 특정한 사항의 위임을 받은 사용인이 그 업무에 위배하여 배임행위를 한 때에 성립하는 것으로서, 이는 위와 같은 지위에 있는 자의 배임행위에 대한 형법상의 배임 내지 업무상배임죄의 가중규정이고, 따라서 형법 제355조 제2항의 **배임죄와의 관계에서는 신분관계로 인하여 형의 경중이 있는 경우**라고 할 것이다. 그리고 위와 같은 **신분관계가 없는 자가 그러한 신분관계에 있는 자와 공모하여 위 상호신용금고법위반죄를 저질렀다면, 그러한 신분관계가 없는 자에 대하여는 형법 제33조 단서에 의하여 형법 제355조 제2항에 따라 처단하여야 할 것**인 바, 그러한 경우에는 **신분관계가 없는 자에게도 일단 업무상배임으로 인한 상호신용금고법 제39조 제1항 제2호 위반죄가 성립한 다음 형법 제33조 단서에 의하여 중한 형이 아닌 형법 제355조 제2항에 정한 형으로 처벌되는 것**이다(대판 1997. 12. 26, 97도2609).

이와 달리 진정신분범의 경우에는 신분자가 비신분자와 함께 공동정범으로 범행을 한 경우에는 모두에게 공동정범이 성립한다. 그러므로 수뢰죄처럼 신분자인 공무원의 수뢰행위에 가담한 비신분자도 신분자와 함께 공동정범이 성립하고 동일한 형으로 처벌된다는 점은 다수설의 입장과 마찬가지이다. 그러나 신분자가 비신분자를 교사 · 방조하여 진정신분범을 범하게 한 경우에는 비신분자의 가공행위를 전제로 하고 있는 제33조 본문이 적용되지 않으므로 처벌되지 않는다. 예를 들어 공무원인 남편이 비신분자인 처를 교사하여 수뢰하도록 한 경우에 처는 수뢰죄에 해당하지 않는다. 이 경우 신분자인 공무원은 수뢰죄의 교사범 또는 간접정범의 성립가능성이 문제된다. 비신분자가 정범에 해당하지 않은 결과 공범의 종속성원칙을 적용하면 교사범은 인정되지 않으므로 교사범설은 타당하지 않다. 다음으로 신분자에 대한 간접정범의 성립가능성(소위 '신분없는 고의있는 도구'를 이용)을 검토해 보면 신분자는 간접정범, 비신분자는 처벌되지 않는 도구에 불과하다고 보는 것이 타당하다(김성돈, 오영근, 정/박, 정영일). 그 논거로서는 신분자의 우월적 의사지배를 인정할 수 없으므로 간접정범도 성립할 수 없는 처벌상의 공백을 메우기 위하여 우월적 의사지배를 규범적 의사지배 개념으로 파악하여 간접정범을 인정할 수 있다.

판례 **신분자와 비신분자의 신분범 가담행위**

① 신분자가 비신분자의 행위에 가담한 경우

• 농업협동조합법상의 호별방문죄는 '임원이 되고자 하는 자'라는 신분자가 스스로 호별방문을 한 경우만을 처벌하는 것으로 보아야 하고, 비록 신분자가 비신분자와 통모하였거나 **신분자가 비신분자를 시켜 방문케 하였다고 하더라도 비신분자만이 호별방문을 한 경우에는 신분자는 물론 비신분자도 같은 죄로 의율하여 처벌할 수는 없다**고 봄이 상당하다(대판 2003. 6. 13, 2003도889).

이 판결은 진정신분범에서 신분자가 비신분자의 행위에 가담한 경우이지만 호별방문죄의 자수범적 성격상 신분자를 간접정범이나 교사범으로 처벌할 수 없다는 내용이다.

② 비신분자가 신분자의 행위에 가담한 경우

• 은행원이 아닌 자가 은행원들과 공모하여 업무상 배임죄를 저질렀다 하여도, 이는 업무상 타인의 사무를 처리하는 신분관계로 인하여 형의 경중이 있는 경우이므로, 그러한 신분관계가 없는 자에 대하여서는 형법 제33조 단서에 의하여 형법 제355조 제2항에 따라 처단하여야 한다(대판 1986. 10. 28, 86도1517). 이 판결은 비신분자가 신분자에게 가공하여 배임죄를 범한 경우로서 비신분자도 부진정신분범의 공동정범이 성립한다는 것과 함께 단서에 따라 중한 형으로 벌하지 않는다는 의미이다.

(2) 진정신분범설

제33조 본문이 적용대상으로 삼고 있는 신분범은 구성적 신분범(진정신분범)을 대상으로 한다고 보며, 단서는 가감적 신분범(부진정신분범)을 대상으로 한다고 보는 견해이다(다수설). 이에 따라 진정신분범의 경우에만 비신분자는 신분자와 함께 공동정범, 교사범, 방조범이 되며, 신분자와 동일하게 처벌된다. 그러므로 진정신분범인 수뢰죄를 공무원인 남편과 함께 범한 비신분자인 처도 수뢰죄로 처벌된다. 부진정신분범의 경우에는 비신분자는 신분자에게 해당되는 구성요건의 공동정범이나 교사범, 방조범에 해당하지 않으며 기본적 구성요건에 대한 공동정범이나 교사범, 방조범에 해당할 뿐이라고 한다(제33조 단서 적용). 즉 부진정신분범인 존속살해죄에서 처와 아들이 아버지를 살해한 경우 처는 존속살해죄의 공동정범이 아니라 단순살인죄에 해당하게 된다.

진정·부진정신분범설은 죄명과 과형이 분리되어 인정되는 문제가 발생한다. 즉 비신분자에게도 범죄구성적 신분범(진정신분범)의 성립을 인정하면서도 과형은 비신분자로서 처리하는 것이다. 그러므로 제33조 본문은 진정신분범의 경우로 제한하고 단서는 부진정신분범을 대상으로 한다고 해석하는 진정신분범설이 타당하다.

이러한 학설대립은 공소시효의 기간계산(형사소송법 제251조 참조)과 일반사면(사면법 제8조 참조)의 경우에 그 차이점이 드러난다. 즉 공소시효는 형의 가중·감경이 있는 경우 가중 또는 감경되지 않은 형을 기준으로 계산하며, 일반사면은 죄명을 기준으로 하기 때문이다.

3. 제33조 단서의 적용

(1) 적용범위

제33조 단서는 "신분때문에 형의 경중이 달라지는 경우에 신분이 없는 사람은 무거운 형으로 벌하지 아니한다"고 규정하고 있다. 이는 부진정신분범에 가담한 비신분자(공동정범, 교사범 및 종범 포함)의 과형에 관한 규정으로서 형사책임은 각자가 행한 범위 내에서만 부담한다는 책임개별화의 원칙을 규정한 것이다. 기술한 바와 같이 통설인 진정신분범설에서는 이 단서규정을 부진정신분범의 공범 성립과 과형에 관한 규정으로 이해한다. 반면에 판례·소수설은 본문 및 단서 규정 모두 진정·부진정신분범에 적용되고 단서는 부진정신분범에게만 적용되는 것으로 이해한다. 그러나 진정신분범설이 타당함은 이미 설명하였다.

(2) "무거운 형으로 벌하지 아니한다"의 의미

단서가 규정하는 "무거운 형으로 벌하지 아니한다"는 것은 신분 요소를 근거로 하는 가중적 구성요건에서는 비신분자는 일반 구성요건에 따라 처벌된다는 것을 의미한다. 즉 신분범죄에 가담한 비신분자는 신분으로 인한 가중적 구성요건의 공범이 아니라 일반적 구성요건의 공동정범, 교사범, 종범으로 처벌된다. 예를 들어 아들이 아버지를 살해하는 행위에 가담한 아들 친구는 존속살해죄의 공동정범이 아니라 보통살인죄의 공동정범 또는 종범이나 교사범에 해당한다.

반면에 신분으로 인한 감경적 구성요건에 가담한 비신분자의 경우는 규정하지 않고 있다. 그러나 제33조 단서가 책임개별화의 원칙을 규정한 것으로 본다면 신분 유무에 따른 형의 가중·감경은 일신전속적 효과만을 가지는 것으로 이해하여야 할 것이다. 그렇다면 이러한 경우 비신분자는 상대적으로 무거운 구성요건으로 처벌하는 것이 타당하다. 그러므로 영아살해죄(제251조)에 가담한 직계존속이 아닌 비신분자는 보통살인죄의 공동정범이나 종범, 교사범으로 처벌하여야 한다.

그리고 신분자가 비신분자에 의한 부진정신분범죄에 가담한 경우, 예를 들면 아들이 친구를 교사하여 아버지를 살해하게 한 경우 친구는 보통살인죄의 정범이고 아들은 존속살해죄의 교사범이 성립한다(다수설). 제한적 종속설의 입장에서 보면 이 결론이 타당하다. 소수설에서는 극단적 종속설에 입각해서 각자를 보통살인죄의 정범과 교사범이 성립한다는 입장이다. 즉 직계비속이라는 신분을 책임 요소로 파악하여 이를 구비하지 않은 정범에 종속하여 보통살인죄의 교사범이 된다는 것이다.

Ⅳ. 소극적 신분과 공범

1. 소극적 신분의 개념

소극적 신분이란 신분관계가 존재할 경우 범죄가 성립하지 않거나 형벌을 과할 수 없는 신분을 말한다. 즉 신분관계가 존재하지 않으면 범죄가 성립하거나 처벌이 가능하다. 예를 들면 변호사는 변호사법위반죄의 행위주체가 되지 않으며, 의사라는 신분은 의료법상 무면허의료행위에 해당하지 않는다. 형법 제33조는 신분관계가 존재할 경우 범죄가 성립하지 않는 경우에 대해서 규정하고 있지 않기 때문에 소극적 신분자에게 가담한 비신분자에 대한 형사책임 여부를 둘러싸고 견해가 나뉜다.

2. 소극적 신분과 공범

(1) 제33조 적용설

제33조의 신분에 소극적 신분도 포함하는 것으로 이해하여 소극적 신분의 경우에 제33조를 적용하여야 한다는 견해이다(오영근). 그러므로 소극적 신분자에 대해 공동정범이나 교사범, 방조범의 성립이 가능하다고 본다.

(2) 공범종속성의 원칙 적용설

제33조는 적극적 신분범, 즉 범죄 구성적 신분범이나 형벌 가감적 신분범의 경우만을 규정한 것이므로 소극적 신분자에게 가담한 비신분자는 공범종속성의 원칙을 적용하여야 한다는 견해이다(다수설). 그러므로 비신분자가 신분자에게 가담한 경우에 신분자는 적법한 행위를 하여 범죄가 성립하지 않으므로 비신분자에게도 범죄가 성립하지 않는다. 반대로 신분자가 비신분자에게 가담한 경우에는 비신분자는 정범이 인정되고 신분자는 공범의 종속성 원칙에 따라 공범이 성립한다고 본다(아래 판례 참조).

판례 소극적 신분

• 치과의사가 환자의 대량유치를 위해 **치과기공사들에게 내원환자들에게 진료행위를 하도록 지시**하여 동인들이 각 단독으로 전항과 같은 진료행위를 하였다면 의료법상의 무면허의료행위의 교사범에 해당한다(대판 1986. 7. 8, 86도749). 즉 이 판결은 무면허의료행위에 대해 소극적 신분자인 의사도 비신분자의 행위에 가담하면 공범의 종속성원칙에 따라 공범이 성립함을 인정한 것이다.

• 진료부는 환자의 계속적인 진료에 참고로 공하여지는 진료상황부이므로 **간호보조원의 무면허 진료행위가 있은 후에 이를 의사가 진료부에다 기재하는 행위**는 정범의 실행행위종

료 후의 단순한 사후행위에 불과하다고 볼 수 없고 무면허 의료행위의 방조에 해당한다(대판 1982. 4. 27, 82도122).

• 변호사 아닌 자가 변호사를 고용하여 법률사무소를 개설·운영하는 행위에 있어서는 변호사 아닌 자는 변호사를 고용하고 변호사는 변호사 아닌 자에게 고용된다는 서로 **대향적인 행위**의 존재가 반드시 필요하고, 나아가 변호사 아닌 자에게 고용된 변호사가 고용의 취지에 따라 법률사무소의 개설·운영에 어느 정도 관여할 것도 당연히 예상되는바, 이와 같이 **변호사가 변호사 아닌 자에게 고용되어 법률사무소의 개설·운영에 관여하는 행위**는 위 범죄가 성립하는 데 당연히 예상될 뿐만 아니라 범죄의 성립에 없어서는 아니 되는 것인데도 이를 처벌하는 규정이 없는 이상, 그 입법 취지에 비추어 볼 때 변호사 아닌 자에게 고용되어 법률사무소의 개설·운영에 관여한 변호사의 행위가 일반적인 형법 총칙상의 공모, 교사 또는 방조에 해당된다고 하더라도 변호사를 변호사 아닌 자의 공범으로서 처벌할 수는 없다(대판 2004. 10. 28, 2004도3994). 그러나 이 판결은 위의 두 판결과 달리 제33조를 적용하여 신분자인 변호사의 공범성립을 부인하고 있다.

• [하급심판결] 이른바 소극적 신분(비구성적 신분)을 가진 자가 그러한 신분을 갖지 아니한 자의 범죄행위에 가담한 경우에는 공범으로서의 죄책을 면할 수 없으므로, 비록 법무사인 피고인 이 직접 개인회생·파산 서류를 작성하거나, 적법하게 채용한 사무원으로 하여금 이를 작성케 하는 행위는 법무사법에 따른 것으로 처벌 대상이 아니라고 할지라도, 그가 변호사도 법무사도 아닌 제1심 공동피고인과 공모하여 공소사실 기재의 행위를 한 이상, 이는 변호사법 제109조 제1호, 형법 제30조에 해당한다(전주지판 2006. 4. 21, 2005노1588).

위의 (1) 제33조 적용설처럼 형법 제33조가 규정하고 있는 신분범은 소극적 신분범을 포함한다는 입장을 취하게 되면 소극적 신분에서 소극적 가감신분은 존재하지 않으므로 결국 제33조 단서는 관련되지 않고 본문만 적용하여야 한다는 결론이 도출된다. 그러나 이는 제33조가 취하고 있는 신분범에서 공범의 종속성원칙을 소극적 신분의 경우에는 포기하여야 한다는 것을 의미한다. 이러한 차별적 적용은 그 근거가 없으므로 (2) 공범종속성의 원칙 적용설에 따르는 것이 타당하다.

3. 책임조각적 신분·형벌조각적 신분의 경우

신분자의 행위를 비신분자가 교사하거나 방조한 경우 신분자는 책임이나 형벌이 조각되지만 비신분자는 그 책임이나 형벌이 조각되지 않고 공범으로 처벌된다(제한적 종속형식). 다만 책임조각적 신분자를 이용한 경우 이용자에게 의사지배가 인정될 경우 교사범이 아니라 간접정범의 성립이 가능하다(김/서, 손/김, 이/장/강, 임웅, 정/박). 반대로 신분자가 비신분자의 행위에 가담한 경우에는 비신분자는 당연히 정범이 되고 신분자는 책임이나 형벌이 조각된다(배종대, 손/김, 오영근, 이/장/강, 임웅, 정/박).

제 8 장 죄 수 론

제 1 절 일반론

Ⅰ. 죄수론의 의의 및 목적

죄수론罪數論 또는 경합론競合論이란 범죄의 수를 정하는 문제이다. 범죄행위는 행위자가 하나의 행위로 하나의 범죄만을 범하는 경우도 있지만 하나의 행위로 수개의 구성요건을 충족시키는 경우도 있을 수 있다. 뿐만 아니라 행위자가 수개의 행위로 수개의 구성요건을 충족시키는 경우도 있으므로 이러한 경우에 법적으로 어떻게 죄수를 정하고 이를 법적으로 어떻게 평가할지의 문제가 대두된다. 즉 범죄행위의 수가 단일한지 또는 다수인지의 문제가 중요하며 죄수론이라는 명칭은 여기에서 비롯된다.

Ⅱ. 죄수결정의 기준

무엇을 기준으로 일죄 또는 수죄를 구성하는지를 중심으로 다음과 같은 학설이 있다.

1. 행위표준설

자연적 의미의 행위가 1개인가 수개인가에 따라 범죄의 수를 결정하려는 견해이다(정/박). 그러므로 행위가 1개이면 범죄도 1개이고 행위가 다수이면 범죄도 수개라고 본다. 판례는 의제강간·강제추행죄 등에서 행위표준설을 따르고 있다. 그러나 행위표준설은 강도죄나 야간주거침입절도죄처럼 수개의 구성요건이 결합하여 하나의 독립된 구성요건을 이루는 결합범의 경우에 일죄가 성립하는 점을 설명할 수 없는 한계가 있다.

2. 법익표준설

범죄행위로 인하여 침해되는 법익의 수를 기준으로 범죄행위의 수를 결정하는 견해이다. 이에 따라 재산죄와 같은 비전속적 법익의 경우 수개의 행위라고 하더라도 1개의 법익만을 침해하였다면 일죄가 된다. 예를 들면 1개의 기망행위를 통해 여러 사람으로부터 재산상의 이익을 취득한 경우 1개의 사기죄가 성립한다. 반면에 생명과 같은 전속적 법익의 경우에는 1개의 행위로 수개의 법익을 침해하였다면 수죄가 된다(예: 수류탄 1발로 여러 명을 살상한 경우에는 수죄가 된다). 판례는 사기죄(대판 2001. 12. 28, 2001도6130)나 강도죄(대판 1991. 6. 25, 91도643), 위조통화행사죄(대판 1979. 7. 10, 79도840)에서 법익표준설을 취하고 있다. 그러나 법익표준설 역시 결합범의 경우에 다수의 법익 침해가 있음에도 불구하고 일죄로 취급하는 점을 설명할 수 없는 한계가 있다.

판례 법익표준설

• 강도가 동일한 장소에서 동일한 방법으로 시간적으로 접착된 상황에서 수인의 재물을 강취하였다고 하더라도, 수인의 피해자들에게 폭행 또는 협박을 가하여 그들로부터 그들이 각기 점유관리하고 있는 재물을 각각 강취하였다면, **피해자들의 수에 따라 수개의 강도죄를 구성**하는 것이고, 다만 강도범인이 피해자들의 반항을 억압하는 수단인 폭행·협박행위가 사실상 공통으로 이루어졌기 때문에, 법률상 1개의 행위로 평가되어 상상적 경합으로 보아야 될 경우가 있는 것은 별문제이다(대판 1991. 6. 25, 91도643).

3. 의사표준설

의사표준설은 행위자의 범죄의사를 표준으로 하여 죄수를 결정하려는 견해이다. 즉 1개의 범죄의사가 있으면 일죄가 되고 수개의 범죄의사가 있으면 수죄가 된다고 보는 견해이다. 이 견해에 의하면 범죄의사의 단일성이 인정되는 연속범이나 상상적 경합범은 일죄가 된다. 그러나 범죄의 수는 기본적으로 구성요건의 실현을 전제로 결정된다는 점에서 이 견해는 범죄 성립의 정형성을 도외시하는 문제가 있다. 또한 범죄의사의 단일성을 확정할 기준도 명확하지 않다.

판례 의사표준설

• 피고인이 1977. 4. 15.경 사무실에서 원심 공동피고인으로부터 아파트보존등기신청사건을 접수처리함에 있어서 신속히 처리해 달라는 부탁조로 금원을 교부받은 것을 비롯하여 같은 해 9. 10.경까지 전후 7회에 걸쳐 각종 등기사건을 접수처리하면서 같은 공동피고인으로부터 같은

명목으로 도합 금 828,000원을 교부받아 그 직무에 관하여 뇌물을 수수한 것이라면, 이는 피고인이 **뇌물수수의 단일한 범의의 계속하에 일정기간 동종행위를 같은 장소에서 반복한 것이 분명하므로 피고인의 수회에 걸친 뇌물수수행위는 포괄일죄를 구성한다**고 해석함이 상당하다(대판 1982. 10. 26, 81도1409).

4. 구성요건표준설

이 견해는 구성요건의 실현횟수에 의해 죄수를 결정하려는 것으로서 구성요건을 1회 충족하면 일죄이고 수회 충족하면 수죄에 해당한다고 본다. 그러나 많은 물건을 동시에 절취하는 것처럼 동일한 구성요건의 반복적인 실현이나 단일행위로 인정되는 상상적 경합은 다수의 구성요건 충족을 전제로 하기 때문에 이를 수죄로 보아야 하는 이 견해는 제한적으로만 타당하다.

판례 구성요건표준설

• 조세포탈범의 죄수는 **위반사실의 구성요건 충족횟수를 기준**으로 하여 예컨대, 소득세포탈범은 각 과세년도의 소득세마다, 법인세포탈범은 각 사업년도의 법인세마다 그리고 부가가치세의 포탈범은 각 과세기간인 6월의 부가가치세마다 1죄가 성립하는 것이 원칙이나, 특정범죄가중처벌등에 관한 법률 제8조는 연간 포탈세액이 일정액 이상이라는 가중사유를 구성요건화하여 일정액 이상이라는 가중 제1항의 행위와 합쳐서 하나의 범죄유형으로 하고 그에 대한 법정형을 규정한 것이므로 위 법조에 해당하는 경우에는 1죄만이 성립한다(대판 1982. 6. 22, 82도938).

Ⅲ. 죄수와 형벌부과의 기본원리

1인이 1개의 행위로 수개의 구성요건을 실현한 경우 또는 다수의 행위로 다수의 구성요건을 실현한 경우에 형을 어떻게 결정할 것인가에 대해서는 이론적으로 세 가지 방법이 있다.

1. 병과주의

각각의 구성요건에 규정한 형을 단순 합산하여 형을 정하는 방법을 병과주의라고 한다. 형법은 경합범을 동시에 판결할 때에 병과주의를 택하고 있다. 즉 "각 죄에 정한 형이 무기징역이나 무기금고 이외의 이종의 형인 때에는 병과한다"(제38조 제1항 제3호). 병과주의를 그대로 적용할 경우 형량이 과다하여 무기형과 유기형의 구별이 사실상 없어지게 되는 문제점이 있다.

2. 가중주의

가중주의란 각각의 구성요건 실현행위에 대하여 하나의 형만을 선고하되 가장 중한 죄에 정한 형으로 하고 이에 대하여 가중하는 방법을 말한다. 형법은 수죄에 대한 경합범을 처벌할 경우 가중주의를 원칙으로 하고 있다. 즉 "각 죄에 정한 형이 사형 또는 무기징역이나 무기금고 이외의 동종의 형인 때에는 가장 중한 죄에 정한 장기 또는 다액에 그 2분의 1까지 가중하되 각 죄에 정한 형의 장기 또는 다액을 합산한 형기 또는 액수를 초과할 수 없다"고 규정하고 있다(제38조 제1항 제2호 본문).

3. 흡수주의

흡수주의는 수죄 가운데 가장 중한 죄에 정한 형으로 선고하고 다른 구성요건에 정한 형은 이에 흡수시키는 방법이다. 형법은 상상적 경합의 경우에 흡수주의를 취하고 있다. 즉 "1개의 행위가 수개의 죄에 해당하는 경우에는 가장 중한 죄에 정한 형으로 한다"(제40조)고 규정하고 있다. 또한 경합범의 경우에도 "가장 중한 죄에 정한 형이 사형 또는 무기징역이나 무기금고인 때에는 가장 중한 죄에 정한 형으로 처벌한다"(제38조 제1항 제1호)고 규정하여 흡수주의를 채택하고 있다.

제 2 절 단순일죄

Ⅰ. 의 의

일죄란 범죄의 개수가 하나인 경우를 말하며 이에는 단순일죄와 처분상 일죄로 구분된다. 단순일죄는 하나의 행위에 의하여 하나의 구성요건이 실현된 경우를 말하며 법조경합과 포괄일죄는 단순일죄에 포함된다. 이에 대해 처분상 일죄는 본래 수죄에 해당하지만 처분상·과형상으로만 일죄로 취급되는 경우를 의미하며 상상적 경합(제40조)이 그 예이다.

한편 수죄는 다수의 범죄의사와 다수의 행위로 다수의 구성요건을 충족시킨 경우를 말한다. 수죄는 원칙적으로 수개의 형이 병과되어야 하지만 일정한 요건을 갖춘 경우에는 실체적 경합범(제37조)으로 취급하고 있다.

Ⅱ. 법조경합

1. 개 념

법조경합法條競合이란 하나 또는 수개의 행위가 외관상으로는 다수의 구성요건에 해당하지만 이중평가금지의 원칙에 의해 실제로는 그 중 하나의 구성요건만이 적용되어 단순일죄가 되고, 나머지 구성요건의 적용을 배제하는 경우를 말한다. 판례 역시 "법조경합은 1개의 행위가 외관상 수개의 죄의 구성요건에 해당하는 것처럼 보이나 실질적으로 1죄만을 구성하는 경우"(대판 2003. 4. 8, 2002도6033)라고 판시하고 있다.

2. 특별관계

법조경합의 한 형태인 특별관계란 어느 구성요건이 다른 구성요건의 모든 요소를 포함하는 외에 다른 요소를 구비하여야 성립하는 경우로서 특별관계에 있어서는 특별법의 구성요건을 충족하는 행위는 일반법의 구성요건을 충족하지만 반대로 일반법의 구성요건을 충족하는 행위는 특별법의 구성요건을 충족하지 못한다(대판 2003. 4. 8, 2002도6033). 예를 들면 절도죄와 특수절도죄, 폭행죄와 특수폭행죄, 살인죄와 존속살해죄 또는 영아살해죄, 폭행죄 또는 협박죄 및 절도죄와 이들의 결합범 형태인 강도죄, 특별형법상의 구성요건과 중복되는 형법상의 구성요건(폭처법 제2조의 죄와 형법상의 해당 범죄) 등의 관계가 이에 해당한다.

특별관계와 대응하는 것이 택일관계이다. 택일관계는 관련되는 두 개의 구성요건이 상호 배척적인 행위유형인 경우로서 동시에 성립할 수 없는 관계에 있기 때문에 법조경합의 예가 아니다. 예를 들면 절도죄와 횡령죄가 이에 해당한다.

판례 특별관계

• 형법상 통화에 관한 죄는 문서에 관한 죄에 대하여 특별관계에 있으므로 통화에 관한 죄가 성립하는 때에는 문서에 관한 죄는 별도로 성립하지 않는다. 그러나 위조된 외국의 화폐, 지폐 또는 은행권이 강제통용력을 가지지 않는 경우에는 형법 제207조 제3항에서 정한 '외국에서 통용하는 외국의 화폐 등'에 해당하지 않고, 나아가 그 화폐 등이 국내에서 사실상 거래 대가의 지급수단이 되고 있지 않는 경우에는 형법 제207조 제2항에서 정한 '내국에서 유통하는 외국의 화폐 등'에도 해당하지 않으므로, 그 화폐 등을 행사하더라도 형법 제207조 제4항에서 정한 위조통화행사죄를 구성하지 않는다고 할 것이고, 따라서 이러한 경우에는 형법 제234조에서 정한 위조사문서행사죄 또는 위조사도화행사죄로 의율할 수 있다고 보아야 한다(대판 2013. 12. 12,

2012도2249).

• 법조경합의 한 형태인 특별관계란 어느 구성요건이 다른 구성요건의 모든 요소를 포함하는 외에 다른 요소를 구비하여야 성립하는 경우로서, 특별관계에서는 특별법의 구성요건을 충족하는 행위는 일반법의 구성요건을 충족하지만 반대로 일반법의 구성요건을 충족하는 행위는 특별법의 구성요건을 충족하지 못한다.

성폭력범죄의 처벌 등에 관한 특례법 제10조 제1항(업무상 위력 추행) 위반죄 구성요건과 구 아동·청소년의 성보호에 관한 법률 제7조 제5항(위계·위력에 의한 아동추행), 제2항 위반죄 구성요건을 비교하여 보면, 위 각 죄는 행위의 객체와 태양, 범행 대상이 아동·청소년이라는 점에 대한 인식 요부 등에 차이가 있고, 성폭력특례법 제10조 제1항 위반죄 구성요건이 아청법 제7조 제5항, 제2항 위반죄 구성요건의 모든 요소를 포함하는 외에 다른 요소를 구비하는 경우에 해당하지도 아니하므로, 전자가 후자에 대하여 특별법의 관계에 있다고 볼 수는 없다(대판 2012. 8. 30, 2012도6503).

3. 보충관계

보충관계는 특별관계가 성립하지 않는 경우에 가능한 법조경합의 제2형태이다. 즉 어떤 구성요건의 적용이 없을 때에 보충적으로 적용되는 구성요건이 존재할 경우에 양자의 관계를 보충관계라고 한다. 예를 들면 명시적인 보충관계에 해당하는 것으로 일반이적죄(제99조)는 선행하는 전 7조(제92조~제98조)의 적용이 없을 때에 적용되는 보충적 구성요건이다. 또한 일반건조물능방화죄(제166조) 역시 제164조 및 제165조의 적용이 없을 때에 적용되는 보충적 구성요건이다. 형법상 규정되어 있지는 않지만 묵시적 보충관계의 예로는 불가벌적 사전행위가 있다. 즉 예비·음모나 미수범은 기수범이 성립하면 성립하지 않는다. 또한 공범은 정범의 성립을 전제로 하므로 공범은 정범에 대하여 보충관계에 있으며 작위범과 부작위범의 관계도 마찬가지이다.

4. 흡수관계

흡수관계란 어떤 구성요건의 불법성이 다른 구성요건의 불법성을 포함하는 경우에 인정된다. 즉 중한 구성요건의 실현이 상대적으로 가벼운 구성요건의 실현을 포함하는 경우에 중한 구성요건은 가벼운 구성요건의 불법성을 이미 반영하고 있다고 보아서 이를 흡수하는 것으로 보는 것이다. 예를 들면 불가벌적 수반행위와 불가벌적 사전행위·사후행위의 경우가 이에 해당한다.

판례 흡수관계의 예

• 내란의 실행과정에서 폭동행위에 수반하여 개별적으로 발생한 살인행위는 내란행위의 한

구성요소를 이루는 것이므로 내란행위에 흡수되어 내란목적살인의 별죄를 구성하지 아니한다(대판 1997. 4. 17, 96도3376 전원합의체).

• 피고인이 검사로부터 범인을 검거하라는 지시를 받고서도 그 직무상의 의무에 따른 적절한 조치를 취하지 아니하고 오히려 범인에게 전화로 도피하라고 권유하여 그를 도피케 하였다는 범죄사실만으로는 직무위배의 위법상태가 범인도피행위 속에 포함되어 있는 것으로 보아야 할 것이므로, 이와 같은 경우에는 작위범인 범인도피죄만이 성립하고 부작위범인 직무유기죄는 따로 성립하지 아니한다(대판 1996. 5. 10, 96도51).

(1) 불가벌적 사후행위

불가벌적 사후행위不可罰的 事後行爲란 구성요건의 해석상 범죄의 전체적 성격이 주된 행위에 의하여 결정되기 때문에 이후의 행위가 다른 구성요건을 충족하더라도 처벌되지 않는 행위를 말한다. 즉 사후행위는 주된 행위에 대하여 흡수관계에 있는 것이다. 이는 주된 범행에 의하여 이미 전체행위의 불법성이 판단되었다고 보기 때문이다(이중처벌의 금지). 불가벌적 사후행위는 법조경합의 한 경우로 본다. 주로 재산범죄에서 일어나는 문제인데 예를 들면 절취나 횡령행위, 사기죄와 같은 영득죄가 이미 기수에 이른 이후에는 그 후에 발생하는 재산에 대한 침해행위는 구성요건에 해당하여도 처벌대상이 되지 않는 것이다.

판례 불가벌적 사후행위의 예

• 전기통신금융사기(이른바 보이스피싱 범죄)의 범인이 피해자를 기망하여 피해자의 자금을 사기이용계좌로 송금·이체받으면 사기죄는 기수에 이르고, 범인이 피해자의 자금을 점유하고 있다고 하여 피해자와의 어떠한 위탁관계나 신임관계가 존재한다고 볼 수 없을 뿐만 아니라, 그 후 범인이 사기이용계좌에서 현금을 인출하였더라도 이는 이미 성립한 사기범행이 예정하고 있던 행위에 지나지 아니하여 새로운 법익을 침해한다고 보기도 어려우므로, 위와 같은 인출행위는 사기의 피해자에 대하여 별도의 횡령죄를 구성하지 아니한다. 이러한 법리는 사기범행에 이용되리라는 사정을 알고서 자신 명의 계좌의 접근매체를 양도함으로써 사기범행을 방조한 종범이 사기이용계좌로 송금된 피해자의 자금을 임의로 인출한 경우에도 마찬가지로 적용된다(대판 2017. 5. 31, 2017도3894).

• 피고인이 갑으로부터 장물인 향로 1점을 2억 5,000만원에 매각하여 달라는 의뢰를 받음에 있어 위 향로가 장물인지 여부를 확인하여야 할 업무상 주의의무가 있음에도 이를 게을리한 과실로 위 향로를 넘겨받아 장물을 보관하던 중, 을로부터 금원을 차용하면서 보관 중이던 향로를 담보로 제공한 사건에서, 대법원은 피고인이 업무상 과실로 장물인 향로를 보관하고 있다가 처분한 행위는 업무상과실장물보관죄의 가벌적 평가에 포함되고 별도로 횡령죄를 구성하지 않는다고 판시하였다(대판 2004. 4. 9, 2003도8219).

• 절도범인으로부터 그 정을 알면서 자기앞수표를 교부받아 이를 음식대금으로 지급하고 거스름돈을 환불받은 피고인의 행위에 대해 대법원은 금융기관 발행의 자기앞수표는 그 액면금

을 즉시 지급받을 수 있는 점에서 현금에 대신하는 기능을 가지고 있어서 장물인 자기앞수표를 취득한 후 이를 현금 대신 교부한 행위는 장물취득에 대한 가벌적 평가에 당연히 포함되는 불가벌적 사후행위로서 별도의 범죄(사기죄)를 구성하지 않는다고 판시하였다(대판 1993. 11. 23, 93도213).

그러나 불가벌적 사후행위가 인정되기 위해서는 첫째 동일한 법익주체에 대한 새로운 법익의 침해가 있어서는 안 되며 오직 주된 범행에 의해 침해된 법익이 재차 침해되는 경우에 한한다. 둘째 제3자에 대한 법익 침해가 있어서는 안 된다.

판례 불가벌적 사후행위가 인정되지 않는 예

- 타인의 부동산을 보관 중인 자가 불법영득의사를 가지고 그 부동산에 근저당권설정등기를 경료함으로써 일단 횡령행위가 기수에 이르렀다 하더라도 그 후 같은 부동산에 별개의 근저당권을 설정하여 새로운 법익 침해의 위험을 추가함으로써 법익 침해의 위험을 증가시키거나 해당 부동산을 매각함으로써 기존의 근저당권과 관계없이 법익 침해의 결과를 발생시켰다면, 이는 당초의 근저당권 실행을 위한 임의경매에 의한 매각 등 그 근저당권으로 인해 당연히 예상될 수 있는 범위를 넘어 새로운 법익 침해의 위험을 추가시키거나 법익 침해의 결과를 발생시킨 것이므로 특별한 사정이 없는 한 불가벌적 사후행위로 볼 수 없고, 별도로 횡령죄를 구성한다(대판 2013. 2. 21, 2010도10500 전원합의체).
- 사람을 살해한 자가 그 사체를 다른 장소로 옮겨 유기하였을 때에는 별도로 사체유기죄가 성립하고, 이와 같은 사체유기를 불가벌적 사후행위로 볼 수는 없다(대판 1997. 7. 25, 97도1142).
- 절도범인이 그 절취한 장물을 자기 것인 양 제3자를 기망하여 금원을 편취한 경우에는 장물에 관하여 소비 또는 손괴하는 경우와는 달리 제3자에 대한 관계에 있어서는 새로운 법익의 침해가 있다고 할 것이므로 절도죄 외에 사기죄가 성립한다(대판 1980. 11. 25, 80도2310).

(2) 불가벌적 사전행위

불가벌적 사전행위는 주된 행위와의 관계에서 필수적으로 사전단계가 주된 행위보다 보호법익을 덜 침해하는 경우를 말한다. 예를 들면 위험범과 침해범, 미수와 기수가 그 예이다. 이 경우에 사전행위는 별도의 구성요건을 갖추어도 독립적으로 처벌되지 않고 주된 행위에 보충적이다.

(3) 불가벌적 수반행위

불가벌적 수반행위는 구성요건을 실현하는 데에 통상적으로 수반되어 실현되는 다른 구성요건 실현행위를 말한다. 예를 들면 문서위조죄를 실현하는 데에 수반되는 인장위조행위는 문서위조죄에, 방화죄와 재물손괴죄에서 재물손괴죄는 방화죄에 흡수된다.

판례 불가벌적 수반행위

• '불가벌적 수반행위'란 법조경합의 한 형태인 흡수관계에 속하는 것으로서, 행위자가 특정한 죄를 범하면 비록 논리 필연적인 것은 아니지만 일반적·전형적으로 다른 구성요건을 충족하고 이때 그 구성요건의 불법이나 책임 내용이 주된 범죄에 비하여 경미하기 때문에 처벌이 별도로 고려되지 않는 경우를 말한다.

업무방해죄와 폭행죄는 구성요건과 보호법익을 달리하고 있고, 업무방해죄의 성립에 일반적·전형적으로 사람에 대한 폭행행위를 수반하는 것은 아니며, 폭행행위가 업무방해죄에 비하여 별도로 고려되지 않을 만큼 경미한 것이라고 할 수도 없으므로, 설령 피해자에 대한 폭행행위가 동일한 피해자에 대한 업무방해죄의 수단이 되었다고 하더라도 그러한 폭행행위가 이른바 '불가벌적 수반행위'에 해당하여 업무방해죄에 대하여 흡수관계에 있다고 볼 수는 없다(대판 2012. 10. 11, 2012도1895).

Ⅲ. 포괄일죄

1. 개 념

수개의 행위가 동일한 구성요건을 반복적으로 실현한 경우에 일정한 요건을 구비하면 포괄적으로 1개의 범죄만이 성립하는 것으로 인정하는 경우를 포괄일죄包括一罪라고 한다. 즉 수개의 행위가 결합하여 하나의 범죄를 구성하던가, 수개의 동종의 행위가 동일한 의사에 의하여 반복되든가, 또는 하나의 동일한 법익에 대하여 수개의 행위가 불가분적으로 접속, 연속하여 행하여지는 것이므로 그 어떠한 경우임을 막론하고 구성요건에 해당하는 수개의 행위가 근원적으로 동종의 행위로서 그 구성요건을 같이 함을 전제로 하는 것이다(대판 1985. 9. 24, 85도1686).

포괄일죄는 수개의 행위를 구성요건 해석상 일죄로 취급하는 것을 의미한다. 그러므로 한 개의 행위에 의하여 수개의 죄가 성립하는 상상적 경합이나 다수의 행위에 의하여 수개의 죄가 성립하는 실체적 경합과 다르다. 포괄일죄에 해당하는 경우는 다음과 같다.

판례 포괄일죄와 실체적 경합

• **사건개요**: 피고인이 공범과 함께 유사휘발유를 제조·판매하다가 단속되어 피고인은 기소중지되고 공범은 구속되는 바람에 공범이 석방되기까지 약 1달 이상 범행을 중단하였고, 그 후 석방된 공범과 함께 다시 유사휘발유를 제조·판매하다가 재차 단속되어 두 번째 범행에 대하여 재판을 받던 도중 첫 번째 범행에 대한 약식명령이 발령되어 확정된 사건이다.

판결이유: 대법원은 동일 죄명에 해당하는 수개의 행위 혹은 연속된 행위를 단일하고 계속된 범의 하에 일정 기간 계속하여 행하고 그 피해법익도 동일한 경우에는 이들 각 행위를 통틀어 포괄일죄로 처단하여야 할 것이나, **범의의 단일성과 계속성이 인정되지 아니하거나 범행방법 및 장소가 동일하지 않은 경우에는 각 범행은 실체적 경합범에 해당**한다고 판시하면서 두 범행 사이에 1달 이상 범행이 중단된 점, 두 범행에 있어서 피고인과 공범의 역할분담 내용과 범행에 사용된 차량 및 범행의 장소가 달라진 점 등에 비추어 **두 범행 사이에 시간적·장소적 근접성**을 인정할 수 없고, **범의의 갱신**이 있었다고 봄이 상당하다는 이유로, 두 범행이 실체적 경합범의 관계에 있다고 하였다(대판 2018. 1. 24, 2017도18746; 2013. 11. 28, 2013도10467; 2010. 11. 11, 2007도8645; 2006. 9. 8, 2006도3172).

2. 결합범

결합범結合犯은 수개의 행위가 개별적으로는 독립된 범죄의 구성요건에 해당하지만 이들이 결합하여 1개의 구성요건을 이루기 때문에 일죄로 취급되는 경우를 말한다. 예를 들면 강도죄(제333조)는 폭행죄·협박죄와 절도죄가 결합한 것이며, 강도살인죄(제338조)는 강도죄와 살인죄, 강도죄와 강간죄가 결합한 강도강간죄(제339조)가 있다. 그러나 결합범은 수개의 행위가 결합하여 단일의 구성요건을 1회 실현한 경우이므로 이를 포괄일죄로 취급할 필요는 없다.

3. 계속범

계속범繼續犯이란 구성요건 해당행위가 위법상태를 초래할 뿐만 아니라 구성요건상 위법상태가 기수 이후에도 일정한 기간 유지되는 범죄유형을 말한다. 예를 들면 주거침입죄, 감금죄, 범죄단체가입죄 등이 이에 해당한다. 계속범은 구성요건을 실현하여 위법상태를 야기하고 이를 계속하는 것이 하나의 구성요건을 실현시키는 것이므로 일죄로 취급한다. 이에 반해 상태범狀態犯은 범행의 기수 이후 위법상태의 지속이 구성요건 해당행위로서의 의미를 갖지 않는 점에서 계속범과 다르다. 그러나 계속범의 경우 법익 침해의 개시에서 종료시까지 수개의 행위가 단절적으로 작용을 하는 것이 아니라 통합하여 단일의 구성요건을 한번 실현한 경우에 해당하므로 포괄일죄로 파악할 실익이 없다.

4. 연속범

연속범連續犯이란 어느 정도의 시간적 연속성 속에서 동일한 범행방법으로 동일한 법익에 대하여 동일한 구성요건을 연속하여 실현시킨 경우를 말한다. 연속범 개념은 실체적 경합범의 적용을 배제하기 위한 현실적 필요성 때문에 등장한 개념이다. 연속범은 시간적·장소적 긴밀성이 없다는 점에서 접속범과 구별된다. 연속범은 수개의 범행에도 불구하고 이를 단일행위로 보기 위한 일종의 논리조작이라고 볼 수 있다.

판례 연속범의 예

• 주식시세조종의 목적으로 허위매수주문행위, 고가매수주문행위 및 통정매매행위 등을 반복한 경우, 이는 시세조종 등 불공정거래의 금지를 규정하고 있는 구 증권거래법(현행 '자본시장과 금융투자업에 관한 법률') 제188조의4에 해당하는 수개의 행위를 단일하고 계속된 범의 하에서 일정기간 계속하여 반복한 범행이라 할 것이고, 이 범죄의 보호법익은 유가증권시장 또는 협회중개시장에서의 유가증권 거래의 공정성 및 유통의 원활성 확보라는 사회적 법익이고 각각의 유가증권 소유자나 발행자 등 개개인의 재산적 법익은 직접적인 보호법익이 아닌 점에 비추어 위 각 범행의 피해법익의 동일성도 인정되므로, 위 법 제188조의4에 정한 불공정거래행위 금지 위반의 포괄일죄가 성립한다(대판 2011. 1. 13, 2010도9927). 이 판결은 주식시세조종행위를 연속범으로 보아 포괄일죄를 인정한 것이다(이 판결에 대한 비판적 평석으로는 박상기, '포괄일죄와 연속범 및 공동정범성', 저스티스(2012. 4), 330면 이하 참조).

• 금융기관 임직원이 그 직무에 관하여 여러 차례 금품을 수수한 경우에 그것이 단일하고도 계속된 범의 아래 일정기간 반복하여 이루어진 것이고 그 피해법익도 동일한 경우에는 각 범행을 통틀어 포괄일죄로 볼 것이다(대판 2000. 6. 27, 2000도1155).

• 동일 죄명에 해당하는 수개의 행위를 단일하고 계속된 범의 하에 일정기간 계속하여 행하고 그 피해법익도 동일한 경우에는 이들 각 행위를 통틀어 포괄일죄로 처단하여야 하므로, 일정한 기간 동안 계속하여 환자를 보내준 자에게 환자를 보내준 때마다 대가를 지급한 경우 포괄일죄를 구성한다(대판 1998. 5. 29, 97도1126).

• 공무원인 피고인들이 1987. 7. 15.부터 1988. 12. 28.까지 사이에 전후 17회에 걸쳐 정기적으로 동일한 납품업자로부터 신속한 검수, 검수과정에서의 함량미달 등 하자를 눈감아 달라는 청탁명목으로 계속하여 금원을 교부받아 그 직무에 관하여 뇌물을 수수한 것이라면, 공무원이 직무에 관하여 뇌물을 수수한다는 **단일한 범의 아래 계속하여 일정기간 동종행위를 반복**한 것이 분명하므로, 뇌물수수의 포괄일죄로 보아 특정범죄가중처벌등에관한법률에 의율하여야 한다(대판 1990. 9. 25, 90도1588).

(1) 연속범의 요건

1) 침해법익의 동일성

개개의 행위가 동일한 법익을 침해하였어야 한다. 그러나 생명, 신체, 자유, 명예 등과 같은 전속적 법익의 경우에는 연속범을 인정할 수 없으므로 이를 제외하고는 법익주체가 달라도 관계 없다. 예를 들면 여러 명을 대상으로 한 사기죄가 이에 해당한다.

2) 범행방법의 동일성

다수의 행위들이 범행방법상 동일하거나 또는 유사하여야 한다.

3) 고의의 동일성

고의의 동일성 요구는 연속범에서 각 범행 간의 내적 동일성을 유지하기 위한 요건으로 볼 수 있다. 이에는 전체 고의를 필요로 한다는 입장과 반복적 고의만으로 충분하다는 입장으로 나뉜다.

(2) 연속범의 법적 처리

연속범에 대해서는 ① 포괄일죄설(판례), ② 과형상 일죄설, ③ 경합범설(김성돈, 김용욱, 서보학, 안동준, 정영일, 정/박) 등이 대립하고 있다.

연속범은 법관에게 양형의 부담을 덜어주고 피고인에게는 형량이나 기판력에서 유리한 개념이다. 그러나 연속범을 포괄일죄로 파악하게 되면 결과적으로 단순한 일죄의 범인보다 특혜를 받게 되는 점을 부인할 수 없다. 동일한 고의에 따라 피해법익이 동일하고 범행방법이 동일하다고 해서 그렇지 않은 범죄자에 비해 유리한 취급을 받을 합리적인 이유는 찾기 어렵기 때문이다. 또한 전체 고의라는 이론구성이 실상은 논리적 허구에 불과하다는 점이다. 이러한 이유로 연속범을 인정하는 것은 타당하지 않다고 본다.

독일판례(BGHSt GrS 40, 138)는 연속범을 법적 의미의 단일행위로 보아 모든 구성요건의 경우에 예외없이 포괄일죄를 인정하던 입장에서 "실현된 불법과 책임에 대한 정확한 파악을 위하여 불가피한 경우"에 한하여 연속범을 제한적으로 인정하는 입장으로 바뀌었다. 그리고 이러한 의미에서 연속범의 범위에 포함되지 않는 구성요건으로는 근친상간죄(§ 173), 피보호자에 대한 강제추행죄(§ 174), 미성년자간음죄(§ 176), 사기죄(§ 263), 사후수뢰죄(§ 332), 사전수뢰죄(§ 334)의 예를 들고 있다(BGH NStZ 1995, 92). 그 밖의 구성요건에 대해서도 아직까지 연속범을 인정하지 않음으로써 사실상 연속범의 개념을 부인하고 있다.

5. 접속범

접속범은 동일한 법익에 대한 침해행위로서 수개의 독립적인 구성요건 해당행위가 불가분적으로 접속하여 행하여지는 것을 말한다. 대법원은 "동일 죄명에 해당하는 수개의 행위 혹은 연속된 행위를 단일하고 계속된 범의하에 일정 기간 계속하여 행하고 그 피해법익도 동일한 경우"를 접속범으로 본다. 즉 접속범의 성립요건은 시간적·장소적으로 접속하여야 하고, 단일의 일관된 고의가 있어야 하며 동일 법익에 대한 침해여야 한다.

접속범에 관한 판례로는 동일한 곳에서 소유자를 달리하는 물건을 절취한 경우(대판 1970. 7. 21, 70도1133), 동일한 기회에 같은 부녀를 수회 간음한 경우(대판 1970. 9. 29, 70도1516), 신용카드를 절취한 다음 이를 사용하여 카드가맹점 여러 곳에서 물품을 구입한 경우

(대판 1996. 7. 12, 96도1181), 하나의 사건에 관하여 한번 선서한 증인이 같은 기일에 여러 가지 사실에 관하여 기억에 반하는 허위의 진술을 한 경우에도 이는 하나의 범죄의사에 의하여 계속하여 허위의 진술을 한 것으로서 포괄하여 1개의 위증죄를 구성한다고 판시하였다 (대판 1998. 4. 14, 97도3340).

그러나 피해자를 1회 강간하여 상처를 입게 한 후 약 1시간 후에 장소를 옮겨 같은 피해자를 다시 1회 강간한 사건에서 대법원은 범행시간과 장소를 달리하고 있을 뿐만 아니라 각 별개의 범의에서 이루어진 행위이기 때문에 포괄일죄를 인정하지 않고 형법 제37조 전단의 실체적 경합범에 해당한다고 판시하였다(대판 1987. 5. 12, 87도694).

6. 집합범

집합범은 상습성이나 직업성 또는 영업성 등을 띠는 범죄의 총칭으로서 이를 법적인 단일행위로서 포괄일죄로 보는 것이 판례 및 다수설의 입장이다. 그러나 상습범은 법규정상 포괄일죄에 해당한다고 볼 수밖에 없지만 구성요건의 성질에서 이미 동종행위가 반복될 것으로 당연히 예상되는 범죄인 영업범(또는 직업범)의 경우에는 행위자의 반복적인 구성요건의 실현으로서 포괄일죄를 인정하는 기능과는 무관하다. 그리고 이러한 견해는 행위자에게 부당하게 이익을 주므로 타당하지 않으며 영업범이나 직업범은 수죄로서 실체적 경합범으로 보아야 한다.

판례 집합범

① 상습범의 경우

• 상습성을 갖춘 자가 여러 개의 죄를 반복하여 저지른 경우에는 각 죄를 별죄로 보아 경합범으로 처단할 것이 아니라 그 모두를 포괄하여 상습범이라고 하는 하나의 죄로 처단하는 것이 상습범의 본질 또는 상습범 가중처벌규정의 입법취지에 부합한다(대판 2004. 9. 16, 2001도3206 전원합의체).

이러한 다수의견에 대하여 다음과 같은 별개의견이 있다: 원래 '상습성'이란 '행위자의 속성'이라는 점에는 학설·판례상 이론이 없고 다수의견도 이를 받아들이고 있는 바, 이는 곧 단 한 번 저질러진 범행이라도 그것이 상습성의 발현에 의한 것이라면 상습범이 된다는 것이어서 상습범이 성립하기 위하여는 반드시 수개의 범행이 반복될 것을 그 구성요건 요소로 하거나 예정하고 있는 것은 아니므로 상습성이 발현된 수개의 범행이 있는 경우에 각개의 범행 상호 간에 보호법익이나 행위의 태양과 방법, 의사의 단일 또는 갱신 여부, 시간적·장소적 근접성 등 일반의 포괄일죄 인정의 기준이 되는 요소들을 전혀 고려함이 없이 오로지 '상습성'이라는 하나의 표지만으로 곧 모든 범행을 하나로 묶어 포괄하여 일죄라고 할 수는 없으므로 수개의 상습사기 범행은 원칙으로 수개의 죄로 보아야 한다.

② 영업범의 경우

• 영업범이란 집합범의 일종으로 구성요건의 성질에서 이미 동종행위가 반복될 것으로 당연히 예상되는 범죄를 가리키는 것인바, 피고인의 판시 사기 범행이 비록 동종의 행위를 반복한 것으로 되어 있더라도 구성요건의 성질상 동종행위가 반복될 것이 예상되는 범죄라고 볼 수는 없어 영업범이라고 할 수는 없다(대판 2004. 7. 22, 2004도2390).

• 무허가유료직업소개 행위는 범죄구성요건의 성질상 동종행위의 반복이 예상되는데, 반복된 수개의 행위 상호 간에 일시·장소의 근접, 방법의 유사성, 기회의 동일, 범의의 계속 등 밀접한 관계가 있어 전체를 1개의 행위로 평가함이 상당한 경우에는 포괄적으로 한 개의 범죄를 구성한다(대판 1993. 3. 26, 92도3405).

제 3 절 상상적 경합

제40조(상상적 경합) 한 개의 행위가 여러 개의 죄에 해당하는 경우에는 가장 무거운 죄에 대하여 정한 형으로 처벌한다.

Ⅰ. 의 의

상상적 경합이란 1개의 행위에 의하여 여러 개의 동종 또는 이종의 구성요건을 침해하는 경우를 말하며 관념적 경합이라고도 한다. 예를 들면 한 번의 폭탄 투척으로 여러 명을 죽게 하고 동시에 자동차나 건물을 파괴한 경우이다. 상상적 경합은 본래 수개의 죄에 해당하므로 이러한 죄에 대하여 각각 유죄판결을 하여야 하나 행위가 한 개이기 때문에 1개의 죄에 정한 형으로 처벌한다는 것이다. 그러므로 이를 과형상 일죄라고 한다. 상상적 경합의 경우를 후술하는 실체적 경합범보다 가볍게 처벌하는 이유는 행위가 단일하기 때문에 다수 행위를 전제로 하는 실체적 경합보다 책임이 낮다는 데에 있다.

Ⅱ. 형태 및 요건

1. 동종의 상상적 경합과 이종의 상상적 경합

동종의 상상적 경합이란 단일한 행위로 수개의 동종의 구성요건을 실현시킨 경우를 말하며(예: 폭탄투척으로 다수인을 살상시킨 경우), 이종의 상상적 경합이란 단일한 행위로 수개의 상이한 구성요건을 실현한 경우를 말한다(예: 자동차에 방화하여 타고 있던 사람을 살해한 경우,

휘발유에 솔벤트, 벤젠 등을 섞어 판매한 행위가 석유사업법위반죄와 사기죄에 해당하는 경우)(대판 1980. 12. 9, 80도384).

2. 성립요건

상상적 경합이 인정되기 위해서는 ① 행위의 단일성과 동일성이 인정되어야 하며, ② 동일 또는 이종의 구성요건을 수회 침해하였어야 한다, 또한 ③ 법조경합에 해당하지 않을 것이 필요하다.

판례 상상적 경합의 예

• **강간죄의 성립에 언제나 직접적으로 또 필요한 수단으로서 감금행위를 수반하는 것은 아니므로** 감금행위가 강간미수죄의 수단이 되었다하여 감금행위는 강간미수죄에 흡수되어 범죄를 구성하지 않는다고 할 수는 없는 것이고,… · 피고인이 피해자가 자동차에서 내릴 수 없는 상태를 이용하여 강간하려고 결의하고, 주행 중인 자동차에서 탈출불가능하게 하여 외포케 하고 50킬로미터를 운행하여, 여관 앞까지 강제로 연행하여 강간하려다 미수에 그친 경우 위 협박은 감금죄의 실행의 착수임과 동시에 강간미수죄의 실행의 착수라고 할 것이고, 감금과 강간미수의 두 행위가 시간적, 장소적으로 중복될 뿐 아니라 **감금행위 그 자체가 강간의 수단인 협박행위를 이루고 있는 경우**로서 이 사건 감금과 강간미수죄는 일개의 행위에 의하여 실현된 경우로서 형법 제40조의 상상적 경합이라고 해석하였다(대판 1983. 4. 26, 83도323).

• **기타 상상적 경합의 예**: 명예훼손죄(제307조)와 후보자비방죄(공직선거및선거부정방지법 제251조)(대판 1998. 3. 24, 97도2956), 강도살인죄와 현주건조물방화치사죄(대판 1998. 12. 8, 98도3416), 준강도죄와 공무집행방해죄(대판 1992. 7. 28, 92도917), 살인죄와 강간치사죄(대판 1990. 5. 8, 90도670), 강도강간미수죄와 강도치상죄(대판 1988. 6. 28, 88도820), 무면허운전행위와 주취운전행위(대판 1987. 2. 24, 86도2731), 부진정결과적가중범과 중한 결과에 대한 고의범(형법 제144조의 특수공무방해치상죄와 (구)폭력행위등처벌에관한법률 제3조 제2항 제1항, 형법 제257조 제1항 위반죄의 상상적 경합범 인정)(대판 1995. 1. 20, 94도2842), 수뢰후부정처사죄와 공도화변조죄 및 동행사죄(대판 2001. 2. 9, 2000도1216).

3. 연결효과에 의한 상상적 경합

연결효과에 의한 상상적 경합이론이란 독자적인 두 개의 범죄행위(A, B)가 이들 범죄와 전혀 관계 없는 제3의 범죄행위를 실현하였을 때에 두 범죄행위와 제3의 범죄행위 간에 상상적 경합을 인정할 것인가의 문제이다.

연결효과에 대해서는 찬성론과 반대론이 있다. 찬성론은 제3의 범죄가 독립적인 다른 두 개의 범죄 가운데 어느 것보다 중하거나 동등한 경우에는 상상적 경합을 인정할 수 있다는 견해이다. 이에 반해 반대론에서는 서로 다른 두 개의 범죄행위가 다른 행위에 의하여 한 개가 될 수 없기 때문에 상상적 경합을 인정할 수도 없다는 입장이다(김용욱, "경합론의 체계적 구조", 이형국교수화갑기념논문집, 416면, 오영근, 이/장/강, 정영일). 찬성론에서는 연결효과를 부인하게 되면 제3의 범죄행위가 이중으로 평가된다는 점을 지적한다. 그러나 두 개의 범죄행위만으로도 실체적 경합범이 성립하는데 제3의 행위가 추가됨으로써 불법성의 가중에도 불구하고 제3의 행위를 이유로 상상적 경합을 인정하는 것은 타당하지 않다. 그러므로 연결효과에 의한 상상적 경합은 인정하지 않는 것이 타당하다. 판례는 결과적으로 찬성하는 입장이다(아래 판례 참조).

판례 연결효과에 의한 상상적 경합이 문제되는 경우

• 형법 제131조 제1항의 수뢰후부정처사죄에 있어서 공무원이 수뢰후 행한 부정행위가 공도화변조 및 동행사죄와 같이 보호법익을 달리하는 별개 범죄의 구성요건을 충족하는 경우에는 수뢰후부정처사죄 외에 별도로 공도화변조 및 동행사죄가 성립하고 이들 죄와 수뢰후부정처사죄는 각각 상상적 경합 관계에 있다고 할 것인 바, 이와 같이 공도화변조죄와 동행사죄가 수뢰후부정처사죄와 각각 상상적 경합범 관계에 있을 때에는 공도화변조죄와 동행사죄 상호 간은 실체적 경합범 관계에 있다고 할지라도 상상적 경합범 관계에 있는 수뢰후부정처사죄와 대비하여 가장 중한 죄에 정한 형으로 처단하면 족한 것이고 따로이 경합범 가중을 할 필요가 없다(대판 2001. 2. 9, 2000도1216).

이 판례는 연결효과에 의한 상상적 경합이 문제되는 사안으로서 판례는 공도화변조죄와 동행사죄가 수뢰후부정처사죄와 각각 상상적 경합범 관계에 있을 때에는 공도화변조죄와 동행사죄 상호 간은 실체적 경합범 관계에 있다고 할지라도 상상적 경합범 관계에 있는 수뢰후부정처사죄와 대비하여 가장 중한 죄에 정한 형으로 처벌하면 된다고 판시하고 있다. 이 입장은 연결효과를 인정하는 것은 아니지만 결과적으로는 이를 인정하는 것과 다름없는 것으로 보인다.

4. 상상적 경합의 효과

(1) 실체법적 효과

상상적 경합의 경우에는 가장 무거운 죄에 정한 형으로 처벌한다(제40조). 이는 상상적 경합이 실체법상으로는 수개의 죄에 해당하지만 과형상 일죄로 취급하여 1개의 형으로 처벌하되 가장 무거운 형으로 처벌하도록 한 것이다. "가장 무거운 죄에 정한 형"이란 법정형을 의미하며 형의 경중은 형법 제50조에 의한다. 형의 경중을 비교하는 데에 있어 중한 죄의 법정형의 하한이 경한 죄의 법정형의 하한보다 낮은 경우 무거운 형만 대조하여 결정할 것이 아니라(중점적 대조주의) 상한과 하한을 모두 대조하여 전체적으로 무거운 형으로 각각 결정하여야 한다(전체적 대조주의: 대판 2006. 1. 27, 2005도8704). 상상적 경합관계에 있는 수죄 중 그 일부만이 유죄로 인정된 경우와 그 전부가 유죄로 인정된 경우와는 형법 제51조에 규정된 양형의 참작 조건에 따라 선고형의 형량을 도출하는 데에 차이가 있다.

(2) 소송법적 효과

상상적 경합은 실질적으로는 수죄라고 해도 과형상 일죄이므로 소송법적 효과도 이에 따라 결정된다. 그러므로 기판력이나 공소사실, 상소의 효과는 상상적 경합관계에 있는 죄 전체에 대하여 미치며, 수개의 죄 가운데 일부가 무죄인 때에는 판결주문에 별도로 이를 선고할 필요가 없다. 그러나 판결이유에서는 상상적 경합관계에 있는 모든 범죄사실과 적용법조를 기재하여야 하며, 일부가 무죄인 경우 이유를 밝혀야 한다(상상적 경합의 명시적 기능).

제 4 절 실체적 경합

제37조(경합범) 판결이 확정되지 아니한 수개의 죄 또는 금고 이상의 형에 처한 판결이 확정된 죄와 그 판결확정 전에 범한 죄를 경합범으로 한다.

제38조(경합범과 처벌례) ① 경합범을 동시에 판결할 때에는 다음 각 호의 구분에 따라 처벌한다.

1. 가장 무거운 죄에 대하여 정한 형이 사형, 무기징역, 무기금고인 경우에는 가장 무거운 죄에 대하여 정한 형으로 처벌한다.
2. 각 죄에 대하여 정한 형이 사형, 무기징역, 무기금고 외의 같은 종류의 형인 경우에는 가장 무거운 죄에 대하여 정한 형의 장기 또는 다액(多額)에 그 2분의 1까지 가중하되 각 죄에 대하여 정한 형의 장기 또는 다액을 합산한 형기 또는 액수를 초과할 수 없다. 다만, 과료와 과료, 몰수와 몰수는 병과(倂科)할 수 있다.
3. 각 죄에 대하여 정한 형이 무기징역, 무기금고 외의 다른 종류의 형인 경우에는 병과한다.

② 제1항 각 호의 경우에 징역과 금고는 같은 종류의 형으로 보아 징역형으로 처벌한다.

제39조(판결을 받지 아니한 경합범, 수개의 판결과 경합범, 형의 집행과 경합범) ① 경합범 중 판결을 받지 아니한 죄가 있는 때에는 그 죄와 판결이 확정된 죄를 동시에 판결할 경우와 형평을 고려하여 그 죄에 대하여 형을 선고한다. 이 경우 그 형을 감경 또는 면제할 수 있다.

② 삭제

③ 경합범에 의한 판결의 선고를 받은 자가 경합범 중의 어떤 죄에 대하여 사면 또는 형의 집행이 면제된 때에는 다른 죄에 대하여 다시 형을 정한다.

④ 전 3항의 형의 집행에 있어서는 이미 집행한 형기를 통산한다.

Ⅰ. 개 념

실체적 경합범(또는 경합범)은 수개의 행위로 수개의 죄를 범한 경우를 말한다. 즉 수개의 독립적 행위에 의하여 다수의 이종의 구성요건이 실현된 경우로서 부진정 실체적 경합범인 불가벌적 사전·사후행위에 해당하지 않는 경우에 인정된다. 형법은 경합범을 "판결이 확정되지 아니한 수개의 죄 또는 금고 이상의 형에 처한 판결이 확정된 죄와 그 판결확정 전에 범한 죄"(제37조)로 규정하고 있다.

포괄일죄와 실체적 경합범의 구별 기준은 동일 죄명에 해당하는 수개의 행위 혹은 연속된 행위를 단일하고 계속된 범의 아래 일정 기간 계속하여 행하고 그 피해법익도 동일한 경우에는 이들 각 행위를 통틀어 포괄일죄로 보고, 범의의 단일성과 계속성이 인정되지 않거나 범행방법이 동일하지 않은 경우에는 각 범행은 실체적 경합범에 해당한다(대판 2012. 3. 29, 2011도14135).

실체적 경합의 경우에는 실질적으로는 수죄가 성립하기 때문에 이론상 형을 병과하여야 한다. 그러나 이는 지나치게 중형을 초래하기 때문에 이를 피하기 위하여 경합범에 대한 특별규정(제38조 제1항. 가중주의, 흡수주의, 병과주의)이 등장한 것이다.

Ⅱ. 요 건

1. 실체법적 요건

실체법상 행위가 다수이고 그로 인해 실현된 구성요건도 다수이어야 한다.

판례 **죄수결정의 기준**

• 수십 명의 신도들로부터 돈을 편취한 사건에서 사기죄에 있어 동일한 피해자에 대하여 수회에 걸쳐 기망행위를 하여 금원을 편취한 경우 범의가 단일하고 범행방법이 동일하다면 사기죄의 포괄1죄만이 성립한다고 할 것이나, 범의의 단일성과 계속성이 인정되지 아니하거나 범행방법이 동일하지 않은 경우에는 각 범행은 실체적 경합범에 해당한다(대판 1997. 6. 27, 97도508).

• 사기죄에 있어서 수인의 피해자에 대하여 각별로 기망행위를 하여 각각 재물을 편취한 경우, 그 범의가 단일하고 범행 방법이 동일하다고 하더라도 포괄1죄가 되는 것이 아니라 피해자별로 1개씩의 죄가 성립하는 것이다(대판 1995. 8. 22, 95도594).

• 피고인이 단일한 범의로 동일한 장소에서 동일한 방법으로 시간적으로 접착된 상황에서 처와 자식들을 살해하였다고 하더라도 휴대하고 있던 권총에 실탄 6발을 장전하여 처와 자식들의 머리에 각기 1발씩 순차로 발사하여 살해하였다면, 피해자들의 수에 따라 수개의 살인죄를 구

성한다(대판 1991. 8. 27, 91도1637). 생명과 같은 일신전속적 법익에 대해서는 상상적 경합이 아니라 실체적 경합범이 성립한다고 본 것이다.

• 강도가 동일한 장소에서 동일한 방법으로 시간적으로 접착된 상황에서 수인의 재물을 강취하였다고 하더라도, 수인의 피해자들에게 폭행 또는 협박을 가하여 그들로부터 그들이 각기 점유관리하고 있는 재물을 각각 강취하였다면, 피해자들의 수에 따라 수개의 강도죄를 구성한다(대판 1991. 6. 25, 91도643).

2. 소송법적 요건

소송법적 요건으로는 수개의 죄에 대한 판결이 모두 확정되지 않았거나, 수죄 가운데 일부가 금고 이상의 판결이 확정되고 일부는 금고 이상의 판결이 확정되기 이전에 범한 경우이어야 한다(제37조 참조). 전자의 경합범은 아직 판결이 확정되지 않았기 때문에 동시에 심판할 수 있는 경우로서 동시적 경합범이라고 하고(제37조 전단), 후자는 동시에 심판할 가능성이 있었지만 그 중 일부에 대해 금고 이상의 형이 확정된 경우로서 사후적 경합범(제37조 후단)이라고 한다. 별도로 공소가 제기되어 동시에 판결할 수 없는 경우도 사후적 경합범에 해당한다(대판 1969. 3. 15, 69도169).

Ⅲ. 효 과

1. 동시적 경합범

판결이 확정되지 않은 수개의 죄가 경합하는 동시적 경합범의 경우에는 흡수주의와 가중주의, 병과주의가 적용된다. 이에 따라 동시에 재판을 받게 되는 죄 가운데 가장 중한 죄에 정한 형이 사형 또는 무기징역이나 무기금고인 때에는 가장 무거운 죄에 정한 형으로 처벌한다(흡수주의. 제38조 제1항 제1호). 사형이나 무기형에 대하여 형을 병과하거나 가중하는 것은 무의미하기 때문이다. 그리고 각 죄에 정한 형이 사형 또는 무기징역이나 무기금고 이외의 동종의 형인 때에는 가장 무거운 죄에 정한 형의 장기 또는 다액에 그 2분의 1까지 가중하되 각 죄에 정한 형의 장기 또는 다액을 합산한 형기 또는 액수를 초과할 수 없다(가중주의. 제38조 제1항 제2호). 다만 과료와 과료, 몰수와 몰수는 병과할 수 있다(동조 단서). 이 경우에 징역과 금고는 동종의 형으로 간주하여 징역형으로 처벌하며(동조 제2항), 유기자유형을 가중하는 때에는 50년을 초과할 수 없다(제42조 단서). 각 죄에 정한 형이 무기징역이나 무기금고 이외의 이종의 형인 때에는 병과한다(병과주의. 제38조 제1항 제3호). 이에 따라 동시적 경합범의 경우에 형법은 전체형원칙을 취하고 있다.

2. 사후적 경합범

사후적 경합범의 경우에는 "경합범 중 판결을 받지 아니한 죄가 있는 때에는 그 죄와 판결이 확정된 죄를 동시에 판결할 경우와 형평을 고려하여 그 죄에 대하여 형을 선고한다. 이 경우 그 형을 감경 또는 면제할 수 있다"(제39조 제1항)고 하여 사후적 경합범을 선고할 경우 피고인에게 돌아 갈 불이익을 해결하고 있다. 즉 경합범 규정을 둔 취지는 하나의 재판절차를 통하여 1개의 형을 선고받을 수 있었음에도 불구하고 그 중 일부가 법원에 알려지지 않았다는 이유로 별개의 재판을 받음으로써 피고인이 불이익하게 취급되는 것을 방지하고자 하는 데에 있다.

그러나 '금고 이상의 형에 처한 판결이 확정된 죄'와 '그 판결 확정 후에 범한 죄', 즉 확정판결 전후에 범한 죄는 하나의 재판에 의하여 판결을 받을 수 없기 때문에 사후적 경합범이 아니며 별개의 재판에 의하여 형이 병과된다.

판례 **동시적 · 사후적 경합범의 처벌**

• 형법 제37조 후단 및 제39조 제1항의 문언, 입법 취지 등에 비추어 보면, 아직 판결을 받지 아니한 죄가 이미판결이 확정된 죄와 동시에 판결할 수 없었던 경우에는 형법 제37조 후단의 경합범 관계가 성립할 수 없고 형법 제39조 제1항에 따라 동시에 판결할 경우와 형평을 고려하여 형을 선고하거나 그 형을 감경 또는 면제할 수도 없다고 해석함이 타당하다. 아직 판결을 받지 아니한 수개의 죄가 판결 확정을 전후하여 저질러진 경우 판결확정 전에 범한 죄를 이미 판결이 확정된 죄와 동시에 판결할 수 없었던 경우라고 하여 마치 확정된 판결이 존재하지 않는 것처럼 그 수개의 죄 사이에 형법 제37조 전단의 경합범 관계가 인정되어 형법 제38조가 적용된다고 볼 수도 없으므로, 판결 확정을 전후한 각각의 범죄에 대하여 별도로 형을 정하여 선고할 수밖에 없다(대판 2014. 3. 27, 2014도469).

[총론]

제 3 편

형 벌 론

제 1 장 형벌의 의의와 종류

제 1 절 형벌의 개념과 종류

형법상 행위에 대해서는 구성요건해당성, 위법성 및 책임에 대한 판단을 거친 다음 이에 대한 법적 효과로서 형벌이나 보안처분을 부과하게 된다. 다양한 목적과 결부되어 있는 형벌은 책임의 정도(양)를 넘어서는 안 되고(책임주의), 동시에 예방에 필요한 범위를 넘어서도 안 된다(형벌의 예방목적과 과잉금지). 형벌의 효과 측면에서는 우선 형벌을 통하여 행위자의 형사책임이 소멸되며, 예방적 측면에서도 행위자나 일반 국민으로 하여금 범죄행위를 하지 못하도록 하는 위하적 효과를 기대할 수 있다. 또한 일반 시민들로 하여금 형법의 유효성 또는 적용 상황을 인식하도록 함으로써 형법에 대한 규범의식의 강화에도 기여할 수 있다(적극적 일반예방).

그러나 현대사회의 범죄 현상은 일반 국민이 상시적으로 범죄로부터의 위협을 감지하고 대비하여야 할 정도로 심각한 상황이 되었다. 그 결과 범죄로부터 사회를 보호하는 임무가 형법이 달성하여야 할 중요한 목표가 되었다. 범죄자에 대한 자유형 집행을 통하여 범죄자를 사회로부터 격리하고, 직업교육 등 제반 수형자 교육을 통하여 이들의 재사회화를 지원하는 것은 이러한 목표달성을 위한 것이다.

형벌의 종류는 형법상 9종이 있다(제41조). 사형 · 징역 · 금고 · 자격상실 · 자격정지 · 벌금 · 구류 · 과료 · 몰수가 그것이다. 이 가운데 몰수를 제외한 형벌은 단독으로 선고될 수 있는 것으로서 이를 주형主刑이라고 하고, 몰수는 주형과 함께 선고되는 형벌로서 부가형附加刑이라고 한다(제49조).

제2절 사 형

제66조(사형) 사형은 교정시설 안에서 교수하여 집행한다.

Ⅰ. 내 용

수형자의 생명을 박탈하는 형벌을 사형이라고 한다. 그러므로 이를 생명형이라고도 부른다. 사형집행은 일반인에 대해서는 교수형(제66조), 군인·군속에 대해서는 총살형에 의한다(군형법 제3조).

현재 사형규정을 둔 법률로는 형법, 군형법, 국가보안법, 폭력행위 등 처벌에 관한 법률, 특정범죄 가중처벌 등에 관한 법률, 성폭력범죄의 처벌 등에 관한 특례법, 마약류관리에 관한 법률, 보건범죄단속에 관한 특별조치법, 문화재보호법, 원자력법, 장기 등 이식에 관한 법률 등이 있다. 이처럼 많은 사형규정은 시대 상황에 맞지 않기 때문에 사형제도를 존치하더라도 시급히 폐지하거나 개선하여야 할 것이다.

사형은 판결이 확정된 날로부터 6월 이내에 법무부장관이 사형집행을 명령하여야 한다(형사소송법 제465조 제1항). 그러나 1997년에 사형이 집행된 이후 현재까지 사형집행이 이루어지지 않고 있다. 우리나라가 1998년 이후 사형집행을 하지 않은 것은 현 단계에서 사형제도를 사실상 폐지하는 방향으로 가고 있는 것으로 볼 수도 있다. 그러나 이는 사회적 합의나 형사정책적 방향에 따른 상황이라고 하기보다는 정치적 판단이나 상황과 관련한 것으로 볼 수 있다. 그렇기 때문에 중단된 사형집행의 재개가능성은 크지 않을 것으로 예상된다.

판례 사형선고의 조건

• 사형은 인간의 생명 자체를 영원히 박탈하는 냉엄한 궁극의 형벌로서 문명국가의 이성적인 사법제도가 상정할 수 있는 극히 예외적인 형벌이라는 점을 감안할 때, 사형의 선고는 범행에 대한 책임의 정도와 형벌의 목적에 비추어 그것이 정당화될 수 있는 특별한 사정이 있다고 누구라도 인정할 만한 객관적인 사정이 분명히 있는 경우에만 허용되어야 하고, 따라서 사형을 선고함에 있어서는 형법 제51조가 규정한 사항을 중심으로 한 범인의 연령, 직업과 경력, 성행, 지능, 교육정도, 성장과정, 가족관계, 전과의 유무, 피해자와의 관계, 범행의 동기, 사전계획의 유무, 준비의 정도, 수단과 방법, 잔인하고 포악한 정도, 결과의 중대성, 피해자의 수와 피해감정, 범행 후의 심정과 태도, 반성과 가책의 유무, 피해회복의 정도, 재범의 우려 등 양형의 조건이 되는 모든 사항을 철저히 심리하여 위와 같은 특별한 사정이 있음을 명확하게 밝힌 후 비로

소 사형의 선택 여부를 결정하여야 한다(대판 2006. 3. 24, 2006도354).

Ⅱ. 사형제도에 대한 찬반론

사형제도 존폐론과 관련한 학계의 주장을 소개하면 다음과 같다.

폐지론의 입장에 서는 견해(김일수, 배종대, 심재우, 허일태)로는 ① 생명은 불가침의 신성성을 가지므로 정당방위 또는 방위전쟁이나 현재의 불법 상황을 극복하기 위한 혁명상황이 아니고는 희생되어서는 안 되고, 사형과 같은 극단적 처벌은 장기적인 규범안정성을 약속해주지 않으며, 오히려 황폐된 사회심리 속에 내재된 공격성을 부추기어 규범위반성을 유발한다는 견해, ② 사형의 시원인 원시형벌의 기능(즉, 응보형)과 문명사회의 국가형벌의 기능(즉, 목적형)의 차이를 인식하여야 하며, 응보는 국가의 질서유지적 기능과 무관하며, 사회방위를 위하여 인간을 일방적인 수단으로 희생하는 제도가 사형이며, 자유형과는 본질적으로 다르기 때문에 폐지하여야 한다는 견해, ③ 국회는 사회정의를 구현하고, 인간이 국가 내지 사회에서 인간답게 살 수 있도록 이성적인 법률을 만들어야 하는 곳이므로 국회의원도 변덕스러운 여론의 향배에 따를 것이 아니라, 무엇이 인간존엄성을 담보할 수 있는 입법인가를 깊이 고민해야 한다는 견해, ④ 사형은 기본권의 본질적 내용을 침해하는 위헌규정이라는 견해 등이 있다.

존치론 및 단계적 폐지론의 입장에 서는 견해(손/김, 신동운, 오영근, 이/장/강, 임웅, 조준현)로는 ① 사형에 범죄 예방의 위하력은 없으나, 수많은 무고한 국민들을 아주 이기적인 동기에서 잔인하게 살해한 자에게 상응하는 죄값은 사형이어야 한다는 견해, ② 사형폐지론이 인간성에 대한 이념적 완성을 지향하는 점에서는 타당하기는 하지만 많은 시민들이 사형의 존치를 받아들이고 있는 현실을 무시할 수도 없고 많은 사람들이 사형의 억제 효과는 근거가 없다고 하지만 사실 그 반대의 주장도 근거가 확실하지는 않다거나 사형을 놓고 이는 사형이 추구하는 목적에 비추어 실제적 효과는 없지만 사회체제를 유지하는 상징 기호로서의 기능은 여전하다고 하는 견해, ③ 사형선고는 신중에 신중을 거듭하여야 하지만 사형은 합헌이라는 견해, ④ 범죄와의 관계나 피해자의 생명의 가치를 고려하여야 하고, 사형에 범죄에 대한 위하력이 있다는 견해, ⑤ 사형의 전면적 폐지 대신 사형을 제한하기 위해 중대모살 이외의 사형규정 폐지 및 사형선고 만장일치제 도입, 사형의 집행유예제도 도입을 주장하는 견해, ⑥ 사형집행유예제도 도입과 사형대상 범죄의 축소, 가석방을 허용하지 않는 무기형 도입 등을 제시하는 견해 등이 있다.

우리나라에서는 과거 독재정권 시대 정치적 반대자를 제거하거나 권력 강화를 위해서 사형제도가 악용된 사례가 많았다. 이러한 경험은 사형제도 자체가 안고 있는 부정적 측면과 함께 사형 폐지에 찬성하는 경향성을 띨 것으로 예상되는데도 불구하고 학계에서의 사형제도에 대한 견해는 반대도 있지만 찬성측도 적지 않다. 이는 사형제도가 초래한 역사적 과오가 분명히 있지만 오늘날 점증하는 흉악 범죄에 대한 대책으로서 불가피하다는 형사정책적 판단이 가장 큰 원인이라고 보여진다. 물론 사형제도를 찬성하더라도 사형제도의 영원한 존속을 지지하는 경우는 극히 소수이다. 즉시 폐지가 아니라 점진적·단계적 폐지를 주장하고 있다고 볼 수 있다. 이는 형사정책이 고려하여야 할 요소가 다양하고 이러한 요소들이 내용이나 방향성에서 상충하는 경우가 많기 때문에 일방의 요소만을 정책판단의 자료로 삼을 수 없다는 생각에서 비롯된 것으로 보인다.

사형제도는 국가가 행사하는 가장 강력한 형벌권이다. 그렇기 때문에 이러한 권리를 허용할 것인지 여부는 언제나 논란의 대상이 될 수밖에 없다. 모든 제도가 그러하듯이 일반국민 다수의 동의가 없이는 제도 개혁에 대한 반발을 불러일으킬 수 있다는 점을 고려하여야 한다. 사형존폐론이 안고 있는 가장 커다란 고민이 여기에 있다. 사형제도가 갖는 범죄억지력에 대한 논란이 있지만 사형이 폐지될 경우 흉악 범죄에 대한 대책이 미흡하다는 비판에 직면하게 될 것이다. 이는 국가의 형사사법제도에 대한 불만으로 이어질 가능성도 있다. 흉악 범죄자에 대한 사회로부터의 영구 격리가 감형 없는 무기형제도로 가능하다고 하지만 범죄에 대한 응보로서의 형벌 기능은 약화된다는 주장도 있다. 범죄에 대한 두려움을 느끼는 사회 구성원의 보편적 승인 내지 내면적 동의에 터 잡지 않은 형벌론은 생명력이 없다. 이러한 점을 고려할 때 사형제도의 문제점을 형사절차적 단계에서 제거하기 위한 노력을 하면서 동시에 사형 규정을 대폭 축소하는 방향으로 제도 개선을 하여 궁극적으로 사형제도가 없는 사회를 만들어 나가는 것이 현실적이라고 본다.

제3절 자유형

제67조(징역) 징역은 교정시설에 수용하여 집행하며, 정해진 노역(勞役)에 복무하게 한다.
제68조(금고와 구류) 금고와 구류는 교정시설에 수용하여 집행한다.
제42조(징역 또는 금고의 기간) 징역 또는 금고는 무기 또는 유기로 하고 유기는 1개월 이상 30년 이하로 한다. 단, 유기징역 또는 유기금고에 대하여 형을 가중하는 때에는 50년까지로 한다.
제46조(구류) 구류는 1일 이상 30일 미만으로 한다.

Ⅰ. 의 의

자유형은 신체적 자유를 박탈하는 것을 내용으로 하는 형벌이다. 징역형과 금고형 및 구류가 이에 해당한다. 자유형은 형벌의 목적으로서 재사회화가 논의되는 형벌로서 형벌제도 가운데 가장 중심적인 위치를 차지하고 있다.

Ⅱ. 징역, 금고, 구류

징역형은 수형자를 교도소 내에 구치하여 정역定役에 복무하게 하는 형벌이다(제67조). 징역형은 유기와 무기로 나뉜다. 유기징역은 1개월 이상 30년 이하의 기간이며, 가중하는 경우에는 50년까지 가능하다(제42조). 무기징역은 20년이 경과하면 가석방이 가능하다(제72조 제1항). 금고는 정역에 종사하게 하지 않는 점에서 징역형과 다르다. 그러나 금고나 구류형의 집행 중에 있는 사람의 신청이 있으면 소정의 작업을 하도록 할 수 있다(형의 집행 및 수형자의 처우에 관한 법률 제67조). 구류는 1일 이상 30일 미만의 기간 동안 수형자를 구치소 내에 구치하는 자유형의 일종이다(제46조). 형법상 구류가 규정되어 있는 죄로는 공연음란죄(제245조), 폭행죄(제260조), 과실치상죄(제266조), 협박죄(제283조) 등이 있다. 경범죄처벌법에도 구류가 규정되어 있다.

제 4 절 재산형

제45조(벌금) 벌금은 5만원 이상으로 한다. 다만, 감경하는 경우에는 5만원 미만으로 할 수 있다.
제47조(과료) 과료는 2천원 이상 5만원 미만으로 한다.

Ⅰ. 의 의

재산형은 범죄인으로부터 일정한 재산을 박탈하는 것을 내용으로 하는 형벌을 의미한다. 형법은 재산형으로서 벌금형과 과료, 몰수를 규정하고 있다. 재산형은 단기자유형의 폐단을 방지하기 위한 대체수단으로 이용되기도 하고, 범죄로부터 얻는 수익을 박탈하는 수단으로 이용된다.

Ⅱ. 벌금 · 과료

벌금형은 범죄인으로부터 일정한 금액을 지불하도록 강제하는 형벌이다. 과료와는 적용대상 범죄와 금액의 면에서 구별된다. 즉 벌금액은 5만원 이상으로 하며 감경하는 경우에는 5만원 미만으로 할 수 있다. 반면에 과료科料는 2천원 이상 5만 원 미만이 부과된다(제47조). 벌금을 미납할 경우에는 1일 이상 3년 이하의 기간 동안 노역장에 유치하여 작업에 복무하게 하고, 과료를 미납할 경우에는 벌금형의 경우와 마찬가지로 1일 이상 30일 미만의 기간 동안 노역장에 유치된다(제69조).

벌금형을 입법화하는 방식에는 크게 두 가지가 있다. 하나는 총액벌금형제도總額罰金刑制度이고 다른 하나는 일수벌금형제도日數罰金刑制度이다. 총액벌금형제도란 각 구성요건에 벌금액의 상한선을 규정하고 법관은 이 범위 내에서 양형을 하는 제도를 말한다. 현행 형법이 취하고 있는 방식이다. 이에 반해 일수벌금형제도란 먼저 범행의 경중에 따라 일수를 정하고 다음으로 피고인의 수입 상황을 고려하여 일수 당 정액을 정한 다음 일수에 일수정액을 곱하여 벌금액을 산정하는 것을 말한다. 독일형법이나 노르웨이, 덴마크 등 국가가 채택하고 있는 방식이다.

일수벌금형제도는 피고인의 경제 사정에 대한 고려 없이 죄의 경중만을 기준으로 벌금액을 정하는 경우 상대적으로 형의 균형성이 상실되는 문제점이 있기 때문에 이를 시정하기 위한 방안으로 등장한 것이다. 즉 범죄자의 경제력에 따른 벌금액의 차등화를 통하여 형벌의 상대적인 균등화를 이룩하는 데에 이 제도의 목적이 있다. 일수벌금형제도의 도입에 반대하는 입장에서는 개인의 재산상태를 정확하게 파악하기 어려운 점을 근거로 들고 있다. 그렇다면 법인에 대해서만이라도 일수벌금형제를 도입하는 것이 필요하다고 본다. 형사처벌을 감수하고서라도 이익만을 추구하는 기업경영 방식을 바꾸고 법인 처벌의 실효성을 높이는 것이기 때문이다.

벌금형에 대해서는 선고유예가 인정되어 있다(제59조 제1항). 벌금형의 집행과 관련해서는 경제적으로 궁핍한 피고인에 대한 연납 · 분납제도의 허용이 필요하다. 본래 집행유예제도가 자유형의 문제점을 제거하기 위한 방안이므로 벌금형에 대한 집행유예는 집행유예제도 본래의 목적과는 다르다. 그러나 경제적 약자에 대한 벌금형의 집행이 수반하는 문제점도 있기 때문에 집행유예의 인정도 필요하다. 이러한 이유로 500만원 이하의 벌금의 형을 선고할 때 집행유예를 인정한다.

Ⅲ. 몰수 · 추징

1. 의의 및 법적 성질

몰수沒收는 범죄의 반복을 막거나 범죄로부터 이득을 얻지 못하게 할 목적으로 범죄행위와 관련된 재산을 박탈하는 것을 말한다. 그리고 추징追徵은 몰수대상인 물건을 몰수하기 불가능한 경우에 몰수에 갈음하여 가액의 납부를 명하는 사법처분을 말한다(제48조 제2항). 추징은 형벌이 아니다. 추징의 취지는 범인에게 부정한 이득을 남기지 않으려는 것이다. 추징가액 산정의 기준시점은 범행시설이 있지만 재판선고시라고 보는 것이 통설 및 판례(대판 1991. 5. 28, 91도352)의 입장이다. 문서, 도화, 전자기록 등 특수 매체기록 또는 유가증권의 일부가 몰수에 해당하는 때에는 그 부분을 폐기한다(동 제3항). 몰수하기 불가능한 경우란 소비하였거나 반환 · 분실 등의 사유로 사실상 또는 법률상 몰수가 불가능한 경우를 말한다. 「공무원범죄에 관한 몰수특례법」은 몰수 및 추징에 관한 특례규정(제9조의2, 제9조의3, 제9조의4)을 두고 있다.

2. 몰수대상 및 요건

몰수의 대상은 ① 범죄행위로 제공하였거나 제공하려고 한 물건(예: 범행도구), ② 범죄행위로 인하여 생겼거나 취득한 물건, ③ 전 2호의 대가로 취득한 물건(예: 장물을 판매한 대금)이다(제48조 제1항). "범죄행위에 제공한 물건"은 고의범을 전제로 한 것으로 보아야 하며, 가령 살인행위에 사용한 칼 등 범죄의 실행행위 자체에 사용한 물건에만 한정되는 것이 아니며, 실행행위의 착수 전의 행위 또는 실행행위의 종료 후의 행위에 사용한 물건이더라도 그것이 범죄행위의 수행에 실질적으로 기여하였다고 인정되는 한 위 법조 소정의 제공한 물건에 포함된다는 것이 판례의 입장이다(아래 판례 참조). "범죄행위로 인하여 생겼거나 이로 인하여 취득한 물건"은 예컨대 문서위조 또는 통화위조에 의하여 생산한 위조문서 혹은 위조통화 등, 뇌물로 받은 현금 등을 말한다. "전 2호의 대가로 취득한 물건"이란 범죄행위로 인하여 생하였거나 이로 인하여 취득한 물건의 대가로서 취득한 물건을 의미한다.

판례 몰수의 대상

• 형법 제357조 제1항에서 배임수재죄를, 제2항에서 배임증재죄를 규정하고, 이어 제3항에서 "범인이 취득한 제1항의 재물은 몰수한다. 그 재물을 몰수하기 불능하거나 재산상의 이익을 취득한 때에는 그 가액을 추징한다"라고 규정하고 있다. 배임수재죄와 배임증재죄는 이른바 대향범으로서 위 제3항에서 필요적 몰수 또는 추징을 규정한 것은 범행에 제공된 재물과 재산상 이

익을 박탈하여 부정한 이익을 보유하지 못하게 하기 위한 것이므로, 제3항에서 몰수의 대상으로 규정한 '범인이 취득한 제1항의 재물'은 배임수재죄의 범인이 취득한 목적물이자 배임증재죄의 범인이 공여한 목적물을 가리키는 것이지 배임수재죄의 목적물만을 한정하여 가리키는 것이 아니다. 그러므로 수재자가 증재자로부터 받은 재물을 그대로 가지고 있다가 증재자에게 반환하였다면 증재자로부터 이를 몰수하거나 그 가액을 추징하여야 한다(대판 2017. 4. 7, 2016도18104).

• 대형 할인매장에서 수 회 상품을 절취하여 자신의 승용차에 싣고 간 경우, 위 승용차는 형법 제48조 제1항 제1호에 정한 범죄행위에 제공한 물건으로 보아 몰수할 수 있다(대판 2006. 9. 14, 2006도4075).

몰수를 하기 위해서는 몰수의 대상이 다음의 요건을 갖추어야 한다(제48조 제1항 본문). 그러나 몰수 대상이 적법한 절차에 의하여 압수되었는가는 몰수의 요건이 아니다(대판 2003. 5. 30, 2003도705).

(1) 범인 이외의 자의 소유에 속하지 않을 것

범인이라 함은 피고인이 된 범인뿐 아니라 교사범, 공동정범 등을 포함한다(판례·통설). 현재 심판을 받는 자만을 의미하는 것이 아니고 공범으로 소추를 받지 아니한 자, 공범으로 이미 심판을 받은 자, 범인으로 오인되어 심판을 받는 자를 모두 포함한다.

(2) 범죄 후 범인 이외의 자가 사정을 알면서 취득한 물건

이는 취득 당시에 그 물건이 몰수 대상인 줄 알면서 취득하는 것을 말한다.

3. 몰수 · 추징의 부가성과 그 예외

몰수는 타형에 부가附加하여 과한다(제49조 본문). 이를 몰수의 부가성이라고 한다. 따라서 예를 들어 압수된 물건의 몰수만을 위한 검사의 공소제기는 불가능하며, 불기소처분을 하는 경우에도 압수된 물건만을 몰수할 수 없다. 그리고 검사가 공소를 제기하면서 몰수의 청구를 하지 않더라도 몰수요건이 있는 경우에는 법원이 형을 선고하면서 직권으로 몰수를 선고할 수 있으며, 이는 불고불리의 원칙에 반하는 것이 아니다(대판 1989. 2. 14, 88도2211).

형법 제49조 단서는 행위자에게 유죄의 재판을 하지 않을 경우에도 몰수의 요건이 있는 때에는 몰수만을 선고할 수 있다고 규정하여 몰수의 부가성에 대한 예외를 인정하고 있다. 이처럼 몰수의 부가성에 대한 예외성을 인정하는 취지는 유죄의 재판을 하지 않을 경우에도 몰수의 요건이 있을 때에는 몰수 기타 대물적 보안처분을 함으로써 범죄자에게 범죄로 인한 부당한 이익을 향유하게 할 수 없다는 점 및 범죄 예방과 사회 방위를 위한 것이라고 볼 수 있다.

판례 **몰수·추징**

① 공소제기와 몰수·추징

• 형법 제49조 단서는 행위자에게 유죄의 재판을 하지 아니할 때에도 몰수의 요건이 있는 때에는 몰수만을 선고할 수 있다고 규정하고 있으므로 몰수뿐만 아니라 몰수에 갈음하는 추징도 위 규정에 근거하여 선고할 수 있다고 할 것이나 우리 법제상 공소의 제기 없이 별도로 몰수나 추징만을 선고할 수 있는 제도가 마련되어 있지 아니하므로 위 규정에 근거하여 몰수나 추징을 선고하기 위하여서는 몰수나 추징의 요건이 공소가 제기된 공소사실과 관련되어 있어야 하고, 공소사실이 인정되지 않는 경우에 이와 별개의 공소가 제기되지 아니한 범죄사실을 법원이 인정하여 그에 관하여 몰수나 추징을 선고하는 것은 불고불리의 원칙에 위반되어 불가능하며, 몰수나 추징이 공소사실과 관련이 있다 하더라도 그 공소사실에 관하여 이미 공소시효가 완성되어 유죄의 선고를 할 수 없는 경우에는 몰수나 추징도 할 수 없다(대판 1992. 7. 28, 92도700).

② 선고유예와 몰수·추징

• 형법 제49조 본문에 의하면 몰수는 타형에 부가하여 과한다라고 하여 몰수형의 부가성을 명정하고 있으나 같은 법조단서는 행위자에게 유죄의 재판을 아니할 때에도 몰수의 요건이 있는 때에는 몰수만을 선고할 수 있다고 규정함으로써 일정한 경우에 몰수의 부가형성에 대한 예외를 인정하고 있는 점으로 보아 형법 제59조에 의하여 **형의 선고의 유예를 하는 경우에도 몰수의 요건이 있는 때에는 몰수형만의 선고를 할 수 있다**고 해석함이 상당하다 할 것이므로 원판결이 피고인에 대한 형의 선고를 유예하면서 그 판시 관세포탈로 인하여 피고인이 취득한 물건을 몰수한 조치는 적법하다고 본다(대판 1973. 12. 11, 73도1133 전원합의체).

Ⅳ. 재산형의 집행과 노역장 유치

제69조(벌금과 과료) ① 벌금과 과료는 판결확정일로부터 30일내에 납입하여야 한다. 단, 벌금을 선고할 때에는 동시에 그 금액을 완납할 때까지 노역장에 유치할 것을 명할 수 있다.
② 벌금을 납입하지 아니한 자는 1일 이상 3년 이하, 과료를 납입하지 아니한 자는 1일 이상 30일 미만의 기간 노역장에 유치하여 작업에 복무하게 한다.

제71조(유치일수의 공제) 벌금이나 과료의 선고를 받은 사람이 그 금액의 일부를 납입한 경우에는 벌금 또는 과료액과 노역장 유치기간의 일수(日數)에 비례하여 납입금액에 해당하는 일수를 뺀다.

벌금과 과료는 판결 확정일로부터 30일 이내에 납부하여야 한다. 미납시에는 노역장에 유치된다(제69조). 노역장 유치는 벌금 또는 과료를 납입하지 않을 경우에 노역장에 유치하여 노역에 종사하도록 하는 것을 말한다. 벌금이나 과료를 선고할 때에는 이를 납입하지 아니하는 경우의 노역장 유치기간을 정하여 동시에 선고하여야 한다(제70조 제1항). 선고하는 벌금이 1억 원 이상 5억 원 미만인 경우에는 300일 이상, 5억 원 이상 50억 원 미만인 경우에는 500일 이상, 50억 원 이상인 경우에는 1,000일 이상의 노역장 유치기간을 정하여야 한다(동 제2항).

벌금형에 대해서는 집행유예가 인정되지 않았다. 그러나 경제능력이 없어서 벌금형을 납부할 수 없고 노역장에 유치할 경우에는 가족의 생계가 위협받는 경우도 많을 것이기 때문에 그 필요성이 주장되었다. 이에 따라 2018. 1. 7.부터 500만원 이하의 벌금에 대해 집행유예가 인정된다(제62조 제1항 및 부칙(2016. 1. 6) 제1조 참조).

제 5 절 명예형

제43조(형의 선고와 자격상실, 자격정지) ① 사형, 무기징역 또는 무기금고의 판결을 받은 자는 다음에 기재한 자격을 상실한다.

1. 공무원이 되는 자격
2. 공법상의 선거권과 피선거권
3. 법률로 요건을 정한 공법상의 업무에 관한 자격
4. 법인의 이사, 감사 또는 지배인 기타 법인의 업무에 관한 검사역이나 재산관리인이 되는 자격

② 유기징역 또는 유기금고의 판결을 받은 자는 그 형의 집행이 종료하거나 면제될 때까지 전항 제1호 내지 제3호에 기재된 자격이 정지된다.

제44조(자격정지) ① 전조에 기재한 자격의 전부 또는 일부에 대한 정지는 1년 이상 15년 이하로 한다.

Ⅰ. 의 의

명예형 또는 자격형은 범인의 명예 또는 자격을 박탈하는 것을 내용으로 하는 형벌을 말한다. 형법상 자격상실과 자격정지의 두 가지가 인정되어 있다.

Ⅱ. 자격상실

자격상실은 사형 · 무기징역 또는 무기금고의 판결을 받으면 따르는 부대적 효력이다. 자격상실은 사면이나 가석방이 되더라도 복권復權이라는 별도의 사면조치가 없으면 위의

자격을 영원히 상실하는 점에서 자격상실보다는 자격정지로 대치하는 것이 타당하다.

Ⅲ. 자격정지

자격정지는 일정한 기간 동안 일정한 자격의 전부 또는 일부를 정지시키는 것을 말한다. 자격정지는 선택형 또는 병과형으로 되어 있으며, 형의 판결을 받으면 당연히 정지되는 당연정지와 판결의 선고에 의하여 정지되는 경우가 있다. 즉 자격의 당연정지는 유기징역 또는 유기금고의 판결을 받은 자에게 그 형의 집행이 종료되거나 면제될 때까지 형법 제43조 제1항 제1호~제3호의 자격이 당연히 정지된다(제43조 제2항). 판결의 선고에 의한 자격정지는 1년 이상 15년 이하의 기간 동안 가능하다(제44조 제1항).

제 2 장 형의 양정

제 1 절 양형의 의의

형의 양정量定, 즉 양형이란 법정형에 법률상의 가중·감경 또는 작량감경을 하여 그 처단형의 범위 내에서 구체적으로 선고할 형을 정하는 것을 말한다. 형법은 양형단계에서 법관에게 재량권을 넓게 인정하고 있기 때문에 이에 대한 합리적인 한계설정과 양형기준의 설정이 중요하다.

제 2 절 양형의 단계

Ⅰ. 양형의 단계

1. 법정형

법정형이란 일정한 범죄에 대하여 법률상 정한 형벌로서 형법 각 구성요건에 규정된 형벌을 말한다. 이는 형벌 적용의 일차적 기준이 되는 형벌로서 법관은 형벌의 종류를 선택한 다음 유기의 자유형 및 재산형에 관하여 상한과 하한을 정하여 그 범위 내에서 법관의 재량을 허용하고 있다(상대적 법정형주의). 이와 달리 법관의 재량을 허용하지 않는 구성요건도 있는데 여적죄與敵罪(제93조)가 그 예이다(절대적 법정형주의). 그러나 이 경우에도 법률상 감경은 가능하다(제55조 제1항 제1호 참조).

2. 처단형

처단형處斷刑이란 형법 각 구성요건에 규정된 법정형을 심판대상이 된 사건에 적용하기 위하여 법률상 및 재판상의 가중·감경을 한 형을 말한다. 즉 형의 종류를 선택하고, 선택한 형에 다시 필요한 가중·감경을 한 선고형의 기본이 되는 형을 말한다. 예를 들어 강간죄(제297조)의 법정형은 장기 30년, 단기 3년의 유기징역이다. 형법 제55조 제1항 제3호에 의하여 감경할 때에는 그 형기의 2분의 1, 즉 장기 15년, 단기 1년 6월의 유기징역으로 된다. 이것이 처단형이다. 이 경우 만일 감경사유가 없을 때에는 법정형, 즉 장기 30년, 단기 3년이 그대로 처단형이 된다.

3. 선고형

선고형이란 법원이 처단형의 범위 내에서 구체적으로 형을 양정하여 당해 피고인에게 선고하는 형을 말한다. 위의 강간죄에서 처단형(감경한 경우)의 범위 내에서 징역 3년을 선고하면 이것이 선고형이 된다.

4. 자유형 선고의 형식

자유형을 선고하는 형식에는 정기형과 부정기형이 있다. 전자는 자유형의 선고시에 기간을 확정하여 선고하는 형식을 말하고, 후자는 자유형의 기간을 확정하지 않고 선고하여 그 집행의 상황에 따라 집행이 종료되는 것을 말한다. 부정기형에는 전혀 형기를 정하지 않고 선고하는 절대적 부정기형과 장기와 단기를 선고하는 상대적 부정기형이 있다. 형법은 정기형을 원칙으로 하고 있으며 소년법에서 법정형으로 장기 2년 이상의 유기형의 죄를 범한 소년범에 대하여 상대적 부정기형을 인정하고 있다. 다만, 장기는 10년, 단기는 5년을 초과하지 못한다(소년법 제60조 제1항). 그리고 가석방(제72조 이하)은 형법상의 정기형에 대한 예외적 형기 단축을 가능하게 하는 제도이다.

Ⅱ. 형의 가중·감경

1. 형의 가중

형의 가중은 법원의 독자적인 판단에 따른 재판상의 가중이 아니라 법률상의 가중을 의미한다. 법률상 가중사유로는 총칙상의 일반가중사유로서 경합범 가중(제37조 이하), 누범가중(제35조 이하), 특수교사·방조의 가중(제34조 제2항) 등이 있다. 각칙상의 특별가중사유로는 상습범 가중(제264조 등), 특수절도·특수강도(제331조, 제334조 등) 가중 등이 있다.

2. 형의 감경

형의 감경에는 법률상 감경과 재판상 감경(작량감경)이 있다.

(1) 법률상 감경

법률규정에 따른 법률상의 감경에는 필요적 감경과 임의적 감경이 있다. 전자의 예로는 방조범(제32조 제2항)이 있으며, 후자의 예로는 미수범(제25조), 자수·자복(제52조), 과잉방위(제21조 제2항) 등이 있다.

(2) 재판상 감경

재판상 감경은 작량감경酌量減輕이라고도 하며, 법률상 감경사유를 규정하고 있지 않더라도 법원이 정상참작을 하여 형을 감경하는 것을 말한다(제53조). 작량감경은 법률상의 감경에 관한 형법 제55조의 범위에서만 허용된다(전지연, 형의 가중·감경제도의 형법이론과 형사실무, 비교형사법연구, 제18권 제3호(2016), 117면). 작량감경은 구체적인 사안에 맞는 적정한 형을 선고할 수 있도록 하기 위한 것이므로 법률상 감경과 중첩적으로 할 수 있다(제56조 제6호 참조). 대법원도 "작량감경은 법률상 감경을 다하고도 그 처단형의 범위를 완화하여 그보다 낮은 형을 선고하고자 할 때에 하는 것이 옳다"고 판시하고 있다(대판 1991. 6. 11, 91도985).

3. 형의 가중·감경 순서

(1) 1개의 죄에 정한 형이 여러 종류인 때에는 먼저 적용할 형을 정하고 그 형을 감경한다(제54조). 예를 들어 징역형과 벌금형이 선택적으로 규정된 경우에는 형의 종류를 선택한 다음 그 형을 감경하면 된다.

(2) 형을 가중·감경할 사유가 경합된 때에는 다음의 순서에 의한다(제56조).

① 각칙 조문에 따른 가중
② 제34조 제2항(특수교사·방조)에 따른 가중
③ 누범가중
④ 법률상 감경
⑤ 경합범 가중
⑥ 정상 참작 감경

(3) 형법총칙상 처단형 산출과정

형법총칙상 처단형 산출과정은 다음과 같다.

법정형 → (형종선택) → 법률상 필요적 가중·감경 → 법률상 임의적 감경 → 경합범 가중 → 작량감경 → 처단형의 범위결정 → 선고형 결정(「양형기준」, 대법원 양형위원회, 2010).

4. 형의 가중 · 감경의 정도 및 방법

(1) 형의 가중 정도

누범, 경합범 및 특수교사 · 방조와 같은 일반적 가중사유의 가중 정도는 형법에 각각 규정되어 있다. 그리고 유기징역 또는 유기금고를 가중하는 경우에는 50년까지로 한다(제42조 단서). 경합범이 2개인 경우에는 기본범죄의 형량범위 상한에 경합범죄의 형량범위 상한의 2분의 1을 더한다. 경합범이 3개 이상인 경우에는 기본범죄의 형량범위 상한에 경합범죄 중 형량범위 상한이 가장 높은 범죄의 형량범위 상한의 2분의 1을 더하고, 다시 형량범위 상한에 그 다음으로 높은 범죄의 3분의 1을 더한다.

판례 무기징역형을 선택한 경우의 형벌 가중

• 형법 제38조 제1항 제1호는 경합범 중 가장 중한 죄에 정한 형이 사형 또는 무기징역이나 무기금고인 때에는 가장 중한 죄에 정한 형으로 처벌하도록 규정하고 있으므로, 경합범 중 가장 중한 죄의 소정 형에서 무기징역형을 선택한 이상 무기징역형으로만 처벌하고 따로이 경합범가중을 하거나 가장 중한 죄가 누범이라 하여 누범가중을 할 수 없음은 더 말할 나위도 없고, 위와 같이 무기징역형을 선택한 후 형법 제56조 제6호의 규정에 의하여 작량감경을 하는 경우에는 같은 법 제55조 제1항 제2호의 규정에 의하여 7년(현행법상 10년) 이상의 징역으로 감형되는 한편, 같은 법 제42조의 규정에 의하여 유기징역형의 상한은 15년(현행법상 30년)이므로 15년(30년)을 초과한 징역형을 선고할 수 없다(대판 1992. 10. 13, 92도1428 전원합의체).

(2) 형의 감경 정도

법률상 감경 정도는 다음과 같다(제55조 제1항).

① 사형을 감경할 때에는 무기 또는 20년 이상 50년 이하의 징역 또는 금고로 한다.
② 무기징역 또는 무기금고를 감경할 때에는 10년 이상 50년 이하의 징역 또는 금고로 한다.
③ 유기징역 또는 유기금고를 감경할 때에는 그 형기의 2분의 1로 한다.
④ 자격상실을 감경할 때에는 7년 이상의 자격정지로 한다.
⑤ 자격정지를 감경할 때에는 그 형기의 2분의 1로 한다.
⑥ 벌금을 감경할 때에는 그 다액의 2분의 1로 한다.
⑦ 구류를 감경할 때에는 그 장기의 2분의 1로 한다.
⑧ 과료를 감경할 때에는 그 다액의 2분의 1로 한다.

법률상 감경할 사유가 수개 있는 때에는 거듭 감경할 수 있다(제55조 제2항).

(3) 경합범 감경

형법 제37조 후단 경합범("금고 이상의 형에 처한 판결이 확정된 죄와 그 판결확정 전에 범한 죄". 이하 '후단 경합범'이라 한다)에 대하여 형법 제39조 제1항("경합범 중 판결을 받지 아니한 죄가 있는 때에는 그 죄와 판결이 확정된 죄를 동시에 판결할 경우와 형평을 고려하여 그 죄에 대하여 형을 선고한다. 이 경우 그 형을 감경 또는 면제할 수 있다")에 의하여 형을 감경할 때에도 법률상 감경에 관한 형법 제55조 제1항이 적용되어 유기징역을 감경할 때에는 그 형기의 2분의 1 미만으로는 감경할 수 없다(대판 2019. 4. 18, 2017도14609). 제39조 제1항이 감경의 폭이나 방식, 순서에 관해 달리 정하고 있지 않은 이상 제37조 후단 경합범에 대하여도 법률상 감경 방식에 관한 총칙규정인 형법 제55조, 제56조가 적용된다고 보기 때문이다.

그 이유는 다음과 같다.

① 처단형은 선고형의 최종적인 기준이 되므로 그 범위는 법률에 따라서 엄격하게 정하여야 하고, 별도의 명시적인 규정이 없는 이상 형법 제56조에서 열거하고 있는 가중·감경할 사유에 해당하지 않는 다른 성질의 감경 사유를 인정할 수는 없다.

형의 감경에는 법률상 감경과 재판상 감경인 작량감경이 있다. 작량감경 외에 법률의 여러 조항에서 정하고 있는 감경은 모두 법률상 감경이라는 하나의 틀 안에 놓여 있다. 따라서 형법 제39조 제1항 후문에서 정한 감경도 당연히 법률상 감경에 해당한다. 형법 제39조 제1항 후문의 "그 형을 감경 또는 면제할 수 있다"라는 규정 형식도 다른 법률상의 감경 사유들과 다르지 않다. 이와 달리 형법 제39조 제1항이 새로운 감경을 설정하였다고 하려면 그에 대하여 일반적인 법률상의 감경과 다른, 감경의 폭이나 방식이 제시되어야 하고 감경의 순서 또한 따로 정했어야 할 것인데 이에 대하여는 아무런 정함이 없다. 감경의 폭이나 방식, 순서에 관해 달리 정하고 있지 않은 이상 후단 경합범에 대하여도 법률상 감경 방식에 관한 총칙규정인 형법 제55조, 제56조가 적용된다고 보는 것이 지극히 자연스럽다.

② 후단 경합범에 따른 감경을 새로운 유형의 감경이 아니라 일반 법률상 감경의 하나로 보고, 후단 경합범에 대한 감경에 있어 형법 제55조 제1항에 따라야 한다고 보는 것은 문언적·체계적 해석에 합치될 뿐 아니라 입법자의 의사와 입법 연혁 등을 고려한 목적론적 해석에도 부합한다.

5. 자수·자복

자수自首란 범인이 자발적으로 자신의 범죄사실을 수사기관에 신고하여 그 소추를 구하는 의사표시를 말한다. 자복自服이란 반의사불벌죄에서 범죄인이 피해자에게 자신의 범죄사실을 고백하는 것을 말한다. 형법은 자수와 자복을 임의적 감경사유로 규정하고 있다(제52조 제1항). 그러므로 자수를 하였더라도 법원이 이를 자수감경의 사유로 삼지 않고 정상참작의

사유로 삼아 제53조에 의한 작량감경을 하더라도 위법하지 않다는 것이 판례의 입장이다(대판 1984. 11. 13, 84도1897). 지명수배를 받은 후라고 하더라도 체포 전에 자발적으로 신고를 한 경우에는 자수에 해당하며 제3자를 통해서도 자수를 할 수 있다(대판 1964. 8. 31, 64도252). 그리고 일단 발생한 자수의 효력은 범인이 사후적으로 이를 번복하여 범행을 부인하더라도 효력이 소멸하는 것은 아니다(아래 판례 참조).

판례 자 수

① 인정한 경우

• 피고인이 검찰의 소환에 따라 자진 출석하여 검사에게 범죄사실에 관하여 자백함으로써 형법상 자수의 효력이 발생하였다면, 그 후에 검찰이나 법정에서 범죄사실을 일부 부인하였다고 하더라도 일단 발생한 자수의 효력이 소멸하는 것은 아니다(대판 2002. 8. 23, 2002도46).

② 부정한 경우

• 경찰관이 피고인의 강도상해 등의 범행에 관하여 수사를 하던 중 국립과학수사연구소의 유전자검색감정의뢰회보 등을 토대로 피고인의 여죄를 추궁한 끝에 피고인이 강도강간의 범죄사실과 특수강도의 범죄사실을 자백하였음을 알 수 있으므로 이를 자수라고 할 수 없다(대판 2006. 9. 22, 2006도4883).

• 수사기관에 뇌물수수의 범죄사실을 자발적으로 신고하였으나 그 수뢰액을 실제보다 적게 신고함으로써 적용법조와 법정형이 달라지게 된 경우, 자수의 성립을 부인하였다(대판 2004. 6. 24, 2004도2003).

• 형법 제52조 제1항 소정의 자수란 범인이 자발적으로 자신의 범죄사실을 수사기관에 신고하여 그 소추를 구하는 의사표시로서 이를 형의 감경사유로 삼는 주된 이유는 범인이 그 죄를 뉘우치고 있다는 점에 있으므로 범죄사실을 부인하거나 죄의 뉘우침이 없는 자수는 그 외형은 자수일지라도 법률상 형의 감경사유가 되는 진정한 자수라고는 할 수 없다(대판 1994. 10. 14, 94도2130).

제 3 절 양형의 기준과 조건

Ⅰ. 양형판단의 대상

양형의 기초는 범행에 대한 행위자의 책임이다. 그러나 행위자의 책임만이 양형의 기초일 수는 없으며 형벌의 의미와 목적에 상응하는 형벌이어야 한다. 이에 따라 법관이 판단하는 양형대상은 행위이다. 다음으로는 행위자이다. 행위자에 대한 평가를 통하여 형벌의 예방 목적과 부합하는 형량을 도출해 낼 수 있을 것이기 때문이다. 형법 제51조가 규정하는 양형의 조건은 바로 이러한 행위자 관련 참작사유에 해당한다.

행위자의 책임에 상응하는 양형 산정의 기준에 대해서는 행위책임과 형량은 정확하게 일치하여야 하므로 단일의 형량만이 존재할 수 있다는 유일형론唯一刑論과 상한과 하한의 범위 내에서 법관에게 행위책임과의 적정성 비교를 허용하여 양형을 하도록 하는 범위이론範圍理論이 대립한다. 범위이론이 다수설이지만 유일형론을 따르더라도 이는 이론상 존재할 뿐 현실적으로 산출하기 어렵다는 점에서 실질적 차이는 없다고 보아야 한다.

Ⅱ. 양형의 조건

형법은 양형시 참작하여야 할 일반적 조건을 다음과 같이 규정하고 있다(제51조).

1. 범인의 연령, 성행, 지능과 환경

이 밖에도 범인의 경력, 습관, 유전 기타 개인적 및 사회적 환경 등을 참작한다. 또한 범인의 가족관계나 경제적 상황, 교육 정도, 직업, 가정적 출신 배경, 청소년기의 환경 등도 중요한 참작사유가 된다.

2. 피해자에 대한 관계

범인이 피해자와의 친족관계나 고용관계 기타 이와 유사한 관계를 남용하거나 피해자와의 신뢰관계를 이용하여 범죄를 한 경우, 보호의무를 침해하여 죄를 범한 경우에는 형을 가중한다.

3. 범행의 동기, 수단과 결과

범행의 동기가 법관에게 비난받을 만한 것인가 아니면 동정의 대상인가 여부와 범인이 갖는 사회윤리적 태도에 따라 범행에 대한 긍정적 또는 부정적 평가를 한다고 보아야 한다. 범행의 결과는 범죄로 인하여 발생한 법익 침해의 정도나 위험의 경중을 말한다.

4. 범행 후의 정황

범죄 후 범인이 뉘우치고 있는지 여부나 피해 보상 여부 등과 같은 범인의 태도는 예방적 관점에서 중요한 판단기준이 된다.

Ⅲ. 양형위원회의 양형기준

대법원 양형위원회는 2007년부터 양형기준을 마련하여 시행하고 있다. 양형기준이 실제의 양형에 어떠한 효과를 부여할 것인가에 대하여는 양형위원회의 설치 목적, 구성, 업무 내용, 양형기준을 설정·변경하면서 준수하여야 하는 여러 원칙 및 고려사항, 양형기준의 효력 등에 관한 각 규정의 내용 및 그 입법 경위 등을 종합하면, 법관은 양형을 할 때에 양형기준을 존중하여야 한다. 법원은 약식 절차 또는 즉결심판 절차에 의하여 심판하는 경우가 아닌 한, 양형기준을 벗어난 판결을 함에 따라 판결서에 양형의 이유를 기재하여야 하는 경우에는 양형기준의 의의, 효력 등을 감안하여 당해 양형을 하게 된 사유를 합리적이고 설득력 있게 표현하는 방식으로 그 이유를 기재하여야 한다(대판 2010. 12. 9, 2010도7410, 2010전도44).

이러한 의미에서 양형위원회의 양형기준은 법관이 합리적인 양형을 정하는 데 참고할 수 있는 구체적이고 객관적인 기준으로서 마련된 것이다(법원조직법 제81조의6 제1항). 그리고 양형기준은 법적 구속력을 가지지 아니하고(동법 제81조의7 제1항 단서), 단지 그 내용의 타당성에 의하여 일반적인 설득력을 가지는 것으로 예정되어 있으므로 법관의 양형에 있어서 그 존중이 요구되는 것일 뿐이다. 법관이 형을 양정함에 있어서 참고할 수 있는 자료에 불과하고 달리 제한이 있는 것은 아니다. 따라서 양형기준이 발효하기 전에 법원에 공소가 제기된 사건 범죄에 관하여 형을 양정함에 있어서 양형기준을 참고자료로 삼았다고 하여 피고인에게 불리한 법률을 소급하여 적용한 위법이 있다고 할 수 없다(대판 2009. 12. 10, 2009도11448).

제 4 절 형의 면제, 미결구금 일수의 산입, 판결의 공시

Ⅰ. 형의 면제

형의 면제는 범죄가 성립하지만 형벌을 과하지 않은 경우를 말하며 유죄판결의 일종이다(형사소송법 제322조, 제323조 제2항 참조). 형의 면제는 형 집행 면제와 다르다. 형의 면제는 확정재판 전의 사유로 인하여 형을 과하지 않는 경우인 데 반하여 형 집행의 면제는 확정재판 후의 사유로 인한 것(제1조 제3항 참조)이다.

형 면제의 법적 성질에 대해서는 위법성조각설, 책임조각설, 인적 처벌조각설이 있는데 통설인 인적 처벌조각설이 타당하다.

형의 면제에는 일반적 면제와 개별적 면제가 있다. 일반적 면제사유로는 중지범(제26조), 불능미수범(제27조 단서), 과잉방위(제21조 제2, 3항), 과잉피난(제22조 제3항), 과잉자구행위(제23조 제2항), 자수·자복(제52조 제1항)이 있다. 각칙상의 개별적 면제사유로는 일정한 친족 간의 범행에 관한 규정이 있다. 즉 권리행사방해죄(제328조), 절도죄·야간주거침입절도죄·특수절도죄·자동차등불법사용죄,

사기죄와 공갈죄(제354조), 횡령과 배임의 죄(제361조), 장물의 죄(제365조)는 직계혈족, 배우자, 동거친족, 동거가족 또는 그 배우자 간에서는 형을 면제한다.

Ⅱ. 미결구금 일수의 산입

미결구금未決拘禁은 범죄의 혐의를 받고 있는 자를 재판이 확정될 때까지 구금하는 것을 말하며 판결선고 전 구금이라고도 한다. 이러한 미결구금은 형벌은 아니지만 신체구속이라는 점에서 자유형과 다를 바 없는 강제처분에 해당한다. 판결선고 전의 구금 일수는 그 전부를 유기징역, 유기금고, 벌금이나 과료에 관한 유치 또는 구류에 산입한다(제57조 제1항).

판례 미결구금 일수의 산입

• 형법 제7조는 "죄를 지어 외국에서 형의 전부 또는 일부가 집행된 사람에 대해서는 그 집행된 형의 전부 또는 일부를 선고하는 형에 산입한다"라고 규정하고 있다. 이 규정의 취지는, 형사판결은 국가주권의 일부분인 형벌권 행사에 기초한 것이어서 피고인이 외국에서 형사처벌을 과하는 확정판결을 받았더라도 그 외국 판결은 우리나라 법원을 기속할 수 없고 우리나라에서는 기판력도 없어 일사부재리의 원칙이 적용되지 않으므로, 피고인이 동일한 행위에 관하여 우리나라 형벌법규에 따라 다시 처벌받는 경우에 생길 수 있는 실질적인 불이익을 완화하려는 것이다. 그런데 여기서 '외국에서 형의 전부 또는 일부가 집행된 사람'이란 문언과 취지에 비추어 '외국 법원의 유죄판결에 의하여 자유형이나 벌금형 등 형의 전부 또는 일부가 실제로 집행된 사람'을 말한다고 해석하여야 한다.

따라서 형사사건으로 외국 법원에 기소되었다가 무죄판결을 받은 사람은, 설령 그가 무죄판결을 받기까지 상당 기간 미결구금되었더라도 이를 유죄판결에 의하여 형이 실제로 집행된 것으로 볼 수는 없으므로, '외국에서 형의 전부 또는 일부가 집행된 사람'에 해당한다고 볼 수 없고, 그 미결구금 기간은 형법 제7조에 의한 산입의 대상이 될 수 없다(대판 2017. 8. 24, 2017도5977 전원합의체).

• 신○○씨는 성폭력 범죄로 대법원에서 징역 5년이 확정됐다. 그런데 상소 과정에서 항소심 법원은 미결구금일수 58일 중 28일만을 본형에 산입했고, 대법원은 상고심의 미결구금일수 105일 중 100일만을 본형에 산입했다. 결국 35일을 더 교도소에서 지내게 된 신씨는 "형기보다 많은 날을 교도소에서 보내게 됐다"며 (구)형법 제57조에 대해 헌법소원을 청구했다.

헌법재판소는 "미결구금을 허용하는 것 자체가 헌법상 무죄추정의 원칙에서 파생되는 불구속수사의 원칙에 대한 예외인데, (구)형법 제57조 제1항 부분은 미결구금일수 중 일부만을 본형에 산입할 수 있도록 규정해 그 예외에 대해 사실상 다시 특례를 설정함으로써, 기본권 중에서도 가장 본질적인 신체의 자유에 대한 침해를 가중하고 있다. …결국 미결구금일수 산입범위의 결정을 법관의 자유재량에 맡기는 입법목적은 헌법상 무죄추정의 원칙과 적법절차의 원칙에 반해 미결구금일수의 일부만을 형기에 통산하는 것을 허용할 만큼 합리성과 정당성을 갖추었다고 보기 어렵다"(헌재결 2009. 5. 25, 2007헌바25 전원재판부)고 보았다.

위의 헌법재판소의 형법 제57조 제1항의 위헌결정에 따라 형법이 개정되었으며 판사가 임의로 구금 일수를 산정할 수 없게 되었다.

Ⅲ. 판결의 공시

판결의 공시公示란 피해자의 이익이나 피고인의 명예회복을 위하여 판결선고의 내용을 관보나 일간신문 등에 게재하여 일반에게 주지시키는 제도를 말한다. 구체적으로 두 가지 경우에 판결의 공시를 할 수 있도록 규정하고 있다: ① 피해자의 이익을 위하여 필요하다고 인정할 때에는 피해자의 청구가 있는 경우에 한하여 피고인의 부담으로 판결공시의 취지를 선고할 수 있다(제58조 제1항). ② 피고사건에 대하여 무죄 또는 면소의 판결을 선고할 때에는 판결공시의 취지를 선고할 수 있다(동조 제2항).

제 5 절 누 범

제35조(누범) ① 금고(禁錮) 이상의 형을 선고받아 그 집행이 종료되거나 면제된 후 3년 내에 금고 이상에 해당하는 죄를 지은 사람은 누범(累犯)으로 처벌한다.
② 누범의 형은 그 죄에 대하여 정한 형의 장기(長期)의 2배까지 가중한다.
제36조(판결선고 후의 누범발각) 판결선고 후 누범인 것이 발각된 때에는 그 선고한 형을 통산하여 다시 형을 정할 수 있다. 단, 선고한 형의 집행을 종료하거나 그 집행이 면제된 후에는 예외로 한다.

Ⅰ. 의의 및 법적 성질

누범累犯이란 범죄를 누적적으로 반복하여 범하는 것을 말한다. 즉 금고 이상의 형을 선고받아 그 집행이 종료되거나 면제 받은 후 3년 내에 금고 이상에 해당하는 죄를 범한 사람은 누범으로 처벌한다. 누범은 법 규범에 의하여 인정되는 개념인 데 반하여 상습범은 일정한 범죄를 반복하여 행하는 특정한 범죄적 성향을 가진 범죄인을 말한다. 즉 상습범에서 상습성은 일종의 범죄학적 개념으로서 성격적으로 형성된 일정한 습벽으로 인하여 범행을 한다는 점에서 누범에서의 행위책임이 아닌 행위자책임을 기반으로 한다.

누범의 법적 성질에 대하여 수죄로 보는 견해(오영근)도 있지만 양형규정으로 보는 것이 타당하다. 죄수론은 병렬적인 범죄행위의 수가 단일한가 복수인가의 확정문제인 데 반하여 누범은 과거의 범죄행위前犯 자체에 대한 처벌문제가 아니라 전범을 토대로 현재 심판대상이 된 범죄의 가중처벌을 위한 규정으로 보아야 하기 때문이다.

Ⅱ. 누범가중의 위헌성 여부

누범은 전과자가 다시 죄를 범하였다는 점에서 초범자보다 강한 비난을 받아야 한다는 데에 가중처벌의 근거를 두고 있다.

누범가중에 대해서는 평등의 원칙, 일사부재리의 원칙, 책임과 형벌 간의 비례원칙 위배 여부 등이 문제 되었다. 그러나 헌법재판소는 누범을 가중처벌하는 것은 전범前犯에 대하여 형벌을 받았음에도 다시 범행을 하였다는 데 있는 것이지, 전범에 대하여 처벌을 받았음에도 다시 범행을 하는 경우에 전범도 후범後犯과 일괄하여 다시 처벌한다는 것은 아님이 명백하므로, 누범에 대하여 형을 가중하는 것이 헌법상의 일사부재리의 원칙에 위배하여 피고인의 기본권을 침해하는 것이라고는 볼 수 없다고 하였다. 또한 누범은 형벌의 경고적 기능을 무시하고 다시 범죄를 저질렀다는 점에서 비난가능성이 많고, 사회방위, 범죄의 특별예방 및 일반예방이라는 형벌목적에 비추어 보아, 누범 가중이 인간의 존엄성 존중이라는 헌법 이념에 반하는 것도 아니며, 사회질서 유지의 목적을 달성하기 위한 하나의 수단이기도 하는 것이므로 이는 합리적 근거 있는 차별이어서 헌법상의 평등平等의 원칙原則에 위배되지 않는다는 입장이다. 또한 후범이 경미한 범죄인 경우에는 누범가중 규정이 아니라 벌금형을 선택할 수 있고, 형의 단기는 그대로 둔 채 장기만을 가중하고 있으므로 비록 후범이 형식적으로는 누범요건에 해당하더라도 얼마든지 원래 형의 최하한을 선고할 수 있다고 보아 합헌결정을 하였다(헌재결 2019. 11. 28, 2018헌바207; 1995. 2. 23, 93헌바43).

Ⅲ. 성립요건

1. 금고 이상의 형의 선고

전범이 벌금형이 아닌 유기징역이나 유기금고에 해당하였어야 한다. 복권復權은 형 선고의 효력을 상실시키는 것이 아니라 형의 선고로 인하여 상실 또는 정지된 자격을 회복시키는 것에 불과하므로 복권이 있었더라도 그 전과사실은 누범이 된다(대판 1981. 4. 14, 81도543).

판례 전과사실과 누범

- 형의 선고를 받은 자가 특별사면을 받아 형의 집행을 면제받고, 또 후에 복권이 되었다 하더라도 형의 선고의 효력이 상실되는 것은 아니라 할 것이므로, 1983. 5. 6. 광주지방법원에서 집회 및 시위에 관한 법률위반죄로 징역 1년을 선고받아 복역하다가 같은 해 8. 12. 특별사면으로 출소한 후 3년 이내인 1986. 4. 2. 절도죄를 저지른 피고인에 대하여 누범가중을 한 원심판결은 정당하다고 판시하였다(대판 1986. 11. 11, 86도2004).

2. 형의 집행 종료 또는 면제 후 3년 내에 범한 범죄

전범前犯의 형 집행을 종료하거나 면제를 받은 후 3년 이내에 후범後犯이 행하여져야 한다. 형의 집행을 면제받은 경우로는 형의 시효가 완성된 때(제77조), 특별사면에 의하여 형의 집행이 면제된 때(사면법 제5조 제2호) 등이다. 일반사면의 경우에는 형의 선고의 효력이 상실되며 형의 선고를 받지 않은 자에 대하여는 공소권이 상실되므로(사면법 제5조 제1호) 전범에 해당하지 않는다.

대법원은 포괄일죄의 일부 범행이 누범기간 내에 이루어지고 나머지 범행이 누범기간 경과 후에 이루어진 경우, 범행 전부가 누범에 해당한다고 본다(대판 2012. 3. 29, 2011도14135).

3. 금고 이상에 해당하는 죄

유기징역이나 유기금고에 해당하여야 하며 금고 이상의 형은 선고형을 의미한다(통설·판례). 죄명이나 죄질은 동일할 필요가 없다.

Ⅳ. 법적 효과

1. 형벌 가중

누범의 형은 그 죄에 대하여 정한 형의 장기의 2배까지 가중한다(제35조 제2항). 다만 50년을 초과할 수 없다(제42조 단서 참조). 그러므로 누범가중은 법정형의 단기와 장기의 2배인 처단형의 범위 내에서 선고형이 결정된다. 누범에 대한 법률상·재판상 감경은 가능하다.

2. 판결 선고 후 누범 발각

판결 선고 후 누범인 것이 발각된 때에는 그 선고한 형을 통산하여 다시 형을 정할 수 있다(제36조). 이는 피고인이 재판시에 자신의 전과 사실을 은폐하여 누범가중을 면하는 것을 방지하기 위한 규정이다. 그러나 입법론적으로는 피고인에게는 진술거부권이 인정되며, 전과사실은 수사기관이 쉽게 파악할 수 있는 것임에도 불구하고 이를 몰랐다면 누범가중을 할 수 없다고 보아 폐지하는 것이 타당하다.

제 3 장 형의 선고유예, 집행유예, 가석방

제 1 절 선고유예

제59조(선고유예의 요건) ① 1년 이하의 징역이나 금고, 자격정지 또는 벌금의 형을 선고할 경우에 제51조의 사항을 고려하여 뉘우치는 정상이 뚜렷할 때에는 그 형의 선고를 유예할 수 있다. 다만, 자격정지 이상의 형을 받은 전과가 있는 사람에 대해서는 예외로 한다.
② 형을 병과할 경우에도 형의 전부 또는 일부에 대하여 선고를 유예할 수 있다.

제60조(선고유예의 효과) 형의 선고유예를 받은 날로부터 2년을 경과한 때에는 면소된 것으로 간주한다.

제61조(선고유예의 실효) ① 형의 선고유예를 받은 자가 유예기간 중 자격정지 이상의 형에 처한 판결이 확정되거나 자격정지 이상의 형에 처한 전과가 발견된 때에는 유예한 형을 선고한다.
② 제59조의2의 규정에 의하여 보호관찰을 명한 선고유예를 받은 자가 보호관찰기간 중에 준수사항을 위반하고 그 정도가 무거운 때에는 유예한 형을 선고할 수 있다.

Ⅰ. 의 의

선고유예는 판사가 피고인의 유죄가 인정됨에도 불구하고 경미한 범죄를 이유로 일정한 기간 형의 선고를 유예하고 이 기간이 경과하면 형의 선고를 면하게 하는 제도를 말한다. 선고유예는 주로 범정犯情이 경미한 초범자에 대하여 형을 부과하지 않고 자발적인 개선과 갱생을 촉진시키고자 하는 데에 제도의 취지가 있다.

Ⅱ. 요 건

1. 1년 이하의 징역이나 금고, 자격정지 또는 벌금의 형을 선고할 경우

선고유예하는 형은 주형과 부가형을 포함한 처단형 전체를 의미하므로 주형을 선고유예하는 경우에는 부가형인 몰수나 추징도 선고유예할 수 있다. 또한 주형을 선고유예하고 부가형인 몰수·추징만을 선고할 수도 있다(대판 1981. 4. 14, 81도614). 한편, 구류형에 대한 선고유예는 불가능하다(대판 1993. 6. 22, 93오1).

2. 뉘우치는 정상이 뚜렷할 것

뉘우치는 정상이 뚜렷하다는 것은 형을 선고하지 않더라도 재범의 위험성이 없다고 인정되는 경우를 말한다. 범행을 부인하는 것은 뉘우침이 없다는 것으로 판단하여 선고유예를 할 수 없다고 보아서는 안 된다.

판례 선고유예의 요건 중 '개전의 정상이 현저한 때'

• 선고유예의 요건 중 '개전의 정상이 현저한 때'라고 함은, 반성의 정도를 포함하여 널리 형법 제51조가 규정하는 양형의 조건을 종합적으로 참작하여 볼 때 형을 선고하지 않더라도 피고인이 다시 범행을 저지르지 않으리라는 사정이 현저하게 기대되는 경우를 가리킨다고 해석할 것이고, 이와 달리 여기서의 **'개전의 정상이 현저한 때'가 반드시 피고인이 죄를 깊이 뉘우치는 경우만을 뜻하는 것으로 제한하여 해석하거나, 피고인이 범죄사실을 자백하지 않고 부인할 경우에는 언제나 선고유예를 할 수 없다고 해석할 것은 아니다.** 또한, 형법 제51조의 사항과 개전의 정상이 현저한지 여부에 관한 사항은 널리 형의 양정에 관한 법원의 재량사항에 속한다고 해석되므로, **상고심으로서는 형사소송법 제383조 제4호에 의하여 사형·무기 또는 10년 이상의 징역·금고가 선고된 사건에서 형의 양정의 당부에 관한 상고이유를 심판하는 경우가 아닌 이상, 유예에 관하여 형법 제51조의 사항과 개전의 정상이 현저한지 여부에 대한 원심판단의 당부를 심판할 수 없고,** 그 원심판단이 현저하게 잘못되었다고 하더라도 달리 볼 것이 아니다(대판 2003. 2. 20, 2001도6138 전원합의체).

3. 자격정지 이상의 형을 받은 전과가 없을 것

이는 초범에 대해서만 선고유예를 인정하겠다는 취지이다. 집행유예기간이 경과한 자에 대한 선고유예도 '자격정지 이상의 형을 받은 전과'에 해당하므로 선고유예의 결격사유에 해당한다는 것이 판례의 입장이다(아래 판례). 대법원이 선고유예의 결격사유로서 전과의 의미를 과거에 자격정지 이상의 형을 선고받은 사실이 있다는 의미로 해석하는 것은 제59조 제1항 단서의 법문상 맞는다고 본다. 그러나 현행법이 독일형법처럼 전과경력에 대한 시간적 제한을 두지 않고 있다는 점에서 입법론적으로 형이 실효된 경우에는 선고유예를 허용하는 방향으로 선고유예제도를 확대하는 것이 필요하다(선고유예가 가능하다는 견해로는 한영수, "집행유예기간이 경과한 자에 대한 집행유예", 형사판례연구[13], 218면 이하 참조).

판례 '자격정지 이상의 형을 받은 전과'의 의미

• 피고인이 2001. 9. 13. 12:30경 부산 소재 탑 스포츠 맛사지에서 주먹과 전화수화기로 종업원인 피해자의 머리를 때려 폭행한 공소사실에 대하여 제1심 및 원심은 선고유예판결을 하였다(그런데 피고인은 1985. 9. 26. 부산지방법원에서 야간주거침입절도죄로 징역 10월에 집행유예 2년을, 1990. 6. 15. 같은 법원에서 상해죄 등으로 징역 8월에 집행유예 2년을 각 선고받아 그 판결이 확정된 후 그 집행유예 선고가 실효 또는 취소됨이 없이 유예기간을 경과한 사실이 있었다). 이 피고인에 대한 선고유예판결에 대해 검사가 상고를 하였다.

대법원은 **형법 제59조 제1항 단행에서 정한 "자격정지 이상의 형을 받은 전과"라 함은 자격정지 이상의 형을 선고받은 범죄경력 자체를 의미하는 것이고, 그 형의 효력이 상실된 여부는 묻지 않는 것으로 해석함이 상당하다**고 할 것이고, 따라서 형의 집행유예를 선고받은 자는 형법 제65조에 의하여 그 선고가 실효 또는 취소됨이 없이 정해진 유예기간을 무사히 경과하여 형의 선고가 효력을 잃게 되었다고 하더라도 형의 선고의 법률적 효과가 없어진다는 것일 뿐, 형의 선고가 있었다는 기왕의 사실 자체까지 없어지는 것은 아니므로, 형법 제59조 제1항 단행에서 정한 선고유예 결격사유인 "자격정지 이상의 형을 받은 전과가 있는 자"에 해당한다고 보아야 한다고 판시하였다(대판 2003. 12. 26, 2003도3768).

Ⅲ. 선고유예의 실효 및 보호관찰

형의 선고유예를 받은 자가 유예기간 중 자격정지 이상의 형에 처한 판결이 확정되거나 자격정지 이상의 형에 처한 전과가 발견된 때에는 유예한 형을 선고한다(제61조 제1항). 즉 선고유예기간 전에 범죄를 저지르고 판결이 확정된 경우와 유예기간 전에 범죄를 저지르고 유예기간 중에 판결이 확정된 경우 간에 불균형이 생기는 것을 방지하고자 범행시기를 불문하고 판결확정시점을 기준으로 선고유예의 실효 여부를 판단한 취지이다(헌재결 2009. 3. 26, 2007헌가19 전원재판부).

형의 선고를 유예하는 경우에 재범 방지를 위하여 지도 및 원호가 필요한 때에는 1년의 기간 동안 보호관찰을 받을 것을 명할 수 있다(제59조의2). 보호관찰 등에 관한 법률(제3조 제1항 제1호)은 이에 관해 규정하고 있다.

제 2 절 집행유예

제62조(집행유예의 요건) ① 3년 이하의 징역이나 금고 또는 500만원 이하의 벌금의 형을 선고할 경우에 제51조의 사항을 참작하여 그 정상에 참작할 만한 사유가 있는 때에는 1년 이상 5년 이하의 기간 형의 집행을 유예할 수 있다. 다만, 금고 이상의 형을 선고한 판결이 확정된 때부터 그 집행을 종료하거나 면제된 후 3년까지의 기간에 범한 죄에 대하여 형을 선고하는 경우에는 그러하지 아니하다.

② 형을 병과할 경우에는 그 형의 일부에 대하여 집행을 유예할 수 있다.

제63조(집행유예의 실효) 집행유예의 선고를 받은 자가 유예기간 중 고의로 범한 죄로 금고 이상의 실형을 선고받아 그 판결이 확정된 때에는 집행유예의 선고는 효력을 잃는다.

제64조(집행유예의 취소) ① 집행유예의 선고를 받은 후 제62조 단행의 사유가 발각된 때에는 집행유예의 선고를 취소한다.

② 제62조의2의 규정에 의하여 보호관찰이나 사회봉사 또는 수강을 명한 집행유예를 받은 자가 준수사항이나 명령을 위반하고 그 정도가 무거운 때에는 집행유예의 선고를 취소할 수 있다.

제65조(집행유예의 효과) 집행유예의 선고를 받은 후 그 선고의 실효 또는 취소됨이 없이 유예기간을 경과한 때에는 형의 선고는 효력을 잃는다.

Ⅰ. 의의 및 법적 성질

집행유예란 선고한 형의 집행을 일정기간 유예하고 이 유예기간이 경과하면 형의 선고 효력을 잃게 하는 제도이다. 이는 자유형을 선고하여 이를 집행하는 경우 발생할 수 있는 여러 가지 폐단을 방지하고 피고인으로 하여금 용이하게 사회에 복귀할 수 있도록 하기 위한 형사정책적 고려하에서 만들어진 제도이다. 집행유예제도가 단기 자유형의 폐해를 막기 위한 제도라는 견해가 있으나, 3년 이하의 자유형에 대해서도 집행유예가 인정되는 점, 집행유예의 실효나 취소시에 유예된 형이 집행되는 점을 감안할 때 반드시 단기 자유형의 폐단을 막기 위한 것이라고만 볼 수는 없다.

집행유예의 법적 성질에 대해서는 형벌과 보안처분의 성격을 동시에 가지고 있는 제3의 길에 해당한다는 ① 독립제재설(김/서, 손/김)과 ② 형집행의 변형설(김성돈, 이/장/강, 임웅, 정/박)이 있다. 집행유예제도는 사회 내 처우를 위하여 형의 즉각적인 집행을 일정기간 유보하는 제도로 보는 후자의 견해가 타당하다. 결국 집행유예제도를 통하여 범죄자의 사회복귀를 용이하게 하고 재범을 방지한다는 예방적 목적과 처벌이라는 형벌 본래의 목적을 동시에 충족시키려는 다목적적 의도를 지닌 제도라고 할 수 있다.

Ⅱ. 요 건

1. 3년 이하의 징역이나 금고 또는 500만원 이하의 벌금형을 선고할 경우

본래 집행유예는 현실적으로 형의 집행이 필요하지 않거나, 단기자유형의 폐단을 막기 위한 제도이지만 단기라고 볼 수 없는 3년 이하의 징역형에 대해서도 집행유예가 가능하다는 점에서 비교적 넓게 집행유예를 인정하고 있다. 참고로 독일은 최장 2년 이하의 선고형에 대하여 집행유예(Strafaussetzung)를 인정하고 있으며(독일형법 제56조제2항), 일본은 3년 이하의 징역이나 금고 또는 50만엔 이하의 벌금을 선고할 경우에 가능하다(일본형법 제25조).

한편 형법 개정을 통하여 500만원 이하의 벌금형을 선고할 경우에는 집행유예가 가능하게 되었다(2018. 1. 7. 시행).

2. 정상에 참작할 만한 사유가 있을 것

양형조건인 제51조는 집행유예를 위한 정상참작사유로서 인정되고 있다. 집행유예는 형의 선고만으로도 경고 기능을 달성할 수 있고, 또한 재범가능성이 낮은 피고인에 대하여 자유형을 집행하는 것은 불필요할 뿐만 아니라 오히려 부정적 효과를 가져 올 수도 있다는 점이 집행유예 판단의 중요한 기준이다.

3. 금고 이상의 형이 확정된 때부터 그 집행을 종료하거나 면제된 후 3년이 경과하였을 것

이 단서규정은 과거에 다른 범죄로 형의 선고를 받은 사실이 있는 자가 현재 재판받고 있는 범죄에 대해 집행유예를 선고받을 수 있는지 여부를 결정하는 내용이다. 집행유예를 선고하려고 하는 범죄가 금고 이상의 형을 선고받고 그 판결이 확정된 때로부터 그 집행을 종료하거나 면제받은 후 3년까지의 기간에 범한 죄인 경우에 한해서만 집행유예를 선고할 수 없도록 결격사유를 제한하였다.

예를 들어 A죄를 범하고 난 얼마 후에 다시 B죄를 범하였는데, B죄에 대한 재판을 먼저 받게 되어 그 집행을 종료한 후 5년 내에 A죄를 재판 받게 된 경우에 종전과 달리 A죄에 대해서 집행유예 선고가 가능하다. 반면 A죄에 대해 금고 이상의 형을 선고받고 그 판결이 확정된 때로부터 그 집행을 종료하거나 면제받은 후 3년 내에 다시 B죄를 범하게 되면 B죄에 대한 재판이 그 후 언제 선고되느냐에 관계없이(예를 들어 5년이 지나더라도) 집행유예를 선고할 수 없게 된다.

집행유예 기간 중에 범한 죄에 대해서도 재차 집행유예 선고가 가능한가 여부와 관련해서는 학설이 나뉜다. 즉 '금고 이상의 형의 선고'가 실형만을 의미하므로 가능하다는 긍정설(다수설)과 '금고 이상의 형의 선고'에는 집행유예도 포함되므로 불가능하다는 부정설로 나뉘어 있다. 이에 대해서는 '금고 이상의 형'의 요건은 '금고 이상의 실형'으로 보는 것이 타당하다고 본다. 집행유예 기간 중에 범한 죄에 대해서 재차 집행유예를 선고할 수 없도록 봉쇄하는 것보다는 그 가능성을 열어 두는 것이 양형시 구체적 타당성을 발휘할 수 있을 것이기 때문이다. 대법원은 집행유예 기간 중에 범한 범죄라고 할지라도 집행유예가 실효·취소됨이 없이 그 유예기간이 경과한 경우에는 이에 대해 다시 집행유예의 선고가 가능하다는 입장이다(아래 판례).

판례 집행유예 기간 중에 범한 죄에 대하여 다시 집행유예를 선고할 수 있는지 여부(적극)

- 집행유예 기간 중에 범한 죄에 대하여 형을 선고할 때에, 집행유예의 결격사유를 정하는 형법 제62조 제1항 단서 소정의 요건에 해당하는 경우란, 이미 집행유예가 실효 또는 취소된 경우와 그 선고 시점에 미처 유예기간이 경과하지 아니하여 형 선고의 효력이 실효되지 아니한 채로 남아 있는 경우로 국한되고, 집행유예가 실효 또는 취소됨이 없이 유예기간을 경과한 때에는, 형의 선고가 이미 그 효력을 잃게 되어 '금고 이상의 형을 선고'한 경우에 해당한다고 보기 어려울 뿐 아니라, 집행의 가능성이 더 이상 존재하지 아니하여 집행종료나 집행면제의 개념도 상정하기 어려우므로 위 단서 소정의 요건에 해당하지 않는다고 할 것이므로, 집행유예 기간 중에 범한 범죄라고 할지라도 집행유예가 실효·취소됨이 없이 그 유예기간이 경과한 경우에는 이에 대해 다시 집행유예의 선고가 가능하다(대판 2007. 2. 8, 2006도6196).

4. 형의 일부에 대한 집행유예

형의 일부에 대한 집행유예라 함은 하나의 자유형 중 일부에 대해서는 실형을, 나머지에 대해서는 집행유예를 선고하는 것을 말한다. 형의 일부에 대하여 집행유예가 허용되는가에 대해서는 형을 병과하는 경우(제62조 제2항)를 제외하고는 집행을 유예할 수 없다는 것이 판례·통설이다. 그러나 입법론적으로는 실형선고와 집행유예라는 양 극단의 선택 이외에는 불가능한 상황을 개선하기 위하여 이를 허용하여야 한다고 본다. 특히 법정형이 과도하게 높은 경우에 중간적 선택이 가능하도록 하기 위해서도 자유형의 일부에 대한 집행유예를 허용하여야 한다. 예를 들어 징역 3년을 선고하여야 할 경우 3년의 실형을 선고하든가 아니면 징역 3년에 집행유예 5년을 선고하는 수밖에 없다. 만일 이 경우에 자유형 중 일부에 대한 집행유예를 허용한다면 징역 3년을 선고하면서 그 가운데 2년간의 징역형에 대해서는 집행유예를 선고할 수 있게 될 것이다.

판례 **형의 '일부'에 대한 집행유예**

• 집행유예의 요건에 관한 형법 제62조 제1항이 '형'의 집행을 유예할 수 있다고만 규정하고 있다고 하더라도, 이는 같은 조 제2항이 그 형의 '일부'에 대하여 집행을 유예할 수 있는 때를 형을 '병과'할 경우로 한정하고 있는 점에 비추어 보면, 조문의 체계적 해석상 하나의 형의 전부에 대한 집행유예에 관한 규정이라 할 것이고, 또한 하나의 자유형에 대한 일부집행유예에 관하여는 그 요건, 효력 및 일부 실형에 대한 집행의 시기와 절차, 방법 등을 입법에 의해 명확하게 할 필요가 있어, 그 인정을 위해서는 별도의 근거 규정이 필요하므로 **하나의 자유형 중 일부에 대해서는 실형을, 나머지에 대해서는 집행유예를 선고하는 것은 허용되지 않는다**(대판 2007. 2. 22, 2006도8555).

5. 보호관찰, 사회봉사 및 수강명령

(1) 의 의

형법상 집행유예를 선고할 경우에는 보호관찰을 받을 것을 명하거나 사회봉사 또는 수강을 명할 수 있다(제62조의2 제1항). 이는 형 집행이 유예된 자를 사회 내에 방치하지 않고 이들을 지도·감독하기 위한 사회복귀 프로그램으로서 구체적인 내용은 보호관찰 등에 관한 법률(제3조 제1항 제2호)이 규정하고 있다.

(2) 임의적 병과

집행유예 선고시 사회봉사명령이나 수강명령을 보호관찰과 병과할 수 있다는 것이 판례의 입장이다. 즉 형법 제62조의2 제1항은 "형의 집행을 유예하는 경우에는 보호관찰을 받을 것을 명하거나 사회봉사 또는 수강을 명할 수 있다"고 규정하고 있는 바, 그 문리에 따르면, 보호관찰과 사회봉사는 각각 독립하여 명할 수 있다는 것이지, 반드시 그 양자를 동시에 명할 수 없다는 취지로 해석되지는 않는다는 입장이다. 또한 제도의 취지에 비추어 보더라도, 범죄자에 대한 사회복귀를 촉진하고 효율적인 범죄 예방을 위하여 양자를 병과할 필요성이 있는 점 등을 종합하여 볼 때, 형법 제62조에 의하여 집행유예를 선고할 경우에는 같은 법 제62조의2 제1항에 규정된 보호관찰과 사회봉사 또는 수강을 동시에 명할 수 있다고 판시하고 있다(대판 1998. 4. 24, 98도98). 나아가서 소년법 제32조 제2항, 성폭력범죄의 처벌 등에 관한 특례법 제16조 제4항, 가정폭력범죄의 처벌 등에 관한 특례법 제40조 제2항 등에는 보호관찰과 사회봉사를 동시에 명할 수 있다고 규정하고 있는 것과 비교할 때 일반 형법에 의하여 보호관찰과 사회봉사를 명하는 것 역시 금지할 이유는 없다는 것이 대법원의 입장이다. 판례의 이러한 입장은 형사정책적으로 타당하다고 볼 수 있지만 피고인에게 불리한 해석이므로 입법적 해결이 바람직하다.

Ⅲ. 집행유예의 효과

형의 집행유예는 형의 선고와 동시에 판결로써 선고하여야 한다(형사소송법 제321조 제2항). 집행유예기간의 시기始期는 집행유예를 선고한 판결 확정일로 하여야 하며 법원이 임의로 시기를 선택할 수는 없다(대판 2002. 2. 28, 2000도4637). 유예기간은 1년 이상 5년 이하의 범위 내에서 법원의 재량으로 정한다(제62조 제1항). 통상적으로는 징역 6월에 집행유예 1년, 징역 8월, 10월, 1년에 집행유예 2년, 징역 1년 6월, 2년에 집행유예 3년, 징역 2년 6월에 집행유예 4년, 징역 3년에 집행유예 5년 등이다(법원행정처, 「量刑實務」(1999), 196면).

집행유예의 선고를 받은 후 그 선고가 실효 또는 취소되지 않고 유예기간을 경과한 때에는 형의 선고는 효력을 잃는다(제65조). 형의 선고가 효력을 잃는다는 것은 선고된 형 집행의 면제는 물론이고, 처음부터 형의 선고가 없었던 것으로 된다. 그러나 형의 선고에 의하여 발생한 이제까지의 법률효과(예: 공무원자격의 상실 등)에는 영향이 없다. 한편 집행유예를 선고 받으면 그 유예기간 동안은 공무원이 되는 자격 등 형법 제43조 제1항 각호의 자격이 정지된다(제43조 제2항). 그리고 형의 집행유예기간이 경과한 때에는 수형인명표를 폐기하고 수형인명부의 해당란을 삭제하도록 되어 있다(형의 실효 등에 관한 법률 제8조제1항).

Ⅳ. 집행유예의 실효와 취소

1. 집행유예의 실효

집행유예의 선고를 받은 자가 유예기간 중 고의로 범한 죄로 금고 이상의 실형을 선고받아 그 판결이 확정된 때에는 집행유예의 선고는 효력을 잃는다(제63조). 이는 현재 재판받고 있는 범죄의 선고 결과에 따라 피고인이 이전에 다른 범죄의 재판에서 선고받았던 집행유예가 실효되어 결과적으로 그 유예된 형이 집행되는지 여부에 관한 규정이다.

집행유예 선고의 실효사유가 되는 범죄를 집행유예 기간 중에 고의로 범한 죄로 한정하고, 금고 이상의 실형을 선고받아 그 판결이 확정된 경우로 제한함으로써 판결 이후의 재범 방지라는 집행유예제도의 목적에 부합하도록 하였다. 또한 설사 집행유예 기간 중 금고 이상의 형의 선고를 받아 그 판결이 확정되더라도 그 범죄가 집행유예의 선고 전에 범한 것이라면 이미 받은 집행유예의 선고는 실효되지 않는다. 그리고 집행유예 기간 중에 범한 범죄일지라도 그 재판이 집행유예 기간 이후에 확정되는 경우에는 그 전의 집행유예가 실효되지 않는다.

2. 집행유예의 취소

집행유예의 선고를 받은 후 금고 이상의 형을 선고한 판결이 확정된 때부터 그 집행을 종료하거나 면제된 후 3년까지의 기간에 범한 죄에 대하여 형을 선고하는 경우에는 집행유예를 취소한다(제64조 제1항).

제3절 가석방

> 제72조(가석방의 요건) ① 징역이나 금고의 집행 중에 있는 사람이 행상(行狀)이 양호하여 뉘우침이 뚜렷한 때에는 무기형은 20년, 유기형은 형기의 3분의 1이 지난 후 행정처분으로 가석방을 할 수 있다.
> ② 제1항의 경우에 벌금이나 과료가 병과되어 있는 때에는 그 금액을 완납하여야 한다.

Ⅰ. 의 의

가석방이란 징역 또는 금고의 집행 중에 있는 사람이 뉘우침이 뚜렷하다고 인정되는 때에 형기만료 전에 조건부로 수형자를 석방하고 일정한 기간이 경과한 때에는 형 집행이 종료된 것으로 보는 제도를 말한다(제72조, 제76조). 가석방은 법무부장관의 허가를 요건으로 하는 행정처분이다. 이에 대해서는 법원이 가석방 심사의 주체가 되는 사법처분으로 전환하여야 한다는 주장이 있다.

가석방은 일반 가석방과 특별 가석방으로 구분된다. 일반 가석방은 월 1회 실시되고, 특별 가석방은 3·1절, 석가탄신일, 광복절, 성탄절 등 년 4회에 걸쳐 실시되고 있다.

가석방제도는 뉘우치고 있는 수형자에게 불필요한 구금기간을 단축하여 사회복귀를 돕는 특별예방적 목표를 염두에 둔 제도이다. 가석방제도를 통하여 수형자에게 수형생활을 긍정적인 방향으로 선도할 수 있는 동기를 마련해 주는 동시에 수형기간에 신축성을 부여하는 의미가 있다. 이러한 목표를 달성하기 위해서는 수형자에 대한 면밀한 관찰과 가석방 후 체계적인 사회 내 처우가 이루어져야 한다.

Ⅱ. 요 건

1. 징역이나 금고의 집행 중에 있는 사람이 무기에서는 20년, 유기에서는 형기의 3분의 1을 경과한 후일 것

이러한 형기는 선고형을 의미한다. 한편 벌금액 미납으로 인한 환형유치처분으로 노역장에 유치된 자에 대한 가석방 허용 여부가 문제된다. 가석방제도가 불필요한 자유형 집행으로 인한 폐단을 방지하는 데에 목표를 두고 있는 점, 자유형보다 경한 벌금형으로 인한 경우에 이를 인정하는 것이 무리한 해석이 아니라는 점에서 긍정하는 것이 타당하다. 소년범의 경우에는 무기형에서는 5년, 15년의 유기형에서는 3년, 부정기형의 경우에는 단기의 3분의 1을 경과하면 가석방할 수 있다(소년법 제65조). 형기에 산입된 판결 선고전 구금일수는 가석방을 하는 경우 집행한 기간에 산입한다(제73조 제1항).

2. 행상이 양호하여 뉘우침이 뚜렷할 것

행상行狀이 양호하여 뉘우침이 뚜렷하다는 것은 수형자가 진정으로 뉘우치고 있음을 알 수 있는 정상이 있어야 함을 의미한다. 그 결과 남은 형기의 집행이 수형자에게 전혀 무의미하고 불필요하여 이를 집행하지 않더라도 재범의 위험성이 없으며, 오히려 사회복귀에 도움이 되리라는 예측을 할 수 있어야 한다. 이 경우 범죄의 중대성 여부가 판단의 기준이 되어서는 안 된다.

3. 벌금이나 과료의 병과가 있는 때에는 그 금액을 완납할 것

다만 벌금이나 과료에 관한 노역장 유치기간에 산입된 판결 선고 전 구금일수는 그에 해당하는 금액이 납입된 것으로 본다(제73조 제2항).

Ⅲ. 가석방의 기간 및 보호관찰

가석방의 기간은 무기형에서는 10년, 유기형에서는 남은 형기로 하되 그 기간은 10년을 초과할 수 없다(제73조의2 제1항). 가석방된 자는 가석방기간 중 보호관찰을 받는다(제73조의2 제2항, 보호관찰 등에 관한 법률 제3조 제1항 제3호). 다만, 가석방을 허가한 행정관청이 필요가 없다고 인정한 때에는 그러하지 아니하다(제2항 단서).

형기에 산입된 판결선고 전 구금일수는 가석방을 하는 경우 집행한 기간에 산입한다

(제73조 제1항). 제72조 제2항의 경우에 벌금이나 과료에 관한 노역장 유치기간에 산입된 판결 선고 전 구금일수는 그에 해당하는 금액이 납입된 것으로 본다(동조 제2항).

제9조(부착명령판결)에 따른 부착명령 판결을 선고받지 않은 특정 범죄자로서 형의 집행 중 가석방되어 보호관찰을 받게 되는 자는 준수사항 이행 여부 확인 등을 위하여 가석방기간 동안 전자장치를 부착하여야 한다. 다만, 심사위원회가 전자장치 부착이 필요하지 않다고 결정한 경우에는 그러하지 아니하다(전자장치부착 등에 관한 법률 제22조 제1항).

전자장치부착법상의 특정범죄(제2조 제1호; 성폭력범죄, 미성년자 대상 유괴범죄, 살인범죄 및 강도범죄) 이외의 범죄로 형의 집행 중 가석방되어 보호관찰을 받는 사람의 준수사항 이행 여부 확인 등을 위하여 심사위원회는 가석방 예정자의 범죄내용, 개별적 특성 등을 고려하여 가석방 기간의 전부 또는 일부의 기간을 정하여 전자장치를 부착하게 할 수 있다(동 제2항; 2020. 2. 4. 신설, 2020. 8. 5. 시행).

Ⅳ. 가석방의 효과

가석방의 처분을 받은 후 그 처분이 실효 또는 취소되지 아니하고 가석방 기간을 경과한 때에는 형의 집행을 종료한 것으로 본다(제76조 제1항). 그러나 가석방 중일 때에는 형 집행종료라고 볼 수 없으므로 가석방 기간 중의 재범에 대해서는 누범가중(제35조)을 할 수 없다(대판 1976. 9. 14, 76도2158).

Ⅴ. 가석방의 실효와 취소

1. 가석방의 실효

가석방 기간 중 고의로 지은 죄로 금고 이상의 형의 선고를 받아 그 판결이 확정된 때에는 가석방처분은 효력을 잃는다(제74조).

2. 가석방의 취소

가석방의 처분을 받은 자가 감시에 관한 규정을 위배하거나, 보호관찰의 준수사항을 위반하고 그 정도가 무거운 때에는 가석방처분을 취소할 수 있다(제75조). 가석방자는 가석방 기간 중 「가석방자관리규정」 제5조부터 제7조까지, 제10조, 제13조제1항 및 제14조부터 제16조까지의 규정에서 정한 준수사항 및 관할 경찰서장의 명령 또는 조치를 따라야 하며 이를 위반하는 경우에는 「형법」 제75조에 따라 가석방을 취소할 수 있다(형의 집행 및 수용자의 처우에 관한 법률시행규칙 제260조).

3. 가석방의 실효와 취소의 효과

가석방이 실효되거나 취소되었을 때에는 가석방 중의 일수는 형기에 산입하지 아니한다(제76조 제2항). 그러므로 만일 가석방이 실효 또는 취소되면 가석방처분을 받았던 자는 가석방 당시의 잔형기간의 형을 집행받아야 한다.

제4장 형의 시효와 소멸

제1절 형의 시효

Ⅰ. 형의 시효의 의의

형의 시효란 형의 선고를 받은 자가 재판이 확정된 후 그 형의 집행을 받지 않고 일정한 기간이 경과한 때에 집행이 면제되는 것을 말한다. 형의 시효는 공소시효(형사소송법 제249조)와 다르다. 양자 모두 형사시효제도로서 일정한 시간이 경과함으로써 생성·축적된 사실상태를 법률적으로 유지·존중하기 위한 제도라는 점에서는 취지가 같다. 그러나 형의 시효는 일정한 기간 경과로 인하여 확정된 형벌의 집행권을 소멸시키는 제도인 데 반하여, 공소시효는 검사가 일정 기간 공소를 제기하지 않고 형사사건을 방치한 경우에 국가의 형사소추권이 소멸되는 제도라는 점에서 서로 다르다.

Ⅱ. 시효기간

형의 시효는 형을 선고하는 재판이 확정된 후 그 집행을 받지 아니하고 다음 각 호의 기간이 지나면 완성된다. 그 기간은 ① 사형은 30년, ② 무기의 징역 또는 금고는 20년, ③ 10년 이상의 징역 또는 금고는 15년, ④ 3년 이상의 징역이나 금고 또는 10년 이상의 자격정지는 10년, ⑤ 3년 미만의 징역이나 금고 또는 5년 이상의 자격정지는 7년, ⑥ 5년 미만의 자격정지·벌금·몰수 또는 추징은 5년, ⑦ 구류 또는 과료는 1년이다(제78조).

한편 「공무원범죄에 관한 몰수 특례법」 제9조의4(몰수·추징의 시효)에 따라 특정공무원범죄에 관한 몰수·추징의 시효는 형법 제78조에도 불구하고 10년으로 한다.

Ⅲ. 시효의 효과

형의 선고를 받은 사람에 대해서는 시효가 완성되면 그 집행이 면제된다(제77조). 그러므로 형의 선고 자체는 유효하다.

Ⅳ. 시효의 정지와 중단

1. 시효의 정지

시효는 형의 집행유예나 정지 또는 가석방 기타 집행할 수 없는 기간은 진행하지 않는다(제79조). "기타 집행할 수 없는 기간"이란 천재지변 기타 사변으로 인하여 형을 집행할 수 없는 기간을 말한다. 시효가 정지된 때에는 정지사유가 소멸하면 다시 시효의 전 기간이 경과하여야 하는 것이 아니라 잔여시효 기간이 진행하는 점에서 시효의 중단과 다르다.

2. 시효의 중단

시효는 사형 · 징역 · 금고와 구류에서는 수형자를 체포함으로써, 벌금 · 과료 · 몰수와 추징에서는 강제처분을 개시함으로 인하여 중단된다(제80조).

제 2 절 형의 소멸

Ⅰ. 의 의

형의 소멸이란 유죄판결의 확정에 의하여 발생한 국가의 형벌권의 소멸을 말한다. 형의 소멸은 적법한 공소가 제기되어 유죄의 확정판결이 있은 후에 그 집행권을 소멸시키는 제도이므로 검사의 형벌청구권을 소멸시키는 공소시효제도와 다르다.

형의 소멸원인은 형 집행의 종료, 형 집행의 면제, 형의 선고유예 또는 집행유예기간의 경과, 가석방기간의 만료, 시효의 완성, 사망, 사면, 형의 실효 및 복권 등이다.

Ⅱ. 사 면

사면赦免이란 국가원수의 특권에 의하여 형벌권을 소멸시키거나, 또는 그 효력을 제한하게 하는 제도이다. 대통령은 법률(사면법)이 정하는 바에 따라 사면 · 감형 또는 복권을 명할 수 있다(헌법 제79조).

사면권은 연혁적으로는 국왕이 갖는 재량적 · 시혜적인 형벌조정권을 의미하였다. 그러나 오늘날 국가원수가 갖는 사면권은 그 의미나 기능이 달라져야 한다. 즉 국민에 대한 기본권 보호의무에서 찾아야 한다. 그리고 대통령의 사면권이 사법심사의 대상은 아니지만 내재적 한계는 지켜져야 할 것이다.

1. 일반사면

일반사면이란 죄를 범한 자에 대하여 미리 죄 또는 형의 종류를 정하여 대통령령이 행하는 사면을 말한다(사면법 제3조 제1호, 제8조). 일반사면의 효력은 형의 선고를 받은 자에 대해서는 그 선고의 효력이 상실되며, 아직 형의 선고를 받지 않은 자에 대해서는 공소권이 상실된다(동법 제5조 제1항 제1호).

2. 특별사면

특별사면은 형의 선고를 받은 특정인에 대하여 대통령이 하는 사면이다(동법 제3조 제2호, 제9조). 특별사면의 효력은 형의 집행이 면제되는 것이지만, 특별한 사정이 있는 경우에는 형의 선고의 효력을 상실하게 할 수도 있다(동법 제5조 제1항 제2호). 사면의 효력은 장래에 향하여 형 선고의 효력을 상실하게 하거나, 또는 형의 집행이 면제되는 것이므로 형의 선고에 의한 기성의 효과는 사면으로 인하여 변경되지 않는다(동법 제5조 제2항).

Ⅲ. 형의 실효 및 복권

형벌권은 형 집행의 종료, 형 집행의 면제, 기타 일정한 원인으로 인하여 소멸되더라도 형 선고의 법률상의 효과는 소멸하지 않는다. 즉 전과사실은 존속하는 것이다. 이로 인하여 당사자는 공무담임권이나 일정한 직업에 종사할 수 없게 되어 사회생활상 불리한 입장에 처하게 된다. 이를 위하여 형법은 형의 소멸에 관한 규정을 두고 있으나 이는 재판을 통한 복권을 의미하므로 사면에 의한 형의 실효나 복권과는 구별하여야 한다.

1. 형의 실효

징역 또는 금고의 집행을 종료하거나 집행이 면제된 자가 피해자의 손해를 보상하고 자격정지 이상의 형을 받음이 없이 7년을 경과한 때에는 본인 또는 검사의 신청에 의하여 그 재판의 실효를 선고할 수 있다(제81조).

2. 복 권

자격정지의 선고를 받은 자가 피해자의 손해를 보상하고 자격정지 이상의 형을 받음이 없이 정지기간의 2분의 1을 경과한 때에는 본인 또는 검사의 신청에 의하여 자격의 회복을 선고할 수 있다(제82조).

제 5 장 보 안 처 분

제 1 절 보안처분의 의의

Ⅰ. 의 의

보안처분이란 특정범죄자(형법 제88조, 제92조, 제98조, 국가보안법 제4조, 제5조 등, 군형법 제5조 내지 제8조)에 대하여 형벌부과만으로는 형사제재로서의 목적달성이 부적합하거나 또는 법적 관점에서 형벌이 허용되지 않는 경우에 시행하는 처분으로서 범죄로부터 사회를 방위하고 범죄자를 재사회화하기 위한 처분이다. 현행 헌법은 적법절차에 의하지 않고는 보안처분을 받지 않는다고 규정하고 있다(보안처분 법정주의).

보안처분은 형벌과 달리 과거 행위에 대한 책임으로서 부과되는 것이 아니라 범죄자의 과거 범행을 토대로 장래의 위험성을 예측하여 부과하는 처분이다. 그렇기 때문에 보안처분은 자칫 범죄자의 범죄행위보다 과도하게 내려질 수 있는 점이 문제되므로 비례성의 원칙에 따른 보안처분의 부과가 매우 중요하다. 즉 보안처분은 범죄행위 및 행위자의 위험성과 비례하는 정도에서 부과되어야 한다.

Ⅱ. 형벌과 보안처분

1. 이원주의

이원주의二元主義는 형벌과 보안처분을 동시에 선고하고 순차적으로 중복 집행하는 것을 말한다. 형벌은 책임을 한계로, 그리고 보안처분은 책임 이외에 행위자의 장래의 위험성을 근거로 과해지는 처분이라는 것이 이원주의의 기본 사고이다. 이원주의에 대해서는 형벌 집행 후 보안처분 집행은 일종의 이중처벌로서 가혹하다는 점, 보안처분의 목적에 비추어 보아 형벌보다 먼저 집행되는 것이 순서라는 점 등을 이유로 비판적인 견해가 많다.

2. 일원주의

일원주의一元主義는 형벌과 보안처분을 동일시하여 양자 가운데 택일하여 적용하는 것을 말한다.

3. 대체주의

대체주의代替主義는 형벌과 보안처분을 동시에 선고하되 집행은 이원주의처럼 순차적이 아니라 형벌 대신 보안처분으로 대체할 수 있도록 하는 제도이다. 대체주의의 특징은 ① 원칙적으로 보안처분을 형벌보다 우선하여 집행하도록 하여 보안처분이 형벌의 기능을 대체하게 한 점(보안처분기간을 형 집행기간에 산입. 예: 치료감호법 제18조), ② 범죄인의 사회복귀를 위하여 보안처분 간의 대체집행을 허용하는 점에 있다.

Ⅲ. 종 류

1. 대인적 보안처분과 대물적 보안처분

대인적 보안처분이란 사람에 대하여 선고되는 보안처분을 말한다(예: 치료감호, 보호관찰). 이에 대하여 대물적 보안처분이란 물건에 대한 보안치분을 말한다(예: 몰수, 법인의 해산명령).

2. 자유박탈적 보안처분과 자유제한적 보안처분

자유박탈적 보안처분이란 일정한 시설에 격리 수용하는 것을 내용으로 하는 보안처분이며(예: 치료감호), 자유제한적 보안처분이란 보호관찰과 같이 자유박탈이 아닌 자유제한의 정도에 이르는 보안처분(예: 보호관찰, 운전면허정지)을 말한다.

Ⅳ. 제한 필요성

형사제재로서 새로운 형태의 형벌을 도입하는 것은 사실상 불가능하다. 그러나 예방형법이나 피해자에 대한 보호라는 이유로 새로운 형태의 형사법적 제재로서 다양한 보안처분들이 도입되고 있다. 성폭력범죄자의 성충동 약물치료에 관한 법률에 의한 약물치료명령, 특정 범죄자에 대한 보호관찰 및 전자장치 부착 등에 관한 법률에 의한 특정 범죄자에 대한 전자감시제도(소위 전자발찌), 아동·청소년의 성보호에 관한 법률에 의한 신상공개명령제도 등이다. 문제는 이러한 보안처분들이 실제로는 범죄인에 대한 실질적 제재임에도 불구하고 보안처분이라는 이름으로 형사제재가 가지는 엄격성이나 죄형법정주의원칙을 회피하는 방식으로 제정되고 운영될 위험성이 존재한다. 따라서 보안처분에 대한 기본적 필요원칙들과 이를 제한하는 기본원칙들이 마련되어야 할 것이다(전지연, 형벌론의 회고와 전망, 형사법연구, 제29권 제3호(2017), 29면 이하 참조).

제 2 절 형법상의 보호관찰

Ⅰ. 의 의

형법상 선고유예(제59조의2), 집행유예(제62조의2), 가석방(제73조의2)의 조건으로 보호관찰을 받을 것을 명할 수 있다(보호관찰 등에 관한 법률 제3조 참조). 그 절차 등에 관해서는 '보호관찰 등에 관한 법률'에 규정되어 있다. 형법상의 보호관찰이 보안처분에 해당하는지 여부에 대해서 논란이 있다.

Ⅱ. 학 설

1. 보안처분설

보안처분은 장래 범행을 예방하는 차원에서 시행되는 제도이므로 보호관찰은 형벌적 성격보다는 보안처분적 성격이 강하다는 견해이다(배종대, 임웅, 정/박). 그러므로 수강명령이나 사회봉사명령 역시 형벌이 아니라 범죄인의 개선에 중점을 둔 보안처분이라고 본다.

형법상의 보호관찰은 과거를 단죄하는 형벌로써는 달성할 수 없는 장래의 범죄 예방이라는 목표 차원에서 부과되는 것이라는 점에서 형벌과 구별된다. 그리고 형의 선고유예나 집행유예, 가석방과 같은 사회 내 처우에 부수하여 내리는 처분이므로 형벌대체적 성격도 부인할 수 없다. 그러므로 보호관찰은 보안처분의 일종으로 파악하는 것이 타당하다.

2. 독자적 형사제재설

보호관찰은 형벌을 보완하는 성격을 지니고 있으므로 제3의 독자적 형사제재 수단으로 이해하는 견해이다. 보안처분이 형벌로서는 달성할 수 없는 목표를 달성하기 위한 형벌 대체적·보완적 제도라고 한다면 보호관찰은 형벌을 대체하지 않기 때문에 보안처분으로 볼 수 없다는 점을 근거로 든다.

Ⅲ. 판 례

대법원은 보호관찰을 보안처분의 일종으로 보고 있다. 즉 "형법 제62조의2 제1항에서 말하는 보호관찰은 형벌이 아닌 보안처분의 성격을 갖는 것으로서, 과거의 불법에 대한 책임에 기초하고 있는 제재가 아니라 장래의 위험성으로부터 행위자를 보호하고 사회를 방위하기 위한 합목적적인 조치이다. 보호관찰은 위와 같은 형사정책적 견지에서 때로는 본래 개인의 자유에 맡겨진 영역이거나 또는 타인의 이익을 침해하는 법상 금지된 행위가 아니더라도 보호관찰 대상자의 특성, 그가 저지른 범죄의 내용과 종류 등을 구체적·개별적으로 고려하여 일정기간 동안 보호관찰 대상자의 자유를 제한하는 내용의 준수사항을 부과함으로써 대상자의 교화·개선을 통해 범죄를 예방하고 재범을 방지하려는 데에 그 제도적 의의가 있다. 다만 법치주의와 기본권 보장의 원칙 아래에서 보호관찰 역시 자의적·무제한적으로 허용될 수 없음은 물론이다. 보호관찰은 필요하고도 적절한 한도 내에서 이루어져야 하며, 가장 적합한 방법으로 실시되어야 하므로(보호관찰 등에 관한 법률 제4조 참조), 대상자가 준수할 수 있고 그 자유를 부당하게 제한하지 아니하는 범위 내에서 구체적으로 부과되어야 한다"(대판 2010. 9. 30, 2010도6403).

판례 보호관찰과 형벌불소급원칙

• 대법원은 "보호관찰은 형벌이 아니라 보안처분의 성격을 갖는 것으로서, 과거의 불법에 대한 책임에 기초하고 있는 제재가 아니라 장래의 위험성으로부터 행위자를 보호하고 사회를 방위하기 위한 합목적적인 조치이므로, 그에 관하여 **반드시 행위 이전에 규정되어 있어야 하는 것은 아니며, 재판시의 규정에 의하여 보호관찰을 받을 것을 명할 수 있다**고 보아야 할 것이고, 이와 같은 해석이 형벌불소급의 원칙 내지 죄형법정주의에 위배되는 것이라고 볼 수 없다"(대판 1997. 6. 13, 97도703)고 판시하여 소급적 보호관찰이 형벌불소급원칙에 위배되지 않는다고 보고 있다.

제 3 절 소년법상의 보호처분

Ⅰ. 의 의

소년범에 대한 보안처분을 보호처분이라고 하며, 보호처분이란 반사회성이 있는 소년(만 19세 미만자)에 대하여 형사처벌 대신에 그 환경의 조정과 성행의 교정을 내용으로 하는 특별조치를 말한다(소년법 제1조). 보호처분에 대한 결정은 소년부판사(가정법원 소년부 판사, 지방법원 소년부 판사)가 내린다. 이 점에서 행정처분의 성격을 띠는 다른 보안처분과 다르다.

Ⅱ. 종 류

소년부판사는 심리 결과 보호처분을 할 필요가 있다고 인정하면 결정으로써 다음 각 호의 어느 하나에 해당하는 처분을 하여야 한다(제32조 제1항).

1. 보호자 또는 보호자를 대신하여 소년을 보호할 수 있는 자에게 감호 위탁
2. 수강명령
3. 사회봉사명령
4. 보호관찰관의 단기 보호관찰
5. 보호관찰관의 장기 보호관찰
6. 「아동복지법」에 따른 아동복지시설이나 그 밖의 소년보호시설에 감호 위탁
7. 병원, 요양소 또는 「보호소년 등의 처우에 관한 법률」에 따른 소년의료보호시설에 위탁
8. 1개월 이내의 소년원 송치
9. 단기 소년원 송치
10. 장기 소년원 송치

제1항 제3호의 처분은 14세 이상의 소년에게만 할 수 있다(제3항). 제1항 제2호 및 제10호의 처분은 12세 이상의 소년에게만 할 수 있다(제4항).

Ⅲ. 기 간

보호처분의 기간은 소년법 제32조 제1항 제1호·제6호·제7호의 위탁기간은 6개월로 하되, 소년부 판사는 결정으로써 6개월의 범위에서 한 번에 한하여 그 기간을 연장할 수 있다. 다만, 소년부 판사는 필요한 경우에는 언제든지 결정으로써 그 위탁을 종료시킬 수 있다(제33조 제1항). 제32조 제1항 제4호의 단기 보호관찰기간은 1년으로 한다(동조 제2항). 제32조 제1항 제5호의 장기 보호관찰기간은 2년으로 한다. 다만, 소년부 판사는 보호관찰관의 신청에 따라 결정으로써 1년의 범위에서 한 번에 한하여 그 기간을 연장할 수 있다(동조 제3항). 제32조 제1항 제2호의 수강명령은 100시간을, 제32조 제1항 제3호의 사회봉사명령은 200시간을 초과할 수 없으며, 보호관찰관이 그 명령을 집행할 때에는 사건 본인의 정상적인 생활을 방해하지 아니하도록 하여야 한다(동조 제4항). 제32조 제1항 제9호에 따라 단기로 소년원에 송치된 소년의

보호기간은 6개월을 초과하지 못한다(동조 제5항). 제32조 제1항 제10호에 따라 장기로 소년원에 송치된 소년의 보호기간은 2년을 초과하지 못한다(동조 제6항). 제32조 제1항 제6호부터 제10호까지의 어느 하나에 해당하는 처분을 받은 소년이 시설위탁이나 수용 이후 그 시설을 이탈하였을 때에는 위 처분기간은 진행이 정지되고, 재위탁 또는 재수용된 때로부터 다시 진행한다(동조 제7항).

제 4 절 치료감호법상의 보안처분

Ⅰ. 의 의

치료감호법은 특히 보호감호제도의 문제점 때문에 비판을 받던 사회보호법을 폐지하고 이를 대체하기 위하여 제정된 법이다. 즉 (구)사회보호법은 보호감호, 치료감호, 보호관찰 등 세 종류의 보안처분을 규정하였는데 2005년에 사회보호법을 폐지하고 치료감호법(2005. 8. 4. 법률 제7655호)을 제정하였다. 그리고 (구)사회보호법에서 보호감호 청구의 주요 대상이 되었던 성폭력사범에 대한 대책으로서는 '특정강력범죄의 처벌에 관한 특례법' 개정을 통하여 성폭력 범죄로 두 번 이상 실형을 선고받은 자가 다시 성폭력범죄를 범하는 경우를 '특정강력범죄'에 포함시켰다(동법 제2조 제1항 제4호). 상습절도범에 대해서는 '특정범죄 가중처벌 등에 관한 법률'의 개정을 통하여 상습절도 등으로 2회 이상 실형을 선고받아 그 집행을 종료하거나 면제받은 후 3년 이내에 다시 동종의 죄를 범한 때에는 그 죄에 정한 형의 단기의 2배까지 가중하도록 하였다(동법 제5조의4 제6항).

Ⅱ. 내 용

1. 치료감호

(1) 치료감호의 의의

치료감호는 심신장애 또는 마약류 · 알코올 그 밖에 약물중독 상태 등에서 범죄행위를 한 자로서 재범의 위험성이 있고, 특수한 교육 · 개선 및 치료가 필요하다고 인정되는 자에 대하여 적절한 보호와 치료를 함으로써 재범을 방지하고 사회복귀를 촉진하는 것을 목적으로 한다(동법 제1조).

(2) 치료감호대상자

이 법에서 '치료감호대상자'란 다음 각 호의 어느 하나에 해당하는 자로서 치료감호시설에서 치료를 받을 필요가 있고 재범의 위험성이 있는 자를 말한다(제2조 제1항).

1. 「형법」 제10조 제1항에 따라 벌할 수 없거나 같은 조 제2항에 따라 형이 감경되는 심신장애자로서 금고 이상의 형에 해당하는 죄를 지은 자
2. 마약·향정신성의약품·대마, 그 밖에 남용되거나 해독을 끼칠 우려가 있는 물질이나 알코올을 식음食飮·섭취·흡입·흡연 또는 주입받는 습벽이 있거나 그에 중독된 자로서 금고 이상의 형에 해당하는 죄를 지은 자
3. 소아성기호증小兒性嗜好症, 성적가학증性的加虐症 등 성적 성벽性癖이 있는 정신성적 장애자로서 금고 이상의 형에 해당하는 성폭력범죄를 지은 자

치료감호법 제2조 제1항 제3호의 치료감호 대상 성폭력범죄는 다음 각 호의 범죄를 말한다(제2조 의2).

1. 「형법」 제297조(강간)·제297조의2(유사강간죄)·제298조(강제추행)·제299조(준강간, 준강제추행)·제300조(미수범)·제301조(강간등 상해·치상)·제301조의2(강간등 살인·치사)·제302조(미성년자 등에 대한 간음)·제303조(업무상위력등에 의한 간음)·제305조(미성년자에 대한 간음, 추행)·제305조의2(상습범)·제339조(강도강간)·제340조(해상강도) 제3항(사람을 강간한 죄만을 말한다) 및 제342조(미수범)의 죄(제339조 및 제340조 제3항 중 사람을 강간한 죄의 미수범만을 말한다)
2. 「성폭력범죄의 처벌 등에 관한 특례법」 제3조부터 제10조까지 및 제15조(제3조부터 제9조까지의 미수범으로 한정한다)의 죄
3. 「아동·청소년의 성보호에 관한 법률」 제7조(아동·청소년에 대한 강간·강제추행 등)·제9조(강간 등 상해·치상)·제10조(강간 등 살인·치사)의 죄
4. 제1호부터 제3호까지의 죄로서 다른 법률에 따라 가중 처벌되는 죄

(3) 치료감호의 청구와 구속영장의 효력

치료감호의 청구는 검사가 한다. 즉 검사는 치료감호대상자가 치료감호를 받을 필요가 있는 경우 공소제기한 사건의 항소심 변론종결시까지 관할 법원에 치료감호를 청구할 수 있다(제4조 제1항, 제5항). 법원은 공소제기된 사건의 심리결과 치료감호를 할 필요가 있다고 인정할 때에는 검사에게 치료감호 청구를 요구할 수 있다(동조 제7항).

검사는 공소제기를 하지 않고 치료감호만을 독립적으로 청구할 수 있다(치료감호의 독립청구). 즉 1. 피의자가 「형법」 제10조 제1항에 해당하여 벌할 수 없는 경우, 2. 고소·고발이 있어야 논할 수 있는 죄에서 그 고소·고발이 없거나 취소된 경우 또는 피해자의 명시적

인 의사에 반하여 논할 수 없는 죄에서 피해자가 처벌을 원하지 아니한다는 의사표시를 하거나 처벌을 원한다는 의사표시를 철회한 경우, 3. 피의자에 대하여 「형사소송법」 제247조에 따라 공소를 제기하지 아니하는 결정을 한 경우이다(동법 제7조).

구속영장에 의하여 구속된 피의자에 대하여 검사가 공소를 제기하지 아니하는 결정을 하고 치료감호 청구만을 하는 때에는 구속영장은 치료감호영장으로 보며 그 효력을 잃지 아니한다(제8조).

(4) 치료감호의 내용과 기간

치료감호의 선고를 받은 자(피치료감호자)는 치료감호시설에 수용하여 치료를 위한 조치를 한다(동법 제16조 제1항). 치료감호시설에의 수용은 1. 제2조 제1항 제1호 및 제3호에 해당하는 자는 15년, 2. 제2조 제1항 제2호에 해당하는 자는 2년을 초과할 수 없다(동조 제2항).

「특정 범죄자에 대한 보호관찰 및 전자장치 부착 등에 관한 법률」 제2조 제3호의2에 따른 살인범죄를 저질러 치료감호를 선고받은 피치료감호자가 살인범죄를 다시 범할 위험성이 있고 계속 치료가 필요하다고 인정되는 경우에는 법원은 치료감호시설의 장의 신청에 따른 검사의 청구로 3회까지 매회 2년의 범위에서 제2항 각 호의 기간을 연장하는 결정을 할 수 있다(동조 제3항). 치료감호시설의 장은 정신건강의학과 등 전문의의 진단이나 감정을 받은 후 제3항의 신청을 하여야 한다(동조 제4항).

(5) 집행순서 및 방법, 치료감호시설

치료감호와 형이 병과된 경우에는 치료감호를 먼저 집행한다. 이 경우 치료감호의 집행기간은 형 집행기간에 포함한다(제18조).

치료감호시설은 1. 치료감호소, 2. 국가가 설립·운영하는 국립정신의료기관 중 법무부장관이 지정하는 기관('지정법무병원'이라 한다)을 말한다(제16조의2 제1항).

2. 보호관찰

(1) 의 의

보호관찰은 치료 위탁된 피치료감호자를 감호시설 외에서 지도·감독하는 것을 내용을 하는 보안처분이다. 이는 사회 내 처우를 통하여 사회적응력을 증진시키려는 처분이다. 즉 석방 전 준비절차의 일환으로서 사회단절적 자유박탈처분에서 사회복귀적 자유제한처분으로 변경하는 것이다.

(2) 요 건

치료감호법상의 보호관찰은 피치료감호자에 대한 치료감호가 가종료된 때, 피치료감호자가 치료감호시설 외에서의 치료를 위하여 법정대리인 등에게 위탁된 때에 개시된다(동법 제32조 제1항).

(3) 보호관찰 기간 및 종료

보호관찰의 기간은 3년을 한다(동법 제32조 제2항). 보호관찰이 개시된 자가 보호관찰 기간이 끝났을 때, 보호관찰 기간 만료 전이라도 치료감호심의위원회의 치료감호의 종료결정이 있는 때, 보호관찰 기간이 끝나기 전이라도 제37조에 따른 치료감호심의위원회의 치료감호의 종료결정이 있을 때, 보호관찰 기간이 끝나기 전이라도 피보호관찰자가 다시 치료감호의 집행을 받게 되어 재수용되거나 새로운 범죄로 금고 이상의 형의 집행을 받게 되었을 때에는 보호관찰이 종료된다(동 제3항).

제5절 보안관찰법상의 보안관찰

Ⅰ. 의 의

보안관찰법은 소위 사상범이라고 부르는 동법 제2조 소정의 특정 범죄를 범한 자에 대하여 재범의 위험성을 예방하고 사회복귀를 촉진하기 위하여 보안관찰처분을 할 수 있도록 규정한 법이다.

Ⅱ. 보안관찰 해당범죄

보안관찰처분을 청구할 수 있는 해당범죄는 다음과 같다(제2조).

① 형법 제88조 · 제89조(제87조의 미수범을 제외한다) · 제90조(제87조에 해당하는 죄를 제외한다) · 제92조 내지 제98조 · 제100조(제99조의 미수범을 제외한다) 및 제101조(제99조에 해당하는 죄를 제외한다)

② 군형법 제5조 내지 제8조 · 제9조 제2항 및 제11조 내지 제16조

③ 국가보안법 제4조, 제5조(제1항 중 제4조 제1항 제6호에 해당하는 행위를 제외한다), 제6조, 제9조 제1항 · 제3항(제2항의 미수범을 제외한다) · 제4항

Ⅲ. 보안관찰처분 대상자 및 청구

보안관찰처분 대상자라 함은 보안관찰 해당범죄 또는 이와 경합된 범죄로 금고 이상의 형의 선고를 받고 그 형기합계가 3년 이상인 자로서 형의 전부 또는 일부의 집행을 받은 사실이 있는 자를 말한다(제3조).

보안관찰처분 청구는 검사가 행한다(제7조). 보안관찰처분 청구는 검사가 보안관찰처분 청구서를 법무부장관에게 제출함으로써 행한다(제8조 제1항).

Ⅳ. 보안관찰처분 내용

보안관찰처분의 기간은 2년으로 한다(제5조 제1항). 법무부장관은 검사의 청구가 있는 때에는 법무부차관을 위원장으로 하는 보안관찰처분심의위원회의 의결을 거쳐 그 기간을 갱신할 수 있다(동조 제2항). 그러나 기간갱신의 횟수 제한은 없다는 점에서 문제가 있다.

피보안관찰자는 관할 경찰서장에게 주거, 인적사항과 교우관계, 재산 상황 등을 신고하여야 한다(동법 제18조).

제 2 부

각 론

[각론]

제 1 편

개인적 법익에 대한 죄

제 1 장 생명과 신체에 대한 죄

제 1 절 살인의 죄

Ⅰ. 보호법익 · 구성요건체계

살인죄의 보호법익은 인간의 생명이다. 생명은 인간 생존의 기본적 요소이기 때문에 헌법도 생명권을 규정하고 있다(제10조 참조). 인간생명은 다른 생명과의 관계에서 상대화될 수 없는 최상위의 가치를 지니고 있으므로 선별적으로 또는 비교형량을 통해서 보호하는 것이 아니라 동등하게 취급하여 보호한다. 이러한 의미에서 일부에서는 이를 절대적 생명보호원칙이라고 부르나, 사형제도를 두고 있는 우리나라의 현실에서 절대적으로 생명을 보호하고 있다고 말하기는 어렵다.

형법은 살인의 죄 이외에 결합범으로서 내란목적살인죄(제88조), 강간살인죄(제301조의2), 인질살해죄(제324조의4), 강도살인죄(제338조)를 규정하고 있는데 이는 독일형법(§211, Mord)이나 미국법상 모살(murder)에 해당하는 별개의 독립적 구성요건이라고 볼 수 있다. 그리고 특정범죄 가중처벌 등에 관한 법률이 규정하고 있는 보복살인죄(제5조의9 제1항)는 살인의 목적을 기준으로 하여 가중처벌하고 있는 목적범이다.

> **특정범죄 가중처벌 등에 관한 법률 제5조의9 (보복범죄의 가중처벌 등)** ① 자기 또는 타인의 형사사건의 수사 또는 재판과 관련하여 고소 · 고발 등 수사단서의 제공, 진술, 증언 또는 자료제출에 대한 보복의 목적으로 형법 제250조 제1항의 죄를 범한 사람은 사형, 무기 또는 10년 이상의 징역에 처한다. 고소 · 고발 등 수사단서의 제공, 진술, 증언 또는 자료제출을 하지 못하게 하거나 고소 · 고발을 취소하게 하거나 거짓으로 진술 · 증언 · 자료제출을 하게 할 목적인 경우에도 또한 같다.

살인의 죄의 구성요건체계는 고의로 사람을 살해함으로써 성립하는 죄인 일반 살인죄

(제250조 제1항)가 기본적 구성요건이다. 가중적 구성요건으로는 존속살해죄(제250조 제2항)가, 감경적 구성요건으로는 영아살해죄(제251조)가 있으며, 독자적 구성요건으로 촉탁·승낙에 의한 살인죄(제252조 제1항)와 자살교사·방조죄(제252조 제2항), 위계 등에 의한 촉탁살인 등(제253조)의 죄를 두고 있다.

Ⅱ. 살인죄

> 제250조(살인, 존속살해) ① 사람을 살해한 자는 사형, 무기 또는 5년 이상의 징역에 처한다.
> 제254조(미수범) 전 4조의 미수범은 처벌한다.

1. 사람의 의의

살인죄의 행위객체인 사람은 자연인으로서 타인이다. 법인은 성질상 포함되지 않는다. 본 죄의 사람은 살아있는 사람을 의미하며 살아있는 사람인 이상 생존능력의 유무는 불문한다. 따라서 기형아, 사형집행 중인 자, 빈사상태의 환자, 자살 중인 자의 경우에도 본 죄의 행위객체가 된다. 사람은 자기 이외의 타인만을 의미한다(목적론적 해석). 사람은 출생하면서부터 사망할 때까지 사람이며, 출생 전 태아는 본 죄가 아닌 낙태죄의 객체가 된다(대판 2005. 4. 15, 2003도2780). 이미 사망한 사람은 사체손괴죄의 객체가 된다. 다만 죽은 사람을 산사람으로 오인한 경우에는 살인의 불능미수가 성립할 가능성은 있다. 모체의 자궁 내에 착상하기 전의 배아는 별도의 보호대상('생명윤리 및 안전에 관한 법률')이며 사람이나 태아에 해당하지 않는다.

(1) 사람의 시기

형법상 사람의 시기始期는 살인죄와 낙태죄를 구별하기 위하여 필요하다. 이에 관해서는 ① 분만 개시를 알리는 규칙적인 진통이 시작된 때를 기준으로 하는 진통설(분만개시설. 독일의 통설·판례), ② 아이의 신체의 일부가 모체로부터 노출된 때를 사람의 시기로 보는 일부노출설(일본의 판례·통설), ③ 태아가 모체로부터 완전히 분리한 때를 사람의 시기로 보는 전부노출설, ④ 태아가 모체로부터 완전히 분리하여 폐에 의한 호흡을 시작한 때를 사람의 시기로 보는 독립호흡설이 있다.

형법은 생명 보호의 중요성을 감안하여 생명의 시기를 민법에 비해 확장적으로 인정하고 있다. 민법상 태아는 생명보호가 아니라 권리능력의 주체로서 보호받는다(민법 제3조, 제762조, 제1000조 등). 반면에 형법은 '분만 중'인 영아를 살해하면 영아살해죄(제251조)가 된다고 규정하고 있기 때문에 일부노출설은 타당하지 않다(반면에 독일이나 일본처럼 영아살해죄를 규정하고 있지 않은 경우에는 분만 중이거나 분만 직후와 관련된 진통설을 주장하기 어렵다). 그러므로 진통설(분만개시설)에 입각하여 사람의 시기를 인정하는 것이 타당하다(통설·판례). 조산의 경우나 제왕절개 수술을 시행하는 경우에는 자궁의 개구開口나 절개 시점에 사람으로 보아야 한다.

판례 사람의 시기

① 자연분만의 경우 : 진통설

• 대법원은 "사람의 생명과 신체의 안전을 보호법익으로 하고 있는 형법상의 해석으로서는 사람의 시기는 **규칙적인 진통을 동반하면서 태아가 태반으로부터 이탈하기 시작한 때 다시 말하여 분만이 개시된 때**(소위 진통설 또는 분만개시설)라고 봄이 타당하며 이는 형법 제251조(영아살해)에서 분만 중의 태아도 살인죄의 객체가 된다고 규정하고 있는 점을 미루어 보아도 그 근거를 찾을 수 있는 바이니 조산원이 분만 중인 태아를 질식사에 이르게 한 경우에는 업무상 과실치사죄가 성립한다"(대판 2007. 6. 29, 2005도3832; 1982. 10. 12, 81도2621)고 하여 진통설을 취하고 있다.

② 제왕절개 수술의 경우

• '의학적으로 제왕절개 수술이 가능하였고 규범적으로 수술이 필요하였던 시기'는 판단하는 사람 및 상황에 따라 다를 수 있어, 분만개시 시점 즉, 사람의 시기도 불명확하게 되므로 이 시점을 분만의 시기로 볼 수는 없다(대판 2007. 6. 29, 2005도3832).

(2) 사람의 종기

사람은 사망함으로써 살인행위의 객체에서 제외되며 사체에 해당한다. 형법상 사망은 법률적 개념이지만 사망 시점에 대한 법률규정은 없다. 사망 개념은 종래 심장·폐기능의 불가역적 정지를 기준으로 하는 심장사설(또는 맥박종지설)에 입각하여 이해하여 왔다. 반면에 전 뇌기능의 불가역적 소실시점(point of no return)을 사망으로 보는 뇌사설이 있다(독일의 통설). 뇌사란 대뇌, 소뇌 및 뇌간의 기능이 정지된 상태를 뇌사(brain death, Hirntod)라 한다(이에 대하여 식물인간이란 뇌간 기능은 살아 있어서 호흡중추와 순환중추가 기능을 발휘하는 경우를 말한다). 그밖에 호흡이 영구적으로 멈춘 시점을 기준으로 하는 호흡종지설이 주장되고 있다.

심장사와 뇌사 가운데 어느 시점을 기준으로 할 것인지는 의학의 발전과 연관되지만 법적 판단을 유보할 수는 없다. 현대의학으로는 뇌사설에 입각하여 사망 시기를 인정하는 것이 합리적인 상황이 되었다고 본다. 그러나 뇌사설을 취한다고 하더라도 뇌사 판정에 대한 정확성이 전제되어야 함은 물론이다. 특히 장기이식의 수요가 증대함에 따라 뇌사를 사망 시기로 인정하여야 한다는 주장이 증대하게 되었다는 점에서 뇌사판정의 정확성이 요구된다.

(3) '장기 등 이식에 관한 법률'과 뇌사

장기 등 이식에 관한 법률에서는 사람을 '살아있는 사람', '뇌사자', '죽은 사람'으로 구분하여 뇌사자를 '살아있는 사람'에서 제외시키고 있으며(제4조 제5호), 뇌사자로부터의 장기적출을 허용하고 있다. 이는 장기적출로 인한 사망을 전제하고 있다는 점에서 장기이식 및 적출의 경우에 한해서는 뇌사자를 사망자로 인정하고 있다고 볼 수밖에 없다(동법 제21조 이하 등 참조). 뇌사자의 사망 시각은 뇌사판정위원회가 동법 제18조 제2항에 따라 뇌사 판정을 한 시각으로 하는 것(제21조 제2항)도 뇌사를 사망으로 전제하고 있기 때문이다.

2. 살해행위

살인죄의 구성요건 해당행위는 살해이다. 살해란 사람의 생명을 자연사에 앞서서 단절시키는 것을 말한다. 살해행위는 작위 이외에 부작위에 의한 방법으로도 가능하다. 한편 살해행위는 무형적 방법으로도 가능하다는 견해가 있다. 즉 정신적 충격이나 고통을 주어 죽게 하는 것도 살해행위라는 견해(김/서, 이/장/강, 임웅)가 있지만 살해행위의 행위불법적 정형을 구비하지 못하고 있다.

판례 부작위에 의한 살해

• **사건개요**: 조카인 갑(10세)과 을(8세)을 살해할 것을 마음먹고, 피해자들을 불러내어 미리 물색하여 둔 저수지로 데리고 가서 경사가 급하여 미끄러지기 쉬운 제방 쪽으로 유인하여 함께 걷다가, 갑으로 하여금 가파른 물가에서 미끄러져 수심이 약 2미터나 되는 저수지 물속으로 빠지게 하고, 그를 구호하지 아니한 채 앞에 걸어가고 있던 을의 소매를 잡아당겨 저수지에 빠뜨림으로써 그 자리에서 피해자들을 익사하게 하였다.

판결이유: 형법이 금지하고 있는 법익 침해의 결과 발생을 방지할 법적인 작위의무를 지고 있는 자가, 그 의무를 이행함으로써 결과 발생을 쉽게 방지할 수 있었음에도 불구하고 그 결과의 발생을 용인하고 이를 방관한 채 그 의무를 이행하지 아니한 경우에, 그 **부작위가 작위에 의한 법익 침해와 동등한 형법적 가치가 있는 것이어서 그 범죄의 실행행위로 평가될 만한 것이라면, 작위에 의한 실행행위와 동일하게 부작위범으로 처벌할 수 있다**고 하였다. 또한 피고인은 피해자들의 숙부로서 나이 어린 피해자들을 급한 경사로 인하여 미끄러지기 쉬워 익사의 위험이 있는 저수지로 데리고 갔고, 피해자들이 물에 빠져 익사할 위험을 방지하고 구호할 법적인 작위의무가 있음에도 불구하고 갑이 물에 빠진 후에 피고인이 **살해의 범의를 가지고 그를 구호하지 아니한 채 그가 익사하는 것을 용인하고 방관한 행위(부작위)**는 피고인이 그를 직접 물에 빠뜨려 익사시키는 행위와 다름없다고 판시하였다(대판 1992. 2. 1, 91도2951).

간접정범 방식에 의한 살해로서 위증에 의한 살인을 인정할 것인지가 문제된다. 이에 대해 위증과 법원의 사형선고 사이에 인과관계가 입증된다면 살인죄를 인정할 수 있다는 긍정설(김/김, 배종대, 유기천(상), 이정원, 임웅)과 부정설(김/서, 이/장/강)이 있다. 무고나 위증을 살인행위와 동일시할 수 없기 때문에 부정설이 타당하다.

3. 주관적 구성요건

살인죄의 주관적 구성요건으로는 살인의 고의가 있어야 한다. 즉 사람을 살해한다는 인식과 의사가 있으면 되며, 미필적 고의로도 충분하다(대판 1987. 7. 21, 87도1091). 그러므로 예를 들어 생명이 위험할 정도의 폭력을 행사하거나 상해 도구가 생명을 위협하는 정도의 것으로서 피해자의 사망가능성을 인식·예견하였음에도 불구하고 행위를 한 것이 확인되면 살인죄의 미필적 고의를 인정할 수 있다. 그리고 살인죄의 구성요건이 반드시 폭행치사 사실을 포함한다고 할 수는 없으므로(대판 2001. 6. 29, 2001도1091) 살인죄를 부인하면서 동시에 폭행치사죄를 인정할 수도 있다.

판례 **살인죄의 범의**

• 살인죄의 범의는 자기의 행위로 인하여 피해자가 사망할 수도 있다는 사실을 인식 예견하는 것으로 족하고 피해자의 사망을 희망하거나 목적으로 할 필요는 없고, 또 확정적인 고의가 아닌 미필적 고의로도 족한 것인 바, … 피고인이 9세의 여자 어린이에 불과하여 항거를 쉽게 제압할 수 있는 피해자의 목을 감아서 졸라 실신시킨 후 그곳을 떠나버린 이상 그와 같은 자신의 가해행위로 인하여 피해자가 사망에 이를 수도 있다는 사실을 인식하지 못하였다고 볼 수 없으므로, 적어도 그 범행 당시에는 피고인에게 살인의 범의가 있었다(대판 1994. 12. 12, 94도2511).

4. 위법성조각사유

(1) 긴급피난 · 피해자의 승낙

사람의 생명은 다른 법익과 달리 법익주체의 처분이 제한되기 때문에 위법성조각사유 역시 제한적으로 인정된다. 즉 생명은 상호교량이 허용되지 않는 동등한 가치를 지니기 때문에 우월적 법익 보호를 위하여 인정되는 긴급피난은 살인죄의 경우에는 적용되지 않는다. 피해자의 승낙을 받고 피해자를 살해한 경우에도 위법성이 조각되지 않는다(제252조 제1항 참조).

(2) 안락사

안락사는 죽음에 임한 환자의 고통을 덜어 주기 위한 방법으로서 생명을 단축시켜 사망하게 하는 것을 말한다. 안락사는 적극적 안락사와 소극적 안락사로 나눌 수 있다. 전자는 불치병에 걸려 사망이 임박한 환자의 생명을 작위적 방법으로 단축하는 의료시술을 의미하며, 후자는 사망이 임박한 환자에 대한 치료 중단을 통하여 사망에 이르게 하는 것을 의미한다. 소극적 안락사는 존엄사라고도 하는데 대법원은 일정한 조건하에서 이를 인정하고 있다(대판 2009. 5. 21, 2009다17417). 적극적 안락사는 다시 직접적 안락사와 간접적 안락사로 나눌 수 있다. 직접적 안락사는 직접 생명 단축을 목적으로 한 안락사를 의미하며, 이는 허용되지 않으며, 간접적 안락사는 고통 감소나 완화를 위한 처치의 결과 생명 단축이 부수적으로 수반되는 경우를 말하며 이는 허용된다.

안락사와 관련하여 문제가 되는 것은 사망단계에 이른 환자에 대하여 의사가 치료를 포기함으로써 사망하게 하는 행위의 허용 여부이다. 즉 환자가 사망하도록 인공적인 응급 시술이나 생명연장 시술을 하지 않은 의사에게 형사책임을 물을 수 있는가의 문제로서 소극적 안락사와 관련된다. 여기에서는 의사의 진료의무뿐만 아니라 환자의 진료동의권이 문제된다. 최근 대법원은 이 경우 의사의 치료중단행위를 허용하는 판결을 하였다(대판 2009. 5. 21, 2009다17417). 즉 진료행위에 대한 환자의 동의권을 기초로 하여 진료의 계속 여부에 대한 환자의 자기결정권을 보장하여야 한다는 것이다.

이와 같은 소극적 안락사는 「호스피스 · 완화의료 및 연명의료 결정에 관한 법률」(소위 웰다잉법)에 따라 부분적으로 가능하게 되었다. 연명의료 중단 결정은 회생 가능성이 없고 치료에 반응하지 않는 임종과정의 말기 환자를 대상으로 한다. 담당의사는 연명의료 중단 결정전에 환자가 임종과정에 있는지 여부를 전문의 1명과 함께 판단하고 결과를 기록해야 한다. 그리고 연명의료 중단결정의 전에 미리 사전연명의료의향서나 연명의료계획서가 작성되어야 한다. 사전연명의료의향서는 연명의료 중단과 호스피스에 관한 의사를 환자가 직접 문서로 작성한 것이며, 연명의료계획서는 말기 환자의 의사에 따라 담당의사가 작성한 것이다. 이와 같은 문서는 환자가 의식이 없는 경우 해당 문서를 환자의 의지라고 판단할 수 있는 것이다. 이에 반하여 문서가 없는 경우에는, ① 19세 이상인 환자 가족 2명 이상의 일치하는 진술과 담당의사, 전문의 1명의 확인을 거쳐 연명의료 중단에 관한 환자의 의사를 판단하여 시행한다. 다만 환자 가족 2명 이상의 진술과 배치되는 내용의 다른 환자 가족의 진술이나 객관적인 증거가 있다면 연명의료 중단을 시행하지 않는다. ② 환자의 의지를 추정하기 힘든 경우에는 배우자와 직계존 · 비속 전원의 합의로 연명치료의 중단이 가능하다.

판례 **안락사와 공범(보라매병원 사건)**

• **사건개요**: 갑은 신경외과 전담의사, 을은 같은 과 3년차 수련의, 병은 1년차 수련의, 정은 피해자의 부인이다. 피해자는 1997. 12. 4. 14:30경 병원으로 응급 후송, 8:05경 갑의 집도와 을의 보조로 경막 외 혈종 제거 수술, 다음날 02:30경 수술을 마친 후 중환자실로 옮겨졌다(자발호흡

이 불완전하여 인공호흡기를 부착한 상태). 피해자는 1997. 12. 5. 04:00경 대광반사(light reflex)가 돌아왔고, '부르면 눈을 뜨고 있는 상태'(글라스고우 혼수척도 Glasgow coma scale E3)로, '통증을 가하면 통증을 가하는 위치로 손, 발을 이동하거나 제지하는 등의 반응'(글라스고우 혼수척도 M5)으로 호전되어 갔다. 퇴원 당시 인공호흡기에 의한 호흡 회수는 수술 후 16회에서 12회로, 산소농도는 100%에서 40%(일반적인 공기의 산소농도는 20%)로 호전된 상태였다. 피해자의 부인 정은 을로부터 피해자의 혈종이 완전히 제거되었고 호전될 것으로 예상된다는 말을 들었으나 경제적 부담을 빌미로 피해자의 퇴원을 요구하였다. 정은 갑과 을로부터 퇴원시 사망가능성에 대한 설명을 듣고도 계속 퇴원을 요구, 퇴원 후 피해자의 사망에 대해 법적인 이의를 제기하지 않겠다는 귀가서약서를 받고, 갑과 을은 피해자의 퇴원을 위한 조치를 취하게 되었다. 을은 갑의 지시에 따라 병에게 지시하고, 병은 구급차로 피해자를 후송하면서 인공호흡보조장치를 사용하여 수동으로 호흡을 보조하다가 주거지에 도착후 처에게 인공호흡보조장치를 제거할 경우 사망하게 된다는 사실을 고지한 후 인공호흡보조장치를 제거하였다. 피해자는 병이 떠난 후 5분도 안되어 목 부위에서 꺽꺽거리는 등의 소리를 내며 불완전하게 숨을 쉬다가 뇌간腦幹 압박에 의한 호흡곤란으로 사망하였고, 검사는 갑, 을, 병, 정 전원을 살인죄의 공동정범으로 기소하였다.

대법원의 판단(대판 2004. 6. 24, 2002도995):

(1) 갑과 을이 비록 정의 요청에 의하여 마지못해 치료를 중단하였다고 하더라도 그 당시 피해자의 사망이라는 결과 발생에 대한 미필적 인식 내지 예견마저 없었다고 보기는 어려우므로, 갑과 을에게 정범의 고의가 있었다. 그러나 갑과 을에게는 공동정범의 객관적 요건인 이른바 기능적 행위지배가 흠결되어 있었다. 따라서 갑과 을이 정의 부작위에 의한 살인행위를 용이하게 함으로써 이를 방조하였을 뿐이므로 작위에 의한 살인방조가 된다.

(2) 병은 수련의로서 전문의인 담당의사의 지시에 따라 그의 의료행위를 보조하는 역할을 담당하고 있을 뿐, 피해자의 퇴원결정에 관여한 바 없고, 담당의사인 갑 등의 지시에 따라 피해자의 퇴원절차를 밟기 위한 과정을 도와 인공호흡기 또는 인공호흡보조장치를 제거하였더라도 인공호흡기 등의 제거는 퇴원조치에 따르는 일부 과정에 지나지 않아, 그가 회생가능성이 있는 피해자를 살해하려는 정의 의도까지 인식하였다고 보기는 어려우므로, 결국 살인죄의 정범으로서의 고의뿐만 아니라 방조범으로서의 고의도 인정할 수 없다. 따라서 병은 무죄이다.

(3) 정은 피해자에 대한 보증인으로서 부작위에 의한 살인죄가 인정된다.

5. 죄 수

생명은 피해자에게 전속적인 법익이므로 피해자의 수에 따라 살인죄가 성립한다. 즉 동일한 기회에 동일한 수개의 행위로 여러 명을 살해한 경우에는 경합범이 인정된다. 하나의 행위로 수인이 사망한 경우에는 상상적 경합이 성립한다.

Ⅲ. 존속살해죄

제250조(살인, 존속살해) ② 자기 또는 배우자의 직계존속을 살해한 자는 사형, 무기 또는 7년 이상의 징역에 처한다.
제254조(미수범) 전 4조의 미수범은 처벌한다.

1. 의의 및 법적 성격

자기 또는 배우자의 직계존속을 살해함으로써 성립되는 가중적 구성요건이다. 또한 본 죄는 직계비속만이 행위주체가 될 수 있는 부진정신분범이다.

본 죄는 행위자가 직계비속이라는 것을 이유로 형을 가중하는 규정으로서 부모를 공경하는 동양적 윤리관에서 비롯된 것이지만 법정형이 가중된 부분에 대하여 위헌론이 제기되었다. 또한 직계비속이 패륜이 아니라 반대로 직계존속이 직계비속에 대하여 잔학하거나 반윤리적인 행동을 함으로써 존속을 살해하는 경우도 적지 않다. 형법이 직계비속의 직계존속에 대한 범죄의 법정형은 가중한 데 반해 직계존속의 직계비속에 대한 범죄는 감경 처벌(예: 영아살해죄, 영아유기죄)하는 것은 형법의 가부장적 성격을 나타내는 것이다.

본 죄는 부진정신분범이므로 비신분자에 대해서는 형법 제33조 단서가 적용된다(총론, 「공범과 신분」 설명 참조).

2. 행위객체

본 죄의 행위객체는 자기 또는 배우자의 직계존속이다.

(1) 직계존속

직계존속은 법률상의 개념이며 사실상의 직계존속을 의미하지 않는다. 이는 혈통이 직상직하의 형태로 연결되는 친족(이를 직계친이라 한다. 예: 부모, 자, 손 등) 가운데 부모 및 부모와 동일한 항렬 이상에 속하는 존속친(예: 조부모, 증조부모 등)을 말한다. 또한 인지절차를 거치지 않은 사실상의 존속관계는 제외되며(민법 제882조의2 참조), 입양관계가 성립하면 양자와 양부모 사이에 직계존속관계가 인정된다(민법 제 883조 이하 참조).

타가에 입양된 자가 실부모를 살해한 경우에는 민법상으로 종래의 친족관계, 즉 친생부모와의 친자관계에는 아무런 변화가 일어나지 않으므로(민법 제882조의2 제2항), 존속살해죄가 성립한다(통설, 대판 1967. 1. 31, 66도1483). 한편 친양자제도(민법 제908조의3)에 따라 입양한 양자는 종전의 친족관계는 종료되고(동 제2항) 새로운 양친과의 친족관계만 성립하므로 친양자가 종전의 실부모를 살해한 경우에는 보통살인죄가 성립한다.

(2) 배우자

배우자는 사실혼관계가 아닌 법률상의 배우자를 의미하며 자기의 직계존속과 마찬가지로 배우자의 직계존속도 본 죄의 행위객체에 해당한다. 문제가 되는 것은 배우자 사망 후 그 직계존속을 살해하는 것이 본 죄에 해당하는가이다. 부정설(통설)과 긍정설(김/서)로 나뉜다. 본 구성요건을 제한적으로 해석하는 부정설이 타당하다고 본다. 그러나 동일한 기회에 배우자를 살해하고 이어서 그 직계존속을 살해하면 본 죄에 해당한다(통설). 이혼의 합의가 있고 별거중인 경우에도 법률상 이혼이 성립하지 아니한 경우에도 존속살해죄가 성립한다.

3. 주관적 구성요건

본 죄의 행위자는 행위객체가 직계존속이라는 사실을 인식하여야 한다. 직계존속이 아님에도 불구하고 존속으로 알고 살해한 착오의 경우에는 ① 존속살해죄의 불능미수와 일반살인죄의 싱싱직 경합설, ② 보통살인죄설(다수설), ③ 존속실인미수죄와 과실치사죄의 상상적 경합설이 있다. 이 경우에 행위자는 살인의 고의를 가졌으므로 과실범을 인정할 수는 없으며, 착오에 해당하는 상황이므로 본 죄의 불능미수와 살인죄의 상상적 경합범설이 타당하다. 반대의 착오의 경우에는 보통살인죄만 해당한다(제15조 제1항 참소).

Ⅳ. 영아살해죄

> **제251조(영아살해)** 직계존속이 치욕을 은폐하기 위하거나 양육할 수 없음을 예상하거나 특히 참작할 만한 동기로 인하여 분만 중 또는 분만 직후의 영아를 살해한 때에는 10년 이하의 징역에 처한다.
>
> **제254조(미수범)** 전 4조의 미수범은 처벌한다.

1. 의 의

본 죄는 직계존속이 치욕을 은폐하기 위하거나 양육할 수 없음을 예상하거나 특히 참작할 만한 동기로 인하여 분만 중 또는 분만 직후의 영아를 살해함으로써 성립한다. 본 죄는 행위자의 책임감경적 상황을 고려하여 특별구성요건화한 것이다. 즉 살인죄에 비하여 살해의 동기가 참작되어 책임이 감경된 구성요건이라고 보아야 한다. 책임감경의 이유는 ① 직계존속의 명예구제 때문이라는 견해, ② 출산으로 인하여 심신의 균형이 상실된 비정상적인 심신상태 때문이라는 견해(통설), ③ 행위주체의 참작할 만한 주관적 사정이나 동기와 같은 심정가치가 보통살인죄의 심정가치에 비하여 비난가능성의 정도를 감경시킨다는 견해가 있다. 그러나 영아살해행위를 구성요건적 차별화 즉 생명가치의 차별화를 할 만큼 책임이 감경되는 경우로 볼 수 없다는 점에서 본 죄는 폐지하는 것이 타당하다.

2. 직계존속과 영아

(1) 직계존속

본 죄의 행위주체는 직계존속이며(부진정신분범) 부모뿐만 아니라 (외)조부모도 포함된다. 직계존속에는 존속살해죄의 경우와 달리 법률상의 직계존속과 사실상의 직계존속을 모두 포함하며, 사실상의 부父도 해당된다(통설). 이에 반해 판례는 "남녀가 사실상 동거한 관계가 있고 그 사이에 영아가 분만되었다 하여도 그 남자와 영아와의 사이에 법률상 직계존속, 비속의 관계가 있다 할 수 없으므로 그 남자가 영아를 살해한 경우에는 보통살인죄에 해당한다"(대판 1970. 3. 10, 69도2285)고 하여 본 죄의 성립을 부정한다.

본 죄는 분만 중 또는 분만 직후의 흥분상태에서 법문이 열거한 살해 동기로 인하여 범행을 한 것을 이유로 형을 감경한다고 볼 수 있기 때문에 행위주체를 생모(산모)로 제한하는 견해(이/장/강, 배종대, 이정원)도 있다. 그러나 입법론은 별론으로 하고 현행법 해석상 직계존속을 산모로 제한하여야 한다는 견해는 무리한 제한해석이다(같은 견해로는 오영근, 임웅). 입법론으로는 본 죄를 폐지하거나 존속시키는 경우에는 출산 중 또는 출산 직후의 산모의 책임감경적 상황을 배려하여 직계존속 가운데 생모로 제한하는 것이 타당하다.

(2) 영 아

본 죄의 행위객체는 분만 중 또는 분만 직후의 영아이며 태아는 본 죄의 행위객체가 아니다. 분만 중이라 함은 분만개시 시점부터 산모의 체외로 완전히 배출된 시점까지를 의미한다. 분만 직후란 상대적인 개념으로서 일반적으로 분만으로 인하여 생긴 정신적 흥분상태가 계속되는 동안으로 보아야 할 것이다.

3. 살해 동기

본 죄의 형을 감경하는 것은 행위객체가 영아이기 때문이 아니라 살해 동기가 참작할 만하다는 점에 있다고 보아야 한다. 즉 행위의 불법성이 아니라 행위자의 책임의 내용이 상대적으로 가벼운 것이다(김/서, 이정원, 이형국, 임웅). 그러므로 살해 동기가 참작할 만하다고 인정되지 않는 영아 살해는 본 죄가 아니라 살인죄를 적용하여야 한다. 마찬가지로 직계존속에게 영아 살해를 교사한 자는 영아살해죄의 교사범이 아니라 살인죄의 교사범으로서 처벌되어야 한다.

치욕은폐라 함은 예를 들어 강간으로 인하여 임신하였거나 간통으로 임신한 경우가 이에 해당할 수 있다. 양육할 수 없음을 예상하는 경우란 경제적 능력을 이유로 아이를 양육할 수 없음을 의미한다. 특히 참작할 만한 동기라 함은 전술한 동기 이외에도 살해의 동기가 책임을 감경시킬 만한 경우를 의미한다. 예를 들면 신체장애아를 출산한 경우이다.

본 죄의 살해동기에 의한 형 감경 이외에 형법 제53조에 의한 작량감경사유에 따라 중복적으로 형을 감경할 수 있는지 여부에 대해서는 본 죄의 범행 동기를 제53조의 규정과 별도의 것으로 보아 두 번의 감경이 가능하다는 견해(강구진, 김/김, 이/장/강, 이정원, 정/박, 배종대)와 이를 부인하는 견해(김/서, 이형국, 임웅)가 있다. 본 죄의 감경사유는 제53조의 감경사유에 해당하는 내용이기 때문에 이중의 감경을 배제하는 후자의 견해가 타당하다고 본다.

V. (촉탁, 승낙)살인죄

제252조(촉탁, 승낙에 의한 살인 등) ① 사람의 촉탁이나 승낙을 받아 그를 살해한 자는 1년 이상 10년 이하의 징역에 처한다.
제254조(미수범) 전 4조의 미수범은 처벌한다.

1. 의의 및 법적 성격

본 죄는 피해자의 승낙에 의하여서도 위법성이 조각되지 않는 "법률에 특별한 규정"이 있는 경우(제24조 참조)에 해당하는 구성요건이다. 살인죄에 대한 감경적 구성요건이 아니라 독립적 구성요건이므로 직계존속의 촉탁·승낙을 받아 직계존속을 살해한 경우에는 존속살해죄가 아니라 본 죄에 해당한다.

본 죄의 법적 성격에 관하여는 불법감경설(김/서, 이/장/강, 이정원, 임웅)과 책임감경설(배종대), 불법·책임감경설(김/김, 이형국), 위법성감경설(강구진, 유기천)이 있다. 생명이 법익주체의 승낙에 의하여 처분이 가능한 법익이 아님에도 불구하고 본 죄의 형을 감경하는 이유는 자살을 처벌하지 않는 상황에서 타인을 이용한 자살행위(자살방조)와 유사하다는 점, 피해자가 스스로 생명을 포기하기로 한 점에서 불법성이 감경된다는 데에 있다(불법감경설). 동시에 피해자의 촉탁과 승낙에 의한 살인은 행위자가 피해자를 돕는다는 의식과 살인행위 사이에서 심리적 갈등을 겪은 결과라는 점에서 책임 역시 감경되는 것으로 보는 것이 타당하다(불법·책임감경설).

2. 촉탁·승낙

(1) 촉탁·승낙의 주체

본 죄의 행위객체이면서 촉탁·승낙의 주체에 해당하는 자는 죽음의 의미를 이해할 수 있는 의사결정능력과 판단능력이 있어야 한다. 그러므로 정신병자나 아이의 촉탁·승낙은 인정되지 않으며, 이들은 본 죄가 아니라 살인죄의 행위객체에 해당한다.

(2) 촉탁·승낙

촉탁이란 이미 죽음을 결의한 피해자의 명백하고도 진지한 부탁을 의미한다. 승낙은 행위자의 살해의 의사표시에 대한 피해자의 동의를 의미한다. 촉탁·승낙은 강요나 기망이 아니라 자유로운 의사에 따른 진지한 것이어야 하며, 일시적 기분이나 술에 취한 상태, 약물에 중독된 상태 또는 심리적 우울증상태에서 한 것이 아니어야 한다. 조건부 촉탁·승낙은 본인의 의사나 조건 충족 여부를 분명히 파악하기 어려우므로 원칙적으로 인정되지 않는다.

촉탁은 사전적·직접적이고 명시적이어야 한다. 승낙은 반드시 명시적일 필요가 없으며 묵시적 승낙도 포함된다는 견해(다수설. 반대견해로는 임웅, 정영석)가 있다. 그러나 적극적인 의사표시인 촉탁에 비해 승낙은 소극적이며 그 의미가 약하다는 점에서 묵시적 승낙을 허용하는 것은 타당하지 않다. 즉 묵시적 승낙을 허용하는 경우에는 승낙 여부에 대한 입증의 어려움에 봉착하여 살인죄가 승낙에 의한 살인죄로 오판될 위험성이 있다.

3. 주관적 구성요건

본 죄가 성립하기 위해서는 살인행위에 대한 고의 및 피해자로부터 살인에 대한 촉탁·승낙이 있음을 인식하여야 한다. 살인의 결심은 피해자의 이러한 부탁으로 인하여 발생한 것이어야 한다.

촉탁·승낙이 없음에도 불구하고 이를 오인한 경우에는 구성요건의 착오로서 살인죄가 아니라 본 죄에 해당한다(제15조 제1항 참조)(통설). 이에 대하여 본 죄의 미수와 과실치사죄의 상상적 경합을 인정하는 견해도 있다(배종대).

반대로 촉탁·승낙이 있었음에도 불구하고 이를 인식하지 못하고 살해한 경우에는 ① 본 죄에 해당한다는 견해(강구진, 백형구, 유기천), ② 결과불법이 인정되지 않으므로 살인죄의 미수범과 발생한 사실에 대한 과실치사죄에 해당한다는 견해(배종대), ③ 본 죄의 고의·기수와 보통살인죄의 미수범에 해당한다는 견해(김/서, 오영근, 이정원, 이형국)가 있다. ④ 그러나 본 죄의 형을 감경하는 것은 살해를 부탁하거나 이를 승낙하는 의사를 접한 행위자의 살해 결정이 통상의 살인 결정의 경우보다 책임이 약하는 데에 있다. 그러므로 피해자의 촉탁·승탁 사실을 인식하지 못한, 즉 본 죄의 주관적 구성요건을 결여한 행위자의 형을 감경할 아무런 사정이 없다. 그러므로 보통살인죄(제250조)의 기수범에 해당한다고 보아야 한다(김/김, 이/장/강, 임웅, 정/박).

4. 정범과 공범

행위자 양자 모두 촉탁·승낙을 받은 경우에는 공동정범이 성립한다. 일방은 촉탁·승낙을 받고 일방은 받지 못하고 행위한 경우 촉탁·승낙을 받은 자는 본 죄가 성립하고 이를 받지 못한 자는 일반살인죄가 성립한다. 본 죄의 공범도 성립 가능하다.

촉탁·승낙살인이 미수에 그친 경우 피해자는 공범으로 처벌 가능한가에 대하여 타인의 생명 보호를 입법목적으로 하는 살인죄의 취지에 비추어 볼 때 자기의 생명에 대한 보호는 규범의 보호범위밖에 있다.

Ⅵ. 자살(교사, 방조)죄

> **제252조(촉탁, 승낙에 의한 살인죄 등)** ② 사람을 교사하거나 방조하여 자살하게 한 자도 전항의 형과 같다.
> **제254조(미수범)** 전 4조의 미수범은 처벌한다.

1. 의의 및 법적 성격

자살교사·방조죄는 사람을 교사하거나 방조하여 자살하게 함으로써 성립하는 범죄이다. 자살관여죄라고도 한다. 본 죄는 총칙상의 공범은 아니며 독립적 구성요건에 해당한다. 자살자가 자기 또는 배우자의 직계존속인 경우에도 제250조 제2항(존속살해죄)이 아니라 본 죄가 적용된다.

현행 형법은 자살행위 자체는 처벌하지 않고 있다. 자살행위를 처벌하지 않는 근거는 살인죄(제250조)의 행위객체인 '사람'은 타인을 의미한다고 보아야 하므로 자살행위는 구성요건해당성이 없다는 데에 있다고 보아야 한다(김/김, 백형구, 유기천, 임웅).

본 죄는 공범종속성설의 입장에서는 불가벌적인 자살자의 공범을 처벌할 수 없기 때문에 별개의 처벌규정을 둔 것으로 보게 된다. 반면에 공범독립성설에서는 형법이 공범종속성설을 취하지 않고 공범행위의 독자성을 인정하고 있다는 반증으로서 이 규정을 이해하게 된다.

생각건대 형법상 자살 자체는 처벌하지 않는다고 하더라도 타인의 자살에 관여하는 행위는 생명권에 대한 법익주체의 자기결정권과는 성격이 다른 행위이다. 형법이 자살자의 촉탁·승낙에 의한 살인죄를 처벌하는 것도 이러한 취지라고 보아야 한다. 그러므로 자살교사·방조죄는 총칙상의 공범이 아니라 독립된 범죄 구성요건으로 보아야 한다. 즉 본 죄의 법적 성격은 형법이 타인의 생명단축행위를 교사하거나 방조하는 행위의 가벌성을 인정하여 정범으로 처벌하는 것이다(총칙상의 공범규정 적용배제)(통설). 그러므로 공범종속성설이나 공범독립성설의 입장에 입각한 것이 아니다.

2. 객관적 구성요건

(1) 행위객체

본 죄의 행위객체는 자연인이며 직계존비속의 여하를 불문한다. 자살은 자신의 자유로운 의사에 기초한 자살이어야 한다. 따라서 기망, 착오, 강요, 협박에 의하여 자살을 교사 또는 방조한 경우, 또는 예를 들면 유아나 심신상실자와 같이 자살의 의미를 이해할 능력이 없는 자의 자살에 관여하는 경우에는 본 죄가 아니라 위계·위력에 의한 살인죄(제253조)나 살인죄의 간접정범이 성립한다.

판례 **아동에 대한 자살 권유**

- 피고인이 7세, 3세 남짓 된 어린자식들에 대하여 함께 죽자고 권유하여 물 속에 따라 들어오게 하여 결국 익사하게 하였다면 비록 피해자들을 물속에 직접 밀어서 빠뜨리지는 않았다고 하더라도 자살의 의미를 이해할 능력이 없고 피고인의 말이라면 무엇이나 복종하는 어린 자식들을 권유하여 익사하게 한 이상 살인죄의 범의는 있었음이 분명하다(대판 1987. 1. 20, 86도2395).

(2) 행위: 자살의 교사 또는 방조

교사와 방조는 총론상의 의미가 아니라 널리 타인의 자살행위에 관여하는 일체의 행위를 포함한다는 견해(유기천)도 있으나 총론상의 의미로 해석하는 것이 타당하다(김/김, 이/장/강, 이형국). 자살행위가 본인의 자유로운 의사에 의한 것이어서 주변 인물의 관여행위는 별 의미가 없음에도 불구하고 본 죄에 해당한다고 할 위험성이 있기 때문이다.

1) 자살교사

자살의 교사란 자살할 의사가 없는 타인으로 하여금 자살을 결심하게 하는 행위이다. 교사의 수단이나 방법에는 제한이 없다. 교사의 방법이 자살 결심의 독자성이 인정되지 않을 정도로 기만적이거나 위력적일 경우에는 본 죄가 아니라 위계·위력에 의한 살인죄(제253조)가 성립한다.

2) 자살방조

자살의 방조란 이미 자살을 결심하고 있는 자에 대하여 자살을 용이하게 하여 주는 행위를 말한다. 자살 도구를 제공하거나 자살 방법을 알려 주는 행위 등이 포함된다. 방조행위는 직접 구체적인 자살행위를 대상으로 하여야 한다. 그러므로 인터넷상의 자살사이트에 단순히 자살의 방법을 제시한 것만으로는 자살방조행위로 볼 수 없다. 그리고 자살행위는 자살자가 직접 행하여야 하기 때문에 자살자의 부탁을 들어 주기 위해 살해한 경우에는 본 죄가 아니라 촉탁살인죄가 성립한다.

자살방조와 촉탁·승낙에 의한 살인과의 구별에 대하여 ① 행위 수행의 주도적 역할을 행위자가 담당하면 촉탁·승낙살인이고, 자살자가 담당하면 자살방조라는 행위수행기준설(다수설), ② 행위자에게 범행 지배가 있으면 촉탁·승낙살인이고, 행위자에게 없는 경우에는 자살방조라는 범행지배기준설이 대립하고 있다. 자살방조죄와 촉탁·승낙살인죄는 모두 독립적인 구성요건에 해당하며, 양 죄 모두 행위자와 피해자가 공동으로 범행을 지배하는 경우에 성립한다는 점에서 단순히 범행지배설만으로는 양 죄를 구별하는 기준이 될 수 없다. 피해자의 사망을 가져오는 직접적인 행위를 누가 하는가에 따라 구별하여야 할 것이다.

판례 **자살용 유독물의 판매광고와 자살방조죄**

• 형법 제252조 제2항의 자살방조죄는 자살하려는 사람의 자살행위를 도와주어 용이하게 실행하도록 함으로써 성립되는 것으로서, 그 방법에는 자살도구인 총, 칼 등을 빌려주거나 독약을 만들어 주거나 조언 또는 격려를 한다거나 기타 적극적, 소극적, 물질적, 정신적 방법이 모두 포함된다 할 것이나, 이러한 자살방조죄가 성립하기 위해서는 그 **방조 상대방의 구체적인 자살의 실행을 원조하여 이를 용이하게 하는 행위의 존재 및 그 점에 대한 행위자의 인식이 요구**된다. 그러므로 피고인이 인터넷 사이트 내 자살 관련 카페 게시판에 청산염 등 자살용 유독물의 판매광고를 한 행위가 단지 금원 편취 목적의 사기행각의 일환으로 이루어졌고, 변사자들이 다른 경로로 입수한 청산염을 이용하여 자살한 사정 등에 비추어, 피고인의 행위는 자살방조에 해당하지 않는다(대판 2005. 6. 10, 2005도1373).

3. 주관적 성립요건

본 죄가 성립하기 위해서는 타인으로 하여금 자살을 결심하게 하거나 자살을 결심한 타인을 돕겠다는 고의가 있어야 한다. 그러므로 이미 자살을 결심한 자에 대해서는 자살교사죄가 성립할 수 없으며, 자살행위 자체를 도울 목적이 없는 원조행위는 자살방조죄를 구성하지 않는다.

4. 미수범

본 죄의 미수범은 처벌한다. 본 죄의 실행행위는 자살행위가 아니라 교사·방조행위이므로 교사·방조행위가 있으면 본 죄의 실행에 착수한 것이다(통설). 그러므로 교사·방조행위가 있었음에도 불구하고 자살이 실패로 끝났거나 자살행위의 착수가 없는 경우에는 본 죄의 미수범으로 처벌된다(통설). 그러나 살인교사의 경우에 피교사자가 살인행위의 실행에 착수하지 않은 경우에도 살인예비·음모로 처벌할 뿐인 것과 비교하여 형평이 맞지 않으므로 자살방조 미수는 처벌할 수 없다고 보는 견해(김/김, 손동권, 이정원)도 있다. 자살행위의 착수가 없어도 미수범이 성립한다고 보는 것은 본 죄가 총칙상의 공범 범죄가 아니라 자살교사와 방조를 행위방법으로 하는 독립된 구성요건이기 때문이다. 이미 자살을 결심하고 있는 자에 대하여 자살을 교사한 경우 자살교사죄는 성립할 수 없다. 다만 자살교사죄의 미수범(제252조, 제254조)이 성립한다.

5. 동반자살

동반자살을 합의하고 함께 자살을 시도하였으나 살아난 사람에 대하여는, 두 사람 모두 진심이었으나 한 사람이 살아난 경우에 생존자의 방조 사실이 인정되면 자살방조죄가 성립한다. 반면에 함께 죽을 의사가 없는 자가 상대방을 기망하여 결국 상대방만을 자살하게 한 경우에는 위계에 의한 살인죄(제253조)가 성립한다(통설).

6. 죄 수

자살을 교사하고 더 나아가 방조한 경우에는 포괄일죄로 자살교사죄만 성립한다. 입법론적으로는 자살의 교사와 방조를 일반 교사범과 방조범의 법정형과 마찬가지로 양자를 차별화하여 자살교사를 자살방조보다 무겁게 처벌할 것을 요구하기도 한다. 자살을 교사하고 더 나아가 피해자의 촉탁을 받아 살해한 경우 ① 자살교사죄와 촉탁살인죄의 실체적 경합을 인정하는 견해, ② 자살교사죄와 촉탁살인죄를 법조경합(보충관계)으로 보아 촉탁살인죄만 인정하는 견해(다수설), ③ 자살교사 미수와 촉탁살인죄의 실체적 경합을 인정하는 견해가 있다. 피해자의 사망이라는 일련의 과정 중의 범죄로 보아 자살교사죄와 촉탁살인죄의 법조경합으로 이해하는 것이 타당하다.

Ⅶ. (위계, 위력)(촉탁, 승낙)살인죄, (위계, 위력)자살결의죄

제253조(위계 등에 의한 촉탁살인 등) 전조의 경우에 위계 또는 위력으로써 촉탁 또는 승낙하게 하거나 자살을 결의하게 한 때에는 제250조의 예에 의한다.
제254조(미수범) 전 4조의 미수범은 처벌한다.

1. 의 의

본 죄는 위계·위력으로써 사람의 촉탁 또는 승낙을 받아 사람을 살해하거나 혹은 자살하게 함으로써 성립하는 범죄로서 살인죄(제250조 제1항, 제2항)와 동일하게 처벌한다. 본 죄는 살인죄와는 별개의 독립적 구성요건이다.

본 죄는 촉탁·승낙살인죄처럼 본인의 진지한 의사결정에 따른 것이 아니라 행위자의 위계나 위력에 의한 것이기 때문에 살인행위와 동일하게 처벌하기로 한 것이다.

2. 위계·위력

본 죄의 구성요건은 위계 또는 위력을 이용하여 ① 살인을 촉탁·승낙하게 하거나, ② 자살하게 하는 것이다. 위계란 진정한 목적이나 수단을 상대방에게 알리지 아니하고 상대방의 무지나 착오를 이용하여 목적을 달성하는 것이다. 예를 들면 동반자살할 의사가 없으면서도 이를 오인하게 하여 자살하게 하는 경우이다. 위력이란 사람의 의사를 제압하여 저항할 수 없게 하는 유형·무형의 힘으로서, 물리적인 폭행이나 협박과 함께 사회적·권력적 지위 등을 이용하는 것도 포함된다고 본다. 저항할 수 없는 위력을 사용하여 본인이 자살하도록 하는 것은 일종의 간접정범의 방식에 의한 살인죄라고 볼 수 있다. 그러나 이 경우에는 살인죄의 간접정범이 아니라 본 죄의 직접정범에 해당한다.

3. 처 벌

본 죄는 제250조(살인죄, 존속살해죄)와 동일하게 처벌된다. 그러므로 행위객체가 자기 또는 배우자의 직계존속인 경우에는 존속살해죄에 의하여 처벌된다. 본 죄는 특정강력범죄의 처벌에 관한 특별법의 적용을 받아 누범·집행유예 등에서 특별취급을 받는다(동법 제2조 제1항 제1호 참조).

Ⅷ. 살인 등 예비·음모죄

제255조(예비, 음모) 제250조와 제253조의 죄를 범할 목적으로 예비 또는 음모한 자는 10년 이하의 징역에 처한다.

본 죄는 살인·존속살해(제250조), 위계 등에 의한 촉탁살인(제253조) 등의 죄를 범할 목적으로 예비 또는 음모한 자를 처벌하는 것이다. 이는 제28조("범죄의 음모 또는 예비행위가 실행의 착수에 이르지 아니한 때에는 법률에 특별한 규정이 없는 한 벌하지 아니한다")에서 요구하고 있는 특별한 규정에 해당하는 구성요건이다.

음모란 2인 이상이 범죄행위를 모의하고 합의에 이르는 행위를 말한다. 예비라 함은 범죄의 실행에 착수하기 이전단계로서 범죄 실현의사와 범죄 실현을 위한 객관적 준비행위가 있어야 한다.

본 죄는 목적범이다. 이는 예비·음모에 대한 목적을 의미하는 것이 아니라 본래 목표로 하는 범죄인 제250조 및 제253조의 살인행위에 대한 목적을 의미한다.

살인의 예비·음모자가 살인의 실행에 착수하기 이전에 중지한 경우(예: 살인을 위해 흉기를 구입한 자가 살인의 실행에 착수하지 않고 중지한 경우)에 중지미수의 규정을 준용하여 형의 필요적 감면규정을 적용할 것인가에 대하여 긍정설(배종대, 백형구, 유남석, 이/장/강, 임웅)과 부정설(김/서, 황산덕)(대판 1966. 4. 21, 66도152)로 나뉜다. 실행에 착수한 이후의 중지미수를 인정하면서 예비·음모의 경우에 인정하지 않는 것은 형평에 어긋날 뿐만 아니라 형의 균형상으로도 맞지 않으므로 긍정설이 타당하다.

제 2 절 상해와 폭행의 죄

Ⅰ. 서 론

1. 의 의

상해와 폭행의 죄는 사람의 신체에 대한 침해를 내용으로 하는 범죄이다. 신체의 불가침성 내지 신체의 완전성을 보호법익으로 하는 범죄라고 할 수 있다. 사람의 신체에 대한 침해를 내용으로 한다는 점에서 생명의 침해를 내용으로 하는 살인의 죄와 구별된다. 사람의 신체 또는 그 완전성은 개인적 법익 가운데 생명 다음으로 중요한 법익일 뿐 아니라, 생명에 대한 기초로서의 의미를 가지고 있다. 생명에 대한 침해는 신체에 대한 침해를 전제로 하므로 신체를 침해하지 않고는 생명을 침해할 수 없기 때문이다.

상해와 폭행의 죄에 대하여는 상해와 폭행을 구별하지 않고 양자를 합하여 상해죄로 처벌하는 입법례(독일 형법 제223조)도 있으나, 우리나라는 상해와 폭행을 구별하여 처벌하고 있다.

2. 상해죄와 폭행죄의 관계

구 형법은 상해죄를 폭행죄의 결과적 가중범으로 이해하였다. 그러나 현행 형법은 폭행죄의 결과적 가중범으로 폭행치상죄를 별도로 규정하고, 상해죄의 미수범을 처벌하여 상해죄와 폭행죄를 엄격히 구별하고 있다. 특히 그 법정형에서 상해죄는 징역, 벌금 등으로 처벌하나, 폭행죄는 상해보다 낮은 징역, 벌금 및 구류, 과료에 의한 처벌이 가능하고 반의사불벌죄로 다루어진다. 따라서 상해죄와 폭행죄는 서로 독립된 구성요건이다.

상해는 대부분 유형력의 행사인 폭행에 의하여 발생하는 것이 보통이다. 그러나 이것이 필연적인 것은 아니다. 예를 들면 상해는 협박이나 모욕 기타 무형적 방법에 의하여 발생할 수도 있다. 부작위에 의한 상해도 가능하며, 성병 감염과 같이 폭행이나 협박에 의하지 않은 상해도 가능하다. 따라서 상해가 반드시 폭행에 수반하는 것은 아니라는 점에서도 상해와 폭행은 구별되고, 서로가 반드시 관련성을 가지는 것은 아니다.

3. 보호법익

상해죄와 폭행죄는 모두 신체의 완전성을 해치는 범죄이다. 상해죄와 폭행죄의 차이에 대하여는 ① 보호법익은 모두 신체의 완전성을 해하는 것이지만 상해죄가 생리적 의미의 신체의 완전성을 의미하는 침해범인 데 반하여 폭행죄는 유형력의 행사라는 행위 자체를 범죄로 보기 때문에 정신적 · 인격적 의미의 완전성을 의미하는 형식범으로서의 성격을 지니고 있다는 견해(유기천, 배종대), ② 상해죄의 보호법익은 신체의 건강이며, 폭행죄는 신체의 건재를 보호법익으로 한다는 견해(통설)로 나뉜다.

생각건대 상해죄와 폭행죄는 모두 신체 및 신체의 건강이라는 신체의 완전성을 보호법익으로 하는 범죄라는 점에서는 동일하다고 보아야 한다. 그럼에도 불구하고 형법이 상해죄와 폭행죄를 구별하고 있는 것은 폭행죄가 상해의 위험과 구별되는 고유의 법익 침해가 인정되기 때문이라고 보아야 한다. 즉 동일한 결과에 대하여 상해미수죄 및 폭행죄와 폭행치상죄 및 상해죄를 구별하여 처벌하는 것은 보호법익의 차이 때문이 아니라 양 죄의 고의가 다르며 이를 달성하기 위한 행위 수행의 방법 역시 다르기 때문이다(전자는 장애요인으로 인하여, 후자는 과실로 인한 결과이다).

Ⅱ. 상해의 죄

상해의 죄에 관한 기본적 구성요건은 고의로 사람의 신체를 상해함으로써 성립하는 단순상해죄(제257조 제1항)이며, 이에 대한 가중적 구성요건으로 존속상해죄(제257조 제2항), 중상해죄 · 존속중상해죄(제258조), 특수상해죄(제258조의2), (존속)상해치사죄(제259조) 및 상습상해죄(제264조)가 있다. 존속상해죄는 자기 또는 배우자의 직계존속에 대하여 상해죄를 범한 경우에 그 신분관계로 인하여 형이 가중되는 구성요건이다. 특수상해죄는 단체 또는 다중의 위력을 보이거나 위험한 물건을 휴대하여 상해죄, 존속상해죄, 중상해죄, 존속중상해죄를 범한 경우 그 불법성으로 형이 가중되는 구성요건이다. 상습상해죄는 상습성으로 인하여 책임이 가중되는 구성요건이고, 중상해죄와 상해치사죄는 결과적 가중범에 관한 규정으로서 결과로 인하여 불법이 가중되는 가중적 구성요건이며, 존속중상해죄는 신분관계로 중상해죄에 대하여 책임이 가중되는 경우이다. 이 외에 동시범의 특례(제263조)와 특별법인 "폭력행위 등 처벌에 관한 법률"이 적용되는 경우가 있다.

1. 상해죄, 존속상해죄

제257조(상해, 존속상해) ① 사람의 신체를 상해한 자는 7년 이하의 징역, 10년 이하의 자격정지 또는 1천만원 이하의 벌금에 처한다.
② 자기 또는 배우자의 직계존속에 대하여 제1항의 죄를 범한 때에는 10년 이하의 징역 또는 1천 500만원 이하의 벌금에 처한다.
③ 전 2항의 미수범은 처벌한다.

(1) 객관적 구성요건

1) 행위주체 · 객체

상해죄는 타인의 신체를 상해하는 것이므로 자상행위自傷行爲는 제외되지만 특별법에 의해 처벌되는 경우가 있다. 즉 병역의무를 기피하거나 감면받을 목적으로 신체를 손상케 한 자나 근무를 기피할 목적으로 신체를 상해한 자는 처벌된다(병역법 제75조; 군형법 제41조 제1항). 또한 제3자가 피해자를 협박하여 자상행위를 강요하거나 기망하는 등의 방법으로 피해자로 하여금 자상행위를 하게 한 경우에는 상해죄의 간접정범이 된다(대판 1970. 9. 22, 70도1638).

출생 전의 태아는 상해행위의 객체가 될 수 없다. 임신 중의 태아 혹은 배아에 대하여 약물 등으로 상해를 가하여 기형아를 출산하게 한 경우에 상해죄가 성립하는지 여부가 문제된다. 상해죄는 계속범이 아니라 상태범이므로 법익 침해 당시에 행위객체가 존재하고 있어야 한다. 그러나 태아나 배아는 아직 상해죄의 행위객체인 사람에 해당한다고 볼 수 없으므로 상해죄는 성립하지 않는다(판례 · 통설).

판례 낙태행위와 상해죄 성립 여부

• 임신 32주의 산모가 심한 복통으로 응급실에 실려 왔지만 산부인과 레지던트 2년차인 의사는 태아에 대한 정밀검사와 지속적인 확인 및 조치를 취하지 않은 채 응급실에 방치하였다. 결국 다음 날 새벽 태아는 태반조기박리로 사망하였다. 이에 대해 대법원은 태아는 임산부의 신체일부가 아니며 낙태행위가 임산부의 낙태죄와는 별개로 임산부에 대한 상해죄를 구성하지 않는다고 판시하였다. 또한 의사에 대해서도 태아의 사망을 임산부의 신체적 · 생리적 기능훼손으로 볼 수 없으므로 산모에 대한 업무상 과실치상죄가 성립하지 않는다고 하였다(대판 2009. 7. 9, 2009도1025).

• 현행 형법이 사람에 대한 상해 및 과실치사상의 죄에 관한 규정과는 별도로 태아를 독립된 행위객체로 하는 낙태죄, 부동의 낙태죄, 낙태치상 및 낙태치사의 죄 등에 관한 규정을 두어 포태한 부녀의 자기낙태행위 및 제3자의 부동의 낙태행위, 낙태로 인하여 위 부녀에게 상해 또는 사망에 이르게 한 행위 등에 대하여 처벌하도록 한 점, 과실낙태행위 및 낙태미수행위에 대하여 따로 처벌규정을 두지 아니한 점 등에 비추어 보면, 우리 형법은 태아를 임산부 신체의 일부로 보거나, 낙태행위가 임산부의 태아양육, 출산 기능의 침해라는 측면에서 낙태죄와는 별개로 임산부에 대한 상해죄를 구성하는 것으로 보지는 않는다고 해석된다. 따라서 태아를 사망에 이르게 하는 행위가 임산부 신체의 일부를 훼손하는 것이라거나 태아의 사망으로 인하여 그 태아를 양육, 출산하는 임산부의 생리적 기능이 침해되어 임산부에 대한 상해가 된다고 볼 수는 없다(대판 2007. 6. 29, 2005도3832).

2) 행 위

상해의 개념에 관하여는 ① 신체의 완전성에 대한 침해로 보는 완전성설, ② 생리적 기능훼손설(김/김, 김종원, 김/서, 백형구, 오영근, 이/장/강, 이형국, 임웅, 정/박), ③ 생리적 기능 저하 및 신체의 외모에 대한 중대한 변화(예: 두발이나 수염의 절단)를 상해로 이해하는 절충설(강구진, 배종대)이 있다. 판례는 완전성설과 생리적 기능훼손설의 절충설에 입각하고 있다, 즉 피해자의 신체의 완전성을 훼손하거나 생리적 기능에 장애를 초래하는 것을 상해행위로 판시하고 있다(대판 2000. 2. 25, 99도4305; 1999. 1. 26, 98도3732). 한편 강도상해죄(제337조)나 강제추행상해 · 치상죄(제298조, 제301조)에서의 상해는 "피해자의 신체의 건강 상태가 불량하게 변경되고, 생활 기능에 장애가 초래되는 것을 말하는 것으로서, 신체의 외모에 장애가 생겼다고 하더라도 신체의 생리적 기능에 장애를 초래하지 않는 이상 상해에 해당한다고 할 수 없다"고 판시하고 있어서(대판 2004. 10. 28, 2004도4437; 2002. 1. 11, 2001도5925; 2000. 3. 23, 99도3099) 생리적 기능훼손설에 입각하고 있다고 볼 수 있다.

상해죄의 보호법익과 상해의 개념은 다르다. 상해죄의 보호법익은 폭행죄와 마찬가지로 신체의 완전성이지만 상해행위의 개념은 생리적 기능 훼손을 의미하는 것으로 보아야 한다. 여기에서 생리적 기능 훼손이란 반드시 질병을 야기하여 신체 기능의 장애를 야기하는 것뿐만 아니라 기능상의 장애는 없지만 신체에 상처를 내는 행위 등도 포함한다. 이는 상처와 같은 신체에 대한 유형적인 가해행위(예: 처녀막파열, 대판 1972. 6. 13, 72도855, 경미하지 않은 정도의 멍이 든 경우)를 통한 경우뿐만 아니라 성병 감염과 같은 질병 감염, 약물이나 음식물을 통한 무형의 상해행위(예: 구토, 설사, 질병 감염), 기능장애(예: 수면 장애, 실신, 대판 1996. 12. 10, 96도2529)도 포함한다. 이 밖에 신체의 생리적 기능 장애가 아니라 외모에 중대한 변화를 야기하는 행위는 폭행행위로 보는 것이 타당하다. 즉 이는 신체에 대한 불가침성을 훼손하는 행위로서 심리적 안정감을 파괴하는 행위와 함께 폭행에 해당한다.

AIDS환자가 감염 사실을 감춘 채 성행위나 헌혈·수혈과 같은 전파매개행위를 하여 감염시킨 경우에는 상해죄가 성립한다. 특히 AIDS바이러스의 감염은 중상해죄(제258조 제1항) 또는 사망할 경우 상해치사죄(제259조)에 해당한다. 그러나 AIDS바이러스의 정확한 감염 시점이나 인과관계의 입증이 어렵기 때문에 대부분 중상해죄의 미수범으로 처벌될 수 있을 것이다(동시에 후천성면역결핍증예방법 제25조 제2호, 제19조에 의하여 처벌된다). 문제는 고의의 입증 여부이다. 고의가 입증되지 않는 경우에도 주의의무 위반사실이 입증되면 과실치상죄(제266조)나 과실치사죄(제267조)의 성립이 가능하다.

3) 인과관계

상해의 행위와 이로 인하여 발생하는 상해와의 사이에는 인과관계가 있어야 한다(대판 1993. 5. 11, 93도711). 여기서 상처를 진단한 의사의 진술이나 진단서는 폭행, 상해 등의 사실 자체에 대한 직접적인 증거가 되는 것은 아니고, 다른 증거에 의하여 폭행, 상해의 가해행위가 인정되는 경우에 그에 대한 상해의 부위나 정도의 점에 대한 증거가 된다. 따라서 의사의 진술이나 그가 작성한 진단서는 의사로서 피해자를 진찰한 결과 외력에 의하여 상처가 있었다는 소견을 나타낸 데 불과하고 그것만으로 상해의 원인이 행위자의 폭행에 의한 것이라고 단정할 수 없다(대판 1983. 2. 8, 82도3021).

(2) 상해의 고의

상해죄가 성립하기 위해서는 신체의 생리적 기능을 훼손한다는 상해의 고의가 있어야 한다. 그러므로 폭행의 고의로 상해의 결과가 발생한 경우에는 상해죄가 아니라 폭행치상죄(제262조)가 성립한다(김/서, 백형구, 임웅). 그리고 상해의 고의가 있었으나 미수에 그친 경우에는 폭행죄가 아니라 상해미수죄(제257조 제3항)가 성립한다. 반면에 판례는 "상해죄의 성립에는 상해의 원인인 폭행에 대한 인식이 있으면 충분하고 상해를 가할 의사의 존재는 필요하지 않다"고 판시(대판 2000. 7. 4, 99도4341; 1983. 3. 22, 83도231)하고 있어서 폭행의 고의가 인정될 경우 상해죄를 인정할 수 있다는 입장이다. 그러나 다른 한편 폭행에 대한 미필적 고의는 있어도 상해에 대한 고의가 없는 경우에 폭행치상죄를 적용하여야 함에도 법원이 상해죄를 적용한 것은 법률 적용에 있어 위법이 있다고 판시(대판 1985. 1. 29, 84도2655)한 판례도 있다. 따라서 상해죄의 성립에 폭행의 고의만으로 충분한가에 대하여 판례는 일관성 있는 입장을 취하고 있지 아니하다.

(3) 위법성

1) 피해자의 승낙

피해자의 승낙이 있는 경우 위법성조각설(통설)과 구성요건해당성배제설(김/서)이 있으나 위법성조각설이 타당하다. 피해자의 승낙에 의하여 위법성이 조각되는 경우는 예를 들면 의사에 의한 수술, 경기규칙이 정해진 바에 따른 공인된 권투시합과 같은 상해를 수반할 수 있는 운동경기(고의적인 반칙의 경우는 제외) 등이 있다. 피해자의 승낙에 의한 상해는 그 동기, 목적의 위법 내지는 반윤리성, 상해의 정도 여하를 묻지 아니하고 위법성을 조각한다는 견해가 있다(강구진. 비슷한 견해로 이정원). 그러나 피해자의 승낙이 있더라도 상해행위가 사회상규나 공서양속에 반하는 경우에는 위법성이 조각되지 않는다고 보아야 할 것이다(통설).

2) 의사의 진료행위

의사의 진료행위의 법적 성격에 관해서는 ① 구성요건에 해당하지만 업무로 인한 정당행위이므로 적법하다는 견해(대판 1978. 11. 14, 78도2388)(강구진, 백형구, 유기천, 정성근, 정영석), ② 피해자의 승낙에 의한 행위이므로 적법하다는 견해(김/김, 오영근, 이정원, 이형국, 임웅), ③ 구성요건해당성 자체가 없다는 견해(김종원, 김/서, 이/장/강)가 있다.

의사의 진료행위는 비록 의사의 고유한 업무에 속하는 것이지만 환자의 자기결정권 및 신뢰에 기초한 의료계약에 의한 것으로서 환자의 신체 침해를 수반하기 때문에 의사의 설명의무 이행과 환자의 동의·승낙을 전제로 정당화된다고 보아야 한다(대판 2009. 5. 21, 2009다17417). 설명의무의 범위는 첫째, 치료를 행한다는 사실, 둘째 조치의 수단과 방법, 셋째 그 결과, 넷째 진단에 대한 설명이 여기에 속한다. 다만 진단에 대한 설명의 경우에 환자에게 정신적 쇼크를 주어 환자의 위험성을 증가시키게 된다는 것이 인정되는 경우에는 설명의무의 면제가 인정된다.

판례 의료행위의 성질

- 판례는 의료행위를 종전의 정당행위설에서 **피해자의 승낙에 의한 적법행위**로 파악하는 입장으로 변화하고 있다. 즉 피고인이 진단상의 과오가 없었으면 당연히 승낙 받았을 자궁외 임신에 관한 내용을 설명 받지 못한 피해자로부터 수술승낙을 받았다면 위 승낙은 부정확 또는 불충분한 설명을 근거로 이루어진 것으로서 수술의 위법성을 조각할 유효한 승낙이라고 볼 수 없다고 판시하고 있다(대판 1993. 7. 27, 92도2345).

3) 징계행위

징계권자의 징계행위라 할지라도 상해의 결과가 발생한 경우에는 정당화될 수 없다. 상해의 결과 발생은 징계행위의 방법이 정당하지 않았다는 반증이며 이는 또한 징계권의 범위를 초과하였기 때문이다(통설; 대판 1991. 5. 14, 91도513; 1984. 6. 26, 84도603). 그러므로 교사의 체벌행위는 훈계의 의미를 지니는 상징적 수준에서 제한하는 것이 타당하다. 그러므로 상해의 결과를 초래한 체벌행위는 다른 학생을 구하기 위한 긴급상황이 아닌 한 상해죄에 해당한다.

(4) 살인죄와 상해죄의 고의

살인죄의 고의가 상해죄의 고의를 포함하는가에 대해서는 학설이 대립된다. 이원설에서는 살인죄와 상해죄는 상호 배척관계이므로 살인의 고의는 상해의 고의를 포함하지 않는다고 본다. 그러나 살인행위는 객관적으로 상해의 과정을 거쳐 진행되므로 살인의 고의는 상해의 고의를 포함한다고 본다(일원설). 그러므로 살인죄가 기수인 경우 상해죄(중상해죄도 포함)와 상상적 경합이 아니라 법조경합의 관계에 있게 된다(보충관계-김/서. 흡수관계-임웅).

(5) 존속상해죄

본 죄는 자기 또는 배우자의 직계존속의 신체를 상해함으로써 성립한다. 신분관계로 인하여 불법이 가중되는 구성요건으로 보는 견해도 있으나, 책임이 가중되어 형이 가중되는 책임가중적 구성요건으로 보는 것이 타당하다(통설). 자기 또는 배우자의 직계존속의 개념에 대하여는 존속살해죄의 직계존속과 상해의 개념에 대하여는 단순상해죄의 상해와 동일하다.

2. 중상해죄, 존속중상해죄

> 제258조(중상해, 존속중상해) ① 사람의 신체를 상해하여 생명에 대한 위험을 발생하게 한 자는 1년 이상 10년 이하의 징역에 처한다.
> ② 신체의 상해로 인하여 불구 또는 불치나 난치의 질병에 이르게 한 자도 전항의 형과 같다.
> ③ 자기 또는 배우자의 직계존속에 대하여 전 2항의 죄를 범한 때에는 2년 이상 15년 이하의 징역에 처한다.

(1) 의의 및 법적 성격

중상해죄는 사람의 신체를 상해하여 생명에 대한 위험을 발생하게 하거나, 불구에 이르게 하거나, 불치나 난치의 질병에 이르게 한 경우에 성립하는 범죄이다. 존속중상해죄는 자기 또는 배우자의 직계존속에 대하여 중상해를 범함으로써 성립하는 가중적 구성요건이다.

입법례에 따라서는 중상해죄를 별도로 규정하지 않은 국가(일본)도 있으며, 우리나라와 같이 중상해죄를 중한 결과의 발생을 척도로 단순 상해죄의 가중적 구성요건으로 규정한 입법례(프랑스, 독일)도 있다. 여기서 더 나아가 오스트리아는 처음부터 중한 결과를 의도한 경우에는 의도된 중상해죄로 일반 중상해죄보다 더 중하게 처벌한다.

본 죄의 성격에 대해서는 ① 중한 결과 발생이 과실에 의한 경우만을 포함한다는 진정결과적 가중범설과, ② 중상해 역시 상해의 개념에 포함되므로 본 죄는 결과적 가중범이 아니라고 하는 고의범설(백형구, 이정원, 정/박), 그리고 ③ 중상해의 결과를 과실로 발생하게 한 경우뿐만 아니라 고의에 의한 경우도 포함한다는 부진정 결과적 가중범설(강구진, 김/김, 김종원, 이/장/강, 이형국, 배종대, 임웅), ④ 진정 결과적 가중범·부진정 결과적 가중범 및 단순범설(김/서)이 있다.

생각건대 중상해의 결과를 과실로 발생시킨 경우로 제한할 필요가 없다고 본다. 즉 고의적인 중상해행위도 포함한다고 보아야 한다(부진정 결과적 가중범). 그렇지 않으면 고의적인 중상해행위를 처벌할 구성요건이 없기 때문이다. 고의적인 중상해행위란 자신의 상해행위로 인하여 중한 결과의 발생이 확실하다는 인식이 있는 경우를 의미한다.

(2) 중상해의 유형

본 죄는 상해행위를 통하여 ① 생명에 대한 위험 발생, ② 불구, ③ 불치나 난치의 질병이라는 결과를 발생시켜야 성립한다.

생명에 대한 위험이란 생명에 대한 구체적인 위험 발생을 의미한다. 그러나 피해자가 사망한 경우에는 본 죄가 아니라 상해치사죄(제259조)가 성립한다. 생명에 대한 구체적 위험이 있었는가의 판단은 모든 정황을 종합적으로 고려하고 전문가의 의견도 참고하여 판단해야 할 것이다.

불구라 함은 신체의 중요부분(예: 사지, 생식기, 눈, 코, 귀)을 상실하는 것을 의미한다. 뿐만 아니라 시각장애, 언어장애, 생식기능장애를 일으킨 경우도 포함한다. 성행위가 가능하더라도 생식기능장애는 인정될 수 있다. 신체 내부의 장기의 상실도 불구 개념에 포함되는가에 대해서는 반대견해(이/장/강, 정/박,이형국)도 있으나 이를 포함시키는 것이 타당하다(김/서, 백형구, 오영근, 이정원, 임웅). 그러므로 피해자를 마취시켜 신장을 적출하는 행위는 중상해에 해당한다. 본 죄의 목적은 생리적 기능을 보호하는 데 있으므로 불구의 개념도 외모 중심이 아니라 기능 중심으로 파악하여야 하기 때문이다. 신체의 중요부분 여하 판단은 피해자 개인을 중심으로 하는 것이 아니라(예: 피아니스트나 속기사의 손가락) 객관적·독립적인 기능에 따른다(김/김, 배종대, 백형구, 이/장/강, 이정원, 임웅, 정/박. 반대설은 김/서). 피해자의 개인적 사정은 민사상의 손해배상책임 산정시 참작될 수 있을 것이다. 치아가 빠진 것만으로는 불구에 해당하지 않는다고 보고 있으나, 일률적으로 판단할 것은 아니다. 그리고 의수나 의족 같은 인공적 장치를 통하여 기능을 대체시킬 방법이 있다고 할지라도 이것이 불구의 판단에 영향을 미치는 것은 아니다. 손가락의 경우 독일에서는 엄지손가락(RGSt 64, 210)이나 검지(집게)손가락은 중요부분으로 보나 여타의 손가락은 중요한 부분으로 인정하지 않는다. 우리나라에서는 새끼손가락의 절단의 경우 다수설은 불구를 초래하는 것으로 인정하지 않으며, 소수설은 피아니스트의 경우 중상해를 인정한다. 이에 반하여 수개의 손가락의 절단, 수개의 손가락에 대한 부분적 절단은 물론 어느 한 손가락이라도 이를 완전히 절단하여 없애 버리는 경우에는 불구에 해당한다고 보는 것이 적절하다.

판례 중상해의 긍정과 부정

• 판례에서 인정된 중상해의 예: 실명의 경우, 남성의 성기절단의 경우, 콧등길이 2,5cm 깊이 0,56cm 절단의 경우, 1,5cm 혀의 절단으로 발음을 현저히 곤란하게 한 경우, 손 또는 발을 절단한 경우

• 판례에서 부인된 중상해의 예: 문치가 치근까지 탈락하는 상해를 입힌 경우(대판 1960. 2. 29, 4292형상413), 아래치아 두개를 탈락시킨 경우(대판 1960. 2. 29, 4292형상413), 1~2개월간 입원할 정도로 다리가 부러진 상해 또는 3주간의 치료를 요하는 우측흉부자상(대판 2005. 12. 9, 2005도7527).

불치나 난치의 질병이란 예를 들면 AIDS와 같이 치료가능성이 거의 없거나 희박한 질병을 말하며 전염성이 있는가는 불문한다.

참고로 미국법상 중상해에 해당하는 Mayhem의 객관적 구성요건으로는 절단(dismemberment), 불구(disablement), 외모변형(disfigurement)의 세 가지이다. 즉 인간의 신체의 용모를 원래의 모습과 달리 변형시킨 행위는 중상해에 해당하는 것이다.

(3) 주관적 구성요건

본 죄는 과실로 중상해의 결과를 발생하게 한 경우뿐만 아니라 고의로 중상해의 결과를 발생하게 하는 경우를 포함한다(부진정 결과적 가중범). 폭행의 고의로 중상해의 결과를 야기한 경우에도 본 죄가 성립하는가에 대해서는 ① 폭행치사상죄(제262조)가 상해죄(제257조, 제258조, 제259조)의 예에 따라서 처벌되므로 폭행의 고의로도 본 죄가 성립한다는 견해(유기천)와, ② 상해의 고의가 없으므로 폭행치상죄가 성립할 뿐이라는 견해(김종원, 김/서, 이/장/강, 임웅, 정/박)가 대립하고 있다. 폭행의 고의로 중상해의 결과가 발생한 경우에는 폭행치상죄가 성립한다고 보아야 한다. 상해죄와 폭행죄는 고의가 상이하기 때문이다. 이렇게 해석하더라도 제262조의 폭행치사상죄 규정이 제257조 내지 제259조에 의하여 처벌한다고 하고 있으므로 형량의 형평성은 유지된다.

3. 특수상해죄

제258조의2(특수상해) ① 단체 또는 다중의 위력을 보이거나 위험한 물건을 휴대하여 제257조 제1항 또는 제2항의 죄를 범한 때에는 1년 이상 10년 이하의 징역에 처한다.
② 단체 또는 다중의 위력을 보이거나 위험한 물건을 휴대하여 제258조의 죄를 범한 때에는 2년 이상 20년 이하의 징역에 처한다.
③ 제1항의 미수범은 처벌한다.

본 죄는 구 폭력행위 등 처벌에 관한 법률 제3조 제1항에 규정되었던 구성요건이다. 구 폭처법은 "단체나 다중의 위력으로써 또는 단체나 집단을 가장하여 위력을 보임으로써 제2조 제1항 각 호에 규정된 죄를 범한 사람 또는 흉기나 그 밖의 위험한 물건을 휴대하여 그 죄를 범한 사람은 제2조 제1항 각 호의 예에 따라 처벌한다"라고 규정하고, 제2조 제1항 제3호에서 상습적으로 형법 제257조 제1항(상해), 제2항(존속상해)을 범하면 3년 이상의 유기징역에 처하도록 규정하였다. 그런데 헌법재판소의 위헌결정에 따라 동 규정이 삭제되고(2016. 1. 6. 법률 제13718호) 개정 · 시행된 형법(법률 제13719호)에서 제258조의2(특수상해)가 신설되어 그 제1항에서 "단체 또는 다중의 위력을 보이거나 위험한 물건을 휴대하여 제257조 제1항 또는 제2항의 죄를 범한 때에는 1년 이상 10년 이하의 징역에 처한다"라고 규정하였다.

'단체 또는 다중의 위력을 보이거나 위험한 물건을 휴대하여'의 개념에 대하여는 특수폭행죄(제261조)의 부분에서 설명한다.

4. 상해치사죄, 존속상해치사죄

> 제259조(상해치사) ① 사람의 신체를 상해하여 사망에 이르게 한 자는 3년 이상의 유기징역에 처한다.
> ② 자기 또는 배우자의 직계존속에 대하여 전항의 죄를 범한 때에는 무기 또는 5년 이상의 징역에 처한다.

(1) 의 의

본 죄는 사람의 신체를 상해하여 사망하게 함으로써 성립하는 범죄이다. 상해행위에 대해서는 고의가 있으나 사망은 고의가 아니라 과실에 의하여 발생하는 진정결과적 가중범이다. 사망에 대하여 고의가 있다면 이는 상해치사죄가 아니라 살인죄에 해당한다.

판례 상해치사죄와 인과관계의 착오

• 피고인의 구타행위로 상해를 입은 피해자가 정신을 잃고 빈사상태에 빠지자 사망한 것으로 오인한 피고인은 자신의 행위를 은폐하고, 피해자가 자살한 것처럼 가장하기 위하여 피해자를 베란다 아래의 바닥으로 떨어뜨려 사망하게 한 사건에서, 대법원은 피고인에 대하여 포괄하여 단일의 상해치사죄를 인정하였다(대판 1994. 11. 4, 94도2361).

이 판례는 소위 개괄적 고의(인과관계의 착오) 유형에 해당하지 않음을 유의하여야 한다. 왜냐하면 인과관계의 착오는 최초의 고의와 발생한 결과가 일치하는 경우를 일컫는 바 이 경우는 사망의 결과를 행위자가 최소한 용인한 바도 없으며(살인고의 부정) 오로지 상해의 고의만이 인정된다고 본 사안이기 때문이다. 여기에서 피고인에게는 피해자가 사망하였는지 여부를 확인하지 않고 베란다 아래로 던져 사망하게 한 과실이 인정된 것이다.

존속상해치사죄는 자기 또는 배우자의 직계존속의 신체를 상해하여 사망의 결과를 발생하게 하는 경우에 성립하는 범죄이다. 신분관계로 인하여 형이 가중되는 부진정신분범이다. 본 죄는 미수범을 처벌하지 않는다.

(2) 인과관계와 객관적 귀속

본 죄는 결과적 가중범이기 때문에 본 죄가 성립하기 위해서는 상해와 사망 사이에 인과관계 및 객관적 귀속이 인정되어야 한다. 즉 상해행위가 없었더라면 사망의 결과가 발생하지 않았을 것이라는 관계가 인정되어야 하는 것이다. 이는 상해행위와 사망 간의 관계를 접합시킴으로써 상해치사죄의 부당한 확대 적용을 방지하는 기능을 한다.

상해와 사망 간의 인과관계는 원인성을 그 내용으로 한다. 이는 일반적 인과관계만이 아니라 행위와 결과 사이의 밀접한 관련성을 의미하며, 동시에 원인행위는 구성요건적 결과 발생의 위험성을 내포한 것을 말한다. 그러므로 ① 상해행위 이후 제3자의 개입행위가 있더라도 인과관계는 인정된다. 대법원도 피해자에 대한 의사의 수술 지연이 사망의 공동원인이 되었다고 하더라도 피고인의 폭행행위로 인한 장 파열 및 복막염이 사망의 결과에 대한 유력한 원인이 된 이상 폭행행위와 사망의 결과 간에 인과관계를 인정할 수 있다고 보아 폭행치사죄를 인정하였다(대판 1984. 6. 26, 84도831). ② 피해자 스스로의 행위로 인하여 사망한 경우에는 인과관계를 부인하는 것이 타당하다(예컨대 피해자가 자살한 경우, 독일판례는 상해행위를 피하려다가 고층에서 뛰어내려 사망한 경우에도 인과관계를 부인한다). 사망의 결과는 상해의 직접적인 결과로 인한 사망뿐만 아니라 상해행위에 수반한 사망도 직접성이 인정된다고 본다(살해할 생각은 없이 권총으로 머리를 내려친 결과 권총 가격 때문이 아니라 방아쇠가 당겨져 사망한 경우, 임산부를 발로 걸어 차 낙태하게 하고 낙태로 유발된 심근경색증으로 사망하게 한 경우(대판 1972. 3. 28, 72도296)).

외국 판례 제3자의 개입행위와 인과관계

• 의사가 상해를 입은 환자의 뇌출혈을 적시에 발견 · 치료하지 못하여 사망한 경우 상해치사죄를 인정하였다(BGHSt 32, 28).

• 피고인은 자기 애인과 깊게 사귀고 있는 피해자와 말다툼 끝에 몸집이 큰 피해자에 대한 두려움 때문에 피해자의 머리를 망치로 쳐서 쓰러지자 사망한 것으로 오인하였다. 이 때 범죄 현장에 우연히 나타난 피고인의 사촌은 자살을 위장하기 위하여 피해자의 목을 매달았으나 범죄사실을 은폐하기에는 부적당한 것으로 판단하고 결국 피고인과 함께 피해자를 저수지에 버려 사망하게 한 사건. 검시 결과 피해자는 몇 시간의 생존 시간은 있었지만 망치에 의한 가격으로 사망이 불가피하였음이 입증되었다. 독일연방대법원은 피고인에게 상해치사죄를 인정하였다(BGH NStZ 1992, 333).

생각건대 상해의 결과와 사망 간의 직접성을 너무 엄격하게 요구하는 것은 문제가 있다. 상해행위에 수반하여서도 사망의 결과는 발생할 수 있기 때문이다. 이와 함께 상해죄의 보호법익인 신체의 완전성을 보호하기 위한 피해자의 탈출행위의 위험성을 감안할 필요가 있다. 자신의 신체가 상해행위로 인하여 사망의 위험에 처해 있다고 판단될 경우 피해자가 공포심이나 방어의식으로 인하여 반사행동을 보이는 것은 본능적이다. 예를 들면 반복되는 상해행위를 피하기 위하여 높은 건물이나 달리는 자동차에서 뛰어내려 사망한 경우와 같이 중대한 상해행위의 위험 앞에서 이를 피하기 위한 행위로 인하여 직접 사망의 결과가 발생하였다면 직접성을 인정하는 것이 본 죄의 보호목적에 비추어 타당하다. 대법원도 폭행치사사건 등에서 이러한 원칙을 따르고 있다(대판 1990. 10. 16, 90도1786: 반대견해로는 김/서). 그러나 만일 피해자가 상해행위가 끝난 이후 시점에서 자신의 부주의가 원인이 되어 사망하였다면 직접성을 인정할 수 없다(가해자로부터 도망쳐서 집으로 가던 도중 무단횡단을 하거나, 환자가 의사의 지시를 따르지 않아 사망한 경우).

상해의 피해자가 의사의 치료를 거부한 결과 사망의 결과가 발생하였더라도 양자 사이에는 인과관계가 인정된다. 또한 사망의 결과는 직접 상해행위로 인한 경우뿐만 아니라 최초의 상해행위와 이에 뒤따르는 부작위에 의해서 발생할 수도 있다.

(3) 공범관계

판례는 결과적 가중범의 공동정범을 인정하여 살인의 고의가 없는 상해죄의 공동정범은 사망의 결과가 발생하였더라도 살인죄의 공동정범이 아니라 상해치사죄의 공동정범이 된다고 한다.

판례 결과적 가중범의 공동정범

- 상해·폭행 도중 공범 가운데 1인이 살인의 고의로 피해자를 살해한 사건에서 살인을 공모하거나 살인행위에 가담하지 않은 공범에게 상해치사죄를 인정하였다(대판 1991. 5. 14, 91도580). 마찬가지로 패싸움을 하던 중 한 사람이 상대방을 칼로 찔러 사망하게 한 경우에 다른 공범자가 사망에 대한 결과인식이 없더라도 상해치사죄의 공동정범을 인정하였다(대판 1978. 1. 17, 77도2193).

그러나 위와 같은 경우 살해에 가담하지 않은 범행가담자에 대하여 결과적 가중범인 상해치사죄를 인정하는 것은 타당하지 않다. 중한 결과인 사망에 대한 고의가 인정되지 않음은 물론이고 과실도 인정할 수 없기 때문이다. 그러므로 이 경우에는 사망에 대한 개별적인 과실 유무에 따라 각 행위자에게 독립적으로 상해치사죄를 인정하는 것이 가능하다(김/김, 김/서, 배종대,

이형국, 임웅). 반면에 사망 결과를 예견할 수 있었을 경우에는 상해치사죄의 공동정범을 인정하여야 한다는 견해가 있다(이/장/강). 그러나 이러한 경우 역시 행위자별 과실 유무에 따라 판단하여야 한다.

(4) 죄 수

피해자의 사망이 살인의 고의에 의한 것인지 상해의 고의에 의한 것인지가 불분명한 경우에는 상해치사죄와 살인미수죄의 상상적 경합이 인정된다는 견해도 있으나, '의심스러운 때에는 피고인의 이익으로'(in dubio pro reo) 원칙에 따라 상해치사죄의 성립을 인정하는 것이 타당하다. 허용되지 않는 낙태 시술이 의사의 과실로 잘못되어 임산부가 사망한 경우에도 낙태죄와 본 죄는 상상적 경합관계에 해당한다고 보는 견해도 있으나 이 경우에는 낙태치사죄에 해당하며, 과실로 낙태하게 하여 임산부가 사망한 경우에 과실낙태죄는 처벌하지 않으므로 과실치사죄가 성립된다.

5. 동시범의 특례

제263조(동시범) 독립행위가 경합하여 상해의 결과를 발생하게 한 경우에 있어서 원인된 행위가 판명되지 아니한 때에는 공동정범의 예에 의한다.

(1) 의 의

2인 이상이 의사의 연락 없이 개별적으로 동시에 죄를 범한 경우를 동시범이라고 한다. 동시범은 상호 간에 의사의 연락이 없었다는 점에서 공동정범과 다르다. 그러므로 동시범의 경우에는 인과관계가 입증되면 원칙적으로 각자가 자기의 행위로 인한 결과에 대해서만 책임을 지게 된다. 만일 결과 발생의 원인이 된 행위가 밝혀지지 않은 경우에는 각 행위자를 미수범으로 처벌하여야 한다. "동시 또는 이시의 독립행위가 경합한 경우에 그 결과 발생의 원인된 행위가 판명되지 아니한 때에는 각 행위를 미수범으로 처벌한다"는 형법 제19조(독립행위의 경합)는 이러한 원칙을 규정하고 있다.

제263조는 이에 대한 예외규정이다. 즉 2인 이상이 의사의 연락 없이 상해의 결과를 발생시켰으나 누구의 행위에 의하여 그러한 결과가 발생하였는지 알 수 없는 경우에 각자를 미수범(독립행위의 경합)이 아니라 상해기수의 공동정범의 예로 처벌하겠다는 것이다. 이는 '의심스러운 때에는 피고인의 이익으로'의 원칙에 대한 예외에 해당한다. 그리고 후술하는 바와 같이 결과 발생원인에 대한 검사의 입증책임의 어려움을 제거하기 위한 규정이라고 할 수 있다.

(2) 법적 성격 및 입법취지

본 조의 법적 성격에 관해서는 ① 공동정범에 관한 법률상의 책임을 추정한다는 법률상 추정설, ② 소송법적으로는 거증책임의 전환규정이고, 실체법상으로는 공동정범의 범위를 확장시키는 일종의 공동정범의 의제라는 이원설(김종원, 이형국, 정/박), ③ 피고인에게 자기가 그 상해의 결과를 발생시킨 것이 아니라는 거증책임을 부담시킨다는 거증책임전환설(다수설)이 있다.

위 학설 가운데 공동정범에 관한 법률상의 추정이나 의제라고 보는 학설은 공동정범의 인정 여부가 사실관계의 문제라는 점에서 타당하지 않다. 그러므로 상해의 결과를 야기한 원인제공자를 입증하여야 하는 검사의 입증책임을 피고인에게 전환한다고 보는 거증책임 전환설이 이 규정의 법적 성격으로 가장 타당하다. 그러므로 본 규정은 형사소송법적 의미를 띠는 일종의 편의규정인 셈이다. 이는 집단 폭행과 같이 여러 사람에 의한 상해나 폭행치상의 경우에는 이들을 처벌하여야 하는데도 불구하고 누구에 의하여 상해의 결과가 발생하였는지를 밝히기가 어렵다는 것 때문에 미수범으로만 처벌할 수밖에 없는 허점을 방지하는 데에 그 목적이 있다. 이에 따라 이러한 행위에 가담한 사실만으로 공동정범을 인정하는 것이다.

이 규정에 대해서는 형벌권을 확장시키므로 폐지되어야 한다는 견해도 있다(배종대, 백형구, 이정원, 이형국). 그러나 개별적인 폭행과 집단 폭행에 가담한 사실은 다르게 취급하는 것이 타당하다고 본다. 집단폭행에의 가담은 중대한 신체상의 위험 발생을 예견할 수 있다는 점에서 가담 사실 자체만으로도 통상적인 폭행보다 가중적인 형사처벌의 필요성이 있기 때문이며 이 규정은 이 점을 반영하고 있다.

(3) 적용요건

1) 독립행위의 경합

본 죄의 행위는 두 사람 이상에 의한 상해행위가 상호 의사의 연락 없이 동일 객체에 대하여 행하여지는 것이다. 상호 의사의 연락이 있으면 공동정범에 해당하며 동시범이 아니다.

판례 공동가공의 의사의 예

• 피해자의 몸에서 잡귀를 물리친다면서 1984. 2. 25. 21:00경부터 그 다음날 09:00경까지 처음에는 4명의 피고인이, 그리고 그 후 각각 2명의 피고인이 참여하여 피해자의 뺨 등을 때리고 팔과 다리를 붙잡고 배와 가슴을 손과 무릎으로 힘껏 누르고 밟는 등 하여 복강내출혈 등으로 사망하게 한 사건에서, 대법원은 비록 피해자의 사망원인이 된 행위가 어느 피고인의 행위인지 명확하게 판명되지는 아니하였다고 하더라도 상호 공동가공의 의사를 인정할 수 있으므로 동시범이 아니라 공동정범에 해당한다고 판시하였다(대판 1985. 12. 10, 85도1892).

독립행위가 행하여지는 시간은 동일하거나 근접하여야 한다는 견해(김종원, 임웅, 정/박)와 이시의 독립행위도 무관하다는 견해(대판 2000. 7. 28, 2000도2466; 1981. 3. 10, 80도3321; 다수설)가 있다. 미수범으로 처벌하는 제19조는 동시 또는 이시의 독립행위도 포함하고 있으나 공동정범으로 처벌하는 본 조는 이러한 규정이 없으므로 제한적으로 해석하는 전자의 입장이 타당하다. 이는 집단적 가해행위에 가담하는 자에게 결과 책임을 묻는다는 본 조의 성격과도 부합한다.

2) 상해의 결과 발생

상해행위나 폭행행위에 의하여 상해의 결과가 발생하여야 한다.

3) 원인행위의 불판명

상해의 원인이 된 가해행위의 행위자가 판명되지 않아야 한다. 원인행위로는 폭행이 경합하는 경우가 일반적일 것이지만 상해의 경우에도 누구의 행위로 상해가 발생하였는지 알 수 없을 때에 본 조가 적용된다. 유의할 점은 원인된 행위와 결과 간에 인과관계가 존재하지 않는 것이 아니라 누구의 원인행위에 의해 결과가 발생한 것인지 입증이 되지 않는다는 것이다. 가해행위를 한 것 자체가 분명하지 않은 사람에 대하여는 동시범 규정을 적용할 수가 없다(대판 1984. 5. 15, 84도488). 한편 동시 폭행의 경우 검사는 동시범으로서 행하여진 폭행이 어느 것이나 당시 상해를 야기할 수 있는 정도였다는 입증은 필요하다고 본다.

(4) 동시범 특례규정의 적용범위

동시범의 특례규정은 상해죄와 폭행치상죄(폭력행위 등 처벌에 관한 법률 포함)에 적용된다. 그 밖에 폭행치사죄나 상해치사죄의 경우에도 원인된 행위가 판명되지 않은 경우에 본 규정을 적용할 것인가에 대해서 판례는 긍정하고 있다(대판 1985. 5. 14, 84도2118; 1981. 3. 10, 80도3321; 1970. 6. 10, 70도991).

판례 동시범

• 시간적 차이가 있는 독립된 상해행위나 폭행행위가 경합하여 사망의 결과가 일어나고 그 사망의 원인된 행위가 판명되지 않은 경우에는 공동정범의 예에 의하여 처벌할 것이므로, 2시간 남짓한 시간적 간격을 두고 피고인이 두 번째의 가해행위인 이 사건 범행을 한 후, 피해자가 사망하였고 그 사망의 원인을 알 수 없다고 보아 피고인을 폭행치사죄의 동시범으로 처벌하여야 한다(대판 2000. 7. 28, 2000도2466).

그러나 이러한 확대 적용은 법률 해석의 한계를 넘어서기 때문에 금지되어야 한다(통설). 이에 대해 폭행치사죄의 경우에는 상해의 결과가 발생한 것이 아니므로 본 조가 적용되지 않으나 상해치사죄의 경우에는 제15호 제2항에 따라 예견가능성이 인정되면 결과적 가중범의 공동정범으로 보아 적용이 가능하다는 견해도 있다(김/서, 이/장/강). 강간치상죄나 강도치상죄,과실치사상죄의 경우에는 본 규정을 적용하지 않는다(대판 1984. 4. 24, 84도372; 통설). 이는 이들 범죄행위가 보호법익과 행위의 태양을 달리하기 때문에 당연하다고 하겠다.

6. 상습(상해 · 존속상해 · 중상해 · 존속중상해)죄

제264조(상습범) 상습으로 제257조, 제258조, 제258조의2, 제260조 또는 제261조의 죄를 범한 때에는 그 죄에 정한 형의 2분의 1까지 가중한다.

본 죄는 상습으로 상해죄, 존속상해죄, 중상해죄, 존속중상해죄를 범하는 경우에 성립한다. 여기서 상습이란 앞의 범죄행위의 습벽을 말하는 것이므로, 위 규정에 열거되지 아니한 다른 유형의 범죄까지 고려하여 상습성의 유무를 결정하여서는 아니 된다(대판 2018. 4. 24, 2017도21663).

상습성이란 행위자의 습벽으로 인하여 행위를 반복적으로 범하는 것을 말한다. 그러나 상습성을 근거로 형을 가중하는 것은 성격적으로 형성된 의지 박약, 성격 이상 등과 같이 개인에게 책임을 돌릴 수 없는 인격적 측면을 무시하고 행위의 결과만을 중시하는 결과 책임의 산물이라는 점에서 책임주의와 배치되므로 정당화되기 어렵다. 또한 상습범에 대한 형의 가중만으로는 형사징책적인 측면에서 효과적인 범죄 예방 내책이라고 볼 수도 없다. 이들에게는 오히려 가중적인 형사처벌 대신 보안처분의 방법에 의하여 성격 교정이나 사회적응훈련을 시키는 것이 합리적인 방안이 될 것이다.

상습범은 누범과는 다르다. 누범이란 범죄의 유형이나 질을 불문하고 범죄의 반복적 수행이라는 형식적 요건만 갖추어지면 인정되는 개념이다. 그러므로 누범 전과가 없더라도 상습범은 인정될 수 있기 때문에 상습범이라 하여 반드시 누범이 되는 것이 아니고, 반대로 누범이라고 하여 반드시 상습범이 되는 것도 아니다.

판례와 학설에서는 상습범을 집합범으로서 포괄일죄의 관계로 본다(대판 1990. 2. 13, 89도2377; 통설). 또한 판례는 존속폭행과 상해를 상습으로 범한 경우에도 법정형이 중한 상습존속상해죄에 나머지 행위들을 포함시켜 일죄로 본다(대판 2003. 2. 26, 2002도7335). 그러나 이론적으로는 상습성이라는 특수한 범죄 성향을 지닌 자에게 오히려 특혜를 부여하는 결과가 되므로, 경합범에 해당한다는 견해가 타당하다.

Ⅲ. 폭행의 죄

폭행의 죄의 보호법익은 일반적으로 신체의 완전성 내지 신체의 불가침성이다. 구체적으로는 신체의 건전성을 보호한다는 점에서 생리적 기능을 보호하는 상해죄보다 신체에 대한 포괄적인 보호를 한다.

폭행의 죄에 대한 기본적 구성요건은 고의로 사람의 신체에 대하여 폭행을 행함으로써 성립하는 폭행죄(제260조 제1항)이다. 폭행죄에 대한 가중적 구성요건으로는 신분관계로 인하여 책임이 가중되는 존속폭행죄(제260조 제2항), 상습성으로 인하여 책임이 가중되는 상습폭행죄(제264조) 및 행위방법의 위법성으로 인하여 불법이 가중되는 특수폭행죄(제261조)와 결과적 가중범으로서 불법이 가중되는 폭행치사상죄(제262조)가 있다.

1. 폭행죄 · 존속폭행죄

> **제260조(폭행, 존속폭행)** ① 사람의 신체에 대하여 폭행을 가한 자는 2년 이하의 징역, 500만원 이하의 벌금, 구류 또는 과료에 처한다.
> ② 자기 또는 배우자의 직계존속에 대하여 제1항의 죄를 범한 때에는 5년 이하의 징역 또는 700만원 이하의 벌금에 처한다.
> ③ 제1항 및 제2항의 죄는 피해자의 명시한 의사에 반하여 공소를 제기할 수 없다.

(1) 타인의 신체 폭행

폭행죄는 사람의 신체에 대하여 폭행을 가한 경우에 성립한다. 자기 또는 배우자의 직계존속(존속살해죄의 경우와 범위가 같음)에 대한 폭행죄는 가중처벌된다. 대한민국에 체재하는 외국원수에 대한 폭행의 경우에는 외국원수에 대한 폭행죄(제107조 제1항)가 성립한다. 또한 대한민국에 파견된 외국사절에 대한 폭행의 경우에도 외국사절에 대한 폭행죄(제108조 제1항)가 성립한다.

(2) 형법상 폭행의 개념

형법상 폭행 개념에 대해서 학설은 다음과 같이 구분하고 각 구성요건의 해석시 해당되는 개념을 적용하고 있다(통설).

1) 최광의의 폭행

폭행의 대상이 사람이든 물건이든 불문하고 유형력을 행사하는 모든 경우를 폭행으로 본다. [예] 소요죄(제115조), 다중불해산죄(제116조).

2) 광의의 폭행

사람에 대한 직접적이거나 간접적인 유형력의 행사를 폭행으로 보는 경우이다. [예] 공무집행방해죄(제136조), 특수도주죄(제146조), 강요죄(제324조).

3) 협의의 폭행

사람의 신체에 대한 유형력의 행사를 폭행으로 보는 경우이다. [예] 폭행죄(제260조), 인신구속에 관한 직무를 행하는 특별공무원의 폭행 · 가혹행위죄(제125조).

4) 최협의의 폭행

상대방의 반항을 불가능하게 하거나 현저히 곤란하게 할 정도의 유형력의 행사를 폭행으로 보는 경우이다. [예] 강도죄(제333조).

그러나 이상과 같은 폭행개념의 분류는 너무 도식적이어서 형법상의 폭행개념을 위에 열거한 개념 범주 내에 포함시키는 것은 무리이다. 왜냐하면 형법에서 사용되는 폭행은 용어의 동일성에도 불구하고 각각 서로 다른 개념이라고 보아야 하기 때문이다. 예를 들어 최광의의 폭행에서 물건에 대한 폭행이란 언어적 의미로는 손괴행위를 의미하는 것이지 폭행이라고는 볼 수 없다. 또한 폭행개념은 신체적 유형력의 직접적인 행사 자체를 의미하던 것에서 점차 그 효과를 중심으로 파악하면서 동시에 심리적 폭행형태까지도 포함시키는 경향에서 볼 수 있듯이 사회 변화에 따라 개념의 폭이 바뀔 수 있는 신축적 개념이다. 그런데도 위의 분류방법은 폭행의 정도나 내용을 중심으로 하기보다는 폭행의 대상을 중심으로 분류하는 방식을 취하고 있기 때문에 접근방법상의 오류를 내포하고 있는 것이다. 위의 분류방법이 안고 있는 또 다른 문제점은 최광의의 폭행개념은 논리적으로 최협의의 폭행개념을 포함하는 것이어야 하나 실제로는 그러하지 않다는 점이다. 그러므로 형법상의 폭행개념은 각각의 구성요건을 중심으로 하여 파악하는 것이 구성요건 해석상 타당하다고 본다.

(3) 본 조의 폭행

폭행죄에서의 폭행개념은 사람에 대하여 육체적 · 정신적 고통을 가하는 행위로 볼 수 있기 때문에 물리적인 폭행과 심리적인 폭행을 모두 포함한다(김/김, 강구진, 이/장/강, 반대 견해로는 백형구, 이정원,임웅). 전자는 유형력이 피해자의 신체에 직접적으로 영향을 미치는 경우이지만 사람의 신체에 대한 직접적인 접촉을 요건으로 하지는 않는다(대판 1972. 11. 28, 72도2201). 그러므로 빛이나 열, 전기 등에 의한 가해행위, 피해자를 마취시키거나 묶어 놓는 행위 또는 붙잡고 있는 경우는 물론 상대방에 대한 과도한 소음, 반복적인 야간의 전화 걸기도 유형력의 행사에 포함된다고 보아야 한다. 그리고 피해자에게 공포심을 유발시키는 행위나 폭언은 심리적 유형력의 행사에 해당한다. 그러나 홧김에 단지 남의 집 방문을 발로 차거나(대판 1991. 1. 29, 90도2153; 1984. 2. 14, 83도3186), 비닐봉지에 넣은 인분을 타인의 집 앞마당에 던지는 것, 피해자에게 욕설을 한 것(대판 1991. 1. 29, 90도2153), 전화로 고성을 낸 경우(대판 2003. 1. 10, 2000도5716)만으로는 아직 신체에 대한 간접적인 유형력의 행사라고 보기 어렵다. 따라서 피해자에게 근접하여 욕설을 하면서 때릴 듯이 손발이나 물건을 휘두르거나 던지는 행위는 직접 피해자의 신체에 접촉되지 않았더라도 불법한 유형력의 행사로서 폭행에 해당되나, 단순히 욕설을 한 것 외에 별다른 행위를 한 적이 없다면 이는 유형력의 행사라고 보기 어렵다(대판 1990. 2. 13, 89도1406).

한편 폭행은 피해자의 인식을 전제로 하지 않는다. 그러므로 의식불명 상태에 있는 자에 대한 폭행도 인정된다.

(4) 위법성

소년원장이나 부모의 징계행위는 법령에 의한 행위로 인정되며, 교장이나 교사의 학생에 대한 가벼운 체벌행위는 정당행위로 위법성이 조각된다. 남의 자녀에 대한 징계행위는 사회상규에 반하지 아니하는 행위로 인정할 수 있다. 야간에 술에 취해 소란행위를 저지르는 병사에게 지휘관이 지나치지 않을 정도의 폭행을 가하여 이를 제지한 경우에는 상관의 부하에 대한 징계행위로 사회상규에 반하지 아니하는 행위로 인정할 수 있다(대판 1978. 4. 11, 77도3149). 그러나 대법원은 소속 대대장에게 폭언으로 반항하는 병사의 행패를 제지하기 위하여 상관이 길이 50㎝, 직경 5㎝ 되는 송판으로 그 부하의 좌측 어깨를 3회 구타한 경우 그 구타행위는 징계권의 범위를 넘는 위법한 폭행이라고 판단하였다(대판 1971. 4. 6, 71도179). 기타 사회상규에 반하지 않는 행위로 인정한 것은 ① 술 취한 자가 시비를 걸면서 팔을 잡기에 이를 뿌리친 경우(대판 1980. 9. 24, 80도1898), ② 강제 연행을 모면하기 위하여 팔꿈치로 이를 뿌리치면서 상대방의 가슴을 잡고 벽에 밀어 붙인 경우(대판 1982. 2. 23, 81도2958), ③ 시비를 만류하기 위하여 조용히 이야기나 하자며 피해자의 팔을 2~3회 끌은 경우(대판 1986. 10. 14, 86도1796), ④ 피해자가 피고인의 동생을 구타하고 도망하므로 이를 쫓아가 허리띠를 잡고 파출소에 동행할 것을 요구하자 피해자가 멱살을 잡고 늘어지면서 반항한 경우(대판 1987. 1. 28, 86도2492) 등이다.

(5) 죄 수

폭행할 것을 상대방에게 고지한 후 고지한대로 폭행을 가한 경우에는 협박은 불가벌적 수반행위로 폭행죄에 흡수된다(대판 1976. 12. 14, 76도3375)고 이해한다. 그러나 협박죄가 폭행죄보다 처벌이 더 무겁다는 점에서 이를 수긍하기 어렵고, 양 죄의 실체적 경합을 인정하는 것이 타당하다. 폭행이 살인죄나 상해의 수단이 된 경우에는 폭행이 불가벌적 수반행위로 살인죄나 상해죄에 흡수된다. 처음부터 행위자에게 폭행의 고의만 있는데 상해 또는 살해의 결과가 발생한 경우에는 그 중한 결과에 대하여 과실이 있는 경우에 한하여 폭행치사 또는 폭행치상이 성립한다.

2. 특수폭행죄

제261조(특수폭행) 단체 또는 다중의 위력을 보이거나 위험한 물건을 휴대하여 제260조 제1항 또는 제2항의 죄를 범한 때에는 5년 이하의 징역 또는 1천만원 이하의 벌금에 처한다.

(1) 의 의

특수폭행죄는 단체 또는 다중의 위력을 보이거나 위험한 물건을 휴대하여 사람의 신체에 대하여 폭행을 가함으로써 성립하는 범죄이다. 이 죄는 단체 또는 다중이나 위험한 물건의 사용이라는 행위방법으로 인하여 불법이 가중되는 범죄이다.

형법상의 특수폭행죄는 구성요건이 동일한 폭력행위 등 처벌에 관한 법률 제3조 제1항(집단적 폭행)이 특별법으로서 우선 적용되었으나, 폭처법의 본 조는 삭제되어 현재는 본 죄가 적용된다. 다만 구성요건은 양자가 동일하였으므로 아래에서 설명하는 개념은 이전의 폭력행위 등 처벌에 관한 법률상의 구성요건에 대한 설명과 동일하다. 동시에 이 개념은 동법 제2조 및 제3조가 규정하고 있는 상해죄, 체포·감금죄, 협박죄, 주거침입·퇴거불응죄, 강요죄, 공갈죄, 손괴죄에도 해당된다.

(2) 단체 또는 다중의 위력

단체란 공동의 목적을 가진 다수의 자연인이 계속적으로 결합된 조직체를 말한다. 조직의 목적이 불법하지 않고 정당하더라도 상관없으며 법령에 근거하여 조직될 필요도 없다. 그러므로 예를 들어 선거기간 중 특정지역을 비난하는 발언을 한 후보자를 그 지역의 향우회 회원이 자신의 신분을 밝히고 폭행을 하는 경우 혹은 자신들의 교내 조직에서 이탈한 학생을 조직 선배가 불러 폭행하는 경우는 모두 특수폭행죄에 해당한다. 단체는 어느 정도 시간적 계속성과 조직성을 갖추어야 하므로 사람들의 일시적인 집합체는 군중에 불과할 뿐 단체가 아니다.

다중이란 단체를 이루지 못한 다수인의 단순한 집합을 의미한다. 단체와 다른 점은 비조직적인 점, 집합이 일시적인 점, 다수인이 폭행 현장에 현존하여야 한다는 점, 공동의 목적이 필요 없다는 점이다. 다중을 구성할 인원 수는 집단적 위력을 보일 수 있는 정도로서 구성원의 성별, 연령, 행위시의 상황 등 구체적인 경우에 따라 판단한다. 구체적인 경우에 집단적 세력을 배경으로 한 것이면 불과 5명이라 하더라도 다중에 해당한다(대판 1961. 1. 18, 4293형상896).

위력을 보인다고 함은 단체 또는 다중이 사람의 의사를 제압할 만한 노력을 상대방에게 인식시키는 것을 의미한다(대판 1960. 10. 12, 4293형상668). 그러나 현실적인 제압 여부는 문제되지 않는다. 위력을 보이는 방법은 단체의 일원임을 알리는 것 또는 다중의 현존함을 인식시키는 것 등이다.

위력을 보이는 현장에 단체 또는 다중이 현존함을 필요로 하는가에 대해서는 견해가 나뉜다. 적극설에서는 합동범과 동일하게 해석하여야 하므로 위력을 보이기 위하여서는 현장에 단체 또는 다중이 있어야 한다고 주장한다. 반면에 소극설에서는 본 죄는 단체 또는 다중 그 자체를 보이는 것뿐만 아니라 행위자의 배후에 있는 그들의 위력을 보인다는 점, 합동범은 2인 이상이 합동하여 범죄를 공동으로 실현하는 것임에 반하여 본 죄는 위력을 인식시키면서 하는 폭행이지 범행의 공동 실행까지를 요구하는 것은 아니라는 점을 들어 단체 또는 다중이 현존할 필요는 없다고 본다(통설)

그러나 이는 단체의 위력을 보이는 경우와 다중의 위력을 보이는 경우를 분리하여 판단하여야 한다. 단체는 기술한 바와 같이 계속적 결합체이다. 그러므로 단체의 일원임을 밝히는 상황에서 상대방은 조직의 특수성으로 인하여 심리적 위압감을 느끼게 될 것이며, 이 경우에는 단체의 구성원 모두가 현장에 있을 필요는 없다. 반면에 다중이란 일시적인 다수인의 집합체에 불과하므로 이들의 일원이 폭행을 하는 경우에는 다중이 폭행에 가담하지 않더라도 현존하는 상황이어야 할 것이다.

(3) 위험한 물건

본 죄에서 사용되는 개념인 '위험한 물건'이라 함은 구체적인 사안에서 사회 통념에 비추어 사람의 생명·신체에 해를 가하는 데 이용될 수 있는 일체의 물건을 말한다. 위험성 판단은 상대방이나 제3자가 곧 살상의 위험을 느낄 수 있는지 여부에 따라 판단하여야 한다(대판 2003. 1. 24, 2002도5783). 위험성은 물건의 객관적 상태나 본래의 용도뿐만 아니라 사용방법(예: 종이공작용 가위를 휘두르며 공격하는 경우)과 사용되는 신체의 부위에 의하여도 결정된다. 그러므로 반드시 권총이나 칼처럼 기술적 의미의 무기가 아니더라도 위험한 물건에 해당할 수 있다.

판례 위험한 물건

• 회칼(대판 2017. 3. 30, 2017도771), 가스분사기(대판 2001. 12. 27, 2001도5697), 삽날 길이 21cm 가량의 야전삽(대판 2001. 11. 30, 2001도5268), 머리를 내리치는 데 사용한 화분(높

이 40cm, 둘레 20cm, 두께 0.5cm)(대판 2001. 5. 8, 2001도1138), 야구방망이(대판 2001. 4. 24, 2001도1045), 쇠파이프와 길이 100cm, 굵기 4cm의 각목(대판 1999. 11. 9, 99도4146), 머리를 때리는 데 사용한 빈 양주병(대판 1997. 2. 25, 96도341), 머리를 때리는 데 사용한 직경 10cm 가량의 돌(대판 1995. 11. 24, 95도2282), 깨어지지 않은 맥주병(대판 1991. 12. 27, 91도2527), 깨진 맥주병, 항아리조각, 부러뜨린 걸레자루(대판 1990. 6. 12, 90도859), 곡괭이자루(대판 1990. 1. 25, 89도2245), 머리부분을 때린 세멘벽돌(대판 1990. 1. 23, 89도2273), 쌀가마 등을 운반하는 데 사용되는 갈쿠리(대판 1986. 8. 19, 86도960), 재단용 가위(대판 1985. 3. 26, 85도157), 안전면도용 칼날(대판 1971. 4. 30, 71도430), 의자와 당구 큐대(대판 1997. 2. 25, 96도3346), 마요네즈병(대판 1984. 6. 12, 84도647) 혹은 염산, 초산, 최루가스와 같은 화학물질이나 사주받은 개 등과 같은 동물도 포함된다. 경우에 따라서는 군화도 위험한 물건에 해당할 수 있다(예: 쓰러진 상대방의 안면을 군화를 신고 걷어차는 경우). 그러나 주먹이나 발과 같은 행위자의 신체는 해당되지 않는다. 자동차는 위험한 물건에 해당할 수 있지만(대판 2010. 11. 11, 2010도10256) 상대방이나 제3자가 생명 또는 신체에 위험을 느꼈다고 보기 어려운 경우에는 위험한 물건에 해당하지 않는다는 것이 판례의 입장이다(대판 2009. 3. 26, 2007도3520; 2003. 1. 24, 2002도5783).

위험한 물건은 가동물에 제한된다. 물건의 개념상 불가동물은 포함되지 않는다고 보는 것이 타당하고, 또한 가동물만이 휴대가 가능하기 때문이다. 그러므로 상대방을 시멘트벽이나, 전신주, 기둥 등에 부딪치게 하는 것은 위험한 물건을 사용한 것이라고 볼 수 없다. 이로 인하여 만일 피해자가 사망한 경우에는 제262조를 적용하면 되므로 형사정책적인 문제점도 없다.

(4) 휴 대

'휴대'는 범죄 현장에서 사용할 의도 아래 위험한 물건을 몸 또는 몸 가까이에 소지하는 것을 말한다. 그러므로 자기가 기거하는 장소에 보관한 것은 '휴대'가 아니다(대판 1992. 5. 12, 92도381; 1991. 4. 9, 91도427; 1990. 11. 13, 90도2170). 흉기 등 휴대 사실을 상대방이 인식하여야 하는지에 대해서 통설과 판례는 피해자가 인식하거나 실제로 범행에 사용하였을 것까지 요구되는 것은 아니라고 보고 있다(대판 2007. 3. 30, 2007도914). 위험한 물건을 휴대하여 범한 폭행을 가중 처벌하는 이유는 범행 현장에서 사용하려는 의도 아래 위험한 물건을 소지하거나 몸에 지녔기 때문이고, 그 범행과는 전혀 무관하게 우연히 이를 소지하게 된 경우까지를 포함하는 것은 아니다. 이는 판례가 흉기 소지에 대한 상대방 인식 요부에 관하여 불요설을 취하지만 구성요건의 해석상 행위자에게 흉기 등을 사용할 의도는 있어야 한다는 것으로 볼 수 있다. 또한 이러한 해석이 "단체 또는 다중의 위력을 보이거나"로 규정한 것과 균형이 맞다.

판례 **휴 대**

• 폭력행위 등 처벌에 관한 법률 제3조 제1항 소정의 위험한 물건을 "휴대하여"라는 말은 소지뿐만 아니라 널리 이용한다는 뜻도 포함하는 것인 바, 피고인이 고속도로상에서 승용차로 피해자가 타고 가는 승용차 뒤를 바짝 따라붙어 운전을 방해하고, 피고인 차량을 피해자 차량 앞으로 몰고 가 급제동을 하여 피해자로 하여금 충돌을 피하게 하기 위하여 급제동하거나 급차로 변경을 하게 하고, 피고인 차량을 피해자 차량의 옆으로 바짝 밀어붙여 피해자로 하여금 중앙분리대와 충돌할 위험에 처하게 하고, 피해자가 고속도로를 빠져나가려 하자 진로를 가로막아 빠져나가지 못하게 하였다면 이는 위험한 물건인 자동차를 이용하여 피해자를 폭행한 것이라 하지 않을 수 없다(대판 2001. 2. 27, 2001도271).

이 판례는 '휴대하여'라는 구성요건의 의미를 '이용하여'라는 포괄적인 의미로 해석하고 있는데, 구성요건의 본래 취지에 부합하는 해석으로서 죄형법정주의 원칙상 허용되지 않는 확장 해석은 아니다. 이 구성요건에서 중요한 것은 위험한 물건이 폭행에 사용되었는지 여부이며, 행위자가 어떠한 방법으로 그 물건을 소지하고 있는지는 중요한 사안이 아니기 때문이다.

• 시청산염 2그램 정도를 협박편지에 동봉 우송하여 피해자에게 도달케 하였다는 것만으로는 위험한 물건의 '휴대'라고 할 수 없다(대판 1985. 10. 8, 85도1851).

3. 폭행치사 · 치상죄

> **제262조(폭행치사상)** 제260조와 제261조의 죄를 지어 사람을 사망이나 상해에 이르게 한 경우에는 제257조부터 제259조까지의 예에 따른다.

본 죄는 폭행 · 존속폭행 또는 특수폭행의 고의로 사람을 폭행하여 사망이나 상해에 이르게 한 경우에 성립하는 결과적 가중범이다. 그러므로 결과적 가중범에 관한 일반 이론이 적용되며, 상해의 고의에 의하여 사상의 결과가 발생한 경우에는 상해죄 혹은 상해치사죄가 성립한다.

폭행과 사망 · 상해와의 사이에는 인과관계가 인정되어야 한다. 폭행으로 인하여 피해자의 지병이 악화되어 사망한 경우나 심장질환이 있는 자에 대하여 폭행한 결과 사망한 경우에는 인과관계가 인정된다.

판례 **폭행치사상죄의 인정 여부**

① 폭행치사상죄를 인정한 경우

• 폭행의 방법으로 이루어진 안수기도에 의하여 피해자가 사망한 경우(대판 1994. 8. 23, 94도1484).

• 2인의 피고인들로부터 폭행을 당하고 당구장 3층 화장실에 숨어 있던 피해자가 다시 피

고인들로부터 폭행당하지 않으려고 창문 밖으로 숨으려다가 실족하여 사망한 경우(대판 1990. 10. 16, 90도1786).

• 폭행으로 인하여 병약한 상대방의 지병이 도져 사망한 경우(대판 1989. 10. 13, 89도556; 1983. 1. 18, 82도697; 1979. 10. 10, 79도2040).

• 어린아이를 업은 사람을 밀어 넘어뜨려 어린아이가 사망한 경우(대판1972. 11. 28, 72도2201).

• 폭행으로 인하여 피해자가 뒤로 나자빠지면서 머리를 천정에 부딪혀 뇌일혈로 사망한 경우(대판 1970. 9. 22, 70도1387).

• 얼굴과 복부를 구타하여 피해자가 흥분하여 혈압의 항진을 초래하여 뇌일혈로 사망한 경우(대판 1955. 6. 7, 55형상88).

② 폭항치사상죄를 부정한 경우

• 속칭 '생일빵'을 한다는 명목하에 피해자를 가격하였다면 폭행죄가 성립하고, 가격행위의 동기, 방법, 횟수 등 제반 사정에 비추어 사회상규에 위배되지 아니하는 정당행위에 해당하지 않는다. '생일빵'에서 피해자를 가격하여 사망에 이르게 한 사안에서, 폭행과 사망간에 인과관계는 인정되지만 폭행 당시 피해자의 사망을 예견할 수 없었던 경우(대판 2010. 5. 27, 2010도2680).

• 피고인이 피해자에게 상당한 힘을 가하여 넘어뜨린 것이 아니라 단지 공장에서 동료 사이에 말다툼을 하던 중 피고인이 삿대질하는 것을 피하고자 피해자가 자신이 두어 걸음 뒷걸음치다 회전 중이던 십자형 스빙기계 철받침대에 걸려 넘어지며 머리를 바닥에 부딪쳐 두개골절로 사망한 경우(대판 1990. 9. 25, 90도10596).

• 어깨를 잡고 약 7미터 걸어가는 정도의 폭행을 하였는데 피해자의 특이체질 때문에 사망한 경우(대판 1982. 1. 12, 81도1811).

• 피해자의 뺨을 한번 살짝 때렸는데 특이체질로 사망한 경우(대판 1978. 11. 28, 78도1961).

본 죄에 해당하는 때에는 제257조 내지 제259조의 예에 의한다. 그러므로 발생한 결과에 따라 상해죄 · 존속상해죄 · 중상해죄 · 존속중상해죄 및 상해치사죄에 정한 형으로 처벌한다. 그러나 본 죄의 구성요건이 "사람을 사상에 이르게 한 때"라고 규정하고 있으므로 중상해죄에서 "생명에 대한 위험을 발생하게 한 경우"를 문언상 제외하고 있는 것처럼 보인다. 그러나 이는 폭행으로 인하여 상해를 입힌 결과 생명에 대한 위험을 발생시킨 경우를 의미하는 것으로 보아야 한다.

판례 특수폭행에 의한 상해의 경우 특수상해죄로 처벌가능 여부

• 특수폭행치상죄의 해당 규정인 형법 제262조, 제261조는 형법 제정 당시부터 존재하였는데, 형법 제258조의2 특수상해죄의 신설 이전에는 형법 제262조의 "전 2조의 죄를 범하여 사람을 사상에 이르게 한 때에는 제257조 내지 제259조의 예에 의한다"라는 규정 중 "제257조 내지 제

259조의 예에 의한다"의 의미는 형법 제260조(폭행, 존속폭행) 또는 제261조(특수폭행)의 죄를 범하여 상해, 중상해, 사망의 결과가 발생한 경우, 그 결과에 따라 상해의 경우에는 형법 제257조, 중상해의 경우에는 형법 제258조, 사망의 경우에는 형법 제259조의 예에 준하여 처벌하는 것으로 해석·적용되어 왔고, 따라서 특수폭행치상죄의 경우 법정형은 형법 제257조 제1항에 의하여 '7년 이하의 징역, 10년 이하의 자격정지 또는 1천만 원 이하의 벌금'이었다.

그런데 2016. 1. 6. 형법 개정으로 특수상해죄가 형법 제258조의2로 신설됨에 따라 문언상으로 형법 제262조의 "제257조 내지 제259조의 예에 의한다"는 규정에 형법 제258조의2가 포함되어 특수폭행치상의 경우 특수상해인 형법 제258조의2 제1항의 예에 의하여 처벌하여야 하는 것으로 해석될 여지가 생기게 되었다. 이러한 해석을 따를 경우 특수폭행치상죄의 법정형이 형법 제258조의2 제1항이 정한 '1년 이상 10년 이하의 징역'이 되어 종래와 같이 형법 제257조 제1항의 예에 의하는 것보다 상향되는 결과가 발생하게 된다.

그러나 형벌규정 해석에 관한 법리와 폭력행위 등 처벌에 관한 법률의 개정 경과 및 형법 제258조의2의 신설 경위와 내용, 그 목적, 형법 제262조의 연혁, 문언과 체계 등을 고려할 때, 특수폭행치상의 경우 형법 제258조의2의 신설에도 불구하고 종전과 같이 형법 제257조 제1항의 예에 의하여 처벌하는 것으로 해석함이 타당하다(대판 2018. 7. 24, 2018도3443).

또한 제257조 제3항이 미수범을 처벌하고 있는데 그렇다면 결과적 가중범인 폭행치상죄의 미수범을 처벌한다는 결론이 된다. 이는 입법상의 예상하지 못한 실수라고 볼 수 있는데, 기본범죄인 폭행의 미수로 상해의 결과가 발생하는 경우는 생각하기 어려우므로 사실상 그 적용이 배제된다고 보는 견해도 있다(이/장/강). 그러나 명문의 규정을 무시할 수는 없으므로 예를 들어 폭행을 가하려고 하자 이를 피하려다가 상해를 입은 경우에 이를 적용할 수 있을 것이다. 그러나 이러한 결과적 가중범의 미수범 처벌이 타당하지는 의문이다.

4. 상습(폭행·존속폭행·특수폭행)죄

제264조(상습범) 상습으로 제257조, 제258조, 제258조의2, 제260조 또는 제261조의 죄를 범한 때에는 그 죄에 정한 형의 2분의 1까지 가중한다.

폭행죄의 상습성은 폭행 범행을 반복하여 저지르는 습벽을 말하는 것이다. 상습성의 유무는 동종 전과의 유무와 그 사건 범행의 횟수, 기간, 동기 및 수단과 방법 등을 종합적으로 고려하여 판단한다. 단순폭행, 존속폭행의 범행이 동일한 폭행 습벽의 발현에 의한 것으로 인정되는 경우에는 그 중 법정형이 더 중한 상습존속폭행죄에 나머지 행위를 포괄하여 하나의 죄만이 성립한다고 본다(대판 2018. 4. 24, 2017도10956; 2016. 11. 24, 2016도13885). 그리고 상습존속폭행죄로 처벌되는 경우에는 형법 제260조 제3항이 적용되지 않으므로, 피해자의 명시한 의사에 반하여도 공소를 제기할 수 있다(대판 1965. 1. 26, 64도687).

제 3 절　과실치사상의 죄

Ⅰ. 의　의

과실치사상의 죄는 과실로 사람을 사망하게 하거나 신체에 상해를 입히는 경우에 성립하는 범죄이다. 보호법익은 사람의 생명 또는 신체이다. 형법은 원칙적으로 고의범만을 처벌하기 때문에(제14조 참조) 예외적으로 본 조를 두어 과실범을 처벌하도록 하였다. 현대 산업사회에서는 교통수단이나 각가지 형태의 시설이 법익 침해의 위험성을 안고 있음에도 불구하고 불가피하게 운용·가동되고 있다. 그러므로 이러한 시설이나 위험물의 운용자에게는 법익 침해의 결과 방지를 위한 주의의무가 특히 강조되며 이를 위반할 경우에는 형사처벌을 통하여 제재를 가하는 것이다.

과실치사상의 죄의 기본적 구성요건으로 과실치상죄(제266조)와 과실치사죄(제267조)가 규정되어 있고, 이에 대한 가중적 구성요건으로 업무상 과실·중과실치사상죄(제268조)를 두고 있다.

Ⅱ. 과실치상죄·과실치사죄

> **제266조(과실치상)** ① 과실로 인하여 사람의 신체를 상해에 이르게 한 자는 500만원 이하의 벌금, 구류 또는 과료에 처한다.
> ② 제1항의 죄는 피해자의 명시한 의사에 반하여 공소를 제기할 수 없다.
> **제267조(과실치사)** 과실로 인하여 사람을 사망에 이르게 한 자는 2년 이하의 금고 또는 700만원 이하의 벌금에 처한다.

과실치상죄는 과실로 사람의 신체를 상해함으로써 성립한다. 과실치사죄는 과실로 사람을 사망하게 함으로써 성립한다. 순수한 과실범으로서 고의로 폭행을 하여 상해나 사망의 결과가 발생하는 폭행치상죄나 폭행치사죄와 같은 결과적 가중범이 아니다. 과실치상죄는 반의사불벌죄이다.

본 죄가 성립하기 위해서는 과실, 즉 주의의무위반이 있어야 하고 주의의무위반으로 인하여 상해나 사망의 결과가 발생하였어야 한다(주의의무위반 관련성). 그러므로 주의의무위반(예: 과속)으로 인하여 발생한 사망이나 치상의 결과가 의무준수의 상황(예: 규정속도 준수)에서도 발생하였으리라고 예상되는 경우에는 의무위반 관련성이 인정되지 않으므로 행위자에게 사상의 결과를 귀속시킬 수 없다. 그리고 이러한 결과 발생 가능성에 대하여 예견할 수 있어야 함은 물론이다(객관적 예견가능성). 종래의 판례는 주의의무위반과 함께 과실이 결과 발생의 직접적인 원인인 경우에 한하여 과실을 인정하였다.

판례 과실과 결과 발생의 직접적인 원인 여부

• 중앙선에 서서 도로횡단을 중단한 피해자의 팔을 갑자기 잡아끌고 피해자로 하여금 도로를 횡단하게 만들어 결국 피해자가 차량에 충격당하여 사망한 사건에서, 과실을 인정하였다(대판 2002. 8. 23, 2002도2800).

• 헹가래를 쳐서 피해자를 장난삼아 바다에 빠뜨리려고 하다가 피해자가 바다에 빠져 사망한 사건에서, 피해자를 붙들고 헹가래를 친 피고인들의 과실을 인정하였다(대판 1990. 11. 13, 90도2106).

• 담임교사가 교실 유리창을 청소할 때는 교실 안쪽에서 닦을 수 있는 유리창만을 닦도록 지시하였는데도 피해자만이 베란다로 넘어갔다가 아래로 떨어져 사망한 사건에서, 담임교사에게 과실을 인정할 수 없다(대판 1989. 3. 28, 89도108).

• 부엌에서 연탄불을 피워 놓은 채 목욕을 하다가 연탄 아궁이에서 새어 나온 일산화탄소에 중독되어 사망한 사건에서 임대인이 연통 외부의 하자보수로 인하여 시멘트가 내부로 흘러들어 연통 내부의 하단을 메우게 한 과실이 있었다 하더라도 임차인의 사망이 임대인의 위와 같은 과실에 기인한 것이라고 보기 어렵다(대판 1985. 3. 26, 84도3085).

그러나 판례 가운데에는 과실이 결과 발생의 간접적인 원인인 경우에도 결과 귀속을 인정하는 것도 있다.

판례 과실이 결과 발생의 간접적인 원인인 경우

• 자기 집 안방에서 자다가 연탄가스중독으로 병원에 후송되어 온 환자를 치료한 의사가 회복 후 퇴원하던 환자로부터 병명을 문의받고도 아무런 요양방법을 지도하여 주지 않은 결과 환자는 연탄가스에 중독되었던 사실도 모르고 사고가 난 방에서 다시 자다가 재차 연탄가스에 중독된 경우 의사에게 요양방법에 대한 지도의무태만과 재차의 연탄가스중독과의 사이에 인과관계(과실)를 인정하였다(업무상 과실치상죄)(대판 1991. 2. 12, 90도2547).

• 자동차의 운전자가 그 운전상의 주의의무를 게을리하여 열차 건널목을 그대로 건너는 바람에 그 자동차가 열차 좌측 모서리와 충돌하여 20여 미터쯤 열차 진행방향으로 끌려가면서 퉁겨나갔고 피해자는 타고 가던 자전거에서 내려 위 충돌사고로 놀라 넘어져 상해를 입었다면 비록 위 자동차와 피해자가 직접 충돌하지는 않았더라도 자동차운전자의 위 과실과 피해자가 입은 상해 사이에는 상당한 인과관계가 있다(대판 1989. 9. 12, 89도866).

Ⅲ. 업무상 과실치사·치상죄, 중과실치사·치상죄

> 제268조(업무상과실·중과실 치사상) 업무상 과실 또는 중대한 과실로 사람을 사망이나 상해에 이르게 한 자는 5년 이하의 금고 또는 2천만원 이하의 벌금에 처한다.

1. 업무상 과실치사·치상죄

(1) 의 의

본 죄는 업무상의 과실로 인하여 사람을 사망이나 상해에 이르게 한 경우에 성립하는 범죄이다. 본 죄는 업무자라는 신분관계로 인하여 형이 가중되는 구성요건이다. 본 죄의 업무는 영리·비영리, 공무·사무, 적법·위법을 가리지 않는다. 한편 차의 운전자가 교통사고로 인하여 본 죄를 범한 경우에는 5년 이하의 징역 또는 2천만원 이하의 벌금에 처한다(교통사고처리 특례법 제3조 제1항).

본 죄의 형을 가중하는 근거에 대해서는 ① 업무자에게는 일반인보다 무거운 주의의무가 요구되는데도 불구하고 이를 태만히 한 점에서 가중된다는 견해(김/김, 김종원, 임웅), ② 업무자는 결과에 대한 예견가능성이 높기 때문에 형을 가중한다는 견해(오영근, 이/장/강, 이정원, 정/박), ③ 주의의무의 수준은 일반인과 업무자가 동일하지만 업무자에게는 고도의 주의능력이 있기 때문에 위법성이 크다는 점에서 형을 가중한다는 견해가 있다. 생각건대 업무란 후술하는 바와 같이 계속적·반복적 의사로 행하는 사무이므로 업무자에게는 축적된 경험으로 인한 고도의 주의의무 및 예견가능성이 인정된다고 볼 수 있다(①, ②).

(2) 형법상 업무의 개념 및 기능

1) 업무의 개념

형법상 업무라 함은 사람이 사회생활상의 지위를 바탕으로 계속하여 행하는 사무를 말하며, 반복·계속의 의사 또는 사실이 있는 한 그 사무에 대한 각별한 경험이나 법규상의 면허를 필요로 하지 아니한다. 여기에서 사무란 의사의 치료행위나 운전자의 운전행위처럼 자기가 처한 사회생활상의 위치에서 행하는 행위를 의미한다. 사회생활이 아니라 가사노동과 같이 일상생활에서의 사무는 업무에 해당하지 않는다.

형법상의 업무에는 업무상 비밀누설죄나 업무방해죄처럼 생명·신체와 무관한 업무이거나 업무상 횡령·배임죄(제356조)처럼 재산상의 업무도 포함되므로 반드시 사람의 생명이나 신체를 침해할 위험이 높은 행위에 제한되는 것은 아니다. 또한 본 죄의 업무는 위법·적법성을 불문하지만 제356조는 적법한 업무수행을 전제로 한다.

반복·계속의 의사를 가지고 행하는 사무이면 되며 반드시 오랜 경험을 필요로 하지 않는다. 그러므로 초보운전자의 교통사고나 병원개업일의 의료사고도 업무상의 과실이 인정된다.

2) 형법상 업무의 기능

(가) 과실범에서의 업무

이는 업무를 이유로 책임을 가중하는 경우로서 본 죄 이외에 업무상 실화·중실화죄(제171조), 업무상 과실교통방해죄(제189조), 업무상 과실장물취득죄(제364조)가 있다.

판례 업무상 과실치상죄 성립 여부

• 업무상과실치상죄의 '업무'란 사람의 사회생활면에서 하나의 지위로서 계속적으로 종사하는 사무를 말한다. 여기에는 수행하는 직무 자체가 위험성을 갖기 때문에 안전배려를 의무의 내용으로 하는 경우는 물론 사람의 생명·신체의 위험을 방지하는 것을 의무의 내용으로 하는 업무도 포함된다. 그러나 건물 소유자가 안전배려나 안전관리 사무에 계속적으로 종사하거나 그러한 계속적 사무를 담당하는 지위를 가지지 않은 채 단지 건물을 비정기적으로 수리하거나 건물의 일부분을 임대하였다는 사정만으로는 건물 소유자의 위와 같은 행위가 업무상과실치상죄의 '업무'에 해당한다고 보기 어렵다. 따라서 3층 건물의 소유자로서 건물 각 층을 임대한 피고인이, 건물 2층으로 올라가는 계단참의 전면 벽이 아크릴 소재의 창문 형태로 되어 있고 별도의 고정장치가 없는데도 안전바를 설치하는 등 낙하사고 방지를 위한 관리의무를 소홀히 함으로써, 건물 2층에서 나오던 갑이 신발을 신으려고 아크릴 벽면에 기대는 과정에서 벽면이 떨어지고 개방된 결과 약 4m 아래 1층으로 추락하여 상해를 입었다고 하여 업무상과실치상으로 기소된 사안에서, 피고인이 건물에 대한 수선 등의 관리를 비정기적으로 하였으나 그 이상의 안전배려나 안전관리 사무에 계속적으로 종사하였다고 인정하기 어렵다고 보아 업무상과실치상의 공소사실을 이유에서 무죄로 판단하고 축소사실인 과실치상 부분을 유죄로 인정한 원심판결이 정당하다고 한 사례(대판 2017. 12. 5, 2016도16738).

• 교사가 징계의 목적으로 회초리로 학생들의 손바닥을 때리기 위해 회초리를 들어올리는 순간 이를 구경하기 위해 옆으로 고개를 돌려 일어나는 다른 학생의 눈을 찔러 그로 하여금 우안실명의 상해를 입게 한 경우, 직접 징계당하는 학생의 옆에 있는 다른 학생이 징계당하는 것을 구경하기 위하여 고개를 돌려 뒤에서 다가선다든가 옆자리에서 일어나는 것까지 예견할 수는 없다고 할 것이고 교사가 교육의 목적으로 학생을 징계하기 위하여 매질하는 경우에 반드시 한 사람씩 불러내어서 해야 할 주의의무가 있다고도 할 수 없어 위 교사의 행위를 업무상 과실치상죄에 문의할 수는 없다(대판 1985. 7. 9, 84도822).

(나) 신분범의 요소로서의 업무

여기에는 첫째 진정신분범 요소(구성요건 요소)로서의 업무가 있으며, 그 예로는 업무상 비밀누설죄(제137조), 허위진단서작성죄(제233조), 업무상 과실 · 중과실장물취득죄(제364조)가 있다. 이 경우에는 이러한 업무에 종사하는 자의 행위만이 구성요건에 해당한다. 업무로 인하여 책임이 가중되는 부진정신분범 요소(가중적 구성요건 요소)로는 업무상 과실치사상죄, 업무상 실화죄, 업무상 과실교통방해죄 및 업무상 횡령 · 배임죄(제356조)에서의 업무가 그 예이다. 업무상 횡령 · 배임죄에서의 업무는 재산상의 업무라는 점 및 적법한 업무이어야 한다는 점에서 기타의 업무와 다르다.

(다) 보호대상으로서의 업무

반드시 적법할 필요는 없더라고 형법상 보호할 가치가 있는 업무에 제한되는데, 업무방해죄(제314조)에서의 업무는 그 예이다. 업무방해죄에서의 업무는 사무만을 의미한다. 공무는 공무집행방해죄(제136조)에 의하여 보호되기 때문이다.

(라) 행위 내용(구성요건 요소)으로서의 업무

아동혹사죄(제274조)는 16세 미만의 아동을 생명 또는 신체에 위험한 업무에 사용할 영업자나 동업자에게 인도함으로써 성립하는 범죄이므로 여기에서의 업무는 16세 미만의 아동이 행하는 행위내용이 된다.

(3) 업무상 과실의 내용

1) 자동차 운전자의 주의의무

자동차 운전자는 자동차의 운전으로 인한 사고 발생을 방지할 주의의무가 있으며 구체적인 주의의무의 내용은 도로교통법이 규정하고 있다. 그러나 도로교통법이 규정한 주의의무를 다하였다 하더라도 구체적인 상황에서 요구되는 주의의무를 다하지 않으면 안 된다. 그러므로 안개로 시계 20미터 정도의 고속도로상에서는 장애물을 발견 즉시 제동 · 정지할 수 있을 정도로 속도를 줄이는 등의 조치를 취하여야 하므로 제한속도를 준수하였다는 사실만으로는 주의의무를 다하였다고 할 수 없다(대판 1990. 12. 26, 89도2589).

자동차 운전자가 주의의무를 다하더라도 상대방 운전자의 교통규칙 준수가 전제되지 않는 한 교통사고의 발생은 불가피하다. 그러므로 판례는 도로교통과 관련하여 신뢰의 원칙을 제시하고 있으며 이는 스스로 교통규칙을 준수한 운전자는 상대방(운전자, 보행자)도 교통규칙을 준수하리라는 것을 신뢰하면 되고 상대방의 교통규칙 위반까지를 예견하여 보호조치를 할 필요는 없다는 원칙이다. 대법원은 운전자와 운전자의 관계에서는 신뢰의 원칙을 인정하고 있으나 운전자와 보행자의 관계에서는 제한적으로 인정하고 있다. 반면에 상대방이 이미 교통규칙을 위반하고 있으며 이러한 사정을 인식한 상태에서는 사고 발생을 방지할 적절한 조치를 취하여야 할 업무상 주의의무가 있다고 보아 신뢰의 원칙을 제한하고 있다(대판 1992. 7. 28, 92도1137).

판례 신뢰의 원칙

① 운전자와 운전자 사이의 신뢰의 원칙

• 앞차를 뒤따라 진행하는 차량의 운전사로서는 앞차에 의하여 전방의 시야가 가리는 관계상 앞차의 어떠한 돌발적인 운전 또는 사고에 의하여서라도 자기 차량에 연쇄적인 사고가 일어나지 않도록 앞차와의 충분한 안전거리를 유지하고 진로 전방좌우를 잘 살펴 진로의 안전을 확인하면서 진행할 주의의무가 있다(대판 2001. 12. 11, 2001도5005).

• 제한속도를 준수하며 진행하는 피고인으로서는 신호기의 차량진행신호에 따라 그대로 진행하면 족하고 오토바이운전자가 신호를 무시하고 갑자기 횡단보도를 무단 횡단할 경우까지를 예상하여 사고예방을 위한 필요한 조치를 취할 업무상 주의의무는 없다(대판 1994. 4. 26, 94도548).

• 피해자의 하차요청에 따라 운전 중인 차를 정차하려는 순간 피해자가 갑자기 뛰어내리다가 지면에 부딪쳐 사망하게 되었다면 운전자에게 그러한 결과 발생까지 예상하여 승차자의 동정을 주의 깊게 살펴야 할 업무상 주의의무는 없다(대판 1983. 6. 14, 82도1925).

• 반대방향에서 운행하여 오는 차량이 앞지르기를 하거나 도로의 상황 기타 사정으로 부득이 중앙선을 침범하게 되는 경우를 제외하고는 그 차량이 중앙선을 침범하는 일은 없으리라고 믿고 운전하면 족한 것이므로 상대방 차량이 중앙선을 침범하여 진입할 것까지를 예견하고 감속하는 등 조치를 강구하여야 할 주의의무는 없다(대판 1982. 4. 13, 81도2720).

② 운전자와 보행자 사이에서 신뢰의 원칙을 부인한 경우

• 고속도로에서 도로의 중앙으로 갑자기 뛰어든 사람이 도로를 횡단하지 못하고 멈추거나 다시 되돌아가는 경우를 예견하지 못한 과실을 인정하였다(대판 1981. 3. 24, 80도3305).

• 횡단보도가 아닌 곳에서 발생한 사고에 대하여 운전자의 과실을 인정하였다(대판 1980. 5. 27, 80도842).

③ 운전자와 보행자 사이에서 신뢰의 원칙을 인정한 경우

• 일반적으로 고속도로를 운전하는 자동차운전자에게 도로상에 장애물이 나타날 것을 예견하여 제한속도 이하로 감속 서행할 주의의무가 없다는 이유로 고속도로상에서 도로를 횡단하는 피해자(5세)를 피고인이 운전하는 화물자동차로 충격하여 사망케 한 공소사실에 대하여 무죄를 선고하였다(대판 1981. 12. 8, 81도1808). 다만 고속도로를 무단횡단하는 보행자를 충격하여 사고를 발생시킨 경우라도 운전자가 상당한 거리에서 보행자의 무단횡단을 미리 예상할 수 있는 사정이 있었고, 그에 따라 즉시 감속하거나 급제동하는 등의 조치를 취하였다면 보행자와의 충돌을 피할 수 있었다는 등의 특별한 사정이 인정되는 경우에만 자동차 운전자의 과실이 인정될 수 있다(대판 2000. 9. 5, 2000도2671).

• 자동차 전용도로상을 횡단하는 보행자를 충격한 사고에서 운전자의 과실을 부인하였다(대

판 1990. 1. 23, 89도1395)

• 육교 밑을 횡단하는 보행자를 충격한 경우 운전자의 과실을 부인하였다(대판 1985. 9. 10, 84도1572)

• 갑자기 차도에 뛰어든 사람을 충격한 사고에서 운전자의 과실을 부인하였다(대판 1983. 9. 13, 83도1537).

2) 의료인의 주의의무

의료사고에 있어서 의사의 과실을 인정하기 위해서는 의사가 결과 발생을 예견할 수 있었음에도 불구하고 그 결과 발생을 예견하지 못하였고, 그 결과 발생을 회피할 수 있었음에도 불구하고 그 결과 발생을 회피하지 못한 과실이 존재하여야 한다. 의사의 과실의 유무를 판단함에는 같은 업무와 직무에 종사하는 일반적 보통인의 주의 정도를 표준으로 하여야 하며, 이에는 사고 당시의 일반적인 의학의 수준과 의료환경 및 조건, 의료행위의 특수성 등이 고려되어야 한다. 그리고 이러한 법리는 한의사의 경우에도 마찬가지이다(대판 2014. 7. 24, 2013도16101; 2011. 4. 14, 2010도10104).

의사는 의료행위의 시술 전과 시술과정에서는 물론이고 시술 후에도 환자가 회복될 때까지 환자의 예후를 주의 깊게 관찰하여 증상의 악화 여부를 파악하고 필요한 경우에는 즉시 응급조치가 가능하도록 할 의무가 있다. 만일 이러한 조치가 시설 등의 이유로 불가능하다고 판단될 경우에는 즉시 다른 병원으로의 전원 조치를 취하여야 한다.

판례 의료인의 과실

① 인정된 경우

• 피고인이 제왕절개수술을 시행 중 태반조기박리를 발견하고도 피해자의 출혈 여부 관찰을 간호사에게 지시하였다가 수술 후 약 45분이 지나 대량출혈을 확인하고 전원轉院 조치하였으나 그 후 피해자가 사망한 사안에서, 피고인에게 대량출혈 증상을 조기에 발견하지 못하고, 전원을 지체하여 피해자로 하여금 신속한 수혈 등의 조치를 받지 못하게 한 과실이 있다. (또한) 피고인이 전원받는 병원 의료진에게 피해자가 고혈압환자이고 제왕절개수술 후 대량출혈이 있었던 사정을 설명하지 않은 사안에서, 피고인에게 전원 과정에서 피해자의 상태 및 응급조치의 긴급성에 관하여 충분히 설명하지 않은 과실이 있다(대판 2010. 4. 29, 2009도7070).

• 의사가 의료행위를 할 때는 환자의 구체적 증상이나 상황에 따라 위험을 방지하기 위하여 요구되는 최선의 조치를 취하여야 하고, 환자에게 적절한 치료를 하거나 그러한 조치를 취하기 어려운 사정이 있다면 신속히 전문적인 치료를 할 수 있는 다른 병원으로의 전원조치 등을 취하여야 하며(대판 2006. 12. 21, 2005도9213; 2005. 10. 28, 2004다13045), 특히 미용성형을 시술하는 의사로서는 고도의 전문적 지식에 입각하여 시술 여부, 시술의 시기, 방법, 범위 등을 충분히 검토한 후 그 미용성형 시술의 의뢰자에게 생리적, 기능적 장해가 남지 않도록 신중을 기

하여야 할 뿐 아니라, 회복이 어려운 후유증이 발생할 개연성이 높은 경우 그 미용성형 시술을 거부 내지는 중단하여야 할 의무가 있다(대판 2007. 5. 31, 2007도1977).

• 간호사가 다른 환자에게 수혈할 혈액을 당해 환자에게 잘못 수혈하여 환자가 사망한 경우 간호사에게 환자에 대한 수혈을 맡긴 의사의 과실을 인정할 수 있다(대판 1998. 2. 27, 97도2812).

• 갑상선아절제술 및 전경부임파절청소술을 받은 환자가 기도부종으로 인한 호흡장애로 식물인간상태에 이르게 된 경우, 환자의 호흡곤란을 알고도 환자의 상태를 확인하지 아니한 담당의사와 그의 활력체크지시를 제대로 이행하지 아니하고 의사를 불러달라는 환자 보호자의 요청을 듣지 아니한 담당간호사의 업무상 과실이 인정된다(대판 1994. 12. 22, 93도3030).

• 정신과질환인 조증으로 입원한 환자의 주치의사는 환자의 건강상태를 사전에 면밀히 살펴서 그 상태에 맞도록 조증치료제를 투여하여야 하고, 치료제의 과다투여로 인하여 환자의 건강상태가 갑자기 나빠지기 시작하였다면 좀 더 정확한 진찰과 치료를 위하여 내과전문병원으로 전원조치를 하여야 할 것이고, 그러지 못하고 환자의 혈압상승을 위하여 포도당액을 주사하게 되었으면 그 과정에서 환자의 전해질 이상 유무를 확인하고 투여하여야 함에도 의사에게 요구되는 이러한 일련의 조치를 취하지 아니한 과실이 인정된다(대판 1994. 12. 9, 93도2524).

② 부정된 경우

• 한의사인 피고인이 피해자에게 문진하여 과거 봉침을 맞고도 별다른 이상반응이 없었다는 답변을 듣고 알레르기 반응검사(skin test)를 생략한 채 환부인 목 부위에 봉침시술을 하였는데, 피해자가 위 시술 직후 아나필락시 쇼크반응을 나타내는 등 상해를 입은 사안에서, 피고인에게 과거 알레르기 반응검사 및 약 12일 전 봉침시술에서도 이상반응이 없었던 피해자를 상대로 다시 알레르기 반응검사를 실시할 의무가 있다고 보기는 어렵고, 설령 그러한 의무가 있다고 하더라도 제반 사정에 비추어 알레르기 반응검사를 하지 않은 과실과 피해자의 상해 사이에 상당인과관계를 인정하기 어렵다(대판 2011. 4. 14, 2010도10104).

• 간호사가 '진료의 보조'를 함에 있어서는 모든 행위 하나하나마다 항상 의사가 현장에 입회하여 일일이 지도·감독하여야 한다고 할 수는 없고, 경우에 따라서는 의사가 진료의 보조행위 현장에 입회할 필요 없이 일반적인 지도·감독을 하는 것으로 족한 경우도 있을 수 있다 할 것인데, 여기에 해당하는 보조행위인지 여부는 보조행위의 유형에 따라 일률적으로 결정할 수는 없고 구체적인 경우에 있어서 그 행위의 객관적인 특성상 위험이 따르거나 부작용 혹은 후유증이 있을 수 있는지, 당시의 환자 상태가 어떠한지, 간호사의 자질과 숙련도는 어느 정도인지 등의 여러 사정을 참작하여 개별적으로 결정하여야 한다. 따라서 간호사가 의사의 처방에 의한 정맥주사(Side Injection 방식)를 의사의 입회 없이 간호실습생(간호학과 대학생)에게 실시하도록 하여 발생한 의료사고에 대한 의사의 과실은 부정된다(대판 2003. 8. 19, 2001도3667).

• 내과의사가 신경과 전문의에 대한 협의진료 결과 피해자의 증세와 관련하여 신경과 영역에서 이상이 없다는 회신을 받았고, 그 회신 전후의 진료 경과에 비추어 그 회신 내용에 의문을 품을 만한 사정이 있다고 보이지 않자 그 회신을 신뢰하여 뇌혈관계통 질환의 가능성을 염두에 두지 않고 내과 영역의 진료 행위를 계속하다가 피해자의 증세가 호전되기에 이르자 퇴원하도

록 조치한 경우, 피해자의 지주막하출혈을 발견하지 못한 데 대하여 내과의사의 업무상과실은 부정된다(대판 2003. 1. 10, 2001도3292).

• 요추 척추후궁절제 수술 도중 수술용 메스가 부러지자 의사가 부러진 메스조각을 찾아 제거하기 위한 최선의 노력을 다하였으나 찾지 못하고 무리하게 제거할 경우의 위험성을 고려하여 부러진 메스조각을 그대로 둔 채 수술부위를 봉합한 경우 의사의 과실을 인정할 수 없다(대판 1999. 12. 10, 99도3711).

3) 건설공사장 책임자의 주의의무

건설공사장의 책임자는 건설공사에 따르는 재해 예방과 안전관리 업무를 이행하여야 하고 특히 근로자에게 위험을 미칠 우려가 있는 경우에는 위험방지 조치를 취할 의무가 있다. 그러므로 도로공사의 현장소장은 지반붕괴 등에 대비하여 지반을 안전한 경사로 하고 낙하위험이 있는 토석을 제거하거나 옹벽 및 흙막이 지보공 등을 설치하여야 함에도 이러한 안전방지조치를 취하지 아니하여 근로자가 사망한 경우 업무상 과실치사죄가 인정된다(대판 1991. 12. 10, 91도2642).

판례 건축공사에서 과실

• 성수대교 붕괴사고에서 교량 건설회사의 트러스 제작책임자, 교량공사현장감독, 발주 관청의 공사감독 공무원 등에게 업무상과실치사상, 업무상과실일반교통방해, 업무상과실 자동차추락죄 등의 유죄를 인정하였다(대판 1997. 11. 28, 97도1740: 성수대교 사건).

• 백화점 붕괴의 원인이 건축계획의 수립, 건축설계, 건축공사공정, 건물완공 후의 유지관리 등에 있어서의 과실이 복합적으로 작용한 데에 있다고 보아 각 단계별 관련자들은 업무상 과실치사상죄의 공동정범으로 처단된다(대판 1996. 8. 23, 96도1231: 삼풍백화점 사건).

2. 중과실치사상죄 (제268조)

본 죄는 중대한 과실로 인하여 사람을 사상에 이르게 함으로써 성립한다. 중대한 과실이라 함은 주의의무위반의 정도가 극히 큰 경우를 말한다. 즉 업무자가 아닌 일반인의 무모함이나 경솔함으로 인하여 조금만 주의하였더라도 피할 수 있었던 사상의 결과를 발생하게 한 경우를 말한다.

판례 중과실치사상

• 러시안룰렛게임으로 사망한 사건에서 자기위태화로 중과실치사죄를 부정하였다(대판 1992. 3. 10, 91도3171).

• 농약을 평소에 신문지에 포장하여 판매해온 중조(중탄산소다)와 같은 모양으로 포장하여 점

포선반에 방치하고 이를 가족에게 알리지 아니하여 사고가 발생한 경우에 중과실치사죄를 인정하였다(대판 1961. 11. 16, 4294형상312).

제 4 절 낙태죄

Ⅰ. 낙태의 개념

낙태란 태아를 자연분만 시점에 앞서서 모체 밖으로 인위적으로 배출하거나 모체 내에서 살해하는 것을 말한다(통설; 대판 2005. 4. 15, 2003도2780). 이에 대하여 임신중절에 의하여 태아를 살해하거나, 태아를 살해하려는 목적으로 자연분만기 이전에 태아를 모체 밖으로 배출하거나 태아를 모체 안에서 살해하는 행위를 낙태행위로 보는 견해(침해범설)가 있다(이/장/강, 이정원, 손동권, 김/김). 이에 대해 낙태는 태아를 인공적으로 모체 밖으로 배출시키는 행위를 의미한다고 보아야 하므로 위험범설이 타당하다는 견해가 있다. 모자보건법에서는 인공임신중절수술을 태아가 모체 밖에서는 생명을 유지할 수 없는 시기에 태아와 그 부속물을 인공적으로 모체 밖으로 배출시키는 수술을 말한다고 규정하고 있다(동법 제2조 제6호).

Ⅱ. 헌법재판소의 헌법불합치 결정

1. 개 요

헌법재판소는 현행 형법상의 낙태죄에 대해 헌법불합치 결정을 하였다(헌재결 2019. 4. 11, 2017헌바127). 그리고 현행 형법은 2020. 12. 31.을 시한으로 입법자가 개선입법을 할 때까지 계속 적용을 명하였다. 그러나 국회는 2020. 12. 31.까지 낙태죄 관련 개선입법을 마련하지 못한 결과 낙태죄 규정은 새로운 입법절차가 완료될 때까지 그 효력을 상실하게 되었다. 그 동안의 논의는 낙태죄 전면 폐지 주장, 임신 21주차 등 일정 기간까지의 낙태 허용 주장이 대립하고 있다.

아래에서는 헌법재판소의 헌법불합치 결정 내용을 살펴본다.

2. 내 용

헌법재판소가 헌법불합치 결정을 한 이유는 여성의 자기결정권 위반, 법익균형성의 원칙 위반, 과잉금지원칙 위반, 낙태 갈등 상황에서 형벌의 위하가 임신 종결 여부 결정에 미치는 영향이 제한적이고 실제로 형사처벌되는 사례도 매우 드물어 태아의 생명 보호를 실효적으로 하지 못하고 있다는 점, 모자보건법상의 정당화 사유에는 다양하고 광범위한 사회적 · 경제적 사유에 의한 낙태 갈등 상황이 전혀 포섭되지 않는다고 보았다. 특히 헌법재판소가 예로 든 모자보건법이 고려하지 않고 있는 상황은 학업이나 직장생활 등 사회활동에 지장이 있을 것에 대한 우려, 소득이 충분하지 않거나 불안정한 경우, 자녀가 이미 있어서 더 이상의 자녀를 감당할 여력이 되지 않는 경우, 상대 남성과 교제를 지속할 생각이 없거나 결혼 계획이 없는 경우, 혼인이 사실상 파탄에 이른 상태에서 배우자의 아이를 임신했음을 알게 된 경우, 결혼하지 않은 미성년자가 원치 않은 임신을 한 경우 등이 이에 해당한다고 보았다.

이러한 점에서 현행 형법상의 자기낙태죄(제269조 제1항) 조항은 입법목적을 달성하기 위하여 필요한 최소한의 정도를 넘어 임신한 여성의 자기결정권을 제한하고 있어 침해의 최소성을 갖추지 못하였고, 태아의 생명 보호라는 공익에 대하여만 일방적이고 절대적인 우위를 부여함으로써 법익균형성의 원칙도 위반하였으므로, 과잉금지원칙을 위반하여 임신한 여성의 자기결정권을 침해한다고 하였다.

그리고 자기낙태죄 조항과 동일한 목표를 실현하기 위하여 임신한 여성의 촉탁 또는 승낙을 받아 낙태하게 한 의사를 처벌하는 의사낙태죄(제269조 제2항) 조항도 같은 이유에서 헌법불합치 결정을 하였다.

3. 헌법불합치 결정 이유

자기낙태죄 조항과 의사낙태죄 조항에 대하여 각각 단순위헌 결정을 할 경우, 임신 기간 전체에 걸쳐 행해진 모든 낙태를 처벌할 수 없게 됨으로써 용인하기 어려운 법적 공백이 생기게 된다. 더욱이 입법자는 결정가능 기간(착상시부터 임신 22주까지)을 어떻게 정하고 결정가능 기간의 종기를 언제까지로 할 것인지, 결정가능 기간 중 일정한 시기까지는 사회적 · 경제적 사유에 대한 확인을 요구하지 않을 것인지 여부까지를 포함하여 결정가능 기간과 사회적 · 경제적 사유를 구체적으로 어떻게 조합할 것인지, 상담 요건이나 숙려 기간 등과 같은 일정한 절차적 요건을 추가할 것인지 여부 등에 관하여 앞서 헌법재판소가 설시한 한계 내에서 입법재량을 가진다. 따라서 자기낙태죄 조항과 의사낙태죄 조항에 대하여 단순위헌 결정을 하는 대신 각각 헌법불합치 결정을 선고하되, 다만 입법자의 개선입법이 이루어질 때까지(2020. 12. 31.) 계속적용을 명함이 타당하다고 보았다. 이러한 관점에서 헌법재판소는 향후 입법과정에서 낙태에 대한 불처벌보다는 제한적 조건 아래에서의 불처벌을 지지하는 것으로 예상된다.

제 5 절 유기와 학대의 죄

Ⅰ. 유기의 죄

1. 의 의

유기죄는 나이가 많거나 어림, 질병 그 밖의 사정으로 도움이 필요한 사람을 보호하여야 할 법률상 또는 계약상 의무 있는 자가 유기함으로써 성립한다. 형법은 유기죄에서 보호의무 있는 자의 유기행위만을 처벌함으로써 진정신분범의 형태로 규정하고 있다. 이는 한편으로는 개인주의적 입법이라는 비판과 함께 부조의무자의 제한을 통하여 지나친 처벌 범위의 확대를 방지하고자 하였다는 평가를 받고 있다.

2. 본질 및 보호법익

유기죄는 생명·신체의 안전을 보호법익으로 하는 위험범이다. 즉 부조를 필요로 하는 자를 유기함으로써 이들의 생명·신체의 안전이 위태롭게 되는 것을 방지하는 것이 본 구성요건의 목적이다.

본 죄가 추상적 위험범인가 구체적 위험범인가에 대해서는 견해가 대립된다. 독일형법에서는 구체적 위험범으로 보는 것이 통설이다. 그러나 독일형법에서는 유기죄의 행위주체를 반드시 보호의무 있는 자로 제한하고 있지 않기 때문에 구체적 위험범으로 보는 것이 구성요건해당성을 제한하는 방법이 된다. 반면에 우리 형법은 행위주체를 부조의무 있는 자로 제한하고 있기 때문에 이러한 자의 유기행위는 구체적 위험 발생 여부와 관계 없이 유기죄를 구성한다고 보는 것이 타당하다. 또한 제271조 제3항, 제4항(중유기죄, 존속중유기죄)이 사람의 생명에 대한 위험을 발생한 경우에는 가중 처벌하는 것에 비추어 보아도 단순유기죄와 존속유기죄는 추상적 위험범으로 보는 것이 옳다(통설).

3. 구성요건체계

유기의 죄의 기본적 구성요건은 나이가 많거나 어림, 질병 그 밖의 사정으로 도움이 필요한 사람을 보호할 법률상 또는 계약상 의무 있는 자가 유기한 때에 성립하는 단순유기죄(제271조 제1항)이다. 존속유기죄(제271조 제2항)는 신분관계로 인하여 책임이 가중된 가중적 구성요건이고, 영아유기죄(제272조)는 책임이 감경되는 감경적 구성요건이다. 중유기죄(제271조 제3항, 제4항)와 유기치사상죄(제275조)는 결과적 가중범으로서 불법이 가중된 가중적 구성요건이다.

4. 유기죄

> 제271조(유기, 존속유기) ① 나이가 많거나 어림, 질병 그 밖의 사정으로 도움이 필요한 사람을 법률상 또는 계약상 보호할 의무가 있는 자가 유기한 경우에는 3년 이하의 징역 또는 500만원 이하의 벌금에 처한다.

(1) 행위주체

본 죄의 주체는 요부조자를 보호할 법률상 또는 계약상 의무를 지고 있는 보호의무자이다. 그러므로 본 죄는 진정신분범이다.

1) 법률상 · 계약상 보호의무

행위주체의 보호의무란 법률상의 보호의무와 계약상의 보호의무를 포함한다. 법률상의 보호의무는 법령에 의하여 보호의무가 규정되어 있는 경우를 말한다. 따라서 민법에 근거한 부부 간의 부양의무도 법률상 보호의무에 포함된다(대판 2018. 5. 11, 2018도4018). 대법원은 사실혼 관계에 있는 경우에도 민법 규정의 취지 및 유기죄의 보호법익에 비추어 법률상 보호의무의 존재를 긍정한다(대판 2008. 2. 14, 2007도3952).

계약상의 보호의무는 유기자와 피유기자 사이의 계약은 물론 유기자와 제3자와의 계약도 포함한다(예: 어린아이의 부모와 보모와의 계약). 계약상 의무는 간호사나 보모와 같이 계약에 기한 주된 급부의무가 부조를 제공하는 것인 경우에 반드시 한정되지 않으며, 계약의 해석상 계약관계의 목적이 달성될 수 있도록 상대방의 신체 또는 생명에 대하여 주의와 배려를 한다는 부수적 의무의 한 내용으로 상대방을 부조하여야 하는 경우도 포함한다. 그러나 유기죄는 당사자의 인적 책임에 대한 형사적 제재가 문제되는 구성요건이므로 민사적 부조의무 또는 보호의무가 인정된다고 해서 유기죄의 계약상 의무가 당연히 인정되는 것은 아니다. 계약상의 부조의무의 유무를 판단하기 위해서는 계약관계의 성질과 내용, 계약당사자 기타 관련자들 사이의 관계 및 그 전개 양상, 그들의 경제적 · 사회적 지위, 부조가 필요하기에 이른 전후의 경위, 필요로 하는 부조의 대체가능성을 포함하여 그 부조의 종류와 내용, 달리 부조를 제공할 사람 또는 설비가 있는지 여부 기타 제반 사정을 고려하여야 한다(대판 2011. 11. 24, 2011도12302).

판례 계약상 보호의무

• 사건개요 : 피고인이 자신이 운영하는 주점에 손님으로 와서 수일 동안 식사는 한 끼도 하지 않은 채 계속하여 술을 마시고 만취한 피해자를 주점 내에 그대로 방치하여 저체온증 등으로

사망에 이르게 하였다.

판결이유: 피해자가 피고인의 지배 아래 있는 주점에서 3일 동안 과도하게 술을 마시고 추운 날씨에 난방이 제대로 되지 아니한 주점 내 소파에서 잠을 자면서 정신을 잃은 상태에 있었다면, 피고인은 주점의 운영자로서 피해자의 생명 또는 신체에 대한 위해가 발생하지 아니하도록 피해자를 주점 내실로 옮기거나 인근에 있는 여관에 데려다 주어 쉬게 하거나 피해자의 지인 또는 경찰에 연락하는 등 필요한 조치를 강구하여야 할 계약상의 부조의무를 부담한다고 보아 유기치사죄를 인정하였다(대판 2011. 11. 24, 2011도12302).

2) 기타 보호의무의 인정 여부

보호의무의 근거는 법률 · 계약 이외에 사무관리 · 관습 · 조리 또는 공서양속이나 사회통념이며, 선행행위를 근거로 보호의무가 인정될 수 있는가에 대해서는 긍정설(김종원, 유기천, 이정원, 이형국, 임웅)과 부인설(강구진, 김/김, 김/서, 배종대, 백형구, 오영근, 이/장/강)로 나뉜다. 법률과 계약으로 명시하고 있는 현행법하에서는 입법론은 별론으로 하더라도 죄형법정주의 원칙상 긍정설은 수긍할 수 없다고 본다. 판례 역시 부인설의 입장이다(아래 판례 참조).

한편 부작위범 규정을 원용하여 부조의무자의 범위를 확장할 수 있다는 견해가 있다(임웅). 그러나 이는 제271조 제1항에서 제한적으로 규정하고 있는 부조의무의 발생 근거를 총론의 일반원리에 의해 확대하는 결과를 가져오므로 타당하지 않다. 한편 선행행위인 범죄행위에 기한 부조의무의 발생에 대해서 부정설과 긍정설이 있다. 그러나 범죄행위에 의해 부조가 필요한 상황이 초래되었다면 별도로 유기죄가 성립하는 것이 아니라 범죄행위인 선행행위만이 성립한다고 보는 것이 타당하다(아래 판례 ② 참조).

판례 유기죄의 성립 여부

① 사회상규상의 보호책임을 부인한 경우

• 서로 알지 못하는 관계인 피고인과 피해자는 술에 취한 상태에서 오후 4시경 길을 같이 걷다가 함께 도로에서 실족하여 2미터 아래 개울로 떨어져 5시간 가량 잠을 자다 깨어나 도로 위로 올라오려고 하였으나 이미 어두워 길을 찾을 수 없었다. 개울을 헤매던 피해자는 후두부타박상을 입고 움직일 수 없는 상태가 되었다. 그 사이에 피고인은 길을 찾아 피해자를 둔 채 귀가하였다. 결국 피해자는 4~5시간 후 심장마비로 사망하였다. 사고 당시에는 섭씨 영하 15도의 추운 날씨였으며 40미터 떨어진 곳에는 민가가 있었다.

대법원은 형법이 "법률상 또는 계약상의 보호의무가 있는 자만을 유기죄의 주체로 규정하고 있으니 명문상 사회상규상의 보호책임을 관념할 수는 없다고 하겠으며, 유기죄의 죄책을 인정하려면 보호책임이 있게 된 경위 · 사정 · 관계 등에 의하여 법률상 또는 계약상의 보호의무를 밝혀야 할 것이다"(대판 1977. 1. 11, 76도3419)고 판시하여 유기치사죄의 성립을 부인하였다.

② 강간범과 유기죄 성립 여부

• 강간치상의 범행을 저지른 자가 그 범행으로 인하여 실신상태에 있는 피해자를 구호하지 아니하고 방치하였다고 하더라도 그 행위는 포괄적으로 단일의 강간치상죄만을 구성한다(대판 1980. 6. 24, 80도726). 즉 선행행위인 강간치상죄만을 인정하고 유기죄는 인정하지 않았다.

[독일판례] 술집 주인인 피고인은 술에 취하여 몸을 제대로 가누지 못하는 손님을 문 앞 계단에서 넘어지지 않도록 부축하고 술집 앞으로 나온 다음 택시를 불러 귀가할 것을 권하였다. 그러나 손님이 계속 거절하자 혼자 두고 술집 안으로 들어왔는데 잠시 후 자동차 도로 방향으로 쓰러져 있다가 지나가던 자동차에 치어 5주 후에 사망하였다. 독일연방대법원은 손님의 생명·신체의 안전을 우연에 맡기고 현장을 떠난 술집 주인의 작위의무 불이행을 인정하고 유기치사죄의 성립을 인정하였다(BGHSt 26, 35).

(2) 행위객체

본 죄의 행위객체는 나이가 많거나 어림, 질병 그 밖의 사정으로 생명·신체의 안전을 지키기 위하여 타인의 도움을 필요로 하는 사람이다. 즉 정신적·육체적인 의미에서 부조를 요하는 자를 말하며 경제적인 부조를 요하는 자는 여기에 포함되지 않는다. 형법은 획일적인 연령기준을 제시하고 있지 않으므로 연령을 포함하여 개개인의 상태에 따라 정하는 수밖에 없다. 질병이란 육체적인 것은 물론 정신적인 질병까지 포함한다(예: 병원에 입원중인 자, 교통사고 등으로 부상당하여 쓰러져있는 자, 정신병자 등). 명정상태에 빠진 자와 임산부는 질병이라기보다는 그 밖의 사정에 해당한다고 보는 것이 타당하다. 그 밖의 사정이란 나이가 많거나 어림 또는 질병에 해당되지는 않지만 역시 타인의 부조를 필요로 하는 경우를 의미한다. 부조를 요하게 된 원인을 요부조자가 스스로 야기한 경우(예: 마약 등을 복용하여 의식이 몽롱한 상태에 있는 자)에도 행위주체의 보호의무는 인정된다.

(3) 행 위

행위방법은 유기이다. 요부조자를 유기한다는 것은 요부조자의 생명·신체에 위험을 가져올 수 있는 보호 없는 상태로 두는 것을 말한다. 구체적으로는 요부조자를 보호 없는 상태로 옮기는 적극적 유기와 보호 없는 상태에 방치하는 소극적 유기를 포함한다.

적극적 유기행위는 요부조자의 생명·신체에 위험이 초래될 수 있는 곳으로의 장소적 이전을 필요로 한다. 보호의무자가 요부조자와 장소적으로 함께 있으면서도 보호의무를 다하지 않는 경우처럼 장소적 이탈이 없는 경우에도 요부조자의 생명·신체의 안전인 이상 유기에 해당한다. 그러므로 간호사가 돌볼 다른 사람이 없는 상황에서 고의적으로 환자를 둔 채 병실을 떠난다든가, 병실에 있으면서도 환자를 돌보지 않는 경우에는 유기죄를 적용하는 것이 타당하다.

소극적 유기는 요부조자가 스스로 또는 다른 사람의 도움으로 보호받을 수 없는 상황에 놓이게 하는 것을 말한다. 보호의무자가 요부조자를 버리고 떠나는 것(예: 아이가 학교에서 돌아오기 전에 이사를 가버리는 경우)은 그 예이다. 판례는 11세된 딸의 장내출혈로 인한 수혈 필요성에도 불구하고 여호와의 증인교를 믿는 어머니가 수혈을 방해하여 딸이 사망한 사건에서 피고인의 행위는 요부조자를 위험한 장소에 두고 떠난 것이나 다름없으므로 유기치사죄가 성립한다고 판시하였다(대판 1980. 4. 24, 79도1387). 작위의무자(보호의무자)가 제3자에 의한 요부조자의 유기를 방치하거나, 영아를 집에 혼자 둔 채 하루가 지나서야 귀가하는 행위 역시 소극적 유기행위에 해당한다(부진정부작위범). 소극적 유기행위는 계속범에 해당한다.

(4) 주관적 구성요건

유기죄는 고의범이므로 보호의무 있는 행위자가 요부조자에 대한 보호 책임의 발생원인이 된 사실이 존재한다는 것을 인식하고 이에 기한 부조의무를 게을리한다는 인식이 있어야 한다. 즉 행위자는 자신의 유기행위로 인하여 요부조자의 생명 · 신체가 위험 상황에 처하게 되리라는 것을 인식하여야 한다(대판 2008. 2. 14, 2007도3952).

판례 **요부조상태에 대한 인식**

- 피고인이 호텔 7층 객실에서 피해자에게 성관계를 요구하다가 피해자가 그 순간을 모면하기 위하여 7층 창문으로 뛰어내린 것을 알았다면 즉시 적절한 구호조치를 하여 피해자를 보호해야 할 법률상 의무가 있으나 피해자가 뛰어내린 여부를 피고인이 알았다고 인정할 만한 아무런 증거가 없다는 이유로 중유기죄의 성립을 부인하였다(대판 1988. 8. 9, 86도225).

5. 존속유기죄 · 중유기죄 · 존속중유기죄

제271조(존속유기) ② 자기 또는 배우자의 직계존속에 대하여 제1항의 죄를 지은 경우에는 10년 이하의 징역 또는 1천500만원 이하의 벌금에 처한다.
제271조(유기, 존속유기) ③ 제1항의 죄를 지어 사람의 생명에 위험을 발생하게 한 경우에는 7년 이하의 징역에 처한다.
④ 제2항의 죄를 지어 사람의 생명에 위험을 발생하게 한 경우에는 2년 이상의 유기징역에 처한다.

본 죄는 자기 또는 배우자의 직계존속을 유기하거나(제2항, 존속유기죄), 사람을 유기하여 생명의 위험을 발생하게 하거나(제3항, 중유기죄), 자기 또는 배우자의 직계존속을 유기하여 생명의 위험을 발생하게 한 때(제4항, 존속중유기죄)에 성립하는 죄이다(구체적 위험범).

6. 영아유기죄

제272조(영아유기) 직계존속이 치욕을 은폐하기 위하거나 양육할 수 없음을 예상하거나 특히 참작할 만한 동기로 인하여 영아를 유기한 때에는 2년 이하의 징역 또는 300만원 이하의 벌금에 처한다.

본 죄의 행위동기는 영아살해죄(제251조)에서와 마찬가지이며, 본 죄의 행위주체 역시 영아살해죄와 동일하다. 행위객체인 영아는 영아살해죄의 경우와 달리 출생 직후의 아이뿐만 아니라 타인의 도움 없이는 생존이 불가능한 유아 일반을 가리킨다(통설). 반면에 유아는 본 죄가 아닌 단순유기죄의 객체가 된다고 보는 견해도 있다.

형법은 일반유기죄의 형(3년 이하의 징역 또는 500만원 이하의 벌금)보다 영아유기죄의 형(2년 이하의 징역 또는 300만원 이하의 벌금)을 가볍게 규정하고 있다. 이처럼 형법이 영아유기죄를 일반유기죄에 비하여 상대적으로 가볍게 처벌하는 것은 타당하지 않다. 영아유기죄의 행위 동기가 과연 형의 차이를 둘 만큼 비난가능성이 작은 것인지 의문이며 우리 사회의 심각한 사생아 및 해외 입양의 실태를 감안한다면 이러한 형의 차등은 불합리하다. 그러므로 만일 본 조가 규정하는 행위 동기가 없는 상태에서 영아를 유기한 경우에는 본 조가 아니라 일반유기죄에 해당한다고 보아야 한다.

아동복지법(제17조)은 아동에 대한 일정한 행위를 금지시키고 이를 위반하는 경우에는 행위의 종류에 따라 형을 달리하여 처벌하고 있다(동법 제71조 제1항).

본 죄의 행위 동기는 이미 법정형에 반영되었기 때문에 작량감경에 관한 규정(제53조)이 적용되지 않는다는 견해가 있다. 반면에 양자는 별개의 것으로서 각각 적용된다고 보는 견해가 있다(김/김, 백형구, 이/장/강). 생각건대 본 죄의 행위동기는 법정형의 결정시에 고려된 사항이므로 개별적 사건에서 동일한 내용을 다시 형법상의 양형조건(제51조 제3호)에 해당한다는 이유로 감경을 하는 것은 타당하지 않다고 본다. 또한 본 죄와 일반유기죄와의 형의 차등의 불합리성을 고려할 때도 전자의 견해가 타당하다.

Ⅱ. 학대의 죄

1. 학대죄 · 존속학대죄

제273조(학대, 존속학대) ① 자기의 보호 또는 감독을 받는 사람을 학대한 자는 2년 이하의 징역 또는 500만원 이하의 벌금에 처한다.
② 자기 또는 배우자의 직계존속에 대하여 전항의 죄를 범한 때에는 5년 이하의 징역 또는 700만원 이하의 벌금에 처한다.

(1) 의의 및 보호법익

학대죄는 자기의 보호 또는 감독을 받는 사람을 학대함으로써 성립하는 범죄로서 진정신분범이다. 그리고 존속학대죄는 행위객체가 자기 또는 배우자의 직계존속이라는 신분관계로 인하여 불법성이 가중되는 부진정신분범이다.

학대죄의 보호법익을 인격권으로 보는 견해가 있으나 학대죄 역시 유기죄와 마찬가지로 생명 · 신체의 안전을 보호법익으로 하는 범죄이다. 학대죄는 학대행위를 함으로써 기수가 되는 거동범이다. 또한 위험한 결과 발생을 필요로 하지 않는 추상적 위험범이다.

(2) 행위주체 · 객체

행위자는 사람을 보호 또는 감독하는 자이다. 존속학대죄의 행위자는 자기 또는 배우자의 직계존속을 보호할 의무 있는 직계비속이다. 보호 근거는 유기죄의 경우와 달리 법률상 또는 계약상의 의무로 제한하지 않고 있다. 그러므로 통설은 사무관리, 조리, 관습상의 의무를 포함하는 것으로 본다. 반대로 유기죄와의 균형상 법률상 또는 계약상의 의무로 제한하는 것이 타당하다고 보는 견해가 있다. 법문상 통설이 타당하다고 본다.

행위객체는 보호 또는 감독을 받는 자이다. 그러므로 보호관계나 종속관계에 있는 자는 본 죄의 행위객체에 해당한다. 법문은 연령의 제한이나 신체상의 조건을 요구하지 않고 있다. 다만 아동복지법은 아동에 대한 학대행위를 유형에 따라 구분하여 처벌하고 있다(아동복지법 제71조 제1항).

존속학대죄의 행위객체는 행위주체의 보호 또는 감독을 받는 직계존속 또는 배우자의 직계존속이다.

(3) 학대행위

학대의 개념에 대해서는 ① 육체적 고통을 주는 것이어야 한다는 견해(김종원, 이/장/강)와 ② 육체적인 고통은 물론 정신적인 고통까지도 포함하는 것으로 보는 견해(김/서, 배종대, 유기천, 이형국, 임웅, 정/박)가 있다. 본 죄는 행위자와 피해자가 특별한 관계에 있음에도 불구하고 형량이 폭행죄와 동일한 점(폭행죄보다 형량이 무거워야 할 것이다), 그리고 학대의 언어적 의미에는 정신적 학대도 포함된다고 볼 때 학대 개념은 정신적인 고통까지를 포함시켜 넓게 해석하는 것이 타당하다(동일한 취지로 대판 2004. 4. 25, 2000도223). 그러므로 외출하기 위하여 어린 아이를 어두운 지하실에 몇 시간을 가두는 행위는 감금죄 이외에 학대죄에도 해당한다. 학대행위는 냉혈적 인간행위이기 때문에 친자관계 등을 이유로 정당화될 성질이 아니다. 그 밖의 학대행위의 예로는 식사 제공을 하지 않는다거나 신체조건에 맞지 않는 혹독한 훈련을 계속 시키는 행위, 대소변을 가리지 못한다고 어린 아이를 닭장에 가두고 전신을 구타하는 행위(대판 1969. 2. 4, 68도1793) 등이 있다.

다만 본 죄의 학대행위는 형법의 규정 체제상 학대와 유기의 죄가 같은 장에 위치하고 있는 점에 비추어 단순히 상대방의 인격에 대한 반인륜적 침해만으로는 부족하고 적어도 유기에 준할 정도가 되어야 한다(대판 2000. 4. 25, 2000도223).

2. 아동혹사죄

제274조(아동혹사) 자기의 보호 또는 감독을 받은 16세 미만의 자를 그 생명 또는 신체에 위험한 업무에 사용할 영업자 또는 그 종업자에게 인도한 자는 5년 이하의 징역에 처한다. 그 인도를 받은 자도 같다.

자기의 보호 또는 감독을 받는 16세 미만의 자를 그 생명 또는 신체에 위험한 업무에 사용할 영업자 또는 종업원에게 인도하거나 인도받는 행위를 처벌하는 범죄이다. 아동의 복지권을 보호법익으로 하며 진정신분범이다. 또한 인도자와 인수자를 모두 처벌하는 필요적 공범이다. 16세 미만의 자는 신체조건을 불문하고 무조건 본 죄의 행위객체에 해당하므로 본인의 승낙이나 부탁이 있더라도 위법성을 조각하지 않는다.

본 죄의 '생명 또는 신체에 위험한 업무'는 근로기준법(제65조 제1항)이 임신 중이거나 산후 1년이 지나지 아니한 여자와 18세 미만자의 사용을 금지하는 업무인 '도덕상 또는 보건상 유해, 위험한 사업'보다 좁은 개념이라고 보아야 한다. 아동혹사죄의 형량이 무겁기 때문이다(근로기준법 제65조 위반시는 3년 이하의 징역 또는 2,000만원 이하의 벌금이다).

본 죄의 고의는 행위객체에 대한 인식, 생명·신체에 위험한 업무에 사용한다는 점 및 자기의 보호 또는 감독을 받는 16세 미만의 자를 상대방에게 인도하거나 상대방으로부터 인수한다는 점에 대한 고의가 있어야 한다.

Ⅲ. 유기 · 학대 등 치사상죄

제275조(유기 등 치사상) ① 제271조 내지 제273조의 죄를 범하여 사람을 상해에 이르게 한 때에는 7년 이하의 징역에 처한다. 사망에 이르게 한 때에는 3년 이상의 유기징역에 처한다.

② 자기 또는 배우자의 직계존속에 대하여 제271조 또는 제273조의 죄를 범하여 상해에 이르게 한 때에는 3년 이상의 유기징역에 처한다. 사망에 이르게 한 때에는 무기 또는 5년 이상의 징역에 처한다.

본 죄는 유기, 존속유기, 영아유기, 학대, 존속학대의 죄를 범하여 과실로 사람을 상해에 이르게 하거나 사망에 이르게 한 경우에 성립하는 진정 결과적 가중범이다. 본 범에 대하여 고의가 있는 경우에는 (존속)살인죄 혹은 (존속)상해죄가 성립한다(상상적 경합).

아동은 스스로 보호할 수 없는 보호대상이다. 그러므로 아동을 학대하여 사망하게 한 경우에는 결과적 가중범이 아니라 (미필적)고의에 의한 살인죄를 적용할 수 있다. 아동학대에 대해 살인의 고의가 없을 것이라는 통념은 아동의 생명권에 대한 경시이고, 부모를 포함한 보호자에 대한 허용할 수 없는 선처에 지나지 않는다.

판례 수혈거부와 유기치사

• 생모가 사망의 위험이 예견되는 그 딸에 대하여는 수혈이 최선의 치료방법이라는 의사의 권유를 자신의 종교적 신념이나 후유증 발생의 염려만을 이유로 완강하게 거부하고 방해하였다면 이는 결과적으로 요부조자를 위험한 장소에 두고 떠난 경우나 다름이 없다고 할 것이고 그 때 사리를 변식할 지능이 없다고 보아야 마땅한 11세 남짓의 환자 본인 역시 수혈을 거부하였다고 하더라도 생모의 수혈거부 행위가 위법한 점에 영향을 미치는 것이 아니다. 따라서 딸의 사망에 대하여 생모에게 유기치사죄의 성립을 인정하였다(대판 1980. 9. 24, 79도1387).

제 2 장 자유에 대한 죄

자유에 대한 죄는 의사형성·실현의 자유 또는 신체활동의 자유를 본질적인 보호법익으로 하는 죄를 그 대상으로 한다. 협박죄(제30장)는 의사형성의 자유를 침해하는 범죄이고, 신체를 속박함으로써 자유로운 이동을 불가능하게 하는 체포·감금의 죄(제29장)는 자유로운 의사실현을 침해하는 대표적인 범죄이다. 그리고 강요죄와 약취·유인의 죄(제31장)는 양자 모두를 침해하는 성질을 갖고 있다. 그 밖에 강간과 추행의 죄(제32장)는 성적인 의사결정의 자유를 침해하는 구성요건들이다.

제 1 절 협박의 죄

Ⅰ. 서 론

1. 의의 및 보호법익

협박의 죄는 개인이 자유로운 사회활동을 통하여 자아를 실현할 수 있는 기초로서 정신활동의 자유를 보호하기 위한 구성요건이다. 즉 개인의 의사결정의 자유를 보호법익으로 하는 범죄이다(통설). 이는 후술하는 강요죄가 의사결정의 자유뿐만 아니라 의사실현의 자유까지도 보호하는 범죄인 것과 구별된다. 이에 대해 협박죄의 보호법익을 개인의 법적 안전의 의식이라고 하는 견해가 있다. 그러나 고지하는 해악의 내용이 독일형법(§241, Bedrohung: "타인 혹은 그와 가까운 자에 대하여 중죄(Verbrechen)를 범할 것을 협박한 자는 1년 이하의 자유형 혹은 벌금형에 처한다")처럼 반드시 범죄행위를 할 것을 필요로 하는 것은 아니므로 통설의 견해가 타당하다. 이처럼 협박의 죄는 의사결정 능력을 지닌 자연인을 대상으로 하기 때문에 정신병자나 유아, 정신장애자, 명정자, 수면 중인 자에 대해서는 협박죄가 성립하지 않는다(통설).

2. 형법상 협박의 개념

협박이라 함은 사람에게 공포심을 일으킬 목적으로 언어나 거동, 서면에 의하여 해악을 가할 것을 고지하는 것을 말한다(대판 1975. 10. 7, 74도2727). 형법상 협박의 개념은 폭행의 개념에 대응하여 다음과 같은 유형으로 분류하고 있다.

(1) 광의의 협박

사람에게 공포심을 일으킬 목적으로 상대방에게 해악을 고지하는 것을 의미하며 그 해악의 내용, 성질, 고지의 방법에 제한이 없고, 해악의 고지에 의하여 현실적으로 상대방이 공포심을 가졌는지는 문제되지 않는다. [예] 공무집행방해죄, 특수도주죄.

(2) 협의의 협박

상대방의 반항을 억압할 정도는 아니라도 해악의 고지에 의하여 상대방이 현실적으로 공포심을 느낄 정도의 협박을 말한다. [예] 공갈죄, 협박죄, 강요죄.

(3) 최협의의 협박

상대방의 반항을 불가능하게 하거나 현저히 곤란하게 할 정도의 해악을 고지하는 것을 말한다. [예] 강도죄.

그러나 폭행 개념의 분류방법과 유형을 같이하는 위와 같은 협박 개념의 분류는 협박의 개념이나 본질에 관한 것이 아니라 협박의 대상에 따른 분류에 불과하다. 그러므로 협박 개념을 정확하게 파악하기 위해서는 개별 구성요건을 중심으로 의미 내용을 밝혀야 한다.

3. 구성요건체계

협박의 죄는 사람을 협박하는 경우에 성립하는 협박죄(제283조 제1항)를 기본적 구성요건으로 한다. 협박죄에 대한 가중적 구성요건으로는 존속협박죄(제283조 제2항), 특수협박죄(제284조) 및 상습협박죄(제285조)가 있다. 존속협박죄는 신분관계로 인하여, 상습협박죄는 상습성으로 인하여, 특수협박죄는 행위실행의 방법 때문에 가중되는 경우이다. 그리고 폭력행위 등 처벌에 관한 법률(제2조)은 2인 이상이 공동하여 협박죄를 범한 경우 가중하여 처벌하도록 규정하고 있다.

Ⅱ. 협박죄 · 존속협박죄

제283조(협박, 존속협박) ① 사람을 협박한 자는 3년 이하의 징역, 500만원 이하의 벌금, 구류 또는 과료에 처한다.
② 자기 또는 배우자의 직계존속에 대하여 제1항의 죄를 범한 때에는 5년 이하의 징역 또는 700만원 이하의 벌금에 처한다.
③ 제1항 및 제2항의 죄는 피해자의 명시한 의사에 반하여 공소를 제기할 수 없다.
제286조(미수범) 전 3조의 미수범은 처벌한다.

1. 의 의

협박죄는 사람을 협박함으로써 성립하며 사람의 의사결정의 자유를 보호법익으로 한다. 협박은 해악을 고지하는 것을 말하며, 협박의 정도는 객관적으로 판단할 때 해악의 고지에 의하여 상대방이 최소한 해악의 내용이 실현될 수도 있다는 가능성을 믿어서 공포심을 느낄 정도이어야 한다. 즉 현실적인 공포심의 야기가 가능할 수준의 해악의 고지인 경우에 협박에 해당한다(협의의 협박). 따라서 해악의 내용을 이해할 수조차 없는 영아, 수면 중인 자, 정신병자 등은 본 죄의 객체가 될 수 없다. 존속협박죄는 직계존속에 대한 협박죄를 가중처벌하는 것이다.

협박은 경고(warning)와 구별하여야 한다. 협박은 해악의 발생 여부가 행위자의 의사에 의해 좌우되거나 행위자가 제3자를 통하여 발생하게 할 수 있음을 내용으로 하는 데 반하여, 경고는 발생 여부가 행의자의 의사와는 무관한 해악의 발생 · 도래의 가능성을 상대방에게 전달하는 의미밖에 없다. 천재지변이나 사고의 위험성을 사전에 알려주는 것이 그 예이다. 이러한 경고는 협박죄에 해당하지 않는다.

판례 **협박과 경고의 구별**

• 협박은 객관적으로 사람의 의사결정의 자유를 제한하거나 의사실행의 자유를 방해할 정도로 겁을 먹게 할 만한 해악을 고지하는 것을 말하고, 그 해악에는 인위적인 것뿐만 아니라 천재지변 또는 신력이나 길흉화복에 관한 것도 포함될 수 있으나, 다만 천재지변 또는 신력이나 길흉화복을 해악으로 고지하는 경우에는 상대방으로 하여금 행위자 자신이 그 천재지변 또는 신력이나 길흉화복을 사실상 지배하거나 그에 영향을 미칠 수 있는 것으로 믿게 하는 명시적 또는 묵시적 행위가 있어야 한다(대판 2002. 2. 8, 2000도3285: 조상천도제사건).

2. 객관적 구성요건

(1) 해악의 내용

협박죄에서 고지되는 해악의 내용, 즉 침해하겠다는 법익의 종류에 아무런 제한이 없다. 생명, 신체, 자유, 명예, 재산은 물론 정조, 업무, 신용에 관한 해악을 포함한다(통설). 고지되는 해악의 내용이 반드시 불법적인 것이어야 하는 것도 아니다. 그러므로 정상적인 권리행사도 해악의 고지에 해당할 수 있다. 그러나 이 경우에는 강요죄에서 설명하는 바와 같이 목적과 수단의 관계에 비추어 위법성이 조각되는 경우가 많을 것이다. 그리고 해악의 고지가 있다 하더라도 그것이 사회의 관습이나 윤리 관념 등에 비추어 용인할 수 있는 정도의 것이라면 협박죄가 성립하지 아니한다.

대법원은 고지된 해악의 내용이 행위자와 상대방의 성향, 고지 당시의 주변 상황, 행위자와 상대방 사이의 친숙의 정도 및 지위 등의 상호관계, 제3자에 의한 해악을 고지한 경우에는 그에 포함되거나 암시된 제3자와 행위자 사이의 관계 등 행위 전후의 여러 사정을 종합하여 볼 때에 일반적으로 사람으로 하여금 공포심을 일으키게 하기에 충분한 것이어야 할 것이지만, 상대방이 그에 의하여 현실적으로 공포심을 일으킬 것까지 요구되는 것은 아니며, 그와 같은 정도의 해악을 고지함으로써 상대방이 그 의미를 인식한 이상, 상대방이 현실적으로 공포심을 일으켰는지 여부와 관계 없이 협박죄의 기수에 이르는 것으로 보고 있다(대판 2007. 9. 28, 2007도606 전원합의체).

판례 해악고지의 예

• 피고인은 피해자와 횟집에서 술을 마시던 중 피해자가 모래 채취에 관하여 항의하는 데에 화가 나서, 횟집 주방에 있던 회칼 2자루를 들고 나와 죽어버리겠다며 자해하려고 하였다. 이러한 피고인의 행위는 단순한 자해행위 시늉에 불과한 것이 아니라 피고인의 요구에 응하지 않으면 피해자에게 어떠한 해악을 가할 듯한 위세를 보인 행위로서 협박에 해당한다고도 볼 수 있다(대판 2011. 1. 27, 2010도14316).

• "앞으로 수박이 없어지면 네 책임으로 한다"고 말하였다고 하더라도 그것만으로는 구체적으로 어떠한 법익에 어떠한 해악을 가하겠다는 것인지를 알 수 없어 이를 해악의 고지라고 보기 어렵고, 가사 위와 같이 말한 것이 다소간의 해악의 고지에 해당한다고 가정하더라도, 피고인이 전에도 여러 차례 수박을 절취당하여 그 범인을 붙잡기 위해 수박밭을 지키고 있던 중 마침 같은 마을에 거주하며 피고인과 먼 친척간이기도 한 피해자(13세, 여)가 피고인의 수박밭에 들어와 두리번거리는 것을 발견하자 피해자가 수박을 훔치려던 것으로 믿은 나머지 피해자를 훈계하려고 위와 같이 말하였으며 그 과정에서 폭행을 가하거나 달리 유형력을 행사한 바는 없었다면, 가사 피고인이 위와 같이 말한 것으로 인하여 피해자가 어떤 공포심을 느꼈다고 하더

라도 피고인이 위와 같은 말을 하게 된 경위, 피고인과 피해자의 나이 및 신분관계 등에 비추어 볼 때 이는 정당한 훈계의 범위를 벗어나는 것이 아니어서 사회상규에 위배되지 아니하므로 위법성이 없다고 봄이 상당하고, 그 후 피해자가 스스로 음독 자살하기에 이르렀다 하더라도 이는 피해자가 자신의 결백을 밝히려는 데 그 동기가 있었던 것으로 보일 뿐 그것이 피고인의 협박으로 인한 결과라고 보기도 어렵다(대판 1995. 9. 29, 94도2187).

• 피고인이 피해자의 누나의 집에서 갑자기 온 몸에 연소성이 높은 고무놀을 바르고 라이터 불을 켜는 동작을 하면서 이를 말리려는 피해자 등에게 가위, 송곳을 휘두르면서 "방에 불을 지르겠다", "가족 전부를 죽여버리겠다"고 소리친 경우 협박에 해당한다(대판 1991. 5. 10, 90도2102).

협박죄에서 법익의 향유 주체 등에도 아무런 제한이 없다. 따라서 피해자 본인이나 그 친족뿐만 아니라 그 밖의 제3자에 대한 법익 침해를 내용으로 하는 해악을 고지하는 것이라고 하더라도 피해자 본인과 제3자가 밀접한 관계에 있어 그 해악의 내용이 피해자 본인에게 공포심을 일으킬 만한 정도의 것이라면 협박죄가 성립할 수 있다. 이 때 제3자에는 자연인뿐만 아니라 법인도 포함된다 할 것인데, 피해자 본인에게 법인에 대한 법익을 침해하겠다는 내용의 해악을 고지한 것이 피해자 본인에 대하여 공포심을 일으킬 만한 정도가 되는지 여부는 고지된 해악의 구체적 내용 및 그 표현방법, 피해자와 법인의 관계, 법인 내에서의 피해자의 지위와 역할, 해악의 고지에 이르게 된 경위, 당시 법인의 활동 및 경제적 상황 등 여러 사정을 종합하여 판단하여야 한다(대판 2010. 7. 15, 2010도1017).

판례 **제3자에 대한 해악의 고지**

• 피고인이 혼자 술을 마시던 중 A 정당이 국회에서 예산안을 강행처리하였다는 것에 화가 나서 공중전화를 이용하여 경찰서에 여러 차례 전화를 걸어 전화를 받은 각 경찰관에게 경찰서 관할구역 내에 있는 A 정당의 당사를 폭파하겠다는 말을 한 사안에서, 피고인은 A 정당에 관한 해악을 고지한 것이므로 각 경찰관 개인에 관한 해악을 고지하였다고 할 수 없고, 다른 특별한 사정이 없는 한 일반적으로 A 정당에 대한 해악의 고지가 각 경찰관 개인에게 공포심을 일으킬 만큼 서로 밀접한 관계에 있다고 보기 어려운데도, 이와 달리 피고인의 행위가 각 경찰관에 대한 협박죄를 구성한다고 본 원심판결에 협박죄에 관한 법리오해의 위법이 있다고 보았다(대판 2012. 8. 17, 2011도1045).

• 채권추심 회사의 지사장이 회사로부터 자신의 횡령행위에 대한 민·형사상 책임을 추궁당할 지경에 이르자 이를 모면하기 위하여 회사 본사에 "회사의 내부비리 등을 금융감독원 등 관계 기관에 고발하겠다"는 취지의 서면을 보내는 한편, 위 회사 대표이사의 처남으로서 경영지원본부장이자 상무이사에게 전화를 걸어 자신의 횡령행위를 문제삼지 말라고 요구하면서 위 서면의 내용과 같은 취지로 발언한 사안에서, 위 상무이사에 대한 협박죄를 인정하였다(대판

2010. 7. 15, 2010도1017).

(2) 협박의 방법

해악의 고지는 명시적인 것은 물론 묵시적으로도 가능하며, 해악의 발생이 확실하거나 가능할 것도 필요로 하지 않는다. 해악 실현의 대상은 협박의 상대방이거나 가족처럼 그와 관련이 있는 사람을 지목하면 된다. 또한 협박죄는 자수범이 아니므로 행위자가 직접 해악을 가할 것이라고 고지하지 않아도 되며 제3자에 의한 해악의 실행을 고지하는 것도 협박에 해당한다. 예를 들어 제3자를 시켜 폭행을 가할 것이라는 해악의 고지가 이에 해당한다. 문서에 의하여 해악을 고지할 경우 허무인 명의나 익명을 통해서도 가능하다. 요구를 들어주지 않으면 자살 혹은 자해행위를 하겠다는 주장은 간접적인 해악고지의 방법이지만 상대방의 의사의 자유를 침해하였다고 보기에는 미흡하다.

부작위의 고지(이는 부작위범에서 말하는 부작위에 의한 협박을 의미하는 것이 아니다)도 협박에 해당할 수 있다. 그러나 이에 대해서는 ① 행위가 행위자의 법적인 의무임에도 불구하고 부작위를 고지하는 경우에만 해당한다는 견해와, ② 부작위가 사회적인 맥락에서 볼 때 상대방의 의사를 조종하기 위한 압력 수단으로 사용될 경우에는 법적 의무 여부를 불문하고 협박에 해당한다는 견해로 나뉜다.

생각건대 작위적 방법에 의한 해악의 고지도 정당한 권리행사인 경우에는 협박죄가 원칙적으로 성립하지 않는 것과 비례하여 부작위의 고지에 의한 협박의 경우에도 위법성의 측면에서 일정한 제한이 가해져야 한다. 부작위도 작위와 동등한 차원에서 평가되어야 하기 때문이다. 또한 부작위의 고지는 부작위범론에서 말하는 작위의무자의 범위와 다른 문제로서 협박행위자의 해악 고지가 초래하는 효과에 관한 것이다. 그렇다면 부작위에 의한 해악의 결과 발생 여부가 현실적으로 행위자에게 달려 있는 상황에서는 작위의무 여부를 불문하고 부작위를 고지하는 것이 상대방으로 하여금 공포심을 갖게 할 수단이 될 수 있을 경우에 협박을 인정하는 것이 타당하다.

정보통신망을 통하여 공포심이나 불안감을 유발하는 말, 음향, 글, 화상 또는 영상을 반복적으로 상대방에게 도달하게 한 경우에는 정보통신망 이용촉진 및 정보보호 등에 관한 법률(제44조의7 제1항 제3호)에 따라 1년 이하의 징역 또는 1천만원 이하의 벌금에 처한다(동법 제74조 제1항 제3호). 반의사불벌죄이다(제74조 제2항).

(3) 협박죄의 객체

협박죄는 형법 규정의 체계상 개인적 법익, 특히 사람의 자유에 대한 죄 중 하나로 구성되어 있는데 이러한 협박죄의 보호법익, 형법 규정상 체계, 협박의 행위 개념 등에 비추어 볼 때, 협박죄는 자연인만을 그 대상으로 예정하고 있을 뿐 법인은 협박죄의 객체가 될 수 없다(대판 2010. 7. 15, 2010도1017). 법인이 협박으로 인하여 의사결정이나 행동의 자유를 제한 당한다고 볼 수 없기 때문이다.

3. 주관적 구성요건

행위자가 해악을 고지한다는 고의가 필요하지만 고지한 해악을 실제로 실현할 의도나 욕구는 필요로 하지 않는다(대판 1991. 5. 10, 90도2102). 구체적으로 협박행위 내지 협박의사가 있었는지의 여부는 행위의 외형뿐만 아니라 그러한 행위에 이르게 된 경위, 피해자와의 관계 등 주위 상황을 종합적으로 고려하여 판단한다는 것이 판례의 입장이다. 다만 행위자의 언동이 단순한 감정적인 욕설 내지 일시적 분노의 표시에 불과하여 주위 사정에 비추어 가해의 의사가 없음이 객관적으로 명백한 때에는 협박행위 내지 협박의 의사를 인정할 수 없다.

4. 위법성

협박을 하였더라도 권리행사의 한 수단으로 한 경우에는 원칙적으로 위법성이 조각된다고 보아야 한다. 여기에서 중요한 기준은 목적과 수단 관계이다. 목적과 수단 관계는 협박과 이를 동원하여 달성하려고 하는 목표의 결합 관계를 의미한다. 여기에서 목적이란 행위자의 최종 목표나 동기를 의미하는 것이 아니라 의사의 자유를 침해할 목적을 의미한다. 최종 목표나 동기는 양형상의 참작사유가 될 뿐이다. 해악의 고지가 합법적인 권리행사로서 사회상규에 위반하지 않을 경우에는 협박죄가 성립하지 않지만(대판 1984. 6. 26, 84도648), 외견상 권리의 행사로 보이는 경우에도 실질적으로는 권리의 남용인 때에는 본 죄가 성립한다는 것이 통설이다.

그러나 이러한 견해는 결론은 타당하지만 권리 남용이나 사회상규 위반 여부를 판단할 구체적 기준은 제시하지 못하는 단점이 있다. 목적과 수단 관계를 통하여 정당한 권리행사인가의 여부를 판단하는 기준은 상대방에 대한 의사결정의 자유 침해와 협박의 수단과의 상관관계 유무이다. 그러므로 권리행사와 무관한 경우의 협박은 권리 남용으로서 위법한 것으로 보아야 한다(흠결된 관련성의 원칙). 예를 들어 상대방에 의하여 발생한 피해를 보상하지 않으면 고소하겠다는 해악의 고지는 수단(해악의 고지)과 목적(피해 보상) 간에 내적 관련성이 인정되므로 위법하지 않다. 반대로 이혼하면 다른 형사사건으로 고소하겠다는 해악의 고지는 수단과 목표(이혼을 결심한 아내의 의사 번복)가 비록 개별적으로 허용되는 정당한 것이라 할지라도 양자 간에 상관관계가 없으므로 위법한 것이 된다. 마찬가지로 상대방의 비리나 추문을 들어 고소하겠다고 하면서 채무 변제를 요구하는 것도 수단과 목표 간에 연관성이 없으므로 위법하다.

5. 반의사불벌죄

협박죄 및 존속협박죄는 피해자의 명시한 의사에 반하여 공소를 제기할 수 없는 반의사불벌죄이다(제283조 제3항). 그러나 협박죄의 경우 피해자로 하여금 고소를 하지 못하도록 하거나 취하하도록 하는 협박을 가할 가능성이 있으므로 반의사불벌죄로 규정하는 것은 입법론적으로 타당하지 않다. 이러한 의미에서 폭력행위 등 처벌에 관한 법률이 2인 이상이 공동하여 협박죄를 범하거나, 동법 위반으로 2회 이상 징역형을 받은 자로서 다시 동법 제1항이 규정하는 협박죄를 범하여 누범으로 처벌할 경우에는 반의사불벌죄가 아니라고 규정한 것은 타당하다(동법 제2조 제4항).

6. 미수범

협박죄의 미수범은 처벌한다(제286조). 본 죄의 기수시점에 대해서는 본 죄를 침해범(통설)으로 보는가 아니면 위험범(판례)으로 보는가 여부에 따라 다르다. 침해범으로 본다면 해악의 고지로 인하여 공포심을 느꼈을 때에 기수에 이른다. 그러므로 해악의 고지에도 불구하고 상대방이 전혀 공포심을 느끼지 않거나 혹은 해악의 고지가 상대방에게 도달하지 않은 경우에 미수에 해당한다는 입장이다(김/서, 이/장/강, 이정원,이형국, 임웅, 정/박).

대법원은 침해범설을 따를 경우 공포심을 느꼈는지 여부를 피해자의 주관에 따라 판단하게 되어 자의적이라고 지적한다. 이에 따라 대법원은 위험범설에 입각하여 협박죄는 사람의 의사결정의 자유를 보호법익으로 하는 위험범에 해당하므로, 협박죄의 미수범 처벌조항은 해악의 고지가 현실적으로 상대방에게 도달하지 아니한 경우나, 도달은 하였으나 상대방이 이를 지각하지 못하였거나 고지된 해악의 의미를 인식하지 못한 경우 등에 적용된다고 판시하고 있다(대판 2007. 9. 28, 2007도606 전원합의체). 따라서 정보보안과 소속 경찰공무원이 피해금 6억원을 반환받을 수 있게 도와달라는 부탁을 받고 자신의 신분을 밝힌 다음 빨리 돌려주지 않으면 상부에 보고하여 문제를 삼겠다고 휴대폰으로 말한 사안에서 대법원은 협박죄에서 상대방이 공포심을 일으킬 것까지 요구하는 것은 아니며, 상대방이 해악의 의미를 인식한 이상 현실적으로 공포심을 일으켰는지 여부와 관계 없이 협박죄는 기수에 이른다고 한다.

협박죄가 의사결정의 자유나 행동의 자유를 보호법익으로 하는 점을 고려하면 공포심을 느끼지 않은 경우에 미수범을 인정하는 것이 타당하다. 일반인의 관점에서 공포심의 야기가 가능할 수준의 해악의 고지인 경우에 한하여 협박에 해당한다는 점을 감안할 때 협박의 상대방이 공포심을 현실적으로 느꼈는지 여부를 기준으로 기수 여부를 판단하는 것은 타당하지 않을 수 있다. 그러나 구 형법에서는 협박죄의 미수범에 대한 처벌 규정이 존재하지 않았다. 따라서 해악을 고지하였으나 피해자에게 도달하지 아니하거나 도달하기는 하였으나 피해자가 공포심을 느끼지 못한 경우 이를 처벌하기 위하여 본 죄를 위험범으로 파악할 필요성이 존재할 수도 있었다. 그러나 현행 형법은 미수범에 대한 독자적인 처벌 규정을 마련하고 있으므로 이를 위험범으로 해석할 필요는 없다고 판단된다.

Ⅲ. 특수협박죄

제284조(특수협박) 단체 또는 다중의 위력을 보이거나 위험한 물건을 휴대하여 전조 제1항, 제2항의 죄를 범한 때에는 7년 이하의 징역 또는 1천만원 이하의 벌금에 처한다.

본 죄는 행위방법(단체 또는 다중의 위력을 보이거나 위험한 물건을 휴대)을 이유로 협박죄와 존속협박죄를 가중 처벌하는 규정이다. 미수범도 처벌한다(제286조). 위험한 물건을 휴대한다는 것은 반드시 몸에 지니고 다니는 것만을 뜻하는 것이 아니라 범행 현장에서 범행에 사용할 의도하에 이를 소지하거나 몸에 지니는 경우도 포함한다(대판 1990. 4. 24, 90도401; 1985. 9. 24, 85도1591).

Ⅳ. 상습협박죄

제285조(상습범) 상습으로 제283조 제1항, 제2항 또는 전조의 죄를 범한 때에는 그 죄에 정한 형의 2분의 1까지 가중한다.

본 죄는 상습적으로 협박죄, 존속협박죄 또는 특수협박죄를 범하는 것을 가중처벌하는 규정이다. 미수범도 처벌한다(제286조).

2명 이상이 공동하여 제283조 제1항의 죄를 범한 때에는 정한 형의 2분의 1까지 가중한다(폭처법 제2조 제2항). 이 경우에는 반의사불벌죄에 해당하지 않는다(동조 제4항).

제 2 절 강요의 죄

강요의 죄는 형법 편제상 재산죄에 속하는 권리행사를 방해하는 죄(제37장)에 규정하고 있으나 재산죄가 아니라 사람의 의사결정의 자유를 침해하는 죄이므로 협박죄와 함께 규정하는 것이 타당하다.

강요의 죄는 폭행 또는 협박으로 사람의 권리행사를 방해하는 경우에 성립하는 강요죄(제324조)를 기본적 구성요건으로 한다. 중강요죄(제326조)는 결과적 가중범으로서, 인질강요죄(제324조의2)는 결합범으로 불법이 가중되는 가중적 구성요건이다. 공무원의 권리행사방해죄(제123조) 및 공무집행방해죄(제136조)는 공무원에 의한 또는 공무원에 대한 강요죄라고 볼 수 있으나, 강요죄와는 그 보호법익을 달리하는 범죄라고 하겠다.

Ⅰ. 강요죄

> **제324조(강요)** ① 폭행 또는 협박으로 사람의 권리행사를 방해하거나 의무없는 일을 하게 한 자는 5년 이하의 징역 또는 3천만원 이하의 벌금에 처한다.
> **제324조의5(미수범)** 제324조 내지 제324조의4의 미수범은 처벌한다.

1. 의의 및 보호법익

강요죄는 폭행 또는 협박으로 사람의 권리 행사를 방해하거나 의무 없는 일을 하게 함으로써 성립하는 범죄이다. 본 죄의 보호법익은 개인의 의사결정의 자유와 의사실현의 자유이다. 즉 본 죄는 재산범죄가 아니므로 재산적 내용의 강요행위뿐만 아니라 비재산적 강요행위에 대해서도 적용된다고 보아야 한다. 본 죄는 침해범이며 미수범은 처벌한다(제324조의5).

본 죄의 미수범은 폭행 · 협박을 하였으나 권리 행사를 방해하지 못한 경우에 성립하며 폭행 · 협박행위가 인정되어도 폭행죄와 협박죄가 아닌 본 죄의 미수범으로 처벌하여야 한다.

2. 강요행위

(1) 강요의 방법

강요의 방법은 폭행 또는 협박이다. 폭행 · 협박은 상대방의 반항을 제압할 정도의 것일 필요는 없으며 의사결정에 영향을 주는 정도이면 된다.

폭행은 사람에 대한 유형력의 행사를 의미하며 직접적인 행사는 물론 물건에 대한 간접적인 행사(예: 열차선로에서 연좌농성을 함으로써 기관사로 하여금 열차를 정지하도록 하는 행위)를 통하여 사람을 강요하는 것도 포함한다(광의의 폭행). 폭행은 절대적 방법(vis absoluta)과 심리적 방법(vis compulsiva)에 의하여 행하여질 수 있다. 절대적 방법에 의한 폭행이란 상대방의 의사 형성을 원천적으로 봉쇄하는 것으로서 유형력이 직접 상대방의 신체를 향하여 행사되는 것을 의미한다. 심리적 방법에 의한 폭행이란 행위자가 원하는 방향으로 의사결정을 유도하는 것을 의미한다.

[강요의 예] 계약포기서나 소 취하서를 쓰도록 강요하는 행위, 매도의사가 없는 소유자에게 협박하며 부동산을 팔 것을 강요하는 행위, 법률상 의무 없는 사죄 광고를 낼 것을 강요하는 행위, 상대 여성의 이익이나 불이익을 매개로 한 성행위의 강요, 특정인을 해고하라고 강요하는 행위, 회사의 이사에게 사장배척운동에 가담하겠다는 서약서를 쓰라고 강요하는 행위, 특정 장소에의 출입 권한이 있는 사람에게 협박을 하거나 입구를 봉쇄하여 출입을 가로막는 행위, 갑자기 브레이크를 밟아 뒷차 운전자로 하여금 역시 급브레이크를 밟게 하는 행위, 추월을 강요하거나 못하게 하는 행위 등.

그러나 폭행은 반드시 상대방의 신체에 직접 가하는 경우뿐만 아니라 저항할 수 없는 물리적 장애를 야기하는 경우도 포함한다. 한편 강요죄의 폭행 개념을 신체적 유형력의 행사라는 특징보다 점차 심리적인 강제 효과를 중심으로 이해하고 더 나아가서는 신체적 강제와 심리적 강제를 동일시하는 것이 오늘날의 경향이다. 실정법을 위반하는 대규모 시위, 고속도로상에서 추월방해행위(BGHSt 18, 389), 헤드라이트를 켜고 경적을 울리면서 바짝 뒤를 쫓아와서 차로 변경을 하도록 하는 행위를 강요죄에 해당한다고 한 독일판례(BGHSt 19, 263)가 그 예이다. 그러므로 강요죄에서 폭행은 그 방법, 방향, 정도 그리고 강제 효과 및 행위 목표와 수단의 적합성 여부를 전체적으로 고려하여 판단하는 것이 다당하다. 그러나 강요죄에서의 이러한 판단이 다른 구성요건에도 다당한 것은 아니다. 예를 들어 강간죄에서의 폭행은 심리적 강제력만으로 충분하다고 볼 수 없으며 구타나 감금행위 등과 같은 신체적 강제 효과를 내포하는 것이어야 하는 것이다. 이러한 의미에서 통설이 폭행 개념을 광의와 협의 그리고 최협의로 분류하는 것은 너무 단순화시킨 것이라고 보지 않을 수 없다.

강요죄에서의 협박은 객관적으로 사람의 의사 결정의 자유를 제한하거나 의사 실행의 자유를 방해할 정도로 겁을 먹게 할 만한 해악을 고지하는 것을 말한다(대판 2003. 9. 26, 2003도763). 협박은 신체적 유형력 행사가 아니라 해악의 고지라는 구두방법을 통한 것이라는 점에서 폭행과 방법적으로 구별된다. 부작위의 고지에 의한 협박도 가능하다.

판례 **사직 권유와 협박 여부**

• 직장에서 상사가 범죄행위를 저지른 부하직원에게 징계절차에 앞서 자진하여 사직할 것을 단순히 권유하였다고 하여 이를 강요죄에서의 협박에 해당한다고 볼 수는 없다(대판 2008. 11. 27, 2008도7018).

[외국판례] 부작위의 고지에 의한 협박

• 백화점 직원이 진열장에서 물건을 훔치는 16세 소녀를 붙잡아 성관계를 갖는다면 절도 사실을 경찰에 고발하지 않겠다고 한 사건에서 독일연방대법원은 법적인 작위의무를 포기하겠다는 내용의 고지만이 아니라 법적으로 바람직스럽지 않은 정도의 부작위의 고지만으로도 협박행위에 해당한다고 보았다(BGHSt 31, 195).

• 한 여성에게 앞으로도 성관계를 계속 갖지 않으면 취업 약속을 이행하지 않겠다고 한 사건에서도 독일연방대법원은 부작위의 고지에 의한 협박행위를 인정하였다(BGH NJW 1993, 1807).

폭행과 마찬가지로 협박의 상대방 역시 반드시 본인일 필요는 없으며 제3자에 대한 폭행 또는 협박도 강요죄를 구성한다(소위 삼각강요). 이 경우에는 폭행 · 협박의 상대방(제3자)은 본인(피강요자)에 대하여 영향을 미칠 수 있는 관계에 있어야 한다. 예를 들면 아이에 대한 폭행 · 협박으로 인하여 강요당하는 어머니의 경우이다.

(2) 강요의 내용

강요의 내용은 폭행 또는 협박을 하여 행사할 수 있는 권리를 행사하지 못하도록 하거나 반대로 의무 없는 일을 하게 하는 것이다. 권리는 재산적 권리와 비재산적 권리를 모두 포함한다(대판 1962. 1. 25, 4293형상233). 또한 법령에 근거한 권리일 필요도 없다. 그러나 폭행 또는 협박으로 법률상 의무 있는 일을 하게 한 경우에는 폭행 또는 협박죄만 성립할 뿐 강요죄는 성립하지 않는다(대판 2008. 5. 15, 2008도1097).

강요행위는 작위와 부작위, 법률행위와 사실행위를 포함한다. 그러므로 피해자를 협박하여 여권을 회수함으로써 해외여행을 못하게 한 행위(대판 1993. 7. 27, 93도901), 평소에 폭력을 행사하는 상사가 청소상태가 불량하다는 이유로 부하장병들로 하여금 40-50회의 소위 원산폭격을 시키고 양손을 깍지 낀 채 50-60회 팔굽혀펴기를 시키는 행위(대판 2006. 4. 27, 2003도4151)도 강요죄에 해당한다.

판례 해악의 고지에 의한 강요

• 주식회사 관악이 관악컨트리클럽을 인수하여 A로 명칭을 변경하여 운영하면서 기존의 일반회원들을 위한 회원의 날을 없애고, 일반회원들 중에서 주말예약에 대하여 우선권이 있는 특별회원을 모집함으로써 일반회원들의 주말예약권을 사실상 제한하거나 박탈하면서 일반회원에게 불리하게 변경된 내용의 회칙에 대하여 동의한다는 내용의 등록신청서를 제출하지 아니하면 회원으로 대우하지 아니하겠다고 통지한 것은 강요죄에 해당한다(대판 2003. 9. 26, 2003도763).

3. 위법성

자기의 정당한 권리행사를 위한 방편으로 강요행위를 할 경우에 강요 수단이나 방법이 일정한 수준을 초과하지 않는 경우, 즉 강요 수단이 반사회성을 띠는가의 여부 및 법익형량과 강요된 행위의 위법성 등에 따라 정당성을 판단한다. 채권자가 채무변제를 강요하는 행위는 그 예이다. 그러나 강요행위의 동기나 궁극적으로 추구하는 목표, 예를 들면 정치적 목적 등은 위법성 판단의 고려대상이 아니다.

4. 죄 수

강요죄는 행위방법상 폭행죄 · 협박죄의 구성요건을 포함하고 있다. 그러므로 이들 범죄는 강요죄에 흡수된다(법조경합). 그러나 강요죄의 행위 수단인 폭행 · 협박은 공갈죄나 강도죄에는 미치지 못하므로 공갈죄나 강도죄가 성립하면 강요죄는 성립하지 않는다.

판례 고의와 죄수

• 강요죄에서 '의무 없는 일'이란 법령, 계약 등에 기하여 발생하는 법률상 의무 없는 일을 말하므로, 폭행 또는 협박으로 법률상 의무 있는 일을 하게 한 경우에는 폭행 또는 협박죄만 성립할 뿐 강요죄는 성립하지 아니한다. 폭력조직 전력이 있는 피고인이 특정 연예인에게 팬미팅 공연을 하도록 강요하면서 만날 것을 요구하고, 팬미팅 공연이 이행되지 않으면 안 좋은 일을 당할 것이라고 협박한 사안에서, 위 연예인에게 공연할 의무가 없다는 점에 대한 미필적 인식 즉, 강요죄의 고의가 피고인에게 있었다고 단정하기 어렵다고 판단하였다(대판 2008. 5. 15, 2008도1097: 피바다사건).

Ⅱ. 특수강요죄

> 제324조(강요) ② 단체 또는 다중의 위력을 보이거나 위험한 물건을 휴대하여 제1항의 죄를 범한 자는 10년 이하의 징역 또는 5천만원 이하의 벌금에 처한다.

본 죄는 단체나 다중의 위력을 보이거나 또는 위험한 물건을 휴대하여 강요죄를 범한 경우에 성립한다. 단체나 다중의 개념은 특수폭행죄(제261조)나 특수협박죄(제284조) 등의 경우와 같다. 또한 위험한 물건 및 휴대의 의미도 이와 동일하다.

Ⅲ. 중권리행사방해죄(중강요죄)

> **제326조(중권리행사방해)** 제324조 또는 제325조의 죄를 범하여 사람의 생명에 대한 위험을 발생하게 한 자는 10년 이하의 징역에 처한다.

본 죄는 강요죄(제324조), 점유강취죄 · 준점유강취죄(제325조)를 범하여 사람의 생명에 대한 위험을 발생하게 함으로써 성립하는 범죄이다. 본 죄는 구체적 위험범이며, 또한 진정 결과적 가중범에 해당한다고 볼 수 있다.

Ⅳ. 인질강요죄

> **제324조의2(인질강요)** 사람을 체포 · 감금 · 약취 또는 유인하여 이를 인질로 삼아 제3자에 대하여 권리행사를 방해하거나 의무 없는 일을 하게 한 자는 3년 이상의 유기징역에 처한다.
>
> **제324조의5(미수범)** 제324조 내지 제324조의4의 미수범은 처벌한다.

1. 의의 및 보호법익

사람을 체포 · 감금 · 약취 또는 유인하여 이를 인질로 삼아 제3자에 대하여 권리행사를 방해하거나 의무 없는 일을 하게 한 경우에 성립하는 죄이다. 본 죄는 인질을 이용하여 강요행위를 하는 것이므로 단순강요죄보다 행위불법이 가중된 구성요건이다. 본 죄의 미수범은 처벌하며(제324조의5), 침해범이다. 본 죄는 체포 · 감금죄 또는 약취 · 유인죄와 강요죄의 결합범이다.

보호법익은 제3자의 의사 결정 및 의사 활동의 자유와 함께 인질의 신체적 · 정신적 자유, 특히 장소 선택의 자유와 생명 · 신체의 안전도 포함한다.

2. 객관적 구성요건

(1) 행위객체

본 죄의 행위객체는 인질 및 강요당하는 제3자이다. 본 죄의 보호법익과의 관계상 제3자는 의사결정능력을 지닌 사람이어야 하며 미성년자와 성년자를 구별하지 않는다. 다만 성년자에 대한 강요행위의 내용이 재물이나 재산상의 이익을 취득하고자 하는 것일 때에는 인질강도죄(제336조)가 성립한다. 또한 인질이 미성년자이고 강요행위의 내용이 재물이나 재산상 이익과 관련된 경우에는 특정범죄 가중처벌 등에 관한 법률(제5조의2)이 적용된다.

(2) 강요행위

강요행위란 사람을 체포·감금, 약취·유인하고 이들을 인질로 삼아야 하며, 제3자에 대하여 권리행사를 방해하거나 의무 없는 일을 하게 하는 것을 의미한다. 본 구성요건은 행위자·인질·피강요자의 3자 관계를 전제로 하고 있다. 즉 사람을 체포·감금하거나 약취·유인하고, 이를 인질로 삼아 제3자에 대하여 권리 행사를 방해하거나 의무 없는 일을 하게 하는 것을 성립요건으로 한다(김/서, 이/장/강, 이형국, 임웅). 그러므로 본 죄는 체포·감금, 약취·유인된 자를 대상으로 강요하는 경우에는 적용되지 않는다. 체포·감금, 약취·유인하지 않은 자가 강요한 때에는 본 죄가 아니라 강요죄가 성립한다.

1) 인 질

인질로 삼는다는 것은 체포·감금·약취·유인된 자의 생명·신체 등의 안전에 관한 제3자의 우려를 이용하여 인질의 석방이나 생명·신체에 대한 안전을 보장하는 대상으로 제3자를 강요할 목적하에 인질의 자유를 구속하는 것을 의미한다. 이 경우에 장소적 이전을 하지 않고도 인질로 삼을 수 있는가의 문제가 발생한다. 예를 들면 은행에 침입하여 은행 고객을 인질로 삼는 경우처럼 장소적 이전이 없어도 인질로 삼을 수 있다.

2) 강 요

강요란 인질을 수단으로 하여 제3자의 의사의 자유를 침해하는 것이다. 강요당하는 제3자에는 자연인은 물론이고 정부나 기업체, 정당 등과 같은 조직체도 포함시키는 것이 본 죄의 입법취지에 부합한다. 강요의 내용은 권리 행사를 방해하거나 의무 없는 일을 하게 하는 것이다(제324조 참조). 여기에서 행사할 수 있는 권리란 반드시 법령에 의하여 허용되는 것만을 의미하지 않으며 개인의 의사활동의 자유영역에 속하는 모든 작위·부작위의 가능성을 포함한다(인질 석방을 대가로 회의 개최나 참가를 못하게 하는 행위 등). 의무 없는 일을 하게 한다는 것은 의무가 없는 자에게 일정한 작위·수인·부작위를 강요하는 것을 말한다. 인질을 석방하는 대가로 교도소에 있는 특정한 자를 석방하게 하거나, 해고당한 동료의 복직을 요구하는 행위, 임금협상안을 받아들이도록 요구하는 행위, 일정한 내용의 성명서나 사과문을 일간지에 게재하도록 하는 행위, 만나주지 않는 애인을 찾아내라고 하는 행위가 강요의 예에 해당한다.

(3) 실행의 착수시점

본 죄의 실행의 착수시점은 강요의 의사를 가지고 체포·감금·약취·유인행위시설(김/서, 오영근, 이정원, 임웅)과 강요행위 개시시설(백형구, 이/장/강, 이형국, 배종대)이 있다. 결합범인 본 죄의 성질상 체포·감금·약취·유인행위시설이 타당하다. 왜냐하면 인질 강요의 목적으로 인질을 체포·감금 또는 약취·유인을 하였으나 강요행위를 하기 전에 체포된 경우, 본 죄의 입법취지상 인질강요죄의 미수범으로 보아야 함에도 불구하고 후설에 의하면 단순한 체포·감금죄나 약취·유인죄에 해당하게 되기 때문이다.

(4) 기수시점

본 죄의 기수시점은 인질범이 제3자에 대하여 일정한 행위를 하거나 하지 못하도록 시도한 시점(예: 강요의사가 명백하게 표시된 시점이나 제3자에게 도달한 시점 등)에서 이미 기수에 이른다고 보는 것이 타당하다. 그러므로 강요의 결과 제3자가 권리 행사를 방해받았거나 의무 없는 일을 하였는지의 여부는 본 죄의 기수 성립과 무관하다. 이에 반해 강요행위로 인하여 구성요건적 결과가 발생한 때, 즉 현실적으로 권리 행사를 방해하거나 의무 없는 일을 하게 된 때 기수라는 견해(김/서, 백형구, 이/장/강, 이형국, 임웅)가 있다. 그러나 이러한 견해에 의하면 제3자가 인질범의 요구를 거절한 경우에는 대부분 미수범이 될 것이다.

3. 형의 감경

본 죄 또는 후술하는 인질상해·치상죄를 범한 자 및 그 죄의 미수범이 인질을 안전한 장소로 풀어 준 때에는 그 형을 감경할 수 있다(제324조의6). 중지범과 달리 자의성 여부를 묻지 않으며 기수범에 대해서도 인정하고 있다. 안전한 장소에 대한 석방 요건은 가급적 넓게 해석하는 것이 타당하다. 예를 들면 인질에게 석방을 통고하거나 인질 스스로 나가도록 하는 행위도 해당된다고 보아야 한다.

V. 인질상해·치상죄

> **제324조의3(인질상해·치상)** 제324조의2의 죄를 범한 자가 인질을 상해하거나 상해에 이르게 한 때에는 무기 또는 5년 이상의 징역에 처한다.
> **제324조의5(미수범)** 제324조 내지 제324조의4의 미수범은 처벌한다.

인질상해죄는 인질강요죄와 상해죄의 결합범에 해당한다. 그리고 인질치상죄는 인질강요죄의 결과적 가중범이다. 본 죄의 미수범은 처벌한다(제324조의5). 인질상해죄의 미수는 인질범의 제3자에 대한 강요행위의 기수·미수 여부를 불문하고 상해행위가 미수에 그친 경우를 의미하며, 인질치상죄의 미수는 과실로 상해의 결과는 발행하였지만 제3자에 대한 강요행위가 미수에 그친 경우를 의미한다. 후자의 경우 과실범의 미수는 인정할 수 없다는 것이 근거이다. 이러한 해석은 기본범죄(본 죄의 경우 인질강요죄)가 미수인 경우에도 중한 결과가 발생한 때에는 결과적 가중범의 기수에 해당한다는 통설·판례의 입장과 일치한다.

그러나 이는 형법 규정에 대한 제한적 해석을 하여야만 가능함을 유의하여야 한다. 즉 인질상해죄·인질치상죄(제324조의3)는 '제324조의2의 죄를 범한 자'가 인질을 상해하거나 상해에 이르게 한 때에 성립한다고 규정하고, 이에 대한 미수범을 처벌하고 있으므로(제324조의5) 기본범죄인 인질강요죄(제324조의2)의 기수범이 상해미수를 범하였을 경우를 전제로 한 처벌규정이라고 볼 수 있는 것이다. 그러므로 위와 같은 견해를 유지하기 위해서는 제324조의3에서 '제324조의2의 죄를 범한 자'란 동조의 기수범과 미수범을 모두 포함한다고 보아야 가능하다.

Ⅵ. 인질살해·치사죄

제324조의4(인질살해·치사) 제324조의2의 죄를 범한 자가 인질을 살해한 때에는 사형 또는 무기징역에 처한다. 사망에 이르게 한 때에는 무기 또는 10년 이상의 징역에 처한다.
제324조의5(미수범) 제324조 내지 제324조의4의 미수범은 처벌한다.

인질살해죄는 인질강요죄와 살인죄의 결합범이다. 그리고 인질치사죄는 인질강요죄의 결과적 가중범이다.

제 3 절 체포와 감금의 죄

Ⅰ. 서론(의의 및 보호법익)

사람을 불법으로 체포 또는 감금하여 사람의 신체적 자유, 즉 행동의 자유를 침해하는 것을 내용으로 하는 죄이다. 본 죄의 보호법익은 ① 현실적인 신체활동의 자유라는 견해와 ② 잠재적인 신체활동의 자유라고 보는 견해(통설)로 나뉜다. 피해자가 체포·감금시에 장소이동의 의사가 없거나 체포·감금된 사실을 알지 못한 상태이더라도 본 죄의 보호대상이 된다고 보아야 할 것이다. 즉 원할 때는 언제나 현재의 장소로부터 이동할 수 있다는 가능성이 침해받지 않아야 한다. 그러므로 본 죄의 보호법익은 잠재적인 신체적 활동의 자유(장소 선택의 자유 혹은 일정한 장소로부터의 이동의 자유)라고 보는 것이 타당하다.

체포와 감금의 죄의 기본적 구성요건은 사람을 체포·감금한 경우에 성립하는 체포·감금죄(제276조 제1항)이다. 체포·감금죄에 대한 가중적 구성요건으로는 존속체포·감금죄(제276조 제2항), 중체포·감금죄(제277조), 특수체포·감금죄(제278조), 상습체포·감금죄(제279조)가 있다. 결과적 가중범으로 체포·감금치사상죄(제281조)가 있다.

Ⅱ. 체포·감금죄

> 제276조(체포, 감금) ① 사람을 체포 또는 감금한 자는 5년 이하의 징역 또는 700만원 이하의 벌금에 처한다.

1. 구성요건

(1) 체포·감금

체포란 사람의 신체에 대하여 직접적이고도 현실적인 구속을 가하여 장소적 이동의 자유를 박탈하는 것을 말한다. 감금은 물리적 또는 심리적으로 이동을 불가능하게 하거나 현저히 곤란하게 하여 신체적 활동의 자유를 장소적으로 제한하는 것을 의미한다. 감금시 행동의 자유 박탈은 반드시 전면적이어야 하는 것은 아니며, 감금된 특정구역 내에서 일정한 생활의 자유가 허용되어 있더라도 유형적이거나 무형적인 수단과 방법에 의하여 사람이 특정한 구역에서 벗어나는 것을 불가능하게 하거나 매우 곤란하게 하는 경우에도 감금죄는 성립한다(대판 2011. 9. 29, 2010도5962; 2000. 3. 24, 2000도102; 1998. 5. 26, 98도1036; 1984. 5. 15, 84도655). 그러나 협박 등을 수단으로 일정한 장소에 나오도록 하는 행위는 본죄가 아니라 강요죄에 해당한다.

체포와 감금의 방법은 원칙적으로 제한이 없으며, 물리적·유형적 장애를 사용하는 경우뿐만 아니라 공포심과 같은 심리적·무형적 장애에 의하는 경우에도 가능하다. 그러므로 폭행·협박으로 말미암아 야기된 공포심으로 피고인의 사무실을 떠나지 못한 경우에도 본죄가 인정되며(대판 1985. 6. 25, 84도2083), 피해자가 만약 도피하는 경우에는 생명, 신체에 심한 해를 당할지도 모른다는 공포심에서 도피하기를 단념하고 있던 상태에서 그를 호텔로 데리고 가서 함께 유숙한 후 그와 함께 항공기로 국외로 나간 행위는 감금죄를 구성한다(대판 1991. 8. 27, 91도1604). 그리고 문이 잠기지 않았는데도 잠겼다고 거짓말을 하여 피해자로 하여금 밖으로 나갈 것을 포기하게 하는 경우처럼 기망의 수단에 의한 신체적 자유의 속박도 감금행위에 해당한다. 그러나 본인 스스로의 판단에 따라 일정한 장소 밖으로 나올 수 있음에도 불구하고 나오지 않는 것은 감금행위에 해당하지 않는다. 감금은 부작위에 의해서도 가능하다(예: 출입구를 열어 주지 않아 밖으로 못나오게 하는 경우).

판례 감금죄를 인정한 판례

• 자의로 입원한 환자로부터 퇴원 요구가 있는데도 정신의료기관의 장이 구 정신보건법에 정해진 퇴원절차를 밟지 않은 채 방치한 경우, 감금죄를 인정하였다(대판 2017. 8. 18, 2017도7134).

• 피고인이 피해자를 강제로 차에 태워 피해자의 하차요청을 묵살한 채 하차할 수 없는 상태로 운행이 강행되었다(대판 1984. 8. 21, 84도1550).

• 호텔 정면과 후면 출입문을 봉쇄하여 피해자들의 출입을 방해하였다(대판 1983. 9. 13, 80도277).

• 주행 중인 자동차에서 탈출 불가능하게 하여 50km를 운행하여 여관 앞까지 강제연행한 후 강간하려다 미수에 그친 사건에서, 대법원은 강간죄의 성립에는 언제나 직접적으로, 또 필요한 수단으로서 감금행위를 수반하는 것은 아니므로 이 사건에서 감금행위가 강간미수죄의 수단이 되었다 하여, 감금행위는 강간미수죄에 흡수되어 범죄를 구성하지 않는다고 할 수는 없을 것이고, 피고인이 피해자가 자동차에서 내릴 수 없는 상태를 이용하여 강간하려고 결의하고 주행 중인 자동차에서 탈출 불가능하게 하여 외포케 하고 50킬로미터를 운행하여 여관 앞까지 강제로 연행하여 강간하려다 미수에 그친 것이므로 위 협박은 감금죄의 실행의 착수임과 동시에 강간미수죄의 실행의 착수라 할 것이고, 감금과 강간미수의 두 행위가 시간적 · 장소적으로 중복될 뿐만 아니라 감금행위 그 자체가 강간의 수단인 협박행위를 이루고 있는 경우로서 이 사건 감금과 강간미수죄는 1개의 행위에 의하여 실현된 경우로서 형법 제40조의 상상적 경합이라고 해석함이 상당하다고 판시하였다(대판 1983. 4. 26, 83도323).

(2) 의사능력과 행위능력

본 죄의 행위객체인 자연인이 의사능력과 행위능력을 가져야 하는가에 대해서는 ① 불필요설의 입장에서는 명정자, 수면 중인 자, 정신병자(대판 2002. 10. 11, 2002도4315)나 영아도 본 죄의 객체가 된다고 본다. ② 필요설에 따르면 행동의 자유는 행동 의사를 전제로 하므로 이러한 의사를 인정할 수 없는 자(예: 인사불성인 자, 수면 중인 자, 유아 등)는 본 죄의 객체가 아니라고 본다.

그러나 전자의 견해는 행동의 자유를 잠재적으로도 가질 수 없는 자에 대해서까지 본 죄의 성립가능성을 인정함으로써 본 죄의 보호법익인 이동의 자유의 보호범위를 벗어나는 문제점이 있다. 그러므로 본 죄의 행위객체가 갖는 의사능력과 행위능력은 잠재적 · 현실적 가능성을 의미한다고 보아야 한다(실현가능성설). 따라서 수면자, 명정자 등은 본 죄의 객체가 되지만, 영아처럼 잠재적 · 현실적으로 의사능력이나 행위능력이 없는 자는 제외된다.

(3) 피해자의 체포 · 감금사실 인식 요부

불요설에서는 피감금자가 이동을 제한당하고 있으면 충분하고 자신이 감금되어 있다는 사실을 인식하고 있을 필요는 없다고 본다. 예를 들면 강간을 목적으로 여성을 차에 태워 범행 현장까지 간 경우에 여성이 범인의 의도를 전혀 눈치채지 못하고 도중에 하차시켜 줄 것을 요구하지도 않았더라도 감금죄가 성립한다(강구진, 김/서, 이/장/강, 정/박). 필요설(백형구, 임웅)에서는 피해자가 자유 박탈의 점에 대한 의식이 불필요하다면 자고 있는 사람의 방을 일시적으로 잠근 경우에도 감금죄를 인정하게 되어 불합리하다고 주장한다. 필요설에 의하면 수면자나 명정자는 의식이 회복되어 자유가 침해된 사실을 인식하지 않으면 기수가 될 수 없다.

본 죄의 보호법익은 현실적인 이동의 자유뿐만 아니라 잠재적인 행동의 가능성까지도 포함한다고 보아야 한다. 그러므로 피해자가 알지 못하는 사이에 체포 · 감금되어도 피해자가 아무 때나 행동을 할 수 있는 자유를 박탈당하면 인간이 본래 가지고 있는 자연적인 행동의 자유를 잃은 것으로 보아야 하고, 이때 자유 박탈 사실에 대한 피해자의 인식은 체포 · 감금죄의 성립에 영향을 미치지 않는다(불필요설).

2. 체포죄 · 감금죄 기수시기

체포 · 감금죄는 범죄의 성질상 일정한 시간적 계속을 필요로 하는 계속범이며 또한 미수범을 처벌한다(제280조). 그러므로 본 죄가 기수에 달하기 위해서는 체포 · 감금행위가 시간적으로 어느 정도 지속될 필요가 있으며 일시적인 체포 · 감금행위는 미수범에 불과하다(통설).

판례 체포죄의 실행의 착수

- 형법 제276조 제1항의 체포죄에서 말하는 '체포'는 사람의 신체에 대하여 직접적이고 현실적인 구속을 가하여 신체활동의 자유를 박탈하는 행위를 의미하는 것으로서 수단과 방법을 불문한다. 체포죄는 계속범으로서 체포의 행위에 확실히 사람의 신체의 자유를 구속한다고 인정할 수 있을 정도의 시간적 계속이 있어야 하나, 체포의 고의로써 타인의 신체적 활동의 자유를 현실적으로 침해하는 행위를 개시한 때 체포죄의 실행에 착수하였다고 볼 것이다(대판 2018. 2. 28, 2017도21249).

3. 위법성

체포 · 감금행위는 위법성조각사유가 인정되는 경우에는 위법하지 않다. 예를 들면 본인의 동의가 있거나 형사소송법상의 현행범 체포행위(제212조), (긴급)체포(제200조의2, 제200조의3) 또는 (긴급)구속(제201조, 제206조) 등은 법령에 의한 정당행위로서 위법성이 조각된다. 또한 수용시설에 수용중인 부랑인들의 야간 도주를 방지하기 위하여 취침시간 중에 출입문을 안에서 잠근 행위는 정당행위(제20조)에 해당한다(대판 1988. 11. 8, 88도1580).

4. 죄 수

체포 후 감금을 한 경우에는 포괄적 일죄로서 감금죄만이 성립한다. 감금을 하기 위한 수단으로서 사용된 협박행위는 감금죄에 흡수되어 협박죄를 구성하지 않는다(대판 1982. 6. 22, 82도705). 강간을 위하여 감금한 경우에는 본 죄와 강간죄의 상상적 경합설(대판 1983. 4. 26, 83도323)(배종대, 이정원, 임웅)과 법조경합설이 있다. 그러나 감금행위가 강간의 유일한 수단으로 사용되지 않는 한(예: 피해자를 여관방으로 유인하여 방문을 걸어 잠근 후 성교할 것을 요구한 경우(대판 2000. 8. 18, 2000도1914)) 감금죄와 강간죄는 실체적 경합관계로 보는 것이 타당하다. 동일한 취지에서 감금행위가 단순히 강도상해죄의 수단이 되는 데 그치지 않고 강도상해의 범행이 끝난 후에도 계속된 경우 역시 실체적 경합관계에 있게 된다(대판 2003. 1. 10, 2002도4380). 마찬가지로 미성년자를 유인한 자가 계속하여 미성년자를 불법하게 감금하였을 때에는 미성년자유인죄(제287조) 이외에 감금죄가 별도로 성립한다(대판 1998. 5. 26, 98도1036). 일시적인 자유 박탈은 체포·감금의 의사가 없는 경우에는 본 죄가 성립하지 않고 폭행죄가 성립한다고 보아야 한다(이재상, 정/박). 반대로 체포·감금의 의사로 하는 일시적인 자유 박탈행위는 본 죄의 계속범의 성격에 비추어 미수범에 해당한다.

Ⅲ. 존속체포·감금죄

제276조(존속체포, 존속감금) ② 자기 또는 배우자의 직계존속에 대하여 제1항의 죄를 범한 때에는 10년 이하의 징역 또는 1천 500만원 이하의 벌금에 처한다.

Ⅳ. 중체포·감금죄, 중존속체포·감금죄

제277조(중체포, 중감금, 존속중체포, 존속중감금) ① 사람을 체포 또는 감금하여 가혹한 행위를 가한 자는 7년 이하의 징역에 처한다.
② 자기 또는 배우자의 직계존속에 대하여 전항의 죄를 범한 때에는 2년 이상의 유기징역에 처한다.

가혹한 행위란 육체적·정신적으로 고통을 주는 일체의 행위를 말한다. 예를 들면 폭행, 협박, 추행행위나 음식을 제공하지 않는 행위, 잠을 못 자게 하는 행위 등이 포함된다. 체포 · 감금을 위하여 행한 가혹행위는 본 죄에 해당하지 않는다.

본 죄의 미수범은 체포 · 감금은 하였으나 가혹한 행위는 하지 못한 경우에 인정된다. 그리고 가혹한 행위를 하기 위하여 체포 · 감금하려고 하였으나 체포 · 감금하지 못한 경우에는 본 죄의 미수범을 인정하는 견해가 있다(강구진, 김종원, 이/장/강). 그러나 본 죄는 체포 · 감금 후의 가혹행위를 성립요건으로 하므로 이 경우에는 체포 · 감금죄의 미수범(제276조 제1항, 제280조)에 불과하다고 보아야 한다.

Ⅴ. 특수체포죄 · 감금죄

제278조(특수체포, 특수감금) 단체 또는 다중의 위력을 보이거나 위험한 물건을 휴대하여 전2조의 죄를 범한 때에는 그 죄에 정한 형의 2분의 1까지 가중한다.

단체 또는 다중, 위험한 물건의 의미는 특수폭행죄(제261조)의 경우와 같다.

Ⅵ. 상습체포 · 감금죄

제279조(상습범) 상습으로 제276조 또는 제277조의 죄를 범한 때에는 전조의 예에 의한다.

Ⅶ. (존속)체포 · 감금치사상죄

제281조(체포, 감금 등의 치사상) ① 제276조 내지 제280조의 죄를 범하여 사람을 상해에 이르게 한 때에는 1년 이상의 유기징역에 처한다. 사망에 이르게 한 때에는 3년 이상의 유기징역에 처한다.
② 자기 또는 배우자의 직계존속에 대하여 제276조 내지 제280조의 죄를 범하여 상해에 이르게 한 때에는 2년 이상의 유기징역에 처한다. 사망에 이르게 한 때에는 무기 또는 5년 이상의 징역에 처한다.

체포 · 감금죄의 결과적 가중범이다. 본 죄는 체포 · 감금죄, 중체포 · 중감금죄와 위 죄의 상습범, 특수체포 · 특수감금죄, 그리고 위 각 죄의 미수범이 사람을 상해에 이르게 하거나 사망에 이르게 한 때에 성립한다. 체포 · 감금치상죄는 부진정 결과적 가중범에 해당하며, 체포 · 감금치사죄는 진정 결과적 가중범이다.

판례 감금치사죄를 인정한 경우

• 피해자를 강제로 승용차에 태운 뒤 운전하여 가자 겁에 질린 피해자가 차에서 뛰어 내리다가 상해를 입은 경우, 감금 및 감금치상죄를 인정한 사례(대판 2000. 5. 26, 2000도440).

• 승용차로 피해자를 가로막아 승차하게 한 후 피해자의 하차 요구를 무시한 채 당초 목적지가 아닌 다른 장소를 향하여 시속 약 60km 내지 70km의 속도로 진행하여 피해자를 차량에서 내리지 못하게 한 행위는 감금죄에 해당하고, 피해자가 그와 같은 감금상태를 벗어날 목적으로 차량을 빠져 나오려다가 길바닥에 떨어져 상해를 입고 그 결과 사망에 이르렀다면 감금행위와 피해자의 사망 사이에는 상당인과관계가 있다고 할 것이므로 감금치사죄에 해당한다고 본 사례(대판 2000. 2. 11, 99도5286).

• 피고인이 아파트 안방에서 안방 문에 못질을 하여 동거하던 피해자가 술집에 나갈 수 없게 감금하고, 피해자를 때리고 옷을 벗기는 등 가혹한 행위를 하여 피해자가 이를 피하기 위하여 창문을 통해 밖으로 뛰어내리려 하자 피고인이 이를 제지한 후, 피고인이 거실로 나오는 사이에 갑자기 안방 창문을 통하여 알몸으로 아파트 아래 잔디밭에 뛰어내리다가 사망한 경우에 피고인의 중감금행위와 피해자의 사망 사이에는 인과관계가 있어 피고인에게 중감금치사죄의 죄책을 인정한 사례(대판 1991. 10. 25, 91도2085).

제 4 절 약취, 유인 및 인신매매의 죄

Ⅰ. 보호법익 및 개정 배경

1. 보호법익

약취와 유인의 죄는 사람을 약취 또는 유인하여 자기 또는 제3자의 실력적 지배하에 둠으로써 자유로운 생활관계를 침해하는 죄이다. 본 죄의 보호법익은 신체적으로 방해받지 않고 거처에 관한 자기결정권을 행사할 수 있는 개인의 자유이다. 피인취자가 미성년인 경우에는 보호자의 감독권도 보호법익에 포함된다. 미성년자 약취 · 유인죄는 기망 · 유인을 수단으로 하며 사려 없고 나이 어린 피해자의 의사를 이용하는 것이다. 약취 · 유인의 죄는 계속범, 침해범이다.

2. 개정 배경

약취 · 유인죄 관련 형법 규정을 개정한 것은 2000년 12월 13일 우리나라가 서명한 「국제연합국제조직범죄방지협약」(United Nations Convention against Transnational Organized Crime) 및 「인신매매방지의정서」의 국내적 이행을 위한 것이다. 즉 동 협약 및 의정서상의 입법의무사항을 반영하기 위하여 형법을 개정하였다.

인신매매행위(human trafficking)는 국제적 중대범죄로 인식되어 국제협약, 즉 「인신매매방지의정서」의 국내 이행입법이 필요하게 되었다. 이를 위하여 형법을 개정(2013. 4. 5.부터 시행)하였는데 먼저 형법의 장章명을 "약취와 유인의 죄"에서 "약취, 유인 및 인신매매의 죄"로 변경하고 인신매매 관련 처벌조항을 신설하여 약취·유인행위와 인신매매행위로 구분하여 규정하였다. 그리고 목적범 형태의 약취, 유인 등의 죄에 "추행, 간음, 결혼, 영리, 국외이송 목적" 외에도 "노동력 착취, 성매매와 성적 착취, 장기적출" 등 신종 범죄를 목적으로 하는 경우를 추가하였다. 또한 결과적 가중범을 신설하되 상해와 치상, 살인과 치사 등의 법정형을 구분하여 책임주의에 부합하도록 하고, 종래 방조범 형태로 인정되던 약취, 유인, 인신매매 등을 위하여 사람을 모집, 운송, 전달하는 행위를 독자적인 구성요건으로 처벌하도록 하며, 인류에 대한 공통적인 범죄인 약취, 유인과 인신매매죄의 규정이 대한민국 영역 밖에서 죄를 범한 외국인에게도 적용될 수 있도록 세계주의 규정을 도입하였다. 그리고 개정 전에는 국외이송 목적 약취·유인을 위한 예비·음모만을 처벌하였으나 개정법은 본 장의 모든 범죄에 대하여 예비·음모행위를 처벌하고 있다.

특가법 제5조의3 역시 형법의 이와 같은 개정 내용에 따라 제4호와 제5호를 삭제하고 제6호부터 제8호까지를 개정하였다.

〈약취·유인죄와 인신매매죄의 구성요건 개요〉

행위내용	약취·유인죄	인신매매죄
단순 약취·유인, 인신매매	제287조	제289조 제1항
추행, 간음, 결혼, 영리목적	제288조 제1항	제289조 제2항
노동력 착취, 성매매와 성적 착취, 장기매매	제288조 제2항	제289조 제3항
국외이송 목적, 국외이송	제288조 제3항	제289조 제4항
수수·은닉	제292조 제1항, 제2항	제292조 제1항

Ⅱ. 미성년자 약취·유인죄

제287조(미성년자의 약취, 유인) 미성년자를 약취 또는 유인한 사람은 10년 이하의 징역에 처한다.

제294조(미수범) 제287조부터 제289조까지, 제290조 제1항, 제291조 제1항과 제292조 제1항의 미수범은 처벌한다.

제296조(예비, 음모) 제287조부터 제289조까지, 제290조 제1항, 제291조 제1항과 제292조 제1항의 죄를 범할 목적으로 예비 또는 음모한 사람은 3년 이하의 징역에 처한다.

[참조법률] 특정범죄 가중처벌 등에 관한 법률

제5조의2(약취·유인죄의 가중처벌) ① 13세 미만의 미성년자에 대하여 형법 제287조의 죄를 범한 사람은 그 약취 또는 유인의 목적에 따라 다음 각 호와 같이 가중처벌한다.

1. 약취 또는 유인한 미성년자의 부모나 그 밖에 그 미성년자의 안전을 염려하는 사람의 우려를 이용하여 재물이나 재산상의 이익을 취득할 목적인 경우에는 무기 또는 5년 이상의 징역에 처한다.
2. 약취 또는 유인한 미성년자를 살해할 목적인 경우에는 사형, 무기 또는 7년 이상의 징역에 처한다.

② 13세 미만의 미성년자에 대하여 형법 제287조의 죄를 범한 사람이 다음 각 호의 어느 하나에 해당하는 행위를 한 경우에는 다음 각 호와 같이 가중처벌한다.

1. 약취 또는 유인한 미성년자의 부모나 그 밖에 그 미성년자의 안전을 염려하는 사람의 우려를 이용하여 재물이나 재산상의 이익을 취득하거나 이를 요구한 경우에는 무기 또는 10년 이상의 징역에 처한다.
2. 약취 또는 유인한 미성년자를 살해한 경우에는 사형 또는 무기징역에 처한다.
3. 약취 또는 유인한 미성년자를 폭행·상해·감금 또는 유기하거나 그 미성년자에게 가혹한 행위를 한 경우에는 무기 또는 5년 이상의 징역에 처한다.
4. 제3호의 죄를 범하여 미성년자를 사망에 이르게 한 경우에는 사형, 무기 또는 7년 이상의 징역에 처한다.

1. 의의 및 보호법익

미성년자를 약취略取·유인誘引함으로써 성립하는 죄이며 보호법익은 보호자의 보호권과 미성년자의 자유권이다(통설). 본 구성요건은 미성년자의 자유권을 보호하기 위한 것이지만 이때의 자유권은 거소 등에 관한 미성년자의 자유로운 판단이나 결정권만을 의미한다고 볼 수는 없다. 오히려 보호자의 감독권이나 보호권을 통한 미성년자의 보호를 목표로 하고 있는 것이다. 이는 미성년자의 동의가 있더라도 본 죄가 성립하는 데에서도 알 수 있다(대판 2002. 2. 11, 2002도7115; 1982. 4. 27, 82도186). 본 죄에서의 보호의 정도는 침해범이다.

본 죄가 계속범에 해당하는가에 대하여는 논란이 있다. 사람을 자기 또는 제3자의 지배하에 옮기면 기수가 되고 그 이후에는 위법상태가 계속되는 것에 불과하다는 견해(상태범설)가 있으나, 사람에 대한 약취·유인행위는 어느 정도 시간적 계속성을 요한다는 점에서 계속범으로 이해하는 것이 타당하다(통설).

2. 객관적 구성요건

(1) 행위주체

본 죄의 행위주체는 자연인으로, 부모를 포함한 보호자 역시 수인인 경우에는 일방이 타방에 대한 관계에서 행위주체가 될 수 있다. 미성년자 역시 본 죄의 주체가 될 수 있다.

판례 **미성년자 약취 · 유인죄의 주체**

• 미성년자를 보호감독하는 자라 하더라도 다른 보호감독자의 감호권을 침해하거나 자신의 감호권을 남용하여 미성년자 본인의 이익을 침해하는 경우에는 미성년자 약취 · 유인죄의 주체가 될 수 있다. 외조부가 맡아서 양육해 오던 미성년인 자(子)를 자의 의사에 반하여 사실상 자신의 지배하에 옮긴 친권자에 대하여 미성년자 약취 · 유인죄를 인정하였다(대판 2008. 1. 31, 2007도8011).

(2) 행위객체

본 죄의 행위객체는 미성년자로서 기혼과 미혼을 불문한다. 미성년자가 혼인한 경우에는 성년으로 본다는 민법상의 성년의제규정(민법 제826조의2)을 이유로 본 죄의 행위객체에서 제외하는 견해(김종원, 김/서, 이/장/강)와 이를 포함시키는 견해(배종대, 백형구, 오영근, 이정원, 이형국, 정/박)가 있다. 민법의 목적과 다른 형법 규정의 성격상 혼인한 미성년자 역시 본 죄의 행위객체에 포함시키는 것이 타당하다(민법 제826조의2의 적용배제).

(3) 약취 · 유인

약취 · 유인(약취와 유인을 합쳐서 '인취'라고도 함)이란 사람을 자유로운 생활관계 내지 보호관계로부터 자기 또는 제3자의 실력적 지배 아래로 옮기는 행위이다.

약취는 폭행 · 협박을 수단으로 하여 사람을 자기 또는 제3자의 지배하에 옮기는 행위이다(통설). 그러나 의사능력이 전혀 없는 유아를 데려가는 것도 본 죄에 해당한다고 보아야 하므로 반드시 폭행 · 협박을 수단으로 하는 것이라고 볼 필요는 없다. 그러므로 약취란 폭행 · 협박에 의한 경우는 물론 정당한 권한 없이 행위객체를 자신의 실력적 지배하에 옮기는 행위도 포함하는 것으로 보는 것이 타당하다.

판례 **약취의 수단으로서 폭행**

• 형법 제288조에 규정된 약취행위는 피해자를 그 의사에 반하여 자유로운 생활관계 또는 보호관계로부터 범인이나 제3자의 사실상 지배하에 옮기는 행위를 말하는 것으로서, 폭행 또는

협박을 수단으로 사용하는 경우에 그 폭행 또는 협박의 정도는 상대방을 실력적 지배하에 둘 수 있을 정도이면 족하고 반드시 상대방의 반항을 억압할 정도의 것임을 요하지는 아니하며(대판 1991. 8. 13, 91도1184), 뿐만 아니라 약취에는 폭행 또는 협박 이외의 사실상의 힘에 의한 경우도 포함되며, 어떤 행위가 위와 같은 약취행위에 해당하는지 여부는 행위의 목적과 의도, 행위 당시의 정황, 행위의 태양과 종류, 피해자의 의사 등을 종합하여 판단하여야 한다.

피고인이 위험에 대한 대처능력이 미약한 초등학교 5학년 여학생인 피해자의 소매를 잡아끌면서 '우리 집에 같이 자러가자'라고 한 행위는 그 행위의 목적과 의도, 행위 당시의 정황, 행위의 태양과 종류, 피해자의 의사 등을 종합하여 볼 때, 피고인이 피해자를 그 의사에 반하여 자유로운 생활관계 또는 보호관계로부터 피고인의 사실상 지배하에 옮기기 위한 약취행위의 수단으로서 폭행에 충분히 해당한다고 할 것이다(대판 2009. 7. 9, 2009도3816).

유인은 기망 또는 유혹을 그 수단으로 하여 사람을 자유로운 생활관계 또는 보호관계로부터 자기 또는 제3자의 사실적 지배 아래로 옮기는 것을 말한다(대판 2001. 7. 13, 2001도2595). 유인으로 인하여 피해자가 자유롭게 승낙하였다고 하더라도 본 죄의 성립에 영향이 없다(대판 1976. 9. 14, 76도2073). 기망이란 허위사실로써 상대방을 착오에 빠지게 하는 것을 의미하고, 유혹이라 함은 반드시 허위가 아니라 하더라도 감언이설로 상대방을 현혹시켜 판단을 그르치게 하는 것을 말한다.

약취 · 유인의 수단인 폭행 · 협박 · 기망 · 유혹은 피인취자 본인에 대해서 뿐만 아니라 친권자나 보호자에 대해서도 가능하다. 약취 · 유인은 민법상 19세 미만인 미성년자에 대한 보호자의 보호권을 일정기간 동안 사실상 박탈하는 것이다. 즉 보호권자로부터의 장소적 격리와 인취자에 의한 사실적 지배상태의 확립이 필요하다. 여기에서 사실적 지배라고 함은 미성년자에 대한 물리적 · 실력적인 지배관계를 의미한다(대판 1998. 5. 15, 98도690).

피인취자에 대한 장소적 이전의 필요성에 대해서는 반드시 장소적 이전이 없더라도 피인취자의 격리는 가능하다고 보아 부정하는 것이 타당하다(판례 · 다수설). 그러므로 본 죄는 부작위에 의해서도 가능하다. 예를 들면 후견인에서 탈퇴한 자가 미성년자인 피후견인의 거소를 알려 주지 않고 감추는 경우이다. 약취 · 유인한 자가 계속해서 피인취자를 불법하게 감금한 경우에는 약취 · 유인죄 외에 감금죄를 구성한다(대판 1961. 9. 21, 4294형상455).

판례 **약취행위와 장소적 이전**

• 미성년의 자녀를 부모가 함께 동거하면서 보호 · 양육하여 오던 중 부모의 일방이 상대방 부모나 그 자녀에게 어떠한 폭행, 협박이나 불법적인 사실상의 힘을 행사함이 없이 그 자녀를 데리고 종전의 거소를 벗어나 다른 곳으로 옮겨 자녀에 대한 보호 · 양육을 계속하였다면, 그 행위가 보호 · 양육권의 남용에 해당한다는 등 특별한 사정이 없는 한 설령 이에 관하여 법원의 결

정이나 상대방 부모의 동의를 얻지 아니하였다고 하더라도 그러한 행위에 대하여 곧바로 형법상 미성년자에 대한 약취죄의 성립을 인정할 수는 없다(대판 2013. 6. 20, 2010도14328 전원합의체).

• 피고인은 아파트 현관문을 열고 집안으로 들어서는 피해자를 발견하고 피해자에게 달려들어 옆구리에 칼을 들이대고 뒤따라 집안으로 침입한 후 집안을 뒤져 물품을 강취하고, 피해자를 인질로 삼아 그의 부모로부터 현금을 취득하기로 마음먹고 피해자를 결박시킨 다음 두 시간 남짓 부모의 귀가를 기다렸다. 피해자의 모가 아파트 안으로 들어오자, 거실에서 앉아 포박된 피해자의 옆구리에 부엌칼을 들이대면서 "아들을 살리려면 이리 와서 앉아"라고 위협하여 이에 놀란 피해자의 모가 밖으로 도망치자, 전화를 걸어 "아들을 살리려면 돈 300만원을 지금 마련해서 올라와라, 경찰에는 절대 알리지 마라, 만약 신고하면 아들을 죽이겠다"고 하는 등 수차례 협박하여 피해자의 부모로부터 아파트 현관 입구에서 50만원을 전달받았으나 대기 중이던 경찰관에게 체포되었다.

판결이유: 대법원은 "형법 제287조에 규정된 약취행위는 …미성년자를 장소적으로 이전시키는 경우뿐만 아니라 **장소적 이전 없이 기존의 자유로운 생활관계 또는 부모와의 보호관계로부터 이탈시켜 범인이나 제3자의 사실상 지배하에 두는 경우도 포함된다**고 보아야 한다. 다만, 미성년자와 보호자의 일상생활의 장소적 중심인 주거에서 장소적 이전을 전제로 하지 아니한 채 폭행 또는 협박이 이루어진 경우에는, 그로 인하여 미성년자와 부모의 보호관계가 제한 혹은 박탈되는 모든 경우에 형법 제287조의 미성년자약취죄가 성립하는 것으로 볼 수는 없고, 무엇보다 미성년자를 기존의 생활관계 및 보호관계로부터 이탈시킬 의도가 없는 경우에는 실행의 착수조차 인정하기 어려우며, 범행의 목적과 수단, 시간적 간격 등을 고려할 때 사회통념상 실제로 기존의 생활관계 및 보호관계로부터 이탈시킨 것으로 인정되어야만 기수가 성립한다"고 판시하였다. 그 결과 이 사안에서 "미성년자가 혼자 머무는 주거에 침입하여 그를 감금한 뒤 폭행 또는 협박에 의하여 **부모의 출입을 봉쇄**하거나, 미성년자와 부모가 거주하는 주거에 침입하여 **부모만을 강제로 퇴거**시키고 독자적인 생활관계를 형성하기에 이르렀다면 비록 장소적 이전이 없었다 할지라도 형법 제287조의 미성년자약취죄에 해당함이 명백하지만… 일시적으로 부모와의 보호관계가 사실상 침해·배제되었다 할지라도, 그 의도가 미성년자를 기존의 생활관계 및 보호관계로부터 이탈시키는 데 있었던 것이 아니라 단지 금품 강취를 위하여 반항을 제압하는 데 있었다거나 금품 강취를 위하여 고지한 해악의 대상이 그곳에 거주하는 미성년자였던 것에 불과"하다면, 미성년자를 약취한다는 고의를 인정하기 곤란할 뿐 아니라, 보통의 경우 시간적 간격이 짧아 기존의 생활관계로부터 완전히 이탈되었다고 평가하기도 곤란하므로 미성년자약취·유인죄를 인정할 수 없다고 하였다(대판 2008. 1. 17, 2007도8485). 이 사건에서는 특정범죄가중처벌등에관한법률위반(약취·유인)·특수강도·절도·주거침입죄 성립 여부가 문제되었다.

3. 죄 수

본 죄는 인질강도죄, 인질강요죄, 체포죄와 상상적 경합관계에 있다. 그러나 약취·유인한 자가 계속해서 피인취자를 감금한 때에는 본 죄와 감금죄의 경합범이 성립한다(대판 1961. 9. 21, 4294형상455; 1998. 5. 26, 98도1036). 강요죄는 본 죄와 상상적 경합관계에 있지만 강요행위의 내용이 약취·유인을 목적으로 한 경우에는 법조경합의 관계에 있으므로 본 죄만이 성립한다.

Ⅲ. 추행·간음·결혼·영리목적 등 약취·유인죄

제288조(추행 등 목적 약취, 유인 등) ① 추행, 간음, 결혼 또는 영리의 목적으로 사람을 약취 또는 유인한 사람은 1년 이상 10년 이하의 징역에 처한다.
② 노동력 착취, 성매매와 성적 착취, 장기적출을 목적으로 사람을 약취 또는 유인한 사람은 2년 이상 15년 이하의 징역에 처한다.
제294조(미수범) 제287조부터 제289조까지, 제290조 제1항, 제291조 제1항과 제292조 제1항의 미수범은 처벌한다.
제296조(예비, 음모) 제287조부터 제289조까지, 제290조 제1항, 제291조 제1항과 제292조 제1항의 죄를 범할 목적으로 예비 또는 음모한 사람은 3년 이하의 징역에 처한다.
제295조(벌금의 병과) 제288조부터 제291조까지, 제292조 제1항의 죄와 그 미수범에 대하여는 5천만 원 이하의 벌금을 병과할 수 있다.

1. 추행, 간음, 결혼 또는 영리목적 약취·유인죄 (제1항)

본 죄의 객체인 사람에는 성년자·미성년자, 남자·여자를 모두 포함한다. 그러므로 추행·간음·결혼·영리의 목적으로 미성년자를 약취하거나 유인한 때에는 미성년자 약취·유인죄(제287조)가 아니라 형이 무거운 본 죄가 성립한다.

본 죄는 목적범이므로 고의 이외에 추행·간음·결혼·영리의 목적이 있어야 한다. 추행이란 행위자 또는 제3자의 성적 만족을 위하고, 일반인의 성적 수치심을 유발시키는 행위를 말한다. 추행의 목적이란 피인취자를 추행행위의 객체 혹은 주체가 되게 할 목적을 말한다. 간음의 목적이란 결혼의 목적과 달리 성교행위의 목적을 의미한다. 영리의 목적이란 재산상의 이익을 얻을 목적을 말한다. 계속적이거나 반복적인 이익을 필요로 하지 않으므로 일회적인 이익이더라도 영리의 목적은 인정된다. 합법적인 재산상의 이익을 얻을 목적도 영리의 목적에 해당된다.

석방의 대가로 재물을 요구하기 위하여 약취·유인하는 경우 본 죄에 해당하는가에 대해서는 긍정설(김/서, 백형구, 이/장/강, 이형국)과 부정설(김종원, 임웅)로 나뉜다. 약취·유인하여 석방의 대가로 재물을 요구하는 행위는 전형적인 인질강도죄(제336조)에 해당하며 본 죄는 적용되지 않는다. 그러나 단순히 장래 석방의 대가로 재물을 요구하기 위하여 약취·유인하는 행위는 인질강도라고 볼 수 없다. 또한 행위객체가 미성년자인 경우에는 특정범죄 가중처벌 등에 관한 법률(제5조의2 제1항 제1호)에 따라 처벌하면 되지만 성년자인 경우에는 적용되지 않으므로 석방 대가를 요구하기 위한 약취·유인행위 역시 본 죄에 해당한다고 보는 것이 타당하다. 객체가 미성년자인 경우에 추행·간음·영리의 목적 없는 공범은 미성년자 약취·유인죄(제287조)에 해당한다.

2. 노동력 착취, 성매매와 성적 착취, 장기적출 목적 약취·유인죄 (제2항)

본 죄는 노동력 착취나 성적 착취, 성매매, 장기적출을 목적으로 약취·유인하는 행위를 처벌하는 것이다. 이러한 행위 목적은 일반적으로 후진국에서 발생가능성이 높은 범죄유형이고 특히 국제적 연계망을 통하여 이루어지는 경향이 높다.

Ⅳ. 국외이송목적 약취·유인·국외이송죄

제288조(추행 등 목적 약취, 유인 등) ③ 국외에 이송할 목적으로 사람을 약취 또는 유인하거나 약취 또는 유인된 사람을 국외에 이송한 사람도 제2항과 동일한 형으로 처벌한다.

제294조(미수범) 제287조부터 제289조까지, 제290조 제1항, 제291조 제1항과 제292조 제1항의 미수범은 처벌한다.

제296조(예비, 음모) 제287조부터 제289조까지, 제290조 제1항, 제291조 제1항과 제292조 제1항의 죄를 범할 목적으로 예비 또는 음모한 사람은 3년 이하의 징역에 처한다.

제295조(벌금의 병과) 제288조부터 제291조까지, 제292조 제1항의 죄와 그 미수범에 대하여는 5천만원 이하의 벌금을 병과할 수 있다.

구 제289조 제1항과 제2항을 통합하여 규정하였다. 구성요건의 내용은 동일하지만 법정형은 하향(3년 이상에서 2년 이상으로)되었다. 본 죄의 객체는 기혼·미혼, 성년·미성년, 남·녀를 불문한다. 국외라 함은 거주국 영역외가 아니라 대한민국 영토 이외를 말한다. 그러므로 미국에서 한국으로 이송할 목적으로 사람을 약취·유인하는 행위는 본 죄에 해당하지 않는다. 추행·간음·결혼·영리 등이 국외이송의 목적이 될 수 있겠으나 본 죄의 성립과는 관계 없다.

V. 인신매매죄

제289조(인신매매) ① 사람을 매매한 사람은 7년 이하의 징역에 처한다.
② 추행, 간음, 결혼 또는 영리의 목적으로 사람을 매매한 사람은 1년 이상 10년 이하의 징역에 처한다.
③ 노동력 착취, 성매매와 성적 착취, 장기적출을 목적으로 사람을 매매한 사람은 2년 이상 15년 이하의 징역에 처한다.
제294조(미수범) 제287조부터 제289조까지, 제290조 제1항, 제291조 제1항과 제292조 제1항의 미수범은 처벌한다.
제296조(예비, 음모) 제287조부터 제289조까지, 제290조 제1항, 제291조 제1항과 제292조 제1항의 죄를 범할 목적으로 예비 또는 음모한 사람은 3년 이하의 징역에 처한다.
제295조(벌금의 병과) 제288조부터 제291조까지, 제292조 제1항의 죄와 그 미수범에 대하여는 5천만원 이하의 벌금을 병과할 수 있다.

1. 일반 인신매매죄 (제1항)

(1) 의 의

인신매매는 과거 노예매매와 마찬가지로 현대적 의미의 노예매매와 같다. 즉 사람의 의사와 인격을 무시한 채 인간을 물건처럼 매매의 대상으로 삼았다는 점에서 형법적 비난의 대상이 된다. 형법은 이를 반영하여 단순한 인신매매행위를 처벌하고 추가적으로 새로운 형태의 인신매매행위를 구성요건화하였다(제289조 제2항, 제3항). 이는 오늘날의 인신매매가 반드시 추업醜業에 사용할 목적처럼 성적인 영리추구행위만을 목적으로 하지 않고 오히려 다양한 목적으로 이루어지는 경우가 많기 때문이다(예: 불법입양).

본 죄의 보호법익은 사람의 자유와 인격권이다. 본 죄가 성립하는 데에는 인신매매의 대상이 된 사람이 인격의 자각 유무나 법 질서에 호소할 능력이 있는지 여부를 불문하고 매매되었다면 본 죄가 성립한다.

본 죄는 매도자와 매수자를 같이 처벌하는 필요적 공범이다. 본 죄의 행위주체는 제한이 없으므로 보호자나 친권자도 본 죄의 주체가 될 수 있다. 행위객체인 사람은 남·녀, 성년·미성년, 기혼·미혼을 가리지 않는다. 미수범도 처벌한다(제294조).

아동·청소년 매매에 대해서는 '아동·청소년의 성보호에 관한 법률' 제12조가 적용된다.
제12조(아동·청소년 매매행위) ① 아동·청소년의 성을 사는 행위 또는 아동·청소년성착취물을 제작하는 행위의 대상이 될 것을 알면서 아동·청소년을 매매 또는 국외에 이송하거나

국외에 거주하는 아동·청소년을 국내에 이송한 자는 무기징역 또는 5년 이상의 징역에 처한다.

② 제1항의 미수범은 처벌한다.

(2) 구성요건

본 죄에서 매매란 민법상의 개념과 달리 당사자 일방이 사람의 신병을 유상으로 상대방에게 인도하고 상대방은 그 사람을 인도받아 자신의 사실상의 실력적 지배하에 두는 것을 말하므로 교환도 포함한다. 본 죄에서 유상이란 넓게 해석하여야 하므로 수고비, 사례비를 지급한 경우에도 해당되며, 구체적인 재물수수가 없더라도 성립할 수 있다. 반대로 전혀 인신교부의 대가 지급이 없는 경우에는 본 죄가 아니라 영리목적 약취·유인죄(제288조 제1항)를 적용하여야 한다.

본 죄에서 실력적 지배란 매매대상인 사람이 자유로운 의사결정에 따라 행동을 할 수 없는 상황이면 인정된다. 실력적 지배는 사람의 신체를 인계하는 당시에 존재하면 되고 인신교부 이후에도 매수자에 의한 지배상태가 계속적으로 이루어져야 하는 것은 아니다. 그러므로 인신교부 이후에 피해자가 법 질서에의 보호를 요청할 수 있었으나 이를 하지 않은 경우에도 본 죄는 성립한다.

2. 추행, 간음, 결혼 또는 영리목적 인신매매 (제2항)

(1) 행위주체

본 항은 구 제288조 제2항을 개정하여 행위객체를 부녀에서 사람으로 확대하고, 추행의 목적 이외에 간음이나 결혼, 영리목적을 추가하였다. 본 죄 역시 매도자와 매수자를 같이 처벌하는 필요적 공범이다. 본 죄의 주체는 제한이 없으므로 보호자나 친권자도 본 죄의 주체가 될 수 있다.

(2) 추행, 간음, 결혼, 영리 목적

본 죄의 객체는 사람으로서 남·녀, 기혼·미혼, 성년·미성년을 불문한다. 처도 배우자에 의해 매매의 대상이 될 수 있다. 추행의 목적이란 행위객체로 하여금 자기 또는 제3자의 성적 만족을 위하여 사용할 목적을 말한다. 간음의 목적이란 결혼할 목적이 아니라 단순히 성교행위의 목적을 말한다. 영리목적이란 인신매매를 통하여 재산상의 이익을 얻을 목적을 말한다. 구 법상 부녀매매죄(구 제288조 제2항)에서 추업에 사용할 목적은 영리 목적의 일종에 해당한다고 볼 수 있다(예: 호스티스, 매춘부 등의 업무에 종사하게 할 목적). 스스로 유흥업소의 접대부 등 추업에 종사하기로 결심한 사람인 경우에는 원하지 않는 조건하의 강압적인 취업이 아닌 한 본 죄가 성립하지 않는다.

결혼할 목적에서 결혼이란 ① 법률혼을 의미한다는 견해, ② 법률혼과 사실혼을 포함한다고 보는 견해(다수설) 및 ③ 사실혼만을 의미한다는 견해(이/장/강)로 나뉜다. 생각건대 결혼의 목적이 사실혼이든 법률혼이든 차이가 없다고 보는 것이 타당하다. 우선 결혼은 남녀 당사자 사이에 자유로운 의사결정에 의하여 이루어져야 한다는 점에서 법률혼이든 사실혼이든 강요된 결혼은 허용되어서는 안 된다. 다음으로 간음의 목적은 단순한 성교의 목적인 데 반하여 사실혼은 비록 법률상 부부관계는 아니라고 하더라도 주관적으로는 혼인의 의사가 있고, 또 객관적으로는 사회통념상 가족 질서의 면에서 부부 공동생활을 인정할 만한 실체가 있는 경우에 인정되는 것이므로 이를 결혼의 유형에서 제외시킬 수도 없다. 그러므로 본 죄의 결혼은 사실혼이나 법률혼을 모두 의미한다고 보는 다수설의 입장이 타당하다.

결혼할 목적으로 미성년자를 약취·유인하여 매매한 때에는 미성년자 약취·유인죄(제287조)와 본 죄가 상상적 경합관계에 있다고 보는 것이 타당하다(이 경우 10년 이하의 징역에 비해 1년 이상 10년 이하의 징역으로 형이 더 무거운 본 죄가 적용될 것이다).

3. 노동력 착취, 성매매, 성적 착취, 장기적출 목적 인신매매 (제3항)

노동력 착취, 성매매, 성적 착취, 장기적출 목적 인신매매행위는 제2항에 비해 법정형이 가중된 구성요건이다. 즉 추행, 간음, 결혼, 영리목적보다 노동력 착취 등의 목적이 더 불법성이 높다고 보는 것이다. 이는 노동력 착취와 성매매, 장기적출을 위한 인신매매는 인긴의 가장 기본적인 인권을 심각하게 침해하는 범죄이기 때문이라고 볼 수 있다.

아동·청소년의 성을 사는 행위 또는 아동·청소년이용음란물을 제작하는 행위의 대상이 될 것을 알면서 아동·청소년을 매매 또는 국외에 이송하거나 국외에 거주하는 아동·청소년을 국내에 이송한 자는 무기징역 또는 5년 이상의 징역에 처한다(아청법 제12조 제1항).

4. 기수시기

본 죄의 기수시점은 사람에 대한 실력적 지배가 상대방 측에 이전되었을 때이다. 본 죄는 재물의 불법취득을 처벌하는 죄가 아니라 사람의 자유를 침해하는 죄이므로 대금의 지급 여부와 관계 없이 성립한다(다수설. 미수에 해당한다는 견해는 진계호). 매매계약 체결 후 사람의 신병이 인도되지 않았거나 실패한 때에는 미수범이 성립한다.

판례 성매매 종사를 위한 인신매매

• 피해자(여, 당시 18세)는 서울에서 공원으로 일하던 중 서울 미아리 소재 디스코클럽에서 공소외 A 등 일행 4명에 의해 "스키장에 놀러가자"고 유인되어 당일 밤 자동차로 군산까지 감

금 · 약취된 뒤 강간당하고 나서 군산시 소재 윤락가 포주인 공소외 B에게 금 80만원에 팔려 동 점포에서 윤락녀 생활을 하게 되었다. 피고인 갑(여, 50세)은 위 B의 점포 인근에서 역시 윤락가를 운영하던 자로서 B에게 금 80만원을 지불하고 피해자를 넘겨받아 피해자로 하여금 약 13개월 동안 매일 5~10회씩 돈을 받고 윤락행위를 하게 되던 중 검거되었다. 대법원은 이에 대해 부녀매매죄 및 윤락행위 등 방지법 위반을 인정하였다(대판 1992. 1. 21, 91도1402).

Ⅵ. 국외이송목적 인신매매, 매매자 국외이송죄

제289조(인신매매) ④ 국외에 이송할 목적으로 사람을 매매하거나 매매된 사람을 국외로 이송한 사람도 제3항과 동일한 형으로 처벌한다.
제294조(미수범) 제287조부터 제289조까지, 제290조 제1항, 제291조 제1항과 제292조 제1항의 미수범은 처벌한다.
제296조(예비, 음모) 제287조부터 제289조까지, 제290조 제1항, 제291조 제1항과 제292조 제1항의 죄를 범할 목적으로 예비 또는 음모한 사람은 3년 이하의 징역에 처한다.
제295조(벌금의 병과) 제288조부터 제291조까지, 제292조 제1항의 죄와 그 미수범에 대하여는 5천만원 이하의 벌금을 병과할 수 있다.

본 죄는 국외에 이송할 목적으로 사람을 매매하거나 매매된 사람을 국외로 이송한 경우에 성립한다. 본 죄의 객체는 사람 또는 매매된 사람이다. 반드시 국외이송의 목적으로 매매된 사람에 국한되지 않는다. 기혼 · 미혼, 성년 · 미성년, 남 · 녀를 불문한다.

국외이송의 목적으로 매매한 사람을 국외에 이송한 경우에는 ① 본 죄만 성립한다는 견해, ② 양 죄는 별 죄이지만 처벌상 일죄로 취급한다는 견해, ③ 양 죄가 모두 성립한다는 견해, ④ 양 죄의 상상적 경합을 인정하는 견해, ⑤ 이송목적 매매 당시부터 국외이송을 의도하였던 경우에는 이송행위는 불가벌적 사후행위에 해당하며(법조경합), 이송행위가 새로운 범행 결심에 의한 경우에는 양 죄는 실체적 경합관계에 있다는 견해가 있을 수 있다. 그러나 이 견해는 국외이송을 결심한 시점을 기준으로 하여 법조경합과 실체적 경합을 구분할 합리적 이유가 없다. 인신매매와 매매된 사람을 국외로 이송한 행위는 독립적인 구성요건(제289조 제1항, 제4항)에 해당하는 별개의 죄로 보아야 할 것이므로 양 죄가 모두 성립한다고 보아 실체적 경합을 인정하는 것이 타당하다(③의 견해).

Ⅶ. 약취, 유인, 매매, 이송 등 상해 · 치상죄(제290조), 살인 · 치사죄(제291조)

제290조(약취, 유인, 매매, 이송 등 상해·치상) ① 제287조부터 제289조까지의 죄를 범하여 약취, 유인, 매매 또는 이송된 사람을 상해한 때에는 3년 이상 25년 이하의 징역에 처한다.
② 제287조부터 제289조까지의 죄를 범하여 약취, 유인, 매매 또는 이송된 사람을 상해에 이르게 한 때에는 2년 이상 20년 이하의 징역에 처한다.

제291조(약취, 유인, 매매, 이송 등 살인·치사) ① 제287조부터 제289조까지의 죄를 범하여 약취, 유인, 매매 또는 이송된 사람을 살해한 때에는 사형, 무기 또는 7년 이상의 징역에 처한다.
② 제287조부터 제289조까지의 죄를 범하여 약취, 유인, 매매 또는 이송된 사람을 사망에 이르게 한 때에는 무기 또는 5년 이상의 징역에 처한다.

제294조(미수범) 제287조부터 제289조까지, 제290조 제1항, 제291조 제1항과 제292조 제1항의 미수범은 처벌한다.

제296조(예비, 음모) 제287조부터 제289조까지, 제290조 제1항, 제291조 제1항과 제292조 제1항의 죄를 범할 목적으로 예비 또는 음모한 사람은 3년 이하의 징역에 처한다.

제295조(벌금의 병과) 제288조부터 제291조까지, 제292조 제1항의 죄와 그 미수범에 대하여는 5천만원 이하의 벌금을 병과할 수 있다.

1. 약취 · 유인 등 상해 · 치상죄 (제290조)

신설된 구성요건이다. 제287조(미성년자 약취 · 유인), 제288조(추행 등 목적 약취, 유인 등), 제289조(인신매매)까지의 죄를 범하여 약취, 유인, 매매 또는 이송된 사람을 상해한 때 또는 상해에 이르게 한 때에 성립한다. 상해죄와 결과적 가중범인 치상죄의 법정형에 차이를 두고 있다.

2. 약취 · 유인 등 살인 · 치사죄 (제291조)

신설된 구성요건이다. 제287조(미성년자 약취 · 유인), 제288조(추행 등 목적 약취, 유인 등), 제289조(인신매매)까지의 죄를 범하여 약취, 유인, 매매 또는 이송된 사람을 살해한 때 또는 사망에 이르게 한 때에 성립한다.

미성년자인 피해자를 약취한 후에 강간을 목적으로 피해자에게 가혹한 행위 및 상해를 가하고 나아가 그 피해자에 대한 강간 및 살인미수를 범한 경우에는 약취한 미성년자에 대한 상해 등으로 인한 특정범죄 가중처벌 등에 관한 법률 위반죄 및 미성년자인 피해자에 대한 강간 및 살인미수행위로 인한 성폭력범죄의 처벌 등에 관한 특례법 위반죄가 각 성립하고, 설령 상해의 결과가 피해자에 대한 강간 및 살인미수 행위 과정에서 발생한 것이라 하더라도 위 각 죄는 서로 형법 제37조 전단의 실체적 경합범 관계에 있다(대판 2014. 2. 27, 2013도12301).

Ⅷ. 피약취 · 유인 · 매매 · 국외이송자 수수 · 은닉죄, 피약취 · 유인 · 매매 · 국외이송자 모집 · 운송 · 전달죄

제292조(약취, 유인, 매매, 이송된 사람의 수수·은닉 등) ① 제287조부터 제289조까지의 죄로 약취, 유인, 매매 또는 이송된 사람을 수수 또는 은닉한 사람은 7년 이하의 징역에 처한다.

② 제287조부터 제289조까지의 죄를 범할 목적으로 사람을 모집, 운송, 전달한 사람도 제1항과 동일한 형으로 처벌한다.

제294조(미수범) 제287조부터 제289조까지, 제290조 제1항, 제291조 제1항과 제292조 제1항의 미수범은 처벌한다.

제296조(예비, 음모) 제287조부터 제289조까지, 제290조 제1항, 제291조 제1항과 제292조 제1항의 죄를 범할 목적으로 예비 또는 음모한 사람은 3년 이하의 징역에 처한다.

1. 피약취 · 유인 · 매매 · 국외이송자 수수 · 은닉죄 (제1항)

구 법 제292조 제1항에 해당하는 규정이다. 개정 전은 약취 · 유인의 목적에 따라 구성요건을 달리하고 있었으나 이를 통합하여 단일의 구성요건으로 규정하였다.

본 죄는 미성년자, 추행 · 간음 · 결혼 · 영리의 목적으로 약취 · 유인된 사람, 노동력 착취 · 성매매와 성적 착취 · 장기적출의 목적으로 약취 · 유인된 사람, 국외에 이송할 목적으로 약취 · 유인 · 매매된 사람 또는 국외에 이송된 사람, 인신매매된 사람을 수수 또는 은닉함으로써 성립하는 죄이다. 미수범을 처벌한다(제294조).

본 죄는 약취 · 유인된 미성년자나 결혼할 목적으로 약취 · 유인된 사람을 수수 · 은닉함으로써 성립하는 죄이다. 미수범은 처벌한다(제294조). 특정범죄 가중처벌 등에 관한 법률에 의해 가중 처벌된다(특가법 제5조의2 제3항: 제1항 또는 제2항의 죄를 범한 자를 방조하여 약취 또는 유인된 미성년자를 은닉 기타의 방법으로 귀가하지 못하게 한 자는 5년 이상의 유기징역에 처한다. 제4항: 미수범은 처벌한다).

2. 피약취 · 유인 · 매매 · 국외이송자 모집 · 운송 · 전달죄 (제2항)

본 죄는 미성년자, 추행 · 간음 · 결혼 · 영리의 목적으로 약취 · 유인된 사람, 노동력 착취 · 성매매와 성적 착취 · 장기적출의 목적으로 약취 · 유인된 사람, 국외에 이송할 목적으로 약취 · 유인 · 매매된 사람 또는 국외에 이송된 사람, 인신매매된 사람을 수수 또는 은닉할 목적으로 사람을 모집 · 운송 · 전달한 때에 성립한다. 제1항의 죄의 전 단계 행위에 해당하지만 법정형은 동일하다.

Ⅸ. 형의 감경

제295조의2(형의 감경) 제287조부터 제290조까지, 제292조와 제294조의 죄를 범한 사람이 약취, 유인, 매매 또는 이송된 사람을 안전한 장소로 풀어준 때에는 그 형을 감경할 수 있다.

약취와 유인의 죄를 범한 자가 약취 · 유인 · 매매 또는 이송된 사람을 안전한 장소로 풀어 준 때에는 그 형을 감경할 수 있다. 안전한 장소라 함은 행위자의 실력적 지배범위를 떠나 그 발견 및 구호가 가능한 장소를 의미한다. 임의적 감경이다.

Ⅹ. 세계주의

제296조의2(세계주의) 제287조부터 제292조까지 및 제294조는 대한민국 영역 밖에서 죄를 범한 외국인에게도 적용한다.

형법의 장소적 적용범위에 관한 규정으로서 신설규정이다. 이는 인신매매가 국제적인 중대범죄로서 이러한 범죄에 대응하기 위해서는 테러범죄처럼 국제적인 협력이 필요하기 때문이다. 그러므로 일본인이 일본에서 일본인을 인신매매하였더라도 그 범인이 한국에 입국할 경우 한국형법에 의해 처벌할 수 있다.

제 5 절 강간과 추행의 죄

Ⅰ. 보호법익 및 개정사항

1. 보호법익

강간과 추행의 죄는 정조에 대한 죄가 아니라 개인의 성적 자유에 대한 죄이다. 성적 자유의 내용으로는 성적 자기결정권을 들 수 있다. 그러나 이는 포괄적인 의미를 지닐 뿐 구체적으로는 내용을 달리하는 법익을 갖는다. 예를 들면 미성년자에 대한 간음죄(제305조)는 미성년자의 성적 자기결정권을 침해한다기보다는 성범죄로 인하여 미성년자의 신체적 · 정신적 성장이 방해받지 않도록 하여 미성년자의 정상적인 성적 발달을 도모하는 것을 보호법익으로 한다. 본 죄는 침해죄이다.

2. 개정사항

성범죄에 관한 형사법의 규정은 변화하는 시대 상황, 범죄 행태 및 피해자 보호 필요성의 증대 등 성범죄에 효과적으로 대처하기 위해서 형벌의 강화, 새로운 구성요건의 신설 등의 방향으로 개정하였다. 가장 최근(2020. 5. 19)까지의 개정 내용을 중심으로 살펴보면 ① 강간, 유사강간, 준강간, 강간상해, 미성년자에 대한 간음, 추행에 대하여 예비 · 음모행위에 대한 처벌조항 신설(제305조의3), ② 미성년자에 대한 간음, 추행죄의 대상 미성년자의 연령을 13세 미만에서 16세 미만까지 확대(제305조 제2항), ③ 벌금형의 인상 또는 폐지 등이다. 이와 함께 성폭력범죄처벌 등에 관한 특례법의 구성요건 및 형량도 개정하여 성범죄에 대한 강력한 법적 대응을 하고 있다.

Ⅱ. 강간죄

제297조(강간) 폭행 또는 협박으로 사람을 강간한 자는 3년 이상의 유기징역에 처한다.

제300조(미수범) 제297조, 제297조의2, 제298조 및 제299조의 미수범은 처벌한다.

제305조의2(상습범) 상습으로 제297조, 제297조의2, 제298조부터 제300조까지, 제302조, 제303조 또는 제305조의 죄를 범한 자는 그 죄에 정한 형의 2분의 1까지 가중한다.

제305조의3(예비, 음모) 제297조, 제297조의2, 제299조(준강간죄에 한정한다), 제301조(강간 등 상해죄에 한정한다) 및 제305조의 죄를 범할 목적으로 예비 또는 음모한 사람은 3년 이하의 징역에 처한다.

1. 의 의

강간죄(rape, Vergewaltigung)는 폭행 또는 협박을 하여 사람을 강간함으로써 성립한다. 강간죄의 보호법익은 사람의 성적 자기결정권이다. 이는 개인이 향유하는 인격권 · 행복추구권(헌법 제10조)에서 비롯된다. 그리고 개인의 인격권 · 행복추구권에는 개인의 자기운명결정권이 전제되는 것이고, 이 자기운명결정권에는 성행위 여부 및 그 상대방을 결정할 수 있는 성적 자기결정권이 포함된다(헌재결 1990. 9. 10, 89헌마82). 미수범은 처벌한다(제300조).

2. 행위주체 및 객체

(1) 행위주체

강간죄의 행위주체에는 제한이 없다. 그러므로 남성과 여성 모두 행위주체가 될 수 있다.

강간죄는 자수범이 아니다. 그러므로 행위주체가 반드시 간음행위를 직접 하여야 하는 것은 아니며, 제3자로 하여금 간음행위를 하도록 강요하여도 행위주체에 대하여 강간죄가 성립한다. 여성도 본 죄의 행위주체가 될 수 있다. 예를 들면 남성에게 흥분제를 복용시켜 성관계를 갖거나 협박에 대한 간음행위인지를 모르는 남자를 이용하여 강간죄를 범할 수도 있는 것이다. 이는 강간죄의 불법성의 중점이 간음행위 자체에 있다기보다는 폭행 · 협박행위를 통하여 간음행위를 강요하는 데 있기 때문이다. 그러므로 여성에 의한 강간죄의 간접정범 성립도 가능한 것이다(김/서, 김송원, 이/장/강, 임웅). 그러나 남성 간의 강간행위에 대해서는 유사강간죄(제297조의2)를 신설함으로써 강간죄의 행위객체를 남성으로까지 확대한 의미는 반감되었다고 볼 수 있다. 즉 강간의 개념을 확대하는 대신 형이 가벼운 유사강간 개념을 도입하였기 때문이다.

(2) 행위객체

형법은 강간죄의 행위객체를 사람으로 규정하고 있다. 기혼, 미혼, 성년, 미성년을 불문한다. 이 규정은 남성 간에 이루어진 강제적인 동성애 행위를 처벌할 수 있는 근거 조항으로 기능하지 못하고 피해자를 여성으로 한정하였던 과거 규정과 다른 의미는 없다. 남성 간의 동성애(homosexuality)는 유사강간죄(제297조의2)가 적용되기 때문이다.

성폭력처벌법 제7조 제1항에 따라 13세 미만의 사람에 대하여 본 죄를 범한 경우에는 무기징역 또는 10년 이상의 징역에 처한다. 아청법 제7조 제1항에 의하여 19세 미만의 아동 · 청소년에 대하여 본 죄를 범한 경우에도 무기징역 또는 5년 이상의 유기징역에 처한다.

부부 간에는 강간죄가 성립하지 않는다는 것이 과거의 판례(대판 1970. 3. 10, 70도29)와 통설의 입장이었으나 최근 판례는 부부 간의 강간죄 성립을 인정하고 있다(아래 판례 참조).

판례 부부 간의 강간

• 헌법이 보장하는 혼인과 가족생활의 내용, 가정에서의 성폭력에 대한 인식의 변화, 형법의 체계와 그 개정 경과, 강간죄의 보호법익과 부부의 동거의무의 내용 등에 비추어 보면, 형법 제297조가 정한 강간죄의 객체인 '부녀'에는 법률상 처가 포함되고, 혼인관계가 파탄된 경우뿐만 아니라 혼인관계가 실질적으로 유지되고 있는 경우에도 남편이 반항을 불가능하게 하거나 현저히 곤란하게 할 정도의 폭행이나 협박을 가하여 아내를 간음한 경우에는 강간죄가 성립한다고 보아야 한다(대판 2013. 5. 16, 2012도14788, 2012전도252 전원합의체).

여성으로 성전환한 남성도 강간죄의 행위객체가 될 수 있는지 여부에 대해서는 긍정설(대판 2009. 9. 10, 2009도3580)과 부정설이 있었으나, 형법 개정으로 강간죄(제297조)로 처벌 가능하다.

3. 폭행 · 협박

강간죄의 성립요건인 가해자의 폭행 또는 협박은 피해자의 항거를 불능하게 하거나 현저히 곤란하게 할 정도의 것(소위 최협의의 폭행 · 협박)이어야 한다는 것이 통설 · 판례이다. 그리고 폭행 또는 협박이 피해자의 항거를 불능하게 하거나 현저히 곤란하게 할 정도의 것이었는지 여부는 유형력을 행사한 당해 폭행 및 협박의 내용과 정도는 물론이고, 유형력을 행사하게 된 경위, 피해자와의 관계, 성교 당시의 정황 등 제반 사정을 종합하여 판단하여야 한다는 것이 판례의 입장이다(대판 1992. 4. 14, 92도259; 1988. 11. 8, 88도1628).

이러한 입장은 강간의 피해자는 반드시 가해자를 상대로 반항행위를 할 것을 전제로 하고 있다. 왜냐하면 피해자의 저항을 통하여 폭행 또는 협박이 있었음을 확인할 수 있으며, 동시에 폭행 또는 협박의 정도를 측정할 수 있다고 보기 때문이다. 지금까지 판례도 강간죄 성립 여부를 판단하는 데에 폭행 또는 협박에 대한 여성의 반항 여부를 연계시키는 입장이다. 그러나 이는 사람(여성)으로 하여금 강간 시도에 대하여 강하게 저항하였음을 입증하여야 할 책임을 부담시키게 되고 그 결과 자칫 강간의 피해자에게 자기 방어에 소홀한 점을 들어 책임을 전가할 가능성이 있다. 이는 강간죄의 본질이 성적 강요행위에 해당하며, 보호법익이 성적 자기결정권이라고 보는 견해와 논리적으로 배치된다. 성적 자기결정권이란 강간죄의 성립 여부를 피해자의 의사를 중심으로 판단하는 것을 전제로 하기 때문이다. 그렇다면 강간죄에서 요구되는 폭행 · 협박의 정도는 반드시 최협의가 아니라 협의의 정도로도 가능하다고 보아야 한다.

4. 판례의 강간죄 판단기준

판례에 의하면 강간죄가 성립하기 위한 가해자의 폭행·협박이 있었는지 여부는 그 폭행·협박의 내용과 정도는 물론 유형력을 행사하게 된 경위, 피해자와의 관계, 행위 당시와 그 후의 정황 등 모든 사정을 종합하여 피해자가 당시 처하였던 구체적인 상황을 기준으로 판단하여야 하며, 사후적으로 보아 피해자가 범행 현장을 벗어날 수 있었다거나 피해자가 사력을 다하여 반항하지 않았다는 사정만으로 가해자의 폭행·협박이 피해자의 항거를 현저히 곤란하게 할 정도에 이르지 않았다고 판단하는 것은 적절하지 않은 것으로 본다(대판 2018. 2. 28, 2017도21249; 2005. 7. 28, 2005도3071). 강간죄 성립 여부를 판단하는 데에 폭행·협박의 유무나 정도 이외에 부수적 정황이 어떠하였는가를 중시한다. 대표적인 예를 들면 피해자의 구조 요청 유무, 가해자와 피해자의 관계, 강간과정이나 강간 후의 피해자의 태도 등을 살펴 강간죄 성립 여부를 판단한다. 즉 판례는 강간죄에서 흔히 강간의 피해자가 성교과정에서나 성교 후에 취하는 태도가 어떠하였는가 여부에 따라 피해자의 동의 여부를 판단하는 경향이 있다(대판 2017. 10. 12, 2016도16948; 1992. 4. 14, 92도259; 1990. 12. 11, 90도2224; 1990. 9. 28, 90도1562). 그리고 강간범과 피해 여성이 평소부터 알고 지내던 사이인 경우에는 강간죄의 성립을 부인하는 경향이 강하다.

판례 **강간죄에서 폭행·협박의 정도**

- 유부녀인 피해자에 대하여 혼인 외 성관계 사실을 폭로하겠다는 등의 내용으로 협박하여 피해자를 간음 또는 추행한 사안에서, 위와 같은 협박이 피해자를 단순히 외포시킨 정도를 넘어 적어도 피해자의 항거를 현저히 곤란하게 할 정도의 것이었다고 보기에 충분하다는 이유로, 강간죄 및 강제추행죄가 성립한다고 하였다(대판 2007. 1. 25, 2006도5979).
- 몸부림을 치고 저항하는 것만으로 피고인으로부터 벗어날 수 있었고, 판시 범행장소 또한 다수의 사람이 기숙하는 곳으로서 피해자가 얼마간의 반항을 하여도 주위에서 곧 알아차릴 수 있는 상황이었는데도 그 방 밖에서 연탄불을 갈고 있던 공소외인도 피해자의 거부의 의사표시나 다투는 소리 이외에는 별다른 저항이나 고함도 알아차리지 못하였다는 것을 이유로 강간죄 성립을 부인하였다(대판 1990. 12. 11, 90도2224).
- 피해자는 … 당시 여관주인이 방을 안내하였지만 창피해서 구조를 요청하지 아니하였다는 것인 바, 대학 4학년생인 피해자가 강간의 위험을 느끼면서도 손쉬운 구조요청의 기회를 이용하지 아니하였다는 것은 우리의 경험칙상 쉽게 납득이 가지 아니하는 것이다. 또 피해자는 … 다방을 거쳐 하숙방까지 끌려갔다는 점과 피고인의 하숙집 주인에게 구조를 요청하지 아니하였다는 점에 이르기까지 강간행위를 인정하는 데는 어느 것이나 쉽게 수긍이 가지 않는 사항들

이다. … 화상을 입고 담뱃불로 온몸을 지지는 데도 하숙집 주인에게 구조를 요청하지 아니하였다는 것은 쉽게 납득이 가지 않는 일이다. … 세상에 알려지는 것이 무서워서 위와 같은 피해사실을 신고하지 아니하였다고 하는 것도 여러 정황에 비추어 가볍게 수긍되지 아니한다는 이유로 강간죄 성립을 인정하지 않았다(대판 1990. 9. 28, 90도1562).

5. 강간행위

강간이란 폭행·협박을 하여 상대방의 반항을 곤란하게 하고 사람을 간음하는 것이다. 간음이란 성기를 상대방의 성기에 삽입하는 행위를 의미한다(삽입설). 강간죄의 실행의 착수는 부녀를 간음하기 위하여 피해자의 항거를 불능하게 하거나 현저히 곤란하게 할 정도의 폭행 또는 협박을 개시한 때에 있다고 보아야 하고, 실제로 그와 같은 폭행 또는 협박에 의하여 피해자의 항거가 불능하게 되거나 현저히 곤란하게 되어야만 실행의 착수가 있는 것은 아니다(대판 2000. 6. 9, 2000도1253; 1991. 4. 9, 91도288). 강간의 개념을 점차 확대해서 규정하는 입법례에 비교해 볼 때 우리 형법이 저항할 수 없을 정도의 폭행이나 협박을 가하여야 강간을 인정하는 것은 재고할 필요가 있다. 여성의 성적 자기결정권을 보호법익으로 하는 강간죄를 포함한 성범죄에서 우선적으로 고려하여야 하는 것은 가해자의 폭행이나 협박의 정도가 아니라 피해자의 의사이기 때문이다. 예를 들어 독일형법(제177조 제1항)도 과거의 폭행·협박 필요설의 입장에서 피해 상대방의 인식할 만한 의사에 반하는 간음행위를 강간죄의 구성요건으로 규정하고 있는 점을 유의하여야 한다.

강간죄는 간음행위에 이르렀을 때 기수가 된다.

강간을 할 목적으로 예비·음모한 행위는 처벌한다. 강간의 예비·음모행위는 예를 들어 강간을 하기 위하여 상대방을 혼수상태에 빠지게 할 목적으로 약물을 준비한다던가 상대방의 집에 침입을 하여 상대방이 귀가하기를 기다리든가 하는 경우에 해당한다고 볼 수 있을 것이다.

6. 죄 수

폭행 또는 협박으로 사람을 강간한 경우에는 강간죄만 성립하고, 강간의 수단으로 사용된 폭행·협박이 형법상의 폭행죄나 협박죄 또는 폭처법 위반의 죄를 구성한다고 볼 수 없으며, 강간죄와 이들 각 죄는 법조경합에 해당한다(대판 2002. 5. 16, 2002도51 전원합의체). 흉기를 들고 사람의 주거에 침입하여 강간을 한 경우에는 폭력행위 등 처벌에 관한 법률 위반죄(주거침입)와 강간죄가 성립하고, 두 죄는 실체적 경합관계에 있다(대판 1988. 12. 13, 88도1807). 강간을 하기 위하여 폭행이나 협박 대신 감금의 수단을 사용한 경우에는 강간죄와 감금죄의 법조경합으로 보아 강간죄만이 성립한다는 법조경합설(최우찬, "감금죄와 강간죄", 형사판례연구(2), 148면)과 경합범설(대판 1997. 1. 21, 96도2715)(백형구, 이형국, 이/장/강) 및 상상적 경합범설(대판 1983. 4. 26, 83도323)(배종대, 김/서, 임웅)이 있다. 이 경우에는 상상적 경합관계가 성립한다고 보는 것이 타당하다. 이와 달리 불법감금 중에 강간의 고의가 생겨 강간을 한 경우처럼 감금이 강간 수단으로 이용되지 않은 때 또는 감금과 강간행위가 별개의 행위로 인정될 때에는 실체적 경합범이 인정된다.

판례 감금죄와 강간죄의 상상적 경합을 인정한 경우

• 피고인은 화물자동차에 조개를 싣고 시골길을 운행 도중에 피해자(여, 17세)가 자신의 목적지까지 태워달라고 부탁하여 피해자를 운전석 옆에 태우고 가다가 피해자를 강간할 마음이 생겨 목적지로 데려다 주지 않고 하차 요구를 거절한 채 계속 운행하면서 강제로 추행을 하고, 이후 강간을 하려다 뜻을 이루지 못한 채 계속하여 강간을 하기 위해 50km를 운행하여 여관으로 끌고가 여관방에서 강간하려 하였으나 피해자가 화장실에 들어가 문을 잠그고 소리질러 미수에 그쳤다. 대법원은 감금과 강간미수의 두 행위가 시간적 · 장소적으로 중복될 뿐만 아니라 감금행위 그 자체가 강간의 수단인 협박행위를 이루고 있으므로 양 행위는 상상적 경합이라고 판시하였다(대판 1983. 4. 26, 83도323). 그러나 자동차에 태운 채 하차 요구를 거부한 감금행위와 여관방에서의 강간 시도는 별개의 행위로 보아 실체적 경합을 인정하는 것이 타당하다.

Ⅲ. 유사강간죄(제297조의2)

제297조의2(유사강간) 폭행 또는 협박으로 사람에 대하여 구강, 항문 등 신체(성기는 제외한다)의 내부에 성기를 넣거나 성기, 항문에 손가락 등 신체(성기는 제외한다)의 일부 또는 도구를 넣는 행위를 한 사람은 2년 이상의 유기징역에 처한다.

제300조(미수범) 제297조, 제297조의2, 제298조 및 제299조의 미수범은 처벌한다.

제305조의2(상습범) 상습으로 제297조, 제297조의2, 제298조부터 제300조까지, 제302조, 제303조 또는 제305조의 죄를 범한 자는 그 죄에 정한 형의 2분의 1까지 가중한다.

제305조의3(예비, 음모) 제297조, 제297조의2, 제299조(준강간죄에 한정한다), 제301조(강간 등 상해죄에 한정한다) 및 제305조의 죄를 범할 목적으로 예비 또는 음모한 사람은 3년 이하의 징역에 처한다.

본 죄는 남성 간의 강요된 동성애 행위를 강제추행죄로 처벌할 수밖에 없었던 문제점을 해결하기 위한 것이다.

군형법상으로는 폭행 · 협박을 수반하지 않은 구 군형법상의 계간(항문성교) 등의 행위는 개정 군형법 제92조의6(추행)에 처벌하는 규정을 두었고, 폭행 · 협박을 수단으로 하는 경우에는 유사강간죄(제92조의2)를 신설하여 처벌한다. 예비 · 음모행위도 처벌한다(제305조의3).

Ⅳ. 강제추행죄

제298조(강제추행) 폭행 또는 협박으로 사람에 대하여 추행을 한 자는 10년 이하의 징역 또는 1천 500만원 이하의 벌금에 처한다.
제300조(미수범) 제297조, 제297조의2, 제298조 및 제299조의 미수범은 처벌한다.
제305조의2(상습범) 상습으로 제297조, 제297조의2, 제298조부터 제300조까지, 제302조, 제303조 또는 제305조의 죄를 범한 자는 그 죄에 정한 형의 2분의 1까지 가중한다.

1. 객관적 구성요건

(1) 행위주체 및 객체

본 죄의 행위주체에는 제한이 없으므로 남자는 물론 여자도 정범이 될 수 있다. 여자인 경우에는 단독정범이거나 남자가 추행행위를 하는 동안 이를 지원하는 방법으로 공동정범의 관계일 수도 있다.

판례 강제추행죄의 자수범 여부

• 강제추행죄는 사람의 성적 자유 내지 성적 자기결정의 자유를 보호하기 위한 죄로서 정범 자신이 직접 범죄를 실행하여야 성립하는 자수범이라고 볼 수 없으므로, 처벌되지 아니하는 타인을 도구로 삼아 피해자를 강제로 추행하는 간접정범의 형태로도 범할 수 있다. 여기서 강제추행에 관한 간접정범의 의사를 실현하는 도구로서의 타인에는 피해자도 포함될 수 있으므로, 피해자를 도구로 삼아 피해자의 신체를 이용하여 추행행위를 한 경우에도 강제추행죄의 간접정범에 해당할 수 있다(대판 2018. 2. 8, 2016도17733).

본 죄의 객체, 즉 피해자는 남자와 여자를 모두 포함한다. 기혼과 미혼을 묻지 않는다.

법률상의 처가 본 죄의 객체가 될 수 있는가에 대해서는 강간죄의 행위객체 해당 여부와 마찬가지로 해석하여야 할 것이다. 과거 이를 부정하는 것이 다수설이었지만 이를 인정하여야 한다. 현실적으로도 오랫동안 별거중이거나 사실상 부부관계를 지속하지 않고 있는 경우에는 본 죄의 성립을 인정하는 것이 타당하다.

(2) 폭행·협박에 의한 추행행위

1) 폭행·협박

폭행·협박은 ① 강간죄의 폭행·협박과 같은 정도로서 상대방의 반항을 불가능하게 하거나 현저히 곤란하게 할 정도에 이를 것을 요한다는 견해와 ② 강간죄와 폭행죄 및 협박죄의 중간 정도의 폭행·협박이면 충분하다는 견해, 즉 일반인으로 하여금 항거에 곤란을 느끼게 할 정도 또는 상대방의 의사의 임의성을 잃게 할 정도에 이르면 족하다는 견해가 있다.

생각건대 본 죄의 폭행·협박은 반드시 상대방의 의사를 억압할 정도의 것임을 요하지 아니하고 다만 상대방의 의사에 반하는 유형력의 행사인 한 그 힘의 대소·강약을 불문한다고 보는 것이 타당하다(대판 1994. 8. 23, 94도630; 1992. 2. 28, 91도3182). 성적 자기결정권이야말로 인간의 가장 본질적인 권리 중의 하나로서 성적 수치심이나 혐오감을 불러 일으키는 것이 반드시 상대방의 반항을 억압할 정도이어야 하는 것은 아니기 때문이다. 또한 폭행행위 자체가 추행행위라고 인정되는 이른바 기습추행의 경우도 포함되며, 이 경우의 폭행은 반드시 상대방의 의사를 억압할 정도의 것임을 요하지 않고 상대방의 의사에 반하는 유형력의 행사가 있는 이상 그 힘의 대소·강약을 불문한다(대판 2019. 7. 11, 2018도2614).

2) 추 행

추행이라 함은 성욕을 만족시키거나 성욕을 자극하기 위하여 상대방의 성적 수치심이나 혐오감을 불러일으키는 일체의 행위를 말한다. 폭행행위 자체가 추행행위라고 인정되는 경우도 포함한다(대판 1992. 2. 28, 91도3182; 1983. 6. 28, 83도399). 그러나 추행행위는 외견상 성적 관련성을 가져야 하고, 보호법익과 관련하여 행위의 정도나 지속성에서 어느 정도 중요성을 지녀야 한다.

판례 강제추행의 인정

- 피해자들을 협박하여 겁을 먹은 피해자들로 하여금 어쩔 수 없이 나체나 속옷만 입은 상태가 되게 하여 스스로를 촬영하게 하거나, 성기에 이물질을 삽입하거나 자위를 하는 등의 행위를 하게 한 경우(대판 2018. 2. 8, 2016도17733).
- 피고인이 밤에 술을 마시고 배회하던 중 버스에서 내려 혼자 걸어가는 피해자(여, 17세)를 발견하고 마스크를 착용한 채 뒤따라가다가 인적이 없고 외진 곳에서 가까이 접근하여 껴안으려 하였으나, 피해자가 뒤돌아보면서 소리치자 그 상태로 몇 초 동안 쳐다보다가 다시 오던 길로 되돌아간 경우(대판 2015. 9. 10, 2015도6980).
- 피고인이 알고 지내던 피해자(여성)가 자신의 머리채를 잡아 폭행을 가하자, 보복의 의미에서 피해자의 입술, 귀, 유두, 가슴 등을 입으로 깨무는 등의 행위를 한 경우(대판 2013. 9. 26, 2013도5856).

주관적으로 성적 만족이나 흥분을 느끼는 여부는 본 죄의 성립과 무관하다(반대견해는 임웅). 그러므로 분노나 새디즘적 성격으로 인하여 추행행위를 하거나 놀림 행동이나 미신에서 비롯된 것이더라도 본 죄는 성립한다.

2. 성폭력처벌법상의 특수강제추행죄

흉기나 그 밖의 위험한 물건을 지닌 채 또는 2명 이상이 합동하여 제298조(강제추행)의 죄를 범한 자는 5년 이상의 유기징역에 처한다(성폭력처벌법 제4조 제2항).

V. 준강간죄, 준강제추행죄

> **제299조(준강간, 준강제추행)** 사람의 심신상실 또는 항거불능의 상태를 이용하여 간음 또는 추행을 한 자는 제297조, 제297조의2 및 제298조의 예에 의한다.
> **제300조(미수범)** 제297조, 제297조의2, 제298조 및 제299조의 미수범은 처벌한다.
> **제305조의2(상습범)** 상습으로 제297조, 제297조의2, 제298조부터 제300조까지, 제302조, 제303조 또는 제305조의 죄를 범한 자는 그 죄에 정한 형의 2분의 1까지 가중한다.
> **제305조의3(예비, 음모)** 제297조, 제297조의2, 제299조(준강간죄에 한정한다), 제301조(강간 등 상해죄에 한정한다) 및 제305조의 죄를 범할 목적으로 예비 또는 음모한 사람은 3년 이하의 징역에 처한다.

1. 의의 및 구성요건

사람의 심신상실 또는 항거불능상태를 이용하여 간음 또는 추행함으로써 성립한다. 심신상실 또는 항거불능의 상태는 피해자인 사람에게 존재하여야 하므로 준강간죄에서 행위의 대상은 '심신상실 또는 항거불능의 상태에 있는 사람'이다. 그리고 구성요건에 해당하는 행위는 그러한 '심신상실 또는 항거불능의 상태를 이용하여 간음'하는 것이다. 본 죄의 심신상실의 의미는 형법 제10조의 심신상실과 동일한 의미로 해석하여야 한다는 견해(통설)와 반대설(이/장/강)이 있다. 본 죄의 구성요건상 행위객체가 심신상실자로 한정되어 있고, 심신미약자에 대해서는 제302조가 별도로 규정하고 있기 때문에 심신미약자(제10조 제2항)에 대해서는 본 죄가 성립하지 않는다고 보아야 한다. 그러므로 심신미약자에 대해서는 폭행 · 협박과 같은 강제력이 사용되어야 강간죄나 강제추행죄에 해당한다. 예비 · 음모행위도 처벌한다(제305조의3).

판례 항거불능의 의미

• 성폭력처벌법(제6조 제4항)상의 항거불능: "신체장애 또는 정신상의 장애로 항거불능인 상태에 있음"이라 함은, 신체장애 또는 정신상의 장애 그 자체로 항거불능의 상태에 있는 경우뿐 아

니라 신체장애 또는 정신상의 장애가 주된 원인이 되어 심리적 또는 물리적으로 반항이 불가능하거나 현저히 곤란한 상태에 이른 경우를 포함하는 것으로 보아야 하고, 그 중 정신상의 장애가 주된 원인이 되어 항거불능인 상태에 있었는지 여부를 판단함에 있어서는 피해자의 정신상 장애의 정도뿐 아니라 피해자와 가해자의 신분을 비롯한 관계, 주변의 상황 내지 환경, 가해자의 행위 내용과 방법, 피해자의 인식과 반응의 내용 등을 종합적으로 검토해야 한다(대판 2007. 7. 27, 2005도2994).

• 제299조는 사람의 심신상실 또는 항거불능의 상태를 이용하여 간음 또는 추행을 한 자를 같은 법 제297조, 제298조의 강간 또는 강제추행의 죄와 같이 처벌하도록 규정하고 있는 바, 이 죄가 정신적 또는 신체적 사정으로 인하여 성적인 자기방어를 할 수 없는 사람에게 성적 자기결정권을 보호해 주는 것을 보호법익으로 하고 있고, 같은 법 제302조에서 미성년자 또는 심신미약자에 대하여 위계 또는 위력으로써 간음 또는 추행을 한 자의 처벌에 관하여 따로 규정하고 있는 점 등에 비추어 보면, 형법 제299조에서의 항거불능의 상태라 함은 위 제297조, 제298조와의 균형상 **심신상실 이외의 원인 때문에 심리적 또는 물리적으로 반항이 절대적으로 불가능하거나 현저히 곤란한 경우**를 의미한다고 보아야 할 것이다(대판 2000. 5. 26, 98도3257).

판례 순강간의 불능미수

• 피해자가 실제로는 반항이 불가능할 정도로 술에 취하지 아니하여 항거불능 상태에 있는 피해자를 간음하였을 때 성립하는 준강간죄는 성립할 수 없음에도, 피고인이 피해자가 술에 만취한 나머지 항거불능 상태에 있다고 오인하여 준강간죄의 고의로 피해자를 간음한 사건에서, 준강간죄의 불능미수가 성립한다고 한 판결(대판 2019. 3. 28, 2018도16002 전원합의체).

2. 자수범의 문제

준강간죄나 준강제추행죄는 자수범自手犯에 해당하므로 간접정범의 방법으로는 성립될 수 없다는 견해가 있다(이/장/강). 그러나 형법 제299조는 제3자에 의한 행위 수행을 제한하는 규정이 없으므로 해석상으로는 자수범이라고 볼 수 없다. 그러므로 만일 갑이 정신병자인 X녀를 설득해 놓은 다음, X녀가 정신병자인 줄을 모르는 을로 하여금 간음하게 하였다면 간접정범에 의한 준강간죄가 성립한다고 보아야 한다. 만일 본 죄를 자수범이라고 볼 경우 공동정범이나 간접정범의 성립은 물론 교사범도 성립할 수 없는 문제점이 있다. 교사범의 경우 정범의 고의성이 인정되어야 하는데 위의 예에서 갑이 X를 설득하여 을과 간음하게 한 경우 을에게 준강간의 고의가 인정되지 않기 때문이다.

3. 성폭력처벌법 및 아청법상의 규정

(1) 준강간 · 준유사강간 · 준강제추행죄

성폭력처벌법 제6조 제4항은 "신체적인 또는 정신적인 장애로 항거불능 또는 항거곤란 상태에 있음을 이용하여 사람을 간음하거나 추행한 사람은 제1항부터 제3항까지의 예에 따라 처벌한다"고 규정하고 있다. 즉 강간(무기징역 또는 7년 이상의 징역), 유사강간(5년 이상의 유기징역), 강제추행의 죄(3년 이상의 유기징역 또는 3천만원 이상 5천만원 이하의 벌금)를 범한 경우에 각각의 예에 따라 처벌한다.

판례 **특수강간죄에서 흉기 등 위험한 물건을 실제로 사용해야 하는지 여부**

• 성폭력처벌법의 목적과 법 제6조의 규정 취지에 비추어 보면 법 제6조 제1항 소정의 '흉기 기타 위험한 물건을 휴대하여 강간죄를 범한 자'란 범행 현장에서 그 범행에 사용하려는 의도 아래 흉기를 소지하거나 몸에 지니는 경우를 가리키는 것이고, 그 범행과는 전혀 무관하게 우연히 이를 소지하게 된 경우까지를 포함하는 것은 아니라 할 것이나, **범행 현장에서 범행에 사용하려는 의도 아래 흉기 등 위험한 물건을 소지하거나 몸에 지닌 이상 그 사실을 피해자가 인식하거나 실제로 범행에 사용하였을 것까지 요구되는 것은 아니라 할 것**이다(대판 2004. 6. 11, 2004도2018).

(2) 미성년자 등에 대한 준강간 · 준유사강간 · 준강제추행죄

13세 미만의 사람에 대하여 형법 제299조(준강간, 준강제추행)의 죄를 범한 사람은 제1항부터 제3항까지의 예에 따라 처벌한다(성폭력처벌법 제7조 제4항). 즉 준강간의 경우에는 무기징역 또는 10년 이상의 징역, 유사강간의 경우에는 7년 이상의 유기징역, 준강제추행의 경우에는 5년 이상의 유기징역 또는 3천만원 이상 5천만원 이하의 벌금에 처한다. 또한 아청법(제7조 제4항)에 의하여 19세 미만의 사람에 대해서 준강간죄나 준강제추행죄를 범한 경우에도 성폭력특별법과 동일하게 법정형이 가중되어 있다.

Ⅵ. 강간 등 상해 · 치상죄

제301조(강간 등 상해·치상) 제297조, 제297조의2 및 제298조부터 제300조까지의 죄를 범한 자가 사람을 상해하거나 상해에 이르게 한 때에는 무기 또는 5년 이상의 징역에 처한다.

제305조의3(예비, 음모) 제297조, 제297조의2, 제299조(준강간죄에 한정한다), 제301조(강간 등 상해죄에 한정한다) 및 제305조의 죄를 범할 목적으로 예비 또는 음모한 사람은 3년 이하의 징역에 처한다.

1. 의 의

강간 등에 의한 상해·치상죄는 강간죄, 유사강간죄, 강제추행죄, 준강간죄, 준강제추행죄 및 그 미수죄를 범하여 사람을 상해하거나 상해에 이르게 한 때에 성립하는 죄이다. 강간상해죄는 강간 등의 행위를 하면서 고의로 상해를 입힌 경우를 말한다. 후자의 상해에 이르게 한 경우는 결과적 가중범이므로 강간 등의 행위를 하면서 과실로 인하여 상해의 결과를 초래한 경우를 의미한다.

강간이 미수에 그친 경우라도 그 수단이 된 폭행에 의하여 피해자가 상해를 입었으면 강간치상죄가 성립하는 것이며, 미수행위는 피고인이 자의로 실행에 착수한 행위를 중지한 경우이든, 실행에 착수하여 행위를 종료하지 못한 경우이든 가리지 않는다(대판 1988. 11. 8, 88도1628; 1986. 6. 10, 86도887).

강간상해의 경우 예비·음모행위도 처벌한다(제305조의3).

2. 상해·치상

본 죄에서의 상해나 치상은 피해자의 신체의 건강상태가 불량하게 변경되고 생활 기능에 장애가 초래되는 것을 말하는 것으로서, 신체의 외모에 변화가 생겼다고 하더라도 신체의 생리적 기능에 장애를 초래하지 아니하는 이상 상해에 해당한다고 할 수 없다는 것이 판례의 입장이다. 성병 감염, 보행 불능, 수면 장애, 식욕 감퇴 등의 기능 장애와 정신 장애 등이 본 죄의 상해에 해당한다. 그러나 극히 경미한 상처로서 치료가 필요불가결하지 않는 정도로는 본 죄의 상해에 해당하지 않는다.

판례 상 해

① 상해에 해당하는 경우

• 수면제와 같은 약물을 투약하여 피해자를 일시적으로 수면 또는 의식불명 상태에 이르게 한 경우에도 약물로 인하여 피해자의 건강상태가 불량하게 변경되고 생활기능에 장애가 초래되었다면 자연적으로 의식을 회복하거나 외부적으로 드러난 상처가 없더라도 이는 강간치상죄나 강제추행치상죄에서 말하는 상해에 해당한다(대판 2017. 6. 29, 2017도3196).

• 0.1cm 정도의 회음부 찰과상(대판 1983. 7. 12, 83도1258).

• 처녀막 파열(대판 1957. 5. 3, 4290형상40).

② 상해에 해당하지 않는 경우

• 음모의 모근을 남기고 모간 부분만을 일부 잘라 낸 경우(대판 2000. 3. 23, 99도3099).

• 경부 및 전흉부 피하출혈, 통증으로 약 7일간의 가료를 요하는 상처(대판 1994. 11. 4, 94도

1311).

• 강간 도중에 피해자의 어깨와 목을 입으로 빨아서 생긴 반상출혈상(대판 1991. 11. 8, 91도2188).

• 3, 4일간의 치료를 요하는 정도의 외음부출혈(대판 1989. 1. 31, 88도831).

3. 인과관계와 객관적 귀속

강간·유사강간이나 강제추행 등 기본범죄와 상해 및 치상의 결과 사이에 인과관계 및 행위자에게 결과 귀속이 가능하여야 한다. 상해나 치상의 결과가 강간 등의 행위에 수반하여 발생하였거나 행위과정에서 발생한 경우라면 인과관계를 인정할 수 있을 것이다. 그러나 피해자가 비관하여 자살을 하거나 도망가던 중 자동차에 치어 상해를 입은 경우와 같이 전혀 다른 인과 요소의 개입으로 인하여 결과가 발생한 경우에는 객관적 귀속을 인정할 수 없다.

판례 투신행위와 인과관계

• 강간을 모면하기 위하여 생명을 잃을 수도 있는 4층 여관방의 창문을 뛰어내리거나 또는 이로 인하여 상해를 입기까지 되리라고는 예견할 수 없다고 봄이 경험칙에 부합하므로 강간치상죄로 처벌할 수 없다고 하였다(대판 1993. 4. 27, 92도3229). 이 판례와는 달리 피해자를 호텔 7층 객실에 감금한 후 강간하려 하자, 피해자가 반항하던 중 피고인이 대실시간 연장을 위해 전화하는 사이에 객실 창문을 통해 탈출하려다가 지상에 추락하여 사망한 사안에서, 피고인의 강간미수행위와 피해자의 사망과의 사이에 상당인과관계가 있다고 보아 피고인을 강간치사죄로 판시한 대법원판결(대판 1995. 5. 12, 95도425)은 강간 등과 치상이나 사망 간의 인과관계 인정 여부에 관하여 대법원의 일관된 입장이 없음을 반증한다.

4. 성폭력처벌법 및 아청법상의 강간 등 상해·치상죄

성폭력처벌법은 강간 등 상해·치상죄(동법 제8조)를 규정하고 있다. 이에 따르면 제3조 제1항(특수강도강간 등), 제4조(특수강간 등), 제6조(장애인에 대한 강간·강제추행 등), 제7조(13세 미만의 미성년자에 대한 강간·강제추행 등) 또는 제15조(제3조 제1항, 제4조, 제6조 또는제7조의 미수범)의 죄를 범한 자가 사람을 상해하거나 상해에 이르게 한 때에는 무기징역 또는 10년 이상의 징역에 처한다(제8조 제1항). 그리고 제5조(친족관계에 의한 강간 등) 또는 제15조(제5조의 미수범으로 제한한다)의 죄를 범한 사람이 사람을 상해하거나 상해에 이르게 한 때에는 무기징역 또는 7년 이상의 징역에 처한다(제8조 제2항). 미수범은 처벌한다(제15조). 또한 아청법도 강간등 상해·치상죄(제9조)를 규정하고 있다.

Ⅶ. 강간 등 살인 · 치사죄

> **제301조의2(강간 등 살인 · 치사)** 제297조, 제297조의2 및 제298조부터 제300조까지의 죄를 범한 자가 사람을 살해한 때에는 사형 또는 무기징역에 처한다. 사망에 이르게 한 때에는 무기 또는 10년 이상의 징역에 처한다.

1. 의 의

본 죄는 강간죄, 유사강간죄, 강제추행죄, 준강간죄, 준강제추행죄를 범한 자 및 그 미수범이 사람을 살해하거나 사망에 이르게 한 경우에 성립하는 범죄이다. 개정 전과 다른 점은 강간살인죄를 추가한 것인데, 이는 후술하는 바와 같이 성폭력처벌법에 이미 규정된 내용과 동일하기 때문에 중복 입법이다.

행위주체는 강간, 유사강간, 강제추행, 준강간, 준강제추행행위를 한 사람 및 그 미수범이며, 본 죄의 객체는 이러한 범죄의 객체와 동일하다. 행위방법은 살해 또는 사망에 이르게 하는 것이다. 전자는 고의범이며, 후자는 결과적 가중범이다.

2. 성폭력처벌법 및 아청법상의 강간 등 살인 · 치사죄

성폭력처벌법은 다음과 같이 강간 등 살인 · 치사죄를 규정하고 있다(제9조). 즉 동법 제3조(특수강도강간 등), 제4조(특수강간 등), 제5조(친족관계에 의한 강간 등), 제6조(장애인에 대한 강간 · 강제추행 등), 제7조(13세 미만의 미성년자에 대한 강간, 강제추행 등)의 죄 및 제3조부터 제7조의 죄의 미수범 또는 형법 제297조(강간), 제297조의2(유사강간) 및 제298조(강제추행), 제299조(준강간 · 준강제추행)의 죄를 범한 자 및 이의 미수범(형법 제300조)이 사람을 살해한 때에는 사형 또는 무기징역에 처한다(제9조 제1항). 제4조, 제5조 및 이의 미수죄를 범한 사람이 사람을 사망에 이르게 한 때에는 무기 또는 10년 이상의 징역에 처한다(제9조 제2항). 또한 아청법도 강간등 살인 · 치사죄(제10조)를 규정하고 있다.

Ⅷ. 미성년자 · 심신미약자에 대한 간음죄

> **제302조(미성년자 등에 대한 간음)** 미성년자 또는 심신미약자에 대하여 위계 또는 위력으로써 간음 또는 추행을 한 자는 5년 이하의 징역에 처한다.

행위객체는 미성년자 또는 심신미약자이다. 미성년자는 19세 미만의 자이지만 13세 미만의 미성년자에 대해서는 성폭력처벌법 제7조 제5항에 의해 가중처벌되므로 형법은 적용되지 않는다.

심신미약자는 형법 제10조 제2항에 해당하는 사람을 의미한다. 심신미약자 역시 성폭력처벌법 제6조 제5항(간음), 제6항(추행)에 따라 가중처벌된다.

위계라 함은 행위자가 간음의 목적으로 상대방에게 오인, 착각, 부지를 일으키고는 상대방의 그러한 심적 상태를 이용하여 간음의 목적을 달성하는 것을 말하는 것이고, 여기에서 오인, 착각, 부지란 간음행위 자체에 대한 오인, 착각, 부지를 말하는 것이지, 간음행위와 불가분적 관련성이 인정되지 않는 다른 조건에 관한 오인, 착각, 부지를 가리키는 것은 아니다. 따라서 청소년에게 성교의 대가로 돈을 주겠다고 거짓말하고 청소년이 이에 속아 성교행위를 한 경우에도 사리판단력이 있는 청소년에 관하여는 그러한 금품의 제공과 성교행위 사이에 불가분의 관련성이 인정되지 아니하는 만큼 이로 인하여 청소년이 간음행위 자체에 대한 착오에 빠졌다거나 이를 알지 못하였다고 할 수 없으므로 여기에서의 위계에 해당하지 아니한다(대판 2001. 12. 24, 2001도5074).

판례 **위계에 의한 간음을 부인한 경우**

• 피고인이 피해자를 여관으로 유인하기 위하여 남자를 소개시켜 주겠다고 거짓말을 하고 피해자가 이에 속아 여관으로 오게 되었고 거기에서 성관계를 하게 되었다 할지라도, 그녀가 여관으로 온 행위와 성교행위 사이에는 불가분의 관련성이 인정되지 아니하는 만큼 이로 인하여 피해자가 간음행위 자체에 대한 착오에 빠졌다거나 이를 알지 못하였다고 할 수는 없다 할 것이어서, 피고인의 행위는 형법 제302조 소정의 위계에 의한 심신미약자간음죄에 있어서 위계에 해당하지 아니한다(대판 2002. 7. 12, 2002도2029).

Ⅸ. 피보호자간음죄

제303조(업무상 위력 등에 의한 간음) ① 업무, 고용 기타 관계로 인하여 자기의 보호 또는 감독을 받는 사람에 대하여 위계 또는 위력으로써 간음한 자는 7년 이하의 징역 또는 3천만원 이하의 벌금에 처한다.

1. 의 의

본 죄는 업무, 고용 기타 관계로 인하여 자기의 보호 또는 감독을 받는 사람에 대하여 위계 또는 위력으로써 간음한 경우에 성립한다. 본 죄의 보호법익은 사람의 성적 자기결정권이다. 특히 직장상사와 부하직원 사이에서 발생할 수 있는 성적 괴롭힘(sexual harassment)에 대한 처벌규정에 해당한다. 진정신분범이다.

행위주체는 업무, 고용 기타 관계로 인하여 부녀를 보호하거나 감독하는 자이다. 예를 들면 고용주, 사용자 등이다. 그러므로 본 죄는 자수범이라고 보아야 한다. 행위방법은 위계나 위력을 사용하여 간음하는 것이다. 자기의 피용자인 사람을 해고할 것을 위협하여 간음행위를 한 것은 본 죄에 해당된다(대판 1985. 9. 10, 85도1273).

본 죄의 객체는 업무·고용 기타 관계에 따라 자기의 보호 또는 감독을 받는 13세 이상의 사람이며, 사실상의 보호·감독을 받는 상황에 있는 사람을 포함한다(대판 1976. 2. 10, 74도1519). 예를 들면 처가 운영하는 미장원에 고용된 사람(대판 1976. 2. 10, 74도1519), 공장의 공원과 작업반장, 회사의 여직원과 상급자 등의 관계가 이에 해당한다.

13세 미만의 사람에 대해서는 본 죄가 아니라 미성년자 의제강간죄(제305조)가 적용된다. 13세 이상의 미성년자에 대하여 본 죄를 범한 경우에는 제302조만이 성립한다는 견해(김종원, 백형구, 이/장/강)와 제302조와 본 죄와의 상상적 경합이 된다는 견해(임웅)가 있다. 양 죄의 보호법익이 다르다는 점에서 상상적 경합에 해당하다고 보는 것이 타당하다(그러나 법정형은 같다).

2. 성폭력처벌법상의 업무상 위력 등에 의한 추행죄

성폭력처벌법은 업무상 위력 등에 의한 추행죄를 규정하고 있다(제10조 제1항). 즉 업무, 고용이나 그 밖의 관계로 인하여 자기의 보호, 감독을 받는 사람에 대하여 위계 또는 위력으로 추행한 사람은 3년 이하의 징역 또는 1천 500만원 이하의 벌금에 처한다. 형법이 규정하는 업무상 위력에 의한 간음죄와 다른 점은 행위가 간음이 아니라 추행인 점이다.

판례 **업무상 위력에 의한 추행을 인정한 경우**

- 직장 상사가 등 뒤에서 피해자의 의사에 명백히 반하여 어깨를 주무른 경우(대판 2004. 4. 16, 2004도52).
- 유치원 원장이 원장이라는 신분을 이용하여 유치원 교사들이거나 채용 예정된 피해자들에게 그들의 의사에 반하여 업무차 자신의 집 앞에 온 피해자를 오른팔을 잡아당겨 안으려고 하고, 피해자를 자기의 차량에 태우고 가다가 은밀한 장소에 이르러 강제로 키스를 한 경우(대판 1998. 1. 23, 97도2506).

X. 피감호자간음죄

> 제303조(업무상 위력 등에 의한 간음) ② 법률에 의하여 구금된 사람을 감호하는 자가 그 사람을 간음한 때에는 10년 이하의 징역에 처한다.

1. 의 의

본 죄는 법률에 의하여 구금된 사람을 감호하는 자가 그 사람을 간음한 때에 성립한다(피구금자간음죄라고도 부른다). 본 죄의 보호법익은 성적 자기결정권 및 인신구속업무를 수행하는 공무원에 대한 일반의 신뢰이다(통설). 구금된 사람을 감호하는 자가 직접 구성요건을 실현시켜야 한다는 점에서 진정신분범이며, 자수범에 해당한다. 즉 감호하는 사람이 그 사람을 간음한 때라는 구성요건상 감호자가 스스로 간음행위를 하여야 성립하며 간접정범의 형태로는 범할 수 없다(배종대, 손동권, 이/장/강, 이정원, 이형국, 임웅, 정/박, 진계호). 미수범은 처벌하지 않는다.

본 죄의 행위주체는 구금된 사람을 감호하는 자이다(신분범). 본 죄는 구금된 사람을 간음함으로써 성립하며 위력이나 폭행 등의 방법을 사용할 것을 요건으로 하지 않는다. 그러므로 피해자가 승낙이나 동의를 하였더라도 본 죄는 성립한다. 구금된 사람의 심리적 위약상태를 전제로 한 간음이라고 보기 때문이다.

본 죄의 객체는 법률에 의하여 구금된 사람이다. 예를 들면 형사소송법에 의하여 구속된 피의자, 피고인, 수형자, 노역장에 유치된 자 등이다. 형법은 법률에 의하여 구금된 사람이라고 함으로써 해석상 적법한 절차를 밟은 피구금자를 의미한다는 견해가 불가피하지만, 수사기관에 의하여 불법 구금된 사람을 본 죄의 보호대상에서 제외되도록 한 것은 입법적인 재고를 요한다.

구금된 사람이 13세 미만인 경우에는 법정형이 더 높은 성폭력처벌법상의 위력에 의한 간음 또는 추행죄(동법 제7조 제5항)가 인정된다고 보아야 한다. 13세 이상 19세 미만의 미성년자에 대해서는 본 죄와 제302조의 상상적 경합이 인정된다.

2. 성폭력처벌법상의 피구금자추행죄

성폭력처벌법은 피구금자추행죄를 규정하고 있다(제10조 제2항). 즉 법률에 따라 구금된 사람을 감호하는 사람이 그 사람을 추행한 때에는 5년 이하의 징역 또는 2천만원 이하의 벌금에 처한다. 형법 제303조 제2항(피구금자간음죄)과 다른 점은 행위가 간음이 아니라 추행이라는 점이다.

XI. 미성년자 의제(강간 · 강제추행 · 강간상해 · 강간치상 · 강간살인 · 강간치사 · 강제추행상해 · 강제추행치상 · 강제추행살인 · 강제추행치사)죄

제305조(미성년자에 대한 간음, 추행) ① 13세 미만의 사람에 대하여 간음 또는 추행을 한 자는 제297조, 제297조의2, 제298조, 제301조 또는 제301조의2의 예에 의한다.

② 13세 이상 16세 미만의 사람에 대하여 간음 또는 추행을 한 19세 이상의 자는 제297조, 제297조의2, 제298조, 제301조 또는 제301조의2의 예에 의한다.

제305조의3(예비, 음모) 제297조, 제297조의2, 제299조(준강간죄에 한정한다), 제301조(강간 등 상해죄에 한정한다) 및 제305조의 죄를 범할 목적으로 예비 또는 음모한 사람은 3년 이하의 징역에 처한다.

1. 의의 및 보호법익

제1항은 13세 미만의 사람을 간음하거나 추행행위를 한 경우 폭행이나 협박을 사용하지 않았더라도 강간죄, 유사강간죄, 강제추행죄, 강간 등 상해 · 치상, 강간 등 살인 · 치사의 결과가 발생한 경우 해당 죄로 처벌하는 것이다.

제2항은 미성년자 의제강간 연령기준을 13세에서 16세로 상향하되, 피해 미성년자가 13세 미만인 경우에는 행위자의 연령 제한이 없으나(제1항 참조) 13세 이상 16세 미만인 경우 행위자가 19세 이상인 자에 대해서만 처벌하도록 한 신설규정이다.

제305조의3은 제305조의 죄에 대한 예비 · 음모를 처벌하는 규정이다.

본 죄는 아동보호 및 아이들이 성적 도구로 전락할 위험성으로부터 보호하는 데에 입법취지가 있다. 즉 어린아이들의 경우 성적인 의식이 미성숙하기 때문에 성인에 의하여 간음이나 추행의 방법으로 이용당할 우려가 높다. 따라서 본 죄의 보호법익은 16세 미만의 아동이 외부로부터 부적절한 성적 자극이나 물리력의 행사가 없는 상태에서 심리적 장애 없이 성적 정체성 및 가치관을 형성할 권익이다.

2. 구성요건

본 죄의 행위객체는 16세 미만의 사람이므로 소녀뿐만 아니라 소년도 포함한다. 다만 피해자가 13세 이상 16세 미만인 경우에는 행위자가 19세 이상이어야 한다. 본 죄는 행위방법으로서 폭행이나 협박과 같은 강제적인 방법을 사용하여 간음할 것을 요하지 않을 뿐만 아니라 피해자의 동의가 있더라도 성립한다(대판 1982. 10. 12, 82도2183).

본 죄의 성립에 필요한 주관적 구성요건 요소는 고의로 충분하고, 성욕을 자극 · 흥분 ·

만족시키려는 주관적 동기나 목적은 필요하지 않다(대판 2006. 1. 13, 2005도6791). 만일 행위자가 16세 이상이라고 생각하고 간음 등을 하였으나 사실은 16세 미만인 경우에는 사실의 착오로써 고의를 조각한다는 것이 학설의 견해이다(김/서, 이/장/강, 이형국). 그러나 이 경우에는 비록 그 착오에 합리적인 이유가 있더라도(reasonable belief) 엄격한 심사를 할 것이 요구된다.

본 죄의 미수범은 처벌한다. 본 죄는 강간죄와 강제추행죄의 미수범의 처벌에 관한 형법 제300조를 명시적으로 인용하고 있지는 않다. 그러나 본 죄의 입법 취지는 성적으로 미성숙한 16세 미만의 미성년자를 특별히 보호하기 위한 것으로 보이므로, 이러한 입법 취지에 비추어 보면 제305조에서 규정한 형법 제297조와 제298조의 '예에 의한다'는 의미는 미성년자의제강간 · 강제추행죄의 처벌에 있어 그 법정형뿐만 아니라 미수범에 관하여도 강간죄와 강제추행죄의 예에 따른다는 취지로 해석된다(통설; 대판 2007. 3. 15, 2006도9453). 이는 제305조의3을 신설하여 제305조의 예비 · 음모행위를 처벌하는 것에서도 알 수 있다.

3. 성폭력처벌법 및 아청법상의 구성요건

(1) 성폭력처벌법

성폭력처벌법(제7조)은 13세 미만의 사람에 대하여 형법 제297조(강간)의 죄를 범한 자는 무기징역 또는 10년 이상의 징역에 처한다(동조 제1항). 본 구성요건은 13세 미만의 사람에게 폭행 · 협박을 하여 간음 등을 한 경우를 대상으로 한다. 13세 미만의 사람에 대하여 형법 제297조의2(유사강간)의 죄를 범한 사람은 7년 이상의 유기징역(동조 제2항), 13세 미만의 사람에 대하여 형법 제298조(강제추행)의 죄를 범한 사람은 5년 이상의 유기징역에 처한다(동조 제3항). 그리고 13세 미만의 사람에 대하여 형법 제299조(준강간 · 준강제추행)의 죄를 범한 자는 제1항 또는 제3항의 예에 따라 처벌한다(동조 제4항). 위계 또는 위력으로써 13세 미만의 사람을 간음하거나 추행한 사람은 제1항부터 제3항까지의 예에 따라 처벌한다(동조 제5항).

(2) 아동 · 청소년의 성보호에 관한 법률

아청법(제7조)은 19세 미만의 아동 · 청소년에 대한 강간, 강제추행 등을 다음과 같이 처벌하고 있다. 동법 제7조 제1항은 아동 · 청소년에 대하여 강간의 죄를 범한 사람은 무기징역 또는 5년 이상의 유기징역에 처한다. 제2항은 형법상의 유사강간죄(제297조의2)와 적용대상과 법정형이 다를 뿐 동일한 내용이다. 제3항에서는 아동 · 청소년에 대하여 형법 제298조(강제추행)의 죄를 범한 자는 2년 이상의 유기징역 또는 1천만원 이상 3천만원 이하의 벌금에 처한다. 또한 제4항은 아동 · 청소년에 대하여 형법 제299조(준강간, 준강제추행)의 죄를 범한 자는 제1항부터 제3항까지의 예에 의하여 처벌한다. 그리고 제5항은 위계 또는 위력으로써 아동 · 청소년을 간음하거나 아동 · 청소년에 대하여 추행을 한 자는 제1항부터 제3항까지의 예에 의하여 처벌하며, 제1항 내지 제5항의 미수범은 처벌한다.

XII. 기타 성폭력처벌법상의 구성요건

1. 친족관계에 의한 강간죄 등

제5조(친족관계에 의한 강간 등) ① 친족관계인 사람이 폭행 또는 협박으로 사람을 강간한 경우에는 7년 이상의 유기징역에 처한다.

② 친족관계인 사람이 폭행 또는 협박으로 사람을 강제추행한 경우에는 5년 이상의 유기징역에 처한다.

③ 친족관계인 사람이 사람에 대하여 「형법」 제299조(준강간, 준강제추행)의 죄를 범한 경우에는 제1항 또는 제2항의 예에 따라 처벌한다.

④ 제1항부터 제3항까지의 친족의 범위는 4촌 이내의 혈족·인척과 동거하는 친족으로 한다.

⑤ 제1항부터 제3항까지의 친족은 사실상의 관계에 의한 친족을 포함한다.

제15조(미수범) 제3조부터 제9조까지, 제14조, 제14조의2 및 제14조의3의 미수범은 처벌한다.

본 죄는 친족관계에서 발생하는 강간, 강제추행, 준강간·준강제추행의 범죄를 처벌하기 위한 구성요건이다.

제5항에서 규정하는 사실상의 관계에 의한 친족이라 함은 자연혈족이 관계에 있으나 법정절차의 미이행으로 인하여 법률상의 존속으로 인정되지 못하는 자(예컨대 인지 전의 혼인외의 출생자의 생부) 또는 법정혈족관계를 맺고자 하는 의사의 합치 등 법률이 정하는 실질관계는 모두 갖추었으나 신고 등 법정절차의 미이행으로 인하여 법률상의 존속으로 인정되지 못하는 자(예컨대 사실상의 양자의 양부)를 말하고, 위와 같은 관계가 없거나 법률상의 인척에 불과한 경우에는 그 생활관계, 당사자의 역할·의사 등이 존속관계와 유사한 외관을 가진다는 이유만으로 위의 사실상의 관계에 의한 존속에 포함된다고 할 수는 없다는 것이 판례의 입장이었다(대판 1996. 2. 23, 95도2914).

그러므로 피해자와 아무런 혈연관계가 없고 단지 피해자의 어머니와 사실상 부부로서 동거하는 관계에 있는 자(의부)는 (구)성폭력범죄의 처벌 및 피해자 보호 등에 관한 법률 제7조 제5항에서 규정하는 사실상의 관계에 의한 존속에 포함되지 않는다고 판시하였다. 그러나 대법원의 이러한 입장은 해석론상의 타당성 여부를 떠나 가정 내에서 발생하는 강간은 양부에 의해 이루어지는 경우가 많으며, 본 법의 제정 이유도 여기에서 비롯되었다고 볼 수 있기 때문에 본 법의 입법취지와는 배치되었다. 성폭력처벌법 개정은 최근의 이러한 문제점을 해결하기 위한 것이다.

2. 공중밀집장소에서의 추행죄

제11조(공중밀집장소에서의 추행) 대중교통수단, 공연·집회장소 그 밖에 공중(公衆)이 밀집하는 장소에서 사람을 추행한 사람은 3년 이하의 징역 또는 3천만원 이하의 벌금에 처한다.

지하철 등 대중 교통수단 내 또는 사람이 많이 모여 있는 공연이나 집회장소에서의 추행행위를 처벌하기 위한 것이다. 기타 공중이 밀집하는 장소는 현재 공중이 밀집하여 있는 장소만을 의미하는 것이 아니라 평소에 공중이 밀집하는 장소를 의미한다. 그러므로 현재는 비록 공중이 밀집하여 있지 않더라도 본 죄는 성립한다.

판례 찜질방에서의 추행

- 찜질방 수면실에서 옆에 누워 있던 피해자의 가슴 등을 손으로 만진 행위가 성폭력범죄의 처벌 및 피해자보호 등에 관한 법률 제13조에서 정한 공중밀집장소에서의 추행행위에 해당한다(대판 2009. 10. 29, 2009도5704).

3. 성적 목적을 위한 공공장소 침입행위

제12조(성적 목적을 위한 다중이용장소 침입행위) 자기의 성적 욕망을 만족시킬 목적으로 화장실, 목욕장·목욕실 또는 발한실(發汗室), 모유수유시설, 탈의실 등 불특정 다수가 이용하는 다중이용장소에 침입하거나 같은 장소에서 퇴거의 요구를 받고 응하지 아니하는 사람은 1년 이하의 징역 또는 1천만원 이하의 벌금에 처한다.

4. 통신매체이용음란죄

제13조(통신매체를 이용한 음란행위) 자기 또는 다른 사람의 성적 욕망을 유발하거나 만족시킬 목적으로 전화, 우편, 컴퓨터, 그 밖의 통신매체를 통하여 성적 수치심이나 혐오감을 일으키는 말, 음향, 글, 그림, 영상 또는 물건을 상대방에게 도달하게 한 사람은 2년 이하의 징역 또는 2천만원 이하의 벌금에 처한다.

본 죄는 전화나 인터넷 등을 이용하여 성적 수치심이나 혐오감을 일으키는 행위를 한 자를 처벌하기 위한 구성요건이다.

본 죄는 성적 자기결정권에 반하여 성적 수치심을 일으키는 그림 등을 개인의 의사에 반하여 접하지 않을 권리를 보장하기 위한 것으로 성적 자기결정권과 일반적 인격권의 보호, 사회의 건전한 성풍속 확립을 보호법익으로 한다.

여기에서 성적 수치심이나 혐오감을 일으키는 것은 피해자에게 단순한 부끄러움이나 불쾌감을 넘어 인격적 존재로서의 수치심이나 모욕감을 느끼게 하거나 싫어하고 미워하는 감정을 느끼게 하는 것으로서 사회 평균인의 성적 도의관념에 반하는 것을 의미한다. 이와 같은 성적 수치심 또는 혐오감의 유발 여부는 일반적이고 평균적인 사람들을 기준으로 하여 판단함이 타당하고, 특히 성적 수치심의 경우 피해자와 같은 성별과 연령대의 일반적이고 평균적인 사람들을 기준으로 하여 그 유발 여부를 판단하여야 한다.

또한 성적 수치심이나 혐오감을 일으키는 말, 음향, 글, 그림, 영상 또는 물건을 상대방에게 도달하게 한다는 것은 "상대방이 성적 수치심을 일으키는 그림 등을 직접 접하는 경우뿐만 아니라 상대방이 실제로 이를 인식할 수 있는 상태에 두는 것"을 의미한다. 따라서 행위자의 의사와 그 내용, 웹페이지의 성격과 사용된 링크 기술의 구체적인 방식 등 모든 사정을 종합하여 볼 때 상대방에게 성적 수치심을 일으키는 그림 등이 담겨 있는 웹페이지 등에 대한 인터넷 링크(internet link)를 보내는 행위를 통해 그와 같은 그림 등이 상대방에 의하여 인식될 수 있는 상태에 놓이고 실질에 있어서 이를 직접 전달하는 것과 다를 바 없다고 평가되고, 이에 따라 상대방이 이러한 링크를 이용하여 별다른 제한 없이 성적 수치심을 일으키는 그림 등에 바로 접할 수 있는 상태가 실제로 조성되었다면, 그러한 행위는 전체로 보아 성적 수치심을 일으키는 그림 등을 상대방에게 도달하게 한다는 구성요건을 충족한다(대판 2017. 6. 8, 2016도21389).

그리고 성적 수치심이나 혐오감을 일으키는 것을 상대방에게 도달하게 하는 방식은 '전화, 우편, 컴퓨터나 그 밖에 일반적으로 통신매체'라고 인식되는 수단을 이용하여야 한다. 따라서 이러한 통신매체를 이용하지 아니한 채 직접 상대방에게 말, 글, 물건 등을 도달하게 하는 행위는 여기에 해당하지 않는다. 따라서 성적 수치심 등을 일으키는 내용의 편지를 자신이 직접 피해자의 주거지 출입문에 끼워 넣음으로써 피해자에게 도달하게 한 경우에는 본 죄가 성립하지 아니한다(대판 2016. 3. 10, 2015도17847).

본 죄의 성립에는 주관적 구성요건 요소로 자기 또는 다른 사람의 성적 욕망을 유발하거나 만족시킬 목적이 존재하여야 한다. 이와 같은 목적이 있는지는 행위자와 피해자의 관계, 행위의 동기와 경위, 행위의 수단과 방법, 행위의 내용과 태양, 상대방의 성격과 범위 등 여러 사정을 종합하여 사회통념에 비추어 합리적으로 판단하여야 한다.

5. 카메라 등 이용촬영죄

제14조(카메라 등을 이용한 촬영) ① 카메라나 그 밖에 이와 유사한 기능을 갖춘 기계장치를 이용하여 성적 욕망 또는 수치심을 유발할 수 있는 사람의 신체를 촬영대상자의 의사에 반하여 촬영한 자는 7년 이하의 징역 또는 5천만원 이하의 벌금에 처한다.
② 제1항의 촬영이 촬영 당시에는 촬영대상자의 의사에 반하지 아니하는 경우에도 사후에 그 의사에 반하여 촬영물을 반포 · 판매 · 임대 · 제공 또는 공공연하게 전시 · 상영한 자는 3년 이하의 징역 또는 500만원 이하의 벌금에 처한다.
③ 영리를 목적으로 제1항의 촬영물을 「정보통신망 이용촉진 및 정보보호 등에 관한 법률」 제2조 제1항 제1호의 정보통신망(이하 "정보통신망"이라 한다)을 이용하여 유포한 자는 7년 이하의 징역 또는 3천만원 이하의 벌금에 처한다.
④ 상습으로 제1항부터 제3항까지의 죄를 범한 때에는 그 죄에 정한 형의 2분의 1까지 가중한다.
제15조(미수범) 제3조부터 제9조까지, 제14조, 제14조의2 및 제14조의3의 미수범은 처벌한다.

본 죄는 당사자의 의사에 반하여 촬영을 하거나 또는 촬영 당시에는 촬영대상자의 의사에 반하지 않았으나 사후에 그 의사에 반하여 촬영물을 반포 · 판매 · 임대 · 제공 또는 공공연하게 전시 · 상영하는 행위를 처벌한다. 그리고 영리 목적으로 확산성이 높은 정보통신망을 이용한 유포행위는 가장 무겁게 처벌한다.

본 죄에서 촬영대상은 '성적 욕망 또는 수치심을 유발할 수 있는 타인의 신체'이며, 여기에 해당하는지 여부는 객관적으로 피해자와 같은 성별, 연령대의 일반적이고도 평균적인 사람들의 입장에서 성적 욕망 또는 수치심을 유발할 수 있는 신체에 해당되는지 여부를 고려함과 아울러, 당해 피해자의 옷차림, 노출의 정도 등은 물론, 촬영자의 의도와 촬영에 이르게 된 경위, 촬영 장소와 촬영 각도 및 촬영 거리, 촬영된 원판의 이미지, 특정 신체 부위의 부각 여부 등을 종합적으로 고려하여 구체적 · 개별적 · 상대적으로 결정하여야 한다. 따라서 야간에 버스 안에서 휴대폰 카메라로 옆 좌석에 앉은 여성(18세)의 치마 밑으로 드러난 허벅다리 부분을 촬영한 경우 이는 본 죄에서의 촬영대상에 해당한다(대판 2008. 9. 25, 2008도7007). 그리고 본 죄에서 촬영대상은 '다른 사람의 신체 그 자체'를 카메라 등 기계장치를 이용해서 '직접' 촬영하는 경우에 한정된다고 보는 것이 타당하다. 따라서 다른 사람의 신체 이미지가 담긴 영상도 위 조항의 '다른 사람의 신체'에 포함된다고 해석하는 것은 법률 문언의 통상적인 의미를 벗어나는 것이므로 죄형법정주의 원칙상 허용될 수 없고(대판 2013. 6. 27, 2013도4279), 본 조 제2항 및 제3항의 촬영물은 '다른 사람'을 촬영대상자로 하여 그 신체를 촬영한 촬영물을 뜻하는 것임이 문언상 명백하므로, 자의에 의해 스스로 자신의 신체를 촬영한 촬영물까지 본 조항 소정의 촬영물에 포함시키는 것은 문언의 통상적인 의미를 벗어난 해석이라고 할 것이다(대판 2018. 3. 15, 2017도21656; 2015. 12. 24, 2015도16953).

본 죄에서 '반포'는 불특정 또는 다수인에게 무상으로 교부하는 것을 말하고, 계속적·반복적으로 전달하여 불특정 또는 다수인에게 반포하려는 의사를 가지고 있다면 특정한 1인 또는 소수의 사람에게 교부하는 것도 반포에 해당할 수 있다. 이에 반하여 '제공'은 '반포'에 이르지 아니하는 무상 교부 행위를 말하며, '반포'할 의사 없이 특정한 1인 또는 소수의 사람에게 무상으로 교부하는 것은 '제공'에 해당한다(대판 2016. 12. 27, 2016도16676). 그리고 본 죄에서 촬영물을 반포·판매·임대 또는 공연히 전시·상영한 자는 반드시 촬영물을 촬영한 자와 동일인이어야 하는 것은 아니고, 행위의 대상이 되는 촬영물은 누가 촬영한 것인지를 묻지 아니한다(대판 2016. 10. 13, 2016도6172).

본 죄의 경우에는 촬영한 행위뿐만 아니라 촬영장비를 설치한 경우도 미수범으로 처벌된다(제15조).

판례 카메라 등 이용 촬영죄의 기수

• 본 죄는 카메라 기타 이와 유사한 기능을 갖춘 기계장치 속에 들어 있는 필름이나 저장장치에 피사체에 대한 영상정보가 입력됨으로써 기수에 이른다고 보아야 한다. 그런데 최근 기술문명의 발달로 등장한 디지털카메라나 동영상 기능이 탑재된 휴대전화 등의 기계장치는, 촬영된 영상정보가 사용자 등에 의해 전자파일 등의 형태로 저장되기 전이라도 일단 촬영이 시작되면 곧바로 촬영된 피사체의 영상정보가 기계장치 내 RAM(Random Access Memory) 등 주 기억장치에 입력되어 임시 저장되었다가 이후 저장명령이 내려지면 기계장치 내 보조기억장치 등에 저장되는 방식을 취하는 경우가 많고, 이러한 저장방식을 취하고 있는 카메라 등 기계장치를 이용하여 동영상 촬영이 이루어졌다면 범행은 촬영 후 일정한 시간이 경과하여 영상정보가 기계장치 내 주 기억장치 등에 입력됨으로써 기수에 이르는 것이고, 촬영된 영상정보가 전자파일 등의 형태로 영구 저장되지 않은 채 사용자에 의해 강제 종료되었다고 하여 미수에 그쳤다고 볼 수는 없다(대판 2011. 6. 9, 2010도10677).

제 3 장 명예와 신용·업무에 대한 죄

제 1 절 명예에 관한 죄

Ⅰ. 서 론

1. 의의 및 보호법익

명예에 관한 죄는 사회생활 관계 내에서의 사람의 명예를 훼손하는 범죄이다. 즉 사람은 정신적·윤리적 가치체로서 명예를 지니고 있는데, 이를 보호함으로써 사람이 사회생활을 하면서 타인으로부터 폄하되지 않고 정상적으로 활동할 수 있을 것이기 때문이다. 이처럼 명예훼손죄는 사람에 대한 사회적 평가 저하를 야기할 수 있는 행위를 금지하는 죄로서 위험범에 해당한다.

명예는 인간으로서의 존엄성에서 비롯되는 천부적 권리로 보아야 하며(이를 내적 명예라고 한다), 사회생활 관계에서 상호 간에 보호되어야 할 가치로서 이를 훼손하는 것은 인간의 존엄성을 무시하는 것과 다름없다. 외적 명예는 내적 명예가 사회적으로 인정된 것을 의미한다(사회화된 내적 명예). 그러므로 명예에 관한 죄는 사회구성원 각자가 향유하는 내적 명예의 연장선상에 있는 개인의 외적 명예를 보호법익으로 한다(대판 1987. 5. 12, 87도739; 다수설). 모든 인간은 명예를 향유하며, 이는 정신병자나 어린아이도 명예의 주체로서 보호받아야 되는 것에서도 알 수 있다. 이는 이들이 건강한 사람이나 성인에 비해 존중받아야 할 가치가 덜한 대상이 아니기 때문이다.

2. 구성요건 체계

명예에 관한 죄의 기본적 구성요건으로는 단순 명예훼손죄(제307조 제1항)와 모욕죄(제311조)이다. 단순 명예훼손죄에 대한 가중적 구성요건으로는 허위사실 명예훼손죄(제307조 제2항), 감경적 구성요건으로는 사자 명예훼손죄(제308조)가 있다. 출판물에 의한 명예훼손죄(제309조) 역시 가중적 구성요건이다. 그리고 위법성조각사유를 제310조에 규정하고 있다. 사자명예훼손죄와 모욕죄는 친고죄이며, 단순 명예훼손죄 등 나머지 구성요건은 반의사불벌죄이다(제312조).

이와 같이 현행 형법은 명예훼손죄의 구성요건을 진실한 사실 적시의 경우(제307조 제1항, 제309조 제1항)와 허위사실을 적시한 경우(제307조 제2항, 제309조 제2항)로 구별하여 법정형에 차이를 두고 있다. 그러나 이러한 구성요건 체계는 법원이 제307조 제1항이나 제309조 제1항을 적용할 경우 판결에 의하여 명예훼손적 사실이 진실이라고 확인하여 주는 것과 마찬가지이다. 즉 피해자에게 판결에 의한 명예훼손의 결과가 발생하는 셈이다. 그러므로 진실한 사실 적시의 경우와 허위사실 적시의 경우로 구별할 것이 아니라 "공연히 사실을 적시하여 사람의 명예를 훼손한 자"로 일반화하고(이 경우의 '사실'은 진실한 사실의 의미가 아니라 구체적인 사실이라는 의미이다), 허위사실인 경우에는 법관이 양형시 이를 참작하도록 하는 것이 타당하다.

'정보통신망 이용촉진 및 정보보호 등에 관한 법률'은 비방할 목적으로 정보통신망을 통하여 타인의 명예를 훼손하는 행위를 처벌하는 규정을 두고 있다(제70조).

3. 명예의 개념 및 주체

(1) 명예 개념

명예개념은 객관적 명예 개념과 주관적 명예 개념으로 분류할 수 있다. 객관적 명예 개념은 내(부)적 명예와 외(부)적 명예를 포함한다. ① 내적 명예란 출생과 함께 사람이 갖는 윤리적 · 사회적인 인격적 가치체를 의미한다. 이는 누구에 의한 평가를 기다리지 않고 천부적으로 존재하는 것이기 때문에 훼손당할 성질의 것도 아니다. ② 외적 명예란 한 개인의 인간적 · 사회적 가치에 대한 사회적 평가 혹은 세평을 의미한다. 이에 따르면 사회생활 관계에서 인간적 품위나 인격적 가치에 관하여 세인의 평가를 저하시키는 행위가 명예훼손행위가 된다. 외적 명예는 명예훼손죄와 모욕죄의 보호법익이다. 형법은 이들 구성요건을 통하여 사람의 인격적 가치에 대한 사회적 평가가 훼손당하지 않도록 함으로써 정상적인 사회생활을 영위할 수 있도록 하는 것이다. ③ 명예감정이란 주관적 명예 개념이라고도 하는데 자신의 인격적 가치에 대한 스스로의 주관적 평가를 말한다. 명예 감정은 형법적으로 보호하기 어려운 속성을 지니고 있다. 그 이유는 개인이 갖는 명예 감정의 정도가 다르기 때문에 훼손 여부를 판단하기가 어렵다는 점과 유아나 정신병자 혹은 법인처럼 명예 감정을 갖지 않는 경우도 있기 때문이다.

(2) 명예의 주체

1) 자연인

모든 자연인은 명예의 주체가 될 수 있다. 자연인인 이상 어린아이나 정신병자도 명예의 주체가 된다. 어리다거나 정신질환자라고 해서 명예 주체성이 가볍게 평가되어서는 안 되고 또한 이들에 대한 명예훼손과 모욕이 자유롭게 허용되는 사회를 상상할 수는 없기 때문이다. 이 점에서 악인惡人의 명예도 보호대상이라고 하지 않을 수 없다.

사망한 사람도 명예의 주체가 될 수 있는가에 대해서는 논란이 있다. 이것은 사자의 명예훼손죄의 보호법익이 무엇인가와 관련되는 문제로 ① 긍정설(통설)은 사람은 사망하더라도 그의 인격적 가치는 남는 것이기 때문에 역사적 가치로서의 사자의 명예를 보호하는 것이 옳다고 본다. ② 그러나 사자는 명예훼손죄의 법익주체는 될 수 없다고 보아야 할 것이다(소극설). 왜냐하면 명예훼손죄는 사람의 인격적 가치에 대한 사회적 평가가 훼손되지 않도록 함으로써 법익주체의 정상적인 사회생활 관계가 방해받지 않도록 하는 데에 그 보호목적이 있으므로 사망한 사람에 대해서는 이러한 보호가 불필요하기 때문이다. 그러므로 형법이 사자의 명예훼손죄(제308조)를 별도로 규정하고 있는 것은 사자의 법익주체로서의 한계를 인정한 것으로 보아야 한다. 즉 제308조는 사자의 명예를 보호하는 것을 제1차적 목적으로 하고 있다기보다는 유족을 포함한 일반 대중의 마음 속에 자리한 사자에 대한 추모 감정을 훼손하는 행위를 방지하면서 동시에 사자에 대한 역사적 평가가 왜곡되지 않도록 하는 데에 있다고 보는 것이 타당하다(이정원). 일반 대중들은 세상을 떠난 사람에 대한 매도행위를 정서적으로 수용하지 않기 때문이다.

2) 법인 기타의 단체

법인(회사 등)이나 법인격 없는 단체도 명예훼손의 피해자가 될 수 있는가에 대해서는 긍정설(다수설)과 부정설(오영근, 배종대)로 나뉜다. 법인이나 기타 단체도 법적으로 인정된 사회적 활동을 하고 있으며 이를 위하여 사회적 평가는 중요하다고 보아야 한다. 그러므로 법인 기타 단체에 대해서도 존속시까지 명예의 주체가 된다고 보는 긍정설이 타당하다. 그러나 단순한 친목단체나 사교단체는 행위객체에 해당하지 않는다.

구성원을 특정할 수 없는 집단명칭(예: 상인들, 검사들, 공무원들, 학자들 등)에 대해서는 명예훼손죄가 성립하지 않지만(대판 1960. 11. 23, 4293형상244), 집단명칭이라고 하더라도 시간적·장소적 관련성 속에서 특정이 가능한 경우에는 명예의 주체가 될 수 있다(예: ○○출신 국회의원들, ××구청 공무원들, ××검찰청 검사들, 4. 19 동지회 소속교사들(대판 2000. 10. 10, 99도5407)). 가족이나 가문의 경우에도 명예의 주체가 될 수 없다. 가족 또는 가문은 대외적으로 통일적인 의사 형성을 하는 법익주체로서의 협력적 단체라고 볼 수 없기 때문이다(통설). 가족구성원에 대한 명예훼손은 가문의 명예에 대한 훼손이라기보다는 집단 내의 특정인에 대한 명예훼손의 문제로 파악하는 것이 타당하다.

국가나 지방자치단체가 명예의 주체가 될 수 있는가에 대하여는 논란이 있다. 형법이 명예훼손죄 또는 모욕죄를 처벌함으로써 보호하고자 하는 사람의 가치에 대한 평가인 외부적 명예는 개인적 법익으로서, 국민의 기본권을 보호 내지 실현해야 할 책임과 의무를 지고 있는 공권력의 행사자인 국가나 지방자치단체는 기본권의 수범자일 뿐 기본권의 주체가 아니다. 오히려 정책결정이나 업무수행과 관련된 사항은 항상 국민의 광범위한 감시와 비판의 대상이 되어야 하며 이러한 감시와 비판은 그에 대한 표현의 자유가 충분히 보장될 때에 비로소 정상적으로 수행될 수 있다. 이러한 의미에서 국가나 지방자치단체는 국민에 대한 관계에서 형벌의 수단을 통해 보호되는 외부적 명예의 주체가 될 수는 없고, 따라서 명예훼손죄나 모욕죄의 피해자가 될 수 없다(대판 2016. 12. 27, 2014도15290).

판례 집합명칭에 의한 명예훼손

• 명예훼손죄는 어떤 특정한 사람 또는 인격을 보유하는 단체에 대하여 그 명예를 훼손함으로써 성립하는 것이므로 그 피해자는 특정한 것임을 요하고, 다만 서울시민 또는 경기도민이라 함과 같은 막연한 표시에 의해서는 명예훼손죄를 구성하지 아니한다 할 것이지만, 집합적 명사를 쓴 경우에도 그것에 의하여 그 범위에 속하는 특정인을 가리키는 것이 명백하면, 이를 각자의 명예를 훼손하는 행위라고 볼 수 있다고 할 것이다(대판 2000. 10. 10, 99도5407).

4. 명예와 프라이버시

프라이버시(privacy)는 자기의 생활영역에 대하여 국가나 타인으로부터 부당한 간섭을 배제할 수 있는 권리를 말하며, 소극적 · 자유권적 성격을 지닌다. 프라이버시 침해와 명예훼손의 차이점은 프리아버시 침해는 자연인에게만 인정되며, 위법성조각이나 면책범위가 명예훼손보다 좁은 점, 민법 제764조와 같은 원상회복 처분이 허용될 수 없다는 점 등이다.

현행법상 프라이버시 침해 관련 규정으로는 형법 제316조, 제317조, 제319조, 제320조, 제321조, 폭력행위등 처벌에 관한 법률 제3조 제4항, 성폭력처벌법 제24조(피해자의 신원과 사생활의 비밀누설금지), 제29조(수사 및 재판절차에서의 배려), 통신비밀보호법 제3조, 제14조, 제16조, 특정강력범죄의 처벌에 관한 특례법 제8조(피해자에 대한 언론보도 금지), 소년법 제68조(소년보호 · 형사사건처리절차 중의 소년에 대한 보도금지), 형의 실효 등에 관한 법률 제6조 제2항, 제10조 제1항 등이 있다.

Ⅱ. 명예훼손죄

제307조(명예훼손) ① 공연히 사실을 적시하여 사람의 명예를 훼손한 자는 2년 이하의 징역이나 금고 또는 500만원 이하의 벌금에 처한다.
② 공연히 허위의 사실을 적시하여 사람의 명예를 훼손한 자는 5년 이하의 징역, 10년

이하의 자격정지 또는 1천만원 이하의 벌금에 처한다.
제310조(위법성의 조각) 제307조 제1항의 행위가 진실한 사실로서 오로지 공공의 이익에 관한 때에는 처벌하지 아니한다.

1. 의 의

명예훼손죄란 공공연하게 진실하거나(제1항) 또는 허위의 사실(제2항)을 적시하여 사람의 명예를 훼손하는 죄를 말한다. 본 죄는 반의사불벌죄이므로(제312조 제2항) 검사는 피해자의 명시한 의사에 반하여 공소를 제기할 수 없다.

2. 객관적 구성요건

(1) 공연성

1) 공연성의 개념

공연성의 개념에 대해서는 ① 불특정 또는 다수인이 인식할 수 있는 상태라고 보는 판례·통설의 견해(대판 1985. 11. 26, 85도2037)와 ② 특정·불특정을 불문하고 다수인이 인식할 수 있는 상태라는 견해(안경옥)가 있으나, 판례·통설의 입장이 타당하다.

여기에서 불특정이란 행위시에 상대방이 누구인지가 구체적으로 특정되어 있지 않다는 의미가 아니라 특수한 관계에 의해서 한정된 자가 아니라는 의미이다. 불특정인의 경우에는 수의 다소를 묻지 아니한다. 다수인이란 ① 숫자로 한정할 수는 없지만 상당한 인원수임을 요한다는 견해, ② 2, 3명은 다수인에 포함되지 않으며 적어도 10명 이상은 되어야 한다는 견해, ③ 단순한 2인 이상이 아니라 개인의 명예가 사회적으로 훼손되었다고 평가될 수 있을 정도로 상당한 다수의 사람이라는 견해 등이 있다. 다수인은 구체적으로 인원수를 한정할 수 없으므로 명예가 훼손되기에 필요한 인원수이면 된다고 볼 수 있으므로 ①의 견해가 타당하다. 불특정 또는 다수인이므로 다수인이 아니더라도 불특정인이 인식할 수 있는 상태이면 되며, 불특정인이 아니더라도 다수인이 인식할 수 있는 상태이면 된다.

본 죄는 추상적 위험범이므로 불특정 또는 다수인이 명예훼손의 내용을 인식하여야 성립하는 것은 아니며 인식할 가능성이 있으면 충분하다.

2) 전파가능성이론

불특정 또는 다수인이 인식할 수 있는 상태란 이들이 현실적으로 인식하여야 하는 것을 의미하지 않는다. 이 경우 다수설은 불특정 또는 다수인이 직접 인식가능한 상태를 의미한다고 보는 데 반해(직접인식상태설), 대법원은 특정의 개인 또는 소수인이 있는 자리에서 사실을 유포하였다고 하더라고 그 사람들에 의하여 외부의 불특정 또는 다수인에게 전파 또는 유포될 가능성이 있으면 공연성이 인정된다고 본다. 이를 전파성傳播性의 이론이라고 한다(대판 1994. 9. 30, 94도1880; 1989. 7. 11, 89도2886).

판례 공연성

① 공연성을 인정한 경우

• 개인 블로그의 비공개 대화방에서 상대방으로부터 비밀을 지키겠다는 말을 듣고 일대일로 대화하였다고 하더라도, 그 사정만으로 대화 상대방이 대화내용을 불특정 또는 다수에게 전파할 가능성이 없다고 할 수 없다고 판단한 경우(대판 2008. 2. 14, 2007도8155).

• 직장의 전산망에 설치된 전자게시판에 타인의 명예를 훼손하는 내용의 글을 게시한 경우(대판 2000. 5. 12, 99도5734). 현재는 정보통신망 이용촉진 및 정보보호 등에 관한 법률 위반에 해당한다(동법 제61조 참조).

• 피고인이 형사피의사건의 수사과정에서 수사경찰관으로부터 고문, 폭행, 협박을 받았다는 허위의 사실로 피해자를 무고하고 이와 같은 허위사실을 갑, 을, 병, 정 등 4인에게 순차로 유포한 경우(대판 1985. 12. 10, 84도2380).

• 피고인이 행정서사 사무실에서 행정서사 갑과 그의 직원 을 및 을의 처 병이 있는 자리에서 이들과 같은 교회에 다니는 피해자의 명예를 훼손한 경우(대판 1985. 4. 23, 85도431).

• 피고인이 저녁 5시경 남의 집 문 앞에서 피해자의 시어머니를 포함 2명이 있는 자리에서 피해자에게 "시커멓게 생긴 놈하고 붙어 다닌다, 점방 마치면 여관에 가서 누워 자고 아침에 들어온다"라고 말한 경우(대판 1983. 1. 11, 83도2222).

② 공연성을 부정한 경우

• 모르는 사람에게 개별적으로 특정인에 대한 사적인 험담을 한 경우에 전파가능성이 없으므로 공연성이 인정되지 않고 결과적으로 명예훼손죄에 해당하지 않는다고 한 판결(대판 2020. 1. 30, 2016도21547).

• 피고인이 식당 내의 방 안에서 피해자의 친척인 병에게 피해자 갑과 을녀가 불륜관계에 있다는 허위의 내용을 말한 경우(대판 1981. 10. 27, 81도1023).

• 피고인이 지서장, 피해자의 종형, 지서 직원 4인 등 6, 7명이 있는 경찰지서에서 피해자의 절도사실을 적시한 경우(대판 1966. 4. 1, 66도179).

이러한 전파가능성이론에 대해서 다수설은 객관적 기준이 결여되어 있기 때문에 임의적 적용의 위험성이 있다는 점, 형법이 일반인의 일상생활에까지도 개입하는 결과가 되어 형법의 보충성의 원칙에 반한다는 점, 개인적인 정보 전달도 처벌할 가능성이 있다는 점, 모욕죄의 경우에도 전파가능성을 기준으로 판단하여야 하는데 이는 타당하지 않으며 그 결과 형법의 통일적 해석을 저해한다는 점 및 유추해석 금지원칙에 반한다는 점 등을 들어 반대한다.

전파성의 이론은 최초 전문자의 후속행위 여하에 따라 공연성 여부가 결정되는 개연성과 불확정성의 문제가 있으며 결국 공연성 요건을 무용화할 가능성이 있고, 개인의 명예 보호와 표현의 자유와의 상충 상황에서 개인의 표현의 자유를 지나치게 제한한다는 점은 인정된다. 그러나 공연성을 명예훼손죄의 필수적 성립요건으로 하는 형법 규정은 궁극적으로는 사람의 사회적 가치 내지 평가를 저하시키는 결과를 염두에 두고 있다. 그러므로 명예훼손적 사실이 결국은 불특정 또는 다수인에게 전파될 가능성이 있다면 본 조의 공연성 요건은 충족되었다고 보는 것이 타당하다. 또한 공연성 여부는 결국 법원이 판단하는 것이므로 상대방의 전파의사에 따라 좌우되는 것은 아니며, 따라서 공연성의 범위가 지나치게 넓어질 염려는 없다. 판례도 구체적으로 피해자와 신분관계에 있는 자(대판 1984. 4. 10, 83도49), 피해자의 직장상사(대판 1983. 10. 25, 83도2190) 또는 피해자와 동업관계로 친한 자(대판 1984. 2. 28, 83도891) 등에 대해 말한 경우에는 전파가능성이 없다고 본다. 이러한 해석이 추상적 위험범인 본 죄의 성격과도 일치한다.

3) 전파가능성과 기자

대법원은 기자를 통하여 사실을 적시한 경우에 기사화되어 보도되지 않는 한 전파가능성이 없다고 판시하였다. 즉 대법원은 "통상 기자가 아닌 보통 사람에게 사실을 적시할 경우에는 그 자체로서 적시된 사실이 외부에 공표되는 것이므로 그 때부터 곧 전파가능성을 따져 공연성 여부를 판단하여야 할 것이지만, 그와는 달리 기자를 통해 사실을 적시하는 경우에는 기사화되어 보도되어야만 적시된 사실이 외부에 공표된다고 보아야 할 것이므로 기자가 취재를 한 상태에서 아직 기사화하여 보도하지 아니한 경우에는 전파가능성이 없다고 할 것이어서 공연성이 없다"는 입장이다(대판 2000. 5. 16, 99도5622).

그러나 전파가능은 결과로서의 명예훼손적 사실의 전파가 아니라 그 가능성을 이유로 공연성을 인정하는 기준이다. 그러므로 비록 보도되지 않았다고 하더라도 취재 및 보도가 임무인 기자에게 명예훼손적 사실을 적시한 것만으로도 전파가능성은 인정된다. 특히 일반인에 대한 경우에는 전파가능성을 기준으로 판단하는 데 반해 전파가능성이 높은 기자에 대해서는 현실적인 전파 여부를 기준으로 삼는 것은 균형이 맞지 않다. 또한 추상적 위험범인 명예훼손죄에서 현실적인 전파 여부는 본 죄의 성립 여부와 무관하다.

(2) 사실의 적시

1) 사실의 적시의 개념

'사실의 적시'란 가치판단이나 평가를 내용으로 하는 '의견 표현'에 대치되는 개념으로서 시간과 공간적으로 구체적인 과거 또는 현재의 사실관계에 관한 보고 내지 진술을 의미한다(대판 2011. 9. 2, 2010도17237).

사실 적시이어야 하므로 가치판단이나 의견진술은 배제된다. 예를 들어 문학작품이나 예술작품에 대해 혹평을 하는 것은 평가자의 가치판단이나 의견진술에 해당하므로 사실 적시라고 할 수 없다. 현재 및 과거의 사실 이외에 장래의 사실도 포함하는가 여부에 대해서는 사실은 현실적으로 발생하고 증명할 수 있는 과거 또는 현재의 사실을 말하지만, 장래의 일을 적시하더라도 그것이 과거 또는 현재의 사실을 기초로 하거나 이에 대한 주장이 포함되면 사실의 적시에 해당된다(판례 및 다수설). 이에 대해 과거 및 현재의 사실에 국한된다는 부정설(손동권, 이정원, 이형국, 임웅)도 있다.

명예훼손 여부를 판단할 보고 내지 진술이 사실인가 또는 의견인가를 구별할 때에는 언어의 통상적 의미와 용법, 증명가능성, 문제된 말이 사용된 문맥, 표현이 행하여진 사회적 상황 등 전체적 정황을 고려하여 판단하여야 한다(대판 2017. 12. 5, 2017도15628). 또한 적시된 사실의 표현 내용이 증거에 의해 증명이 가능하여야 한다.

판례 **사실 적시의 예**

- 내사종결처리되었음에도 불구하고 사건을 조사한 경찰관이 "내일부로 검찰청에서 구속영장이 떨어진다"고 말한 것은 장래의 사실이라 할지라도 현재의 사실을 기초로 한 것이므로 사실 적시에 해당한다고 판단한 사건(대판 2003. 5. 13, 2002도7420).
- 불륜관계나 전과사실, 이성관계를 공개하는 행위(대판 1993. 3. 23, 92도455; 1991. 5. 14, 91도420; 1989. 11. 14, 89도1744 등 참조).

2) 사실적시의 방법 · 구체성

적시의 방법에는 제한이 없다. 언어 · 문서 · 사진 · 그림 · 거동 등에 의하는 것이 그 예이다. 사실의 적시는 직접적이 아니고 간접적이거나 우회적인 방법으로 하더라도 그 표현의 전 취지에 비추어 보아 특정인의 사회적 가치 내지 평가가 저하될 가능성이 있을 정도로 구체적이면 명예훼손죄에 해당한다(대판 1991. 5. 14, 91도420).

적시하는 내용은 외적 명예가 침해될 가능성이 있을 정도로 구체적인 것이어야 한다. 예를 들어 범죄 고발은 누구든지 할 수 있는 것이므로 어떤 사람이 범죄를 고발하였다는 사실이 주위에 알려졌다고 하여 그 고발 사실 자체만으로 고발인의 사회적 가치나 평가가 침해될 가능성이 있다고 볼 수는 없다. 다만, 그 고발의 동기나 경위가 불순하다거나 온당하지 못하다는 등의 사정이 함께 알려진 경우에는 고발인의 명예가 침해될 가능성이 있다. 이에 따라 판례는 갑이 제3자에게 을이 병을 선거법 위반으로 고발하였다는 말만 하고 그 고발의 동기나 경위에 관하여 언급하지 않았다면, 그 자체만으로는 을의 사회적 가치나 평가를 침해하기에 충분한 구체적 사실이 적시되었다고 보기 어렵다고 하여 명예훼손죄를 인정하지 않았다(대판 2009. 9. 24, 2009도6687).

경멸적인 언사나 욕설은 그 내용이 구체적이라고 할지라도 모욕죄가 성립 가능할 뿐 명예훼손죄에서 요구되는 피해자의 사회적 가치나 평가를 저하시키기에 충분한 구체적 사실의 적시라고 볼 수 없다(대판 1994. 10. 25, 94도1770: 여러 사람이 있는 자리에서 피해자에게 "애꾸눈, 병신"이라고 발언한 사건).

3) 사실 적시 · 허위사실 적시

적시한 사실이 진실인 경우에는 제307조 제1항이 적용되고, 허위인 경우에는 동 제2항이 적용되어 가중 처벌된다. 다만 제307조 제1항의 '사실'은 제2항의 '허위의 사실'과 반대되는 '진실한 사실'을 말하는 것이 아니라 가치판단이나 평가를 내용으로 하는 '의견'에 대치되는 개념이다. 따라서 제307조 제1항의 명예훼손죄는 적시된 사실이 진실한 사실인 경우이든 허위의 사실인 경우이든 모두 성립될 수 있고, 특히 적시된 사실이 허위의 사실이라고 하더라도 행위자에게 허위성에 대한 인식이 없는 경우에는 제307조 제2항의 명예훼손죄가 아니라 제307조 제1항의 명예훼손죄가 성립될 수 있다(대판 2017. 4. 26, 2016도18024).

공지의 사실이나 혹은 사회의 일부에 잘 알려진 사실이라고 하더라도 이를 적시함으로써 그 사람의 명예를 더욱 침해할 수 있는 경우에는 본 죄가 성립한다고 보는 것이 타당하다(대판 1994. 4. 12, 93도3535)(다수설. 다른 견해는 오영근). 허위사실의 적시라고 단정하려면 그 표현이 어떠한 사실을 전제로 암시한 것인지를 알 수 있고, 그것이 허위임이 드러나야 한다(대판 2000. 2. 25, 99도4757). 허위의 사실을 적시하여 기소된 경우에는 허위사실을 진실이라고 주장하는 자가 진실성을 입증하여야 하며, 이를 입증하지 못할 경우 허위사실 적시의 경우에 해당한다고 보아야 한다. 그러나 이 경우에 진실한 사실이라고 하더라도 제307조 제1항의 명예훼손죄에 해당할 수 있다.

3. 주관적 성립요건

본 죄가 성립하기 위해서는 사람의 명예를 훼손하는 사실을 적시한다는 고의가 있어야 한다. 미필적 고의로도 충분하다. 동시에 적시하는 사실이 진실인지 허위인지를 알고 있어야 제1항과 제2항의 적용이 가능하다. 그러나 명예를 훼손하게 된 동기나 훼손의 목적성은 본 죄의 성립에 필요한 요건이 아니다. 그리고 허위사실인 점을 인식하였는가에 대한 입증책임은 행위자가 아니라 검사에게 있다.

전파가능성을 이유로 명예훼손죄의 공연성을 인정하는 경우에는 적어도 범죄구성요건의 주관적 요소로서 미필적 고의가 필요하므로 전파가능성에 대한 인식이 있음은 물론 나아가 그 위험을 용인하는 내심의 의사가 있어야 한다. 그 행위자가 전파가능성을 용인하고 있었는지 여부는 외부에 나타난 행위의 형태와 상황 등 구체적인 사정을 기초로 일반인이라면 그 전파가능성을 어떻게 평가할 것인가를 고려하면서 행위자의 입장에서 그 심리상태를 추인하여야 할 것이다(대판 2020. 1. 30, 2016도21547; 2018. 6. 15, 2018도4200; 2005. 5. 27, 2004도8914).

진실이라고 믿고 적시하였으나 허위로 판명된 경우에는 제307조 제1항을 적용하여야 한다(제15조 제1항 참조). 반대로 진실한 사실을 허위로 오인하고 명예를 훼손한 경우 제307조 제1항의 명예훼손죄 기수와 제2항의 미수의 상상적 경합을 인정하는 견해가 있으나(이형국) 제1항만을 적용하는 것이 타당하다(통설).

4. 위법성 조각

본 죄의 위법성을 조각하는 사유로는 일반적인 위법성조각사유와 특별규정에 의한 사유가 있다. 전자는 정당행위 혹은 피해자의 승낙에 의한 행위가 주로 문제되며, 후자는 형법 제310조의 문제이다.

그 밖의 위법성조각규정으로는 공직선거법 제251조(후보자비방죄) 단서에 진실한 사실로서 공공의 이익에 관한 때에는 후보자(후보자가 되려는 자 포함)나 그 배우자, 직계 존·비속이나 형제자매를 비방한 자를 처벌하지 않는다고 규정하고 있나.

※ 공직선거법 제251조(후보자비방죄) 당선되거나 되게 하거나 되지 못하게 할 목적으로 연설·방송·신문·통신·잡지·벽보·선전문서 기타의 방법으로 공연히 사실을 적시하여 후보자(후보자가 되고자 하는 자를 포함한다), 그의 배우자 또는 직계존·비속이나 형제자매를 비방한 자는 3년 이하의 징역 또는 500만원 이하의 벌금에 처한다. 다만, 진실한 사실로서 공공의 이익에 관한 때에는 처벌하지 아니한다.

(1) 제310조의 의의 및 목적

제307조 제1항의 행위가 진실한 사실로서 오로지 공공의 이익에 관한 때에는 처벌하지 아니한다(제310조). 이는 비판의 자유를 핵심으로 하는 민주국가에서의 표현의 자유(헌법 제21조 제1항)와 개인의 명예보호(헌법 제21조 제4항)가 충돌하는 경우 두 법익 간의 조정을 위한 것이다. 다시 말하면 표현의 자유로 얻어지는 이익과 인격권의 보호에 의하여 달성되는 이익을 형량하여 규제의 폭과 방법을 정하여야 한다. 그 결과 개인에 대한 비판이 공공의 이익을 위한 진실하고 공정한 것이라면 처벌하지 않도록 하는 취지이다.

1) 요 건

제310조가 적용되기 위해서는 ① 적시된 사실은 진실한 내용이어야 하며, ② 오로지 공공의 이익을 위한다는 목적을 가지고 적시하였어야 한다.

진실한 사실이란 적시된 사실의 중요부분이 진실과 합치되는 사실을 말한다. 따라서 세부에 있어서는 약간의 차이가 있거나 다소 과장된 표현이 있어도 전체로 보아 진실과 합치되면 족하다(대판 2001. 10. 9, 2001도3594). 대법원은 사실의 적시가 개인에 의한 경우에는 적시된 사실이 진실한 것이라는 증명이 없더라도 행위자가 진실한 것으로 믿었고 또 그렇게 믿을만한 상당한 이유가 있는 경우에는 위법성이 없다(대판 1993. 6. 22, 92도3160)고 하여 반드시 적시된 사실의 진실성 입증을 필요로 하지 않는다는 입장이다. 반면에 사실의 적시가 국가기관에 의한 경우에는 그 사실이 의심의 여지없이 확실한 진실이라고 믿을만한 객관적이고 타당한 확증과 근거가 있어야 한다. 왜냐하면 공권력의 광범한 사실조사능력과 공무원의 비밀준수의무 및 국가기관이 공표한 사실은 진실일 것이라는 일반 국민의 기대가 있기 때문이다(대판 1993. 11. 26, 93다18389). 그리고 적시된 사실이 진실한 것이거나 적어도 행위자가 그 사실을 진실한 것으로 믿었고 또 그렇게 믿을 만한 상당한 이유가 있어야 한다(대판 1994. 8. 26, 94도237).

공공의 이익에 관한 것이라 함은 국가·사회 기타 일반 다수인의 이익에 관한 것과 특정한 사회집단이나 그 구성원 전체의 이익에 관한 것을 포함한다(대판 1993. 6. 22, 93도1035). 적시된 사실이 공공의 이익에 관한 것인지의 여부는 적시 사실의 구체적 내용, 사실의 공표가 이루어진 상대방의 범위의 광협, 표현의 방법 등 그 표현 자체에 관한 제반 사정을 감안함과 동시에 그 표현에 의하여 훼손되거나 훼손될 수 있는 타인의 명예의 침해의 정도도 비교·고려하여 결정하여야 한다(대판 2001. 10. 9, 2001도3594; 1996. 4. 12, 94도3309). 그리고 행위자의 주요한 동기나 목적이 공공의 이익을 위한 것이면 부수적으로 피해자를 비방할 목적 등 다른 사익적 동기가 내포되어 있더라도 본 조의 적용이 배제되지는 않는다(대판 1999. 6. 8, 99도1543; 1993. 6. 22, 92도3160; 1993. 6. 22, 93도1035)(다수설).

판례 공공의 이익을 인정한 경우

• 상가건물관리회의 회장이 관리회의 결산보고를 하면서 전 관리회장이 체납관리비 등을 둘러싼 분쟁으로 자신을 폭행하여 유죄판결을 받은 사실을 알린 사안에서, 건물관리회원 전체의 관심과 이익에 관한 것으로서 형법 제310조에 의하여 위법성이 조각된다고 판시하였다(대판 2008. 11. 13, 2008도6342).

• 신학대학교의 교수가 출판물 등을 통하여 종교단체인 구원파를 이단으로 비판하는 과정에서 특정인을 그 실질적 지도자로 지목하여 명예를 훼손하는 사실을 적시한 사건에서 대법원은 "개인의 사적인 신상에 관한 사실이라고 하더라도 그가 관계하는 사회적 활동의 성질이나 이를 통하여 사회에 미치는 영향력의 정도 등의 여하에 따라서는 그 사회적 활동에 대한 비판 내지 평가의 한 자료가 될 수 있는 것이므로 개인의 사적인 신상에 관하여 적시된 사실도 그 적시의 주요한 동기가 공공의 이익에 관한 것으로 볼 수 있는 경우가 있다"고 판시하여 명예훼손죄를 인정하지 않았다(대판 1996. 4. 12, 94도3309).

• 대자보의 표현방법이 단순한 회계감사결과보고서의 형식을 취하지 아니하고 전임 조합장이 위 … 의 업무집행을 비난하는 형식을 취하였다고 하더라도, 피고인이 조합장으로서 위 대자보를 부착하게 된 목적이 주로 위와 같은 사실들을 조합원에게 알리기 위한 것인 이상 공공의 이익을 위한 것이라고 볼 수 있을 것이라고 하여 위법성이 조각된다고 보았다(대판 1993. 6. 22, 92도3160).

2) 적용범위 및 효과

제310조는 제309조 제1항의 출판물에 의한 명예훼손죄에는 적용되지 않는다. 즉 제309조 제1항은 비방의 목적이 있는 경우에 성립하므로 공공의 이익을 목적으로 하는 제310조는 제309조에는 적용될 수 없는 것이다. 즉 제310조는 제307조 제1항의 사실 적시에 의한 명예훼손행위에만 적용된다(대판 1995. 6. 30, 95도1010; 1986. 5. 27, 85도785)(통설). 또한 허위의 사실을 적시하는 행위(제307조 제2항)에 대해서도 제310조는 적용되지 않는다(대판 2012. 5. 9, 2010도2690; 1993. 4. 13, 92도234).

제310조는 실체법적 효과로서 위법성조각사유에 해당된다. 그리고 소송법적으로는 거증책임의 전환규정이라고 보아 거증책임을 피고인이 부담한다는 견해(정/박, 신동운, 형사소송법, 580면)도 있으나 제310조 요건의 부존재는 검사가 입증하여야 한다(통설). 즉 적시된 사실이 공공의 이익과 무관하다는 것을 입증하여야 한다.

3) 착오의 경우

제310조와 관련하여서는 진실성에 관한 착오와 공익성에 관한 착오로 나누어 생각해 볼 수 있다.

진실성에 관한 착오는 제307조 제1항과 제2항 중 어느 조문을 적용할 것인가의 선택문제로 귀결된다. 즉 내용이 진실이라고 믿고 명예훼손적인 사실을 적시하였으나 허위인 경우에는 제15조 제1항에 의하여 특별히 중한 죄가 되는 사실인 허위임을 인식하지 못한 것이므로 중한 죄인 제307조 제2항이 적용되지 않고 제307조 제1항에 해당된다. 결과적으로 제310조의 적용 대상이 되므로 적시한 사실이 공공의 이익에 관한 것인지 여부만이 문제된다(손동권, "형법 제310조의 실체면과 절차면", 형사판례연구(6), 208면 참조).

공익성에 관한 착오는 위법성조각사유의 전제조건에 관한 착오의 문제로서 책임고의가 조각되어 제307조 제1항에 해당하지 않는다. 이 경우에는 과실범 처벌규정도 없으므로 불가벌이라고 보는 것이 타당하다.

(2) 정당행위

명예훼손행위가 형법상 정당행위(제20조)에 해당하면 위법성이 조각되는 것은 당연하다.

판례 고소장의 공개와 명예훼손죄 성립 여부

• 사이비 종교연구가인 피해자가 피고인이 소속한 한국 개신교 교단협의회에 요청하여 피고인이 목사로 있는 세계 추수꾼 영성화 훈련원 밤빌리아 교회의 이단성 여부에 대한 조사활동을 요청하자 위 교단협의회는 조사활동을 하여 조사보고서를 그 교회 사무국장에게 작성토록 하였다. 이 때 피고인이 조사보고서의 관련 자료에 피해자를 명예훼손죄로 고소했던 고소장의 사본을 첨부한 경우, 이는 자신의 주장의 정당성을 입증하기 위한 자료의 제출행위로서 정당한 행위에 해당한다(대판 1995. 3. 17, 93도923).

(3) 피해자의 승낙

명예는 처분할 수 있는 개인적 법익에 해당하므로 본인의 승낙이 있다면 명예훼손적인 구체적 사실의 적시는 명예훼손죄를 구성하지 않는다. 다수설에 의하면 명예는 처분할 수 있는 개인적 법익이지만 반의사불벌죄 또는 친고죄라는 점에서 피해자의 승낙이 있어도 구성요건에 해당하고 위법성이 조각된다.

5. 기수시기

본 죄는 추상적 위험범이다. 따라서 명예가 현실적으로 침해되었을 것을 요하지 않고, 단순히 명예를 해할 우려 있는 행위가 있으면 기수에 이른다. 공연히 사실을 적시하여 불특정 또는 다수인이 인식할 수 있는 상태에 이르면 범죄는 완성되며, 상대방이 이를 인지할 것을 요하는 것은 아니다.

명예훼손죄는 미수범을 처벌하지 않는다. 그러므로 명예훼손행위가 기수에 이르지 않는 한 처벌대상이 아니다. 일반적으로 명예훼손죄나 모욕죄의 경우 기수라고 할 수 있으려면 명예를 훼손하는 내용이 상대방에게 도달하였거나 또는 본인은 인식하지 못하였더라도 제3자가 그 내용을 인식하였을 것이 요구된다. 전자의 요건은 명예주체가 명예훼손적인 내용을 이해하는 것을 전제로 한다는 의미이다. 후자의 요건은 명예훼손이 결국에는 사회생활 관계에서 명예 저하를 방지하기 위한 것이기 때문에 그러하다. 문제가 되는 것은 어린아이나 정신질환자에 대한 경우이다. 그러나 비록 이들이 명예훼손적인 내용을 이해할 수 없으나 전술한 바와 같이 제3자가 인식하면 명예훼손죄는 성립하므로 이 시점에서 기수를 인정할 수 있다.

6. 죄 수

본 죄는 피해자의 수를 기준으로 죄수를 정한다. 여러 기회에 연속적으로 동일인의 명예를 훼손한 경우에는 포괄일죄에 해당한다. 명예훼손행위가 동시에 업무를 방해하는 때에는 본 죄와 업무방해죄의 상상적 경합이 인정된다. 허위의 사실을 적시하여 신용을 훼손한 경우에는 본 죄와 신용훼손죄의 상상적 경합이 된다.

공직선거운동을 하면서 상대 후보자의 명예를 훼손한 경우에, ① 법조경합을 인정하여 공직선거법(제251조)상의 후보자비방죄만 성립하고 명예훼손죄는 성립하지 않는다는 견해(백형구)와 ② 상상적 경합관계로서 공직선거법위반죄(제251조)가 성립한다는 견해(김/서, 박홍우)가 있다. 양 죄의 보호법익이 다르므로 상상적 경합설이 타당하다(대판 1998. 3. 24, 97도2956).

Ⅲ. 사자명예훼손죄

제308조(사자의 명예훼손) 공연히 허위의 사실을 적시하여 사자의 명예를 훼손한 자는 2년 이하의 징역이나 금고 또는 500만원 이하의 벌금에 처한다.

제312조(고소와 피해자의 의사) ① 제308조와 제311조의 죄는 고소가 있어야 공소를 제기할 수 있다.

1. 의의 및 보호법익

본 죄는 공연히 허위의 사실을 적시하여 사자死者의 명예를 훼손하는 죄이다. 허위사실의 적시만을 처벌대상으로 삼은 것은 역사적 인물에 대한 객관적이고도 공정한 비판을 가능하게 하기 위한 것이다. 친고죄이다(제312조 제1항).

본 죄의 보호법익에 대해서는 ① 유족의 명예라는 견해, ② 유족이 사자에 대해 갖는 추모 감정이라는 견해와 ③ 사망한 사람도 생존시에 지녔던 인격적 가치체로서의 명예를 보호받아야 된다고 보기 때문에 사자가 누렸던 외적 명예라는 견해가 있다(다수설). 이에 대해서는 사망한 사람은 형법의 보호대상에서 제외되어야 한다는 점, 본 죄의 행위는 형법 이외의 방법으로 해결하는 것이 타당하다는 점 및 생존기간 동안에만 권리와 의무의 주체성을 인정받는 민법과의 균형상 형법에서 사자를 법익주체로 인정하는 것은 부당하다는 견해가 있다.

생각건대 만일 사자에 대한 명예훼손이 동시에 유족에 대해서도 명예훼손에 해당한다면 ①설이 타당할 것이다. 그러나 이 경우에는 유족에 대한 명예훼손죄로 해결할 수 있다. 본 죄는 유족의 추모 감정이나 사자가 갖는 명예를 보호하는 것으로 보는 것 역시 타당하지 않다. 사망한 사람은 현실적으로 명예주체가 된다고 볼 수 없으며, 유족의 추모 감정을 보호한다는 것도 유족이 없는 경우에는 본 죄가 성립하지 않는다고 보아야 하기 때문이다. 오히려 본 죄는 사망한 사람이라 할지라도 그를 무분별하게 매도하여서는 안 된다는 일반 대중들이 갖는 가치관 혹은 정서를 존중하기 위한 것으로 보는 것이 합리적이다. 이러한 정서는 사회적 공감대를 형성하고 있는 것이며 이를 무시하는 것은 사회공동체의 정서적 결속을 해체하는 일이기 때문이다. 또한 사자에 대한 부당한 평가는 역사적 사실을 왜곡할 가능성도 있다. 이러한 점에서 본다면 본 죄의 입법적 필요성에 의문을 제기하는 것은 타당하지 않다고 본다.

2. 허위사실의 적시

본 죄의 행위는 사자에 대한 허위의 사실을 적시하는 것이다. 그러므로 단순히 사자에 대하여 모욕적인 언사를 하는 것은 제외된다. 본 죄의 사자는 명예훼손행위 이전에 사망한 것을 전제로 한다. 그러므로 명예를 훼손당한 사람이 행위 이후에 사망한 경우에는 본 죄가 아니라 명예훼손죄(제307조, 제309조)에 의하여 처벌된다.

만일 생존한 사람을 사망한 것으로 오인하고 그의 명예를 훼손한 경우에는 명예훼손죄에 대한 구성요건의 착오문제로서 제307조가 아니라 본 조가 적용된다(제15조 제1항). 반대로 사망한 사람을 생존한 것으로 잘못 알고 명예를 훼손한 경우에는 제307조 제2항의 불능미수에 해당하지만 명예훼손죄는 미수범을 처벌하지 않으므로 불가벌이라는 견해(김/김)도 있으나 본 조의 구성요건에 해당하는 경우에는 사자명예훼손죄가 성립한다고 보는 것이 타당하다.

판례 **사자 명예훼손의 인정**

• 사자 명예훼손죄는 사자에 대한 사회적, 역사적 평가를 보호법익으로 하는 것이므로 그 구성요건으로서의 사실의 적시는 허위의 사실일 것을 요하는 바, 피고인이 사망자의 사망사실을 알면서 위 망인은 사망한 것이 아니고 빚 때문에 도망 다니며 죽은 척 하는 나쁜 놈이라고 함은 공연히 허위의 사실을 적시한 행위로서 사자의 명예를 훼손하였다고 볼 것이다(대판 1983. 10. 15, 83도1520).

3. 친고죄

본 죄의 고소권자는 사자의 친족 또는 자손이다(형사소송법 제227조). 고소권자가 없을 경우에는 이해관계인의 신청에 의하여 검사가 10일 내에 고소권자를 지정하여야 한다(형사소송법 제228조).

Ⅳ. (출판물, 라디오)에 의한 명예훼손죄

제309조(출판물 등에 의한 명예훼손) ① 사람을 비방할 목적으로 신문, 잡지 또는 라디오 기타 출판물에 의하여 제307조 제1항의 죄를 범한 자는 3년 이하의 징역이나 금고 또는 700만원 이하의 벌금에 처한다.
② 제1항의 방법으로 제307조 제2항의 죄를 범한 자는 7년 이하의 징역, 10년 이하의 자격정지 또는 1천 500만원 이하의 벌금에 처한다.
제312조(고소와 피해자의 의사) ② 제307조와 제309조의 죄는 피해자의 명시한 의사에 반하여 공소를 제기할 수 없다.

1. 의 의

출판물 등에 의한 명예훼손죄는 사람을 비방할 목적으로 신문, 잡지 또는 라디오 기타 출판물에 의하여 사실을 적시하거나 허위의 사실을 적시하여 사람의 명예를 훼손하는 경우에 성립하는 범죄이다. 공연성을 필요로 하지 않는다(통설). 이는 보도매체가 갖는 전파성과 비방의 목적이라는 보도 목적에 위배되는 주관성, 출판물에 대하여 갖고 있는 일반의 신뢰성 및 장기간의 보존가능성 때문에 법익 침해의 정도가 크다는 점에서 형을 가중하는 구성요건이다. 반의사불벌죄이다(제312조 제2항).

2. 객관적 구성요건

(1) 출판물

출판물이라고 하기 위해서는 일정한 독자층을 갖고 유통되는 보도매체로서 단순히 복사물이나 프린트물 등은 이에 해당하지 않으므로 이를 배포하더라도 단순 명예훼손죄(제307조)에 해당할 뿐 본 죄에는 해당하지 않는다고 보아야 한다. 즉 인쇄한 물건만이 포함된다. 출판물의 예로는 신문, 잡지(월간지, 주간지, 학회지 등), 각종 학술지, 간행물 등이 있다.

TV방송의 경우 당연히 포함되어야 할 것이지만 이를 규정하고 있지 않다. 이에 대해서 ① 텔레비전 또는 인터넷, PC 통신에 의한 명예훼손은 해석상 본 죄에 포함될 수 없으며 비방의 목적을 가지고 텔레비전 등을 통하여 명예를 훼손하는 경우에 제309조를 적용하는 것은 피고인에게 불리한 유추해석이라는 견해(오영근, 임웅, 조준현)가 있다. 반면에 ② 본 조가 규정하는 출판물 등은 예시규정으로 보아 TV방송도 포함시키는 견해가 있다(김/김, 백형구, 이정원, 이형국). TV방송은 가장 대표적인 보도매체로서 TV보도에 대한 일반의 신뢰성과 확산성을 생각할 때 이를 배제하는 것은 타당하지 않으며, 텔레비전을 통한 명예훼손의 경우에도 제309조를 적용하는 것이 목적론적 해석에 부합할 수 있다. 법 문언의 가능한 의미 내에서 목적론적 축소해석을 하거나, 목적론적 해석을 통하여 피고인에게 유리한 경우에는 허용될 수 있다. 그러나 TV를 출판물에 포함하여 해석하는 것은 문언의 가능한 의미를 벗어나 피고인에게 불리한 해석이 되므로 타당하다고 보기 어렵다. 한편 사람을 비방할 목적으로 정보통신망을 통하여 공연히 타인의 명예를 훼손하는 행위는 정보통신망 이용촉진 및 정보보호 등에 관한 법률 제70조 제1, 2항에 의하여 처벌된다.

판례 출판물

- 컴퓨터 워드프로세서로 작성되어 프린트된 A4용지 7쪽 분량의 인쇄물은 '기타 출판물'에 해당하지 않는다(대판 2000. 2. 11, 99도3048).
- 가로 약 25센티미터, 세로 약 30센티미터 되는 모조지 위에 싸인 펜으로 특정인의 인적 사항, 인상, 말씨 등을 기재하고 위 사람은 정신분열증 환자로서 무단가출하였으니 연락해 달라는 취지의 내용을 기재한 광고문은 형법 제309조에서 말하는 출판물에 해당한다고 보기 어렵다(대판 1986. 3. 25, 85도1143).

(2) 행위자 및 행위방법

본 죄는 간접정범에 의해서도 성립할 수 있다(통설). 판례 역시 명시적으로 본 죄가 간접정범에 의하여 범하여질 수 있음을 인정하고 있다(대판 2002. 6. 28, 2000도3045; 1994. 4. 12, 93도3535)(평석은 박상기, "출판물에 의한 명예훼손죄", 형사판례연구(3), 157면 이하 참조). 예를 들어 타인을 비방할 목적으로 허위의 기사재료를 그 사실을 모르는 기자에게 제공하여 신문 등에 보도하게 한 경우에 성립할 수 있다.

간접정범의 방법에 의하지 않고 명예훼손적인 사실을 기자에게 알려 기사화하도록 한 경우 본 죄의 행위주체는 제보자인가 아니면 언론기관 종사자도 포함되는가에 대해 논란이 있다. 판례는 제보자만을 정범으로 인정한다. 즉 "타인을 비방할 목적으로 허위사실인 기사의 재료를 신문기자에게 제공한 경우에 기사를 신문지상에 게재하느냐의 여부는 신문 편집인의 권한에 속한다고 할 것이나 이를 편집인이 신문지상에 게재한 이상 기사의 게재는 기사재료를 제공한 자의 행위에 기인한 것이므로 기사재료의 제공행위는 출판물에 의한 명예훼손죄의 죄책을 면할 수 없다"고 판시하고 있다(대판 2002. 3. 29, 2001도2624).

그러나 언론기관의 보도행위는 기사의 단순한 전달행위가 아니며, 기사 내용의 정확성을 검증하고 공익성 여부를 판단한 후에 보도하여야 할 책임과 의무가 있다. 그러므로 이를 소홀히 한 채 제보 내용을 기사화한 경우에는 언론기관도 제보자와 함께 정범에 해당한다고 보는 것이 타당하다(대판 1997. 9. 30, 97다24207 참조: 진위확인 없이 일방적으로 제보자의 제보만을 토대로 보도한 언론사에 대하여 손해배상책임을 인정하였다). 비록 취재원이 제공한 내용이라고 하더라도 언론사가 갖는 진실보도 의무는 생략될 수 없기 때문이다. 만일 기자가 제보 내용이 허위임을 알고 있음에도 불구하고 보도하였을 경우에는 간접정범에서 피이용자가 아니라 공동정범이라고 보아야 할 것이다.

판례 **간접정범에 의한 출판물에 의한 명예훼손죄**

• 출판물에 의한 명예훼손죄는 간접정범에 의하여 범하여질 수도 있으므로 타인을 비방할 목적으로 허위의 기사 재료를 그 정을 모르는 기자에게 제공하여 신문 등에 보도되게 한 경우에도 성립할 수 있다. 그러나 제보자가 기사의 취재 · 작성과 직접적인 연관이 없는 자에게 허위의 사실을 알렸을 뿐인 경우에는, 제보자가 피제보자에게 그 알리는 사실이 기사화되도록 특별히 부탁하였다거나 피제보자가 이를 기사화할 것이 고도로 예상되는 등의 특별한 사정이 없는 한, 피제보자가 언론에 공개하거나 기자들에게 취재됨으로써 그 사실이 신문에 게재되어 일반 공중에게 배포되더라도 제보자에게 출판 · 배포된 기사에 관하여 출판물에 의한 명예훼손죄의 책임을 물을 수는 없다(대판 2002. 6. 28, 2000도3045).

수사기관의 공식 발표 등 공공기관에서 알려준 내용을 기자가 그대로 인용하여 기사화한 경우에는 기사 내용이 허위로 판명되었다고 하더라도 공공기관의 발표를 믿은 기자의 신뢰이익을 보호하는 차원에서 본 죄를 적용할 수는 없다고 보아야 할 것이다. 물론 이를 발표한 공공기관의 공무상 비밀누설죄나 피의사실 공표죄 성립가능성은 존재한다. 그러나 피의자 등 관련자를 익명으로 보도하지 않고 실명보도한 경우에는 본 죄에 해당한다. 대중매체가 시사성만을 의식하여 신속한 보도를 하는 과정에서 관련자의 신원을 밝히는 것은 보도내용의 진실성 여부와 관계 없이 관련자의 명예를 훼손하는 것이며 또한 언론기관이 국민의 알권리를 빙자하여 공인이 아닌 사람의 기본적 인권을 침해하는 것은 정당화될 수 없기 때문이다.

신문 등 언론매체의 어떠한 표현행위가 사실 적시에 해당하는 것인지, 아니면 단순히 의견 또는 논평을 표명하는 것인지의 여부는 당해 기사의 객관적인 내용과 함께 기사에 사용된 어휘의 통상적인 의미, 기사의 전체적인 흐름, 문구의 연결방법 등을 기준으로 판단하여야 하고, 여기에 당해 기사가 게재된 보다 넓은 문맥이나 배경이 되는 사회적 흐름 등도 함께 고려하여야 한다는 것이 판례의 입장이다(대판 2000. 2. 25, 98도2188).

(3) 공적인 인물에 대한 보도와 명예훼손

정치인이나 고위 공직자 등 공적인 인물에 대한 언론의 보도는 통상적으로 공공적 · 사회적인 의미를 가진 사안에 관한 것이 대부분이다. 국민이 알아야 할 공공성, 사회성을 갖춘 사인에 관한 보도를 통하여 여론 형성이나 공개적 논의에 기여하기 때문이다. 특히 정부 또는 국가기관의 정책 결정이나 업무 수행과 관련된 사항은 항상 국민의 감시와 비판의 대상이 되어야 하고, 이러한 감시와 비판은 언론보도의 자유가 충분히 보장될 때 비로소 정상적으로 수행될 수 있다. 그러므로 공적인 인물에 관하여 보도를 할 때에는 우선 이들 인물이나 이들이 속한 기관이 명예훼손죄의 피해자가 될 수 있는지 여부와 명예훼손성 여부에 대한 평가를 달리하여야 한다. 또한 언론의 자유에 대한 제한이 완화되어야 한다.

결론적으로 정부 또는 국가기관은 형법상 명예훼손죄의 피해자가 될 수 없으므로, 정부 또는 국가기관의 정책 결정 또는 업무 수행과 관련된 사항을 주된 내용으로 하는 언론보도로 인하여 그 정책 결정이나 업무 수행에 관여한 공직자에 대한 사회적 평가가 저하될 수 있더라도, 그 보도의 내용이 공직자 개인에 대한 악의적이거나 심히 경솔한 공격으로서 현저히 상당성을 잃은 것으로 평가되지 않는 한, 그 보도로 인하여 곧바로 공직자 개인에 대한 명예훼손이 된다고 할 수 없다(대판 2011. 9. 2, 2010도17237: 광우병 관련 MBC 'PD수첩' 보도사건).

3. 주관적 구성요건

(1) 고 의

본 죄가 성립하기 위해서는 고의 이외에 적시하는 사실의 진실성 여부에 대한 인식이 있어야 제1항과 제2항의 적용 여부를 판단할 수 있다. 그러므로 제2항(허위사실적시 출판물 등에 의한 명예훼손죄)을 적용하려면 적시하는 사실이 허위이어야 할 뿐만 아니라 허위인 사실을 행위자가 인식하고 있어야 한다. 만일 행위자가 이러한 인식을 하지 못하였다면 제1항이 적용되는 것은 별론으로 하고 제2항은 적용되지 않는다(대판 1994. 10. 28, 94도2186). 그리고 허위사실인 점을 인식하였는가에 대한 입증책임은 행위자가 아니라 검사에게 있다.

(2) 비방할 목적

본 죄의 추가적인 주관적 구성요건으로는 '사람을 비방할 목적'이 있어야 한다. 사람을 비방할 목적이란 가해의 의사 내지 목적을 필요로 한다고 보는 것이 판례의 입장이다(대판 2000. 2. 25, 98도2188). 그리고 이를 소위 초과주관적 구성요건 요소에 해당한다고 보는 것이 일반적이다(김/서, 이/장/강, 이정원, 배종대).

출판물 등의 언론매체는 그 성격상 타인의 명예에 관련된 사실을 보도할 수밖에 없는 속성을 지니고 있다. 그러므로 언론매체에 의한 보도 내용이 그 공공성에도 불구하고 타인의 명예를 훼손한 것이라고 하여 이를 처벌한다면 헌법에 기초한 언론·출판의 자유는 사문화될 수밖에 없게 된다. 여기에 언론매체가 추구하는 보도의무를 정당화하면서도 동시에 이러한 목적에서 일탈한 언론기관의 보도행위를 규제하기 위하여 비방할 목적의 보도행위를 처벌하는 이유가 있다. 이는 언론·출판의 자유와 개인의 명예 보호 사이에 경계선을 긋는 기능을 한다.

출판물에 의한 명예훼손죄에서의 공공의 이익에 관하여 대법원은 "형법 제309조 소정의 '사람을 비방할 목적'이란 가해의 의사 내지 목적을 요하는 것으로서 공공의 이익을 위한 것과는 행위자의 주관적 의도의 방향에 있어 서로 상반되는 관계에 있다고 할 것이므로, 적시한 사실이 공공의 이익에 관한 것인 때에는 특별한 사정이 없는 한 비방의 목적은 부인된다고 봄이 상당하다"고 보았다(대판 2008. 11. 13, 2006도7915). 이를 반대 해석하면 공공의 이익과 무관한 보도는 비방의 목적을 인정하는 것이 상당하다고 보아야 할 것이다.

결국 비방의 목적을 반드시 악의의 목적과 동일시하여서는 안 되며 언론기관의 보도행위가 비판성을 내재적인 속성으로 하고 있지만 비방성을 비판성으로 호도하여서도 안 된다. 그러므로 언론기관의 보도가 고의적으로 진실보도의무를 저버리고 보도 내용의 공공성과 보도 목적의 공익성을 위반하였을 경우에는 언제나 비방의 목적을 인정하여 제309조를 적용하는 것이 타당하다. 이에 따라 비방의 목적은 한편으로는 언론 · 출판의 자유를 확보하기 위한 보호막의 역할을 하면서, 다른 한편으로는 출판물 등에 의한 명예훼손의 심대성을 고려하여 고의가 인정되면 비방의 목적도 있는 것으로 보아야 한다.

반면에 판례는 정보통신망 이용촉진 및 정보보호 등에 관한 법률 제70조 제2항(허위사실 적시에 의한 명예훼손)과 관련하여 피고인이 공공연하게 드러낸 사실이 거짓이고 그 사실이 거짓임을 인식하였더라도 추가적으로 사람을 비방할 목적이 있어야 한다는 입장이다(대판 2020. 12. 17, 2020도11471). 즉 비방할 목적이 있는지 여부는 피고인이 드러낸 사실이 거짓인지 여부와 별개의 구성요건으로서, 드러낸 사실이 거짓이라고 해서 비방할 목적이 당연히 인정되는 것은 아니라고 판시하였다.

4. 제310조 적용 여부

형법 제307조 제1항의 명예훼손행위는 진실한 사실로서 오로지 공공의 이익에 관한 때에는 위법성이 조각되나, 형법 제309조 제1항 및 제2항의 출판물 등에 의한 명예훼손행위는 그것이 오로지 공공의 이익을 위한 행위였다고 하더라도 제310조에 의하여 위법성이 조각되지 않는다(대판 1999. 4. 23, 99도636; 1995. 6. 30, 95도1010; 1986. 10. 14, 86도1603). 그러나 비방의 목적이 없는 제309조의 경우에 이는 명예훼손 사실은 존재하므로 제307조에 해당할 수도 있다. 이 경우에 '공공의 이익'을 위한 것이었다면 제310조에 의한 위법성조각 가능성이 있다(아래 판례 참조).

판례 제310조의 제309조 적용가능성

• 형법 제309조 제1항 소정의 '사람을 비방할 목적'이란 가해의 의사 내지 목적을 요하는 것

으로서 공공의 이익을 위한 것과는 행위자의 주관적 의도의 방향에 있어 서로 상반되는 관계에 있다고 할 것이므로, 형법 제310조의 공공의 이익에 관한 때에는 처벌하지 아니한다는 규정은 사람을 비방할 목적이 있어야 하는 형법 제309조 제1항 소정의 행위에 대하여는 적용되지 아니하고 그 목적을 필요로 하지 않는 형법 제307조 제1항의 행위에 한하여 적용되는 것이고, 반면에 **적시한 사실이 공공의 이익에 관한 것인 경우에는 특별한 사정이 없는 한 비방 목적은 부인된다고 봄이 상당하므로 이와 같은 경우에는 형법 제307조 제1항 소정의 명예훼손죄의 성립 여부가 문제될 수 있고 이에 대하여는 다시 형법 제310조에 의한 위법성 조각 여부가 문제로 될 수 있다**(대판 1998. 10. 9, 97도158).

Ⅴ. 모욕죄

제311조(모욕) 공연히 사람을 모욕한 자는 1년 이하의 징역이나 금고 또는 200만원 이하의 벌금에 처한다.

제312조(고소와 피해자의 의사) ① 제308조와 제311조의 죄는 고소가 있어야 공소를 제기할 수 있다.

1. 의 의

모욕죄는 사실을 적시하지 않고 공연히 사람의 사회적 평가를 저하시킬 만한 추상적 판단이나 경멸적 감정을 표현함으로써 성립하는 죄이다. 모욕행위를 하는 데에는 사실의 적시를 필요로 하지 않는다는 점에서 명예훼손죄와 구별된다. 그러나 다 같이 사람이 가치에 대한 사회적 평가인 외적 명예를 보호법익으로 한다는 점에서 동일하다. 다만 명예훼손은 사람의 사회적 평가를 저하시킬 만한 구체적 사실의 적시를 하여 명예를 침해하는 것이고, 구체적 사실의 적시 아닌 단순한 추상적 판단이나 경멸적 감정의 표현(욕설)으로서 사회적 평가를 저하시키는 것은 모욕죄에 해당한다. 피해자의 외적 명예가 현실적으로 침해되거나 구체적, 현실적으로 침해될 위험이 발생하여야 하는 것은 아니다(대판 2016. 10. 13, 2016도9674). 외국원수 또는 외교사절에 대한 모욕행위는 공연성을 요건으로 하지 않으며 본 죄가 아니라 형법 제107조 제2항, 제108조 제2항에 따라 처벌된다.

판례 명예훼손죄와 모욕죄의 구별

• 명예훼손죄와 모욕죄의 보호법익은 다 같이 사람의 가치에 대한 사회적 평가인 이른바 외부적 명예인 점에서는 차이가 없으나, 다만 명예훼손은 사람의 사회적 평가를 저하시킬 만한 구체적 사실의 적시를 하여 명예를 침해함을 요하는 것으로서 구체적 사실의 적시가 아닌 단순한 추상적 판단이나 경멸적 감정의 표현으로서 사회적 가치를 저하시키는 모욕죄와 다르다(대판

1987. 5. 12, 87도739).

2. 구성요건

공연히 사람을 모욕하는 것이다. '공연히'라 함은 불특정 또는 다수인이 인식할 수 있는 상태를 의미한다. 이는 모욕죄의 보호법익을 외부적 명예로 보는 데에 기인한다. 입법론적으로 본 죄가 반드시 공연성을 요건으로 하여야 하는지는 의문이다.

모욕이란 사실을 적시하지 아니하고 사람에 대하여 경멸의 의사표시를 하는 것을 말한다. 예를 들면 '나쁜 X', '죽일 X', '망할 X' 등과 같이 추상적 관념을 사용하여 인격을 경멸하는 가치판단을 표시하는 경우이다. 그리고 모욕은 언어나 거동의 방법(예: 침을 뱉거나 뺨을 때리는 행위 등)에 의하여도 가능하다(표현범). 그러나 단순히 무례한 행동을 하거나 단순한 농담 · 불친절, 저속한 표현은 모욕행위라고 볼 수 없다.

법인에 대한 모욕죄는 법인에 대한 명예훼손죄가 가능한 것과 마찬가지로 역시 성립할 수 있다고 보아야 한다. 만일 모욕죄의 보호법익을 명예 감정으로 본다면 모욕죄가 성립한다고 볼 수는 없다. 그러나 법인에 대한 사회적 평가를 내용으로 하는 외부적 명예를 보호법익으로 파악하면 모욕죄 성립이 가능하다고 보아야 한다.

판례 모욕의 긍정과 부정

① 모욕을 긍정한 사건

• 방송국 시사프로그램을 시청한 후 방송국 홈페이지의 시청자 의견란에 작성 · 게시한 글 중 특히, "그렇게 소중한 자식을 범법행위의 변명의 방패로 쓰시다니 정말 대단하십니다"는 등의 표현(대판 2003. 11. 28, 2003도3972).

• "애꾸눈, 병신"이라는 발언 내용(대판 1994. 10. 25, 94도1770).

• '저 망할년 저기 오네'라고 피해자를 경멸하는 욕설 섞인 표현(대판 1990. 9. 25, 90도873).

• '아무것도 아닌 똥꼬다리 같은 놈'이라는 구절(대판 1989. 3. 14, 88도1397).

• "야 이 개 같은 XX아, 시집을 열두번을 간 년아, 자식도 못 낳는 XX 같은 년"이라고 큰소리친 경우(대판 1985. 10. 22, 85도1629).

• '죽일놈', '도둑놈'이라는 언설(대판 1961. 2. 24, 60도864).

② 모욕을 부정한 사건

• 피고인이 택시 기사와 요금 문제로 시비가 벌어져 112 신고를 한 후, 신고를 받고 출동한 경찰관에게 늦게 도착한 데 대하여 항의하는 과정에서 "아이 씨발!"이라고 말한 경우(대판 2015. 12. 24, 2015도6622).

• 아파트 입주자대표회의 감사인 피고인이 관리소장 갑의 업무처리에 항의하기 위해 관리소장실을 방문한 자리에서 갑과 언쟁을 하다가 "야, 이따위로 일할래.", "나이 처먹은 게 무슨 자랑

이냐"라고 말한 경우(대판 2015. 9. 10, 2015도2229).

3. 위법성

(1) 제310조 적용 여부

형법 제310조는 본 죄에 적용되지 않는다(대판 1959. 12. 23, 4291형상539)(배종대, 임웅, 정/박, 진계호). 이와 달리 정치 · 학문 · 예술분야에서는 비판이나 논쟁의 방법상 모욕행위에 해당하는 경우가 발생할 수 있으므로 제310조를 적용하는 것이 타당하다는 견해(이/장/강, 이형국, 백형구)도 있다. 그러나 형법이 본 죄에 제310조의 적용을 배제하고 있는 점과 본 죄의 주관적 구성요건 해당 여부에 따라 판단하는 것이 타당하므로 제310조의 적용을 부인하여야 한다.

(2) 모욕죄와 정당행위

모욕죄에서 말하는 모욕이란, 사실을 적시하지 아니하고 사람의 사회적 평가를 저하시킬 만한 추상적 판단이나 경멸적 감정을 표현하는 것으로, 어떤 글이 특히 모욕적인 표현을 포함하는 판단 또는 의견의 표현을 담고 있는 경우에도 그 시대의 건전한 사회통념에 비추어 그 표현이 사회상규에 위배되지 않는 행위로 볼 수 있는 때에는 형법 제20조에 의하여 예외적으로 위법성이 조각된다. 따라서 골프클럽 경기보조원들의 구직 편의를 위해 제작된 인터넷 사이트 내 회원 게시판에 특정 골프클럽의 운영상 불합리성을 비난하는 글을 게시하면서 위 클럽담당자에 대하여 한심하고 불쌍한 인간이라는 등 경멸적 표현을 한 경우 이는 게시의 동기와 경위, 모욕적 표현의 정도와 비중 등에 비추어 사회상규에 위배되지 않는다고 보아 모욕죄의 성립이 부정된다(대판 2008. 7. 10, 2008도1433).

Ⅵ. 사이버공간과 명예훼손죄

1. 정보통신망 이용촉진 및 정보보호 등에 관한 법률

정보통신망 이용촉진 및 정보보호 등에 관한 법률(이하 '정보통신망법')은 사이버공간에서의 명예훼손행위에 대한 처벌규정을 두고 있다. 동법 제70조는 "① 사람을 비방할 목적으로 정보통신망을 통하여 공공연하게 사실을 드러내어 다른 사람의 명예를 훼손한 자는 3년 이하의 징역이나 금고 또는 2천만원 이하의 벌금에 처한다. ② 사람을 비방할 목적으로 정보통신망을 통하여 공공연하게 거짓의 사실을 드러내어 다른 사람의 명예를 훼손한 자는 7년 이하의 징역, 10년 이하의 자격정지 또는 5천만원 이하의 벌금에 처한다." 본 죄는 반의사불벌죄이다(동조 제3항).

2. 구성요건의 특징

정보통신망법 제70조의 구성요건의 특징은, 첫째 명예훼손행위만을 처벌하고 모욕행위나 사자에 대한 명예훼손행위는 처벌하지 않는다는 점, 둘째 목적범('사람을 비방할 목적')으로 규정함으로써 출판물 등에 의한 명예훼손죄와 구성요건을 같이 하고 있는 점, 셋째 출판물 등에 의한 명예훼손죄와는 달리 공연성을 요구하고 있다는 점, 넷째 일반 명예훼손죄와 출판물에 의한 명예훼손죄를 구별하지 않고 있다는 점, 다섯째 형법 제310조와 같은 위법성조각사유를 두지 않고 있다는 점, 여섯째 법정형이 형법상의 명예훼손죄(제307조, 제309조)에 비해 무겁다는 점이다. 반의사불벌죄(동법 제70조 제3항)라는 점에서는 형법상의 명예훼손죄와 동일하다.

3. 성립요건

(1) 정보통신망

정보통신망이란 전기통신기본법 제2조 제2호에 따른 전기통신설비를 이용하거나 전기통신설비와 컴퓨터 및 컴퓨터의 이용기술을 활용하여 정보를 수집 · 가공 · 저장 · 검색 · 송신 또는 수신하는 정보통신체제를 말한다(제2조 제1항 제1호). '전기통신'이라 함은 유선 · 무선 · 광선 및 기타의 전자적 방식에 의하여 부호 · 문언 · 음향 또는 영상을 송신하거나 수신하는 것을 말한다(전기통신기본법 제2조 제1호). 신문, 잡지 등은 전기통신설비를 이용하거나 컴퓨터 및 컴퓨터 이용기술을 활용한 체제가 아니므로 정보통신망에 해당하지 않는다.

(2) 비방할 목적

본 죄의 구성요건요소로서 '사람을 비방할 목적'이란 가해의 의사 내지 목적을 의미한다. '비방할 목적'은 공공의 이익을 위한 것과는 행위자의 주관적 의도의 방향에 있어 서로 상반되는 관계에 있다. 사람을 비방할 목적이 있는지 여부는 적시 사실의 내용과 성질, 당해 사실의 공표가 이루어진 상대방의 범위, 그 표현의 방법 등 그 표현 자체에 관한 제반 사정을 감안함과 동시에 그 표현에 의하여 훼손되거나 훼손될 수 있는 명예의 침해 정도 등을 비교, 고려하여 결정한다. 그런데 비방할 목적은 공공의 이익을 위한 것과는 행위자의 주관적 의도의 방향에 있어 서로 상반되는 관계에 있으므로, 적시한 사실이 공공의 이익에 관한 것인 경우에는 특별한 사정이 없는 한 비방할 목적은 부인된다고 보아야 한다.

판례 비방할 목적과 공공의 이익

- 인터넷 포털사이트의 지식검색 질문 · 답변 게시판에 성형시술 결과가 만족스럽지 못하다는

주관적인 평가를 주된 내용으로 하는 한 줄의 댓글을 게시한 사안에서, 그 표현물은 전체적으로 보아 성형시술을 받을 것을 고려하고 있는 다수의 인터넷 사용자들의 의사결정에 도움이 되는 정보 및 의견의 제공이라는 공공의 이익에 관한 것이어서 비방할 목적이 있었다고 보기 어렵다고 판단하였다(대판 2009. 5. 28, 2008도8812).

공공의 이익에 관한 것에는 널리 국가·사회 기타 일반 다수인의 이익에 관한 것뿐만 아니라 특정한 사회집단이나 그 구성원 전체의 관심과 이익에 관한 것도 포함하는 것이고, 행위자의 주요한 동기 내지 목적이 공공의 이익을 위한 것이라면 부수적으로 다른 사익적 목적이나 동기가 내포되어 있더라도 비방할 목적이 있다고 보기는 어렵다(대판 2014. 5. 29, 2013도3517; 2010. 11. 25, 2009도12132).

그러므로 형법 제310조의 공공의 이익에 관한 때에는 처벌하지 않는다는 규정은 사람을 비방할 목적이 있어야 하는 정보통신망법 제70조 제1항의 행위에 대하여는 적용되지 않는다(대판 2008. 10. 23, 2008도6999). 즉 비방할 목적이 인정될 경우에 이를 공공의 이익을 위한 것으로 볼 수 없다.

(3) 사실의 적시

'사실을 드러내어' 명예를 훼손하여야 하며, 드러낸 부분은 객관적인 사실에 부합하는 것으로 그 내용이 그 자체로써 피해자의 사회적 가치 내지 평가가 침해될 가능성이 있을 정도로 구체성이 있는 것이라야 한다. 또한 '사실'을 드러내어야 하므로 단순히 행위자의 의견을 표명하거나 논평에 해당하는 경우에는 그 부분에 간접적이고 우회적인 표현에 의한 사실의 적시가 있었다고 볼 수 없다.

(4) 인터넷서비스 제공자의 책임

사이버명예훼손죄에서 특히 문제가 되는 것은 사이버공간에 명예훼손적 내용이 게재되어 있는 상태에서 해당 사이트의 관리자나 인터넷서비스 제공자가 이를 삭제하는 등의 조치를 취하지 아니한 경우 해당 ISP(또는 OSP)에게도 명예훼손의 형사책임을 물을 수 있는가이다. 이에 대해서는 인터넷에서의 표현의 자유에 대한 제한과 부작위범이론과 방조범, 보증의무 등 다양한 형법이론적인 문제를 발생시킨다.

제 2 절 신용 · 업무와 경매에 관한 죄

Ⅰ. 성격 및 보호법익

명예에 관한 죄가 사람의 인격적 측면에서의 사회적 평가를 해치는 범죄인 데 반해 신용 · 업무와 경매에 관한 죄는 사람의 경제적 측면에서의 사회적 평가를 해치는 범죄이다. 즉 신용 및 업무에 관한 죄는 사람의 신용을 훼손하거나 사람의 업무를 방해하는 것을 내용으로 하는 범죄이고, 경매방해죄 · 입찰방해죄는 경매와 입찰의 공정성을 확보하기 위한 구성요건이다. 이에 따라 본 죄의 성격을 재산 범죄로 보아야 할 것인가 아니면 인격적 법익에 대한 죄로 볼 것인가에 대하여 견해가 나누어진다.

① 재산죄설(유기천)에서는 사람의 경제생활상의 신용이나 재산적 업무 및 경매 · 입찰의 공정성을 확보하기 위한 구성요건이므로 인격적 법익을 보호하기보다는 재산적 법익과 관련된 범죄라고 한다. ② 다른 견해는 신용 훼손이 곧 재산권의 침해라고 볼 수 없으며 사람의 경제생활상의 신용도 넓은 의미에서는 명예라고 하여야 하며, 업무방해죄에서의 업무도 경제적 업무에 국한되지 않고 사회적 활동으로서의 업무도 포함된다는 점, 그리고 경매 · 입찰의 방해죄는 공정한 자유경쟁을 확보하기 위한 것이 목표이므로 자유에 대한 죄로서의 성질도 갖는 것이므로 재산죄로만 볼 수 없다는 점을 든다(통설).

신용과 업무를 방해하는 행위는 그 내용이 재산상의 신용이라거나 재산적 업무에 국한되는 것은 아니라고 보아야 하므로 이를 재산죄로 파악하는 것은 협소하다. 본 장(제3장)의 죄는 성격이 상이한 죄를 통합한 것으로서 이를 통일적으로 파악하기는 어렵다고 본다. 그러므로 신용훼손죄와 업무방해죄는 사회생활상 존중되어야 할 사람의 신용과 자유로운 업무수행을 보호하기 위한 자유에 대한 죄로, 경매방해죄와 입찰방해죄는 경매와 입찰이 갖는 공정성에 대한 사회적 신뢰를 저해하는 죄라고 보아야 한다. 결국 경매 · 입찰방해죄는 개인적 법익에 대한 죄라기보다는 사회적 법익에 대한 죄라고 보아야 한다.

Ⅱ. 신용훼손죄

제313조(신용훼손) 허위의 사실을 유포하거나 기타 위계로써 사람의 신용을 훼손한 자는 5년 이하의 징역 또는 1천 500만원 이하의 벌금에 처한다.

1. 의 의

본 죄는 허위의 사실을 유포하거나 기타 위계로써 사람의 신용을 떨어뜨리는 죄이다. 명예훼손죄가 사람의 사회적·인격적 평가를 저하시키는 죄인 데 반해 신용훼손죄는 사람의 경제활동영역에서의 신뢰 가치를 저하시키는 죄이다. 신용의 주체인 사람에는 자연인은 물론 법인과 법인격 없는 단체도 포함된다.

본 죄의 보호법익은 사람의 신용이다. 그런데 본 죄의 성격에 대해서 재산죄설과 독립죄설(통설)이 있다. 신용이 순수하게 재산적 성질만을 갖는 것은 아니며 사람에 대한 사회적 평가라는 의미도 가지므로 독립죄설이 타당하다.

본 죄의 성격에 대해 ① 추상적 위험범설(통설)과 ② 구체적 위험범설이 있다. 조문의 표현이 침해범처럼 '신용을 훼손한 자'로 되어 있지만 본 죄는 신용훼손의 결과가 발생하여야 하는 것은 아니고 또한 신용훼손의 구체적 위험이 발생하였는지 여부를 판단하는 것은 사실상 불가능하다. 그러므로 신용을 훼손시키기에 충분한 허위사실의 유포 또는 위계의 행사가 있으면 기수에 해당한다고 보아서 추상적 위험범으로 이해하는 것이 타당하다. 판례의 경우에도 신용훼손죄의 성립에 신용훼손의 결과가 실제로 발생함을 요하는 것이 아니고 신용훼손의 결과를 초래할 위험이 발생하는 것이면 족하다고 보아 동일한 입장이다(대판 2011. 9. 8, 2011도7262).

2. 허위사실의 유포 · 위계

허위사실의 유포는 객관적 사실과 다른 과거 또는 현재의 사실을 불특정 또는 다수인에게 전파하는 것을 말한다(대판 2006. 12. 7, 2006도3400; 1983. 2. 8, 82도2486). 비록 미래의 사실이라 할지라도 증거에 의하여 신용훼손의 입증이 가능할 때에는 여기의 사실에 포함된다. 그러나 단순한 의견이나 평가, 가치 판단을 표시하는 것은 사실에 해당하지 않는다. 허위의 사실은 객관적 진실과 다른 내용의 사실을 의미한다(대판 1983. 2. 8, 82도2486). 유포한 사실의 전부가 허위이든 일부가 허위이든 불문하며, 스스로 허위의 내용을 퍼뜨리는 것은 물론 타인으로부터 전해들은 사실이 허위임을 알면서도 이를 전파하는 것도 포함한다. 기본적 사실이 진실이더라도 추가시킨 내용이 허위일 경우 전체적으로 신용훼손의 가능성이 인정되므로 본 죄의 허위사실에 해당할 수 있다. 유포의 방법은 제한이 없다. 공연히 유포하여야 한다는 견해(황산덕)도 있으나 이러한 제한이 없으므로 공연성이 없더라도 본 죄의 성립을 인정하여야 할 것이다.

위계라 함은 사람을 착오에 빠지게 하여 판단을 그르치게 하는 것을 말한다. 즉 위계는 행위자의 행위 목적을 달성하기 위하여 상대방에게 오인 · 착각 또는 부지를 일으키게 하여 이를 이용하는 것을 말한다(대판 2006. 12. 7, 2006도3400).

3. 신용훼손

신용을 훼손한다는 것은 사람의 지불 능력 또는 지불 의사에 관한 사회적 신뢰를 저하시키는 것을 말한다(통설; 대판 2011. 9. 8, 2011도7262; 1969. 1. 21, 68도1660). 이에 대해 신용을 재산상의 의무 이행에 대한 사회적 신뢰라고 넓게 보는 견해도 있다. 그러나 이러한 견해를 따를 경우 제품의 판매가격이나 애프터서비스와 같은 상대적 부분에서의 차별적 언급까지도 포함하게 되어 신용훼손죄의 성립 범위가 너무 확대되는 문제가 있어서 타당하지 않다.

판례 신용훼손의 부정

- 퀵서비스 운영자인 피고인이 배달업무를 하면서, 손님의 불만이 예상되는 경우에는 평소 경쟁관계에 있는 피해자 운영의 퀵서비스 명의로 된 영수증을 작성 · 교부함으로써 손님들로 하여금 불친절하고 배달을 지연시킨 사업체가 피해자 운영의 퀵서비스인 것처럼 인식하게 한 사안에서, 퀵서비스의 주된 계약내용이 신속하고 친절한 배달이라 하더라도, 그와 같은 사정만으로 위 행위가 피해자의 경제적 신용, 즉 지급능력이나 지급의사에 대한 사회적 신뢰를 저해하는 행위에 해당한다고 보기는 어렵다(대판 2011. 5. 13, 2009도5549).

4. 주관적 요건

신용훼손죄에서 주관적 요건으로서의 고의는 반드시 확정적인 고의를 요하는 것은 아니고, 허위사실을 유포하거나 기타 위계를 사용한다는 점과 그 결과 다른 사람의 신용을 저하시킬 염려가 있는 상태가 발생한다는 점에 대한 미필적 인식으로도 족하다(대판 2006. 12. 7, 2006도3400). 허위의 사실을 유포하는 경우 행위자는 행위 당시 자신이 유포한 사실이 허위라는 점을 적극적으로 인식하였을 것을 요하며(대판 1994. 1. 28, 93도1278), 전파가능성을 이유로 허위사실의 유포를 인정하는 경우에는 적어도 범죄 구성요건의 주관적 요소로서 미필적 고의가 필요하므로 전파가능성에 대한 인식이 있음은 물론 나아가 그 위험을 용인하는 내심의 의사가 있어야 하고, 그 행위자가 전파가능성을 용인하고 있었는지의 여부는 외부에 나타난 행위의 형태와 행위의 상황 등 구체적인 사정을 기초로 하여 일반인이라면 그 전파가능성을 어떻게 평가할 것인가를 고려하면서 행위자의 입장에서 그 심리상태를 추인하여야 한다(대판 2006. 5. 25, 2004도1313; 2004. 4. 9, 2004도340).

5. 죄수 및 타 죄와의 관계

본 죄는 피해자 1인별로 성립한다.

공연히 허위의 사실을 유포하여 신용훼손죄와 명예훼손죄의 구성요건을 실현한 경우에는 특별관계로서 형량이 무거운 신용훼손죄만이 성립한다고 보는 법조경합설(강구진, 김/김, 김/서, 배종대, 오영근, 이/장/강, 이정원, 이형국, 임웅)과 양 죄의 상상적 경합설(백형구, 유기천, 정/박, 정영석, 조준현)이 있으나 상상적 경합설이 타당하다. 명예와 신용은 별개의 보호법익이라고 보아야 하기 때문이다. 반면에 진실한 사실을 주장하여 명예와 신용을 훼손한 경우에는 진실한 사실에 의한 신용훼손행위는 신용훼손죄에 해당하지 않으므로 명예훼손죄만이 성립한다. 그리고 위계를 사용하여 명예와 신용을 훼손한 경우에는 신용훼손죄만이 성립한다. 위계에 의한 명예훼손죄는 처벌하지 않기 때문이다.

1개의 행위로 신용을 훼손하고 동시에 업무를 방해한 경우에는 양 죄의 상상적 경합을 인정하여야 한다.

Ⅲ. 업무방해의 죄

1. 업무방해죄

> **제314조(업무방해)** ① 제313조의 방법 또는 위력으로써 사람의 업무를 방해한 자는 5년 이하의 징역 또는 1천 500만원 이하의 벌금에 처한다.

(1) 의의 및 보호법익

본 죄는 허위의 사실을 유포하거나 위계 또는 위력으로써 사람의 업무를 방해하는 죄이다. 본 죄의 입법적 목표는 일반적인 활동의 자유가 방해받지 않도록 하기 위한 것으로서 추상적 위험범에 해당한다. 허위사실의 유포나 위계, 위력을 통한 업무방해행위가 있으면 구체적으로 업무방해의 결과를 초래하지 않았더라도 업무방해는 이루어진 것으로 보는 것이다.

비교법적으로 본 죄는 일본형법에 규정된 업무방해죄의 체계와 내용이 유사하다. 즉 일본형법상 업무방해죄는 허위풍설(사실)유포와 위계를 통한 신용훼손·업무방해죄(제233조: "허위의 풍설을 유포하거나 위계로써 사람의 신용을 훼손하거나 그 업무를 방해한 자는 3년 이하의 징역 또는 50만엔 이하의 벌금에 처한다")와 위력행사를 통한 위력업무방해죄(제234조: "위력으로써 사람의 업무를 방해한 자도 전조의 예에 의한다")를 모두 규정하고 있는 점에서 우리 형법과 구성요건상 동일하다. 독일형법은 업무방해죄를 규정하지 않고 있다.

판례에 따르면 업무방해죄는 ① 업무방해의 결과가 실제로 발생함을 요하지 않고,

② 업무방해의 결과를 초래할 위험이 발생하면 족하며, ③ 업무수행 자체가 아니라 업무의 적정성 내지 공정성이 방해된 경우에도 성립한다고 본다(대판 2018. 7. 24, 2015도12094; 2018. 5. 15, 2017도19499; 2013. 11. 28, 2013도5117; 2010. 3. 25, 2009도8506). 즉 업무방해로 인하여 본 죄의 법익이 침해될 것을 필요로 하지 않으며 다만 업무방해의 결과를 초래할 위험성이 있으면 성립하고(추상적 위험범), 업무수행행위를 직접 방해하지 않더라도 업무의 적정성이나 공정성이 방해될 수 있는 행위를 한 경우에도 성립한다고 보는 입장이다.

그러나 판례가 업무수행을 직접 방해하지 않더라도 업무의 적정성이나 공정성이 방해될 수 있는 행위를 한 경우에도 본 죄의 성립을 인정하는 것은 업무방해죄의 적용범위를 지나치게 확대할 위험성이 있다. 업무방해죄는 특정한 행위방법을 통한 업무방해행위를 처벌하는 구성요건인데 행위방법을 제한하고 있는 것은 구성요건의 개방성으로 인한 적용범위의 확대를 경계하기 때문이다. 그럼에도 불구하고 판례가 업무방해의 위험성을 넘어서서 업무수행상의 적정성이나 공정성에 대한 위험성을 이유로 업무방해죄를 인정하는 것은 본 죄의 구성요건의 특성인 입법취지를 벗어나는 것이라고 하지 않을 수 없다. 또한 판례는 업무수행상의 적정성이나 공정성에 대한 위험이 인정되더라도 업무수행에 대한 위험성은 발생하지 않을 수도 있다는 점을 인정하고 있는 점 역시 본 죄의 입법취지를 벗어난 것이다.

위험범에서의 위험이란 법익 침해의 결과 발생에 대한 위험을 의미하는 것이며, 구성요건에 해당하는 행위의 실현 자체의 위험성을 의미하지는 않는다. 이처럼 추상적 위험범은 구성요건에 규정되어 있는 행위 태양에 의한 보호법익에 대한 일반적인 위험성 때문에 처벌되는 것이며, 행위 실현 자체의 위험성을 의미하는 것이 아니다. 그러므로 업무방해죄에서도 업무방해라는 형식적 침해행위는 있어야 하는 것이다. 이에 따라 업무방해의 위험성은 업무집행 자체의 위험성이 아니라 업무방해로 인한 업무의 실질적인 내용 침해의 위험성으로 파악하여야 한다(박상기, "업무방해죄에서의 업무방해의 의미-소위 '위장취업'과 업무방해죄", 형사판례연구(2), 216면 이하 참조). 이는 위험범인 방화죄에서의 위험이 목적물에 대한 소훼의 위험성이 아니라 방화로 인한 공공의 안전과 평온을 해칠 위험성을 의미하는 것과 같다. 즉 추상적 위험범인 현주건조물방화죄(제164조 제1항)가 성립하기 위해서는 불을 놓아 목적물을 소훼하는 결과 발생은 필요한 것이다.

업무방해죄의 보호법익에 대해서는 업무라고 보는 견해(배종대, 백형구, 오영근, 이/장/강, 임웅)가 있으나 이는 보호법익이라기보다는 보호의 대상이라고 보아야 한다(판례, 김/서, 정/박). 왜냐하면 본 죄는 업무 그 자체를 보호하기 위한 것이 아니라 업무 보호를 통하여 업무의 실질적 내용을 보호하고자 하는 것이기 때문이다. 이는 마치 경매 · 입찰방해죄의 보호법익이 경매나 입찰행위 그 자체가 아니라 경매와 입찰의 공정성인 것과 같다. 결국 본 죄는 형법상 보호할 가치 있는 사람의 활동의 자유를 보호법익으로 한다고 보는 것이 타당하다.

(2) 구성요건

1) 행위객체

업무방해죄에서 행위객체는 타인의 업무이다. 여기서 타인이라 함은 범인 이외의 자연인과 법인 및 법인격 없는 단체를 가리킨다(대판 2007. 12. 27, 2005도6404 등). 그러나 업무주체와 업무방해행위의 상대방은 구별하여야 한다. 즉 자연인 이외에 법인 등은 업무의 주체는 될 수 있지만 업무방해행위의 상대방이 될 수는 없다(후술).

형법상 업무라 함은 사람이 사회생활을 유지하기 위하여 반복적 혹은 계속적으로 종사하는 사무나 사업을 말하는 것으로서 타인의 위법한 행위에 의한 침해로부터 형법상 보호할 가치가 있는 것을 말한다(대판 1989. 3. 28, 89도110). 업무의 기초가 된 계약 또는 행정행위 등이 반드시 적법하여야 하는 것은 아니다(대판 1996. 11. 12, 96도2214; 1995. 6. 30, 94도3136; 1991. 6. 28, 91도944). 즉 법령상 정당한 권한에 기한 것이 아니더라도 업무가 사실상 평온하게 행하여져 사람의 사회적 활동의 기반을 이루고 있다면 본 죄의 대상이 된다. 본죄의 업무에는 주된 업무는 물론 부수적인 업무도 포함하지만 계속하여 행하는 사무가 아닌 일회적 · 일시적인 사무는 해당하지 않는다(통설; 대판 1989. 9. 12, 88도1752).

판례 **형법상 '업무'**

- 피고인이 ○○초등학교 1학년 1반 교실 및 1학년 2반 교실 안에서 교사인 공소외 1, 공소외 2에게 욕설을 하거나 피해자인 학생들에게 욕설을 하여 수업을 할 수 없게 한 사안에서, 대법원은 형법상 업무방해죄의 보호대상이 되는 '업무'라 함은 직업 기타 사회생활상의 지위에 기하여 계속적으로 종사하는 사무 또는 사업을 말하는 것인데, 초등학생들이 **학교에 등교하여 교실에서 수업을 듣는 것**은 헌법 제31조가 정하고 있는 무상으로 초등교육을 받을 권리 및 초·중등교육법 제12, 13조가 정하고 있는 국가의 의무교육 실시의무와 부모들의 취학의무 등에 기하여 학생들 본인의 권리를 행사하는 것이거나 국가 내지 부모들의 의무를 이행하는 것에 불과할 뿐 그것이 '직업 기타 사회생활상의 지위에 기하여 계속적으로 종사하는 사무 또는 사업'에 해당한다고 할 수 없다고 판단하였다(대판 2013. 6. 14, 2013도3829).

한편 본 죄의 업무는 보호되어야 할 업무이므로 업무의 내용이 법에 의하여 원천적으로 금지된 행위로서 형사처벌의 대상이 되는 중대한 범죄행위일 뿐 아니라 정의관념상 용인될 수 없는 정도로 반사회성을 띠는 경우에는 본 죄의 보호대상이 되는 업무라고 볼 수 없다.

그러나 업무는 형법적 보호가치가 있으면 반드시 적법성을 갖추어야 하는 것은 아니다. 예를 들어 행정청으로부터 허가를 받지 않았더라도 업무방해의 대상이 될 수 있다. 또한 친목 목적의 스포츠 활동처럼 오락으로 하는 활동이나 일상의 가정생활은 제외되고 결혼식과 같은 것도 1회적인 것이기 때문에 보호대상이 아니라고 보아야 한다. 판례도 직업이나 사회생활상의 지위에 기한 것이라고 보기 어려운 단순한 개인적인 일상생활의 일환으로 행하여지는 사무(예: 일시적인 주차)는 업무방해죄의 보호대상인 업무에 해당한다고 볼 수 없다는 입장이다(대판 2017. 11. 9, 2014도3270).

판례 형법상 보호할 가치가 있는 업무의 여부

- 폭력조직 간부인 피고인이 조직원들과 공모하여 갑이 운영하는 성매매업소 앞에 속칭 '병풍'을 치거나 차량을 주차해 놓는 등 위력으로써 업무를 방해하였다는 내용으로 기소된 사안에서, 갑은 사창가 골목에서 윤락녀를 고용하여 성매매업소를 운영하여 왔는데, 성매매업소 운영에는 성매매를 알선 · 권유하거나 성매매장소를 제공하는 행위 등이 필연적으로 수반되고 따라서 업소 운영자는 구 성매매알선 등 행위의 처벌에 관한 법률 제19조 제1항 제1호의 '성매매알선 등 행위를 한 자' 또는 같은 법 제19조 제2항 제1호의 '영업으로 성매매알선 등 행위를 한 자'에 해당하므로, 갑의 성매매업소 운영업무는 업무방해죄의 보호대상이 되는 업무라고 볼 수 없다(대판 2011. 10. 13, 2011도7081).
- 형법상 업무방해죄의 보호대상이 되는 '업무'라고 함은 직업 또는 계속적으로 종사하는 사무나 사업으로서 타인의 위법한 침해로부터 형법상 보호할 가치가 있는 것이어야 하므로, 어떤 사무나 활동 자체가 위법의 정도가 중하여 사회생활상 도저히 용인될 수 없는 정도로 반사회성을 띠는 경우에는 업무방해죄의 보호대상이 되는 '업무'에 해당한다고 볼 수 없다 할 것인 바, 의료인이나 의료법인이 아닌 자의 의료기관 개설행위는 의료법에 의하여 금지된 행위로서 형사처벌의 대상이 되는 범죄행위에 해당할 뿐 아니라, 그 위법의 정도가 중하여 사회생활상 도저히 용인될 수 없는 정도로 반사회성을 띠고 있으므로 업무방해죄의 보호대상이 되는 '업무'에 해당하지 않는다(대판 2001. 11. 30, 2001도2015). 즉 이 판례에서는 업무를 보호법익이 아닌 보호대상으로 파악하고 그 내용은 형법상 보호할 가치가 있는 것이어야 함을 판시하고 있다. 또한 대판 2004. 10. 28, 2004도1256 참조.

본 죄의 업무에 공무公務도 포함되는가의 여부에는 ① 긍정설(김/서, 이형국, 이정원. 공무집행방해죄와 본 죄를 특별법과 일반법의 관계로 보는 견해 - 임웅), ② 부정설(김/김, 김종원, 배종대, 백형구, 손동권, 오영근, 이/장/강. 한편 본 죄의 업무에 공무는 포함되지 않지만 위력에 의한 공무집행방해행위는 공무집행방해죄의 규율대상이 아니므로 본 죄의 경우에 포함된다는 견해 - 김/서), ③ 원칙적으로 공무는 포함되지 않으나 공무원이 아닌 자의 공무수행이나 비권력적 공무수행 또는 위력에 의한 공무집행방해의 경우에는 공무도 포함된다고 하는 절충설(정/박)이 있다. 형법에는 공무집행방해죄(제136조, 제137조)가 별도로 규정되어 있으며, 공무집행방해죄의 행위 태양이 제한되어 있음에도 본 죄를 적용하게 되면 결과적으로 처벌 범위가 확대되는 점을 고려할 때 본 죄에는 공무가 포함되지 않는다고 보는 부정설이 타당하다.

2) 업무방해의 방법

업무방해의 방법은 허위사실을 유포하거나 위계 또는 위력으로써 업무를 방해하는 것이다.

허위사실의 유포는 객관적 진실에 부합하지 않는 사실을 불특정 또는 다수인에게 전파하는 것을 의미하며, 해당 사실의 내용이 전부 허위이건 일부 허위이건 불문한다. 여기서 반드시 기본적 사실이 허위여야 하는 것은 아니고, 비록 기본적 사실은 진실이더라도 이에 허위사실을 상당 정도 부가시킴으로써 타인의 업무를 방해할 위험이 있는 경우도 포함되지만, 그 내용 전체의 취지를 살펴볼 때 중요한 부분이 객관적 사실과 합치되고 단지 세부에 있어 약간의 차이가 있거나 다소 과장된 표현이 있는 정도에 불과하여 타인의 업무를 방해할 위험이 없는 경우는 이에 해당하지 않는다(대판 2017. 4. 13, 2016도19159; 2006. 9. 8, 2006도1580). 허위인 사실의 내용은 행위자 자신이 날조한 것이든 타인으로부터 전문한 것이든 묻지 않으며 유포의 방법 또한 불문한다. 따라서 공공연하게 유포하는 경우는 물론이고 순차로 불특정 다수인에게 전파될 것을 인식하면서 특정인에게 허위사실을 고지한 경우도 여기에 포함된다. 허위사실을 유포하는 방법에 의하여 타인의 업무를 방해하는 업무방해죄가 성립하기 위해서는 자신이 유포한 사실이 허위라는 점을 적극적으로 인식하였어야 한다(대판 1994. 1. 28, 93도1278).

위계에 의한 경우란 행위자가 행위 목적을 달성하기 위하여 상대방의 오신이나 착각, 부지를 일으키게 하여 이를 이용하는 업무방해를 말한다. 사기죄에서의 기망행위보다 더 넓은 개념이다. 그러므로 허위로 반복하여 음식을 전화 주문하는 행위, 업체가 휴업이 아닌데도 휴업이라고 광고하여 매출을 방해하는 행위도 본 죄의 위계에 해당한다. 위계는 비밀로 행하여지든 공공연하게 행하여지든 불문하며, 위계의 상대방과 피해자가 동일인일 필요도 없다. 판례에 의하면 상호저축은행 경영진인 피고인이 은행의 영업정지가 임박한 상황에서 저축은행에 파견되어 있던 금융감독원 감독관에게 알리지 아니한 채 영업마감 후에 특정 고액 예금채권자들에게 영업정지 예정 사실을 알려주어 예금을 인출하도록 함으로써 파견감독관의 상시감독업무를 방해한 경우(대판 2013. 1. 24, 2012도10629), 위계에 의한 업무방해죄가 성립한다.

위계 상대방의 범위는 위계행위로 인하여 발생되는 오인·착각 또는 부지는 자연인에게 고유한 지적활동의 결과인 점, 법률에 의한 의제적인 인격체인 법인 등은 결국 자연인인 기관을 통해 실제적인 활동을 하게 되므로, 위계에 의한 법인 등의 업무에 대한 방해행위는 현실적으로 해당 업무를 담당하는 자연인에 대한 위계행위를 이용할 수밖에 없는 점, 업무보호의 필요성만을 앞세워 위계행위의 상대방의 범위에 법인 등을 포함시키는 것은 업무방해죄의 구성요건적 표지로서 기능하는 위계행위의 포섭범위를 지나치게 확대하여 자칫 죄형법정주의에 반하는 결과를 초래할 수도 있는 점 등을 고려할 때 현실적인 업무담당자 이외에 법인 등은 위계행위의 상대방에 포함되지 않는다고 보아야 한다(부산지법 2009. 8. 13,

2009노1440). 마찬가지로 위력에 의한 경우에도 법인은 위력행사의 상대방이 될 수 없다.

'위력'이란 사람의 자유의사를 제압 · 혼란하게 할 만한 일체의 세력으로, 유형적이든 무형적이든 묻지 아니하고, 현실적으로 피해자의 자유 의사가 제압되어야만 하는 것도 아니다. 그렇지만 범인의 위세, 사람 수, 주위의 상황 등에 비추어 피해자의 자유 의사를 제압하기 족한 정도가 되어야 하는 것으로서, 그러한 위력에 해당하는지는 범행의 일시 · 장소, 범행의 동기, 목적, 인원수, 세력의 태양, 업무의 종류, 피해자의 지위 등 제반 사정을 고려하여 객관적으로 판단하여야 한다(대판 2017. 11. 9, 2017도12541). 위력은 원칙적으로 피해자에게 행사되어야 하므로, 그 위력 행사의 상대방이 피해자가 아닌 제3자인 경우 그로 인하여 피해자의 자유의사가 제압될 가능성이 직접적으로 발생함으로써 이를 실질적으로 피해자에 대한 위력의 행사와 동일시할 수 있는 특별한 사정이 있는 경우가 아니라면 피해자에 대한 업무방해죄가 성립하지 않는다(대판 2013. 3. 14, 2010도410).

판례 **위계 또는 위력, 허위사실 유포**

① 허위사실 유포

• 허위사실이 기재된 현수막을 설치하고 허위사실을 기재한 유인물을 불특정 다수인에게 배포함으로써 피해자의 병원 운영업무를 방해한 경우(대판 2007. 11. 15, 2007도7140).

• 소비자보호원의 발표내용을 임의로 과장 · 왜곡하고 발표에 들어있지 아니한 내용을 삽입하는 등의 방법으로 그 광고를 보는 불특정 다수인에게 소비자보호원의 발표 내용을 본래의 의미나 내용과 전혀 다른 의미나 내용으로 이해하도록 한 경우(대판 1993. 4. 13, 92도3035).

② 위 계

• 자신이 저작자가 아님에도 원저자의 동의 아래 공저자로 표시되어 2012. 3. 2. 초판 1쇄 발행한 서적이 마치 피고인 자신의 저서인 것처럼 업적보고서에 연구업적으로 기재하여 ○○대학교 교원업적평가 담당자에게 2012년도 교원업적평가 자료로 제출한 사안. 대법원은 피고인이 위계로써 ○○대학교 교원업적평가 심사위원 등 담당자들의 교원업적평가 업무를 방해하였다고 하여 업무방해죄를 인정하였다(대판 2017. 10. 26, 2016도16031). 특히 피고인이 교원재계약을 위한 기준 점수를 월등히 초과하고 있었다 하더라도 업무방해죄는 성립한다고 판단하였다. 저작권법 제137조 제1항 제1호에 의해 저작자 아닌 자를 저작자로 표시하여 저작물을 공표한 이상 저작권법상의 범죄는 성립하고, 사회 통념에 비추어 사회 일반의 신뢰가 손상되지 않는다고 인정되는 특별한 사정이 있는 경우가 아닌 한 그러한 공표에 저작자 아닌 자와 실제 저작자의 동의가 있었다 하더라도 달리 볼 것은 아니라는 것이 그 이유이다.

평 가 : 이 판결에서 실제 공저자가 아님에도 불구하고 원저자의 동의하에 공저자로 표기하여 발행한 것이 저작권법 위반행위에 해당하는 것은 별론으로 하고 이를 제출하여 교원업적평가 자료로 제출한 행위를 업무방해죄로 의율한 것은 과도한 법 적용으로 보인다. 업무방해죄의 광범위한 적용가능성－곧 형법의 과잉－이라는 문제점 이외에 실질적으로도 이러한 자료제

출이 없더라도 교원재계약을 위한 기준 점수를 월등히 초과한 상황에서－물론 점수가 충분하더라도 재계약 여부는 최종적으로 대학이 결정할 사안이다－ 업무방해죄를 적용하는 것이 형사법이 개입하여야 할 업무영역이며 형사사법의 올바른 방향인지 의문이다.

• 수산업협동조합의 신규직원 채용에 응시한 甲과 乙이 필기시험에서 합격선에 못 미치는 점수를 받게 되자, 채점업무 담당자들이 조합장인 피고인의 지시에 따라 점수조작행위를 통하여 이들을 필기시험에 합격시킴으로써 필기시험 합격자를 대상으로 하는 면접시험에 응시할 수 있도록 하여 최종 합격되도록 한 사안. 판례는 점수조작행위에 공모 또는 양해하였다고 볼 수 없는 일부 면접위원들이 조합의 신규직원 채용업무로서 수행한 면접업무는 점수조작행위에 의하여 방해되었다고 보아야 하므로 위계에 의한 업무방해죄의 성립을 인정하였다(대판 2010. 3. 25, 2009도8506). 여기에서 판례는 "면접업무가 최종합격의 가부만을 가리는 소극적 성격의 것이고 또 형식적으로 수행된 면이 있다 하더라도, 이를 이 사건 조합에 대한 관계에서 보호할 가치가 없는 업무라고 할 수 없다. 또 이 사건 점수조작행위에 의하여 면접위원이 응시무자격자를 상대로 면접에 임하게 하고 그에 상응하는 응시자격자를 면접할 수 없게 하였다는 그 자체로 면접업무의 적정성 또는 공정성이 저해되는 것이고 이러한 결과는 면접업무의 수행이 소극적·형식적이었는지 여부와 무관하게 발생하는 것이므로, 면접업무에 대한 방해가 없다고 할 수 없다"고 하였다.

평 가: **채용업무의 공정성을 유지하기 위한 것은 경쟁자가 부당하게 탈락하지 않도록 하는 데에 있으며 능력에 대한 정확한 평가를 보호하기 위한 것은 아니다.** 이는 각 업무수행 주체가 결정할 문제이기 때문이다. 이 점에서 이 판결은 원심(부산지법 2009. 8. 13, 2009노1440)이 지적하듯이 업무방해의 범위를 과도하게 확장한 문제점이 있다.

• 상대방으로부터 신청을 받아 상대방이 일정한 자격요건 등을 갖춘 경우에 한하여 그에 대한 수용 여부를 결정하는 업무에 있어서는 신청서에 기재된 사유가 사실과 부합하지 않을 수 있음을 전제로 그 자격요건 등을 심사·판단하는 것이므로, 그 업무담당자가 사실을 충분히 확인하지 아니한 채 신청인이 제출한 허위의 신청사유나 허위의 소명자료를 가볍게 믿고 이를 수용하였다면 이는 업무담당자의 불충분한 심사에 기인한 것으로서 신청인의 위계가 업무방해의 위험성을 발생시켰다고 할 수 없어 위계에 의한 업무방해죄를 구성하지 않지만, 신청인이 업무담당자에게 허위의 주장을 하면서 이에 부합하는 허위의 소명자료를 첨부하여 제출한 경우 그 수리 여부를 결정하는 업무담당자가 관계 규정이 정한 바에 따라 그 요건의 존부에 관하여 나름대로 충분히 심사를 하였음에도 신청사유 및 소명자료가 허위임을 발견하지 못하여 그 신청을 수리하게 될 정도에 이르렀다면, 이는 **업무담당자의 불충분한 심사가 아니라 신청인의 위계행위에 의하여 업무방해의 위험성이 발생**한 것이어서 위계에 의한 업무방해죄가 성립한다(대판 2009. 1. 30, 2008도6950).

• 한국자산관리공사가 공적자금을 회수하기 위하여 공적자금 투입업체의 출자전환주식을 매각하기로 하고 그 매각업무의 주간사를 선정하는 과정에서, 1차 선정위원회의 구성원들이 특정업체에 유리하게 평가표의 평가항목별 배점을 수정하여 그 업체를 1순위로 선정한 다음, 이러한 사실을 고지하지 않은 채 2차 선정위원회에 심사결과와 수정된 평가표를 제출한 것은 위계

에 의한 업무방해죄를 구성한다(대판 2008. 1. 17, 2006도1721). 이 판례에서 인정한 위계는 평가항목별 배점을 임의로 수정하여 특정업체를 1순위로 한 사실을 알리지 않고 2차 선정위원들에게 평가표를 제출한 행위를 말한다.

• 타인으로 하여금 학위논문을 대신 작성하게 하여 사립대학으로부터 학위를 수여받은 경우(대판 1996. 7. 30, 94도2708).

• 경쟁사가 제작한 고속도로 통행요금징수 기계화시스템의 성능에 대한 문제점을 강조하기 위하여 인위적으로 각종 소형화물차 16대의 타이어 공기압을 낮추어 현장시험을 하게 한 경우(대판 1994. 6. 14, 93도288).

• 교무처장 등이 기부금 명목의 금품을 제공받고 지원자들의 실제 입학시험성적을 임의로 고쳐 그 석차가 모집정원 범위 내에 들도록 사정부를 허위로 작성한 다음 이를 그 정을 모르는 입학사정위원들에게 제출하여 지원자를 합격처리하도록 한 경우(대판 1994. 3. 11, 93도2305).

• 회사가 공원모집을 함에 있어 학력, 경력을 기재한 이력서와 주민등록등본, 생활기록부 및 각서 등 서류를 교부받고, 응모자를 상대로 문제를 출제하여 시험을 보게 한 것은 단순히 응모자의 노동력을 평가하기 위한 것만이 아니라 노사 간의 신뢰형성 및 기업질서유지를 위한 응모자의 지능과 경험, 교육정도, 정직성 및 직장에 대한 적응도 등을 감안하여 위 회사의 근로자로서 고용할 만한 적격자인지 여부를 결정하기 위한 자료를 얻기 위함인 것으로 인정되는데 피고인이 노동운동을 하기 위하여 노동현장에 취업하고자 하나, 자신이 대학교에 입학한 학력과 국가보안법위반죄의 처벌전력 때문에 쉽사리 입사할 수 없음을 알고, 타인명의로 허위의 학력과 경력을 기재한 이력서를 작성하고, 동인의 고등학교 생활기록부 등 서류를 작성 제출하여 시험에 합격하였다면 피고인은 위계에 의하여 위 회사의 근로자로서의 적격자를 채용하는 업무를 방해하였다(대판 1992. 6. 9, 91도2221: 비판적 평석으로 박상기, "업무방해죄에서의 업무방해의 의미", 형사판례연구(2), 216면 이하).

③ 위 력

• 甲 주식회사가 운영하는 사우나에서 시설 및 보일러, 전기 등을 관리하던 피고인이, 甲 회사가 乙에게 사우나를 인계하는 과정에서 자신을 부당하게 해고하였다는 이유로 화가 나 그곳 전기배전반의 위치와 각 스위치의 작동방법 등을 알려주지 않는 등으로 甲 회사의 사우나 경영업무를 방해하였다는 내용으로 기소된 사안. 대법원은 이에 대해 원심판결과 달리 피고인의 위 행위가 甲 회사나 乙이 사우나를 운영하려는 자유의사 또는 甲 회사가 乙에게 사우나의 운영에 관한 업무 인수인계를 정상적으로 해 주려는 자유의사를 제압하기에 족한 위력에 해당한다고 단정하기 어렵다고 판시하였다. 또한 피고인의 위와 같은 행동으로 인하여, 이 사건 사우나를 인수한 공소외 2가 위 사우나를 정상적으로 운영하는 것이 불가능하거나 현저히 곤란하게 되었다고 보기도 어렵다는 것이 그 이유이다(대판 2017. 11. 9, 2017도12541).

• 인터넷카페의 운영진인 피고인들이 카페 회원들과 공모하여, 특정 신문들에 광고를 게재하는 광고주들에게 불매운동의 일환으로 지속적 · 집단적으로 항의전화를 하거나 광고주들의 홈페이지에 항의글을 게시하는 등의 방법으로 광고중단을 압박함으로써 위력으로 광고주들 및 신문사들의 업무를 방해하였다는 내용으로 기소된 사안에서, 원심이 피고인들이 벌인 불매운동

의 목적, 그 조직과정, 대상 기업의 선정경위, 불매운동의 규모 및 영향력, 불매운동의 실행 형태, 불매운동의 기간, 대상 기업인 광고주들이 입은 불이익이나 피해의 정도 등에 비추어 피고인들의 위 행위가 광고주들의 자유의사를 제압할 만한 세력으로서 위력에 해당한다고 본 것은 정당하나, 나아가 피고인들의 행위로 신문사들이 실제 입은 불이익이나 피해의 정도, 그로 인하여 신문사들의 영업활동이나 보도에 관한 자유의사가 제압될 만한 상황에 이르렀는지 등을 구체적으로 심리하여 살펴보지 아니한 채, 신문사들에 대한 직접적인 위력의 행사가 있었다고 보아 유죄를 인정한 원심판결에 업무방해죄의 구성요건인 위력의 대상 등에 관한 법리를 오해하여 심리를 다하지 아니한 잘못이 있다(대판 2013. 3. 14, 2010도410).

• 쟁의행위로서 파업도, 단순히 근로계약에 따른 노무의 제공을 거부하는 부작위에 그치지 아니하고 이를 넘어서 사용자에게 압력을 가하여 근로자의 주장을 관철하고자 집단적으로 노무제공을 중단하는 실력행사이므로, 업무방해죄에서 말하는 위력에 해당하는 요소를 포함하고 있다. 근로자는 원칙적으로 헌법상 보장된 기본권으로서 근로조건 향상을 위한 자주적인 단결권·단체교섭권 및 단체행동권을 가지므로, 쟁의행위로서 파업이 언제나 업무방해죄에 해당하는 것으로 볼 것은 아니고, 전후 사정과 경위 등에 비추어 사용자가 예측할 수 없는 시기에 전격적으로 이루어져 사용자의 사업운영에 심대한 혼란 내지 막대한 손해를 초래하는 등으로 사용자의 사업계속에 관한 자유의사가 제압·혼란될 수 있다고 평가할 수 있는 경우(대판 2011. 3. 17, 2007도482 전원합의체).

• 피고인이 자신의 명의로 등록되어 있는 피해자 운영의 학원에 대하여 피해자의 승낙을 받지 아니하고 폐원신고를 하였다고 하더라도 피해자에게 사전에 통고를 한 뒤 폐원신고를 하였다면 … 피해자가 운영하고 있는 학원이 자신의 명의로 등록되어 있는 지위를 이용하여 임의로 폐원신고한 경우(대판 2005. 3. 25, 2003도5004).

• 피고인이 사람의 통행이 빈번한 변호사 사무실 앞에서 등에 붉은 색 페인트로 "무죄라고 약속하고 2백만원에 선임했다"라는 등을 기재한 흰 가운을 입고 주변을 배회하는 등으로 공연히 허위의 사실을 적시하여 유포한 경우(대판 1991. 8. 27, 91도1344).

• 출입문에 바리케이드를 치고 모든 출입자의 출입을 통제한 경우(대판 1991. 6. 11, 91도753).

3) 타인의 업무

본 죄에서 타인이란 자연인, 법인, 법인격 없는 단체를 포함한다. 단체에 대해 업무 주체성을 인정하기 위해서는 특정의 목적을 달성하기 위해서 사회적으로 인정되는 정도의 조직성과 계속성을 가져야 한다. 정기적으로나 부정기적으로 모임을 갖는 친목단체도 여기에 포함되는지 여부가 문제되는데 친목단체의 친목활동은 사회생활상의 지위에 기하여 이루어지는 것으로 보기 어렵기 때문에 본 조에 의해서 보호되는 업무에 포함된다고 보기 어렵다. 피해자인 타인은 어느 정도 특정되어야 한다.

4) 방해행위

본 죄에서 방해란 업무에 어떤 지장을 주거나 지장을 줄 위험을 발생하게 하는 것을 의미한다. 이러한 업무방해의 개념에는 업무의 집행 그 자체를 방해하는 경우뿐만 아니라 업무의 경영을 저해하는 경우(대판 2013. 1. 31, 2012도3475)와 업무수행 자체가 아니라 업무의 적정성 내지 공정성을 방해하는 경우(대판 2013. 11. 28, 2013도5117; 2010. 3. 25, 2009도8506)에도 업무방해죄가 성립한다.

또한 본 죄는 추상적 위험범이므로 본 죄의 성립에 있어서는 업무방해의 결과를 초래할 위험이 발생하면 족하고 현실적으로 방해의 결과가 발생할 것을 요하지 아니한다. 따라서 피해자가 대표이사인 회사의 소방사업부장이 소속 직원들에게 허위의 사실을 유포하는 등의 방법을 사용하여 직원들로부터 사표를 제출받은 경우, 직원들이 집단적으로 사표를 제출함으로써 일시적으로나마 소방사업부의 업무에서 이탈하거나 업무를 중단할 위험이 생겼고 그로 인하여 피해자의 소방사업부 업무의 경영을 저해할 위험성이 발생하였다고 볼 것이므로, 업무방해죄가 성립된다(대판 2002. 3. 29, 2000도3231).

업무방해죄는 작위를 내용으로 하는 범죄이다. 예외적으로 부작위에 의한 업무방해행위도 가능하다고 볼 수 있는데 부진정 부작위범이 성립하기 위해서는 부진정 부작위범의 일반원칙에 따라 부작위를 실행행위로서의 작위와 동일시할 수 있는 형법적 가치가 있어야 한다. 부작위에 의한 업무방해행위는 허위사실 유포나 위계에 의해서는 이러한 행위 수단의 속성상 성립하기 어렵다. 결국 위력에 의한 경우가 가능할 수 있을 것이다(아래 판례 참조).

판례 **부작위에 의한 업무방해**

• 피고인이 갑과 토지 지상에 창고를 신축하는 데 필요한 형틀공사 계약을 체결한 후 그 공사를 완료하였는데, 갑이 공사대금을 주지 않는다는 이유로 위 토지에 쌓아 둔 건축자재를 치우지 않고 공사현장을 막는 방법으로 위력으로써 갑의 창고 신축 공사 업무를 방해하였다는 내용으로 기소된 사안.

대법원은 피고인이 일부러 건축자재를 갑의 토지 위에 쌓아 두어 공사현장을 막은 것이 아니라 당초 자신의 공사를 위해 쌓아 두었던 건축자재를 공사 완료 후 치우지 않은 것에 불과하므로, 비록 공사대금을 받을 목적으로 건축자재를 치우지 않았더라도, 피고인이 자신의 공사를 위하여 쌓아 두었던 건축자재를 공사 완료 후에 단순히 치우지 않은 행위가 위력으로써 갑의 추가 공사 업무를 방해하는 업무방해죄의 실행행위로서 갑의 업무에 대하여 하는 적극적인 방해행위와 동등한 형법적 가치를 가진다고 볼 수 없으므로 부작위에 의한 업무방해죄는 성립하지 않는다고 판시하였다(대판 2017. 12. 22, 2017도13211).

5) 주관적 구성요건

업무방해죄가 성립하기 위해서는 행위자에게 업무방해에 대한 고의가 있어야 한다. 업무방해에 대한 고의란 허위사실에 대한 인식, 그리고 위계나 위력을 행사한다는 점에 대한 인식을 의미한다. 반드시 업무방해의 목적이나 계획적인 업무방해의 의도가 있어야만 하는 것이 아니고, 자신의 행위로 인하여 타인의 업무가 방해될 가능성 또는 위험에 대한 인식이나 예견으로 충분하다. 여기에서 인식이나 예견은 확정적인 것은 물론 불확정적인 것이라도 이른바 미필적 고의로도 인정된다(대판 2018. 7. 24, 2015도12094; 2012. 5. 24, 2009도4141).

판례 광우병보도와 업무방해

• 방송국 프로듀서 등 피고인들이 특정 프로그램 방송보도를 통하여 미국산 쇠고기는 광우병 위험성이 매우 높은 위험한 식품이고 우리나라 사람들이 유전적으로 광우병에 몹시 취약하다는 취지의 허위사실을 유포하여 미국산 쇠고기 수입·판매업자들의 업무를 방해하였다는 내용으로 기소된 사안에서, 방송보도의 전체적인 취지와 내용이 미국산 쇠고기의 식품 안전성 문제 및 쇠고기 수입 협상의 문제점을 지적하고 협상체결과 관련한 정부 태도를 비판한 것이라는 전제에서, 피고인들에게 업무방해의 고의가 있었다고 볼 수 없고 달리 이를 인정할 증거가 없다(대판 2011. 9. 2, 2010도17237).

(3) 위법성

본 죄는 일반적인 위법성조각사유에 의하여 위법성이 조각된다. 권리행사라고 하더라도 사회통념상 허용 한도를 벗어나면 위법하다. 예를 들면 허용 한도를 벗어난 채권추심행위가 여기에 해당한다(대판 2005. 5. 27, 2004도8447). 또한 노동쟁의행위의 경우 판례는 정당행위가 되기 위한 조건을 다음과 같이 제시하고 있다. 첫째 그 주체가 단체교섭의 주체로 될 수 있는 자이어야 하고, 둘째 그 목적이 근로조건의 향상을 위한 노사 간의 자치적 교섭을 조성하는 데에 있어야 하며, 셋째 사용자가 노동자의 근로조건 개선에 관한 구체적인 요구에 대하여 단체교섭을 거부하였을 때 개시하되 특별한 사정이 없는 한 조합원의 찬성 결정 등 법령이 규정한 절차를 거쳐야 하고, 넷째 그 수단과 방법이 사용자의 재산권과 조화를 이루어야 하며, 폭력행사에 해당하지 않을 것을 조건으로 하고 있다(대판 2001. 10. 25, 99도4837 전원합의체).

(4) 죄 수

업무방해의 수단으로 폭행을 행사한 경우에는 업무방해죄와 폭행죄는 구성요건과 보호법익을 달리하고 있고, 업무방해죄의 성립에 일반적·전형적으로 사람에 대한 폭행행위를 수반하는 것은 아니며, 폭행행위가 업무방해죄에 비하여 별도로 고려되지 않을 만큼 경미한 것이라고 할 수 없다. 따라서 피해자에 대한 폭행행위가 동일한 피해자에 대한 업무방해죄의 수단이 되었다고 하더라도 그러한 폭행행위가 불가벌적 수반행위에 해당하여 업무방해죄에 대하여 흡수관계에 있다고 볼 수는 없다(대판 2012. 10. 11, 2012도1895).

허위사실을 유포한 1개의 행위가 형법 제314조 제1항의 허위사실 유포에 의한 업무방해죄뿐 아니라 형법 제307조 제2항의 허위사실 적시에 의한 명예훼손죄에도 해당하는 경우 그 2개의 죄는 상상적 경합관계에 있다(대판 2007. 11. 15, 2007도7140; 2007. 2. 23, 2005도10233).

2. 컴퓨터 등 업무방해죄

> 제314조(업무방해) ② 컴퓨터 등 정보처리장치 또는 전자기록 등 특수매체기록을 손괴하거나 정보처리장치에 허위의 정보 또는 부정한 명령을 입력하거나 기타 방법으로 정보처리에 장애를 발생하게 하여 사람의 업무를 방해한 자도 제1항의 형과 같다.

(1) 의의 및 보호법익

기존의 업무방해죄가 자연인을 대상으로 한 데 반하여 본 죄는 컴퓨터 등 정보처리장치에 대한 가해행위를 수단으로 하는 업무방해죄임이 특징이다. 즉 본 죄는 컴퓨터나 정보수록체 자체를 손괴하는 행위(hardware 파괴)는 물론 정보수록체에 저장된 정보를 무용하게 하거나 변작 또는 삭제하는 것(software 파괴)을 처벌하는 죄이다.

본 죄의 보호대상은 정보처리를 통한 업무수행이지만 보호법익은 원활한 정보처리에 의한 경제적 · 행정상의 이익이다. 업무에 대한 침해의 위험이 인정되면 본 죄가 성립하므로 추상적 위험범에 해당한다.

본 죄의 업무에는 공무와 사무私務가 모두 포함된다. 업무방해죄와 달리 본 죄의 경우에는 공무를 제외하여야 할 이유가 없으며 오히려 관공서의 정보처리장치 등을 보호하여야 할 필요성은 더욱 크기 때문이다.

(2) 구성요건

1) 행위객체

행위객체는 컴퓨터 등 정보처리장치 또는 전자기록 등 특수매체기록이다. 정보처리장치는 자료를 입력하고 이것을 프로그램에 따라 결합시킴으로써 작업 결과를 얻으려는 기술적 과정을 수행하는 도구를 말한다. 정보처리장치에는 하드웨어(예: 오피스컴퓨터, 퍼스널컴퓨터, 제어용컴퓨터, 마이크로컴퓨터 등)뿐만 아니라 소프트웨어까지도 포함한다는 것이 판례(대판 2012. 5. 24, 2011도7943; 2004. 7. 9, 2002도631)와 다수설이다. 그러나 소프트웨어는 정보처리장치가 아니라 정보처리에 이용되는 전자기록에 해당하므로 정보처리장치에 포함되지 않으며 전자기록 등 특수매체기록에 포함된다고 보아야 한다.

전자기록 등 특수매체기록에서 전자기록이란 일정한 매체에 전기적 또는 자기적 방식으로 저장한 기록, 즉 전기적 기록과 자기적 기록을 말하며 특수매체기록의 한 예이다. 여기에서 일정한 매체란 반도체집적회로, 자기디스크, 자기테이프 등이 해당된다. 특수매체기록에는 이러한 전자기록 이외에 광기술이나 레이저기술을 이용한 광학기록 등이 포함된다(예: 음반 · 콤팩트디스크 등에 기록된 음성신호, 녹음테이프 · 녹화테이프 등). 본 죄에서의 전자기록 등 특수매체기록은 컴퓨터 등 정보처리장치에 사용하는 기록만을 의미하므로 정보처리장치에 사용되기 전까지는 본 죄의 행위객체에 포함되지 않는다.

2) 행위유형

본 죄의 행위유형은 ① 컴퓨터 등 정보처리장치 또는 전자기록 등 특수매체기록을 손괴하거나, ② 정보처리장치에 허위의 정보 또는 부정한 명령을 입력하거나, ③ 기타 방법으로 정보처리에 장애를 발생하게 하는 것이다. 이는 곧 컴퓨터 파괴행위(①, ③)와 컴퓨터 부정조작(②, ③)의 방법을 의미한다. 정보처리장치에 허위의 정보나 부정한 명령을 입력하는 것은 입력 조작을 통하여 업무를 방해하는 행위를 의미한다.

허위의 정보입력에서 정보가 허위라는 것은 정보가 표현한 내용이 사실에 부합하지 않는 것을 말한다. 그러나 여기서 허위의 정보입력이라는 표현만 가지고는 입력 조작에 의한 업무방해를 포괄적으로 규율할 수 없다. 왜냐하면 예컨대 정보처리과정의 중요하고 결정적인 상황에 대하여 진실을 완전하게 반영하지 않는 정보, 즉 '불완전한' 정보를 입력하여 업무를 방해하는 경우도 발생할 수 있기 때문이다. 또한 정보의 허위성 여부에 대한 판단은 처분 권한이 있는 사람의 주관적 관점이 아니라 객관적 관점에서 파악되어야 한다.

부정한 명령의 입력이란 사무처리 과정에서 주어서는 안 되는 명령을 하는 것을 의미한다. 기타 방법은 정보처리장치에 일정한 가해행위를 함으로써 정보처리장치를 작동 불능상태에 빠지게 하거나 사용 목적에 부합하지 않도록 하는 일체의 행위를 말한다. 예컨대 컴퓨터의 전원을 고의로 단절하여 작업 중인 자료를 일실하게 하거나 통신회선을 절단하는 행위가 있다. 그리고 컴퓨터 바이러스를 감염시키는 행위, 대량으로 스팸메일을 발송하는 행위는 전자기록 등 손괴죄(제366조)가 아니라 본 죄가 성립한다고 볼 수 있지만 정보통신망법상의 악성프로그램 전달 · 유포행위 및 대량 데이터전송에 의한 업무방해행위에 해당한다(동법 제48조, 제62조). 그러나 컴퓨터 바이러스 제조행위는 처벌대상이 되는 행위가 아니다.

3) 행위 결과

본 죄가 성립하기 위해서는 ① 정보처리의 장애 발생과 ② 이로 인한 업무방해라는 이

중의 결과를 필요로 한다.

정보처리의 장애 발생이란 정보처리 기능에 장애를 일으키는 일체의 행위를 말한다. 즉 정보처리장치로 하여금 그 설치관리자의 정상적인 사무처리를 위한 사용목적에 따른 작동을 제대로 못하게 하는 것을 의미한다. 작동이란 정보처리장치가 정보처리를 위하여 행하는 입력, 출력, 검색, 연산 등의 움직임을 말한다. 그리고 장애란 정보처리장치가 설치관리자의 사용목적에 적합한 기능을 하지 못하게 하거나 그 사용목적과 다른 기능을 하게 하는 것을 말한다. 그리고 이러한 정보처리의 장애는 현실적으로 발생하여야 한다(대판 2010. 9. 30, 2009도12238).

업무의 방해는 정보처리장치의 실행을 통해 처리하려는 사무에 지장을 주는 일체의 행위를 말한다. 그리고 그 밖의 사항에 대하여는 일반 업무방해죄의 업무방해와 동일하다. 다만 본 죄는 일반 업무방해죄와 비교하여 몇 가지 내용에서 차이가 존재한다.

본 죄 역시 업무방해죄와 마찬가지로 업무의 방해라는 결과에 관한 한 추상적 위험범에 해당한다. 따라서 전자기록을 삭제한 경우에 그에 대한 back-up copy가 되어 있어서 현실적으로 업무의 방해가 발생하지 않더라도 본 죄에 해당한다. 다만 본 죄를 추상적 위험범으로 본다고 할지라도 정보처리의 장애까지도 추상적 위험으로 볼 수는 없다. 즉 정보처리의 장애 발생과 관련하여서는 정보처리에 장애라는 구체적 결과가 발생하여야 한다. 따라서 업무를 방해할 의도로 정보처리 장치의 전원을 절단하였으나 자동전원 공급장치에 의하여 전원이 공급됨으로써 정보처리가 제대로 행해진 경우에는 본 죄가 성립하지 않는다.

이와 같은 해석에도 불구하고 타인의 전자기록을 삭제한 경우에는 단순히 전자기록 손괴죄만으로 처벌될 가능성은 거의 없으며, 오히려 대부분의 전자기록 삭제행위는 본 죄로 처벌될 가능성이 크다. 왜냐하면 ① 본 죄의 업무는 사람이 사회생활상의 지위에서 계속, 반복적으로 행하는 사무인 한, 주된 사무인지 부수적 사무인지를 구별하지 않기 때문에 업무의 범위가 광범위하고 전자기록들은 거의 모두 다 업무에 제공되는 것이 보통이며, ② 본 죄는 추상적 위험범으로 인정되기 때문에 현실적인 업무의 방해라는 결과가 발생해야 할 필요가 없으므로 전자기록의 삭제 그 자체로 이미 업무에 대한 방해의 위험을 발생시키게 되며, ③ 본 죄는 목적범이 아니고 단순한 고의범에 불과하기 때문에 전자기록을 삭제하는 사람은 전자기록이 대부분 업무에 사용되는 것이므로 상대방의 업무에 지장을 줄 수 있다는 점을 인식하게 된다. 따라서 전자기록의 파괴행위는 거의 모든 경우에 업무방해죄를 성립시킬 가능성이 있다.

본 죄의 보호범위에 공무가 포함되는가이다. 공무집행방해죄의 행위유형을 폭행, 협박, 위계로 제한하고 있는 것은 그 이외의 행위방식을 통한 공무방해는 처벌하지 않는다는 취지로 보아 업무방해죄의 업무 범위에서 공무를 제외하는 것이 타당하다(통설, 판례). 그러나 본 죄의 업무를 업무방해죄의 업무와 동일하게 해석하면 관공서의 정보처리 장치를 통한 업무의 보호에 흠결이 발생할 수 있다. 본 죄는 어떻든 정보처리 장치에 장애를 발생시켜 업무를 방해하는 것을 처벌하려는 취지로 신설한 것이므로 공무도 본 죄의 업무에 해당하는 것으로 이해하여야 한다. 이 점은 형법 개정에 참고하였던 독일형법 제303b(컴퓨터 사보타지)가 기업의 업무뿐만 아니라 관청의 업무도 규율 대상으로 하고 있다는 점에서도 알 수 있다. 따라서 본 죄에서의 업무는 공무를 포함한다고 해석하는 것이 적절하다. 입법적으로는 이미 형법이 업무방해죄와 공무집행방해죄를 별도로 규정하고 그 법정형에 차이를 두고 있는 것에 상응하게 컴퓨터에 의한 업무방해죄도 컴퓨터에 의한 일반 업무방해와 컴퓨터에 의한 공무방해를 구별하는 것을 고려할 수 있다.

판례 컴퓨터 등 업무방해죄가 인정된 경우

• 악성프로그램이 설치된 피해 컴퓨터 사용자들이 실제로 인터넷 포털사이트에 해당 검색어로 검색하거나 검색 결과에서 해당 스폰서링크를 클릭하지 않았음에도 그와 같이 검색하고 클릭한 것처럼 인터넷 포털사이트의 관련 시스템 서버에 허위의 신호를 발송하는 방법으로 정보처리에 장애를 발생하게 한 경우(대판 2013. 3. 28, 2010도14607).

• 포털사이트 운영회사의 통계집계시스템 서버에 허위의 클릭정보를 전송하여 검색순위 결정 과정에서 위와 같이 전송된 허위의 클릭정보가 실제로 통계에 반영됨으로써 정보처리에 장애가 현실적으로 발생하였으나, 그로 인하여 실제로 검색순위의 변동을 초래하지는 않았던 경우(대판 2009. 4. 9, 2008도11978).

• 대학 교직원이 전보발령으로 인하여 웹서버를 관리, 운영할 권한이 없는 상태에서 웹서버에 접속하여 홈페이지 관리자의 비밀번호를 무단으로 변경한 경우(대판 2007. 3. 16, 2006도6663)

정보통신망법 제48조(정보통신망 침해행위 등의 금지) ② 누구든지 정당한 사유 없이 정보통신시스템, 데이터 또는 프로그램 등을 훼손·멸실·변경·위조하거나 그 운용을 방해할 수 있는 프로그램(이하 '악성프로그램'이라 한다)을 전달 또는 유포하여서는 아니된다.
③ 누구든지 정보통신망의 안정적 운영을 방해할 목적으로 대량의 신호 또는 데이터를 보내거나 부정한 명령을 처리하도록 하는 등의 방법으로 정보통신망에 장애를 발생하게 하여서는 아니된다.

제71조(벌칙) 다음 각 호의 어느 하나에 해당하는 자는 5년 이하의 징역 또는 5천만원 이하의 벌금에 처한다.
9. 제48조 제2항을 위반하여 악성프로그램을 전달 또는 유포한 자
10. 제48조 제3항을 위반하여 정보통신망에 장애를 발생하게 한 자

이에 따라 권한 없이 전자기록을 삭제 또는 변경시키는 프로그램을 실행시키거나 전자기

록이 삭제 · 변경되는 컴퓨터 바이러스 프로그램을 입력하는 행위는 정보통신망법(제48조 제2항)에 의해 처벌된다. 또한 전자메일 폭탄을 발송하는 행위 역시 동법 제48조 제3항에 의해 처벌된다.

(3) 죄 수

전자기록 등 특수매체기록을 손괴한 자는 재물손괴죄(제366조)에 해당한다. 그러나 본 죄 역시 전자기록 등 특수매체기록의 손괴행위를 처벌하고 있으므로 본 죄가 성립하면 재물손괴죄는 성립하지 않는다고 보아야 한다(법조경합)(이 경우 재물손괴죄와 본 죄의 상상적 경합으로 보는 견해로는 김/김, 임웅).

업무방해죄나 공무방해죄와 컴퓨터에 의한 업무방해죄가 동시에 성립하는 경우에 그 경합이 문제가 된다. 컴퓨터에 의한 업무방해죄는 신분범이 아니므로 모든 사람이 본 죄의 행위주체가 될 수 있다. 즉 본 죄는 프로그래머, 자료를 직접 정보처리 장치에 입력하는 조작자(오퍼레이터), 터미날 사용자, 자료처리 과정을 준비하는 자료처리 담당자(사무직원, 자료타이프원 등)가 범할 수 있을 뿐만 아니라 일반인도 직접 또는 위의 사람들을 선의의 도구로 이용하여 본 죄를 범할 수 있다. 여기서 도구로 이용되는 자가 입력되는 자료에 대한 검사의무를 가지고 있다는 이유로 그 도구가 기망의 상대방으로 가능한 사람인지 아닌지는 중요하지 않다. 왜냐하면 이것이 일반인의 컴퓨터에 의한 업무방해죄의 간접정범 성립가능성을 배제하는 것이 아니기 때문이다. 그 결과 예컨대 업무에 중요한 전자기록을 아주 쓸모없는 기록이라고 기망하여 담당자로 하여금 이를 소거하게 하거나, 중복하여 기록되어 있는 자료라고 기망하여 기억되어 있는 프로그램이나 전자기록을 지워버리게 하는 경우에는 위계에 의한 업무방해죄(제314조 제1항)뿐만 아니라 본 죄(제314조 제2항)도 성립한다. 이러한 경우에 컴퓨터에 의한 업무방해죄는 일반 업무방해죄에 보충적인 것이므로 원칙적으로 제314조 제1항의 위계에 의한 업무방해죄만이 성립한다고 볼 수 있다. 이것은 업무방해죄와 유사한 방식으로 기술된 일반 사기죄와 컴퓨터 사기죄와의 관련에서도 확인할 수 있다. 그러나 이와 같이 해석하는 경우에는 공무방해와 관련하여 문제점이 발생한다. 컴퓨터에 의한 업무방해에서 업무는 일반 업무뿐만 아니라 공무도 포함하고 있다고 해석된다. 따라서 위의 사례에서 방해받은 업무가 공무인 경우에는 위계에 의한 공무방해와 컴퓨터에 의한 업무방해가 성립하고, 여기서 양자의 관계를 보충관계로 인정하여 위계에 의한 공무방해로 인정하는 것은 곤란하다. 형법은 일반 업무방해죄의 법정형(5년 이하의 징역이나 1천5백만원 이하의 벌금)이 공무방해죄의 법정형(5년 이하의 징역이나 1천만원 이하의 벌금)보다 높다. 그 결과 보충관계를 인정하는 것은 부당하고 오히려 양자의 상상적 경합을 인정하는 것이 타당하다. 따라서 중간 담당자를 기망하여 컴퓨터에 의한 업무방해를 하는 경우에는 침해되는 업무에 따라 그 업무가 일반 업무인 경우에는 컴퓨터에 의한 업무방해는 일반 업무방해죄에 대하여 보충적이므로 일반 업무방해죄로 처벌되고, 그 업무가 공무인 경우에는 양자의 상상적 경합이 인정되어 중한 죄에 해당하는 컴퓨터에 의한 업무방해죄로 처벌되어야 할 것이다.

Ⅳ. 경매방해죄 · 입찰방해죄

> 제315조(경매, 입찰의 방해) 위계 또는 위력 기타 방법으로 경매 또는 입찰의 공정을 해한 자는 2년 이하의 징역 또는 700만원 이하의 벌금에 처한다.

1. 의 의

위계 또는 위력 기타 방법으로 경매 또는 입찰의 공정을 해치는 범죄이다. 본 죄의 보호법익은 경매나 입찰 그 자체가 아니라 경매 또는 입찰의 공정성이다.

본 죄에 포함되는 경매 · 입찰의 종류는 개인이 행하는 것과 국가 · 공공단체가 행하는 것이다. 본 죄는 추상적 위험범이므로 경매 또는 입찰의 공정성을 해할 행위를 하면 충분하며, 현실적으로 경매 또는 입찰의 공정성을 해친 결과가 발생할 필요는 없다(대판 2011. 1. 27, 2010도1191; 1994. 5. 24, 94도600). 이와 달리 본 죄를 구체적 위험범으로 보는 견해도 있다.

2. 구성요건

본 죄의 행위는 위계 또는 위력 기타 방법으로 경매 또는 입찰을 방해하는 것이다(위계 · 위력의 내용에 대해서는 신용훼손죄 참조). 경매라 함은 경쟁 계약에서 경쟁에 참가한 다수인에 대하여 매도인 측에서 구두로 매수인의 청약을 받고 최고가액의 청약자에게 승낙을 하여 매매, 즉 경락을 하는 것을 말한다. 입찰이란 경쟁 계약에서 경쟁에 참가한 다수인으로 하여금 문서로써 계약의 내용을 표시하게 하여 가장 유리한 청약자를 상대방으로 하여 계약을 체결, 즉 낙찰하는 것을 말한다. 양자의 중요한 차이점은 입찰의 경우에는 경쟁자로 하여금 문서로써 의사를 표시하게 되므로 상호 간에 내용을 알지 못한다는 데에 있다.

여기에서 위계는 상대방의 착오나 부지를 이용하는 것을 말한다. 위력이란 사람의 자유의사를 제압 · 혼란케 할 만한 일체의 유형적 또는 무형적 세력을 말하는 것으로서 폭행 · 협박은 물론 사회적 · 경제적 · 정치적 지위와 권세에 의한 압력 등을 포함하는 것이다(대판 2000. 7. 6, 99도4079). 경매 또는 입찰의 공정성을 해친다는 것은 공정한 자유 경쟁을 방해할 염려가 있는 상태를 발생시키는 것, 즉 공정한 자유 경쟁을 통한 적정한 가격 형성에 부당한 영향을 주는 상태를 발생시키는 것으로, 그 행위에는 가격결정뿐 아니라 적법하고 공정한 경쟁방법을 해하는 행위도 포함된다(대판 2011. 1. 27, 2010도1191; 2007. 5. 31, 2006도8070). 여기에서 적정한 가격이란 공정한 가격을 의미하는 것이 아니라 경매나 입찰을 통하여 형성되어진 가격을 말한다.

판례 **경쟁입찰로 가장한 경우 입찰방해죄의 성부**

- 입찰방해죄는 위태범으로서 결과의 불공정이 현실적으로 나타나는 것을 요하는 것이 아니며, 그 행위에는 가격을 결정하는 데 있어서 뿐만 아니라 적법하고 공정한 경쟁방법을 해하는 행위도 포함되므로, 그 행위가 **설사 동업자 사이의 무모한 출혈경쟁을 방지하기 위한 수단에 불과하여 입찰가격에 있어 입찰실시자의 이익을 해하거나 입찰자에게 부당한 이익을 얻게 하는 것이 아니었다 하더라도 실질적으로는 단독입찰을 하면서 경쟁입찰인 것같이 가장하였다면 그 입찰가격으로서 낙찰하게 한 점에서 경쟁입찰의 방법을 해한 것이 되어 입찰의 공정을 해한 것**이다(대판 2001. 6. 29, 99도4525).

3. 담합행위

담합행위란 경매 · 입찰에 참가하는 자들끼리 특정한 입찰자 · 경매참가자로 하여금 낙찰 · 경락을 받게 하거나 당해 입찰 · 경매에서 이들 상호 간에 가격 경쟁을 하는 경우 예상되는 적정 가격을 저지하고 특정입찰자 · 경매참가자에게 부당한 이익을 주고 입찰 · 경매실시자에게 그 상당의 손해를 입히는 결과를 가져올 정도로 싼 값으로 낙찰 · 경락되도록 하기 위한 사전협정이나 혹은 입찰자가 입찰을 하는 데에 실질적으로는 단독입찰이지만 그로 인한 유찰을 방지하기 위하여 경쟁자가 있는 것처럼 제3자를 시켜 형식상 입찰을 하게 하는 소위 들러리를 세운 것을 말한다(위계에 의한 경매 · 입찰방해죄에 해당).

판례는 담합행위의 내용에 대하여 실제로는 수의계약을 체결하면서 입찰절차를 거쳤다는 증빙을 남기기 위하여 입찰을 전혀 시행하지 아니한 채 형식적인 입찰서류만을 작성하여 입찰이 있었던 것처럼 조작한 행위는 위 규정에서 말하는 입찰방해행위에 해당한다고 할 수 없다고 판시하고 있다(대판 2001. 2. 9, 2000도4700). 그리고 반드시 입찰참가자 전원 사이에 담합이 이루어져야 하는 것은 아니고, 입찰참가자들 중 일부 사이에만 담합이 이루어진 경우라고 하더라도 그것이 입찰의 공정을 해하는 것으로 평가되는 경우에는 입찰방해죄는 성립한다. 따라서 고속도로 휴게소 운영권 입찰에서 여러 회사가 각자 입찰에 참가하되 누구라도 낙찰될 경우 동업하여 새로운 회사를 설립하고 그 회사로 하여금 휴게소를 운영하기로 합의한 후 입찰에 참가한 경우 입찰방해죄가 성립한다(대판 2006. 12. 22, 2004도2581).

담합의 주목적이 단지 기업 이윤을 고려한 적정선에서 무모한 출혈 경쟁을 방지하기 위한 것이고 일반 거래통념상 인정되는 범위 내에서 입찰자 상호 간에 의사의 타진과 절충을 한 것에 불과한 경우에는 담합행위가 아니다. 이에 따라 판례는 "일부 입찰자가 단순히 정보를 교환하여 응찰가격을 조정하는 행위는 건설업법 제59조 제1호에서 규정하고 있는 담합행위에 포함되지 않는다"고 판시하고 있다(대판 1997. 3. 28, 95도1199). 그러나 단독입찰을 경쟁입찰인 것처럼 가장하는 것은 그 행위가 설사 동업자 사이의 무모한 출혈 경쟁을 방지하기 위한 수단에 불과하여 입찰가격에 있어 입찰실시자의 이익을 해하거나 입찰자에게 부당한 이익을 얻게 하는 것이 아니었다 하더라도 허용범위를 넘은 담합행위로 본다(대판 1994. 11. 8, 94도2142; 1988. 3. 8, 87도2646).

한편 입찰자들 상호 간에 특정업체가 낙찰받기로 하는 담합이 이루어진 상태에서 그 특정업체를 포함한 다른 입찰자들은 당초의 합의에 따라 입찰에 참가하였으나 일부 입찰자가 자신이 낙찰받기 위하여 당초의 합의에 따르지 아니한 채 오히려 낙찰받기로 한 특정업체보다 저가로 입찰한 경우에도 적법하고 공정한 경쟁방법을 해한 것이 되어 입찰방해죄가 성립한다(대판 2010. 10. 14, 2010도4940).

건설산업기본법 제95조는, "건설공사의 입찰에서 다음 각호의 어느 하나에 해당하는 행위를 한 자는 5년 이하의 징역 또는 2억원 이하의 벌금에 처한다"고 규정하고, 제3호에서 "위계 또는 위력 그 밖의 방법으로 다른 건설업자의 입찰행위를 방해한 자"를 들고 있다. 동법은 건설공사의 입찰에 있어 입찰의 공정을 해치는 행위를 하는 건설업자를 가중처벌하기 위한 규정으로서 입찰방해죄를 규정한 형법 제315조의 특별규정이다.

제 4 장 사생활의 평온에 대한 죄

제 1 절 비밀침해의 죄

Ⅰ. 서 론

사생활의 비밀과 자유는 헌법(제17조)에 의하여 보호받는다. 통신의 비밀 역시 헌법(제18조)에서 "모든 국민은 통신의 비밀을 침해받지 아니한다"고 하여 기본권으로서 보호하고 있다. 이처럼 헌법이 보호하고자 하는 개인의 사생활이란 개인의 가장 깊은 곳에 자리한 자아에 대한 외부로부터의 불가침성을 전제로 한 것으로 인격의 자유로운 발현과 인간으로서의 존엄성을 유지하게 하는 핵심 영역이다. 사생활은 자기만이 간직하고 싶은 익명성을 전제로 하는 일상생활의 가식 없는 모습이기 때문에 외부로부터 가장 침해받기 쉬운 영역이다. 그러나 개인의 사생활은 그 범위가 광범위하고 또한 주관적이기 때문에 행위객체로서의 모든 사생활보호란 사실상 불가능하다. 그러므로 결국 개인의 사생활을 침해하는 여러 가지 방법 가운데 특정한 방법에 의한 침해행위만을 처벌하는 것이다.

형법 제35장에 규정하고 있는 비밀침해의 죄는 바로 이와 같은 헌법상의 기본권인 개인의 사생활을 형법적으로 보호하기 위한 구체적 표현이다. 형법은 비밀침해행위나 업무상의 비밀누설행위를 처벌하는 반면에 통신비밀보호법은 기계장치에 의한 비밀침해행위나 사적인 대화의 비밀을 보호(전화 도청이나 녹음)한다.

통신비밀보호법은 대화 비밀이나 전화통화의 비밀을 보호하기 위한 규정 및 벌칙 조항을 두고 있다(동법 제3조, 제14조, 제16조 참조). 그리고 예외적으로 범죄 수사나 국가 안보를 위하여 우편물의 검열이나 전기통신의 감청(소위 통신제한조치) 등을 허용하고 있다(동법 제5조 이하 참조).

기타 특별법으로 정보통신망 이용촉진 및 정보보호 등에 관한 법률은 정보통신서비스 제공자와 이를 담당하였던 자의 개인정보 침해 및 누설을 금지(제24조, 제28조의2)하고, 일반인에 의한 타인 정보의 침해·누설을 금지(제49조)하고 있다. 또한 부정경쟁방지 및 영업비밀 보호에 관한 법률은 영업

비밀의 누설을 금지(제18조)하고 있다.

Ⅱ. 비밀침해죄

> **제316조(비밀침해)** ① 봉함 기타 비밀장치한 사람의 편지, 문서 또는 도화를 개봉한 자는 3년 이하의 징역이나 금고 또는 500만원 이하의 벌금에 처한다.
> ② 봉함 기타 비밀장치한 사람의 편지, 문서, 도화 또는 전자기록 등 특수매체기록을 기술적 수단을 이용하여 그 내용을 알아낸 자도 제1항의 형과 같다.

1. 의의 및 보호법익

비밀침해죄는 봉함 기타 비밀장치한 타인의 편지, 문서 또는 도화를 개봉하거나 이러한 행위객체 또는 전자기록 등 특수매체기록을 기술적 수단을 이용하여 그 내용을 알아내는 행위를 처벌하는 규정이다. 친고죄이다(제318조).

본 죄의 보호법익은 개인의 비밀이라고 하는 것이 통설이다. 그러나 이 규정이 사생활영역을 보호하는 것을 목표로 하고 있다고는 보여지지만 구성요건의 해석상 개인의 법적영역의 보호에 국한되는가는 의문이다. 편지 등이 꼭 개인 간의 것에 국한되지 않기 때문이다. 즉 사생활과 무관한 내용을 적은 관공서에 보내는 편지 등도 행위객체에 포함된다고 볼 때 개인의 비밀이 보호법익이라는 것은 정확하지 않다. 마찬가지로 편지의 비밀이라고만 볼 수도 없다. 편지란 특정인으로부터 다른 특정인에게 의사를 전달하는 문서를 의미하는데 이러한 의사 전달을 목적으로 하지 않는 소유자 자신의 보관용 서류(예: 원고, 일기)도 행위객체에 포함되기 때문이다. 그리고 여기의 비밀은 내용상의 비밀일 필요는 없고 단순히 봉한 상태이기 때문에 비밀이라고 인정하는 형식적인 의미밖에 지니지 않는다. 이러한 점을 고려할 때 본 죄의 보호법익은 개인의 비밀이라기보다는 자기가 작성하였거나 소유, 보관하는 편지 또는 문서 등에 대한 배타적 권리라고 보는 것이 정확하다. 이는 타인에게 그 내용이 알려지는 것을 차단하거나 혹은 특정인에게만 그 내용 인식을 허용할 수 있는 권리를 의미한다. 이러한 권리가 무조건적으로 보호되는 것이 아니라 봉함이나 비밀장치 등에 의하여 타인의 접근을 차단하고자 하는 본인의 의사가 표출된 경우에 한하여 보호대상으로 인정하는 것이다.

2. 객관적 구성요건

(1) 행위객체

1) 편지 · 문서 · 도화

본 죄의 객체는 봉함 기타 비밀장치한 타인의 편지, 문서 또는 도화와 전자기록 등 특수매체기록이다. 편지란 의사전달을 목적으로 하는 문서이므로 문서의 한 예라고 볼 수 있다. 문서는 의사 전달을 목적으로 하지 않는 것이므로 일기나 원고, 메모 등도 이에 포함된다. 편지는 발송 전후, 발송 도중임을 불문하고 본 죄의 객체가 되지만, 수령자가 일단 수령하여 열람한 후에는 본 죄의 객체가 아니다. 그리고 편지가 우편관서의 취급 중에 있을 때에는 우편법이 적용되어 형이 가중된다. 문서위조죄에서의 문서의 개념과 일치할 필요가 없으므로 증명적 기능을 가질 것도 요하지 않는다. 그러나 어느 경우에도 개인과 밀접한 관련을 갖는 의사표현을 담은 내용이어야지 우표나 현금을 넣은 봉투처럼 봉함이 내용 인식을 방지하기 위한 목적이 아닌 경우에는 그 내용물은 본 죄의 행위객체에 포함되지 않는다.

도화란 시각적 방법에 의한 인식이 가능하도록 제작된 대상에 대한 표현물(예: 설계도, 사진, 도표)이다. 사람의 의사가 표현된 것만을 의미한다는 견해도 있으나(김/김, 김/서, 이/장/강, 이형국, 정/박) 꼭 의사표현을 그 내용으로 하지 않더라도 타인의 접근이나 인식을 배제할 이익을 가지고 있으면 된다고 본다(오영근, 이정원, 임웅). 기념사진 등과 같은 것이 그 예이다. 그러나 봉한 상태로 보관되어 있다 하더라도 일반의 접근이 용이한 물건은 본 죄의 도화에 해당되지 않는다(예: 포스터, 사진엽서).

2) 봉함 기타 비밀장치

편지, 문서 또는 도화는 봉함 기타 비밀장치한 것에 한한다. 봉함이란 제3자의 용이한 접근을 방지할 목적으로 행위객체에 직접 장치한 것을 의미한다. 풀로 붙인 경우가 대표적인 봉함의 예이나 그 밖에 끈으로 묶어 놓은 경우도 포함하므로 행위객체의 훼손이 불가피한 경우만을 의미하지는 않는다.

비밀장치는 봉함 이외의 방법으로 외포를 만들어 그 내용을 알 수 없도록 하는 일체의 장치를 의미한다고 한다. 그러므로 목적물 자체를 비밀장치한 경우만을 의미하고 목적물을 다른 용기 예컨대 금고, 열쇠 잠금장치가 있는 서랍, 작은 함 속에 넣어 둔 경우에는 그 용기를 여는 것만으로는 개봉하였다고 볼 수 없다는 견해가 있다(유기천). 그러나 본 죄의 입법목적이 개인의 사적 영역을 보호하는 데 있을 뿐만 아니라 구성요건의 해석상 특별히 용기 내의 보관을 배제할 만한 이유가 없다(대판 2008. 11. 27, 2008도9071). 따라서 봉함은 비밀장치의 한 예시라고 보아야 하며 목적물에 직접 장치한 것이든 용기 내에 보관하는 방법에 의한 것이든 불문한다. 그러나 방 안에 둔 채 열쇠로 잠근 경우는 해당하지 않는다.

3) 전자기록 등 특수매체기록

전자기록 등 특수매체기록이란 일정한 데이터(data)에 관한 전자적 기록이나 광학적 기록을 의미한다. 전자적 기록은 전기적 기록과 자기적 기록을 포함하며, 광학기록은 레이저 기술을 이용한 기록 등을 포함한다. 이러한 기록들은 사람의 지각으로는 그 내용을 인식할 수 없기 때문에 기술적 수단을 이용하지 않고는 비밀의 침해가 불가능한 대상들이다.

(2) 행위방법

1) 개 봉

개봉이란 봉함 기타 비밀장치를 제거하거나 무용하게 하여 편지, 문서 또는 도화의 내용을 알아볼 수 있는 상태에 두는 것을 말한다. 반드시 훼손하거나 파손하는 방법일 필요는 없다. 제1항은 추상적 위험범이기 때문에 편지 등의 내용을 알았을 것을 필요로 하지 않는다. 그러므로 개봉한 결과 외국어로 쓰여 있어 해독하지 못하였더라도 본 죄의 구성요건은 실현된 것이다. 즉 개봉함으로써 기수에 이른다. 그러므로 개봉하여 이를 사진 촬영하고 그 필름을 제3자에게 건네주었다면 이는 본 죄의 행위에 해당한다. 그러나 필름을 받아 이를 인화하여 그 내용을 인식한 제3자는 개봉하지 않았으므로 본 죄의 행위자가 아니다. 개봉은 행위자 본인에 의해서 뿐만 아니라 간접정범의 형태로도 가능하다. 그러므로 선의의 제3자(예: 열쇠공)에게 열게 하는 방법으로 행하여질 수 있다. 개봉의 결과 내용 인식이 가능한 상태에 있어야 하므로 개봉하였어도 또다시 봉함된 상태일 경우에는 아직 개봉된 것이라고 볼 수 없다.

2) 내용탐지

내용탐지란 봉함 기타 비밀장치를 한 편지, 문서, 도화 또는 전자기록 등 특수매체기록을 기술적 수단을 이용하여 그 내용을 알아내는 것이다. 이 경우에는 제1항의 개봉과 달리 내용 인식까지 나아가야 하는 것처럼 규정하고 있다(이러한 입장으로는 김/김, 김/서, 이/장/강, 임웅). 그러나 본 항의 행위객체를 사진 촬영하거나 녹화, 복사하여 즉시 내용을 인식하려고 하지 않고 이를 보관하는 경우에는 미수(불처벌)에 불과한 것인가에 대해서는 의문이다. 만일 미수에 불과하다면 타인의 교사를 받아 이러한 행위를 한 경우에는 피교사자는 내용 인식의 필요성이 없을 것이므로 어느 누구도 처벌되지 않는 결과가 될 것이다. 그러므로 이 경우에는 비록 내용을 현장에서 인식하지 않았더라도 본 죄의 기수범이라고 보아야 할 것이다. 즉 제2항은 내용을 알아낸 경우는 물론 언제든지 내용을 알 수 있는 상태로 타인의 비밀이 담긴 내용물을 확보한 경우에도 해당된다고 보아야 한다. 특히 특수매체기록 등에 대해서는 그 특성상 행위자가 내용을 인식하지 못하고서도 비밀침해의 가능성이 크기 때문에 본 죄는 행위객체의 내용을 알 수 있는 상태에서 성립한다고 해석하여야 한다. 즉 제2항의 경우에도 제1항과 마찬가지로 추상적 위험범으로 보아야 할 것이다. 만일 제2항을 엄격하게 해석한다면 처벌상의 허점에도 불구하고 내용 인식이 있어야 기수에 이르는 침해범으로 보아야 한다.

타인의 전산망에 침입하여 저장된 정보를 인식하거나 교란하는 소위 해커에 대해서는 타인의 전산망에 침입하였을 뿐 아직 어떠한 정보도 확보하지 못한 상태에서는 본 죄(제2항)에 해당하지 않는다고 보아야 한다. 전자우편의 경우 타인의 패스워드(password, 비밀번호)를 알아내 그 내용을 보는 행위는 사실상 비밀침해행위라고 볼 수 있다. 그러나 정보통신망법은 이러한 행위를 포함하여 정보통신망에서 알게 된 타인의 비밀누설행위를 처벌(제49조, 제71조)하고 있으므로 이 범위 내에서 형법의 적용은 배제된다고 볼 것이다.

3. 주관적 구성요건

행위자가 봉함 기타 비밀장치된 타인의 편지, 문서 또는 도화를 개봉한다는 점 또는 기술적 수단을 이용하여 내용을 탐지한다는 점에 대한 인식과 의사를 필요로 한다. 따라서 돈이 들어 있는 줄 알고 개봉하였으나 편지만 들어 있었던 경우에는 본 죄의 고의가 부정된다. 타인에게 온 편지를 자기에게 온 것으로 오인하고 개봉한 경우에는 구성요건적 착오로서 고의가 조각되고 과실범 처벌규정도 없으므로 불가벌이고, 타인에게 온 편지임을 알면서 권한이 있다고 오인하고 개봉한 경우에는 금지착오의 문제로 해결하여야 한다.

4. 위법성

본 죄가 성립하기 위해서는 위법성조각사유가 없어야 하지만 법적으로 인정되는 편지의 개봉권이 있는 경우에는 위법성이 조각된다. 예를 들면 형사소송법 제107조 및 제120조, 형의 집행 및 수용자의 처우에 관한 법률 제43조 제4항, 통신비밀보호법 제5조 이하, 우편법 제28조 제2항과 제35조 등이다. 그 밖에도 친권자의 친권 행사에 따른 자녀의 우편물 등의 검사는 위법성을 조각한다.

5. 고소권자

본 죄는 친고죄이다(제318조). 피해자로서의 고소권자(형사소송법 제223조 참조)가 누구인가에 대해서는 ① 편지의 발송시점을 기준으로 하여 이전에는 발신인, 이후에는 수신인이 피해자로서 고소권자가 된다는 견해, ② 도달시점을 기준으로 하여 이전에는 발신인, 이후에는 수신인이라는 견해, ③ 발송이나 도착 여부를 불문하고 발신인과 함께 수신인도 언제나 피해자가 된다는 견해(통설)로 나뉘어져 있다.

제316조는 기술한 바와 같이 구성요건의 내용상 개인의 사생활을 직접 보호하기보다는 목적물에의 접근 차단을 통해 이를 보호하는 규정이다. 그렇다면 본 죄의 피해자는 법익의 귀속주체로서 목적물의 처분권을 갖는 자뿐만 아니라 목적물의 내용을 결정한 자(발신인 혹은 작성자)도 포함된다고 보아야 한다. 이러한 관점에서 ③의 견해가 타당하다.

6. 죄 수

본 죄는 행위객체를 취득한 다음 이를 개봉한 경우에는 절도나 횡령죄가 성립하며, 본 죄는 불가벌적 사후행위에 해당한다고 보아야 한다. 반면에 이 경우 절도죄와 본 죄의 실체적 경합관계를 인정하는 견해도 있다(임웅). 그러나 봉투 안에 현금이 들어 있다고 생각하고 이를 취득하기 위하여 개봉하였으나, 현금이 아니라 편지가 들어 있는 경우에는 절도미수죄만이 성립한다.

Ⅲ. 업무상 비밀누설죄

> **제317조(업무상 비밀누설)** ① 의사, 한의사, 치과의사, 약제사, 약종상, 조산사, 변호사, 변리사, 회계사, 공증인, 대서업자나 그 직무상 보조자 또는 차등의 직에 있던 자가 그 업무처리 중 지득한 타인의 비밀을 누설한 때에는 3년 이하의 징역이나 금고, 10년 이하의 자격정지 또는 700만원 이하의 벌금에 처한다.
> ② 종교의 직에 있는 자 또는 있던 자가 그 직무상 지득한 사람의 비밀을 누설한 때에도 전항의 형과 같다.

1. 의의 및 보호법익

본 죄는 의사, 한의사, 변호사 등 제317조 제1항과 제2항에 열거된 직에 있는 자 또는 있었던 자가 그 업무처리 중 지득한 타인의 비밀을 누설함으로써 성립한다. 본 죄의 보호법익은 1차적으로 개인의 비밀이라고 보고 있다(배종대, 이/장/강, 이정원, 임웅, 정/박). 그러나 본 죄의 보호법익은 개인의 사생활이며, 개인의 비밀은 본 죄의 보호대상이라고 보는 것이 정확하다. 뿐만 아니라 특정 직업에 종사하는 자의 비밀유지에 대한 공중의 신뢰라는 일반의 이익도 본 죄의 보호법익이라고 보아야 한다(보호법익의 이중성). 이는 이러한 직업이 갖는 사회적 기능이 중요하다고 보기 때문이다. 또한 본 죄는 자수범이면서 진정신분범이다. 친고죄이다(제318조).

2. 객관적 구성요건

(1) 행위주체

본 죄의 행위주체는 의사, 한의사, 치과의사, 약제사, 약종상, 조산사, 변호사, 변리사, 회계사, 공증인, 대서업자 또는 그 보조자(예: 간호사, 법률사무소 사무장)와 종교의 직에 있는 자 또는 그 직에 있던 자에 제한되는 진정신분범이다. 의료인에 대해서는 의료법(제19조, 제67조)에도 처벌규정이 있다(3년 이하의 징역 또는 1천만원 이하의 벌금). 비신분자가 본 조의 신분자로 하여금 업무상 비밀을 누설하도록 한 경우에 정범은 신분자이며 비신분자를 교사범에 해당한다고 보아야 한다.

여기에서의 주체는 예시적 규정이 아니므로 열거되지 않은 자는 본 죄의 정범이 될 수 없는데, 공인된 상담원, 법무사, 변호사가 아닌 변호인(형사소송법 제31조 참조)이나 소송대리인(민사소송법 제87조 참조) 등도 입법론적으로는 포함시키는 것이 타당하다(독일형법 제203조는 수의사도 포함하고 있다). 그리고 본 죄의 행위주체가 지득한 비밀을 관리하는 자(예: 병원에서 환자기록을 관리하는 직원 등)도 포함시킬 필요가 있다. 세무사의 경우에는 세무사법(제11조, 제22조 제1항 제2호)에 의하여 처벌된다. 종교의 직에 있는 자는 신부나 목사, 승려를 말한다. 또한 정보통신망법(제72조 제1항 제5호)은 정보통신 관련 업무종사자(동법 제66조)의 비밀누설행위를 처벌하고 있다.

(2) 행위객체

본 죄의 행위객체는 업무처리 중 또는 직무상 지득한 타인의 비밀이다.

비밀이란 타인의 비밀이며, 제한된 범위 내의 사람들에게만 알려져 있는 사실로서 타인에게 전파되지 않음으로써 비밀 주체에게 이익이 되는 사실을 말한다(대판 2012. 1. 12, 2010도2212; 2007. 6. 28, 2006도6389). 비밀인가의 여부에 관한 판단은 본인의 비밀유지 의사에만 따르는 것(주관설 또는 의사설)이 아니라 객관적인 비밀유지 이익이 있는가(객관설 또는 이익설)도 함께 고려하여야 한다(절충설). 비밀은 개인의 사생활의 영역에 속하므로 개인의 의사를 고려하여야 하고 또한 그 비밀의 범위가 부당히 확대되는 것을 막기 위해 일정한 비밀유지 이익이 있는가를 고려하여야 한다는 점에서 절충설이 타당하다.

비밀은 타인의 비밀이며, 개인에 관한 것뿐만이 아니라 기업 비밀이나 단체의 비밀, 거래상의 비밀 등을 모두 포함한다. 그러나 국가 또는 공공단체의 비밀인 경우에는 공무상 비밀누설죄(제127조)에 해당된다. 비밀의 내용에 관련된 자, 즉 비밀 주체가 비밀을 알고 있는가 여부는 상관없다. 불특정한 범위 내의 사람들에게 풍설로만 알려진 경우에도 비밀성이 인정되며 비밀 주체가 사망하더라도 비밀유지 의무는 지속된다고 보아야 한다. 왜냐하면 개인의 인격적 이익을 보호할 필요성은 그의 사망으로 없어지는 것이 아니기 때문이다. 사람의 사망 후에 사적 영역이 무분별하게 폭로되고 그의 생활상이 왜곡된다면 살아있는 동안 인간의 존엄과 가치를 보장하는 것이 무의미해질 수 있다. 사람은 적어도 사망 후에 인격이 중대하게 훼손되거나 자신의 생활상이 심각하게 왜곡되지 않을 것이라고 신뢰하고 그러한 기대 속에서 살 수 있는 경우에만 인간으로서의 존엄과 가치가 실효성 있게 보장되고 있다고 말할 수 있다. 따라서 여기서의 타인의 비밀에는 생존하는 개인 이외에 이미 사망한 사람도 포함된다(동일한 취지로 대판 2018. 5. 11, 2018도2844).

비밀은 그 업무처리중 또는 직무상 지득한 것임을 요한다. 그 지득한 방법이나 기회는 관계 없고, 비밀 전달자와 비밀 주체가 일치할 필요도 없다. 따라서 업무처리나 직무와 관계 없이 알게 된 사실은 이 죄의 비밀에 해당하지 않는다.

(3) 비밀누설

비밀누설이라 함은 비밀을 알지 못하고 있는 사람 본인이나 제3자에게 알게 하는 것을 말한다. 제3자의 범위에는 부모형제, 배우자, 자녀도 비밀로 하여야 하는 경우에는 포함된다고 보아야 한다. 누설의 방법에는 제한이 없으므로 구두, 서면, 서류열람 허용 혹은 부작위의 형태로도 가능하다. 그러므로 기자들이 볼 수 있도록 의도적으로 비밀 내용이 기록된 서류를 책상 위에 놓아두는 행위도 누설에 해당한다. 본 죄는 추상적 위험범이므로 상대방이 내용을 현실적으로 인식하였을 것을 필요로 하지 않으므로 상대방에게 도달하면 기수가 된다.

3. 주관적 구성요건

고의의 내용은 자기의 신분에 대한 인식과 비밀을 누설한다는 인식이다. 그러나 이러한 사실을 인식하면서도 자기에게 비밀유지의무가 있음을 알지 못하거나 반대로 비밀을 공개할 권한이 있다고 믿은 경우에는 금지착오(법률의 착오)에 해당한다. 반면에 스스로 본 죄의 신분에 해당한다고 착오를 일으킨 경우에는 불능미수가 성립된다.

4. 위법성

본 죄의 위법성이 조각될 수 있는 경우로는 본인의 승낙(형사소송법 제149조 단서 참조)이나 긴급피난, 정당행위에 의한 경우를 들 수 있다. 의사의 감염병환자 신고의무(감염병의 예방 및 관리 관한 법률 제11조)는 법령에 의하여 위법성이 조각되는 예이다. 후천성면역결핍증예방법 제5조에 의한 의사의 관할보건소장에 대한 신고의무도 마찬가지이다. 또한 성병이나 결핵 등과 같이 전염성 질병의 경우에는 감염 확산을 막기 위하여 질병감염 사실을 제3자에게 고지할 필요성이 인정되므로 정당행위나 긴급피난에 의하여 위법성이 조각된다고 보아야 한다.

본 죄의 행위주체는 형사소송법상 증언거부권을 갖는다(형사소송법 제149조 참조. 또한 민사소송법 제315조 참조). 증언거부권은 증언거부권자로 하여금 법정에서도 증언의무보다 개인의 비밀보호를 우선적으로 고려하도록 하는 제도이다. 그러나 만일 증언거부권자가 거부권을 행사하지 않고 증언을 하여 업무상 지득한 비밀을 누설한 경우에 위법성이 조각된다고 볼 것인가에 대하여 견해가 대립되어 있다. 부정설은 증언을 거부할 수 있음에도 불구하고 증언을 한 이상 본 죄의 성립을 인정하여야 한다고 한다(김/김, 김/서, 오영근, 이정원, 이형국). 반면에 법 질서가 국민에게 모순되는 의무를 과할 수 없으므로 증언거부권을 행사하지 않으면 증언의무가 발생하므로 업무상 지득한 타인의 비밀을 누설하더라도 법령에 의한 의무 이행으로 되어 위법성이 조각된다고 보는 견해가 있다(김종원, 배종대, 백형구, 이/장/강, 임웅, 정/박).

생각건대 소송법상의 증언거부권은 포기할 수 있는 증인의 권리이고 포기한 경우에는 일단 증언의무가 있다. 그러나 증언의무가 있다고 해서 언제나 위법성이 조각되는 것은 아니다. 따라서 증언거부권의 포기로 인한 본 죄의 성립 여부는 항상 피해법익과 보호법익 간의 법익형량을 통해서 결정하여야 한다. 경미한 사건에서 개인에게 중대한 비밀을 폭로하는 행위가 언제나 위법성이 조각된다고 볼 수는 없기 때문이다.

5. 죄 수

업무상 비밀누설행위가 명예훼손에 해당하는 경우에는 본 죄와 명예훼손죄 간에 상상적 경합관계가 성립한다.

제 2 절 주거침입의 죄

I. 서 론

1. 의 의

주거침입죄는 사람의 주거, 관리하는 건조물, 선박이나 항공기 또는 점유하는 방실에 침입하거나, 이들 장소로부터 퇴거 요구를 받고 퇴거하지 않음으로써 주거 내에서의 평온과 안전을 침해하는 것을 내용으로 하는 범죄를 말한다(제319조). 이는 헌법(제16조)이 보장하는 모든 국민의 주거의 자유를 구체화한 것이다. 그러므로 이는 개인적 법익에 대한 범죄이다. 주거침입의 죄는 모두 계속범이다. 또한 위험범에 해당한다(침해범설(김/서, 임웅)도 있다). 상습범이나 2인 이상이 공동하여 범한 경우에는 폭처법 제2조에 가중처벌규정이 있다.

2. 보호법익

(1) 주거권설

주거권을 보호법익으로 보는 견해이다. 여기에서 주거권이라 함은 개인이 일정한 주거공간 내에서 타인으로부터 방해를 받지 않고 자유공간을 확보하는 것을 내용으로 한다. 다시 말하면 주거권의 핵심은 자기의 주거공간 내에서 타인의 출입이나 체류 여부를 결정할 수 있는 권리를 말한다. 그러나 여기에서 의미하는 주거권은 실정법적 개념이 아님을 주의하여야 한다.

이 견해에 대해서는 ① 주거권은 주거를 지배하고 있는 사실관계를 말하므로 주거권이라는 법적 권리는 인정되지 않으며, ② 주거권의 내용이 반드시 명확한 것은 아니며 또한 누가 주거권의 주체인가에 대한 새로운 문제를 야기하고 있으며, ③ 사실상 평온설보다 처벌범위가 확대될 위험이 있다는 비판과 ④ 이 견해는 범죄는 권리 침해라는 낡은 사고방식의 잔재라는 비판이 제기되고 있다.

(2) 사실상 평온설

주거침입죄의 보호법익을 사적 생활관계에서 보호되어야 할 사실상의 주거의 자유와 평온으로서 그 주거에서 공동생활을 하고 있는 전원이 평온을 누릴 권리라고 보는 견해이다. 이 견해에 의하면 주거에 대한 사실상의 지배가 있으면 정당한 권원이 없더라도 보호되므로, 예를 들어 임대차계약이 소멸된 다음에도 임대인이 임차인의 의사에 반하여 주거에 들어가는 것은 주거침입죄를 구성한다고 본다. 대법원 판례(대판 1996. 5. 10, 96도419; 1995. 9. 15, 94도2561; 1987. 11. 10, 87도1760; 1984. 6. 26, 83도685)의 입장이며 다수설이다. 반면 사실상 평온과 주거권을 동일한 의미로 해석하는 견해(이정원)도 있다.

이 견해에 의하면 주거침입죄는 사실상의 주거의 평온을 보호법익으로 하는 것이므로 그 거주자 또는 관리자가 건조물 등에 거주 또는 관리할 법률상 권한을 가지고 있는지 여부는 불문한다. 그러므로 일단 적법하게 거주 또는 관리를 개시한 후에 그 권한을 상실하여 사법상 불법점유가 되더라도 권리자가 이를 배제하기 위하여 정당한 절차에 의하지 아니하고 그 주거 또는 건조물을 침입한 경우에는 주거침입죄가 성립한다(대판 1983. 3. 8, 82도1363).

이 견해에 대해서는 ① 보호법익을 사실상 주거의 평온이라고 해석하면 본 죄는 개인적 법인에 대한 죄가 아니라 공공의 질서에 대한 죄로서의 성질을 가지는 것이며, ② 주거의 자유는 헌법에 의하여 보장되고 있는 기본권이므로 주거의 평온을 유지하는 것이 권리가 된다는 것은 부정할 이유가 없으며, ③ 사실상 평온설은 주거 등 일정한 장소에서의 평온이라는 법익을 공동생활자 전원의 것으로 파악하고 이것을 법익의 주체인 개인의 의사로부터 분리하고 있는 점이 문제라고 한다.

(3) 복합설

이는 주거공간의 다양한 종류(예: 개인의 주거공간과 불특정다수인이 출입하는 영업장)를 사회학적으로 분석하고 그 기능에 따라 상이한 다수의 보호법익을 인정하는 견해이다. 이에 따라 개인의 사적인 주거공간은 일정한 공간 내에서 고도의 개인적인 사생활 영역과 비밀영역을 보호법익으로 본다. 이와 달리 영업장소의 경우는 영업공간 내에서의 영업비밀 영역과 업무 영역을 보호법익으로 한다고 한다. 그리고 공공장소의 경우에는 국가적 비밀 영역과 이 공간 내에서 처리되는 업무 영역을 보호법익으로 한다고 본다.

이 학설은 불필요하게 보호법익을 세분함으로써 주거공간의 침입이 있더라도 각 공간에 상응하는 이러한 구체적인 보호법익의 침해가 없는 경우에는 주거침입죄의 성립을 부인하여야 하는 문제점이 있다. 또한 주거의 기능이 혼용된 경우도 적지 않을 뿐 아니라 굳이 주거의 종류를 구분하지 않고도 사실상의 평온이나 주거권을 보호함으로써 본 죄의 보호목적은 충분히 달성할 수 있기 때문에 구분은 불필요하다.

(4) 학설의 검토

주거침입죄는 마치 절도죄가 타인으로부터 소유권자를 보호하듯이 타인으로부터 자기의 주거공간을 침해받지 않아야 한다는 법적 지위를 보호하기 위한 것이라고 볼 수 있다. 다시 말해 사람의 주거 등의 장소를 관리하고 지배할 수 있는 권리를 의미한다. 이러한 법적 지위는 반드시 실질적인 의미를 지니기보다는 형식적인 의미를 지닌다. 즉 허락 없이 타인의 주거에 들어감으로써 주거권이 침해되었다고 보는 것이다. 그러므로 주거의 평온이 사실상 유지되는가에 대한 판단을 전제로 하는 사실상의 평온설보다는 주거권설에 따라 해석하는 것이 타당하다고 본다.

Ⅱ. 주거침입죄, 퇴거불응죄

> 제319조(주거침입, 퇴거불응) ① 사람의 주거, 관리하는 건조물, 선박이나 항공기 또는 점유하는 방실에 침입한 자는 3년 이하의 징역 또는 500만원 이하의 벌금에 처한다.
> ② 전항의 장소에서 퇴거요구를 받고 응하지 아니한 자도 전항의 형과 같다.
> 제322조(미수범) 본장의 미수범은 처벌한다.

1. 주거침입죄

(1) 의 의

본 죄는 사람의 주거, 관리하는 건조물, 선박이나 항공기 또는 점유하는 방실에 침입함으로써 성립한다. 미수범은 처벌한다(제322조).

성폭력처벌법에서는 성적 목적을 위한 다중이용장소 침입행위를 처벌하고 있다(동법 제12조). 여기에서 '다중이용장소'에는 공중화장실, 공중목욕장, 모유수유시설 등이 있으며 성적 목적으로 침입하는 행위를 처벌하는 것이다. 이러한 장소는 주거권자가 존재하지 않는다. 사람이 이러한 장소에 현존하는 경우에만 처벌하는 것이 타당하며, 성적 만족이라는 요건도 너무 추상적이고 광범위하므로 구성요건을 구체적으로 개정할 필요가 있다.

(2) 침입장소

본 죄에서 침입하는 장소는 사람의 주거, 관리하는 건조물, 선박이나 항공기 또는 점유하는 방실이다.

사람의 주거란 사람의 일상생활에 사용되는 장소를 의미한다. 주거침입시에 사람이 현존할 필요가 없으며 일시 비워 둔 집도 해당한다. 그리고 반드시 기와침식起臥寢食에 사용하는 장소일 필요는 없다는 견해(이/장/강. 비슷한 견해로는 이정원)가 있으나 점유하는 방실을 행위객체로 규정하고 있는 점에 비추어 기와침식에 사용되는 장소로 이해하는 것이 타당하다(김종원, 백형구, 이형국, 임웅, 정/박, 진계호). 주거에 사용하는 건물에 부속되어 있는 집의 지하실이나 부엌, 정원 등도 주거에 해당한다. 또한 영구적일 필요가 없으므로 휴가기간 동안 일시적으로 설치한 텐트 또는 주거용 차량 역시 여기에 해당한다.

관리하는 건조물은 타인의 출입을 막기 위한 인적·물적 설비가 갖추어진 장소로서 사실상 사람이 관리하고 있으나 현재는 주거에 사용되지 않는 곳을 말한다. 즉 주거침입죄에서 건조물은 주위 벽 또는 기둥과 지붕 또는 천정으로 구성된 구조물로서 사람이 기거하거나 출입할 수 있는 장소를 말하고, 또한 단순히 건조물 그 자체만을 말하는 것이 아니고 위요지圍繞地를 포함한다. 그러나 위요지가 되기 위하여는 건조물에 인접한 그 주변 토지로서 관리자가 외부와의 경계에 문과 담 등을 설치하여 그 토지가 건조물의 이용을 위하여 제공되었다는 것이 명확히 드러나야 한다(대판 2010. 4. 29, 2009도14643). 예를 들면 연수기간 동안 사용하는 회사의 연수원 부속 기숙사, 주거에 사용할 목적으로 건축되었으나 현재 입주하지 않은 빈집이나 아파트, 창고나 공장, 관공서의 청사, 교회(대판 1992. 4. 28, 91도2309), 대학 강의실(대판 1992. 9. 25, 92도1520), 다가구용 단독주택이나 공동주택 내부에 있는 엘리베이터, 공용 계단과 복도(대판 2009. 9. 10, 2009도4335) 등이 여기에 해당한다. 이에 반해 공사장의 타워크레인은 여기에 해당하지 아니한다(대판 2005. 10. 7, 2005도5351).

선박은 주거에 사용할 수 있는 크기의 것을 말한다. 그러므로 소형 모터보트 같은 것은 여기에 해당하지 않는다고 보아야 한다. 항공기는 항공 교통수단으로 이용될 수 있는 크기의 것을 말하며, 본 죄의 성질상 주거에 사용할 정도가 되어야 한다. 점유하는 방실은 건물 내에서 사실상 지배하는 장소로서 예를 들면 오피스텔이나 호텔의 방, 연구실, 하숙방, 사무실 등이 있다.

(3) 주거침입행위와 주거권자의 의사

1) 침 입

침입이라 함은 신체가 주거권자의 의사에 반하여 주거침입죄의 행위객체 내로 들어가는 것을 의미한다. 그러므로 부작위에 의한 주거침입행위는 불가능하며, 퇴거불응죄의 성립이 가능할 뿐이다. 신체의 일부가 들어간 경우에는 미수범(제322조)에 해당한다. 또한 침입행위는 주거권자의 저항을 받는 것을 필요로 하지 않는다(대판 1983. 3. 8, 82도1363). 침입은 공개적으로 하든 몰래하든, 강제적으로 하든 상관없다. 한편 허가를 받고 들어온 자가 시간을 넘어 머무를 경우에 부작위에 의한 주거침입죄를 인정하는 견해가 있다(이/장/강). 그러나 체류시간을 정하여 주거에 들어오는 것을 허락하였다는 것은 그 시간 이후에는 퇴거를 요구하는 의미가 내포되어 있기 때문에 퇴거불응죄에 해당한다고 보는 것이 타당하다.

일반적으로 출입이 허가된 건물에 대하여는 주거침입죄가 성립하지 않는다. 그러나 이에 해당하지 않는 시간이나 방법을 통하여 들어간 경우에는 그렇지 않다. 예를 들어 일반적으로 출입이 허가된 여객터미널에 출입이 금지된 시간에 담 벽에 있던 드럼통을 딛고 담 벽을 넘어 들어간 후 그 곳 마당에 있던 아이스박스통 등을 건물 화장실 유리창문 아래에 놓고 올라가 창문을 연 후 이를 통해 들어간 경우, 침입방법 자체가 일반적인 허가에 해당하지 않으므로 주거침입죄에 해당한다(대판 1990. 3. 13, 90도173).

침입행위에 대한 동의·양해가 있으면 침입이 부정되며 침입 목적에 대한 동의·양해를 의미하는 것은 아니므로 침입행위 부분에 대한 착오는 주거침입행위를 인정하는 근거가 될 수 없다고 보아야 한다.

2) 주거권자의 의사

주거침입죄는 주거권자의 명시적 또는 묵시적 의사에 반하여 주거에 들어감으로써 성립하기 때문에 주거권자의 의사에 따라 들어간 경우에 본 죄가 성립하지 않는다. 주거권자란 반드시 소유자나 직접점유자를 의미하는 것은 아니다. 또한 건조물 거주자나 관리자와의 관계 등으로 보아 평소 그 건조물에 출입이 허용된 사람이라 하더라도 주거에 들어간 행위가 그 거주자나 관리자의 명시적 또는 추정적 의사에 반하는 경우에는 본 죄에 해당한다(대판 2003. 5. 30, 2003도1256; 1995. 9. 15, 94도3336). 그러므로 주거권자의 동의나 양해가 있으면 구성요건해당성이 인정되지 않는다. 특히 문제가 되는 것은 다음의 경우이다.

(가) 기망이나 강박에 의한 허락을 받고 들어간 경우

예를 들면 위조한 입장권을 제시하고 입장한 경우와 같이 주거권자를 기망하여 주거에 들어간 경우에 주거침입죄가 성립하는가에 대해서는 긍정설(김종원, 백형구, 오영근, 이형국)과 부정설(김/김, 이정원, 임웅)이 있다.

기망에 의한 동의는 효력이 없다는 것이 긍정설의 논거이나 주거권자가 출입을 명시적으로 허락한 이상 강요에 의한 것이 아니므로 허락의 동기는 본 죄의 성립 여부와는 무관한 것으로 보아야 한다. 즉 행위자가 사람의 동일성에 관한 기망을 통하여 주거권자로부터 출입을 허가받은 이상 비록 그 기망이 출입허가에 결정적인 요인이 되었다고 할지라도 양해로서 유효한 것이다. 행위자가 예컨대 자신의 이름을 정확히 밝힌 경우와 같이 자신의 동일성에 관하여 기망하지는 않았으나 자신이 찾아온 이유를 기망한 경우에도 다르지 않다. 이것은 주거침입죄는 주거권자의 반대 의사가 실제적으로 침해된 경우에만 성립하는 것을 의미한다. 여기서 주거권자가 양해를 표시하면서 그가 사실을 알았다면 반대되는 의사가 형성되었을 것이라는 경우에도 마찬가지이다.

이와 같이 현실적 반대 의사가 존재하여야 양해가 부정된다. 예컨대 집의 초인종이 울리자 단순히 열림장치를 누르는 경우와 같이 자신의 주거권과 관련하여 자신에게 부여된 일정한 사람만 출입할 수 있도록 하는 선택가능성을 사용하지 않은 사람은 어떤 현실적 반대 의사를 가지고 있는 것이 아니다. 그는 어떤 구체적인 사람과 관련하여 도대체 일정한 표상을 지니고 있지 않다. 따라서 그는 단지 그가 누구이던지 간에 초인종을 눌렀던 사람에게 들어오는 것을 허용한 것이다. 결국 초인종을 누른 것이 확신하지는 않지만 A라고 예상하면서 문을 열어 주었으나 그것이 사실은 B였던 경우에 그의 처분은 들어오는 사람에 대한 표상은 가지고 있었지만 이를 현실적 반대 의사로 나타난 것이 아니므로 양해의 유효성을 배제하지는 못한다. 이러한 의미에서 부정설이 타당하다. 그러나 강박의 경우는 다르다. 이때에는 주거권자의 허락이 본인의 판단에 따른 자유로운 의사에 기한 것이 아니므로 주거침입죄가 성립한다.

(나) 범죄의 목적으로 들어온 경우

예를 들어 절취의 목적, 대리시험의 목적, 폭행의 목적, 회의장소인 식당에 몰래 도청장치를 설치하려는 목적 등을 위하여 이를 알지 못하는 주거권자의 명시적·묵시적 승낙을 받고 주거에 들어간 경우에 본 죄의 성립을 인정할 것인가의 문제이다. 판례 및 소수설(임웅)은 주거권자의 추정적인 거절 의사를 이유로 긍정설을 취하고 있으나 이는 타당하지 않다. 주거가 일반적으로 출입이 허락된 장소인가의 여부와 관계 없이 일단 주거권자의 동의가 있는 이상 다른 구성요건에 해당하는 것은 별론으로 하고 주거침입죄는 성립하지 않는다고 보아야 한다(다수설). 이는 마치 기망에 의한 출입 허락도 유효하다는 위의 결론과 같은 맥락이다.

판례 다중 출입시설에서의 주거침입죄 성립 여부

- 대통령 선거를 앞두고 부산지역 기관장의 조찬모임에서의 대화 내용을 녹음하기 위한 도청장치를 설치할 목적으로 손님을 가장하여 모임장소인 음식점에 미리 들어가서 도청기를 설치한 사건에서 주거침입죄를 인정하였다(대판 1997. 3. 28, 95도2674).
- 다방, 당구장, 독서실 등의 영업소가 들어서 있는 건물 중 공용으로 사용되는 계단과 복도는 주야간을 막론하고 관리자의 명시적 승낙 없이도 누구나 자유롭게 통행할 수 있는 곳이라 할 것이므로 관리자가 1층 출입문을 특별히 잠그지 않는 한 범죄의 목적으로 위 건물에 들어가는 경우 이외에는 그 출입에 관하여 관리자나 소유자의 묵시적 승낙이 있다고 봄이 상당하여 그 출입행위는 주거침입죄를 구성하지 않는다(대판 1985. 2. 8, 84도291).

그러나 외견상 범죄목적이 드러나거나 침입방법 자체가 일반적인 허가에 해당하지 않는 것이 분명한 경우에는 주거침입죄가 성립한다. 대법원은 평소 무상출입하던 이웃집이라 하더라도 범죄의 목적으로 피해자의 승낙 없이 그 주거에 들어간 경우에는 주거침입죄를 인정한다(대판 1983. 7. 12, 83도1394). 또한 개방되어 있는 장소에 대한 관리자의 출입 제한에도 불구하고 다중이 고함이나 소란을 피우면서 건조물에 들어가는 것은 건조물침입죄를 구성한다(대판 1996. 5. 10, 96도419). 그리고 일반적으로 출입이 허가된 건물이라 하여도 피고인이 출입이 금지된 시간에 담 벽을 넘어 들어간 후 창문을 연 후 이를 통해 건조물에 들어간 것이라면 그 침입방법 자체가 일반적인 허가에 해당되지 않는 것이 분명하게 나타난 것이므로 건조물침입죄가 성립한다(대판 1990. 3. 13, 90도173).

(다) 복수의 주거권자가 존재할 때

이 경우에는 각자는 제3자의 주거 출입을 허락할 권리가 있다. 대표적인 예가 부부 간의 경우이다. 이는 부부관계의 본질과 평등원칙으로부터 도출된다. 이러한 결론은 부부 가운데 누가 그 주거공간의 소유권자 또는 임차인인가를 불문한다. 그러나 부부 가운데 어느 누구도 일방의 의사를 무시하고 일방적 · 자의적으로 주거권을 행사할 수는 없다. 여기에는 기대가능성의 원칙이 지켜져야 한다. 즉 부부 중 일방의 허락 의사가 기대될 수 없음에도 불구하고 타인의 주거 내 출입을 허락할 수는 없다는 것이다. 대법원은 복수의 주거권자가 있는 경우에 한 사람의 승낙이 다른 거주자의 의사에 직접 · 간접으로 반하는 경우에는 그에 의한 주거 출입은 그 의사에 반한 사람의 주거의 평온, 즉 주거의 지배 · 관리의 평온을 해치는 결과가 되므로 주거침입죄가 성립한다고 한다(대판 1984. 6. 26, 83도685). 이러한 결론은 주거 출입의 목적에 따른 결론이 아니라 복수의 주거권자가 있는 경우의 문제임을 주의하여야 한다.

판례 범죄 목적의 주거출입행위

• 남편의 부재중 간통의 목적으로 처의 승낙을 얻어 들어간 경우에는 주거침입죄가 성립한다. 즉 남편이 일시부재중 간통의 목적하에 그 처의 승낙을 얻어 주거에 들어간 경우라도 남편의 주거에 대한 지배관리관계는 여전히 존속한다고 봄이 옳고 사회통념상 간통의 목적으로 주거에 들어오는 것은 남편의 의사에 반한다고 보여지므로 처의 승낙이 있었다 하더라도 남편의 주거의 사실상의 평온은 깨졌다 할 것이므로 이러한 경우에는 주거침입죄가 성립한다(대판 1984. 6. 26, 83도685).

이 경우에 사실상 평온설에서는 남편의 출타 중 현실의 주거권자는 처이므로 처의 승낙은 유효하다고 보아 주거침입죄의 성립을 부인하게 된다(강구진, 김/김, 김종원, 백형구, 오영근, 이형국, 정영석, 진계호). 처만이 남아있는 주거의 현실의 평온은 깨어지지 않았다는 것이 그 이유이다. 한편으로는 주거권설에서는 본 죄의 성립을 인정하면서 사실상 평온설에서는 부인하는 것과 달리 반드시 주거침입죄의 보호법익과 관련하여 결론을 내릴 필요는 없다고 보아 사실상 평온설을 취하면서도 본 죄의 성립을 인정하는 견해도 있다(정/박).

(4) 주관적 구성요건

행위자는 주거권자의 의사에 반하여 주거에 침입한다는 것을 인식하고 있어야 한다. 만일 주거권자의 의사에 반한다는 사실을 인식하지 못한 경우에는 구성요건의 착오로서 고의가 조각된다. 그러나 단순히 타인의 주거에 허락 없이 들어간다는 인식을 하였으면 되고, 범죄 목적으로 들어간다는 의사가 필요한 것은 아니다.

(5) 위법성

긴급피난이나 정당행위와 같은 위법성을 조각하는 사유가 있을 경우에 본 죄가 성립하지 않음은 물론이다. 추정적 승낙이 인정되는 경우에도 마찬가지이다(대판 1989. 9. 12, 89도889 참조). 그러나 정당한 권리행사라고 하더라도 반드시 위법성이 조각되는 것은 아니다. 채권자가 채무자의 집에 들어가는 것이 그 예이다.

(6) 미수 · 기수

주거침입죄의 실행의 착수는 주거자, 관리자, 점유자 등의 의사에 반하여 주거나 관리하는 건조물 등에 들어가는 행위시에 인정되지만 구성요건의 일부를 실현하는 행위까지 요구하는 것은 아니고 범죄 구성요건의 실현에 이르는 객관적·현실적 위험성을 포함하는 행위를 개시하는 것이면 된다.

판례 주거침입죄의 실행의 착수

① 출입문을 당겨보는 행위와 주거침입죄

• 출입문이 열려 있으면 안으로 들어가겠다는 의사 아래 출입문을 당겨보는 행위는 바로 주거의 사실상의 평온을 침해할 객관적인 위험성을 포함하는 행위를 한 것으로 볼 수 있어 그것으로 주거침입의 실행에 착수한 것으로 보아야 한다(대판 2006. 9. 14, 2006도2824). 사실상의 평온설에 입각하여 판시하고 있으나 주거권설에 의하더라도 마찬가지로 보아야 한다.

② 초인종을 누른 행위와 주거침입죄

• 침입 대상인 아파트에 사람이 있는지를 확인하기 위해 그 집의 초인종을 누른 행위만으로는 침입의 현실적 위험성을 포함하는 행위를 시작하였다거나, 주거의 사실상의 평온을 침해할 객관적인 위험성을 포함하는 행위를 한 것으로 볼 수 없다 할 것이다(대판 2008. 4. 10, 2008도1464). 이 판결은 출입문을 당겨보는 행위에 대해 주거침입죄의 실행의 착수를 인정한 것과 비교해서 침입이 전 단계(반응이 없으면 그 때 출입문을 열고 들어가겠다는 의사)로 본 것으로 보인다.

주거침입죄의 기수가 성립하기 위하여 신체가 전부 들어갈 것을 요하는가가 문제된다. ① 전부침입설에 의하면 행위자의 신체가 완전히 주거에 들어감으로써 주거침입죄는 기수가 된다. 따라서 신체의 일부가 들어간 경우 본 죄의 미수범에 해당하며, 이 견해는 형법규정에 미수범 처벌규정이 있다는 점을 논거로 한다. ② 일부침입설에 의하면 침입은 신체의 일부가 타인의 주거에 들어감으로써 충분하고 이때 본 죄는 기수에 이른다고 이해한다. 전부침입설에 따르면 행위자가 처음부터 신체의 일부만을 들어갈 의도로 행동할 경우에는 미수범도 성립하지 않는다는 결론에 이르기 때문에 부당하며, 일부침입설에 의할 경우에도 미수범은 성립할 수 있으므로 미수범 처벌규정이 있다는 점이 논리필연적으로 전부침입설을 취할 이유는 되지 않는다는 것이다. ③ 보호법익을 기준으로 판단하는 견해는 주거침입의 기수·미수를 신체의 전부 또는 일부가 들어갔느냐를 기준으로 하는 것이 아니라, 보호법익을 기준으로 판단한다. 주거침입죄의 보호법익이 주거의 사실상의 평온이고 보호의 정도가 침해범이라면 타인의 주거에 신체의 전부가 들어갔다고 하더라도 주거의 사실상의 평온이 침해되었다고 볼 수 있기 이전의 단계에 불과하다면 주거침입죄의 미수가 되고, 주거의 평온이 사실상 침해되었을 때 기수가 된다고 한다.

일부침입설은 기수와 미수의 구별이 불분명하며, 우리 형법은 행위 태양을 침입이라고 하고 있으므로 전부침입설이 해석상 자연스럽다. 또한 보호법익과 기수시기는 직접적 관련성이 없으므로 전부침입설이 타당하다.

판례 주거침입죄의 미수 · 기수

• 주거침입죄는 사실상의 주거의 평온을 보호법익으로 하는 것이므로 반드시 행위자의 신체 전부가 타인의 주거 안으로 들어가야만 주거침입죄의 기수에 이른다고 보지 않는다. 그러므로 심야에 타인의 집의 창문을 열고 집안으로 얼굴을 들이미는 등의 행위를 하였다면 비록 신체의 일부만이 집안으로 들어갔다고 하더라도 사실상 주거의 평온을 해하였다면 주거침입죄는 기수에 이른 것으로 판시하고 있다(대판 1995. 9. 15, 94도2561).

이러한 입장은 주거의 사실상의 평온을 해하였는가 여부를 기준으로 주거침입죄의 미수와 기수를 판단하려는 것이다. 그러나 이는 기수와 미수를 보호법익의 침해 여하에 따라 판단하는 것으로서 구성요건 실현 정도와의 관련성이 없을 뿐만 아니라 본 죄를 위험범으로 파악하는 입장과도 배치된다.

(7) 죄 수

주거침입을 위한 수단으로 다른 범죄를 범한 경우에는 주거침입죄와의 상상적 경합이 된다(예: 주거에 침입하기 위하여 주거권자를 폭행한 경우). 강도나 살인을 위하여 침입한 경우와 같이 다른 범죄를 할 목적으로 주거에 침입한 경우에 양 죄는 경합범이 성립한다.

야간주거침입절도죄(제330조)나 특가법 제5조의4(상습 강 · 절도죄 등의 가중처벌)에 해당하는 경우에는 주거침입이 구성요건의 요소이기 때문에 별도로 주거침입죄를 구성하지 않는다(대판 2017. 7. 11, 2017도4044; 1984. 12. 26, 84도1573 전원합의체).

2. 퇴거불응죄

본 죄는 퇴거 요구를 받고 이에 응하지 아니함으로써 성립하는 범죄이다. 이는 일단 적법하게 또는 과실로(예: 아파트에서 자기 집인 줄 잘못 알고 들어간 경우) 타인의 주거에 들어간 자가 퇴거 요구권자의 퇴거 요구를 받고도 그 장소에서 퇴거하지 않음으로써 성립한다. 미수범은 처벌한다(제322조). 전형적인 진정부작위범이며, 계속범이다. 2명 이상이 공동하여 본 죄를 범한 경우에는 폭력행위 등 처벌에 관한 법률 제2조에 의하여 형이 가중된다.

본 죄가 성립하기 위해서는 퇴거 요구가 있어야 한다. 퇴거 요구의 횟수에는 제한이 없다. 퇴거 요구는 주거권자에 의하여 행하여져야 한다. 주거권자를 대리하는 자이거나 주거권자로부터 위탁받은 자도 상관 없으며, 그가 반드시 성인일 것도 요하지 않는다. 주거권자가 아닌 자의 퇴거 요구는 본 죄의 퇴거 요구에 해당하지 않는다. 따라서 임대차기간이 종료하여 임대인으로부터 퇴거 요구를 받고 퇴거하지 않더라도 본 죄는 성립하지 않는다. 이 경우의 주거권자는 임차인이기 때문이다. 직장 폐쇄 후 계속된 직장 점거가 퇴거불응죄를 구성하는지에 대하여 대법원은 이를 인정한다. 즉 근로자들의 직장 점거가 쟁의의 목적 달성을 위하여 적법한 것이었다 하더라도 사용자가 적법하게 직장 폐쇄를 하게 되면 사용자는 점거중인 근로자들에 대하여 정당하게 사업장으로부터의 퇴거를 요구할 수 있고 퇴거를 요구받은 이후의 직장 점거는 위법하므로 사용자로부터의 퇴거 요구에도 불구하고 직장 점거를 계속한 행위는 퇴거불응죄를 구성한다(대판 1991. 8. 13, 91도1324). 또한 교회 현관에 들어간 사람이 관리인의 퇴거 요구를 받고 이에 응하지 않은 경우(대판 1992. 4. 28, 91도2309), 지하철 내에서 승객들에게 무릎보호대를 판매하는 행위를 하다가 철도보안관에게 적발되어 즉시 지하철역 밖으로 퇴거를 요구당하였음에도 이에 불응한 경우(대판 2015. 4. 23, 2014도655)에 퇴거불응죄를 인정하였다.

본 죄는 퇴거 요구를 받고 즉시 응하지 않음으로써 기수가 된다. 일단 퇴거 요구를 받은 자는 비록 그 때까지 적법하게 주거공간에 체류하던 자라도 즉시 퇴거해야 한다. 다만 본 죄는 퇴거 요구에 응하지 않음으로써 성립하는 진정부작위범이므로, 퇴거에 응할 수 있어야 함은 부작위범의 요건상 당연하다고 하겠다. 그러므로 달리는 차 또는 선박에서 내리라고 하거나 옷을 벗고 있는 사람에게 나가라고 하였다고 하여 본 죄가 즉시 성립하는 것은 아니다. 본 죄는 퇴거할 수 있음에도 불구하고 퇴거 요구에 응하지 아니할 때에 완성되는 것이다.

본 죄는 미수범 처벌규정이 있지만 진정부작위범이기 때문에 미수범이 성립할 여지가 없다고 보는 견해(다수설)와 미수범 성립을 인정하는 견해(소수설)가 있다. 미수범의 성립을 인정하는 소수의 견해는 퇴거 요구를 받고 퇴거에 필요한 시간이 경과되기 전에 축출된 때에 미수가 성립한다고 주장하거나, 본 죄는 순수한 거동범이 아니라 부진정거동범이므로 구성요건적 결과 발생이 가능하며 따라서 미수의 성립이 가능하다고 주장하거나, 진정부작위범도 불능미수의 형태로 미수가 될 수 있다고 주장한다. 본 죄는 주거권자의 퇴거 요구에 불응함으로써 기수에 이르므로 미수범이 성립할 경우는 사실상 없다고 보아야 할 것이다.

Ⅲ. 특수주거침입죄 · 퇴거불응죄

> **제320조(특수주거침입)** 단체 또는 다중의 위력을 보이거나 위험한 물건을 휴대하여 전조의 죄를 범한 때에는 5년 이하의 징역에 처한다.
> **제322조(미수범)** 본장의 미수범은 처벌한다.

단체 또는 다중의 위력을 보이거나 위험한 물건을 휴대하여 타인의 주거나 건조물 등에 침입하거나 퇴거 요구에 불응함으로써 성립하는 범죄이다. 주거침입 · 퇴거불응죄에 대하여 행위실행의 방법 때문에 불법이 가중되는 가중적 구성요건이다. 미수범은 처벌한다(제322조).

수인이 흉기를 휴대하여 타인의 건조물에 침입하기로 공모한 후 그 중 일부만이 건조물에 들어간 경우에는 직접 건조물에 들어간 범인을 기준으로 하여 흉기휴대 여부를 판단한다(대판 1994. 10. 11, 94도1991).

Ⅳ. 주거 · 신체수색죄

제321조(주거·신체수색) 사람의 신체, 주거, 관리하는 건조물, 자동차, 선박이나 항공기 또는 점유하는 방실을 수색한 자는 3년 이하의 징역에 처한다.
제322조(미수범) 본장의 미수범은 처벌한다.

본 죄는 본인이나 주거권자의 동의 또는 형사소송법(제109조, 제219조) 등에 의하여 법적으로 허용되는 경우가 아님에도 불구하고 타인의 주거를 수색하거나 신체를 수색함으로써 성립하는 죄이다. 수색의 대상은 신체와 주거, 관리하는 건조물, 자동차, 선박, 항공기, 점유하는 방실이다. 수색이란 사람이나 물건을 발견하기 위하여 사람의 신체 또는 일정한 장소를 조사하는 것을 말한다.

주거침입을 하여 본 죄를 범한 경우에는 주거침입죄와 본 죄의 경합범이 성립한다는 견해(김/서, 박순성, 손동권)와 상상적 경합이라는 견해가 있다(오영근). 본 죄는 영장 없이 신체나 건조물 등을 수색하는 행위를 처벌하는 구성요건이므로 주거침입죄와 본 죄의 경합범을 인정하는 것이 타당하다. 반면에 절도를 하기 위하여 자동차 내부를 뒤지는 경우에는 주거수색죄는 절도죄에 흡수된다고 보는 것이 타당하다(법조경합). 수색행위가 절도를 위한 불가벌적 수반행위라고 볼 수 있기 때문이다. 본 죄의 미수범은 처벌한다(제322조).

판례 **방실수색죄의 예**

• **사건개요** : 회사의 정기주주총회에 참석한 의결권행사의 대리인이 대표이사의 주주총회장에서의 퇴장 요구를 거절하면서 고성과 욕설 등을 사용하여 대표이사의 주주총회의 개최, 진행을 포기하게 만들고, 회사 사무실을 강제로 뒤져 원하는 회계장부 등을 찾으려 하였다.

판결이유 : 대법원은 주주총회에서의 통상적인 권리행사 범위를 넘어서서 회사의 구체적인 회계장부나 서류철 등을 열람하기 위하여는 별도로 상법 제466조 등에 정해진 바에 따라 회사에 대하여 그 열람을 청구하여야 하고, 만일 회사에서 정당한 이유 없이 이를 거부하는 경우에는 법원에 그 이행을 청구하여 그 결과에 따라 회계장부 등을 열람할 수 있을 뿐 주주총회 장소라고 하여 회사 측의 의사에 반하여 회사의 회계장부를 강제로 찾아 열람할 수는 없다고 할 것이며, 설사 회사 측이 회사 운영을 부실하게 하여 소수주주들에게 손해를 입게 하였다고 하더

라도 위와 같은 사정만으로 주주총회에 참석한 주주가 강제로 사무실을 뒤져 회계장부를 찾아내는 것이 사회통념상 용인되는 정당행위로 되는 것은 아니라고 할 것이라고 하여 방실수색죄를 인정하였다(대판 2001. 9. 7, 2001도2917).

제 5 장 재산에 대한 죄

제 1 절 재산죄 총설

Ⅰ. 재산죄의 의의 및 분류

개인이나 법인의 재산은 헌법이 보장하는 시장경제와 사유재산의 보호를 중심으로 하는 자본주의 경제체제의 핵심이다. 형법상 재산죄에 대한 규정은 재산권 보호를 통하여 경제적 측면에서의 개성 신장과 사회생활의 물질적 기반을 확보하여 주는 기능을 한다.

재산죄는 영득의사 유무에 따라 영득죄와 손괴죄로 나누며, 행위방법에 따라 탈취죄와 편취죄, 행위객체에 따라 재물죄와 이득죄로 분류하기도 한다. 영득죄는 타인의 재물을 영득하는 것을 내용으로 하는 죄로서 절도죄, 강도죄, 사기죄와 공갈죄, 횡령죄, 배임죄가 이에 해당하며 손괴죄는 행위객체의 효용을 해치는 죄이다. 편취죄는 사기죄나 공갈죄처럼 타인의 하자 있는 의사에 기한 재산상의 처분행위를 통하여 재물을 취득하는 것을 말하며, 탈취죄는 절도죄나 강도죄, 장물죄, 횡령죄처럼 타인의 의사와 무관하게 재물을 취득하는 것을 말한다.

Ⅱ. 재산죄의 객체

형법상 재산죄의 객체는 타인의 재물과 재산상의 이익이다. 타인성이 인정되어야 하므로 무주물無主物은 제외된다.

1. 재 물

(1) 유체성설과 관리가능성설

형법상 재물 개념과 관련하여 유체성설과 관리가능성설이 있다. 유체성설은 재물을 일정한 공간을 차지하고 있는 유체물에 국한하는 견해이다. 관리가능성설은 관리가 가능하면 유체물뿐만 아니라 전기 기타 에너지와 같은 무체물도 재물에 포함된다고 보는 견해이다. 형법규정상 재물은 유체물뿐만 아니라 관리 가능한 동력도 포함되며, 이러한 의미에서 관리가능성설에 입각하고 있다.

그러나 이러한 학설상의 대립은 실질적 의미는 없다. 절도죄나 강도죄처럼 일종의 탈취죄는 기본적으로 유체성이 인정되는 재물을 그 대상으로 한다. 관리할 수 있는 동력이 추가된 것은 전기 등 절취 가능한 대상이 등장한 데 따른 것에 불과하며 앞으로도 동력 이외에 정보도 절취 여부를 판단할 수 있는 것을 전제로 재물 개념에 포함시킬 수 있으며 이는 입법정책의 문제에 불과하다.

(2) 재산적 가치 유무

형법 규정상 재물은 통일적인 개념으로 사용되지 않고 있다. 즉 재물 개념은 어의상 재산적 가치 있는 물건이라고 할 수 있는데 재산 범죄에서는 재산적 가치가 없더라도 재물에 해당한다고 본다. 즉 재물이 경제적·금전적 교환가치를 지녀야 하는가에 대해서는 이를 부인하는 것이 통설이다. 판례 역시 절도죄의 객체인 재물은 반드시 객관적인 금전적 교환가치를 가질 필요는 없고 소유자·점유자가 주관적인 가치를 가지고 있는 것으로 족하고, 이 경우 주관적·경제적 가치의 유무를 판별함에 있어서는 그것이 타인에 의하여 이용되지 않는다고 하는 소극적 관계에 있어서 그 가치가 성립하더라도 관계 없다고 본다. 따라서 사실상 퇴사하면서 회사의 승낙 없이 가지고 간 부동산매매계약서 사본들이 절도죄의 객체인 재물에 해당한다고 보았다(대판 2007. 8. 23, 2007도2595). 또한 무상으로 배포하는 신문이라고 하더라도 이를 한부가 아니라 수백부를 가져가는 행위는 절취에 해당한다고 보고 있다(대판 2010. 2. 25, 2009도11781). 그러므로 재산 범죄에서 재물은 소유나 점유의 대상물로 보는 것이 정확하다.

반대견해로는 재산적 가치를 지녀야 하지만 이를 반드시 금전적 교환가치를 의미하는 것은 아니라는 견해도 있다. 이는 재산적 가치와 경제적 가치를 구별하고 전자는 주관적 가치를 의미하는 것으로 이해하는 견해이다. 그러나 이러한 해석을 통하여 무리하게 재물 개념을 재산적 가치 있는 물건으로 통일적으로 이해할 필요는 없다고 본다.

(3) 재물의 타인성

재물의 타인성이 인정되어야 한다. 즉 재물은 무주물이 아니라 타인에게 속한 것이어야 한다. 재물의 타인성은 기본적으로 민법상의 소유권에 기초하여 판단하더라도 최종적으로는 형법상의 개념에 따라야 한다. 그러므로 민시상의 소유권에 귀속되는 개념으로 해석할 것이 아니라 사회관념상 타인성이 인정되고 이를 보호할 이익이 있다고 판단되면 인정하여야 한다. 예를 들어 은행 자기 계좌에 잘못 입금된 금액을 자신의 카드를 이용하여 인출한 경우에는 비록 계좌상의 명의인은 본인이지만 실질적으로는 자신의 소유가 인정되지 않기 때문에 횡령죄가 성립한다. 만일 통장을 이용하여 은행에서 현금을 인출하였다면 은행에 대한 사기죄가 성립한다.

판례 양도담보와 소유권

• 금전채무를 담보하기 위하여 채무자가 그 소유의 동산을 채권자에게 양도하되 점유개정에 의하여 채무자가 이를 계속 점유하기로 한 경우, 특별한 사정이 없는 한 동산의 소유권은 신탁적으로 이전되고, 채권자와 채무자 사이의 대내적 관계에서 채무자는 의연히 소유권을 보유하나 대외적인 관계에 있어서 채무자는 동산의 소유권을 이미 채권자에게 양도한 무권리자가 된다. 따라서 동산에 관하여 양도담보계약이 이루어지고 채권자가 점유개정의 방법으로 인도를 받았다면, 그 정산절차를 마치기 전이라도 양도담보권자인 채권자는 제3자에 대한 관계에 있어서는 담보목적물의 소유자로서 그 권리를 행사할 수 있다.

양도담보권자인 채권자가 제3자에게 담보목적물인 동산을 매각한 경우, 제3자는 채권자와 채무자 사이의 정산절차 종결 여부와 관계 없이 양도담보 목적물을 인도받음으로써 소유권을 취득하게 되고, 양도담보의 설정자가 담보목적물을 점유하고 있는 경우에는 그 목적물의 인도는 채권자로부터 목적물반환청구권을 양도받는 방법으로도 가능하다. 채권자가 양도담보 목적물을 위와 같은 방법으로 제3자에게 처분하여 그 목적물의 소유권을 취득하게 한 다음 그 제3자로 하여금 그 목적물을 취거하게 한 경우, 그 제3자로서는 자기의 소유물을 취거한 것에 불과하므로, 채권자의 이 같은 행위는 절도죄를 구성하지 않는다(대판 2008. 11. 27, 2006도4263).

(4) 재물성이 문제되는 경우

1) 부동산

부동산(민법상 부동산은 토지 및 토지에 부착된 지상물을 의미한다. 민법 제99조 제1항)의 경우 재물에는 포함되지만 재물을 행위객체로 한 구성요건에 부동산이 반드시 포함되는가는 별개의 문제이다. ① 포함설(김종원, 오영근, 임웅, 정/박)에서는 절도죄에서 절취는 지배가 이전되는 것을 의미하고 재물의 장소적 이전을 필요로 하지 않는다는 입장이다. 그러므로 부동산도 절도죄나 강도죄의 행위객체에 포함될 수 있다고 본다. ② 그러나 절취나 강취 모두 타인의 현실적인 점유지배를 배제하고 새로운 점유지배를 확립하는 것을 전제로 하므로 행위객체의 가동성可動性을 필요로 한다. 그렇지만 부동산은 현실적으로 이러한 가동성의 대상이 될 수 없다고 보아야 하므로 사기죄나 횡령죄의 행위객체는 되지만 부동산에 대한 절도죄나 강도죄는 성립할 수 없다고 보는 불포함설(소극설)이 타당하다(통설). 그러므로 타인의 토지에 설치된 경계표를 이동시켜 자기의 토지인 것처럼 하는 행위는 절도죄가 아니라 경계침범죄(제370조)에 해당할 수 있다. 반면에 횡령죄의 경우에는 점유이전을 필요로 하지 않으므로 부동산도 횡령죄의 행위객체인 재물에 해당한다.

2) 정 보

정보의 재물성에 대해서 판례는 이를 부정하고 있다. 즉 판례는 컴퓨터에 저장되어 있는 '정보' 그 자체는 유체물이라고 볼 수도 없고, 물질성을 가진 동력도 아니므로 재물이 될 수 없다 할 것이며, 또 이를 복사하거나 출력하였다 할지라도 그 정보 자체가 감소하거나 피해자의 점유 및 이용가능성을 감소시키는 것이 아니므로 그 복사나 출력행위를 가지고 절도죄를 구성한다고 볼 수도 없다(아래 판례 참조)고 판시하여 정보의 재물성을 부인하고 있다. 즉 현행법상 정보를 재물이나 재산상의 이익 개념에 포함시킬 수 없다.

그러나 기업정보나 기술정보와 같이 유형물로서의 재물은 아니지만 재산적 가치를 지닌 정보를 보호하기 위해 이를 재산 범죄의 행위객체에 포함시키거나 정보 절취에 대한 별도의 구성요건을 신설할 필요성이 있다. 이와 관련하여 '부정경쟁방지 및 영업비밀보호에 관한 법률'은 타인의 상표 · 상호商號 등을 부정하게 사용하는 등의 부정경쟁행위와 타인의 영업비밀을 침해하는 행위를 방지하기 위한 규정을 두고 있다. 영업비밀은 공공연히 알려져 있지 아니하고 독립된 경제적 가치를 가지는 것으로서, 상당한 노력에 의하여 비밀로 유지된 생산방법, 판매방법, 그 밖에 영업활동에 유용한 기술상 또는 경영상의 정보이다. 동법에서 규정하고 있는 영업비밀 침해행위를 처벌(동법 제18조)하는 것은 기업의 중요한 정보를 보호하기 위한 장치로 볼 수 있다.

판례 **기술정보 절취와 절도죄 성립 여부**

• **사건개요**: 피고인 을이 피고인 갑에게 피해자 주식회사에 보관되어 있는 직물원단고무코팅 시스템의 설계도면과 공정도를 빼내오도록 요구하자 갑은 이를 승낙한 후, 동 회사 연구개발실에서 그 곳 노트북 컴퓨터에 저장되어 있는 설계도면을 A2용지에 2장을 출력하여 가지고 나왔다.

판결이유: 대법원은 절도죄의 객체는 관리가능한 동력을 포함한 '재물'에 한한다 할 것이고, 또 절도죄가 성립하기 위해서는 그 재물의 소유자 기타 점유자의 점유 내지 이용가능성을 배제하고 이를 자신의 점유하에 배타적으로 이전하는 행위가 있어야만 할 것인바, 컴퓨터에 저장되어 있는 **'정보' 그 자체는 유체물이라고 볼 수도 없고, 물질성을 가진 동력도 아니므로 재물이 될 수 없다** 할 것이며, 또 **이를 복사하거나 출력하였다 할지라도 그 정보 자체가 감소하거나 피해자의 점유 및 이용가능성을 감소시키는 것이 아니므로 그 복사나 출력 행위를 가지고 절도죄를 구성한다고 볼 수도 없다** 할 것인 바, … 컴퓨터에 저장되어 있는 위 시스템의 설계 자료를 절취하였다는 것이라면, 이는 절도죄의 객체가 될 수 없는 '정보'를 절취하였다는 것이 되어 절도죄를 구성하지 아니한다고 판시하였다. 또한 피고인 갑에 의하여 출력된 위 설계도면은 피해회사의 업무를 위하여 생성되어 피해 회사에 의하여 보관되고 있던 문서가 아니라, 피고인 갑

이 가지고 갈 목적으로 피해 회사의 업무와 관계 없이 새로이 생성시킨 문서라 할 것이므로, 이는 피해 회사 소유의 문서라고 볼 수는 없다 할 것이어서, 이를 가지고 간 행위를 들어 피해 회사 소유의 설계도면을 절취한 것으로 볼 수는 없다고 판시하여 절도죄 성립을 부인하였다(대판 2002. 7. 12, 2002도745). 이 판결은 재물을 일단 유체물에 국한시키고 있는 듯이 보인다.

3) 금제품

금제품禁制品이란 마약(마약류관리에 관한 법률), 총포(총포·도검·화약류의 안전관리에 관한 법률), 음란한 물건(제244조) 등과 같이 소유 또는 소지가 금지된 물건을 말한다. 금제품이 재물에 포함된다면 절도죄 등의 행위객체가 되지만 그렇지 않을 경우에는 금제품을 절취하더라도 절도죄에 해당하지 않는다. 이에 대하여는 ① 금제품은 경제적 이용이 불가능하거나 소유권의 객체가 되지 못한다는 견해(소극설), ② 금제품이더라도 몰수되기까지는 소유 또는 점유가 보호되어야 하므로 절도죄의 객체가 될 수 있다는 견해(적극설), ③ 점유가 금지된 물건(예: 불법소지 무기)은 절도죄의 객체가 되지만 소유권의 객체가 될 수 없는 물건(예: 위조통화)은 절도죄의 객체가 될 수 없다는 견해(절충설)가 있다. 생각건대 금제품의 거래행위가 금지되어 있다고 하여 소유권의 대상이 될 수 없다고 볼 수 없다. 그러므로 금제품에 대해서도 절도죄가 성립할 수 있다고 보아야 한다,

판례 **대마에 대한 절도죄와 무허가대마소지죄**

• 대마취급자가 아닌 자가 절취한 대마를 흡입할 목적으로 소지하는 행위는 절도죄의 보호법익과는 다른 새로운 법익을 침해하는 행위이므로 절도죄의 불가벌적 사후행위로서 절도죄에 포괄흡수된다고 할 수 없고 절도죄 외에 별개의 죄를 구성한다고 할 것이며, **절도죄와 무허가대마소지죄는 경합범**의 관계에 있다(대판 1999. 4. 13, 98도3619).

4) 신체 · 사체

살아있는 사람의 신체가 행위객체인 재물이 아닌 것은 명백하지만 적출된 장기, 혈액, 모발과 같이 신체에서 분리된 신체의 일부는 재물에 해당한다고 볼 수 있다. 사체의 경우에는 소유권의 객체에서 제외된다고 보아야 하므로 재물에 해당하지 않지만 예외적으로 행위객체가 될 수 있는 사체도 있다(예: 해부용으로 기증된 사체). 재물에 해당하지 않는 사체는 제161조(사체 등의 영득)가 적용된다.

5) 동 물

동물도 재물의 일종이다. 동물은 가축이나 애완용 어조류를 말하고 야생상태로 있는 야생동물은 포함되지 않는다. 야생동물이 사육되거나 관리되고 있으면 재물이 되나, 도주하여 더 이상 관리가 불가능한 경우에는 재물이 아니다. 동물의 경우 이를 학대하는 행위 등은 본 죄가 아니라 동물보호법이 적용될 수 있다.

2. 재산상의 이익

재산상의 이익이란 재물 이외에 일정한 재산적 가치 또는 이익을 말한다. 재산상의 이익은 적극적 재산의 증가뿐만 아니라 채무감소처럼 소극적 재산의 감소를 포함한다. 재산상의 이익은 사법상 유효한 이익만을 의미하는 것이 아니라 외견상 재산상의 이익을 얻을 것이라고 인정할 수 있는 사실관계가 있으면 된다.

3. 불법영득의사

(1) 의 의

불법영득의 의사라 함은 권리자를 배제하고 타인의 물건을 자기의 소유물과 같이 그 경제적 용법에 따라 이용·처분할 의사를 말한다. 영득의사는 적극적 요소로서 재물을 최소한 일시적으로라도 소유자처럼 이용한다는 이용의사가 있어야 하고, 소극적 요소로서 권리자의 점유를 일시적이 아니라 일정 기간 동안 배제한다는 배제의사가 인정되어야 한다. 이용의사에 의하여 절도죄와 손괴죄는 구별되며, 배제의사에 의하여 횡령죄 및 사용절도와 구별된다.

형법은 불법영득의사를 명시적으로 규정하고 있지 않다. 그러나 통설과 판례는 불법영득의사가 구비되어야 한다는 입장이다. 이를 위해서는 영구적으로 재물의 경제적 이익을 보유할 의사가 필요한 것은 아니지만 단순한 점유의 침해만으로는 인정할 수 없고 소유권 또는 이에 준하는 본 권을 침해하는 의사 즉 목적물의 물질을 영득할 의사이거나 또는 그 물질의 가치만을 영득할 의사이든 적어도 그 재물에 대한 영득의 의사가 있어야 한다고 판시하고 있다(대판 1992. 9. 8, 91도3149).

판례 불법영득의사를 부인한 경우

• 피고인 갑은 피해자 A조합소유의 단층 창고 2동(B가 1997.경 X농산으로부터 도급을 받아 이 사건 창고를 신축하였으나, X농산의 부도로 B는 공사대금을 지급받지 못한 창고임)에서, 피해자로부터 이 창고의 패널을 철거하여도 좋다는 허락을 받은 사실이 없음에도 불구하고 그 정을 모르는 B로 하여금 이 창고 중 한 동의 패널 82장을 뜯어내어 피고인이 운영하는 산림목탄 숯 공장으로 운반하게 하였고, 이 후 다시 같은 장소에서 그 정을 모르는 B로 하여금 나머지 한 동의 창고의 패널 82장을 뜯어내어 위 숯 공장으로 운반하게 하였다.

간접정범에 의한 절도죄로 기소된 이 사건에 대하여 대법원은 이 사건 창고는 B가 원시취득한 것으로 B에게 소유권이 있으므로 조합의 소유라고 할 수 없고, 피고인이 바로 그 소유자인 B로 하여금 이 사건 창고의 패널을 뜯어오도록 시켰으므로, 피고인에게 소유자를 배제한다는 불법영득의사가 있었다고 할 수 없다는 이유로 무죄를 선고하였다(대판 2006. 9. 28, 2006도2963).

• 피고인이 살해도구로 이용한 골프채와 옷 등 다른 증거품들과 함께 살해된 피해자의 주머니에서 꺼낸 지갑을 자신의 차량에 싣고 가다가 쓰레기 소각장에서 태워버린 경우, 살인 범행의 증거를 인멸하기 위한 행위로서 불법영득의 의사가 있었다고 보기 어렵다(대판 2000. 10. 13, 2000도3655). 이 판결은 지갑을 이용할 의사가 없었으므로 불법영득의 적극적 요소를 인정하지 않은 것이다.

• 피해자의 승낙 없이 혼인신고서를 작성하기 위하여 피해자의 도장을 몰래 꺼내어 사용한 후 곧바로 제자리에 갖다 놓은 경우, 도장에 대한 불법영득의 의사가 있었다고 볼 수 없다(대판 2000. 3. 28, 2000도493).

이 판결은 도장을 사용한 후 반환하였기 때문에 불법영득의사의 요소 중 소극적 요소의 흠결을 이유로 인정하지 않은 것이다. 사문서위조 및 동 행사죄, 공정증서원본부실기재죄 및 동 행사죄(경합범)가 인정된다.

• 피고인이 군무를 이탈할 때 총기를 휴대하고 있는지조차 인식할 수 없는 정신상태에 있었고 총기는 어떤 경우라도 몸을 떠나서는 안 된다는 교육을 지속적으로 받아왔다면 사격장에서 군무를 이탈하면서 총기를 휴대하였다는 것만 가지고는 피고인에게 총기에 대한 불법영득의 의사가 있었다고 할 수 없다(대판 1992. 9. 8, 91도3149).

(2) 불법영득의 대상

불법영득의 대상이란 절취물의 본질을 어떻게 규정할 것인가의 문제이다. 다시 말해 절취물 자체를 의미하는가 아니면 절취물이 갖는 가치를 대상으로 하는가이다. 이는 불법영득의 대상물을 확정하는 문제이므로 곧 절도죄의 성립 범위를 정하는 의미를 갖는다.

① 물체설은 영득의 대상을 절취물 자체로 파악하는 견해이다. 그러므로 절취물을 통하여 실현되는 간접적인 이익은 영득의 대상이 아니므로 이에 대해서는 절도죄가 성립하지 않는다. 물체설을 따를 경우 예금통장을 절취하여 예금을 인출하고 통장을 반환하면 예금에 대한 절도죄는 성립하지 않으며 반환한 예금통장에 대한 절도죄를 인정하기도 어렵게 된다. 마찬가지로 신용카드를 훔쳐 현금을 인출한 다음 이를 다시 반환한 경우에도 불가벌적인 사용절도에 불과하다.

② 가치설은 재물의 영득이 권리자를 배제하고 재물이 갖는 경제적 가치를 권리자처럼 이용하기 위한 것이라는 견해이다. 예를 들면 예금통장은 예금청구권을 행사할 수 있는 증서로서 가치설에 의하면 이를 절취하여 반환하더라도 절도죄에 해당한다. 신용카드를 훔쳐 사용한 다음 이를 다시 제자리에 갖다 놓은 경우에 가치설에 의하더라도 신용카드의 가치 감소나 소유권의 배제가 없으므로 절도죄를 인정하기가 어렵다. 그러나 가치설의 확대는 절도죄의 성립 범위를 부당하게 확대할 가능성이 있으므로 제한적으로 이해하여야 한다.

예를 들면 배달 예정인 주문상품을 무단으로 주문자에게 가지고 가서 배달을 한 다음 주문자로부터 상품가격을 취득한 자에 대해 주문상품을 절취하지 않았음에도 불구하고 가치설을 확대 적용하여 절도죄를 인정한 독일판례가 있다.

③ 결합설은 영득의사의 본질이 재물 자체 이외에도 재물이 갖는 경제적 가치를 권리자처럼 이용하겠다는 의사라고 이해하는 견해이다(통설·판례). 경제적 가치란 단순한 사용가치를 의미하는 것이 아니라 특수한 기능적 가치를 의미하므로 이러한 기능적 가치가 저하되지 않으면 영득의사가 인정되지 않는다는 것이 결합설의 입장이다.

불법영득의 대상물은 연혁적으로는 유체물만을 상정하였다고 할 수 있다. 그러나 절취의 목적이 반드시 유체물에 국한된다고 볼 수 없는 행위객체의 등장에 따라 가치설이 주장되었고, 결국 불법영득의 본질은 대상물에 따라 물체나 가치 가운데 어느 한 가지를 영득하기 위하여 절취를 하는 것으로 이해하여야 한다.

판례 훔친 신용카드로 현금을 인출한 후 반환한 경우의 불법영득의사

• **사건개요**: 피고인이 종업원으로 일하던 가게에서 가게 주인인 피해자가 자리를 비운 틈을 타서 피해자가 두고 간 핸드백에서 피해자 소유의 신용카드를 꺼내어 그 곳에서 약 50m 떨어진 현금자동지급기에서 이 신용카드를 이용하여 50만원을 현금서비스 받고, 다시 가게로 돌아와서 피해자의 핸드백 안에 신용카드를 넣어 두었다.

판결이유: 대법원은 신용카드업자가 발행한 신용카드는 이를 소지함으로써 신용구매가 가능하고 금융의 편의를 받을 수 있다는 점에서 경제적 가치가 있다 하더라도, 그 자체에 경제적 가치가 화체되어 있거나 특정의 재산권을 표창하는 유가증권이라고 볼 수 없고, 단지 신용카드회원이 그 제시를 통하여 신용카드회원이라는 사실을 증명하거나 현금자동지급기 등에 주입하는 등의 방법으로 신용카드업자로부터 서비스를 받을 수 있는 증표로서의 가치를 갖는 것이어서, 이를 사용하여 현금자동지급기에서 현금을 인출하였다 하더라도 **신용카드 자체가 가지는 경제적 가치가 인출된 예금액만큼 소모되었다고 할 수 없으므로**, 이를 일시 사용하고 곧 반환한 경우에는 불법영득의 의사가 없다고 판시하여 신용카드에 대한 절도죄 성립을 부인하였다(대판 1999. 7. 9, 99도857).

평 가: 이 판결은 타인의 신용카드를 사용하여 현금을 인출한 다음 이를 반환한 경우에 신용카드에 대한 불법영득의사를 인정하지 않는 것으로서 그 이유는 신용카드가 갖는 경제적 가치가 저하되지 않았다는 점을 들고 있다. 즉 신용카드가 훼손되지도 않았으며 예금인출 기능이 저하된 것도 아니라는 점을 들고 있다고 볼 수 있다(통설). 이 판결은 예금통장 절취의 경우와 비교하여 살펴보면 예금통장은 예금주의 예금사실과 예금액을 표창하여 주는 경제적 가치를 지닌 반면에 신용카드는 현금자동인출기를 이용할 수 있는 기술적 기능을 지닌 것("그 자체에 경제적 가치가 화체되어 있거나 특정의 재산권을 표창하는 유가증권이라고 볼 수 없고, 단지 신용카드 회원이 그 제시를 통하여 신용카드 회원이라는 사실을 증명하거나 현금자동지급기 등에

주입하는 등의 방법으로 신용카드업자로부터 서비스를 받을 수 있는 증표로서의 가치를 갖는 것")에 불과하다는 것에서 다르다고 본다. 즉 예금통장의 경우에는 예금액의 인출이 통장에 그대로 나타나지만 신용카드의 경우에는 외견상 전혀 알 수 없는 것이다. 결과적으로 행위자는 절도죄에는 해당하지 않으며 여신전문금융업법(제70조 제1항 제3호) 위반죄에만 해당한다. 입법론적으로는 컴퓨터사용사기죄(제347조의2)의 행위객체를 재물로 확대하여 이에 해당되도록 하는 것이 타당하다.

(3) 영득의사의 위법성

영득의사는 위법하여야 한다(불법영득의사). 영득의사가 위법하기 위해서는 ① 재물의 취거가 정당한 청구권에 기하지 않음을 의미한다는 견해와 ② 적법한 청구권을 가지고 있더라도 자구행위의 요건이 추가적으로 존재하지 않아야 한다는 견해가 있다. 두 번째 견해는 청구권 보전이 가능한 상태에서는 무단취거행위를 절도죄가 성립한다고 보는 것으로서 통설이며 판례도 이러한 입장이다(대판 1973. 2. 28, 72도2538). 적법한 청구권을 가진 자의 취거행위를 위법하다고 볼 수는 없기 때문에 ①의 견해가 타당하다.

(4) 제3자를 위한 절취행위와 영득의사

절취행위자가 자신이 아니라 제3자를 위하여 절취를 한 경우에도 영득의사를 인정할 수 있는지가 문제되지만 이를 인정하는 것이 통설·판례의 입장이다. 예를 들어 다른 사람에게 주기 위하여 타인의 재물을 훔친 경우는 물론이고 권리자에게 이를 되팔기 위하여 절취한 경우에도 불법영득의사는 인정된다.

제 2 절 절도의 죄

Ⅰ. 의의·보호법익·구성요건체계

절도죄는 타인의 재물을 절취하는 경우에 성립하는 죄이다. 절취의 대상은 재물이며 보호법익은 재물의 ① 소유권설(김/김, 김/서, 이/장/강, 이정원, 배종대), ② 점유설, ③ 소유권 및 점유설(김종원, 손동권, 이형국, 임웅, 정/박)이 있다. 소유권이라는 견해가 타당하다. 왜냐하면 ① 형법은 제323조에 권리행사방해죄를 별도로 규정하여 소유권 이외의 점유권과 같은 물권을 보호하는 죄를 두고 있으며, ② 절도죄는 점유의 침해에 의하여 소유권을 침해하는 범죄이지 소유권과 별도로 점유를 보호법익으로 하는 죄는 아니며, ③ 점유는 절취의 개념을 파악함에 필요한 요소이지 절도죄의 보호법익은 아니다. 따라서 점유 중인 재물에 대한 절취행위는 결국 해당 재물의 소유권을 침해하는 행위라고 볼 수 있는 것이다.

절도죄의 보호 정도에 대해서는 침해범설과 위험범설(김/김, 이/장/강. 소유권에 대해서는 위험범, 점유권에 대해서는 침해범이라는 견해도 있다(임웅, 손동권))이 있는데 침해범으로 보는 것이 타당하다. 위험범으로 보는 견해는 절취에 의하여 절도범이 소유권자가 될 수 없다는 점을 이유로 든다. 그러나 법적 소유권자가 되지 못하더라도 실질적으로 소유권의 내용인 재물에 대한 사용, 수익, 처분이 침해당한 것이므로 침해범으로 보아야 한다. 절도죄의 미수범은 처벌한다(제342조).

절도의 죄의 구성요건 체계는 단순절도죄(제329조)를 기본적 구성요건으로 하고, 가중적 구성요건으로 야간주거침입절도죄(제330조), 특수절도죄(제331조), 상습절도죄(제332조)를 두고 있다. 감경적 구성요건으로 자동차 등 불법사용죄(제331조의2)가 있다. 이들 각 죄의 미수범을 처벌하고 자격정지를 병과할 수 있으며, 친족상도례의 규정(제328조)이 적용된다.

Ⅱ. 절도죄

> **제329조(절도)** 타인의 재물을 절취한 자는 6년 이하의 징역 또는 1천만원 이하의 벌금에 처한다.
>
> **제342조(미수범)** 제329조 내지 제341조의 미수범은 처벌한다.

1. 객관적 구성요건

(1) 타인의 재물

절도의 대상은 소유자 또는 점유자가 점유하고 있는 타인의 재물이다. 재물의 재산적 가치는 필요하지 않으며(예: 주민등록증, 서신, 사진 등) 소유자나 점유자가 본인만이 가지고 있어야 한다는 주관적 가치가 있으면 된다(통설; 대판 1996. 5. 10, 95도3057). 청구권이나 지적 재산권과 같은 권리, 소프트웨어(software) 등은 포함되지 않지만 이들 권리가 기재·수록된 물체는 재물에 포함된다.

민법상 선의취득(민법 제249조)은 평온·공연하게 장물인 사실을 모르고 양수한 자가 무과실인 경우에는 소유권을 취득한다. 반면에 절도·강도죄에 의한 도품盜品인 경우에는 예외규정을 두고 있다(민법 제250조, 제251조). 소유자의 의사가 개입된 사기·공갈·횡령에 의하여 취득한 재물은 금전을 제외하고는 선의취득 예외대상에서 제외된다. 즉 사기·공갈은 소유자의 재산상 처분행위가 있었다는 점에서, 그리고 횡령의 경우에는 소유자의 재물에 대한 보관 위탁이 있었다는 점에서 소유자의 의사가 개입되어 있다. 그러므로 이러한 본범행위에 의하여 취득한 재물에 대해서는 선의취득이 허용되어 반환청구권 행사가 제한되는 것이다.

판례 재물성

① 위조된 유가증권의 재물성

• 유가증권도 그것이 정상적으로 발행된 것은 물론 비록 작성권한 없는 자에 의하여 위조된 것이라고 하더라도 절차에 따라 몰수되기까지는 그 소지자의 점유를 보호하여야 한다는 점에서 형법상 재물로서 절도죄의 객체가 된다(대판 1998. 11. 24, 98도2967).

② 명의신탁 자동차의 소유권 귀속관계

• 피고인이 사실혼 관계에 있는 피해자(여)에게 자신 명의로 등록되어 있는 승용차를 선물로 증여하여 피해자만이 운행하여 관리하였다. 그 후 두 사람이 별거하면서 재산분할 내지 위자료 명목으로 자동차는 피해자가 소유하기로 하였는데 피고인이 임의로 운전해 간 사안에서, 대법원은 당사자 사이에 소유권을 등록명의자 아닌 자가 보유하기로 약정하는 등의 특별한 사정이 있는 경우에는 그 내부관계에 있어서는 등록명의자 아닌 자가 소유권을 보유하게 된다고 하여 피고인에게 절도죄를 인정하였다(대판 2013. 2. 28, 2012도15303).

(2) 점 유

1) 형법상 점유

점유란 재물을 실제적으로 지배하고 있는 상태를 말한다. 형법상의 점유는 민법상의 점유보다 현실적인 사실상의 지배를 의미하기 때문에 타인을 위하여 재물을 소지하고 있는 경우에도 현실적으로 소지하는 자가 점유자가 된다. 그러므로 민법상 인정되는 간접점유(민법 제194조), 점유보조자에 의한 점유(민법 제195조), 점유의 상속(민법 제193조)은 재물에 대한 현실적인 지배가 없으므로 형법상 점유로 인정되지 않는다. 법인은 점유의 주체가 될 수 없다.

사실상의 지배 여부를 판단하는 기준으로서는 점유자의 점유의사의 강약(주관적 요소), 재물 자체의 형상, 객관적·물리적 지배관계의 강약(객관적 요소) 등이 있다. 점유자의 점유의사는 특정 재물에 대한 구체적 점유의사가 아니라 일반적 점유의사를 의미한다. 그리고 현실적 의사가 아니라 잠재적 점유의사로도 충분하며(예: 의식불명자), 행위능력을 필요로 하지도 않는다(예: 어린아이). 재물 자체의 특성은 재물의 특성에 따라 지배 형태가 다르기 때문에 점유 여부를 판단하는 데에 이러한 요소가 감안되어야 함을 의미한다.

판례 점 유

① 점유를 부인한 경우

• 고속버스 운전사는 고속버스의 관수자로서 차내에 있는 승객의 물건을 점유하는 것이 아니고 **승객이 잊고 내린 유실물**을 교부받을 권능을 가질 뿐이므로 **유실물을 현실적으로 발견하지 않는 한 이에 대한 점유를 개시하였다고 할 수 없고**, 그 사이에 다른 승객이 유실물을 발견하고 이를 가져 갔다면 절도에 해당하지 아니하고 점유이탈물횡령에 해당한다(대판 1993. 3. 16, 92

도3170). 이 판례는 점유 여부를 판단하는 데에 사회적 · 규범적 요소도 기준이 될 수 있음을 의미한다.

② 점유를 인정한 경우

• 피해자가 피씨방에 두고 간 핸드폰은 피씨방 관리자의 점유하에 있어서 제3자가 이를 취한 행위는 절도죄를 구성한다(대판 2007. 3. 15, 2006도9338; 1988. 4. 25, 88도409).

• 강간을 당한 피해자가 도피하면서 현장에 놓아두고 간 손가방은 점유이탈물이 아니라 사회통념상 피해자의 지배하에 있는 물건이라고 보아야 하므로 손가방 안의 돈을 꺼낸 행위는 절도죄에 해당한다(대판 1984. 2. 28, 84도38). 이 판례 역시 점유를 현실적으로 누가 하고 있는지 여부도 중요하지만 경우에 따라서는 원 권리자의 점유지배를 외견상 이탈한 것으로 보이는 경우에도 점유지배의 계속성을 인정할 수 있음을 보여준다.

2) 점유의사

점유 인정 여부를 판단하는 데에는 재물에 대한 객관적 지배 이외에 피해자의 점유의사가 필요하다. 점유는 보호객체(예: 권리행사방해죄, 제323조)나 행위주체(예: 횡령죄에서 보관자) 또는 행위대상(예: 절도죄)으로서 기능을 한다. 점유의사는 반드시 소유의사나 영득의사를 필요로 하는 것은 아니다. 이러한 점유가 인정되기 위한 요건으로서 점유의사가 필요한데 여기에는 사실상의 재물지배의사를 의미하는 ① 객관적 · 물리적 요소, ② 재물을 자기의 의사에 따라 처리하는 것을 의미하는 주관적 · 정신적 요소 및 ③ 사회적 · 규범적 요소가 포함된다. 사회적 · 규범적 요소란 점유가 재물에 대한 신체적 · 물리적 근접성이나 지배의사의 크기에 의해서만 결정되는 것이 아니라 사회생활상의 일반적 경험칙에 의해서도 인정되는 것을 의미한다. 이 경우 피해자가 점유하는 재물의 위치를 의식하는 경우와 위치를 망각한 경우가 있을 것이다. 전자의 경우에는 당연히 점유가 인정되며, 후자의 경우에도 점유를 포기할 의사가 없는 한 피해자의 잠재적 점유의사가 인정되므로 점유를 인정할 수 있다.

판례 재물에 대한 지배의사

• 사건개요 : 피고인이 내연관계에 있는 갑과 아파트에서 동거하다가, 갑의 사망으로 갑의 상속인인 을 및 병 소유에 속하게 된 부동산 등기권리증 등 서류들이 들어 있는 가방을 위 아파트에서 가지고 가 절취하였다는 내용으로 기소되었다.

판결이유 : 피고인이 갑의 사망 전부터 아파트에서 갑과 함께 거주하였고, 갑의 자식인 을 및 병은 위 아파트에서 전혀 거주한 일이 없이 다른 곳에서 거주 · 생활하다가 갑의 사망으로 아파트 등의 소유권을 상속하였으나, **을 및 병이 갑 사망 후 피고인이 가방을 가지고 가기까지 그들의 소유권 등에 기하여 아파트 또는 그곳에 있던 가방의 인도 등을 요구한 일이 전혀 없는 사정** 등에 비추어, 피고인이 가방을 들고 나온 시점에 을 및 병이 아파트에 있던 가방을 사실상 지배

하여 점유하고 있었다고 볼 수 없어 피고인의 행위가 을 등의 가방에 대한 점유를 침해하여 절도죄를 구성한다고 할 수 없다(대판 2012. 4. 26, 2010도6334).

평 가: 상속인인 을과 병이 가방 등에 대하여 사실상 재물지배를 하지 못하였고, **재물의 존재사실**도 인식하지 못하였으므로 점유지배의사가 인정되지 않는다고 본 것이다.

• **사건개요**: 임차인이 임대계약 종료 후 식당건물에서 퇴거하면서 식당건물 외벽 쪽에 설치하여 사용하던 대형냉장고의 전원을 켜 둔 채 그대로 두었다가 약 1개월 후 철거요구를 받고 철거하였는데 그 기간 동안 22,965원 상당의 전기가 소비되었다.

판결이유: 절취란 타인이 점유하고 있는 재물을 점유자의 의사에 반하여 그 점유를 배제하고 자기 또는 제3자의 점유로 옮기는 것을 말하고, 어떤 물건이 타인의 점유하에 있는지 여부는, 객관적인 요소로서의 관리범위 내지 사실적 관리가능성 외에 주관적 요소로서의 지배의사를 참작하여 결정하되 궁극적으로는 당해 물건의 형상과 그 밖의 구체적인 사정에 따라 사회통념에 비추어 규범적 관점에서 판단하여야 한다. 이에 따라 대법원은 임차인이 퇴거 후에도 냉장고에 관한 점유·관리를 그대로 보유하고 있었다고 보아야 하므로, 냉장고를 통하여 전기를 계속 사용하였다고 하더라도 이는 당초부터 자기의 점유·관리하에 있던 전기를 사용한 것일 뿐 타인의 점유·관리하에 있던 전기가 아니어서 절도죄가 성립하지 않는다고 판시하였다(대판 2008. 7. 10, 2008도3252).

평 가: 이 판결은 피고인이 퇴거하면서 두고 간 냉장고에 의한 전기사용분에 대한 절도죄가 문제되었지만 대법원은 위와 같이 냉장고에 대한 점유가 피고인에게 인정된다는 이유로 절도죄 성립을 부인하였으며 타당한 결론이다.

3) 공동점유물

대등한 공동점유의 경우에 1인이 다른 점유자의 동의를 받지 않고 재물을 자기의 점유지배로 옮긴 경우에는 다른 공동점유자에 대한 관계에서 횡령죄가 아니라 절도죄에 해당한다(통설, 판례). 상하주종관계가 인정되는 경우 즉 하위점유자가 인정되는 경우에는 점유가 인정되기 때문에 하위점유자에 의한 재물영득은 횡령죄에 해당하지만 점유보조자(민법 제195조 참조)에 의한 재물영득은 절도죄를 구성한다고 보아야 한다.

위탁에 의하여 물건을 운반하는 경우 위탁자와 운반자 중 누가 점유자인가에 대하여 위탁자에게 위탁관계에 의한 점유를 인정하여 운반과정에서 물건을 빼돌리면 횡령죄의 성립을 인정하는 견해도 있다. 그러나 위탁자의 현실적인 통제와 감독이 가능한지에 따라 판단하는 것이 타당하다. 따라서 일반적인 경우 근거리 운반에서는 위탁자가 점유하나, 장거리 운반의 경우에는 운반자가 점유한다고 보여진다.

명의신탁된 등록대상물의 점유와 관련하여 판례는 당사자 사이에 자동차나 중기(또는 건설기계)의 소유권을 등록 명의자 아닌 자(명의신탁자)가 보유하기로 약정하는 등의 특별한 사정이 있는 경우에는 그 내부관계에 있어서는 명의신탁자가 소유권을 보유하게 된다고 본다. 이에 따라 자동차 명의신탁관계에서 제3자가 명의수탁자로부터 승용차를 가져가 매도할 것을 허락받고 인감증명 등을 교부받아 승용차를 명의신탁자 몰래 가져간 경우, 제3자와 명의수탁자의 공모·가공에 의한 절도죄의 공모공동정범이 성립한다고 판시하고 있다(대판 2007. 1. 11, 2006도4498). 이 경우에는 명의수탁자와 제3자, 즉 자동차 처분자를 명의신탁자에 대한 횡령죄의 공동정범으로 볼 수도 있다. 이는 자동차를 실질적으로 누가 점유하고 있었느냐를 중심으로 판단하는 입장이다.

판례 공동점유

① 대등한 공동점유의 경우

• 인장이 들은 돈 궤짝을 사실상 별개 가옥에 별거 중인 남편이 그 거주가옥에 보관중이었다면 처가 그 돈 궤짝의 열쇠를 소지하고 있었다고 하더라도 그 안에 들은 인장은 처의 단독 보관하에 있은 것이 아니라 남편과 공동보관하에 있다고 보아야 할 것이므로, **공동보관자 중의 1인인 처가 다른 보관자인 남편의 동의없이 불법영득의 의사로 위 인장을 취거한 이상 절도죄를 구성한다**고 보아야 할 것이다(대판 1984. 1. 31, 83도3027).

② 상하주종관계의 하위점유자

• 은행에서 찾은 현금을 운반하기 위하여 소지하게 된 자가 그 금원 중 일부금을 꺼내어 이를 영득한 경우에는 피고인의 **운반을 위한 소지는 피고인의 독립적인 점유에 속하는 것이 아니고 피해자의 점유에 종속하는 점유의 기관으로서 소지함에 지나지 않으므로 이를 영득한 행위는 피해자의 점유를 침탈함에 돌아가기 때문에 절도죄가 성립한다**고 해석함이 정당하다(대판 1966. 1. 31, 65도1178).

4) 사자의 점유

사자死者에 대한 점유를 인정할 수 있는지 여부에 대해서는 소극설과 적극설로 나뉜다. ① 소극설은 사람은 사망과 동시에 점유 요소인 지배의사를 상실하므로 사자의 점유를 인정할 수 없다는 견해이다. 그러므로 사자의 점유물을 취거하는 행위는 절도죄가 아니라 점유이탈물횡령죄에 해당하게 된다(김성돈, 김/서, 손동권, 이/장/강, 이정원). ② 적극설에서는 형법상의 점유는 현실적인 개념이므로 피해자가 사망한 후에도 일정 시간 점유가 계속된다고 보는 견해이다(판례, 김/김, 배종대, 임웅).

판례 사자의 점유지배

• 피고인이 피해자의 주거에 침입할 당시 피해자는 이미 사망한 상태였고 피고인은 그 사망과는 관련이 없으며 정확한 사망시기도 밝혀지지 않아 피고인이 위 주거에 있던 재물을 가지고 나올 때까지 사망 이후 얼마나 시간이 경과되었는지도 분명하지가 않다. 이러한 사정으

로 볼 때, 원심이 사자의 점유를 인정한 종전 판례들은 이 사건에 적용될 수 없다고 하여 주거침입절도 후 준강제추행 미수의 점을 무죄라고 판단한 것은 정당한 것으로 수긍이 된다(대판 2013. 7. 11, 2013도5355).

• 피고인이 피해자를 살해한 방에서 사망한 피해자 곁에 4시간 30분쯤 있다가 그 곳 피해자의 자취방 벽에 걸려있던 피해자가 소지하는 원심판시 물건들을 영득의 의사로 가지고 나온 사실이 인정되는 바, 이와 같은 경우에 **피해자가 생전에 가진 점유는 사망 후에도 여전히 계속**되는 것으로 보아 이를 보호함이 법의 목적에 맞는 것이라고 할 것이라고 판시하여 사자의 점유지배를 일정한 한계 내에서 인정하고 있다(대판 1993. 9. 28, 93도2143).

사자의 점유와 관련해서는 처음부터 재물을 탈취할 의사로 사람을 살해한 경우, 피해자를 살해한 다음에 재물탈취의 고의가 생긴 경우 및 살해자가 아니라 제3자가 피살자의 재물을 취거하는 경우로 나누어 판단하여야 한다. 첫 번째 경우에는 강도살인죄를 인정할 수 있으며, 세 번째의 경우에는 점유이탈물횡령죄에 해당한다. 통상적으로 문제되는 것은 두 번째의 경우이다. 두 번째의 경우에는 판례와 같이 사망 직후에 재물 탈취의 고의가 생긴 경우이더라도 사자의 점유를 인정하여 절도죄를 인정하는 것이 타당하다고 본다.

(3) 절 취

형법상 절취란 타인이 점유하고 있는 자기 이외의 자의 소유물을 점유자의 의사에 반하여 그 점유를 배제하고 자기 또는 제3자의 점유로 옮기는 것을 말한다(통설). 즉 타인의 점유배제와 자기 또는 제3자의 점유취득을 말한다.

1) 점유의 배제

점유의 배제란 재물에 대한 타인의 사실상의 지배를 그의 의사에 반하거나 그의 승낙 없이 제거하는 것을 말한다. 점유자 또는 처분권자의 의사에 반할 것을 요하므로 점유자가 동의한 때에는 그것은 양해에 해당하며, 절도죄의 구성요건해당성을 조각하게 된다. 점유자는 조건부로 동의할 수 있으며, 이때에는 그 조건을 충족한 때에만 절취에 해당하지 않는다. 예컨대 자동판매기의 경우에 지정된 동전을 이용하여 물건을 빼 간 때에는 절취라고 할 수 없지만, 위조된 동전을 사용한 때에는 본 죄가 성립한다. 그리고 양해가 되기 위해서는 점유의 배제에 대한 동의가 있어야 한다. 따라서 매수인이 물건을 사겠다고 하여 이를 진열장에 내어 보이거나 물건을 시험해 보도록 하거나 일시 사용해 보도록 하였는데 이를 가지고 간 때에는 점유의 배제에 해당한다. 반드시 점유자가 점유배제 사실을 알고 있을 필요는 없다.

판례 **책략절도**

• 피고인 갑이 피해자 A의 금방에서 마치 귀금속을 구입할 것처럼 가장하여 A로부터 순금목걸이 등을 건네받은 다음 화장실에 갔다 오겠다는 핑계를 대고 귀금속을 가지고 도주한 사건에서, 대법원은 순금목걸이 등은 도주하기 전까지는 아직 피해자의 점유하에 있었다고 할 것이므로 절도죄가 성립한다고 판시하였다(대판 1994. 8. 12, 94도1487).

소위 '책략절도'에 해당하는 이 사건에서 만일 순금목걸이에 대한 점유가 이를 건네 준 A가 아니라 갑에게 있다고 본다면(갑은 사지 않을 것이면서도 마치 살 것처럼 A를 기망하여 A로 하여금 목걸이를 건네주게 하였으므로 점유이전이 인정) 사기죄가 성립한다고 볼 수 있다. 그러나 대법원은 금목걸이에 대한 점유이전이 있었다고 볼 수 없기 때문에 그 점유가 아직 A에게 있다고 보았으며 그 결과 갑에게 점유취득을 인정하지 않은 것으로서 이러한 결론은 타당하다.

• 피해자가 결혼예식장에서 신부측 축의금 접수인인 것처럼 행세하는 피고인에게 축의금을 내어 놓자 피고인이 이를 교부받아 가로챈 사안에서, 대법원은 피해자의 교부행위의 취지는 신부측에 전달하는 것일 뿐 피고인에게 그 처분권을 주는 것이 아니므로, 이를 피고인에게 교부한 것이라고 볼 수 없고 단지 신부측 접수대에 교부하는 취지에 불과하므로 피고인이 그 돈을 가져간 것은 신부측 접수처의 점유를 침탈하여 범한 절취행위라고 보는 것이 정당하다고 판단하였다(대판 1996. 10. 15, 96도2227). 이 판례 역시 '책략절도'에 해당하는 것으로서 위 판례 논리와 같다.

2) 점유의 취득

점유의 취득은 점유를 배제한 재물에 대해 행위자 자신 또는 제3자가 사실상의 지배를 확립하는 것을 말한다. 영구적이 아니고 일시적인 점유취득도 점유취득에 해당한다.

(4) 절도죄의 실행의 착수 · 기수

1) 실행의 착수

절취의 착수시점에 대해서는 절취가 점유의 배제로부터 시작되기 때문에 점유배제행위 또는 점유침해행위가 개시된 시점을 실행의 착수시점이라고 할 수 있다. 구체적으로는 재물에 대한 사실상의 지배를 침해하는 데 밀접한 행위를 하였을 때를 말한다고 보는 것이 통설 · 판례이다(밀접행위설).

판례 **실행의 착수시점**

• 야간에 손전등과 박스 포장용 노끈을 이용하여 도로에 주차된 차량의 문을 열고 현금 등을 훔치기로 마음먹고, 차량의 문이 잠겨 있는지 확인하기 위해 양손으로 운전석 문의 손잡이를 잡고 열려고 하던 중 경찰관에게 발각된 사안에서, 절도죄의 실행에 착수한 것으로 보았다(대판 2009. 9. 24, 2009도5595).

• 피해자가 빨래를 걷으러 옥상으로 올라 간 사이에 피해자의 다세대주택에 절취할 재물을 찾으려고 신발을 신은 채 거실을 통하여 안방으로 들어가 여기저기를 둘러보고는 절취할 재물을 찾지 못하고 다시 거실로 나와서 두리번거리고 있다가 피해자가 현관문을 통하여 거실로 들어가다가 마주치게 된 사안에서, 피고인이 방 안으로 들어가다가 곧바로 피해자에게 발각되어 물색행위 등을 할 만한 시간적 여유가 없었던 경우가 아니고 **피고인이 방 안까지 들어갔다가 절취할 재물을 찾지 못하고 거실로 돌아 나온 경우라면 피고인이 절도의 목적으로 침입한 이상 물색행위를 하는 등 재물에 대한 피해자의 사실상의 지배를 침해하는 데 밀접한 행위를 하였던 것**으로 보아 실행의 착수를 인정하였다(대판 2003. 6. 24, 2003도1985).

• 노상에 세워 놓은 자동차 안에 있는 물건을 훔칠 생각으로 자동차의 유리창을 통하여 그 내부를 손전등으로 비추어 본 사안에서, 비록 유리창을 따기 위해 면장갑을 끼고 있었고 칼을 소지하고 있었다 하더라도 절도의 예비행위로 볼 수는 있겠으나 **타인의 재물에 대한 지배를 침해하는 데 밀접한 행위를 한 것이라고는 볼 수 없어 절취행위의 착수에 이른 것이었다고 볼 수 없다**(대판 1985. 4. 23, 85도464).

• 피고인이 공사현장 안에 있는 건축자재 등을 훔칠 생각으로 공범과 함께 마스크를 착용하고 공사현장 안으로 들어간 후 **창문을 통하여 건축 중인 아파트의 지하실 안쪽을 살폈을 뿐인 경우**에는 실행의 착수를 인정할 수 없다(대판 2010. 4. 29, 2009도14554).

2) 기 수

절도죄의 기수시기에 관하여는 ① 행위자가 재물에 접촉하는 때라는 견해(접촉설), ② 재물을 안전한 장소에 감추어야 비로소 기수에 이른다는 견해(은닉설), ③ 재물이 피해자의 지배범위로부터 장소적으로 이전될 것을 요한다는 견해(이전설) 들이 있다. 그러나 절취의 기수시점은 타인의 점유를 침해하여 재물을 자기 또는 제3자의 사실상의 지배하에 옮겼을 때인 취득설(통설·판례)이 타당하다. 그러나 취득설에 의하더라도 재물의 개별적인 성질에 따라 기수시점을 판단하여야 하기 때문에 사안에 따라 다르다. 예를 들어 창고에 보관 중인 양곡을 절취하는 경우와 핸드백 안의 금전을 절취하는 경우에서 금전의 경우에는 취득 즉시 기수에 이르지만 양곡과 같이 운반이 필요한 경우에는 창고에서 꺼내와 자동차에 적재한 시점에 이르러야 취득이 인정된다고 볼 수 있다.

판례 절도죄의 기수시점

• 사건개요 : 피고인 2는 피고인 1이 영산홍을 땅에서 완전히 캐낸 이후에 비로소 범행장소로 와서 피고인 1과 함께 위 영산홍을 승용차까지 운반하였다.

판결이유 : 입목을 절취하기 위하여 이를 캐낸 때에는 그 시점에서 이미 소유자의 입목에 대한 점유가 침해되어 범인의 사실적 지배하에 놓이게 됨으로써 범인이 그 점유를 취득하게 되는 것이므로, 이때 절도죄는 기수에 이르렀다고 할 것이고, 이를 운반하거나 반출하는 등의 행위

는 필요로 하지 않는다(대판 2008. 10. 23, 2008도6080).

평 가: 원심판결이 특수절도죄(합동범)를 인정한 것과 달리 대법원은 피고인 1이 영산홍을 땅에서 캐낸 그 시점에서 이미 피해자의 영산홍에 대한 점유가 침해되어 그 사실적 지배가 피고인 1에게 이동되었다고 보았다(절도죄의 기수 인정). 그 이후에 피고인 2가 영산홍을 피고인 1과 함께 승용차까지 운반한 부분에 대해서는 장물운반죄에 해당할 수 있으나 피고인 2가 피고인 1과 합동하여 영산홍 절취행위, 즉 특수절도죄(제331조 제2항)를 범하였다고 볼 수는 없다는 것이 대법원의 입장이다. 이 견해는 절도죄의 기수시점을 취득설에 입각하여 판단한 것으로 볼 수 있을 뿐만 아니라 입목의 경우 점유배제의 시점을 입목을 캐낸 시점으로 본 데에 특징이 있다.

• 자동차를 절취할 생각으로 자동차의 조수석문을 열고 들어가 시동을 걸려고 시도하는 등 차 안의 기기를 이것저것 만지다가 핸드브레이크를 풀게 되었는데 그 장소가 내리막길인 관계로 **시동이 걸리지 않은 상태**에서 약 10미터 전진하다가 가로수를 들이받는 바람에 멈추게 되었다면 절도의 기수에 해당한다고 볼 수 없을 뿐 아니라 도로교통법 제2조 제19호 소정의 자동차의 운전에 해당하지 아니한다(대판 1994. 9. 9, 94도1522).

2. 주관적 구성요건

(1) 절도의 고의

절도죄의 고의가 인정되려면 재물의 타인성을 인식하면서 재물의 점유를 배제하고 자기 또는 제3자의 점유를 확립한다는 점을 인식하여야 한다.

판례 재물의 타인성에 대한 인식을 부인한 경우

• **사건개요**: 피고인은 고물행상인으로서 새벽에 청소부들이 쓰레기를 수거하기 전에 고물을 수집하기 위하여 다니는데 쓰레기통 옆에 두부상자가 놓여 있고 그 위에 쓰레기로 보이는 신문지 등이 덮여 있어서 버린 것으로 알고 그 종이와 두부상자를 피고인의 리어카에 싣고 왔다. 그런데 두부상자는 공소외 A가 B가 경영하는 슈퍼마켓에 두부를 담아 납품하고 난 빈상자로서 B는 A가 회수해 가도록 새벽에 신문지를 덮어 슈퍼마켓 밖에 있는 쓰레기통 옆에 내놓아 둔 것이었다.

판결이유: 절도의 범의는 타인의 점유하에 있는 타인 소유물을 그 의사에 반하여 자기 또는 제3자의 점유하에 이전하는 데에 대한 인식을 말하므로, **타인이 그 소유권을 포기하고 버린 물건으로 오인하여 이를 취득하였다면 이와 같이 오인하는 데에 정당한 이유가 인정되는 한 절도의 범의를 인정하기 어렵다**(대판 1989. 1. 17, 88도971).

평 가: 구성요건의 착오에 해당하는 사안으로서 점유의 배제는 재물이 타인의 점유지배하에 있음을 전제로 하는데 버린 물건은 이러한 점유배제의 대상이 될 수 없기 때문이다. 그런데 이 사건은 두부상자 1개(당시 시가 1,200원 상당)를 절취한 사안인데 과연 기소할 만한 사안이었는지 의문이다.

• **사건개요**: 피고인은 피해자 경영의 평원닭집 앞 노상에서 그곳 평상 위에 있던 피해자 소유의 고양이 1마리를 절취한 혐의로 기소되었다. 그런데 피고인은 고양이를 들고 간 것은 사실이지만 절취할 의사로 가져간 것이 아니고 그날 자신이 다른데서 빌려가지고 있다가 잃어버린 고양이인 줄로 잘못 알고 가져가다가 주인이 자기 것이라고 하여 돌려주었을 뿐이라고 주장하였다.

판결이유: 절도죄에 있어서 재물의 타인성을 오신하여 그 재물이 자기에게 취득(빌린 것)할 것이 허용된 동일한 물건으로 오인하고 가져온 경우에는 범죄사실에 대한 인식이 있다고 할 수 없으므로 범의가 조각되어 절도죄가 성립하지 아니한다(대판 1983. 9. 13, 83도1762, 83감도315).

(2) 사용절도와 불법영득의사

사용절도使用窃盜란 ① 재물의 가치를 심하게 손상하지 않고, ② 일시적으로 사용한 다음, ③ 권리자에게 반환한다는 의사를 가지고 있는 경우를 말하며, 권리자의 소유를 배제할 의사가 없는 점에서 절도와 구별된다.

재물에 대한 영구적인 영득의사가 없더라도 재물의 사용으로 인하여 물건 자체가 가지는 경제적 가치가 상당한 정도로 소모되거나 또는 사용 후 그 재물을 본래 있었던 장소가 아닌 다른 장소에 버리거나 곧 반환하지 아니하고 장시간 점유하고 있는 것과 같은 때에는 그 소유권 또는 본 권을 침해할 의사가 있다고 보아 불법영득의 의사를 인정할 수 있다(대판 2006. 3. 9, 2005도7819).

판례 **사용절도**

• 피고인이 피해자 회사의 물품담당 관리책임자에게 반출신고를 하지 않은 채 피해자 회사의 카메라를 임의로 가지고 나온 점, 피고인이 위 카메라가 압수되기까지 이를 피고인의 집에 보관한 점 등의 이유를 들어 피고인에게 피해자 회사의 카메라에 대한 불법영득의 의사가 있었다고 판단하였다(대판 2014. 8. 20, 2012도12828).

• 피고인이 갑의 피부샵 내에 있는 갑 소유의 휴대전화를 허락 없이 가지고 나와 이를 이용하여 통화를 하고 문자메시지를 주고받은 다음 약 1~2시간 후 피부샵 출입문이 잠겨있어 갑에게 아무런 말을 하지 않고 피부샵 정문 옆 화분에 놓아두고 감으로써 이를 절취하였다는 내용으로 기소된 사안에서, 대법원은 피고인이 갑의 휴대전화를 자신의 소유물과 같이 경제적 용법에 따라 이용하다가 본래의 장소와 다른 곳에 유기한 것이므로 피고인에게 불법영득의사가 있었다고 판시하였다(대판 2012. 7. 12, 2012도1132).

• 갑 주식회사 감사인 피고인이 회사 경영진과의 불화로 한 달 가까이 결근하다가 회사 감사실에 침입하여 자신이 사용하던 컴퓨터에서 하드디스크를 떼어간 후 4개월 가까이 지난 시점에 반환한 사안에서, 피고인이 하드디스크를 일시 보관 후 반환하였다고 평가하기 어려워 불법영

득의사를 인정할 수 있다(대판 2011. 8. 18, 2010도9570).

• 피고인들은 자동차 소유자인 갑과 같은 동네에 거주하는 선·후배 관계로 평소 잘 알고 지내는 사이였고, 피고인 1이 공소외 을로부터 위 차량을 빌려 잠시 운행한 일이 있었는데 그때 반환하지 아니한 보조열쇠를 이용하여 3차례에 걸쳐 차량을 2~3시간 정도 운행한 후 원래 주차된 곳에 갖다 놓아 반환한 사안에서, 대법원은 피고인들과 피해자간의 친분관계, 차량의 운행경위, 운행시간, 운행 후의 정황 등에 비추어 피고인들에게 불법영득의 의사가 있었다고 볼 수 없다고 판시하였다(대판 1992. 4. 24, 92도118). 현재에는 자동차불법사용죄(제331조의2)에 해당한다.

• 불법영득의 의사없이 타인의 자동차를 일시 사용한 경우, 이에 따른 유류소비행위는 자동차의 일시사용에 필연적으로 부수되어 생긴 결과로서 절도죄를 구성하지 않는 자동차의 일시사용행위에 포함된 것이라 할 것이므로 자동차 자체의 일시사용과 독립하여 별개의 절도죄를 구성하지 않는다(대판 1985. 3. 26, 84도1613).

3. 예금통장의 절취와 절도죄

타인의 예금통장을 절취하여 예금 전액 또는 일부를 인출한 다음 예금통장을 다시 소유자에게 반환한 경우에 절도죄에 해당하는지 문제된다. 예금통장은 절도죄의 행위객체에 해당하며, 사용 후 다시 반환하더라도 예금통장이 갖는 경제적 가치가 인출액만큼 손상되었다고 볼 수 있기 때문에 절도죄에 해당한다고 보아야 한다. 판례 역시 타인의 예금통장을 무단사용하여 예금을 인출한 후 바로 예금통장을 반환하였다 하더라도 그 사용으로 인한 위와 같은 경제적 가치의 소모가 무시할 수 있을 정도로 경미한 경우가 아닌 이상, 예금통장 자체가 가지는 예금액 증명기능의 경제적 가치에 대한 불법영득의 의사를 인정할 수 있으므로 절도죄가 성립한다는 입장이다(아래 판례 참조). 한편 사용 후 반환 여부와 상관 없이 예금통장을 절취한 것만으로도 절도죄를 인정하는 것이 타당하다. 판례가 적시한 바와 같이 예금통장 자체가 가지는 예금액 증명기능의 경제적 가치에 대한 불법영득의 의사를 인정할 수 있기 때문이다.

판례 **예금통장 절취와 절도죄**

• 예금통장은 예금채권을 표창하는 유가증권이 아니고 그 자체에 예금액 상당의 경제적 가치가 화체되어 있는 것도 아니지만, 이를 소지함으로써 예금채권의 행사자격을 증명할 수 있는 자격증권으로서 예금계약사실뿐 아니라 예금액에 대한 증명기능이 있고 이러한 증명기능은 예금통장 자체가 가지는 경제적 가치라고 보아야 하므로, 예금통장을 사용하여 예금을 인출하게 되면 그 인출된 예금액에 대하여는 예금통장 자체의 예금액 증명기능이 상실되고 이에 따라 그 상실된 기능에 상응한 경제적 가치도 소모된다. 즉 예금통장 자체가 가지는 예금액 증명기능의 경제적 가치에 대한 불법영득의 의사를 인정할 수 있으므로 절도죄가 성립한다(대판 2010. 5. 27, 2009도9008).

4. 신용카드(또는 직불카드)의 사용과 절도죄

여신전문금융업법은 분실 또는 도난된 신용카드 또는 직불카드를 판매하거나 사용한 자, 강취·횡령하거나 사람을 기망·공갈하여 취득한 신용카드 또는 직불카드를 판매하거나 사용한 자에 대해서는 7년 이하의 징역 또는 5천만원 이하의 벌금에 처하고 있다(동법 제70조 제1항 제3호, 제4호). 이러한 여신전문금융업법 위반과 별도로 신용카드 등을 취득하여 사용한 경우의 형사책임에 대해 형법상 절도죄, 강도죄, 사기죄, 공갈죄 등이 성립하는지 여부가 문제된다. 이를 인정하게 되면 형법범과의 경합범을 인정하게 되는 것이다. 이는 강도죄나 절도죄 등의 불가벌적 사후행위를 독립적 구성요건으로 처벌하는 것으로 보아야 한다.

한편 현금카드는 예금주가 예금통장을 대신하여 발급받아 현금자동지급기에서 현금인출기능을 하는 것으로서 여신전문금융업법상의 직불카드나 신용카드에 포함되지 않으므로 동법의 적용대상이 아니다. 즉 이들 카드가 현금카드의 기능을 하더라도 이는 회원(예금주)의 편의를 위해 은행의 예금업무에 관한 전자적 정보와 신용카드업자의 업무에 관한 전자적 정보가 신용카드업자 등에 의해 하나의 자기띠에 입력되어 있을 뿐이다(대판 2003. 11. 14, 2003도3977 참조). 이에 따라 현금카드를 이용한 현금인출행위는 여신전문금융업법상의 신용카드 부정사용의 죄에 해당될 여지가 없으며 인출한 현금에 대한 범죄 성립 여부만이 문제된다.

불법영득의사와 관련하여 타인의 은행신용카드나 현금카드를 절취, 강취, 사취, 갈취하여 이를 이용하여 현금자동인출기에서 현금을 인출한 경우 신용카드 자체에 대한 범죄 성립(절도죄, 강도죄, 사기죄, 공갈죄) 여부와 인출한 현금에 대한 절도죄 성립 여부가 문제된다. 판례는 사취(아래 판례 ④)나 갈취(아래 판례 ③)한 신용카드를 이용한 현금인출행위에 대해서는 신용카드 그 자체의 편취 또는 갈취와 함께 포괄하여 단일의 사기죄나 공갈죄를 인정하고 인출한 현금에 대해 별도의 절도죄 성립을 부인하고 있다(기망·공갈하여 취득한 신용카드를 사용한 행위는 여신전문금융업법 위반죄가 성립함은 물론이다). 절취한 신용카드를 이용하여 현금을 인출한 경우에는 현금에 대해서 컴퓨터등사용사기죄가 아니라 절도죄를 인정하고 신용카드에 대해서는 별도로 절도죄를 인정하지 않는다. 강취한 현금카드에 대해서는 현금카드에 대한 강도죄 및 인출한 현금에 대한 절도죄를 모두 인정한다(아래 판례 ③).

판례 현금카드 또는 직불카드

① 절취한 직불카드로 자금 이체 후 반환한 경우

• 사건개요 : 피고인이 피해자 A가 자리를 비운 틈을 이용하여 A의 핸드백에서 B소유의 직불카드를 꺼내어 간 뒤 위 직불카드를 사용하여 B의 예금계좌에서 피고인의 계좌로 1,700만원을

이체시킨 다음, A와 헤어진 뒤로부터 3시간 가량 지난 무렵에 A에게 전화로 위와 같은 사실을 말하고 A를 만나 직불카드를 반환하였다.

판결이유 : 은행이 발급한 직불카드를 사용하여 타인의 예금계좌에서 자기의 예금계좌로 돈을 이체시켰다 하더라도 **직불카드 자체가 가지는 경제적 가치가 계좌이체된 금액만큼 소모되었다고 할 수는 없으므로, 이를 일시 사용하고 곧 반환한 경우에는 그 직불카드에 대한 불법영득의 의사는 없다**(대판 2006. 3. 9, 2005도7819).

평 가 : 대법원의 판결이유는 카드의 사용으로 인한 가치의 소모가 무시할 수 있을 정도로 경미하고, 또한 사용 후 곧 반환하였으므로 그 소유권 또는 본 권을 침해할 의사가 있다고 할 수 없다는 것이다. 즉 본 사안에서는 계좌이체하도록 한 1,700만원이 아니라 직불카드를 행위객체라고 보는 결론이다.

② 절취한 현금카드로 현금 인출 후 반환한 경우

• 피고인이 피해자로부터 지갑을 잠시 건네받아 멋대로 지갑에서 피해자 소유의 현금카드를 꺼내어 그 즉시 위 현금카드를 사용하여 현금자동지급기에서 금 700,000원의 현금을 인출한 후 위 현금카드를 곧바로 피해자에게 반환한 사안에서, 대법원은 현금카드를 불법영득할 의사가 있었다고 볼 수 없다 하여 현금카드에 대한 절도죄를 인정하지 않았다(대판 1998. 11. 10, 98도2642).

③ 갈취한 현금카드와 강취한 현금카드

• 사건개요 : 피고인 갑과 을은 합동하여 갑은 우체국 밖에서 망을 보고, 을은 그곳에 설치되어 있는 현금자동지급기에 A로부터 강취한 현금카드를 집어넣고, A를 협박하여 알아낸 비밀번호를 입력하여 6회에 걸쳐 현금 420만원을 인출하였다. 그 후 피고인들은 피고인 을이 또 다른 현금자동지급기에 B로부터 강취한 현금카드를 집어넣고, B를 협박하여 알아낸 비밀번호를 입력하여 3회에 걸쳐 현금 163만원을 인출하여 절취하였다.

판결이유 : 대법원은 1. 예금주인 현금카드 소유자를 협박하여 그 카드를 갈취한 다음 피해자의 승낙에 의하여 현금카드를 사용할 권한을 부여받아 이를 이용하여 현금자동지급기에서 현금을 인출한 행위는 모두 피해자의 예금을 갈취하고자 하는 피고인의 단일하고 계속된 범의 아래에서 이루어진 일련의 행위로서 포괄하여 하나의 공갈죄를 구성하므로, 현금자동지급기에서 피해자의 예금을 인출한 행위를 현금카드 갈취행위와 분리하여 따로 절도죄로 처단할 수는 없다. 왜냐하면 위 예금 인출 행위는 하자 있는 의사표시이기는 하지만 피해자의 승낙에 기한 것이고, 피해자가 그 승낙의 의사표시를 취소하기까지는 현금카드를 적법, 유효하게 사용할 수 있으므로, 은행으로서도 피해자의 지급정지 신청이 없는 한 그의 의사에 따라 그의 계산으로 적법하게 예금을 지급할 수밖에 없기 때문이다.

2. 강도죄는 공갈죄와는 달리 피해자의 반항을 억압할 정도로 강력한 정도의 폭행·협박을 수단으로 재물을 탈취하여야 성립하므로, 피해자로부터 현금카드를 강취하였다고 인정되는 경우에는 피해자로부터 현금카드의 사용에 관한 승낙의 의사표시가 있었다고 볼 여지가 없다. 따라서 강취한 현금카드를 사용하여 현금자동지급기에서 예금을 인출한 행위는 피해자의 승낙에 기한 것이라고 할 수 없으므로, 현금자동지급기 관리자의 의사에 반하여 그의 지배를 배제하고

그 현금을 자기의 지배하에 옮겨 놓는 것이 되어서 강도죄와는 별도로 절도죄를 구성한다고 판시하였다(대판 2007. 5. 10, 2007도1375).

평 가: 갈취한 현금카드를 사용하여 현금자동지급기에서 예금을 인출한 행위는 현금카드에 대한 공갈죄와 별도로 절도죄를 구성하지 않는다고 판시하였고, 강취한 현금카드를 사용하여 현금자동지급기에서 예금을 인출한 행위는 현금카드에 대한 강도죄와 별도로 절도죄를 구성한다고 보았다.

또한 절취한 신용카드를 이용하여 현금지급기에서 자신의 예금계좌로 돈을 이체시킨 후 현금을 인출한 경우에는 절도죄는 부정되나, 컴퓨터 사용사기죄에 해당한다(대판 2008. 6. 12, 2008도2440). 강취한 직불카드를 사용하여 현금자동인출기에서 현금을 인출하여 가진 경우에는 그 현금자동인출기 관리자의 의사에 반하여 그의 지배를 배제하고 그 현금을 자기의 지배하에 옮겨 놓는 것이 되므로 절도죄가 별도로 성립한다고 할 것이다(대판 2007. 4. 13, 2007도1377; 1995. 7. 28, 95도997). 피고인이 현금카드 소유자를 협박하여 예금인출 승낙과 함께 현금카드를 교부받은 후 이를 사용하여 현금자동지급기에서 예금을 여러 번 인출한 경우, 이는 모두 피해자의 예금을 갈취하고자 하는 피고인의 단일하고 계속된 범의 아래에서 이루어진 일련의 행위로서 포괄하여 하나의 공갈죄를 구성한다고 볼 것이지, 현금지급기에서 피해자의 예금을 취득한 행위를 현금지급기 관리자의 의사에 반하여 그가 점유하고 있는 현금을 절취한 것이라 하여 이를 현금카드 갈취행위와 분리하여 따로 절도죄로 처단할 수는 없다(대판 1996. 9. 20, 95도1728).

④ **편취한 현금카드**

• **사건개요**: 피고인 갑은 혼인의사가 전혀 없음에도 A와 혼인의사가 있는 것처럼 가장하여 "앞으로 함께 살아야 되는데 자신에게 현금카드를 달라"는 취지로 거짓말을 하여 현금카드 소유자인 A로부터 현금카드를 넘겨 받아 현금을 인출하였다.

판결이유: 대법원은 비록 하자 있는 의사표시이기는 하지만 현금카드 소유자의 승낙에 의하여 사용권한을 부여받은 이상, 그 소유자가 승낙의 의사표시를 취소하기까지는 현금카드를 적법, 유효하게 사용할 수 있으며, 은행 등 금융기관은 현금카드 소유자의 지급정지 신청이 없는 한 카드 소유자의 의사에 따라 그의 계산으로 적법하게 예금을 지급할 수밖에 없는 것이므로, 피고인이 현금카드의 소유자로부터 현금카드를 사용한 예금인출의 승낙을 받고 현금카드를 교부받은 행위와 이를 사용하여 현금자동지급기에서 예금을 여러 번 인출한 행위들은 모두 현금카드 소유자의 예금을 편취하고자 하는 피고인의 단일하고 계속된 범의 아래에서 이루어진 일련의 행위로서 포괄하여 하나의 사기죄를 구성한다고 볼 것이지, 현금자동지급기에서 카드 소유자의 예금을 인출, 취득한 행위를 현금자동지급기 관리자의 의사에 반하여 그가 점유하고 있는 현금을 절취한 것이라 하여 이를 현금카드 편취행위와 분리하여 따로 절도죄로 처단할 수는 없다고 판시하였다(대판 2005. 9. 30, 2005도5869).

평 가: 판례는 현금카드를 교부받은 행위와 이를 사용하여 현금을 인출한 행위를 모두 기망(혼인의 의사표시)에 의한 재물취득에 해당한다고 보아서 사기죄가 성립한다고 본 것이며, 반면에 인출한 현금에 대한 절도죄 성립은 부인하였다.

5. 죄 수

절도가 기수에 이른 후에 체포를 면탈하기 위하여 폭행한 경우에는 절도죄와 준강도죄의 구성요건을 모두 충족한다고 보여진다. 그러나 절도죄는 준강도죄에 포함하여 처벌되어야 하며, 절도죄와 준강도죄의 죄책을 따로 물을 필요는 없다는 점에서 절도죄와 준강도죄는 법조경합의 관계에 있다.

부정한 이익을 얻거나 기업에 손해를 가할 목적으로 그 기업에 유용한 영업 비밀이 담겨 있는 타인의 재물을 절취한 후 그 영업 비밀을 사용하는 경우, 영업 비밀의 부정사용행위는 새로운 법익의 침해로 보아야 하므로 위와 같은 부정사용행위가 절도 범행의 불가벌적 사후행위가 되는 것은 아니다. 따라서 부정한 이익을 얻을 목적으로 타인의 영업 비밀이 담긴 CD를 절취하여 그 영업 비밀을 부정사용한 경우 절도죄와 별도로 부정경쟁방지 및 영업비밀보호에 관한 법률상 영업비밀부정사용죄가 성립한다(대판 2008. 9. 11, 2008도5364).

자동차를 절취한 후 자동차등록번호판을 떼어내는 행위는 새로운 법익의 침해로 보아야 하므로 위와 같은 번호판을 떼어내는 행위가 절도 범행의 불가벌적 사후행위가 되는 것은 아니다(대판 2007. 9. 6, 2007도4739).

Ⅲ. 야간(주거, 저택, 건조물, 선박, 방실)침입절도죄

> **제330조(야간주거침입절도)** 야간에 사람의 주거, 간수하는 저택, 건조물이나 선박 또는 점유하는 방실에 침입하여 타인의 재물을 절취한 자는 10년 이하의 징역에 처한다.
> **제342조(미수범)** 제329조 내지 제341조의 미수범은 처벌한다.

1. 의 의

본 죄는 야간 주거침입과 절도가 결합된 형태의 범죄(결합범)로서 일반 절도죄에 비해 형이 가중된 구성요건이다.

2. 구성요건

(1) 야 간

본 죄는 야간에 주거 등에 침입하여 절취하여야 한다. 야간은 범죄지의 일몰시부터 일출시까지를 말한다. 야간의 시간적 범위에 대해서는 ① 절취행위시설(김/김), ② 주거침입시설, ③ 주거침입 및 절취행위시설(김/서), ④ 주거침입 또는 절취행위시설(김성돈, 배종대, 백형구, 이형국, 임웅, 정/박)이 있다. 본 죄는 절취행위가 야간에 이루어져야 하므로 야간에 침입하여 주간에 절취를 하는 경우에는 본 죄가 아니라 주거침입죄와 절도죄의 경합범이 성립한다. 그러므로 ②설과 ④설은 타당하지 않으며 ①설이 가중적 구성요건으로서 본 죄의 성격에 비추어 타당하다. 그리고 주간에 침입하여 야간에 절취를 하더라도 야간 주거침입은 계속되고 있으므로 이러한 주거침입죄의 계속범적 성격을 고려할 때 주거침입과 절취가 모두 야간에 이루어져야 한다는 ③설과 실제상 차이가 없다.

한편 판례(대판 2011. 4. 14, 2011도300)는 ②설의 입장에서 야간 절도가 주간 절도에 비해 중하게 처벌되어야 할 이유가 없고, 야간 절도를 처벌하는 구성요건도 없으며, 본 죄가 성립하려면 주거침입이 야간에 이루어져야 하고 주간에 침입하여 야간에 절취를 하는 것은 본 죄에 해당하지 않는다는 입장이다. 만일 주간에 주거에 침입하여 야간에 재물을 절취한 경우에도 야간주거침입절도죄의 성립을 인정한다면, 행위자가 주간에 주거에 침입하여 절도의 실행에는 착수하지 않은 상태에서 발각된 경우 야간에 절취할 의사였다고 하면 야간주거침입절도의 미수죄가 되고 주간 절도를 계획하였다고 하면 주거침입죄만 인정된다는 결론에 이르는데, 결국 행위자의 주장에 따라 범죄의 성립이 좌우되는 불합리한 결과를 초래하게 된다는 것이 그 이유다. 그 밖에도 절도행위가 야간에 이루어졌다고 하여 절도행위 자체만으로 주간 절도에 비하여 피해자의 심리적 불안감이나 피해 증대 등의 위험성이 커진다고 보기도 어렵다는 점, 나아가, 예컨대 일몰 전에 주거에 침입하였으나 시간을 지체하는 등의 이유로 절취행위가 일몰 후에 이루어진 경우 야간주거침입절도죄로 가중처벌하는 것은 주거침입이 일몰 후에 이루어진 경우와 그 행위의 위험성을 비교하여 볼 때 가혹하다는 점을 든다.

그러나 주간에 주거침입이 이루어졌다고 하더라도 야간에 절취행위를 한 경우 주거침입죄의 계속범적 성격에 비추어 야간 주거침입이 인정된다고 보아야 할 것이고, 주간에 침입하여 야간까지 주거 내에 머무르는 자를 야간에 침입한 자보다 범죄성이 가볍다고 볼 이유는 없다. 그러므로 실행의 착수시점은 절취행위시를 기준으로 하고 주간에 주거에 침입한 후 야간에 절도의 실행에 착수하지 않은 상태에서 발각된 경우에는 주거침입죄에만 해당한다고 보는 것이 타당하다.

(2) 실행의 착수

본 죄의 실행의 착수시기는 '주거침입시'이다. 주거침입행위 자체가 아직 종료되지 않았더라도 단순한 주거침입죄의 미수가 아니라 본 죄의 미수이다.

판례 실행의 착수시점

• 피고인이 다세대주택 2층의 불이 꺼져있는 것을 보고 물건을 절취하기 위하여 가스배관을 타고 올라가다가, 발은 1층 방범창을 딛고 두 손은 1층과 2층 사이에 있는 가스배관을 잡고 있던 상태에서 순찰 중이던 경찰관에게 발각되자 그대로 뛰어내린 경우, 이러한 피고인의 행위만으로는 주거의 사실상의 평온을 침해할 현실적 위험성이 있는 행위를 개시한 때에 해당한다고 보기 어려우므로 야간주거침입절도죄의 실행의 착수를 인정하기 어렵다(대판 2008. 3. 27, 2008도917).

• 야간에 타인의 재물을 절취할 목적으로 사람의 주거에 침입한 경우에는 주거에 침입한 단계에서 이미 형법 제330조에서 규정한 야간주거침입절도죄라는 범죄행위의 실행에 착수한 것이라고 보아야 한다. 따라서 출입문이 열려 있으면 안으로 들어가겠다는 의사 아래 출입문을 당겨보는 행위만으로 주거침입의 실행의 착수가 있었다고 할 것이고, 그 출입문이 잠겨 있어 들어가지 못한 것은 외부적 장애요소로 인하여 뜻을 이루지 못한데 불과하다(대판 2006. 9. 14, 2006도2824).

• 야간에 아파트에 침입하여 물건을 훔칠 의도하에 아파트의 베란다 철제난간까지 올라가 유리창문을 열려고 시도하였다면 야간주거침입절도죄의 실행에 착수한 것으로 보아야 한다(대판 2003. 10. 24, 2003도4417: 아파트 베란다 사건).

(3) 기수시기

본 죄의 기수시기는 절취행위의 종료시이기 때문에 주거에 침입한 후 침입행위가 종료되지 않아도 절취행위의 종료로 기수가 된다. 예컨대 피고인이 피해자 경영의 까페에서 야간에 아무도 없는 그 곳 내실에 침입하여 장식장 안에 들어 있던 정기적금통장 등을 꺼내 들고 까페로 나오던 중 발각되어 돌려 준 경우에도 피고인은 피해자의 재물에 대한 소지(점유)를 침해하고, 일단 피고인 자신의 지배 내에 옮겼다고 볼 수 있으므로 절도의 미수에 그친 것이 아니라 야간주거침입절도의 기수에 해당한다(대판 1991. 4. 23, 91도476: 까페 절취 사건).

Ⅳ. 특수절도죄

제331조(특수절도) ① 야간에 문이나 담 그 밖의 건조물의 일부를 손괴하고 제330조의 장소에 침입하여 타인의 재물을 절취한 자는 1년 이상 10년 이하의 징역에 처한다.
② 흉기를 휴대하거나 2명 이상이 합동하여 타인의 재물을 절취한 자도 제1항의 형에 처한다.
제342조(미수범) 제329조 내지 제341조의 미수범은 처벌한다.

1. 의 의

본 죄는 야간에 건조물의 일부를 손괴하고 주거에 침입하여 타인의 재물을 절취를 하는 경우(제1항) 또는 흉기를 휴대하거나 2인 이상이 합동하여 타인의 재물을 절취한 경우(제2항)에 성립한다. 제1항은 주거침입죄 및 손괴죄와 절도죄의 결합범이다.

2. 구성요건

(1) 제331조 제1항

야간에 문이나 담 그 밖의 건조물의 일부를 손괴하고 야간주거침입절도죄를 범하는 것이다. 만일 주간에 주거에 침입하여 절취를 한 경우에는 본 죄에 해당하지 않는다. 이 경우에는 주거침입죄와 절도죄의 경합범이 성립할 것이며, 특수절도죄에 해당하는 경우에는 후술하는 바와 같이 특수절도죄만이 성립한다. 그리고 본 죄의 실행의 착수시점은 건조물을 손괴하기 시작한 때이며(대판 1977. 7. 26, 77도1802), 기수시점은 절취행위가 끝난 때이다.

판례 건조물손괴와 절도

• 피고인이 야간에 피해자들이 운영하는 식당의 창문과 방충망을 손괴하고 침입하여 현금을 절취하였다는 내용으로 형법 제331조 제1항의 특수절도로 기소된 사안에서, 피고인은 창문과 방충망을 창틀에서 분리하였을 뿐 물리적으로 훼손하여 효용을 상실하게 한 것은 아니다(대판 2015. 10. 29, 2015도7559: 방충망사건).

• 형법 제331조 제1항에 정한 '문호 또는 장벽 기타 건조물의 일부'라 함은 주거 등에 대한 침입을 방지하기 위하여 설치된 일체의 위장시설圍障施設을 말하고, '손괴'라 함은 물리적으로 위와 같은 위장시설을 훼손하여 그 효용을 상실시키는 것을 말한다. 야간에 불이 꺼져 있는 상점의 출입문을 손으로 열어보려고 하였으나 출입문의 하단에 부착되어 있던 잠금고리가 잠겨져 있어 열리지 않았는데, 출입문을 발로 걷어차자 잠금 고리의 아래쪽 부착부분이 출입문에서 떨어져 출입문과의 사이가 뜨게 되면서 출입문이 열려 상점 안으로 침입하여 재물을 절취하였다면, 이는 물리적으로 위장시설을 훼손하여 그 효용을 상실시키는 행위에 해당한다(대판 2004. 10. 15, 2004도4505: 잠금고리사건).

(2) 제331조 제2항

1) 흉기휴대절도

흉기란 신체적 위협을 초래하는 데에 객관적으로 적합한 물건을 의미한다. 반드시 총이나 칼과 같은 살상용 무기만을 의미하지 않으며 신체적 위험을 초래할 수 있는 위험한 물건이나 도구이면 제조 목적이나 본래적 용도와 상관 없이 흉기에 해당한다. 액체나 기체도 외형상으로는 흉기라고 볼 수 없지만 신체적 위험을 초래할 수 있다는 점에서 흉기에서 제외할 필요가 없다. 휴대란 몸에 소지하는 것을 의미한다. 행위자는 자신의 흉기휴대 사실을 인식하고 있어야 한다. 그러나 반드시 침입시에 휴대하지 않더라도 침입 후 집 안에 있는 흉기를 소지한 경우에도 휴대한 것으로 보아야 할 것이다.

2) 합동절도

2인 이상이 합동하여 절도행위를 하는 것을 말한다. 합동범은 총칙상의 공동정범 규정이 적용되지 않는 각칙상의 특별규정이다. 이러한 합동범의 법적 성질에 대해서는 공동의사주체설에 따라 공모공동정범을 합동범의 경우에 한하여 인정하여야 한다는 공모공동정범설, 합동범은 공동정범과 본질적으로 동일하지만 집단범죄에 대한 대책상 형을 가중한다고 보기 때문에 범행 현장에서 공동하지 않은 경우에도 합동범을 인정하는 가중적 공동정범설, 그리고 시간적·장소적 협동을 필요로 한다는 현장설(통설·판례)이 있다. 공동정범은 반드시 시간적·장소적 협동을 필요로 하는 것은 아니기 때문에 합동범과 구별된다는 것이 현장설의 입장이다. 그리고 현장설에 따라 합동범에 해당하지 않을 때에는 단순절도죄의 공동정범이 되며 합동범인 특수절도죄의 공동정범이 아니다.

반면에 판례(아래)는 3인 이상의 합동절도의 경우에는 합동범의 공동정범을 인정하고 있다. 즉 3인 이상의 범인이 합동절도의 범행을 공모한 후 2인 이상의 범인이 범행 현장에서 시간적, 장소적으로 협동관계를 이루어 절도의 실행행위를 한 경우에는 범행의 공모에는 참여하였으나 현장에서 실행행위를 직접 분담하지 않은 다른 범인에 대하여도 공동정범의 일반 이론에 비추어 합동범의 공동정범을 인정할 수 있다고 하였다. 이에 따라 최근에는 3인 이상이 합동절도를 모의한 후 2인 이상이 범행을 실행한 경우, 직접 실행행위에 가담하지 않은 자에 대한 공모공동정범까지지도 인정하였다(대판 2011. 5. 13, 2011도2021).

합동절도의 실행의 착수시점은 물건의 취득에 밀접한 행위를 시작한 때이다.

판례 합동절도의 공동정범

• **사건개요** : 속칭 삐끼주점의 지배인인 피고인 갑이 피해자 A로부터 신용카드를 강취하고 신용카드의 비밀번호를 알아낸 후 현금자동지급기에서 인출한 돈을 삐끼주점의 분배관례에 따라 분배할 것을 전제로 하여 원심 공동피고인 을(삐끼), 병(삐끼주점 업주) 및 정(삐끼)과 같은 모의하기를 갑은 삐끼주점 내에 A를 계속 붙잡아 두고 을, 병 및 정은 A의 신용카드를 이용하여 현금자동지급기에서 현금을 인출하기로 공모하였다. 그에 따라 을, 병 및 정이 합동하여 현금자동지급기에서 현금 4,730,000원을 절취하였다.

판결이유 : 3인 이상의 범인이 합동절도의 범행을 공모한 후 적어도 2인 이상의 범인이 범행 현장에서 시간적, 장소적으로 협동관계를 이루어 절도의 실행행위를 분담하여 절도 범행을 한

경우에는 공동정범의 일반 이론에 비추어 그 공모에는 참여하였으나 현장에서 절도의 실행행위를 직접 분담하지 아니한 다른 범인에 대하여도 그가 현장에서 절도 범행을 실행한 위 2인 이상의 범인의 행위를 자기 의사의 수단으로 하여 합동절도의 범행을 하였다고 평가할 수 있는 정범성의 표지를 갖추고 있다고 보여지는 한 그 다른 범인에 대하여 합동절도의 공동정범의 성립을 부정할 이유가 없다고 할 것이다. 형법 제331조 제2항 후단의 규정이 위와 같이 3인 이상이 공모하고 적어도 2인 이상이 합동절도의 범행을 실행한 경우에 대하여 공동정범의 성립을 부정하는 취지라고 해석할 이유가 없을 뿐만 아니라, 만일 공동정범의 성립가능성을 제한한다면 직접 실행행위에 참여하지 아니하면서 배후에서 합동절도의 범행을 조종하는 수괴는 그 행위의 기여도가 강력함에도 불구하고 공동정범으로 처벌받지 아니하는 불합리한 현상이 나타날 수 있다. 그러므로 합동절도에서도 공동정범과 교사범·종범의 구별기준은 일반원칙에 따라야 하고, 그 결과 범행현장에 존재하지 아니한 범인도 공동정범이 될 수 있으며, 반대로 상황에 따라서는 장소적으로 협동한 범인도 방조만 한 경우에는 종범으로 처벌될 수도 있다(대판 1998. 5. 21, 98도321 전원합의체: 삐끼사건).

3. 특수절도죄와 야간주거침입절도죄와의 관계

야간주거침입절도죄(제330조)와 특수절도죄(제331조 제1항)는 구성요건상 중첩적이어서 행위가 두 구성요건을 동시에 실현한 경우에 구성요건의 적용상 문제가 발생한다.

① 야간에 2인 이상이 합동하거나 또는 흉기를 휴대하고 건조물에 침입하여 타인의 재물을 절취한 경우(제330조와 제331조 제2항을 실현)에는 우선 야간주거침입절도죄가 성립한다. 동시에 합동절도 또는 흉기휴대특수절도(제331조 제2항)에도 해당한다. 이에 대해 양 죄를 상상적 경합범으로 보는 견해와 경합범으로 보는 견해가 있을 수 있다. 그러나 만일 건조물을 손괴하고 주거에 침입하여 절취행위를 하는 경우(제331조 제1항 참조)가 아닌 위와 같은 경우에 양 죄의 상상적 경합이나 경합범을 인정한다면 제331조 제1항과 제2항을 모두 실현시킨 경우와 비교하여 더 무겁게 취급되는 불균형이 발생한다. 그러므로 이 경우에는 제331조만을 인정하는 것이 타당하다.

② 야간에 2인 이상이 합동하거나 또는 흉기를 휴대한 채 건조물의 일부를 손괴하고 주거에 침입하여 타인의 재물을 절취한 경우(제330조 및 제331조 제1항, 제2항을 실현)에 제331조 적용설, 제331조 제1항과 제2항의 상상적 경합범설, 제331조와 제330조의 상상적 경합범설 또는 경합범설을 주장할 수 있을 것이다. 그러나 제331조 제1항과 제2항의 상상적 경합범설은 동조가 행위방법의 차이에도 불구하고 동종의 특수절도죄만을 인정하는 것으로 보아야 하므로 타당하지 않다. 제330조와 제331조의 상상적 경합을 인정하는 것도 제331조 제1항이 주거침입을 포함하고 있으므로 타당하지 않으며, 경합범을 인정하는 것 역시 제331조가 야간주거침입절도죄를 행위방법으로 규정하고 있으므로 옳지 않다. 그러므로 이 경우에도 특수절도죄만을 인정하는 것이 타당하다.

③ 주간에 주거에 침입하면서 동시에 제331조 제2항의 죄를 범한 경우에는 주거침입죄(제319조) 또는 특수주거침입죄(제320조)와 특수절도죄의 경합범을 인정하는 견해와 특수절도죄만을 인정하는 견해가 있을 수 있다. 이 경우에는 야간 주거침입이 아닌 점에서 제330조는 적용할 수 없으며 단순주거침입죄 또는 특수주거침입죄가 성립한다. 즉 (특수)주거침입죄와 특수절도죄가 모두 성립하는 것이다. 그 결과 양 죄를 모두 인정하여 경합범으로 처리하여야 한다는 견해가 나올 수 있다(대판 2008. 11. 27, 2008도7820). 그러나 야간 주거침입을 통한 특수절도의 경우에도 특수절도죄만을 인정하는 것과 비교할 때 양 죄를 모두 인정하지 않고 특수절도죄만을 인정하는 것이 타당하다.

판례 형법 제331조 제2항의 특수절도의 실행의 착수시기

• '주간에' 아파트 출입문 시정장치를 손괴하다가 발각되어 도주한 피고인들이 특수절도미수죄로 기소된 사안에서, '실행의 착수'가 없었다는 이유로 형법 제331조 제2항의 특수절도죄의 점에 대해 무죄를 선고하였다(대판 2009. 12. 24, 2009도9667). 주거침입은 특수절도(제331조 제2항)의 구성요건이 아니므로 실행의 착수를 인정할 수 없다는 판결이다.

• 형법 제331조 제2항의 특수절도에 있어서 주거침입은 그 구성요건이 아니므로, 절도범인이 그 범행수단으로 주간에 주거침입을 하여 특가법 제5조의4 제5항 위반죄가 성립하는 경우에 **그 주거침입행위는 절도죄에 흡수되지 아니하고 별개로 주거침입죄를 구성하여 절도죄와는 실체적 경합의 관계**에 있게 되고(대판 2008. 11. 27, 2008도7820), 2인 이상이 합동하여 야간이 아닌 주간에 절도의 목적으로 타인의 주거에 침입하였다 하여도 아직 절취할 물건의 물색행위를 시작하기 전이라면 특수절도죄의 실행에는 착수한 것으로 볼 수 없는 것이어서 그 미수죄가 성립하지 않는다(대판 2009. 12. 24, 2009도9667; 1992. 9. 8, 92도1650, 92감도80).

V. 자동차 등 불법사용죄

제331조의2(자동차등 불법사용) 권리자의 동의없이 타인의 자동차, 선박, 항공기 또는 원동기장치자전차를 일시 사용한 자는 3년 이하의 징역, 500만원 이하의 벌금, 구류 또는 과료에 처한다.

제342조(미수범) 제329조 내지 제341조의 미수범은 처벌한다.

1. 의 의

본 죄는 불법영득의사가 인정되지 않더라도 권리자의 동의 없는 사용행위를 처벌하는 절도죄의 감경적 구성요건이다. 불가벌적인 사용절도와 구별되는 구성요건으로서 계속범에 해당한다. 보호법익에 대해서는 ① 사용권설과 ② 소유권설로 나뉜다. 사용권은 소유권의 파생효과이며 소유권자는 본 죄의 행위주체가 될 수 없다고 보아야 하므로(권리행사방해죄 성립 여부가 문제될 수 있다) 소유권설이 타당하다.

2. 구성요건

(1) 행위객체

자동차, 선박 등과 같이 동력기관을 장치한 것이다. 제331조의2에 규정된 행위객체는 예시적이 아니라 제한적인 것이므로 이외의 행위객체는 본 죄에 해당하지 않는다. 원동기장치자전거는 도로교통법 제2조 제18호에 규정된 것을 말한다. 배기량 125cc 이하의 이륜자동차, 배기량 50cc 미만의 원동기를 단 차를 의미한다. 경운기는 농사작업차에 해당하지만 도로교통법상의 자동차에는 해당하지 않는다(대판 1987. 3. 24, 85도1979).

(2) 행 위

권리자의 동의 없이 행위객체를 일시 사용하는 것이다. 권리자란 자동차 등의 소유자 및 소유자로부터 사용권한을 인수한 자를 의미한다. 일시 사용한다는 것은 시간적으로 영득의사로서 배제의사를 인정할 수 없을 정도의 시간 동안 사용하는 것을 말한다. 권리자의 동의가 없다는 것은 행위객체를 불법하게 사용 개시한 경우만을 의미할 수도 있고, 적법한 사용 개시 이후 권리자의 동의 없이 계속 사용하는 경우도 있으나 전자의 경우에만 본 죄가 성립한다고 보는 것이 타당하다. 후자의 경우는 일종의 계약 위반에 해당하기 때문에 형법적 판단을 유보하는 것이 타당하다.

판례 **자동차불법사용죄**

• 자동차등불법사용죄는 타인의 자동차 등의 교통수단을 불법영득의 의사없이 일시 사용하는 경우에 적용되는 것으로서 불법영득의사가 인정되는 경우에는 절도죄로 처벌할 수 있을 뿐 본죄로 처벌할 수 없다 할 것이며, 절도죄의 성립에 필요한 불법영득의 의사라 함은 권리자를 배제하고 타인의 물건을 자기의 소유물과 같이 이용, 처분할 의사를 말하고 영구적으로 그 물건의 경제적 이익을 보유할 의사임은 요치 않으며 일시사용의 목적으로 타인의 점유를 침탈한 경우에도 이를 반환할 의사없이 상당한 장시간 점유하고 있거나 본래의 장소와 다른 곳에 유기하는 경우에는 이를 일시 사용하는 경우라고는 볼 수 없으므로 영득의 의사가 없다고 할 수 없다. 따라서 소유자의 승낙없이 오토바이를 타고 가서 다른 장소에 버린 경우 자동차등불법사용죄가 아닌 절도죄가 성립한다(대판 2002. 9. 6, 2002도3465).

• 공동피고인(18세)의 삼촌이 운영하는 카센터에 가보니 삼촌은 보이지 않고 삼촌의 친구인 피해자가 그의 소유인 액센트 승용차를 밖에 세워 놓고 카센터 안에 있는 방에서 잠을 자고 있어서 피고인(19세)에게 삼촌친구가 잠을 자고 있는데 삼촌친구 차를 몰래 타 보자고 하자 피고

인이 좋다고 하여 피해자 잠바 주머니에서 열쇠를 가지고 나와 운전을 할 줄 아는 피고인으로 하여금 위 차량을 운전하게 하여 피고인들이 거주하는 부천 인근만을 돌아다니다가 불심 검문에 붙들려 차가 피해자에게 반환된 사안(피고인은 처음에는 몰래 잠깐 타고 제자리에 가져다 놓으려고 훔치게 되었는데 마음이 변하여 계속 타고 다닌 것이고, 돈이 필요하거나 다른 범죄에 사용하려고 자동차를 훔치게 된 것이 아니고 운전하고 싶은 충동에서 훔치게 된 것이라고 주장하였고 대법원은 이를 인정하였다)에서, 대법원은 특수절도죄가 아니라 자동차불법사용죄에 해당한다고 하였다(대판 1998. 9. 4, 98도2181). 이 판결은 피고인이 차량을 반환할 의사가 있었으므로 불법영득의사를 인정할 수 없고 결과적으로 특수절도죄가 성립하지 않으며 자동차불법사용죄에만 해당한다고 본 것이다.

3. 미수범

본 죄의 미수범은 처벌한다(제342조). 본 죄의 기수시점은 행위자가 자동차 등에 승차하여 시동을 걸고 출발하는 시점이다.

Ⅵ. 상습범

제332조(상습범) 상습으로 제329조 내지 제331조의2의 죄를 범한 자는 그 죄에 정한 형의 2분의 1까지 가중한다.

이 규정은 특가법 제5조의4와 내용이 중복되어 헌법재판소가 특가법 제5조의4 제1항에 대하여 위헌결정(헌재결 2015. 2. 26, 2014헌가16)을 함에 따라 법률 개정이 이루어져 문제점이 해결되었다.

특정범죄가중처벌 등에 관한 법률 제5조의4(상습 강도·절도죄 등의 가중처벌)

① 삭제 〈2016. 1. 6.〉

② 5명 이상이 공동하여 상습적으로 「형법」 제329조부터 제331조까지의 죄 또는 그 미수죄를 범한 사람은 2년 이상 20년 이하의 징역에 처한다.

③ 삭제 〈2016. 1. 6.〉

④ 삭제 〈2016. 1. 6.〉

⑤ 「형법」 제329조부터 제331조까지, 제333조부터 제336조까지 및 제340조·제362조의 죄 또는 그 미수죄로 세 번 이상 징역형을 받은 사람이 다시 이들 죄를 범하여 누범(累犯)으로 처벌하는 경우에는 다음 각 호의 구분에 따라 가중처벌한다.

1. 「형법」 제329조부터 제331조까지의 죄(미수범을 포함한다)를 범한 경우에는 2년 이상 20년 이하의 징역에 처한다.
2. 「형법」 제333조부터 제336조까지의 죄 및 제340조 제1항의 죄(미수범을 포함한다)를 범한

경우에는 무기 또는 10년 이상의 징역에 처한다.

3. 「형법」 제362조의 죄를 범한 경우에는 2년 이상 20년 이하의 징역에 처한다.

⑥ 상습적으로 「형법」 제329조부터 제331조까지의 죄나 그 미수죄 또는 제2항의 죄로 두 번 이상 실형을 선고받고 그 집행이 끝나거나 면제된 후 3년 이내에 다시 상습적으로 「형법」 제329조부터 제331조까지의 죄나 그 미수죄 또는 제2항의 죄를 범한 경우에는 3년 이상 25년 이하의 징역에 처한다.

상습절도죄는 상습으로 절도·야간주거침입절도·특수절도를 범함으로써 성립하는 범죄이다. 본 죄의 성격은 행위주체의 상습성이라는 일종의 행위자 정형의 신분 요소에 의해 책임 및 형이 가중되는 책임가중적 구성요건이며 부진정신분범이다.

상습성이란 범죄자의 어떤 버릇, 범죄의 경향을 의미하는 것으로서 행위의 본질을 이루는 성질이 아니고 행위자의 특성을 이루는 성질을 의미하는 것으로, 구체적으로 동종의 범행을 반복·누행하는 습벽을 말한다. 상습성의 유무에 대하여는 행위자의 연령·성격·직업·환경·전과, 범행의 동기·수단·방법 및 장소, 전에 범한 범죄와의 시간적 간격, 그 범행의 내용과 유사성 등 여러 사정을 종합하여 판단하여야 한다(대판 2006. 5. 11, 2004도6176). 절도 범행이 불과 2회에 불과하더라도 그것이 행위자의 상습적인 도벽의 발현이라면 상습절도이다. 그러나 단순히 절도를 여러 번 하였더라도 행위가 모두 우발적인 동기에서 행하여졌거나 또는 곤궁 상태 또는 동정할 만한 궁박 상태에서 일어난 경우, 최후 범행의 시간적 경과가 있는 경우 등은 상습성이 인정될 수 없다. 다른 한편 행위자가 범죄행위 당시 심신미약 상태에 있었다는 이유만으로 그 범죄행위는 상습성이 발현된 것이 아니라고 단정할 수는 없다(대판 2007. 8. 23, 2007도3820, 2007감도8).

판례 상습절도와 주거침입

• 특정범죄 가중처벌 등에 관한 법률 제5조의4 제6항에 규정된 상습절도 등 죄를 범한 범인이 그 범행의 수단으로 주거침입을 한 경우에 주거침입행위는 상습절도 등 죄에 흡수되어 위 조문에 규정된 상습절도 등 죄의 1죄만이 성립하고 별개로 주거침입죄를 구성하지 않으며, 또 위 상습절도 등 죄를 범한 범인이 그 범행 외에 상습적인 절도의 목적으로 주거침입을 하였다가 절도에 이르지 아니하고 주거침입에 그친 경우에도 그것이 절도상습성의 발현이라고 보이는 이상 주거침입행위는 다른 상습절도 등 죄에 흡수되어 위 조문에 규정된 상습절도 등 죄의 1죄만을 구성하고 상습절도 등 죄와 별개로 주거침입죄를 구성하지 않는다(대판 2017. 7. 11, 2017도4044).

• 형법 제330조에 규정된 야간주거침입절도죄 및 형법 제331조 제1항에 규정된 특수절도(야간손괴침입절도)죄를 제외하고 일반적으로 주거침입은 절도죄의 구성요건이 아니므로 절도범인이 범행수단으로 주거침입을 한 경우에 주거침입행위는 절도죄에 흡수되지 아니하고 별개로

주거침입죄를 구성하여 절도죄와는 실체적 경합의 관계에 서는 것이 원칙이다. 또 형법 제332조는 상습으로 단순절도(형법 제329조), 야간주거침입절도(형법 제330조)와 특수절도(형법 제331조) 및 자동차 등 불법사용(형법 제331조의2)의 죄를 범한 자는 그 죄에 정한 각 형의 2분의 1을 가중하여 처벌하도록 규정하고 있으므로, 위 규정은 주거침입을 구성요건으로 하지 않는 상습단순절도와 주거침입을 구성요건으로 하고 있는 상습야간주거침입절도 또는 상습특수절도(야간손괴침입절도)에 대한 취급을 달리하여, 주거침입을 구성요건으로 하고 있는 상습야간주거침입절도 또는 상습특수절도(야간손괴침입절도)를 더 무거운 법정형을 기준으로 가중처벌하고 있다. 따라서 상습으로 단순절도를 범한 범인이 상습적인 절도범행의 수단으로 주간(낮)에 주거침입을 한 경우에 주간 주거침입행위의 위법성에 대한 평가가 형법 제332조, 제329조의 구성요건적 평가에 포함되어 있다고 볼 수 없다. 그러므로 형법 제332조에 규정된 상습절도죄를 범한 범인이 범행의 수단으로 주간에 주거침입을 한 경우 주간 주거침입행위는 상습절도죄와 별개로 주거침입죄를 구성한다. 또 형법 제332조에 규정된 상습절도죄를 범한 범인이 그 범행 외에 상습적인 절도의 목적으로 주간에 주거침입을 하였다가 절도에 이르지 아니하고 주거침입에 그친 경우에도 주간 주거침입행위는 상습절도죄와 별개로 주거침입죄를 구성한다(대판 2015. 10. 15, 2015도8169; 2015. 10. 15, 2015도9049).

Ⅶ. 친족 간의 범행의 특례(친족상도례)

제344조(친족간의 범행) 제328조의 규정은 제329조 내지 제332조의 죄 또는 미수범에 준용한다.

제328조(친족간의 범행과 고소) ① 직계혈족, 배우자, 동거친족, 동거가족 또는 그 배우자간의 제323조의 죄는 그 형을 면제한다.
② 제1항 이외의 친족간에 제323조의 죄를 범한 때에는 고소가 있어야 공소를 제기할 수 있다.
③ 전 2항의 신분관계가 없는 공범에 대하여는 전 2항을 적용하지 아니한다.

1. 형의 면제

직계혈족, 배우자, 동거친족, 동거가족 또는 그 배우자 간에 절도죄가 발생한 경우에는 형을 면제한다. 이 규정은 인적 처벌조각사유로서(통설) 사기죄, 공갈죄, 횡령죄, 배임죄의 경우에도 준용한다. 장물범과 피해자 간에도 형을 면제하거나 친고죄로 하고, 장물범과 본 범간에 친족관계가 있으면 형을 감경 또는 면제한다(제365조). 강도죄에는 적용되지 않는다.

2. 친족관계의 범위

절도죄에서 친족 간 범행의 특례규정이 적용되기 위해서는 점유자·소유자 쌍방 간에 이러한 관계가 있어야 한다(김성돈, 손동권, 오영근, 이형국, 임웅, 정/박, 진계호). 소유자뿐만 아니라 정당한 점유자의 점유 역시 보호되어야 하기 때문이다. 이에 대해 행위자와 소유자 간에 이러한 신분관계가 있으면 된다는 견해도 있다(김/김, 김/서, 배종대, 이/장/강, 이정원, 정영일). 사실혼관계에 있는 배우자는 포함되지 않는다고 보아야 한다. 동거친족으로는 방계혈족과 인척이 해당 된다.

친족 간의 범행에 관한 규정이 적용되기 위한 친족관계는 원칙적으로 범행 당시에 존재하여야 한다. 다만 부가 혼인 외의 출생자를 인지하는 경우에는 민법 제860조에 의하여 그 자의 출생시에 소급하여 인지의 효력이 생기는 것이며, 이와 같은 인지의 소급효는 친족상도례에 관한 규정의 적용에도 미친다. 따라서 인지가 범행 후에 이루어진 경우라고 하더라도 그 소급효에 따라 형성되는 친족관계를 기초로 하여 친족상도례의 규정이 적용된다(대판 1997. 1. 24, 96도1731).

판례 절도와 친족상도례

• 형법 제328조 제1항에 정한 친족간의 범행에 관한 규정은 범인과 피해물건의 소유자 및 점유자 쌍방간에 같은 규정에 정한 친족관계가 있는 경우에만 적용되는 것이며, 단지 절도범인과 피해물건의 소유자간에만 친족관계가 있거나 절도범인과 피해물건의 점유자간에만 친족관계가 있는 경우에는 그 적용이 없다고 보아야 한다(대판 2014. 9. 25, 2014도8984; 1980. 11. 11, 80도131).

제 3 절 강도의 죄

I. 의의 · 보호법익 · 구성요건체계

강도죄는 폭행 · 협박을 수단으로 하여 타인의 재물이나 재산상의 이익을 취득하는 범죄로서 폭행죄 · 협박죄와 절도죄의 결합범이다. 보호법익은 재산(소유권) 및 사람의 의사결정의 자유이다. 절도죄와는 행위수단이 폭행 · 협박인 점, 행위객체에 재산상의 이익이 포함된 점에서 구별된다. 공갈죄와는 폭행 · 협박의 정도에 의하여 구별된다. 강도의 죄의 구성요건체계는 강도죄(제333조)를 기본적 구성요건으로 하여, 가중적 구성요건으로 특수강도(제334조), 해상강도(제340조), 상습강도(제341조)가 있다. 강도상해 · 치상(제337조), 강도살인 · 치사(제338조), 강도강간죄(제339조)는 결과적 가중범이나 결합범에 해당하며, 독립적 구성요건으로 준강도(제335조), 인질강도(제336조)를 규정하고 있다. 미수범(제342조)과 예비 · 음모(제343조)를 처벌하며 자격정지를 병과(제345조)할 수 있다.

Ⅱ. 강도죄

제333조(강도) 폭행 또는 협박으로 타인의 재물을 강취하거나 기타 재산상의 이익을 취득하거나 제3자로 하여금 이를 취득하게 한 자는 3년 이상의 유기징역에 처한다.
제342조(미수범) 제329조 내지 제341조의 미수범은 처벌한다.
제343조(예비, 음모) 강도할 목적으로 예비 또는 음모한 자는 7년 이하의 징역에 처한다.

1. 의 의

강도죄는 폭행 또는 협박을 하여 상대방으로부터 직접 재물이나 재산상의 이익을 취득하거나 제3자로 하여금 취득하도록 하는 죄이다. 재물 등의 취득을 폭행 또는 협박을 통하여 한 점에서 형이 가중되는 것이다. 예컨대 피고인이 강도의 범의 없이 공범들과 함께 피해자의 반항을 억압함에 충분한 정도로 피해자를 폭행하던 중 공범들이 피해자를 계속하여 폭행하는 사이에 피해자의 재물을 취거한 경우에는 피고인 및 공범들의 위 폭행에 의한 반항 억압의 상태와 재물의 탈취가 시간적으로 극히 밀접하여 전체적·실질적으로 재물 탈취의 범의를 실현한 행위로 평가할 수 있으므로 강도죄의 성립을 인정할 수 있다(대판 2013. 12. 12, 2013도11899; 2009. 1. 30, 2008도10308).

2. 객관적 구성요건

(1) 행위객체

행위객체는 타인의 재물 또는 재산상의 이익이다. 재산상의 이익은 적극적 이익과 소극적 이익(권리포기, 저당권 말소등기, 채무면제, 이행연기 등)을 포함하며, 반드시 사법상 유효한 이익만을 의미하지는 않으며 외견상 재산상의 이익을 얻을 것이라고 인정할 수 있는 것이면 된다(대판 1987. 2. 10, 86도2472). 부동산도 포함되는지 여부에 대해 긍정설도 있으나 강취행위의 성질상 부동산은 행위객체에 포함되지 않는다고 보아야 한다(다수설). 참고로 일본형법은 부동산침탈죄가 별도로 규정되어 있다(일본형법 제235조의2 참조).

(2) 행 위

1) 폭행 · 협박의 의의 및 상대방

강도죄에서 폭행은 사람에 대한 직·간접적인 유형력의 행사를 의미한다. 여기에서 사람이란 폭행·협박의 상대방으로서 재물 등의 소지자뿐만 아니라 재물 등의 탈취를 위해 제압이 필요한 제3자도 포함된다. 순수한 심리적 폭행은 강요죄에 해당할 수 있으나 강도죄에는 해당하지 않는다. 협박이란 상대방의 생명·신체에 대한 현존하는 위험을 고지하는 것을 의미한다. 상대방이 폭행·협박으로 인한 신체적 강요 상태를 인식할 필요가 없으므로 수면 중인 자나 의식불명 상태에 있는 자에 대해서도 강도죄가 성립한다. 수면제를 먹이고 금품을 탈취한 경우에도 강도죄가 성립한다(대판 1979. 9. 25, 79도1735).

2) 폭행 · 협박의 정도

강도죄에서 폭행·협박은 상대방의 반항을 억압할 정도이어야 한다. 왜냐하면 강도는 피공갈자의 재산상의 처분행위를 전제로 하는 공갈죄와 달리 상대방의 의사에 의하지 않고 재물이나 재산상의 이익을 취득하는 것이므로 상대방의 반항이 제압되어야 하기 때문이다.

상대방의 반항을 억압하기에 충분한 정도인지 여부를 판단하는 기준에 대해서는 주관설과 객관설이 있으나 이는 피해자가 특히 완강히 저항하는 경우에 차이가 날 뿐이며 객관설에 따라 판단하는 것이 타당하다. 그러므로 피해자가 저항할 수 없는 폭행·협박인지 여부가 아니라 객관적으로 판단하여 반항을 제압할 정도이면 된다고 보아야 한다.

판례 소위 '날치기'와 강도죄 성부

• 소위 '날치기'와 같이 강제력을 사용하여 재물을 절취하는 행위가 때로는 피해자를 넘어뜨리거나 상해를 입게 하는 경우가 있고, 그러한 결과가 피해자의 반항 억압을 목적으로 함이 없이 점유탈취의 과정에서 우연히 가해진 경우라면 이는 강도가 아니라 절도에 불과하지만, 그 강제력의 행사가 사회통념상 객관적으로 상대방의 반항을 억압하거나 항거 불능케 할 정도의 것이라면 이는 강도죄의 폭행에 해당한다. 그러므로 날치기 수법의 점유탈취 과정에서 이를 알아채고 **재물을 뺏기지 않으려는 상대방의 반항에 부딪혔음에도 계속하여 피해자를 끌고 가면서 억지로 재물을 빼앗은 행위는 피해자의 반항을 억압한 후 재물을 강취한 것으로서 강도에 해당**한다(대판 2007. 12. 13, 2007도7601). 이 사안에서는 피해자가 5미터 가량 끌려감으로서 무릎 등에 상처를 입어 강도치상죄를 인정하였다.

• 날치기와 같이 강력적으로 재물을 절취하는 행위는 때로는 피해자를 전도시키거나 부상케 하는 경우가 있고, 구체적인 상황에 따라서는 이를 강도로 인정하여야 할 때가 있다 할 것이나, 그와 같은 결과가 **피해자의 반항억압을 목적으로 함이 없이 점유탈취의 과정에서 우연히 가해진 경우라면 이는 절도에 불과한 것**으로 보아야 한다(대판 2003. 7. 25, 2003도2316).

3) 재물 또는 재산상 이익의 취득

강도죄는 폭행·협박에 의하여 재물이나 재산상의 이익을 취득하거나 제3자로 하여금 이를 취득하게 한 경우에 성립한다. 공갈죄와 달리 탈취죄에 해당하므로 피해자의 재산상의 처분행위는 필요로 하지 않는다(통설).

4) 인과관계

폭행 또는 협박과 재물 등의 취득 간에는 인과관계가 존재하여야 한다.

판례 폭행 · 협박과 강취행위

• 형법 제333조의 강도죄는 사람의 반항을 억압함에 충분한 폭행 또는 협박을 사용하여 타인의 재물을 강취하거나 재산상의 이익을 취득함으로써 성립하는 범죄이므로, 피고인이 타인에 대하여 반항을 억압함에 충분한 정도의 폭행 또는 협박을 가한 사실이 있다 해도 그 타인이 재물 취거의 사실을 알지 못하는 사이에 그 틈을 이용하여 피고인이 우발적으로 타인의 재물을 취거한 경우에는 위 폭행이나 협박이 재물 탈취의 방법으로 사용된 것이 아님은 물론, 그 폭행 또는 협박으로 조성된 피해자의 반항억압의 상태를 이용하여 재물을 취득하는 경우에도 해당하지 아니하여 양자 사이에 인과관계가 존재하지 아니한다 할 것이므로, 위 폭행 또는 협박에 의한 반항억압의 상태가 처음부터 재물 탈취의 계획하에 이루어졌다거나 양자가 시간적으로 극히 밀접되어 있는 등 전체적 · 실질적으로 단일한 재물 탈취의 범의의 실현행위로 평가할 수 있는 경우에 해당하지 아니하는 한 강도죄의 성립을 인정하여서는 안 될 것이다. 따라서 주점 도우미인 피해자와의 윤락행위 도중 시비 끝에 피해자를 이불로 덮어씌우고 폭행한 후 이불 속에 들어 있는 피해자를 두고 나가다가 탁자 위의 피해자 손가방 안에서 현금을 가져간 경우 강도죄의 성립을 부정하였다(대판 2009. 1. 30, 2008도10308).

3. 주관적 구성요건

상대방에게 폭행 · 협박을 하여 재물이나 재산상의 이익을 취득한다는 고의와 함께 초과주관적 구성요건으로서 불법영득(이득)의사가 있어야 한다. 불법영득(이득)의사가 고의의 내용에 포함된다는 견해도 있으나 고의는 객관적 구성요건에 대한 인식 · 의욕을 의미하는 바 불법영득(이득)의사를 강도죄의 객관적 구성요건 요소로 볼 수 없으므로 타당하지 않다.

4. 실행의 착수시점 및 기수시점

폭행 · 협박시점이 강도죄의 실행의 착수시점이다. 기수시점은 재물이나 재산상의 이익을 취득한 때이다. 즉 재물이나 재산상의 이익을 취득하지 못한 경우에는 강도미수죄에 해당한다.

5. 강도죄의 죄수

강도죄는 재산 이외에 개인의 생명 · 신체나 의사결정의 자유를 침해하는 범죄라는 점에서 죄수결정 기준도 재산적 측면 이외에 폭행 · 협박의 상대방 수를 고려하여야 한다. 그러므로 1개의 폭행 · 협박으로 동시에 여러 사람으로부터 재물을 강취한 경우에는 상상적 경합이 인정된다.

판례 강취한 현금카드 사용과 절도죄 성부

• 강도죄는 공갈죄와는 달리 피해자의 반항을 억압할 정도로 강력한 정도의 폭행 · 협박을 수단으로 재물을 탈취하여야 성립하므로, 피해자로부터 현금카드를 강취하였다고 인정되는 경우에는 피해자로부터 현금카드의 사용에 관한 승낙의 의사표시가 있었다고 볼 여지가 없다. 따라서 강취한 현금카드를 사용하여 현금자동지급기에서 예금을 인출한 행위는 피해자의 승낙에 기한 것이라고 할 수 없으므로, 현금자동지급기 관리자의 의사에 반하여 그의 지배를 배제하고 그 현금을 자기의 지배하에 옮겨 놓는 것이 되어서 강도죄와는 별도로 절도죄를 구성한다(대판 2007. 5. 10, 2007도1375).

Ⅲ. 특수강도죄

제334조(특수강도) ① 야간에 사람의 주거, 관리하는 건조물, 선박이나 항공기 또는 점유하는 방실에 침입하여 제333조의 죄를 범한 자는 무기 또는 5년 이상의 징역에 처한다.
② 흉기를 휴대하거나 2인 이상이 합동하여 전조의 죄를 범한 자도 전항의 형과 같다.
제342조(미수범) 제329조 내지 제341조의 미수범은 처벌한다.

본 죄는 강도죄의 가중적 구성요건이다. 행위유형에 따라 야간주거침입강도죄(제1항)와 흉기휴대강도죄 및 합동강도죄(제2항)가 있다.

1. 야간주거침입강도죄 (제1항)

주거침입죄와 강도죄의 결합범이다. 절도행위가 선행하고 그 후에 폭행이나 협박을 하여 강도를 한 경우에는 야간주거침입절도죄와 본 죄의 경합범이 아니라 단일의 야간주거침입강도죄가 성립한다.

2. 흉기휴대강도죄 · 합동강도죄 (제2항)

제2항은 흉기를 휴대하거나 2인 이상이 합동하여 강도죄를 범하는 경우이다. 흉기는 범행에 착수하는 단계에서부터 휴대할 필요는 없으며 예를 들어 집안에 침입하여 부엌에 있는 칼을 들고 온 경우에도 흉기 휴대가 인정된다. 합동강도죄의 경우에는 각자의 가담 정도가 공동정범 이상이어야 할 것이 필요하며 각자가 모의의 범위 내에서만 책임을 진다. 반면에 판례는 강도합동범 중 1인이 피해자를 상해한 경우에 상해까지 공모하지 않은 다른 자도 상해의 결과에 대해 책임을 진다고 판시하고 있다(아래 판례 참조). 그러나 이러한 판례의 입장은

현장설에 입각하고 있는 합동범의 본질에 어긋난다.

판례 **합동강도죄**

• 강도합동범 중 1인이 피고인과 과도를 들고 강도범행할 것을 공모하였고, 공모한대로 강도를 하기 위하여 피해자의 거소를 들어가 피해자를 향하여 칼을 휘두른 이상 이미 강도의 실행행위에 착수한 것임이 명백하고, 그가 피해자들을 과도로 찔러 상해를 가하였다면 대문 밖에서 망을 본 공범인 피고인이 구체적으로 상해를 가할 것까지 공모하지 않았다 하더라도 피고인은 상해의 결과에 대하여도 공범으로서의 책임을 면할 수 없다(대판 1998. 4. 14, 98도356). 이 사안의 경우에는 합동범에 관한 현장설에 따라 강도상해죄의 공동정범을 인정하는 것이 타당하다. 그 이유는 합동강도죄를 인정하는 취지가 다수인이 강도를 한다는 점에서 범죄성이 높다고 보기 때문이다.

3. 특수강도죄의 실행의 착수시점

제1항의 경우 주거침입이 시간적으로 선행하므로 주거침입을 한 때에 실행의 착수를 인정하는 것(주거침입시설)이 일부 판례의 입장이다(대판 1992. 7. 28, 92도917). 이에 반해 통설은 폭행·협박시에 본 죄의 실행의 착수를 인정한다. 즉, 강도행위가 야간에 주거에 침입하여 이루어지는 경우에는 주거침입시설과 폭행·협박시설(통설)이 대립하고 있다. 판례 역시 주거침입시설과 폭행·협박시설이 공존하고 있다(아래 판례 참조)이다. 강도죄의 기본적 구성요건은 폭행·협박이므로 야간에 흉기를 휴대하고 타인의 주거에 침입하여 동정을 살피는 것만으로는 특수강도의 실행에 착수한 것으로 볼 수 없으며 폭행이나 협박이 개시된 시점을 기준으로 하는 것이 타당하다.

판례 **특수강도죄 실행의 착수**

• 피고인들이 야간에 피해자 A의 집에 이르러 재물을 강취할 의도로 피고인 갑이 출입문 옆 창살을 통하여 침입하고 피고인 을은 부엌 방충망을 뜯고 들어 가다가 피해자 시아버지의 헛기침에 발각된 것으로 알고 도주함으로써 뜻을 이루지 못했다는 것이고, 피고인들이 야간에 피해자 B의 집에 이르러 피고인 갑이 담을 넘어 들어가 대문을 열고 나머지 피고인들이 집에 들어가 피고인 을이 부엌에서 식칼을 들고 방안에 들어가는 순간 비상벨이 울려 도주함으로써 뜻을 이루지 못했던 경우, 피고인들이 위와 같이 야간에 주거에 침입한 이상 특수강도죄의 실행에 착수한 것으로서 그 미수범으로서 처단되어야 할 것이고 현장에서 함께 행동한 피고인으로서도 같은 죄책을 져야함은 더말할 나위도 없다(대판 1992. 7. 28, 92도917).

• **사건개요**: 피고인이 야간에 타인의 재물을 강취하기로 마음먹고 칼을 휴대한 채 시정되어 있지 않은 집 현관문을 열고 마루까지 침입하여 동정을 살피던 중 마침 혼자서 집을 보던 피해자(여, 14세)가 화장실에서 용변을 보고 나오는 것을 발견하고 갑자기 욕정을 일으켜 칼을 피

해자의 목에 들이대고 방안으로 끌고 들어가 반항을 억압한 다음 강제로 1회 피해자를 강간하였다.

판결이유 : 대법원은 **형법 제334조 제1, 2항 소정의 특수강도의 실행의 착수는 어디까지나 강도의 실행행위 즉 사람의 반항을 억압할 수 있는 정도의 폭행 또는 협박에 나아갈 때에 있다** 할 것이고, 위와 같이 야간에 흉기를 휴대한 채 타인의 주거에 침입하여 집안의 동정을 살피는 것만으로는 동 법조에서 말하는 특수강도의 실행에 착수한 것이라고 할 수 없으므로 위의 특수강도에 착수하기도 전에 저질러진 위와 같은 강간행위가 위 구 특정범죄가중처벌등에관한법률 제5조의 6 제1항 소정의 특수강도강간죄에 해당하지 않는다고 판시하였다(대판 1991. 11. 22, 91도2296). (특가법 제5조의6은 삭제됨).

특수강도죄의 실행의 착수를 ①판결은 주거침입시를 기준으로 함에 반하여, ②판결은 폭행·협박시를 기준으로 하고 있다.

Ⅳ. 준강도죄, 준특수강도죄

제335조(준강도) 절도가 재물의 탈환에 항거하거나 체포를 면탈하거나 범죄의 흔적을 인멸할 목적으로 폭행 또는 협박한 때에는 제333조 및 제334조의 예에 따른다.
제342조(미수범) 제329조 내지 제341조의 미수범은 처벌한다.

1. 의 의

본 죄는 절도범이 재물 탈환을 항거하거나 체포를 면탈할 목적 또는 범죄의 흔적을 인멸할 목적으로 폭행 또는 협박을 할 때에 성립하는 죄이다. 목적범이며 절도죄와 폭행죄 또는 협박죄와의 결합범이다. 행위주체가 절도범이기 때문에 본 죄의 신분범 여부가 문제된다. ① 신분범설(김/서, 신동운, 이정원, 조준현, 진계호)에서는 절도범을 주체로 하는 신분범이라고 본다. ② 비신분범설(다수설. 이용식, "준강도죄의 예비와 기수시기", 한국형사법학의 신 전개, 2008, 461면 이하; 한상훈, "결합범의 구조와 신분범과의 관계 - 준강도죄와 강도강간죄를 중심으로", 법조, 제580호(2005/1), 96면 이하)에서는 본 죄가 행위의 주체를 절도범으로 한정하고 있기는 하지만, 본 죄의 절도는 결합범의 한 내용을 이루고 있으므로 신분의 행위자 관련성으로 볼 수 없다는 논리를 전개한다. 생각건대 절도가 신분이라는 행위자 관련 요소가 아니라 행위관련적 요소에 해당하지만 준강도죄의 행위주체는 절도죄의 (공동)정범이어야 하고 교사범이나 방조범은 해당하지 않는다는 점(통설)에서 보면 절도를 비신분범으로 보기보다는 신분범으로 보는 것이 타당하다.

준강도죄의 본질에 대해서는 ① 절도죄의 가중적 구성요건설, ② 강도죄의 특수유형설(문채규, "준강도죄의 법적 성격과 주체", 비교형사법연구, 제6권 제2호(2004/12), 87면. 오영근, 임웅, 김종원), ③ 독립적 구성요건설(김/서, 배종대, 이/장/강, 정/박)이 있으나 이 가운데 독립적 구성요건설이 타당하다. 왜냐하면 준강도죄의 기수시점을 폭행·협박을 기준으로 할 경우 절도의 미수범이 체포 면탈 또는 증거 인멸을 위해서 행하는 폭행 · 협박의 경우에도 본 규정이 적용될 수 있어야 한다고 보기 때문이다.

2. 구성요건

(1) 행위주체

준강도죄는 행위주체는 절도범으로, 단순 절도범, 야간주거침입절도범 또는 특수절도범을 포함한다. 준강도죄의 미수범도 처벌하기 때문에 미수범 성립기준은 별론으로 하고 절도의 기수범이나 미수범 모두 행위주체에 해당한다. 절도미수의 단계에서도 채포 면탈이나 범죄 흔적을 인멸할 목적을 가질 수 있기 때문이다. 이와 달리 절도미수범은 본 죄의 행위주체가 될 수 없다는 견해도 있다(김/서, 문채규, 위 논문, 99면, 이용식, 위 논문, 473면). 아직 실행에 착수하기 전의 예비단계에서 폭행 · 협박을 한 경우에는 본 죄가 성립하지 않는다. 강도범도 본 죄의 주체가 될 수 있다는 견해도 있으나(오영근, 이정원) 본 죄는 절도범으로 제한하여 규정하고 있으므로 타당하지 않고 강도죄나 특수강도죄로 처벌할 수 있으므로 강도범을 포함시켜야 할 실익도 없다.

판례 절도의 실행착수와 준강도

- 피고인이 술집 운영자 갑으로부터 술값의 지급을 요구받자 갑을 유인 · 폭행하고 도주함으로써 술값의 지급을 면하여 재산상 이익을 취득하고 상해를 가하였다고 하여 강도상해로 기소되었다. 원심은 위 공소사실을 '피고인이 갑에게 지급해야 할 술값의 지급을 면하여 재산상 이익을 취득하고 갑을 폭행하였다'는 범죄사실로 인정하여 준강도죄를 적용한 사안에서, 원심이 인정한 범죄사실에는 그 자체로 절도의 실행에 착수하였다는 내용이 포함되어 있지 않음에도 준강도죄를 적용하여 유죄로 인정한 원심판결에 준강도죄의 주체에 관한 법리오해의 잘못이 있다고 판단하였다(대판 2014. 5. 16, 2014도2521).

(2) 폭행 · 협박의 정도

폭행이나 협박을 하여야 한다. 폭행 · 협박의 정도는 강도죄(제333조)와의 균형상 상대방의 반항을 억압할 정도에 이르러야 한다. 판례도 반항을 억압하는 수단으로서 일반적, 객관적으로 가능하다고 인정하는 정도면 족하며 이는 체포되려는 구체적 상황에 비추어 체포의 공격력을 억압함에 족한 정도의 것인지 여부에 따라 결정되어야 한다고 판시하고 있다(대판 1985. 5. 14, 85도619). 폭행 · 협박의 상대방은 절도의 피해자와 일치할 필요는 없다. 절도의 피해자 이외에 추적자, 경찰관 등 행위자의 목적 달성에 장애가 되는 자에게 폭행 · 협박이 가해지는 것으로도 충분하다.

판례 준강도죄에서 폭행 · 협박의 정도

• 절도범인 피고인이 피해자의 과도한 반격을 피하려다가 피해자에게 상처를 입힌 사건에서 대법원은 "준강도죄의 구성요건인 폭행 · 협박은 일반강도죄와의 균형상 **사람의 반항을 억압할 정도의 것임을 요하므로**, 일반적, 객관적으로 체포 또는 재물탈환을 하려는 자의 체포의사나 탈환의사를 제압할 정도라고 인정될 만한 폭행 · 협박이 있어야만 준강도죄가 성립한다고 할 것인 바, 피고인을 체포하려는 피해자가 체포에 필요한 정도를 넘어서서 발로 차며 늑골 9, 10번 골절상, 좌폐기흉증, 좌흉막출혈 등 전치 3개월을 요하는 중상을 입힐 정도로 심한 폭력을 가해오자 피고인이 이를 피하기 위하여 엉겁결에 솥뚜껑을 들어 위 폭력을 막아 내려다가 그 솥뚜껑에 스치어 피해자가 상처를 입게 되었다면 피고인의 위 행위는 일반적, 객관적으로 피해자의 체포의사를 제압할 정도의 폭행에 해당하지 않는다고 할 것이므로 **준강도상해죄는 성립되지 않는다"**고 판시하였다(대판 1990. 4. 24, 90도193). 준강도죄에서 요구되는 정도의 폭행으로 볼 수 없다는 취지이다.

(3) 절도와의 근접성

절도행위와 폭행 · 협박의 근접성 정도는 절도범이 절도의 기회에 폭행 또는 협박을 가함으로써 성립되는 것으로서, 절도의 기회라고 함은 절도 범인과 피해자가 절도의 현장에 있는 경우와 절도에 잇달아 또는 절도의 시간 · 장소에 접착하여 피해자가 범인을 체포할 수 있는 상황, 범인이 범죄 흔적 인멸에 나올 가능성이 높은 상황에 있는 경우를 말한다. 절도와 장소적 접근은 폭행 · 협박이 절도의 범행 현장, 직접 그 부근 또는 추적 중에 행해져야 한다는 것을 의미한다. 절도 범인이 피해자의 추적으로부터 이탈한 후 폭행한 경우에는 준강도죄가 아니라 절도죄와 폭행죄의 실체적 경합이 된다. 시간적 접근에 대하여는 폭행 · 협박이 ① 절도의 실행의 착수 후부터 기수 직후까지 사이에 행해져야 한다는 견해, ② 절도의 기수 후부터 완료 전에 행해져야 한다는 견해, ③ 절도의 실행의 착수 이후부터 종료까지 행해져야 한다는 견해, ④ 절도의 실행의 착수 이후부터 종료 직후까지 행해져야 한다는 견해 등 다양한 견해가 주장되고 있다. 준강도죄에 절도죄의 미수가 포함되고 준강도의 주관적 구성요건 중 재물의 탈환을 항거하기 위한 것이 명문에 규정되어 있으므로 절도의 종료 직후에도 가능하다는 점에서 ④의 견해가 타당하다. 따라서 절도범이 일단 체포되었으나 아직 신병 확보가 확실하지 않은 단계에서 체포 상태를 면하기 위해 폭행하여 상해를 가한 경우, 그 행위는 절도의 기회에 체포를 면탈할 목적으로 폭행하여 상해를 가한 것으로서 강도상해죄에 해당한다(대판 2001. 10. 23, 2001도4142; 1982. 7. 13, 82도1352).

판례 절도의 기회

• 준강도는 절도 범인이 절도의 기회에 재물 탈환, 항거 등의 목적으로 폭행 또는 협박을 가함

으로써 성립되는 것이므로, 그 폭행 또는 협박은 절도의 실행에 착수하여 그 실행 중이거나 그 실행 직후 또는 실행의 범의를 포기한 직후로서 사회통념상 범죄행위가 완료되지 아니하였다고 인정될 만한 단계에서 행하여짐을 요한다. 피해자의 집에서 절도 범행을 마친지 10분 가량 지나 피해자의 집에서 200m 가량 떨어진 버스정류장이 있는 곳에서 피고인을 절도 범인이라고 의심하고 뒤쫓아 온 피해자에게 붙잡혀 피해자의 집으로 돌아왔을 때 비로소 피해자를 폭행한 경우, 그 폭행은 사회통념상 절도 범행이 이미 완료된 이후에 행하여졌으므로 준강도죄가 성립하지 않는다(대판 1999. 2. 26, 98도3321).

(4) 주관적 구성요건

준강도죄는 고의 및 불법영득의사와 함께 목적범으로서 목적이 있어야 한다. 목적은 재물 탈환을 항거할 목적, 체포 면탈의 목적, 범죄 흔적 인멸의 목적 가운데 하나의 목적이 인정되어야 한다. ① 재물의 탈환을 항거할 목적이라 함은 일단 절도가 재물을 자기의 배타적 지배하에 옮긴 뒤 탈취한 재물을 피해자측으로부터 탈환당하지 않기 위하여 대항하는 것을 말한다. 그러나 절도가 재물에 대한 지배를 확보하지 못한 상태에서 이를 확보하기 위해 폭행·협박을 행사하였다면 이는 준강도죄가 아니라 강도죄에 해당한다. ② 체포의 면탈이란 체포당하는 것을 방지하는 것으로 자기뿐만 아니라 공범자의 체포를 면탈케 하는 경우도 포함한다(대판 2001. 10. 23, 2001도4142; 1991. 11. 26, 91도2267). ③ 범죄 흔적의 인멸이란 모든 인적·물적 증거를 인멸하거나 죄증을 무효로 하는 것이다. 체포의 면탈과 범죄 흔적의 인멸은 재물 탈환의 항거와는 달리 재물에 대한 지배를 취득할 필요는 없다. 그리고 이러한 목적을 가지고 폭행·협박을 한 이상 그 목적의 달성 여부는 본 죄의 성립에 영향을 미치지 않는다.

3. 준강도죄의 미수범

(1) 절취행위기준설

이 견해에서는 폭행·협박을 완료하였더라도 절취행위가 미수에 그친 경우에는 준강도죄 역시 미수에 해당한다고 본다(판례, 김종원, 이/장/강, 정/박). 강도죄의 재물죄성을 강조하여 재물 강취가 이루어지지 않은 경우에는 기수를 인정할 수 없다고 보는 것이다. 절취행위기준설에 의하면 폭행·협박을 하였더라도 재물을 취득하지 못한 경우에는 준강도죄의 미수가 성립할 뿐이다. 반대로 재물을 취득하였으면 폭행·협박의 미수이더라도 준강도죄의 기수를 인정하게 된다.

판례 절취행위기준설

- 사건개요 : 피고인 갑과 을이 합동하여 양주를 절취할 목적으로 5층 건물 중 2층 A가 운영

하는 주점에 이르러, 을은 1층과 2층 계단 사이에서 갑과 무전기로 연락을 취하면서 망을 보고, 갑은 주점의 잠금장치를 뜯고 침입하여 주점 내 진열장에 있던 양주 45병(시가 1,622,000원 상당)을 미리 준비한 바구니 3개에 담고 있던 중, 계단에서 서성거리던 을을 수상히 여기고 주점으로 돌아오려는 주점 종업원 B, C의 소리를 듣고서 양주를 그대로 둔 채 출입문을 열고 나오다가 B 등이 붙잡자, 갑은 붙잡히지 않으려고 자신의 목을 잡고 있던 B의 오른손을 깨무는 등 폭행을 가하였다.

판결이유: 대법원은 형법 제335조에서 절도가 재물의 탈환을 항거하거나 체포를 면탈하거나 죄적을 인멸할 목적으로 폭행 또는 협박을 가한 때에 준강도로서 강도죄의 예에 따라 처벌하는 취지는, **강도죄와 준강도죄의 구성요건인 재물탈취와 폭행·협박 사이에 시간적 순서상 전후의 차이가 있을 뿐 실질적으로 위법성이 같다**고 보기 때문인 바, 이와 같은 준강도죄의 입법 취지, 강도죄와의 균형 등을 종합적으로 고려해 보면, **준강도죄의 기수 여부는 절도행위의 기수 여부를 기준으로 하여 판단하여야 한다.** 만일 강도죄에 있어서는 재물을 강취하여야 기수가 됨에도 불구하고 준강도의 경우에는 폭행·협박을 기준으로 기수와 미수를 결정하게 되면 **재물을 절취하지 못한 채 폭행·협박만 가한 경우에도 준강도죄의 기수로 처벌받게 됨으로써 강도미수죄와의 불균형이 초래**된다(대판 2004. 11. 18, 2004도5074 전원합의체). 같은 취지의 판결로는 서울고법 1998. 9. 29, 98노1856(확정).

평 가: 이 판결은 과거의 폭행·협박기준설(대판 1988. 2. 9, 87도2492)을 변경하여 절취행위를 기준으로 준강도죄의 기수와 미수 여부를 판단하여야 한다고 판시한 것이다. 이에 따라 피고인 갑에게는 준강도미수죄를 인정하였다.

(2) 폭행·협박행위기준설

이는 절취행위가 미수이더라도 폭행 또는 협박행위가 기수에 이르렀으면 준강도죄의 기수를 인정하는 견해이다(김/김, 김/서, 배종대, 백형구, 조준현). 절취행위를 기준으로 할 경우 절도의 미수단계에서 폭행, 협박을 하면 항상 준강도미수죄만 성립하게 된다는 점을 이유로 든다. 이에 따르면 준강도죄의 미수는 절도가 기수이더라도 재물 탈환을 항거하거나 체포 면탈 또는 죄적을 인멸할 목적으로 폭행·협박을 하려고 하던 중에 체포된 경우 또는 폭행·협박의 정도가 강도죄의 정도에 미치지 못한 경우에 성립한다. 이러한 논거로는 절도 미수라고 하더라도 일정한 목적을 위하여 사람의 반항을 억압할 정도의 폭행 또는 협박을 하는 경우 그 실질적 위법성이 강도죄와 같다고 보아 이를 강도죄의 기수와 동일하게 처벌하는 것이 형사정책적으로 균형이 맞는다는 점을 든다. 또한 준강도죄의 주체는 절도이고 여기에는 기수는 물론 형법상 처벌규정이 있는 미수도 포함되므로 준강도죄의 기수·미수의 구별은 폭행 또는 협박의 종료 여부에 따라 결정된다고 해석하는 것이 법리에 부합한다는 것이다.

(3) 절취행위 또는 폭행 · 협박기준설 (종합설)

재물 탈취나 폭행 · 협박 가운데 어느 한 경우라도 미수인 경우에는 준강도죄의 미수라고 보는 견해이다(오영근, 이정원, 이형국, 임웅). 그러므로 준강도죄의 기수가 되기 위해서는 절취행위 및 폭행 · 협박 양자 모두 기수에 이르러야 한다. 그 논거로 드는 것은 ① 강도죄의 기수가 인정되기 위해서는 폭행 · 협박에 의해 항거 불능상태를 초래하고 재물을 강취해야 하듯이 준강도죄에도 동일한 원리가 적용되어야 하고, ② 준강도죄는 절취행위와 폭행 · 협박이 결합되어 있는 범죄이기 때문에 절취행위의 기수 · 미수와 폭행 · 협박의 기수 · 미수 양자를 모두 기준으로 삼아 판단해야 한다는 것이다. 폭행 · 협박행위를 기준으로 하여 준강도죄의 미수범을 인정하는 외에 준강도죄의 재산 범죄로서의 성격을 감안하여 절취행위가 미수에 그친 경우에도 이를 준강도죄의 미수범이라고 보아 강도죄의 미수범과 사이의 균형을 유지하는 것이 타당하다고 할 것이다(종합설). 한편 대법원의 입장(절취행위기준설)을 따르더라도 절취행위가 기수이면 폭행 · 협박이 미수이더라도 준강도죄는 기수범이 될 수 있어서 이 경우에 강도죄는 미수인 점과 비교하여 마찬가지로 불균형이 나타난다. 그러므로 강도죄와 형의 불균형을 시정하기 위한 것이라면 절취행위 또는 폭행 · 협박행위를 기준으로 하는 것이 타당하다고 하겠다

4. 준강도죄의 공동정범

공동정범의 형태로 절도를 하던 중 범인 중의 1인이 준강도죄에 해당하는 폭행 · 협박을 한 경우 나머지 공동정범에게도 준강도죄의 공동정범을 인정할 수 있는가의 문제이다. 공동정범은 공동의사의 범위 내에서만 정범으로서의 형사책임을 인정할 수 있으므로 공동의사의 범위를 초과한 1인의 행위에 대해서는 본 죄가 성립하지 않는다(서보학, "강도공범중 1인이 범행중 살인을 한 경우 다른 공범의 죄책", 판례월보 368호(2001. 5), 22면, 배종대, 이/장/강, 이정원). 이와 달리 판례는 행위나 결과에 대한 예견가능성이 인정되면 공동정범을 인정하고 있다(아래 참조). 그러나 과실범의 성립요건인 예견가능성을 고의범에 적용할 수 없으며, 단순한 예견가능성을 고의의 공동이라는 공동정범의 주관적 성립요건과 동일시하는 것은 타당하지 않다. 이는 미필적 고의와 인식 있는 과실을 구별하는 경우에도 고의가 성립하기 위해서는 최소한 결과 발생의 감수라는 의지적 요소가 인정되어야 하고 단순한 인식(가능성)만으로는 고의책임을 인정하지 않는 점을 보더라도 알 수 있다.

판례 준강도상해죄의 공동정범을 부인한 경우

• **사건개요** : 갑과 피고인 을이 빈 것으로 알고 담배가게에 대한 절도를 공모하고 갑이 담배창구를 통하여 가게에 들어가 물건을 절취하고 을은 밖에서 망을 보던 중 예기치 않았던 인기척 소리가 나므로 을은 도주해버렸다. 이후에 갑이 창구에 몸이 걸려 빠져 나오지 못하게 되어 피

해자에게 붙들리자 체포를 면탈할 목적으로 피해자에게 폭행을 가하여 상해를 입혔다.

판결이유 : 대법원은 준강도가 성립하려면 절도가 절도행위의 실행 중 또는 실행 직후에 체포를 면탈할 목적으로 폭행·협박을 한 때에 성립하고 이로써 상해를 가하였을 때에는 강도상해죄가 성립되는 것이고, 공모 합동하여 절도를 한 경우 범인 중의 하나가 체포를 면탈할 목적으로 폭행을 하여 상해를 가한 때에는 나머지 범인도 이를 예기하지 못한 것으로 볼 수 없다면 강도상해죄의 죄책을 면할 수 없다. 절도를 공모한 피고인이 다른 공모자 갑의 폭행행위에 대하여 사전양해나 의사의 연락이 전혀 없었고, 범행장소가 빈 가게로 알고 있었고, 갑이 담배창구를 통하여 가게에 들어가 물건을 절취하고 피고인은 밖에서 망을 보던 중 예기치 않았던 인기척 소리가 나므로 도주해버린 이후에 갑이 창구에 몸이 걸려 빠져 나오지 못하게 되어 피해자에게 붙들리자 체포를 면탈할 목적으로 피해자에게 폭행을 가하여 상해를 입힌 것이고, 피고인은 그동안 상당한 거리를 도주하였을 것으로 추정되는 상황하에서는 피고인이 갑의 폭행행위를 전연 예기할 수 없었다고 보여지므로 피고인에게 준강도상해죄의 공동책임을 지울 수 없다고 판시하여 을에게는 준강도상해죄의 공동정범을 부인하였다(대판 1984. 2. 28, 83도3321).

평 가 : 갑과 을이 절도의 공모를 하였을 뿐 강도의 공모는 하지 않았으므로 망을 보던 을에게 준강도상해죄의 공동정범을 인정하지 않은 것은 타당하다. 반면에 판례가 공동정범성을 인정하는 데에 예견가능성을 기준으로 삼은 것은 공동정범을 인정하기 위한 주관적 성립요건인 의사의 공동을 도외시한 것으로서 타당하지 않다.

5. 죄수 · 다른 죄와의 관계

준강도죄가 성립하면 절도죄는 흡수되며(법조경합), 수인에 대한 폭행·협박은 포괄하여 일죄만 성립한다. 절도범이 체포를 면탈할 목적으로 추격하는 경찰관에게 폭행을 한 경우에는 준강도죄와 공무집행방해죄의 상상적 경합이 인정된다. 반면에 강도범이 체포 면탈의 목적으로 경찰관을 폭행하면 강도죄와 공무집행방해죄의 경합범을 인정하여야 한다(대판 1992. 7. 28, 92도917). 만일 강도범이 흉기를 들고 폭행·협박하면 특수강도죄만을 인정하여야 한다. 강도행위가 끝난 후에 체포 면탈 등을 위하여 흉기를 휘두른 경우에는 추가적으로 특수협박죄를 인정할 수 있을 것이다.

판례 준강도 · 준강도상해의 포괄일죄

• 절도가 체포를 면탈할 목적으로 추격하여온 수인에게 대하여, 같은 기회에 동시 또는 이시에 폭행 또는 협박을 하였다 하더라도, 준강도의 포괄일죄가 성립한다 할 것이고, 또 준강도행위가 진전하여 상해행위를 수반하였다 하더라도, 일괄하여 준강도상해죄의 일죄가 성립하는 것이지, 별도로 준강도죄의 성립이 있는 것은 아니므로, 본건의 경우에 있어서 절도범인인 피고인이 체포를 면탈할 목적으로 추격하여온 방범원 공소외 2에게 대하여는 상해를 가하고, 동일한 기회에 공소외 3에게 대하여는 협박을 가하였다 하더라도, 이는 포괄하여 준강도상해죄의

일죄가 성립한다고 보아야 할 것이다(대판 1966. 12. 6, 66도1392).

V. 인질강도죄

제336조(인질강도) 사람을 체포·감금·약취 또는 유인하여 이를 인질로 삼아 재물 또는 재산상의 이익을 취득하거나 제3자로 하여금 이를 취득하게 한 자는 3년 이상의 유기징역에 처한다.

제342조(미수범) 제329조 내지 제341조의 미수범은 처벌한다.

1. 의의 및 인질강요죄와의 차이

사람을 체포·감금·약취 또는 유인하여 그 석방대가로 재물이나 재산상의 이익을 취득하는 죄이다. 사람을 인질로 삼는 것 자체가 항거불능의 폭행·협박이라고 할 수 있기 때문에 강도죄로 처벌하는 것이라는 견해도 있으나, 체포·감금죄, 약취·유인죄 및 공갈죄와의 결합범이라고 보는 것이 타당하다. 보호법익은 피해자(인질 또는 제3자)의 자유와 생명·신체의 안전이다. 인질강요죄(제324조의2)와 다른 점은 본 죄가 2자(행위자, 인질) 및 3자 관계(행위자, 인질, 재물의 피해자)에서도 성립할 수 있는 데 반해 인질강요죄는 3자 관계만을 전제로 한다는 점이다.

2. 구성요건

인질의 연령에는 제한이 없으므로 미성년자인 경우에는 미성년자 약취·유인죄와 법조경합 관계에 있으므로 인질강도죄가 성립한다. 인질이 13세 미만인 경우에는 특정범죄 가중처벌 등에 관한 법률(제5조의2 제2항 제1호)에 따라 처벌된다. 본 죄의 기수시점은 인질이나 제3자로부터 재물 또는 재산상의 이익을 취득한 때이다.

VI. 강도상해, 치상죄

제337조(강도상해, 치상) 강도가 사람을 상해하거나 상해에 이르게 한 때에는 무기 또는 7년 이상의 징역에 처한다.

제342조(미수범) 제329조 내지 제341조의 미수범은 처벌한다.

1. 의의 및 행위주체

강도가 사람을 상해하거나 상해에 이르게 한 때에 성립하는 죄이다. 행위주체는 강도범이며(부진정신분범) 미수범도 해당한다. 단순강도 이외에 특수강도, 준강도, 인질강도를 포함한다.

2. 행 위

강도가 사람을 고의로 상해하거나 상해의 고의 없이 상해의 결과를 가져오는 경우에 성립한다. 이때 사람은 강도의 상대방이어야 하며 강도가 행인을 상해한 때에는 강도죄와 상해죄의 경합범을 인정하여야 한다. 그리고 상해나 치상의 결과는 강도행위에 의해 발생할 필요는 없고 강도의 기회에 발생하면 되므로 피해자가 강도범에게 대항하는 과정에서 상해의 결과가 발생하여도 본 죄는 성립한다. 또한 반드시 강도 범행의 수단으로 한 폭행에 의하여 상해를 입힐 것을 요하는 것은 아니고 상해행위가 강도가 기수에 이르기 전에 행하여져야만 하는 것은 아니므로, 강도 범행 이후에도 피해자를 계속 끌고 다니거나 차량에 태우고 함께 이동하는 등으로 강도 범행으로 인한 피해자의 심리적 저항 불능상태가 해소되지 않은 상태에서 강도 범인의 상해행위가 있었다면 강취행위와 상해행위 사이에 다소의 시간적·공간적 간격이 있었다는 것만으로는 강도상해죄의 성립에 영향이 없다(대판 2014. 9. 26, 2014도9567).

판례 강도치상죄

• 피고인이 택시를 타고 가다가 요금지급을 면할 목적으로 소지한 과도로 운전수를 협박하자 이에 놀란 운전수가 택시를 급우회전하면서 그 충격으로 피고인이 겨누고 있던 과도에 어깨부분이 찔려 상처를 입었다면, 피고인의 행위는 강도치상죄에 해당한다(대판 1985. 1. 15, 84도2397).

3. 상해의 결과

본 죄에는 상해의 결과가 발생하여야 한다. 일반적으로 상해는 상해죄에서 말하는 생리적 기능의 훼손을 의미한다. 판례는 강도상해죄의 상해는 피해자의 신체의 건강상태가 불량하게 변경되고 생활기능에 장애가 초래되는 것을 말하는 것으로서(대판 2002. 1. 11, 2001도5925; 2000. 3. 23, 99도3099), 피해자가 입은 상처가 극히 경미하여 굳이 치료할 필요가 없고 치료를 받지 않더라도 일상생활을 하는데 아무런 지장이 없으며 시일이 경과함에 따라 자연적으로 치유될 수 있는 정도라면, 그로 인하여 피해자의 신체의 건강상태가 불량하게 변경되었다거나 생활 기능에 장애가 초래된 것으로 보기 어려운 경우에는 강도상해죄의 상해를 부정한다(대판 1996. 12. 23, 96도2673; 1994. 11. 4, 94도1311). 따라서 피해자의 반항을 억압하고 강취한 신용카드의 비밀번호를 알아내는 과정에서 피해자를 수회 폭행하여 피해자의 얼굴과 팔다리 부분에 멍이 생기게 한 경우에는 강도상해의 성립을 부정한다(대판 2003. 7. 11, 2003도2313).

4. 미수범

강도상해죄의 미수범(제342조)은 강도행위의 미수가 아니라 상해행위가 미수인 경우를 의미한다(대판 1988. 2. 9, 87도2492). 이에 반해 강도행위의 미수와 상해행위의 기수인 경우에도 미수범을 인정하는 견해가 있다(이정원). 또한 본 죄의 미수범 처벌규정이 강도상해와 강도치상을 구별하지 않은 결과 진정 결과적 가중범인 강도치상죄의 미수범을 인정하는 견해도 있다(김/서, 이정원, 임웅). 즉 강도치상죄의 미수는 강도죄가 미수인 경우에 인정된다고 본다. 그러나 본 죄의 미수범 여부를 상해행위를 기준으로 한다면 강도에 의한 과실치상에 해당하는 강도치상죄의 미수범을 인정할 수 없으므로 강도미수범이 피해자에게 상해를 입힌 경우에는 강도치상미수죄가 아니라 강도치상죄에 해당한다.

Ⅶ. 강도살인, 치사죄

제338조(강도살인·치사) 강도가 사람을 살해한 때에는 사형 또는 무기징역에 처한다. 사망에 이르게 한 때에는 무기 또는 10년 이상의 징역에 처한다.
제342조(미수범) 제329조 내지 제341조의 미수범은 처벌한다.

1. 의 의

본 죄는 강도가 강도의 기회에 사람을 살해하거나(강도살인) 사망에 이르게 한 때(강도치사)에 성립하는 죄이다.

강도살인죄는 강도죄와 살인죄의 결합범이며, 강도치사죄는 강도죄와 과실치사죄의 결합범이다. 13세 미만인 미성년자에 대한 인질 강도의 경우에 미성년자를 살해하면 특정범죄 가중처벌 등에 관한 법률(제5조의2 제2항 제2호)이 적용되어 본 죄와 상상적 경합이 인정된다.

2. 구성요건

본 죄의 행위주체는 강도이다(부진정신분범). 단순강도 이외에 특수강도, 준강도, 인질강도를 포함한다. 그러므로 절도의 범행 중에 체포를 면탈할 목적으로 사람을 살해한 때에는 강도살인죄가 성립한다. 강도의 기수·미수를 불문한다.

강도살인죄는 강도의 기회에 살인행위를 하는 것이므로 강도 범행을 실행 중이거나 그 실행 직후 또는 실행의 범의를 포기한 직후로서 사회통념상 강도행위가 완료되지 않았다고 볼 수 있는 단계에서 살인이 행하여져야 한다.

강도치사죄는 강도의 기회에 강도행위로 인하여 사람이 사망하게 되어야 한다. 예를 들어 강도범의 폭행을 피하려다 넘어져 사망하게 된 경우이다.

판례 강도 범행 직후 경찰관 살해행위

• 강도 범행 직후 신고를 받고 출동한 경찰관이 위 범행 현장으로부터 약 150m 지점에서, 화물차를 타고 도주하는 피고인을 발견하고 순찰차로 추적하여 격투 끝에 피고인을 붙잡았으나, 피고인이 너무 힘이 세고 반항이 심하여 수갑도 채우지 못한 채 피고인을 순찰차에 억지로 밀어 넣고서 파출소로 연행하고자 하였는데, 그 순간 피고인이 체포를 면하기 위하여 소지하고 있던 과도로써 옆에 앉아 있던 경찰관을 찔러 사망케 하였다면 피고인의 위 살인행위는 강도행위와 시간상 및 거리상 극히 근접하여 사회통념상 범죄행위가 완료되지 아니한 상태에서 이루어진 것이라고 보여지므로(위 살인행위 당시에 피고인이 체포되어 신체가 완전히 구속된 상태이었다고 볼 수 없다), 원심이 피고인을 강도살인죄로 적용하여 처벌한 것은 옳다(대판 1996. 7. 12, 96도1108).

채무자가 채무 면탈의 목적으로 채권자를 살해한 경우, ① 현실적으로 이익을 취득하거나 취득할 개연성이 있는 경우에는 강도살인죄가 성립하고 ② 상속인에 의한 채권 행사가 가능한 경우에는 이득이 있다고 볼 수 없으므로 단순살인죄가 성립한다. 따라서 술집에 피고인과 술집 주인 두 사람밖에 없는 상황에서 술값의 지급을 요구하는 술집 주인을 살해한 경우, 피고인이 피해자를 살해하면 피해자는 피고인에 대하여 술값 채권을 행사할 수 없게 되고, 피해자 이외의 사람들에게는 피해자가 피고인에 대하여 술값 채권을 가지고 있음이 알려져 있지 아니한 탓으로 피해자의 상속인이 있다 하더라도 피고인에 대하여 그 채권을 행사할 가능성은 없다. 그러므로 위와 같은 상황에서 피고인이 채무를 면탈할 목적으로 피해자를 살해한 것은 재산상의 이익을 취득할 목적으로 피해자를 살해한 것이라 할 수 있고, 또한 피고인이 피해자를 살해한 행위와 즉석에서 피해자가 소지하였던 현금을 탈취한 행위는 서로 밀접하게 관련되어 있기 때문에 살인행위를 이용하여 재물을 탈취한 행위라고 볼 수 있으므로 피고인의 위와 같은 일련의 행위는 강도살인죄에 해당한다(대판 1999. 3. 9, 99도242). 이에 반해 채무의 존재가 명백할 뿐만 아니라 채권자의 상속인이 존재하고 그 상속인에게 채권의 존재를 확인할 방법이 확보되어 있는 경우에는 비록 그 채무를 면탈할 의사로 채권자를 살해하더라도 일시적으로 채권자측의 추급을 면한 것에 불과하여 재산상 이익의 지배가 채권자측으로부터 범인 앞으로 이전되었다고 보기는 어려우므로, 이러한 경우에는 강도살인죄가 성립할 수 없다(대판 2004. 6. 24, 2004도1098).

판례 채무면탈과 강도살인

• 강도살인죄가 성립하려면 먼저 강도죄의 성립이 인정되어야 하고, 강도죄가 성립하려면 불법영득(또는 불법이득)의 의사가 있어야 하며, 형법 제333조 후단 소정의 이른바 강제이득죄의 성립요건인 재산상 이익의 취득을 인정하기 위하여서는 재산상 이익이 사실상 피해자에 대하여 불이익하게 범인 또는 제3자 앞으로 이전되었다고 볼 만한 상태가 이루어져야 하는데, 채무의 존재가 명백할 뿐만 아니라 채권자의 상속인이 존재하고 그 상속인에게 채권의 존재를 확인할 방법이 확보되어 있는 경우에는 비록 그 채무를 면탈할 의사로 채권자를 살해하더라도 일시적으로 채권자측의 추급을 면한 것에 불과하여 재산상 이익의 지배가 채권자측으로부터 범인 앞으로 이전되었다고 보기는 어려우므로, 이러한 경우에는 강도살인죄가 성립할 수 없다. 따라서 피고인 갑과 을이 공모하여 채무를 면탈할 의사로 채권자 병을 살해한 사안에서, 갑의 병에 대한 채무의 존재가 명백할 뿐만 아니라 병의 상속인이 존재하고 그 상속인에게 채권의 존재를 확인할 방법이 확보되어 있으므로 일시적으로 채권자측의 추급을 면한 것에 불과하고 재산상 이익의 지배가 채권자측으로부터 갑 앞으로 이전되었다고 볼 수 없다는 이유로 강도살인죄의 성립을 부정하였다(대판 2010. 9. 30, 2010도7405).

3. 강도살인죄의 공동정범

강도살인죄의 공동정범이 성립하려면 강도 및 살인의 고의가 공동으로 있어야 하며 단순히 강도행위만을 공동으로 한 경우에는 강도죄의 공동정범일 뿐 1인의 살인행위를 이유로 강도살인죄의 공동정범을 인정할 수는 없다. 판례는 이 경우에 강도치사(상)죄를 인정한다(대판 1991. 11. 12, 91도2156). 그러나 이 경우에도 결과적 가중범의 요건을 충족하였는지 여부를 판단하여야 한다.

판례 강도공범 중 1인이 범행 중 살인을 한 경우 다른 공범의 죄책

• **사건개요**: 강도상해죄의 전과가 있는 피고인 갑과 을은 도박을 하다가 돈을 모두 잃어버리게 되자 강도를 하기로 공모한 후, 피고인 을이 고속도로 휴게소의 화장실에 들어가 소변을 보고 있던 피해자를 망치로 머리 뒷부분을 때려 피해자가 사망하였다.

판결이유: 대법원은 강도의 공범자 중 1인이 강도의 기회에 피해자에게 폭행 또는 상해를 가하여 살해한 경우, 다른 공모자가 살인의 공모를 하지 아니하였다고 하여도 그 살인행위나 치사의 결과를 예견할 수 있었다면 그 공범자는 결과적 가중범인 강도치사죄의 죄책을 면할 수

없다고 판시하였다(대판 2000. 12. 8, 2000도4459).

4. 죄 수

피해자의 재물을 강취한 후 그를 살해할 목적으로 현주건조물에 방화하여 사망에 이르게 한 경우에는 강도살인죄와 현주건조물방화치사죄에 모두 해당하고, 그 두 죄는 상상적 경합범관계에 있다(대판 1998. 12. 8, 98도3416).

Ⅷ. 강도강간죄

제339조(강도강간) 강도가 사람을 강간한 때에는 무기 또는 10년 이상의 징역에 처한다.
제342조(미수범) 제329조 내지 제341조의 미수범은 처벌한다.

1. 행위주체

본 죄는 강도범이 강간함으로써 성립하는 강간죄와 강도죄의 결합범이며 부진정신분범이다. 강간 이전 또는 강간과 동시(대판 2002. 2. 8, 2001도6425)에 강도의 고의를 가져야 하며 강간의 범행으로 상대방이 항거 불능상태에 있음을 이용하여 재물을 강취한 경우에는 본 죄가 아니라 강간죄와 강도죄의 경합범이 성립한다(대판 1977. 9. 28, 77도1350)(다수설. 이와 달리 강간죄와 절도죄의 결합범을 주장하는 견해도 있다). 행위주체는 단순강도범 이외에 특수강도범, 준강도범, 인질강도범도 포함되며, 강간행위가 있는 한 강도의 기수, 미수를 불문한다(대판 1986. 5. 27, 86도507). 특수강도(미수)범이 강간을 한 때에는 성폭력처벌법(제3조 제2항)에 의하여 형이 가중된다(사형, 무기징역 또는 10년 이상의 징역).

판례 **강간중의 강도**

• 강간범이 강간행위 후에 강도의 범의를 일으켜 그 부녀의 재물을 강취하는 경우에는 강도강간죄가 아니라 강간죄와 강도죄의 경합범이 성립된다. 그러나 강간행위의 종료 전, 즉 그 실행행위의 계속 중에 강도의 행위를 할 경우에는 이때에 바로 강도의 신분을 취득하는 것이므로 이후에 그 자리에서 강간행위를 계속하는 때에는 강도가 부녀를 강간한 때에 해당하여 강도강간죄를 구성한다. 강도죄는 재물탈취의 방법으로 폭행·협박을 사용하는 행위를 처벌하는 것이므로 폭행·협박으로 타인의 재물을 탈취한 이상 피해자가 우연히 재물탈취 사실을 알지 못하였다고 하더라도 강도죄는 성립하고, 폭행·협박당한 자가 탈취당한 재물의 소유자 또는 점유자일 것을 요하지도 아니하며, 강간범인이 부녀를 강간할 목적으로 폭행·협박에 의하여 반항을 억압한 후 반항억압 상태가 계속 중임을 이용하여 재물을 탈취하는 경우에는 재물탈취를 위한 새로운 폭행·협박이 없더라도 강도죄가 성립한다. 따라서 야간에 갑의 주거에 침

입하여 드라이버를 들이대며 협박하여 갑의 반항을 억압한 상태에서 강간행위의 실행 도중 범행현장에 있던 을 소유의 핸드백을 가져간 피고인의 행위는 특수강도강간죄에 해당한다(대판 2010. 12. 9, 2010도9630).

2. 행 위

강도가 사람을 강간하는 것이다. 강간의 피해자와 강도의 피해자가 일치할 필요는 없다. 그러므로 범인들이 강도하기로 모의를 한 후 한 사람으로부터 금품을 빼앗고 이어서 다른 여성을 강간하였다면 강도강간죄가 성립한다(대판 1991. 11. 12, 91도2241).

3. 죄 수

강도가 재물 강취의 뜻을 재물의 부재로 이루지 못한 채 미수에 그쳤으나 그 자리에서 항거 불능의 상태에 빠진 피해자를 간음할 것을 결의하고 실행에 착수했으나 역시 미수에 그쳤더라도 반항을 억압하기 위한 폭행으로 피해자에게 상해를 입힌 경우에는 강도강간미수죄와 강도치상죄가 성립되고 이는 1개의 행위가 2개의 죄명에 해당되어 상상적 경합관계가 성립된다(대판 1988. 6. 28, 88도820).

강도가 강간을 한 다음에 다시 사람을 살해 또는 상해한 경우에는 별도의 구성요건이 없기 때문에 강도강간죄와 강도살인죄 또는 강도상해죄의 상상적 경합범설(다수설)과 경합범설이 있다. 상상적 경합범설을 취하면 살인시 사형 또는 무기징역(상해시 무기 또는 10년 이상의 징역)에 해당하며 경합범설을 취할 경우 살인을 한 때에는 사형, 상해를 한 때에는 무기징역에 해당할 것이다(제38조 참조). 강도강간죄와 강도살인(상해)죄는 강도행위는 중복되지만 살해행위나 상해행위는 강간행위와는 독립된 행위로서 파악하여야 하기 때문에 경합범으로 보는 것이 타당하다.

Ⅸ. 해상강도죄, 해상강도(상해, 치상, 살인, 치사, 강간)죄

제340조(해상강도) ① 다중의 위력으로 해상에서 선박을 강취하거나 선박 내에 침입하여 타인의 재물을 강취한 자는 무기 또는 7년 이상의 징역에 처한다.
② 제1항의 죄를 범한 자가 사람을 상해하거나 상해에 이르게 한 때에는 무기 또는 10년 이상의 징역에 처한다.
③ 제1항의 죄를 범한 자가 사람을 살해 또는 사망에 이르게 하거나 강간한 때에는 사형 또는 무기징역에 처한다.

제342조(미수범) 제329조 내지 제341조의 미수범은 처벌한다.

1. 해상강도죄

제1항의 해상강도죄는 다중의 위력으로 해상에서 선박을 강취하거나 선박 내에 침입하여 타인의 재물을 강취한 경우에 성립한다. 소위 해적죄를 의미한다. 재물은 선박 내에 존재하는 재물을 의미한다. 다중이란 다수인의 집단을 의미하며, 범행장소는 해상이어야 하므로 강이나 하천이나 호수 등은 제외한다. 해상은 영해와 공해(제4조, 제6조 참조)를 포함한다.

2. 해상강도상해죄, 해상강도치상죄

제2항(해상강도상해죄, 해상강도치상죄)은 제1항의 죄를 범한 자가 사람을 상해하거나 상해에 이르게 한 때에 성립하며 해상강도치상죄는 결과적 가중범으로서 해상강도죄가 미수이더라도 상해의 결과가 발생하면 본 죄가 성립한다.

3. 해상강도살인죄, 해상강도치사죄

제3항(해상강도살인죄, 해상강도치사죄)은 제1항의 죄를 범한 자가 사람을 살해하거나 사망하게 한 때에 성립한다. 해상강도치사죄는 결과적 가중범으로서 해상강도죄가 미수인 경우에도 살해하거나 사망하게 한 때에는 본 죄가 성립한다.

Ⅹ. 상습강도죄

제341조(상습범) 상습으로 제333조, 제334조, 제336조 또는 전조 제1항의 죄를 범한 자는 무기 또는 10년 이상의 징역에 처한다.

Ⅺ. 강도예비 · 음모죄

제343조(예비, 음모) 강도할 목적으로 예비 또는 음모한 자는 7년 이하의 징역에 처한다.

예비 · 음모죄는 본 범을 할 목적이 있어야 한다. 그러므로 강도예비 · 음모죄가 성립하기 위해서는 예비 · 음모 행위자에게 미필적으로라도 '강도'를 할 목적이 있음이 인정되어야 하고 그에 이르지 않고 단순히 '준강도'할 목적이 있음에 그치는 경우에는 강도예비 · 음모죄로 처벌할 수 없다(대판 2006. 9. 14, 2004도6432).

강도예비 · 음모죄에서 강도는 제333조의 강도죄뿐만 아니라 특수강도, 인질강도 등의 강도죄를 포함한다고 보아야 한다.

제 4 절 사기의 죄

Ⅰ. 의의 · 보호법익 · 구성요건체계

사기죄는 피기망자의 하자있는 의사표시(착오)에 의하여 재물이나 재산상의 이익을 취득하는 죄이다. 상대방의 하자있는 의사표시(착오, 외포심)에 의하여 재물이나 재산상의 이익을 취득한다는 점에서 공갈죄와 공통점이 있다. 그리고 상대방의 의사에 기한 재물이나 재산상의 이익취득이라는 점에서 탈취죄에 해당하는 절도죄나 강도죄와 다르다. 사기의 죄에 규정된 모든 구성요건에 대하여 친족 간의 범행에 대한 특례규정이 적용된다(제328조, 제354조).

사기죄의 보호법익에 대해서는 ① 재산 및 거래상의 진실성이라는 견해(대판 1992. 9. 14, 91도2994)(임웅, 진계호), ② 재산 및 재산적 의사결정의 자유라는 견해(배종대, 오영근), ③ 전체로서의 재산이라는 견해(다수설)가 있다. 재산죄로서의 성격에 맞는 ③설이 타당하다. 전체로서의 재산이라는 것은 개별적인 재물이나 재산가치가 아니라 개인이 가지고 있는 재산의 전체를 의미한다.

사기의 죄의 기본적 구성요건은 단순 사기죄(제347조)이다. 변형된 독립적 구성요건으로 컴퓨터사용사기죄(제347조의2), 준사기죄(제348조), 편의시설부정이용죄(제348조의2), 부당이득죄(제349조)가 있으며, 가중적 구성요건으로 상습사기죄(제341조)가 있다. 사기죄에 의하여 취득한 재물이나 재산상의 이득이 5억원 이상인 경우 특정경제범죄가중처벌 등에 관한 법률이 적용된다(5억 이상 50억 미만 3년 이상 유기징역, 50억 이상 무기 또는 5년 이상 유기징역). 보험 사기와 관련해서는 보험사기방지특별법이 적용된다(전지연, 보험사기방지 특별법에 대한 비판적 검토와 제안, 비교형사법연구, 제19권 제3호(2017), 25면 이하 참조). 보험사기죄는 10년 이하의 징역 또는 5천만원 이하의 벌금에 처한다(동법 제8조).

Ⅱ. 사기죄

> **제347조(사기)** ① 사람을 기망하여 재물의 교부를 받거나 재산상의 이익을 취득한 자는 10년 이하의 징역 또는 2천만원 이하의 벌금에 처한다.
> ② 전항의 방법으로 제3자로 하여금 재물의 교부를 받게 하거나 재산상의 이익을 취득하게 한 때에도 전항의 형과 같다.
> **제352조(미수범)** 제347조 내지 제348조의2, 제350조와 제351조의 미수범은 처벌한다.
> **제354조(친족간의 범행, 동력)** 제328조와 제346조의 규정은 본장의 죄에 준용한다.

1. 의 의

사기죄는 사람을 기망하여 재물의 교부를 받거나 재산상의 이익을 취득하는 경우 또는 제3자로 하여금 이를 취득하게 하는 경우에 성립하는 죄이다. 사기죄에서의 재물은 전체재산을 보호하려는 입법목적에 비추어 재산적 가치를 지닌 것이어야 한다. 이 점에서 절도죄에서의 재물과 다르다. 재물이나 재산상 이익을 얻을 수 있는 지위도 재산적 가치가 있는 구체적 이익이 인정되면 사기죄가 성립한다(대판 2006. 4. 7, 2005도9858 전원합의체).

개인적 법익을 침해하는 범죄인 사기죄가 국가적 또는 공공적 법익을 침해하는 경우에도 성립할 수 있는지가 문제된다. 이 경우 기망행위에 의하여 국가적 또는 공공적 법익을 침해하는 것이 사기죄의 보호법익인 재산권을 침해하는 것과 동일하게 평가할 수 있고, 주관적으로 불법영득의 의사 내지 편취의 범의를 가지고 기망하였다면 사기죄가 성립할 수 있다(대판 2019. 12. 27, 2015도10570). 그러나 중앙행정기관의 장, 지방자치단체의 장 등 법률에 따라 금전적 부담의 부과 권한을 부여받은 부과권자가 특정 공익사업과 관련하여 권력작용으로 부담금을 부과하는 침해행정 영역에서 일반 국민이 담당 공무원을 기망하여 재산권 제한을 면하는 경우에는 부과권자의 직접적인 권력작용을 사기죄의 보호법익인 재산권과 동일하게 평가할 수 없는 것이므로 결과적으로 국가적 · 공공적 법익을 침해하였더라도 사기죄는 성립하지 않는다(대판 2019. 12. 24, 2019도2003).

2. 객관적 구성요건

사기죄는 타인을 기망하여 착오에 빠뜨리게 하고 그 처분행위를 유발하여 재물, 재산상의 이익을 얻음으로써 성립한다. 즉 사기죄는 기망행위 → 상대방의 착오 → 재산상의 처분행위 → 재물 · 재산상의 이익 취득으로 이어지는 구조이다. 그리고 기망행위자는 이러한 관계를 인식하고 있어야 한다.

(1) 기망행위

기망행위란 허위의 의사표시에 의해 사람을 착오에 빠지게 하는 일체의 행위를 말한다. 그리고 이러한 기망행위를 통하여 재물이나 재산상의 이익을 취득하여야 사기죄가 성립한다.

1) 기망의 내용

기망의 내용은 현재나 과거와 관련된 구체적인 사실 이외에 장래의 사실에 관한 내용도 포함한다(그러나 순수한 미래 예측은 사실 주장이 아니라는 점에서 원칙적으로 기망행위의 내용에서 제외된다). 또한 사실 이외에 법률관계나 법률효과에 대한 것도 포함한다. 사실이란 과거에 발생하였거나 현재와 관련되어 입증이 가능한 외부적 상태 또는 경과뿐만 아니라 지식, 확신, 목적, 동기 등과 같은 심리적 과정을 포함한다. 또한 기망행위의 내용은 기망행위자가 취득하려고 하는 피기망자의 재산에 대한 처분행위의 판단 기초가 되므로 용도를 속이고 돈을 빌린 경우 만일 용도를 고지하였더라면 상대방(피기망자)이 재산상의 처분행위를 하지 않았을 것이라면 사기죄가 성립할 수 있다(소위 용도사기).

판례 기 망

① 길흉화복과 사기

• 피해자는 지인에게 6,000만원을 빌려 주었다가 그 중 5,000만원을 돌려받은 일이 있었고 그 무렵 피고인을 찾아가 이야기를 하던 중 위 사실을 말하게 되자, 피고인이 피해자에게 "그 돈은 귀신이 가지고 논 돈이라 네가 쓰면 처와 자식들이 귀신에 휘둘리고 집안 전체에 좋지 않은 일이 생긴다. 그 돈을 나에게 보내라."라고 말하였고, 피해자가 피고인에게 5,000만원을 송금하였으며 피고인은 위 돈을 모두 사용한 사안에서, 대법원은 피고인이 피해자에게 불행을 고지하거나 길흉화복에 관한 어떠한 결과를 약속하고 기도비 등의 명목으로 대가를 교부받은 경우에 전통적인 관습 또는 종교행위로서 허용될 수 있는 한계를 벗어났다면 사기죄에 해당한다고 하여 사기죄의 성립을 인정하였다(대판 2017. 11. 9, 2016도12460).

• 피고인('승리제단' 교주)이 신도들을 상대로 하여 자신을 스스로 "하나님" "구세주" "이긴자" "생미륵불" "정도령" "완성자" 등으로 지칭하면서 자신은 성경의 완성이고 모든 경전의 완성이자 하나님의 완성으로서 자기를 믿으면 모든 병을 고칠 수 있을 뿐만 아니라 피 속의 마귀를 박멸소탕하여 영원히 죽지 않고 영생할 수 있으며, 자신이 인간들의 길흉화복과 우주의 풍운조화를 좌우하므로 1981년부터 10년 동안 한국 땅에 태풍이나 장마가 오지 못하도록 태풍의 진로를 바꿔 놓고 풍년들게 하였으며, 재물을 자신에게 맡기고 충성하며 자기들이 시행하는 건축공사에 참여하면 피 속의 마귀를 빨리 박멸소탕해 주겠다고 하고, 자신이 하나님인 사실이 알려져 세계 각국에서 금은보화가 모이면 마지막 날에 1인당 1,000억원씩을 나누어 주겠으며, **헌금하지 않는 신도는 하나님이 깍쟁이 하나님이므로 영생할 수 없다는 취지의 설교를 사실인 것처럼 계속하여 신도들을 기망한 것은 종교의 자유의 한계를 일탈한 것으로서, 이에 기망당한 신도들로부터 헌금명목으로 고액의 금원을 교부받은 것은 사기죄에 해당**한다(대판 1995. 4. 28, 95도250).

② 용도사기

• 사기죄의 실행행위로서의 기망은 반드시 법률행위의 중요 부분에 관한 허위표시임을 요하지 아니하고 상대방을 착오에 빠지게 하여 행위자가 희망하는 재산적 처분행위를 하도록 하기 위한 판단의 기초가 되는 사실에 관한 것이면 충분하므로, 용도를 속이고 돈을 빌린 경우에 만일 진정한 용도를 고지하였더라면 상대방이 빌려 주지 않았을 것이라는 관계에 있는 때에는 사기죄의 실행행위인 기망은 있는 것으로 보아야 한다. 따라서 피해자가 대법원에 상고한 사건에

관한 교제비와 변호사선임비 등으로 사용한다는 피고인의 말을 믿고 약속어음을 빌려주었으나 이를 피고인 자신의 사업비 등으로 사용한 경우 사기죄의 성립을 인정하였다(대판 1995. 9. 15, 95도707).

③ 소유권이전 의사와 기망

• 피고인 등이 피해자 갑 등에게 자동차를 매도하겠다고 거짓말하고 자동차를 양도하면서 매매대금을 편취한 다음, 자동차에 미리 부착해 놓은 지피에스(GPS)로 위치를 추적하여 자동차를 절취하였다고 하여 사기 및 특수절도로 기소된 사안에서, 피고인이 갑 등에게 자동차를 인도하고 소유권이전등록에 필요한 일체의 서류를 교부함으로써 갑 등이 언제든지 자동차의 소유권이전등록을 마칠 수 있게 된 이상, 피고인이 자동차를 양도한 후 다시 절취할 의사를 가지고 있었더라도 자동차의 소유권을 이전하여 줄 의사가 없었다고 볼 수 없고, 피고인이 자동차를 매도할 당시 곧바로 다시 절취할 의사를 가지고 있으면서도 이를 숨긴 것을 기망이라고 할 수 없어, 결국 피고인이 자동차를 매도할 당시 기망행위가 없었으므로, 피고인에게 사기죄를 인정할 수 없다(대판 2016. 3. 24, 2015도17452).

상품에 대한 품질이나 가격에 대한 선전, 광고에서는 다소의 과장, 허위가 수반되는 것은 그것이 일반 상거래의 관행과 신의칙에 비추어 시인될 수 있는 한 기망성이 결여된다. 그러나 거래에 있어서 중요한 사항에 관하여 구체적 사실을 허위로 고지한 경우에는 과장, 허위광고의 한계를 넘기 때문에 기망행위에 해당한다(대판 1997. 9. 9, 97도1561).

판례 허위광고와 사기죄 성립 여부

• **사건개요**: 농업협동조합의 조합원이나 검품위원이 아닌 자가 TV홈쇼핑업체에 납품한 삼이 제3자가 산삼의 종자인지 여부가 불분명한 삼의 종자를 뿌려 이식하면서 인공적으로 재배한 삼이라는 사실을 알면서도 광고방송에 출연하여 위 삼이 위 조합의 조합원들이 자연산삼의 종자를 심산유곡에 심고 자연방임 상태에서 성장시킨 산양산삼이며 자신이 조합의 검품위원으로서 위 삼 중 우수한 것만을 선정하여 감정인의 감정을 받은 것이며, 삼 전문가인 공소외 2가 객관적인 입장에서 진짜 산양산삼임을 감정, 확인한 후 각 상품별로 보증서를 작성, 첨부하여 판매하는 것처럼 허위 내용의 광고를 하였다.

판결이유: 대법원은 TV홈쇼핑업체에 대한 소비자들의 신뢰는 TV라는 영상매체를 이용한 스스로의 강도 높은 광고에 의하여 창출된 것인 만큼 이에 대한 소비자들의 신뢰와 기대는 특별히 보호되어야 할 것인바, 위와 같은 사실관계에 비추어 보면 피고인의 위 광고행위는 진실규명이 가능하고 구매의 결정에 있어 가장 중요한 요소로서 구체적 사실인 판매물품의 품질에 관하여 기망한 것으로서 **그 사술의 정도가 사회적으로 용인될 수 있는 상술의 정도를 넘은 것**이어서 사기죄의 기망행위를 구성한다고 하지 않을 수 없으며, 또한 **소비자들은 피고인 등의 위 허위광고에 기망당하여 구매행위를 한 것**으로 보여지고, 이와 같이 **허위광고와 소비자들의 구매간의 인과관계가 인정**되는 이상 이 사건 판매물품의 품질이 비교적 우수하다거나 소비자

들도 나름대로 가격과 품질을 교량하였을 것이라는 점은 사기죄의 성립에 아무런 영향이 없다고 하였다(대판 2002. 2. 5, 2001도5789).

평 가: 이 판결은 용인될 수 있는 상술의 정도를 벗어난 과장·허위광고를 기망행위에 해당한다고 보고 이에서 비롯된 피기망자인 소비자들의 착오 및 이에 따른 재산상의 처분행위(구매)를 인정한 판례이다.

2) 기망의 수단

기망의 수단에는 원칙적으로 제한이 없으며, 명시적이든 묵시적이든 작위에 의하든 부작위에 의하든 관계 없다. 명시적 기망은 보통 언어나 문서 등을 통하여 허위의 내용을 주장하는 것이다.

묵시적 기망행위란 허위의 주장을 언어에 의하여 표현하지 아니하고 특정한 행동을 통하여 표현하는 경우를 말한다. 예컨대 숙박업소에 숙박하거나 음식점에서 음식을 주문하는 사람은 숙박이나 주문이라는 거동을 통하여 자신의 지불의사와 지불능력을 묵시적으로 보여주는 것이다.

부작위에 의한 기망행위는 법률상 고지의무 있는 자가 일정한 사실에 관하여 상대방이 착오에 빠져 있음을 알면서도 그 사실을 고지하지 않음을 말한다. 또한 일반거래의 경험칙상 상대방이 그 사실을 알았더라면 당해 법률행위를 하지 않았을 것이 명백한 경우에 신의칙에 비추어 고지의무가 인정된다. 부작위에 의한 기망행위가 인정되려면 피해자의 착오상태가 유지되어야 한다. 피기망자의 착오에 기한 재산상의 처분행위가 종료한 다음에는 고지의무를 통한 착오의 제거가 불가능하기 때문이다(아래 판례 참조).

부작위에 의한 기망은 보험계약자가 보험자와 보험계약을 체결하면서 상법상 고지의무를 위반한 경우에도 인정될 수 있다. 다만 보험계약자가 보험자와 보험계약을 체결하더라도 우연한 사고가 발생하여야만 보험금이 지급되는 것이므로, 고지의무 위반은 보험사고가 이미 발생하였음에도 이를 묵비한 채 보험계약을 체결하거나 보험사고 발생의 개연성이 농후함을 인식하면서도 보험계약을 체결하는 경우 또는 보험사고를 임의로 조작하려는 의도를 가지고 보험계약을 체결하는 경우와 같이 '보험사고의 우연성'이라는 보험의 본질을 해할 정도에 이르러야 비로소 보험금 편취를 위한 고의의 기망행위에 해당한다고 할 수 있다(대판 2012. 11. 15, 2010도6910). 특히 상해·질병보험계약을 체결하는 보험계약자가 보험사고 발생의 개연성이 농후함을 인식하였는지 여부는 보험계약 체결 전 기왕에 입은 상해의 부위 및 정도, 기존 질병의 종류와 증상 및 정도, 상해나 질병으로 치료받은 전력 및 시기와 횟수, 보험계약 체결 후 보험사고 발생시까지의 기간과 더불어 이미 가입되어 있는 보험의 유무 및 종류와 내역, 보험계약 체결의 동기 내지 경과 등을 두루 살펴 판단하여야 한다. 따라서 피고인이 이미 발생한 교통사고와 관련하여 지속적인 입·통원치료를 받던 중에 피고인 스스로 피해 회사에 전화하여 보험계약 체결을 요청하였고, 그 과정에서 보험설계사에게 여러 담보사항 중 입원일수와 관련한 보험금을 강조하여 확인하고, 피고인이 종전에 상해 통원치료 실비보험을 비롯한 4건의 보험계약을 체결한 경험이 있으면서도, 새로운 보험계약의 청약서를 작성할 당시 보험설계사가 '계약 전 알릴 의무사항'란의 내용을 모두 읽어주었지만 병원에 다닌 적이나 과거 병력이 없다는 취지로 진술하여 보험금을 수령한 경우 사기죄의 성립을 인정하였다(대판 2017. 4. 26, 2017도1405).

판례 고지의무

① 고지의무 부정

• **사건개요** : 매도인이 매매잔금을 지급받으면서 상대방이 착오에 빠져 지급해야 할 금액을 초과하는 돈을 교부하였으나, 매도인은 매매잔금을 받은 다음에야 비로소 알게 되었다.

판결이유 : 대법원은 피고인이 사실대로 고지하였다면 피해자가 그와 같이 초과하여 교부하지 아니하였을 것임은 경험칙상 명백하므로, 피고인이 **매매잔금을 교부받기 전 또는 교부받던 중에 그 사실을 알게 되었을 경우**에는 특별한 사정이 없는 한 피고인으로서는 피해자에게 사실대로 고지하여 피해자의 그 착오를 제거하여야 할 신의칙상 의무를 지므로 그 의무를 이행하지 아니하고 피해자가 건네주는 돈을 그대로 수령한 경우에는 사기죄에 해당될 것이지만, 그 사실을 미리 알지 못하고 **매매잔금을 건네주고 받는 행위를 끝마친 후에야 비로소 알게 되었을 경우**에는 주고받는 행위는 이미 종료되어 버린 후이므로 피해자의 착오 상태를 제거하기 위하여 그 사실을 고지하여야 할 법률상 의무의 불이행은 더 이상 그 초과된 금액 편취의 수단으로서의 의미는 없으므로, 교부하는 돈을 그대로 받은 그 행위는 점유이탈물횡령죄가 될 수 있음은 별론으로 하고 사기죄를 구성할 수는 없다고 판시하였다(대판 2004. 5. 27, 2003도4531). 동일한 취지로 대판 2006. 2. 23, 2005도8645; 대판 2006. 1. 26, 2005도1160 참조.

평 가 : 이 판결은 부작위에 의한 기망행위가 인정되기 위해서는 작위에 의한 기망과 마찬가지로 고지의무를 이행하지 않은 부작위에 의한 기망으로 인하여 상대방이 착오에 빠져 재산상의 처분행위를 하였을 것을 필요로 한다는 내용이다.

② 고지의무 인정

• 주식거래의 목적물이 증자 전의 주식이 아니라 '증자 후의 주식'이라는 점은 주식거래 여부나 그 내용을 결정하는 데 중요한 사항이므로 주식매도인은 주식매수인에게 이를 고지할 의무가 있는데 이를 제대로 알리지 않아 피해를 입게 한 경우 사기죄를 인정하였다(대판 2006. 10. 27, 2004도6503).

• 특정 시술을 받으면 아들을 낳을 수 있을 것이라는 착오에 빠져 있는 피해자들에게 그 시술의 효과와 원리에 관하여 사실대로 고지하지 아니한 채 아들을 낳을 수 있는 시술인 것처럼 가장하여 일련의 시술과 처방을 행한 의사에 대하여 사기죄의 성립을 인정하였다(대판 2000. 1. 28, 99도2884).

3) 착오 송금 · 이체와 사기

자신의 은행계좌에 잘못 송금 또는 이체된 금액을 수취인이 무단 인출하거나 다시 자신의 다른 계좌로 이체를 한 경우 수취인에게 형사책임이 있는지 문제된다. 이 경우에는 제3자의 오인에 의한 경우와 은행원의 오인으로 인한 경우를 나누어 살펴보아야 한다.

제3자의 오인으로 인한 경우에는 수취인의 기망행위가 존재하지 않는다. 그러므로 수취인에게 잘못 송금 내지 이체된 사실에 대한 고지의무의 존재 유무만이 문제된다. 그러나 이미 송금이 이루어진 이후 수취인과 수취은행 사이에는 송금액 상당의 예금계약이 성립하고, 수취인이 수취은행에 대하여 예금채권을 취득한다고 보아야 하므로 고지의무는 존재하지 않으며 결과적으로 사기죄는 성립하지 않는다. 한편 대법원은 피해자 측의 착오로 잘못 송금된 금액을 무단인출한 수취인에게 횡령죄를 인정하였다(아래 판례 참조). 수취인에게 타인의 재물 보관자로서의 지위를 인정한 것이다. 그러나 자기 계좌에 입금된 금액이 타인의 재물인지 여부 및 보관위탁행위를 인정할 수 있는지 여부가 문제된다. 결론적으로 송금의뢰인은 수취인에 대하여 오로지 부당이득반환청구권을 가질 뿐이라고 보아야 할 것이다(아래 판례 참조).

판례 잘못 송금된 금액을 무단 인출한 경우

• 송금의뢰인이 수취인의 예금구좌에 계좌이체를 한 때에는, 송금의뢰인과 수취인 사이에 계좌이체의 원인인 법률관계가 존재하는지 여부에 관계없이 수취인과 수취은행 사이에는 계좌이체금액 상당의 예금계약이 성립하고, 수취인이 수취은행에 대하여 예금채권을 취득한다. 이때, 송금의뢰인과 수취인 사이에 계좌이체의 원인이 되는 법률관계가 존재하지 않음에도 불구하고, 송금의뢰인의 착오로 인하여 계좌이체를 하게 되면 수취인이 계좌이체금액 상당의 예금채권을 취득하므로 **송금의뢰인은 수취인에 대하여 위 금액 상당의 부당이득반환청구권을 가지게 되지**만, 수취은행은 이익을 얻은 것이 없으므로 수취은행에 대하여는 부당이득반환청구권을 취득하지 않는다(대판 2007. 11. 29, 2007다51239).

• 피해자측의 착오로 피고인 명의의 계좌에 3억 2,000만원을 송금하였고 피고인이 이 금액을 다른 계좌로 이체하는 등 임의로 사용한 사안에서, 대법원은 피고인에 대해 사기죄가 아니라 횡령죄를 인정하였다(대판 2005. 10. 28, 2005도5975).

은행원의 오인으로 인하여 계좌이체가 이루어진 경우 수취인이 은행원에 대하여 이체금액 상당의 예금잔고가 있는 것처럼 행동하여 예금 인출이나 다른 계좌로의 이체를 청구하였다면 거동에 의한 기망행위에 해당한다고 볼 수 있는지 여부가 문제된다. 거동에 의한 기망행위는 작위적 기망행위에 해당하는 것으로서 거동에는 사실관계를 주장하는 의미가 담겨져 있어야 하며 단순한 거동만으로는 명시적 기망행위와 동등하게 평가될 수 없다. 그런데 수취인이 은행원에게 단순히 예금 인출이나 계좌 이체 신청을 하는 행위는 기망하고

자 하는 사실의 존재를 주장하는 의미가 있는 것이 아니라 단순한 요구에 불과하다는 점에서 거동에 의한 기망행위로 보는 것은 무리라고 본다. 또한 은행 내부의 착오로 인한 계좌이체는 일차적으로 은행의 책임도 인정할 수 있기 때문에 이 경우에 사기죄를 인정하는 것은 타당하지 않다.

(2) 피기망자의 착오

기망행위에 의하여 피기망자가 착오를 일으켜야 한다. 착오를 일으켜야 하므로 단순히 이용할 뿐인 경우에는 기망행위가 인정되지 않는다. 그리고 기망행위는 피기망자의 존재를 전제로 한다. 그러므로 무인주유소나 셀프주유소에서 주유 후에 대금을 지불하지 않고 도주한 경우 기망행위로 인하여 착오를 일으킨 자가 존재하지 않으므로 사기죄는 성립하지 않으며 절도죄가 성립할 수 있을 뿐이다. 착오는 기망행위에 의하여 비롯되어야 하므로 기망행위 이외의 원인에 의하여 착오를 일으킨 경우는 제외된다. 그러나 기망행위가 착오의 유일한 원인일 필요는 없으므로 피기망자의 어리석음이나 소심함 등이 작용하여 착오에 빠진 경우에도 기망행위가 인정된다. 착오를 일으켜야 하므로 단순히 착오를 이용할 뿐인 경우에는 기망행위가 인정되지 않는다.

사기죄의 피해자가 법인이나 단체인 경우에 기망행위로 인한 착오, 인과관계 등이 있었는지는 법인이나 단체의 대표 등 최종 의사결정권자 또는 내부적인 권한 위임 등에 따라 실질적으로 법인의 의사를 결정하고 처분을 할 권한을 가지고 있는 사람을 기준으로 판단하여야 한다. 따라서 피해자 법인이나 단체의 대표자 또는 실질적으로 의사결정을 하는 최종결재권자 등이 기망행위자와 동일인이거나 기망행위자와 공모하는 등 기망행위임을 알고 있었던 경우에는 기망행위로 인한 착오가 있다고 볼 수 없고, 재물 교부 등의 처분행위가 있었더라도 기망행위와 인과관계가 있다고 보기 어렵다. 이러한 경우에는 사안에 따라 업무상횡령죄 또는 업무상배임죄 등이 성립할 수 있고 사기죄가 성립한다고 볼 수 없다. 반면에 피해자 법인이나 단체의 업무를 처리하는 실무자인 일반 직원이나 구성원 등이 기망행위임을 알고 있었더라도, 피해자 법인이나 단체의 대표자 또는 실질적으로 의사결정을 하는 최종결재권자 등이 기망행위임을 알지 못한 채 착오에 빠져 처분행위에 이른 경우라면, 피해자 법인에 대한 사기죄의 성립에 영향이 없다(대판 2017. 9. 26, 2017도8449; 2017. 8. 29, 2016도18986).

(3) 피기망자의 재산상의 처분행위

재산상의 처분행위는 피기망자 자신이나 제3자에게 재산상의 손해를 초래하게 하는 피기망자의 작위나 부작위 또는 수인행위를 의미한다(대판 1987. 10. 26, 87도1042 참조). 즉 처분행위라 함은 범인 등에게 재물을 교부하거나 재산상의 이익을 부여하는 재산적 처분행위를 의미하며, 그것은 피기망자가 처분의사를 가지고 그 의사에 지배된 행위를 하여야 하고, 피기망자는 재물 또는 재산상의 이익에 대한 처분행위를 할 권한이 있는 자여야 한다(대판 2012. 6. 28, 2012도4773).

재산상의 처분행위는 행위자의 기망행위에 의한 피기망자의 착오와 행위자 등의 재물이나 재산상의 이익 취득이라는 결과를 매개하는 기능을 한다. 재산상의 처분행위는 피해자의 자유로운 의사에 따라 이루어져야 하는 점에서 공갈죄에서의 처분행위와 구별된다. 그리고 처분행위는 법률행위임을 요하지 않으며 사실행위가 있으면 되고, 법률행위인 경우라도 법적 유효성을 전제로 하지 않는다.

판례 피기망자의 처분행위

① 기망행위에 의한 항소취하와 처분행위성(인정)

• **사건개요** : 공소외 갑으로부터 배당금 수령을 위임받은 피고인은 피해자 A를 기망하여 공소외 갑을 상대로 한 배당이의소송의 제1심 패소판결에 대한 항소를 취하하게 함으로써 피고인이 이익을 취득하였다.

판결이유 : 대법원은 사기죄는 타인을 기망하여 착오에 빠뜨리게 하고 그 처분행위를 유발하여 재물이나 재산상의 이득을 얻음으로써 성립하는 것이므로 여기에 처분행위라고 하는 것은 재산적 처분행위를 의미하는 것이라고 할 것인바, 배당이의소송의 제1심에서 패소판결을 받고 항소한 자가 그 항소를 취하하면 그 즉시 제1심판결이 확정되고 상대방이 배당금을 수령할 수 있는 이익을 얻게 되는 것이므로 위 **항소를 취하하는 것 역시 사기죄에서 말하는 재산적 처분행위에 해당**한다(대판 2002. 11. 22, 2000도4419)고 판시하였다. 피고인에게는 제347조 제2항이 적용된다고 본 판결이다.

② 사업자등록 명의대여의 처분행위성(부정)

• **사건개요** : 피고인이 피해자 갑으로부터 사업자등록 명의를 대여받아 호텔을 운영하면서 피해자에게 채무를 부담하게 하더라도 이를 변제할 의사나 능력이 없었음에도, 피해자에게 "○○○관광호텔의 사업자등록 명의를 변경하여야 하는데 명의를 빌려주면 호텔을 운영하면서 발생하는 세금이나 채무는 모두 제가 변제하도록 하고 피해자에게는 아무런 손해가 가지 않도록 해 드리겠다"고 거짓말을 하여 이에 속은 피해자로 하여금 위 호텔에 관한 임대보증금반환채무 50,000,000원(선급 임대료 25,000,000원 포함), 주차부스 구매대금채무 1,000,000원, 각종 세금 및 고용 · 산재보험료채무 17,125,600원 상당을 부담하게 하고도 이를 변제하지 않아 동액 상당의 재산상 이익을 취득하였다.

판결이유 : 대법원은 갑이 명의를 대여하였다는 것만으로 피고인이 위와 같은 채무를 면하는 재산상 이익을 취득하는 갑의 재산적 처분행위가 있었다고 보기 어렵다고 판시하였다. 그 근거로는 타인 명의로 사업자등록을 하고 사업을 영위한 경우에 그 명의자는 실제의 사업자가 아닌

명의의 귀속자에 불과하므로, 그에 대하여 한 조세부과처분은 위법하고, 이와 같이 과세의 대상이 되는 소득·수익·재산·행위 또는 거래의 귀속이 그 명의와 달리 사실상 귀속되는 자가 따로 있는 때에는 사실상 귀속되는 자를 납세의무자로 한다는 실질과세의 원칙상 과세관청은 타인의 명의로 사업자등록을 하고 **실제로 사업을 영위한 자에 대해 세법을 적용하여 과세할 수 있다는 점**을 들었다(대판 2012. 6. 28, 2012도4773).

처분행위와 관련하여 피기망자에게 처분행위가 재산상의 손해를 초래할 것이라는 점에 대한 인식이 필요한지 여부가 문제된다. 이에 대해서는 ① 피기망자는 처분행위의 내용을 인식하지 못하여야 한다는 견해, ② 처분행위의 내용을 인식하든 인식하지 못하든 처분행위만 있으면 된다고 보는 견해(독일 판례 BGHSt 19, 45)로 나뉜다. 후자의 견해에 의하면 피기망자가 자신의 처분행위로 인하여 재산상의 손해 발생을 인식하였더라도 사기죄에서의 처분행위가 인정된다는 입장이다. 사기죄의 본질상 피기망자는 자신의 행위가 재산상의 손해를 초래할 것이라는 점을 인식하지 못하는 것이 일반적이지만 설사 이를 인식하였더라도 사기죄를 인정하는 것이 타당하다. 대법원 역시 피기망자가 처분행위의 의미나 내용을 인식하지 못하였더라도 자신의 행위(작위 또는 부작위)가 직접 재산상 손해를 초래하는 재산적 처분행위로 평가된다면 착오에 빠진 피기망자가 어떤 행위를 한다는 인식이 있으면 충분하고, 그 행위가 가져오는 결과에 대한 인식까지 필요하다고 볼 것은 아니라는 입장이다(대판 2017. 2. 16. 2016도13362 전원합의체). 즉 사기죄에서 피기망자의 처분의사는 기망행위로 착오에 빠진 상태에서 형성된 하자있는 의사이므로 불완전하거나 결함이 있을 수밖에 없다. 처분행위의 법적 의미나 경제적 효과 등에 대한 피기망자의 주관적 인식과 실제로 초래되는 결과가 일치하지 않는 것이 오히려 당연하고, 이 점이 사기죄의 본질적 속성이라는 것이다.

착오로 인한 처분행위와 재산상의 손해 간에는 직접성이 인정되어야 한다. 즉 처분행위로 인하여 재산상의 손해가 발생하여야 하므로 소위 책략절도策略竊盜의 경우처럼 처분행위 이외에 중간행위가 개입하여 손해가 발생한 경우에는 직접성이 인정되지 않으며 절도죄가 성립 가능하다(대판 1968. 5. 21, 68도480).

피기망자와 재산상의 피해자가 다른 소위 삼각사기는 사기죄에 해당한다. 삼각사기의 전형적인 예는 소송사기이다(아래 판례 참조). 소송사기란 법원에 대하여 허위의 사실을 주장하거나 허위의 증거를 제출하여 법원을 기망함으로써 승소판결을 얻고 이에 기한 강제집행 등을 통하여 패소자로부터 재물이나 재산상의 이익을 취하는 것을 말한다. 이는 민사소송이 실체적 진실을 추구하는 형사소송과 달리 형식적 진실주의를 취한 데 따라 발생할 수 있는 결과이다. 삼각사기의 또 다른 예로는 신용카드 명의인이 카드대금을 지불할 의사나 능력도 없이 가맹점에 제시하여 사용한 경우이다. 카드가맹점은 카드회사로부터 대금을 지급받으므로 손해가 발생하지 않지만 카드회사는 카드회원으로부터 대금지불을 받지 못함으로써 손해가 발생한다. 즉 카드회원은 기망행위자가 되고 피기망자는 카드가맹점이며 재산상의 피해자는 카드회사인 셈이다.

판례 소송사기

• 소송사기 행위를 처벌하는 것은 필연적으로 누구든지 자기에게 유리한 주장을 하고 소송을 통하여 권리구제를 받을 수 있다는 민사재판제도의 위축을 초래하고 본질적으로 민사분쟁인 사안을 소송사기라는 형사분쟁으로 비화시킬 위험이 있으므로 극히 신중해야 한다(대판 2007. 4. 13, 2005도4222).

• 피고인 또는 그와 공모한 자가 자신이 토지의 소유자라고 허위의 주장을 하면서 소유권보존등기 명의자를 상대로 보존등기의 말소를 구하는 소송을 제기한 경우 그 소송에서 위 토지가 피고인 또는 그와 공모한 자의 소유임을 인정하여 보존등기 말소를 명하는 내용의 승소확정판결을 받는다면, 이에 터 잡아 언제든지 단독으로 상대방의 소유권보존등기를 말소시킨 후 위 판결을 부동산등기법 제130조 제2호 소정의 소유권을 증명하는 판결로 하여 자기 앞으로의 소유권보존등기를 신청하여 그 등기를 마칠 수 있게 되므로, 이는 법원을 기망하여 유리한 판결을 얻음으로써 '대상 토지의 소유권에 대한 방해를 제거하고 그 소유명의를 얻을 수 있는 지위'라는 재산상 이익을 취득한 것이고, 그 경우 기수시기는 위 판결이 확정된 때이다(대판 2006. 4. 7, 2005도9858 전원합의체).

삼각사기는 구조적으로 사기죄와 간접정범에 의한 절도죄의 차이를 보여주는 유형이다. 사기죄의 경우 피기망자인 재산상의 처분행위자가 있어야 하는 반면에 절도죄의 경우에는 재산상의 처분행위자가 필요하지 않다. 문제는 처분행위자에게 재산상의 처분 권한이 어느 범위까지 인정되는지가 관건이다. 처분권의 범위에 대해서는 ① 처분행위자가 법적으로 유효한 점유이전처분을 할 수 있는 권한이 있어야 한다는 법적 권한설 및 계약관계에 의해서만 처분권이 인정된다는 견해(배종대), ② 주관적으로 처분권자의 대리인이라는 생각을 가지고 처분을 하는 경우뿐만 아니라 사실상의 처분가능성을 가진 자에게도 처분능력을 인정하는 사실상의 지위설(다수설)이 있다. 사실상의 지위설이 타당하다고 본다. 사기죄는 상대방에 대한 기망행위를 통하여 재산상의 처분행위를 하도록 하는 것이므로 반드시 처분행위자가 법적으로 유효한 처분권을 가지고 있어야 한다고 볼 필요는 없기 때문이다. 또한 사기죄의 법정형이 절도죄보다 높다는 점에서도 처분권자의 범위를 제한적으로 해석할 필요는 없다. 대법원도 사실상의 지위설에 근접한 입장을 취하고 있다(아래 판례 참조).

판례 사실상의 지위설에 입각한 판례

• 사기죄가 성립되려면 피기망자가 착오에 빠져 어떠한 재산상의 처분행위를 하도록 유발하

여 재산적 이득을 얻을 것을 요하고, 피기망자와 재산상의 피해자가 같은 사람이 아닌 경우에는 피기망자가 피해자를 위하여 그 재산을 처분할 수 있는 권능을 갖거나 그 지위에 있어야 하지만, 여기에서 피해자를 위하여 재산을 처분할 수 있는 권능이나 지위라 함은 **반드시 사법상의 위임이나 대리권의 범위와 일치하여야 하는 것은 아니고 피해자의 의사에 기하여 재산을 처분할 수 있는 서류 등이 교부된 경우에는 피기망자의 처분행위가 설사 피해자의 진정한 의도와 어긋나는 경우라고 할지라도 위와 같은 권능을 갖거나 그 지위에 있는 것**으로 보아야 한다(대판 1994. 10. 11, 94도1575).

(4) 재산상의 손해 발생

재산상의 손해 발생 요부에 대해서는 필요설(다수설)과 불요설(백형구, 오영근)이 있다. 사기죄는 재산죄로서 피기망자가 재물이나 재산상의 이익을 처분함으로써 피기망자 또는 제3자에게 재산상의 손해가 발생하여야 한다는 필요설이 타당하다. 대법원은 사기죄가 성립하기 위하여 재산상의 손해가 발생할 필요는 없다는 불요설의 입장이다.

판례 사기죄와 재산상의 손해발생

• 사건개요 : 주유소를 운영하는 피고인은 주유소에서 농민들에게 면세된 가격으로 석유류를 공급해 준 사실이 없음에도 농업협동조합으로부터 면세유류공급확인서를 부당하게 발급받아 이를 이용하여 농민들에게 석유류를 면세된 가격에 공급한 것처럼 현대오일뱅크 주식회사를 기망하여 현대오일뱅크로부터 석유류를 공급받으면서 부담한 부가가치세나 교통세 등에 상당하는 석유류를 교부받았다.

판결이유 : 대법원은 사기죄는 타인을 기망하여 그로 인한 하자 있는 의사에 기하여 재물의 교부를 받거나 재산상의 이익을 취득함으로써 성립되는 것으로, 사기죄의 본질은 기망에 의한 재물이나 재산상의 이득의 취득에 있고 상대방에게 현실적으로 재산상 손해가 발생함을 그 요건으로 하지 않는다고 판시하여 현대오일뱅크에 재산상 손해가 없더라도 사기죄가 성립한다고 하였다(대판 2009. 1. 15, 2006도6687). 또한 대판 2002. 2. 5, 2001도5789.

재산상의 손해란 재산 개념을 어떻게 파악할 것인가에 따라 판단이 달라질 수 있다. 이에 대해서는 ① 법적으로 승인된 재산만이 형법상 보호대상인 재산이라고 보는 법률적 재산 개념, ② 금전으로 환산이 가능한 경제적 가치는 모두 재산으로 보는 경제적 재산 개념(판례·다수설), ③ 적법한 외관을 갖고 있는 점유물·소유물로서 경제적 가치가 인정되는 것을 재산으로 보는 법률적·경제적 재산 개념이 있다. 그리고 손해산정시 고려하여야 할 기준을 제시하는 ④ 개인적 재산 개념이 있는데 이는 재산을 소유함으로써 가능한 활동영역이나 경제적 능력을 배제하지 않는다. 그러므로 기망행위로 인한 불필요한 지출을 통해 기회이익을 상실한 경우에도 재산상의 손해 발생을 인정한다.

(5) 대가의 제공과 사기죄의 성립 여부

재산상의 처분행위에 의하여 제공된 재물 가격에 상당하는 대가를 지급한 경우에도 사기죄가 성립하는지 여부에 대해서는 긍정하는 것이 타당하다(대판 1982. 6. 22, 82도777). 그리고 그 편취액은 피해자로부터 교부된 금원으로부터 그 대가 또는 담보 상당액을 공제한 차액이 아니라 교부받은 금원 전부라고 보아야 한다(대판 2017. 12. 22, 2017도12649; 2007. 1. 25, 2006도7470).

(6) 불법원인급여와 사기죄

불법원인급여(민법 제746조)란 급여의 원인이나 목적이 불법하여 급여자가 목적물에 대하여 반환을 청구할 수 없는 경우를 말한다. 이와 같이 불법원인에 의하여 급여를 받은 자 또는 노무를 제공받은 자가 기망적 수단에 의하여 급여물이나 재산상 이득을 영득한 경우 사기죄가 성립하는지 문제된다. 부정설에서는 불법원인급여에 대해서는 급여자가 반환청구를 할 수 없고 재산상 손해란 법의 보호를 받을 재산이 존재하지 않는 경우에는 발생하지 않기 때문에 불법원인급여의 경우에는 사기죄가 성립하지 않는다고 이해한다. 그러나 민법상의 반환청구권이 본 죄의 요건이 될 수는 없으며, 기망행위에 의하여 피해자의 경제적 가치가 손해를 입었다는 점에서 사기죄의 성립을 긍정한다(긍정설, 통설). 판례 역시 사기죄의 성립을 인정한다(대판 1995. 9. 15, 95도707). 재산상 손해의 발생을 요하는가에 대한 해석상 이를 필요로 하지 않으면 당연히 사기죄를 인정할 수 있다. 그리고 손해 발생이 필요하다는 입장에서도 손해의 개념을 어떻게 이해하는가에 달려있다. 즉 경제적 재산 개념에 의하면 수급자가 기망행위를 통하여 급여자로 하여금 재물을 제공하도록 하였다면 사기죄에 해당한다.

또한 살인 청부를 하면서 돈을 주었으나 돈을 받은 상대방은 살인의 고의가 없음에도 불구하고 돈을 받은 경우 살인의 고의가 있는 것처럼 기망하고 대가를 받았다는 점에서 사기죄를 인정할 수 있다. 만일 사기죄 성립을 부인한다면 상대방은 살인의 고의가 없으므로 교사자만이 살인예비·음모로 처벌되고 청부업자에게는 형사책임이 없게 되는 문제점이 있다.

판례 불법원인급여와 사기죄의 성부

• 민법 제746조의 불법원인급여에 해당하여 급여자가 수익자에 대한 반환청구권을 행사할 수 없다고 하더라도, 수익자가 기망을 통하여 급여자로 하여금 불법원인급여에 해당하는 재물을 제공하도록 하였다면 사기죄가 성립한다(대판 2006. 11. 23, 2006도6795). 이 판례는 피고인이 피해자로부터 도박 자금으로 사용하기 위하여 금원을 차용하였더라도 사기죄의 성립에는 영향이 없다고 한 사례이다.

3. 주관적 구성요건

기망행위자는 기망행위, 피기망자의 착오와 재산상의 처분행위 및 재산상의 손해 발생 간의 인과관계를 인식하고 있어야 사기죄의 고의가 인정된다. 또한 초과 주관적 구성요건으로서 불법영득(이득)의사가 필요하다. 이는 자기 또는 제3자가 피기망자의 재산상의 처분행위로부터 재산상의 이익을 취득하거나 채무 감소와 같이 전체 재산의 증가를 목적으로 하여야 함을 의미한다.

판례 기망의 고의

• **사건개요** : 경기불황으로 인하여 공업사를 적자 운영하여 오던 피고인은 2차에 걸친 공장증설로 인하여 약 5억원 이상의 채무를 부담하고 있는 등 심한 자금난을 겪고 있었기 때문에 피고인이 약속어음을 발행하는 경우 그 어음금을 그 지급기일에 지급하여줄 의사와 능력이 없었다. 그럼에도 이를 속인 채 피해자들에게 약속어음을 발행하여 주고 피해자 A로부터는 공소외 주식회사 발행의 약속어음을 어음교환명목으로 교부받고, 피해자 B로부터는 면포를 납품받았다.

판결이유 : 대법원은 수표 또는 어음의 발행인이 그 지급기일에 결제되지 않으리라는 점을 예견하였거나 지급기일에 지급될 수 있다는 확신이 없으면서도 그러한 내용을 수취인에게 고지하지 아니한 채 이를 속여 수표 또는 어음을 발행교부하고 수취인으로부터 그 대가를 교부받았다면 사기죄가 성립한다고 판시하였다(대판 1985. 9. 10, 84도2685).

평 가 : 기망행위자의 고지의무를 인정함과 동시에 기망행위자 자신이 지급의사나 지급능력이 없음을 인식하고 있었다는 점을 인정한 것이다.

4. 죄수 · 타 죄와의 관계

(1) 다수의 피해자와 사기죄의 죄수

사기죄에서 동일한 피해자에 대하여 단일하고 계속된 범의하에 동종의 범행을 일정기간 반복하여 행한 경우에는 그 각 범행은 통틀어 포괄일죄가 될 수 있다(대판 2016. 10. 27, 2016도11318). 그러나 사기죄에서 수인의 피해자에 대하여 각 피해자별로 기망행위를 하여 각각 재물을 편취한 경우에 그 범의가 단일하고 범행방법이 동일하다고 하더라도 포괄일죄가 성립하는 것이 아니라 피해자별로 1개씩의 죄가 성립한다(경합범). 다만 피해자들이 하나의 동업체를 구성하는 등으로 피해 법익이 동일하다고 볼 수 있는 사정이 있는 경우에는 피해자가 복수이더라도 이들에 대한 사기죄를 포괄하여 일죄로 볼 수도 있다(대판 2011. 4. 14, 2011도769).

(2) 사기죄와 횡령죄

전기통신금융사기(이른바 보이스피싱 범죄)의 범인이 피해자를 기망하여 피해자의 돈을 사기이용계좌로 송금·이체받았다면 이로써 편취행위는 기수에 이른다. 따라서 범인이 피해자의 돈을 보유하게 되었더라도 이로 인하여 피해자와의 사이에 어떠한 위탁 또는 신임관계가 존재한다고 할 수 없는 이상 피해자의 돈을 보관하는 지위에 있다고 볼 수 없으며, 나아가 그 후에 범인이 사기이용계좌에서 현금을 인출하였더라도 이는 이미 성립한 사기범행의 실행행위에 지나지 아니하여 새로운 법익을 침해한다고 보기도 어려우므로, 위와 같은 인출행위는 사기의 피해자에 대하여 따로 횡령죄를 구성하지 아니한다. 그리고 이러한 법리는 사기범행에 이용되리라는 사정을 알고서도 자신 명의 계좌의 접근매체를 양도함으로써 사기범행을 방조한 종범이 사기이용계좌로 송금된 피해자의 돈을 임의로 인출한 경우에도 마찬가지로 적용된다(대판 2017. 5. 31, 2017도3045).

(3) 사기죄와 배임죄

타인의 사무를 처리하는 자가 사무처리를 위임한 본인에 대하여 기망행위를 하여 재산상 이익을 취득하고 본인에게 손해를 입힌 경우에는 사기죄와 배임죄의 상상적 경합에 해당한다(대판 2002. 7. 18, 2002도669 전원합의체). 사기죄는 임무위배를 그 구성요소로 하지 않고 사기죄의 관념에 임무위배 행위가 당연히 포함된다고 할 수도 없으며, 업무상배임죄는 기망적 요소를 구성요건의 일부로 하는 것이 아니므로 양 죄는 그 구성요건을 달리하는 별개의 범죄로 보아야 하기 때문이다.

(4) 사기죄와 수뢰죄

뇌물을 수수함에 있어서 공여자를 기망한 점이 있다 하여도 뇌물수수죄, 뇌물공여죄의 성립에는 영향이 없고(대판 1985. 2. 8, 84도2625), 이 경우 뇌물을 수수한 공무원에 대하여는 한 개의 행위가 뇌물죄와 사기죄의 각 구성요건에 해당하므로 형법 제40조에 의하여 상상적 경합으로 처단하여야 한다(대판 2015. 10. 29, 2015도12838; 1977. 6. 7, 77도1069).

Ⅲ. 컴퓨터등 사용사기죄

제347조의2(컴퓨터등 사용사기) 컴퓨터등 정보처리장치에 허위의 정보 또는 부정한 명령을 입력하거나 권한 없이 정보를 입력·변경하여 정보처리를 하게 함으로써 재산상의 이익을 취득하거나 제3자로 하여금 취득하게 한 자는 10년 이하의 징역 또는 2천만원 이하의 벌금에 처한다.

제352조(미수범) 제347조 내지 제348조의2, 제350조와 제351조의 미수범은 처벌한다.

1. 의의 및 보호법익

본 죄는 컴퓨터등 정보처리장치에 허위의 정보 또는 부정한 명령을 입력하거나 권한 없이 정보를 입력·변경하여 정보 처리를 하게 함으로써 재산상의 이익을 취득하거나 제3자로 하여금 취득하게 한 경우에 성립하는 범죄이다.

본 죄의 보호법익은 재산이다. 사기죄가 사람을 상대로 한 기망행위를 통하여 재산상의 처분행위를 하도록 하고 재산을 취득하는 죄임에 반하여 본 죄는 컴퓨터 등을 대상으로 허위 정보 등의 입력이나 정보 처리를 통하여 재산을 취득하는 행위를 처벌하는 것이다. 이득액이 5억원 이상인 경우에는 특정경제법죄 가중처벌 등에 관한 법률에 따라 가중처벌된다(동법 제3조 제1항 참조).

2. 구성요건

(1) 행위방법

1) 허위정보나 부정한 명령 입력

진실에 반하는 정보를 입력하는 것을 말한다. 예를 들어 입금하지 않았으면서도 가공의 입금 데이타를 입력하여 자신의 예금 잔고를 늘리는 것과 같다. 만일 은행원을 통하여 늘어난 예금 잔고에서 예금을 인출한 경우에는 사기죄가 성립하며 본 죄는 사기죄에 흡수된다(법조경합). 그러나 자기의 현금인출카드를 이용하여 인출한 경우에는 불가벌적 사후행위에 불과하다.

2) 권한 없는 정보의 입력, 변경

권한 없는 정보의 입력은 진실한 자료를 권한 없는 자가 사용하는 것을 말한다. 예를 들면 절취한 타인의 신용카드를 사용하여 타인의 비밀번호를 입력하여 자기 계좌에 이체하는 경우이다.

3) 정보처리를 하게 함

입력된 허위 정보나 부정한 명령 또는 권한 없는 정보의 입력, 변경에 의하여 컴퓨터 등 정보처리장치를 실행하여 계산이나 데이터의 처리가 이루어지도록 하는 것을 말한다.

(2) 재산상의 이익 취득

본 죄는 재산상의 이익을 취득하면 성립한다. 사기죄와 달리 재물을 행위객체로 규정하지 않음으로써 차이를 나타내고 있는데 이는 재물에 대해서는 절도죄로서의 처벌이 가능하다는 점에 기인하는 것 같다. 그러나 이는 본 죄의 입법 동기나 목적에 비추어 타당하지 않다. 예를 들어 현금자동지급기에 타인의 비밀번호를 입력하여 타인의 계좌로부터 현금을 인출하는 경우 재산상의 이익이 아니라 재물취득의 경우로 보아 절도죄(6년 이하의 징역이나 1천만원 이하의 벌금)에 해당한다고 보는 것이 판례의 입장이다. 그러나 만일 이 경우에 현금을 인출하지 않고 자기 계좌로 계좌 이체를 할 경우에는 본 죄에 해당한다고 보아 10년 이하의 징역이나 2천만원 이하의 벌금에 해당한다고 보기 때문에 형의 균형이 맞지 않는다. 즉 취득한 재산의 형태에 따라 적용되는 구성요건이 다르고 법정형에 차이가 있는 것은 합리적이지 않다.

절취한 신용카드로 현금자동지급기에서 현금을 인출한 경우에 컴퓨터사용사기죄가 성립하는지 여부에 대해서는 행위객체인 '재산상의 이익' 해당 여부를 놓고 견해가 다르다. 판례는 원칙적으로 인출한 현금은 재물에 해당하므로 이를 인정하지 않지만 예외적으로 인정하는 경우가 있다(아래 판례 참조).

판례 컴퓨터 등 사용사기죄와 재산상 이익 여부

① 절취한 신용카드로 현금자동지급기에서 현금을 인출한 경우

• 우리 형법은 재산범죄의 객체가 재물인지 재산상의 이익인지에 따라 이를 재물죄와 이득죄로 명시하여 규정하고 있는데, 형법 제347조가 일반 사기죄를 재물죄 겸 이득죄로 규정한 것과 달리 형법 제347조의2는 컴퓨터등사용사기죄의 객체를 재물이 아닌 재산상의 이익으로만 한정하여 규정하고 있으므로, **절취한 타인의 신용카드로 현금자동지급기에서 현금을 인출하는 행위가 재물에 관한 범죄임이 분명한 이상 이를 위 컴퓨터등사용사기죄로 처벌할 수는 없다**(대판 2003. 5. 13, 2003도1178).

② 위임받은 금액을 초과한 현금을 인출한 경우

• 사건개요 : 피고인은 현금카드 소유자로부터 20,000원을 인출해 오라는 부탁과 함께 현금카드를 건네받자 이를 기화로 현금자동인출기에서 위임을 받은 금액을 초과하여 50,000원을 인출하여 차액 30,000원을 취득하였다.

판결이유 : 대법원은 인출된 현금에 대한 점유를 취득함으로써 이때에 그 인출한 현금 총액 중 인출을 위임받은 금액을 넘는 부분의 비율에 상당하는 재산상 이익을 취득한 것으로 볼 수 있으므로 그 차액 상당액에 관하여 형법 제347조의2(컴퓨터등 사용사기)에 규정된 '컴퓨터등 정보처리장치에 권한 없이 정보를 입력하여 정보처리를 하게 함으로써 재산상의 이익을 취득' 하는 행위로서 컴퓨터등 사용사기죄에 해당된다고 판시하였다(대판 2006. 3. 24, 2005도3516).

평 가 : 이 판결은 현금(재물)을 인출한 사건임에도 불구하고 초과된 금액에 대해서 재산상의 이익을 취득한 것으로 보아 컴퓨터등 사용사기죄를 적용한 점에 특징이 있다. 특히 "형법 제347조의2에서 규정하는 컴퓨터등 사용사기죄의 객체는 재물이 아닌 재산상의 이익에 한정되어 있으므로, 타인의 명의를 모용하여 발급받은 신용카드로 현금자동지급기에서 현금을 인출하는 행위를 이 법 조항을 적용하여 처벌할 수는 없다"는 기존 판례의 법리와 충돌되지 않는다는

점을 판시한 것이다(이동신, 대법원판례해설 62호(2006.12) 391면 이하 참조; 조국, 형사판례연구(16), 156면 이하). 이에 대하여 피고인의 행위는 배임죄에 해당한다는 견해(김성룡, 형사판례연구(16), 176면 이하)도 있다. 이 사건에서 형사책임의 핵심은 위임자의 의사에 반하여 과다한 금액을 인출한 데에 있으므로 컴퓨터등사용사기죄로 의율한 것은 타당하지 않다. 오히려 위임자의 의사에 반하여 과다 인출한 금액을 영득한 것으로 보아 절도죄를 적용하는 것이 타당하다고 본다.

(3) 기수시기

본 죄의 기수시점은 재산권자에게 재산상의 손해가 발생한 때이다. 행위자나 제3자가 재산상의 이익을 얻었는지 여부는 불문한다.

판례 **허위정보 입력에 의한 계좌 이체와 기수시기**

• 금융기관 직원이 전산단말기를 이용하여 다른 공범들이 지정한 특정계좌에 돈이 입금된 것처럼 허위의 정보를 입력하는 방법으로 위 계좌로 입금되도록 한 경우, 이러한 입금절차를 완료함으로써 장차 그 계좌에서 이를 인출하여 갈 수 있는 재산상 이익의 취득이 있게 되었다고 할 것이므로 형법 제347조의2에서 정하는 컴퓨터등 사용사기죄는 기수에 이르렀다고 할 것이고, 그 후 그러한 입금이 취소되어 현실적으로 인출되지 못하였다고 하더라도 이미 성립한 컴퓨터등 사용사기죄에 어떤 영향이 있다고 할 수는 없다(대판 2006. 9. 14, 2006도4127).

3. 신용카드 등을 이용한 범죄 유형

(1) 여신전문금융업법

여신전문금융업법상 신용카드부정사용죄(제70조 제1항)의 행위객체는 신용카드, 직불카드, 선불카드이다(현금카드는 제외된다. 또한 신용카드의 현금서비스 기능을 사용하는 것 역시 본 죄의 적용대상이 아니다). 신용카드와 관련되는 죄책으로는 ① 신용카드 등의 위·변조행위(제1호), ② 위조되거나 변조된 신용카드 등을 판매하거나 사용하는 행위(제2호), ③ 분실하거나 도난당한 신용카드나 직불카드를 판매하거나 사용하는 행위(제3호), ④ 강취·횡령하거나, 사람을 기망하거나 공갈하여 취득한 신용카드나 직불카드를 판매하거나 사용하는 행위(제4호), ⑤ 행사할 목적으로 위조되거나 변조된 신용카드 등을 취득하는 행위(제5호) 등이다. 이러한 행위에 대해서는 7년 이하의 징역 또는 5천만원 이하의 벌금에 처한다.

(2) 형 법

신용카드와 관련된 사기죄의 구조는 소위 삼각사기에 해당하는데 카드회원은 기망행위자, 카드가맹점은 피기망자, 카드회사는 재산상의 피해자가 되기 때문이다. 형법상 사기죄를 구성하는 신용카드 범죄행위는 도난 또는 분실된 타인의 신용카드 등을 부정 사용하여

가맹점으로부터 물품 등을 구입하는 경우, 상대방을 기망하여 현금카드를 취득한 다음 이 카드를 사용하여 현금자동지급기에서 현금을 인출한 경우(아래 판례 ①) 등이다.

그 밖에 신용카드와 관련하여 문제되는 경우를 살펴보면 다음과 같다. ① 현금카드 소유자로부터 카드를 편취하여 현금을 인출한 경우, ② 카드사용대금을 지불할 의사나 능력도 없는 카드회원이 자기 명의의 신용카드를 사용하여 물품을 구입하거나 서비스를 제공받은 경우 사기죄가 성립하는지 여부가 문제된다(아래 판례 ②). 그리고 ③ 타인 명의를 모용하여 신용카드를 발급받은 다음 이를 이용하여 현금 인출을 하거나 신용 대출을 받은 경우(아래 판례 ③)이다.

판례 신용카드와 사기죄

① 현금카드 소유자로부터 그 카드를 편취하여 현금을 인출한 경우

• 예금주인 현금카드 소유자로부터 사실은 혼인의사가 전혀 없음에도 혼인의사가 있는 것처럼 가장하여 "앞으로 함께 살아야 되는데 자신에게 현금카드를 달라"는 취지로 거짓말을 하여 카드를 넘겨받은 것은 비록 하자 있는 의사표시이기는 하지만 현금카드 소유자의 승낙에 의하여 사용권한을 부여받은 것으로 볼 수 있고 그 소유자가 승낙의 의사표시를 취소하기까지는 현금카드를 적법, 유효하게 사용할 수 있으며, 은행 등 금융기관은 현금카드 소유자의 지급정지 신청이 없는 한 카드 소유자의 의사에 따라 그의 계산으로 적법하게 예금을 지급할 수밖에 없는 것이므로, 피고인이 현금카드의 소유자로부터 현금카드를 사용한 예금인출의 승낙을 받고 현금카드를 교부받은 행위와 이를 사용하여 현금자동지급기에서 예금을 여러 번 인출한 행위들은 모두 **현금카드 소유자의 예금을 편취하고자 하는 피고인의 단일하고 계속된 범의 아래에서 이루어진 일련의 행위로서 포괄하여 하나의 사기죄를 구성한다**고 볼 것이지, 현금자동지급기에서 카드 소유자의 예금을 인출, 취득한 행위를 현금자동지급기 관리자의 의사에 반하여 그가 점유하고 있는 현금을 절취한 것이라 하여 이를 현금카드 편취행위와 분리하여 따로 절도죄로 처단할 수는 없다고 판시하였다(대판 2005. 9. 30, 2005도5869). 이 사안에서 피기망자의 재산상의 처분행위는 현금카드를 건네준 행위로 볼 수 있다.

② 신용카드 과다 사용에 대한 사기죄 성립 여부

• 피고인이 피해자 삼성카드 주식회사로부터 신용카드를 정상적으로 발급받아 사용하여 오다가 1년여가 지난 후 사실은 엘지카드 등 타 신용카드대금 채무액 합계가 1,300만원을 상회하고 월급은 70만원 상당에 불과하는 등 채무초과상태로서 카드사용대금을 정상적으로 결제할 능력이 없음에도 불구하고 1,512만원 상당의 대금을 삼성카드회사로 하여금 대위결제하게 하여 동액 상당의 재산상 이익을 취득한 사안에서, 대법원은 **신용카드를 사용할 때 자신의 재산상태를 카드회사에 고지하여야 할 의무가 없으므로 단순히 채무초과의 상태에서 신용카드를 사용하였다는 점만으로는 기망행위를 인정하기 어렵다**(대판 2005. 8. 19, 2004도6859)고 판시하여 사기죄 성립을 부정하였다. 다만 이미 과다한 부채의 누적 등으로 신용카드 사용으로 인한 대출금채무를 변제할 의사나 능력이 없는 상황에 처하였음에도 불구하고 신용카드를 사용하였다면

사기죄에 있어서 기망행위 내지 편취의 범의를 인정할 수 있다는 것이 대법원의 입장이다(동 판결).

③ 명의를 모용하여 발급받은 신용카드로 현금을 인출한 행위 등의 죄책

• 피고인이 타인의 명의를 모용하여 신용카드를 발급받은 경우, 비록 카드회사가 피고인으로부터 기망을 당한 나머지 피고인에게 피모용자 명의로 발급된 신용카드를 교부하고, 사실상 피고인이 지정한 비밀번호를 입력하여 현금자동지급기에 의한 현금서비스를 받을 수 있도록 하였다 할지라도, 카드회사의 내심의 의사는 물론 표시된 의사도 어디까지나 카드명의인인 피모용자에게 이를 허용하는 데 있을 뿐 피고인에게 이를 허용한 것은 아니라는 점에서, 피고인이 타인의 명의를 모용하여 발급받은 신용카드를 사용하여 현금자동지급기에서 현금대출을 받는 행위는 카드회사에 의하여 미리 포괄적으로 허용된 행위가 아니라, 현금자동지급기의 관리자의 의사에 반하여 그의 지배를 배제한 채 그 현금을 자기의 지배하에 옮겨 놓는 행위로서 **절도죄**에 해당한다.

타인의 명의를 모용하여 발급받은 신용카드의 번호와 그 비밀번호를 이용하여 ARS 전화서비스나 인터넷 등을 통하여 신용대출을 받는 방법으로 재산상 이익을 취득하는 행위 역시 미리 포괄적으로 허용된 행위가 아닌 이상, 컴퓨터 등 정보처리장치에 권한 없이 정보를 입력하여 정보처리를 하게 함으로써 재산상 이익을 취득하는 행위로서 **컴퓨터 등 사용사기죄**에 해당한다(대판 2006. 7. 27, 2006도3126).

한편 판례는 타인 명의의 직불카드나 신용카드를 훔친 후 현금을 인출하고 이를 소유자에게 반환한 경우 신용카드는 이를 소지함으로써 신용 구매가 가능하고 금융의 편의를 받을 수 있다는 점에서 경제적 가치가 있다 하더라도, 그 자체에 경제적 가치가 화체되어 있거나 특정의 재산권을 표창하는 유가증권이라고 볼 수 없고, 단지 신용카드 회원이 그 제시를 통하여 신용카드 회원이라는 사실을 증명하거나 현금자동지급기 등에 주입하는 등의 방법으로 신용카드업자로부터 서비스를 받을 수 있는 증표로서의 가치를 갖는 것이라고 한다. 그러므로 이를 사용하여 현금자동지급기에서 현금을 인출하였다 하더라도 신용카드 자체가 가지는 경제적 가치가 인출된 예금액만큼 소모되었다고 할 수 없기 때문에, 이를 일시 사용하고 곧 반환한 경우에는 불법영득의 의사가 없다고 하여 절도죄 성립을 부인한다(대판 1999. 7. 9, 99도857). 마찬가지로 은행이 발급한 직불카드를 사용하여 타인의 예금 계좌에서 자기의 예금 계좌로 돈을 이체시킨 경우 직불카드 자체가 가지는 경제적 가치가 계좌 이체된 금액만큼 소모되었다고 할 수는 없으므로 이를 일시 사용하고 곧 반환한 경우에는 그 직불카드에 대한 불법영득의 의사는 없다고 보아 절도죄를 인정하지 않는다(대판 2006. 3. 9, 2005도7819).

그러나 이러한 대법원의 입장은 신용카드 등에 대한 불법영득의사의 대상을 가치가 아니라 물체로 파악하고 있는 점을 지적하지 않을 수 없다. 또한 불법영득의사가 반환에 의해

소급하여 소멸된다고 볼 수도 없으므로 마치 타인의 재물을 절취한 다음 얼마 후에 이를 반환하더라도 절도죄를 인정하는 것과 같이 반환한 신용카드 등에 대하여 불법영득의사를 인정하는 것이 타당하다.

Ⅳ. 준사기죄

> **제348조(준사기)** ① 미성년자의 사리분별력 부족 또는 사람의 심신장애를 이용하여 재물을 교부받거나 재산상 이익을 취득한 자는 10년 이하의 징역 또는 2천만원 이하의 벌금에 처한다.
> ② 제1항의 방법으로 제3자로 하여금 재물을 교부받게 하거나 재산상 이익을 취득하게 한 경우에도 제1항의 형에 처한다.
> **제352조(미수범)** 제347조 내지 제348조의2, 제350조와 제351조의 미수범은 처벌한다.

본 죄는 사기죄에 준하는 방법으로 재물의 교부를 받거나 재산상의 이익을 취득하는 행위를 사기죄와 동일하게 처벌하는 구성요건이다. 사기죄와 다른 점은 기망행위를 수단으로 하지 않는다는 점이다. 상대방이 미성년자이거나 심신장애자이기 때문에 사리분별력이 부족하여 기망행위를 이용하지 않고도 재물 등을 취득할 수 있기 때문이다. 상대방이 미성년자인 것만으로 본 죄가 성립하는 것이 아니라 미성년자의 사리분별력 부족을 이용하였어야 한다. 심신장애자는 재산상의 처분행위를 할 수 없는 심신상실자는 제외한다. 그러나 반드시 한정책임능력자만을 의미하지는 않는다. 반면에 사기죄와 공통점은 상대방의 처분행위를 필요로 한다는 점이다. 그리고 위험범(이/장/강)이 아니라 사기죄와 마찬가지로 침해범(다수설)에 해당한다고 보아야 한다.

Ⅴ. 편의시설부정이용죄

> **제348조의2(편의시설부정이용)** 부정한 방법으로 대가를 지급하지 아니하고 자동판매기, 공중전화 기타 유료자동설비를 이용하여 재물 또는 재산상의 이익을 취득한 자는 3년 이하의 징역, 500만원 이하의 벌금, 구류 또는 과료에 처한다.
> **제352조(미수범)** 제347조 내지 제348조의2, 제350조와 제351조의 미수범은 처벌한다

1. 의 의

본 죄는 부정한 방법으로 대가를 지급하지 아니하고 자동판매기, 공중전화 기타 유료자

동설비를 이용하여 재물 또는 재산상의 이익을 취득하는 경우에 성립하는 죄이다. 보호법익은 개인이나 공공의 재산이다.

2. 구성요건

행위객체는 자동판매기, 공중전화기 기타 유료자동설비이다. 유료자동설비에는 대가를 지불하면 물품이 제공되는 물품자동제공설비와 대가를 지불하면 설비 자체가 갖는 능력이 제공되는 용역자동제공설비가 있다. 본 죄에서는 후자를 의미한다.

현금자동지급기도 본 죄의 유료자동설비에 해당하는가가 논란이 된다. 현금자동지급기는 카드를 입력하면 그에 대한 정보를 읽고 그에 합당하는 비밀번호를 입력한 후 돈의 인출을 요구하면 이에 대하여 상응하는 돈을 인출하여 준다는 점에서 그 작동방식은 자동설비에 해당된다. 그러나 현금카드를 발행한 신용기관의 현금자동지급기를 사용하는 경우에는 그에 대한 대가가 존재하지 않으므로 이러한 범위 내에서 자동설비 이용은 유료로 행하여지는 것이 아니다. 다만 현금카드를 이용하여 현금을 인출하는 경우 그 현금자동지급기가 타 금융기관의 자동지급기인 경우에는 인출한 액수에 따라 일정한 수수료를 지불하게 된다. 따라서 여기서는 그에 대한 유료성의 여부가 문제될 수 있다. 그러나 이 경우에도 지불되는 수수료가 완전한 대가성을 갖는지 의문스럽다. 보통 편익을 제공하여 주는 유료자동설비는 공중전화나 지하철과 같이 지불하는 액수와 그에 따라 이행하는 편익이 완전히 대가적인 관련을 갖는 것이 보통이다. 이에 반하여 현금자동지급기의 경우에는 그에 대한 완전한 대가성이 부족하므로 피해자의 현금카드를 이용하여 현금자동지급기에서 현금을 인출하는 행위는 편의시설부정이용죄에 해당하지 않는다.

행위방법은 대가를 지급하지 않고 편의시설을 부정하게 이용하는 것이다. 부정한 이용이란 자동편의시설의 권한 없는 이용이나 이용규칙 · 방법에 반하여 사용하는 것을 의미한다. 기술적 결함을 단순히 이용하는 경우에는 긍정설과 부정설이 있으나 부정설이 타당하다.

판례 **후불식 통신카드를 절취하여 전화통화에 이용한 경우 죄책**

• **판결이유**: 대법원은 형법 제348조의2에서 규정하는 편의시설부정이용의 죄는 부정한 방법으로 대가를 지급하지 아니하고 자동판매기, 공중전화 기타 유료자동설비를 이용하여 재물 또는 재산상의 이익을 취득하는 행위를 범죄구성요건으로 하고 있는데, **타인의 전화카드(한국통신의 후불식 통신카드)를 절취하여 전화통화에 이용한 경우**에는 통신카드서비스 이용계약을 한 피해자가 그 통신요금을 납부할 책임을 부담하게 되므로, 이러한 경우에는 피고인이 '대가를 지급하지 아니하고' 공중전화를 이용한 경우에 해당한다고 볼 수 없어 편의시설부정이용의 죄를 구성하지 않는다고 판시하였다(대판 2001. 9. 25, 2001도3625).

평 가: 편의시설부정이용죄에서 유료자동설비를 부정하게 이용한다는 것은 이용자가 대

가를 지급하지 않고 이용하는 것을 의미한다. 그런데 대법원은 대가를 지급하지 않는 행위방법이 유료자동설비의 소유자나 설치자에게 대가를 지급하지 않는 경우를 의미하는 것으로 해석하고 있다. 결과적으로 이용자(행위자)의 이익취득에도 불구하고 통신회사에 재산상의 손해가 발생하지 않았다는 이유로 본 죄의 성립을 부정한 것은 본 죄의 본질에 대한 잘못된 해석에서 비롯된 것으로 보인다(박상기, "편의시설부정이용죄와 전화카드의 문서성", 형사판례연구(11), 191면 이하 참조).

Ⅵ. 부당이득죄

제349조(부당이득) ① 사람의 곤궁하고 절박한 상태를 이용하여 현저하게 부당한 이익을 취득한 자는 3년 이하의 징역 또는 1천만원 이하의 벌금에 처한다.
② 제1항의 방법으로 제3자로 하여금 부당한 이익을 취득하게 한 경우에도 제1항의 형에 처한다.

1. 의 의

본 죄는 사람의 곤궁하고 절박한 상태를 이용하여 현저하게 부당한 이익을 취득하는 소위 폭리행위를 처벌하는 것이다. 보호법익은 전체 재산이다. 본 죄는 사회적 폭리행위를 처벌하는 것이 아니라 개인을 대상으로 하는 개인적 폭리행위를 처벌하는 것이다. 침해범으로서 부당이득을 취하면 기수에 이르며(통설), 미수범은 처벌하지 않는다.

2. 구성요건

곤궁하고 절박한 상태란 급박한 곤궁을 의미하고, 파산이나 부도 직전의 경제적 궁핍상태뿐만 아니라 생명·신체나 명예에 대한 정신적·육체적 궁박상태도 포함한다. 곤궁하고 절박한 상태의 초래가 본인에 의하더라도 상관없다. 현저하게 부당한 이익이란 행위 당시 피해자의 관점에서 판단할 때 급부와 반대급부가 지나치게 불균형을 이룬다고 판단되는 경우를 말한다. 단순히 시가와 이익과의 배율로만 판단할 것이 아니라 구체적·개별적 사안에 있어서 일반인의 사회통념에 따라 결정하여야 하는 것으로서, 피해자가 곤궁하고 절박한 상태에 있었는지 여부 및 급부와 반대급부 사이에 현저히 부당한 불균형이 존재하는지 여부는 거래당사자의 신분과 상호 간의 관계, 피해자가 처한 상황의 절박성의 정도, 계약의 체결을 둘러싼 협상과정 및 거래를 통한 피해자의 이익, 피해자가 그 거래를 통해 추구하고자 한 목적을 달성하기 위한 다른 적절한 대안의 존재 여부, 피고인에게 피해자와 거래하여야 할 신의칙상 의무가 있는지 여부 등 여러 상황을 종합하여 구체적으로 판단하여야 한다(대판 2010. 5. 27, 2010도778).

판례 **'알박기'와 부당이득죄 성립 여부(소극)**

• **사건개요** : 아파트 건축사업이 추진되기 수년 전부터 사업부지 내 일부 부동산을 소유하여 온 피고인이 사업자의 매도 제안을 거부하다가 인근 토지 시가의 40배가 넘는 대금을 받고 매도하였다.

판결이유 : 개발사업 등이 추진되는 사업부지 중 일부의 매매와 관련된 이른바 '알박기' 사건에서 부당이득죄의 성립 여부가 문제되는 경우, 그 범죄의 성립을 인정하기 위해서는 피고인이 피해자의 개발사업 등이 추진되는 상황을 미리 알고 그 사업부지 내의 부동산을 매수한 경우이거나 피해자에게 협조할 듯한 태도를 보여 사업을 추진하도록 한 후에 협조를 거부하는 경우 등과 같이, 피해자가 궁박한 상태에 빠지게 된 데에 피고인이 적극적으로 원인을 제공하였거나 상당한 책임을 부담하는 정도에 이르러야 한다. 이러한 정도에 이르지 않은 상태에서 단지 개발사업 등이 추진되기 오래 전부터 사업부지 내의 부동산을 소유하여 온 피고인이 이를 매도하라는 피해자의 제안을 거부하다가 수용하는 과정에서 큰 이득을 취하였다는 사정만으로 함부로 부당이득죄의 성립을 인정해서는 안 된다(대판 2009. 1. 15, 2008도8577).

제 5 절 공갈의 죄

Ⅰ. 의의 및 보호법익

공갈죄는 사람을 공갈하여 재물의 교부를 받거나 재산상의 불법한 이익을 취득하거나 타인으로 하여금 이를 얻게 함으로써 성립한다(재물죄, 이득죄). 사기죄는 행위자의 기망에 의한 상대방의 착오로 인하여 성립하는 데 반해 공갈죄는 상대방으로 하여금 공포심을 느끼게 하여 재물이나 재산상의 이익을 포기하도록 하는 점에서 차이가 있다. 그러나 공포심에서 비롯되었든(인식있는 자손행위自損行爲) 착오로 인한 것이든(무의식적 자손행위) 상대방의 재산상의 처분행위를 요건으로 한다는 점에서는 양자는 동일하다.

공갈죄는 재산을 1차적 보호법익으로 하며 2차적으로 의사결정의 자유를 보호한다. 그리고 공갈죄에 대해서는 친족 간의 범행특례규정을 두고 있다(제354조).

Ⅱ. 공갈죄

> **제350조(공갈)** ① 사람을 공갈하여 재물의 교부를 받거나 재산상의 이익을 취득한 자는 10년 이하의 징역 또는 2천만원 이하의 벌금에 처한다.
> ② 전항의 방법으로 제3자로 하여금 재물의 교부를 받게 하거나 재산상의 이익을 취득하게 한 때에도 전항의 형과 같다.

제352조(미수범) 제347조 내지 제348조의2, 제350조와 제351조의 미수범은 처벌한다.
제353조(자격정지의 병과) 본장의 죄에는 10년 이하의 자격정지를 병과할 수 있다.
제354조(친족간의 범행, 동력) 제328조와 제346조의 규정은 본장의 죄에 준용한다.

1. 객관적 구성요건

(1) 행위객체

타인이 점유하는 재물 또는 재산상의 이익을 행위객체로 한다. 부동산도 포함한다고 보아야 한다. 재산상의 이익은 강도죄의 경우와 같다.

공갈죄의 대상이 되는 재물은 타인의 재물을 의미하므로, 사람을 공갈하여 자기의 재물을 교부받는 경우에는 공갈죄가 성립하지 않는다. 그리고 타인의 재물인지는 민법, 상법, 기타의 실체법에 의하여 결정되는데, 도난당한 자기의 금전을 되찾는 과정에서 절도범이 다른 금전 등과 명백하게 구분되는 상태로 절취한 금전만을 소지하고 있는 때 등과 같이 예외적인 경우에는 그 금전이 타인의 재물이라고 할 수 없어서 공갈죄의 행위객체에 해당하지 않는다(아래 판결 참조).

판례 **공갈죄와 재물의 타인성**

• **사건개요** : 갑은 인터넷 도박 사이트로 돈을 번 을의 현금을 절취하여 다른 금전과 섞거나 교환하지 않고 쇼핑백 등에 넣어 자신의 집에 숨겨두었는데, 피고인은 을의 지시로 다른 폭력조직원 병과 함께 갑에게 겁을 주어 쇼핑백 등에 들어 있던 절취된 돈을 갈취하였다고 하여 폭력행위 등 처벌에 관한 법률 위반(공동공갈)으로 기소되었다.

판결이유 : 피고인 등이 갑에게서 되찾은 돈은 절취 대상인 당해 금전이라고 구체적으로 특정할 수 있어 객관적으로 갑의 다른 재산과 구분됨이 명백하므로 이를 타인인 갑의 재물이라고 볼 수 없고, 따라서 비록 피고인 등이 갑을 공갈하여 돈을 교부받았더라도 타인의 재물을 갈취한 행위로서 공갈죄가 성립된다고 볼 수 없다(대판 2012. 8. 30, 2012도6157).

(2) 공갈 및 공갈의 상대방

공갈이란 폭행·협박으로 상대방으로 하여금 공포심을 느끼게 하는 것을 의미한다. 폭행·협박은 상대방의 임의적인 의사결정의 자유를 제한하는 정도이면 된다. 상대방의 반항을 제압할 정도의 폭행·협박이 행사된 경우에는 강도죄가 성립한다.

공갈죄에서 폭행개념은 절대적 폭력은 제외되고 심리적(강제적) 폭력만을 의미한다고 보는 것이 다수설이다. 이에 따르면 고등학생들이 하교 길의 중학생에게 금품을 요구하면서 가볍게 몇 대 때리고 돈을 빼앗으면 공갈죄가 아니라 강도죄가 성립한다고 보게 된다.

다수설의 견해는 독일형법의 영향을 받은 바가 큰 것으로 사료된다. 즉 독일형법상 단순공갈죄(§253, Erpressung)는 행위수단을 심리적 폭력만으로 제한하고 있기 때문이다. 그러나 동시에 독일형법상 가중적 공갈죄(§255, räuberische Erpressung)는 절대적 폭력을 행위방법으로 규정하고 있기 때문에 양자를 구별하지 않고 규정한 우리 형법상의 공갈죄 해석상으로는 절대적 폭력까지도 포함한다고 해석하는 것이 타당하다.

고지하는 해악의 내용은 범죄를 구성하는 위법한 것을 내용으로 할 필요는 없다. 그러므로 수사기관에 범죄사실을 고발하겠다는 내용이나 간통사실을 알리겠다고 하면서 금품을 요구하는 경우(대판 1984. 5. 9, 84도573), 방송사 기자가 부실공사를 방송으로 보도하겠다고 위협하여 건설회사 경영주로부터 무마비조로 금품을 받은 경우(대판 1991. 5. 28, 91도80) 등이 그 예이다.

공갈죄에 있어서 공갈의 상대방은 재산상의 피해자와 동일함을 요하지는 아니하나, 공갈의 목적이 된 재물 기타 재산상의 이익을 처분할 수 있는 사실상 또는 법률상의 권한을 갖거나 그러한 지위에 있음을 요한다. 그러므로 주점의 종업원에게 신체에 위해를 가할 듯한 태도를 보여 이에 겁을 먹은 종업원으로부터 주류를 제공받은 경우에 있어 종업원은 주류에 대한 사실상의 처분권자이므로 공갈죄의 피해자에 해당되어 공갈죄가 성립한다(대판 2005. 9. 29, 2005도4738).

(3) 교부행위

피공갈자는 공갈행위에 따른 하자있는 의사에 기하여 재물이나 재산상의 이익을 공갈자 또는 제3자에게 교부하여야 한다(재산상의 처분행위). 이 경우 피공갈자와 교부행위자는 동일하여야 한다. 공갈죄의 경우에도 사기죄와 마찬가지로 피공갈자(재산상의 처분행위자)와 재산상의 피해자가 다른 삼각공갈이 가능하다. 물론 이 경우에 교부행위자가 처분권한이나 지위에 있어야 하는 것은 사기죄의 경우와 동일하다.

2. 주관적 구성요건과 정당한 권리행사

공갈의 고의와 함께 불법적으로 재물이나 재산상의 이익을 취득하려는 불법영득(이득)의사가 인정되어야 한다. 여기에서 정당한 권리행사의 방법으로 공갈을 한 경우에 공갈죄의 주관적 구성요건인 불법영득의사가 인정되는지가 문제된다. 판례는 권리행사의 수단인 협박이 사회통념상 일반적으로 인용되는 정도나 범위를 넘는 때에는 공갈죄를 인정한다. 학설에서는 공갈죄설(백형구), 폭행죄나 협박죄설(김/서, 이/장/강, 임웅), 강요죄설(장영민, "권리행사와 공갈죄의 성부", 형사판례연구(4), 405면; 허일태, "권리행사의 빙자와 공갈죄의 성립여부", 형사법연구 제17호(2002), 163면)이 주장된다.

공갈죄설은 적법한 권리 행사의 수단이었다는 점에서 불법영득의사를 인정할 수 없으므로 타당하지 않다. 또한 채무자에게 의무 없는 일을 강요한 것도 아니므로 강요죄설도 역시 타당하지 않으며 폭행죄나 협박죄를 인정하는 것이 타당하다.

3. 죄 수

(1) 공갈죄와 수뢰죄

공무원이 직무집행에 관하여 상대방을 공갈하여 재물을 교부받은 경우에 공갈죄와 수뢰죄의 관계에 관하여 ① 공갈죄를 인정하는 견해, ② 공갈죄와 수뢰죄의 상상적 경합을 인정하는 견해, ③ 공무원에게 직무 집행의 의사가 있으면 공갈죄와 수뢰죄의 상상적 경합이 되고 그러한 의사가 없으면 공갈죄가 성립할 따름이라고 해석하는 견해(대판 1994. 12. 22, 94도2528)가 대립되고 있다. 직무 집행의 의사 여부에 따라 판단하는 것은 매우 불확정적인 기준이다. 행위자는 공갈에 의하여 갈취한 것이지 뇌물을 받은 것이 아니고, 피해자에게 공갈죄의 피해자인 동시에 증뢰죄를 인정하는 것은 적절하지 못하다. 따라서 피해자에게 뇌물공여죄는 성립하지 않는다.

(2) 공갈죄와 사기죄

재물이나 재산상의 이익을 취득하기 위하여 공갈과 기망의 방법을 동원한 경우에 공갈죄와 사기죄의 성립 여부에 대해서는 공갈죄설, 사기죄와 공갈죄의 성립을 모두 인정하는 견해, 무엇이 중요한 수단이었는지 여하에 따라 공갈죄 또는 사기죄를 인정하거나 양자의 상상적 경합을 인정하는 견해(다수설)가 있다. 사실관계의 문제에 해당하지만 기망행위를 통하여 공포심을 갖게 하고 그로 인하여 재산상의 처분행위를 하도록 하였다면 공갈죄만을 인정하는 것이 타당하다.

(3) 공갈죄와 도박죄

공갈죄와 도박죄는 그 구성요건과 보호법익을 달리하고 있고, 공갈죄의 성립에 일반적·전형적으로 도박행위를 수반하는 것은 아니며, 도박행위가 공갈죄에 비하여 별도로 고려되지 않을 만큼 경미한 것이라고 할 수도 없으므로, 도박행위가 공갈죄의 수단이 되었다 하여 그 도박행위가 공갈죄에 흡수되어 별도의 범죄를 구성하지 않는다고 할 수 없다(대판 2014. 3. 13, 2014도212).

4. 친족 간의 공갈행위

공갈죄에는 친족 간의 범행특례규정이 적용된다(제354조). 그리고 폭력행위 등 처벌에 관한 법률(제2조 제2항)에 의하여 가중처벌되는 공갈죄의 경우 폭처법에 이를 배제하는 규정이 없으므로 폭처법 제2조 제2항 위반인 경우에도 친족 간의 범행특례규정은 적용된다.

Ⅲ. 특수공갈죄

제350조의2(특수공갈) 단체 또는 다중의 위력을 보이거나 위험한 물건을 휴대하여 제350조의 죄를 범한 자는 1년 이상 15년 이하의 징역에 처한다.

이전에 폭력행위 등 처벌에 관한 법률 제3조 제1항에 규정되어 있던 특수공갈죄를 삭제하고 동일한 내용으로 본 죄를 신설하였다.

Ⅳ. 상습공갈죄 및 미수범

제351조(상습범) 상습으로 제347조 내지 전조의 죄를 범한 자는 그 죄에 정한 형의 2분의 1까지 가중한다.

제352조(미수범) 제347조 내지 제348조의2, 제350조, 제350조의2와 제351조의 미수범은 처벌한다.

제 6 절 횡령의 죄

Ⅰ. 의의 및 보호법익

횡령죄는 타인의 재물을 보관하는 자가 위탁이라는 신임관계에 반하여 그 재물을 횡령하거나 반환을 거부하는 것을 내용으로 하는 일종의 위탁물 횡령행위이다(이와 구별되는 것이 후술하는 점유이탈물횡령죄이다). 자기가 점유하고 있는 재물을 행위객체로 하는 점에서 절도죄·공갈죄 등과 같은 재물의 이전은 필요하지 않다.

횡령죄의 보호법익은 1차적으로 소유권으로 보는 것이 통설이다. 그러나 본권 일반이 모두 보호되는 것은 아니므로 임차권이나 질권이 침해되더라도 횡령죄가 성립하지 않는다. 부차적으로 보호받는 것은 위탁관계로 볼 수 있다(이를 통해 소유권만을 보호법익으로 하는 점유이탈물횡령죄와 구별할 수 있다). 보호받는 정도에 대해서는 침해범설(김성돈, 김/서, 백형구, 배종대, 오영근, 이정원, 이형국, 정/박)과 위험범설(김/김, 손동권, 이/장/강, 임웅)이 있으나 위험범설이 타당하다(대판 2013. 2. 21, 2010도10500). 목적물을 영득한 때(실현설)가 아니라 횡령의사를 외부적으로 표출한 때에 횡령죄는 기수에 이르기 때문이다(표현설). 그러므로 횡령죄의 미수는 불능미수의 경우가 대부분일 것이지만 예외적으로 횡령의 의사표시를 중단한 경우(중지미수)에 인정할 수 있다(예: 보관 중인 물건의 매도의사를 철회하고 매매계약을 체결하지 않은 경우).

횡령행위에 의한 이득액이 5억원 이상인 경우에는 특정경제범죄가중처벌 등에 관한 법률(제3조)이 적용되어 가중된 징역형으로 처벌하며 벌금형 병과가 가능하다.

횡령의 죄에 대해서는 친족 간의 범행특례규정이 있다(제361조). 즉 직계혈족, 배우자, 동거친족, 동거가족 또는 그 배우자 간의 횡령의 죄는 그 형을 면제한다(제328조 제1항). 그리고 제328조 제1항 이외의 친족 간에 횡령의 죄를 범한 때에는 고소가 있어야 공소를 제기할 수 있으며, 이러한 신분관계가 없는 공범에 대하여는 특례규정을 적용하지 아니한다.

Ⅱ. 횡령죄

> 제355조(횡령, 배임) ① 타인의 재물을 보관하는 사가 그 재물을 횡령하거나 그 반환을 거부한 때에는 5년 이하의 징역 또는 1천 500만원 이하의 벌금에 처한다.
> 제359조(미수범) 제355조 내지 제357조의 미수범은 처벌한다.

1. 의의 및 본질

(1) 의 의

횡령죄는 자기가 점유하는 타인의 재물을 횡령하는 경우에 성립하는 죄이다. 위탁물횡령에 해당하며 다른 재산범죄와 달리 점유이전을 필요로 하지 않는 점이 특징이다. 횡령죄의 법정형이 절도죄보다 낮은 것은 이러한 점이 감안된 것이다.

(2) 본 질

횡령죄의 본질에 대해서는 월권행위설과 영득행위설이 있다. 월권행위설은 보관자가 위탁물에 대하여 권한을 초과한 행위를 함으로써 위탁에 기한 신임관계를 깨뜨렸다는 배신성에 횡령의 본질이 있다고 본다(강동범, 김종원, 정영석). 영득'의사'가 아니라 영득'행위'에 중점을 두는 견해이다. 이와 달리 영득행위설에 의하면 횡령은 위탁물의 횡령을 의미하므로 불법영득의 사를 실현하는 모든 행위가 횡령에 해당한다고 본다(통설·판례). 횡령죄의 1차적 보호법익을 소유권으로 보면 소유권을 침해할 의사로 불법영득의 의사가 있어야 한다는 점에서는 영득행위설이 타당하다. 그러나 횡령죄의 본질에서 신임관계의 위배라는 배신성 또한 제외된다고는 볼 수 없으므로 절충적 입장이 타당하다.

판례 횡령죄의 본질

• 횡령죄는 **위탁이라는 신임관계에 반하여 타인의 재물을 보관하는 자가 이를 횡령하거나 또는 반환을 거부함으로써 성립**하는 것이므로, 부동산의 등기명의자인 피고인이 그중 일부 지분을 횡령하였다고 하려면 우선 그 피해자가 그 부동산 지분의 실제 소유권자로서 피고인에게 그 지분을 명의신탁함으로써 피고인과의 사이에 위탁이라는 신임관계가 있어야 할 것이다(대판 1994. 11. 25, 93도2404).

2. 객관적 구성요건

(1) 행위주체

행위주체는 위탁관계에 의하여 타인의 재물을 보관하는 자이다. 횡령죄에서 보관은 보호대상이 아니라 신분 요소로서의 특징을 가진다(진정신분범). 보관이란 법률상·사실상의 재물 지배를 의미한다. 본 죄의 보관자는 민법상의 점유자와 다르기 때문에 민법상 점유자가 아닌 점유보조자(민법 제195조)도 위탁관계가 인정되면 횡령죄의 주체가 될 수 있다. 부동산의 보관은 동산과 달리 부동산에 대한 점유를 기준으로 할 것이 아니라 그 부동산을 제3자에게 유효하게 처분할 수 있는 권능(예: 등기명의인)의 유무를 기준으로 하여야 한다(대판 2010. 6. 24, 2009도9242; 1996. 1. 23, 95도784).

횡령죄에서 보관은 위탁관계에 의하여 재물을 점유하는 것을 뜻하므로 횡령죄가 성립하기 위해서는 그 재물의 보관자와 재물의 소유자(또는 기타의 본권자) 사이에 법률상 또는 사실상의 위탁신임관계가 존재하여야 한다(대판 2010. 6. 24, 2009도9242; 2005. 9. 9, 2003도4828). 그리고 횡령죄의 본질이 신임관계에 기초하여 위탁된 타인의 물건을 위법하게 영득하는 데 있으므로 그 위탁신임관계는 횡령죄로 보호할 만한 가치 있는 신임에 의한 것으로 한정된다. 또한 위탁관계는 사실상의 위탁관계이므로 위탁관계를 발생시킨 사법상의 계약이 유효할 것을 전제로 하는 것은 아니다.

위탁관계는 계약(사용대차, 위임, 임치, 고용 등)이나 법률의 규정(사무관리, 후견), 관습, 조리, 신의칙, 기타 사회생활상의 거래관계에 비추어서도 성립한다(대판 1987. 10. 13, 87도1778).

판례 위탁관계

① 신의칙에 의한 위탁관계

• 어떤 예금계좌에 돈이 착오로 잘못 송금되어 입금된 경우에는 그 예금주와 송금인 사이에 **신의칙상 보관관계**가 성립한다고 할 것이므로, 피고인이 송금 절차의 착오로 인하여 피고인 명의의 은행계

좌에 입금된 돈을 임의로 인출하여 소비한 행위는 횡령죄에 해당하고(대판 2006. 10. 12, 2006도3929; 2005. 10. 28, 2005도5975; 1968. 7. 24, 1966도1705), 이는 송금인과 피고인 사이에 별다른 거래관계가 없다고 하더라도 마찬가지이다(대판 2010. 12. 9, 2010도891).

② 조리에 의한 위탁관계

• 피고인이 갑과 함께 소주방에서 술을 마시다가 서로 몸싸움을 하는 과정에서 갑이 떨어뜨리고 간 휴대전화를 소주방 업주로부터 건네받아 보관하던 중 갑의 휴대전화를 임의로 사용하는 등 횡령하였다는 내용으로 기소된 사안에서, 피고인은 **조리상** 갑을 위하여 휴대전화를 보관하는 지위에 있으나, 갑의 휴대전화를 임의로 사용한 것만으로는 불법영득의사가 있었다고 단정하기 어렵다(대판 2014. 3. 13, 2012도5346).

(2) 행위객체

횡령죄의 행위객체는 자기가 보관하는 타인의 재물이다.

1) 재 물

본 죄의 재물은 기본적으로 유체물을 의미하며, 재물의 가액이 얼마인지는 문제되지 않고, 동산과 부동산을 포함한다. 관리할 수 있는 동력도 포함된다.

횡령행위의 객체와 횡령행위로 취득한 이익은 구별하여야 한다. 예를 들어 부동산의 경우 부동산 가격과 횡령으로 취득한 이익이 다를 경우 취득한 이익을 횡령액으로 보아야 한다. 이는 특경법위반(횡령)죄의 경우(제3조 제1항) 취득액(5억원 이상)을 기준으로 하여 적용하기 때문에 의미가 있다.

판례 횡령죄의 객체

① 주식의 재물성

• 상법상 주식은 자본구성의 단위 또는 주주의 지위(주주권)를 의미하고, 주주권을 표창하는 유가증권인 주권과는 구분이 되는바, 주권은 유가증권으로서 재물에 해당되므로 횡령죄의 객체가 될 수 있으나, **자본의 구성단위 또는 주주권을 의미하는 주식은 재물이 아니므로 횡령죄의 객체가 될 수 없다**(대판 2005. 2. 18, 2002도2822).

② 약속어음의 재물성

• 횡령죄 및 업무상횡령죄의 객체인 타인의 재물이라 함은 부동산, 동산은 물론 유가증권 등을 포함하는 개념인바, 약속어음의 발행인이 유통시킬 의사로 어음상에 발행인의 기명·날인까지 마쳐 어음으로서의 외관을 갖춘 경우 위와 같은 **약속어음은 횡령죄 및 업무상횡령죄의 객체인 재물에 해당**한다고 할 것이고, 한편 위와 같은 약속어음을 업무상 등의 이유로 보관하던 중 그 임무에 위배하여 제3자에게 대여하거나 할인 목적으로 사용하도록 교부하는 행위 또는 제3자가 금전을 차용하는 데 대한 담보로 제공하는 행위 등은 약속어음을 객체로 한 횡령행위에 해당될 수 있다(대판 2006. 8. 25, 2006도3631).

2) 재물의 특정성

행위객체는 특정되어야 한다. 그러므로 특정하지 않은 상태에서 위탁된 물건을 제3자에게 매각하거나, 위탁된 금전의 특정성이 인정되지 않으면 이를 일시사용하더라도 횡령죄가 성립하지 않는다(대판 1995. 10. 12, 94도2076).

3) 재물의 타인성

행위객체인 재물은 타인의 것이어야 한다. 타인의 재물인지 아닌지는 민법, 상법, 기타의 실체법에 따라 결정하여야 한다(대판 2010. 5. 13, 2009도1373; 2003. 10. 10, 2003도3516). 횡령죄의 객체가 타인의 재물에 속하는 이상 법인격 여부 등 구체적으로 누구의 소유인지는 횡령죄의 성립 여부에 영향이 없다(대판 2019. 12. 24, 2019도9773). 그러므로 서류상으로만 존재하는 자 회사 계좌를 이용하여 모 회사의 납품대금을 지급받은 경우 횡령죄가 성립한다.

용도나 목적을 정해 위탁한 금전을 임의 소비한 경우 횡령죄가 성립하는지 문제된다. 금전임치는 소비임치가 원칙이고 금전은 고도의 유통성과 대체성을 가진 것이므로 소유권이 수탁자에게 이전된 것으로 보아야 한다는 견해(배임죄설)와 용도나 목적을 정하여 위탁한 금전은 정해진 목적이나 용도에 사용할 때까지는 이에 대한 소유권이 위탁자에 유보되어 있다는 견해(횡령죄설)가 대립된다. 판례는 일관되게 횡령죄의 입장을 취하고 있다. 즉 ① 금전의 수수를 수반하는 사무처리를 위임받은 자가 그 행위에 기하여 위임자를 위하여 제3자로부터 수령한 금전은 목적이나 용도를 한정하여 위탁된 금전과 마찬가지로, 달리 특별한 사정이 없는 한 그 수령과 동시에 위임자의 소유에 속하고, 위임을 받은 자는 이를 위임자를 위하여 보관하는 관계에 있다고 본다(대판 2004. 3. 12, 2004도134). 또한 ② 타인으로부터 용도나 목적이 엄격히 제한된 자금을 위탁받아 집행하면서 그 제한된 용도 이외의 목적으로 자금을 사용한 경우 횡령죄가 성립(대판 2004. 8. 20, 2003도4732)하는 것으로 파악한다.

위탁매매의 대상 물건은 당연히 횡령죄의 객체가 되나 위탁매매 후 수령한 매각대금도 횡령죄의 객체가 되는지 논란이 있다. ① 금전의 보관이 소비임치의 의사표시가 분명한 경우처럼 타인의 재물로서의 특정성이 희박한 경우에는 배임죄가 성립한다는 견해(배임죄설)와 ② 용도나 목적이 특정된 금전으로 보거나, 위탁매매에 있어서 그 목적물은 물론 매각대금도 위탁자의 소유로 보는 것이 옳다는 견해(횡령죄설)가 대립된다. 판례는 위탁판매에 있어서는 위탁물의 소유권은 위임자에게 속하고, 그 판매대금은 다른 특약이나 특별한 사정이 없는 한 이를 수령함과 동시에 위탁자에게 귀속한다 할 것이므로 이를 사용소비한 때에는 횡령죄가 성립되는 것으로 본다(대판 1982. 2. 23, 81도2619).

4) 횡령한 부동산

횡령한 부동산이 횡령죄의 객체가 될 수 있는지가 문제된다. 대법원은 일단 '선행 처분행위'로 인하여 횡령죄가 기수에 이른 후 종국적인 법익 침해의 결과가 발생하기 전에 새로운 처분행위('후행 처분행위')가 이루어졌을 때, 그 후행 처분행위가 선행 처분행위에 의하여 발생한 위험을 현실적인 법익 침해로 완성하는 수단에 불과하거나 새로운 위험을 추가하는 것이 아니라면 그 후행 처분행위는 이른바 불가벌적 사후행위에 해당하여 새로운 횡령죄를 구성하지 않는다고 본다. 그러나 후행 처분행위가 이를 넘어서서, 선행 처분행위로 예상할 수 없는 새로운 위험을 추가함으로써 법익 침해에 대한 위험을 증가시키거나 선행 처분행위와는 무관한 방법으로 법익 침해의 결과를 발생시키는 경우라면, 이는 선행 처분행위에 의하여 이미 성립된 횡령죄에 의해 평가된 위험의 범위를 벗어나는 것이므로 특별한 사정이 없는 한 별도로 횡령죄를 구성한다고 보아야 한다는 입장이다(아래 판례 참조).

판례 **횡령죄가 기수에 이른 후 이루어진 후행 처분행위가 별도로 횡령죄를 구성하는지 여부**

• **사건개요** : 피고인은 피해자 종중으로부터 종중 소유의 토지를 명의신탁받아 보관하던 중 자신의 개인채무 변제에 사용하기 위한 돈을 차용하기 위해 이 사건 토지에 관하여 1차로 채권최고액 1,400만원의 근저당권을, 2차로 채권최고액 750만원의 근저당권을 각 설정하였고, 그 후 이 사건 토지를 공소외인에게 1억 9,300만원에 매도하였다.

판결이유 : 횡령죄는 다른 사람의 재물에 관한 소유권 등 본권을 보호법익으로 하고 법익 침해의 위험이 있으면 침해의 결과가 발생되지 아니하더라도 성립하는 위험범이다. 그리고 일단 특정한 처분행위(이를 '선행 처분행위'라 한다)로 인하여 법익 침해의 위험이 발생함으로써 횡령죄가 기수에 이른 후 종국적인 법익 침해의 결과가 발생하기 전에 새로운 처분행위(이를 '후행 처분행위'라 한다)가 이루어졌을 때, 후행 처분행위가 선행 처분행위에 의하여 발생한 위험을 현실적인 법익 침해로 완성하는 수단에 불과하거나 그 과정에서 당연히 예상될 수 있는 것으로서 새로운 위험을 추가하는 것이 아니라면 후행 처분행위에 의해 발생한 위험은 선행 처분행위에 의하여 이미 성립된 횡령죄에 의해 평가된 위험에 포함되는 것이므로 후행 처분행위는 이른바 불가벌적 사후행위에 해당한다.

그러나 후행 처분행위가 이를 넘어서서, 선행 처분행위로 예상할 수 없는 새로운 위험을 추가함으로써 법익 침해에 대한 위험을 증가시키거나 선행 처분행위와는 무관한 방법으로 법익 침해의 결과를 발생시키는 경우라면, 이는 선행 처분행위에 의하여 이미 성립된 횡령죄에 의해 평가된 위험의 범위를 벗어나는 것이므로 특별한 사정이 없는 한 별도로 횡령죄를 구성한다고 보아야 한다.

타인의 부동산을 보관 중인 자가 불법영득의사를 가지고 그 부동산에 근저당권설정등기를 경료함으로써 일단 횡령행위가 기수에 이르렀다 하더라도 그 후 같은 부동산에 별개의 근저당권을 설정하여 새로운 법익 침해의 위험을 추가함으로써 법익 침해의 위험을 증가시키거나 해당 부동산을 매각함으로써 기존의 근저당권과 관계없이 법익 침해의 결과를 발생시켰다면, 이는 당초의 근저당권 실행을 위한 임의경매에 의한 매각 등 그 근저당권으로 인해 당연히 예상될 수 있는 범위를 넘어 새로운 법익 침해의 위험을 추가시키거나 법익 침해의 결과를 발생시킨 것이므로 특별한 사정이 없는 한 **불가벌적 사후행위로 볼 수 없고, 별도로 횡령죄를 구성한다**(대판 2013. 2. 21, 2010도10500 전원합의체).

(3) 횡령행위

횡령행위는 불법영득의 의사를 실현하기 위하여 외부로 표출하는 일체의 행위를 말한다(영득행위설). 횡령행위에는 사실상의 행위(예: 소비, 은닉, 반환 거부, 타 용도 사용, 증여·매각의 의사표시 등)와 법률상의 행위(예: 매각, 대여, 질권 설정, 담보 제공, 증여 등)가 있다. 반환의 거부란 보관물에 대하여 소유자의 권리를 배제하는 의사표시를 하는 행위를 말한다. 단순히 반환을 거부하는 사실만으로는 횡령죄가 성립하는 것은 아니며 반환거부행위가 영득의사의 표출로서 횡령행위와 같다고 볼 수 있을 정도에 이르러야 한다(대판 1992. 11. 27, 92도2097).

보관자의 처분행위가 당연무효인 경우, 예를 들면 가장매매(통정허위의사표시)와 같은 경우에도 횡령행위를 인정할 수 있는가가 문제된다. 판례와 일부 학설에서는 횡령행위를 부인하여 횡령죄의 성립을 부인하나, 일부 학설에는 횡령죄의 성립을 인정한다(이/장/강). 이와 같은 경우에는 횡령행위는 인정되나 불법영득의사가 부정되어 횡령죄가 성립하지 않는다고 해석된다.

판례 반환거부의 의미 및 불법영득의사

• **사건개요**: 건설업자인 피고인 갑은 피해자 장흥군청이 남도건설 주식회사에 도급한 장흥문화회관 신축공사 중 철골공사를 하도급받았다. 그리고 철골제작에 필요한 H형강은 장흥군이 조달청으로부터 구매하는 것을 납품받아 사용하기로 하고 2003. 2.경 철골제작에 필요한 설계도면 작성을 마치고 관급재료발주서를 작성·제출하여 조달청으로부터 철골공사에 필요한 H형강 약 160t을 납품받아 보관하던 중, 피고인 갑이 공사를 제대로 이행하지 못하자 피해자 측으로부터 2003. 3.경 광주 광산구 하남공단에 있는 피고인 운영의 대신종합개발 사업장에서 보관중인 H형강의 반환을 요구받았음에도 불구하고, H형강 중 5종 25.058t(시가 12,644,137원 상당)의 반환을 거부하여 업무상 횡령죄로 기소되었다.

판결이유: 대법원은 형법 제355조 제1항에서 정하는 '반환의 거부'라고 함은 보관물에 대하여 소유자의 권리를 배제하는 의사표시를 하는 행위를 뜻하므로, 타인의 재물을 보관하는 자가 단순히 반환을 거부한 사실만으로는 횡령죄를 구성하는 것은 아니며, 반환거부의 이유 및 주관적인 의사 등을 종합하여 반환거부행위가 횡령행위와 같다고 볼 수 있을 정도이어야만 횡령죄가 성립하고, 한편 횡령죄에 있어서의 불법영득의 의사는 타인의 재물을 보관하는 자가 자기

또는 제3자의 이익을 위하여 위탁의 취지에 반하여 권한 없이 그 재물을 자기의 소유인 것 같이 처분하는 의사를 말하는 것이므로, 비록 그 반환을 거부하였다고 하더라도 그 반환거부에 정당한 사유가 있을 때에는 불법영득의 의사가 있다고 할 수 없다고 판시하여 업무상 횡령죄를 부인하였다(대판 2005. 7. 29, 2005도685).

평 가 : 이 판례는 반환 거부에 유치권과 같은 권리가 존재하는 한 불법영득의사로 반환을 거부한 것으로 볼 수 없다는 취지이다. 또한 대판 2006. 2. 10, 2003도7487도 같다.

일시사용의 의사로 위탁물을 사용하는 경우에는 소유자가 허용할 수 없는 위탁물의 가치 침해를 초래할 경우에는 영득의사의 표출로서 횡령에 해당한다고 보아야 한다. 예를 들어 퇴사 후 새 직장에서 사용할 의사로 자기가 관리하고 있는 현 직장의 비밀자료를 복사하기 위하여 회사 밖으로 가져 간 경우에는 이를 반환하여도 횡령죄를 인정하여야 한다.

(4) 기수시기

횡령죄의 기수시기에 대하여는 행위자가 불법영득의사를 외부적·객관적으로 표현함으로써 기수가 된다는 입장(표현설)과 불법영득의사가 실현되어야 기수가 된다는 입장(실현설)이 대립한다. 표현설에 의하면 횡령죄의 미수범 처벌규정(제359조)은 이론상으로는 가능하나 사실상 성립하기 어렵고 중지미수나 불능미수의 형태로만 가능하다고 이해한다. 실현설에 의하면 불법영득의사가 실현되어야 기수가 되므로 영득의사를 표현하였으나 영득의사가 실현되지 못한 경우에 미수가 성립한다. 예를 들면 자신이 보관하는 타인의 부동산을 매도하는 경우, 표현설에 의하면 부동산 매매계약을 체결하는 것으로 이미 횡령죄의 기수가 되나, 실현설에 의하면 매매계약의 체결이나 소유권이전등기의 신청은 아직 미수의 단계이며 처분으로 인한 등기의 완료로 횡령죄의 기수가 된다.

횡령죄의 미수범 처벌규정이 존재하며, 횡령죄가 재산범으로서의 성격을 가지는 한 불법영득의사가 실현되어야 기수가 된다고 보는 것이 타당하다. 판례도 "피고인이 보관하던 이 사건 수목을 함부로 제3자에 매도하는 계약을 체결하고 계약금을 수령·소비하여 이 사건 수목을 횡령하였다는 공소사실에 관하여 횡령미수죄를 인정한 조치는 정당한 것"으로 횡령죄의 기수시기에 관한 법리를 오해하는 등의 위법이 있다고 할 수 없다(대판 2012. 8. 17, 2011도9113)고 하여 실현설의 입장에 서 있다.

3. 주관적 구성요건

(1) 고의범과 불법영득의사

횡령죄의 주관적 구성요건으로는 횡령의 고의 및 불법영득의사가 있어야 한다. 이와 관련하여 횡령죄의 고의가 인정되기 위해서는 구성요건에 대한 인식 이외에 영득행위의 위법성까지도 인식하고 있어야 하는가에 대해 생각해 볼 필요가 있다. 생각건대 절도죄의 경우에는 불법영득의사가 고의와 양립하는 주관적 구성요건 요소임에 반하여 타인의 재물에 대한 점유 배제가 불필요한 횡령죄의 경우에는 불법영득의사는 고의의 한 내용을 이루는 것으로 보는 것이 타당하다. 그렇다면 횡령죄의 고의는 자기가 보관하는 타인의 재물을 불법적으로 자기 소유물처럼 영득할 의사라고 보아야 한다.

(2) 제3자를 위한 횡령과 불법영득의사

제3자에게 취득하게 할 의사로 재물을 횡령하는 경우 불법영득의사를 인정할 것인지가 문제된다. 자기와 전혀 무관한 제3자에게 취득하게 하는 경우에는 배임죄가 성립한다고 보아야 하고, 제3자에게 취득하게 하더라도 직·간접적으로 자기에게 이득이 되는 경우에는 불법영득의사가 인정되어 횡령죄가 성립한다고 보아야 한다.

판례 납입가장죄(상법 제628조 제1항)와 횡령죄 성립 여부

• 주식회사의 설립업무 또는 증자업무를 담당한 자와 주식인수인이 사전 공모하여 주금납입취급은행 이외의 제3자로부터 납입금에 해당하는 금액을 차입하여 주금을 납입하고 납입취급은행으로부터 납입금보관증명서를 교부받아 회사의 설립등기절차 또는 증자등기절차를 마친 직후 이를 인출하여 위 차용금채무의 변제에 사용하는 경우, 위와 같은 행위는 실질적으로 회사의 자본을 증가시키는 것이 아니고 등기를 위하여 납입을 가장하는 편법에 불과하여 주금의 납입 및 인출의 전 과정에서 회사의 자본금에는 실제 아무런 변동이 없다고 보아야 할 것이므로, 그들에게 회사의 돈을 임의로 유용한다는 불법영득의 의사가 있다고 보기 어렵다 할 것이고, 이러한 관점에서 상법상 납입가장죄의 성립을 인정하는 이상 회사 자본이 실질적으로 증가됨을 전제로 한 업무상횡령죄가 성립한다고 할 수는 없다(대판 2004. 6. 17, 2003도7645 전원합의체. 또한 대판 2013. 4. 11, 2012도15585). 이에 따라 횡령죄에서 불법영득의사에는 재물을 불법적으로 영득한다는 의사를 필요로 하지 않는다는 판결(대판 1982. 4. 13, 80도537)은 변경되었다.

4. 부동산 명의신탁과 횡령죄

(1) 쟁 점

부동산 명의신탁名義信託이란 부동산에 관한 소유권 기타 물권을 보유한 자 또는 사실상 취득하거나 취득하려고 하는 자(실권리자)가 타인과의 사이에서 대내적으로는 실권리자가 부동산에 관한 물권을 보유하거나 보유하기로 하고 그에 관한 등기 또는 가등기는 그 타인의 명의로 하기로 하는 약정을 말한다('부동산실권리자 등기명의에 관한 법률' 제2조 제1호. 이하 '부동산실명법'이라 한다). 이러한 명의신탁의 방법은 부동산실명법이 시행되기 전까지는 대내적인 관계에서 실권리자의 권리를 대법원도 인정하는 부동산 취득의 한 방법이었다. 이 경우 명의수탁자의 지위를 횡령죄에서의 보관자로 볼 수 있는지 여부가 문제된다.

(2) 유형별 검토

1) 2자 간 등기명의신탁

부동산소유자(명의신탁자)가 타인(명의수탁자)과 명의신탁 약정을 맺고 타인 명의로 부동산등기를 하는 경우를 말한다. 이 경우 부동산을 영득한 명의수탁자에게는 횡령죄를 인정하는 견해가 판례 · 다수설이다(김/김, 이/장/강, 백재명, "부동산명의신탁과 횡령죄", 형사판례연구(7), 374면, 백형구, 임웅, 정/박). 그 논거로는 명의수탁자는 법률상 원인 없이 부동산에 대한 이득을 취하고 있는 부당이득자의 지위에 있음을 근거로 든다. 그리고 민법규정(제748조 제2항)에 따라 명의수탁자는 악의의 수익자로서 그가 받은 이익의 전부를 반환하여야 한다는 것이다. 또한 부동산실명법에는 이 경우 명의신탁자에게 반환청구권을 인정하지 않는다는 규정도 없으므로 명의수탁자는 외관상 당해 부동산의 등기명의인으로서 타인에게 반환하여야 할 재물을 보관하는 자의 지위에 있다고 한다. 따라서 이를 타인에게 양도할 경우 횡령죄에 해당한다는 것이다(대판 1999. 10. 12, 99도3170).

판례 **부동산 명의수탁자의 임의처분과 근저당설정**

① 명의수탁자의 임의처분

• 피해자 A가 신축하여 원시 취득한 건물을 피고인 갑 명의로 신탁하여 소유권보존등기를 경료한 이후, 공동피고인 을이 명의신탁사실을 알고도 공동피고인의 횡령행위에 적극 가담하여 매매계약을 체결하고 피고인 을의 처 명의로 소유권이전등기를 경료한 사안에서, 대법원은 부동산을 소유자로부터 명의수탁받은 자가 이를 임의로 처분하였다면 명의신탁자에 대한 횡령죄가 성립하며, 그 명의신탁이 부동산실권리자명의등기에 관한 법률 시행 전에 이루어졌고 같은 법이 정한 유예기간 이내에 실명등기를 하지 아니함으로써 그 명의신탁약정 및 이에 따라 행하여진 등기에 의한 물권변동이 무효로 된 후에 처분행위가 이루어졌다고 하여 달리 볼 것이 아니라고 판시하였다(대판 2000. 2. 22, 99도5227).

② 명의수탁자의 근저당설정

• 사건개요 : 피고인이 피해자 갑으로부터 명의신탁을 받아 보관 중인 토지 9필지와 건물 1채에 갑의 승낙 없이 임의로 채권최고액 266,000,000원의 근저당권을 설정하였다. 그런데 당시 위 각 부동산 중 토지 7필지의 시가는 합계 724,379,000원, 나머지 2필지와 건물 1채의 시가는 미상인 반면 위 각 부동산에는 그 이전에 채권최고액 434,000,000원의 근저당권설정등기가 마쳐져 있었고, 이에 대하여 갑은 220,000,000원의 피담보채무를 부담하고 있었다.

판결이유 : 대법원은 수탁자의 횡령죄를 인정하면서 횡령액 기준 5억원을 초과할 경우 특경법이 적용되기 때문에 이에 대한 판단을 하였다. 즉 피고인이 근저당권설정등기를 마치는 방법으로 위 각 부동산을 횡령하여 취득한 구체적인 이득액은 위 각 부동산의 시가 상당액에서 위

범행 전에 설정된 피담보채무액을 공제한 잔액이 아니라 위 각 부동산을 담보로 제공한 피담보채무액 내지 그 채권최고액이라고 보아야 하고, 이 경우 피고인의 이득액은 5억원 미만이므로 특정경제범죄 가중처벌 등에 관한 법률 제3조 제1항을 적용할 수 없다고 하였다(대판 2013. 5. 9, 2013도2857). 결국 형법상의 횡령죄가 인정될 뿐이다.

평 가: 이 판결은 양자 간 부동산명의신탁에서 부동산을 임의처분하거나 채무를 부담한 경우 수탁자에게 횡령죄가 인정되는 것을 전제로 하고 있다. 그러나 기술한 바와 같이 이 경우 횡령죄를 인정하는 것은 부동산실명법의 정신에 비추어 타당하지 않으며, 또한 수탁자의 형사책임을 인정할 경우 재물을 행위객체로 하는 횡령죄의 구성요건에 비추어 근저당권설정행위가 재산상의 이익취득이 아닌 재물취득에 해당하는지도 의문이다.

그러나 2자 간 명의신탁의 경우 신탁자의 수탁자에 대한 반환청구권을 인정할 수 없다고 보는 불법원인급여설에 입각하여 판단하는 것이 부동산실명법의 취지에 합당하다. 만일 이 경우에 횡령죄를 인정한다면 부동산실명법에도 불구하고 부동산의 소유권은 여전히 신탁자에게 있는 것으로 인정하게 되어 동법이 추구하는 명의신탁 약정의 무효화를 통한 악용 방지라는 입법목적의 달성이 난관에 봉착하기 때문이다.

2) 3자 간 등기명의신탁(중간생략명의신탁)

이는 예를 들어 갑(명의신탁자)이 부동산을 매수하면서 을(명의수탁자)과 명의신탁 약정에 따라 부동산 소유자인 병과 부동산 매매계약을 직접 체결하고 병으로부터 매입한 부동산을 을의 명의로 등기를 한 경우를 말한다(계약체결의 당사자는 갑과 병). 만일 명의수탁자인 을이 부동산을 제3자에게 매도하고 소유권이전등기를 경료하여 준 경우에는 명의신탁자에 대한 횡령죄는 성립하지 않는다(대판 2016. 5. 19, 2014도6992 전원합의체. 아래 판례 참조). 과거 횡령죄를 인정하던 입장을 변경한 것으로서 타당하다. 부동산실명법에 따라 갑과 을의 명의신탁 약정이 무효이므로 소유권은 여전히 매도인 병에게 있다고 보아야 하기 때문이다. 한편 명의신탁자인 갑이 매도인 병과 체결한 매매계약은 유효하므로 수탁자 을 명의의 등기말소를 구하고 동시에 병을 상대로 매매계약에 기한 소유권이전등기를 청구함으로써 이 부동산을 반환받을 수 있을 것이다.

판례 중간생략등기형 명의신탁에서 횡령죄의 인정 여부

• 부동산을 매수한 명의신탁자가 자신의 명의로 소유권이전등기를 하지 아니하고 명의수탁자와 맺은 명의신탁약정에 따라 매도인으로부터 바로 명의수탁자에게 중간생략의 소유권이전등기를 마친 경우, 부동산 실권리자명의 등기에 관한 법률(이하 '부동산실명법'이라 한다) 제4조 제2항 본문에 의하여 **명의수탁자 명의의 소유권이전등기는 무효이고, 신탁부동산의 소유권은 매도인이 그대로 보유하게 된다. 따라서 명의신탁자로서는 매도인에 대한 소유권이전등기청구**

권을 가질 뿐 신탁부동산의 소유권을 가지지 아니하고, 명의수탁자 역시 명의신탁자에 대하여 직접 신탁부동산의 소유권을 이전할 의무를 부담하지는 아니하므로, 신탁부동산의 소유자도 아닌 명의신탁자에 대한 관계에서 명의수탁자가 횡령죄에서 말하는 '타인의 재물을 보관하는 자'의 지위에 있다고 볼 수는 없다. 명의신탁자가 매매계약의 당사자로서 매도인을 대위하여 신탁부동산을 이전받아 취득할 수 있는 권리 기타 법적 가능성을 가지고 있기는 하지만, 명의신탁자가 이러한 권리 등을 보유하였음을 이유로 명의신탁자를 사실상 또는 실질적 소유권자로 보아 민사상 소유권이론과 달리 횡령죄가 보호하는 신탁부동산의 소유자라고 평가할 수는 없다. 명의수탁자에 대한 관계에서 명의신탁자를 사실상 또는 실질적 소유권자라고 형법적으로 평가하는 것은 부동산실명법이 명의신탁약정을 무효로 하고 있음에도 불구하고 무효인 명의신탁약정에 따른 소유권의 상대적 귀속을 인정하는 것과 다름이 없어서 부동산실명법의 규정과 취지에 명백히 반하여 허용될 수 없다.

그리고 부동산에 관한 소유권과 그 밖의 물권을 실체적 권리관계와 일치하도록 실권리자 명의로 등기하게 함으로써 부동산등기제도를 악용한 투기·탈세·탈법행위 등 반사회적 행위를 방지하고 부동산 거래의 정상화와 부동산 가격의 안정을 도모하여 국민경제의 건전한 발전에 이바지함을 목적으로 하고 있는 부동산실명법의 입법 취지와 아울러, 명의신탁약정에 따른 명의수탁자 명의의 등기를 금지하고 이를 위반한 명의신탁자와 명의수탁자 쌍방을 형사처벌까지 하고 있는 부동산실명법의 명의신탁관계에 대한 규율 내용 및 태도 등에 비추어 볼 때, 명의신탁자와 명의수탁자 사이에 그 위탁신임관계를 근거 지우는 계약인 명의신탁약정 또는 이에 부수한 위임약정이 무효임에도 불구하고 횡령죄 성립을 위한 사무관리·관습·조리·신의칙에 기초한 위탁신임관계가 있다고 할 수는 없다. 또한 명의신탁자와 명의수탁자 사이에 존재한다고 주장될 수 있는 사실상의 위탁관계라는 것도 부동산실명법에 반하여 범죄를 구성하는 불법적인 관계에 지나지 아니할 뿐 이를 형법상 보호할 만한 가치 있는 신임에 의한 것이라고 할 수 없다.

그러므로 명의신탁자가 매수한 부동산에 관하여 … 매도인으로부터 바로 명의수탁자 명의로 소유권이전등기를 마친 이른바 중간생략등기형 명의신탁을 한 경우, 명의신탁자는 신탁부동산의 소유권을 가지지 아니하고, 명의신탁자와 명의수탁자 사이에 위탁신임관계를 인정할 수도 없다. 따라서 명의수탁자가 명의신탁자의 재물을 보관하는 자라고 할 수 없으므로, **명의수탁자가 신탁 받은 부동산을 임의로 처분하여도 명의신탁자에 대한 관계에서 횡령죄가 성립하지 아니한다**(대판 2016. 5. 19, 2014도6992 전원합의체).

• 구 농지개혁법 시행 당시 농지를 매수하여 농가 등 적법하게 농지를 매수할 자격이 있는 수탁자 앞으로 명의신탁하는 경우, 비록 그 명의신탁 시점에는 신탁자가 농지매매증명을 발급받을 수 없어 위 농지를 매수할 수 없었다고 하더라도 그 후 농지법 시행 등의 사정변경으로 인하여 신탁자가 수탁자에 대하여 위 농지에 관한 명의신탁을 해지하고 그 반환을 구할 수 있게 된 이상, 그 시점부터는 수탁자가 신탁자를 위하여 위 농지를 보관하는 자의 지위에 서게 된다.

그러나 이 사건에서는 매도인인 공소외 4, 5와 매수인인 피해자 사이의 이 사건 토지 매매계약이 위에서 본 바와 같이 채권계약으로서도 무효이므로, 농지법 시행 여부를 불문하고 피해자

는 명의신탁을 해지하고 매도인을 대위하는 등으로 피고인에 대하여 이 사건 토지의 반환을 구할 수 없다. 따라서 피고인은 애초부터 이른바 '3자간 명의신탁'에 기한 명의수탁자가 아니라 원인무효인 소유권이전등기의 명의자에 불과하여 이 사건 토지를 제3자에게 유효하게 처분할 수 있는 권능을 갖지 아니한다. 나아가 피고인이 공소외 4, 5와는 무관하게 피해자로부터 이 사건 토지를 명의신탁 받아 피고인 명의로 등기를 마친 것에 의하여 이 사건 토지의 진정한 소유자인 공소외 4, 5와 피고인 사이에 법률상 또는 사실상의 위탁신임관계가 성립하였다고 볼 수도 없다.

결국 피고인은 이 사건 토지를 보관하는 자의 지위에 있다고 할 수 없고, 피고인이 이 사건 토지를 제3자에게 매도하고 소유권이전등기를 마쳐 준 것이 공소외 4, 5나 피해자에 대하여 이 사건 토지를 횡령한 것으로 될 수 없는 것이다(대판 2010. 6. 24, 2009도9242).

3) 계약명의신탁

계약명의신탁은 신탁자가 수탁자에게 부동산의 매수를 위임하면서 명의신탁 약정을 맺고 수탁자가 형식적으로 매매계약의 당사자가 되어 매도인과 매매계약을 체결한 후 그 등기를 수탁자 자신 앞으로 이전등기를 하는 형식의 명의신탁을 말한다. 계약명의신탁에서는 신탁자와 수탁자 사이에 명의신탁 약정은 무효로 되지만, 수탁자와 부동산 매도인과의 사이에 이루어진 매매계약은 부동산실명법과 무관하게 유효하므로 수탁자로의 물권변동은 유효하다. 계약명의신탁은 두 가지 경우로 나눌 수 있다.

① 매도인이 명의신탁 약정 사실을 알고 있는 경우(악의)에는 명의수탁자로의 소유권이전등기가 무효이다(부동산실명법 제4조 제1항, 제2항 본문 참조). 그러므로 부동산소유권은 여전히 원소유자인 매도인에게 존재한다. 이 부동산을 명의수탁자가 제3자에게 매도하게 되면 명의수탁자는 명의신탁자의 사무를 처리하는 자로서 명의신탁자에 대하여 배임죄가 성립한다는 견해가 있다(장영민, 배종대, 이/장/강, 정/박). 그러나 이 경우에도 원소유자에 대해서만 이론상 횡령죄가 성립하며 명의신탁자에 대해서는 횡령죄는 물론이고 배임죄도 성립하지 않는다고 보아야 한다(박상기, "부동산 명의신탁과 횡령죄", 형사판례연구6, 1998, 266면 이하). 그러나 매도인이 수탁자에게 해당 부동산의 보관을 위탁한 것으로 보기 어렵기 때문에 위탁관계가 성립하지 않으므로 횡령죄를 인정하지 않는 것이 타당하다. 대법원은 필자의 이러한 주장과 일치하는 판결을 한 바 있다(아래 판례). 그리고 배임죄 성립도 부인하였다(대판 2012. 11. 29, 2011도7361). 이러한 결론은 부동산실명법의 취지상 불가피하며 이러한 결론이 불합리하다고 하더라도 이는 입법론적 문제일 뿐이다.

판례 계약명의신탁에서 매도인이 악의인 경우

• 명의신탁자와 명의수탁자가 이른바 계약명의신탁 약정을 맺고 명의수탁자가 당사자가 되어 명의신탁 약정이 있다는 사실을 알고 있는 소유자와 부동산에 관한 매매계약을 체결한 후 매매

계약에 따라 부동산의 소유권이전등기를 명의수탁자 명의로 마친 경우에는 부동산 실권리자명의 등기에 관한 법률 제4조 제2항 본문에 의하여 **수탁자 명의의 소유권이전등기는 무효이고 부동산의 소유권은 매도인이 그대로 보유하게 되므로**, 명의수탁자는 부동산 취득을 위한 계약의 당사자도 아닌 명의신탁자에 대한 관계에서 횡령죄에서 '타인의 재물을 보관하는 자'의 지위에 있다고 볼 수 없고, 또한 **명의수탁자가 명의신탁자에 대하여 매매대금 등을 부당이득으로 반환할 의무를 부담한다고 하더라도 이를 두고 배임죄에서 '타인의 사무를 처리하는 자'의 지위에 있다고 보기도 어렵다.** 한편 위 경우 명의수탁자는 매도인에 대하여 소유권이전등기말소의무를 부담하게 되나, 위 소유권이전등기는 처음부터 원인무효여서 명의수탁자는 매도인이 소유권에 기한 방해배제청구로 말소를 구하는 것에 대하여 상대방으로서 응할 처지에 있음에 불과하고, 그가 제3자와 한 처분행위가 부동산실명법 제4조 제3항에 따라 유효하게 될 가능성이 있다고 하더라도 이는 거래 상대방인 제3자를 보호하기 위하여 명의신탁 약정의 무효에 대한 예외를 설정한 취지일 뿐 매도인과 명의수탁자 사이에 위 처분행위를 유효하게 만드는 어떠한 신임관계가 존재함을 전제한 것이라고는 볼 수 없으므로, 말소등기의무의 존재나 명의수탁자에 의한 유효한 처분가능성을 들어 명의수탁자가 매도인에 대한 관계에서 횡령죄에서 '타인의 재물을 보관하는 자' 또는 배임죄에서 '타인의 사무를 처리하는 자'의 지위에 있다고 볼 수도 없다(대판 2012. 11. 29, 2011도7361; 2012. 12. 13, 2010도10515).

② 매도인이 명의신탁 사실을 모르는 경우(선의)에는 명의수탁자로의 소유권이전등기가 유효하다(부동산실명법 제2조 제1호, 제4호). 그러므로 명의수탁자가 이 부동산을 임의로 처분하더라도 횡령죄가 성립하지 않는다. 이 경우 명의수탁자에게 배임죄를 인정하는 견해(장영민, 배종대, 이/장/강, 임웅, 정/박, 송경호, "명의신탁된 부동산의 처분행위에 대한 형사책임", 비교형사법연구(2), 2000, 343면) 및 여전히 횡령죄를 인정하는 견해(김/김, 백재명)가 있다. 판례는 명의수탁자가 유효하게 부동산소유권을 취득한 것으로 보아 명의수탁자에게 '타인의 재물을 보관하는 자'의 지위를 부정하여 횡령죄가 성립하지 않는다고 하였으며(대판 2000. 3. 24, 98도4347), 또한 '타인의 사무를 처리하는 자'에도 해당하지 않는다고 보아 배임죄 성립도 부인하였다(아래 판례 참조).

판례 계약명의신탁에서 매도인이 선의인 경우

• 신탁자와 수탁자가 명의신탁약정을 맺고 그에 따라 수탁자가 당사자가 되어 명의신탁약정이 있다는 사실을 알지 못하는 소유자와 사이에서 부동산에 관한 매매계약을 체결한 이른바 계약명의신탁에 있어서, **수탁자는 신탁자에 대한 관계에서도 신탁 부동산의 소유권을 완전히 취득하고 단지 신탁자에 대하여 명의신탁약정의 무효로 인한 부당이득반환의무만을 부담할 뿐인바, 그와 같은 부당이득반환의무는 명의신탁약정의 무효로 인하여 수탁자가 신탁자에 대하여 부담하는 통상의 채무에 불과할 뿐 아니라, 신탁자와 수탁자 간의 명의신탁약정이 무효인 이상, 특별한 사정이 없는 한 신탁자와 수탁자 간에 명의신탁약정과 함께 이루어진 부동산 매입**

의 위임 약정 역시 무효라고 볼 것이다. 또한, 이러한 계약명의신탁의 법리는 수탁자가 신탁 부동산에 관한 등기를 이전받기 전에 소유자와 사이의 합의로 매매계약을 해제한 후 그 매매대금을 반환받았다고 하더라도 마찬가지로 적용된다고 보아야 할 것이므로, 그 수탁자가 횡령죄에 있어서의 '타인의 재물을 보관하는 자'의 지위에 있다고 볼 수는 없다(대판 2007. 3. 29, 2007도766). 대법원은 또한 수탁자가 타인의 사무를 처리하는 자의 지위에 있다고 보지 않음으로써 수탁자에 대한 **배임죄의 성립도 부인**하였다(대판 2004. 4. 27, 2003도6994).

5. 담보부소유권과 횡령

(1) 부동산 양도담보의 경우

부동산의 양도담보는 매매대금의 형식으로 금전이 수수되는 양도담보인 매도담보와 소비대차의 형식으로 금전이 수수되는 양도담보인 협의의 양도담보가 존재한다. 예컨대 채무자 갑이 금전을 차용하면서 채권자 을에게 담보로 자신의 부동산에 대하여 소유권이전등기를 하여 준 경우이다.

여기서 갑이 해당 부동산을 제3자에게 매도한 경우 종전의 통설과 판례는 신탁적 소유권이전설의 입장에서 목적물의 소유권은 채권자에게 이전되므로 채권자가 보관 중 이를 처분하여도 횡령죄를 구성하지 않지만, 채무자가 이를 처분한 때에는 횡령죄가 성립한다고 이해하였다. 그리고 환매 특약을 위반하여 채권자가 이를 매도한 경우(제3자에게 가등기, 근저당권설정 포함)에는 환매권의 침해로 배임죄가 성립하는 것으로 파악하였다.

그러나 가등기 담보 등에 관한 법률이 시행된 이후에는 양도담보나 매도담보를 불문하고 가등기담보법상의 청산기간 경과 후 청산금을 채무자에게 지급하는 때 비로소 채권자에게 소유권이 이전되므로 그 이전에는 채무자에게 소유권이 있고 채권자는 매도담보권이라는 일종의 담보물권을 취득할 뿐이라는 입장이다(담보물권설). 따라서 채무자가 이를 매도한 경우 횡령죄는 성립하지 않고, 오히려 채권자가 이를 임의로 매도한 경우 횡령죄가 성립한다.

(2) 동산 양도담보의 경우

동산 양도담보의 경우에도 매매대금의 형식으로 금전이 수수되는 양도담보(환매, 재매매예약)와 소비대차의 형식으로 금전이 수수되는 양도담보가 존재한다. 이 경우 소유권이 이전된다는 견해(신탁적 소유권 이전설; 김일수)와 가등기담보법이 유추적용된다는 견해(담보물권설; 대판 1989. 4. 11, 88도906)가 있다. 이 경우 역시 담보물권을 취득하는 것으로 보아 소유권은 여전히 채무자에게 존재한다. 따라서 채무자가 해당 동산을 채권자에게 양도담보로 제공한 경우 이를 기화로 채권자가 이를 제3자에게 매도한 경우에는 채권자에게 횡령죄가 성립한다(대판 2007. 6. 14, 2005도7880).

이에 반해 점유개정에 의해 채무자가 이를 점유하는 경우, 제3자에게 매도하는 경우 채무자에게 횡령죄와 배임죄의 죄책을 인정할 수 없다(대판 1990. 2. 13, 89도1931).

6. 불법원인급여와 횡령죄

민법상 불법원인급여(민법 제746조)란 급여의 원인이나 목적이 불법하여 급여자가 목적물에 대하여 반환을 청구할 수 없는 경우를 말한다. 민법 제746조가 불법의 원인으로 인하여 재산을 급여하거나 노무를 제공한 때에는 그 이익의 반환을 청구하지 못한다고 규정한 뜻은, 급여를 한 사람은 그 원인행위가 법률상 무효임을 내세워 상대방에게 부당이득 반환청구를 할 수 없고, 또 급여한 물건의 소유권이 자기에게 있다고 하여 소유권에 기한 반환청구도 할 수 없어서, 결국 급여한 물건의 소유권은 급여를 받은 상대방에게 귀속된다는 의미이다. 여기에서의 불법원인이라 함은 그 원인되는 행위가 선량한 풍속 기타 사회질서에 위반하는 경우를 말하는 것으로, 법률행위의 목적인 권리의무의 내용이 선량한 풍속 기타 사회질서에 위반되는 경우뿐만 아니라, 그 내용 자체는 반사회질서적인 것이 아니라고 하여도 법률적으로 이를 강제하거나 그 법률행위에 반사회질서적인 조건 또는 금전적 대가가 결부됨으로써 반사회질서적 성질을 띠게 되는 경우 및 표시되거나 상대방에게 알려진 법률행위의 동기가 반사회질서적인 경우에도 불법원인급여에 해당될 수 있다(대판 2008. 10. 9, 2007도2511). 예를 들면 도박에서 진 자가 이긴 자에게 지급하는 금전은 불법원인급여에 해당한다.

이러한 민법상의 규정과 관련하여 형사상으로도 불법원인 급여물은 반환청구를 할 수 없으므로 이를 영득하더라도 횡령죄가 성립하지 않는지 여부가 문제된다.

① 소극설은 불법원인 급여물은 반환을 청구할 수 없으므로 횡령죄가 성립하지 않는다는 견해이다. 판례는 소극설의 입장이다. 즉 급여자는 반환청구권을 상실하기 때문에 수익자는 급여자에 대하여 재물을 반환할 법률상의 의무가 없게 되어 이를 처분하더라도 횡령죄가 성립하지 않는다고 본다. 또한 소유권이 수익자에게 귀속되기 때문에 이를 타인의 재물로 볼 수 없다는 것도 논거이다.

불법원인 급여물은 법적으로 반환청구권을 상실한 재물이므로 이에 대한 횡령죄도 성립하지 않는다고 보는 소극설의 입장이 타당하다. 또한 불법원인 급여물을 영득한 경우에 횡령죄를 인정할 경우 결과적으로 불법을 용인하는 것이 되는 모순이 있음도 소극설이 타당한 이유이다.

판례 불법원인급여와 횡령죄

① 제약회사의 기부금 횡령사건

• 사건개요: 수녀인 피고인은 약국장 및 약제부장으로 근무하며 병원에 의약품을 납품하는 제약회사들로부터 약품 매출액의 5% 내지 20%에 해당하는 금원을 기부금 명목으로 교부받아 이를 병원에 입금하는 업무에 종사하던 자인데, 제약회사로부터 기부금 명목으로 교부받은 합계 1,360만원을 임의 소비하여 횡령죄로 기소되었다.

판결이유: 피고인이 병원을 대신하여 제약회사들로부터 의약품을 공급받는 대가로 그 의약품 매출액에 비례하여 기부금 명목의 금원을 제공받은 다음 병원을 위하여 보관하여 왔던 것뿐이라면, 다른 특별한 사정이 없는 한 이를 두고 선량한 풍속 기타 사회질서에 반하는 행위로서 불법원인급여에 해당한다고 보기는 어려우므로, 위 병원이 병원을 대신하여 제약회사들로부터 위와 같은 금원을 제공받아 보관하고 있던 피고인에 대해 그 반환을 구하지 못한다고 할 수는 없다. 즉 병원이 피고인에게 불법원인급여를 한 것에 해당하지 않아 여전히 반환청구권을 가지므로 횡령죄가 성립한다(대판 2008. 10. 9, 2007도2511).

② 화대 횡령사건

• 사건개요: 피고인은 피해자 등 5명의 윤락녀를 두고 그들이 받은 화대에서 상당한 이득을 취하는 것을 영업으로 하던 자이다. 피해자는 혼인하여 남편과 두 아들이 있음에도 남편이 알코올중독으로 생활능력이 없어 가족의 생계를 위하여 다방 종업원으로 근무하고 있었다. 피고인은 피해자에게 자신의 업소에서 윤락행위를 해 줄 것을 적극적으로 권유하여 윤락행위에 이르게 되었다. 그리고 피고인은 처인 공소외 1과 공모하여, 피고인 경영의 윤락업소에서, 피해자와 사이에 피해자가 손님을 상대로 윤락행위를 하고 그 대가로 받은 화대를 절반씩 분배하기로 약정한 다음, 피해자가 피고인의 업소에 찾아온 손님들을 상대로 윤락행위를 하고서 받은 화대 합계 2천 7백만원을 보관하던 중 그 중 절반인 1천 3백 5십만원을 피해자에게 반환하지 아니하고 피고인과 공소외 1의 생활비 등으로 임의로 소비하였다.

판결이유: 민법 제746조에 의하면, 불법의 원인으로 인한 급여가 있고, 그 불법원인이 급여자에게 있는 경우에는 수익자에게 불법원인이 있는지 여부, 수익자의 불법원인의 정도, 그 불법성이 급여자의 그것보다 큰지 여부를 막론하고 급여자는 불법원인급여의 반환을 구할 수 없는 것이 원칙이나, 수익자의 불법성이 급여자의 그것보다 현저히 큰 데 반하여 급여자의 불법성은 미약한 경우에도 급여자의 반환청구가 허용되지 않는다면 공평에 반하고 신의성실의 원칙에도 어긋나므로, 이러한 경우에는 민법 제746조 본문의 적용이 배제되어 급여자의 반환청구는 허용된다고 해석함이 상당하다(대판 1999. 9. 17, 98도2036).

평 가: 이 판결은 불법원인 급여의 경우 반환청구를 인정하지 않는다는 원칙을 인정하면서(횡령죄 부인) 그럼에도 불구하고 수익자의 불법성이 급여자의 불법원인에 비해 현저히 큰 경우에는 반환청구를 인정한다는 것이다.

③ 범죄수익 횡령사건

• 피고인 갑 등이 금융다단계 사기 범행을 통하여 취득한 범죄수익인 무기명 양도성예금증서 7장을 을로부터 건네받아 현금으로 교환한 후 임의로 소비하였다고 하여 특정경제범죄 가중처

벌 등에 관한 법률 위반(횡령)으로 기소된 사안에서, 피고인이 을로부터 범죄수익 등의 은닉을 위해 교부받은 무기명 양도성예금증서는 불법의 원인으로 급여한 물건에 해당하여 소유권이 피고인에게 귀속되므로, 피고인이 무기명 양도성예금증서를 교환한 현금을 임의로 소비하였더라도 횡령죄가 성립하지 않는다고 보았다(대판 2017. 10. 26, 2017도9254).

② 적극설에서는 소유권의 귀속문제와 범죄의 성립 여부는 형법의 독자적 목적에 비추어 판단하여야 하며, 민법상 불법원인 급여가 보호받지 못하더라도 급여자가 소유권을 상실하는 것은 아니므로 점유자의 입장에서는 여전히 타인의 재물에 해당하여 이를 영득하면 횡령죄를 구성하고, 위탁관계는 신임관계를 기초로 하는데 불법원인 급여의 경우에도 신임관계는 존재한다는 것을 그 이유로 든다.

③ 절충설에는 불법원인 급여의 경우에 수급자의 처분행위가 횡령행위에 해당하지 않지만 불법원인 위탁물의 경우에는 평화 상태의 교란이라는 결과 불법과 행위 불법이 인정되므로 횡령죄의 불능미수에 해당한다는 견해, 불법원인 급여물에 대한 소유권이 급여자에게 남아 있고 다만 재물이나 금전의 보관을 위탁한 것에 지나지 않을 때에는 수급자로서는 타인의 재물을 점유한 것이 되므로 횡령죄가 성립할 수 있다는 견해가 있다.

그러나 불법원인 급여의 경우에는 급여자가 소유권에 기한 반환청구를 할 수 없어서 결국 급여한 물건의 소유권이 수급자에게 귀속된다는 의미이므로 급여물의 소유권이 급여자에게 남아 있고 단순히 보관 위탁을 한 경우를 상정하는 것은 의미가 없다고 보아야 한다. 또한 평화 상태를 교란하여 결과 불법과 행위 불법을 인정한다고 하지만 이는 오히려 불법원인행위가 선행하는 결과 불법과 행위 불법에 해당하여 이미 적법한 평화 상태가 교란된 점을 간과한 주장이다.

7. 친족 간의 범행특례

위탁자가 소유자를 위해 보관하고 있는 물건을 위탁자로부터 보관받아 이를 횡령한 경우에 친족 간의 범행에 관한 특례규정(형법 제361조, 제328조 제2항)은 횡령 범인과 피해 물건의 소유자 및 위탁자 쌍방 사이에 특례규정이 정한 친족관계가 있는 경우에만 적용되고, 단지 횡령 범인과 피해 물건의 소유자 간에만 친족관계가 있거나 횡령 범인과 피해 물건의 위탁자 간에만 친족관계가 있는 경우에는 적용되지 않는다(대판 2008. 7. 24, 2008도3438).

8. 죄수 및 다른 범죄와의 관계

(1) 죄 수

횡령죄의 죄수는 위탁관계의 수를 기준으로 판단하여야 한다. 따라서 단일행위로 수인으로부터 위탁받은 재물을 횡령한 때에는 상상적 경합이 되지만 1인으로부터 위탁받아 보관 중인 재물의 소유자가 수인이더라도 단일의 횡령죄가 성립한다. 횡령한 재물은 다시 횡령죄의 객체가 되지 않는다(불가벌적 사후행위). 다만 판례는 부동산의 경우 선행의 횡령행위를 넘어 새로운 법익 침해나 법익 침해의 위험을 추가시킨 경우에는 별도의 횡령죄를 인정한다(대판 2013. 2. 21, 2010도10500 전원합의체).

(2) 장물죄와의 관계

장물의 보관을 위탁받은 자가 이를 횡령한 경우에는 장물보관죄 이외에 횡령죄는 별도로 성립하지 않는다고 보아야 한다(불가벌적 사후행위: 대판 2004. 4. 9, 2003도8219). 반면에 장물 매각을 알선한 후에 매각 대금을 횡령한 경우에는 장물알선죄와 횡령죄의 경합범을 인정하여야 한다.

횡령행위에 의하여 영득된 장물을 취득하는 경우에 장물취득죄에 해당하는지 아니면 횡령죄의 공범인지가 문제된다. 만일 횡령행위와 장물취득이 동시에 일어난 경우에는 횡령죄의 공범을 인정하는 것이 타당하다. 그러나 횡령행위가 있은 다음에 장물을 취득하는 경우에는 장물취득죄를 인정하는 것이 타당하다. 본 범인 횡령죄의 기수 이전에 장물죄는 성립하지 않는다고 보아야 하기 때문이다.

(3) 사기죄와의 관계

횡령행위가 이미 끝난 자신의 횡령행위를 은폐하기 위하여 재물의 소유자를 기망하여 재물을 취득한 때에는 사기죄는 별도로 성립하지 않고(불가벌적 사후행위) 횡령죄가 성립한다. 마찬가지로 기망행위를 통하여 자신이 점유하는 재물을 영득한 때에는 횡령죄만이 성립한다. 사기죄는 타인의 점유지배하에 있는 재물 등을 피기망자의 처분행위에 의하여 취득하는 죄이기 때문이다.

(4) 기타 범죄와의 관계

타인의 재물을 보관하는 자가 보관하고 있는 재물을 영득할 의사로 은닉하였다면 이는 횡령죄를 구성하는 것이고 채권자들의 강제집행을 면탈하는 결과를 가져온다 하여 이와 별도로 강제집행면탈죄를 구성하는 것은 아니다(대판 2000. 9. 8, 2000도1447). 그리고 타인으로부터 금원을 차용하여 주금을 가장납입한 후 이를 인출하여 차용금 변제에 사용한 경우 상법상 주금가장납입죄와 별도로 횡령죄는 성립하지 아니한다(대판 2003. 8. 22, 2003도2807).

Ⅲ. 업무상 횡령죄

> **제356조(업무상의 횡령과 배임)** 업무상의 임무에 위배하여 제355조의 죄를 범한 자는 10년 이하의 징역 또는 3천만원 이하의 벌금에 처한다.
> **제359조(미수범)** 제355조 내지 제357조의 미수범은 처벌한다.

1. 의 의

업무상 횡령죄는 위탁물에 대한 횡령죄에 비해 책임이 가중된 구성요건으로서 업무상의 위탁관계에 기하여 자기가 점유하는 타인의 재물을 횡령한 경우에 성립한다.

2. 업무상의 점유자

본 죄의 행위주체는 범죄 구성적 요소인 타인의 재물을 보관하는 자의 지위(진정신분범)와 형벌가중적 요소인 업무상 관리자라는 지위(부진정 신분범)를 가져야 하는 중첩적 신분범이다. 업무란 사회생활상의 지위에 기하여 반복·계속적으로 행하는 사무를 말한다. 업무상 횡령죄에서 업무는 위탁받은 재물을 점유·보관하는 것을 내용으로 하는 사무를 말한다. 예를 들면 금전보관을 위탁받은 자나 물건보관을 위탁받은 창고업자 등이다.

3. 공 범

본 죄는 신분범죄이므로 타인의 재물을 보관하지 않는 비신분자가 신분자인 업무상 보관자와 공동으로 횡령죄를 실현시킨 경우에 본 죄에 해당하는지 여부가 문제된다. 제33조(공범과 신분)는 "신분관계로 인하여 성립될 범죄에 가공한 행위는 신분관계가 없는 자에게도 전 3조의 규정을 적용한다. 단 신분관계로 인하여 형의 경중이 있는 경우에는 중한 형으로 벌하지 아니한다"고 규정하고 있다. 이에 따라 비신분자에게는 단순 횡령죄의 공범 성립을 인정하고, 신분자에게는 업무상 횡령죄를 인정하는 것이 타당하다(다수설. 이와 달리 제33조를 진정·부진정 신분범을 포함하는 것으로 해석하는 판례·소수설을 따르면 비신분범에게도 업무상 횡령죄를 인정하되 과형은 단순횡령죄로 처리하게 된다). 그리고 비업무상 보관자가 업무상 보관자와 본 죄를 범한 경우에는 비업무자는 제33조 본문에 의하여 업무상 횡령죄의 공동정범이나 방조범 또는 교사범에 해당하지만 단서 규정에 의하여 단순 횡령죄의 공범으로 처벌된다.

Ⅳ. 점유이탈물횡령죄

제360조(점유이탈물횡령) ① 유실물, 표류물 또는 타인의 점유를 이탈한 재물을 횡령한 자는 1년 이하의 징역이나 300만원 이하의 벌금 또는 과료에 처한다.
② 매장물을 횡령한 자도 전항의 형과 같다.

1. 의 의

유실물·표류물 기타 타인의 점유를 이탈한 재물(제1항)이나 매장물(제2항)을 횡령함으로써 성립하는 죄이다. 소유권을 보호법익으로 한다.

2. 행위객체

유실물·표류물·매장물 등 소유자나 점유자의 점유를 이탈한 재물이다. 유실물·표류물 등은 예시에 해당한다. 타인의 점유를 이탈한 재물이란 타인의 소유나 점유에 속하였으나 그 의사에 반하여 점유를 떠난 상태의 물건을 말한다. 유실물이란 분실한 물건을 말한다. 착오로 인하여 점유한 물건, 타인이 놓고 간 물건이나 일실한 가축도 유실물에 포함된다(준유실물)(유실물법 제12조). 표류물은 강이나 바다에 떠다니는 물건을 말한다. 매장물이란 토지나 바다 밑, 건조물 내에 묻혀 있는 물건을 말한다(유실물법 적용). 고분 안의 부장품은 그 예이다.

판례 **유 실 물**

• 승객이 놓고 내린 지하철의 전동차 바닥이나 선반 위에 있던 물건을 가지고 간 경우, 지하철의 승무원은 유실물법상 전동차의 관수자로서 승객이 잊고 내린 유실물을 교부받을 권능을 가질 뿐 전동차 안에 있는 승객의 물건을 점유한다고 할 수 없고, 그 유실물을 현실적으로 발견하지 않는 한 이에 대한 점유를 개시하였다고 할 수도 없으므로, 그 사이에 위와 같은 유실물을 발견하고 가져간 행위는 점유이탈물횡령죄에 해당함은 별론으로 하고 절도죄에 해당하지는 않는다(대판 1999. 11. 26, 99도3963).

• 고속버스 운전사는 고속버스의 관수자로서 차내에 있는 승객의 물건을 점유하는 것이 아니고 승객이 잊고 내린 유실물을 교부받을 권능을 가질 뿐이므로 유실물을 현실적으로 발견하지 않는 한 이에 대한 점유를 개시하였다고 할 수 없고, 그 사이에 다른 승객이 유실물을 발견하고 이를 가져 갔다면 절도에 해당하지 아니하고 점유이탈물횡령에 해당한다(대판 1993. 3. 16, 92도3170).

무주물은 점유이탈물에 포함되지 않는다. 무주의 동산을 소유의사로 점유한 자는 그 소유권을 취득하며(민법 252조 제1항), 부동산은 국유로 하기 때문이다(동조 제2항). 야생동물은 무주물에 해당하며, 사양하는 야생동물도 다시 야생상태로 돌아가면 무주물로 한다(동조 제3항).

제 7 절 배임의 죄

Ⅰ. 서 론

1. 의의 및 보호법익

배임죄는 타인의 사무처리를 위임받은 자가 자기 또는 제3자의 이익을 위하거나 본인에게 손해를 가할 의사를 가지고 그 임무에 위배되는 행위를 하여 본인에게 재산상의 손해 또는 손해 발생의 위험을 초래하는 범죄이다.

본 죄의 보호법익은 재산이다. 보호 정도에 대해서는 '본인에게 손해를 가한 때'라는 법문 규정 및 배신설의 범위를 제한할 필요성을 이유로 주장되는 침해범설(다수설), 위험범설(판례)이 있다. 배임죄의 성격상 침해범설을 따르게 되면 배임행위의 범죄성이 간과될 위험성이 있으며, 위험범설 가운데 추상적 위험범설을 취하게 되면 재산죄적 성격이 희석되고 신임관계를 해치는 범죄로 변질될 가능성이 있다. 그러므로 배임죄는 구체적 위험범이라고 보는 것이 타당하다. 배임죄에 대해서는 친족 간의 범행특례규정이 있다(제361조).

2. 본 질

(1) 권한남용설

배임죄의 범죄적 성격은 본인으로부터 부여받은 법적 대리권을 남용하여 재산을 침해하는 범죄로 파악하는 견해이다. 권한남용설에서는 법률상 재산상의 처분권한이 있는 자가 그 권한을 남용하여 법률행위를 하는 경우만을 배임행위로 한정하고 사실행위는 제외하는 점에서 처벌 범위의 명확성이라는 장점과 함께 처벌 범위의 한정이라는 문제점을 내포하고 있다.

(2) 배신설

배신설은 행위자(사무처리자)가 본인(사무처리위탁자)과의 사이에 존재하는 신임관계를 위배하여 재산을 침해하는 범죄로 파악하는 학설이다(통설·판례). 신임관계를 위배하는 행위에는 법률행위뿐만 아니라 사실행위도 포함한다. 그러므로 법적 대리권이 없는 자도 배임죄의 주체가 될 수 있다. 배신설에 따르면 횡령죄와 배임죄는 행위주체의 배신성이라는 점에서는 일치하고 다만 행위객체가 재물과 재산상의 이익으로 다를 뿐이다.

배임죄는 권한 남용의 경우만으로 제한하여 인정하는 것보다는 신임관계를 위배하여 타인의 재산에 손해를 입히는 것도 포함하여 이해하는 것이 타당하다. 또한 현실적으로 신임관계에 따른 사무처리자였다면 사무처리의 근거도 반드시 법적 대리권에 기초한 것으로 제한할 필요도 없다. 그리고 만일 권한남용설에 의한다면 배임행위로 인한 손해 발생에도 불구하고 대리권에 의하지 않았다고 하여 처벌이 불가능한 경우도 발생할 수 있다. 그러므로 배임죄는 배신설에 의하여 본질을 파악하는 것이 타당하다.

판례 **배임죄의 본질**

• 배임죄의 주체로서 '타인의 사무를 처리하는 자'란 타인과의 대내관계에 있어서 신의성실의 원칙에 비추어 그 사무를 처리할 신임관계가 존재한다고 인정되는 자를 의미하고, 반드시 제3자에 대한 대외관계에서 그 사무에 관한 대리권이 존재할 것을 요하지 않으며, 업무상 배임죄에 있어서의 업무의 근거는 법령, 계약, 관습의 어느 것에 의하건 묻지 않고, 사실상의 것도 포함한다(대판 2003. 1. 10, 2002도758).

3. 특정경제범죄 가중처벌 등에 관한 법률상의 배임죄

제3조(특정재산범죄의 가중처벌) ① 형법 제347조(사기), 제350조(공갈), 제351조(제347조 및 제350조의 상습범만 해당한다), 제355조(횡령 · 배임) 또는 제356조(업무상의 횡령과 배임)의 죄를 범한 사람은 그 범죄행위로 인하여 취득하거나 제3자로 하여금 취득하게 한 재물 또는 재산상 이익의 가액(이하 이 조에서 "이득액"이라 한다)이 5억원 이상일 때에는 다음 각 호의 구분에 따라 가중처벌한다.

1. 이득액이 50억원 이상일 때: 무기 또는 5년 이상의 징역
2. 이득액이 5억원 이상 50억원 미만일 때: 3년 이상의 유기징역

② 제1항의 경우 이득액 이하에 상당하는 벌금을 병과할 수 있다.

배임죄로 인하여 취득한 이득액이 5억원을 초과한 경우에는 형법이 아니라 특경법이 적용된다. 이득액은 실질적인 이득액을 의미하며, 단순일죄의 이득액이나 혹은 포괄일죄가 성립되는 경우에는 이득액의 합산액을 의미한다(대판 2011. 8. 18, 2009도7813). 그러나 경합범의 경우에는 이득액을 합한 금액을 기준으로 특경법 적용 여부를 판단하지 않는다(대판 2011. 2. 24, 2010도13801). 그 결과 경합범에 해당하는 것이 피고인에게 불리할 수 있다. 공범자의 경우에는 공범자 전원의 이득액을 합산한 금액을 기준으로 한다(대판 1991. 10. 8, 91도1911).

Ⅱ. 배임죄

제355조(횡령, 배임) ② 타인의 사무를 처리하는 자가 그 임무에 위배하는 행위로써 재산상의 이익을 취득하거나 제3자로 하여금 이를 취득하게 하여 본인에게 손해를 가한 때에도 전항의 형과 같다.
제359조(미수범) 제355조 내지 제357조의 미수범은 처벌한다.

1. 의 의

배임죄는 타인의 사무를 처리하는 자가 그 임무에 위배하는 행위로써 재산상 이익을 취득하거나 제3자로 하여금 이를 취득하게 하여 본인에게 손해를 가함으로써 성립하는 범죄이다.

2. 객관적 구성요건

(1) 행위주체

배임죄의 행위주체는 타인의 사무를 처리하는 자연인이다(진정신분범). 판례에 의하면 타인과의 내부적인 관계에서 신의성실의 원칙에 비추어 타인의 사무를 처리할 신임관계에 있게 되어 그 관계에 기하여 타인의 재산적 이익 등을 보호·관리하는 것이 신임관계의 전형적·본질적 내용이 되는 지위에 있는 사람을 말한다(대판 2012. 5. 10, 2010도3532). 그리고 타인을 위한 사무로서의 성질이 부수적·주변적인 의미를 넘어서 중요한 내용을 이루는 경우에는 여기서 말하는 타인의 사무를 처리하는 자에 해당한다. 법인은 범죄 능력이 없기 때문에 배임죄의 행위주체가 될 수 없으며 자연인인 법인의 대표기관이 타인의 사무를 처리하는 자, 즉 배임죄의 주체가 된다. 그리고 친족 간의 배임행위에 대해서는 특례규정이 있다(제361조).

금전채권채무 관계에서 채무자, 동산매매계약에서 매도인은 타인의 사무를 처리하는 자가 아니다. 즉 채권자가 채무자의 급부이행에 대한 신뢰를 바탕으로 금전을 대여하고 채무자의 성실한 급부이행에 의해 채권의 만족이라는 이익을 얻게 된다 하더라도, 채권자가 채무자에 대한 신임을 기초로 그의 재산을 보호 또는 관리하는 임무를 부여하였다고 할 수 없고, 금전채무의 이행은 어디까지나 채무자가 자신의 급부의무의 이행으로서 행하는 것이다. 그러므로 이를 두고 채권자의 사무를 맡아 처리하는 것으로 볼 수 없다. 따라서 채무자를 채권자에 대한 관계에서 '타인의 사무를 처리하는 자'에 해당한다고 할 수 없다(대판 2020. 1. 22, 2020도6258). 이에 따라 매매계약의 경우(민법 제563조), 쌍방이 그 계약의 내용에 좇은 이행을 하여야 할 채무는 특별한 사정이 없는 한 '자기의 사무'에 해당하는 것이 원칙이다. 또한 동산 매매계약에서의 매도인은 매도인이 목적물을 타에 처분하였다 하더라도 형법상 배임죄가 성립하지 않는다(대판 2011. 1. 20, 2008도10479 전원합의체 참조).

1) 타인의 사무

배임죄의 주체가 되기 위해서는 사무처리를 위탁한 자로부터 처리가 위탁된 사무가 있어야 한다. 즉 자기의 사무가 아니라 타인(본인)의 사무를 처리하는 자일 것이 필요하다. 그 사무가 타인의 사무가 아니고 자기의 사무이거나 단순히 타인에 대하여 채무를 부담함에 불과한 경우라면 본인의 사무로 인정될지언정 타인의 사무를 처리하는 자에 해당한다고 할 수는 없다(대판 2008. 6. 26, 2007도7060). 대표이사의 신주발행 관련 업무 역시 회사의 업무로서 타인의 사무가 아니다.

그러나 사무가 오로지 타인의 재산을 보호할 사무일 때에만 타인의 사무가 되는 것은 아니다. 타인의 재산을 보호할 사무임과 동시에 자기의 사무로서의 성질을 가지고 있는 때에도 타인을 위한 사무가 본질적 내용을 이룰 때에는 타인의 사무를 처리하는 자에 해당하게 된다. 부동산의 이중매매와 이중저당의 경우에 매도인 또는 저당권설정자가 타인의 사무를 처리하는 자가 되어 배임죄의 죄책을 지게 되는 이유도 여기에 있다.

이에 반하여 기계 등 동산을 양도담보로 제공한 채무자가 그 동산을 계속 점유하던 중 이를 제3자에게 처분하더라도 채권자에 대한 배임죄에 해당하지 않는다는 것이 판례의 변경된 입장이다(대판 2020. 2. 20, 2019도9756. 아래 참조). 채무자가 동산을 채권자에게 양도담보로 제공함으로써 채권자인 양도담보권자에 대해 담보물의 담보 가치를 유지·보전할 의무 내지 담보물을 다른 사람 등에게 처분하거나 멸실·훼손하는 등 담보권 실행에 지장을 초래하는 행위를 하지 않을 의무를 부담하게 됐더라도, 채무자를 진정신분범인 배임죄의 주체, 즉 '타인의 사무를 처리하는 자'에 해당한다고 볼 수 없다는 것이 그 이유이다.

판례 **'타인'의 사무처리: 동산양도담보와 배임죄**

• 채무자가 금전채무를 담보하기 위하여 그 소유의 동산을 채권자에게 양도담보로 제공함으로써 채권자인 양도담보권자에 대하여 담보물의 담보가치를 유지·보전할 의무 내지 담보물을 타에 처분하거나 멸실, 훼손하는 등으로 담보권 실행에 지장을 초래하는 행위를 하지 않을 의무를 부담하게 되었더라도, 이를 들어 채무자가 통상의 계약에서의 이익대립관계를 넘어서 채권자와의 신임관계에 기초하여 채권자의 사무를 맡아 처리하는 것으로 볼 수 없다. 따라서 채무자를 배임죄의 주체인 '타인의 사무를 처리하는 자'에 해당한다고 할 수 없고, 그가 담보물을 제3자에게 처분하는 등으로 담보가치를 감소 또는 상실시켜 채권자의 담보권 실행이나 이를 통한 채권실현에 위험을 초래하더라도 배임죄가 성립한다고 할 수 없다.

위와 같은 법리는, 채무자가 동산에 관하여 양도담보설정계약을 체결하여 이를 채권자에게 양도할 의무가 있음에도 제3자에게 처분한 경우에도 적용되고, 주식에 관하여 양도담보설정계약을 체결한 채무자가 제3자에게 해당 주식을 처분한 사안에도 마찬가지로 적용된다.

따라서 갑 주식회사를 운영하는 피고인이 을 은행으로부터 대출을 받으면서 대출금을 완납할 때까지 갑 회사 소유의 동산을 점유개정 방식으로 양도담보로 제공하기로 하는 계약을 체결하였음에도 담보목적물인 동산을 병 등에게 매각함으로써 을 은행에 대출금 상당의 손해를 가하였다고 하여 배임의 공소사실로 기소된 사안에서, 위 양도담보계약에서 갑 회사와 을 은행 간 당사자 관계의 전형적·본질적 내용은 대출금 채무의 변제와 이를 위한 담보에 있고, 갑 회사를 통상의 계약에서의 이익대립관계를 넘어서 을 은행과의 신임관계에 기초하여 을 은행의 사무를 맡아 처리하는 것으로 볼 수 없는 이상 갑 회사를 운영하는 피고인을 을 은행에 대한 관계에서 '타인의 사무를 처리하는 자'에 해당한다고 할 수 없다는 이유로, 이와 달리 보아 공소사실을 유죄로 판단한 원심판결에 법리오해의 위법이 있다(대판 2020. 2. 20, 2019도9756 전원합의체).

2) 사무의 내용 및 근거

사무 내용과 관련해서는 재산상의 사무에 한정하여야 하는지 여부가 문제된다. 이에 대하여는 ① 형법은 사무의 내용에 대하여 아무런 제한도 가하지 않고 있고, 배임죄의 재산죄로서의 성질은 본인에게 재산상의 손해를 가함으로 충분하다는 점에서 여기의 사무는 재산상의 사무임을 요하지 않는다는 견해와 ② 반드시 재산상의 사무일 것을 요하지는 않아도, 형법이 재산상의 이익을 취득하거나 취득하게 하는 것으로 규정하고 있으므로 적어도 그것이 재산적인 이해관계를 가지는 사무임을 요한다는 견해가 있다. 배임죄는 횡령죄와 그 본질을 같이 하는 재산죄일 뿐만 아니라 이를 재산상의 사무에 제한함으로써 배임죄의 부당한 확대 적용을 막을 수 있다는 점에서 본 죄의 사무를 재산상의 사무에 국한한다고 보는 견해가 타당하다(통설). 판례 역시 타인의 사무를 처리하는 자란 타인의 재산 관리에 관한 사무의 전부 또는 일부를 대행하는 경우와 타인의 재산 보존에 협력하는 경우를 말한다(대판 2003. 9. 26, 2003도763)고 하여 후자의 견해에 동의하고 있다. 그러므로 예를 들어 치료를 맡은 의사가 임무를 게을리하거나 환자의 비밀을 누설한 경우에는 업무상 비밀누설죄 등 별도의 죄가 성립하고 배임죄는 성립하지 않는다.

사무처리의 근거는 법령, 계약이나 관습, 사무관리, 사실상의 신임관계이다. 따라서 대리권이 소멸된 후에 그 사무를 처리하거나 사무처리자가 그 직에 해임된 후에 사무를 처리한 경우에도 여기의 타인의 사무를 처리하는 자에 해당한다. 사무처리의 근거가 된 법률행위가 무효인 때에는 본 죄의 성립을 인정할 수 없다는 견해도 있으나 이 경우에도 사실상의 신임관계가 존재한다고 해석하는 것이 타당하다.

판례 '타인의 사무를 처리하는 자'의 의미

• 배임죄에 있어서 '타인의 사무를 처리하는 자'라 함은 타인과의 내부적인 관계에서 신의성실의 원칙에 비추어 **타인의 사무를 처리할 신임관계에 있게 되어 그 관계에 기하여 타인의 재산적 이익 등을 보호·관리하는 것이 신임관계의 전형적·본질적 내용이 되는 지위에 있는 사람**을 말한다. 그러나 그 사무의 처리가 오로지 타인의 이익을 보호·관리하는 것만을 내용으로 하여야 할 필요는 없고, **자신의 이익을 도모하는 성질도 아울러 가진다고 하더라도 타인을 위한 사무로서의 성질이 부수적·주변적인 의미를 넘어서 중요한 내용을 이루는 경우에는 여기서 말하는 '타인의 사무를 처리하는 자'에 해당**한다. 따라서 위임 등 계약에 기하여 위임인 등으로부터 맡겨진 사무를 처리하는 것이 약정된 보수 등을 얻기 위한 것이라고 하더라도, 또는 매매 등 계약에 기하여 일정한 단계에 이르러 타인에게 소유권등기를 이전하는 것이 대금 등을 얻고 자신의 거래를 완성하기 위한 것이라고 하더라도, 그 사무를 처리하는 이는 상대방과의 신임관계에서 그의 재산적 이익을 보호·관리하여야 할 지위에 있다고 할 것이다(대판 2012. 5. 10, 2010도3532).

(2) 배임행위

배임행위란 타인의 사무를 처리하는 자가 임무에 위배되는 행위를 하는 것이다. 배임행위는 법률행위(위임, 고용 등)뿐만 아니라 사실행위도 포함한다. 임무에 위배되는 행위의 구체적 내용은 배임죄의 본질과의 관련성 속에서 파악하여야 한다. 타인으로부터 사무처리를 위임받은 자는 성실한 사무처리자일 것이 법적으로 기대되는데 이에 반하는 행위를 하는 것이 배임행위라고 할 수 있다. 배임행위의 예로는 금융기관 임·직원의 불량 대출, 기업의 분식결산, 부동산의 이중매매 등이 있다.

사무처리와 관련하여 피해자가 동의한 경우에는 통상 배임죄가 성립하지 않지만 경우에 따라서는 배임죄가 성립할 수도 있다. 예를 들면 대주주의 승낙과 이사회의 결의를 거쳤더라도 이사는 회사를 위하여 성실한 직무 수행을 할 의무가 있으므로 그 결의 내용이 주주 또는 회사 채권자를 해하는 불법한 목적이 있음에도 불구하고 이에 맹종한 경우에는 배임죄에 해당한다(대판 2000. 5. 26, 99도2781). 한편 선물거래先物去來나 주식매매와 같은 모험 거래의 경우에는 비록 본인이 이러한 거래방법을 승낙하거나 동의하였더라도 이러한 동의나 승낙이 아니라 사무처리자가 임무에 위배되는 행위를 하였는지 여부에 따라 배임행위성 여부가 결정된다.

(3) 재산상의 손해 발생과 이득의 취득

배임행위로 인하여 본인에게 재산상의 손해가 발생하여야 한다. 즉 배임행위와 재산상의 손해 발생 간에는 인과관계가 있어야 한다.

배임죄에서 재산상의 손해 발생에는 현실적인 손해뿐만 아니라 손해 발생의 위험성까지도 포함한다고 해석하고 있다(판례·통설). 그런데 재산상의 손해 발생의 위험성이 단순히 잠재적 위험성으로서 현실적인 손해가 발생할 가능성 자체가 불확실한 경우까지도 포함하는지 아니면 현재 손해가 발생한 상태는 아니지만 언제든지 손해 발생의 현실적 가능성이 있는 경우만을 의미하는지가 문제될 수 있다. 이는 배임죄의 보호법익과 관련하여서도 판단하여야 할 문제이다. 즉 배임죄의 보호법익을 손해 발생의 잠재적 가능성까지를 포함하는 넓은 의미로 해석할 것인지 아니면 구체적인 재산 범죄로서 실질적인 손해 발생의 위험성을 방지하는 것을 보호법익으로 할 것인지가 판단의 기준이다. 이는 또한 배임죄의 재산 개념을 경제적 관점에서만 파악할 것인지 여부와도 관련성이 있다. 경제적 관점에서만 파악한다면 재산상의 손해 발생이란 임무에 위배되는 행위로 인하여 현재 발생하지는 않았지만 장래 어느 시점에서도 현실적으로 손해가 발생할 가능성이 있는 경우로 제한하는 것이 타당하다.

판례 재산상 손해 발생과 배임죄

• 자동차에 대하여 저당권이 설정되는 경우 자동차의 교환가치는 그 저당권에 포섭되고, 저당권설정자가 자동차를 매도하여 그 소유자가 달라지더라도 저당권에는 영향이 없으므로, 특별한 사정이 없는 한 저당권설정자가 단순히 그 저당권의 목적물인 자동차를 다른 사람에게 매도한 것만으로는 배임죄가 성립하지 아니한다(대판 2008. 8. 21, 2008도3651).

• 배임죄가 성립하기 위해서는 행위자의 임무위배행위로 인하여 본인에게 재산상 손해가 발생 또는 발생할 염려가 있어야 한다는 입장이다. 이에 따라 회사가 행한 대출의 실질이 자금 이동 없는 서류상의 채무자 변경에 불과하고 실질적인 담보력에 변화가 없어 이로 인하여 대출채권을 회수하지 못할 위험이 발생하였거나 발생할 염려가 생긴 것이 아니라면 그 대출행위는 배임죄를 구성하지 않는다고 판시하였다(대판 2007. 6. 1, 2006도1813).

재산상의 손해 발생이란 총체적 의미에서 재산적 가치의 감소를 말한다. 손해의 산정방법은 법률적 재산 개념, 경제적 재산 개념, 법률적·경제적 재산 개념에 따라 다르다. 판례는 경제적 재산 개념에 입각하고 있다. 즉 판례는 업무상 배임죄에 있어 재산상 손해의 유무에 대한 판단은 법률적 판단에 의하지 아니하고 경제적 관점에서 파악한다(대판 2007. 3. 15, 2004도5742)(위 제4절 사기죄 중 재산개념 참조).

판례 '재산상 손해'의 유무

• 재산상 손해의 유무에 대한 판단은 본인의 전 재산 상태와의 관계에서 법률적 판단에 의하지 아니하고 **경제적 관점에서 파악**하여야 하므로, 법률적 판단에 의하여 당해 배임행위가 무효라 하더라도 경제적 관점에서 파악하여 배임행위로 인하여 본인에게 현실적인 손해를 가하였

거나 재산상 실해 발생의 위험을 초래한 경우에는 재산상의 손해를 가한 때에 해당되어 배임죄를 구성한다. 이러한 법리는 최초 배임행위가 법률적 관점에서 무효라고 하더라도 그 후 타인의 사무를 처리하는 자가 계속적으로 배임행위에 관여하여 본인에게 현실적인 손해를 가한 경우에도 마찬가지이다(대판 2013. 4. 11, 2012도15890).

• 배임죄나 업무상 배임죄에서 '재산상의 손해를 가한 때'라 함은 현실적인 손해를 가한 경우뿐만 아니라 재산상 실해 발생의 위험을 초래한 경우도 포함되고, 재산상 손해의 유무에 대한 판단은 법률적 판단에 의하지 아니하고 **경제적 관점에서 파악**하여야 하지만, 여기서 재산상의 손해를 가한다 함은 총체적으로 보아 본인의 재산상태에 손해를 가하는 경우, 즉 본인의 **전체적 재산가치의 감소**를 가져오는 것을 말하므로 재산상의 손실을 야기한 임무위배행위가 동시에 그 손실을 보상할 만한 재산상의 이익을 준 경우, 예컨대 그 배임행위로 인한 급부와 반대급부가 상응하고 다른 재산상 손해(현실적인 손해 또는 재산상 실해발생의 위험)도 없는 때에는 전체적 재산가치의 감소, 즉 재산상의 손해가 있다고 할 수 없다(대판 2007. 6. 15, 2005도4338).

재산상의 손해는 현실적 손해뿐만 아니라 손해 발생의 위험을 초래한 경우도 포함한다(대판 2007. 11. 15, 2007도6075; 2000. 11. 10, 99도5463). 즉 배임죄의 손해액은 구체적으로 확정될 것을 요하지 않는다(대판 1983. 12. 27, 83도2602). 또한 장래 손해 발생이 예상되는 경우도 포함한다(대판 2006. 6. 2, 2004도7112). 판례는 "배임죄에 있어 재산상의 손해를 가한 때라 함은 현실적인 손해를 가한 경우뿐만 아니라 재산상 실해 발생의 위험을 초래한 경우도 포함되고, 재산상 손해의 유무에 대한 판단은 본인의 전 재산상태와의 관계에서 법률적 판단에 의하지 아니하고 경제적 관점에서 파악하여야 하며, 따라서 법률적 판단에 의하여 당해 배임행위가 무효라 하더라도 경제적 관점에서 파악하여 배임행위로 인하여 본인에게 현실적인 손해를 가하였거나 재산상 실해 발생의 위험을 초래한 경우에는 재산상의 손해를 가한 때에 해당한다고 할 것이고, 일단 손해의 위험성을 발생시킨 이상 사후에 담보를 취득하였거나 피해가 회복되었다 하여도 배임죄의 성립에 영향을 주는 것은 아니다"고 본다(대판 2004. 3. 26, 2003도7878). 그리고 배임죄는 구체적 위험범에 해당하므로 재산상의 손해 발생의 위험성이 일시적으로 발생하였더라도 이를 회복·복구할 수 있다면 배임죄의 손해 발생을 인정할 수 없다. 그러므로 전산조작행위가 있더라도 다른 수단에 의한 복구 등이 가능한 경우에 회사의 외상대금채권행사가 사실상 불가능한 것은 아니므로 회사에 재산상 실해 발생의 위험성이 생기는 것은 아니어서 배임죄는 성립하지 않는다(대판 2006. 7. 27, 2006도3145).

판례 배임죄에서 재산상의 손해를 가한 때의 의미

• A농장의 조합규약이 부동산의 처분에 관하여 이사회의 의결을 거치도록 한 것은 대표자가 임의로 부동산을 처분하지 못하도록 견제하기 위한 것인데 이사회가 그러한 기능을 다하지 못하고 대표자의 배임적인 부동산 처분행위를 승인했다고 하더라도, 피고인이 A농장에 대한 신임관계를 저버리고 임무에 위배한 처분행위를 한 이상 배임죄의 성립에는 아무런 영향이 없다. 또한 소외 1 및 B 명의의 소유권이전등기가 모두 명의신탁 약정에 의한 것으로서 「부동산 실권리자명의 등기에 관한 법률」에 위반되어 법률상 무효라고 하더라도, 경제적 관점에서 보면 피고인의 처분행위로 인하여 피해자인 A농장에게 재산상 실해 발생의 위험이 초래되지 않았다고 할 수 없다고 하여 업무상 배임죄를 인정하였다(대판 2014. 2. 13, 2011도16763).

• 동부그룹 소속 갑 회사가 골프장 건설 사업을 진행 중인 비상장회사 을의 주식 전부를 보유하고 을 회사를 위하여 수백억원의 채무보증을 한 상태에서 갑 회사의 대표이사와 이사들이 을 회사의 주식 전부를 주당 1원으로 계산하여 그룹 회장인 위 대표이사와 그룹 계열사에 매도한 사안에서, 대법원은 당시 을 회사의 채무상태는 부채가 자산을 근소하게 초과하고 있었다 하더라도 회원권이 분양되기 전에는 수입을 기대할 수 없는 골프장 사업의 특성상 이는 당연한 것이고 향후 골프장 사업계획을 실행하여 수익을 내고 기업의 가치도 상승할 가능성이 충분하므로, 을 회사 주식을 매도한 행위는 갑 회사에 대하여 주식의 내재된 가치를 포기하면서 신용위험만을 부담시키는 것으로서 "갑 회사에 주식의 적정한 거래가격과 매도가격의 차액 상당에 해당하는 손해를 가한 배임행위"에 해당한다고 판시하였다(대판 2008. 5. 15, 2005도7911).

배임행위로 인하여 배임행위자 본인이나 제3자가 재산상의 이익을 취득하여야 성립한다. 즉 업무상 배임죄는 본인에게 재산상의 손해를 가하는 외에 배임행위로 인하여 행위자 스스로 재산상의 이익을 취득하거나 제3자로 하여금 재산상의 이익을 취득하게 하여야 한다. 그러므로 본인에게 손해를 가하였다고 할지라도 행위자 또는 제3자가 재산상 이익을 취득한 사실이 없다면 배임죄가 성립할 수 없다(대판 2007. 7. 26, 2005도6439).

여기서 재산상의 이익이란 모든 재산적 가치의 증가를 의미하며, 적극적 이익이든 소극적 이익이든 묻지 아니한다. 다만 재산적 이익을 취득할 것을 요하므로 사회적 지위 또는 신분상의 이익과 같이 재산상의 이익이라고 볼 수 없으면 이익을 취득하였다고 할 수 없다. 그러나 반드시 행위자가 스스로 이익을 취득할 것을 요하는 것이 아니라 제3자로 하여금 이를 취득케 하는 경우도 포함한다. 제3자라 함은 자기와 본인 이외의 모든 사람을 말한다.

판례 재산상 이익을 취득하지 않은 경우 배임죄의 성립 여부(소극)

• **사건개요** : 피고인(피해자 회사의 영업팀장)이 회사의 체인점 점주들로부터 할인판매 등에 따른 누적된 손실금액의 보전을 요청받고 체인점 점주들이 요구하는 매출할인 금액이 정당한지 여부를 확인하지도 않은 채 회사가 운영하는 전산망에 입력된 해당 체인점들의 전매출고,

전매입고 금액 중 전매입고 금액만을 전산조작을 통하여 일방적으로 삭제함으로써 전산상으로 회사의 해당 체인점들에 대한 외상대금채권이 줄어든 것으로 처리하였다.

판결이유 : 대법원은 배임죄는 본인에게 재산상의 손해를 가하는 외에 배임행위로 인하여 행위자 스스로 또는 제3자로 하여금 재산상의 이익을 취득할 것을 요건으로 하므로, 본인에게 손해를 가하였다고 할지라도 재산상 이익을 행위자 또는 제3자가 취득한 사실이 없다면 배임죄가 성립하지 않는다고 보았다. 이에 따라 피고인의 전산조작행위로 인하여 회사의 체인점들에 대한 외상대금채권 행사가 사실상 불가능해지거나 또는 현저히 곤란해진 것이 아니라면, 해당 체인점의 점주들이 그에 상응하는 재산상 이익을 취득하였다고 보기도 어려울 것이라고 하여 배임죄의 성립을 부정하였다(대판 2006. 7. 27, 2006도3145).

(4) 이득액 산정

이득액 산정의 기준시점은 범죄의 기수시점이다. 이득액이란 거기에 열거된 범죄행위로 인하여 취득하거나 제3자로 하여금 취득하게 한 불법영득의 대상이 된 재물이나 재산상 이익의 가액의 합계인 것이지 궁극적으로 그와 같은 이득을 실현한 것인지, 거기에 어떠한 조건이나 부담이 붙었는지 여부는 영향이 없다(대판 1990. 10. 16, 90도1815).

배임죄에서 이득액 산정은 배임죄의 위험범적 성격에 따라 실제 발생한 손해뿐만 아니라 손해 발생의 위험액까지지도 포함시킨다. 그 결과 금융기관의 불량 대출의 경우 대출금 회수불능으로 인한 손해 발생의 위험이 있는 대출금 전액이 이득액이 된다. 약속어음을 선할인하여 지급한 경우에는 공제한 금액이 아니라 만기일에 상환될 어음의 액면금액 전부가 이득액이 된다(대판 2004. 7. 22, 2003도3524).

판례 이득액 산정

① 부동산 이중매매

• 배임행위로 얻은 재산상 이익의 일정한 액수 자체를 가중적 구성요건으로 규정하고 있는 특정경제범죄 가중처벌 등에 관한 법률 제3조 제1항의 적용을 전제로 하여 이중매매 대상이 된 부동산 가액을 산정하는 경우, 부동산에 아무런 부담이 없는 때에는 부동산 시가 상당액이 곧 가액이라고 볼 것이지만, 부동산에 근저당권설정등기가 경료되어 있거나 압류 또는 가압류 등이 이루어진 때에는 특별한 사정이 없는 한 아무런 부담이 없는 상태의 부동산 시가 상당액에서 근저당권의 채권최고액 범위 내에서 피담보채권액, 압류에 걸린 집행채권액, 가압류에 걸린 청구금액 범위 내에서 피보전채권액 등을 뺀 실제 교환가치를 부동산 가액으로 보아야 한다(대판 2011. 6. 30, 2011도1651). 또한 대판 2010. 2. 11, 2009도12627.

② 외상거래

• 배임죄는 현실적인 재산상 손해액이 확정될 필요까지는 없고 단지 재산상 권리의 실행을 불가능하게 할 염려 있는 상태 또는 손해발생의 위험이 있는 경우에 바로 성립되는 위태범이므로

피고인이 그 업무상 임무에 위배하여 부당한 외상 거래행위를 함으로써 업무상 배임죄가 성립하는 경우, 담보물의 가치를 초과하여 외상거래한 금액이나 실제로 회수가 불가능하게 된 외상거래 금액만이 아니라 재산상 권리의 실행이 불가능하게 될 염려가 있거나 손해 발생의 위험이 있는 외상거래대금 전액을 그 손해액으로 보아야 하고, 그것을 제3자가 취득한 경우에는 그 전액을 특정경제범죄가중처벌등에관한법률 제3조에 규정된 제3자로 하여금 취득하게 한 재산상 이익의 가액에 해당하는 것으로 보아야 할 것이다(대판 2000. 4. 11, 99도334).

③ 부실대출

• 부실대출에 의한 업무상 배임죄가 성립하는 경우에는 담보물의 가치를 초과하여 대출한 금액이나 실제로 회수가 불가능하게 된 금액만을 손해액으로 볼 것은 아니고, 재산상 권리의 실행이 불가능하게 될 염려가 있거나 손해발생의 위험이 있는 대출금 전액을 손해액으로 보아야 하며, 그것을 제3자가 취득한 경우에는 그 전액을 특정경제범죄가중처벌등에관한법률 제3조에서 규정한 제3자로 하여금 취득하게 한 재산상의 가액에 해당하는 것으로 보아야 한다(대판 2000. 3. 24, 2000도28).

3. 주관적 구성요건

배임죄의 고의는 타인의 사무를 처리하는 자가 본인에게 재산상의 손해를 가한다는 의사와 자기 또는 제3자가 재산상 이익을 취득한다는 의사가 임무에 위배된다는 인식과 결합하여 성립한다. 그러나 판례는 본인에게 손해를 가한다는 의사는 필요하지 않다는 입장(대판 1983. 12. 13, 83도2330 전원합의체)과 본인에게 손해를 가한다는 의사가 필요하다는 입장(대판 2008. 5. 15, 2005도7911)이 공존하고 있다(아래 판례 참조). 그리고 불법이득의사가 있어야 한다(판례·통설). 판례는 불법이득의사를 초과 주관적 구성요건 요소로서가 아니라 고의의 내용으로 파악하고 있다.

판례 업무상 배임죄의 고의

• **업무상 배임죄의 고의**는 업무상 타인의 사무를 처리하는 자가 본인에게 재산상의 손해를 가한다는 의사와 자기 또는 제3자의 재산상의 이득의 의사가 임무에 위배된다는 인식과 결합되어 성립되는 것이며, 이와 같은 업무상 배임죄의 주관적 요소로 되는 사실(고의, 동기 등의 내심적 사실)은 피고인이 본인의 이익을 위하여 문제가 된 행위를 하였다고 주장하면서 범의를 부인하고 있는 경우에는 사물의 성질상 고의와 상당한 관련성이 있는 간접사실을 증명하는 방법에 의하여 입증할 수밖에 없고, 무엇이 상당한 관련성이 있는 간접사실에 해당할 것인가는 정상적인 경험칙에 바탕을 두고 치밀한 관찰력이나 분석력에 의하여 사실의 연결상태를 합리적으로 판단하는 방법에 의하여야 하며, 피고인이 본인의 이익을 위한다는 의사도 가지고 있었다 하더라도 위와 같은 간접사실에 의하여 본인의 이익을 위한다는 의사는 부수적일 뿐이고 이득 또는 가해의 의사가 주된 것임이 판명되면 업무상 배임죄의 고의가 있었다고 할 것이다.

또한, 이른바 **경영상의 판단**과 관련하여 기업의 경영자에게 배임의 고의가 있었는지 여부를 판단함에 있어서도 일반적인 업무상 배임죄에 있어서 고의의 입증방법과 마찬가지의 법리가 적용되어야 함은 물론이지만, **기업 경영에 내재된 속성**을 고려하여 문제된 경영상의 판단에 이르게 된 경위와 동기, 판단 대상인 사업의 내용, 기업이 처한 경제적 상황, 손실발생의 개연성과 이익획득의 개연성 등 제반 사정에 비추어 **자기 또는 제3자가 재산상 이익을 취득한다는 인식과 본인에게 손해를 가한다는 인식(미필적 인식을 포함)하의 의도적 행위임이 인정되는 경우**에 한하여 배임죄의 고의를 인정하는 엄격한 해석기준은 유지되어야 할 것이고, 그러한 인식이 없는데 단순히 본인에게 손해가 발생하였다는 결과만으로 책임을 묻거나 주의의무를 소홀히 한 과실이 있다는 이유로 책임을 물을 수는 없다(대판 2009. 2. 26, 2008도522).

• 업무상 배임죄의 고의는 업무상 타인의 사무를 처리하는 자가 본인에게 재산상 손해를 가한다는 의사와 자기 또는 제3자가 재산상 이익을 얻게 된다고 하는 의사가 임무에 위배된다는 인식과 결합되어 성립한다(대판 2008. 5. 15, 2005도7911).

4. 미수범

배임죄는 임무에 위배되는 행위를 개시한 때에 본 죄의 실행에 착수한 것이고, 본인에게 손해를 가한 때에 기수에 이른다(대판 1987. 4. 28, 83도1568). 그러므로 배임행위를 하였으나 이익을 취득하지 못하였거나 재산상의 손해 발생이 없는 때에는 미수에 해당한다.

판례 대표이사의 대표권 남용과 배임죄의 기수

• 주식회사의 대표이사가 대표권을 남용하는 등 그 임무에 위배하여 회사 명의로 의무를 부담하는 행위를 하더라도 일단 회사의 행위로서 유효하고, 다만 상대방이 대표이사의 진의를 알았거나 알 수 있었을 때에는 회사에 대하여 무효가 된다. 따라서 상대방이 대표권남용 사실을 알았거나 알 수 있었던 경우 그 의무부담행위는 원칙적으로 회사에 대하여 효력이 없고, 경제적 관점에서 보아도 이러한 사실만으로는 회사에 현실적인 손해가 발생하였다거나 실해 발생의 위험이 초래되었다고 평가하기 어려우므로, 달리 그 의무부담행위로 인하여 실제로 채무의 이행이 이루어졌다거나 회사가 민법상 불법행위책임을 부담하게 되었다는 등의 사정이 없는 이상 배임죄의 기수에 이른 것은 아니다. 그러나 이 경우에도 대표이사로서는 배임의 범의로 임무위배행위를 함으로써 실행에 착수한 것이므로 배임죄의 미수범이 된다. 그리고 상대방이 대표권남용 사실을 알지 못하였다는 등의 사정이 있어 그 의무부담행위가 회사에 대하여 유효한 경우에는 회사의 채무가 발생하고 회사는 그 채무를 이행할 의무를 부담하므로, 이러한 채무의 발생은 그 자체로 현실적인 손해 또는 재산상 실해 발생의 위험이라고 할 것이어서 그 채무가 현실적으로 이행되기 전이라도 배임죄의 기수에 이르렀다고 보아야 한다.

따라서 주식회사의 대표이사가 대표권을 남용하는 등 그 임무에 위배하여 약속어음 발행을 한 행위가 배임죄에 해당하는지도 원칙적으로 위에서 살펴본 의무부담행위와 마찬가지로 보아야 한다. 다만 약속어음 발행의 경우 어음법상 발행인은 종전의 소지인에 대한 인적 관계로 인한 항변으로써 소지인에게 대항하지 못하므로(어음법 제17조, 제77조), 어음발행이 무효라 하더라도 그 어음이 실제로 제3자에게 유통되었다면 회사로서는 어음채무를 부담할 위험이 구체적·현실적으로 발생하였다고 보아야 하고, 따라서 그 어음채무가 실제로 이행되기 전이라도 배임죄의 기수범이 된다. 그러나 약속어음 발행이 무효일 뿐만 아니라 그 어음이 유통되지도 않았다면 회사는 어음발행의 상대방에게 어음채무를 부담하지 않기 때문에 특별한 사정이 없는 한 회사에 현실적으로 손해가 발생하였다거나 실해 발생의 위험이 발생하였다고도 볼 수 없으므로, 이때에는 배임죄의 기수범이 아니라 배임미수죄로 처벌하여야 한다(대판 2017. 7. 20, 2014도1104 전원합의체).

5. 관련문제

(1) 부동산의 이중매매와 배임죄

민법이 부동산 물권변동에 관하여 의사주의가 아니라 등기하여야 물권변동의 효력이 발생하는 형식주의(제186조)에 기반하고 있기 때문에 등기 이전 단계까지 부동산은 매도인에게 남아 있게 된다. 부동산의 이중매매란 매도인이 선매수인(제1매수인)에게 자기의 부동산을 매도한 다음 이 부동산에 대한 소유권이전등기를 해주지 않은 상태에서 이를 다시 제2매수인에게 매도하고 후매수인(제2매수인)에게 소유권이전등기를 해 준 경우를 말한다. 이 경우 매도인이 선매수인에 대한 관계에서 배임죄의 죄책을 지는지 여부 및 후매수인이 매도인의 이중매매를 알거나 또는 매도인과의 모의하에 부동산을 매수하였다면 배임죄의 공범으로 처벌할 수 있는지 여부가 문제된다.

① 매도인의 배임죄 성립 여부와 관련해서는 매매대금의 지불단계에 따라 나누어 판단할 수 있다. 먼저 계약금만을 수령한 단계에서는 매도인은 선매수인에 대하여 자기의 사무를 처리하는 자에 불과하고 민법도 계약해지를 규정하고 있으므로(제565조 제1항) 이중매도하더라도 형사책임을 물을 수 없다. 다음으로 중도금을 수령한 단계에서는 매도인은 선매수인에 대하여 타인의 사무, 즉 부동산 소유권 이전등기 절차를 이행하여야 할 법률상의 의무를 부담한다. 그러므로 후매수인에 대한 이중매도행위는 배임행위에 해당한다. 매도인이 잔금까지 수령한 단계에서는 매도인은 선매수인에게 소유권 이전등기를 하여 주어야 할 타인의 사무처리자의 지위에 서게 되므로 이중으로 매도한 경우 선매수인에 대하여 배임죄가 성립한다(아래 판례 참조). 이 경우 실행의 착수는 매도인이 제2매수인으로부터 계약금뿐만 아니라 중도금을 수령하여야 인정되고(대판 2010. 4. 29, 2009도14427; 2003. 3. 25, 2002도7134), 기수시점은 후매수인에게 소유권이전등기를 완료한 때이다(통설·판례). 다른 한편 만일 매도인이 선매수인에게 소유권 이전등기를 해주었다면 후매수인에 대한 배임죄의 성립 여부가 문제된다.

그러나 이 경우에는 선매수인에게 소유권 이전의무를 이행한 것이 후매수인에 대하여 배임행위를 한 것이라고 할 수 없다(대판 2009. 2. 26, 2008도11722).

판례 부동산 이중매매와 배임죄

• 부동산 매매계약에서 계약금만 지급된 단계에서는 어느 당사자나 계약금을 포기하거나 그 배액을 상환함으로써 자유롭게 계약의 구속력에서 벗어날 수 있다. 그러나 중도금이 지급되는 등 계약이 본격적으로 이행되는 단계에 이른 때에는 계약이 취소되거나 해제되지 않는 한 매도인은 매수인에게 부동산의 소유권을 이전해 줄 의무에서 벗어날 수 없다. 따라서 이러한 단계에 이른 때에 매도인은 매수인에 대하여 매수인의 재산보전에 협력하여 재산적 이익을 보호·관리할 신임관계에 있게 된다. 그때부터 매도인은 배임죄에서 말하는 '타인의 사무를 처리하는 자'에 해당한다고 보아야 한다. 그러한 지위에 있는 매도인이 매수인에게 계약 내용에 따라 부동산의 소유권을 이전해 주기 전에 그 부동산을 제3자에게 처분하고 제3자 앞으로 그 처분에 따른 등기를 마쳐 준 행위는 매수인의 부동산 취득 또는 보전에 지장을 초래하는 행위이다. 이는 매수인과의 신임관계를 저버리는 행위로서 배임죄가 성립한다(대판 2018. 5. 17, 2017도4027 전원합의체).

② 후매수인이 악의인 경우 단순히 이중매매라는 사실을 알고 있는 것만으로는 형사책임을 물을 수 없으나 매도인과 공모하여 부동산을 매수한 경우에는 배임죄의 공범이 될 수 있다고 보는 것이 타당하다(대판 1983. 7. 12, 82도180)(김/서, 오영근, 이형국, 임웅, 정/박).

(2) 부동산의 이중저당과 배임죄

부동산의 이중저당이란 갑이 을로부터 돈을 차용하고 1번 저당권을 설정하기로 약정하였으나 아직 등기가 경료되지 않았음을 이용하여, 병에게 다시 금전을 차용하고 저당권설정등기를 경료한 경우를 말한다.

이중저당의 경우에 저당권설정자의 형사책임에 관하여는 사기죄가 성립한다는 견해와 배임죄가 성립한다는 견해가 대립되고 있다.

사기죄의 성립을 인정하는 견해는 사기죄에 있어서 피기망자와 재산상의 피해자는 반드시 일치할 것을 요하지 아니하므로, 갑이 병에게 저당권설정 계약 사실을 고지하지 아니하여 착오에 빠뜨린 기망행위가 있고 그 결과 을에게 손해를 가하여 재산상의 이익을 취득한 이상 사기죄가 성립한다고 본다. 그러나 사기죄에 있어서 기망행위라 함은 사람을 착오에 빠뜨리는 모든 행위를 총칭하는 것이 아니라 그것이 거래에 있어서 신의측에 반하는 정도에 이를 것을 요하므로 병이 유효하게 저당권을 취득한 이상 갑은 병을 기망하였다고 할 수 없을 뿐만 아니라, 피기망자와 피해자가 일치하지 않는 경우에도 사기죄가 성립하기 위하여는 피기망자가 피해자의 재산을 처분할 수 있는 법적 권한 내지 사실상의 지위에 있음을 요한다고 보아야 함에도 불구하고 병은 을의 재산을 처분할 수 있는 지위에 있다고 할 수 없다. 따라서 사기죄의 성립은 부정하여야 할 것이다.

다른 한편 이중저당이 배임죄를 구성한다고 하기 위하여는 갑이 을의 저당권설정등기에 협력해야 할 의무가 타인의 사무이고, 따라서 갑을 '타인의 사무를 처리하는 자'라고 볼 수 있어야 한다. 이전의 판례는 이중저당의 경우 '타인의 사무처리자'가 인정되는 것이므로 임무에 위배하는 행위나 손해의 발생을 인정하는 데에 커다란 어려움이 없이 배임죄의 성립을 인정하였다(대판 2019. 11. 28, 2019도13730; 2014. 8. 21, 2014도3363 전원합의체).

그러나 최근 대법원은 피고인이 갑으로부터 18억원을 차용하면서 담보로 피고인 소유의 아파트에 갑 명의의 4순위 근저당권을 설정해 주기로 약정하였음에도 제3자에게 채권최고액을 12억원으로 하는 4순위 근저당권을 설정하여 줌으로써 12억원 상당의 재산상 이익을 취득하고 갑에게 같은 금액 상당의 손해를 가하였다고 하여 특정경제범죄 가중처벌 등에 관한 법률 위반(배임)으로 기소된 사안에서, 피고인이 갑에 대한 관계에서 '타인의 사무를 처리하는 자'에 해당하지 않는다고 하여 배임죄의 성립을 부정하여, 판례의 입장을 변경하였다.

판례 **부동산의 이중저당 · 양도담보설정**

• 채무자가 저당권설정계약에 따라 채권자에 대하여 부담하는 저당권을 설정할 의무는 계약에 따라 부담하게 된 채무자 자신의 의무이다. 채무자가 위와 같은 의무를 이행하는 것은 채무자 자신의 사무에 해당할 뿐이므로, 채무자를 채권자에 대한 관계에서 '타인의 사무를 처리하는 자'라고 할 수 없다. 따라서 채무자가 제3자에게 먼저 담보물에 관한 저당권을 설정하거나 담보물을 양도하는 등으로 담보가치를 감소 또는 상실시켜 채권자의 채권실현에 위험을 초래하더라도 배임죄가 성립한다고 할 수 없다. 그리고 위와 같은 법리는, 채무자가 금전채무에 대한 담보로 부동산에 관하여 양도담보설정계약을 체결하고 이에 따라 채권자에게 소유권이전등기를 해 줄 의무가 있음에도 제3자에게 그 부동산을 처분한 경우에도 적용된다(대판 2020. 6. 18, 2019도14340 전원합의체).

(3) 대물변제 예약과 배임죄

채무자가 대물변제 예약에 따라 부동산에 관한 소유권을 채권자에게 이전하여 주기로 하고 이를 위반하여 해당 부동산을 제3자에게 매도한 경우 채무자에게 배임죄의 성립 여부가 문제된다. 대물변제 예약의 궁극적 목적은 차용금반환채무의 이행 확보에 있고, 채무자가 대물변제 예약에 따라 부동산에 관한 소유권이전등기절차를 이행할 의무는 궁극적 목적을 달성하기 위해 채무자에게 요구되는 부수적 내용이어서 이를 가지고 배임죄에서 말하는 신임관계에 기초하여 채권자의 재산을 보호 또는 관리하여야 하는 '타인의 사무'에 해당한다고 볼 수 없다. 따라서 배임죄의 성립은 부정된다(아래 판례 참조).

판례 대물변제 예약과 배임죄

• 채무자가 대물변제 예약에 따라 부동산에 관한 소유권을 채권자에게 이전해 주기로 하였으나 후일 이 부동산을 상속받자 제3자에게 매도한 경우에 채권자에 대한 배임죄 성립을 부인하였다. 다수견해가 제시한 이유는 대물변제 예약에서 약정의 내용에 좇은 이행을 하여야 할 채무는 특별한 사정이 없는 한 '자기의 사무'에 해당하며, 또한 대물변제 예약의 궁극적 목적은 차용금반환채무의 이행 확보에 있고, 채무자가 대물변제 예약에 따라 부동산에 관한 소유권이전등기절차를 이행할 의무는 궁극적 목적을 달성하기 위해 채무자에게 요구되는 부수적 내용이어서 이를 배임죄에서 말하는 신임관계에 기초하여 채권자의 재산을 보호 또는 관리하여야 하는 '타인의 사무'에 해당한다고 볼 수는 없다(대판 2014. 8. 21, 2014도3363 전원합의체).

(4) 동산의 이중매매와 배임죄

매도인이 매수인으로부터 중도금을 수령한 이후에 매매 목적물인 동산을 제3자에게 양도하는 행위가 배임죄에 해당하는지 여부가 문제된다.

판례는 매매의 목적물이 동산일 경우 동산 매매계약에서의 매도인은 매수인에 대하여 그의 사무를 처리하는 지위에 있지 아니하므로, 매도인이 목적물을 매수인에게 인도하지 않고 이를 처분하였다 하더라도 형법상 배임죄가 성립하지 않는다는 입장이다(아래 판례). 매매와 같이 당사자 일방이 재산권을 상대방에게 이전할 것을 약정하고 상대방이 그 대금을 지급할 것을 약정함으로써 그 효력이 생기는 계약의 경우(민법 제563조), 쌍방이 그 계약의 내용에 좇은 이행을 하여야 할 채무는 특별한 사정이 없는 한 '자기의 사무'에 해당하는 것으로 본다. 그러므로 매도인은 매수인에게 계약에 정한 바에 따라 그 목적물인 동산을 인도함으로써 계약의 이행을 완료하게 되고 그때 매수인은 매매목적물에 대한 권리를 취득하게 되는 것이므로, 매도인에게 자기의 사무인 동산 인도채무 외에 별도로 매수인의 재산의 보호 내지 관리행위에 협력할 의무가 없다는 것이다.

판례 동산 이중매매와 배임죄

• 피고인이 인쇄기를 공소외 1에게 135,000,000원에 양도하기로 하여 그로부터 1, 2차 계약금 및 중도금 명목으로 합계 43,610,082원 상당의 원단을 제공받아 이를 수령하였음에도 불구하고 그 인쇄기를 자신의 채권자인 공소외 2에게 기존 채무 84,000,000원의 변제에 갈음하여 양도함으로써 동액 상당의 재산상 이익을 취득하고 공소외 1에게 동액 상당의 손해를 입혔다. 이에 대해 대법원은 배임죄를 인정하지 않았다(대판 2011. 1. 20, 2008도10479 전원합의체).

(5) 경영판단과 배임죄

경영판단(Business Judgement Rule)이란 이사가 경영사항에 관하여 판단하고 결정을 내리는 행위를 말한다. 경영판단은 이해관계가 존재하는 회사의 경영사항에 관한 판단이므로 합리적인 정보에 근거하여야 하고, 판단자의 이해관계에 기울지 않고 성실하게 회사에 최선의 이익이라고 생각되는 방향으로 판단하여야 한다. 이러한 경영판단에 대해서는 법적 책임이 면제되며 이를 경영판단의 원칙이라고 한다.

기업 경영은 속성상 위험성 또는 모험적 성질이 내재되어 있다. 그러므로 판단상의 잘못으로 회사에 손해가 발생하더라도 상법상으로는 이사에게 그 손해배상책임을 물을 수는 없을 것이다. 그렇지만 고의적으로 잘못한 경영판단은 결과적으로 회사에 손해를 초래하기 때문에 배임죄의 성립 여부가 문제된다. 경영판단과 관련한 형사책임가능성 여부에 대해서는 경영판단원칙을 형법에도 도입하여 형사책임의 인정을 배제하려는 입장과 이와 반대로 경영판단을 배임죄의 임무위배행위에서 배제하여야 한다는 입장이 있다(이에 대해서는 임정호, "배임죄에서 임무위배행위에 관한 연구", 132면 이하, 연세대 박사학위논문, 2007).

경영판단에 대한 형사책임 인정 여부는 순수한 경영판단 자체에 대한 형사책임 인정 여부가 문제되는 것이 아니라 그러한 판단이 과연 경영판단에 해당하는 성질의 것인가 여부가 중요하다고 하겠다. 즉 순수한 경영판단은 비록 회사에 손실을 초래하였다고 하더라도 배임행위의 고의가 인정되지 않기 때문에 형사책임의 대상이 되지 않는다고 보아야 한다(여기에서 배임죄의 고의 유무가 중요시된다). 반면에 경영판단을 빙자한 배임적 행위는 당연히 배임행위에 해당한다.

판례 경영판단과 배임죄의 고의판단

• 이윤추구와 아울러 공공적 역할도 담당하는 각종 금융기관의 경영자가 금융거래와 관련한 경영상 판단을 함에 있어서 그 업무처리의 내용, 방법, 시기 등이 법령이나 당해 구체적 사정하에서 일의적인 것으로 특정되지 않는 경우에는 결과적으로 특정한 조치를 취하지 아니하는 바람에 본인에게 손해가 발생하였다는 사정만으로 책임을 물을 수는 없고, 그 경우 **경영자에게 배임의 고의가 있었는지 여부를 판단함에 있어서는 문제된 경영상의 판단에 이르게 된 경위와 동기, 판단대상인 업무의 내용, 금융기관이 처한 경제적 상황, 손실발생의 개연성 등 제반 사정에 비추어 자기 또는 제3자가 재산상 이득을 취득한다는 인식과 본인에게 손해를 가한다는 인식하의 의도적 행위임이 인정되는 경우**에 한하여 배임죄의 고의를 인정하는 엄격한 해석기준이 유지되어야 한다(대판 2007. 1. 26, 2004도1632).

• 기업의 경영에는 원천적으로 위험이 내재하여 있어서 경영자가 아무런 개인적인 이익을 취할 의도 없이 선의에 기하여 가능한 범위 내에서 수집된 정보를 바탕으로 기업의 이익에 합치된다는 믿음을 가지고 신중하게 결정을 내렸다 하더라도 그 예측이 빗나가 기업에 손해가 발생

하는 경우가 있을 수 있는바, 이러한 경우에까지 고의에 관한 해석기준을 완화하여 업무상배임죄의 형사책임을 묻고자 한다면 이는 죄형법정주의의 원칙에 위배되는 것임은 물론이고 정책적인 차원에서 볼 때에도 영업이익의 원천인 기업가 정신을 위축시키는 결과를 낳게 되어 당해 기업뿐만 아니라 사회적으로도 큰 손실이 될 것이므로, 현행 형법상의 **배임죄가 위태범이라는 법리를 부인할 수 없다 할지라도, 문제된 경영상의 판단에 이르게 된 경위와 동기, 판단대상인 사업의 내용, 기업이 처한 경제적 상황, 손실발생의 개연성과 이익획득의 개연성 등 제반 사정에 비추어 자기 또는 제3자가 재산상 이익을 취득한다는 인식과 본인에게 손해를 가한다는 인식(미필적 인식을 포함)하의 의도적 행위임이 인정되는 경우에 한하여 배임죄의 고의를 인정**하는 엄격한 해석기준은 유지되어야 할 것이고, 그러한 인식이 없는데 단순히 본인에게 손해가 발생하였다는 결과만으로 책임을 묻거나 주의의무를 소홀히 한 과실이 있다는 이유로 책임을 물을 수는 없다(대판 2004. 7. 22, 2002도4229).

(6) LBO방식의 기업 인수와 배임죄

이른바 차입매수 또는 LBO(Leveraged Buy-Out의 약어)란 일의적인 법적 개념이 아니라 일반적으로 기업인수를 위한 자금의 상당 부분에 관하여 피인수회사의 자산을 담보로 제공하거나 그 상당 부분을 피인수기업의 자산으로 변제하기로 하여 차입한 자금으로 충당하는 방식의 기업인수 기법을 일괄하여 부르는 경영학상의 용어로, 거래 현실에서 그 구체적인 태양은 매우 다양하다(대판 2012. 6. 14, 2012도1283). 이러한 차입매수에 관하여는 이를 따로 규율하는 법률이 없는 이상 일률적으로 차입매수 방식에 의한 기업인수를 주도한 관련자들에게 배임죄가 성립한다거나 성립하지 않는다고 단정할 수 없으므로 배임죄의 성립 여부는 차입매수가 이루어지는 과정에서의 행위가 배임죄의 구성요건에 해당하는지 여부에 따라 개별적으로 판단되어야 한다는 것이 판례의 입장이다(대판 2010. 4. 15, 2009도6634).

만일 인수자가 피인수회사에 아무런 반대급부를 제공하지 않고 임의로 피인수회사의 재산을 담보로 제공하게 하였다면, 인수자 또는 제3자에게 담보가치에 상응한 재산상 이익을 취득하게 하고 피인수회사에 재산상 손해를 가하였다고 보는 것이 타당하므로 배임죄를 인정하여야 한다(대판 2012. 6. 14, 2012도1283. 또한 대판 2008. 2. 28, 2007도5987). 피인수회사로서는 주채무가 변제되지 않을 경우에는 담보로 제공되는 자산을 잃게 되는 위험을 부담하게 되므로 인수자만을 위한 담보 제공이 무제한 허용된다고 볼 수 없고, 인수자가 피인수회사의 담보 제공으로 인한 위험 부담에 상응하는 대가를 지급하는 등의 반대급부를 제공하는 경우에 한하여 차입매수가 허용된다고 보아야 할 것이기 때문이다.

6. 죄수 및 다른 범죄와의 관계

(1) 배임죄와 사기죄

업무상 배임행위에 사기행위가 수반된 때의 죄수 관계는 법조경합이 아니라 상상적 경합에 해당한다. 그 이유는 사기죄는 사람을 기망하여 재물의 교부를 받거나 재산상의 이익을 취득하는 것을 구성요건으로 하는 범죄로서 임무 위배를 그 구성요소로 하지 않으며 사기죄의 관념에 임무위배 행위가 당연히 포함된다고 할 수도 없다. 그리고 업무상 배임죄는 업무상 타인의 사무를 처리하는 자가 그 업무상의 임무에 위배하는 행위로써 재산상의 이익을 취득하거나 제3자로 하여금 이를 취득하게 하여 본인에게 손해를 가하는 것을 구성요건으로 하는 범죄로서 기망적 요소를 구성요건의 일부로 하는 사기죄와 다르기 때문이다(대판 2002. 7. 18, 2002도669 전원합의체).

이에 대하여 기망행위와 배임행위가 별개로 이루어진 경우에는 단일한 재산의 침해로 보아야 한다. 따라서 아파트 소유권자인 피고인이 가등기권리자 갑에게 아파트에 관한 소유권이전 청구권 가등기를 말소해 주면 대출은행을 변경한 후 곧바로 다시 가등기를 설정해 주겠다고 속여 가등기를 말소하게 하여 재산상 이익을 편취하고, 가등기를 회복해 줄 임무에 위배하여 아파트에 제3자 명의로 근저당권 및 전세권설정등기를 마침으로써 갑에게 손해를 가한 경우에는 사기죄를 인정하는 이상 비양립적 관계에 있는 배임죄는 별도로 성립하지 않는다고 보아야 한다(대판 2017. 2. 15, 2016도15226).

(2) 배임수재죄와 업무상 배임죄 및 배임죄의 관계

배임수재죄는 타인의 사무를 처리하는 자가 그 임무에 관하여 부정한 청탁을 받고 재물 등을 취득함으로써 성립하는 것이고 어떠한 임무 위배행위나 본인에게 손해를 가한 것을 요건으로 하는 것이 아니다. 이에 반해 형법상의 배임죄는 타인의 사무를 처리하는 자가 그 임무에 위배하는 행위가 있어야 하고 그 행위로서 본인에게 손해를 가함으로써 성립하며 부정한 청탁을 받거나 금품을 수수한 것을 그 요건으로 하지 않는다. 그러므로 이들 양 죄는 행위의 태양을 전연 달리하고 있어 일반법과 특별법관계가 아닌 별개의 독립된 범죄라고 보아야 한다.

또한 업무상 배임죄의 법정형은 10년 이하의 징역(단순 배임죄의 법정형도 5년 이하의 징역)인 데 비하여 배임수재죄는 업무상 배임죄의 법정형보다 경한 5년 이하의 징역이므로 업무상 배임죄가 배임수재죄에 흡수되는 관계에 있다거나 결과적 가중범의 관계에 있다고 할 수 없는 독립된 범죄라고 보아야 한다(경합범 관계: 대판 1984. 11. 27, 84도1906).

(3) 장물죄와의 관계

장물이란 재산 범죄에 의하여 영득한 재물을 말하며, 재산 범죄에 제공된 물건은 장물이 될 수 없다. 배임죄에 의하여 영득한 것은 재산상의 이익이며, 재물은 배임행위에 제공된 물건에 지나지 아니하므로 이를 취득하여도 장물죄는 성립하지 않는다. 따라서 이중으로 매매된 부동산을 취득하거나, 양도담보로 제공한 물건을 처분하는 것을 취득한 것은 배임죄의 공범은 될 수 있어도 장물취득죄는 성립하지 않는다.

Ⅲ. 업무상 배임죄

제356조(업무상의 횡령과 배임) 업무상의 임무에 위배하여 제355조의 죄를 범한 자는 10년 이하의 징역 또는 3천만원 이하의 벌금에 처한다.
제359조(미수범) 제355조 내지 제357조의 미수범은 처벌한다.

배임죄의 가중적 구성요건으로서 본 죄의 행위주체는 타인의 사무를 처리하는 자라는 신분과 업무자라는 신분을 모두 갖추어야 한다. 비업무자가 업무자와 함께 본 죄를 범한 경우에는 형법 제33조가 적용되므로 비업무자는 단순 배임죄에 해당하고, 업무자만이 본 죄에 해당한다고 보아야 한다(다수설). 업무상 배임죄와 배임증재죄는 별개의 범죄로서 배임증재죄를 범한 자라 할지라도 그와 별도로 타인의 사무를 처리하는 지위에 있는 사람과 공범으로서는 업무상 배임죄를 범할 수도 있다(대판 1999. 4. 27, 99도883).

특정경제범죄 가중처벌 등에 관한 법률(제3조)에 따라 배임액이 5억원 이상인 경우에는 가중처벌된다.

Ⅳ. 배임수재죄 · 배임증재죄

제357조(배임수증재) ① 타인의 사무를 처리하는 자가 그 임무에 관하여 부정한 청탁을 받고 재물 또는 재산상의 이익을 취득하거나 제3자로 하여금 이를 취득하게 한 때에는 5년 이하의 징역 또는 1천만원 이하의 벌금에 처한다.
② 제1항의 재물 또는 재산상 이익을 공여한 자는 2년 이하의 징역 또는 500만원 이하의 벌금에 처한다.
③ 범인 또는 그 사정을 아는 제3자가 취득한 제1항의 재물은 몰수한다. 그 재물을 몰수하기 불가능하거나 재산상의 이익을 취득한 때에는 그 가액을 추징한다.
제359조(미수범) 제355조 내지 제357조의 미수범은 처벌한다.

1. 의 의

공무원의 뇌물죄에 상응하는 구성요건으로서 비공무원이 사적 사무를 처리하는 과정에서 부정한 청탁을 받고 재물이나 재산상의 이익을 취득하거나 이를 공여하는 경우에 성립하는 죄이다. 보호법익은 직무(사무)의 공정성 또는 청렴성이다(판례). 반면에 타인의 재산을 보호법익에 포함시키는 견해도 있지만 본 죄의 사무는 배임죄와 달리 재산관련 사무에 한정할 필요는 없으므로 사무처리의 청렴성·공정성을 보호법익으로 보는 것이 타당하다.

2. 배임수재죄 (제1항)

(1) 의 의

타인의 사무를 처리하는 자가 그 임무에 관하여 부정한 청탁을 받고 재물 또는 재산상의 이익을 취득하거나 제3자로 하여금 이를 취득하게 함으로써 성립하는 죄이다. 행위주체는 수뢰죄와 달리 제한이 없으며 금융기관 임직원의 수재·증재행위에 대해서는 특정경제범죄 가중처벌 등에 관한 법률(제5조, 제6조)이 적용된다.

(2) 구성요건

타인의 사무를 처리하는 자란 타인과의 대내관계에서 신의성실의 원칙에 비추어 사무를 처리할 신임관계가 존재한다고 인정되는 자를 의미하고, 반드시 제3자에 대한 대외관계에서 그 사무에 관한 권한이 존재할 것을 요하지 않으며, 또 사무가 포괄적 위탁사무일 것을 요하는 것도 아니다. 그리고 사무처리의 근거, 즉 신임관계의 발생 근거는 법령의 규정, 법률행위, 관습 또는 사무관리로도 발생할 수 있다(대판 2011. 2. 24, 2010도11784; 2007. 6. 29, 2007도3096).

임무에 관하여란 타인의 사무를 처리하는 자가 위탁받은 사무를 말하는 것이나 이는 본래의 사무뿐만 아니라 그와 밀접한 관계가 있는 범위 내의 사무도 포함되고, 나아가 고유의 권한으로 처리를 하는 자에 한하지 않고 보조기관으로서 직접 또는 간접으로 사무를 담당하는 자도 포함된다(대판 2011. 2. 24, 2010도11784).

임무에 관하여 부정한 청탁을 받은 이상 그 후 사무분담 변경으로 인하여 그 직무를 담당하지 않게 된 상태에서 재물을 수수한 경우에도 여전히 타인의 사무를 처리하는 자의 지위에 있고, 그 재물 등의 수수가 부정한 청탁과 관련하여 이루어진 것이라면 배임수재죄가 인정된다(대판 1987. 4. 28, 87도414).

부정한 청탁이란 청탁이 업무상 배임에 해당하는 정도가 아니더라도 사회상규와 신의 성실의 원칙에 반하는 것을 말한다. 그리고 이를 판단함에 있어서는 청탁의 내용, 이에 관련되어 취득한 재물이나 재산상 이익의 종류·액수 및 형식, 재산상 이익 제공의 방법과 태양, 보호법익인 거래의 청렴성 등을 종합적으로 고찰하여야 하며, 그 청탁이 반드시 명시적일 필요는 없고 묵시적으로 이루어지더라도 무방하다(대판 2008. 12. 24, 2008도9602).

본인이 재물 등을 직접 취득하지 않더라도 제3자로 하여금 취득하게 한 때(제3자 배임증재죄)에도 성립한다. 그러므로 부정한 청탁을 받고 처에게 재물 등을 제공하게 한 때에도 성립한다. 부정한 청탁을 받고 재물이나 재산상의 이익을 취득한 경우 사무처리를 청탁한 내용대로 처리하여야 하는 것은 아니다(대판 1982. 7. 13, 82도925). 그러나 배임수재죄 및 배임증재죄에서 공여 또는 취득하는 재물 또는 재산상 이익은 부정한 청탁에 대한 대가 또는 사례여야 한다. 따라서 거래상대방의 대향적 행위의 존재를 필요로 하는 유형의 배임죄에서 거래상대방이 양수대금 등 거래에 따른 계약상 의무를 이행하고 배임행위의 실행행위자가 이를 이행받은 경우에 부정한 청탁에 대한 대가로 수수하였다고 단정할 수 없다(대판 2016. 10. 13, 2014도17211).

배임수재죄는 본인에게 손해가 발생하였는지 여부와 무관하게 성립한다(대판 1984. 8. 21, 83도2447).

판례 **배임수재죄**

① 배임수재죄 성립을 긍정한 경우

• 타인의 사무를 처리하는 자가 증재자로부터 돈이 입금된 계좌의 예금통장이나 이를 인출할 수 있는 현금카드나 신용카드를 교부받아 이를 소지하면서 언제든지 위 예금통장 등을 이용하여 예금된 돈을 인출할 수 있어 예금통장의 돈을 자신이 지배하고 입금된 돈에 대한 실질적인 사용권한과 처분권한을 가지고 있는 것으로 평가될 수 있는 경우(대판 2017. 12. 5, 2017도11564).

• 대학병원 의사인 피고인이, 조영제 등을 지속적으로 납품할 수 있도록 해달라는 부정한 청탁 또는 의약품 등을 사용해 준 대가로 제약회사 등으로부터 명절 선물이나 골프접대 등 향응을 제공받은 경우(대판 2011. 8. 18, 2010도10290).

• 회원제 골프장의 예약업무 담당자가 부킹대행업자의 청탁에 따라 회원에게 제공해야 하는 주말부킹권을 부킹대행업자에게 판매하고 그 대금 명목으로 8억 1,800만원 이상의 금품을 받은 경우(대판 2008. 12. 11, 2008도6987).

② 배임수재죄 성립을 부인한 경우

• 한국야구위원회 사무총장이 잠실야구장의 광고권자 선정 업무를 처리하는 자에 해당한다고 볼 수는 없고, 그 담당 업무가 위 광고권자 선정 업무와 밀접한 관계가 있는 범위 내의 사무라고 보기도 어려워, 위 광고권자 선정과 관련하여 부정한 청탁을 받고 금품을 수수한 행위를 배임수재죄로 처벌할 수 없다. 또한 단순히 규정이 허용하는 범위 내에서 최대한의 선처를 바란

다는 내용('광고계약을 체결할 때가 되었다. 잘 부탁한다') 정도의 대화를 나눈 내용의 청탁의 사례로 금품을 수수한 경우 배임수재죄가 성립하지 않는다(대판 2006. 3. 24, 2005도6433).

(3) 미 수

본 죄의 미수범은 처벌하나 언제 본 죄의 미수가 되는가는 견해가 대립되고 있다. 취득을 요구 또는 약속하는 것만으로는 죄가 될 수 없으므로 본 죄의 미수범은 있을 수 없고, 수뢰죄에 관하여는 미수를 벌하지 않음에도 불구하고 본 죄의 미수를 벌하는 것은 입법론상 부당하다는 견해도 있다. 그러나 수뢰죄에서의 요구 또는 약속이 바로 본 죄의 미수에 해당한다.

3. 배임증재죄 (제2항)

타인의 사무를 처리하는 자에게 부정한 청탁을 하고 재물 또는 재산상 이익을 공여함으로써 성립하는 죄이다. 배임수재 · 증재죄는 거래상대방의 대향적 행위의 존재를 필요로 하는 유형의 범죄이다. 그러나 배임수재죄와 필요적 공범관계에 있는 것은 아니다. 즉 배임증재죄는 통상 필요적 공범의 관계에 있기는 하나 이것은 반드시 수재자와 증재자가 같이 처벌받아야 하는 것을 의미하는 것은 아니고 증재자에게는 정당한 업무에 속하는 청탁이라도 수재자에게는 부정한 청탁이 될 수도 있는 것이므로 배임수재죄만이 성립할 수도 있다(대판 1991. 1. 15, 90도2257).

증재행위를 하는 거래상대방은 기본적으로 배임행위의 실행행위자와 별개의 이해관계를 가지고 반대편에서 독자적으로 거래에 임한다는 점을 감안할 때, 거래상대방이 배임행위를 교사하거나 배임행위의 전과정에 관여하는 등 배임행위에 적극 가담함으로써 실행행위자와의 계약이 반사회적 법률행위에 해당하여 무효로 되는 경우에는 배임죄의 교사범 또는 공동정범이 될 수 있을 것이다. 그러나 관여 정도가 여기에까지 이르지 않아서 법 질서 전체적인 관점에서 살펴볼 때 사회적 상당성을 갖춘 경우에는 비록 정범의 행위가 배임행위에 해당한다는 점을 알고 거래에 임하였다는 사정이 있어 외견상 방조행위로 평가될 수 있는 행위가 있었다 할지라도 범죄를 구성할 정도의 위법성은 없다고 보아야 한다(대판 2011. 10. 27, 2010도7624).

판례 배임수재죄만을 인정한 경우

• 형법 제357조 제1항의 배임수재죄와 같은 조 제2항의 배임증재죄는 통상 필요적 공범의 관계에 있기는 하나, 이것은 반드시 수재자와 증재자가 같이 처벌받아야 하는 것을 의미하는 것은 아니고, 증재자에게는 정당한 업무에 속하는 청탁이라도 수재자에게는 부정한 청탁이 될 수

도 있다(대판 2011. 10. 27, 2010도7624).

• 방송국 프로듀서로 근무하면서 가수들 또는 그 매니저들로부터 당시 제작하는 가요프로그램에 자신들의 노래를 선곡하여 자주 방송함으로써 인기도가 올라갈 수 있도록 하여 달라는 청탁을 받고 그 사례금 명목으로 31회에 걸쳐 7,900,000원을 교부받은 사안에서 대법원은 배임수재죄만을 인정하였다(대판 1991. 1. 15, 90도2257).

4. 몰수 · 추징

범인 또는 그 사정을 아는 제3자가 취득한 배임수재죄의 재물은 필요적으로 몰수한다. 그 재물을 몰수하기 불능하거나 재산상의 이익을 취득한 때에는 그 가액을 추징한다. 배임수재죄와 배임증재죄는 이른바 대향범으로서 이러한 필요적 몰수 또는 추징을 규정한 것은 범행에 제공된 재물과 재산상 이익을 박탈하여 부정한 이익을 보유하지 못하게 하기 위한 것이다. 여기서 몰수의 대상으로 규정한 '범인 또는 그 사정을 아는 제3자가 취득한 제1항의 재물'은 배임수재죄의 범인 또는 그 사정을 아는 제3자가 취득한 목적물이자 배임증재죄의 범인이 공여한 목적물을 가리키는 것이지 배임수재죄의 목적물만을 한정하여 가리키는 것이 아니다. 그러므로 수재자가 증재자로부터 받은 재물을 그대로 가지고 있다가 증재자에게 반환하였다면 증재자로부터 이를 몰수하거나 그 가액을 추징하여야 한다(대판 2017. 4. 7, 2016도18104).

5. 특정경제범죄 가중처벌 등에 관한 법률상의 배임수재 · 증재죄

특경법은 금융회사 임직원의 배임수재와 증재행위에 대해 아래와 같이 특별규정을 두고 있다.

제5조(수재 등의 죄) ① 금융회사 등의 임직원이 그 직무에 관하여 금품이나 그 밖의 이익을 수수, 요구 또는 약속하였을 때에는 5년 이하의 징역 또는 10년 이하의 자격정지에 처한다.
② 금융회사 등의 임직원이 그 직무에 관하여 부정한 청탁을 받고 제3자에게 금품이나 그 밖의 이익을 공여하게 하거나 공여하게 할 것을 요구 또는 약속하였을 때에는 제1항과 같은 형에 처한다.
③ 금융회사 등의 임직원이 그 지위를 이용하여 소속 금융회사 등 또는 다른 금융회사등의 임직원의 직무에 속하는 사항의 알선에 관하여 금품이나 그 밖의 이익을 수수, 요구 또는 약속하였을 때에는 제1항과 같은 형에 처한다.
④ 제1항부터 제3항까지의 경우에 수수, 요구 또는 약속한 금품이나 그 밖의 이익의 가액(이하 이 조에서 "수수액"이라 한다)이 3천만원 이상일 때에는 다음 각 호의 구분에 따라 가중처벌한다.

1. 수수액이 1억원 이상일 때: 무기 또는 10년 이상의 징역
2. 수수액이 5천만원 이상 1억원 미만일 때: 7년 이상의 유기징역
3. 수수액이 3천만원 이상 5천만원 미만일 때: 5년 이상의 유기징역

⑤ 제1항부터 제4항까지의 경우에 수수액의 2배 이상 5배 이하의 벌금을 병과한다.

제6조(증재 등의 죄) ① 제5조에 따른 금품이나 그 밖의 이익을 약속, 공여 또는 공여의 의사를 표시한 사람은 5년 이하의 징역 또는 3천만원 이하의 벌금에 처한다.

② 제1항의 행위에 제공할 목적으로 제3자에게 금품을 교부하거나 그 정황을 알면서 교부받은 사람은 제1항과 같은 형에 처한다.

제 8 절 장물의 죄

Ⅰ. 보호법익 및 구성요건체계

장물죄는 재산 범죄로 인하여 취득한 장물을 취득하거나 양도, 운반, 보관 또는 이를 알선함으로써 성립하는 죄이다. 장물죄의 보호법익은 재산권이다. 그러나 이는 재산권자의 재산보호를 위한 것이 아니라 본 범에 의하여 영득된 재물 자체를 보호하는 데에 목적이 있다. 보호받는 정도에 대해서는 위험범설(김/김, 오영근, 이/장/강, 임웅), 침해범설(김성논, 배종대, 손동권, 이정원, 정/박), 장물알선죄는 추상적 위험범이고 나머지는 침해범이라는 견해(김/서)가 있다. 장물죄는 각각의 행위유형이 다르며 매개·주선사실만으로도 기수를 인정하는 알선행위는 위험범에 해당하고, 나머지의 경우는 침해범으로 보는 것이 타당하다.

장물의 죄를 범한 자와 피해자 사이에 제328조 제1항, 제2항의 신분관계가 있는 때에는 형을 면제한다. 또한 장물범과 본 범 사이에 제328조 제1항의 신분관계가 있는 경우에는 그 형을 감경 또는 면제한다(제365조).

Ⅱ. 장물죄의 본질

1. 이익설 (공범설)

장물죄는 본 범의 범죄 이익에 가담하여 이익을 취하는 범죄로 파악하는 견해이다. 즉 장물범의 주관적 이득의사에 장물죄의 본질이 있다고 보는 것이다(범죄이익에 가담하였다는 의미에서 공범설이라고도 한다). 장물과 피해자 간에 직접적인 관련성만 있으면 장물성을 인정하기 때문에 대체장물도 장물에 해당한다고 보지만 이는 행위자 중심의 이론이며 행위객

체(장물)를 중심으로 판단하는 장물 개념과 배치되는 문제점이 있다. 그리고 이 학설은 이익을 취하지 않는 무상의 운반·보관행위도 장물죄에 해당하는 현행법상의 장물죄를 설명하기 어렵다.

2. 추구권설

추구권설은 재산 범죄의 피해자가 피해물에 대해 추구권(회복청구권)을 행사하는 것을 곤란하게 하는 데에 장물죄의 본질이 있다고 본다(손동권). 즉 재산 범죄의 피해자에 의한 반환청구권의 행사가 장물죄에 의하여 방해받는 데에 있다고 보는 것이다. 이 견해는 추구권을 전제로 하므로 추구권이 인정되지 않는 경우에는 장물죄도 인정되지 않는다.

3. 위법상태유지설

본 범에 의하여 이루어진 위법한 재산 상태를 장물범이 본 범과의 협동하에 계속 유지시키는 행위에 불법성의 본질이 있다고 보는 견해이다(김/김, 김성돈, 이정원, 임웅). 피해자에게 사법상의 반환청구권이 없더라도 장물죄를 인정한다. 이론상 이 학설에 의하면 장물죄의 본 범을 반드시 재산 범죄로 제한할 필요가 없기 때문에 통화위조죄나 수뢰죄, 문서위조죄도 본 범이 될 수 있다.

4. 결합설

장물죄를 추구권을 침해하는 성격과 함께 위법상태유지설을 결합한 것으로 보는 견해이다(김/서, 배종대, 백형구, 이/장/강, 이형국, 정/박).

장물죄의 본질론과 관련하여 제기되는 문제는 연쇄장물과 대체장물 및 반환청구권이 없는 물건에 대해서도 장물성을 인정할 것인가 여부이다. 판례는 결합설의 입장이다(아래 판례 참조). 대체장물은 위법한 재산상태가 단절되고 새로운 재산관계가 형성된 것이므로 장물성이 인정되지 않는다. 그리고 연쇄장물은 장물죄의 본범성을 인정하므로 장물로 인정하는 데에 문제가 없다. 반환청구권이 없는 물건(예: 제3자가 선의취득한 물건, 불법원인급여물)의 경우에도 위법한 재산상태를 유지하고 있으므로 장물성을 인정하여야 한다는 견해(배종대, 임웅)가 있다. 그러나 이 경우에도 가공한 물건 등에 대해서는 장물성을 인정할 수 없다고 보아야 한다. 왜냐하면 새로운 소유권이 성립하였으므로 위법한 재산 상태는 지속되고 있지 않기 때문이다. 이를 종합하면 장물죄는 추구권 행사를 어렵게 하는 경우뿐만 아니라 단순히 위법 상태를 유지하는 행위도 처벌하고 있으므로 추구권설과 위법상태유지설을 모두 본질로 한다고 보는 것이 타당하다.

판례 장물죄의 본질

• 피고인이 수표들을 보관 중 이 수표들의 발행은행에 문의한 결과 이 수표들이 도난당한 사실을 알게 되었으면서도 계속 보관한 사안에서, 대법원은 장물인 정을 모르고 보관하던 중 장물인 정을 알게 되었고, 위 장물을 반환하는 것이 불가능하지 않음에도 불구하고 계속 보관함으로써 **피해자의 정당한 반환청구권 행사를 어렵게 하여 위법한 재산상태를 유지**시킨 경우에는 장물보관죄에 해당한다고 판시하였다(대판 1987. 10. 13, 87도1633). 즉 추구권설과 위법상태유지설을 결합한 입장을 취하고 있다.

Ⅲ. 장물(취득, 양도, 운반, 보관, 알선)죄

> 제362조(장물의 취득, 알선 등) ① 장물을 취득, 양도, 운반 또는 보관한 자는 7년 이하의 징역 또는 1천 500만원 이하의 벌금에 처한다.
> ② 전항의 행위를 알선한 자도 전항의 형과 같다.

1. 객관적 구성요건

(1) 장 물

장물이라 함은 재산죄인 범죄행위에 의하여 영득된 물건을 말하는 것으로서 절도·강도·사기·공갈·횡령 등 영득죄에 의하여 취득된 물건이어야 한다. 재산적 이익이나 권리 자체는 제외된다. 여기에서의 범죄행위는 절도죄 등 본 범의 구성요건에 해당하는 위법한 행위일 것을 요한다. 그러나 장물이 반드시 경제적 가치 있는 재물이어야 하는 것은 아니다. 관리할 수 있는 동력은 이를 포함한다고 보는 견해(김/서, 오영근, 이/장/강, 이정원, 이형국, 임웅, 정/박)도 있지만 장물죄가 제346조를 준용하지 않고 있기 때문에 장물이 될 수 없다고 보아야 한다.

장물은 본 범으로부터 영득한 재물과의 동일성이 인정되어야 한다. 동일성이 상실되는 장물을 대체장물代替贓物이라고 하는데 이는 장물에 해당하지 않는다. 대체장물이란 재산 범죄로부터 직접 취득한 재물이 아니라, 예를 들어 도품을 처분하여 받은 돈과 같이 2차적으로 취득한 재물을 말한다. 한편 장물인 현금이나 수표를 금융기관에 예치한 다음 이를 인출한 현금이나 수표에 대해서 대법원은 장물성을 인정하고 있다(아래 판례 참조). 연쇄장물이란 본 범이 장물죄인 경우에 취득한 장물을 말하며 장물성이 인정된다.

판례 장물 개념

• **사건개요** : 권한 없이 **인터넷뱅킹으로 타인의 예금계좌에서 자신의 예금계좌로 돈을 이체**한 후 그 중 일부를 인출하여 그 정을 아는 자에게 교부하였다.

판결이유 : [1] '장물'이라 함은 재산범죄로 인하여 취득한 물건 그 자체를 말하므로, 재산범죄를 저지른 이후에 별도의 재산범죄의 구성요건에 해당하는 사후행위가 있었다면 비록 그 행위가 **불가벌적 사후행위로서 처벌의 대상이 되지 않는다 할지라도 그 사후행위로 인하여 취득한 물건은 재산범죄로 인하여 취득한 물건으로서 장물이 될 수 있다.**

[2] **컴퓨터등사용사기죄의 범행으로 예금채권을 취득한 다음 자기의 현금카드를 사용하여 현금자동지급기에서 현금을 인출한 경우**, 현금카드 사용권한 있는 자의 정당한 사용에 의한 것으로서 현금자동지급기 관리자의 의사에 반하거나 기망행위 및 그에 따른 처분행위도 없었으므로, 별도로 절도죄나 사기죄의 구성요건에 해당하지 않는다 할 것이고, 그 결과 그 인출된 현금은 재산범죄에 의하여 취득한 재물이 아니므로 장물이 될 수 없다.

[3] 장물인 현금 또는 수표를 금융기관에 예금의 형태로 보관하였다가 이를 반환받기 위하여 동일한 액수의 현금 또는 수표를 인출한 경우에 예금계약의 성질상 그 **인출된 현금 또는 수표는 당초의 현금 또는 수표와 물리적인 동일성은 상실되었지만 액수에 의하여 표시되는 금전적 가치에는 아무런 변동이 없으므로, 장물로서의 성질은 그대로 유지된다.**

[4] 갑이 권한 없이 인터넷뱅킹으로 타인의 예금계좌에서 자신의 예금계좌로 돈을 이체한 후 그 중 일부를 인출하여 그 정을 아는 을에게 교부한 경우, 갑이 컴퓨터등사용사기죄에 의하여 취득한 예금채권은 재물이 아니라 재산상 이익이므로, 그가 자신의 예금계좌에서 돈을 인출하였더라도 장물을 금융기관에 예치하였다가 인출한 것으로 볼 수 없다는 이유로 을의 장물취득죄의 성립을 부정하였다(대판 2004. 4. 16, 2004도353).

• 금전은 고도의 대체성을 가지고 있어 다른 종류의 통화와 쉽게 교환할 수 있고, 그 금전 자체는 별다른 의미가 없고 금액에 의하여 표시되는 금전적 가치가 거래상 의미를 가지고 유통되고 있는 점에 비추어 볼 때, **장물인 현금을 금융기관에 예금의 형태로 보관하였다가 이를 반환받기 위하여 동일한 액수의 현금을 인출한 경우**에 예금계약의 성질상 인출된 현금은 당초의 현금과 물리적인 동일성은 상실되었지만 액수에 의하여 표시되는 금전적 가치에는 아무런 변동이 없으므로 **장물로서의 성질은 그대로 유지된다고 봄이 상당하고, 자기앞수표도 그 액면금을 즉시 지급받을 수 있는 등 현금에 대신하는 기능을 가지고 거래상 현금과 동일하게 취급되고 있는 점에서 금전의 경우와 동일**하게 보아야 한다(대판 2000. 3. 10, 98도2579).

민법상 선의취득(제249조)은 평온·공연하게 장물인 사실을 모르고 양수한 자가 무과실인 경우에는 소유권을 취득한다. 반면에 절도·강도죄에 의한 도품에 대해서는 특례규정을 두고 있다. 즉 피해자는 도난당한 날로부터 2년 내에 그 물건의 반환을 청구할 수 있다(제250조). 그러나 도품이 금전인 경우에는 반환청구를 할 수 없다. 한편 재산상의 처분행위나 위탁행위와 같이 소유자의 의사가 개입된 사기·공갈·횡령에 의하여 취득한 재물은 선의취득 예외대상에서 제외되므로 반환청구를 할 수 없다.

(2) 본 범

장물은 재산 범죄로 인하여 영득한 재물이므로 재산 범죄가 존재하여야 한다. 본 범이란 장물죄에 선행하는 이러한 재산 범죄를 의미한다. 여기에서 절도죄 등 본 범의 실현 정도는 구성요건에 해당하고 위법한 행위일 것을 요한다. 그러나 유책성까지 인정되어야 하는 것은 아니다. 재산 범죄인 이상 형법상의 것만이 아니라 특별법상의 재산 범죄나 장물죄도 본 범이 될 수 있다. 장물죄의 본 범으로는 절도죄, (준)강도죄, (준)사기죄, 공갈죄, 횡령죄, 장물죄(장물죄의 본 범이 장물죄인 경우의 장물을 연쇄장물이라고 한다) 및 배임수재 · 증재죄 등이 있다.

판례 **장물죄의 본 범에 대하여 우리 형법이 적용되지 않는 경우 '장물' 요건**

- 대한민국 국민 또는 외국인이 미국 캘리포니아주에서 미국 리스회사와 미국 캘리포니아주의 법에 따라 차량 이용에 관한 리스계약을 체결하면서 준거법에 관하여는 별도로 약정하지 아니하였는데, 이후 자동차수입업자인 피고인이 리스기간 중 위 리스이용자들이 임의로 처분한 리스계약의 목적물인 차량들을 수입한 사안에서, 대법원은 국제사법에 따라 위 리스계약에 적용될 준거법인 미국 캘리포니아주의 법에 의하면, 위 차량들의 소유권은 리스회사에 속하고, 리스이용자는 일정 기간 차량의 점유 · 사용의 권한을 이전받을 뿐이어서(미국 캘리포니아주 상법 제10103조 제a항 제10호 도 참조), 리스이용자들은 리스회사에 대한 관계에서 위 차량들에 관한 보관자로서의 지위에 있으므로, 위 차량들을 임의로 처분한 행위는 형법상 횡령죄의 구성요건에 해당하는 위법한 행위로 평가되고 이에 의하여 영득된 위 차량들은 장물에 해당한다는 이유로, 피고인에게 장물취득죄를 인정하였다(대판 2011. 4. 28, 2010도15350).

(3) 행위 태양

장물죄의 행위 태양으로는 장물의 취득, 양도, 운반, 보관 및 장물 알선행위가 있다. 취득이란 장물에 대한 점유를 이전받음으로써 그 장물에 대하여 사실상의 처분권을 획득하는 것을 말한다. 따라서 본 범이 절취한 신용카드로 본 범의 물건을 구매하여 주기로 하고 신용카드를 이전받은 경우와 같이, 단순히 보수를 받고 본 범을 위하여 장물을 일시 사용하거나 그와 같이 사용할 목적으로 장물을 건네받은 것만으로는 장물을 취득한 것으로 볼 수 없다(대판 2003. 5. 13, 2003도1366). 유 · 무상을 불문한다. 장물취득죄는 취득과 동시에 성립하는 즉시범이다.

장물 양도란 유상 또는 무상으로 장물을 제3자에게 수여하는 것을 말한다. 장물양도죄는 장물인 정을 모르고 취득하였다가 장물인 사실을 알고 제3자에게 양도한 경우에 성립한다. 그러므로 취득 당시에 장물인 정을 알고 양도하였다면 장물양도죄가 아니라 장물취득죄가 성립한다.

운반이란 장물의 장소적 이전을 의미한다. 훔친 차량을 운전해 준 경우에도 운반에 해당한다(대판 1999. 3. 26, 98도3030). 본 범의 방조범적 성격을 지니고 있지만 독립적 구성요건이므로 예를 들어 도품인 사실을 알고 운반을 한 경우에는 절도죄의 방조범이 아니라 장물운반죄가 성립한다.

보관은 위탁을 받아 자기의 점유 아래에 두는 것을 말한다. 물론 장물인 사실을 알고 있어야 한다. 장물인 줄 모르고 보관하다가 알게 된 경우에는 알게 된 시점부터 장물보관죄에 해당한다. 타인의 죄증을 인멸하기 위하여 장물을 은닉한 경우에는 장물보관죄와 증거은닉죄의 상상적 경합이 인정된다.

장물 알선이란 장물의 취득, 양도, 운반, 보관 등의 행위를 매개·주선하는 것을 말한다. 장물알선죄의 기수시점에 대해서는 알선행위 및 그에 따른 구체적인 점유이전까지 있어야 한다는 견해(김성돈, 배종대, 백형구, 오영근, 이/장/강, 이정원)와 알선계약성립시설(이형국, 임웅, 정/박), 매개·주선사실만 있으면 기수라고 보는 알선행위설(판례, 김/서)가 있다. 알선행위를 처벌하는 것은 장물의 판매나 보관 등을 매개·주선할 사람이 있다는 점에서 본 범 유발의 위험성을 줄이고자 하는 데 있으므로 매개·주선사실만으로도 기수를 인정하는 것이 타당하다. 이에 따르면 장물인 귀금속의 매도를 부탁받고 매매를 중개하기 위하여 매수인에게 이를 전달하려다가 매수인을 만나기도 전에 체포된 경우에도 장물알선죄가 성립한다.

판례 장물알선죄의 기수시점

• 형법 제362조 제2항에 정한 장물알선죄에서 '알선'이란 장물을 취득·양도·운반·보관하려는 당사자 사이에 서서 이를 중개하거나 편의를 도모하는 것을 의미한다. 따라서 장물인 정을 알면서, 장물을 취득·양도·운반·보관하려는 당사자 사이에 서서 서로를 연결하여 장물의 취득·양도·운반·보관행위를 중개하거나 편의를 도모하였다면, 그 알선에 의하여 당사자 사이에 **실제로 장물의 취득·양도·운반·보관에 관한 계약이 성립하지 아니하였거나 장물의 점유가 현실적으로 이전되지 아니한 경우라도 장물알선죄가 성립**한다(대판 2009. 4. 23, 2009도1203).

2. 주관적 구성요건

장물에 대한 인식, 즉 물건이 재산 범죄로 인하여 발생한 것이라는 인식을 하여야 한다. 그리고 이를 바탕으로 하여 취득, 운반, 보관, 양도, 알선한다는 인식을 하여야 한다. 인식의 정도는 장물일지도 모른다는 의구심(미필적 고의)으로도 충분하다.

판례 장물죄의 고의

- **장물취득죄는 취득 당시 장물인 정을 알면서 재물을 취득하여야 성립**하는 것이므로 피고인이 재물을 인도받은 후에 비로소 장물이 아닌가 하는 의구심을 가졌다고 하여 그 재물수수행위가 장물취득죄를 구성한다고 할 수 없고, 장물인 정을 모르고 장물을 보관하였다가 그 후에 장물인 정을 알게 된 경우 그 정을 알고서도 이를 계속하여 보관하는 행위는 장물죄를 구성하는 것이나 이 경우에도 점유할 권한이 있는 때에는 이를 계속하여 보관하더라도 장물보관죄가 성립한다고 할 수 없다.

피고인이 공소외인로부터 **소유권포기각서를 받은 행위는 피고인이 공소외인과 사이에 금전관계를 정산하고 전당물에 대한 소유권을 완전히 취득하기 위한 것이라기보다는 담보를 확실히 하기 위한 것**으로 보이므로, 이러한 행위를 별개의 취득행위라고 볼 여지도 없으며, 한편 이 사건과 같이 전당포영업자인 피고인이 대여금채권의 담보로 보석들을 전당잡은 경우에는 이를 점유할 권한이 있는 때에 해당하여 **장물보관죄가 성립할 여지 역시 없다**(대판 2006. 10. 13, 2004도6084).

3. 다른 범죄와의 관계

(1) 본 범과 장물죄와의 관계

장물죄의 본 범은 장물죄의 행위주체나 장물죄의 교사범이 될 수 없다. 장물죄의 본 범이 범한 장물에 대한 죄는 불가벌적 사후행위에 해당하기 때문이다. 그러나 본 범에 대한 교사범이나 방조범은 장물죄의 정범이 될 수 있다.

(2) 장물에 대한 재산 범죄와 장물죄 성립 여부

장물죄도 재산 범죄이므로 장물에 대하여 재산 범죄가 행하여질 수 있다. 장물에 대하여 절도죄나 강도죄, 사기죄 또는 공갈죄, 횡령죄 등의 재산범죄가 행하여진 경우 이러한 재산 범죄 이외에 장물죄도 성립(상상적 경합)하는지가 문제된다.

장물을 보관하던 중 이를 횡령한 경우에는 장물보관죄만 성립하고 횡령행위는 불가벌적 사후행위에 해당한다는 견해(대판 2004. 4. 9, 2003도8219)(김성돈, 이/장/강, 이정원, 정/박)와 양 죄의 경합범을 인정하는 견해(임웅)가 있다. 장물죄에 의하여 피해자의 소유권이 이미 침해되었으므로 횡령행위는 불가벌적 사후행위에 불과하다고 본다.

다음으로 장물을 절취하거나 강취, 편취 또는 갈취한 경우에는 절도죄, 강도죄, 사기죄, 공갈죄 이외에 장물취득죄를 비롯하여 장물죄가 별도로 성립하는지 문제된다. 장물죄를 처벌하는 것은 본 범과 장물범 간에 장물의 추구를 어렵게 하거나 위법한 재산상태를 유지하게 하는 내적 관련성이 인정되기 때문이다. 그러나 본 범과 장물범이 동일인인 경우에는 이들 간에는 이러한 연관성을 인정할 수 없다. 그러므로 장물죄는 별도로 성립하지 않는다고 보는 것이 타당하다(다수설).

Ⅳ. 상습장물(취득 · 양도 · 운반 · 보관 · 알선)죄

> **제363조(상습범)** ① 상습으로 전조의 죄를 범한 자는 1년 이상 10년 이하의 징역에 처한다.
> ② 제1항의 경우에는 10년 이하의 자격정지 또는 1천 500만원 이하의 벌금을 병과할 수 있다.

이 구성요건에 해당하는 행위에 대해서는 구 특정범죄 가중처벌 등에 관한 법률(제5조의4 제4항)에 의하여 무기 또는 3년 이상의 징역으로 가중처벌하였었다.

이러한 특가법 규정은 형법과 구성요건은 동일하고 법정형만 다르기 때문에 법 적용의 선택 여하에 따라서 피고인에게 불리한 자의적 법 적용을 가능하게 할 문제점이 있었다. 동일한 문제점을 안고 있는 특가법 제10조(형법 제207조(통화의 위조 등)와 구성요건이 동일)에 대해서 헌법재판소의 위헌결정이 있었고(헌재결 2014. 11. 27, 2014헌가11, 2014헌바224), 이와 상응하게 특가법의 동 규정은 삭제되었다.

Ⅴ. 업무상 과실, 중과실장물(취득 · 양도 · 운반 · 보관 · 알선)죄

> **제364조(업무상과실, 중과실)** 업무상과실 또는 중대한 과실로 인하여 제362조의 죄를 범한 자는 1년 이하의 금고 또는 500만원 이하의 벌금에 처한다.

본 죄는 주로 중고품을 대상으로 영업활동을 하는 자(예: 골동품상, 전당포 업주, 자동차 등 중고물품 거래자 등)가 주의의무를 소홀히 하여 장물을 거래한 경우를 처벌하기 위한 것이다.

판례 **매수인의 업무상 주의의무**

• 금은방 운영자가 반지를 매수함에 있어 장물인 정을 알 수 있었거나 장물인지의 여부를 의심할 만한 특별한 사정이 있었다면 매도인의 신원확인 외에 반지의 출처 및 소지경위 등에 대하여도 확인할 업무상 주의의무가 있다(대판 2003. 4. 25, 2003도348).

제 9 절 손괴의 죄

Ⅰ. 보호법익 및 특별법

손괴의 죄는 행위객체에 따라 재물을 원상대로 이용할 수 있도록 하기 위한 원상유지이익을 보호법익으로 하며, 공익건조물손괴죄는 공익건조물에 대한 일반의 이익이며 경계침범죄는 토지권리관계의 명확성을 보호법익으로 한다.

도로교통법(제151조)은 "차의 운전자가 업무상 필요한 주의를 게을리하거나 중대한 과실로 다른 사람의 건조물이나 그 밖의 재물을 손괴한 경우에는 2년 이하의 금고나 500만원 이하의 벌금에 처한다"고 규정하고 있다. 이는 형법이 처벌하지 않는 과실손괴행위를 예외적으로 처벌하는 규정이다.

Ⅱ. 재물, 문서, 전자기록 등(손괴, 은닉)죄

> **제366조(재물손괴 등)** 타인의 재물, 문서 또는 전자기록 등 특수매체기록을 손괴 또는 은닉 기타 방법으로 그 효용을 해한 자는 3년 이하의 징역 또는 700만원 이하의 벌금에 처한다.
>
> **제371조(미수범)** 제366조, 제367조와 제369조의 미수범은 처벌한다.

1. 의 의

본 죄는 타인의 재물이나 공·사문서, 전자기록 등 특수매체기록을 손괴, 은닉 기타 방법으로 효용을 해하는 경우에 성립한다. 손괴죄는 영득죄가 아니므로 영득죄인 절도죄와 비교하여 법정형이 낮다.

2. 구성요건

행위 태양은 재물 등의 행위객체를 손괴, 은닉 기타 방법으로 효용을 해하는 행위이다. 손괴라 함은 물질적인 파괴행위로 인하여 물건을 본래의 목적에 공할 수 없는 상태로 만드는 경우뿐만 아니라 일시적으로 그 물건의 구체적 역할을 할 수 없는 상태로 만드는 것도 효용을 해하는 경우에 해당한다(대판 2006. 12. 22, 2006도7219). 효용을 해하는 행위란 행위객체에 대한 실질을 훼손하거나 또는 예정되어 있는 목적으로의 사용 가치를 감소시키는 것을 말한다. 반드시 사용불능의 상태로 만들어야 하는 것은 아니지만 법정형에 비추어 상당한 정도의 훼손을 필요로 한다고 해석하여야 한다.

행위객체로서 문서는 형법 제141조 제1항의 서류(공용서류 등)에 해당하지 않는 모든 서류로서 공문서, 사문서, 권리의무 또는 사실증명에 관한 서류이든 불문한다. 재물은 동산, 부동산을 포함한다.

동물에 대한 학대행위에 대해서는 동물보호법 제8조(동물학대 등의 금지) 및 제46조(벌칙)에 의해 처벌된다.

판례 **비어 있는 아파트의 효용가치성**

- 재건축사업으로 철거가 예정되어 있었고 그 입주자들이 모두 이사하여 아무도 거주하지 않은 채 비어 있는 아파트라 하더라도, 그 아파트 자체의 객관적 성상이 본래 사용목적인 주거용으로 사용될 수 없는 상태가 아니었고, 더욱이 그 소유자들이 재건축조합으로의 신탁등기 및 인도를 거부하는 방법으로 계속 그 소유권을 행사하고 있는 상황이었다면 위와 같은 사정만으로는 위 아파트가 재물로서의 이용가치나 효용이 없는 물건으로 되었다고 할 수 없으므로, 위 아파트는 재물손괴죄의 객체가 된다(대판 2010. 2. 25, 2009도8473).

3. 죄 수

업무방해의 과정에서 행하여진 재물손괴나 협박의 죄는 불가벌적 수반행위에 해당하는 것이 아니라 업무방해죄와 각 실체적 경합관계에 있다(대판 2009. 10. 29, 2009도10340).

Ⅲ. 공익건조물파괴죄, 특수공익건조물파괴죄

제367조(공익건조물파괴) 공익에 공하는 건조물을 파괴한 자는 10년 이하의 징역 또는 2천만원 이하의 벌금에 처한다.

제369조(특수손괴) ② 제1항의 방법으로 제367조의 죄를 범한 때에는 1년 이상의 유기징역 또는 2천만원 이하의 벌금에 처한다.

공익건조물이란 공연장을 포함하여 기차나 지하철 역사, 체육시설 등과 같이 공무소는 아니지만 공공의 이익을 위하여 사용되고 일반인이 출입할 수 있는 건축물을 말한다. 국·공유나 사유 건물을 불문한다. 공무원과 일반인이 모두 사용하는 공무소에서 사용하는 건조물에 대해서는 공용건조물등파괴죄(제141조 제2항)에 해당한다. 특수공익건조물파괴죄(제369조 제2항)는 단체 또는 다중의 위력을 보이거나 위험한 물건을 휴대한 경우에 성립한다.

Ⅳ. 중손괴죄, 제366조, 제367조 각 죄명(치상, 치사)죄

제368조(중손괴) ① 전 2조의 죄를 범하여 사람의 생명 또는 신체에 대하여 위험을 발생하게 한 때에는 1년 이상 10년 이하의 징역에 처한다.
② 제366조 또는 제367조의 죄를 범하여 사람을 상해에 이르게 한 때에는 1년 이상의 유기징역에 처한다. 사망에 이르게 한 때에는 3년 이상의 유기징역에 처한다.

결과적 가중범을 규정한 것이다. 제1항은 구체적 위험범이며, 제2항은 제1항의 위험이 현실화되어 형을 가중하는 부진정 결과적 가중범이다.

Ⅴ. 특수(재물, 문서, 전자기록 등)(손괴, 은닉)죄

제369조(특수손괴) ① 단체 또는 다중의 위력을 보이거나 위험한 물건을 휴대하여 제366조의 죄를 범한 때에는 5년 이하의 징역 또는 1천만원 이하의 벌금에 처한다.
제371조(미수범) 제366조, 제367조와 제369조의 미수범은 처벌한다.

본 죄는 단체 또는 다중의 위력을 보이거나 위험한 물건을 휴대하여 제366조의 죄를 범한 때에 성립한다.

Ⅵ. 경계침범죄

제370조(경계침범) 경계표를 손괴, 이동 또는 제거하거나 기타 방법으로 토지의 경계를 인식불능하게 한 자는 3년 이하의 징역 또는 500만원 이하의 벌금에 처한다.

1. 의의 및 보호법익

토지의 권리관계의 명확성을 보호법익으로 하는 죄이다(통설). 판례는 본 죄를 토지의 경계에 관한 권리관계의 안정을 확보하여 사권을 보호하고 사회질서를 유지하는 데에 목적이 있다고 판시하고 있다(대판 1986. 12. 9, 86도1492).

2. 구성요건

경계표란 소유권 등 권리의 장소적 한계를 나타내는 지표를 말하며(대판 1976. 5. 25, 75도2564) 그 예로는 담장, 도로, 입목, 경계석이나 기타 공작물이 있다. 이러한 경계표는 타인 소유일 필요는 없으며 자기 소유인 경우에도 해당되고 개울과 같이 자연적인 경계도 포함된다. 경계표는 반드시 담장 등과 같이 인위적으로 설치된 구조물만을 의미하는 것은 아니고, 수목이나 유수 등과 같이 종래부터 자연적으로 존재하던 것이라도 경계표지로 승인된 것이면 여기의 경계표에 해당한다. 여기에서 말하는 '경계'는 반드시 법률상의 정당한 경계를 가리키는 것은 아니고, 비록 법률상의 정당한 경계에 부합되지 않는 경계라 하더라도 그것이 종래부터 일반적으로 승인되어 왔거나 이해관계인들의 명시적 또는 묵시적 합의에 의하여 정해진 것으로서 객관적으로 경계로 통용되어 왔다면 이는 본 죄에서 말하는 경계이다(대판 1986. 12. 9, 86도1492).

행위방법은 경계표를 손괴, 이동 또는 제거하거나 기타 토지경계를 인식불능하게 하는 방법 등이다. 자기 토지에 인접한 타인 소유의 토지를 침범하여 건물을 신축하는 것이 그 예이다(대판 1968. 9. 17, 68도967). 본 죄가 성립하면 손괴죄는 성립하지 않는다(법조경합).

판례 **경계침범죄**

• 피고인이 인접한 피해자 소유의 토지를 침범하여 나무를 심고 도랑을 파내는 등의 행위를 하였다 하더라도, 피고인과 피해자 소유의 토지는 이전부터 경계구분이 되어 있지 않았고 피고인의 행위로 인하여 새삼스럽게 토지경계에 대한 인식불능의 결과를 초래하였다고 볼 수 없는 이상 경계침범죄에 해당하지 않는다(대판 2010. 9. 9, 2008도8973).

• 피고인이 피고인 소유의 경기 가평군 청평면 상천리 갑 토지와 피해자 소유의 같은 리 을 토지의 경계에 관하여 다툼이 있던 중에 그 경계선 부근에 심어져 있던 조형소나무 등을 뽑아내고 그 부근을 굴착함으로써 그 경계를 불분명하게 하였다는 이 사건 범죄사실을 유죄로 인정한 조치는 정당한 것으로 수긍이 간다(대판 2007. 12. 28, 2007도9181).

• 기왕에 건립되어 있던 담벽의 연장선상에 위 담벽과 연결하여 추가로 담벽을 설치한 것으로서, 이는 피고인 주장의 경계를 보다 확실히 하고자 한 행위에 지나지 아니할 뿐, 이로써 새삼스레 피해자 소유의 토지경계에 대한 인식불능의 결과를 초래한다고는 볼 수 없다(대판 1992. 12. 8, 92도1682).

제10절 권리행사를 방해하는 죄

Ⅰ. 보호법익 및 구성요건체계

권리행사를 방해하는 죄는 재산범죄로서 타인의 점유 또는 권리의 대상이 된 자기의 물건 또는 전자기록 등 특수매체기록을 취거, 은닉 또는 손괴하여 타인의 권리행사를 방해하는 것을 말한다.

권리행사를 방해하는 죄의 보호법익은 권리행사방해죄의 경우에는 물권(담보물권, 용익물권)이나 채권이다. 예를 들면 양도담보나 채권담보의 목적으로 제공된 자기소유 물건이다. 그리고 점유강취죄의 보호법익은 자유권과 제한물권이며, 강제집행면탈죄는 채권자의 채권이다.

Ⅱ. 권리행사방해죄

> **제323조(권리행사방해)** 타인의 점유 또는 권리의 목적이 된 자기의 물건 또는 전자기록등 특수매체기록을 취거, 은닉 또는 손괴하여 타인의 권리행사를 방해한 자는 5년 이하의 징역 또는 700만원 이하의 벌금에 처한다.

본 죄의 행위객체는 타인의 점유 또는 권리의 목적이 된 자기의 물건 또는 전자기록 등 특수매체기록이다. 물건에는 부동산도 포함된다(통설). 타인의 점유란 권원權原으로 인한 점유, 즉 정당한 원인에 기하여 그 물건을 점유할 권리 있는 점유를 말한다. 그러므로 절도범의 점유는 이에 해당하지 않는다. 타인의 권리의 목적이 된 물건이란 제한물권(질권, 저당권, 유치권(대판 2011. 5. 13, 2011도2368), 용익물권)이나 채권(임차권, 사용대차권)의 목적이 되어 있는 물건을 말한다(예: 근저당권이 설정된 부동산, 가압류된 물건 등). 그러나 반드시 본 권에 의한 점유만을 의미하지는 않는다. 점유를 수반하여야 하는 것은 아니기 때문에 법인이나 법인격 없는 단체도 타인에 포함된다.

행위방법은 행위객체를 취거, 은닉, 손괴하여 권리행사를 방해하는 것이다. 취거란 점유자의 의사에 반하여 사실상의 지배를 제거하고 자기 또는 제3자의 사실상의 지배하에 옮기는 것을 의미한다. 은닉과 손괴는 손괴죄에서의 개념과 동일하다. 권리행사를 방해한다는 것은 물건에 대한 점유자의 이용 등을 하지 못하게 하는 것을 말한다.

본 죄에는 친족 간의 범행특례규정이 적용된다(제328조).

판례 권리행사방해죄에서 타인의 점유

• 무효인 경매절차에서 경매목적물을 경락받아 이를 점유하고 있는 낙찰자의 점유는 적법한 점유로서 그 점유자는 권리행사방해죄에 있어서의 타인의 물건을 점유하고 있는 자라고 할 것이다(대판 2003. 11. 28, 2003도4257). 동시이행의 관계에 있다고 보아 민법 제536조(동시이행의 항변권)를 준용하여야 한다고 본 판결이다.

Ⅲ. 점유강취죄, 준점유강취죄

제325조(점유강취, 준점유강취) ① 폭행 또는 협박으로 타인의 점유에 속하는 자기의 물건을 강취(强取)한 자는 7년 이하의 징역 또는 10년 이하의 자격정지에 처한다.
② 타인의 점유에 속하는 자기의 물건을 취거(取去)하는 과정에서 그 물건의 탈환에 항거하거나 체포를 면탈하거나 범죄의 흔적을 인멸할 목적으로 폭행 또는 협박한 때에도 제1항의 형에 처한다.
③ 제1항과 제2항의 미수범은 처벌한다.

점유강취죄는 폭행 또는 협박으로 타인의 점유에 속하는 자기의 물건을 강취한 경우에 성립하는 죄이다. 자기물건에 대한 강취행위라는 점에서 타인으로부터 재물을 강취하는 강도죄와 비교된다. 준점유강취죄는 목적범으로서 목적의 달성 여부는 본 죄의 성립과 관련이 없다.

Ⅳ. 중권리행사방해죄

제326조(중권리행사방해) 제324조 또는 제325조의 죄를 범하여 사람의 생명에 대한 위험을 발생하게 한 자는 10년 이하의 징역에 처한다.

중권리행사방해죄는 중강요죄라고도 하며 강요죄, 점유강취죄, 준점유강취죄를 범하여 사람의 생명에 대한 위험을 발생하게 하는 죄이다. 구체적 위험범이며 결과적 가중범이다.

Ⅴ. 강제집행면탈죄

제327조(강제집행면탈) 강제집행을 면할 목적으로 재산을 은닉, 손괴, 허위양도 또는 허위의 채무를 부담하여 채권자를 해한 자는 3년 이하의 징역 또는 1천만원 이하의 벌금에 처한다.

1. 의 의

민사집행법의 적용대상인 강제집행 또는 가압류·가처분 등의 집행을 면할 목적으로 자신의 재산을 은닉, 손괴, 허위양도 또는 허위의 채무를 부담하여 채권자를 해함으로써 성립하는 죄이다.

본 죄의 보호법익은 채권자의 채권이며(판례), 채권자를 해할 위험 상태에 이름으로써 성립하는 추상적 위험범이다(대판 2007. 6. 1, 2006도1813).

2. 구성요건

(1) 행위주체 및 객체

본 죄의 행위주체에 대해서는 채무자 및 제3자도 가능하다는 견해(판례, 다수설)와 채무자로 제한하는 견해가 있다. 다수설에 의하면 본 죄는 일반인에 대한 강제집행권의 실효성을 확보하기 위한 규정으로 보게 된다. 그러나 본 죄는 민사집행법상의 강제집행을 통한 채권자의 채권 보호를 목적으로 하므로 채무자가 아닌 제3자까지도 포함시키는 것은 타당하지 않다.

행위객체는 채무자의 재산 중에서 채권자가 민사집행법상 강제집행 또는 보전처분의 대상으로 삼을 수 있는 것이어야 한다(대판 2009. 5. 14, 2007도2168). 그러므로 계약 명의신탁의 방식으로 국세징수법에 의한 체납처분을 면탈할 목적으로 재산을 은닉하는 등의 행위는 본 죄의 규율대상이 아니다(대판 2012. 4. 26, 2010도5693). 또한 민사집행법 제3편의 적용대상인 '담보권 실행 등을 위한 경매'를 면탈할 목적으로 재산을 은닉하는 행위는 본 죄의 규율대상이 아니다(대판 2015. 3. 26, 2014도14909).

(2) 강제집행의 상황

민사소송법에 의한 강제집행 또는 가압류·가처분의 집행을 받을 우려가 있는 객관적인 상태, 즉 채권자가 본안 또는 보전 소송을 제기하거나 제기할 태세를 보이고 있는 상태에 있어야 한다. 즉 채권자가 본안 또는 보전 소송을 제기하거나 제기할 태세를 보이고 있는 상태에서 주관적으로 강제집행을 면탈하려는 목적으로 재산을 은닉, 손괴, 허위양도하거나 허위의 채무를 부담하여 채권자를 해할 위험이 있으면 성립한다. 반드시 채권자를 해하는 결과가 야기되거나 행위자가 어떤 이득을 취하여야 범죄가 성립하는 것은 아니다(대판 2009. 5. 28, 2009도875).

(3) 면탈행위의 유형

면탈행위의 유형은 은닉, 손괴, 허위양도, 허위의 채무부담이다. 재산의 은닉이란 강제집행을 실시하는 자에 대하여 재산의 발견을 불능 또는 곤란케 하는 것을 말하며, 재산의 소재를 불명케 하는 경우는 물론 그 소유관계를 불명하게 하는 경우도 포함한다(판례). 한편 채무자가 제3자 명의로 되어 있던 사업자 등록을 다른 제3자 명의로 변경한 것은 은닉에 해당하지 않는다는 것이 판례의 입장이다(대판 2014. 6. 12, 2012도2732).

판례 면탈행위의 유형

① 재산은닉

• 피고인이 회사의 어음 채권자들의 가압류 등을 피하기 위하여 회사의 예금계좌에 입금된 회사 자금을 인출하여 제3자 명의의 다른 계좌로 송금하였다면 강제집행면탈죄를 구성한다(대판 2005. 10. 13, 2005도4522).

② 허위의 채무부담

• 허위의 채무를 부담하는 내용의 채무변제계약 공정증서를 작성한 후 이에 기하여 채권압류 및 추심명령을 받은 경우(대판 2009. 5. 28, 2009도875).

• 이혼을 요구하는 처로부터 재산분할청구권에 근거한 가압류 등 강제집행을 받을 우려가 있는 상태에서 남편이 이를 면탈할 목적으로 허위의 채무를 부담하고 소유권이전청구권보전가등기를 경료한 경우(대판 2008. 6. 26, 2008도3184).

[각론]

제 2 편

사회적 법익에 대한 죄

제 1 장 공공의 안전과 평온에 대한 죄

제 1 절 공안을 해하는 죄

Ⅰ. 서 론

공안을 해하는 죄는 공공의 법 질서 또는 공공의 안전과 평온을 해치는 것을 내용으로 하는 죄이다. 공안을 해하는 죄에 대해서는 이를 국가적 법익을 해하는 죄로 보는 견해(유기천)와 사회적 법익을 해하는 죄로 보는 견해(다수설)가 있다.

형법체계상 공안을 해하는 죄의 장(제5장)에 규정된 구성요건 가운데 (전시, 비상시)공수계약(불이행, 이행방해)죄(제117조) 및 공무원자격사칭죄(제118조)와 같이 국가적 기능을 보호하기 위한 죄를 제외하고 범죄단체조직죄(제114조)나 소요죄(제115조), 다중불해산죄(제116조)는 사회적 법익에 대한 죄로 보는 것이 타당하다.

Ⅱ. 범죄단체(조직, 가입)죄

> **제114조(범죄단체 등의 조직)** 사형, 무기 또는 장기 4년 이상의 징역에 해당하는 범죄를 목적으로 하는 단체 또는 집단을 조직하거나 이에 가입 또는 그 구성원으로 활동한 사람은 그 목적한 죄에 정한 형으로 처벌한다. 다만, 형을 감경할 수 있다.

1. 의 의

사형, 무기 또는 장기 4년 이상의 징역에 해당하는 중대한 범죄를 목적으로 하는 단체를 조직 또는 이에 가입하거나 이에 가입 또는 그 구성원으로 활동함으로써 성립하는 죄이다. 본 죄는 조직 범죄의 위험성에 비추어 범죄의 실행행위를 위한 예비단계인 범죄 목적의 조직 결성 및 이에 대한 가입행위를 처벌하기 위한 것이다. 본 죄는 다수의 행위자가 동일한 목표를 향하여 같은 방향에서 공동으로 범죄단체를 조직하거나 가입하는 행위이므로 필요적 공범에 해당한다.

개정(법률 제11731호, 2013. 4. 5. 일부개정)하기 전 범죄단체조직죄는 법정형의 제한 없이 범죄를 목적으로 단체를 조직하기만 하면 구성요건에 해당하게 되어 그 처벌 범위가 너무 넓다는 비판이 제기되어 왔으며, 「국제연합국제조직범죄방지협약」도 법정형이 장기 4년 이상인 범죄를 목적으로 하는 단체를 조직하는 행위 등을 범죄화하도록 규정하여 범위를 제한하고 있다. 한편 개정 전에는 범죄단체에는 이르지 못하였으나 그 위험성이 큰 범죄집단을 조직한 경우에 관한 처벌이 미비한 실정이었다. 이에 개정법은 "사형, 무기 또는 장기 4년 이상의 징역"에 해당하는 범죄를 목적으로 하는 단체의 조직행위를 처벌하도록 하여 그 범위를 제한함으로써 「국제연합국제조직범죄방지협약」의 내용과 조화를 이루게 하는 한편, 범죄단체뿐만 아니라 이에 이르지 못한 범죄집단을 조직한 경우에도 처벌하도록 하였다.

2. 법적 성격

범죄단체조직 · 가입죄는 즉시범에 해당한다(대판 1992. 2. 25, 91도3192). 반면에 본 죄의 공소시효의 기산점에 대해서는 ① 즉시범이므로 범죄단체의 조직과 동시에 공소시효가 진행된다는 견해와 ② 계속범이므로 범죄단체의 해산이나 단체로부터의 탈퇴시점부터 진행된다는 견해(김/서, 배종대, 신동운, 김의환)가 있다.

생각건대 범죄단체조직 · 가입죄는 즉시범에 해당하고 활동죄는 계속범으로 보아야 한다. 범죄단체를 조직하거나 이에 가입하는 행위는 조직 또는 가입행위를 하면 바로 성립하는 즉시범으로 보는 것이 논리적으로 맞다. 다만 위 ①의 견해에 대해서 범죄단체 조직원으로 계속 활동 중임에도 불구하고 공소시효의 완성을 이유로 처벌할 수 없게 되고, 이들 단체에 대한 배후 비호세력의 지원행위를 범죄단체조직죄의 방조행위로 처벌할 수도 없는 점을 지적하지만 이를 감안하여 조직 · 가입행위 이외에 활동행위를 처벌하는 규정이 마련되어 있으므로 계속 활동 중인 자나 이를 지원하는 방조행위를 처벌하는 것이 가능하다. 그러므로 활동죄는 계속범에 해당한다. 반면에 범죄단체조직죄의 공소시효는 단체의 해산이나 단체로부터 탈퇴를 기준으로 하여야 할 것이다.

3. 구성요건

(1) 대상 범죄

대상 범죄는 사형, 무기 또는 장기 4년 이상의 징역에 해당하는 범죄이다. 반드시 형법에 규정된 범죄만으로 제한되는지 아니면 특별법상의 범죄행위도 포함되는지 문제된다. 형법이 이를 특별히 제한하고 있지 않으므로 특별법상의 범죄행위도 포함된다고 보아야 한다.

(2) 범죄단체의 조직, 가입 또는 활동

행위는 범죄단체 또는 집단을 조직하거나 가입 또는 구성원으로 활동하는 것이다.

여기에서 범죄단체란 반드시 형법상의 범죄를 목적으로 하는 것이 아니라 특별법상의 범죄도 포함한다. 본 죄의 단체는 특정다수인의 공동목적을 위한 계속적인 결합체를 의미한다(공동목적, 계속성, 조직성). 그러나 범죄단체는 다양한 형태로 성립·존속할 수 있는 것으로서 정형을 요하는 것은 아니므로 그 구성·가입은 반드시 단체의 명칭이나 강령이 명확하게 존재하고 특별한 절차가 있어야 하는 것은 아니다(대판 2000. 12. 26, 2000도4370). 그러나 단체를 주도하는 개인의 지시에 따라 상호 간에 통일된 의사로써 행동한다고 느끼는 최소한의 통솔체제를 갖추고 있어야 한다(대판 2001. 9. 28, 2001도3472). 목적한 범죄의 실행이나 목적의 달성 여부는 본 죄의 성립에 영향이 없다(추상적 위험범).

활동은 범죄단체 또는 집단의 내부규율 및 통솔체계에 따른 조직적, 집단적 의사결정에 의하여 행하는 범죄단체 또는 집단의 존속·유지를 지향하는 적극적인 행위를 말한다. 특정한 행위가 범죄단체 또는 집단의 구성원으로서의 활동에 해당하는지 여부는 당해 행위가 행해진 일시, 장소 및 그 내용, 그 행위가 이루어지게 된 동기 및 경위, 목적, 의사 결정자와 실행 행위자 사이의 관계 및 그 의사의 전달 과정 등의 구체적인 사정을 종합하여 실질적으로 판단하여야 한다. 그러므로 다수의 구성원이 관여되었다고 하더라도 범죄단체 또는 집단의 존속·유지를 목적으로 하는 조직적, 집단적 의사결정에 의한 것이 아니거나, 범죄단체 또는 집단의 수괴나 간부 등 상위 구성원으로부터 모임에 참가하라는 등의 지시나 명령을 소극적으로 받고 이에 단순히 응하는 데 그친 경우, 구성원 사이의 사적이고 의례적인 회식이나 경조사 모임 등을 개최하거나 참석하는 경우 등은 '활동'에 해당한다고 볼 수 없다(대판 2010. 1. 28, 2009도9484).

판례 **활동의 의미**

- 범죄단체의 간부급 조직원들이 조직생활의 자부심을 심어 주고, 조직 결속력 강화 및 조직 이탈을 방지하기 위하여 개최한 회식에 참석한 행위 및 다른 폭력조직의 조직원의 장례식, 결혼식 등 각종 행사에 참석하여 하부 조직원들이 행사장에 도열하여 상부 조직원들이 도착할 때와 나갈 때 90°로 인사하는 이른바 병풍 역할을 하여 조직의 위세를 과시한 행위는 폭력행위 등 처벌에 관한 법률 제4조 제1항의 '활동'에 해당하지 않는다(대판 2010. 1. 28, 2009도9484: 부산 부전동파 사건).

조직·가입죄 이외에 활동행위를 별도의 구성요건해당행위로 규정한 것은 범죄단체조직죄의 즉시범적 성격 때문이다. 즉 범죄단체 또는 집단이 존속·유지되는 한 범죄 실행 또는 실행의 위험성이 지속된다는 점에 비추어 범죄의 실행 여부를 불문하고 그 범죄의 예비 · 음모의 성격을 갖는 범죄단체 또는 집단의 생성 및 존속 자체를 막으려는 데 그 입법취지가 있다. 그런데 범죄단체의 구성 · 가입죄가 즉시범이어서 이에 대한 공소시효가 완성된 경우에는 범죄단체 구성원으로 계속 활동하여도 이를 처벌할 수 없다는 불합리한 점을 감안하여 그 처벌의 근거를 마련한 것이다. 그러므로 범죄단체 구성 · 가입죄와 범죄단체 활동죄는 포괄일죄의 관계가 아니라 실체적 경합범의 관계에 있다고 보아야 한다(서울고판 2007. 12. 13, 2007노1826).

판례 보이스피싱과 범죄단체 조직 · 활동

• 피고인들이 불특정 다수의 피해자들에게 전화하여 금융기관 등을 사칭하면서 신용등급을 올려 낮은 이자로 대출을 해주겠다고 속여 신용관리비용 명목의 돈을 송금받아 편취할 목적으로 보이스피싱 사기 조직을 구성하고 이에 가담하여 조직원으로 활동함으로써 범죄단체를 조직하거나 이에 가입 · 활동하였다는 내용으로 기소된 사안에서, 위 보이스피싱 조직은 보이스피싱이라는 사기범죄를 목적으로 구성된 다수인의 계속적인 결합체로서 총책을 중심으로 간부급 조직원들과 상담원들, 현금인출책 등으로 구성되어 내부의 위계질서가 유지되고 조직원의 역할분담이 이루어지는 최소한의 통솔체계를 갖춘 형법상의 범죄단체에 해당하고, 보이스피싱 조직의 업무를 수행한 피고인들에게 범죄단체 가입 및 활동에 대한 고의가 인정되며, 피고인들의 보이스피싱 조직에 의한 사기범죄 행위가 범죄단체 활동에 해당한다(대판 2017. 10. 26, 2017도8600).

4. 특별법상의 범죄단체조직죄

(1) 폭력행위 등 처벌에 관한 법률 (제4조)

폭처법 제4조는 동법에 규정된 범죄(상해죄, 폭행죄, 체포 · 감금죄, 협박죄, 주거침입 · 퇴거불응죄, 강요죄, 공갈죄, 손괴죄)를 목적으로 하는 단체 또는 집단을 구성하거나 그러한 단체 또는 집단에 가입하거나 그 구성원으로 활동한 자를 그 지위에 따라 처벌한다고 규정하고 있다. 즉, 수괴의 경우에는 사형, 무기 또는 10년 이상의 징역으로 처벌하며, 여기서 수괴란 범죄단체의 우두머리로 단체의 활동을 지휘 · 통솔하는 자를 가리키는 것으로서, 수괴는 반드시 1인일 필요가 없고 2인 이상의 수괴가 역할을 분담하여 활동할 수도 있는 것이어서, 범죄단체의 배후에서 일체의 조직활동을 지휘하는 자와 전면에서 단체 구성원의 통솔을 담당하는 자로 역할을 분담하고 있는 경우 양 인을 모두 범죄단체의 수괴로 인정할 수 있다. 또한 간부의 경우에는 무기 또는 7년 이상의 징역으로 처벌하며, 여기서 간부란 수괴의 지휘 등을 받아 말단 조직원을 지휘 · 통솔하는 자를 일컫는다(대판 2015. 5. 28, 2014도18006).

폭처법의 제정 목적이 집단 범죄를 가중처벌하는 데에 있으므로 이들 범죄에 대한 구성요건이 형법에 비해 더 포괄적이다(동법 제5조 참조). 또한 형법상의 범죄단체조직죄와 대상 범죄에서 차이가 있다.

판례 폭처법상 범죄단체 조직 · 활동

• 폭력행위 등 처벌에 관한 법률 제4조 제1항은 그 법에 규정된 범죄행위를 목적으로 하는 단체를 구성하거나 이에 가입하는 행위 또는 구성원으로 활동하는 행위를 처벌하도록 정하고 있는데, 이는 구체적인 범죄행위의 실행 여부를 불문하고 범죄행위에 대한 예비 · 음모의 성격이 있는 범죄단체의 생성 및 존속 자체를 막으려는 데 입법 취지가 있다. 또한 위 조항에서 말하는 범죄단체 구성원으로서의 활동이란 범죄단체의 내부 규율 및 통솔 체계에 따른 조직적 · 집단적 의사 결정에 기초하여 행하는 범죄단체의 존속 · 유지를 지향하는 적극적인 행위를 일컫는다.

그런데 범죄단체의 구성이나 가입은 범죄행위의 실행 여부와 관계없이 범죄단체 구성원으로서의 활동을 예정하는 것이고, 범죄단체 구성원으로서의 활동은 범죄단체의 구성이나 가입을 당연히 전제로 하는 것이므로, 양자는 모두 범죄단체의 생성 및 존속 · 유지를 도모하는, 범죄행위에 대한 일련의 예비 · 음모 과정에 해당한다는 점에서 범의의 단일성과 계속성을 인정할 수 있을 뿐만 아니라 피해법익도 다르지 않다.

따라서 범죄단체를 구성하거나 이에 가입한 자가 더 나아가 구성원으로 활동하는 경우, 이는 포괄일죄의 관계에 있다(대판 2015. 9. 10, 2015도7081).

(2) 국가보안법 (제3조)

반국가단체를 구성하거나 이에 가입한 자를 그 지위에 따라 처벌한다.

(3) 성매매알선 등 행위의 처벌에 관한 법률 (제22조)

본 법 제18조 또는 제19조에 규정된 범죄를 목적으로 단체 또는 집단을 구성하거나 그러한 단체 또는 집단에 가입한 사람은 폭력행위 등 처벌에 관한 법률 제4조의 예에 따라 처벌한다.

Ⅲ. 소요죄

제115조(소요) 다중이 집합하여 폭행, 협박 또는 손괴의 행위를 한 자는 1년 이상 10년 이하의 징역이나 금고 또는 1천 500만원 이하의 벌금에 처한다.

1. 의 의

소요죄騷擾罪의 보호법익은 공공의 평온 또는 사회 내의 공공안전이다. 내란죄와 달리 조직적 결합을 전제로 하지 않는 단순 집합범이며 필요적 공범이다. 소요행위로 인하여 공공의 안전이 파괴될 정도의 구체적 위험 발생이 필요한 것은 아니며 소요행위는 공공의 질서·평온에 대한 위험 발생을 내포하는 행위라는 점에서 추상적 위험범이라고 보는 것이 타당하다(다수설).

2. 구성요건

다중이란 조직적 결합이 없이 장소적으로만 집결되어 있으며 숫자를 즉시 알 수 없을 정도의 인원으로 이루어져 있는 것을 말한다. 행위방법은 폭행·협박이다. 이는 사람이나 물건에 대한 직접적인 폭력행위를 의미한다(거동범). 다중의 일부가 소요행위와 무관하게 행한 개인적 폭행·협박은 해당하지 않으며 집단적 공격의 형태로 이루어지는 폭행·협박이어야 한다.

본 죄의 과도한 적용은 헌법이 보장하는 집회·결사의 자유를 침해할 위험성이 있다. 즉 집회 및 시위에 관한 법률에 규정된 집회·시위의 금지(제5조)와 제한규정(제8조)을 위반하였다는 것만으로 본 죄가 성립하는 것은 아니다.

Ⅳ. 다중불해산죄

제116조(다중불해산) 폭행, 협박 또는 손괴의 행위를 할 목적으로 다중이 집합하여 그를 단속할 권한이 있는 공무원으로부터 3회 이상의 해산명령을 받고 해산하지 아니한 자는 2년 이하의 징역이나 금고 또는 300만원 이하의 벌금에 처한다.

다중불해산죄多衆不解散罪는 소요죄가 성립하기 전 예비단계를 독립적으로 처벌하기 위한 구성요건으로서 진정부작위범에 해당한다. 행위주체는 폭행·협박 또는 손괴행위를 할 목적으로 집합한 다중이다(목적범). 단속할 공무원이란 해산명령권을 가진 공무원이다. 본 죄는 공공의 평온과 안전이 보호법익이므로 해산명령 횟수를 기준으로 할 것이 아니라 자발적인 최종 해산명령시를 기준으로 다중이 공공의 안전을 위협하지 않고 평온하게 해산하였는가 여부를 기준으로 하여 판단하여야 한다(통설).

V. (전시, 비상시)공수계약불이행죄, (전시, 비상시)공수계약이행방해죄

제117조(전시공수계약불이행) ① 전쟁, 천재 기타 사변에 있어서 국가 또는 공공단체와 체결한 식량 기타 생활필수품의 공급계약을 정당한 이유없이 이행하지 아니한 자는 3년 이하의 징역 또는 500만원 이하의 벌금에 처한다.
② 전항의 계약이행을 방해한 자도 전항의 형과 같다.
③ 전 2항의 경우에는 그 소정의 벌금을 병과할 수 있다.

본 죄는 전쟁, 천재 기타 사변에 있어서 국가 또는 공공단체와 체결한 식량 기타 생활필수품의 공급계약을 정당한 이유없이 이행하지 않거나 계약 이행을 방해하는 경우에 성립한다. 본 죄의 입법취지는 전쟁 등 국가비상사태하에서 생활필수품이 매점·매석되지 않고 원활하게 공급될 수 있도록 하는 데에 있다.

Ⅵ. 공무원자격사칭죄

제118조(공무원자격의 사칭) 공무원의 자격을 사칭하여 그 직권을 행사한 자는 3년 이하의 징역 또는 700만원 이하의 벌금에 처한다.

1. 구성요건

본 죄는 신분범이 아니다. 그러므로 모든 자연인이 행위주체이며, 공무원도 다른 공무원의 자격을 사칭하면 본 죄의 주체가 된다. 사칭하는 공무원의 직권 내용은 공무원만이 행사할 수 있는 권한 사항을 말한다. 그리고 사칭하는 직권을 행사하여야 본 죄가 성립한다.

판례 공무원자격사칭죄에서 자격 사칭의 내용

• 피고인들이 공동피고인으로부터 피해자에 대한 100만원의 채권추심을 의뢰받고 행동대원을 동원하여 계엄포고령에 의한 합동수사반원임을 사칭한 사건에서, 대법원은 공무원자격사칭죄가 성립하려면 **어떤 직권을 행사할 수 있는 권한을 가진 공무원임을 사칭하고 그 직권을 행사한 사실이 있어야** 하는 바, 피고인들이 그들이 위임받은 채권을 용이하게 추심하는 방편으로 합동수사반원임을 사칭하고 협박한 사실이 있다고 하여도 위 채권의 추심행위는 개인적인 업무이지 합동수사반의 수사업무의 범위에는 속하지 아니하므로 이를 공무원자격사칭죄로 처벌할 수 없다고 판시하였다(대판 1981. 9. 8, 81도1955). 대법원은 피고인이 위임받은 채권을 용이

하게 추심하는 방편으로 합동수사반원의 지위를 사칭, 협박의 수단으로 이용한 사실은 인정하였지만 이러한 사실이 합동수사반의 수사 업무에 해당하지 않는다고 하여 공무원자격사칭죄를 인정하지 않은 것이다.

행위자는 자기가 공무원의 자격이 없음에도 불구하고 공무원의 자격을 사칭하고 사칭한 공무원의 직권을 행사한다는 인식이 있어야 한다.

판례 공무원자격사칭죄의 고의

• 공무원자격사칭죄는 자격을 사칭한 공무원의 직권에 속한다는 인식하에 그 공무원의 직권을 행사한 경우에 해당하기 때문에 대통령비서실 직제 제1조 소정사항에 관한 사무에 속한다거나 또한 그렇다고 인식하고 한 행위가 아니라는 이유로 무죄를 선고하였다(대판 1973. 12. 24, 73도1945).

2. 다른 범죄와의 관계

공무원 자격 사칭을 통하여 공갈행위를 하거나 기망행위를 하여 재산을 취득한 경우에는 양 죄의 상상적 경합이 인정된다. 또한 공무원 신분증을 위조하여 공무원 자격을 사칭한 경우에는 공문서위조죄 및 동 행사죄와 본 죄의 상상적 경합이 성립한다.

반면 **하급심 판례**는 공무원자격사칭죄와 공갈미수죄는 일개의 행위로써 수개의 죄에 해당하는 경우이지만 위조공문서행사죄와 공무원자격사칭죄, 위조공문서행사죄와 공갈미수죄 등은 수개의 범죄를 범한 경우라고 보아 경합범을 인정한 바 있다(대구고판 1969. 11. 27, 69노438).

제 2 절 폭발물에 관한 죄

Ⅰ. 보호법익 및 구성요건체계

폭발물에 관한 죄는 방화죄와 마찬가지로 공공의 위험 발생을 내용으로 한다는 점에서 사회의 안전과 평온을 보호하는 공공위험죄라고 볼 수 있다(통설).

폭발물에 관한 죄는 공안을 해치는 결과 발생을 필요로 하지 않는다는 점에서 위험범에 해당한다. 보호받는 정도는 추상적 위험범설과 구체적 위험범설(다수설)이 있다. 본 죄는 폭발물을 사용하여 사람의 생명·신체 또는 재산을 해하거나 공안을 문란하게 하는 구체적 위험 발생을 요건으로 하는 구체적 위험범으로 보는 것이 타당하다.

Ⅱ. 폭발물사용죄, (전시, 비상시)폭발물사용죄

제119조(폭발물 사용) ① 폭발물을 사용하여 사람의 생명, 신체 또는 재산을 해하거나 그 밖에 공공의 안전을 문란하게 한 자는 사형, 무기 또는 7년 이상의 징역에 처한다.
② 전쟁, 천재지변 그 밖의 사변에 있어서 제1항의 죄를 지은 자는 사형이나 무기징역에 처한다.
③ 제1항과 제2항의 미수범은 처벌한다.

1. 폭발물

폭발물이란 자체 내의 폭발장치를 통하여 폭약을 급격하게 과열시켜 사람의 생명·신체·재산을 해할 수 있는 물건을 말한다(폭약의 개념에 대해서는 '총포·도검·화약류 등 단속법' 제2조 제3항 참조). 사제폭탄과 같이 스스로 제작한 폭발물도 이에 해당한다. 화염병은 '화염병 사용 등의 처벌에 관한 법률'(제3조)의 적용을 받으므로 본 죄의 적용대상이 아니다.

폭발물은 폭발성 물건(제172조)과 구별하여야 한다. 폭발성 물건은 보일러, 석유·가스탱크와 같이 급격히 과열하여 물건을 파괴하는 성질을 가진 물질을 말하며, 자체 내에 폭발장치가 없는 점에서 폭발물과 구별된다. 폭발물을 사용한다는 것은 폭발물을 폭발시키는 것을 말한다.

판례 폭발물의 의미

- 폭발물사용죄에서 말하는 폭발물이란 폭발작용의 위력이나 파편의 비산 등으로 사람의 생명, 신체, 재산 및 공공의 안전이나 평온에 직접적이고 구체적인 위험을 초래할 수 있는 정도의 강한 파괴력을 가지는 물건을 의미한다. 따라서 어떠한 물건이 형법 제119조에 규정된 폭발물에 해당하는지는 **폭발작용 자체의 위력이 공안을 문란하게 할 수 있는 정도로 고도의 폭발성능을 가지고 있는지에 따라 엄격하게 판단하여야 한다.**

피고인이 제작한 물건의 구조, 그것이 설치된 장소 및 폭발 당시의 상황 등에 비추어, 위 물건은 폭발작용 자체에 의하여 공공의 안전을 문란하게 하거나 사람의 생명, 신체 또는 재산을 해할 정도의 성능이 없거나, 사람의 신체 또는 재산을 경미하게 손상시킬 수 있는 정도에 그쳐 사회의 안전과 평온에 직접적이고 구체적인 위험을 초래하여 공공의 안전을 문란하게 하기에는 현저히 부족한 정도의 파괴력과 위험성만을 가진 물건이므로 형법 제172조 제1항에 규정된 '폭발성 있는 물건'에는 해당될 여지가 있으나 이를 형법 제119조 제1항에 규정된 '폭발물'에 해당한다고 볼 수는 없다(대판 2012. 4. 26, 2011도17254).

2. 미수범

본 죄의 미수범은 처벌한다. 미수범은 폭발물이 폭발하지 않거나 폭발하였더라도 생명·신체 또는 재산을 해하는 결과가 발생하지 않은 경우에 인정된다. 또한 폭발물을 설치하였으나 폭발하기 전에 발각된 경우도 미수에 해당한다.

Ⅲ. (제119조 제1항, 제2항 각 죄명)(예비, 음모, 선동)죄

제120조(예비, 음모, 선동) ① 전조 제1항, 제2항의 죄를 범할 목적으로 예비 또는 음모한 자는 2년 이상의 유기징역에 처한다. 단, 그 목적한 죄의 실행에 이르기 전에 자수한 때에는 그 형을 감경 또는 면제한다.
② 전조 제1항, 제2항의 죄를 범할 것을 선동한 자도 전항의 형과 같다.

Ⅳ. (전시, 비상시)폭발물(제조, 수입, 수출, 수수, 소지)죄

제121조(전시폭발물제조 등) 전쟁 또는 사변에 있어서 정당한 이유없이 폭발물을 제조, 수입, 수출, 수수 또는 소지한 자는 10년 이하의 징역에 처한다.

제 3 절 방화와 실화의 죄

Ⅰ. 의의 및 보호법익

제164조 이하의 방화·실화죄는 고의 또는 과실로 불특정 또는 다수인의 생명, 신체나 재산을 소훼하여 공공의 위험을 야기하는 공공위험죄이다. 방화죄의 보호법익에 대해서는 ① 공공의 안전과 평온이라는 견해(김/김, 이/장/강), ② 공공의 안전과 평온 이외에 재산도 보호대상이라는 견해(대판 1983. 1. 18, 82도2341; 다수설)가 있다. 방화행위는 행위객체에 대한 재산 침해를 수반하기 때문에 공공의 안전과 함께 재산범(손괴죄)의 성격을 인정하는 것이 타당하다.

구성요건 체계는 행위객체의 중요도에 따라 다르게 규정하고 있다. 즉 사람의 현주 또는 현존 여부를 가장 중요한 기준으로 하여 공용·공익 여부, 타인 또는 자기 소유 여부를 기준으로 법정형을 차등화하고 있다.

한편 '산림자원의 조성 및 관리에 관한 법률'은 채종림, 수형목, 시험림에 방화한 자는 7년 이상의 징역에 처한다고 규정하고 있다(동법 제71조 제1항).

Ⅱ. 방화죄

1. 현주, 현존(건조물, 기차, 전차, 자동차, 선박, 항공기, 광갱)방화죄

제164조(현주건조물 등 방화) ① 불을 놓아 사람이 주거로 사용하거나 사람이 현존하는 건조물, 기차, 전차, 자동차, 선박, 항공기 또는 지하채굴시설을 불태운 자는 무기 또는 3년 이상의 징역에 처한다.
제174조(미수범) 제164조 제1항의 미수범은 처벌한다.

(1) 의 의

본 죄는 사람이 주거로 사용하거나 주거로 사용하지 않더라도 사람이 현존하는 건조물 등에 불을 놓아 훼손하는 행위를 처벌하는 것이다. 방화죄 가운데 사람을 다치게 하거나 사망하게 할 가능성이 가장 높기 때문에 무겁게 처벌하는 규정이다. 추상적 위험범이다. 한편 재산은 침해범으로 보호된다는 견해(임웅)도 있다.

(2) 구성요건

1) 행위객체

행위객체는 사람이 주거로 사용하거나 사람이 현존하는 건조물, 기차, 전차, 자동차, 선박, 항공기, 지하채굴시설이다. 본인이 현존하는 건물에 방화하는 경우는 제외되며, 이 경우에는 자기소유건조물방화죄(제166조 제2항)에 해당한다. 주거로 사용한다는 것은 일시적이든 상시적이든 실제적으로 일상생활의 장소로 사용하는 것을 말한다. 그러므로 주거로 사용할 목적으로 지었으나 현재 사람이 사용하지 않는 빈 집 등은 여기에 해당하지 않는다. 그러나 일시 외출하는 경우처럼 방화시에 사람이 주거에 있어야 하는 것은 아니다. 또한 주거로 사용하는 건조물 부근에 위치한 비주거용 건조물에 대한 방화는 본 죄에 해당하지 않는다고 보아야 한다.

판례는 가옥의 일부로 되어 있는 축사에 대한 방화가 본 죄에 해당한다고 판시하고 있으나(대판 1967. 8. 29, 67도925) 과도한 확장 해석이다. 주거 사용은 적법성을 전제로 하지 않으므로 불법 점거 중인 건조물에 방화하는 경우에도 본 죄에 해당한다. 사람이 현존한다는 것은 주거 사용의 목적이 아닌 건조물 등이라 하더라도 행위시에 사람이 들어가 있는 상태를 의미한다.

2) 행 위

행위는 목적물에 불을 놓는 것, 즉 방화이다. 방화는 부작위에 의한 방화도 인정된다. 그러므로 목적물이 불에 타는 것을 방지할 보증인 지위에 있는 자가 진화 작업이 가능한 상황임에도 불구하고 이를 방치한 경우에 인정된다. 본 죄의 행위는 방화이지만 방화의 결과 목적물이 불에 타버린 상태여야 한다고 규정하고 있으므로 일종의 결과적 가중범의 구조를 이루고 있다. 실행의 착수시점과 기수시점은 이러한 구조를 염두에 두고 판단하여야 한다.

3) 실행의 착수 · 기수

본 죄의 실행의 착수시점은 목적물 또는 매개물에 발화하거나 점화한 때이다(통설·판례).

기수시점은 ① 화력이 매개물을 떠나 목적물이 스스로 연소할 수 있는 상태에 이름으로써 기수가 된다고 보는 독립연소설(대판 2007. 3. 16, 2006도9164; 다수설), ② 화력에 의해 목적물의 중요부분이 소실되어 그 본래의 목적을 상실한 때로 보는 효용상실설, ③ 독립연소설과 효용상실설의 중간적인 견해로서 중요부분연소개시설(이형국, 정영일), ④ 중요부분이 불에 탈 필요는 없고 목적물에 대해 일부 손괴가 있는 때에 기수에 이른다고 보는 일부손괴설(김성돈, 오영근, 임웅), ⑤ 추상적 위험범인 방화죄의 경우에는 독립연소설을 따르고, 구체적 위험범인 경우에는 중요부분연소개시설에 의하는 이분설(김/서, 배종대) 등이 있다.

우선 독립연소설을 제외한 학설은 목적물에 대한 연소의 정도를 기준으로 하고 있다. 본 죄는 미수범을 처벌하기 때문에 스스로 연소할 수 있는 상태에 이르러야 기수를 인정하는 것이 타당하다. 그러나 건조물의 자재가 연소성인 경우와 불연성인 경우의 발화 상태가 다르므로 구체적인 착수시점과 기수시점은 개별적으로 판단하여야 한다.

판례 **방화죄의 실행의 착수시점과 기수시점**

① 실행의 착수시점

• **사건개요**: 피고인의 집에서 처와 심한 부부싸움을 하다가 "집을 불태워 버리고 같이 죽어버리겠다"며 휘발유통을 들고 나와 처와 자녀 2명이 있는 자신의 집 주위에 휘발유를 뿌리고, 1회용 라이터를 켜 불을 놓았으나, 불길이 번지지 않는 바람에 미수에 그치고, 이로 인하여 피고인을 만류하던 앞집 거주 피해자(남, 51세)로 하여금 약 4주간의 치료를 요하는 3도 화상을 입게 하였다.

판결이유: 설령 외부적 사정에 의하여 피고인이 라이터로 붙인 불이 주택 주변에 뿌려진 휘발유를 거쳐 방화 목적물인 주택 자체에 옮겨 붙지는 않았더라도 당시 피고인이 뿌린 휘발유가 인화성이 강한 상태로 주택 주변과 피고인 및 피해자의 몸에 적지 않게 살포되어 있었던 점, 피고인은 그러한 주변 사정을 알면서도 라이터를 켜 불꽃을 일으킨 점, 그로 인하여 매개물인 휘발유에 불이 붙어 연소작용이 계속될 수 있는 상태에 이르고, 실제로 피해자가 발생하기까지 한 점 등의 제반 사정에 비추어 볼 때, 피고인의 행위는 현존건조물방화죄의 실행의 착수에 해

당한다(대판 2002. 3. 26, 2001도6641).

② 기수시점

• 강간살인사건에서 피고인이 판시 제2의 범행에 있어 피해자의 사체 위에 옷가지 등을 올려 놓고 불을 붙인 천 조각을 던져 그 불길이 방안을 태우면서 천정에까지 옮겨 붙었다면, 설령 그 불이 완전연소에 이르지 못하고 도중에 진화되었다고 하더라도, 일단 천정에 옮겨 붙은 이상 그 때에 이미 현주건조물방화죄는 기수에 해당한다고 판시하였다(대판 2007. 3. 16, 2006도9164).

2. 현주건조물 등 방화치상 · 치사죄

> 제164조(현주건조물 등에의 방화) ② 제1항의 죄를 지어 사람을 상해에 이르게 한 경우에는 무기 또는 5년 이상의 징역에 처한다. 사망에 이르게 한 경우에는 사형, 무기 또는 7년 이상의 징역에 처한다.

본 죄는 현주건조물 등에 대한 방화죄를 범하여 사람을 상해나 사망에 이르게 한 때에 성립한다. 본 구성요건의 특징은 법문상 행위객체에 대한 방화행위를 통하여 과실로 사람을 상해나 사망에 이르게 한 때에 성립하는 것(진정 결과적 가중범)으로 보인다는 점이다. 그러나 결과에 대한 과실이 아니라 고의적으로 방화에 의하여 사람을 상해하거나 살해할 경우도 포함하는 것(부진정 결과적 가중범)으로 해석하여야 한다는 것이 판례 · 학설의 입장이다. 그렇지 않을 경우에는 고의적인 상해나 살해의 경우(현주건조물등 방화죄와 살인죄 또는 상해죄의 상상적 경합범)보다 과실에 의한 결과 발생의 경우가 법정형이 더 높은 불합리한 결과가 되기 때문이다.

그러므로 재물을 강취한 후 피해자를 살해할 목적으로 현주건조물에 방화하여 사망하게 한 경우 강도살인죄와 현주건조물방화치사죄에 모두 해당하고 두 죄는 상상적 경합관계에 있다(대판 1998. 12. 8, 98도3416). 또한 사람을 살해할 목적으로 현주건조물에 방화하여 사망에 이르게 한 경우에는 현주건조물방화치사죄로 의율하여야 하고 이와 더불어 살인죄와의 상상적 경합범으로 의율할 것은 아니며, 다만 존속살인죄와 현주건조물방화치사죄는 상상적 경합범 관계에 있으므로, 법정형이 중한 존속살인죄로 의율함이 타당하다(대판 1996. 4. 26, 96도485).

판례 현존건조물방화치상죄의 공동정범

• 사건개요 : 피고인을 비롯한 30여 명의 공범들이 화염병 등 소지 공격조와 쇠파이프 소지 방어조로 나누어 이 사건 건물을 집단방화하기로 공모하고, 이에 따라 공격조가 서울지방노동청

사로 침입하여 화염병 수십 개를 1층 민원실 내부로 던져 불을 붙여 위 건물 내부를 소훼케 하는 도중에 공격조의 일인이 위 건조물 내의 피해자를 향하여 불이 붙은 화염병을 던져 피해자가 화상을 입었다.

판결이유: 대법원은 공격조 일인이 방화대상 건물 내에 있는 피해자를 향하여 불붙은 화염병을 던진 행위는, 비록 그것이 피해자의 진화행위를 저지하기 위한 것이었다고 하더라도, 공격조에게 부여된 임무 수행을 위하여 이루어진 일련의 방화행위 중의 일부라고 보아야 할 것이고, 따라서 피해자의 화상은 이 사건 방화행위로 인하여 입은 것이라 할 것이므로 피고인을 비롯하여 당초 공모에 참여한 집단원 모두는 위 상해 결과에 대하여 현존건조물방화치상의 죄책을 면할 수 없다. 가사 피해자의 상해가 이 사건 방화 및 건물소훼로 인하여 입은 것이라고 보기 어렵다고 하더라도 형법 제164조 후단이 규정하는 현존건조물방화치상죄와 같은 이른바 **부진정 결과적가중범은 예견가능한 결과를 예견하지 못한 경우뿐만 아니라 그 결과를 예견하거나 고의가 있는 경우까지도 포함하는 것**이므로 이 사건에서와 같이 사람이 현존하는 건조물을 방화하는 집단행위의 과정에서 일부 집단원이 고의행위로 살상을 가한 경우에도 다른 집단원에게 그 사상의 결과가 예견 가능한 것이었다면 다른 집단원도 그 결과에 대하여 현존건조물방화치사상의 책임을 면할 수 없는 것인바, 피고인을 비롯한 집단원들이 당초 공모시 쇠파이프를 소지한 방어조를 운용하기로 한 점에 비추어 보면 피고인으로서는 이 사건 건물을 방화하는 집단행위의 과정에서 상해의 결과가 발생하는 것도 예견할 수 있었다고 보이므로, 이 점에서도 피고인을 현존건조물방화치상죄로 의율할 수 있다고 판시하였다(대판 1996. 4. 12, 96도215).

3. 공용, 공익건조물 등 방화죄

제165조(공용건조물 등 방화) 불을 놓아 공용(公用)으로 사용하거나 공익을 위해 사용하는 건조물, 기차, 전차, 자동차, 선박, 항공기 또는 지하채굴시설을 불태운 자는 무기 또는 3년 이상의 징역에 처한다.

추상적 위험범으로서 공용건조물이란 국가나 공공단체가 사용하는 건조물을 의미하며, 공익건조물이란 공공관청은 아니지만 불특정 또는 다수인의 이익을 위하여 사용되는 건조물을 말한다. 공용·공익 건조물의 소유자는 본 죄의 성립에 영향이 없으며 국가나 단체, 개인 모두 가능하다. 공용 또는 공익건조물이더라도 사람이 현존할 경우에는 제164조의 행위객체에 해당한다.

4. 일반건조물 등 방화죄

제166조(일반건조물 등 방화) ① 불을 놓아 제164조와 제165조에 기재한 외의 건조물, 기차, 전차, 자동차, 선박, 항공기 또는 지하채굴시설을 불태운 자는 2년 이상의 유기징역에 처

한다.
② 자기 소유인 제1항의 물건을 불태워 공공의 위험을 발생하게 한 자는 7년 이하의 징역 또는 1천만원 이하의 벌금에 처한다.

제1항은 추상적 위험범이며, 제2항은 구체적 위험범이다. 제2항의 경우 방화행위의 성격에 비추어 비록 자기 소유물건이라고 하더라도 방화행위로 인한 공공의 위험 발생을 방지하기 위하여 처벌하는 구성요건이다.

판례 **방화죄에서 건조물의 개념과 미수**

• 형법상 방화죄의 객체인 건조물은 토지에 정착되고 벽 또는 기둥과 지붕 또는 천장으로 구성되어 사람이 내부에 기거하거나 출입할 수 있는 공작물을 말하고, 반드시 사람의 주거용이어야 하는 것은 아니라도 사람이 사실상 기거·취침에 사용할 수 있는 정도는 되어야 한다.

이 사건 폐가는 지붕과 문짝, 창문이 없고 담장과 일부 벽체가 붕괴된 철거 대상 건물로서 사실상 기거·취침에 사용할 수 없는 상태의 것이므로 형법 제166조의 건조물이 아닌 형법 제167조의 물건에 해당하고, 피고인이 이 사건 폐가의 내부와 외부에 쓰레기를 모아놓고 태워 그 불길이 이 사건 폐가 주변 수목 4~5그루를 태우고 폐가의 벽을 일부 그을리게 하는 정도만으로는 방화죄의 기수에 이르렀다고 보기 어려우며, 일반물건방화죄에 관하여는 미수범의 처벌 규정이 없으므로 피고인을 처벌할 수 없다(대판 2013. 12. 12, 2013도3950).

5. 일반물건방화죄, 자기소유 일반물건방화죄

제167조(일반물건 방화) ① 불을 놓아 제164조부터 제166조까지에 기재한 외의 물건을 불태워 공공의 위험을 발생하게 한 자는 1년 이상 10년 이하의 징역에 처한다.
② 제1항의 물건이 자기 소유인 경우에는 3년 이하의 징역 또는 700만원 이하의 벌금에 처한다.

본 죄는 구체적 위험범으로서 행위객체가 자기 소유에 속하는 물건인 경우에는 감경하여 처벌한다(제2항). 행위객체가 타인 소유이더라도 본인으로부터 승낙을 받아 불에 태운 경우에는 제2항을 적용한다. 이 경우 승낙을 한 소유자는 방화행위자와 제2항에 대한 공동정범의 책임을 질 수도 있다. 반면에 자기 소유에 속하는 물건이더라도 압류 기타 강제처분을 받거나 타인의 권리 또는 보험의 목적이 된 때에는 타인의 물건으로 간주하여(제176조) 제1항을 적용한다.

판례 무주물에의 방화

• 형법 제167조 제2항은 방화의 객체인 물건이 자기의 소유에 속한 때에는 같은 조 제1항보다 감경하여 처벌하는 것으로 규정하고 있는 바, 방화죄는 공공의 안전을 제1차적인 보호법익으로 하지만 제2차적으로는 개인의 재산권을 보호하는 것이라고 볼 수 있는 점, 현재 소유자가 없는 물건인 무주물에 방화하는 경우에 타인의 재산권을 침해하지 않는 점은 자기의 소유에 속한 물건을 방화하는 경우와 마찬가지인 점, 무주의 동산을 소유의 의사로 점유하는 경우에 소유권을 취득하는 것에 비추어(민법 제252조) 무주물에 방화하는 행위는 그 무주물을 소유의 의사로 점유하는 것이라고 볼 여지가 있는 점 등을 종합하여 보면, 불을 놓아 무주물을 소훼하여 공공의 위험을 발생하게 한 경우에는 무주물을 '자기 소유의 물건'에 준하는 것으로 보아 형법 제167조 제2항을 적용하여 처벌하여야 한다.

노상에서 전봇대 주변에 놓인 재활용품과 쓰레기 등에 불을 놓아 소훼한 사안에서, 그 재활용품과 쓰레기 등은 무주물로서 형법 제167조 제2항에 정한 '자기 소유의 물건'에 준하는 것으로 보아야 하므로, 여기에 불을 붙인 후 불상의 가연물을 집어넣어 그 화염을 키움으로써 전선을 비롯한 주변의 가연물에 손상을 입히거나 바람에 의하여 다른 곳으로 불이 옮아붙을 수 있는 공공의 위험을 발생하게 하였다면, 일반물건방화죄가 성립한다(대판 2009. 10. 15, 2009도7421).

Ⅲ. 방화연소죄

제168조(연소) ① 제166조 제2항 또는 전조 제2항의 죄를 범하여 제164조, 제165조 또는 제166조 제1항에 기재한 물건에 연소한 때에는 1년 이상 10년 이하의 징역에 처한다.
② 전조 제2항의 죄를 범하여 전조 제1항에 기재한 물건에 연소한 때에는 5년 이하의 징역에 처한다.

본 죄는 자기소유 건조물이나 물건에 대한 방화행위로 인하여 결과적으로 타인 소유의 건조물 등에 불이 옮겨 붙은 경우(연소)에 적용되는 구성요건이다(진정 결과적 가중범).

Ⅳ. 진화방해죄

제169조(진화방해) 화재에 있어서 진화용의 시설 또는 물건을 은닉 또는 손괴하거나 기타 방법으로 진화를 방해한 자는 10년 이하의 징역에 처한다.

본 죄는 화재가 발생한 상황에서 진화용의 시설이나 물건을 은닉 또는 손괴하거나 기타 방법으로 진화를 방해하는 경우에 성립하는 죄이다. 구성요건상 진화를 방해하는 행위가 있으면 성립하고 현실적인 진화 방해의 결과를 필요로 하지 않는다(추상적 위험범). 구체적인 행위방법으로는 소방관의 진화 활동을 방해하기 위하여 그를 체포하거나 폭행·협박하는 행위, 소방차의 진행을 가로막는 행위 등이 있다. 방화행위자가 진화 방해까지 한 경우에 본 죄는 방화죄에 흡수된다.

그러나 이 구성요건은 방화죄의 행위객체를 불문하고 적용되는 점 및 일종의 거동범으로 진화 방해행위가 있으면 기수가 되고 현실적으로 진화 방해의 결과를 필요로 하지 않는다는 점에서 과도하게 확대된 구성요건이다.

V. 실화죄, 업무상실화죄, 중실화죄

1. 실화죄

제170조(실화) ① 과실로 제164조 또는 제165조에 기재한 물건 또는 타인 소유인 제166조에 기재한 물건을 불태운 자는 1천500만원 이하의 벌금에 처한다.
② 과실로 자기 소유인 제166조의 물건 또는 제167조에 기재한 물건을 불태워 공공의 위험을 발생하게 한 자도 제1항의 형에 처한다.

과실범인 실화죄失火罪는 제164조 또는 제165조에 기재한 물건, 타인의 소유에 속하는 제166조에 기재한 물건을 불에 태운 때에 성립한다(제1항. 추상적 위험범). 그리고 자기 소유이더라도 제166조 또는 제167조에 기재한 물건을 과실로 불태워 공공의 위험을 발생하게 한 경우에도 성립한다(제2항. 구체적 위험범).

제2항의 행위객체 해석과 관련하여 ① 자기 소유에 속하는 제166조 및 자기 소유 여부를 불문하는 제167조의 행위객체를 의미한다는 견해와 ② 모두 자기 소유에 속하는 제166조와 제167조의 행위객체를 의미한다는 견해로 나뉜다. 대법원은 ①의 견해이다(대판 1994. 12. 20, 94모32). 대법원의 해석이 타당하다고 본다. 법정형의 차이에서 알 수 있듯이 제2항의 행위객체는 제1항에 비해 위험도가 경미한 대상이고 또한 제166조보다 제167조는 더욱 경미한 대상이라고 볼 수 있는데 굳이 제167조의 행위객체 중 타인 소유의 물건을 제외시킬 이유가 없기 때문이다.

2. 업무상 실화죄, 중실화죄

제171조(업무상실화, 중실화) 업무상 과실 또는 중대한 과실로 인하여 제170조의 죄를 범한 자는 3년 이하의 금고 또는 2천만원 이하의 벌금에 처한다.

업무상 실화죄는 업무로 인하여 책임이 가중되는 구성요건이다. 본 죄에서 업무는 직무로서 화기로부터의 안전을 배려해야 할 사회생활상의 지위를 말한다(대판 1988. 10. 11, 88도1273). 이에 해당하는 경우로는 용접공과 같이 직접 화기를 담당하는 자, 주유소 종업원이나 가스 판매업자처럼 화재 발생이 쉬운 물질을 취급하는 자, 그리고 화재 발견이나 화재 진화작업을 임무로 하는 자에 대해서 인정될 수 있다(대판 1983. 5. 15, 82도2279). 그러므로 개인적인 흡연이나 가정 내에서 조리 중 실수로 불이 나게 한 경우에는 업무상 실화죄가 아니라 단순 실화죄에 해당한다.

중실화죄는 중대한 과실로 인하여 제170조의 죄를 범한 경우로서 중대한 과실이란 극히 작은 주의로도 결과 발생을 방지할 수 있음에도 불구하고 이를 이행하지 않은 경우에 인정된다.

판례 중실화죄의 중대한 과실

• 연탄아궁이로부터 80센티미터 떨어진 곳에 쌓아둔 스폰지 요, 솜 등이 연탄아궁이 쪽으로 넘어지면서 화재현장에 의한 화재가 발생한 경우라고 하더라도 그 스폰지 요, 솜 등을 쌓아두는 방법이나 상태 등에 관하여 **아주 작은 주의만 기울였더라면** 스폰지 요나 솜 등이 넘어지고 또 그로 인하여 화재가 발생할 것을 예견하여 회피할 수 있었음에도 불구하고 부주의로 이를 예견하지 못하고 스폰지와 솜 등을 쉽게 넘어질 수 있는 상태로 쌓아둔 채 방치하였기 때문에 화재가 발생한 것으로 판단되어야만, "중대한 과실"로 인하여 화재가 발생한 것으로 볼 수 있다(대판 1989. 1. 17, 88도643).

VI. 폭발성물건파열죄 및 파열치상 · 치사죄

1. 폭발성물건파열죄, 폭발성물건파열치상 · 치사죄

제172조(폭발성물건파열) ① 보일러, 고압가스 기타 폭발성 있는 물건을 파열시켜 사람의 생명, 신체 또는 재산에 대하여 위험을 발생시킨 자는 1년 이상의 유기징역에 처한다.
② 제1항의 죄를 범하여 사람을 상해에 이르게 한 때에는 무기 또는 3년 이상의 징역에 처한다. 사망에 이르게 한 때에는 무기 또는 5년 이상의 징역에 처한다.

폭발성물건이란 폭발물(제119조 참조)은 아니지만 이와 유사한 폭발력을 지닌 물건으로서 이를 고의로 폭발시키는 행위를 처벌하는 것이다. '화염병사용 등의 처벌에 관한 법률'(제2조)이 규정하는 화염병은 본 죄의 행위객체에서 제외된다.

2. 가스 · 전기 등 방류죄, 가스 · 전기 등 방류치상 · 치사죄

제172조의2(가스·전기등 방류) ① 가스, 전기, 증기 또는 방사선이나 방사성 물질을 방출, 유출 또는 살포시켜 사람의 생명, 신체 또는 재산에 대하여 위험을 발생시킨자는 1년 이상 10년 이하의 징역에 처한다.
② 제1항의 죄를 범하여 사람을 상해에 이르게 한 때에는 무기 또는 3년 이상의 징역에 처한다. 사망에 이르게 한 때에는 무기 또는 5년 이상의 징역에 처한다.

3. 가스 · 전기 등 공급방해죄, 공공용 가스 · 전기 등 공급방해죄, 가스 · 전기 등 방해치상 · 치사죄

제173조(가스·전기등 공급방해) ① 가스, 전기 또는 증기의 공작물을 손괴 또는 제거하거나 기타 방법으로 가스, 전기 또는 증기의 공급이나 사용을 방해하여 공공의 위험을 발생하게 한 자는 1년 이상 10년 이하의 징역에 처한다.
② 공공용의 가스, 전기 또는 증기의 공작물을 손괴 또는 제거하거나 기타 방법으로 가스, 전기 또는 증기의 공급이나 사용을 방해한 자도 전항의 형과 같다.
③ 제1항 또는 제2항의 죄를 범하여 사람을 상해에 이르게 한 때에는 2년 이상의 유기징역에 처한다. 사망에 이르게 한 때에는 무기 또는 3년 이상의 징역에 처한다.
제174조(미수범) 제164조 제1항, 세165조, 제166조 제1항, 제172조 제1항, 제172조의2 제1항, 제173조 제1항과 제2항의 미수범은 처벌한다.

4. 과실폭발성물건파열죄, 과실가스 · 전기 등 방류죄, 과실가스 · 전기 등 공급방해죄, 과실공공용 가스 · 전기 등 공급방해죄, 업무상 · 중과실(제1항 각 죄명)죄

제173조의2(과실폭발성물건파열등) ① 과실로 제172조 제1항, 제172조의2 제1항, 제173조 제1항과 제2항의 죄를 범한 자는 5년 이하의 금고 또는 1천 500만원 이하의 벌금에 처한다.
② 업무상과실 또는 중대한 과실로 제1항의 죄를 범한 자는 7년 이하의 금고 또는 2천만원 이하의 벌금에 처한다.

5. 타인의 권리대상이 된 자기의 물건

제176조(타인의 권리대상이 된 자기의 물건) 자기의 소유에 속하는 물건이라도 압류 기타 강제처분을 받거나 타인의 권리 또는 보험의 목적물이 된 때에는 본장의 규정의 적용에 있어서 타인의 물건으로 간주한다.

본 조는 자기 소유물을 불태운 행위를 타인 소유물을 불태운 행위보다도 가볍게 처벌하는 규정이 있는 경우에 자기 소유물을 불태운 행위가 타인 소유물을 불태운 행위와 마찬가지로 무겁게 처벌하는 경우를 규정한 것이다. 타인의 권리란 전세권, 저당권, 질권, 지상권, 양도담보권, 임차권 등을 말하며 점유권은 포함하지 않는다. 보험은 물건의 멸실·손상에 대한 보험을 말하며 화재보험, 운송보험, 해상보험이 그 예이다.

본 조에 해당하는 물건을 불태우면 자기 소유가 아닌 타인 소유물을 불태운 것으로 취급되어 적용 구성요건이 달라진다. 예를 들어 제166조 제2항의 경우에는 제1항이 적용되는 것이다.

제 4 절 일수와 수리에 관한 죄

Ⅰ. 일수죄

일수溢水와 수리水利에 관한 죄는 공공위험죄에 해당한다. 불에 의한 공공위험죄인 방화죄 및 실화죄와 비교할 수 있는 구성요건이다. 그러므로 구성요건 체계도 비슷하다.

1. 현주·현존건조물 등 일수죄 및 현주·현존건조물 등 일수치상·치사죄

제177조(현주건조물등에의 일수) ① 물을 넘겨 사람이 주거에 사용하거나 사람이 현존하는 건조물, 기차, 전차, 자동차, 선박, 항공기 또는 광갱을 침해한 자는 무기 또는 3년 이상의 징역에 처한다.
② 제1항의 죄를 범하여 사람을 상해에 이르게 한 때에는 무기 또는 5년 이상의 징역에 처한다. 사망에 이르게 한 때에는 무기 또는 7년 이상의 징역에 처한다.
제182조(미수범) 제177조 내지 제179조 제1항의 미수범은 처벌한다.

현주건조물 등 치상죄(제2항 전단)는 부진정 결과적 가중범이다. 광갱은 지하채굴시설로서 2020년 12월 8일 개정에서 제178조 제1항과 함께 누락되었다.

2. 공용, 공익(건조물, 기차, 전차, 자동차, 선박, 항공기, 광갱)일수죄

제178조(공용건조물 등에의 일수) 물을 넘겨 공용 또는 공익에 공하는 건조물, 기차, 전차, 자동차, 선박, 항공기 또는 광갱을 침해한 자는 무기 또는 2년 이상의 징역에 처한다.
제182조(미수범) 제177조 내지 제179조 제1항의 미수범은 처벌한다.

현주·현존 건조물 등을 제외한 공용 또는 공익건조물 등이 행위객체이다. 공용에 공하는 건조물이란 국가 또는 공공단체의 이익을 위하여 사용되는 건조물을 말하고, 공익건조물이란 공공의 이익을 위해서 사용되는 건조물을 의미한다. 공용 또는 공익에 공하는 이상 누구의 소유인가는 문제되지 않는다. 과실범도 처벌한다(제181조).

문화재의 경우에는 문화재보호법(제95조, 제96조)에 규정이 있다(아래 참조).

[문화재보호법]

제95조(사적 등에의 일수죄) 물을 넘겨 문화재청장이 지정 또는 가지정한 사적, 명승 또는 천연기념물이나 보호구역을 침해한 자는 2년 이상 10년 이하의 징역에 처한다.

제96조(그 밖의 일수죄) 물을 넘겨 제95조에 규정한 것 외의 지정문화재 또는 가지정문화재나 그 보호구역을 침해한 자는 10년 이하의 징역이나 1억원 이하의 벌금에 처한다.

제98조(과실범) ① 과실로 인하여 제95조 또는 제96조의 죄를 범한 자는 1천만원 이하의 벌금에 처한다.

② 업무상 과실이나 중대한 과실로 인하여 제95조 또는 제96조의 죄를 범한 자는 3년 이하의 금고나 3천만원 이하의 벌금에 처한다.

3. 일반건조물 등 일수죄, 자기소유건조물 등 일수죄

제179조(일반건조물 등에의 일수) ① 물을 넘겨 전 2조에 기재한 이외의 건조물, 기차, 전차, 자동차, 선박, 항공기 또는 광갱 기타 타인의 재산을 침해한 자는 1년 이상 10년 이하의 징역에 처한다.

② 자기의 소유에 속하는 전항의 물건을 침해하여 공공의 위험을 발생하게 한 때에는 3년 이하의 징역 또는 700만원 이하의 벌금에 처한다.

③ 제176조의 규정은 본 조의 경우에 준용한다.

제182조(미수범) 제177조 내지 제179조 제1항의 미수범은 처벌한다.

4. 예비 · 음모죄

제183조(예비, 음모) 제177조 내지 제179조 제1항의 죄를 범할 목적으로 예비 또는 음모한 자는 3년 이하의 징역에 처한다.

Ⅱ. 방수방해죄

제180조(방수방해) 수재에 있어서 방수용의 시설 또는 물건을 손괴 또는 은닉하거나 기타 방법으로 방수를 방해한 자는 10년 이하의 징역에 처한다.

Ⅲ. 과실일수죄

제181조(과실일수) 과실로 인하여 제177조 또는 제178조에 기재한 물건을 침해한 자 또는 제179조에 기재한 물건을 침해하여 공공의 위험을 발생하게 한 자는 1천만원 이하의 벌금에 처한다.

Ⅳ. 수리방해죄

제184조(수리방해) 둑을 무너뜨리거나 수문을 파괴하거나 그 밖의 방법으로 수리(水利)를 방해한 자는 5년 이하의 징역 또는 700만원 이하의 벌금에 처한다.

본 죄는 공공위험에 대한 죄가 아니라 임업, 목축 등을 위한 물의 이용권인 수리권을 보호하기 위한 구성요건인 점에서 일수죄와 성격이 다르다.

본 죄에서 수리水利라 함은, 관개용·목축용·발전이나 수차 등의 동력용·상수도의 원천용 등 널리 물이라는 천연자원을 사람의 생활에 유익하게 사용하는 것을 말한다. 다만, 형법 제185조의 교통방해죄 또는 형법 제195조의 수도불통죄의 경우 등 다른 규정에 의하여 보호되는 형태의 물의 이용은 제외될 것이다. '수리를 방해한다' 함은 제방을 무너뜨리거나 수문을 파괴하는 등 조문에 예시된 것을 포함하여 저수시설, 유수로나 송·인수시설 또는 이들에 부설된 여러 수리용 장치를 손괴·변경하거나 효용을 해침으로써 수리에 지장을 일으키는 행위를 가리킨다. 나아가 수리방해죄는 타인의 수리권을 보호법익으로 하므로 수리방해죄가 성립하기 위하여는 법령, 계약 또는 관습 등에 의하여 타인의 권리에 속한다고 인정될 수 있는 물의 이용을 방해하는 것이어야 한다.

원천 내지 자원으로서의 물의 이용이 아니라, 하수나 폐수 등 이용이 끝난 물을 배수로를 통하여 내려 보내는 것은 형법 제184조 소정의 수리에 해당한다고 할 수 없고, 그러한 배수 또는 하수 처리를 방해하는 행위는, 특히 그 배수가 수리용의 인수와 밀접하게 연결되어 있어서 그 배수의 방해가 직접 인수에까지 지장을 초래한다는 등의 특수한 경우가 아닌 한, 수리방해죄의 대상이 될 수 없다. 따라서 농촌 주택에서 배출되는 생활 하수의 배수관(소형 PVC관)을 토사로 막아 하수가 내려가지 못하게 한 경우, 수리방해죄에 해당하지 아니한다(대판 2001. 6. 26, 2001도404).

제 5 절 교통방해의 죄

Ⅰ. 보호법익 및 구성요건체계

본 장(제15장)의 죄는 교통로나 각종 교통 설비를 손괴하는 등의 방법으로 교통 소통을 방해하는 행위를 처벌하기 위한 것이다. 교통 안전이 현실적으로 침해받지 않더라도 침해의 위험성만으로도 성립하는 추상적 위험범에 해당하며, 현대사회에서 원활한 교통 소통의 중요성이 증가하고 있음에 비추어 앞으로 적용가능성이 높을 것으로 예상된다.

본 장의 죄의 보호법익은 일반 공중의 교통 안전이라는 견해(대판 2018. 1. 24, 2017도11408)(김/김, 오영근)와 교통 안전뿐만 아니라 생명·신체 또는 재산상의 위험도 보호한다는 견해(다수설)가 있다. 도로교통법은 순수하게 도로 교통의 소통과 안전을 목적으로 함에 반해 형법상의 교통방해의 죄는 도로 교통상의 안전과 함께 교통 사고가 초래할 수 있는 생명·신체 또는 재산까지도 보호하는 것이라고 보아야 한다.

교통방해의 죄의 기본적 구성요건은 일반교통방해죄(제185조)이다. 기차·선박 등 교통방해죄(제186조), 기차 등 전복죄(제187조)는 불법 가중적 구성요건이고, 교통방해치사상죄(제188조)는 결과적 가중범이다.

Ⅱ. 교통방해죄

1. 일반교통방해죄

제185조(일반교통방해) 육로, 수로 또는 교량을 손괴 또는 불통하게 하거나 기타 방법으로 교통을 방해한 자는 10년 이하의 징역 또는 1천 500만원 이하의 벌금에 처한다.
제190조(미수범) 제185조 내지 제187조의 미수범은 처벌한다.

(1) 의 의

본 죄는 육로 등을 손괴 또는 불통하게 하거나 기타의 방법으로 교통을 방해하여 통행을 불가능하게 하거나 현저하게 곤란하게 하는 일체의 행위를 처벌하는 죄이다. 교통을 방해하는 행위가 곧 교통 안전 및 일반의 생명·신체와 재산을 위험에 처하게 한다고 보는 추상적 위험범이다.

일반교통방해죄가 기차·선박 등 교통방해죄(제186조)와 다른 점은 본 죄는 사람이나 교통

수단의 왕래를 의미하는 교통을 방해하는 행위를 처벌하는 데 반해 후자는 기차, 전차, 자동차, 선박 또는 항공기라는 교통 수단의 교통을 방해하는 행위를 처벌하는 점이다. 그러므로 본 죄의 교통에는 교통 수단뿐만 아니라 보행자의 교통도 포함한다.

(2) 구성요건

본 죄는 교통 수단의 왕래를 위하여 사용되는 육로, 수로 또는 교량을 손괴 또는 불통하게 하는 등의 방법으로 교통을 방해하는 것을 내용으로 한다. 교통에는 보행자의 교통과 교통수단의 교통을 포함한다. 본 죄의 '육로'라 함은 사실상 일반 공중의 왕래에 공용되는 육상의 통로를 널리 일컫는 것으로서 그 부지의 소유관계나 통행권리관계, 그 노면의 광협 및 통행인의 많고 적음 등을 가리지 않는다고 할 것이다(대판 2002. 4. 26, 2001도6903; 1999. 7. 27, 99도1651). 따라서 육로는 일반 공중의 왕래에 제공된 장소, 즉 특정인에 한하지 않고 불특정 다수인 또는 차마가 자유롭게 통행할 수 있는 공공성을 지닌 장소를 말한다. 통행로를 이용하는 사람이 적은 경우에도 육로에 해당할 수 있다. 그러나 공로에 출입할 수 있는 다른 도로가 있는 상태에서 토지 소유자로부터 일시적인 사용 승낙을 받아 통행하거나 토지 소유자가 개인적으로 사용하면서 부수적으로 타인의 통행을 묵인한 장소에 불과한 도로는 본 죄에서 말하는 육로에 해당하지 않는다(대판 2017. 4. 7, 2016도12563).

행위방법은 육로, 수로 또는 교량을 물리적으로 손괴 또는 불통하게 하거나 기타 방법이다. 불통하게 하는 방법에는 상당 시간에 걸친 도로 차단이나 장애물 설치 등이 있다. 기타 방법에는 폭력을 행사하여 교통을 하지 못하도록 차단하거나 허위의 신호 조작이나 교통 표지를 설치하여 교통을 방해하는 것을 들 수 있다.

본 죄가 성립하려면 행위자에게 교통을 방해한다는 고의가 있어야 한다. 공공의 위험에 대한 인식은 고의의 내용에 포함되지 않는다.

판례 **일반교통방해죄의 인정**

• 폭이 약 320cm인 편도 1차선 도로에 너비 약 260cm의 탱크로리를 4개월 이상 주차하여 둠으로써 차선을 지나는 운전자들이 반드시 중앙선을 넘어서 반대편 차선을 이용하여야만 통행할 수 있도록 한 사건에서 일반교통방해죄를 인정하였다(대판 2014. 2. 13, 2012도10864).

• 피고인의 가옥 앞 도로가 폐기물 운반 차량의 통행로로 이용되어 가옥 일부에 균열 등이 발생하자 피고인이 위 도로에 트랙터를 세워두거나 철책 펜스를 설치하여 위 차량의 통행을 불가능하게 한 행위에 대하여 일반교통방해죄를 인정하였다(대판 2009. 1. 30, 2008도10560).

• 불특정 다수인의 통행로로 이용되어 오던 도로의 토지 일부의 소유자라 하더라도 그 도로의 중간에 바위를 놓아두거나 이를 파헤침으로써 차량의 통행을 못하게 한 행위는 일반교통방해죄 및 업무방해죄에 해당한다(대판 2002. 4. 26, 2001도6903).

• 도로가 농가의 영농을 위한 경운기나 리어카 등의 통행을 위한 농로로 개설되었다 하더라도 그 도로가 사실상 일반 공중의 왕래에 공용되는 도로로 된 이상 경운기나 리어카 등만 통행할 수 있는 것이 아니고 다른 차량도 통행할 수 있는 것이므로 이러한 차량의 통행을 방해한다면 이는 일반교통방해죄에 해당한다(대판 1995. 9. 15, 95도1475).

(3) 집회 · 시위와 일반교통방해죄

집회 및 시위에 관한 법률 제6조(옥외집회 및 시위의 신고 등) 제1항 및 입법 취지에 비추어, 적법한 신고를 마치고 도로에서 집회나 시위를 하는 경우 도로의 교통이 어느 정도 제한될 수밖에 없으므로, 그 집회 또는 시위가 신고된 범위 내에서 행해졌거나 신고된 내용과 다소 다르게 행해졌어도 신고된 범위를 현저히 일탈하지 않는 경우에는, 그로 인하여 도로의 교통이 방해를 받았다고 하더라도 특별한 사정이 없는 한 형법 제185조의 일반교통방해죄가 성립한다고 볼 수 없다. 그러나 그 집회 또는 시위가 당초 신고된 범위를 현저히 일탈하거나 집회 및 시위에 관한 법률 제12조(교통 소통을 위한 제한)에 의한 조건을 중대하게 위반하여 도로 교통을 방해함으로써 통행을 불가능하게 하거나 현저히게 곤란하게 하는 경우에는 일반교통방해죄가 성립한다(대판 2008. 11. 13, 2006도755).

판례 시위와 교통방해죄 성립 여부

• 일반교통방해죄는 이른바 추상적 위험범으로서 교통이 불가능하거나 또는 현저히 곤란한 상태가 발생하면 바로 기수가 되고 교통방해의 결과가 현실적으로 발생하여야 하는 것은 아니다. 또한 일반교통방해죄에서 교통방해 행위는 계속범의 성질을 가지는 것이어서 교통방해의 상태가 계속되는 한 가벌적인 위법상태는 계속 존재한다. 따라서 신고 범위를 현저히 벗어나거나 집회 및 시위에 관한 법률 제12조에 따른 조건을 중대하게 위반함으로써 교통방해를 유발한 집회에 참가한 경우, 참가 당시 이미 다른 참가자들에 의해 교통의 흐름이 차단된 상태였더라도 교통방해를 유발한 다른 참가자들과 암묵적 · 순차적으로 공모하여 교통방해의 위법상태를 지속시켰다고 평가할 수 있다면 일반교통방해죄가 성립한다(대판 2018. 1. 24, 2017도11408).

• 광우병 위험 미국산 쇠고기 수입반대 집회사건에서 일반교통방해죄를 인정하였다(대판 2012. 3. 29, 2010도7086).

• 약 600명의 노동조합원들이 차도만 설치되어 있을 뿐 보도는 따로 마련되어 있지 않은 도로 우측의 편도 2차선의 대부분을 차지하면서 깃발 수개를 들고 대오를 이루어 행진하는 방법으로 시위를 하고 이로 인하여 나머지 편도 2차선으로 상 · 하행차량이 통행하느라 차량의 소통이 방해되었다 하더라도 피고인 등의 시위행위에 대하여 일반교통방해죄를 적용할 수 없다(대판 1992. 8. 18, 91도2771).

2. 기차 · 선박 등 교통방해죄

제186조(기차, 선박 등의 교통방해) 궤도, 등대 또는 표지를 손괴하거나 기타 방법으로 기차, 전차, 자동차, 선박 또는 항공기의 교통을 방해한 자는 1년 이상의 유기징역에 처한다.
제190조(미수범) 제185조 내지 제187조의 미수범은 처벌한다.
제191조(예비, 음모) 제186조 또는 제187조의 죄를 범할 목적으로 예비 또는 음모한 자는 3년 이하의 징역에 처한다.

본 죄는 궤도, 등대 또는 표지를 손괴하거나 기타 방법으로 기차, 전차, 자동차, 선박 또는 항공기 등 교통수단의 교통을 방해하는 행위를 내용으로 한다. 본 죄의 교통 수단은 그 성질상 교통 방해로 인하여 중대한 위험을 초래할 가능성이 높기 때문에 제185조에 비해 불법이 가중되는 구성요건이다. 표지란 교통 신호나 안전 운행을 위하여 설치한 교통시설을 말한다.

행위방법은 궤도, 등대 또는 표지를 손괴하거나 기타 방법이다. 기타 방법에는 교통 표지의 제거나 장애물 설치 등이 있다. 본 죄는 추상적 위험범이므로 현실적으로 교통이 방해되거나 공공의 위험이 발생하여야 하는 것은 아니다. 그러나 현실적으로 교통을 방해하거나 교통을 현저히 곤란하게 하는 행위는 있어야 한다.

3. 기차 · 선박 등 전복 · 파괴죄

제187조(기차 등의 전복 등) 사람의 현존하는 기차, 전차, 자동차, 선박 또는 항공기를 전복, 매몰, 추락 또는 파괴한 자는 무기 또는 3년 이상의 징역에 처한다.
제190조(미수범) 제185조 내지 제187조의 미수범은 처벌한다.
제191조(예비, 음모) 제186조 또는 제187조의 죄를 범할 목적으로 예비 또는 음모한 자는 3년 이하의 징역에 처한다.

본 죄는 사람이 타고 있는 기차, 전차, 자동차, 선박 또는 항공기를 전복, 매몰, 추락 또는 파괴한 경우에 성립한다. 사람이 타고 있으면 무인자동차나 무인전차도 포함한다고 보아야 한다. 미수범을 처벌하며, 제191조는 예비 또는 음모한 자를 처벌하도록 정하고 있다.

형법이 제187조를 교통방해의 죄 중 하나로서 그 법정형을 높게 정하는 한편 미수, 예비 · 음모까지도 처벌 대상으로 삼고 있는 것은 각각의 행위가 상당한 정도의 손괴에 이를 것을 전제로 하기 때문이다. 그러므로 전복, 매몰, 추락 행위가 일반적으로 상당한 정도의 손괴를 수반할 것이 당연히 예상되는 사정 등을 고려해 볼 때, '파괴'도 전복, 매몰, 추락 등과 같은 수준으로 인정할 수 있을 만큼 교통기관으로서의 기능·용법의 전부나 일부를 불가능하게 할 정도의 파손을 의미하고 그 정도에 이르지 아니하는 단순한 손괴는 포함되지 않는다. 그러므로 총 길이 338m, 갑판 높이 28.9m, 총 톤수 146,848톤, 유류탱크 13개, 평형수탱크 4개인 대형 유조선의 유류탱크 일부에 구멍이 생기고 선수마스트, 위성통신 안테나, 항해등 등이 파손된 정도에 불과한 것은 본 죄의 선박의 '파괴'에 해당하지 않는다(대판 2009. 4. 23, 2008도11921).

4. 일반교통방해치상·치사죄, 기차·선박 등 교통방해치상·치사죄, 기차·선박 등 전복치상·치사죄

제188조(교통방해치사상) 제185조 내지 제187조의 죄를 범하여 사람을 상해에 이르게 한 때에는 무기 또는 3년 이상의 징역에 처한다. 사망에 이르게 한 때에는 무기 또는 5년 이상의 징역에 처한다.

일반교통방해(제185조), 기차·선박 등의 교통방해(제186조), 기차 등의 전복(제187조) 등의 죄를 범하여 사람을 상해에 이르게 하거나 사망에 이르게 한 때에 성립하는 결과적 가중범이다. 그런데 이 구성요건은 행위 방법 및 불법 정도 등이 상이한 (보행자를 포함하는) 일반교통방해죄의 결과적 가중범(제185조)과 (교통수단에 대한) 교통방해죄(제186조, 제187조)의 결과적 가중범을 함께 규정하고 있는 문제점이 있다. 그러므로 이를 각각 분리하여 제185조의 결과적 가중범으로 일반교통방해치사상죄와 제186조 및 제187조의 결과적 가중범인 기차·선박 등의 교통방해치사상죄, 기차·선박 등 전복교통방해치사상죄를 두는 것이 입법론적으로 타당하다.

판례 **급제동과 교통방해치사상**

• **사건개요**: 피고인이 고속도로 2차로를 따라 자동차를 운전하다가 1차로를 진행하던 甲의 차량 앞에 급하게 끼어든 후 곧바로 정차하여, 甲의 차량 및 이를 뒤따르던 차량 두 대가 연이어 급제동하여 정차하였으나, 그 뒤를 따라오던 乙의 차량이 앞의 차량들을 연쇄적으로 추돌하여 乙은 사망하고 나머지 차량 운전자 등 피해자들은 상해를 입었다.

판결이유: 편도 2차로의 고속도로 1차로 한가운데에 정차한 피고인은 현장의 교통상황이나 일반인의 운전 습관·행태 등에 비추어 고속도로를 주행하는 다른 차량 운전자들이 제한속도 준수나 안전거리 확보 등의 주의의무를 완전하게 다하지 않을 수도 있다는 점을 알았거나 충분히 알 수 있었으므로, 피고인의 정차 행위와 사상의 결과 발생 사이에 상당인과관계가 있고, 사상의 결과 발생에 대한 예견가능성도 인정된다는 이유로, 피고인에게 일반교통방해치사상죄를 인정하였다(대판 2014. 7. 24, 2014도6206).

5. 과실일반교통방해죄, 과실기차·선박 등 교통방해죄, 과실기차·선박 등 전복죄, 업무상·중과실일반교통방해죄, 업무상·중과실기차·선박 등 교통방해죄, 업무상·중과실기차·선박 등 전복죄

제189조(과실, 업무상과실, 중과실) ① 과실로 인하여 제185조 내지 제187조의 죄를 범한 자는 1천만원 이하의 벌금에 처한다.
② 업무상 과실 또는 중대한 과실로 인하여 제185조 내지 제187조의 죄를 범한 자는 3년 이하의 금고 또는 2천만원 이하의 벌금에 처한다.

(1) 의 의

본 죄는 과실로 인하여 일반교통방해, 기차·선박 등의 교통방해, 기차 등의 전복·추락죄를 범한 경우에 성립한다(제1항). 그리고 업무상 과실 또는 중대한 과실로 인하여 이러한 죄를 범한 경우에는 가중처벌된다.

(2) 행위주체

제1항의 행위주체는 제한이 없다. 제2항의 업무상 과실의 주체는 기차, 전차, 자동차, 선박, 항공기나 기타 일반의 교통 왕래에 관여하는 사무에 직접·간접으로 종사하는 자이어야 한다. 차량 등의 통행을 주된 목적으로 하여 건설된 교량의 경우에는 건설 당시 제작, 시공을 담당한 자도 교통 왕래에 관여하는 사무에 간접적으로 관련이 있는 자에 해당한다(대판 1997. 11. 28, 97도1740: 성수대교 붕괴사건).

(3) 죄 수

업무상 과실로 인하여 교량을 손괴하여 자동차의 교통을 방해하고 그 결과 자동차를 추락시킨 경우에는 제189조 제2항, 제185조 소정의 업무상과실일반교통방해죄와 제189조 제2항, 제187조 소정의 업무상과실자동차추락죄가 성립하고, 각 죄는 상상적 경합관계(제40조)에 있다.

판례 업무상 과실과 교통방해

① 업무상 과실 일반교통방해죄

• 예인선 정기용선자의 현장소장 갑은 사고의 위험성이 높은 해상에서 철골 구조물 및 해상크레인 운반작업을 함에 있어 선적작업이 지연되어 정조시점에 맞추어 출항할 수 없게 되었음에도, 출항을 연기하거나 대책을 강구하지 않고 예인선 선장 을의 출항연기 건의를 묵살한 채 출

항을 강행하도록 지시하였고, 예인선 선장 을은 갑의 지시에 따라 사고의 위험이 큰 시점에 출항하였고 해상에 강조류가 흐르고 있었음에도 무리하게 예인선을 운항한 결과 무동력 부선에 적재된 철골 구조물이 해상에 추락하여 해상의 선박교통을 방해한 사안에서, 갑과 을을 업무상 과실일반교통방해죄의 공동정범으로 처벌하였다(대판 2009. 6. 11, 2008도11784).

② 업무상과실기차추락죄

• 기관사는 운전개시 전 먼저 제동기능을 확인하여야 하고 특히 장시간 정차 후 운전시는 운전개시 전 제동기 기능검사를 하여야 하며, 차장은 열차출발 전에 반드시 조성상태와 제동관관통충기상태를 확인하여야 하고 열차의 시발 전 제동관의 소정압력과 차장변의 기능 및 기관사와의 무선전화시험을 하여야 하는 철도청의 관계규정 등에 비추어, 피고인에게는 사고열차의 기관사로서 운전개시 전 차장으로부터 차장실의 공기압력계 점검결과 등을 무전으로 수신하는 등으로 열차의 제동장치 이상 유무를 확인하여야 할 업무상 주의의무가 있음에도 불구하고 이를 게을리한 업무상 과실이 있다(대판 1991. 11. 12, 91도1278).

제 2 장 공공의 신용에 대한 죄

현대사회에서 통화, 유가증권, 문서는 경제 거래의 기본요소이며 사회생활 관계에서 불가결의 수단이다. 그리고 이러한 대상물의 신용성은 필수적으로 담보되어야 한다. 공공의 신용을 전제조건으로 하여 기능하기 때문이다. 형법은 이러한 행위객체를 위조·변조하는 등의 행위를 처벌함으로써 이들에 대한 일반의 신용을 보호하려는 것이다.

제 1 절 통화에 관한 죄

Ⅰ. 보호법익 및 구성요건체계

본 죄의 보호법익은 통화의 안전성과 신뢰성이다(통설). 형법은 행사할 목적으로 통화를 위조·변조하거나 이러한 통화를 사용하거나 수입·수출·취득하는 행위, 통화유사물을 제조하는 행위를 처벌하고 있다.

Ⅱ. 통화위조·변조죄, 위조·변조통화행사, 수입, 수출죄

1. 통화위조·변조죄

제207조(통화의 위조 등) ① 행사할 목적으로 통용하는 대한민국의 화폐, 지폐 또는 은행권을 위조 또는 변조한 자는 무기 또는 2년 이상의 징역에 처한다.
제212조(미수범) 제207조, 제208조와 전조의 미수범은 처벌한다.

(1) 의 의

행사할 목적으로 통용하는 대한민국의 화폐, 지폐 또는 은행권을 위조 또는 변조한 때에 성립하는 죄이다. 행사할 목적이 있어야 성립하는 목적범이다.

(2) 구성요건

1) 행위객체

행위객체는 통용하는 대한민국의 화폐, 지폐 또는 은행권이다. 통용하는 이란 의미는 사실상 유통하는 화폐 등을 의미하는 것이 아니라 우리나라에서 강제통용력을 갖는 화폐 등을 말한다. 화폐, 지폐는 정부가 발행하는 통화를 말하고, 은행권이란 정부가 허가하는 특정 은행이 발행하는 화폐대용증권을 의미하는데 한국은행이 발행주체가 되는 한국은행권만이 있다. 지폐와 은행권을 함께 규정하고 있으므로 지폐는 은행권을 제외한 지폐를 의미한다고 보아야 하는데 이러한 의미의 지폐는 현재 발행되고 있지 않다. 화폐는 경화를 의미하는데 한국은행이 발행하는 주화가 그 예이다. 본 죄의 객체인 위조통화는 유통과정에서 일반인이 진정한 통화로 오인할 정도의 외관을 갖추어야 한다.

2) 행 위

행위는 행사 목적의 위조 또는 변조이다. 행사할 목적이란 유가증권 위조의 경우와 달리 위조·변조한 통화를 진정한 통화로서 유통에 놓겠다는 목적을 말하므로, 자신의 신용력을 증명하기 위하여 타인에게 보일 목적으로 통화를 위조한 경우에는 행사할 목적이 있다고 할 수 없다(대판 2012. 3. 29, 2011도7704). 행사할 목적이 아니라 기념할 목적으로 제작하는 경우에는 행사할 목적이 인정되지 않는다. 통화의 위조는 통화를 발행할 권한이 없는 자가 일반인이 진정한 통화로 오인할 정도의 외관을 갖는 물건을 제작하는 것을 말한다. 통화의 변조는 진정한 통화에 대한 가공행위로 인하여 기존 통화의 명목 가치나 실질 가치가 변경되었다거나 객관적으로 보아 일반인으로 하여금 기존 통화와 다른 진정한 화폐로 오신하게 할 정도의 새로운 물건을 만들어 내는 것을 말한다.

판례 통화위조·변조

• 일본국의 500¥짜리 주화처럼 사용하기 위하여 피고인들이 한국은행발행 500원짜리 주화의 표면 일부를 깎아내어 손상을 가하였지만 그 크기와 모양 및 대부분의 문양이 그대로 남아 있어, 이로써 기존의 500원짜리 주화의 명목가치나 실질가치가 변경되었다거나, 객관적으로 보아 일반인으로 하여금 일본국의 500¥짜리 주화로 오신케 할 정도의 새로운 화폐를 만들어 낸 것이라고 볼 수 없고, 일본국의 자동판매기 등이 위와 같이 가공된 주화를 일본국의 500¥짜리 주화로 오인한다는 사정만을 들어 그 명목가치가 일본국의 500¥으로 변경되었다거나 일반인으로 하여금 일본국의 500¥짜리 주화로 오신케 할 정도에 이르렀다고 볼 수도 없다(대판 2002. 1. 11, 2000도3950). 이러한 의미에서 통화변조죄를 부정하였다.

• 피고인들이 한국은행발행 일만원권 지폐의 앞, 뒷면을 전자복사기로 복사하고 비슷한 크기로 잘라 진정한 지폐와 유사한 형태로 만들어낸 사실은 인정되나, 그 복사상태가 정밀하지 못하고 진정한 통화의 색체를 갖추지 못한 흑백으로만 되어 있어 이는 객관적으로 진정한 것으로 오인할 정도에 이르지 못한 것에 불과하며 실제로 행사의 상대방이 야간에 택시 안에서도 이를 진정한 것으로 오인한 바 없는 경우 피고인들이 위조행사하였다는 위조통화는 통화위조죄와 그 행사죄의 객체가 될 수 없다(대판 1986. 3. 25, 86도255).

본 죄의 미수범은 위화나 변조통화 제작에 이르지 못한 경우 또는 위조나 변조행위의 결과 외관이 진화와 혼동을 일으킬 정도의 유사성을 띠지 못할 경우에 인정된다.

2. 외국통화위조 · 변조죄

제207조(통화의 위조 등) ② 행사할 목적으로 내국에서 유통하는 외국의 화폐, 지폐 또는 은행권을 위조 또는 변조한 자는 1년 이상의 유기징역에 처한다.
③ 행사할 목적으로 외국에서 통용하는 외국의 화폐, 지폐 또는 은행권을 위조 또는 변조한 자는 10년 이하의 징역에 처한다.
제212조(미수범) 제207조, 제208조와 전조의 미수범은 처벌한다.

행사할 목적으로 내국에서 유통하는 외국의 화폐, 지폐 또는 은행권(제2항)이나 외국에서 통용하는 외국의 화폐, 지폐 또는 은행권(제3항)을 위조 또는 변조하는 경우에 성립하는 죄이다.

제2항의 행위객체는 우리나라에서 유통하는 외국의 화폐, 지폐, 은행권을 말한다. 여기에서 내국에서 유통하는 이란, 같은 조 제1항, 제3항 소정의 통용하는 과 달리, 강제통용력이 없이 사실상 거래 대가의 지급수단이 되고 있는 상태를 가리킨다. 그리고 외국에서 통용한다고 함은 그 외국에서 강제통용력을 가지는 것을 의미한다.

판례 내국에서 유통하는 화폐와 외국에서 통용하는 화폐

① 형법 제207조 제2항의 내국에서 유통하는 화폐

• 스위스 화폐로서 1998년까지 통용되었으나 현재는 통용되지 않고 다만 스위스 은행에서 신권과의 교환이 가능한 진폐眞幣에 대해서 이는 형법 제207조 제2항 소정의 내국에서 '유통하는' 외국의 화폐에 해당하지 아니하며 지급수단이 아니라 은행이 매도가격과 매수가격의 차액 상당의 이득을 얻기 위하여 하는 외국환매매거래의 대상으로서 상품과 유사한 것에 불과하여 이를 국내에서 유통되고 있다고 보기는 어렵다고 판시하였다(대판 2003. 1. 10, 2002도3340).

② 형법 제207조 제3항의 외국에서 통용하는 화폐

• 외국에서 통용하지 아니하는 즉 강제통용력을 가지지 아니하는 지폐는 그것이 비록 일반인의 관점에서 통용할 것이라고 오인할 가능성이 있다고 하더라도 위 형법 제207조 제3항에서 정

한 외국에서 통용하는 외국의 지폐에 해당한다고 할 수 없다고 판시하였다. 그러므로 미합중국 100만달러 지폐는 미국에서 발행된 적이 없이 단지 여러 종류의 관광용 기념상품으로 제조, 판매되고 있을 뿐이라는 것이므로 이는 미합중국에서 통용하는 지폐라 할 수 없고, 미합중국 10만달러 지폐는 1934년까지 미국에서 발행되어 은행 사이에서 유통되다가 그 이후에는 발행되지 않고 있으나 화폐수집가나 재벌들이 이를 보유하여 오고 있다는 것이므로 위 10만달러 지폐는 과연 미합중국에서 발행 당시에 강제통용력을 부여했던 것인지, 만일 강제통용력을 부여하였다면 그 이후 강제통용력을 폐지하는 조치가 있었는지 여부에 따라 미합중국에서 통용하는 지폐에 해당하는지 여부가 결정된다고 보았다(대판 2004. 5. 14, 2003도3487).

3. 위조 · 변조(통화, 외국통화)행사, 수입, 수출죄

제207조(통화의 위조 등) ④ 위조 또는 변조한 전 3항 기재의 통화를 행사하거나 행사할 목적으로 수입 또는 수출한 자는 그 위조 또는 변조의 각 죄에 정한 형에 처한다.
제212조(미수범) 제207조, 제208조와 전조의 미수범은 처벌한다.

행사는 위조통화를 진정한 통화로 사용하는 것을 말한다. 방법이나 용도를 묻지 않는다. 사람에 대하여 사용하는 것뿐만 아니라 자동판매기와 같은 기계장치를 상대로 사용하는 것도 포함한다. 사용방법이 적법하여야 할 필요는 없으므로 도박자금으로 위조통화를 사용하더라도 본 죄에 해당한다. 위조통화로 기부금을 내는 행위도 행사에 해당한다. 본 죄의 미수범은 위조 · 변조행위의 미수범이 아니라 행사, 수입, 수출행위에 대한 미수범이다. 수출의 기수시점은 목적물의 이륙시이며, 수입은 목적물의 양륙시이다(통설).

Ⅲ. 위조, 변조(통화, 외국통화)취득죄

제208조(위조통화의 취득) 행사할 목적으로 위조 또는 변조한 제207조 기재의 통화를 취득한 자는 5년 이하의 징역 또는 1천 500만원 이하의 벌금에 처한다.
제212조(미수범) 제207조, 제208조와 전조의 미수범은 처벌한다.

취득은 행사할 목적으로 위조 · 변조한 통화를 자기의 점유로 옮겨놓는 것을 말한다. 증여를 받거나 교환, 매매 등의 합법적 방법은 물론이고 위조 · 변조한 사실을 알고 행사할 목적으로 절취나 사취의 방법으로 취득하는 경우에도 성립한다.

판례 변조 외국통화 취득 · 변조 외국통화 행사

• 갑이 취득한 미화 1달러권 지폐 500매와 미화 2달러권 지폐 400매, 그리고 위 화폐 중 갑과 을이 공모하여 행사한 미화 1달러권 지폐 400매와 미화 2달러권 지폐 400매는 모두 1995년에 미국에서 진정하게 발행된 통화인데, 성명불상자가 이것을 화폐수집가들이 골드라고 부르며 수집하는 희귀화폐인 것처럼 만들기 위하여 발행연도 1995.을 1928.으로 빨간색으로 고치고, 발행번호와 미국 재무부를 상징하는 문양 및 재무부장관의 사인 부분을 지운 후 빨간색으로 다시 가공하였다. 그러나 위와 같은 정도의 가공행위만으로는 기존 통화의 명목가치나 실질가치가 변경되었다거나 객관적으로 보아 일반인으로 하여금 기존 통화와 다른 진정한 화폐로 오신하게 할 정도의 새로운 물건을 만들어 낸 것으로 보기는 어렵다. 따라서 갑에 대한 변조외국통화 취득의 점과 갑과 을에 대한 변조외국통화행사의 점에 대하여 무죄를 선고한 것은 정당하다(대판 2004. 3. 26, 2003도5640).

Ⅳ. 위조, 변조(통화, 외국통화)지정행사죄

제210조(위조통화 취득 후의 지정행사) 제207조에 기재한 통화를 취득한 후 그 사정을 알고 행사한 자는 2년 이하의 징역 또는 500만원 이하의 벌금에 처한다.

본 죄는 위조 또는 변조된 통화인 사실을 모르고 취득한 후에 비로소 그 사실을 알고 이를 행사한 때에 성립한다. 위조 · 변조된 사실을 알고 취득한 다음 이를 행사한 때에는 취득죄(제208조)와 본 죄의 경합범이 인정된다.

Ⅴ. 통화유사물(제조, 수입, 수출)죄, 통화유사물판매죄

제211조(통화유사물의 제조 등) ① 판매할 목적으로 내국 또는 외국에서 통용하거나 유통하는 화폐, 지폐 또는 은행권에 유사한 물건을 제조, 수입 또는 수출한 자는 3년 이하의 징역 또는 700만원 이하의 벌금에 처한다.

② 전항의 물건을 판매한 자도 전항의 형과 같다.

제212조(미수범) 제207조, 제208조와 전조의 미수범은 처벌한다.

통화유사물이란 진화와 유사한 외관을 갖추었으나 위조 · 변조라고 할 만큼의 유사성을 지니지 못한 것을 말한다. 일종의 통화모조품이라고 볼 수 있다.

Ⅵ. 예비 · 음모죄

제213조(예비, 음모) 제207조 제1항 내지 제3항의 죄를 범할 목적으로 예비 또는 음모한 자는 5년 이하의 징역에 처한다. 단 그 목적한 죄의 실행에 이르기 전에 자수한 때에는 그 형을 감경 또는 면제한다.

판례 통화위조 예비

• 피고인이 행사할 목적으로 미리 준비한 물건들과 옵셋트 인쇄기를 사용하여, 한국은행권 100원권을 사진 찍어 그 필림 원판 7매와 이를 확대하여 현상한 인화지 7매를 만들었음에 그쳤다면, 아직 통화위조의 착수에는 이르지 아니하였고, 그 예비단계에 불과하다(대판 1966. 12. 6, 66도1317).

제 2 절 유가증권 · 우표와 인지에 관한 죄

Ⅰ. 보호법익 및 구성요건체계

보호법익은 유가증권의 거래의 안전 · 신용과 기능이다. 그러므로 외국인이 국외에서 이 죄를 범한 경우에도 적용된다(제5조 제5호. 보호주의). 추상적 위험범에 해당한다. 특별형법으로서 부정수표단속법이 있다. 수표(당좌수표, 가계수표 등)는 유가증권에 해당하지만 경제에 미치는 효과가 큰 점에서 다른 유가증권보다 처벌을 강화한 것이 부정수표단속법의 취지이다. 이 법은 부정수표를 발행하거나 작성하는 행위, 위 · 변조 행위 등을 처벌하고 있다.

Ⅱ. 유가증권(위조, 변조)죄

제214조(유가증권의 위조 등) ① 행사할 목적으로 대한민국 또는 외국의 공채증서 기타 유가증권을 위조 또는 변조한 자는 10년 이하의 징역에 처한다.
② 행사할 목적으로 유가증권의 권리의무에 관한 기재를 위조 또는 변조한 자도 전항의 형과 같다.

제223조(미수범) 제214조 내지 제219조와 전조의 미수범은 처벌한다.

1. 유가증권 및 공채증서의 의의

본 죄의 행위객체는 대한민국 또는 외국의 공채증서 기타 유가증권이다. 유가증권이란 사법상의 재산권(물권, 채권, 사원권 등)을 표시한 증권으로서 증권상에 표시된 재산상의 권리의 행사와 처분에 반드시 그 증권의 점유를 필요로 하는 것을 총칭한다(대판 1984. 11. 27, 84도1862). 즉 본 조의 유가증권이란 증권상에 표시된 재산상의 권리의 행사와 처분에 그 증권의 점유를 필요로 하는 것을 총칭하는 것으로서 재산권이 증권에 화체된다는 것과 그 권리의 행사와 처분에 증권의 점유를 필요로 한다는 두 가지 요소를 갖추면 되고 반드시 유통성을 가질 필요는 없다. 이 점에서 상법상의 유가증권 개념과 다르다. 또한 일반인이 진정한 것으로 오신할 정도의 형식과 외관을 갖추고 있으면 되므로 증권이 비록 문방구 약속어음 용지를 이용하여 작성되었다고 하더라도 그 전체적인 형식·내용에 비추어 일반인이 진정한 것으로 오신할 정도의 약속어음 요건을 갖추고 있으면 당연히 형법상 유가증권에 해당한다(대판 2001. 8. 24, 2001도2832).

유가증권의 예로는 어음, 수표(부정수표단속법의 적용도 받는다), 상품권, 회사채, 주식, 창고증권, 선하증권, 각종 국·공채, 양도성예금증서(CD), 물품교환 기능을 표시한 쿠폰, 철도 승차권, 스키장의 리프트 탑승권(대판 1998. 11. 24, 98도2967) 등이 있다. 자기앞수표는 부정수표단속법의 적용대상이 아니라 본 죄의 적용대상에 해당한다. 은행신용카드에 대해서는 유가증권설(대판 1984. 11. 27, 84도1862)(배종대, 백형구, 이/장/강)과 사문서설(김/서, 이정원, 정/박)이 있다. 사문서의 경우 반드시 재산권을 표창한 증서로 볼 수 없으며, 은행신용카드는 이를 제시함으로써 반복하여 신용카드가맹점에서 물품의 구입 또는 용역의 제공을 받거나 결제할 수 있는 증표로 보기 때문에(여신전문금융업법 제2조 제3호) 사문서가 아니라 유가증권으로 보는 것이 타당하다. 다만, 신용카드의 위조·변조행위는 7년 이하의 징역 또는 5천만원 이하의 벌금으로 처벌한다(여신전문금융업법 제70조 제1항). 공중전화카드도 공중전화서비스를 제공받을 수 있는 재산상의 권리를 화체하고 있으므로 유가증권에 해당한다(대판 1998. 2. 27, 97도2483). 약속어음도 유가증권에 해당하지만 일반인이 진정하고 유효한 약속어음으로 오신케 할 정도의 형식과 외관을 갖춘 정도에 이르러야 행위객체에 해당한다(대판 1992. 6. 23, 92도976). 반면에 허무인 명의의 유가증권은 적어도 그것이 행사할 목적으로 작성되었고 외형상 일반인으로 하여금 진정하게 작성된 유가증권이라고 오신케 할 수 있는 정도라면 위조죄가 성립한다(대판 1971. 7. 27, 71도905).

판례 유가증권의 의의

- 국제전화카드는 카드일련번호만 알고 있으면 카드를 소지하고 있지 않더라도 국제전화서

비스를 이용하는 데 지장이 없으므로 유가증권에 해당하지 않는다(대판 2011. 11. 10, 2011도9620). 즉 권리행사(국제통화)에 국제전화카드의 점유를 필요로 하지 않기 때문에 유가증권이 아니다.

- 위조유가증권행사죄에 있어서의 유가증권이라 함은 **위조된 유가증권의 원본**을 말하는 것이지 전자복사기 등을 사용하여 기계적으로 복사한 사본은 이에 해당하지 않는다(대판 1998. 2. 13, 97도2922). 한편 유가증권과 달리 문서의 경우에는 사본(재사본)을 위조, 행사하는 경우에도 공(사)문서위조죄, 공(사)위조문서행사죄가 성립한다.

물품보관증과 같은 면책증권은 유가증권에 해당하지 않는다.

공채증서란 공적 기관의 채무를 증명하는 증서로서 발행주체에 따라 국채(재정증권, 산업금융채권)와 지방채(지하철공채 등)가 있다.

2. 행 위

위조 또는 변조이다. 위조는 작성권한이 없는 자가 타인 명의를 모용하여 유가증권을 작성하는 것을 말한다. 변조는 진정하게 성립된 유가증권의 내용에 권한 없는 자가 유가증권의 동일성을 해하지 않는 한도에서 변경을 가하는 것을 의미하고, 이와 같이 권한 없는 자에 의해 변조된 부분은 진정하게 성립된 부분이라 할 수 없다. 따라서 유가증권의 내용 중 권한 없는 자에 의하여 이미 변조된 부분을 다시 권한 없이 변경하였다고 하더라도 유가증권변조죄는 성립하지 않는다(대판 2012. 9. 27, 2010도15206).

제2항에서 권리의무에 관한 기재를 위조한다는 것은 기본적 증권행위가 진정하게 성립한 유가증권에 작성권한이 없는 자가 타인의 명의를 모용하여 배서·보증 등의 부수적 증권행위를 하는 것을 의미한다. 유가증권의 권리의무에 관한 기재를 변조한다는 것은 진정하게 성립된 타인 명의의 부수적 증권행위에 관한 유가증권의 기재 내용에 작성권한이 없는 자가 변경을 가하는 것을 말한다. 따라서 어음발행인이라 하더라도 어음상에 권리의무를 가진 자가 있는 경우에는 이러한 자의 동의를 받지 아니하고 어음의 기재 내용에 변경을 가하였다면 이는 유가증권의 권리의무에 관한 기재를 변조한 것에 해당한다(대판 2003. 1. 10, 2001도6553). 이에 반해 약속어음을 제3배서인으로부터 백지식배서의 방식에 의하여 교부 양도 받아 백지를 보충하지 아니하고 배서도 하지 아니한 채 제3자에게 교부 양도한 자가 만기에 어음금의 지급이 거절됨에 따라 양수인에게 소구의무를 이행하고 약속어음을 환수하여 약속어음의 정당한 소지인이 되었다면, 약속어음의 제3배서란과 제4배서란 사이에 보전지를 결합시키고 그 보전지의 배서란에 자신의 성명과 배서일자를 기재하고 날인하였다고 하더라도 이와 같은 행위는 타인의 명의를 모용하여 한 것이 아님은 물론 타인 명의의 유가증권의 기재 내용에 변경을 가한 것도 아니므로 유가증권 위조·변조죄에 해당

하지 아니한다(대판 1989. 12. 8, 88도753).

판례 어음위조의 개념

• 부친과 함께 제과업을 하면서 부친의 지시에 따라 피고인 명의로 약속어음을 발행하여 오던 중 부친이 사망하자 피고인이 제과업을 이어받아 경영하면서 이 사건 발생시까지 약 3년간 당좌계정을 그대로 둔 채 망인인 부친 명의로 약속어음 등을 발행하여 그것이 이 사건 약속어음을 제외하고는 모두 지급기일 내에 결재되어 왔으며, 이 사건 피해자도 피고인이 발행하는 어음상의 명칭을 피고인의 별명으로 여겨왔다. 이에 대해 대법원은 "어음에 기재되어야 할 **어음행위자의 명칭은 반드시 어음행위자의 본명에 한하는 것은 아니고 상호, 별명 그 밖의 거래상 본인을 가리키는 것으로 인식되는 칭호라면 어느 것이나 다 가능하다**고 볼 것이므로 비록 그 칭호가 타인의 명칭이라도 통상 그 명칭은 자기를 표시하는 것으로 거래상 사용하여 그것이 그 행위자를 지칭하는 것으로 인식되어 온 경우에는 그것을 어음상으로도 자기를 표시하는 칭호로 사용할 수 있다 할 것이므로 피고인이 그 망부의 사망 후 그의 명의를 거래상 자기를 표시하는 명칭으로 사용하여 온 경우에는 피고인에 의한 망부 명의의 어음발행은 피고인 자신의 어음행위라고 볼 것이고 이를 가리켜 타인의 명의를 모용하여 어음을 위조한 것이라고 할 수 없다" (대판 1982. 9. 28, 82도296)고 판시하였다.

Ⅲ. 자격모용유가증권(작성, 기재)죄

제215조(자격모용에 의한 유가증권의 작성) 행사할 목적으로 타인의 자격을 모용하여 유가증권을 작성하거나 유가증권의 권리 또는 의무에 관한 사항을 기재한 자는 10년 이하의 징역에 처한다.
제223조(미수범) 제214조 내지 제219조와 전조의 미수범은 처벌한다.

타인의 자격을 모용한다는 의미는 정당한 대리권이나 대표권이 없는 자가 대리인 또는 대표자인 것처럼 가장하여 유가증권을 작성하거나 기재하는 것을 말한다.

위조죄와의 관계상 명의 자체는 진정하지만 명의인의 자격이 모용된 경우에 한하여 본죄가 성립하고 명의와 자격이 모두 모용된 경우에는 자격모용은 명의모용에 흡수되어 위조죄만이 성립한다고 보는 것이 타당하다. 대리권이나 대표권이 있는 자가 권한을 남용하여 본인이나 회사 명의로 유가증권을 발행하는 행위에 대해서 본 죄나 유가증권위조죄에 해당하지 않는다는 견해(정영석)와 허위유가증권작성죄설(김/서, 임웅)이 있다. 권한을 남용하여 작성하는 것은 본인의 의사에 반한다고 볼 수 있으므로 허위유가증권작성죄를 인정하는 것이 타당하다.

판례 **자격모용 유가증권 작성의 예**

• 대표이사 직무집행정지가처분결정은 대표이사의 직무집행만을 정지시킬 뿐 대표이사의 자격까지 박탈하는 것은 아니나 **가처분결정이 송달되어 일절의 직무집행이 정지됨으로써 직무집행의 권한이 없게 된 대표이사가 그 권한 밖의 일인 대표이사 명의의 유가증권을 작성·행사하는 행위**가 회사업무의 중단을 막기 위한 긴급한 인수인계 행위라 하더라도 합법적인 권한행사라 할 수 없으므로 이는 자격모용유가증권작성 및 동 행사죄에 해당한다(대판 1987. 8. 18, 87도145).

Ⅳ. 허위유가증권작성죄, 허위유가증권기재죄

제216조(허위유가증권의 작성 등) 행사할 목적으로 허위의 유가증권을 작성하거나 유가증권에 허위사항을 기재한 자는 7년 이하의 징역 또는 3천만원 이하의 벌금에 처한다.
제223조(미수범) 제214조 내지 제219조와 전조의 미수범은 처벌한다.

본 죄는 무형위조를 처벌하는 규정이다. 문서에 대한 죄와 달리 포괄적으로 무형위조를 처벌하고 있다. 본 죄는 작성권한 없는 자가 작성 명의를 모용하는 것이 아니라 작성권한 있는 사가 내용이 허위인 유가증권을 작성하는 것을 말한다. 유가증권의 허위작성행위 자체에는 직섭 관여힌 바 없다 하더라도 타인에게 그 작성을 부탁하여 의사연락이 되고 그 타인으로 하여금 범행을 하게 하였다면 공모공동정범에 의한 허위작성죄가 성립한다(내판 1985. 8. 20, 83도2575).

판례 **허위 유가증권 작성의 예**

• 허위유가증권의 작성이란 유가증권의 효력에 영향을 미칠 기재사항에 관하여 진실에 반한 기재를 하는 모든 행위를 말하는 것으로 비록 **주권발행의 권한을 위임받았다고 하더라도** 행사의 목적으로 발행일자를 소급 기재하여 그 기재일자에 발행된 것처럼 허위내용을 기재한 때는 허위유가증권작성죄를 구성한다(대판 1974. 1. 15, 73도2041).

Ⅴ. 위조유가증권, 변조유가증권, 자격모용유가증권, 허위작성유가증권(행사, 수입, 수출)죄

제217조(위조유가증권 등의 행사 등) 위조, 변조, 작성 또는 허위기재한 전 3조 기재의 유가증권을 행사하거나 행사할 목적으로 수입 또는 수출한 자는 10년 이하의 징역에 처한다.
제223조(미수범) 제214조 내지 제219조와 전조의 미수범은 처벌한다.

본 죄의 행위는 위조 등의 유가증권을 행사·수입·수출하는 것이다. 허위의 선하증권을 발행하여 타인에게 교부하여 줌으로써 그로 하여금 이를 행사하여 선하증권상의 물품대금을 지급받게 한 경우에는 허위유가증권행사죄와 사기죄의 공동정범이 인정된다(대판 1985. 8. 20, 83도2575). 허위의 선하증권을 행사하여 물품대금을 받은 경우에는 본 죄와 사기죄의 상상적 경합설(다수설)과 경합범설(정/박, 진계호)이 있다. 행사하는 것이 동시에 기망행위에 해당하므로 상상적 경합을 인정하는 것이 타당하다.

판례 **위조 유가증권 행사**

• 위조유가증권행사죄의 처벌목적은 유가증권의 유통질서를 보호하는데 있는 만큼 단순히 문서의 신용성을 보호하고자 하는 위조공·사문서행사죄의 경우와는 달리 교부자가 진정 또는 진실한 유가증권인 것처럼 위조유가증권을 행사하였을 때뿐만 아니라 위조유가증권임을 알고 있는 자에게 교부하였더라도 피교부자가 이를 유통시킬 것임을 인식하고 교부하였다면, 그 교부행위 그 자체가 유가증권의 유통질서를 해할 우려가 있어 처벌의 이유와 필요성이 충분히 있으므로 위조유가증권행사죄가 성립한다고 보아야 할 것이지만, 위조유가증권의 교부자와 피교부자가 서로 유가증권위조를 공모하였거나 위조유가증권을 타에 행사하여 그 이익을 나누어 가질 것을 공모한 공범의 관계에 있다면, 그들 사이의 위조유가증권 교부행위는 그들 이외의 자에게 행사함으로써 범죄를 실현하기 위한 전단계의 행위에 불과한 것으로서 위조유가증권은 아직 범인들의 수중에 있다고 볼 것이지 행사되었다고 볼 수는 없다.

피고인과 갑은 갑이 피고인으로부터 1,500만원을 차용하는 것처럼 가장하기로 공모한 다음, 피고인이 위조된 100만원권 자기앞수표 14장 외에 10만원권 수표 10장이 들어 있는 봉투를 을을 통해 공범 갑과 그 위조사실을 모르는 병이 함께 있는 자리에서 갑에게 교부하자, 갑은 그 자리에서 자신의 연인 병을 보증인으로 하는 차용증을 작성하여 을에게 주었는데, 이때 갑은 봉투에서 10만원권 수표 10장을 꺼내어 병에게 보여 주었으나 위조된 100만원권 자기앞수표는 봉투에서 꺼내거나 병에게 보여 주지도 않은 사안에서, 을이나 갑이 위조된 자기앞수표를 병에게 제시하는 등으로 이를 인식하게 하였다고 할 수 없어 이들이 위 봉투를 병의 면전에서 주고받은 행위를 위조된 자기앞수표를 행사한 경우에 해당한다고 볼 수 없고, 따라서 을이나 갑에게 위 수표를 교부한 것이 이를 행사한 경우에 해당한다고 볼 수도 없음에도, 피고인에 대한 위 위조유가증권행사의 공소사실을 유죄로 인정한 원심판결에 법리오해의 위법이 있다(대판 2010. 12. 9, 2010도12553).

Ⅵ. 예비·음모죄

제224조(예비, 음모) 제214조, 제215조와 제218조 제1항의 죄를 범할 목적으로 예비 또는 음모한 자는 2년 이하의 징역에 처한다.

Ⅶ. 인지 · 우표 관련 죄

1. 인지, 우표, 우편요금증표(위조, 변조)죄

제218조(인지·우표의 위조 등) ① 행사할 목적으로 대한민국 또는 외국의 인지, 우표 기타 우편요금을 표시하는 증표를 위조 또는 변조한 자는 10년 이하의 징역에 처한다.
제223조(미수범) 제214조 내지 제219조와 전조의 미수범은 처벌한다.

2. 위조, 변조(인지, 우표, 우편요금증표)(행사, 수입, 수출)죄

제218조(인지·우표의 위조 등) ② 위조 또는 변조된 대한민국 또는 외국의 인지, 우표 기타 우편요금을 표시하는 증표를 행사하거나 행사할 목적으로 수입 또는 수출한 자도 제1항의 형과 같다.
제223조(미수범) 제214조 내지 제219조와 전조의 미수범은 처벌한다.

판례 위조 우표 행사

• 위조우표취득죄 및 위조우표행사죄에 관한 형법 제219조 및 제218조 제2항에 규정된 "행사할 목적" 또는 "행사하거나"에 있어서의 "행사"라 함은 위조된 대한민국 또는 외국의 우표를 진정한 우표로서 사용하는 것을 말하는 것으로 반드시 우편요금의 납부용으로 사용하는 것에 한정되지 아니하고 우표수집의 대상으로서 매매하는 경우도 이에 해당된다 할 것이고, 또한 위조우표행사죄에 규정된 "행사할 목적"에는 위조된 우표를 그 정을 알고 있는 자에게 교부하더라도 교부받은 사람이 그 우표를 진정하게 발행된 우표로서 사용할 것이라는 정을 인식하면서 이를 교부하는 경우도 해당된다(대판 1989. 4. 11, 88도1105).

3. 위조, 변조(인지, 우표, 우편요금증표)취득죄

제219조(위조인지·우표등의 취득) 행사할 목적으로 위조 또는 변조한 대한민국 또는 외국의 인지, 우표 기타 우편요금을 표시하는 증표를 취득한 자는 3년 이하의 징역 또는 1천만 원 이하의 벌금에 처한다.
제223조(미수범) 제214조 내지 제219조와 전조의 미수범은 처벌한다.

4. (인지, 우표, 우편요금증표)소인말소죄

제221조(소인말소) 행사할 목적으로 대한민국 또는 외국의 인지, 우표 기타 우편요금을 표시하는 증표의 소인 기타 사용의 표지를 말소한 자는 1년 이하의 징역 또는 300만원 이하의 벌금에 처한다.

5. 공채증서, 인지, 우표, 우편요금증표 유사물(제조, 수입, 수출)죄, (공채증서, 인지, 우표, 우편요금증표)유사물판매죄

제222조(인지·우표유사물의 제조 등) ① 판매할 목적으로 대한민국 또는 외국의 공채증서, 인지, 우표 기타 우편요금을 표시하는 증표와 유사한 물건을 제조, 수입 또는 수출한 자는 2년 이하의 징역 또는 500만원 이하의 벌금에 처한다.
② 전항의 물건을 판매한 자도 전항의 형과 같다.
제223조(미수범) 제214조 내지 제219조와 전조의 미수범은 처벌한다.

제 3 절 문서에 관한 죄

Ⅰ. 보호법익 및 구성요건체계

1. 보호법익

통화위조죄나 유가증권위조죄는 국민의 경제활동상 거래관계의 직접적 수단이 되는 통화나 유가증권의 안전·신용과 그 기능을 보호하기 위한 것임에 반해 문서위조죄는 이보다 일반적인 국민의 법적 생활관계의 기반이 되는 문서의 거래상의 안전 및 문서에 대한 공공의 신용을 보호하기 위한 것(통설, 판례)으로서 모두 목적범의 형태로 규정되어 있다. 문서위조는 문서위조 자체가 목적이 아니라 일반적으로 사기의 전단계로서 행하여지는 경우가 많다.

2. 형식주의와 실질주의

문서의 공공적 신용성을 보호하기 위한 입법적 방법으로서는 형식주의와 실질주의의 두 가지가 있다. 형식주의는 문서의 성립의 진정을 보호하기 위한 입법주의이며, 실질주의는 문서 내용의 진실성을 보호하기 위한 입법주의이다. 형식주의에서는 금지하는 위조의 형태를 유형위조有形僞造라고 하는데 이는 문서 성립의 진정성, 즉 문서의 작성권한이 있는 자가 작성한 문서를 진정한 문서로 보고 작성권한이 없는 자가 작성한 문서는 위조문서로 보는 입장이다. 예컨대 작성권한 있는 갑의 이름으로 권한 없는 을이 작성한 문서의 경우 문서의 위조에 해당한다. 반면에 실질주의에서는 무형위조無形僞造를 금지하는데, 이는 문서의 형식성 즉 정당한 작성권자에 의하여 문서는 작성되었지만(명의인=작성자) 문서의 내용에 허위가 있는 문서를 위조문서라고 일컫는다. 실질주의를 택할 경우에는 내용적으로 진실일 경우에는 작성권한을 가진 자의 의사에 반하는 문서작성행위(자격모용에 의한 문서작성)라도 형사처벌의 대상이 되지 않지만 형식주의를 택할 경우에는 작성권한을 침해한 행위로서 문서위조에 해당한다고 보게 된다. 명의인의 이해관계보다 문서제도에 대한 일반의 신뢰를 기반으로 하여 통용되는 문서의 공공성을 중시하게 되면 형식주의의 입장이 타당하다.

형법은 공문서의 경우에는 유형위조와 무형위조는 모두 처벌하고 있으나 사문서의 경우에는 허위진단서등작성죄(제233조)를 제외하고는 유형위조만을 처벌하는 형식주의를 취하고 있다. 즉 형법의 입법적 태도는 형식주의를 원칙으로 하면서 예외적으로 실질주의를 취하고 있다고 볼 수 있다(통설). 형법은 유형위조는 '위조', '위작'이라고 표현하고 있으며 무형위조는 '작성'이라고 표현하고 있다. 자격모용의 경우에는 '작성'이라고 하고 있으나 이는 무형위조가 아니라 유형위조로 보는 것이 통설이다.

판례 사문서의 유형위조와 무형위조

• **사건개요**: 주식회사 A의 대표이사인 갑은 동시에 주식회사 B의 대표이사인 을(주식회사 A의 사실상 사주)로부터 포괄적인 위임을 받아 A와 B 모두의 대표이사 업무도 처리하고 있었다. 피고인은 투자자로부터 받은 투자금 중 일부로 주식회사 B로부터 그 회사 소유인 오피스텔 등을 구입하고 나머지는 다른 용도로 사용하여 투자자 측으로부터 사기 등으로 고소를 당했다. 그러자 피고인은 유리한 자료로 제출하기 위하여 주식회사 A의 대표이사인 갑에게 위 투자금을 모두 오피스텔 구입 및 공사대금 등으로 지급받은 것처럼 허위 내용의 영수증과 세금계산서를 작성해달라고 부탁하였다. 갑은, 위 매매계약 건을 원만하게 마무리할 생각으로 임의로 '주식회사 B 대표이사 을' 또는 '주식회사 A 대표이사 병(이미 퇴임한 전 대표이사)'으로 표시하여, 마치 피고인이 투자금 전부를 오피스텔 구입 및 공사대금으로 위 회사들에게 지급한 것처럼 각각 기재한 허위 내용의 영수증과 세금계산서에 위 회사들의 직인을 날인해 주었고, 피고인은 이를 경찰에 제출하였다.

판결이유: 피고인과 갑이 '주식회사 B 대표이사 을'로 표시하여 허위 내용 영수증과 세금계산서를 작성한 행위는 주식회사 B 명의의 영수증과 세금계산서를 위조하는 행위에 해당한다. 비록 갑이 주식회사 B의 적법한 대표이사인 을의 포괄적인 위임을 받아 위 회사의 대표이사 업

무를 처리하고 있었다고 하더라도, 을의 위와 같은 대표이사 권한의 포괄적인 위임은 원칙적으로 허용될 수 없는 것이고, 더구나 피고인을 위하여 주식회사 B에게 불리한 내용의 허위 영수증과 세금계산서를 작성해 주는 행위는 대표이사 을이 대표이사 권한을 포괄적으로 위임한 취지의 범위 내에 속한다고 단정하기 어렵기 때문이다. 따라서 피고인과 갑이 대표이사 을의 개별적·구체적인 위임 또는 승낙을 받지 않고 주식회사 B 명의의 허위 영수증과 세금계산서를 작성하여 행사한 행위는 권한 없이 주식회사 B 명의의 문서를 작성하여 행사한 행위로서 사문서위조죄 및 위조사문서행사죄를 구성한다.

그러나 피고인과 갑이 '주식회사 A 대표이사 병'으로 표시하여 허위 내용 영수증과 세금계산서를 작성한 행위는 주식회사 A 명의의 영수증과 세금계산서를 위조하는 행위에 해당하지 아니한다. 갑이 주식회사 A의 적법한 대표이사인 이상, 그 권한이 제한되어 있는 특별한 경우가 아니라면 직접 A 명의의 문서를 작성하는 행위는 위조에 해당하지 않는 것이 원칙이고, 이는 문서의 내용이 이미 퇴임한 대표이사를 대표이사로 표시하는 등과 같이 진실에 반하는 허위인지, 대표권을 남용하여 자기 또는 제3자의 이익을 도모할 목적으로 문서를 작성한 것인지 또는 대표이사로 표시된 병 개인으로부터 그 문서 작성에 관하여 위임 또는 승낙을 받았는지 등에 따라 달라지는 것이 아니기 때문이다. 따라서 피고인과 갑이 주식회사 A 명의의 영수증과 세금계산서를 작성하여 행사한 행위는, 비록 그 내용이 사실과 다르고 작성에 관하여 병으로부터 승낙을 받지 않았다고 하더라도, 권한 없이 주식회사 A 명의의 문서를 작성하여 행사한 행위에 해당하지 않아 사문서위조죄나 위조사문서행사죄를 구성하지 아니한다(대판 2008. 11. 27, 2006도2016).

평 가: 주식회사 B 대표이사 명의의 영수증 발행과 주식회사 A 명의의 영수증 발행을 구분하여 전자는 사문서의 유형위조, 후자는 사문서의 무형위조에 해당한다고 본 판결이다. 대법원은 이외에 피고인에게 특정경제범죄가중처벌법위반(사기)을 인정하였다.

3. 구성요건체계

문서에 관한 죄는 사문서와 공문서로 구분하고 각각 유형위조(위조, 변조 등)와 무형위조(작성, 변개, 불실기재 등), 행사죄와 부정행사죄로 나누어 규정하고 있다. 행사죄는 위·변조(위·변작)한 문서를 행사하는 것을 말하고, 부정행사는 정당하게 성립한 문서를 사용권한이 없는 자가 사용하는 것을 의미한다. 형법은 사문서에 비해 공문서에 대한 위조죄를 가중처벌하고 있다.

구체적으로는 ① 문서의 위조·변조죄, ② 허위문서작성죄, ③ 행사죄, ④ 부정행사죄로 구성되어 있다. 그리고 복사문서의 문서성을 규정하였다(제237조의2). 이를 도표화하여 보면 다음과 같다.

〈문서 · 전자기록에 관한 죄의 구성요건체계〉

행위/문서	공문서 · 공전자기록	사문서 · 사전자기록
위조/위작 변조/변작	공문서위조 · 변조죄(제225조) 공전자기록위작 · 변작죄(제227조의2)	사문서위조 · 변조죄(제231조) 사전자기록위작 · 변작죄(제232조의2)
자격모용	자격모용에 의한 공문서작성죄 (제226조)	자격모용에 의한 사문서작성죄 (제232조)
허위내용	허위공문서작성죄(제227조)	허위진단서작성죄(제233조)
부실기재	공정증서원본등의부실기재죄(제228조)	
문서행사	위조등공문서행사죄(제229조)	위조등사문서행사죄(제234조)
부정행사	공문서부정행사죄(제230조)	사문서부정행사죄(제236조)

비교법적으로 살펴보면 일본형법은 공 · 사문서를 구별하여 규정하고 있으나(제155조, 제159조) 독일형법은 공문서와 사문서위조를 구별하지 않고 동등하게 처벌하고 있으며(§267 I), 오스트리아형법(§ 223)도 마찬가지이다. 다만 독일형법은 "공문서 작성권한이 있는 공무원으로서 그 권한의 범위 내에서 법률상 중요한 사실에 관한 허위의 공문서를 작성하거나 공적 기록, 공적 장부 또는 공전자기록 등에 허위의 사실을 기재 또는 기록한 자는 5년 이하의 자유형 또는 벌금형에 처한다"(§ 348)고 규정하여 공문서에 대한 무형위조를 처벌하고 있다. 반면에 사문서의 무형위조는 우리 형법과 마찬가지로 허위진단서작성 · 행사죄(§§ 278, 279) 이외에는 처벌하지 않는다.

Ⅱ. 문서의 의의(성립요건)

형법상 문서에 관한 죄에 있어서 문서라 함은 문자 또는 이에 대신할 수 있는 가독적 부호로 계속적으로 물체상에 기재된 사람의 의사 또는 관념의 표시인 원본 또는 이와 사회적 기능, 신용성 등을 같게 볼 수 있는 기계적 방법에 의한 복사본을 의미하며, 그 내용이 법률관계 또는 사회생활상 중요한 사실관계에 관한 사항에 관한 증거로 될 수 있는 것을 말한다.

진정한 문서는 보호의 대상으로서 다음과 같은 기능을 가질 때에 문서성이 인정된다.

1. 지속성 (가시성 · 가독성)

문서는 작성명의인의 의사나 관념이 가시적 · 가독적 형태로 어느 정도 고정되어 있을 것이 필요하다. 즉 시각적으로 직접 인식 가능하여야 한다. 음성이나 화상으로 변환된 녹음테이프, 비디오테이프는 문서가 아니며 마찬가지로 음반도 문서로 볼 수 없다. 이에 따라 전자기록 등에 관하여 별개의 규정을 두고 있다(제227조의2, 제232조의2 참조).

판례 컴퓨터 이미지 파일의 문서성

• **사건개요**: 피고인은, ① 사귀고 있던 갑에게 피고인의 나이와 성명을 속이는 용도로 행사할 목적으로 권한 없이, 컴퓨터로 '미애', '701226'을 작성하여 출력한 다음, 피고인의 주민등록증 성명란 '길자'라는 글자 위에 위와 같이 출력한 '미애'라는 글자를, 주민등록번호란 '640209'라는 글자 위에 위와 같이 출력한 '701226'이라는 글자를 각 오려붙인 다음, 이를 컴퓨터 스캔 장치를 이용하여 스캔함으로써 이미지 파일을 생성하는 방법으로 복사하여 컴퓨터 모니터로 출력함으로써 화면에 이미지가 나타나도록 하는 방법으로 공문서인 강남구청장 발행의 주민등록증 1장을 위조하고, ② 위와 같이 위조한 주민등록증 이미지가 저장되어 있는 파일을 갑에게 보내는 이메일에 마치 진정하게 성립한 것처럼 첨부, 전송하여 그 무렵 그 정을 모르는 갑으로 하여금 첨부파일을 열람하도록 함으로써 갑이 사용하는 컴퓨터 모니터에 위와 같이 위조한 주민등록증의 이미지가 나타나도록 하였다.

판결이유: 컴퓨터 모니터 화면에 나타나는 이미지는 이미지 파일을 보기 위한 프로그램을 실행할 경우에 그때마다 전자적 반응을 일으켜 화면에 나타나는 것에 지나지 않아서 계속적으로 화면에 고정된 것으로는 볼 수 없으므로, 형법상 문서에 관한 죄에 있어서의 '문서'에는 해당되지 않는다(공문서위조 및 위조공문서행사죄를 인정하지 않음)(대판 2007. 11. 29, 2007도7480). 또한 대판 2011. 11. 10, 2011도10468; 2010. 7. 15, 2010도6068; 2008. 4. 10, 2008도1013 참조.

평 가: 이러한 대법원 판결을 토대로 사안을 분류하면 ① 문서위조죄와 동 행사죄가 모두 성립하지 않는 경우(자신의 문서에 타인의 성명과 주민등록번호를 합성하여 모니터상으로만 출력하여 이메일로 전송한 경우), ② 양 죄가 모두 성립하는 경우(자신의 문서에 타인의 성명과 주민등록번호를 합성하여 이를 출력한 다음 제시한 경우 또는 이를 이메일로 전송하여 수신인이 이를 프린터로 출력한 경우), ③ 문서위조죄는 성립하지만 동 행사죄의 성립 여부는 검토가 필요한 경우(위와 같은 합성문서를 프린터로 출력한 다음 이를 사용하지 않고 다만 이를 스캔하여 이미지 파일을 이메일로 전송한 경우)로 나눌 수 있다.

2. 증명기능 (의사 · 관념의 표시)

문서가 법률상 · 사회생활상의 중요사항에 관한 증거자료가 되기 때문에 문서의 내용은 법적으로 중요한 사실을 증명할 수 있는 의사나 관념이 표시되어 있어야 한다. 학술논문이나 예술작품은 경제거래나 법률관계에 증거로서의 기능을 목적으로 하지 않고 사상을 표현한 것이므로 문서로서의 보호대상에 포함되지 않는다. 문서가 법적 거래의 매개체로서 일반의 신뢰를 보호하는 것이 필요한데, 이러한 보호의 대상이 되기 위해서는 일시적인 의사나 관념의 표시가 아니라 물체상에 지속적으로 의사·관념이 표시되어야 한다.

판례 담배갑의 증명기능

• 피고인이 중국산 장백산 담배와 중남해 담배갑을 위조한 사건에서 담배갑은 그 안에 들어있는 담배가 특정 제조회사가 제조한 특정한 종류의 담배라는 사실을 증명하는 기능을 수행하므로 문서 등 위조의 대상인 도화에 해당한다(대판 2010. 7. 29, 2010도2705).

3. 보장기능 (작성명의인의 존재)

문서는 사람의 의사나 관념을 표시하여 증거로서 보호의 대상이 되므로 문서 내용과 관련한 의사·관념의 표시주체인 작성자(작성명의인)가 존재하여야 한다. 이를 문서의 보장적 기능이라고 한다. 명의인은 반드시 문서상에 표시되어야 하는 것은 아니다. 그리고 작성명의인은 문서의 작성권자를 의미하기 때문에 위조문서의 경우 작성권한이 없는 위조행위자는 작성권자가 아니며, 위조자의 명의가 문서상에 나타나 있는지 여부는 문제되지 않는다.

판례 작성명의인의 명시 여부

• 허위공문서작성죄에 있어서의 객체가 되는 문서는 문서상 작성명의인이 명시된 경우 뿐 아니라 **작성명의인이 명시되어 있지 아니하더라도 문서의 형식, 내용 등 그 문서 자체에 의하여 누가 작성하였는지를 추지할 수 있을 정도**의 것이라면 허위공문서작성죄의 객체가 될 수 있는 문서에 해당한다(대판 1995. 11. 10, 95도2088).

사자死者·허무인虛無人 명의의 문서 또는 해산한 법인 명의의 문서이더라도 그 사실이 명백하게 일반인이 누구나 알 수 있을 정도인 경우를 제외하고는 공문서나 사문서를 불문하고 모두 문서명의인이 존재하는 것으로 본다(대판 2005. 2. 24, 2002도18)(통설). 문서위조죄는 문서의 진정에 대한 공공의 신용을 보호법익으로 하기 때문이다.

판례 작성명의인의 실재성 요부

① 허무인 명의 사문서위조행위

• 사건개요 : 피고인이 중국 현지에서 교부받은 임상경력증명서의 양식에 응시생의 이름과 생년월일 및 학습기간 등을 기재한 다음 의원·원장 및 한의원 이름을 생각나는 대로 임의로 기재하고 당해 한의원 명의의 직인을 임의로 새겨 날인하여 임상경력증명서를 위조하여 행사하였다.

판결이유 : 대법원은 명의인이 실재하지 않는 허무인이거나 또는 문서의 작성일자 전에 이미 사망하였다고 하더라도 그러한 문서 역시 공공의 신용을 해할 위험성이 있으며 이는 공문서뿐만 아니라 사문서의 경우에도 마찬가지라고 보았다. 이에 따라 임상경력증명서의 명의인인 한

의원이 실재하지 않는다고 하더라도, 각 임상경력증명서들은 일반인으로 하여금 당해 명의인의 권한 내에서 작성된 문서라고 믿게 할 수 있는 정도의 형식과 외관을 갖추고 있다고 보기에 충분하므로 사문서위조 및 동행사죄에 해당한다고 판시하였다(대판 2005. 2. 24, 2002도18 전원합의체).

평 가: 사문서의 경우 허무인·사자 명의 문서위조에 대해 공문서와 다르게 취급하였던 판례를 변경한 판결이다.

② 법인해산 후의 사문서위조행위

• 피고인이 위조행사한 A회사 명의의 아파트공급계약서와 입금표가 비록 A회사가 이미 해산등기를 마쳐 그 법인격이 소멸한 이후에 작성되었거나 그 법인격이 소멸한 이후의 일자로 작성되었다고 하더라도, 일반인으로 하여금 그 명의인인 A회사의 권한 내에서 작성된 문서라고 믿게 할 수 있는 정도의 형식과 외관을 갖추고 있다고 보기에 충분하므로 피고인의 판시 행위는 사문서위조 및 동행죄에 해당된다(대판 2005. 3. 25, 2003도4943).

Ⅲ. 작성명의인

1. 의 의

문서는 의사 또는 관념이 표시된 것이어야 하며 이러한 의사표시의 주체를 문서의 작성명의인作成名義人이라고 한다. 작성명의인은 반드시 문면상에 나타나 있어야 하는 것은 아니다. 작성권한을 가진 자가 작성자인 경우에는 작성명의인과 작성자가 일치하겠지만(소위 진정문서), 예를 들어 사장이 직원에게 문서작성을 지시한 경우처럼 문서작성자의 의미는 실제 작성자인지 여부로 판단하는 것이 아니라 작성권한과의 관계 속에서 파악하는 것이므로 직원이 작성자에 해당하는 것은 아니다(소위 부진정문서).

2. 복사문서의 문서성과 명의인

제237조의2(복사문서등) 이 장의 죄에 있어서 전자복사기, 모사전송기 기타 이와 유사한 기기를 사용하여 복사한 문서 또는 도화의 사본도 문서 또는 도화로 본다.

전자복사기의 발달로 인하여 과거에는 손으로 작성하던 문서복사(필사본, 복본 등)의 방법이 원본을 구현하는 질과 양에서 현저하게 달라졌으며 사회적 기능도 원본문서에 못지않게 중요하다. 이에 따라 형법은 과거 복사문서의 문서성에 대한 학설과 판례(대판 1989. 9. 12, 87도506)의 입장을 수용하여 문서성을 인정하는 규정을 두었다. 전자복사문서의 재복사문서도 문서성이 인정된다고 보는 것이 판례의 입장이다(아래 판례 참조). 이와 달리 독일판례(BGHSt 24, 140)에서는 인증이 없는 한 전자복사문서의 문서성을 인정하지 않는다.

전자복사기에 의한 복사문서의 명의인은 복사를 한 자가 아니라 원본문서의 작성자(명의인)이다. 작성명의인은 진정한 문서를 작성할 권한 있는 자를 의미하며 위조하거나 위조복사를 한 행위자를 의미하지는 않기 때문이다.

진정한 문서의 사본을 전자복사기를 이용하여 복사하면서 일부 조작을 가하여 그 사본내용과 전혀 다르게 만드는 행위는 공공의 신용을 해할 우려가 있는 별개의 문서사본을 창출하는 행위로서 문서위조행위에 해당한다. 그러므로 본 조에 따라 전자복사기, 모사전송기 기타 이와 유사한 기기를 사용하여 복사한 문서의 사본도 문서원본과 동일한 의미를 가지는 문서로서 이를 다시 복사한 문서의 재사본도 문서위조죄 및 동 행사죄의 객체인 문서에 해당한다.

판례 **타인의 주민등록증 사본의 사진란에 자신의 사진을 붙여 복사(재사본)한 행위**

• 갑의 주민등록증 사본의 사진란에 임의로 피고인의 사진을 붙여 복사하여 전혀 별개의 주민등록증 사본을 창출한 후 이를 갑 명의로 작성한 무선통신가입신청서 및 단말기할부판매약정서와 함께 제출하여 휴대폰을 부정발급 받은 후 휴대폰을 사용하고도 통화요금을 납입하지 않은 사건에서, 대법원은 피고인에게 공문서위조, 위조공문서행사, 사문서위조, 위조사문서행사 및 사기죄를 인정하였다(대판 2000. 9. 5, 2000도2855). 이는 복사문서의 재사본도 문서임을 인정함과 동시에 타인의 주민등록증에 자신의 사진을 붙여 복사한 피고인의 행위가 문서위조행위에 해당함을 인정한 것으로 볼 수 있다.

Ⅳ. 문서위조 · 변조죄

1. 사문서, 사도화(위조, 변조)죄

제231조(사문서등의 위조·변조) 행사할 목적으로 권리 · 의무 또는 사실증명에 관한 타인의 문서 또는 도화를 위조 또는 변조한 자는 5년 이하의 징역 또는 1천만원 이하의 벌금에 처한다.

(1) 의의 및 행위객체

본 죄는 행사할 목적으로 타인의 문서나 도화를 위조 또는 변조하는 것이다(목적범, 유형위조). 본 죄의 행위객체는 권리 · 의무 또는 사실증명에 관한 타인의 문서 또는 도화이다. 사문서위조죄의 객체가 되는 문서의 진정한 작성명의자가 누구인지는 문서의 표제나 명칭만으로 이를 판단하여서는 안 되고, 문서의 형식과 외관은 물론 문서의 종류, 내용, 일반 거래에서 그 문서가 가지는 기능 등 제반 사정을 종합적으로 참작하여 판단하여야 한다(대판

2016. 10. 13, 2015도17777). 권리 · 의무에 관한 문서란 권리 · 의무의 발생과 변경, 소멸 등과 관련한 의사표시를 내용으로 하는 문서를 말한다. 예를 들면 계약서, 예금통장, 차용증 등이 여기에 해당한다. 사실증명에 관한 문서란 권리 · 의무와 직접 관련이 없더라도 일정한 사실관계나 사항을 증명하는 문서로서 반드시 법률관계를 내용으로 하여야 하는 것은 아니다. 예를 들면 이력서, 사립학교의 성적증명서나 졸업증명서, 각종 회의록, 영수증, 신분증 등이 여기에 해당한다.

(2) 위조행위

본 죄의 행위로서 위조는 작성권한 없는 자가 타인 명의의 문서를 작성하는 유형위조를 말한다. 문서 내용의 진실성 여부는 문서위조의 판단기준이 아니다. 문서위조는 위조행위자가 작성권한이 없음에도 불구하고 타인 명의의 문서를 작성하는 것을 의미하며 결과적으로 이는 작성자(위조행위자)와 작성명의인(작성권한자)이 일치하지 않는 점에서 속성상 문서의 동일성에 대한 기망행위라고 할 수 있다.

문서의 작성명의인으로부터 작성권한을 위임받은 자가 권한을 부당하게 행사한 경우(작성권한의 남용 · 일탈) 사문서위조죄에 해당하는지 여부가 문제된다. 이 경우에는 사실상 문서작성권한이 없는 자의 문서작성에 해당하므로 문서위조에 해당한다고 보아야 한다. 본인의 위임 또는 위탁의 취지에 반하여 본인 명의의 문서를 작성한 경우에도 위조에 해당한다(통설 · 판례). 위임의 한계나 취지를 넘어서서 백지상태인 문서를 보충 기재하는 행위는 문서의 위조에 해당한다(백지위조).

판례 위탁된 권한을 초월하여 위탁자 명의의 문서를 작성한 경우

• 위탁된 권한을 초월하여 위탁자 명의의 문서를 작성하거나 위탁자의 서명날인이 정당하게 성립한 때라 하더라도 그 서명날인자의 의사에 반하는 문서를 작성한 경우에는 사문서위조죄가 성립한다. 피고인이 갑으로부터 금 75,000,000원의 차용 위탁을 받고 백지의 대출신청서 및 영수증에 동인의 날인을 받은 연후에 차용금액을 금 150,000,000원으로 기입하여 갑 명의의 대출신청서 및 영수증을 작성하였다면 문서위조죄가 성립한다(대판 1982. 10. 12, 82도2023).

문서가 원본인지 여부가 중요한 거래에서 문서의 사본을 진정한 원본인 것처럼 행사할 목적으로 다른 조작을 가함이 없이 문서의 원본을 그대로 컬러복사기로 복사한 후 복사한 문서의 사본을 원본인 것처럼 행사한 행위는 사문서위조죄 및 동 행사죄에 해당한다. 또한 사문서위조죄는 명의자가 진정으로 작성한 문서로 볼 수 있을 정도의 형식과 외관을 갖추어 일반인이 명의자의 진정한 사문서로 오신하기에 충분한 정도이면 성립한다. 따라서 변호사가 대량의 저작권법 위반 형사고소 사건을 수임하여 피고소인 30명을 각 형사고소하기

위하여 20건 또는 10건의 고소장을 개별적으로 수사관서에 제출하면서 각 하나의 고소위임장에만 소속 변호사회에서 발급받은 진정한 경유증표 원본을 첨부한 후 이를 일체로 하여 컬러복사기로 20장 또는 10장의 고소위임장을 각 복사한 다음 고소위임장과 일체로 복사한 경유증표를 고소장에 첨부하여 접수한 경우, 변호사의 행위는 사문서위조죄 및 동 행사죄에 해당한다(대판 2016. 7. 14, 2016도2081).

(3) 변조행위

변조는 권한 없는 자가 이미 진정하게 성립된 타인 명의의 문서 내용에 대하여 동일성을 해하지 않을 정도로 변경을 가하여 새로운 증명력을 작출하게 함으로써 공공적 신용을 해할 위험성이 있을 때 성립한다. 따라서 이미 진정하게 성립된 타인 명의의 문서가 존재하지 않는다면 사문서변조죄가 성립할 수 없다.

(4) 승낙과 문서위조

사문서의 위·변조죄는 작성권한 없는 자가 타인 명의를 모용하여 문서를 작성하는 것을 말하는 것이므로 사문서를 작성·수정함에 있어 그 명의자의 명시적이거나 묵시적인 승낙이 있었다면 사문서의 위·변조죄의 구성요건에 해당하지 않는다. 작성권한이 없이 문서를 작성한 것이 아니기 때문이다. 문서명의인이 문서작성자에게 사전에 문서 작성과 관련한 사무처리의 권한을 포괄적으로 위임함으로써 문서작성자가 위임된 권한의 범위 내에서 그 사무처리를 위하여 문서명의인 명의의 문서를 작성·행사한 것이라면, 비록 문서작성자가 개개의 문서 작성에 관하여 문서명의인으로부터 승낙을 받지 않았다고 하더라도 특별한 사정이 없는 한 사문서위조 및 위조사문서행사죄는 성립하지 않는다(대판 2015. 6. 11, 2012도1352; 2011. 4. 28, 2010도15817).

한편 행위 당시 명의자의 현실적인 승낙은 없었지만 행위 당시의 모든 객관적 사정을 종합하여 명의자가 행위 당시 그 사실을 알았다면 당연히 승낙했을 것이라고 추정되는 경우 역시 사문서의 위·변조죄가 성립하지 않는다(대판 2003. 5. 30, 2002도235). 이 경우에는 위법성이 조각된다고 보는 것이 타당하다. 그러나 명의자의 명시적인 승낙이나 동의가 없다는 것을 알고 있으면서도 명의자가 문서작성 사실을 알았다면 승낙하였을 것이라고 기대하거나 예측한 것만으로는 그 승낙이 추정된다고 단정할 수 없다(대판 2011. 9. 29, 2010도14587).

판례 기망에 의한 승낙과 승낙·위임범위를 초과한 문서작성

① 문서의 명의인을 기망하여 문서를 작성하도록 한 경우

- 피고인이 정기문중총회 회의록을 임의로 작성하고는 종중원들을 찾아다니면서 서명, 날인

을 받았는데, 이 때 종중원들에게 이 사건 임야의 등기, 매도권한을 피고인에게 일임하고 매도금액 3분의 1을 문중에 반납하고 나머지를 피고인에게 소송대행비용으로 준다는 위 회의록의 내용 등에 관하여 제대로 알려 주지 아니한 채, 단지 이 사건 임야에 관하여 문중 명의로 소유권이전등기를 하는 데 필요하다는 정도로만 얘기하면서 서명, 날인을 받은 사안에서, 대법원은 명의인을 기망하여 문서를 작성케 하는 경우는 서명, 날인이 정당히 성립된 경우에도 기망자는 명의인을 이용하여 서명 · 날인자의 의사에 반하는 문서를 작성케 하는 것이므로 사문서위조죄가 성립한다고 판시하였다(대판 2000. 6. 13, 2000도778).

② 위임받은 권한을 초월하여 문서를 작성한 경우

• 피고인이 회사의 영업실적을 가장하거나 경영 상태를 숨기는 데 사용할 목적으로 갑으로부터 위임받은 권한의 범위를 벗어나 실제 거래내역 내지 통관내역이 없음에도 피해 회사 대표이사 갑 명의의 세금계산서 등을 위조하고 이를 행사한 사안에서, 대법원은 피고인이 피해 회사의 대표이사인 갑으로부터 피해 회사의 운영에 관한 모든 권한을 포괄적으로 위임받은 것으로 보기는 어렵고, 다만 갑에 대한 일일보고 등의 형식으로 갑의 승낙 내지 위임을 받은 사항과 관련하여 필요한 범위 내에서 피해 회사 대표이사 갑 명의의 문서를 작성할 권한을 위임받은 것으로서 위임받은 권한을 초월하여 사문서를 작성한 것으로 보아 사문서위조 및 동 행사죄를 인정하였다(대판 2012. 6. 28, 2010도690).

2. 공문서, 공도화 (위조, 변조) 죄

제225조(공문서등의 위조·변조) 행사할 목적으로 공무원 또는 공무소의 문서 또는 도화를 위조 또는 변조한 자는 10년 이하의 징역에 처한다.

(1) 의 의

본 죄는 행사할 목적으로 공무원 또는 공무소의 문서 또는 도화를 위조 또는 변조하는 것이다(목적범). 사문서 위 · 변조행위에 대한 가중적 구성요건으로서 형식위조행위를 처벌하는 것이다.

(2) 구성요건

1) 행위주체

행위주체에는 제한이 없으므로 공무원이 아닌 일반인도 행위주체가 될 수 있다. 공무원의 문서작성을 보조하는 자나 보충적 기재권한만을 위임받은 공무원이 이를 초과하여 임의로 허위내용의 공문서를 작성한 경우에는 허위공문서작성죄가 아니라 본 죄가 성립한다(대판 1991. 9. 10, 91도1610). 허위공문서작성죄는 작성권한이 있는 자가 허위의 문서를 작성하는 것임에 반해 본 죄는 작성권한이 없는 자의 행위이기 때문이다.

판례 **문서작성보조자의 임의적 공문서작성**

• 허위공문서작성죄의 주체는 문서를 작성할 권한이 있는 명의인인 공무원에 한하고 그 공무원의 문서작성을 보조하는 직무에 종사하는 공무원은 허위공문서작성죄의 주체가 될 수 없다. 따라서 보조 직무에 종사하는 공무원이 허위공문서를 기안하여 허위임을 모르는 작성권자의 결재를 받아 공문서를 완성한 때에는 허위공문서작성죄의 간접정범이 될 것이지만, 이러한 결재를 거치지 않고 임의로 작성권자의 직인 등을 부정 사용함으로써 공문서를 완성한 때에는 공문서위조죄가 성립한다. 이는 공문서의 작성권한없는 사람이 허위공문서를 기안하여 작성권자의 결재를 받지 않고 공문서를 완성한 경우에도 마찬가지이다.

나아가 작성권자의 직인 등을 보관하는 담당자는 일반적으로 작성권자의 결재가 있는 때에 한하여 보관 중인 직인 등을 날인할 수 있을 뿐이다. 이러한 경우 다른 공무원 등이 작성권자의 결재를 받지 않고 직인 등을 보관하는 담당자를 기망하여 작성권자의 직인을 날인하도록 하여 공문서를 완성한 때에도 공문서위조죄가 성립한다(대판 2017. 5. 17, 2016도13912).

2) 행위객체

공무원 또는 공무소의 명의로 작성된 공문서 또는 공도화이다. 공무소는 공무원이 공무를 수행하는 관청을 의미한다. 공무원 개인 명의로 작성된 문서가 공무원이 작성한 문서이고 예를 들면 대통령 명의의 훈장증, 판사 명의로 발부한 구속영장이 여기에 해당한다. 관직명의로 작성된 문서가 공무소가 작성한 문서이고 예를 들면 법무부 장관 명의의 사법시험합격통지서, 중앙선거관리위원회가 발행한 각종 당선통지서가 여기에 해당한다.

3) 행 위

행위는 위조 또는 변조이다. 위조란 작성권한 없는 자가 공무원 또는 공무소의 명의를 모용하여 문서를 작성하는 것으로서 유형위조에 해당한다. 대리권이나 대표권을 남용하여 문서를 작성한 경우, 본인을 대리하여 본인 명의의 토지매매계약서를 작성하면서 실제 매수가격보다 높은 매매가격을 기재하여 작성한 경우에는 공문서위조죄가 아니라 허위공문서작성죄에 해당한다(대판 1984. 7. 10, 84도1146; 통설).

변조는 이미 진정하게 성립한 문서에 동일성을 해치지 않는 범위 내에서 내용상의 변경을 가하는 것을 말한다. 따라서 최종 결재권자를 보조하여 문서의 기안 업무를 담당한 공무원이 이미 결재를 받아 완성된 공문서에 대하여 적법한 절차를 밟지 않고 그 내용을 변경한 경우에도 특별한 사정이 없는 한 공문서변조죄가 성립한다(대판 2017. 6. 8, 2016도5218). 타인의 주민등록증에서 사진을 떼어내고 자신의 사진을 부착하거나 타인의 이름 대신 자신의 이름을 기재하는 행위는 공문서위조죄에 해당한다(대판 1991. 9. 10, 91도1610 참조). 이러한 행위는 형태적으로는 기존 주민등록증에 사진만을 바꾸는 것이므로 변조에 해당하는 것처럼 보일 수 있다. 그러나 사진 바꿔치기를 통해 완전히 새로운 내용의 정체성을 가진 주민등록증이 만들어진 것과 다름 없으므로 새로운 증명력을 갖는 별개의 공문서를 작성한 경우에 해당한다고 보아 변조가 아니라 위조에 해당하는 것으로 볼 수 있다.

Ⅴ. 자격모용문서작성죄

1. 자격모용 (사문서, 사도화) 작성죄

> **제232조(자격모용에 의한 사문서의 작성)** 행사할 목적으로 타인의 자격을 모용하여 권리 · 의무 또는 사실증명에 관한 문서 또는 도화를 작성한 자는 5년 이하의 징역 또는 1천만원 이하의 벌금에 처한다.

(1) 의의 및 보호법익

자격모용에 의한 사문서작성죄는 문서위조죄와 마찬가지로 문서의 진정에 대한 공공의 신용을 그 보호법익으로 하는 것으로서, 행사할 목적으로 타인의 자격을 모용하여 작성된 문서가 일반인으로 하여금 당해 명의인의 권한 내에서 작성된 문서라고 믿게 할 수 있는 정도의 형식과 외관을 갖추고 있으면 성립한다.

(2) 행위객체 및 행위

자격모용에 의한 사문서작성죄에서의 '타인'에는 자연인뿐만 아니라 법인, 법인격 없는 단체를 비롯하여 거래관계에서 독립한 사회적 지위를 갖고 활동하고 있는 존재로 취급될 수 있으면 여기에 해당된다(대판 2008. 2. 14, 2007도9606).

자격의 모용이란 정당한 대리권 또는 대표권이 없는 자가 마치 대리권이나 대표권이 있는 것처럼 가장하여 함부로 자격을 사용하는 것을 의미한다. 타인의 명의를 모용하여 문서를 위조 · 변조하는 것을 처벌하는 것이 문서위조죄임에 비해 정당한 권한이 없는 자가 자격을 모용하여 문서를 작성하는 유형위조를 처벌하는 것이다. 그러나 발행 명의(주체)와 발행 자격은 모두 문서작성의 요건에 해당하므로 내용상의 차이는 없다. 대표권을 가장하여 자격모용사문서작성죄가 성립하기 위하여는 적어도 피모용자가 대표권을 가지는 법인 혹은 단체를 전제로 하고, 또한 대리권을 가장하여 본 죄가 성립하려면 피모용자인 자연인과의 대리관계를 나타내어야 한다. 한편 주식회사의 적법한 대표이사는 회사의 영업에 관하여 재판상 또는 재판 외의 모든 행위를 할 권한이 있으므로 대표이사가 직접 주식회사 명의의 문서를 작성하는 행위는 자격모용문서작성 또는 사문서위조에 해당하지 않는다(대판 2008. 12. 24, 2008도7836).

본 죄는 성격상 사문서위조죄에 해당하는 구성요건이며 양 죄의 구별실익은 없다.

판례 자격모용

① 위임계약해지와 자격모용

• 공동주택건설사업을 추진하는 단체로부터 공사대행업자 선정권한을 위임받은 변호사인 피고인이 위 단체로부터 위임계약을 해지한다는 취지의 내용증명우편을 수령하고도 제3자와 위 단체 명의로 공동주택단지 개발사업 공동추진계약을 체결하면서 자신을 위 단체의 대리인으로 기재한 계약서를 작성한 사안에서, 피고인에 대한 자격모용사문서작성 및 동행사의 범죄사실을 유죄로 인정하였다(대판 2005. 4. 15, 2004도6404).

② 부동산업소 자격모용사건

• 부동산중개사무소를 대표하거나 대리할 권한이 없는 사람이 부동산매매계약서의 공인중개사란에 '○○부동산 대표 △△△(피고인의 이름)'라고 기재한 사안에서, '○○부동산'이라는 표기는 단순히 상호를 가리키는 것이 아니라 독립한 사회적 지위를 가지고 활동하는 존재로 취급될 수 있으므로 자격모용사문서작성죄의 '명의인'에 해당한다(대판 2008. 2. 14, 2007도9606).

③ 임대차계약과 자격모용

• 피고인이 갑 주식회사 소유의 오피스텔에 대한 분양대행 권한을 가지게 되었을 뿐 갑 회사의 동의 없이 오피스텔을 임대할 권한이 없는데도 임차인들과 임대차계약을 체결하면서 갑 회사가 분양사업을 위해 만든 을 회사 명의로 계약서를 작성·교부하였는데, 임대차계약서에는 임대인 성명이 '을 회사(피고인)'로 기재되어 대표자 또는 대리인의 자격 표시가 없고 또 피고인의 개인 도장이 찍혀있는 사안에서, 피고인의 행위가 자격모용사문서작성과 자격모용작성사문서행사에 해당된다고 보았다(대판 2017. 12. 22, 2017도14560).

2. 자격모용 (공문서, 공도화) 작성죄

제226조(자격모용에 의한 공문서등의 작성) 행사할 목적으로 공무원 또는 공무소의 자격을 모용하여 문서 또는 도화를 작성한 자는 10년 이하의 징역에 처한다.

공문서위조죄는 공문서의 작성권한 없는 자가 공무소, 공무원의 명의를 이용하여 문서를 작성하는 것을 말하고, 공문서의 작성권한 없는 자가 공무원의 자격을 모용하여 공문서를 작성하는 경우에는 자격모용공문서작성죄가 성립한다(대판 2008. 1. 17, 2007도6987). 그러므로 갑 구청장이 을 구청장으로 전보된 후 갑 구청장의 권한에 속하는 건축허가에 관한 기안용지의 결재란에 서명을 한 것은 자격모용에 의한 공문서작성죄를 구성한다(대판 1993. 4. 27, 92도2688).

Ⅵ. 허위문서작성죄

1. 허위 (진단서, 검안서, 증명서) 작성죄

제233조(허위진단서등의 작성) 의사, 한의사, 치과의사 또는 조산사가 진단서, 검안서 또는 생사에 관한 증명서를 허위로 작성한 때에는 3년 이하의 징역이나 금고, 7년 이하의 자격정지 또는 3천만원 이하의 벌금에 처한다.

(1) 의 의

본 죄는 의사, 한의사 등 신분자가 허위진단서 등 사문서의 내용을 허위로 작성한 경우에 성립하는 죄이다. 진단서는 형사책임 판단 이외에도 행위능력 판단이나 보험액 산정 등의 기초자료가 되기 때문에 진실성이 담보되어야 한다. 사문서에 대한 무형위조를 처벌하는 규정이며, 의사 등이 아닌 자가 허위진단서를 작성한 경우 공·사문서위조에 해당하므로 본 죄는 부진정신분범에 해당한다고 볼 수 있다. 신분범과 자수범은 전자가 행위주체의 신분으로 인하여 범죄가 성립하거나 형이 가중·감경되는 구성요건 유형을 의미하는 데 반해 후자는 신분 유무와 무관하게 구성요건을 직접 실현하는 자만이 불법을 실현하는 행위주체가 될 수 있는 범죄유형을 의미한다.

본 죄의 자수범성 여부에 대해서는 진정자수범설(배종대, 이/장/강), 부진정자수범설(임웅, 정영일), 비자수범설(김성돈, 손동권)이 대립하고 있다. 만일 본 죄를 자수범으로 본다면 공동정범이나 간접정범의 성립은 배제되며 교사범이나 방조범만 가능하다. 자수범에서 공동정범이나 간접정범이 배제된다는 것은 2인 이상이 공동정범으로서 구성요건을 실현하거나, 제3자가 직접 실행하여야 할 자(의사 등)를 도구처럼 이용하여 범죄 구성요건을 실현시킬 수 없다는 것을 의미한다. 반대로 구성요건을 직접 실행하여야 할 자(본 죄에서 의사 등)가 타인을 도구로 이용하여 실현하였다면(이 경우를 '부진정자수범'으로 부르기도 한다) 이는 본래 의미의 자수범으로는 볼 수 없다. 정을 모르는 의사로 하여금 제3자가 허위진단서를 작성하게 한 행위는 외견상 본 죄의 간접정범으로 보일 수도 있지만 본 죄의 경우 의사에게 허위진단서 작성행위의 책임을 묻는 것은 의사라는 신분에서 작성된 문서의 진실성에 대한 신뢰를 져버린 데 대한 것이다. 그러므로 반드시 의사가 직접 작성하여야 하며 의사의 진단 결과와 다른 내용을 제3자로 하여금 작성하도록 하는 방법으로 구성요건을 실현하는 것은 본 죄에 해당하지 않는다(진정자수범).

(2) 객관적 구성요건

1) 행위주체

본 죄의 행위주체는 의사, 한의사, 치과의사 등이다. 일반인이 자기나 타인을 의사로 사칭하여 진단서 등을 작성하면 본 죄가 아니라 문서위조죄에 해당한다. 국·공립병원에 근무하는 의사 등이 허위로 상해진단서 등을 발급한 경우에 대해서는 본 죄와 허위공문서작성죄의 상상적 경합범설(김/김, 백형구, 임웅, 정/박)과 법조경합설(오영근, 이정원), 허위공문서작성죄만 성립한다는 견해(판례, 김성돈) 등이 있다. 본 죄는 의사의 직업적 특성을 고려한 구성요건으로서 허위진단서 발급행위를 처벌하고 있는데, 공무원 신분의 의사인 경우에는 공무원으로서의 신분 요소도 고려하여야 하기 때문에 양 죄의 상상적 경합을 인정하고, 결과적으로는 법정형이 더 높은 허위공문서작성죄를 적용하는 것이 타당하다.

판례 **공무원인 의사가 허위진단서를 작성한 경우**

- 형법이 제225조 내지 제230조에서 공문서에 관한 범죄를 규정하고, 이어 제231조 내지 제236조에서 사문서에 관한 범죄를 규정하고 있는 점 등에 비추어 볼 때 형법 제233조 소정의 허위진단서작성죄의 대상은 공무원이 아닌 의사가 사문서로서 진단서를 작성한 경우에 한정되고, **공무원인 의사가 공무소의 명의로 허위진단서를 작성한 경우에는 허위공문서작성죄만이 성립**하고 허위진단서작성죄는 별도로 성립하지 않는다(대판 2004. 4. 9, 2003도7762).

2) 행위객체 및 행위

행위객체는 진단서·검안서 또는 생사에 관한 증명서이다. 명칭이 소견서로 되어 있더라도 내용이 진단서 등에 해당하면 본 죄의 객체에 해당한다. 검안서는 사체를 검안한 의사가 사인死因이나 사망시기 등을 기록한 문서를 말한다(사체검안서). 생사에 관한 증명서는 출생증명서, 사망진단서 등을 말한다. 진료기록은 비록 진단서처럼 진단 결과에 대한 사실이 기록되어 있더라도 대외적 증명기록을 위하여 작성된 것은 아니므로 본 죄의 행위객체에 해당하지 않는다.

행위는 진단서 등의 내용을 허위로 작성하는 것으로서 치료기간이나 병명의 허위 작성, 사망시간의 허위 작성 등이 그 예이다. 허위로 작성된 진단서 등을 사용할 것을 필요로 하지 않는다. 사용할 경우에는 허위작성진단서행사죄(제234조)에 의해 처벌된다.

(3) 주관적 구성요건

본 죄는 고의범이므로 행위주체가 고의적으로 허위 작성하여야 하며 오진으로 인한 허위 작성은 본 죄에 해당하지 않는다. 또한 환자의 허위 주장을 믿고 착오를 일으켜 결과적으로 허위진단서를 작성한 경우에도 고의가 인정되지 않는다. 이 경우 의사는 환자에 의한 허위진단서작성죄의 피이용자에 해당하고, 환자는 간접정범에 해당할 수 있다.

2. 허위 (공문서, 공도화)(작성, 변개) 죄

제227조(허위공문서작성등) 공무원이 행사할 목적으로 그 직무에 관하여 문서 또는 도화를 허위로 작성하거나 변개한 때에는 7년 이하의 징역 또는 2천만원 이하의 벌금에 처한다.

(1) 의 의

본 죄는 공문서·공도화의 내용에 대한 진실성을 보호하기 위한 구성요건으로서 공문서에 대한 무형위조를 처벌하는 규정이다.

행위주체는 해당 문서를 작성할 권한이 있는 공무원이다(진정신분범). 문서의 명의인과 반드시 일치할 필요는 없으며 명의인이 아니더라도 전결권이 위임되어 있는 경우에는 본죄의 주체가 된다. 작성권자 명의의 공문서를 작성하라는 권한의 위임을 받은 공무원이 위임의 취지에 반하여 허위 내용의 공문서를 작성하고 자신이 보관하던 작성권자의 직인을 날인한 경우에는 허위공문서작성죄가 아니라 공문서위조죄가 성립한다(대판 1996. 4. 23, 96도424 참조).

(2) 행 위

행위는 허위공문서 등을 작성 또는 변개하는 것이다. 작성이란 작성권한 있는 공무원이 공문서 등에 허위의 내용을 기재하는 것을 말한다. 변개變改란 작성권한이 있는 공무원이 기존의 공문서를 허위로 고치는 것을 말한다.

직무유기를 은폐할 목적으로 허위공문서를 작성한 경우에는 허위공문서작성 및 동 행사죄만이 성립한다. 즉 공무원이 위법 사실을 발견하고도 직무상 의무에 따른 적절한 조치를 취하지 않고 위법 사실을 적극적으로 은폐할 목적으로 허위공문서를 작성, 행사한 경우에는 직무위배의 위법 상태는 허위공문서 작성 당시부터 그 속에 포함되는 것으로 작위범인 허위공문서작성 및 그 행사죄만이 성립하고 부작위범인 직무유기죄는 따로 성립하지 않는다(대판 2004. 3. 26, 2002도5004).

판례 **허위공문서작성**

① 주민등록표상에 세대주를 허위로 기재한 경우

• 지방공무원인 피고인이 갑으로부터 부탁을 받고 갑이 세대주이고 처인 을은 동거가족에 불과하였음에도 불구하고 마치 을이 세대주인 것처럼 된 세대별 주민등록표 1장을 작성하여 동사무소의 주민등록표 보관함에 비치한 행위는 허위공문서작성 및 동행사죄에 해당한다(대판

1990. 10. 16, 90도1199).

② 현행범인체포서의 허위작성

• 피고인들을 비롯한 경찰관들이 피의자 4명을 현행범으로 체포하거나 현행범인체포서를 작성할 때 체포사유 및 변호인선임권을 고지하지 아니하였음에도 불구하고, '체포의 사유 및 변호인 선임권 등을 고지 후 현행범인 체포한 것임'이라는 내용의 허위의 현행범인체포서 4장과 '현행범인으로 체포하면서 범죄사실의 요지, 구속의 이유와 변호인을 선임할 수 있음을 고지하고 변명의 기회를 주었다'는 내용의 허위의 확인서 4장을 각 작성한 사안에서, 당시 피고인들에게 허위공문서작성에 대한 범의도 있었다고 보았다(대판 2010. 6. 24, 2008도11226).

(3) 간접정범의 성립 여부

1) 비신분자에 의한 간접정범의 성립 여부

본 죄는 진정신분범이므로 제33조가 적용되고 그 결과 정범성을 상실하는 비신분자가 간접정범으로서 본 죄를 실현할 수는 없다. 즉 공무원 아닌 자가 공무원을 기망하여 허위내용의 증명서를 작성케 한 후 행사하였다고 하더라도 허위공문서작성 및 동행사죄는 성립되지 않는다(대판 1976. 8. 24, 76도151). 공정증서원본등부실기재죄(제228조)는 이러한 처벌상의 허점을 보완하는 구성요건이라고 볼 수 있다. 판례 역시 공무원 아닌 자가 허위공문서 작성의 간접정범인 때에는 형법 제228조의 경우 이외에는 이를 처단하지 않는다고 판시하고 있다(대판 1971. 1. 26, 70도2598). 반면에 제33조 본문의 규정에 따라 비신분자도 본 죄의 공동정범은 될 수 있다.

판례 허위공문서작성죄의 공동정범

• 공무원이 아닌 자는 형법 제228조의 경우를 제외하고는 허위공문서작성죄의 간접정범으로 처벌할 수 없으나, 공무원이 아닌 자가 공무원과 공동하여 허위공문서작성죄를 범한 때에는 공무원이 아닌 자도 형법 제33조, 제30조에 의하여 허위공문서작성죄의 공동정범이 된다(대판 2006. 5. 11, 2006도1663).

공무원인 피고인은 갑이 허위로 재해대장 및 농가별농작물피해조사대장을 작성할 당시 갑의 행위를 알면서도 이를 묵비하고 또한, 갑으로 하여금 재해대장 및 농가별농작물피해조사대장에 피고인의 비닐하우스가 설치된 지번을 허위로 기재하도록 하는 등의 방법으로 갑의 행위에 가공하여 갑과 공동으로 허위공문서 작성 및 허위작성공문서 행사의 범행을 인정하였다.

2) 신분자에 의한 간접정범의 성립 여부

공무원의 신분을 가졌으나 해당 공문서의 작성권한은 없는 공무원이 작성권자인 공무원을 이용하여 허위공문서를 작성하게 한 경우 간접정범에 의한 본 죄의 성립을 인정할 것인가 여부가 문제된다. 일부 학설(김/김, 배종대, 정/박)과 판례는 공무원 또는 공문서 작성을 보좌하는 공무원에게도 간접정범의 성립을 인정하는 긍정설의 입장이다. 즉 면의 호적계장이 정을 모르는 면장의 결재를 받아 허위내용의 호적부를 작성한 경우(대판 1990. 10. 30, 90도1912)와 증차허가신청 검토조서를 허위로 작성하여 결재 받은 경우(대판 2011. 5. 13, 2011도1415) 허위공문서작성죄의 간접정범을 인정한다. 그러나 허위공문서작성죄에서 행위주체인 공무원이 직무와 관련하여 공문서를 작성하는 경우에는 공문서의 작성에 형식적으로만 관여하는 경우를 제외하고는 자신의 고유 업무를 수행하는 것으로서 그 내용의 허위성 여부를 숙지하고 있다고 보아야 할 것이다. 그러므로 간접정범의 피이용자로서 범행에 이용당하는 경우를 인정할 수는 없다고 할 것이므로 부인설이 타당하다(김/서, 김성돈, 오영근, 이/장/강, 이정원, 임웅).

Ⅶ. 공정증서원본, 공전자기록 등 부실기재죄

> **제228조(공정증서원본 등의 부실기재)** ① 공무원에 대하여 허위신고를 하여 공정증서원본 또는 이와 동일한 전자기록등 특수매체기록에 부실의 사실을 기재 또는 기록하게 한 자는 5년 이하의 징역 또는 1천만원 이하의 벌금에 처한다.
> ② 공무원에 대하여 허위신고를 하여 면허증, 허가증, 등록증 또는 여권에 부실의 사실을 기재하게 한 자는 3년 이하의 징역 또는 700만원 이하의 벌금에 처한다.

(1) 의의 및 보호법익

공무원에 대한 허위신고를 통하여 공무원으로 하여금 공정증서원본 등에 허위내용을 기재하게 함으로써 성립하는 죄이다. 간접정범의 형태에 의한 허위공문서작성행위를 처벌하는 구성요건으로서 일종의 간접적 무형위조에 해당한다. 행위주체는 일반적으로 공무원이 아닌 사인이지만 본 죄는 신분범이 아니므로 공무원도 행위주체에서 배제되는 것은 아니다.

공정증서원본불실기재죄나 공전자기록등불실기재죄는 특별한 신빙성이 인정되는 권리의무에 관한 공문서에 대한 공공의 신용을 보장함을 보호법익으로 하는 범죄이다(대판 2013. 1. 24, 2012도12363).

(2) 행위객체

행위객체는 공정증서원본, 공전자기록, 면허증(예: 의사면허증, 운전면허증), 허가증(예: 영업허가증), 등록증(예: 변호사등록증), 여권, 합동법률사무소의 유언공정증서(대판 1977. 8. 23, 74도2715 전원합의체) 등이다. 공정증서는 재산상 또는 신분상의 권리와 의무에 득실변경 등의 증명을 목적으로 하는 증서를 의미한다. 권리 · 의무에 변동을 주는 효력이 없는 사실증명에 관한 것(예: 등본, 사본, 초본 등)은 해당되지 않는다(판례·통설). 따라서 자동차운전면허대장은 본 조의 공정증서에 해당하지 않는다(대판 2010. 6. 10, 2010도1125). 전자기록 등 특수매체기록은 재산상 또는 신분상의 권리·의무에 관한 공정증서의 원본으로서 사용되는 전자적 기록을 말한다. 등록증은 공무원이 작성한 모든 등록증을 말하는 것이 아니라, 일정한 자격이나 요건을 갖춘 자에게 그 자격이나 요건에 상응한 활동을 할 수 있는 권능 등을 인정하기 위하여 공무원이 작성한 증서를 말한다. 그러나 사업자등록증은 단순한 사업 사실의 등록을 증명하는 증서에 불과하고 그에 의하여 사업을 할 수 있는 자격이나 요건을 갖추었음을 인정하는 것은 아니므로 본 조의 '등록증'에 해당하지 않는다(대판 2005. 7. 15, 2003도6934).

공정증서가 아닌 문서로서 처벌대상인 문서의 예를 들면 토지대장·임야대장(공간정보의 구축 및 관리등에 관한 법률 제71조), 선박원부(선박법 제34조 제1호), 선거인명부(공직선거법 제247조 제1항) 등이다.

(3) 행　위

행위는 공무원에게 허위신고를 하여 공정증서원본 등이 부실기재되도록 하는 것이다. 즉, 본 죄는 공무원에 대하여 진실에 반하는 허위신고를 하여 공정증서 원본 또는 이와 동일한 전자기록 등 특수매체기록에 그 증명하는 사항에 관하여 실체관계에 부합하지 아니하는 부실의 사실을 기재 또는 기록하게 함으로써 성립한다.

여기서 부실의 사실이란 권리의무관계에 중요한 의미를 갖는 사항이 객관적인 진실에 반하는 것을 말한다(대판 2013. 1. 24, 2012도12363). 예를 들면 실제로는 채권·채무관계가 존재하지 않는데도 허위의 채무를 가장하고 이를 담보한다는 명목으로 허위의 근저당권설정등기를 마친 것이라면 등기공무원에게 허위신고를 하여 등기부에 부실의 사실을 기재하게 한 때에 해당하므로 공정증서 원본 등의 부실기재죄 및 부실기재공정증서원본 등의 행사죄가 성립한다(대판 2017. 2. 15, 2014도2415; 2008. 9. 11, 2007도5386). 또한 법원을 기망하여 승소판결을 받고 그 확정판결에 기하여 소유권이전등기를 마친 경우에는, 법원을 피기망자(재산상의 처분행위자)로 하고 피고를 재산상의 피해자로 하는 소위 삼각사기 형식의 사기죄와 공정증서원본부실기재죄의 상상적 경합범이 인정된다(대판 1983. 4. 26, 83도188). 그러나 등기공무원에게 위조한 부동산등기서류를 제출하여 부동산소유권이전등기를 마친 경우에는 등기공무원에게 부동산처분권이 없으므로 사기죄는 성립하지 않는다. 또한 부부관계를 설정할 의사 없이 중국 내 조선족 여자들의 국내 취업을 위한 입국을 목적으로 형식상 혼인신고를 한 경우 공정증서원본부실기재죄 및 동 행사죄가 성립한다(대판 1996. 11. 22, 96도2049). 그 밖에 위조된 사문서를 공무원에게 제출하여 허위 기재를 하게 한 경우에는 위조사문서행사죄가 성립하고 동시에 본 죄도 성립한다.

판례 공정증서원본 부실기재죄

① 부동산등기부상 거래가액 거짓 기재

• 부동산등기법이 2005. 12. 29. 법률 제7764호로 개정되면서 매매를 원인으로 하는 소유권이전등기를 신청하는 경우에는 등기신청서에 거래신고필증에 기재된 거래가액을 기재하고, 신청서에 기재된 거래가액을 부동산등기부 갑구의 권리자 및 기타사항란에 기재하도록 하였는데, 이는 부동산거래시 거래당사자나 중개업자가 실제 거래가액을 시장, 군수 또는 구청장에게 신고하여 신고필증을 받도록 의무화하면서 거짓 신고 등을 한 경우에는 과태료를 부과하기로 하여 2005. 7. 29. 법률 제7638호로 전부 개정된 '공인중개사의 업무 및 부동산 거래신고에 관한 법률'과 아울러 부동산 종합대책의 일환으로 실시된 것으로서, 그 개정 취지는 부동산거래의 투명성을 확보하기 위한 데에 있을 뿐이므로, 부동산등기부에 기재되는 거래가액은 당해 부동산의 권리의무관계에 중요한 의미를 갖는 사항에 해당한다고 볼 수 없다. 따라서 부동산의 거래당사자가 거래가액을 시장 등에게 거짓으로 신고하여 신고필증을 받은 뒤 이를 기초로 사실과 다른 내용의 거래가액이 부동산등기부에 등재되도록 하였다면, '공인중개사의 업무 및 부동산 거래신고에 관한 법률'에 따른 과태료의 제재를 받게 됨은 별론으로 하고, 형법상의 공전자기록등 부실기재죄 및 부실기재공전자기록등 행사죄가 성립하지는 아니한다(대판 2013. 1. 24, 2012도12363).

② 주금가장납입

• 상법 제628조 제1항 소정의 납입가장죄는 회사의 자본충실을 기하려는 법의 취지를 유린하는 행위를 단속하려는 데 그 목적이 있는 것이므로, 당초부터 진실한 주금납입으로 회사의 자금을 확보할 의사 없이 형식상 또는 일시적으로 주금을 납입하고 이 돈을 은행에 예치하여 납입의 외형을 갖추고 주금납입증명서를 교부받아 설립등기나 증자등기의 절차를 마친 다음 바로 그 납입한 돈을 인출한 경우에는, 이를 회사를 위하여 사용하였다는 특별한 사정이 없는 한 실질적으로 회사의 자본이 늘어난 것이 아니어서 **납입가장죄 및 공정증서원본 부실기재죄와 부실기재공정증서원본 행사죄가 성립**하고, 다만 납입한 돈을 곧바로 인출하였다고 하더라도 그 인출한 돈을 회사를 위하여 사용한 것이라면 자본충실을 해친다고 할 수 없으므로 주금납입의 의사 없이 납입한 것으로 볼 수는 없고, 한편 주식회사의 설립업무 또는 증자업무를 담당한 자와 주식인수인이 사전 공모하여 주금납입취급은행 이외의 제3자로부터 납입금에 해당하는 금액을 차입하여 주금을 납입하고 납입취급은행으로부터 납입금보관증명서를 교부받아 회사의 설립등기절차 또는 증자등기절차를 마친 직후 이를 인출하여 위 차용금채무의 변제에 사용하는 경우, 위와 같은 행위는 실질적으로 회사의 자본을 증가시키는 것이 아니고 등기를 위하여 납입을 가장하는 편법에 불과하여 주금의 납입 및 인출의 전 과정에서 회사의 자본금에는 실제 아무런 변동이 없다고 보아야 할 것이므로, 그들에게 회사의 돈을 임의로 유용한다는 불법영득의 의사가 있다고 보기 어렵다 할 것이고, 이러한 관점에서 **상법상 납입가장죄의 성립을 인정하는 이상 회사 자본이 실질적으로 증가됨을 전제로 한 업무상횡령죄가 성립한다고 할 수는 없**

다(대판 2004. 6. 17, 2003도7645 전원합의체).

③ 국내취업을 위한 위장결혼

• 피고인들이 중국 국적의 조선족 여자들과 참다운 부부관계를 설정할 의사 없이 단지 그들의 국내 취업을 위한 입국을 가능하게 할 목적으로 형식상 혼인하기로 한 것이라면, 피고인들과 조선족 여자들 사이에는 혼인의 계출에 관하여는 의사의 합치가 있었으나 참다운 부부관계의 설정을 바라는 효과의사는 없었다고 인정되므로 피고인들의 혼인은 우리나라의 법에 의하여 혼인으로서의 실질적 성립요건을 갖추지 못하여 그 효력이 없고, 따라서 피고인들이 중국에서 중국의 방식에 따라 혼인식을 거행하였다고 하더라도 우리 나라의 법에 비추어 그 효력이 없는 혼인의 신고를 한 이상 피고인들의 행위는 공정증서원본 부실기재 및 동행사죄의 죄책을 면할 수 없다(대판 1996. 11. 22, 96도2049). 민법 제815조 제1호(당사자 간의 혼인의 합의가 없는 때에는 그 혼인은 무효로 한다) 참조.

중간생략등기中間省略登記의 본 죄 해당 여부에 대해서는 적극설(오영근·임웅)과 소극설(다수설)이 있으며 판례는 소극설의 입장이다. 소극설의 취지는 중간생략등기가 일반적으로 이용되는 방법이고 등기부상의 기재 내용이 당사자의 의사와 합치된다는 데에 있다. 그러나 '부동산등기특별조치법' 제2조 제2항, 제3항은 중간생략등기를 허용하지 않고 있으며 이를 위반한 때에는 3년 이하의 징역이나 1억원 이하의 벌금형에 처하고 있다(동법 제8조 제1호). 즉 조세부과를 면하려 하거나 다른 시점간의 가격변동에 따른 이득을 얻으려 하거나 소유권등 권리변동을 규제하는 법령의 제한을 회피할 목적으로 중간생략등기방법을 이용하고 있는 사실을 더 이상 인정하지 않겠다는 입법취지이다. 또한 중간생략등기방식에 의한 부동산취득은 실체관계를 정확하게 나타내는 것도 아니다. 그러므로 적극설이 타당하며, 본 죄와 부동산등기특별조치법 위반죄와의 상상적 경합에 해당한다.

Ⅷ. 위조 등 문서행사죄

1. 위조사문서 등 행사죄

제234조(위조사문서등의 행사) 제231조 내지 제233조의 죄에 의하여 만들어진 문서, 도화 또는 전자기록등 특수매체기록을 행사한 자는 그 각 죄에 정한 형에 처한다.

(1) 행위객체 및 방법

행위객체는 위조·변조·자격모용·위작·변작·허위작성된 사문서 등이며 이들 문서 등을 행사함으로써 성립한다. 컴퓨터 이미지 파일을 스캔하여 모니터 상에 나타나게 한 경우에 이는 문서에 해당하지 않는다(대판 2007. 11. 29, 2007도7480). 행사는 행위객체의 제시나 열람할 수 있도록 비치하는 등의 방법이 있다. 행사의 상대방은 제한이 없으므로 위조 사실을 알지 못하는 자는 모두 포함되며, 위조된 문서의 작성명의인도 행사의 상대방이 될 수 있다(대판 2005. 1. 28, 2004도4663).

위조문서를 이미지 파일로 만들어 이메일로 전송한 경우에는 위조문서의 행사에 해당한다는 것이 판례의 입장이다.

판례 **이미지 파일의 이메일 전송에 의한 행사**

• **사건개요**: ① 피고인은 인터넷 쇼핑사이트에 들어가 휴대전화기 구입신청을 하면서, 인터넷상에 게시된 신규 가입신청서 양식에 컴퓨터를 이용하여 갑의 인적사항 및 그 계좌번호, 청구지 주소 등을 각 입력하고 이를 출력한 다음, 그 신청서 용지 하단 고객명란과 서명란에 '갑'이라고 각 기재함으로써, 행사할 목적으로 권한 없이 권리의무에 관한 사문서인 갑 명의로 된 휴대전화 신규 가입신청서 1장을 위조하고, ② 위와 같이 위조한 휴대전화 가입신청서를 사본, 이미지화한 다음, 이메일로 그 위조사실을 모르는 을에게 마치 진정하게 성립된 것처럼 그 신청서를 전송하여 위조한 사문서를 행사하였다.

판결이유: 대법원은 "위조문서행사죄에 있어서 행사라 함은 위조된 문서를 진정한 문서인 것처럼 그 문서의 효용방법에 따라 이를 사용하는 것을 말하고, 위조된 문서를 제시 또는 교부하거나 비치하여 열람할 수 있게 두거나 우편물로 발송하여 도달하게 하는 등 위조된 문서를 진정한 문서인 것처럼 사용하는 한 그 행사의 방법에 제한이 없다. 또한, 위조된 문서 그 자체를 직접 상대방에게 제시하거나 이를 기계적인 방법으로 복사하여 그 복사본을 제시하는 경우는 물론, 이를 **모사전송의 방법으로 제시하거나 컴퓨터에 연결된 스캐너(scanner)로 읽어 들여 이미지화한 다음 이를 전송하여 컴퓨터 화면상에서 보게 하는 경우도 행사에 해당하여 위조문서행사죄가 성립한다**"고 판시하였다. 그리고 "휴대전화 신규 가입신청서를 위조한 후 이를 스캔한 이미지 파일을 제3자에게 이메일로 전송한 사안에서, 이미지 파일 자체는 문서에 관한 죄의 '문서'에 해당하지 않으나, 이를 전송하여 컴퓨터 화면상으로 보게 한 행위는 이미 위조한 가입신청서를 행사한 것에 해당하므로 위조사문서행사죄가 성립한다"고 판시하였다(대판 2008. 10. 23, 2008도5200). 이에 대한 판례평석은 설범식, "위조사문서행사죄에서 말하는 '행사'의 방법", 형사재판의 제문제(제6권), 2009. 3, 221면 이하 참조.

평 가: 이 판결에서 파일을 이미지화하여 이메일로 전송한 경우 상대방이 이를 모니터상에 보게 하는 행위와 관련하여 이를 행사에 해당한다고 본 점에 주목할 필요가 있다. 대법원은 컴퓨터 모니터상에 나타나는 이미지는 형법상 문서에 해당하지 않는다고 판시한 바 있는데(대판 2007. 11. 29, 2007도7480) 이 판결에서는 이를 위조문서의 행사행위의 객체에 해당한다고 본 것은 비문서를 문서 행사로 파악한 점에서 상호 모순이 없는지 판단해 볼 문제이다.

(2) 기 수

본 죄가 기수에 이르기 위해서는 상대방의 현실적인 인식을 필요로 하지 않으며 인식

가능한 상태에 도달하면 된다. 따라서 위조된 문서를 우송한 경우에는 그 문서가 상대방에게 도달한 때에 기수가 되고 상대방이 실제로 그 문서를 보아야 하는 것은 아니다(대판 2005. 1. 28, 2004도4663).

(3) 죄 수

사문서를 위조한 다음 이를 행사한 경우에는 사문서위조죄와 위조사문서행사죄의 경합범을 인정하여야 한다. 그리고 위조사문서를 행사하여 사기죄를 범한 경우에는 양 죄의 상상적 경합범이 인정된다.

2. 위조공문서 등 행사죄

제229조(위조등 공문서의 행사) 제225조 내지 제228조의 죄에 의하여 만들어진 문서, 도화, 전자기록등 특수매체기록, 공정증서원본, 면허증, 허가증, 등록증 또는 여권을 행사한 자는 그 각 죄에 정한 형에 처한다.

(1) 의 의

본 죄는 위조·변조 또는 자격모용에 의하여 작성된 공문서, 허위작성되거나 부실기재한 공정증서원본·면허증·여권, 위작·변작된 공전자기록 등을 진정하게 성립한 진실한 내용의 문서인 것처럼 사용하는 것을 처벌하는 구성요건이다. 즉 위조·변조 등의 행위에 의하여 형식의 진정성과 내용의 진실성이 훼손된 공문서를 진정한 문서인 것처럼 기망하여 사용하는 행위이다. 공문서는 행위객체의 중요성에서 사문서보다 불법성이 더 크다고 보아 법정형이 가중된 구성요건으로서 행사의 의미에 대해 주목할 필요가 있다.

(2) 위조문서의 행사·방법

본 죄에서 행사란 일반적으로 위조문서를 진정하게 작성된 진실한 내용의 문서인 것처럼 사용하는 것을 말한다. 구체적으로 행사가 무엇을 의미하는가에 대해 문서 본래의 목적대로 사용하는 것, 예컨대 위조여권의 제시, 위조면허증의 게시, 위조등록증의 제출 등을 의미하는지 아니면 문서를 기능적으로 사용하면 모두 행사라고 볼 것인지 여부가 문제된다. 행사죄는 문서 본래의 용도와 무관하더라도 문서를 기능적으로 이용한 경우를 의미한다고 보는 것이 타당하다. 예를 들어 결혼에 성공할 목적으로 대학졸업장을 위조하여 상대방에게 보여주는 행위도 위조죄와 행사죄 모두 성립한다고 보아야 한다. 판례는 위조한 사문서를 복사하여 이를 제시한 경우에 위조사문사행사죄를 인정하고 있다(대판 1994. 9. 30, 94도1787).

행사의 방법에 대해서는 위조 · 변조 또는 허위작성된 문서를 진정한 형식과 진실한 내용의 문서처럼 사용하는 것을 말한다. 사용한다는 것은 상대방이 문서의 내용을 인식할 수 있는 상태에 두는 것을 말하며 현실로 인식하였을 것을 필요로 하지 않는다. 문서를 제시 · 교부하거나, 비치하여 열람할 수 있도록 하는 것, 우편물로 발송하여 도달하게 하는 경우 등이 구체적인 사용방법이다.

(3) 죄 수

행사할 목적으로 문서를 위조 · 변조한 다음 이를 행사한 경우에 양 죄는 상상적 경합이라는 견해(배종대, 이/장/강)와 실체적 경합이라는 견해(백형구, 정/박, 진계호)가 있다. 형법이 행사죄를 독립적 구성요건으로 규정하고 있다는 점에서 경합범으로 보는 것이 타당하다.

Ⅸ. 문서부정행사죄

1. 사문서 등 부정행사죄

> 제236조(사문서의 부정행사) 권리 · 의무 또는 사실증명에 관한 타인의 문서 또는 도화를 부정행사한 자는 1년 이하의 징역이나 금고 또는 300만원 이하의 벌금에 처한다.

본 죄는 진정한 사문서 · 사도화를 부정하게 행사함으로써 성립하는 죄이다. 공문서의 경우와 마찬가지로 여기에서도 전자기록 등 특수매체기록은 포함되지 않는다고 보아야 한다.

부정하게 행사한다는 것의 의미와 관련하여 사용권한이 없는 자의 행사 이외에 사용권한이 있더라도 본래의 사용 목적 이외의 용도로 사문서를 사용하는 경우 본 죄의 성립 여부에 대하여 긍정설(대판 2007. 3. 30, 2007도629)(이/장/강, 정/박, 배종대)과 부정설(김성돈,김/서, 손동권, 오영근,이정원, 임웅)이 있다. 사문서의 경우에도 공문서와 마찬가지로 사용권한이 있는 자가 사용하면 용도 내외 여부를 불문하고 사문서부정행사죄에 해당하지 않는다고 보는 것이 타당하다. 특히 사문서의 경우 작성권자가 자신이 작성한 문서를 행사하는 것에 대하여 용도 외라고 하여 사문서부정행사죄를 인정하는 것은 맞지 않는다.

판례 부정행사

• 형법 제236조 소정의 사문서부정행사죄는 사용권한자와 용도가 특정되어 작성된 권리의무 또는 사실증명에 관한 타인의 사문서 또는 사도화를 사용권한 없는 자가 사용권한이 있는 것처럼 가장하여 부정한 목적으로 행사하거나 또는 권한 있는 자라도 정당한 용법에 반하여 부정하게 행사하는 경우에 성립한다.

실질적인 채권채무관계 없이 당사자 간의 합의로 작성한 '차용증 및 이행각서'는 그 작성명의인들이 자유의사로 작성한 문서로 그 사용권한자가 특정되어 있다고 할 수 없고 또 그 용도도 다양하므로, 설령 피고인이 그 작성명의인들의 의사에 의하지 아니하고 위 '차용증 및 이행각서'상의 채권이 실제로 존재하는 것처럼 그 지급을 구하는 민사소송을 제기하면서 소지하고 있던 위 '차용증 및 이행각서'를 법원에 제출하였다고 하더라도 그것이 사문서부정행사죄에 해당하지 않는다(대판 2007. 3. 30, 2007도629).

2. 공문서 등 부정행사죄

第230조(공문서 등의 부정행사) 공무원 또는 공무소의 문서 또는 도화를 부정행사한 자는 2년 이하의 징역이나 금고 또는 500만원 이하의 벌금에 처한다.

(1) 의 의

본 죄는 진정한 공무원 또는 공무소의 문서 또는 도화를 부정행사한 경우에 성립하는 죄이다. 진정한 공문서 등이 대상이므로 위조되거나 변조된 공문서를 대상으로 하는 위조·변조공문서행사죄와 구별된다.

(2) 구성요건

행위주체는 공무원이나 일반인 모두 포함된다. 행위객체는 진정한 공문서·공도화이다. 행위객체는 문서 또는 도화로 국한하고 있으므로 전자기록등 특수매체기록의 포함 여부가 문제될 수 있다. 그러나 여타 구성요건에서 규정하고 있는 전자기록등 특수매체기록을 포함시킬 경우 유추해석의 문제가 제기될 수 있기 때문에 포함되지 않는 것으로 해석하는 것이 타당하다.

본 죄의 행위로서 부정행사란 진정한 공문서·공도화를 사용할 권한이 없는 자가 사용권한이 있는 것처럼 가장하여 사용하는 것은 말한다. 판례와 다수학설은 문서의 용도 내 사용 여부도 부정행사 여부를 판단하는 기준이 된다고 한다. 즉 사용권한 유무와 용도 내 사용 여부에 따라 다음과 같이 분류하고 있다(박상기, 공문서등 부정행사죄, 형사판례연구(8), 283면 이하 참조).

1) 사용권한 있는 자의 용도 외 행사의 경우

사용권한 있는 자가 공문서를 용도 외로 행사한 경우에는 본 죄의 성립을 인정한다(판례·다수설). 이에 대해 반대 견해는 본 죄는 사용권한 없는 자가 용도 내에서 행사한 경우에만 성립한다고 보기 때문에 사용권한 있는 자의 용도 외의 행사인 경우에는 본 죄의 성립을 부인한다(김/김, 김/서, 김성돈, 이정원).

생각건대 사용권한 있는 자의 용도 외 행사인 경우에는 본 죄의 성립을 부인하는 것이 타당하다. 그러나 이는 용도 외 행사이기 때문에 본 죄가 성립하지 않는 것이 아니라 사용권한 있는 자의 행사를 부정행사로 볼 수 없기 때문이다. 즉 문서의 용도 내 사용 여부를 판단하는 기준이 명확하지 않고, 문서작성 당시의 사용목적이나 내용에 따른 용도와 일치하는지 여부보다는 그러한 문서가 용도 내외를 불문하고 그 기능에 맞게 '용도대로', 즉 문서의 작성목적대로 사용된 점이 중요하다.

판례 사용권한 있는 자의 용도 내 사용 여부

• 판결이유 : 선박국적증서는 한국선박으로서 등록하는 때에 선박번호, 국제해사기구에서 부여한 선박식별번호, 호출부호, 선박의 종류, 명칭, 선적항 등을 수록하여 발급하는 문서이고, 선박검사증서는 선박정기검사 등에 합격한 선박에 대하여 항해구역 · 최대승선인원 및 만재흘수선의 위치 등을 수록하여 발급하는 문서이다. 위 각 문서는 당해 선박이 한국선박임을 증명하고, 법률상 항행할 수 있는 자격이 있음을 증명하기 위하여 선박소유자에게 교부되어 사용되는 것이다. 갑선박에 의해 발생한 사고를 마치 을선박에 의해 발생한 것처럼 허위신고를 하면서 그에 대한 검정용 자료로서 을선박의 선박국적증서와 선박검사증서를 제출한 경우, 선박국적증서와 선박검사증서는 위 선박의 국적과 항행할 수 있는 자격을 증명하기 위한 용도로 사용된 것일 뿐 그 본래의 용도를 벗어나 행사된 것으로 보기는 어려우므로, 이와 같은 행위는 공문서부정행사죄에 해당하지 않는다(대판 2009. 2. 26, 2008도10851).

평 가 : 이 판결 역시 사용권한 이외에 용도 내 사용인지 여부를 판단기준으로 삼고 있으며, 용도 내 사용이라는 점을 들어 공문서부정행사죄를 부인하고 있을 뿐이다. 만일 용도 외 사용으로 본다면 사용권한이 있음에도 불구하고 공문서부정행사죄를 인정할 수 있음을 보여준다. 실제로 원심판결(인천지판 2008. 11. 6, 2008노873)은 한국해운조합에 공제금청구를 위한 사고신고를 하면서 마치 다른 선박에 의하여 사고가 발생한 것처럼 위장하기 위하여 검정용 자료로서 공문서들을 제출하였으므로 이는 권한 있는 자가 정당한 용법에 반하여 공문서를 행사한 것이라고 하여 유죄를 인정하였다. 결국 이 사건에서 피고인에게 공문서부정행사죄를 부인하였지만 사기죄와 위계에 의한 업무방해죄는 인정하여야 할 것이다.

2) 사용권한 없는 자의 행사의 경우

(가) 용도 내 행사의 경우

학설 · 판례 모두 본 죄의 성립을 인정한다. 사용권한이 없는 자의 행사이기 때문에 공문서부정행사죄를 인정하는 것이 타당하다.

판례 타인의 운전면허증을 신분 확인용으로 제시한 경우

• 운전면허증은 운전면허를 받은 사람이 운전면허시험에 합격하여 자동차의 운전이 허락된 사람임을 증명하는 공문서로서, 운전면허증에 표시된 사람이 운전면허시험에 합격한 사람이라

는 '자격증명'과 이를 지니고 있으면서 내보이는 사람이 바로 그 사람이라는 '동일인증명'의 기능을 동시에 가지고 있다. 운전면허증의 앞면에는 운전면허를 받은 사람의 성명·주민등록번호·주소가 기재되고 사진이 첨부되며 뒷면에는 기재사항의 변경내용이 기재될 뿐만 아니라, 정기적으로 반드시 갱신교부되도록 하고 있어, 운전면허증은 운전면허를 받은 사람의 동일성 및 신분을 증명하기에 충분하고 그 기재 내용의 진실성도 담보되어 있다. … **제3자로부터 신분확인을 위하여 신분증명서의 제시를 요구받고 다른 사람의 운전면허증을 제시한 행위는 그 사용목적에 따른 행사로서 공문서부정행사죄에 해당한다**고 보는 것이 옳다(대판 2001. 4. 19, 2000도1985 전원합의체; 1998. 8. 21, 98도1701).

위 판결에서 대법원의 다수의견은 자동차운전면허증에 대해서 신분증명 기능을 추가로 인정한 것일 뿐 종래의 견해를 그대로 유지하고 있다. 즉 사용권한 있는 자라고 하더라도 용도 외로 사용할 경우 공문서부정행사죄에 해당한다고 보는 입장은 변화가 없는 것이다. 소수의견 역시 자동차운전면허증에 대한 신분증명 기능 인정을 비판하면서 공문서부정행사죄를 인정하고 있기 때문에 결론적으로 차이가 없다.

그러나 대법원의 다수의견과 소수의견은 모두 공문서부정행사죄에 대한 해석을 잘못하고 있다는 점에서 문제가 있다. 즉 대법원의 견해는 공문서부정행사죄의 성립 여부를 사용권한 이외에 공문서의 사용용도에 따라 판단을 하고 있으나 공문서의 용도에 대한 개념이 명확하지 않을 뿐만 아니라 사용용도가 사전에 정해진 것으로 전제를 하는 것이 타당한지도 의문이다. 공문서는 작성 목적과 일치하여 사용되는 경우가 아니더라도 공문서에 기재된 내용을 이용하는 차원에서 사용될 수도 있기 때문이다. 또한 사용권한이 있는 자가 용도 외로 사용할 경우에 본 죄의 성립을 인정하고, 사용권한 없는 자가 용도 외로 사용하면 본 죄의 성립을 부인하는 것이 형평에 맞는 결론이라고 보기도 어렵다. 그러므로 공문서·공도화는 사용권한이 있는 자가 행사할 경우 용도 여하를 불문하고 본 죄의 성립을 부인하는 것이 타당하다.

판례 경찰관에게 타인의 자동차운전면허증을 촬영한 이미지파일을 제시한 경우(2019. 12. 12, 2018도2560)

• **판결이유**: 도로교통법 제92조 제2항에서 제시의 객체로 규정한 운전면허증은 적법한 운전면허의 존재를 추단 내지 증명할 수 있는 운전면허증 그 자체를 가리키는 것이지, 그 이미지파일 형태는 여기에 해당하지 않는다. … 자동차 등의 운전자가 운전 중에 도로교통법 제92조 제2항에 따라 경찰공무원으로부터 운전면허증의 제시를 요구받은 경우 **운전면허증의 특정된 용법에 따른 행사**는 도로교통법 관계법령에 따라 발급된 운전면허증 자체를 제시하는 것이라고 보아야 한다. 이 경우 자동차 등의 운전자가 경찰공무원에게 다른 사람의 운전면허증 자체가 아니라 이를 촬영한 **이미지파일을 휴대전화 화면 등을 통하여 보여주는 행위는 운전면허증의**

특정된 용법에 따른 행사라고 볼 수 없는 것이어서 그로 인하여 경찰공무원이 그릇된 신용을 형성할 위험이 있다고 할 수 없으므로, 이러한 행위는 결국 공문서부정행사죄를 구성하지 아니한다.

평 가: 이 판결은 종전 대법원 판결과 마찬가지로 사용권한이 없는 자라고 하더라도 용법에 따른 행사에 해당하여야 공문서부정행사죄에 해당한다고 보는 입장이다. 이러한 입장의 문제점에 대해서는 위 본문에서 언급하였다.

(나) 용도 외 행사의 경우

판례 및 다수설은 사용권한 있는 자와 용도가 특정되어 있는 공문서를 사용권한 없는 자가 사용한 경우에도 그 공문서 본래의 용도 외의 행사를 이유로 본 죄의 성립을 부인한다. 그러나 용도 외의 행사라고 하더라도 사용권한이 없는 자의 사용이므로 본 죄의 성립을 인정하는 것이 타당하다(백형구·임웅).

판례 **사용권한 있는 자와 용도가 특정되어 있는 공문서를 사용권한 없는 자가 사용한 경우**

• **그 공문서 본래의 용도에 따른 사용이 아닌 경우에는 형법 제230조의 공문서부정행사죄가 성립하지 아니하는 바**, 주민등록법 제17조의8 제1항, 제2항, 제17조의9 제1항 등에 의하면, 주민등록증은 시장 · 군수 또는 구청장이 관할구역 안에 주민등록이 된 자 중 17세 이상의 자에 대하여 주민의 성명, 사진, 주민등록번호, 주소, 지문 등을 수록하여 발급하는 문서로서 국가기관 · 지방자치단체 · 공공단체 · 사회단체 · 기업체 등에서 그 업무를 수행함에 있어 대상자의 신분을 확인하기 위하여 사용할 수 있도록 한 것이므로, … 피고인이 이동전화기대리점 직원에게 기왕에 습득한 갑 주민등록증을 내보이고 갑이 피고인의 어머니인데 어머니의 허락을 받았다고 속여 동인의 이름으로 이동전화 가입신청을 하거나, 습득한 을의 주민등록증을 내보이면서 을이 피고인의 누나인데 이동전화기를 구해오라고 하였다고 속이고 피고인의 이름을 가명으로 하여 이동전화 가입신청을 하면서 그 때마다 이동전화기를 교부받았다고 하더라도, 피고인이 갑 또는 을의 주민등록증을 사용한 것이 타인의 주민등록증을 그 본래의 사용용도인 신분확인용으로 사용한 것이라고 볼 수 없어 공문서부정행사죄가 성립하지 아니한다(대판 2003. 2. 26, 2002도4935).

X. 전자기록 등 위작 · 변작죄

1. 사전자기록 등 (위작, 변작) 죄

제232조의2(사전자기록위작·변작) 사무처리를 그르치게 할 목적으로 권리 · 의무 또는 사실증명에 관한 타인의 전자기록등 특수매체기록을 위작 또는 변작한 자는 5년 이하의 징역 또는 1천만원 이하의 벌금에 처한다.

(1) 의의 및 보호법익

문서위조죄의 행위객체는 가시적인 대상물임에 반해 본 조는 컴퓨터 등에 수록된 비가시적인 데이터 등을 대상으로 하고 있다. 보호법익은 이들 특수매체기록에 대한 안전과 성립의 진정성에 대한 공공의 신뢰성이다. 본 죄는 유형위조를 대상으로 하고 있으므로 내용의 진실성(무형위조)은 보호대상이 아니다.

(2) 행위객체

사전자기록위작 · 변작죄에서 말하는 권리 · 의무 또는 사실증명에 관한 타인의 전자기록 등 특수매체기록이라 함은 일정한 저장매체에 전자방식이나 자기방식에 의하여 저장된 기록을 의미한다. 전자기록이란 그 자체로서 객관적 · 고정적 의미를 가지면서 독립적으로 쓰이는 것이 아니라 개인 또는 법인이 전자적 방식에 의한 정보의 생성 · 처리 · 저장 · 출력을 목적으로 구축하여 설치 · 운영하는 시스템에서 쓰임으로써 예정된 증명적 기능을 수행하는 것을 말한다(대판 2008. 4. 24, 2008도294).

판례 컴퓨터의 램에 올려진 전자기록이 사전자기록위작 · 변작죄에서의 특수매체기록에 해당하는지 여부

- 컴퓨터의 기억장치 중 하나인 램(RAM, Random Access Memory)이 임시기억장치 또는 임시저장매체이기는 하지만, 형법이 전자기록위 · 변작죄를 문서위 · 변조죄와 따로 처벌하고자 한 입법취지, 저장매체에 따라 생기는 그 매체와 저장된 전자기록 사이의 결합강도와 각 매체별 전자기록의 지속성의 상대적 차이, 전자기록의 계속성과 증명적 기능과의 관계, 본 죄의 보호법익과 그 침해행위의 태양 및 가벌성 등에 비추어 볼 때, 위 램에 올려진 전자기록 역시 사전자기록위작 · 변작죄에서 말하는 전자기록 등 특수매체기록에 해당한다(대판 2003. 10. 9, 2000도4993).

(3) 행 위

행위는 위작, 변작 또는 행사하는 것이다. 본 죄에서는 문서죄에서 사용한 위조 · 변조라는 용어를 사용하지 않고 위작 · 변작이라는 용어를 사용하였다. 그 이유는 문서와 달리 전자기록은 가시성 · 가독성이 없을 뿐만 아니라, 기록과정에 다수인의 의사나 행위가 관여할 수 있으므로 처음부터 작성 명의를 확정하기 어렵고, 전자기록의 작출과정도 문서와 다르기 때문이라고 이해한다.

위작과 변작의 개념을 어떻게 이해할 것인가에 대하여는 다양한 견해가 대립하고 있다. ① 위작은 권한 없이 전자기록을 만들어 내는 것을 의미하며, 변작은 이미 만들어진 전자기록의 내용을 권한 없이 변경하는 것을 의미하는 견해(유형위조설), ② 위작을 문서에 대한 죄에서 유형위조와 무형위조를 포함하는 개념으로 이해하여 위작은 권한 없이 전자기록을 작성하는 경우와 허위의 내용을 가지는 전자기록을 만드는 것이며, 변작은 권한 없이 또는 허위내용의 전자기록에 변경을 가하는 것으로 파악하는 견해(유형 · 무형위조설), ③ 공전자기록 등의 위작 · 변작행위에는 유형위조와 무형위조를 포함하는 것으로 보고, 사전자기록의 위작 · 변작행위에는 유형위조만을 의미하는 것으로 이해하는 견해(차별화설), ④ 전자기록을 입력 · 처리 · 저장하는 시스템의 설치 · 운영주체의 의사에 반하여 권한 없이 또는 권한의 범위를 일탈하여 전자기록을 작성하는 것을 위작이라고 이해하는 견해(권한일탈설)가 대립하고 있다. 이 가운데 어떤 견해도 완전히 만족할 만한 논증을 보여주지는 못하나, 현재의 규정들에 대한 문언적 · 체계적 해석과 처벌 필요성 등에 대한 관점에서 유형 · 무형위조설이 제일 적합한 해석이라고 판단되며(전지연, 전자기록 위작 · 변작죄, 문서와 범죄, 2017, 169면 이하 참조), 판례도 동일한 입장이다.

판례 **'위작'의 의미**

• 형법 제227조의2의 공전자기록등위작죄는 사무처리를 그르치게 할 목적으로 공무원 또는 공무소의 전자기록 등 특수매체기록을 위작 또는 변작한 경우에 성립한다. 대법원은, 형법 제227조의2에서 위작의 객체로 규정한 전자기록은 그 자체로는 물적 실체를 가진 것이 아니어서 별도의 표시 · 출력장치를 통하지 아니하고는 보거나 읽을 수 없고, 그 생성 과정에 여러 사람의 의사나 행위가 개재됨은 물론 추가 입력한 정보가 프로그램에 의하여 자동으로 기존의 정보와 결합하여 새로운 전자기록을 작출하는 경우도 적지 않으며, 그 이용 과정을 보아도 그 자체로서 객관적 · 고정적 의미를 가지면서 독립적으로 쓰이는 것이 아니라 개인 또는 법인이 전자적 방식에 의한 정보의 생성 · 처리 · 저장 · 출력을 목적으로 구축하여 설치 · 운영하는 시스템에서 쓰임으로써 예정된 증명적 기능을 수행하는 것이므로, 위와 같은 시스템을 설치 · 운영하는 주체와의 관계에서 전자기록의 생성에 관여할 권한이 없는 사람이 전자기록을 작출하거나 전자기록의 생성에 필요한 단위정보의 입력을 하는 경우는 물론 시스템의 설치 · 운영 주체로부터 각자의 직무 범위에서 개개의 단위정보의 입력 권한을 부여받은 사람이 그 권한을 남용하여 허위의 정보를 입력함으로써 시스템 설치 · 운영 주체의 의사에 반하는 전자기록을 생성하는 경우도 형법 제227조의2에서 말하는 전자기록의 '위작'에 포함된다고 판시하였다. 위 법리는 형법 제232조의2의 사전자기록등위작죄에서 행위의 태양으로 규정한 '위작'에 대해서도 마찬가지로 적용된다(대판 2020. 8. 27, 2019도11294 전원합의체).

(4) 목 적

본 죄는 목적범으로서 사전자 기록의 위작 · 변작에 대한 고의 이외에 사무처리를 그르치게 할 목적이 있어야 한다. 사무처리를 그르치게 할 목적이란 위작 또는 변작된 전자기록이 사용됨으로써 개인 또는 법인이 전자적 방식에 의한 정보의 생성 · 처리 · 저장 · 출력을 목적으로 구축하여 설치 · 운영하는 시스템이 증명적 기능을 수행하지 못하도록 하는 것을 말한다(대판 2008. 4. 24, 2008도294).

판례 사전작기록위작 · 변작죄에서 '사무처리를 그르치게 할 목적'의 의미

• 형법 제232조의2에 정한 전자기록은 그 자체로서 객관적 · 고정적 의미를 가지면서 독립적으로 쓰이는 것이 아니라 개인 또는 법인이 전자적 방식에 의한 정보의 생성 · 처리 · 저장 · 출력을 목적으로 구축하여 설치 · 운영하는 시스템에서 쓰임으로써 예정된 증명적 기능을 수행하는 것이므로, '사무처리를 그르치게 할 목적'이란 위작 또는 변작된 전자기록이 사용됨으로써 위와 같은 시스템을 설치 · 운영하는 주체의 사무처리를 잘못되게 하는 것을 말한다.

새마을금고의 예금 및 입 · 출금 업무를 총괄하는 직원이 전 이사장 명의 예금계좌로 상조금이 입금되자 전 이사장에 대한 금고의 채권확보를 위해 내부 결재를 받아 금고의 예금 관련 컴퓨터 프로그램에 접속하여 전 이사장 명의 예금계좌의 비밀번호를 동의 없이 입력한 후 위 금원을 위 금고의 가수금계정으로 이체한 사안에서, 위 금고의 내부규정이나 여신거래기본약관의 규정에 비추어 이는 위 금고의 업무에 부합하는 행위로서 피해자의 비밀번호를 임의로 사용한 잘못이 있다고 하더라도 사전자기록위작 · 변작죄의 '사무처리를 그르치게 할 목적'을 인정할 수 없다(대판 2008. 6. 12, 2008도938).

2. 공전자기록 등 (위작, 변작) 죄

> 제227조의2(공전자기록위작 · 변작) 사무처리를 그르치게 할 목적으로 공무원 또는 공무소의 전자기록등 특수매체기록을 위작 또는 변작한 자는 10년 이하의 징역에 처한다.

본 죄는 사무처리를 그르치게 할 목적으로 공무원 또는 공무소의 전자기록등 특수매체기록을 위작 또는 변작한 때에 성립한다. 공문서의 경우 제225조(공문서등의 위조 · 변조)는 유형위조를, 제227조(허위공문서작성 등)는 무형위조를 각각 구별하여 규정하고 있는 데 반해 공전자기록 등 특수매체기록을 행위객체로 하는 본 조는 양자를 구별하고 있지 않기 때문이다.

전자기록의 위작이란 전자기록의 생성에 관여할 권한이 없는 사람이 전자기록을 작출하거나 전자기록의 생성에 필요한 단위 정보의 입력을 하는 경우는 물론, 시스템의 설치 · 운영 주체로부터 각자의 직무 범위에서 개개의 단위정보의 입력 권한을 부여받은 사람이 그 권한을 남용하여 허위의 정보를 입력함으로써 시스템 설치 · 운영 주체의 의사에 반하는 전자기록을 생성하는 경우도 포함된다(대판 2007. 7. 27, 2007도3798). 그리고 여기서 허위의 정보라고 함은 진실에 반하는 내용을 의미하며, 사무처리를 그르치게 할 목적이란 위작 또는 변작된 전자기록이 사용됨으로써 시스템을 설치 · 운용하는 주체의 사무처리를 잘못되게 하는 것을 말한다(대판 2013. 11. 28, 2013도9003; 2010. 7. 8, 2010도3545).

판례 위작 해당 여부

① 경찰범죄정보시스템에 고소사건 처리를 허위 입력한 경우

• 경찰관이 고소사건을 처리하지 아니하였음에도 경찰범죄정보시스템에 그 사건을 검찰에 송치한 것으로 허위사실을 입력한 행위는 공전자기록위작죄에서 말하는 위작에 해당한다(대판 2005. 6. 9, 2004도6132).

② 자동차등록원부 용도란에 허위 입력한 경우

• 사건개요 : 자동차등록 담당공무원인 피고인이 여객자동차 운수사업법상 차량충당연한 규정에 위배되어 영업용으로 변경 및 이전등록을 할 수 없는 차량인 것을 알면서 자동차등록정보처리시스템의 자동차등록원부 용도란에 '영업용'이라고 입력하였으나, 변경 및 이전등록에 관한 구체적 등록내용인 최초등록일 등은 사실대로 입력하였다.

판결이유 : 대법원은 자동차등록원부상 '영업용으로의 용도변경 및 이전'에 관한 등록정보가 확인·공시하는 내용에 자동차가 영업용으로 용도 변경되어 이전되었다는 사실 외에 변경 및 이전등록에 필요한 법령상 자격의 구비 사실까지 포함한다고 볼 법적인 근거가 없고, 최초등록일 등 등록과 관련된 사실관계에 대한 내용에 거짓이 있다고 볼 수 없는 이상, 위 행위가 공전자기록등위작죄의 '위작'에 해당한다고 할 수 없다고 판시하였다(대판 2011. 5. 13, 2011도1415).

제 4 절 인장에 관한 죄

Ⅰ. 서 론

인장이나 서명 등은 사회생활상 동일인을 나타내는 중요한 증명 기능을 담당하고 있다. 관공서나 개인의 인장·서명 등은 진정성이 담보되지 않으면 그 신뢰성을 상실하게 된다. 본 장의 죄는 이처럼 인장 등에 대한 공공의 신뢰와 거래의 안전을 보호법익으로 하고 있다.

Ⅱ. 공인 등의 위조·부정사용·행사죄

제238조(공인 등의 위조, 부정사용) ① 행사할 목적으로 공무원 또는 공무소의 인장, 서명, 기명 또는 기호를 위조 또는 부정사용한 자는 5년 이하의 징역에 처한다.

② 위조 또는 부정사용한 공무원 또는 공무소의 인장, 서명, 기명 또는 기호를 행사한 자도 전항의 형과 같다.

③ 전 2항의 경우에는 7년 이하의 자격정지를 병과할 수 있다.

1. 행위객체

행위객체인 공무원 또는 공무소의 인장은 공무원 또는 공무소가 그 사무에 관하여 사용하는 인장을 말한다. 인장은 인과印顆와 인영印影을 모두 포함한다. 인과는 인영을 현출시키는 물건 즉 도장을 의미하며, 인영이란 인장을 날인하여 현출된 흔적을 말한다. 위조는 인과나 인영의 위조를 통해 이루어질 수 있기 때문이다. 기호는 물체에 인장을 날인하여 일정한 사실을 증명하는 것을 말한다. 서명은 자기를 표창하는 성명 기타 명칭을 문자로 자신이 직접 표기한 것을 말한다.

2. 행 위

행위는 공인 등을 위조하거나 부정사용하거나 위조 또는 부정사용된 공인 등을 행사하는 것이다. 제1항의 부정사용의 의미에 대해서는 진정하게 만들어진 공인 등을 권한 없는 자가 사용한다는 견해와 권한 있는 자라도 권한을 남용하여 부당하게 사용하는 행위도 포함한다는 견해가 있다. 그러나 권한 있는 자가 권한을 남용하여 부당하게 사용하는 행위를 부정사용이라고 보는 것은 타당하지 않다. 제2항에서 규정하고 있는 행사죄는 부정사용한 공인 등을 마치 진정한 것처럼 그 용도에 따라 사용하는 행위를 말한다.

판례 공인 등 부정사용 · 행사

① 공인과 자동차등록번호판의 관계

• 형법 제238조 제1항은 인장에 관한 죄의 한 태양으로서 인장 · 서명 · 기명 · 기호 등의 진정에 대한 공공의 신용, 즉 거래상의 신용과 안정을 그 보호법익으로 하고 있는 반면, 자동차관리법의 입법취지는 자동차를 효율적으로 관리하고 자동차의 성능과 안정을 확보함으로써 공공의 복리를 증진함을 그 목적으로 하고 있어(특히 같은 법 제78조, 제71조는 이러한 자동차의 효율적인 관리를 저해하는 행위를 규제하기 위한 것으로 보인다) 그 보호법익을 달리 하고 있을 뿐 아니라 그 주관적 구성요건으로서 형법상의 위 공기호부정사용죄는 고의와 더불어 '행사할 목적'이 있음을 요하는 반면 위 자동차관리법은 '행사할 목적'을 그 주관적 구성요건으로 하지 아니하고 있는 점에 비추어 보면, 자동차관리법 제78조, 제71조가 형법 제238조 제1항 소정의 공기호부정사용죄의 특별법 관계에 있다고는 보여지지 아니한다(대판 1997. 6. 27, 97도1085).

② 택시미터기에 부착된 검정납봉의 공무소기호 해당 여부

• 택시미터기의 수리는 계량법시행규칙에 의하여 검정의무가 면제되는 간이수리에 해당하나, 택시미터기에 적법하게 부착된 검정납봉의 봉인철사를 일단 절단한 후에는 소관 검정기관만이 이를 다시 부착할 수 있는 것이므로 피고인이 임의로 한 검정납봉 재봉인부착행위는 형법 제

238조 제2항 소정의 공무소기호 부정사용에 해당한다(대판 1982. 6. 8, 82도138).

③ 자동차등록번호판의 부정사용

• 형법 제238조 제1항에서 규정하고 있는 공기호인 자동차등록번호판의 부정사용이라 함은 진정하게 만들어진 자동차등록번호판을 **권한 없는 자가 사용**하든가, **권한 있는 자라도 권한을 남용하여 부당하게 사용**하는 행위를 말하는 것이고, 같은 조 제2항에서 규정하고 있는 그 행사죄는 부정사용한 공기호인 자동차등록번호판을 마치 진정한 것처럼 그 용법에 따라 사용하는 행위를 말하는 것으로 그 행위개념을 달리하고 있다. 부정사용한 공기호인 자동차등록번호판의 용법에 따른 사용행위인 행사라 함은 이를 자동차에 부착하여 운행함으로써 일반인으로 하여금 자동차의 동일성에 관한 오인을 불러일으킬 수 있는 상태 즉 그것이 부착된 자동차를 운행함을 의미한다고 할 것이고, 그 운행과는 별도로 부정사용한 자동차등록번호판을 타인에게 제시하는 등 행위가 있어야 그 행사죄가 성립한다고 볼 수 없다(대판 1997. 7. 8, 96도3319).

Ⅲ. 사인 등의 위조·부정사용 및 동 행사죄

제239조(사인등의 위조, 부정사용) ① 행사할 목적으로 타인의 인장, 서명, 기명 또는 기호를 위조 또는 부정사용한 자는 3년 이하의 징역에 처한다.
② 위조 또는 부정사용한 타인의 인장, 서명, 기명 또는 기호를 행사한 때에도 전항의 형과 같다.

본 죄는 행사할 목적으로 타인의 인장·서명·기명·기호를 위조 또는 부정사용하거나 행사함으로써 성립한다. 타인이란 문서위조의 경우와 마찬가지로 생존 인물은 물론이고 사망한 인물도 포함한다. 목적범이므로 행사할 목적이 인정되어야 한다.

판례 행사할 목적과 행사

① 인장위조와 행사할 목적

• **사건개요** : 피고인은 피해자가 교통사고로 입원하고 있어서 함께 경찰서에 출석할 수 없으므로 피해자와 수사경찰관이 승낙하면 사용할 목적으로 인장을 조각하였다가 피해자와 경찰관이 허락하지 않으므로 사용하지 아니하고 피해자의 언니를 통하여 피해자에게 인장을 주었다.

판결이유 : 대법원은 형법 제239조 제1항 소정의 인장위조죄는 그 명의인의 의사에 반하여 위법하게 행사할 목적이 인정되어야 하며, 타인의 인장을 조각할 당시에는 미처 그 명의인의 승낙을 얻지 아니하였다고 하더라도 인장을 조각하여 그 명의인의 승낙을 얻어 그 명의인의 문서를 작성하는 데 사용할 의도로 인장을 조각하였으나 그 명의인의 승낙을 얻지 못하여 이를 사용하지 아니하고 명의인에게 돌려주었다면, 특별한 사정이 없는 한 행사의 목적이 있었다고 인정할 수 없다고 하여 인장위조죄를 인정하지 않았다(대판 1992. 10. 27, 92도1578).

② 위조인장행사죄에서 행사

• 형법 제239조 제2항의 위조인장행사죄에 있어서 행사라 함은 위조된 인장을 진정한 것처럼 용법에 따라 사용하는 행위를 말한다 할 것이므로 위조된 인영을 타인에게 열람할 수 있는 상태에 두든지, **인과의 경우에는 날인하여 일반인이 열람할 수 있는 상태에 두면** 그것으로 행사가 되는 것이고, 위조된 인과 그 자체를 타인에게 교부한 것만으로는 위조인장행사죄를 구성한다고 할 수 없다(대판 1984. 2. 28, 84도90).

Ⅳ. 죄 수

인장·서명위조가 유가증권이나 문서위조의 수단으로 이루어진 경우에는 인장위조 등의 죄는 유가증권위조나 문서위조죄에 흡수된다(대판 1978. 9. 26, 78도1787). 사인위조 즉, 인장위조죄와 사문서위조죄는 각각 구성요건이 다른 별개의 범죄로 되어있지만 양 범죄는 죄질과 보호법익이 서로 유사하고 또한 흡수관계에 있기 때문에 사인을 위조하여 사문서위조죄를 범하면 사무서위조죄로만 처벌되는 것이다. 그러나 현행법은 사문서위조죄에는 벌금형을 선택형으로 규정하고 있어 그 행위 태양에 따라 다양하게 처벌할 수 있도록 하고 있으면서 그에 비해 죄책과 비난가능성 및 법익 침해의 정도가 더 적다고 할 수 있는 인장위조죄에는 자유형만 규정하고 있다. 그 결과 사인 등의 위조 및 부정사용죄가 사문서 등의 위조 및 동 행사죄에 비해 더 엄격히 처벌하는 것이 되어 형벌체계상 균형이 맞지 않는다.

사인을 위조하여 사기행위를 한 경우에는 사인위조죄와 사기죄는 경합범을 구성한다.

제 3 장 공공의 건강에 관한 죄

제 1 절 먹는 물에 관한 죄

Ⅰ. 서 론

먹는 물은 인간생활의 필수요소이기 때문에 먹는 물의 오염을 방지하고 그 공급을 원활하게 하는 것이 본 죄의 기본목표이다. 먹는 물은 일상적으로 먹는 물만을 의미하기 때문에 자연상태인 지하수나 하천수와 같은 물은 제외되어 있으며 이들은 다른 법률에 의하여 보호된다(수질 및 수생태계보전에 관한 법률, 해양환경관리법 등).

Ⅱ. 먹는 물의 사용방해죄, 먹는 물(독물, 유해물)혼입죄

제192조(먹는 물의 사용방해) ① 일상생활에서 먹는 물로 사용되는 물에 오물을 넣어 먹는 물로 쓰지 못하게 한 자는 1년 이하의 징역 또는 500만원 이하의 벌금에 처한다.
② 제1항의 먹는 물에 독물(毒物)이나 그 밖에 건강을 해하는 물질을 넣은 사람은 10년 이하의 징역에 처한다.
제196조(미수범) 제192조 제2항, 제193조 제2항과 전조의 미수범은 처벌한다.
제197조(예비, 음모) 제192조 제2항, 제193조 제2항 또는 제195조의 죄를 범할 목적으로 예비 또는 음모한 자는 2년 이하의 징역에 처한다.

본 죄는 불특정 또는 다수인의 사람이 일상적으로 먹거나 사용하는 깨끗한 물에 오물을 섞어 먹거나 사용하지 못하게 함으로써 성립한다. 추상적 위험범이다.

Ⅲ. 수돗물 사용방해죄, 수돗물(독물, 유해물)혼입죄

제193조(수돗물의 사용방해) ① 수도(水道)를 통해 공중이 먹는 물로 사용하는 물 또는 그 수원(水原)에 오물을 넣어 먹는 물로 쓰지 못하게 한 자는 1년 이상 10년 이하의 징역에 처한다.

② 제1항의 먹는 물 또는 수원에 독물 그 밖에 건강을 해하는 물질을 넣은 자는 2년 이상의 유기징역에 처한다.

제196조(미수범) 제192조 제2항, 제193조 제2항과 전조의 미수범은 처벌한다.

제197조(예비, 음모) 제192조 제2항, 제193조 제2항 또는 제195조의 죄를 범할 목적으로 예비 또는 음모한 자는 2년 이하의 징역에 처한다.

Ⅳ. 먹는 물 혼독(치상, 치사)죄

제194조(먹는 물 혼독치사상) 제192조 제2항 또는 제193조 제2항의 죄를 지어 사람을 상해에 이르게 한 경우에는 무기 또는 3년 이상의 징역에 처한다. 사망에 이르게 한 경우에는 무기 또는 5년 이상의 징역에 처한다.

Ⅴ. 수도불통죄

제195조(수도불통) 공중이 먹는 물을 공급하는 수도 그 밖의 시설을 손괴하거나 그 밖의 방법으로 불통(不通)하게 한 자는 1년 이상 10년 이하의 징역에 처한다.

제196조(미수범) 제192조 제2항, 제193조 제2항과 전조의 미수범은 처벌한다.

제197조(예비, 음모) 제192조 제2항, 제193조 제2항 또는 제195조의 죄를 범할 목적으로 예비 또는 음모한 자는 2년 이하의 징역에 처한다.

제 2 절 아편에 관한 죄(생략) '마약류관리에 관한 법률' 참조.

제 4 장 사회의 도덕에 대한 죄

제 1 절 성풍속에 관한 죄

Ⅰ. 서 론

성풍속에 관한 죄는 형법의 윤리적 성격을 반영한다. 사회의 성풍속은 시대와 장소에 따라 변하는 유동적 성격을 지닌 것으로서 당시의 다수자의 풍속관을 기준으로 하여 판단을 하게 된다. 그렇기 때문에 풍속에 관한 소수 견해는 형법적으로 금지대상이 될 수밖에 없다는 점에서 가치관의 충돌이 발생하게 된다.

성윤리의 보호가 사회적으로 중요하다는 점에 대해서는 반론도 있지만 타당하다고 생각한다. 중요한 것은 성윤리 보호를 중시하는가 경시하는가의 문제가 아니라 성윤리의 보호를 위한 방법론이다. 그리고 성윤리는 사회적 환경과 문화 등에 따라 변화하는 문제라는 점을 인정하고 성적 개방화 현상을 개인적 자유가 확대되어 가는 자연적 추세로 받아들이는 것이 필요하다. 헌법재판소가 간통죄에 대하여 위헌결정을 내리고(헌재결 2015. 2. 26, 2011헌가31), 이에 따라 간통죄의 폐지로 형법이 개정(2016. 1. 6. 법률 제13719호)된 것도 이러한 의식 변화와 사회 변화를 반영한 것이다.

Ⅱ. 음행매개죄

> 第242조(음행매개) 영리의 목적으로 사람을 매개하여 간음하게 한 자는 3년 이하의 징역 또는 1천 500만원 이하의 벌금에 처한다.

1. 의 의

음행매개죄는 사회의 성풍속을 보호법익으로 하면서 동시에 성매매알선행위를 포함하는 규정이다. 그러나 성매매알선행위에 대해서는 '성매매알선 등 행위의 처벌에 관한 법률' 제18조(성매매강요행위), 제19조(성매매알선 · 모집 · 직업소개행위) 등에서 처벌하고 있으며, 19세 미만인 청소년에 대해서는 '아동 · 청소년의 성보호에 관한 법률' 제13조 제2항(아동 · 청소년의 성을 사는 행위 등), 제14조(아동 · 청소년에 대한 강요행위 등), 제15조(알선영업행위 등) 등에서 가중처벌하고 있다.

2. 구성요건

사람을 매개하여 간음하게 하는 것은 간음을 하도록 알선 · 주선하는 것을 말한다. 비록 간음의사가 있는 사람이라고 하더라도 영리의 목적이 인정되면 매개행위에 해당한다.

본 죄의 행위객체에는 남녀, 성년 · 미성년의 구분없이 가능하다. 부모나 배우자도 미성년의 아들 · 딸이나 배우자를 매개하여 간음행위를 하게 한 경우에는 본 죄에 해당한다. 그러나 아동 · 청소년에 대해서는 아동 · 청소년의 성보호에 관한 법률상의 알선영업행위(제15조)에 해당하기 때문에 행위객체는 19세 이상의 사람을 의미한다. 또한 18세 미만의 사람에 대해서는 '아동복지법'(제17조 제2호, 제71조 제1항 제1의 2호)이 적용된다.

본 죄는 영리의 목적이 있어야 성립하는 목적범이다. 그러므로 무상의 음행매개행위는 본 죄에 해당하지 않는다.

Ⅲ. 음란물죄

1. 음화, 음란문서, 음란필름, 음란물건(반포, 판매, 임대, 전시, 상영)죄

제243조(음화반포 등) 음란한 문서, 도화, 필름 기타 물건을 반포, 판매 또는 임대하거나 공연히 전시 또는 상영한 자는 1년 이하의 징역 또는 500만원 이하의 벌금에 처한다.

(1) 행위객체

본 죄의 행위객체는 음란한 문서, 도화, 필름 기타 물건이다. 기타 물건에는 음란한 내용을 담은 녹음테이프나 CD, 사진 등이 포함된다. 판례는 컴퓨터 프로그램 파일은 유체물이 아니기 때문에 기타 물건에 해당하지 않는다고 본다(아래 판례 참조). 독일형법은 컴퓨터 프로그램 파일을 음란문서 등 반포죄의 행위객체로 규정하고 있다(§§11 Ⅲ, 184).

판례 영화포스터의 음화 여부

• 공연윤리위원회의 심의를 마친 영화작품이라 하더라도 이것을 영화관에서 상영하는 것

이 아니고 관람객을 유치하기 위하여 영화장면의 일부를 포스터나 스틸사진 등으로 제작하였고, 제작된 포스터 등 도화가 그 영화의 예술적 측면이 아닌 선정적 측면을 특히 강조하여 그 표현이 과도하게 성감을 자극시키고 일반인의 정상적인 성적 정서를 해치는 것이어서 건전한 성풍속이나 성도덕 관념에 반하는 것이라면 그 포스터 등 광고물은 음화에 해당한다(대판 1990. 10. 16, 90도1485).

온라인상의 음란물에 대해서는 인터넷을 통하여 제공되는 음란화상이 본 죄의 행위객체에 해당하는지가 문제된다. 음란화상이 음란성을 지니고 있다는 점은 분명하다. 그러나 음란화상 자체는 일종의 정보에 해당되는 무형의 것으로서 본 죄가 상정하고 있는 행위객체에는 해당되지 않는다는 견해(원유석, §243, 주석형법 3)가 있다. 음란한 프로그램 파일이 유형물은 아니지만 녹음테이프나 CD 등도 그 자체로서는 외견상 음란성을 나타내고 있지 않는 점에서 프로그램 파일의 경우와 유사하다고 볼 수 있다. 그러므로 음란한 프로그램 파일도 행위객체에 포함시키는 것이 타당하다. 외국의 서버컴퓨터를 이용하여 음란화상을 내국인에게 제공하는 행위도 내국인의 국외범(제3조) 규정에 따라 처벌대상이 된다.

정보통신망 이용촉진 및 정보보호 등에 관한 법률 제44조의7 제1항(불법정보의 이용금지 등), 동 제74조 제1항 제2호(벌칙), 성폭력범죄의 처벌 등에 관한 특례법 제13조(통신매체를 이용한 음란행위), 아동·청소년의 성보호에 관한 법률 제11조(아동·청소년 성착취물의 제작·배포 등), 청소년보호법 제16조 제1항(판매금지 등) 및 동 제58조 제1호(벌칙) 참조.

판례 음란 프로그램파일의 음화반포죄 적용 여부(소극)

• **사건개요**: 피고인들이 컴퓨터통신정보제공자로 일하고 있는 갑과 공모하여, 컴퓨터정보통신회사인 A 주식회사를 설립하여 'BIG'이라는 사설게시판을 개설하여 수수료를 받고서 음란한 영상화면을 수록한 컴퓨터 프로그램파일 73개를 컴퓨터 통신망을 통하여 전송하는 방법으로 판매하였다.

판결이유: 원심은 음화판매죄를 인정하였지만, 대법원은 형법 제243조는 음란한 문서, 도화, 필름 기타 물건을 반포, 판매 또는 임대하거나 공연히 전시 또는 상영한 자에 대한 처벌 규정으로서 컴퓨터 프로그램파일은 위 규정에서 규정하고 있는 문서, 도화, 필름 기타 물건에 해당한다고 할 수 없으므로, 음란한 영상화면을 수록한 컴퓨터 프로그램파일을 컴퓨터 통신망을 통하여 전송하는 방법으로 판매한 행위에 대하여 전기통신기본법 제48조의2의 규정을 적용할 수 있음은 별론으로 하고, 형법 제243조의 규정을 적용할 수 없다고 하여 무죄를 선고하였다(대판 1999. 2. 24, 98도3140).

평 가: 이 판결은 판매한 영상화면의 음란성은 인정하지만 본 구성요건이 규정하고 있는 행위객체에 해당하지 않는다는 이유로 음화판매죄를 인정하지 않은 것이다. 즉 프로그램 파일

은 '기타 물건'에도 해당하지 않는다고 보았다.

(2) 음란성

음란성(또는 외설성, obscenity)이란 성욕을 자극하거나 흥분 또는 만족하게 하는 내용으로서 일반인의 정상적인 성적 수치심을 해치고 선량한 성적 도덕관념에 반하는 것을 의미한다는 것이 판례(대판 1987. 12. 22, 87도2331; 1995. 6. 16, 94도2413: 소설 '즐거운 사라' 사건) 및 다수설의 입장이다. 그리고 음란성의 판단은 작성자의 주관적 의도가 아니라 행위객체 자체에 의하여 객관적으로 판단되어야 한다는 것이 판례의 입장이다(대판 2003. 5. 16, 2003도988).

공연물은 음악 · 무용 · 연극 · 영화 등 예술적 또는 오락적 관람물을 공중의 관람 또는 청문에 공하는 행위이다. 이러한 공연물이 청소년에게 유해한 음란성 판단을 받은 경우 공연법(제5조 제1항, 제40조 제1호)에 의하여 처벌된다. 방송의 경우에는 방송법 제32조 및 제33조에 따라 방송통신심의위원회에서 음란성 여부를 판단한다.

음란물의 기준에 대해서 미국연방대법원은 밀러판결(Miller v. California, 413 U.S. 15, 1973)을 통해 세 가지 기준을 제시하고 있으며 지금까지 적용되고 있다. 즉 ① 해당 지역사회의 보통사람을 기준으로 보았을 때 그리고 표현물을 전체적으로 보았을 때 호색적인 흥미를 자극할 것, ② 명백히 모욕적인 방법으로 성행위를 묘사할 것, ③ 전체적으로 보았을 때 진지한 문학적 · 예술적 · 과학적인 가치가 부족하다고 판단될 것 등이다.

스위스형법(제197조 제5호)은 음란물이나 영상물 등이 보호할만한 가치가 있는 문화적 또는 학문적 가치를 갖는 때에는 음란물로 보지 않는다고 규정하고 있다. 이는 예술과 음란성은 양립가능하다고 보는 입장(양립설)으로서 독일판례(BGHSt 37, 57)와 같은 관점이다. 이와 반대되는 견해인 배제설에서는 음란성과 예술성은 양립할 수 없다는 실질적 예술 개념에 입각하고 있다.

판례 음란한 물건을 부인한 경우

• 음란한 물건이라 함은 성욕을 자극하거나 흥분 또는 만족케 하는 물품으로서 일반인의 정상적인 성적 수치심을 해치고 선량한 성적 도의관념에 반하는 것을 가리킨다고 할 것인바, 여성용 자위기구나 돌출콘돔의 경우 그 자체로 남성의 성기를 연상케 하는 면이 있다 하여도 그 정도만으로 그 기구 자체가 성욕을 자극, 흥분 또는 만족시키게 하는 물건으로 볼 수 없을 뿐만 아니라 일반인의 정상적인 성적 수치심을 해치고 선량한 성적 도의관념에 반한다고도 볼 수 없으므로 음란한 물건에 해당한다고 볼 수 없다(대판 2000. 10. 13, 2000도3346).

2. 음화, 음란문서, 음란필름, 음란물건(제조, 소지, 수입, 수출)죄

제244조(음화제조 등) 제243조의 행위에 공할 목적으로 음란한 물건을 제조, 소지, 수입 또는 수출한 자는 1년 이하의 징역 또는 500만원 이하의 벌금에 처한다.

음란한 물건이란 제243조의 문서, 도화, 필름을 모두 포함한다. 본 죄는 목적범이므로 반포, 판매, 임대, 공연전시 또는 공연상영의 행위에 제공할 목적으로 한 때에 성립한다.

아동·청소년의 성보호에 관한 법률 제11조(아동·청소년 성착취물의 제작·배포 등), 관세법 제234조(수출입의 금지) 참조.

3. 공연음란죄

제245조(공연음란) 공연히 음란한 행위를 한 자는 1년 이하의 징역, 500만원 이하의 벌금, 구류 또는 과료에 처한다.

공연히 음란한 행위를 하는 죄이다. 공연히란 불특정 또는 다수인을 대상으로 하는 것, 즉 공개적으로 사람이 인식할 수 있는 상태를 말한다. 그러나 다수인은 본 죄에 의해서 보호되는 법익의 향유자이어야 하므로 소위 스와핑 참여자처럼 공동의 목적을 가진 사람들 간의 합의에 의한 성행위는 음란한 행위에는 해당하지만 공연성 요건은 충족시키지 못한다고 보아야 한다. 음란한 행위라 함은 일반 보통인의 성욕을 자극하여 성적 흥분을 유발하고 정상적인 성적 수치심을 해하여 성적 도의관념에 반하는 행위를 가리키는 것이고, 그 행위가 반드시 성행위를 묘사하거나 성적인 의도를 표출할 것을 요하는 것은 아니다. 경범죄처벌법상의 과다노출(제1조 제41호)은 음란행위가 수반되지 않는 단순한 노출행위만을 대상으로 한 것이다.

프랑스형법은 우리 형법처럼 공연음란행위(§222-32)를 처벌하고 있으나 독일형법은 구체적으로 음부노출행위(§183)와 성적 행위(§183a)를 처벌하고 있으며, 오스트리아형법(§218)은 성행위를 대상으로 규정하고 있다.

판례 공연음란행위

• 요구르트 제품의 홍보를 위하여 전라의 여성 누드모델들이 일반 관람객과 기자 등 수십 명이 있는 자리에서, 알몸에 밀가루를 바르고 무대에 나와 분무기로 요구르트를 몸에 뿌려 밀가

루를 벗겨내는 방법으로 알몸을 완전히 드러낸 채 음부 및 유방 등이 노출된 상태에서 무대를 돌며 관람객들을 향하여 요구르트를 던진 사안에 대해, 대법원은 공연음란죄에 해당한다고 판시하였다(대판 2006. 1. 13, 2005도1264).

• **사건개요** : 피고인이 승용차를 운전하여 가던 중 앞서가던 피해자 1(여성) 운전의 승용차가 진로를 비켜주지 않는다는 이유로 그 차를 추월하여 정차하게 한 다음, 승용차를 손괴하고 그 안에 타고 있던 피해자 2를 때려 상해를 가하는 등의 행패를 부리다가 신고를 받고 출동한 경찰관이 이를 제지하려고 하자, 시위조로 주위에 운전자 등 사람이 많이 있는 가운데 옷을 모두 벗어 알몸의 상태로 바닥에 드러눕거나 돌아다닌 사건이다.

판결이유 : 원심은 무죄를 선고하였으나 대법원은 피고인이 불특정 또는 다수인이 알 수 있는 상태에서 옷을 모두 벗고 알몸이 되어 성기를 노출하였다면, 그 행위는 일반적으로 보통인의 정상적인 성적 수치심을 해하여 성적 도의관념에 반하는 음란한 행위라고 할 것이고, 또 피고인이 승용차를 손괴하거나 타인에게 상해를 가하는 등의 행패를 부리던 중 경찰관이 이를 제지하려고 하자 이에 대항하여 위와 같은 행위를 한 데에는 피고인이 알몸이 되어 성기를 드러내어 보이는 것이 타인의 정상적인 성적 수치심을 해하는 음란한 행위라는 인식도 있었다고 보아야 할 것이다고 하여 공연음란죄를 인정하였다(대판 2000. 12. 22, 2000도4372).

제 2 절 도박과 복표에 관한 죄

Ⅰ. 서 론

사회적 법익에 대한 죄인 본 죄의 보호법익은 국민의 근로의식과 선량한 미풍양속, 경제에 관한 건전한 도덕의식을 보호하기 위한 것이다(통설, 판례). 도박이란 우연성에 의하여 재물의 득실을 다투는 것을 말하며, 복표란 도박과 마찬가지로 우연성에 따라 재물의 득실이 갈린다는 점에서 서로 비슷하다. 우연성에 의하여 재물의 득실이 갈리기 때문에 도박과 복표는 중독성을 갖게 되고 이로 인한 사회적 병폐는 크다.

Ⅱ. 도박에 관한 죄

1. 도박죄, 상습도박죄

제246조(도박, 상습도박) ① 도박을 한 사람은 1천만원 이하의 벌금에 처한다. 다만, 일시오락 정도에 불과한 경우에는 예외로 한다.
② 상습으로 제1항의 죄를 범한 자는 3년 이하의 징역 또는 2천만원 이하의 벌금에 처한다.

재물로써 도박을 한 자를 단순히 도박을 한 사람으로 개정하였다. 일시오락의 정도를 벗어난 일체의 도박행위를 처벌하는 구성요건이다. 도박은 우연성에 의하여 승패를 가리기 때문에 승패를 조작하는 사기도박(편면적 도박)은 도박죄가 아니라 사기죄에 해당한다(아래 판례참조). 도박행위는 반드시 도구를 사용하여야 하는 것은 아니다. 예를 들어 골프경기도 일시오락의 정도를 초과하는 액수의 재물을 걸고 하는 경우에는 도박에 해당할 수 있다.

판례 사기도박의 경우

• 피고인 등은 사기도박에 필요한 준비를 갖추고 그러한 의도로 피해자들에게 도박에 참가하도록 권유한 때 또는 늦어도 그 정을 알지 못하는 피해자들이 도박에 참가한 때에는 이미 사기죄의 실행에 착수하였다고 할 것이므로, 피고인 등이 그 후에 사기도박을 숨기기 위하여 얼마간 정상적인 도박을 하였다고 하더라도 이는 사기죄의 실행행위에 포함되는 것이라고 할 것이어서 피고인에 대하여는 피해자들에 대한 사기죄만이 성립하고 도박죄는 따로 성립하지 아니한다고 할 것이다(대판 2011. 1. 13, 2010도9330).

일시오락의 정도에 불과한 경우에는 위법성조각사유에 해당된다(제20조: 사회상규에 위배되지 않는 행위). 일시오락의 정도는 재물의 정도에 따라 판단하는데 이 경우 판례·다수설은 도박행위자들의 사회적 지위나 재산 정도, 도박의 동기와 같은 부수적 상황을 고려하여야 한다는 입장이다(대판 1985. 11. 12, 85도2096). 그러나 도박이 사회적 근로의식이나 건전한 도덕의식을 해치는 범죄라는 점을 고려하면 도박행위자들의 재산 정도 등을 고려하는 것은 타당하지 않다. 그러므로 도박에 건 돈의 액수에 따라 일시오락 여부를 판단하여야 한다. 재물 이외에 재산상 이익을 걸고서 도박을 하는 경우도 포함된다(헌재결 2010. 5. 27, 2007헌바100).

법적으로 허용되는 사행행위의 근거법률: 사행행위 등 규제 및 처벌 특례법 제2조(정의), 제4조(허가 등), 제30조(벌칙) 및 복권 및 복권기금법 제4조(북권의 발행 등), 제34조(벌칙) 참조.

판례 외국 카지노에서의 도박행위

• 형법 제3조는 "본법은 대한민국 영역 외에서 죄를 범한 내국인에게 적용한다"고 하여 형법의 적용 범위에 관한 속인주의를 규정하고 있고, 또한 국가 정책적 견지에서 도박죄의 보호법익보다 좀 더 높은 국가이익을 위하여 예외적으로 내국인의 출입을 허용하는 폐광지역개발지원에관한특별법 등에 따라 카지노에 출입하는 것은 법령에 의한 행위로 위법성이 조각된다고 할 것이나, 도박죄를 처벌하지 않는 외국 카지노에서의 도박이라는 사정만으로 그 위법성이 조각된다고 할 수 없다(대판 2017. 4. 13, 2017도953; 2004. 4. 23, 2002도2518).

상습도박죄에서 상습성은 도박행위를 반복적으로 하는 습벽이 있는 경우에 인정된다. 상습성은 도박의 종류, 도금의 다과, 도박을 한 기간(대판 1985. 6. 11, 85도748), 도박 전과 유무 등 제반 사정을 참작하여 판단할 수 있다.

2. 도박개장죄

> **제247조(도박장소 등 개설)** 영리의 목적으로 도박을 하는 장소나 공간을 개설한 사람은 5년 이하의 징역 또는 3천만원 이하의 벌금에 처한다.

도박개장죄는 영리의 목적으로 스스로 주재자가 되어 그 지배하에 도박장소를 개설함으로써 성립하는 죄로서 도박죄와 별개의 독립적 구성요건이다. 영리의 목적이란 도박개장의 대가로 불법한 재산상의 이익을 얻으려는 의사를 말한다. 도박장소나 공간을 개설하는 행위이므로 인터넷 도박 사이트 개설행위 역시 본 죄에 해당한다(대판 2008. 10. 23, 2008도3970).

판례 **도박개장죄**

• **사건개요** : 실내낚시터를 운영하면서 물고기 1,700여 마리를 구입하여 그 중 600마리의 등지느러미에 1번부터 600번까지의 번호표를 달고 나머지는 번호표를 달지 않은채 대형 수조에 넣고, 손님들로부터 시간당 3만원 내지 5만원까지의 입장료를 받고 낚시를 하게 한 후 손님들이 낚은 물고기에 부착된 번호가 시간별로 우연적으로 변동되는 프로그램상의 시상번호와 일치하는 경우 손님들에게 5천원에서 300만원 상당의 문화상품권이나 주유상품권을 지급하는 방식으로 영업을 하였다.

판결이유 : 대법원은 입장료의 액수, 경품의 종류 및 가액, 경품이 제공되는 방법 등의 여러 사정에 비추어 볼 때 입장료는 낚시터에 입장하기 위한 대가로서의 성격과 경품을 타기 위해 미리 거는 금품으로서의 성격을 아울러 지니고 있다고 볼 수 있고, 피고인이 손님들에게 경품을 제공하기로 한 것은 재물을 거는 행위로 볼 수 있으므로 영리목적의 도박개장죄에 해당한다고 판시하였다(대판 2009. 2. 26, 2008도10582).

Ⅲ. 복표발매죄, 복표발매중개죄, 복표취득죄

> **제248조(복표의 발매 등)** ① 법령에 의하지 아니한 복표를 발매한 사람은 5년 이하의 징역 또는 3천만원 이하의 벌금에 처한다.
> ② 전항의 복표발매를 중개한 사람은 3년 이하의 징역 또는 2천만원 이하의 벌금에 처한다.
> ③ 제1항의 복표를 취득한 사람은 1천만원 이하의 벌금에 처한다.

복표란 일정한 발매자가 다수인에게 미리 증표를 발매하고 구매자로부터 금전, 기타의 재물을 거출하게 한 후에 복표발매자가 우연적 방법에 의하여 구매자 간에 이익 분배를 하는 것을 말한다. 마권馬券은 그 한 예이다(한국마사회법 제6조, 제8조 참조). 경품권은 이익공여행위에 해당하므로 복표가 아니다.

본 죄가 도박죄와 다른 점은 도박의 경우에는 참여자 모두가 재물 손실의 위험을 부담하는 데 반해 복표의 발매자는 그러한 위험을 부담하지 않고 구매자만이 부담하는 점, 도박은 우연성이 지배하지만 복표는 추첨이나 이에 준하는 방법으로 손익을 결정한다는 점, 도박의 경우에는 도금이 승부 결정시까지 당사자의 소유에 속하는 반면 복표는 복표발매자의 소유라는 점에서 다르다.

제 3 절 신앙에 관한 죄

Ⅰ. 서 론

본 장의 죄는 종교적 평화와 사자死者의 사회적 평온을 보호법익으로 한다. 즉 종교 및 사자에 대한 경건한 태도, 신앙적 감정을 보호대상으로 하며, 종교 자체를 보호하거나 종교단체를 보호하기 위한 것은 아니다. 우리 형법이 종교에 대한 비방행위를 처벌하지 않는 것은 그 예이다. 그러므로 종교활동이나 종교생활, 국민의 신앙적 감정을 보호하려는 것이 본 장의 목적이라고 보아야 한다.

Ⅱ. 장례식, 제사, 예배, 설교방해죄

第158條(장례식등의 방해) 장례식, 제사, 예배 또는 설교를 방해한 자는 3년 이하의 징역 또는 500만원 이하의 벌금에 처한다.

본 죄는 장례식이나 종교의식 등의 경건하고 평온한 집행에 지장을 주는 행위를 처벌하는 것이다. 보호법익은 공중의 종교생활의 평온과 종교 감정이다. 본 죄는 예배 또는 설법 중이거나 이와 시간적으로 밀접불가분의 관계에 있는 준비단계에서 이를 방해하는 경우에만 성립한다는 것이 판례의 입장이다(아래 첫번째 판례 참조).

판례 **예배방해죄를 부인한 경우**

• 교회의 교인이었던 사람이 교인들의 총유인 교회 현판, 나무십자가 등을 떼어 내고 예배당 건물에 들어가 출입문 자물쇠를 교체하여 7개월 동안 교인들의 출입을 막은 사안에서, 장기간 예배당 건물의 출입을 통제한 위 행위는 교인들의 예배 내지 그와 밀접불가분의 관계에 있는 준비단계를 계속하여 방해한 것으로 볼 수 없어 예배방해죄가 성립하지 않는다고 하였다(대판 2008. 2. 1, 2007도5296).

• 소속 교단으로부터 교회법에 의한 정당한 절차에 따른 목사면직 판결을 받아 소속 교단의 목사로서의 자격을 상실한 목사와 종전 교회를 집단적으로 탈퇴함으로써 교인으로서의 지위 및 종전 교회재산에 대한 모든 권리를 상실한 교인들이 종전 교회에 무단으로 진입하여 예배를 행하자 이곳에서 예배가 예정되어 있던 이 교회의 교인들이 마이크를 빼앗고 위 목사를 강단에서 끌어내리는 등의 행위를 한 사안에서, 위 목사와 신도들의 행위는 종전 교회의 교인들의 예배를 방해하는 것으로서 형법 제158조 예배방해죄에서 보호하는 '예배'에 해당한다고 보기는 어렵다고 판단하였다(대판 2008. 2. 28, 2006도4773).

Ⅲ. (사체, 유골, 유발)오욕죄

제159조(사체 등의 오욕) 사체, 유골 또는 유발을 오욕한 자는 2년 이하의 징역 또는 500만원 이하의 벌금에 처한다.

오욕행위란 폭행 기타 유형력의 행사와 같이 행동에 의하여 모욕을 가하는 것을 말한다. 유골에는 화장에 의한 것도 포함된다.

Ⅳ. 분묘발굴죄, 사체, 유골, 유발, 관내장치물(손괴, 유기, 은닉, 영득)죄, 분묘발굴죄

제160조(분묘의 발굴) 분묘를 발굴한 자는 5년 이하의 징역에 처한다.
제161조(사체 등의 영득) ① 사체, 유골, 유발 또는 관내에 장치한 물건을 손괴, 유기, 은닉 또는 영득한 자는 7년 이하의 징역에 처한다.
② 분묘를 발굴하여 전항의 죄를 범한 자는 10년 이하의 징역에 처한다.
제162조(미수범) 전 2조의 미수범은 처벌한다.

제161조는 사자에 대한 일반인의 경외심을 보호법익으로 하는 침해범이다. 관 내에 장치한 물건을 영득한 경우에 본 죄와 절도죄와의 상상적 경합을 인정하는 견해도 있다(백형구, 이/장/강, 이정원).

그러나 본 죄만이 성립한다고 보아야 한다.

V. 변사체검시방해죄

제163조(변사체 검시 방해) 변사자의 시체 또는 변사(變死)로 의심되는 시체를 은닉하거나 변경하거나 그 밖의 방법으로 검시(檢視)를 방해한 자는 700만원 이하의 벌금에 처한다.

변사자란 자연사하지 않은 사망자 또는 이러한 의심이 있는 자를 말한다. 판례는 변사자는 부자연한 사망으로서 그 사인이 분명하지 않은 자를 의미한다고 판시하고 있다(대판 1970. 2. 24, 69도2272). 이에 따르면 범죄로 인한 사망이 분명한 사체는 제외된다고 보아야 할 것이다. 검시檢視에는 행정검시와 사법검시가 있는데 사법검시란 검사 또는 사법경찰관이 변사 또는 그 의심이 있는 사체의 상황을 오관의 작용에 의하여 검사하여 범죄에 의한 사망인지 여부를 조사하는 처분을 말한다(형소법 제221조 제1항).

본 죄는 신앙에 관한 죄의 장에 규정되어 있지만 이와 무관한 구성요건으로서 범죄 수사상 필요한 증거 수집을 위한 공무원의 직무 수행을 보호하기 위한 것이다. 그리고 변사자와 함께 '변사의 의심이 있는 자'도 규정하고 있으므로 범죄로 인한 사망의 의심이 있는 자도 포함시키는 것이 타당하다.

판례 **범죄로 인하여 사망한 것이 명백한 자의 사체의 변사체검시방해죄의 객체 여부**

- 형법 제163조의 변사자라 함은 부자연한 사망으로서 그 사인이 분명하지 않은 자를 의미하고 그 사인이 명백한 경우는 변사자라 할 수 없으므로, 범죄로 인하여 사망한 것이 명백한 자의 사체는 … 변사체검시방해죄의 객체가 될 수 없는 것이다(대판 2003. 6. 27, 2003도1331).

[각론]

제 3 편

국가적 법익에 대한 죄

제 1 장 국가의 존립과 권위에 관한 죄

제 1 절 내란의 죄

Ⅰ. 내란죄

제87조(내란) 대한민국 영토의 전부 또는 일부에서 국가권력을 배제하거나 국헌을 문란하게 할 목적으로 폭동을 일으킨 자는 다음 각 호의 구분에 따라 처벌한다.

1. 우두머리는 사형, 무기징역 또는 무기금고에 처한다.
2. 모의에 참여하거나 지휘하거나 그 밖의 중요한 임무에 종사한 자는 사형, 무기 또는 5년 이상의 징역이나 금고에 처한다. 살상, 파괴 또는 약탈 행위를 실행한 자도 같다.
3. 부화수행(附和隨行)하거나 단순히 폭동에만 관여한 자는 5년 이하의 징역이나 금고에 처한다.

1. 의의 및 보호법익

본 죄는 대한민국 영토의 전부 또는 일부에서 국가권력을 배제하여 권력을 행사하거나 헌법에 의하여 인정된 국가의 기본질서를 변혁할 목적으로 다중이 폭동한 때에 성립하는 국가 '내부'로부터의 범죄이다. 보호법익은 국가의 안전과 헌법질서이다. 폭동을 요건으로 하므로 집합범 및 필요적 공범에 해당하고 추상적 위험범이다.

집합범인 내란죄에 대한 형법총칙의 규정 적용 여부에 대해서 ① 교사나 방조범 규정의 적용가능성을 인정하는 적극설(다수설), ② 공범 규정의 적용을 부인하는 소극설(김/서, 이정원)로 나뉜다. 내란죄는 집합범이므로 공동정범에 관한 규정은 적용될 수 없지만 집단 밖에서의 교사나 방조행위는 사실상 가능하다고 보여지므로 적극설이 타당하다.

2. 구성요건

대한민국 영토의 전부 또는 일부에서 국가권력을 배제하거나 국헌을 문란하게 할 목적으로 폭동을 일으키는 것이다. 국헌을 문란할 목적이라 함은 헌법 또는 법률에 정한 절차에 의하지 아니하고 헌법 또는 법률의 기능을 소멸시키는 것 또는 헌법에 의하여 설치된 국가기관을 강압에 의하여 전복 또는 그 권능행사를 불가능하게 하는 것을 의미한다(제91조).

본 죄는 국헌을 문란할 목적으로 폭동한 경우에 성립하기 때문에 국민주권주의나 선거제도 등 민주주의의 핵심가치를 파괴하는 친위 쿠데타적 국가변란행위에 대해서는 적용할 수 없는 한계가 있다. 기존 권력 기반을 토대로 하여 이를 유지하는 형법의 체제유지적 특성이 드러나는 부분이다.

Ⅱ. 내란목적살인죄

제88조(내란목적의 살인) 대한민국 영토의 전부 또는 일부에서 국가권력을 배제하거나 국헌을 문란하게 할 목적으로 사람을 살해한 자는 사형, 무기징역 또는 무기금고에 처한다.

본 죄는 내란죄와 동일한 목적으로 살인을 한 경우에 성립하는 죄이다. 내란죄(제2호)와 구별되는 것은 폭동을 일으켜 살인을 하는 것이 아니라 단순 살해이지만 그 목적이 국가권력의 배제나 국헌문란이라는 점에서 다르다.

본 죄의 구성요건의 성격에 대해서는 ① 내란 목적의 살해행위는 본래 제87조 제2호에 해당하지만 이를 가중처벌하기 위한 특별구성요건이라는 견해(유기천, 이/장/강, 진계호), ② 요인 암살을 내용으로 하는 내란죄의 독립된 유형이라는 견해(김/김, 김/서, 이정원), ③ 내란행위 중 폭동에 수반되지 않고 계획적으로 이루어진 살인행위를 처벌하는 내란죄의 특별규정이라는 견해(김성돈)가 있다. 판례는 폭동 수반 여부와 관련하여 내란 목적 살인이 폭동에 수반되어 행해진 경우에는 제87조 제2호에 해당하지만 폭동에 수반되어 일어난 것이 아니라 그 자체가 의도적으로 실행된 경우에는 본 죄에 해당한다고 보는 입장이다(대판 1997. 4. 17, 96도3376).

내란 과정의 살상행위에 대해서는 제87조 제2호가 규정하고 있으며 사형까지도 가능한 구성요건이다. 이에 따르면 내란행위의 중요임무 종사자가 아니더라도 폭동에 가담한 자가 살해나 상해행위를 하면 제87조 제2호에 해당하게 된다. 그러나 이 경우에도 내란 목적 달성을 위한 살상행위이어야 하므로 그 대상자는 제한적이라고 보아야 한다. 반면에 내란목적살인죄의 경우에는 단순히 폭동에 가담하지 않는 자의 계획적으로 이루어진 살해행위를 대상으로 한다고 보는 것은 구성요건의 적용범위를 과도하게 확대할 위험성이 있다. 오히려 본 죄는 내란죄의 폭동과정에서 이루어진 살해행위는 아니지만 살해행위 자체를 통하여 국헌문란이나 국가권력 배제의 목적을 달성할 수 있을 정도의 요인에 대한 살해행위로 제한적으로 해석하는 것이 타당하다. 그리고 본 죄는 단순 살인죄에 해당하는 요인에 대한 암살과 구별하여야 하기 때문에 전체적으로 내란행위의 진행과정 속에서 이루어져야 한다.

판례 **내란죄와 내란목적살인죄**

• 내란목적살인죄는 국헌을 문란할 목적을 가지고 직접적인 수단으로 사람을 살해함으로써 성립하는 범죄라 할 것이므로, 국헌문란의 목적을 달성함에 있어 내란죄가 '폭동'을 그 수단으로 함에 비하여 내란목적살인죄는 '살인'을 그 수단으로 하는 점에서 두 죄는 엄격히 구별된다. 따라서 내란의 실행과정에서 폭동행위에 수반하여 개별적으로 발생한 살인행위는 내란행위의 한 구성요소를 이루는 것이므로 내란행위에 흡수되어 내란목적살인의 별죄를 구성하지 아니하나, 특정인 또는 일정한 범위 내의 한정된 집단에 대한 살해가 내란의 와중에 폭동에 수반하여 일어난 것이 아니라 그것 자체가 의도적으로 실행된 경우에는 이러한 살인행위는 내란에 흡수될 수 없고 내란목적살인의 별죄를 구성한다(대판 1997. 4. 17, 96도3376 전원합의체).

Ⅲ. 내란예비 · 음모 · 선동 · 선전죄

제90조 (예비, 음모, 선동, 선전) ① 제87조 또는 제88조의 죄를 범할 목적으로 예비 또는 음모한 자는 3년 이상의 유기징역이나 유기금고에 처한다. 단, 그 목적한 죄의 실행에 이르기 전에 자수한 때에는 그 형을 감경 또는 면제한다.
② 제87조 또는 제88조의 죄를 범할 것을 선동 또는 선전한 자도 전항의 형과 같다.

국가보안법 제7조(찬양·고무등) ① 국가의 존립 · 안전이나 자유민주적 기본질서를 위태롭게 한다는 정을 알면서 반국가단체나 그 구성원 또는 그 지령을 받은 자의 활동을 찬양 · 고무 · 선전 또는 이에 동조하거나 국가변란을 선전 · 선동한 자는 7년 이하의 징역에 처한다. 또한 동법 제4조(목적수행) 제1항 제6호 참조.

내란 예비는 내란을 범할 것을 목적으로 하는 물적인 준비행위를 의미하고, 내란 음모는 2인 이상이 내란을 범할 목적으로 모의하는 것을 뜻한다. 내란 음모는 시기, 대상, 수단 및 방법, 실행 또는 준비에 관한 역할 분담 등의 윤곽을 특정하여 합의하여야 한다(대판 2015. 1. 22, 2014도10978). 내란 선동이란 불특정 다수인에게 정신적 영향을 주어 선동자가 의도하는 방향으로 결의하게 하는 행위로 내란에 이를 수 있을 정도의 폭동을 선동하는 것이어야 한다. 이미 가진 결의를 강화하도록 하는 정도로는 선동죄에 해당한다고 볼 수 없다. 이는 교사범에서 이미 범행의 결의를 한 자에 대해서는 교사가 인정되지 않는 것과의 균형상 그러하다. 내란 선전은 내란의 필요성이나 당위성 등을 널리 알리는 행위를 말한다.

판례 내란 선동과 내란 음모

• 내란선동죄는 내란이 실행되는 것을 목표로 선동함으로써 성립하는 독립한 범죄이고, 선동으로 말미암아 피선동자들에게 반드시 범죄의 결의가 발생할 것을 요건으로 하지 않는다. 즉 내란 선동은 주로 내란행위의 외부적 준비행위에도 이르지 않은 단계에서 이루어지지만, 다수인의 심리상태에 영향을 주는 방법으로 내란의 실행 욕구를 유발 또는 증대시킴으로써 집단적인 내란의 결의와 실행으로 이어지게 할 수 있는 파급력이 큰 행위이다. 따라서 내란을 목표로 선동하는 행위는 그 자체로 내란 예비·음모에 준하는 불법성이 있다고 보아 내란 예비·음모와 동일한 법정형으로 처벌되는 것이다.

2인 이상의 자 사이에 어떠한 폭동행위에 대한 합의가 있는 경우에도 공격의 대상과 목표가 설정되어 있지 않고, 시기와 실행방법이 어떠한지를 알 수 없으면 그것이 '내란'에 관한 음모인지를 알 수 없다. 따라서 내란 음모가 성립하였다고 하기 위해서는 개별 범죄행위에 관한 세부적인 합의가 있을 필요는 없으나, 공격의 대상과 목표가 설정되어 있고, 그 밖의 실행계획에 있어서 주요 사항의 윤곽을 공통적으로 인식할 정도의 합의가 있어야 한다(대판 2015. 1. 22, 2014도10978 전원합의체).

제 2 절 외환의 죄

Ⅰ. 서 론

외환外患의 죄는 국가 존립에 대한 외부적 위협으로부터 국가를 보호하기 위한 구성요건이다. 즉 외국과 모의하여 대한민국의 존립을 위협하는 전투행위를 하게 하거나 항적하는 행위, 또는 외국에 인적·물적 이익을 제공하여 국가의 존립을 위태롭게 하는 것을 말한다.

Ⅱ. 외환(유치, 항적)죄

제92조(외환유치) 외국과 통모하여 대한민국에 대하여 전단을 열게 하거나 외국인과 통모하여 대한민국에 항적한 자는 사형 또는 무기징역에 처한다.

본 죄는 외국과 통모하여 대한민국에 대하여 전단戰端을 열게 하거나 외국인과 통모하여 대한민국에 항적抗敵함으로써 성립한다.

전단을 열게 한다는 것은 전투행위를 개시하는 일체의 행위를 의미한다. 이에 관해서는 ① 국제법상 개전의 한 형태로서 적대행위에 상당하는 규모가 필요하다는 협의설과 ② 반드시 국제법상의 전쟁을 개시하는 것에 국한할 필요가 없고 사실상의 전쟁도 포함하는 일체의 무력행사를 의미한다는 광의설(김/서, 배종대, 이/장/강, 임웅, 정/박, 정영일)이 나뉘고 있다. 본 죄의 법익은 국가의 존립을 외부로부터 수호하는 것이라고 볼 때 반드시 국제법상의 전쟁에 국한할 필요가 없으며 어떠한 형태의 전투개시행위도 대한민국의 존립에 대한 위험이 수반된다고 보아(추상적 위험범)(김성돈, 이정원, 정영일. 구체적 위험범설로는 김/서, 배종대, 정/박) 광의설이 타당하다.

항적한다는 것은 적국의 군사적 업무에 종사하여 대한민국에 대하여 적대행위를 하는 것을 말한다. 무기를 든 전투원이든, 군속과 같은 비전투원으로서의 행위이든 불문한다고 보는 것이 통설이다. 외국인이 자국이나 기타 외국과 통모한 경우에도 본 구성요건은 적용된다고 보아야 한다(이/장/강, 정/박, 정영일). 예를 들어 중국인이 중국인이나 일본인과 통모하여 대한민국에 대하여 전투행위를 개시하게 하는 경우이다.

본 구성요건과 관련하여 문제되는 점은 외국, 외국인, 적국 개념이다. 외국은 우리나라 이외의 국가이고, 구체적으로 그 국가를 대표하는 정부, 군대, 외교사절 등 대표기관을 의미한다. 외국인은 외국과 외국을 대표하는 정부기관, 군대 이외의 사인私人을 말하고, 외국인 테러단체 등 사적 단체도 포함한다고 보는 것이 통설이다(김성돈, 임웅, 정/박, 정영일). 그리고 적국은 국제법상 선전포고를 하고 전쟁을 수행하는 국가뿐 아니라 사실상 전쟁을 수행하는 국가도 포함한다(통설).

Ⅲ. 여적죄

제93조(여적) 적국과 합세하여 대한민국에 항적한 자는 사형에 처한다.

여적죄與敵罪는 적국과 합세하여 대한민국에 항적함으로써 성립한다. 외국 또는 외국인과 합세할 경우에는 외환유치죄에 해당하고 적국과 합세하면 본 죄에 해당한다. 적국이란 국제법상 선전포고를 하고 전쟁을 수행중인 국가에 한정하여야 한다는 견해(황산덕)도 있지만 선전포고 유무를 불문하고 사실상 전쟁관계에 있는 이상 본 죄의 적국에 해당한다고 보는 것이 현실적이다(다수설). 그리고 반드시 국가가 아니더라도 대한민국에 대하여 적대하는 외국 또는 외국인 단체도 적국으로 간주되므로(제102조) 적국뿐만 아니라 외국인의 사적 단체私的 團體도 포함된다.

Ⅳ. (모병, 용병)이적죄

제94조(모병이적) ① 적국을 위하여 모병한 자는 사형 또는 무기징역에 처한다.
② 전항의 모병에 응한 자는 무기 또는 5년 이상의 징역에 처한다.

본 죄는 전시상태에 적용 가능한 구성요건이다. 병력을 모집하거나(모병) 병력모집(용병)에 응하는 것이다. 내국인뿐만 아니라 외국인이 외국에서 범한 경우에도 성립한다(제5조).

Ⅴ. 군용시설(물건)제공이적죄, 군용시설파괴이적죄

제95조(시설제공이적) ① 군대, 요새, 진영 또는 군용에 공하는 선박이나 항공기 기타 장소, 설비 또는 건조물을 적국에 제공한 자는 사형 또는 무기징역에 처한다.
② 병기 또는 탄약 기타 군용에 공하는 물건을 적국에 제공한 자도 전항의 형과 같다.
제96조(시설파괴이적) 적국을 위하여 전조에 기재한 군용시설 기타 물건을 파괴하거나 사용할 수 없게 한 자는 사형 또는 무기징역에 처한다.
제97조(물건제공이적) 군용에 공하지 아니하는 병기, 탄약 또는 전투용에 공할 수 있는 물건을 적국에 제공한 자는 무기 또는 5년 이상의 징역에 처한다.

시설제공이적죄는 군사시설 또는 병기·탄약 기타 군사상 필요한 물건을 적국에 제공함으로써 성립한다. 이러한 물건을 적국에 판매하는 행위도 포함된다고 보아야 한다. 시설파괴이적죄 역시 적국을 위한 국내에서의 사보타주행위를 처벌하는 것이다. 이러한 구성요건들은 모두 적국을 위한 행위라는 점에서 평시에 적용가능한 구성요건이라고 볼 수 없다. 그러므로 전시 상황에서 적용 가능한 구성요건이라고 보는 것이 타당하다. 그렇다면 굳이 형법에 규정함으로써 우리 형법의 전시형법적 성격을 나타낼 것이 아니라 이를 삭제하여도 다른 전시법령에 의하여 처벌이 가능하다.

Ⅵ. 간첩(방조)죄, 군사상기밀누설죄

제98조(간첩) ① 적국을 위하여 간첩하거나 적국의 간첩을 방조한 자는 사형, 무기 또는 7년 이상의 징역에 처한다.
② 군사상의 기밀을 적국에 누설한 자도 전항의 형과 같다.

국가보안법 제4조(목적수행) ① 반국가단체의 구성원 또는 그 지령을 받은 자가 그 목적수행을 위한 행위를 한 때에는 다음의 구별에 따라 처벌한다.

2. 형법 제98조에 규정된 행위를 하거나 국가기밀을 탐지·수집·누설·전달하거나 중개한 때에는 다음의 구별에 따라 처벌한다.
   가. 군사상 기밀 또는 국가기밀이 국가안전에 대한 중대한 불이익을 회피하기 위하여 한정된 사람에게만 지득이 허용되고 적국 또는 반국가단체에 비밀로 하여야 할 사실, 물건 또는 지식인 경우에는 사형 또는 무기징역에 처한다.
   나. 가목 외의 군사상 기밀 또는 국가기밀의 경우에는 사형·무기 또는 7년 이상의 징역에 처한다.

1. 간첩행위의 개념

간첩행위란 일반적으로 특정 사회나 특정 조직 내에서 비밀로 분류된 정보를 탐지하고 획득하거나 이를 누설·전달하는 행위를 의미한다. 비밀로 분류된 정보는 정치·경제·군사·기술·외교 등 디양한 차원에서 생성되기 때문에 일정한 영역만으로 분류하는 것은 적절하지 않다. 그리고 간첩행위는 배후에 국가나 기업과 같은 조직이 조종한다는 점에서 개인 차원에서 이루어지는 비밀정보의 탐지·수집행위와 성격이 다르다.

형법은 간첩죄와 외교상기밀누설죄를 규정하고 있으며(제98조 제1항, 제2항, 제113조) 국가보안법(제4조 제1항 제2호 참조) 역시 이를 규정하고 있다. 군사기밀보호법에서도 군사기밀에 대한 탐지·누설 행위 등을 처벌하고 있으며(제11조 내지 제13조) 외국을 위하여 제11조 내지 제13조에 규정된 죄를 범한 때에는 그 죄에 정한 형의 2분의 1까지 가중처벌한다(제15조). 산업기술의 유출방지 및 보호에 관한 법률이 제정(2006. 10. 27.)되어 군사적 기밀뿐만 아니라 산업기술에 대한 스파이 활동을 처벌하기 위한 규정도 마련되었다. 이는 오늘날 국가 간에 정치적·군사적 목적의 전통적 첩보활동도 중요하지만 산업기술의 확보는 곧 국가경쟁력 내지 국가생존의 문제와 연결된다는 점에서 이를 취득하기 위한 국가 간의 노력은 더욱 치열해지는 현실을 반영한 것으로 볼 수 있다. 그러므로 국가이익과 관련된 기밀이라는 것은 정치·경제·군사·기술 등 전 분야에 걸친 것이라고 할 수 있다.

2. 현행 간첩죄 규정의 문제점

(1) 적국 개념

형법상의 간첩죄(제98조)는 적국을 위하여 간첩하거나 적국의 간첩을 방조하거나 또는 군사상의 기밀을 적국에 누설함으로써 성립하는 죄이다. 이러한 간첩죄는 국가의 존립을 외부로부터 보호하기 위한 구성요건이라고 볼 수 있다.

적국은 원칙적으로는 대한민국에 대하여 선전포고를 하거나 전쟁 수행중인 국가를 의미하게 되지만 형법 제102조는 대한민국에 적대하는 외국 또는 외국인의 단체를 준적국으로 규정하여 적국 개념을 확장하고 있다. 그리고 이에 해당하는 국가에는 국제법상 승인을 받은 국가는 물론이고 사실상 국가에 준하는 단체를 포함한다(통설). 여기에 북한이 포함된다고 보는 것이 판례의 입장(대판 1983. 3. 22, 82도3036)이고 학계의 다수설이다. 국가보안법상의 간첩죄(제4조 제1항) 역시 반국가단체의 구성원 또는 그 지령을 받은 자가 그 목적수행을 위하여 간첩행위를 한 경우에 처벌하는 것으로 규정하고 있다. 즉 국가보안법은 형법과 마찬가지로 적국 또는 반국가단체를 대상으로 한 간첩행위를 처벌하고 있다.

그러나 형법과 국가보안법상의 간첩죄에서 규정하고 있는 적국 또는 반국가단체에 북한이 포함된다는 판례의 입장 및 학계의 다수설은 두 가지 점에서 문제를 안고 있다. 첫째 북한을 반국가단체 또는 적국으로 볼 수 있는지 여부에 대해서는 논란이 있다. 대법원은 국가보안법상 북한을 반국가단체로 판시하고 있다(대판 1990. 9. 11, 90도1333; 1990. 6. 8, 90도646). 이에 대해서 국가보안법상 북한을 반국가단체로 보는 규정은 없으므로 북한의 반국가단체성 여부는 해석상의 문제라는 견해(김성돈, 간첩죄, 형사판례연구[9], 323면)도 있다. 그리고 대한민국과 북한 사이에 체결된 '남·북 사이의 화해, 불가침 및 교류에 관한 합의서'에 나타난 내용으로 보더라도 북한을 상시적 적국으로 단정하는 것은 평화공존의 방향모색을 포기하는 판단이다(통독 후 동독에 대한 간첩활동에 대하여 형사처벌을 하지 않은 것과 관련해서는 BGHSt 41, 292 이하 참조).

다음으로 형법 및 국가보안법이 적국이나 반국가단체에 대한 간첩행위만을 처벌한다고 규정한 것은 간첩죄 본래의 보호법익에 비추어 타당하지 않다. 간첩죄의 보호법익을 외부적 위협으로부터 보호하려는 국가적 안전이라고 한다면 국가적 안전을 반드시 적국으로부터의 위협만으로 한정할 수는 없기 때문이다. 과거 동서 냉전의 양극체제 속에서 등장한 적국 개념은 오늘날의 국제관계에서 전혀 맞지 않는 개념이다. 국가 간의 관계는 개별국가의 이해관계에 따라 변화하는 것이 현실이므로 적국과 아국을 구별하는 것은 국가이익에도 부합하지 않는다. 참고로 독일의 경우에는 적국이라는 용어 대신에 기밀누설의 상대방을 나토 회원국 등 동맹국까지도 포함하는 개념인 '외국의 권력'(외국 정부 또는 이에 상응하는 조직: "vor einer fremden Macht")으로 지칭하고 있다(§93 I). 그러므로 같은 EU국가라고 하더라도 예를 들어 독일과 프랑스 간에 간첩행위가 인정되며 미국 역시 한국에 대한 미국인의 간첩행위를 처벌한다. 반면에 한국인이 미국정부에 한국의 국가기밀을 누설하더라도 이를 간첩죄로 처벌할 수 없다. 한편 군사기밀보호법은 군사기밀의 경우에 이를 탐지·수집한 자가 타인에게 누설하는 행위를 처벌하므로 간첩죄처럼 적국 개념에 의한 적용상의 한계는 없다.

(2) 국가기밀

간첩행위란 국가기밀을 탐지, 수집하거나 이를 외국에 대하여 누설하는 행위를 의미한다. 국가기밀이란 제한된 사람에 대해서만 공개되어 있는 국가적 비밀로서 형법상 비밀침해죄(제316조), 업무상 비밀누설죄(제317조) 및 통신비밀보호법상의 '비밀'(제3조)에서 사용되는 '비밀'과 구별된다. 국가기밀은 누설될 경우 대한민국의 외적 안전에 중대한 불이익을 초래할 위험이 있는 내용으로서 대외적으로 비밀로 하여야 할 사실이나 물건, 판단, 예측 또는 지식을 말한다(실질적 기밀개념). 이는 독일형법상의 국가기밀 개념에 따른 것이다(독일형법 §93).

한편 국가보안법(제4조 제1항 제2호)은 국가기밀을 "국가안전에 대한 중대한 불이익을 회피하기 위하여 한정된 사람에게만 지득이 허용되고 적국 또는 반국가단체에 비밀로 하여야 할 사실, 물건 또는 지식"이라고 규정하고 있다. 또한 국가정보원법(제13조 제4항)은 "국가기밀이라 함은 국가의 안전에 대한 중대한 불이익을 회피하기 위하여 한정된 인원에게만 지득이 허용되고 다른 국가 또는 집단에 대하여 비밀로 하여야 할 사실, 물건 또는 지식으로서 국가기밀로 분류된 사항에 한한다"고 규정하고 있다. 학설 역시 이러한 개념을 중심으로 국가기밀을 이해하고 있다(김/서, 배종대, 손동권, 이/장/강, 이정원, 임웅, 정/박, 진계호). 군사기밀보호법(제2조)에서 군사기밀은 "군사기밀이라 함은 일반인에게 알려지지 아니한 것으로서 그 내용이 누설되는 경우 국가안전보장에 명백한 위험을 초래할 우려가 있는 군 관련 문서·도화·전자기록등 특수매체기록 또는 물건으로서 군사기밀이라는 뜻이 표시 또는 고지되거나 보호에 필요한 조치가 행하여진 것과 그 내용"을 말한다고 규정하고 있다.

판례는 국가기밀에 대해서 "국가보안법상의 간첩죄의 대상이 되는 국가기밀이라 함은, 순전한 군사기밀에만 국한되는 것이 아니고 정치, 경제, 사회, 문화, 사상 등 각 분야에 걸쳐서 우리나라의 국방정책상 북한공산집단에게 알리지 아니하거나 확인되지 아니함이 이익이 되는 모든 정보자료를 말하고, 이러한 기밀에 속하는 이상 이미 국내에서 잘 알려진 공지公知의 사실이라고 하더라도 북한공산집단에게 유리한 자료가 될 경우에는 이를 탐지, 수집하는 행위는 간첩죄를 구성한다"고 판시하였다(대판 1990. 8. 24, 90도1285. 또한 대판 1986. 7. 8, 86도861 참조). 공지의 사실도 국가기밀에 해당한다고 보는 이러한 판례의 태도는 국가기밀을 그 자체의 비밀적 가치를 기준으로 하는 것이 아니라 적국(북한)에 알려지는 것이 대한민국에 이롭지 않은 거의 대부분의 사실을 포함한다고 보는 견해로서 간첩죄의 본질을 적국에 대한 기밀누설이 아니라 일체의 반역행위에서 찾는 태도이다.

그러나 그 후 판례 변경을 통하여 국가기밀 개념을 실질적 기밀 개념으로 전환하였다. 즉 "현행 국가보안법 제4조 제1항 제2호 (나)목에 정한 기밀을 해석함에 있어서 그 기밀은 정치, 경제, 사회, 문화 등 각 방면에 관하여 반국가단체에 대하여 비밀로 하거나 확인되지 아니함이 대한민국의 이익이 되는 모든 사실, 물건 또는 지식으로서, 그것들이 국내에서의 적법한 절차 등을 거쳐 이미 일반인에게 널리 알려진 공지의 사실, 물건 또는 지식에 속하지 아니한 것이어야 하고, 또 그 내용이 누설되는 경우 국가의 안전에 위험을 초래할 우려가 있어 기밀로 보호할 실질가치를 갖춘 것이어야 한다"고 판시하였다. 다만 "국가보안법 제4조(목적수행)가 반국가단체의 구성원 또는 그 지령을 받은 자의 목적수행행위를 처벌하는 규정이므로 그것들이 공지된 것인지 여부는 신문, 방송 등 대중매체나 통신수단 등의 발달 정도, 독자 및 청취의 범위, 공표의 주체 등 여러 사정에 비추어 보아 반국가단체 또는 그 지령을 받은 자가 더 이상 탐지 · 수집이나 확인 · 확증의 필요가 없는 것이라고 판단되는 경우 등이라 할 것이고, 누설할 경우 실질적 위험성이 있는지 여부는 그 기밀을 수집할 당시의 대한민국과 북한 또는 기타 반국가단체와의 대치현황과 안보사항 등이 고려되는 건전한 상식과 사회통념에 따라 판단하여야 할 것이며, 그 기밀이 사소한 것이라 하더라도 누설될 경우 반국가단체에는 이익이 되고 대한민국에는 불이익을 초래할 위험성이 명백"하다면 국가기밀에 해당한다고 판시하였다(대판 1997. 7. 16, 97도985 전원합의체). 그러므로 공지의 사실은 더 이상 국가기밀에 해당하지 않는다고 본 것이며 현실적이며 타당한 결론이다.

국가기밀과 관련하여 독일형법이론에서 주장되는 모자이크이론(Mosaic theory)이 있다(Sch/Sch/Stree/Sternberg-Lieben, §93 Rn.11.). 이는 개별 내용만으로는 기밀에 해당하지 않지만 이를 종합하면 전체로서 중요한 새로운 사실을 판단할 수 있는 정보가 드러나는 경우에 단편적 사실의 기밀성을 인정하는 이론이다. 모자이크이론에 대해서는 이를 인정하는 견해(이정원)와 부정하는 견해(통설)가 있다. 이 이론에 따르면 누구나 알고 있으며 알 수 있는 공지의 사실이라고 하더라도 전문적 지식을 동원하여 이를 전체로서 종합할 경우에는 국가기밀에 해당하는 내용이 될 경우에 각 개별 정보는 국가기밀성을 가지게 된다. 즉 일반인이 알고 있는 사실도 경우에 따라서는 기밀성이 인정된다는 점에서 이 이론에 대해서는 논란이 있다. 예를 들어 국내의 정치적 · 경제적 상황을 전문가적 지식을 동원한 모자이크 방법에 의하여 종합한 판단서나 보고서 등도 대한민국의 이익에 침해가 될 내용의 것이라면 기밀에 포함된다고 보아야 하므로 만일 이러한 내용을 탐지 · 수집하여 적국에 종합 판단한 결과를 알리는 행위는 본 죄에 해당할 수 있다. 그러나 이 이론은 국가기밀의 범위를 과도하게 확대할 가능성이 있으므로 타당하지 않다.

이와 관련하여 독일에서의 대표적 사건이 시사주간지 슈피겔 사건(Spiegel-Affäre)이다. 그 내용은 1962. 10. 10.자 발행 슈피겔지에 나토군의 군사합동훈련 "Fallex 62"를 참관하고 독일군은 당시 상황에서 제한적인 방어능력을 갖고 있으며, 핵무장보다는 재래식 무장이 더욱 필요하다고 보도한 것이 수사대상이 된 사건이다. 이 사건과 관련한 모자이크 이론의 위헌성에 대해서는 독일연방헌법재판소 결정에서 4:4로 판단을 유보하였다(BVerfGE 20, 180).

(3) 불법적 국가기밀

독일형법은 "자유민주적 기본질서에 위반되는 사실 또는 독일연방공화국의 조약 당사국에 대하여 비밀로 하면서 국가 간에 합의된 군비축소협정에 위반되는 사실은 국가기밀에 해당하지 않는다"(§93 II StGB)고 규정하고 있다. 이는 자유민주적 기본질서에 반하는 사실과 군비축소에 반하는 사실은 법적인 보호가치가 없음을 의미한다. 전자의 사실은 독일연방공화국의 기본법 질서에 반하는 것을 내용으로 하는 사실을 의미한다. 이 규정을 통하여 독일형법은 국가기밀의 규범적 개념을 제한하고 있는 바 우리의 경우에도 국가기밀의 과도한 확대해석이 낳는 정치적·사회적 문제점을 해소하기 위하여 불법적이거나 민주주의에 반하는 국가기밀은 보호대상에서 제외하는 방향의 입법적 제한이 필요하다고 본다.

(4) 국가기밀과 군사상 기밀

형법 제98조 제1항의 국가기밀과 제2항의 군사상 기밀 개념의 관계에 대해서 이를 동일한 개념으로 파악하는 견해(이외수/정경식, 신국가보안법, 1998, 121면)가 있다. 판례 역시 양 개념을 사실상 동일시하는 입장이다. 즉 판례는 "간첩죄에 있어서의 군사상 기밀이란 현대전의 양상에 비추어 순수한 군사상 기밀뿐만 아니라 군사력에 직결되고 군 작전 수행과 관련이 있는 정치, 경제, 사회, 문화 등 국가의 모든 분야에 걸쳐 적국에 알려짐으로써 우리나라에 군사상 불이익이 되는 일체의 기밀을 포함한다"고 판시하고 있다(대판 1982. 11. 23, 82도2201). 이는 군사상의 기밀을 순수한 군사적인 기밀에 제한하지 않고 궁극적으로 군사력이나 군 작전 수행에 불이익이 되는 일체의 기밀을 포함하는 개념으로 파악함으로써 법 규정의 해석적 한계를 벗어난 것으로 보지 않을 수 없다. 그러므로 군사상 기밀은 국가기밀에 포함되는 개념으로 파악하여야 제98조 제2항 본래의 입법취지에 부합한다고 할 것이다.

(5) 간첩방조

간첩죄는 간첩에 대한 방조행위도 정범과 동일하게 취급하고 있다. 간첩방조죄는 독립한 구성요건이다. 그러므로 간첩방조죄가 성립하기 위해서는 행위자는 그 방조의 상대방이 반국가단체의 간첩임을 인식하면서 간첩행위를 원조하여 용이하게 하는 행위가 있어야 한다(대판 1994. 3. 11, 93도3145). 정범형태의 간첩죄와 동일하게 처벌되므로 종범감경을 할 수 없다. 즉 형법 제98조 제1항의 간첩방조죄는 정범인 간첩죄와 대등한 독립죄로서 간첩죄와 동일한 법정형으로 처단하게 되어 있어 형법 총칙 제32조 소정의 감경대상이 되는 종범과는 그 실질이 달라 종범감경을 할 수 없다. 마찬가지로 그 가중규정인 국가보안법 제4조 제1항 제2호의 반국가단체의 간첩방조죄에 대하여도 그 정범인 반국가단체의 간첩죄와 동일한 법정형으로 처단하여야 하고 종범감경을 할 수 없다(대판 1986. 9. 23, 86도1429).

그러나 이 규정은 간첩죄를 지나치게 확대 적용할 가능성을 내포하고 있다. 뿐만 아니라 간첩방조행위를 정범과 동일하게 취급하는 것은 국가기밀의 범위를 확정하는 문제를 희석시키게 된다. 즉 직접적으로 국가기밀을 탐지하거나 수집, 누설하지 않더라도 이러한 행위를 방조하는 것만으로도 간첩죄로 정범과 동일하게 처벌할 수 있기 때문이다.

판례 국가보안법상의 간첩방조

• 국가보안법상의 간첩방조(국가보안법 제4조 제1항 제2호 (나)목)에 대해서 "간첩방조의 죄가 성립하려면 간첩의 활동을 방조할 의사로서 그의 기밀의 탐지, 수집행위를 용이하게 하는 행위가 있어야 하고 단순히 숙식을 제공한다느니 또는 무전기를 매몰하는 행위를 도와주었다느니 하는 사실만으로서는 간첩방조죄가 성립할 수 없다"고 판시하였다. 그러나 동시에 동 판결에서는 "피고인이 1971. 2. 초순경 남파북괴간첩인 공소외 2에게 공군사관학교의 소재지와 그 생도의 선발 및 교육기간과 졸업 후 임관관계, 공군사병교육과 그 선발, 편성, 근무연한 및 병력, 비행기 수리항공창의 소재지 공군 훈련비행관계, 공군조종사와 정비사의 교육 및 미 군사고문단의 기술교육지도 등과 5호 다이알의 개발, 제작 및 그 성능 등에 관한 사항 등을 제보"한 행위 및 "은신처를 제공하고 위장업체를 동업하여 동인의 활동을 비호하였다는 등의 사실"은 간첩방조죄에 해당한다고 판시하였다(대판 1986. 2. 25, 85도2533). 그리고 남파한 대남공작원으로 하여금 합법적인 신분을 가장케 하기 위한 행위에 대해 간첩방조죄를 인정한 판례도 있다(대판 1970. 10. 30, 70도1870).

Ⅶ. 예비 · 음모 · 선동 · 선전죄

제101조(예비, 음모, 선동, 선전) ① 제92조 내지 제99조의 죄를 범할 목적으로 예비 또는 음모한 자는 2년 이상의 유기징역에 처한다. 단 그 목적한 죄의 실행에 이르기 전에 자수한 때에는 그 형을 감경 또는 면제한다.
② 제92조 내지 제99조의 죄를 선동 또는 선전한 자도 전항의 형과 같다.

Ⅷ. (전시, 비상시)군수계약불이행죄, 군수계약이행방해죄

제103조(전시군수계약불이행) ① 전쟁 또는 사변에 있어서 정당한 이유없이 정부에 대한 군수품 또는 군용공작물에 관한 계약을 이행하지 아니한 자는 10년 이하의 징역에 처한다.
② 전항의 계약이행을 방해한 자도 전항의 형과 같다.

Ⅸ. 준적국 및 동맹국

제102조(준적국) 제93조 내지 전조의 죄에 있어서는 대한민국에 적대하는 외국 또는 외국인의 단체는 적국으로 간주한다.
제104조(동맹국) 본장의 규정은 동맹국에 대한 행위에 적용한다.

준적국 개념은 적국이 아니더라도 대한민국에 적대하는 경우에는 이를 적국으로 간주한다는 의미이다. 이는 적국을 상정한 개념으로서 적국 개념의 문제점은 이 규정에도 불구하고 그대로 타당하다. 즉 이 규정에서 대한민국에 대한 적대행위는 전시상태에서는 가시적으로 나타날 수 있지만 평화시에는 통상적인 외교관계를 유지할 것이므로 적대행위가 나타날 가능성은 희박하다. 그러므로 소위 우방국에 대한 외환의 죄는 성립할 수 없는 것이다.

동맹국 규정 역시 현실성이 없다. 예를 들어 대한민국의 영토 내에서 발생하는 동맹국에 대한 간첩행위는 대한민국의 형법을 적용하는 것보다는 해당 국가의 형법을 적용하여 처벌할 수 있도록 하는 것이 타당하다고 본다. 간첩죄 구성요건이 다를 수 있고 간첩행위 자체에 대한 해당 국가의 정치적 판단, 예를 들면 비밀유지의 필요성 등이 있을 수 있기 때문이다.

제 3 절 국기에 관한 죄[(국기, 국장)모독죄, 비방죄]

제105조(국기, 국장의 모독) 대한민국을 모욕할 목적으로 국기 또는 국장을 손상, 제거 또는 오욕한 자는 5년 이하의 징역이나 금고, 10년 이하의 자격정지 또는 700만원 이하의 벌금에 처한다.
제106조(국기, 국장의 비방) 전조의 목적으로 국기 또는 국장을 비방한 자는 1년 이하의 징역이나 금고, 5년 이하의 자격정지 또는 200만원 이하의 벌금에 처한다.

국가의 권위를 상징하는 국기國旗와 국장國章을 손상·제거·오욕 또는 비방하는 것을 처벌하는 죄이다. 외국의 국기·국장에 대한 비방행위도 처벌하고 있다(제106조). 국기란 태극기를 의미하고, 국장이란 대한민국을 상징하는 나라문장이나 군기, 대사관 등의 휘장을 가리킨다. 의상 등에 그려진 태극기는 국기로 볼 수 없으므로 이를 오욕하는 행위는 본 죄에 해당하지 않는다.

국기 · 국장모독죄는 목적범으로서 대한민국을 모욕할 목적으로 대한민국의 국기 · 국장을 손상 · 제거 또는 오욕함으로써 성립한다. 정부 정책에 대한 항의의 표시로 국기를 태우는 행위는 국기를 모욕할 목적이 아니라 헌법상 표현의 자유에 해당하기 때문에 본 죄가 성립한다고 볼 수 없다(Texas v. Johnson 491 U.S. 397, 1989 참조).

제거행위는 철거행위를 의미하는데 게양된 국기를 내리는 행위도 이에 해당하는지 문제된다. 오욕행위는 국기나 국장을 더럽히는 행위로서 예를 들어 가위로 자르는 행위, 페인트로 칠하는 행위 등이 여기에 해당된다.

제 4 절 국교에 관한 죄

Ⅰ. 외국원수 · 사절 및 국기에 대한 죄

제107조(외국원수에 대한 폭행 등) ① 대한민국에 체재하는 외국의 원수에 대하여 폭행 또는 협박을 가한 자는 7년 이하의 징역이나 금고에 처한다.
② 전항의 외국원수에 대하여 모욕을 가하거나 명예를 훼손한 자는 5년 이하의 징역이나 금고에 처한다.

제108조(외국사절에 대한 폭행 등) ① 대한민국에 파견된 외국사절에 대하여 폭행 또는 협박을 가한 자는 5년 이하의 징역이나 금고에 처한다.
② 전항의 외국사절에 대하여 모욕을 가하거나 명예를 훼손한 자는 3년 이하의 징역이나 금고에 처한다.

Ⅱ. 외국에 대한 사전 · 중립명령위반죄

제111조(외국에 대한 사전) ① 외국에 대하여 사전한 자는 1년 이상의 유기금고에 처한다.
② 전항의 미수범은 처벌한다.
③ 제1항의 죄를 범할 목적으로 예비 또는 음모한 자는 3년 이하의 금고 또는 500만원 이하의 벌금에 처한다. 단 그 목적한 죄의 실행에 이르기 전에 자수한 때에는 감경 또는 면제한다.

제112조(중립명령위반) 외국간의 교전에 있어서 중립에 관한 명령에 위반한 자는 3년 이하의 금고 또는 500만원 이하의 벌금에 처한다.

중립명령위반죄는 전형적인 백지형법에 해당한다. 백지형법이란 구성요건의 구체적인 내용이 다른 법령에 위임된 구성요건을 말하는데 중립명령위반죄의 경우에는 중립에 관한 명령의 내용에 따라 구성요건해당성 여부가 판단되기 때문이다.

Ⅲ. 외교상기밀누설죄

제113조(외교상기밀의 누설) ① 외교상의 기밀을 누설한 자는 5년 이하의 징역 또는 1천만원 이하의 벌금에 처한다.
② 누설할 목적으로 외교상의 기밀을 탐지 또는 수집한 자도 전항의 형과 같다.

본 죄의 보호법익에 대해서는 대한민국의 대외적 지위설, 외국의 법익보호설 및 통합설이 있다. 본 죄가 평화로운 국제관계를 유지·발전시키는 것을 궁극적 목적으로 하는 것이므로 외국과 자국의 이익 보호를 목표로 한다고 보아 통합설이 타당하다. 추상적 위험범에 해당한다.

본 죄와 공무상비밀누설죄를 별도로 규정할 필요가 없다는 이유로 공무상비밀누설죄에 본 죄를 흡수·통합하여야 한다는 견해가 있다. 본 죄는 규정상 비신분범으로 규정되어 있다. 그렇지만 사실상 신분범이라고 보아야 한다. 즉 외교상 비밀을 준수하여야 할 직책에 있는 자가 이를 누설한 때에 성립하며 우연히 기밀을 알게 된 자가 이를 누설한 경우에는 본 구성요건의 적용을 제한하는 것이 타당하다.

제 2 장 국가의 기능에 관한 죄

제 1 절 공무원의 직무에 관한 죄

Ⅰ. 공무원의 개념

공무원의 직무에 관한 죄는 행위자가 공무원인 신분범이다. 형법상 공무원에 대한 정의는 없지만 일반적으로 법령에 의하여 공무에 종사하는 자라고 할 수 있다(통설). 그리고 각 형사법규에 대하여 특별법으로 공무원의 범위를 규정한 경우가 있다. 예를 들면 특정범죄 가중처벌 등에 관한 법률(제4조)에서 뇌물죄와 관련하여 공무원의 범위를 확장하고 있다. 또한 금융통화위원회 위원과 한국은행의 부총재보 · 감사 및 직원(한국은행법 제106조 제1항) 등도 공무원의제규정이 있다. 그러나 형법 개별 구성요건의 내용상 행위주체성이 인정되어야 하므로 공무원의제규정이 공무원 범죄 전반에 걸쳐 적용되는 것은 아니다.

Ⅱ. 직무유기죄

제122조(직무유기) 공무원이 정당한 이유없이 그 직무수행을 거부하거나 그 직무를 유기한 때에는 1년 이하의 징역이나 금고 또는 3년 이하의 자격정지에 처한다.

특정범죄 가중처벌 등에 관한 법률 제15조(특수직무유기) 범죄수사의 직무에 종사하는 공무원이 이 법에 규정된 죄를 범한 자를 인지하고 그 직무를 유기한 때에는 1년 이상의 유기징역에 처한다.

1. 의의 · 보호법익

본 죄는 공무원이 정당한 이유없이 그 직무수행을 거부하거나 그 직무를 유기한 때에 성립하는 죄이다. 진정신분범 · 계속범(대판 1997. 8. 29, 97도675)에 해당한다.

판례 직무유기죄의 계속범성

• 직무유기죄는 그 직무를 수행하여야 하는 작위의무의 존재와 그에 대한 위반을 전제로 하고 있는 바, 그 작위의무를 수행하지 아니함으로써 구성요건에 해당하는 사실이 있었고 그 후에도 계속하여 그 작위의무를 수행하지 아니하는 위법한 부작위상태가 계속되는 한 가벌적 위법상태는 계속 존재하고 있다고 할 것이며 형법 제122조 후단은 이를 전체적으로 보아 1죄로 처벌하는 취지로 해석되므로 이를 즉시범이라고 할 수 없다(대판 1997. 8. 29, 97도675). 즉 직무유기죄는 즉시범이 아니라 계속범에 해당한다는 취지이다.

보호법익은 국가기능이며, 보호받는 정도와 관련해서는 구체적 위험범설(김/서, 배종대, 백형구, 이/장/강, 정/박)과 추상적 위험범설(김성돈, 오영근, 이정원, 임웅)이 있다. 본 죄는 공무원의 근무태만행위를 처벌하는 것은 아니다. 이보다는 적극적인 직무유기행위가 있어야 하는데 그 형태는 작위 또는 부작위의 방법으로 나타날 수 있다. 그러나 공무원의 직무수행 거부나 직무유기행위 자체만으로도 국가기능의 저해나 국민의 피해가능성이 존재하므로 추상적 위험범이라고 보는 것이 타당하다.

2. 구성요건

행위주체는 공무원(군인 포함)이다. 행위는 직무수행의 거부 또는 직무유기이다. 공무원의 태만이나 착각으로 인한 직무유기는 고의가 인정되지 않으므로 본 죄에 해당하지 않는다.

직무수행의 거부는 부작위에 의한 경우뿐만 아니라 작위적 방법으로도 가능하다. 예를 들면 체포한 현행범을 조사도 하지 않은 채 석방하는 경우이다.

직무유기는 직무수행이라는 의무가 있음에도 불구하고 의도적으로 직무수행을 방기하는 것을 말한다. 직무를 유기한 때란 공무원이 법령, 내규 등에 의한 추상적 성실의무를 태만히 하는 일체의 경우에 성립하는 것이 아니라 직장의 무단이탈, 직무의 의식적인 포기 등과 같이 국가의 기능을 저해하고 국민에게 피해를 야기시킬 가능성이 있는 경우를 가리킨다. 그리하여 일단 직무집행의 의사로 자신의 직무를 수행한 경우에는 직무집행의 내용이 위법한 것으로 평가된다는 점만으로 직무유기죄의 성립을 인정할 것은 아니고, 공무원이 태만·분망 또는 착각 등으로 인하여 직무를 성실히 수행하지 아니한 경우나 형식적으로 또는 소홀히 직무를 수행한 탓으로 적절한 직무수행에 이르지 못한 것에 불과한 경우에도 직무유기죄는 성립하지 아니한다(대판 2014. 4. 10, 2013도229). 판례는 직무유기죄를 부작위범으로 파악하고 있지만(대판 2008. 2. 14, 2005도4202) 직무유기죄는 본질적으로 작위범적 요소와 부작위범적 요소를 모두 갖추고 있다고 보는 것이 타당하다(다수설).

판례 직무유기죄의 본질 – 작위적 요소와 부작위적 요소

① 직무유기죄를 부인한 경우

• 경기도 교육감이 시국선언을 한 전교조 소속 교사들에 대한 징계사무를 처리함에 있어 수사기관 등으로부터 징계사유를 통보받고도 징계요구를 하지 않아 주무부장관으로부터 징계요구를 하라는 직무이행명령을 받았다 하더라도 그에 대한 이의의 소를 대법원에 제기한 경우에는, 수사기관 등으로부터 통보받은 자료 등으로 보아 징계사유에 해당함이 객관적으로 명백한 경우 등 특별한 사정이 없는 한 징계사유를 통보받은 날로부터 1개월 내에 징계요구를 하지 않았다는 것만으로 곧바로 직무를 유기한 것에 해당한다고 볼 수는 없다(대판 2013. 6. 27, 2011도797).

• 공무원이 어떠한 위법사실을 발견하고도 직무상 의무에 따른 적절한 조치를 취하지 아니하고 위법사실을 적극적으로 은폐할 목적으로 허위공문서를 작성, 행사한 경우에는 **직무위배의 위법상태는 허위공문서작성 당시부터 그 속에 포함되는 것으로 작위범인 허위공문서작성 및 그 행사죄만이 성립**하고 부작위범인 직무유기죄는 따로 성립하지 아니한다(대판 2004. 3. 26, 2002도5004).

② 직무유기죄를 인정한 경우

• 피고인들을 비롯한 경찰관들이 현행범으로 체포한 도박혐의자 17명에 대해 현행범인체포서 대신에 임의동행동의서를 작성하게 하고, 그나마 제대로 조사도 하지 않은 채 석방하였으며, 현행범인 석방사실을 검사에게 보고도 하지 않았고, 석방일시 · 사유를 기재한 서면을 작성하여 기록에 편철하지도 않았으며, 압수한 일부 도박자금에 관하여 압수조서 및 목록도 작성하지 않은 채 검사의 지휘도 받지 않고 반환하였고, 일부 도박혐의자의 명의도용 사실과 도박 관련 범죄로 수회 처벌받은 전력을 확인하고서도 아무런 추가조사 없이 석방한 사안에서, 이는 단순히 업무를 소홀히 수행한 것이 아니라 정당한 사유 없이 의도적으로 수사업무를 방임 내지 포기한 것이어서 직무유기죄를 인정하였다(대판 2010. 6. 24, 2008도11226). 또한 대판 2002. 5. 17, 2001도6170 참조.

3. 죄 수

직무유기죄는 계속범이므로 수차에 걸친 직무유기행위에 대해서는 포괄일죄로서 1죄가 성립한다.

공무원이 뇌물을 수수한 후 직무를 유기한 경우에는 수뢰죄(제129조 제1항)와 직무유기죄의 상상적 경합범을 인정하는 견해(임웅)도 있으나 실체적 경합범을 인정하여야 한다. 이 경우 수뢰후부정처사죄(제131조 제1항)와 직무유기죄는 상상적 경합관계에 있다고 보아야 한다(수뢰후부정처사죄로 처벌).

출원에 대한 심사업무를 담당하는 공무원이 출원인의 출원사유가 허위라는 사실을 알면서도 그 직무상의 의무에 따른 적절한 조치를 취하지 않고 오히려 부하직원으로 하여금 기안문을 작성하게 한 다음 중간결재를 하고 결재권자의 오인, 착각, 부지를 이용하여 인·허가처분에 대한 결재를 받아낸 경우에는 위계에 의한 공무집행방해죄가 성립하고 직무유기죄는 성립하지 않는다(대판 1997. 2. 28, 96도2825).

판례 범인도피(작위)와 직무유기(부작위)의 경합

• 경찰공무원이 지명수배 중인 범인을 발견하고도 직무상 의무에 따른 적절한 조치를 취하지 아니하고 오히려 범인을 도피하게 하는 행위를 하였다면, 그 직무위배의 위법상태는 범인도피행위 속에 포함되어 있다고 보아야 할 것이므로, 이와 같은 경우에는 작위범인 범인도피죄만이 성립하고 부작위범인 직무유기죄는 따로 성립하지 아니한다(대판 2017. 3. 15, 2015도1456; 2006. 10. 19, 2005도3909 전원합의체; 1996. 5. 10, 96도51).

Ⅲ. 피의사실공표죄

제126조(피의사실공표) 검찰, 경찰 그 밖에 범죄수사에 관한 직무를 수행하는 자 또는 이를 감독하거나 보조하는 자가 그 직무를 수행하면서 알게 된 피의사실을 공소제기 전에 공표(公表)한 경우에는 3년 이하의 징역 또는 5년 이하의 자격정지에 처한다.

1. 의의·보호법익

본 죄는 검찰, 경찰 그 밖에 범죄수사에 관한 직무를 수행하는 자 또는 이를 감독하거나 보조하는 자가 그 직무를 수행하면서 알게 된 피의사실을 공판청구(공소제기) 전에 공표한 때에 성립하는 죄이다. 진정신분범·추상적 위험범·거동범이다. 본 죄의 보호법익은 피의자의 인권과 무죄추정의 원칙이다. 국가의 범죄수사권이 본 죄의 보호법익이라는 견해(김/서, 배종대, 오영근, 이/장/강, 이정원, 임웅, 정/박)도 있지만 이는 타당하지 않다. 본 죄는 수사기밀의 누설을 통한 수사 방해를 방지하기 위한 것이 아니라 확정되지 않은 범죄사실을 발표하여 실체적 진실이 왜곡된 위험성과 확정판결시까지 무죄추정을 받아야 할 피의자의 인권을 침해하는 것을 방지하고 유죄추정의 방향으로 여론을 형성하려는 수사기관의 의도를 차단하기 위한 구성요건으로 보아야 한다.

2. 구성요건

본 죄는 수사기관이 직무수행 과정에서 알게 된 피의사실을 공소제기 전에 공표하는 것으로서 직접 수사를 담당하지 않은 상관도 포함된다.

본 죄의 구성요건에 대해서는 특히 수사기관의 통상적인 중간수사발표가 피의사실공표죄에 해당할 수 있다는 지적과 동시에 본 구성요건은 국민의 알 권리를 침해한다는 이유로 삭제하여야 한다는 주장이 있다. 그러나 국민의 알 권리가 피의사실공표를 금지함으로써 침해되는 것이 아니라 기소시점까지 지연될 뿐이라는 점을 알아야 한다. 본 죄는 피의자의 인권을 보호하기 위한 수사기관의 자기통제기능 및 피의사실공표를 통해 자칫 혐의사실이 진실로 와전될 위험성을 차단하는 기능을 한다. 또한 수사기관의 중간수사발표로 인하여 본 죄가 사문화되었다는 주장에 대해서는 중간수사발표는 범죄예방 등 공익과 관련한 중요한 사건의 경우에 예외적으로만 이루어져야 하는 것으로서 정당행위에 해당할 경우에는 위법성이 없다고 할 수 있겠지만 원칙적으로 중간수사발표는 제한되어야 할 것이다.

3. 위법성

피의자에 대한 공개수사의 경우에는 피의사실이 알려지는 것이 불가피하므로 위법성이 조각되어 본 죄에 해당하지 않는다.

Ⅳ. 공무상비밀누설죄

제127조(공무상비밀의 누설) 공무원 또는 공무원이었던 자가 법령에 의한 직무상 비밀을 누설한 때에는 2년 이하의 징역이나 금고 또는 5년 이하의 자격정지에 처한다.

1. 의의 · 보호법익

공무원 또는 공무원이었던 자가 법령에 의해 유지하여야 할 직무상 비밀을 누설한 때에 성립하는 죄이다. 본 죄는 기밀 그 자체를 보호하는 것이 아니라 공무원의 비밀엄수 의무의 침해에 의하여 위험하게 되는 이익, 즉 비밀의 누설에 의하여 위협받는 국가의 기능을 보호하기 위한 것이다. 즉 본 죄는 추상적 위험범으로서 보호법익은 직무상 비밀이 아니라 공무원의 비밀누설로 인하여 침해될 위험에 처한 국가기능이다(판례 · 통설). 이 경우 국가기능은 국민의 이익에 반하지 않아야 한다.

본 죄는 공무상의 비밀 그 자체를 보호하는 것이 아니라 공무원의 비밀엄수 의무의 침해에 의하여 위험하게 되는 이익, 즉 비밀 누설에 의하여 위협받는 국가의 기능을 보호하기 위한 것이다(대판 2018. 2. 13, 2014도11441).

2. 구성요건

행위주체는 공무원 또는 과거에 공무원이었던 자이다(진정신분범).

직무상 비밀은 ① 법령에 의하여 비밀로 분류된 것이어야 한다는 견해(다수설)와 ② 법령에 의한 직무상 비밀이란 반드시 법령에 의하여 비밀로 규정되었거나 비밀로 분류 명시된 사항에 한하지 아니하고, 정치, 군사, 외교, 경제, 사회적 필요에 따라 비밀로 된 사항은 물론 정부나 공무소 또는 국민이 객관적, 일반적인 입장에서 외부에 알려지지 않는 것에 상당한 이익이 있는 사항도 포함하나, 실질적으로 그것을 비밀로서 보호할 가치가 있다고 인정할 수 있는 것이어야 한다는 판례(대판 2012. 3. 15, 2010도14734; 2009. 6. 11, 2009도2669)의 견해가 있다. 본 죄는 국가기밀주의에 기반하고 있지 않기 때문에 국민이 알아야 할 사항의 누설까지도 기밀누설로 처벌하는 것은 타당하지 않다. 판례가 비밀로서 보호할 가치가 있다고 인정할 수 있는 것이어야 한다고 판시한 것은 이러한 의미로 해석하여야 한다. 직무상 비밀로 유지하는 것이 국민의 이익에 반하기 때문에 이를 발표한 경우에는 본 죄에 해당하지 않는다고 보아야 한다. 비밀누설로 인하여 국가의 기능이 위협받았다고 볼 수 없기 때문이다. 그러나 반대로 국민의 이익을 국민의 알 권리로 이해하여 공무상 기밀유지의 필요성을 형해화하는 것은 허용되지 않는다. 또한 국민의 알 권리도 호기심 충족과 같이 무제한적으로 인정되는 것은 아니다.

판례 공무상 비밀누설 해당여부

① 공무상 비밀누설에 해당하는 경우

• 검사가 수사의 대상, 방법 등에 관하여 사법경찰관리에게 지휘한 내용을 기재한 수사지휘서는 당시까지 진행된 수사의 내용뿐만 아니라 향후 수사의 진행방향까지 가늠할 수 있게 하는 수사기관의 내부문서이다. 수사기관이 특정 사건에 대하여 내사 또는 수사를 진행하고 있는 상태에서 수사지휘서의 내용이 외부에 알려질 경우 피내사자나 피의자 등이 증거자료를 인멸하거나 수사기관에서 파악하고 있는 내용에 맞추어 증거를 준비하는 등 수사기관의 증거 수집 등 범죄수사 기능에 장애가 생길 위험이 있다. 또한 수사지휘서의 내용이 누설된 경로에 따라서는 사건 관계인과의 유착 의혹 등으로 수사의 공정성과 신뢰성이 훼손됨으로써 수사의 궁극적인 목적인 적정한 형벌권 실현에 지장이 생길 우려도 있다. 그러므로 수사지휘서의 기재 내용과 이에 관계된 수사상황은 해당 사건에 대한 종국적인 결정을 하기 전까지는 외부에 누설되어서는 안 될 수사기관 내부의 비밀에 해당한다(대판 2018. 2. 13, 2014도11441). 따라서 수사지휘서의 내용을 누설하는 것은 공무상비밀누설에 해당한다.

• 피고인이 유출한 이 사건 문건은 미국과의 자유무역협정 체결 협상을 위한 협상전략과 분야별 쟁점에 대한 대응방향 등을 담고 있는 것으로서, 그와 같은 내용이 일반에 알려진 공지의 사실에 해당하는 것으로 볼 수 없고, 또한 그 내용이 공개될 경우 협상상대방인 미국으로서는 우리나라의 우선 관심사항과 구체적인 협상전략을 미리 파악하여 보다 유리한 조건에서 협상에 임할 수 있게 되는 반면, 우리나라로서는 당초 준비한 협상전략이 모두 노출됨으로 인하여 불리한 지위에서 협상에 임할 수밖에 없게 되어, 당초의 협상목표를 달성하지 못하게 되는 결과

를 불러올 우려가 있었던 점 등을 종합해 보면, 적어도 이 사건 문건 중 그 판시와 같은 기재 부분은 정부나 공무소 또는 국민이 객관적, 일반적인 입장에서 외부에 알려지지 않는 것에 상당한 이익이 있는 사항으로서, 실질적으로 비밀로서 보호할 가치가 있는 직무상 비밀에 해당한다(대판 2009. 6. 11, 2009도2669).

• 대검 차장검사가 무역금융사기사건 수사와 관련하여 부탁을 받고 수사책임자인 서울중앙지검 외사부 부장검사에게 전화를 하여 사건의 내용이 어떠하냐고 물었고, 그 부장검사로부터 주임검사의 생각에 크게 엄벌할 정도의 중한 사안은 아니라고 한다는 답변을 듣자, 일본으로 도피 중인 피의자가 국내로 들어오더라도 불구속 처리가 가능하다는 의미로 "조사받아도 되겠던데"라고 전해 준 사실에 대해, 대법원은 수사팀의 내부 상황을 확인한 뒤 그 내용을 수사 대상자 측에 전달한 행위는 형법 제127조에 정한 공무상 비밀누설에 해당한다고 판시하였다(대판 2007. 6. 14, 2004도5561).

② 공무상 비밀누설에 해당하지 않는 경우

• 사건개요 : 구청에서 체납차량 영치 및 공매 등의 업무를 담당하던 공무원인 피고인이 갑의 부탁을 받고 차적 조회 시스템을 이용하여 을의 유사휘발유 제조 현장 부근에서 경찰의 잠복근무에 이용되고 있던 경찰청 소속 차량의 소유관계에 관한 정보를 알아내 갑에게 알려줌으로써 공무상비밀을 누설하였다는 내용으로 기소되었다.

판결이유 : 대법원은 누구든지 열람이 가능한 부동산등기 사항과 달리 … 재산의 소유 주체에 관한 정보에 불과한 자동차 소유자에 관한 정보를 정부나 공무소 또는 국민이 객관적, 일반적인 입장에서 외부에 알려지지 않는 것에 상당한 이익이 있는 사항으로서 실질적으로 비밀로 보호할 가치가 있다거나, 그 누설에 의하여 국가의 기능이 위협받는다고 볼 수 없고, 경찰청 소속 차량으로 잠복수사에 이용되는 경우 소속이 외부에 드러나지 말아야 할 사실상의 필요성이 있다는 사정만으로 달리 볼 것이 아니어서, 피고인이 갑에게 제공한 차량 소유관계에 관한 정보가 형법 제127조에서 정한 '법령에 의한 직무상 비밀'에 해당한다고 볼 수 없다고 판시하였다(대판 2012. 3. 15, 2010도14734).

• 국가정보원 내부의 감찰과 관련하여 국가정보원 간부가 감찰조사 개시시점, 감찰대상자의 소속 및 인적 사항을 누설한 사실에 대하여 대법원은 이것만으로는 국가정보원의 정상적인 정보수집활동 등의 기능에 지장을 초래할 것도 아니고, 달리 국가 또는 국가정보원의 기능에 위협이 있을 것이라고 볼 수도 없어 누설사실들은 비밀로서의 가치가 없다고 판시하였다(대판 2003. 11. 28, 2003도5547).

• 감사원 감사관이 공개한 기업의 비업무용 부동산 보유실태에 관한 감사원 보고서의 내용이 공무상 비밀에 해당되지 않는다(대판 1996. 5. 10, 95도780).

3. 위법성

공무상비밀누설죄는 누설에 중점이 있는 것이 아니라 비밀의 내용에 있다고 보아야 한다. 형법은 직무상 비밀에 해당하는 비밀이어야 한다고 규정하고 있는데 이는 비밀로서 유지되는 것이 국가의 기능 보호에 필요한 경우이어야 한다는 것을 전제로 한다. 그러므로 비밀의 유지가 아니라 비밀의 누설이 국가의 기능 보호에 도움이 될 경우에는 공무상비밀누설죄를 적용하여서는 안 된다. 그렇지 않을 경우 내부의 불법행위나 밝혀야 할 비밀을 고발하는 공무원인 내부 고발자가 공무상비밀누설죄로 처벌되어 이 구성요건의 입법취지에 반하는 결과가 될 것이다. 예를 들어 민간인에 대한 군 정보기관의 사찰, 정보기관의 정치 개입, 정부기관 내부의 부정행위, 정부기관과 기업과의 유착관계, 여론조작을 위한 관권개입 행위 등을 폭로한 것은 국가의 헌법질서 회복을 위하여 필요한 내부고발적 성격의 누설행위이기 때문에 공무상비밀누설죄로 처벌할 수 없다.

비밀이라고 하더라도 공무원이 내부의 부정이나 비리사항을 외부에 알린 경우에는 위법성이 조각된다(정당행위). 이러한 사항은 비밀유지의 가치가 없기 때문이다.

V. 직권남용의 죄

직권남용죄 또는 직권남용권리행사방해죄(제123조), 직권남용체포 · 감금죄(제124조), 독직(폭행, 가혹행위)죄(제125조), 선거방해죄(제128조)는 권리남용의 죄에 해당하는 구성요건이다.

1. 직권남용(권리행사방해)죄

제123조(직권남용) 공무원이 직권을 남용하여 사람으로 하여금 의무 없는 일을 하게 하거나 사람의 권리행사를 방해한 때에는 5년 이하의 징역, 10년 이하의 자격정지 또는 1천만원 이하의 벌금에 처한다.

(1) 의의 및 본질

직권남용권리행사방해죄는 공무원이 직권을 남용하여 사람에게 의무 없는 일을 하게 하거나 그의 권리행사를 방해함으로써 성립하는 죄이다. 즉 직권남용권리행사방해죄는 직권남용의 두 가지 유형으로서 권리행사방해행위와 의무 없는 일을 하게 하는 일종의 강요행위를 포함하고 있다. 행위주체는 공무원이다(진정 신분범). 통설은 본 죄의 보호법익을 국가기능의 공정한 행사로 본다. 그러나 본 죄는 공무원의 직권남용과 이로 인한 국민의 권리행사 방해라는 두 가지 측면을 가지고 있으므로 보호법익은 국가기능의 적정한 행사와 개인의 권리라고 보아야 한다.

법익보호의 정도程度와 관련하여 국가기능의 현실적 침해가 필요하다는 침해범설(김/서, 오영근, 이정원)과 추상적 위험범설(김/김, 김성돈, 백형구, 이/장/강, 임웅, 정/박)이 있다. 공정하지 못한 직권행사로 인하여 본 죄는 성립하고 그 결과 국가기능 수행의 적정성이 현실적으로 침해되어야 하는 것은 아니므로 추상적 위험범설이 타당하다. 본 죄는 강요죄(제324조)와 성격상 중복되는 부분도 있지만 행위주체 및 행위방법상 구별되는 독립적 구성요건이다. 그러므로 강요죄처럼 작위나 부작위가 아니더라도 상대방이 불이익을 수인하는 경우도 포함한다고 보아야 한다.

판례 인사평정업무와 직권남용권리행사방해죄 인정 사례

• 시장(市長)인 피고인 甲이 자신의 인사관리업무를 보좌하는 행정과장 피고인 乙과 공동하여, 관련 법령에서 정한 절차에 따라 평정대상 공무원에 대한 평정단위별 서열명부가 작성되고 이에 따라 평정순위가 정해졌는데도 평정권자나 실무 담당자 등에게 특정 공무원들에 대한 평정순위 변경을 구체적으로 지시하여 평정단위별 서열명부를 새로 작성하도록 한 사안.

대법원은 "지방공무원법, 지방공무원 임용령, 지방공무원 평정규칙의 입법 목적에 비추어 평정권자나 확인권자가 아닌 **지방자치단체의 장이나 그의 인사관리업무를 보좌하는 자에게는 소속 공무원에게 지시하여 관련 법령에서 정해진 절차에 따라 작성된 평정단위별 서열명부를 특정 공무원에 대한 평정순위를 변경하는 내용으로 재작성하게 할 권한이 없으므로**, 피고인들의 행위가 공무원이 일반적 직무권한에 속하는 사항에 관하여 직권을 남용하여 평정권자나 실무 담당자 등으로 하여금 의무 없는 일을 하도록 한 것으로서 직권남용권리행사방해죄에 해당한다"고 수긍한 사례(대판 2012. 1. 27, 2010도11884: 시장과 행정과장에 대한 직권남용권리행사방해죄의 공동정범 인정).

(2) 구성요건

① 직권남용의 의의 · 결과　　직권남용이란 공무원이 일반적 직무권한에 속하는 사항에 관하여 외견상으로는 직권을 행사하는 모습으로, 그러나 실질적, 구체적으로는 위법 · 부당한 행위를 한 경우를 의미한다. 직권은 당해 공무원이 가지고 있는 일반적 직무권한을 말한다. 직권남용의 상대방은 일반 사인, 공무원이 모두 포함된다.

직권남용행위로서 '의무 없는 일을 하게 하는 것'은 의무 없는 일을 지시하는 행위와 지시에 따른 일을 하는 행위로 이루어진다. 그러므로 '상급자의 직권남용 행위'와 '하급자의 의무 없는 일 수행'은 양면적 행위가 아니라 별개의 구성요건으로서 두 요건 모두 충족할 때 직권남용죄가 성립한다(대판 2020. 1. 30, 2018도2236). 하급자가 상급자로부터 지시를 받아 '의무 없는 일'을 하였더라도 하급자가 공무원이거나 일정한 공적 임무를 부여받고 있는 공공기관 등의 임직원인 경우에는 법령에 따라 임무를 수행하는 지위에 있으므로 그 업무가 관련 법령 등에 따라 문제가 없다면 상급자의 지시를 이행하였다는 이유만으로 '의무 없는 일'에 해당하는 것은 아니기 때문이다. 결론적으로 어떠한 일을 한 것이 의무 없는 일인지 여부는 관계 법령 등의 내용에 따라 개별적으로 판단하여야 한다.

현실적으로 다른 사람이 의무 없는 일을 하였거나 다른 사람의 구체적인 권리행사가 방해되는 결과가 발생하여야 하며, 또한 그 결과의 발생은 직권남용행위로 인한 것이어야 한다. 강요당하는 일과 직접적 관련성이 없는 직무를 수행하는 공무원이 본 죄에 해당하는 행위를 한 경우에는 본 죄가 성립하지 않는다는 것이 통설·판례의 입장이다. 즉 '직권남용'이란 공무원이 그의 일반적 권한에 속하는 사항에 관하여 그것을 위법·부당하게 행사하는 것, 즉 형식적, 외형적으로는 직무집행으로 보이나 그 실질은 정당한 권한 이외의 행위를 하는 경우를 의미하고, 남용에 해당하는지는 구체적인 직무행위의 목적, 그 행위가 당시의 상황에서 필요성이나 상당성이 있는 것이었는지, 직권행사가 허용되는 법령상의 요건을 충족했는지 등의 여러 요소를 고려하여 결정하여야 한다(대판 2020. 1. 30, 2018도2236; 2018. 2. 13, 2014도11441). 따라서 직권남용은 공무원이 그의 일반적 권한에 속하지 않는 행위를 하는 경우인 지위를 이용한 불법행위와는 구별되며, 또 직권남용죄에서 말하는 '의무'란 법률상 의무를 가리키고, 단순한 심리적 의무감 또는 도덕적 의무는 이에 해당하지 않는다(대판 2009. 1. 30, 2008도6950; 1991. 12. 27, 90도2800)고 한다. 그러나 직권남용의 엄격한 해석과 적용은 부하 공무원이나 일반인에 대한 공무원의 부당한 명령을 정당화할 위험성이 있다(아래 판례 참조). 그러므로 업무수행 범위 인에 포함되는 외관을 갖추었더라도 위법·부당하게 업무를 수행하는 것은 직권남용에 해당한다.

판례 상관 명령의 강요성을 부인한 판례

• 치안본부장이 국립과학수사연구소 법의학1과장에게 고문치사자의 사인에 관하여 기자간담회에 참고할 메모를 작성하도록 요구한 경우에 있어서 위 과장의 메모작성행위가 국립과학수사연구소의 행정업무에 관한 행정상 보고의무라고 할 수 없고 치안본부장이 위 과장에게 메모를 작성토록 한 행위가 그 일반적 권한에 속하는 사항이라고도 볼 수 없으며 또 위 과장이 그 요청에 따라 작성해 준 메모는 정식 부검소견서가 아니어서 **동인이 위 메모를 작성하여 줄 법률상 의무가 있는 것도 아닐 뿐만 아니라, 그와 같은 메모를 작성하여 준 것도 단순한 심리적 의무감 또는 스스로의 의사에 기한 것으로 볼 수 있을 뿐이어서 법률상 의무에 기인한 것이라고 인정할 수도 없으므로,** 치안본부장이 동인에게 메모의 작성을 요구하고 이를 동인이 내심의 의사에 반하여 두 번이나 고쳐 작성하도록 하였다 하여도 이를 의무 없는 일을 하게 한 것이라고 볼 수 없어 직권남용죄는 성립되지 아니한다(대판 1991. 12. 27, 90도2800).

그러나 이 판결은 법의학과장이 내심의 의사에 반하여 사인에 관한 메모를 작성한 행위가 치안본부장의 사실상의 지시나 또는 명령에 의한 것임을 부인할 수 없다는 점에서 타당하지 않다. 치안본부장의 부당한 요구에 초점을 맞추지 않고 법의학과장이 의무 없음에도 불구하고 작성한 행위를 탓하는 것과 다름없기 때문이다.

직무집행의 기준과 절차가 법령에 구체적으로 명시되어 있고 실무 담당자에게도 직무집행의 기준을 적용하고 절차에 관여할 고유한 권한과 역할이 부여되어 있다면 실무 담당자로 하여금 그러한 기준과 절차를 위반하여 직무집행을 보조하게 한 경우에는 '의무 없는 일을 하게 한 때'에 해당한다(대판 2012. 1. 27, 2010도11884).

② 직권남용의 성질 직권의 남용이란 직권행사의 상대방이 사실상 의무 없는 일을 하도록 하는 것을 의미한다. 판례는 공무원이 직권을 남용하여 사람으로 하여금 어떠한 일을 하게 한 때에 상대방이 공무원 또는 유관기관의 임직원인 경우에는 그가 한 일이 형식과 내용 등에 있어 직무범위 내에 속하는 사항으로서 법령 그 밖의 관련 규정에 따라 직무수행 과정에서 준수하여야 할 원칙이나 기준, 절차 등을 위반하지 않는다면 특별한 사정이 없는 한 법령상 의무 없는 일을 하게 한 때에 해당한다고 보기 어렵다는 입장이다(대판 2020. 1. 30, 2018도2236). 이 경우 기준이나 절차의 사소한 위반은 여기에 해당하지 않는다고 보아야 한다.

직권이 없는 공무원이 의무 없는 일을 하게 한 경우에는 직권남용이 성립할 수 없는지가 문제될 수 있다. 그러나 이러한 입장을 따른다면 직권남용의 유형이나 종류, 정도가 일반적인 행태나 범위를 넘어서는 경우일수록 직권남용권리행사방해죄의 성립을 부인하게 되는 모순이 발생한다.

본 죄는 공무원의 직권남용행위로 인하여 개인이 의무 없는 일을 하거나 권리행사가 방해 받았을 때에 기수에 이른다. 그러나 이로 인하여 국가기능의 적정한 행사가 침해되어야 하는 것은 아니다.

판례 **직권남용의 예**

• 시장인 피고인 甲이 자신의 인사관리업무를 보좌하는 피고인 乙과 공동하여, 관련 법령에서 정한 절차에 따라 평정대상 공무원에 대한 평정단위별 서열명부 및 평정순위가 정해졌는데도 평정권자나 실무 담당자 등에게 특정 공무원들에 대한 평정순위 변경을 구체적으로 지시하여 평정단위별 서열명부를 새로 작성하도록 한 사안에서, 피고인들의 행위가 평정권자나 실무 담당자 등으로 하여금 의무없는 일을 하도록 한 것으로서 직권남용권리행사방해죄의 공동정범에 해당한다(대판 2012. 1. 27, 2010도11884).

(3) 죄 수

권리행사의 방해로 인한 직권남용권리행사방해죄와 의무 없는 일을 하게 하는 직권남용권리행사방해죄는 일반적으로 별개로 성립하는 것이라고 할 수는 없다. 따라서 위 두가지 행위 태양에 모두 해당하는 것으로 기소된 경우에는 권리행사를 방해하는 직권남용권리행사방해죄만 성립하고 의무 없는 일을 하게 하는 직권남용권리행사방해죄는 따로 성립하지 않는 것으로 봄이 상당하다. 예를 들면 상급 경찰관이 직권을 남용하여 부하 경찰관들의 수사를 중단시키거나 사건을 다른 경찰관서로 이첩하게 한 경우, 일단 '부하 경찰관들의 수사권 행사를 방해한 것'에 해당함과 아울러 '부하 경찰관들로 하여금 수사를 중단하거나 사건을 다른 경찰관서로 이첩할 의무가 없음에도 불구하고 수사를 중단하게 하거나 사건을 이첩하게 한 것'에도 해당된다고 볼 여지가 있다. 그러나 이는 어디까지나 하나의 사실을 각기 다른 측면에서 해석한 것에 불과한 것으로서 권리행사를 방해함으로 인한 직권남용권리행사방해죄만 성립한다(대판 2010. 1. 28, 2008도7312).

공무원이 직무관련자에게 제3자와 계약을 체결하도록 요구하여 계약 체결을 하게 한 행위가 제3자뇌물수수죄의 구성요건과 직권남용권리행사방해죄의 구성요건에 모두 해당하는 경우에는, 제3자뇌물수수죄와 직권남용권리행사방해죄가 각각 성립하되, 이는 사회관념상 하나의 행위가 수개의 죄에 해당하는 경우이므로 두 죄는 형법 제40조의 상상적 경합관계에 있다(대판 2017. 3. 15, 2016도19659).

현행범인 체포의 요건을 갖추었는지에 관한 검사나 사법경찰관 등의 판단에는 상당한 재량의 여지가 있으나, 체포 당시 상황으로 보아도 요건 충족 여부에 관한 검사나 사법경찰관 등의 판난이 경험칙에 비추어 현저히 합리성을 잃은 경우 사람을 체포하여 권리행사를 방해하였다면, 직권남용체포죄와 직권남용권리행사방해죄가 성립한다(대판 2017. 3. 9, 2013도16162).

2. 불법체포 · 감금죄

> 제124조(불법체포, 불법감금) ① 재판, 검찰, 경찰 기타 인신구속에 관한 직무를 행하는 자 또는 이를 보조하는 자가 그 직권을 남용하여 사람을 체포 또는 감금한 때에는 7년 이하의 징역과 10년 이하의 자격정지에 처한다.
> ② 전항의 미수범은 처벌한다.

(1) 의의 · 보호법익

본 죄는 인신구속에 관한 업무를 담당하는 재판 · 수사기관 공무원이나 그 보조자가 직권을 남용하여 사람을 체포 또는 감금한 때에 성립한다. 보조자에는 검찰수사관이나 법원서기 등이 포함된다. 본 죄의 성격에 대해 독립적 구성요건이라는 견해(이/장/강, 이정원)와 가중적 구성요건으로서 부진정신분범이라는 견해(다수설)가 있다. 일반인이 관련 공무원과 함께 체포 · 감금행위를 한 때에는 단순 체포 · 감금죄에 해당하므로 부진정신분범으로 보는 것이 타당하다.

본 죄의 보호법익은 국가기능의 공정성과 부차적으로 개인의 신체활동의 자유(정/박, 이/장/강, 임웅)라기보다 국민의 인권 보호를 위한 형사사법의 공정성이라고 보아야 한다.

(2) 구성요건

행위주체는 재판, 검찰, 경찰 기타 인신구속에 관한 직무를 행하는 자 또는 이를 보조하는 자이다.

행위는 직권을 남용하여 이루어져야 하므로 직무와 무관한 과정에서 이루어진 폭행 등은 본 죄에 해당하지 않는다. 본 죄의 예로는 영장 없이 사람을 체포·감금하는 것이 있다. 작위와 부작위를 불문하므로 구속기간이 만료되었는데도 불구하고 석방하지 않는 것은 본 죄에 해당한다. 또한 수사의 필요상 피의자를 임의 동행한 경우 조사 후 귀가시키지 않고 그의 의사에 반하여 경찰서 조사실에 계속 유치하여 신체의 자유를 속박하였다면 구금에 해당한다(대결 1986. 7. 29, 85모16).

체포·감금은 반드시 물리적 방법에 의한 것뿐만 아니라 심리적·무형적 방법에 의한 경우도 포함한다. 그러므로 비록 경찰서 안에서 행동이 자유로운 상태였더라도 경찰서 밖으로 나올 수 없는 상태였다면 감금행위에 해당한다(대결 1991. 12. 30, 91모5). 감금죄는 간접정범의 형태로도 가능하다. 즉 인신구속에 관한 직무를 행하는 자 또는 이를 보조하는 자가 피해자를 구속하기 위하여 진술조서 등을 허위로 작성한 후 이를 기록에 첨부하여 구속영장을 신청하고, 진술조서 등이 허위로 작성된 정을 모르는 검사와 영장전담판사를 기망하여 구속영장을 발부받은 후 그 영장에 의하여 피해자를 구금하였다면 직권남용감금죄가 성립한다(대판 2006. 5. 25, 2003도3945).

3. 독직(폭행, 가혹행위)죄

제125조(폭행, 가혹행위) 재판, 검찰, 경찰 그 밖에 인신구속에 관한 직무를 수행하는 자 또는 이를 보조하는 자가 그 직무를 수행하면서 형사피의자나 그 밖의 사람에 대하여 폭행 또는 가혹행위를 한 경우에는 5년 이하의 징역과 10년 이하의 자격정지에 처한다.

특정범죄 가중처벌 등에 관한 법률 제4조의2(체포·감금 등의 가중처벌) ① 형법 제124조·제125조에 규정된 죄를 범하여 사람을 상해에 이르게 한 경우에는 1년 이상의 유기징역에 처한다.
② 형법 제124조·제125조에 규정된 죄를 범하여 사람을 사망에 이르게 한 경우에는 무기 또는 3년 이상의 징역에 처한다.

독직폭행죄瀆職暴行罪, 가혹행위죄苛酷行爲罪가 제124조와 다른 점은 행위대상에 일반인 이외에 형사피의자를 포함하며, 행위방법이 폭행 또는 가혹행위, 즉 고문을 한 경우에 성립하는 죄라는 점이다. 보호법익은 인권(구체적으로는 신체의 안전)이며 부차적으로 국가의 형사사법 작용의 공정성이다. 국가의 형사사법 작용의 공정성을 보호법익으로 본다면 추상적 위험범이라고 보아야 하지만 인권을 우선적으로 보호하기 위한 규정이므로 침해범에 해당한다(김/서, 이정원). 본 죄의 행위는 직무수행의 과정에서 이루어진 폭행 또는 가혹한 행위여야 한다. 그러나 본 죄의 행위가 반드시 직무와 내용적 관련성이 있어야 한다는 견해는 타당하지 않다. 가혹행위에는 음식을 제공하지 않거나 잠을 재우지 않는 행위, 간음·추행행위도 포함된다고 보아야 하므로 구금된 부녀를 강간, 강제추행한 경우에는 본 죄와 강간죄, 강제추행죄와 상상적 경합범이 인정된다(통설). 특가법에 가중처벌규정이 있다(위의 조문).

4. 선거방해죄

제128조(선거방해) 검찰, 경찰 또는 군의 직에 있는 공무원이 법령에 의한 선거에 관하여 선거인, 입후보자 또는 입후보자 되려는 자에게 협박을 가하거나 기타 방법으로 선거의 자유를 방해한 때에는 10년 이하의 징역과 5년 이상의 자격정지에 처한다.

보호법익은 선거의 자유이며 현실적으로 선거의 자유가 침해되는 결과 발생을 필요로 하지 않으므로 추상적 위험범에 해당한나. 선거 방해의 방법에는 제한이 없다. 부진정신분범에 해당한다.

행위자가 검사 또는 경찰공무원(사법경찰관리를 포함한다)인 경우에는 공직선거법 제237조 제2항, 군인인 경우에는 제238조에 의해 처벌된다. 공무원이 아닌 일반인에 의한 선거방해행위를 처벌하는 규성은 공직선거법 제237조 제1항, 제3항이다.

Ⅵ. 뇌물죄

1. 뇌물죄의 본질과 보호법익

뇌물죄는 공무원 또는 중재인이 직무행위의 대가로 이득을 취하거나 이들에게 이득을 제공하는 행위를 총칭하는 죄이다. 뇌물죄의 보호법익에 대해서는 공무원의 직무행위의 불가매수성과 이에 대한 일반의 신뢰라고 보는 견해(신뢰보호설)(통설)와 직무수행의 공정성을 보호하기 위한 것이라는 견해(순수성설)로 나뉜다. 뇌물죄는 국가작용의 상품화를 방지하는 데에 그 목적이 있다. 이런 점에서 뇌물죄는 직무행위의 불가매수성과 이에 대한 국민의 신뢰를 보호하면서 동시에 직무수행의 공정성도 중요한 보호법익이라고 보는 것이 타당하다(판례). 그러므로 뇌물성은 의무위반행위의 유무와 청탁의 유무 및 금품 수수 시기와 직무집행행위의 전후를 가리지 않는다. 추상적 위험범이다.

2. 뇌물의 개념

뇌물의 내용인 이익이라 함은 금전, 물품 기타의 재산적 이익뿐만 아니라 사람의 수요 욕망을 충족시키기에 족한 일체의 유형·무형의 이익을 포함한다(대판 2001. 1. 5, 2000도4714; 통설). 그러므로 투기적 사업에 참여할 기회를 얻는 것도 이에 해당한다. 그리고 이러한 뇌물성 유무는 공무원의 직무와 이익공여자와의 관계, 이익 수수의 경위, 그 당시의 사회상태 등 제반 사정을 종합하여 합리적으로 판단하여야 한다(대판 1995. 9. 5, 95도1269).

(1) 직무와 직무관련성

1) 직 무

직무란 공무원의 지위에 수반하여 공무로서 행하는 일체의 직무를 말한다. 법령에 정하여진 직무뿐만 아니라 그와 관련 있는 직무, 과거에 담당하였거나 또는 장래에 담당할 직무 이외에 사무분장에 따라 현실적으로 담당하지 않는 직무라 하여도 법령상 일반적인 직무권한에 속하는 직무 등 공무원이 그 직위에 따라 공무로 담당할 일체의 직무도 포함된다(대판 2008. 2. 1, 2007도5190; 1995. 9. 5, 95도1269). 그리고 직무는 정당한 직무뿐만 아니라 부정한 직무도 포함한다.

판례 수뢰죄에서 직무의 개념

• 형법 제129조에서 '직무'라 함은 공무원이 법령상 관장하는 직무 그 자체뿐만 아니라 그 직무와 밀접한 관계가 있는 행위 또는 관례상이나 사실상 소관하는 직무행위 및 결정권자를 보좌하거나 영향을 줄 수 있는 직무행위를 포함한다.

국회 정무위원회 수석전문위원으로서 정무위원회 소관 기관에 대하여 상당한 영향력을 가진 피고인이 그 소관 기관 등의 업무에 관한 청탁 또는 부탁을 받고 금품을 수수한 사안에서, 피고인의 위 행위는 자신의 직무이거나 그 직무와 밀접한 관계가 있는 행위라고 할 것이어서 형법 제129조의 수뢰죄에 해당한다(대판 2010. 12. 23, 2010도10910).

2) 직무관련성

뇌물죄는 직무집행의 공정과 이에 대한 사회의 신뢰에 기하여 직무수행의 불가매수성을 직접적인 보호법익으로 하고 있다. 그러므로 뇌물죄에서 직무관련성은 공무원의 직무와 금원의 수수가 전체적으로 대가관계에 있으면 인정되며, 특별히 청탁의 유무, 개개의 직무행위의 대가적 관계를 고려할 필요는 없으며, 또한 그 직무행위가 특정된 것일 필요도 없다(대판 2010. 12. 23, 2010도13584). 공무원이 그 직무의 대상이 되는 사람으로부터 금품 기타 이익을 받은 때에는 사회상규에 비추어 볼 때에 과거의 접대에 대한 의례상의 대가에 불과한 것이라고 여겨지거나, 개인적인 친분관계가 있어서 교분상의 필요에 의한 것이라고 명백하게 인정할 수 있는 경우 등 특별한 사정이 없는 한 직무와의 관련성이 인정된다. 그러므로 공무원의 직무와 관련하여 금품을 수수하였다면 비록 사교적 의례의 형식을 빌어 금품을 주고받았다 하더라도 그 수수한 금품은 뇌물이 된다(대판 2002. 7. 26, 2001도6721). 공직자에게 구체적인 직무수행을 요구하지 않고 다만 자기 업체에 관심을 가져달라는 정도의 묵시적·명시적 부탁을 하는 경우에도 대가관계는 인정된다.

직무관련성은 직접적 관련성은 물론이고 공무원의 지위에 기한 영향력을 기초로 직무의 공정한 수행에 영향을 줄 수 있으면 인정된다. 또한 관례상이나 사실상 소관하는 직무행위 및 결정권자를 보좌하거나 영향을 줄 수 있는 직무행위도 포함된다(대판 2001. 1. 19, 99도5753). 직무는 작위·부작위 모두 포함하며 전직轉職 전의 직무와 관련하여 재물을 받은 경우에도 직무관련성은 인정된다.

판례 **뇌물과 사교적 의례**(골프접대와 5,000달러 승진축하금)

• 공무원이 직무의 대상이 되는 사람으로부터 금품 기타 이익을 받은 때에는 그것이 그 사람이 종전에 공무원으로부터 접대 또는 수수받은 것을 갚는 것으로서 사회상규에 비추어 볼 때에 의례상의 대가에 불과한 것이라고 여겨지거나, 개인적인 친분관계가 있어서 교분상의 필요에 의한 것이라고 명백하게 인정할 수 있는 경우 등 특별한 사정이 없는 한 직무와 관련성이 있다고 볼 수 있다. 그리고 공무원의 직무와 관련하여 금품을 주고받았다면 비록 사교적 의례의 형식을 빌어 금품을 주고받았다고 하더라도 수수한 금품은 뇌물이 된다.

공무원이 얻는 어떤 이익이 직무와 대가관계가 있는 부당한 이익으로서 뇌물에 해당하는지 또는 사회상규에 따른 의례상의 대가 혹은 개인적 친분관계에 따른 교분상의 필요에 의한 것으로서 직무와의 관련성이 없는 것인지는 공무원의 직무 내용, 직무와 이익 제공자의 관계, 이익의 수수 경위와 시기 등의 사정과 아울러 제공된 이익의 종류와 가액도 함께 참작하여 이를 판단하여야 한다(대판 2017. 1. 12, 2016도15470).

(2) 부당한 이익

부당한 이익이란 직무에 대한 대가로 보통 재산상의 이익을 받은 경우를 말한다(대가관계). 여기서 뇌물의 내용인 이익은 경제적, 법적, 인격적 지위를 유리하게 하여 주는 것으로서 사람의 수요, 욕망을 충족시킬 수 있는 일체를 포함한다. 따라서 이익은 금전, 물품 등과 같은 재산적 이익에 한하지 않고 비재산적 이익도 포함되며, 유형·무형의 이익을 포함한다. 다만 비재산적 이익인 때에는 객관적으로 측정할 수 있는 것이라야 한다. 따라서 명예욕, 허영심을 만족시키는 비재산적 이익은 객관적으로 측정이 불가능하고 몰수·추징도 할 수 없으므로 뇌물이 될 수 없다.

예를 들면 동산, 부동산, 채권, 무체재산권은 물론, 금전소비대차계약에 의한 금융이익, 채무변제, 담보제공. 무임승차허용, 사례금 및 차용금 명목의 금원이나 자동차증여 등의 금품, 시가상승이 예상되는 주식을 액면가로 매수하거나, 투기사업에 참여할 기회의 제공, 이성간의 정교(대판 2014. 1. 29, 2013도13937), 향응제공, 취직알선, 해외여행, 골프회원권, 공사직무 기타의 유리한 지위, 복직, 장물 등은 모두 뇌물이 될 수 있다.

뇌물의 내용인 이익은 약속 또는 제공 당시에 현존하거나 확정적 또는 영속적일 필요는 없으며, 장차 예기할 수 있거나 조건부 이익이라도 무방하다.

(3) 뇌물의 필요적 몰수와 추징

> **제134조(몰수, 추징)** 범인 또는 사정을 아는 제3자가 받은 뇌물 또는 뇌물로 제공하려고 한 금품은 몰수한다. 이를 몰수할 수 없을 경우에는 그 가액을 추징한다.

범인 또는 뇌물인 사정을 아는 제3자가 받은 뇌물 또는 뇌물로 제공하려고 한 금품은 몰수한다. 몰수하기 불가능한 경우에는 가액을 추징한다(필요적 몰수). 이는 형법 제48조가 임의적 몰수를 규정한 것에 대한 특칙이다.

판례 **몰수·추징의 대상**

• 공무원이 뇌물을 받음에 있어서 그 취득을 위하여 상대방에게 뇌물의 가액에 상당하는 금원의 일부를 비용의 명목으로 출연하거나 그 밖에 경제적 이익을 제공하였다 하더라도, 이는 뇌물을 받는 데 지출한 부수적 비용에 불과하다고 보아야 할 것이지, 이로 인하여 공무원이 받은 뇌물이 그 뇌물의 가액에서 위와 같은 지출액을 공제한 나머지 가액에 상당한 이익에 한정되는 것이라고 볼 수는 없으므로, 그 공무원으로부터 뇌물죄로 얻은 이익을 몰수·추징함에 있어서는 그 **받은 뇌물 자체를 몰수하여야 하고, 그 뇌물의 가액에서 위와 같은 지출을 공제한 나머지 가액에 상당한 이익만을 몰수·추징할 것은 아니다**(대판 1999. 10. 8, 99도1638).

특정공무원 범죄를 범한 자가 취득한 불법재산(불법수익 및 불법수익에서 유래한 재산)에 대한 몰수는 '공무원범죄에 관한 몰수특례법'에 따른다. 특정공무원 범죄에는 형법상의 뇌물죄(제129조 내지 제132조)를 포함한다(동법 제2조 제1호 가.). 이 법에 따라 불법수익과 불법수익에서 유래한 불법재산은 몰수한다(동 제3조 제1항). 불법재산을 몰수할 수 없거나 제3조 제2항에 따라 몰수하지 아니하는 경우에는 그 가액을 범인에게서 추징한다(동 제6조). 제6조의 추징은 범인 외의 자가 그 정황을 알면서 취득한 불법재산 및 그로부터 유래한 재산에 대하여 그 범인 외의 자를 상대로 집행할 수 있다(동 제9조의2). 특정공무원 범죄에 관한 몰수·추징의 시효는 형법 제78조에도 불구하고 10년으로 한다(동 제9조의4).

3. 공무원 의제

형법은 뇌물죄의 행위주체를 공무원 또는 중재인으로 규정하고 있다. 동시에 '특정범죄 가중처벌 등에 관한 법률'은 이들 이외에 공무원으로 의제되어 형법상의 뇌물죄 적용을 받는 대상을 다음과 같이 확대하여 규정하고 있다.

[특정범죄 가중처벌 등에 관한 법률]

제4조(뇌물죄 적용대상의 확대) ① 다음 각 호의 어느 하나에 해당하는 기관 또는 단체로서 대통령령으로 정하는 기관 또는 단체의 간부직원은 「형법」 제129조부터 제132조까지의 규정을 적용할 때에는 공무원으로 본다.

1. 국가 또는 지방자치단체가 직접 또는 간접으로 자본금의 2분의 1 이상을 출자하였거나 출연금·보조금 등 그 재정지원의 규모가 그 기관 또는 단체 기본재산의 2분의 1 이상인 기관 또는 단체
2. 국민경제 및 산업에 중대한 영향을 미치고 있고 업무의 공공성이 현저하여 국가 또는 지방자치단체가 법령이 정하는 바에 따라 지도·감독하거나 주주권의 행사 등을 통하여 중요 사업의 결정 및 임원의 임면 등 운영 전반에 관하여 실질적인 지배력을 행사하고 있는 기관 또는 단체

② 제1항의 간부직원의 범위는 제1항의 기관 또는 단체의 설립목적, 자산, 직원의 규모 및 해당 직원의 구체적인 업무 등을 고려하여 대통령령으로 정한다.

이상의 규정에 따라 예를 들면 부정경쟁방지 및 영업비밀보호에 관한 법률 제17조의2, 대외무역법 제58조는 공무원으로 의제한다는 규정을 두어 형법상의 뇌물죄 규정을 적용하도록 하고 있다.

Ⅶ. 개별 구성요건

1. 뇌물(수수, 요구, 약속)죄, 사전뇌물(수수, 요구, 약속)죄

제129조(수뢰, 사전수뢰) ① 공무원 또는 중재인이 그 직무에 관하여 뇌물을 수수, 요구 또는 약속한 때에는 5년 이하의 징역 또는 10년 이하의 자격정지에 처한다.

② 공무원 또는 중재인이 될 자가 그 담당할 직무에 관하여 청탁을 받고 뇌물을 수수, 요구 또는 약속한 후 공무원 또는 중재인이 된 때에는 3년 이하의 징역 또는 7년 이하의 자격정지에 처한다.

(1) 단순수뢰죄 (제1항)

1) 의 의

공무원 또는 중재인이 그 직무에 관하여 뇌물을 수수, 요구 또는 약속함으로써 성립하는 죄이다. 뇌물의 수수가 없더라도 요구하거나 약속한 것만으로도 본 죄는 성립한다. 뇌물수수 후 부정한 행위를 하여야 하는 것은 아니며 부정한 행위를 하는 경우에는 본 죄가 아니라 수뢰후부정처사죄(제131조 제1항)에 해당한다. 그러므로 부정처사의 고의가 없더라도 뇌물수수의 고의는 인정될 수 있다.

뇌물죄의 가중처벌

'특정범죄 가중처벌 등에 관한 법률'은 수뢰액을 기준으로 형을 가중한다. 즉 3천만 원 이상, 5천만원 이상, 1억원 이상을 기준으로 각각 5년 이상, 7년 이상, 무기 또는 10년 이상의 징역형에 처한다고 규정하고 있다(제2조 제1항). 또한 형법 제129조, 제130조 또는 제132조에 규정된 죄를 범한 자는 그 죄에 대하여 정한 형(제1항의 경우를 포함한다)에 수뢰액의 2배 이상 5배 이하의 벌금을 병과한다(제2항).

판례 향응 제공에 따른 수뢰액 인정방법

• 수뢰자와 증뢰자가 함께 향응을 하고 증뢰자가 이에 소요되는 금원을 지출한 경우 증뢰액을 인정함에 있어서는 먼저 수뢰자의 접대에 요한 비용과 증뢰자가 소비한 비용을 가려내어 전자의 수뢰액을 가지고 증뢰액으로 하여야 하고 만일 각자에 요한 비용액이 불명일 때에는 이를 평등하게 분할한 액이 증뢰액이며, 수뢰자가 향응을 제공받는 자리에 수뢰자가 제3자를 초대하여 함께 접대를 받은 경우에는, 그 제3자가 수뢰자와는 별도의 지위에서 접대를 받는 공무원이라는 등의 특별한 사정이 없는 한 그 제3자의 접대에 요한 비용도 수뢰자의 접대에 요한 비용에 포함시켜 증뢰액으로 본다(대판 2004. 11. 9, 2004도5371).

2) 행위주체

본 죄의 행위주체는 공무원 또는 중재인이다. 공무원에는 행정부, 입법부, 사법부 공무원, 지방공무원, 군인을 포함한다. 또한 대통령령이 정하는 정부관리기업체의 간부직원은 형법 제129조 내지 제132조의 적용에 있어 이를 공무원으로 본다(특정범죄 가중처벌 등에 관한 법률 제4조). 중재인이란 중재계약(중재법 제2조 참조)에 의해 선정된 자를 말한다.

판례 수뢰죄에서의 공무원

① 도시계획위원회 위원의 공무원성

• 형법 제129조에서의 공무원이라 함은 법령의 근거에 기하여 국가 또는 지방자치단체 및 이

에 준하는 공법인의 사무에 종사하는 자로서 그 노무의 내용이 단순한 기계적 · 육체적인 것에 한정되어 있지 않은 자를 지칭하는 것이므로, 도시계획법 제75조 제2항, 제76조 제2항, 같은 법 시행령 제61조 제1항, 제3항에 따라 도시계획에 관하여 시장 또는 구청장의 자문에 응하며, 당해 **시 또는 구의 도시계획에 관한 사항을 심의하기 위하여 설치된 시 · 구 도시계획위원회의 위원**도 형법 제129조에서 말하는 공무원에 해당된다(대판 1997. 6. 13, 96도1703).

② 재건축조합장의 공무원성

• 도시 및 주거환경정비법 제84조는 "형법 제129조 내지 제132조의 적용에 있어서 조합의 임원과 정비사업전문관리업자의 대표자(법인인 경우에는 임원을 말한다) · 직원은 이를 공무원으로 본다"고 규정하고 있고, 특정범죄 가중처벌 등에 관한 법률 제2조 제1항은 "형법 제129조 · 제130조 또는 제132조에 규정된 죄를 범한 자는 그 수수 · 요구 또는 약속한 뇌물의 가액에 따라 가중처벌한다"고 규정하고 있으므로, 도시 및 주거환경정비법 제84조에 의하여 공무원으로 의제되는 조합의 임원이 뇌물을 수수한 경우에도 특정범죄 가중처벌 등에 관한 법률 제2조 제1항에 의하여 수뢰액에 따라 가중처벌된다(대판 2010. 12. 23, 2010도13584).

3) 행 위

뇌물의 수수란 공여된 뇌물을 자기 것으로 하겠다는 의사를 가지고 현실적으로 취득하는 것을 말한다. 요구는 뇌물의 공여를 구하는 의사표시를 말하며 상대방이 인식할 수 있는 정도이면 된다. 상대방이 요구에 응하지 않더라도 요구죄는 성립한다. 뇌물의 약속은 뇌물의 공여나 수수에 대하여 증뢰자와 수뢰자 간에 합의하는 것을 말한다. 즉 상대방으로 하여금 뇌물을 제공할 것을 약속하도록 하는 행위이다. 뇌물약속죄에 있어서 뇌물의 목적물인 이익은 약속 당시에 현존할 필요는 없고 약속 당시에 예상할 수 있는 것이라도 무방하며, 뇌물의 목적물이 이익인 경우에는 그 가액이 확정되어 있지 않아도 뇌물약속죄가 성립한다(대판 2001. 9. 18, 2000도5438).

4) 고 의

뇌물수수 등의 행위를 할 때에 행위자는 뇌물이 직무행위와 대가관계에 있다는 인식이 필요하다. 수뢰와 대가관계에 있는 직무를 행한다는 의사가 없는 경우에 뇌물수수죄는 성립하지 않는다. 일단 영득의 의사로 뇌물을 수수하였으나 그 액수가 너무 많아서 후일 이를 반환하였다 하더라도 뇌물죄는 성립한다(대판 1985. 5. 14, 83도2050).

5) 죄 수

뇌물의 요구, 약속, 수수가 모두 이루어진 경우에는 포괄일죄가 된다. 공무원이 직무와 관련하여 기망행위를 통하여 재물의 교부를 받은 때에는 본 죄와 사기죄의 상상적 경합범이 성립한다(대판 1977. 6. 7, 77도1069). 이 때 만일 공무원에게 직무집행의 의사가 없었다면 사기죄만이 성립한다고 보아야 할 것이다.

공무원이 직무집행에 관하여 상대방을 공갈하여 재물을 교부받은 경우 수뢰죄와 공갈죄의 관계를 어떻게 볼 것인가가 문제된다. 여기서 ① 행위자는 공갈에 의하여 갈취한 것이지 뇌물을 받은 것이 아니고, 공갈죄가 성립하는 때에는 증뢰죄가 성립하지 않으므로 공무원에게도 수뢰죄가 성립하지 않는다고 보아 공갈죄만을 인정하는 견해(공갈죄설), ② 공무원이 직무집행의 의사로 당해 직무와 관련하여 공갈하여 재물을 교부받으면 수뢰죄와 공갈죄의 상상적 경합이 되고 공무원에게 직무집행의 의사가 없으면 공갈죄만 성립한다고 보는 견해(공갈죄와 수뢰죄의 상상적 경합설)가 있다. 후자의 상상적 경합설이 통설이다.

판례 역시 통설과 마찬가지로 공무원이 직무집행의 의사 없이 또는 직무처리와 대가적 관계 없이 타인을 공갈하여 재물을 교부하게 한 경우에는 공갈죄만이 성립하고, 이러한 경우 재물의 교부자가 공무원의 해악의 고지로 인하여 외포의 결과 금품을 제공한 것이라면 그는 공갈죄의 피해자가 될 것이고 뇌물공여죄는 성립될 수 없다고 본다(대판 1994. 12. 22, 94도2528).

(2) 사전수뢰죄 (제2항)

공무원 또는 중재인이 될 자가 그 담당할 직무에 관하여 청탁을 받고 취임 전에 뇌물을 수수, 요구 또는 약속한 후 공무원 또는 중재인이 된 때에 성립하는 죄이다. 반드시 부정한 청탁이어야 하는 것은 아니다. 공직선거에 출마한 후보자가 뇌물을 수수한 후 당선되어 취임하면 본 죄에 해당한다. 만일 공직 취임 전에 장래 담당할 직무와 관련하여 청탁을 받고 뇌물을 요구한 후 공직 취임 후에 뇌물을 수수하였다면 제1항의 수뢰죄가 성립한다.

2. 제3자뇌물(수수, 요구, 약속)죄

> **제130조(제삼자뇌물제공)** 공무원 또는 중재인이 그 직무에 관하여 부정한 청탁을 받고 제3자에게 뇌물을 공여하게 하거나 공여를 요구 또는 약속한 때에는 5년 이하의 징역 또는 10년 이하의 자격정지에 처한다.

본 죄는 공무원 또는 중재인이 그 직무에 관하여 부정한 청탁을 받고 증뢰자로 하여금 제3자에게 뇌물을 공여하도록 하거나 공여를 요구 또는 약속할 경우에 성립하는 죄이다. 제3자는 공무원의 대리인이나 사자使者에 해당하지 않아야 한다. 행위주체는 공무원 또는 중재인이다.

뇌물을 받는 제3자가 뇌물임을 인식할 것을 요건으로 하지 않는다. 그러나 공무원이 뇌물공여자로 하여금 공무원과 뇌물수수죄의 공동정범 관계에 있는 비공무원에게 뇌물을 공여하게 한 경우에는 공동정범의 성질상 공무원 자신에게 뇌물을 공여하게 한 것으로 볼 수 있다. 공무원과 공동정범 관계에 있는 비공무원은 제3자 뇌물수수죄에서 말하는 제3자가 될 수 없고, 공무원과 공동정범 관계에 있는 비공무원이 뇌물을 받은 경우에는 공무원과 함께 뇌물수수죄의 공동정범이 성립하고 제3자 뇌물수수죄는 성립하지 않는다(대판 2019. 8. 29, 2018도2738 전원합의체).

제3자 뇌물공여죄에서 부정한 청탁을 요건으로 하는 취지는 처벌의 범위가 불명확해지지 않도록 하기 위한 것이다. 즉 제3자에게 뇌물을 공여하게 하는 행위로 볼 수 있기 위해서는 상응하는 조건을 제시하여 본 죄의 무리한 확대 해석을 방지하는 것이다. 이러한 부정한 청탁은 명시적인 의사표시에 의한 것은 물론 묵시적인 의사표시에 의한 것도 가능하다. 묵시적인 의사표시에 의한 부정한 청탁이 있다고 하기 위해서는, 당사자 사이에 청탁의 대상이 되는 직무집행의 내용과 제3자에게 제공되는 금품이 그 직무집행에 대한 대가라는 점에 대하여 공통의 인식이나 양해가 존재하여야 한다. 반면에 그러한 인식이나 양해 없이 막연히 선처하여 줄 것이라는 기대에 의하거나 직무집행과는 무관한 다른 동기에 의하여 제3자에게 금품을 공여한 경우에는 묵시적인 의사표시에 의한 부정한 청탁이 있다고 보기 어렵다. 공무원이 먼지 제3자에게 금품을 공여할 것을 요구한 경우에도 마찬가지이다(대판 2009. 1. 30, 2008도6950).

한편 포괄적 권력을 가진 공무원이 그 영향 아래 있는 기업이나 개인에게 돈을 내도록 하였다면 부정한 청탁을 인정하여야 한다. 공무원이 직접 뇌물을 수수하지 않았을 뿐 상대방에게 돈을 제3자에게 제공하라고 하는 행위는 뇌물수수죄와 동일하고 권력적 상하관계에서 부정한 청탁은 이미 인정된다고 보아야 하기 때문이다.

판례 제3자뇌물죄

① 제3자의 뇌물수수

• 형법 제130조의 제3자뇌물제공죄를 형법 제129조 제1항의 단순수뢰죄와 비교하여 보면 공무원이 직접 뇌물을 받지 아니하고, 증뢰자로 하여금 제3자에게 뇌물을 공여하도록 하고 그 제3자로 하여금 뇌물을 받도록 한 경우에는 부정한 청탁을 받고 그와 같은 행위를 한 경우에 한하여 단순수뢰죄와 같은 형으로 처벌하고, 공무원이 직접 뇌물을 받지 아니하고, 증뢰자로 하여금 제3자에게 뇌물을 공여하도록 하고 그 제3자로 하여금 뇌물을 받도록 하였다 하더라도 부정한 청탁을 받은 일이 없다면 이를 처벌하지 아니한다는 취지로 해석하여야 할 것이나, 다만 공무원이 …. 다른 사람으로 하여금 뇌물을 받도록 한 경우라 할지라도 그 다른 사람이 공무원의 사자 또는 대리인으로서 뇌물을 받은 경우나 그 밖에 예컨대 평소 공무원이 그 다른 사람의 생활비 등을 부담하고 있었다거나 혹은 그 다른 사람에 대하여 채무를 부담하고 있었다는 등의 사정이 있어서 그 다른 사람이 뇌물을 받음으로써 공무원은 그만큼 지출을 면하게 되는 경우 등 **사회통념상 그 다른 사람이 뇌물을 받은 것을 공무원이 직접 받은 것과 같이 평가할 수 있**

는 관계가 있는 경우에는 형법 제129조 제1항의 단순수뢰죄가 성립한다(대판 1998. 9. 22, 98도1234).

② 제3자의 공여

• 뇌물죄는 공여자의 출연에 의한 수뢰자의 영득의사의 실현으로서, 공여자의 특정은 직무행위와 관련이 있는 이익의 부담 주체라는 관점에서 파악하여야 할 것이므로, 금품이나 재산상 이익 등이 반드시 공여자와 수뢰자 사이에 직접 수수될 필요는 없고, 그 사이에서 제3자가 먼저 공여자를 대신하여 자신의 자금으로 수뢰자에게 지급한 다음 공여자로부터 그 금액을 상환받는 방식으로 수수되었다 할지라도, 공여자와 수뢰자 사이에 금품 제공에 관한 의사의 합치가 존재하고 또한 그러한 지급방법에 관하여 수뢰자가 양해하였다고 인정되는 한, 공여자와 수뢰자 사이에 직접 금품이 수수되지 아니하였다는 사정만으로는 뇌물수수죄의 죄책을 면할 수 없다(대판 2008. 6. 12, 2006도8568).

이 구성요건의 문제점은 부정한 청탁을 전제로 하고 있어서 이를 입증하지 못할 경우에는 처벌할 수 없다는 점이다. 그러나 공무원 본인이 수수하지 않고 제3자에게 뇌물을 공여하도록 하는 경우는 많기 때문에 부정한 청탁이 아니라 단순 청탁의 경우로 바꾸는 것이 타당하다. 판례는 부정한 청탁을 요건으로 하는 취지가 처벌의 범위가 불명확해지지 않도록 하기 위한 것이라고 한다(대판 2009. 1. 30, 2008도6950). 그러나 제3자를 행위자의 범주에 포함시키고 있는 독일형법의 예에서 알 수 있듯이 제3자 뇌물공여죄는 수뢰죄의 처벌을 회피하기 위한 수단으로 이용된다는 점에서 대법원의 견해는 타당하지 않다. 한편 부정하지 않은 청탁을 한 경우에는 제3자에게 금품이 공여되어도 본 죄에 해당하지 않는다는 결론이 되어 뇌물죄의 입법취지에도 맞지 않는다. 결론적으로 이 구성요건은 단순수뢰죄의 구성요건과 통합하는 것이 타당하다.

판례 부정한 청탁과 제3자 뇌물제공죄

• 사건개요 : 공정거래위원회 위원장인 피고인이 이동통신회사가 속한 그룹의 구조조정본부장으로부터 KT주식취득이 공정거래법상 금지되는 기업결합에 해당하지 않는 것으로 판단하여 달라는 부탁을 받자 교환사채 매각이라는 대안을 제시하면서 그 기회에 특정 사찰에 10억원의 시주를 요청하여 이동통신회사가 속한 그룹의 회장으로 하여금 시주금을 제공하도록 하였다.

판결이유 : 구조조정본부장이 부탁한 직무가 피고인의 재량권한 내에 속하더라도 형법 제130조에 정한 '부정한 청탁'에 해당하고, 사찰에 대한 시주는 기업결합심사와 관련되어 이루어진 것이라고 판단하여 제3자뇌물수수죄를 인정하였다. 즉 "형법 제130조의 제3자 뇌물공여죄에 있어서 '부정한 청탁'이라 함은, 그 청탁이 위법하거나 부당한 직무집행을 내용으로 하는 경우는 물론, 비록 청탁의 대상이 된 직무집행 그 자체는 위법·부당한 것이 아니라 하더라도 당해 직무집행을 어떤 대가관계와 연결시켜 그 직무집행에 관한 대가의 교부를 내용으로 하는 청

탁이라면 이는 의연 '부정한 청탁'에 해당"하며, 또한 "형법 제130조 뇌물죄에 있어서의 뇌물성은 형법 제129조 뇌물죄에 있어서와 마찬가지로 직무와의 관련성이 있으면 인정되는 것이고, 그 뇌물을 받는 제3자가 뇌물임을 인식할 것을 요하지 아니하며, 그 뇌물을 제3자에게 공여하게 한 동기를 묻지 아니하므로, 어떤 금품이 공무원의 직무행위와 관련하여 교부된 것이라면 그것이 시주의 형식으로 교부되었고 또 불심에서 우러나온 것이라 하더라도 뇌물임을 면할 수 없다"는 것이 대법원의 입장이다(대판 2006. 6. 15, 2004도3424).

3. 수뢰후부정처사죄, 부정처사후수뢰죄

제131조(수뢰후부정처사, 사후수뢰) ① 공무원 또는 중재인이 전 2조의 죄를 범하여 부정한 행위를 한 때에는 1년 이상의 유기징역에 처한다.
② 공무원 또는 중재인이 그 직무상 부정한 행위를 한 후 뇌물을 수수, 요구 또는 약속하거나 제삼자에게 이를 공여하게 하거나 공여를 요구 또는 약속한 때에도 전항의 형과 같다.
③ 공무원 또는 중재인이었던 자가 그 재직 중에 청탁을 받고 직무상 부정한 행위를 한 후 뇌물을 수수, 요구 또는 약속한 때에는 5년 이하의 징역 또는 10년 이하의 자격정지에 처한다.
④ 전 3항의 경우에는 10년 이하의 자격정지를 병과할 수 있다.

(1) 의 의

제1항은 공무원 또는 중재인이 수뢰를 하고 그 후에 부정한 직무수행을 하는 경우에 성립하는 죄이다.

제2항 및 제3항은 공무원 또는 중재인이 직무상의 부정행위를 하고 나서 뇌물을 받거나 제3자에게 공여하게 하거나(제2항), 공무원 또는 중재인이었던 자가 그 재직중에 청탁을 받고 직무상 부정한 행위를 한 후 퇴직한 다음에 수뢰하는 것이다(제3항). 사후수뢰죄라고도 한다.

(2) 구성요건

부정한 행위란 직무상의 의무에 위배되는 일체의 행위를 말한다. 직무행위 자체뿐만 아니라 그것과 관련있는 행위를 포함한다. 직무위반행위일 것을 요하므로 직무 이외의 사적 행위에 대하여는 부정한 행위가 있어도 본 죄는 성립하지 않는다. 그리고 본 죄는 부정한 행위를 한 때에 기수가 되는 추상적 위험범이다. 부정한 행위는 부작위에 의해서도 가능하다. 즉 직무상 수행하여야 할 의무 있는 자가 이를 수행하지 않는 경우가 이에 해당한다. 특가법 제2조가 수뢰액에 따라 가중처벌되는 형법상의 대상 구성요건으로 본 죄를 규정하고 있지 않지만 제129조와 제130조를 범할 것을 전제로 하고 있으므로 당연히 본 죄도 특가법 적용대상이다.

판례 퇴직 후 뇌물을 수수한 경우

• 뇌물수수죄는 공무원 또는 중재인이 그 직무에 관하여 뇌물을 수수한 때에 성립하는 것이어서 그 주체는 현재 공무원 또는 중재인의 직에 있는 자에 한정되므로, 공무원이 직무와 관련하여 뇌물수수를 약속하고 퇴직 후 이를 수수하는 경우에는, 뇌물약속과 뇌물수수가 시간적으로 근접하여 연속되어 있다고 하더라도, 뇌물약속죄 및 사후수뢰죄가 성립할 수 있음은 별론으로 하고, 뇌물수수죄는 성립하지 않는다(대판 2008. 2. 1, 2007도5190).

(3) 죄 수

수뢰후부정처사죄에 있어서 공무원이 수뢰 후 행한 부정행위가 구청의 도시계획도를 변조하는 공도화변조 및 동행사죄(제225조, 제229조)와 같이 보호법익을 달리하는 별개 범죄의 구성요건을 충족하는 경우에는 수뢰후부정처사죄 외에 별도로 공도화변조 및 동행사죄가 성립하고 이들 죄와 수뢰후부정처사죄는 각각 상상적 경합관계에 있다(대판 2001. 2. 9, 2000도1216).

이와 같이 공도화변조죄와 동행사죄가 수뢰후부정처사죄와 각각 상상적 경합범 관계에 있을 때에는 공도화변조죄와 동행사죄 상호 간은 실체적 경합범 관계에 있다고 할지라도 상상적 경합범 관계에 있는 수뢰후부정처사죄와 대비하여 가장 중한 죄에 정한 형으로 처단하면 되고 따로이 경합범 가중을 할 필요가 없다.

독일연방대법원은 부정처사후수뢰죄(§ 332)에서 수개의 수뢰행위가 있는 경우에 연속범으로 보지 않고 각 행위를 독립된 행위로 취급하는 입장이다(BGH NStZ 1995, 92).

4. 알선뇌물(수수, 요구, 약속)죄

제132조(알선수뢰) 공무원이 그 지위를 이용하여 다른 공무원의 직무에 속한 사항의 알선에 관하여 뇌물을 수수, 요구 또는 약속한 때에는 3년 이하의 징역 또는 7년 이하의 자격정지에 처한다.

본 죄는 알선수뢰죄라고도 하며 공무원이 비록 해당 직무의 담당자는 아니더라도 자신의 지위를 이용하여 다른 공무원의 직무에 속한 사항을 알선하고 뇌물을 수수, 요구 또는 약속하는 것이다. 공무원이 그 지위를 이용한다는 것은 적어도 당해 직무를 처리하는 공무원과 직무상 직접·간접의 연관관계를 가지고 법률상이거나 사실상이거나 막론하고 어떠한 영향력을 줄 수 있는 지위에 있는 공무원이 그 지위를 이용하는 것을 말한다(대판

1983. 6. 14, 83도894). 알선행위는 담당공무원이 직무행위를 하도록 공무원인 알선행위자가 직접 또는 타인을 통하여 매개하거나 주선하는 것을 의미한다. 또한 뇌물을 요구할 당시 반드시 상대방에게 알선을 필요로 하는 현안이 존재할 필요가 없으므로 장래를 위한 알선행위도 포함한다.

본 죄에서 지위를 이용하여 알선을 하는 것을 요건으로 하는 것은 입법론적으로 타당하지 않다. 공무원의 신분에서 다른 공무원의 직무에 속한 사항을 알선하는 것은 당연히 그 지위를 이용하는 것으로 보아야 하기 때문이다. 그러므로 이를 삭제하는 것이 타당하다. 또한 공무원이 직접 뇌물을 수수하지 않고 제3자에게 이를 제공하도록 하는 경우도 많기 때문에 제3자에게 뇌물을 제공하도록 하거나 공여의 의사표시를 하도록 하는 행위를 포함시켜야 한다.

판례 알선수뢰죄

① '공무원이 그 지위를 이용하여'의 의미

• 여기서 '공무원이 그 지위를 이용하여'라 함은 친구, 친족관계 등 사적인 관계를 이용하는 경우에는 이에 해당한다고 할 수 없으나, 다른 공무원이 취급하는 사무의 처리에 법률상이거나 사실상으로 영향을 줄 수 있는 관계에 있는 공무원이 그 지위를 이용하는 경우에는 이에 해당하고, 그 사이에 상하관계, 협동관계, 감독권한 등의 특수한 관계가 있음을 요하지 않는다고 할 것이고, '다른 공무원의 직무에 속한 사항의 알선행위'는 그 공무원의 직무에 속하는 사항에 관한 것이면 되는 것이지 그것이 반드시 부정행위라거나 그 직무에 관하여 결재권한이나 최종 결정권한을 갖고 있어야 하는 것이 아니다(대판 2006. 4. 27, 2006도735).

② 알선할 사항의 특정 정도

• 형법 제132조에서 말하는 '다른 공무원의 직무에 속한 사항의 알선에 관하여 뇌물을 요구한다'고 함은, … 반드시 알선의 상대방인 다른 공무원이나 그 직무의 내용이 구체적으로 특정될 필요까지는 없지만, 알선뇌물요구죄가 성립하려면 알선할 사항이 다른 공무원의 직무에 속하는 사항으로서 뇌물요구의 명목이 그 사항의 알선에 관련된 것임이 어느 정도 구체적으로 나타나야 한다. 단지 상대방으로 하여금 뇌물을 요구하는 자에게 잘 보이면 그로부터 어떤 도움을 받을 수 있다거나 손해를 입을 염려가 없다는 정도의 막연한 기대감을 갖게 하는 정도에 불과하고, 뇌물을 요구하는 자 역시 상대방이 그러한 기대감을 가질 것이라고 짐작하면서 뇌물을 요구하였다는 정도의 사정만으로는 알선뇌물요구죄가 성립한다고 볼 수 없다. 한편, 여기서 말하는 알선행위는 장래의 것이라도 무방하므로, 알선뇌물요구죄가 성립하기 위하여는 뇌물을 요구할 당시 반드시 상대방에게 알선에 의하여 해결을 도모하여야 할 현안이 존재하여야 할 필요는 없다(대판 2009. 7. 23, 2009도3924).

특정범죄가중처벌법상의 알선수재죄(제3조)는 "공무원의 직무에 속한 사항의 알선에 관하여 금품이나 이익을 수수·요구 또는 약속한 사람은 5년 이하의 징역 또는 1천만원 이하의 벌금에 처한다." 형법상의 알선수재죄와는 행위주체가 공무원이 아닌 점, 공무원이 지위를 이용하여 알선하지 않는 점에서 차이가 있다. 그리고 특경법상의 알선수재죄(제7조)는 금융회사 등의 임직원의 직무에 속한 사항의 알선에 대한 대가로 금품을 수수, 요구 또는 약속하거나 제3자에게 공여하게 하거나 이를 약속하게 한 경우에 성립하며 5년 이하의 징역 또는 5천만원 이하의 벌금에 처한다.

판례 **특가법상의 알선수재죄와 직무관련성**

• 특정범죄가중처벌등에관한법률 제3조 소정의 알선수재죄가 성립하기 위하여는 알선할 사항이 공무원의 직무에 속하는 사항이고, 금품 등 수수의 명목이 그 사항의 알선에 관련된 것임이 어느 정도 구체적으로 나타나야 하고, 단지 금품 등을 공여하는 자가 금품 등을 수수하는 자와 좋은 관계를 유지함으로써 그로부터 공무원의 직무에 속한 사항과 관련하여 어떤 도움을 받을 수 있다거나 손해를 입을 염려가 없다는 정도의 막연한 기대감 속에 금품 등을 교부하고, 금품 등을 수수하는 자 역시 공여자가 그러한 기대감을 가지고 금품 등을 교부하는 것이라고 짐작하면서 이를 수수하였다는 정도의 사정만으로는 알선수재죄가 성립한다고 볼 수 없다(대판 2005. 7. 29, 2004도1656).

5. 뇌물(공여, 공여약속, 공여의사표시)죄

제133조(뇌물공여 등) ① 제129조부터 제132조까지에 기재한 뇌물을 약속, 공여 또는 공여의 의사를 표시한 자는 5년 이하의 징역 또는 2천만원 이하의 벌금에 처한다.

뇌물공여죄라고도 한다. 뇌물의 약속은 증뢰자와 수뢰자가 뇌물의 수수를 합의하거나 장차 뇌물을 공여할 것을 자진하여 약속하는 것을 말한다. 전자의 경우에는 공무원이나 중재인에 대하여 뇌물 약속을 하는 자에게 해당하는 구성요건이다. 공여란 상대방으로 하여금 뇌물을 취득하도록 하는 것을 말한다. 공여의 의사표시는 상대방에게 뇌물 제공의 의사를 표시하는 것을 말한다. 금융기관 임직원에 대한 금품 등 제공과 관련해서는 특경법 제6조 제2항에 따라 처벌된다.

뇌물공여죄의 고의는 "공무원에게 그 직무에 관하여 뇌물을 공여한다"는 사실에 대한 인식과 의사를 말하고, 미필적 고의로도 충분하다. 공여자가 공무원의 요구에 따라 비공무원에게 뇌물을 공여한 경우 공무원과 비공무원 사이의 관계가 형법 제129조 제1항 뇌물수수죄의 공동정범에 해당하고 공여자가 이러한 사실을 인식하였다면 공여자에게 형법 제133조 제1항, 제129조 제1항에서 정한 뇌물공여죄의 고의가 인정된다(대판 2019. 8. 29, 2018

도2738 전원합의체).

6. 제3자 뇌물(교부, 취득)죄

제133조 ② 제1항의 행위에 제공할 목적으로 제3자에게 금품을 교부한 자 또는 그 사정을 알면서 금품을 교부받은 제3자도 제1항의 형에 처한다.

증뢰물전달죄라고도 한다. 본 죄는 예를 들어 증뢰자가 뇌물을 수뢰자에게 직접 전달하는 것이 아니라 가족 등 제3자를 통하여 교부하거나 제3자가 뇌물인 사실을 알면서 뇌물을 전달할 목적으로 이를 교부받는 것을 말한다. 이 경우 제3자가 전달할 뇌물을 공무원 등에게 실제로 전달하였는지 여부는 본 죄의 성립에 영향이 없다.

판례 **제3자의 증뢰물전달죄**

• 형법 제133조 제2항은 증뢰자가 뇌물에 공할 목적으로 금품을 제3자에게 교부하거나 또는 그 정을 알면서 교부받는 증뢰물전달행위를 독립한 구성요건으로 하여 이를 같은 조 제1항의 뇌물공여죄와 같은 형으로 처벌하는 규정으로서, 제3자의 증뢰물전달죄는 제3자가 증뢰자로부터 교부받은 금품을 수뢰할 사람에게 전달하였는지의 여부에 관계없이 제3자가 그 정을 알면서 금품을 교부받음으로써 성립하는 것이며, 나아가 제3자가 그 교부받은 금품을 수뢰할 사람에게 전달하였다고 하여 증뢰물전달죄 외에 별도로 뇌물공여죄가 성립하는 것은 아니라고 보아야 할 것이다(대판 1997. 9. 5, 97도1572).

제 2 절 공무방해에 관한 죄

Ⅰ. 보호법익 및 구성요건체계

공무방해에 관한 죄는 공무작용을 보호하는 죄이다. 추상적 위험범에 해당한다(통설).

공무를 일반적으로 보호하는 공무집행방해죄 및 직무강요죄(제136조)와 위계에 의한 공무집행방해죄(제137조), 법정·국회회의장모욕죄(제138조), 인권옹호직무방해죄(제139조), 그리고 공무작용이나 공용 물건 등을 대상으로 하는 공무상비밀표시무효죄(제140조), 부동산강제집행효용침해죄(제140조의2), 공용서류등 무효죄(제141조 제1항), 공용물파괴죄(제141조 제2항), 공무상보관물무효죄(제142조)가 있다. 가중적 구성요건으로는 특수공무방해죄(제144조 제1항), 특수공무방해치사상죄(제144조 제2항)가 있다.

Ⅱ. 공무집행방해죄, 직무강요죄·사직강요죄

제136조(공무집행방해) ① 직무를 집행하는 공무원에 대하여 폭행 또는 협박한 자는 5년 이하의 징역 또는 1천만원 이하의 벌금에 처한다.
② 공무원에 대하여 그 직무상의 행위를 강요 또는 저지하거나 그 직을 사퇴하게 할 목적으로 폭행 또는 협박한 자도 전항의 형과 같다.

1. 공무집행방해죄

공무집행방해죄는 직무를 집행하는 공무원에 대하여 폭행 또는 협박하는 경우에 성립한다(제1항).

(1) 구성요건

행위객체는 직무를 집행하는 공무원이다. 직무를 집행하는 이라 함은 공무원이 직무수행에 직접 필요한 행위를 현실적으로 행하고 있는 때만을 가리키는 것이 아니라 공무원이 직무수행을 위하여 근무 중인 상태에 있는 때를 포괄한다. 그리고 직무의 성질에 따라서는 그 직무수행의 과정을 개별적으로 분리하여 부분적으로 각각의 개시와 종료를 논하는 것이 부적절하거나 여러 종류의 행위를 포괄하여 일련의 직무수행으로 파악함이 상당할 수도 있다(대판 2009. 1. 15, 2008도9919). 공무원의 직무이므로 권력적·강제적인 성격을 갖는 것이지만 구체적으로는 다양한 형태의 직무를 포함한다고 보아야 한다.

1) 직무집행의 적법성 판단

직무집행은 적법하여야 한다. 보호하고자 하는 법익으로서 공무는 적법하여야 하기 때문이다. 적법성이 결여된 직무행위를 하는 공무원을 폭행·협박한 경우에 공무집행방해죄는 성립하지 않는다. 직무의 적법성 판단을 위해서는 ① 당해 직무가 당해 공무원의 추상적 직무권한에 속해야 하고, ② 당해 공무원이 당해 직무를 행할 구체적 권한을 가지고 있어야 하며, ③ 당해 직무집행이 유효하기 위해서 따라야 할 중요한 절차·방식에 의해 수행되어야 할 것이 필요하다. 그러나 형식적 적법성에 결격사유가 있더라도 공무집행중임을 알 수 있는 경우에는 적법하다고 보아야 한다. 예를 들어 경찰관이 신분증을 제시하지 않고 불심검문을 하였으나, 검문하는 사람이 경찰관이고 검문하는 이유가 범죄행위에 관한 것임을 피고인이 알고 있었던 경우, 그 불심검문은 위법한 공무집행이 아니라고 한 판례(대판 2014. 12. 11, 2014도7976)도 이러한 의미이다.

적법성 판단의 기준에 대해서는 ① 객관설은 법원이 관계 법령을 해석하여 판단하여야 한다는 입장이고(통설), ② 주관설은 당해 공무원이 적법한 것으로 믿었는지 여부에 따라 판단하여야 한다는 견해이며, ③ 절충설로는 객관적 · 주관적 측면을 모두 고려하여 판단하여야 한다는 견해, 일반인의 입장에서 판단하여야 한다는 견해 등이 있다. 주관설은 공무원의 판단 여하에 따라 적법성이 좌우되는 과도한 공무집행방해죄 적용이 우려되는 국가 우위의 사고에서 비롯되는 견해이며, 절충설도 이러한 입장에서 벗어나지 못하고 있다. 그러므로 공무원이 직무집행시 책임감과 신중함 속에서 적법성을 유지할 수 있도록 하기 위해서는 객관설이 타당하다.

판례 공무집행의 적법성

• 경찰관들이 체포영장을 소지하고 메트암페타민(일명 필로폰) 투약 등 혐의로 피고인을 체포하려고 하자, 피고인이 이에 거세게 저항하는 과정에서 경찰관들에게 상해를 가하였다고 하여 공무집행방해 및 상해의 공소사실로 기소된 사안에서, 피고인이 경찰관들과 마주하자마자 도망가려는 태도를 보이거나 먼저 폭력을 행사하며 대항한 바 없는 등 경찰관들이 체포를 위한 실력행사에 나아가기 전에 체포영장을 제시하고 미란다원칙을 고지할 여유가 있었음에도 애초부터 미란다원칙을 체포 후에 고지할 생각으로 먼저 체포행위에 나선 행위는 적법한 공무집행이라고 보기 어렵다(대판 2017. 9. 21, 2017도10866).

• 주거권자 또는 관리자의 사전 동의 없이 일반인의 자유로운 출입이 제한된 사업장에 들어가 불법체류자 단속을 한 것은 적법한 공무집행행위로 볼 수 없고 따라서 단속공무원을 칼로 찌른 행위가 특수공무집행방해죄를 구성하지 않는다고 판시하였다(대판 2009. 3. 12, 2008도7156).

• 순찰 중 경찰서로부터 무전연락을 받고 도주차량 용의자를 수색하다가 그 용의자로 보이는 피고인을 발견하고 검문을 하면서 미란다고지를 하지 않은 채 현행범으로 체포하려하자 피고인이 이를 벗어나기 위해 팔꿈치로 경찰관의 가슴부분을 밀어 넘어뜨린 사안에서, 대법원은 형법 제136조가 규정하는 공무집행방해죄는 공무원의 직무집행이 적법한 경우에 한하여 성립하는 것이고, 여기서 적법한 공무집행이라 함은 그 행위가 **공무원의 추상적 권한에 속할 뿐 아니라 구체적 직무집행에 관한 법률상 요건과 방식을 갖춘 경우**를 가리키는 것이므로, 경찰관이 적법절차를 준수하지 아니한 채 실력으로 현행범인을 연행하려고 하였다면 적법한 공무집행이라고 할 수 없고, 현행범인이 그 경찰관에 대하여 이를 거부하는 방법으로써 폭행을 하였다고 하여 공무집행방해죄가 성립하는 것은 아니다라고 판시하였다(대판 2000. 7. 4, 99도4341).

2) 적법성의 체계적 위치

공무집행이 적법하여야 한다는 제136조의 규정에 따라 이러한 적법성 요건은 구성요건 요소인지 위법성 요소인지 문제된다. 이 문제는 행위자가 공무집행의 적법성 요건에 대하여 착오를 일으킨 경우 구성요건의 착오로 볼 것인지 아니면 위법성의 착오에 해당하는지 여부와 관련된다. 그리고 위법한 공무집행에 대해서 정당방위가 허용되는지 여부와도 관련되어 있다.

> 독일형법(§113, III)은 "직무행위가 위법한 때에는 본 죄로 처벌되지 않는다. 또한 행위자가 위법하다고 오인한 때에도 벌하지 않는다"고 규정하고 있다. 그리고 "직무행위가 위법하다고 착오를 한 경우에 이러한 착오를 회피할 수 있었으면 법원은 형을 감경하거나 면제할 수 있으며, 이러한 착오를 회피할 수 없었고 자신이 알고 있는 정황상 법적 구제수단으로 위법한 직무행위에 대항하는 것이 기대할 수 없었을 때에는 벌하지 않으며, 이를 기대할 수 있는 때에는 감경 또는 면제할 수 있다"(IV)고 규정하고 있다.

적법성을 구성요건 요소로 본다면 위법한 직무집행행위는 공무집행 자체가 존재하지 않는 것으로 보게 된다. 그러므로 이에 대한 저항행위는 공무집행방해죄의 구성요건에 해당하지 않는다. 한편 판례(대판 1994. 10. 25, 94도2283)는 음주운전사실을 단속하는 의경이 미란다(Miranda) 고지를 하지 않고 운전자를 파출소로 연행하려고 하자 의경에게 상해를 가한 사건에서 정당방위를 인정한 것을 보면 적법성 요건을 위법성 요소로 판단하는 것으로 보인다. 만일 공무집행의 적법성을 구성요건 요소로 본다면 위법성 판단의 대상은 무엇이 될 수 있는지를 생각해 보아야 한다. 일반적 위법성조각사유에 해당하는 정당행위나 정당방위가 가능한지 여부가 문제될 것인 바 이는 직무를 집행중인 공무원의 행위의 적법성을 기준으로 판단하여야 할 것이다. 이 점에서 위법성 요소로 보는 것이 타당하다. 구성요건 요소로 볼 경우 행위자의 폭행행위는 구성요건에 해당하지 않는 행위로 판단하여야 하는 문제점이 있는 점도 위법성 요소로 보는 이유이다.

3) 행위방법

행위방법은 폭행 또는 협박이며 그 정도는 넓은 의미에서 이해하면 된다. 즉 공무원에 대한 직·간접적인 유형력의 행사나 공포심을 일으킬 정도의 일체의 해악고지를 의미한다. 즉 고지하는 해악의 내용이 그 경위, 행위 당시의 주위 상황, 행위자의 성향, 행위자와 상대방과의 친숙함의 정도, 지위 등의 상호관계 등 행위 당시의 여러 사정을 종합하여 객관적으로 상대방으로 하여금 공포심을 느끼게 하는 것이어야 하고, 그 협박이 경미하여 상대방이 전혀 개의치 않을 정도인 경우에는 협박에 해당하지 않는다(대판 2006. 1. 13, 2005도4799).

직무집행의 시간적 범위는 직무집행의 개시부터 종료시점까지이며, 자해·자학행위는 협박에 해당하지 않는다. 그러므로 경찰관의 임의동행 요구에 자기 집 안방으로 피하여 문을 잠근 후 면도칼로 자신의 복부를 그어 피를 보이며 죽어버리겠다고 한 경우(대판 1976. 3. 9, 75도3779)에 경찰관의 임의동행 요구를 거절하였으므로 직무집행행위는 종료되었다고 볼 것이고 또한 자해행위는 경찰관을 직접 대상으로 하는 협박으로 볼 수 없으므로 본 죄의 협박에 해당하지 않는다.

(2) 위법성

공무원의 직무집행이 적법함에도 불구하고 이를 위법하다고 오신하고 공무원을 폭행 또는 협박을 한 경우에는 위법성의 착오에 해당한다. 해결은 위법성의 착오의 일반원칙에 따른다.

(3) 죄수 · 타죄와의 관계

동일한 공무를 집행하는 여럿의 공무원에 대하여 폭행 · 협박 행위를 한 경우에는 공무를 집행하는 공무원의 수에 따라 여럿의 공무집행방해죄가 성립하고, 위와 같은 폭행 · 협박 행위가 동일한 장소에서 동일한 기회에 이루어진 것으로서 사회관념상 1개의 행위로 평가되는 경우에는 여럿의 공무집행방해죄는 상상적 경합의 관계에 있다. 따라서 피고인이 범죄 피해신고를 받고 출동한 두 명의 경찰관에게 욕설을 하면서 차례로 폭행을 하여 신고처리 및 수사 업무에 관한 정당한 직무집행을 방해한 경우, 동일한 장소에서 동일한 기회에 이루어진 폭행행위는 사회관념상 1개의 행위로 평가하는 것이 상당하다는 이유로, 위 공무집행방해죄는 형법 제40조에 정한 상상적 경합의 관계에 있다(대판 2009. 6. 25, 2009도3505).

절도범인이 체포를 면탈할 목적으로 경찰관에게 폭행 · 협박을 가한 때에는 준강도죄와 공무집행방해죄를 구성하고 양 죄는 상상적 경합관계에 있다. 그러나 강도 범인이 체포를 면탈할 목적으로 경찰관에게 폭행을 가한 때에는 강도죄와 공무집행방해죄는 실체적 경합관계에 있으며 상상적 경합관계에 있는 것이 아니다(대판 1992. 7. 28, 92도917).

공무집행방해죄는 폭행 · 협박에 이른 경우를 구성요건으로 삼고 있을 뿐 이에 이르지 아니하는 위력 등에 의한 경우는 그 구성요건의 대상으로 삼고 있지 않다. 이 경우 업무방해죄로 의율할 수도 없다. 업무방해죄와 공무집행방해죄는 그 보호법익과 보호대상이 상이할 뿐만 아니라 업무방해죄의 행위 유형에 비하여 공무집행방해죄의 행위 유형은 보다 제한되어 있기 때문이다(대판 2009. 11. 19, 2009도4166 전원합의체).

2. 직무강요죄 · 사직강요죄

공무원에 대하여 그 직무상의 행위를 강요 또는 저지하거나 그 직을 사퇴하게 할 목적으로 폭행 또는 협박한 때에 성립하는 죄이다(제2항). 보호법익은 공무라는 견해도 있으나 직무상의 안전도 동시에 보호한다고 보는 것이 타당하다. 직무강요죄는 아직 집행하지 않은 장래의 직무집행을 보호하기 위한 것으로서 공무집행방해죄를 보완하는 의미가 있다.

행위주체에는 제한이 없으며 행위는 폭행 또는 협박이다. 목적범이므로 직무상의 행위를 강요 · 저지하거나 그 직을 사퇴시킬 목적으로 폭행 · 협박을 하면 성립한다. 공무원의 직무상의 행위에 대한 폭행 · 협박이어야 하는데 반드시 당해 공무원의 직무권한 내의 행위가 아니더라도 성립한다.

본 죄는 강요죄의 성격도 지니고 있으므로 본 죄와 강요죄는 상상적 경합관계에 있다고 보는 것이 타당하다.

Ⅲ. 위계공무집행방해죄

> 제137조(위계에 의한 공무집행방해) 위계로써 공무원의 직무집행을 방해한 자는 5년 이하의 징역 또는 1천만원 이하의 벌금에 처한다.

위계에 의한 공무집행방해죄는 행위 목적을 이루기 위하여 상대방에게 오인, 착각, 부지를 일으키게 하여 이를 이용함으로써 법령에 의하여 위임된 공무원의 적법한 직무에 관하여 그릇된 행위나 처분을 하게 하는 경우에 성립한다(대판 2003. 10. 9, 2000도4993). 위계와 공무원의 직무집행 간에 직접적 연계성이 인정되어야 한다. 그리고 위계행위가 구체적인 직무집행을 저지하거나 현실적으로 곤란하게 하는 데까지는 이르지 않은 경우에는 위계에 의한 공무집행방해죄로 처벌할 수 없다(대판 2009. 4. 23, 2007도1554). 공무원의 감시 · 단속을 피하는 단순한 금지규정 위반행위만으로는 위계에 해당하지 않는다. 행위주체는 제한이 없으며 공무원도 담당 공무원에 대하여 행위주체가 될 수 있다.

판례 위계성

① 허위의 비자신청서류 제출의 위계성

• 외국 주재 한국영사관의 비자발급업무와 같이, 상대방으로부터 신청을 받아 일정한 자격요건 등을 갖춘 경우에 한하여 그에 대한 수용 여부를 결정하는 업무에 있어서는 신청서에 기재된 사유가 사실과 부합하지 않을 수 있음을 전제로 하여 그 자격요건 등을 심사 · 판단하는 것이므로, 그 업무담당자가 사실을 충분히 확인하지 아니한 채 신청인이 제출한 허위의 신청사유나 소명자료를 가볍게 믿고 이를 수용하였다면, 이는 업무담당자의 불충분한 심사에 기인한 것으로서 위계에 의한 공무집행방해죄를 구성하지 않는다. 그러나 신청인이 업무담당자에게 허위의 주장을 하면서 이에 부합하는 허위의 소명자료를 첨부하여 제출한 경우, 그 수리 여부를 결정하는 업무담당자가 관계 규정이 정한 바에 따라 그 요건의 존부에 관하여 나름대로 **충분히 심사를 하였으나 신청사유 및 소명자료가 허위임을 발견하지 못하여 그 신청을 수리하게 될 정도에 이르렀다면, 이는 업무담당자의 불충분한 심사가 아니라 신청인의 위계행위에 의한 것으로**

서 위계에 의한 공무집행방해죄가 성립한다(대판 2009. 2. 26, 2008도11862).

② 타인의 소변 제출행위의 위계성

• 타인의 소변을 마치 자신의 소변인 것처럼 수사기관에 건네주어 필로폰 음성반응이 나오게 한 경우, 수사기관의 착오를 이용하여 **적극적으로 피의사실에 관한 증거를 조작**한 것이므로 위계에 의한 공무집행방해죄가 성립한다(대판 2007. 10. 11, 2007도6101).

③ 타인의 혈액 제출행위의 위계성

• 음주운전을 하다가 교통사고를 야기한 후 그 형사처벌을 면하기 위하여 타인의 혈액을 자신의 혈액인 것처럼 교통사고 조사 경찰관에게 제출하여 감정하도록 한 행위는, 단순히 피의자가 수사기관에 대하여 허위사실을 진술하거나 자신에게 불리한 증거를 은닉하는 데 그친 것이 아니라 **수사기관의 착오를 이용하여 적극적으로 피의사실에 관한 증거를 조작한 것**으로서 위계에 의한 공무집행방해죄가 성립한다(대판 2003. 7. 25, 2003도1609).

④ 등기신청의 위계성

• 등기신청은 단순한 '신고'가 아니라 신청에 따른 등기관의 심사 및 처분을 예정하고 있으므로, 등기신청인이 제출한 허위의 소명자료 등에 대하여 등기관이 나름대로 충분히 심사를 하였음에도 이를 발견하지 못하여 등기가 마쳐지게 되었다면 위계에 의한 공무집행방해죄가 성립할 수 있다. 등기관이 등기신청에 대하여 부동산등기법상 등기신청에 필요한 서면이 제출되었는지 및 제출된 서면이 형식적으로 진정한 것인지를 심사할 권한은 갖고 있으나 등기신청이 실체법상의 권리관계와 일치하는지를 심사할 실질적인 심사권한은 없다고 하여 달리 보아야 하는 것은 아니다(대판 2016. 1. 28, 2015도17297).

위계에 의한 공무집행방해죄가 성립되려면 자기의 위계행위로 인하여 공무집행을 방해하려는 의사가 있을 경우에 한한다. 그러므로 피고인이 생활이 궁하여 오로지 직장을 구하여 볼 의사로서 경찰관서에 허위로 간첩이라고 자수를 한 것에 불과하고 그로 말미암아 공무원의 직무집행을 방해하려는 의사도 없었다면 위계에 의한 공무집행방해죄에 해당하지 않는다(대판 1970. 1. 27, 69도2260).

Ⅳ. 법정, 국회회의장(모욕, 소동)죄

제138조(법정 또는 국회회의장모욕) 법원의 재판 또는 국회의 심의를 방해 또는 위협할 목적으로 법정이나 국회회의장 또는 그 부근에서 모욕 또는 소동한 자는 3년 이하의 징역 또는 700만원 이하의 벌금에 처한다.

본 죄는 법원의 재판 또는 국회의 심의를 방해 또는 위협할 목적으로 법정法廷이나 국회 회의장 또는 그 부근에서 모욕 또는 소동하는 행위를 처벌하는 것이다. 보호법익은 법정에서의 재판과 국회의 기능이다. 행위는 모욕 또는 소동이다. 반드시 법관이나 검사, 변호인이나 국회의원을 직접 모욕하는 것뿐만 아니라 특정 대상을 지향하지 않는 재판 방해행위나 국회의 회의진행 방해행위도 본 죄에 해당한다. 그러나 증언이나 선서 거부, 피고인이 공판정에서 임의로 퇴장하는 행위는 본 죄에 해당하지 않는다. 이러한 행위는 의사표시에 해당하는 것이지만 경멸적인 의사표시로 볼 수는 없기 때문이다. 시간적으로 본 죄의 행위는 재판 진행 중이거나 국회 회의가 진행 중이어야 한다. 임박한 경우나 종료 직후, 휴식 중인 경우도 포함되지만 재판이 이미 종료된 시점 또는 국회 회의가 끝난 시점에서 모욕·소동한 경우는 해당되지 않는다.

법원조직법 제61조 제1항: 법원은 직권으로 법정 내외에서 제58조 제2항의 명령 또는 제59조를 위반하는 행위를 하거나 폭언·소란 등의 행위로 법원의 심리를 방해하거나 재판의 위신을 현저하게 훼손한 사람에 대하여 결정으로 20일 이내의 감치에 처하거나 100만원 이하의 과태료를 부과할 수 있다. 이 경우 감치와 과태료는 병과할 수 있다.

V. 인권옹호직무(방해, 명령불준수)죄

제139조(인권옹호직무방해) 경찰의 직무를 행하는 자 또는 이를 보조하는 자가 인권옹호에 관한 검사의 직무집행을 방해하거나 그 명령을 준수하지 아니한 때에는 5년 이하의 징역 또는 10년 이하의 자격정지에 처한다.

경찰의 직무를 행하는 자 또는 이를 보조하는 자가 인권옹호에 관한 검사의 직무집행을 방해하거나 그 명령을 준수하지 아니한 때에 성립하는 죄이다. 행위주체는 사법경찰관리 및 경찰의 직무를 보조하는 자이다. 의무경찰이 이에 해당한다. 인권옹호 직무는 형사소송법상 강제처분에 대한 검사의 집행지휘, 수사지휘, 구속장소 감찰 등을 말한다.

판례 인권옹호에 관한 검사의 명령

• 형법 제139조에 규정된 '인권옹호에 관한 검사의 명령'은 사법경찰관리의 직무수행에 의하여 침해될 수 있는 인신 구속 및 체포와 압수수색 등 강제수사를 둘러싼 피의자, 참고인, 기타 관계인에 대하여 헌법이 보장하는 인권 가운데 주로 그들의 신체적 인권에 대한 침해를 방지하고 이를 위해 필요하고도 밀접 불가분의 관련성 있는 검사의 명령 중 '그에 위반할 경우 사법경찰관리를 형사처벌까지 함으로써 준수되도록 해야 할 정도로 인권옹호를 위해 꼭 필요한 검사의 명령'으로 보아야 하고 나아가 법적 근거를 가진 적법한 명령이어야 한다(헌재결 2007. 3. 29, 2006헌바69 전원재판부. 또한 대판 2010. 10. 28, 2008도11999).

Ⅵ. 공무상 비밀표시무효죄

제140조(공무상비밀표시무효) ① 공무원이 그 직무에 관하여 실시한 봉인 또는 압류 기타 강제처분의 표시를 손상 또는 은닉하거나 기타 방법으로 그 효용을 해한 자는 5년 이하의 징역 또는 700만원 이하의 벌금에 처한다.
② 공무원이 그 직무에 관하여 봉함 기타 비밀장치한 문서 또는 도화를 개봉한 자도 제1항의 형과 같다.
③ 공무원이 그 직무에 관하여 봉함 기타 비밀장치한 문서, 도화 또는 전자기록등 특수매체기록을 기술적 수단을 이용하여 그 내용을 알아낸 자도 제1항의 형과 같다.
제143조(미수범) 제140조 내지 전조의 미수범은 처벌한다.

1. 공무상 봉인 · 표시등 무효죄 (제1항)

공무원이 그 직무에 관하여 실시한 압류 기타 강제처분의 표시를 기타 방법으로 그 효용을 해하는 것이라 함은 강제처분의 표시를 손상 또는 은닉하거나 표시 자체를 사실상으로 감쇄 또는 멸각시키는 것을 의미한다. 표시의 근거인 법률적 효력을 상실하게 하는 것을 의미하지는 않는다. 보호법익은 공무원이 봉인 또는 압류 등의 표시를 시행한 명령 · 처분 작용이다.

본 죄는 공무원이 그 직무에 관하여 봉인, 동산의 압류, 부동산의 점유 등과 같은 구체적인 강제처분을 실시하였다는 표시를 손상 또는 은닉하거나 기타 방법으로 그 효용을 해함으로써 성립한다. 따라서 집행관이 법원으로부터 피신청인에 대하여 부작위를 명하는 가처분이 발령되었음을 고시하는 데 그치고 나아가 봉인 또는 물건을 자기의 점유로 옮기는 등의 구체적인 집행행위를 하지 아니하였다면, 단순히 피신청인이 가처분의 부작위명령을 위반하였다는 것만으로는 공무상 표시의 효용을 해하는 행위에 해당하지 아니한다(대판 2016. 5. 12, 2015도20322; 2010. 9. 30, 2010도3364).

봉인이란 물건의 현상을 변경하는 것을 금지하기 위한 처분으로서 공무원이 시행한 물적 표시를 말한다(예: '개봉금지', '열람금지' 등의 표시). 압류의 표시란 공무원이 그 직무상 보관할 물건을 강제적으로 자기의 점유로 옮긴 것을 명백히 하기 위해 그 물건에 시행한 표시를 말한다(예: 압류물임을 표시한 집행관의 공시서). 기타 방법으로 효용을 해한 경우에는 압류물을 집행관의 승인 없이 관할구역 밖으로 옮긴 경우도 해당된다(대판 1992. 5. 26, 91도894).

판례 공무상표시무효죄

① 공무상표시무효죄의 객체

• 공무원이 실시한 봉인 등의 표시에 절차상 또는 실체상의 하자가 있다고 하더라도 객관적·일반적으로 그것이 공무원이 그 직무에 관하여 실시한 봉인 등으로 인정할 수 있는 상태에 있다면 적법한 절차에 의하여 취소되지 아니하는 한 공무상표시무효죄의 객체로 된다고 할 것이다(대판 2007. 3. 15, 2007도312).

② 가처분 채무자가 고시문이 부착된 목적물을 제3자로 하여금 사용하게 한 경우

• 점유이전금지가처분 채무자인 피고인은 집행관이 이 사건 건물에 관하여 가처분을 집행하면서 '채무자는 점유를 타에 이전하거나 또는 점유명의를 변경하여서는 아니된다.'는 등의 집행 취지가 기재되어 있는 고시문을 이 사건 건물에 부착한 이후에 제3자로 하여금 이 사건 건물 중 3층에서 카페 영업을 할 수 있도록 이를 무상으로 사용케 하였다. 이러한 피고인의 행위는 위 고시문의 효력을 사실상 멸각시키는 행위라 할 것이고, 가족, 고용인 기타 동거자 등 가처분 채무자에게 부수하는 사람을 거주시키는 것과 같이 가처분 채무자가 그 목적물을 사용하는 하나의 태양에 지나지 아니하는 행위라고 보기는 어려우므로 형법 제140조 제1항 소정의 공무상표시무효죄에 해당한다(대판 2004. 10. 28, 2003도8238).

③ 부작위에 의한 공무상표시무효죄

• 사건개요 : 피고인은 A 주식회사의 대표이사로서, 위 회사가 운영하는 골프장에서 광주시청 세무과 소속 공무원이 광주시장의 위임을 받아 위 골프장의 경락 전 운영자이던 B 주식회사 소유의 모노레일, 엘리베이터를 압류, 봉인하고 그 뜻을 기재한 표시를 하였음에도 위 봉인을 제거하고 압류시설을 사용함으로써 그 효용을 해하였다.

판결이유 : 압류시설의 보관자 지위에 있는 공소외 회사로서는 위 압류시설을 선량한 관리자로서 보관할 주의의무가 있다 할 것이고, 그 대표이사로서 위 압류시설이 위치한 골프장의 개장 및 운영 전반에 걸친 포괄적 권한과 의무를 지닌 피고인으로서는 위와 같은 회사의 대외적 의무사항이 준수될 수 있도록 적절한 조치를 취할 위임계약 혹은 조리상의 작위의무가 존재한다고 보아야 할 것인데, 이러한 작위의무의 내용 중에 불특정의 고객 등 제3자에 의한 위 봉인의 훼손행위를 방지할 일반적 안전조치를 취할 의무까지 있다고 할 수는 없겠지만, 적어도 위 **압류, 봉인에 의하여 사용이 금지된 골프장 시설물에 대하여 위 시설물의 사용 및 그 당연한 귀결로서 봉인의 훼손을 초래하게 될 골프장의 개장 및 그에 따른 압류시설 작동을 제한하거나 그 사용 및 훼손을 방지할 수 있는 적절한 조치를 취할 의무는 존재한다**고 보아야 할 것이고, 그럼에도 피고인이 그러한 조치 없이 위 개장 및 압류시설 작동을 의도적으로 묵인 내지 방치함으로써 예견된 결과를 유발한 경우에는 부작위에 의한 공무상표시무효죄의 성립을 인정할 수 있다고 보아야 할 것이다(대판 2005. 7. 22, 2005도3034).

2. 공무상 비밀봉함·문서·도화개봉죄 (제2항)

공무원이 그 직무에 관하여 봉함 기타 비밀장치한 문서 또는 도화를 개봉한 경우에 성

립하는 죄이다.

3. 공무상 비밀문서 · 도화 · 전자기록등 내용탐지죄 (제3항)

공무원이 그 직무에 관하여 봉함 기타 비밀장치한 문서, 도화 또는 전자기록 등 특수매체기록을 기술적 수단을 이용하여 그 내용을 알아낸 경우에 성립하는 죄이다.

Ⅶ. 부동산강제집행효용침해죄

제140조의2(부동산강제집행효용침해) 강제집행으로 명도 또는 인도된 부동산에 침입하거나 기타 방법으로 강제집행의 효용을 해한 자는 5년 이하의 징역 또는 700만원 이하의 벌금에 처한다.

제143조(미수범) 제140조 내지 전조의 미수범은 처벌한다.

본 죄는 강제집행으로 명도明渡 또는 인도引渡된 부동산에 침입하거나 기타 방법으로 강제집행의 효용을 해하는 경우에 성립하는 죄이다. 본 죄는 판결의 집행력과 강제집행의 효력을 보호하기 위한 것이다.

강제집행은 부동산에 대한 민사집행법상의 강제집행 및 동법을 준용하는 강제집행을 의미한다. 행위객체는 강제집행으로 명도 또는 인도된 부동산이다. 명도 또는 인도된 부동산에는 강제집행으로 퇴거집행된 부동산을 포함한다(대판 2003. 5. 13, 2001도3212). 명도와 인도는 모두 일정한 장소·공간의 지배를 채권자에게 이전하는 것을 목적으로 하는 점에서 같다. 그러나 인도는 부동산에 대한 직접적 지배(점유)만을 이전시키는 것을 말하며, 명도는 부동산에서 침식용구, 사무용품, 영업용품 등을 비치하고 거주, 영업 등을 하면서 그 부동산을 점유하고 있는 경우에 그 부동산 내에 있는 점유자의 물품을 밖으로 배출한 후 점유를 이전시키는 것을 말한다.

행위주체는 제한이 없으며 강제집행을 받은 채무자도 포함된다. 강제집행면탈죄는 채권자의 채권을 보호하기 위한 것인 데 반해 본 죄는 강제집행이 유효하게 실현된 이후에 강제집행의 사실상의 효력을 보호하는 점에서 다르다. 주거침입의 방법으로 본 죄를 범한 경우에는 주거침입죄는 본 죄에 흡수된다.

Ⅷ. 공용(서류, 물건, 전자기록등)(손상, 은닉, 무효)죄 · 공용물파괴죄

제141조(공용서류등의 무효, 공용물의 파괴) ① 공무소에서 사용하는 서류 기타 물건 또는 전자기록등 특수매체기록을 손상 또는 은닉하거나 기타 방법으로 그 효용을 해한 자는 7년 이하의 징역 또는 1천만원 이하의 벌금에 처한다.
② 공무소에서 사용하는 건조물, 선박, 기차 또는 항공기를 파괴한 자는 1년 이상 10년 이하의 징역에 처한다.
제143조(미수범) 제140조 내지 전조의 미수범은 처벌한다.

1. 공용서류등 무효죄 (제1항)

공용서류등 무효죄는 공문서나 사문서를 불문하고 공무소에서 사용 또는 보관중인 서류 기타 물건 또는 전자기록등 특수매체기록을 정당한 권한 없이 손상 기타 방법으로 그 효용을 해함으로써 성립한다. 예를 들어 피고인이 군에 보관중인 피고인 명의의 건축허가신청서에 첨부된 설계도면을 떼어 내고 별개의 설계도면으로 바꿔 넣은 경우 공용서류무효죄가 성립한다(대판 1982. 12. 14, 81도81). 만일 별개의 설계도면이 변조된 경우에는 본 죄와 공문서변조죄의 경합범이 성립한다. 공무소에서 사용하다 폐기된 문서는 포함되지 않는다고 보아야 한다. 보호법익으로서 공무작용과 무관하기 때문이다. 그러나 손괴죄 성립가능성은 존재한다. 그리고 후술하는 공무상보관물무효죄(제142조)의 행위객체와 달리 직접 공무소가 보관하는 객체로 제한하는 것이 타당하다.

2. 공용건조물등 파괴죄 (제2항)

공무소에서 사용하는 건조물, 선박, 기차 또는 항공기를 파괴한 경우에 성립하는 죄이다.

Ⅸ. 공무상(보관물, 간수물)(손상, 은닉, 무효)죄

제142조(공무상보관물의 무효) 공무소로부터 보관명령을 받거나 공무소의 명령으로 타인이 관리하는 자기의 물건을 손상 또는 은닉하거나 기타 방법으로 그 효용을 해한 자는 5년 이하의 징역 또는 700만원 이하의 벌금에 처한다.
제143조(미수범) 제140조 내지 전조의 미수범은 처벌한다

행위객체는 공무소로부터 보관 명령을 받거나 공무소의 명령으로 타인이 간수하는 자

기의 물건이다. 공무소의 명령으로 타인이 관리하는 자기의 물건이란 공무소의 처분으로 인하여 소유자의 사실상의 지배력이 배제되고 공무소의 사실상의 지배로 옮겨진 물건을 말한다.

판례 송달과 보관명령

• 제3채무자는 채무자에 대한 채무의 지급을 하여서는 아니된다는 내용등의 가압류결정정본의 송달을 받은 것이 형법 제142조 소정의 공무소로부터 보관명령을 받은 경우에 해당한다고 할 수 없다(대판 1983. 7. 12, 83도1405). 이는 보관을 명한다는 내용이 특정되지 않았기 때문이다.

X. 특수공무방해죄, 특수공무방해치사상죄

제144조(특수공무방해) ① 단체 또는 다중의 위력을 보이거나 위험한 물건을 휴대하여 제136조, 제138조와 제140조 내지 전조의 죄를 범한 때에는 각조에 정한 형의 2분의 1까지 가중한다.
② 제1항의 죄를 범하여 공무원을 상해에 이르게 한 때에는 3년 이상의 유기징역에 처한다. 사망에 이르게 한 때에는 무기 또는 5년 이상의 징역에 처한다.

제1항은 특수공무방해죄, 제2항은 특수공무방해치사·치상죄이다. 특수공무방해치상죄는 법정형이 (특수)상해죄보다 무거우므로 상해의 고의가 있는 경우에는 특수공무방해치상죄만이 성립하고 (특수)상해죄는 성립하지 않는다(부진정 결과적 가중범). 반면에 특수공무방해치사죄의 경우에는 그 법정형이 살인죄보다 가벼우므로 살인의 고의가 있는 경우 살인죄와 특수공무방해치사죄의 상상적 경합을 인정하여 살인죄의 법정형으로 처벌하여야 한다.

판례 특수공무집행방해치상죄

① 특수공무집행방해치상죄의 부진정 결과적 가중범성

• 특수공무집행방해치상죄는 원래 결과적 가중범이기는 하지만, 이는 중한 결과에 대하여 예견가능성이 있었음에 불구하고 예견하지 못한 경우에 벌하는 진정 결과적 가중범이 아니라 그 결과에 대한 예견가능성이 있었음에도 불구하고 예견하지 못한 경우뿐만 아니라 **고의가 있는 경우까지도 포함하는 부진정 결과적 가중범**이다(대판 1995. 1. 20, 94도2842).

② 특수공무집행방해치상죄에서 폭행의 정도

• 피고인이 노조원들과 함께 경찰관인 피해자들이 파업투쟁 중인 공장에 진입할 경우에 대비하여 그들의 부재 중에 미리 윤활유나 철판조각을 바닥에 뿌려 놓은 것에 불과하고, 위 피해자

들이 이에 미끄러져 넘어지거나 철판조각에 찔려 다쳤다는 것에 지나지 않은 사안에서, 피고인 등이 위 윤활유나 철판조각을 위 피해자들의 면전에서 그들의 공무집행을 방해할 의도로 뿌린 것이라는 등의 특별한 사정이 있는 경우는 별론으로 하고 이를 가리켜 위 피해자들에 대한 유형력의 행사, 즉 폭행에 해당하는 것으로 볼 수 없는데도, 피고인의 위 행위를 특수공무집행방해치상죄로 의율한 원심의 조치에 법리오해 또는 사실오인의 위법이 있다(대판 2010. 12. 23, 2010도7412).

제 3 절 도주와 범인은닉의 죄

Ⅰ. 보호법익

도주의 죄는 법률에 의하여 체포·구금된 자가 도주하거나 도주를 원조한 행위를 처벌하는 것이다. 이를 통하여 국가의 형벌권이 집행될 수 있도록 하기 위한 것이다. 즉 국가의 구금 기능이 보호법익이다. 범인은닉죄는 벌금 이상의 형에 해당하는 죄를 범한 자를 은닉 또는 도피하게 함으로써 국가의 형사사법 기능을 침해하는 행위를 처벌하는 죄이다. 도주죄는 침해범이며, 범인은닉죄는 추상적 위험범이다.

Ⅱ. 도주죄, 집합명령위반죄, 특수도주죄

제145조(도주, 집합명령위반) ① 법률에 따라 체포되거나 구금된 자가 도주한 경우에는 1년 이하의 징역에 처한다.
② 제1항의 구금된 자가 천재지변이나 사변 그 밖에 법령에 따라 잠시 석방된 상황에서 정당한 이유없이 집합명령에 위반한 경우에도 제1항의 형에 처한다.
제146조(특수도주) 수용설비 또는 기구를 손괴하거나 사람에게 폭행 또는 협박을 가하거나 2인 이상이 합동하여 전조 제1항의 죄를 범한 자는 7년 이하의 징역에 처한다.
제149조(미수범) 전 4조의 미수범은 처벌한다.

1. 도주죄

도주죄는 법률에 따라 체포되거나 구금된 자(미결수 또는 기결수)가 스스로 도주한 경우에 성립한다. 자기도주행위를 처벌하는 규정이다(진정신분범). 독일형법(§§ 120, 121)의 경우 단순한 자기도주행위는 형사처벌의 대상이 아닌 점과 비교된다. 도주죄의 성격에 대하여 즉시범설(판례), 계속범설, 상태범설이 있다. 도주함으로써 기수에 이르는 즉시범으로 보는 것이 타당하다. 감금죄와 달리 기수 이후에는 구성요건이 계속 실현되는 것이 아니므로 계속범으로 보기는 어렵다. 그러므로 도주죄가 기수에 이른 후에는 도주원조죄는 성립하지 않는다.

판례 도주죄의 기수시기

- **도주죄는 즉시범으로서 범인이 간수자의 실력적 지배를 이탈한 상태에 이르렀을 때에 기수**가 되어 도주행위가 종료하는 것이고, 도주원조죄는 도주죄에 있어서의 범인의 도주행위를 야기시키거나 이를 용이하게 하는 등 그와 공범관계에 있는 행위를 독립한 구성요건으로 하는 범죄이므로, 도주죄의 범인이 도주행위를 하여 기수에 이르른 이후에 범인의 도피를 도와 주는 행위는 범인도피죄에 해당할 수 있을 뿐 도주원조죄에는 해당하지 아니한다(대판 1991. 10. 11, 91도1656).

재판이 진행 중이거나 확정된 피고인 또는 기결수의 도주행위, 그리고 구속 수사 중인 피의자가 이에 해당한다. 도주행위는 반드시 시설물의 손괴를 수반할 필요는 없다. 범죄사실이 없음에도 불구하고 구금된 피의자이더라도 적법한 절차에 의하여 구금된 경우에는 본죄의 행위주체에 해당한다. 영장에 의한 체포 및 영장에 의하지 않고 긴급체포되거나 현행범으로 체포된 자도 포함한다. 수사기관이 아니라 일반 개인에 의하여 현행범으로 체포된 자도 포함된다는 견해(김/김, 오영근, 진계호)가 있으나 국가기관의 구금작용을 침해한 경우로 볼 수 없으므로 포함시키지 않는 것이 타당하다. 노역장 유치(제70조)를 신고 받고 노역장에 유치된 자도 포함된다.

보안처분을 받은 자(치료감호중인 자 등)는 본 죄의 주체에 포함되지 않는다고 보아야 한다. 치료감호자(치료감호법 제16조 이하)의 경우 형벌을 집행중인 것이 아니며 치료감호법에 따라 보호구인(제6조, 제21조 제3항)도 가능하기 때문이다.

간수자의 실력적 지배를 벗어나지 못한 경우에는 미수가 인정된다. 예를 들어 감방을 탈출하였으나 구금시설 밖으로 나오지 못한 경우 또는 추적을 당하고 있는 동안에는 미수에 해당한다고 볼 수 있다.

2. 집합명령위반죄

법률에 의하여 구금된 자가 천재지변이나 사변 그 밖에 법령에 따라 잠시 석방된 상황에서 정당한 이유없이 집합명령에 위반한 경우에 성립하며 도주죄와 동일한 법정형으로 처벌된다. 계속범에 해당하며 진정신분범, 진정부작위범이다. 체포된 자는 행위주체에 포함되지 않는다. 귀휴 허가나 일시적인 형집행 정지로 석방된 자가 복귀하지 않은 경우에는 집합명령에 위반한 경우가 아니므로 본 죄에 해당하지 않는다. 형의 집행 및 수용자의 처우에 관한 법률에 따라 천재지변이나 그 밖의 재해가 발생한 경우에는 수용자를 일시 석방할 수 있으며(제102조 제3항) 석방된 자는 24시간 이내에 경찰관서나 교정시설에 출석하여야 한다(동 제4항). 이 경우 출석하지 않은 수용자는 본 죄에 해당한다. 본 죄의 미수범 처벌규정이 있지만 현실적 적용가능성은 적다.

3. 특수도주죄

수용설비 또는 기구를 손괴하거나 사람에게 폭행 또는 협박을 가하거나 2인 이상이 합동하여 도주를 한 경우에 성립하는 죄이다(제146조). 진정신분범으로서 도주죄의 가중적 구성요건이다. 기구는 사람의 신체를 속박하기 위한 도구로서 포승이나 수갑 등이 그 예이다. 사람에게 폭행 또는 협박을 가한다는 것은 도주 과정에서 하여야 하며 도주 이후에 하는 폭행이나 협박은 여기에 해당하지 않는다.

수용설비란 사람의 신체 자유를 일정기간 장소적으로 제한하기 위하여 설치한 물적 시설을 말한다. 예를 들면 교도소, 구치소, 소년원, 소년교도소, 경찰관서의 유치장, 법원 · 검찰청의 구치감 등이다.

Ⅲ. 피구금자(탈취, 도주원조)죄, 간수자도주원조죄

제147조(도주원조) 법률에 의하여 구금된 자를 탈취하거나 도주하게 한 자는 10년 이하의 징역에 처한다.
제148조(간수자의 도주원조) 법률에 의하여 구금된 자를 간수 또는 호송하는 자가 이를 도주하게 한 때에는 1년 이상 10년 이하의 징역에 처한다.
제149조(미수범) 전 4조의 미수범은 처벌한다.

도주원조죄는 피구금자가 행위주체가 아니라 제3자가 피구금자의 도주를 돕거나 피구금자를 탈취하여 도주하게 하는 행위를 처벌하는 구성요건이다.

간수자도주원조죄는 간수자나 호송자가 피구금자를 도주하게 한 때에 성립한다. 간수자나 호송자가 아닌 경우에는 도주원조죄에 해당하므로 부진정신분범이다.

Ⅳ. 범인은닉죄 · 범인도피죄

> **제151조(범인은닉과 친족간의 특례)** ① 벌금 이상의 형에 해당하는 죄를 범한 자를 은닉 또는 도피하게 한 자는 3년 이하의 징역 또는 500만원 이하의 벌금에 처한다.
> ② 친족 또는 동거의 가족이 본인을 위하여 전항의 죄를 범한 때에는 처벌하지 아니한다.

1. 의　의

벌금 이상의 형에 해당하는 죄를 범한 자를 은닉 또는 도피하게 하는 죄로서 형사사법작용을 곤란 또는 불가능하게 하는 행위를 처벌하기 위한 것이다. 그러나 현실적으로 형사사법작용을 방해하는 결과가 발생할 것까지 필요로 하는 것은 아니다(추상적 위험범). 범인은닉죄와 범인도피죄는 계속범으로서 은닉하거나 도피하게 함으로써 기수에 이르며 은닉행위와 도피행위가 계속되는 한 범죄행위도 종료되지 않는다.

판례 범인은닉죄의 성립요건

• 범인은닉죄라 함은 **죄를 범한 자임을 인식하면서 장소를 제공하여 체포를 면하게 하는 것만으로 성립**한다 할 것이고, 죄를 범한 자에게 장소를 제공한 후 동인에게 일정 기간 동안 경찰에 출두하지 말라고 권유하는 언동을 하여야만 범인은닉죄가 성립하는 것이 아니며, 또 그 권유에 따르지 않을 경우 강제력을 행사하여야만 한다거나, 죄를 범한 자가 은닉자의 말에 복종하는 관계에 있어야만 범인은닉죄가 성립하는 것은 더욱 아니다(대판 2002. 10. 11, 2002도3332).

2. 구성요건

(1) 벌금 이상의 형에 해당하는 죄를 범한 자

벌금 이상의 형에 해당하는 죄를 범한 자라 함은 범죄의 혐의를 받아 수사 대상이 되어 있는 자도 포함하고, 벌금 이상의 형에 해당하는 자에 대한 인식은 실제로 벌금 이상의 형에 해당하는 범죄를 범한 자라는 것을 인식함으로써 족하고 그 법정형이 벌금 이상이라는 것까지 알 필요는 없다(대판 2000. 11. 24, 2000도4078).

진범이어야 하는가 여부에 대해서 진범일 필요가 없다는 소극설(다수설)과 진범이어야 한다는 적극설(오영근, 이/장/강, 정/박), 수사개시 이전에는 진범이어야 하지만 수사단계에서는 진범 여부를 불문한다는 견해(김/서)가 있다. 기본적으로는 진범에 대해서만 본 죄가 성립한다고 보는 것이 타당하다. 그러나 확정판결 이전에는 진범 여부가 유동적이라는 점, 진범임을 알지 못하였다는 착오 주장에 봉착한다는 점에서 수사 또는 소추대상이 된 자를 포함하는 소극설의 입장은 불가피하다. 따라서 구속수사의 대상이 된 자가 무혐의로 석방되었다 하더라도 본 죄의 성립에 영향이 없다(대판 1982. 1. 26, 81도1931).

(2) 행위방법

범인도피죄에서 도피하게 하는 행위는 은닉 이외의 방법으로 범인에 대한 수사, 재판 및 형의 집행 등 형사사법의 작용을 곤란 또는 불가능하게 하는 일체의 행위를 말한다. 범인을 도피하게 하는 수단과 방법에는 제한이 없고, 또한 범인도피죄는 위험범으로서 현실적으로 형사사법의 작용을 방해하는 결과가 초래될 것이 요구되지 않는다. 그러나 범인은닉죄의 은닉행위에 비견될 정도로 수사기관의 발견·체포를 곤란하게 하는 행위 즉 직접 범인을 도피시키는 행위 또는 도피를 직접적으로 용이하게 하는 행위에 한정된다. 그러므로 그 자체가 도피시키는 것을 직접의 목적으로 한 것이라고는 보기 어려운 행위로 말미암아 간접적으로 범인이 안심하여 도피할 수 있도록 하는 것과 같은 경우는 범인도피행위에 포함되지 않는다. 나아가 어떤 행위가 범인도피죄에 해당하는 것처럼 보이더라도 그것이 사회적으로 상당성이 있는 행위일 때에는 처벌할 수 없다고 보아야 한다(대판 2003. 2. 14, 2002도5374; 1995. 3. 3, 93도3080). 이 경우는 정당행위에 해당한다고 보아야 한다.

범인 아닌 자가 수사기관에서 범인임을 자처하고 허위사실을 진술하여 진범의 체포와 발견에 지장을 초래하게 한 경우에는 범인은닉죄에 해당한다(대판 1996. 6. 14, 96도1016). 또한 무면허로 운전 중 교통사고를 낸 운전자가 동생으로 하여금 경찰서에 출두하여 운전자를 자처하도록 한 경우 범인은닉교사죄가 성립한다(대판 2006. 12. 7, 2005도3707). 그러나 적극적으로 수사기관을 기만하여 착오에 빠지게 함으로써 범인의 발견 또는 체포를 곤란 내지 불가능하게 할 정도의 것이 아니라면 범인도피죄를 구성하지 않는다. 그러므로 폭행사건 현장의 참고인이 출동한 경찰관에게 범인의 이름 대신 허무인의 이름을 대면서 구체적인 인적 사항에 대한 언급을 피한 경우에는 범인도피죄가 성립하지 않는다(대판 2008. 6. 26, 2008도1059). 원래 수사기관은 범죄 사건을 수사함에 있어서 피의자나 참고인의 진술에만 의존하여서는 안 되고 피의자를 확정하고 그 피의사실을 인정할 만한 객관적인 제반 증거를 수집·조사하여야 할 권리와 의무가 있기 때문이다.

그리고 참고인이 실제의 범인이 누군지도 정확하게 모르는 상태에서 수사기관에서 실제의 범인이 아닌 어떤 사람을 범인이 아닐지도 모른다고 생각하면서도 그를 범인이라고 지목하는 허위의 진술을 한 경우에는 참고인의 허위진술에 의하여 범인으로 지목된 사람이 구속기소됨으로써 실제의 범인이 용이하게 도피하는 결과를 초래한다고 하더라도 그것만으로는 그 참고인에게 적극적으로 실제의 범인을 도피시켜 국가의 형사사법의 작용을 곤란하게 할 의사가 있었다고 볼 수 없으므로 범인도피죄에 해당한다고 볼 수 없다(아래 판례 참조).

범인이 이미 사망하였더라도 수사기관에 대하여 자신을 범인이라고 자처한 경우에는 허위사실 주장을 통해 수사기관의 진범 확인을 어렵게 하였으므로 범인은닉죄에 해당한다고 보아야 한다.

판례 **허위진술과 범인도피죄**

① 참고인의 허위진술과 범인도피죄

• **사건개요** : 갑은 을(여성)의 집으로 가다가 근처에 세워진 A 소유의 프라이드 승용차에서 절취한 휴대폰을 소지하고, 을의 집 담을 넘어가 방에 침입하여 을을 강간하려다가 반항으로 인하여 미수에 그치고 절취한 휴대폰은 을의 방에 놓아둔 채로 도망갔다. 그런데 시력이 우안 0.08, 좌안 0.06인 을은 당시 안경을 벗은 채로 잠이 들어 있었고, 방안의 불은 꺼져 있었으며, 다만 가로등 불빛만이 희미하게 비추는 정도였으므로, 갑자기 달려드는 갑의 얼굴을 자세히 볼 수는 없었다. 을은 이 사건 범행이 이전에 을의 방에 침입한 이래 수차례 을에게 교제를 요구하여 온 갑의 수법과 유사하다는 생각이 들기는 하였지만 위 휴대폰의 소유자가 갑이 아닌 A로 판명됨에 따라 A가 범인일 가능성이 높다고 생각하였다. 그런데 경찰서에서 A가 범인이냐는 형사들의 질문에 대하여 잘 모르겠다고 대답하였는데, 형사들이 그렇게 대답하면 안되고 확실하게 대답하라고 다그치자, 을은 A를 단정적으로 범인이라고 진술하였다.

판결이유 : 대법원은 참고인이 실제의 범인이 누군지도 정확하게 모르는 상태에서 수사기관에서 실제의 범인이 아닌 어떤 사람을 범인이 아닐지도 모른다고 생각하면서도 그를 범인이라고 지목하는 허위의 진술을 한 경우에는 참고인의 허위진술에 의하여 범인으로 지목된 사람이 구속기소됨으로써 실제의 범인이 용이하게 도피하는 결과를 초래한다고 하더라도 그것만으로는 그 참고인에게 적극적으로 실제의 범인을 도피시켜 국가의 형사사법의 작용을 곤란하게 할 의사가 있었다고 볼 수 없어 그 참고인을 범인도피죄로 처벌할 수는 없다고 판시하였다(대판 1997. 9. 9, 97도1596).

② 변호인의 허위자백 유지행위

• **사건개요** : 갑이 수사기관 및 법원에 출석하여 을 등의 사기 범행을 자신이 저질렀다는 취지로 허위자백 하였는데, 그 후 갑의 사기 피고사건 변호인으로 선임된 피고인이 갑과 공모하여 진범인 을 등을 은폐하는 허위자백을 유지하게 함으로써 범인을 도피하게 하였다는 내용으로 기소되었다.

판결이유 : 변호인이 수사기관이나 법원에 대하여 적극적으로 허위의 진술을 하거나 피고인 또는 피의자로 하여금 허위진술을 하도록 하는 것은 허용되지 않는다. 그리고 변호인의 비밀유지의무는 변호인이 업무상 알게 된 비밀을 다른 곳에 누설하지 않을 소극적 의무를 말하는 것일 뿐 진범을 은폐하는 허위자백을 적극적으로 유지하게 한 행위는 변호인의 비밀유지의무에 의하여 정당화될 수 없다. 그러므로 정범에게 허위진술의 결의를 강화하게 한 변호인의 행위는 범인도피방조죄에 해당한다(대판 2012. 8. 30, 2012도6027).

(3) 범인의 자기은닉 · 도피 교사행위

범인이 타인을 교사하여 자기를 은닉시키거나 도피하게 한 경우에 본 죄의 교사범이 성립하는가에 대해서는 긍정설(김성돈, 백형구, 안동준)과 부정설(다수설)이 있다. 긍정설은 범인이 자기비호의 한계를 일탈한 점에서 그 근거를 찾는다. 그러나 범인의 자기은닉 · 도피 교사행위는 기대불가능성의 측면에서나 친족 또는 가족이 범인을 위하여 은닉 · 도피행위를 한 경우에도 처벌하지 않는 점과의 형평성을 생각할 때 소극설이 타당하다. 반면에 판례는 범인이 자신을 위하여 타인으로 하여금 허위의 자백을 하게 하여 범인도피죄를 범하게 하는 행위는 방어권의 남용으로 범인도피교사죄에 해당한다는 입장이다(대판 2014. 3. 27, 2013도152; 2000. 3. 24, 2000도20).

공동정범 중의 1인이 다른 공동정범을 은닉한 경우에도 그것이 일반적으로 형사사법작용을 방해하는 위험을 초래하는 성질을 가지는 때에는 형법 제151조 제1항의 범인은닉죄가 성립한다(대판 2011. 9. 8, 2011도7262; 2010. 7. 8, 2010도5515).

3. 친족 간의 범행과 특례

친족 또는 동거의 가족이 본인을 위하여 전 항의 죄를 범한 때에는 처벌하지 않는다. 본인이란 범인을 말하며 범인의 친족 또는 동거가족이 범인을 숨겨주지 않거나 도피를 도와주지 않는 경우를 기대할 수 없다는 점, 즉 적법행위에 대한 기대가능성이 없기 때문에 처벌하지 않는 것이다. 친족의 범위는 민법 규정에 의한다. 사실혼 관계에 있는 자와 그 자녀도 여기에 포함된다고 보는 것이 현실적인 해석이다(다수설). 그러나 판례는 사실혼 관계에 있는 자는 민법 소정의 친족이 아니므로 포함되지 않는다는 입장이다(대판 2003. 12. 12, 2003도4533).

친족이 제3자를 교사하여 범인은닉죄를 범하게 한 경우에 친족 간의 특례규정이 적용되는가에 대해서 부정설(백형구, 오영근, 진계호)은 본 죄의 교사범이 성립한다고 보고, 긍정설(다수설)은 기대가능성이 없음을 이유로 본 규정을 적용하여야 한다는 입장이다.

제 4 절 위증과 증거인멸의 죄

Ⅰ. 보호법익

위증죄와 증거인멸죄는 국가의 사법판단이나 행정절차적 판단을 그르치게 할 위험을 야기하는 죄이다. 그러므로 이들 죄의 보호법익은 재판권, 징계권과 같은 국가의 심판 기능이다. 그러나 구체적으로 재판권이나 징계권의 행사를 그르칠 필요는 없으므로 추상적 위험범에 해당한다.

판례 **위증죄의 보호법익**

• 위증죄는 선서를 한 증인이 허위진술을 함으로써 성립하는 죄이며 국가의 재판권, 징계권을 적정하게 행사하기 위한 것이 그 주된 입법이유이다(대판 1987. 7. 7, 86도1724).

Ⅱ. 위증죄, 모해위증죄

> **제152조(위증, 모해위증)** ① 법률에 의하여 선서한 증인이 허위의 진술을 한 때에는 5년 이하의 징역 또는 1천만원 이하의 벌금에 처한다.
>
> **제153조(자백, 자수)** 전조의 죄를 범한 자가 그 공술한 사건의 재판 또는 징계처분이 확정되기 전에 자백 또는 자수한 때에는 그 형을 감경 또는 면제한다.

1. 의 의

위증죄는 선서를 한 증인이 허위의 진술을 함으로써 성립하는 죄이다. 증인에게 선서를 하게 하는 것은 선서에 의하여 담보된 증인 진술의 정확성을 확보함으로써 법원 또는 심판기관의 진실 발견을 위한 심리를 해하여 정당한 판단이 위태롭게 되는 것을 방지하기 위함이다.

위증죄는 법률에 의하여 선서한 증인이 행위주체이므로 진정신분범에 해당하고 동시에 행위주체로서 증인이란 자기가 직접 경험한 사실을 증언하여야 하므로 자수범에 해당한다. 그러므로 위증죄는 공동정범이나 간접정범의 형태로 범할 수 없다. 또한 위증죄는 허위의 진술만으로 구성요건이 실현된 것으로 보기 때문에 거동범에 해당한다. 특허법(제227조)에 동일한 법정형의 위증죄 구성요건이 규정되어 있다(다만 자수의 경우 임의적 감경사유이다).

2. 객관적 구성요건

(1) 행위주체

행위주체는 법률에 의하여 선서한 증인이다(진정신분범). 법률에 의하여 선서한 증인은 법률에 근거하여 법률이 정한 절차에 따라 유효한 선서를 한 증인이라는 의미이고, 그 증인신문은 법률이 정한 절차 조항을 준수하여 적법하게 이루어진 경우여야 한다(대판 2010. 1. 21, 2008도942 전원합의체). 형사소송법(제156조), 민사소송법(제319조 이하), 비송사건절차법(제10조), 법관징계법(제22조), 검사징계법(제26조), 특허법(제227조) 등에 증인의 선서 관련 규정이 있으며 선서를 하였더라도 법적 근거가 없는 경우에는 행위 주체성이 인정되지 않는다. '국회에서의 증언·감정 등에 관한 법률'(제14조)은 본회의 또는 위원회(국정감사나 국정조사를 위한 위원회 포함)에서의 위증에 대한 처벌규정을 두고 있다. 이 경우 행위자는 선서한 증인·감정인·참고인이다.

> **국회에서의 증언감정 등에 관한 법률 제14조(위증 등의 죄)** ① 이 법에 따라 선서한 증인 또는 감정인이 허위의 진술(서면답변을 포함한다)이나 감정을 하였을 때에는 1년 이상 10년 이하의 징역에 처한다. 다만, 범죄가 발각되기 전에 자백하였을 때에는 그 형을 감경 또는 면제할 수 있다.
> ② 제1항의 자백은 국회에서 안건심의 또는 국정감사나 국정조사를 종료하기 전에 하여야 한다.

참고인이 수사기관에서 허위의 진술을 하더라도 위증죄에 해당하지 않는다. 또한 선서를 면제받거나(민사소송법 제323조), 선서거부권(민사소송법 제324조)을 가진 자가 선서를 거부한 경우에도 본 죄의 행위주체에 해당하지 않는다.

공범자 또는 공동피고인이 본 죄의 주체가 될 수 있는지 여부에 대해 적극설과 제한설(통설)이 대립하고 있다. 적극설에서는 공동피고인 상호 간에는 다른 공동피고인에 대하여 제3자의 관계에 있으므로 증인으로 선서한 이상 위증죄의 주체가 될 수 있다는 입장이다. 반면에 제한설에서는 공범자가 아닌 공동피고인의 경우에는 증인적격을 인정하고 공범관계인 경우에는 증인적격이 없으므로 위증죄의 주체도 될 수 없다는 견해이다. 공범자인 공동피고인에게 증인적격을 인정하게 되면 공범자 간에 책임 전가의 위험성이 있으며 피고인으로서 갖는 증언거부권 행사가 증인의 증언의무로 말미암아 불가능하게 된다는 점을 고려할 때 제한설의 입장이 타당하다.

(2) 증언거부권과 위증죄 성립 여부

1) 증언거부권자

증언거부권자(형사소송법 제148조, 제149조, 민사소송법 제314조, 제315조)도 증언거부권을 행사하지 않고 선서한 경우에 본 죄의 주체가 될 수 있다(통설). 형사소송법상 증언거부권의 고지 제도는 증인에게 그러한 권리의 존재를 확인시켜 침묵할 것인지 아니면 진술할 것인지에 관하여 심사숙고할 기회를 충분히 부여함으로써 침묵할 수 있는 권리를 보장하기 위한 것이다(대판 2010. 2. 25, 2007도6273). 즉 증언거부권은 포기할 수 있는 권리이므로 포기할 경우에는 증인으로서의 증언의무(형사소송법 제161조 참조)를 지게 된다. 대법원은 "증인으로 선서한 이상 진실대로 진술한다고 하면 자신의 범죄를 시인하는 진술을 하는 것이 되고 증언을 거부하는 것은 자기의 범죄를 암시하는 것이 되어 증인에게 사실대로의 진술을 기대할 수 없다고 하더라도 형사소송법상 이러한 처지의 증인에게는 증언을 거부할 수 있는 권리를 인정하여 위증죄로부터의 탈출구를 마련하고 있는 만큼 적법행위의 기대가능성이 없다고 할 수 없으므로 선서한 증인이 증언거부권을 포기하고 허위의 진술을 하였다면 위증죄의 처벌을 면할 수 없다"고 판시하였다(대판 1987. 7. 7, 86도1724 전원합의체).

2) 공범인 공동피고인

공범인 공동피고인은 당해 소송절차에서는 피고인의 지위에 있어 다른 공동피고인에 대한 공소사실에 관하여 증인이 될 수 없으나, 소송절차가 분리되어 피고인의 지위에서 벗어나게 되면 다른 공동피고인에 대한 공소사실에 관하여 증인이 될 수 있다(대판 2012. 12. 13, 2010도10028). 그러므로 소송절차가 분리된 공범인 공동피고인이 증인신문절차에서 자기의 범죄사실에 대하여 증언거부권을 행사하지 아니한 채 허위로 진술하였다면 위증죄가 성립한다. 형사소송법 제148조는 피고인의 자기부죄거부특권自己負罪拒否特權을 보장하기 위하여 자기가 유죄판결을 받을 사실이 발로될 염려 있는 증언을 거부할 수 있는 권리를 인정하고 있고, 그와 같은 증언거부권 보장을 위하여 형사소송법 제160조는 재판장이 신문 전에 증언거부권을 고지하여야 한다고 규정하고 있다. 재판장이 이에 따라 고지하였다면 소송절차가 분리된 공범인 공동피고인에 대하여 증인적격을 인정하고 그 자신의 범죄사실에 대하여 신문하더라도 피고인으로서의 진술거부권 내지 자기부죄거부특권을 침해한다고 할 수 없으므로 위증을 한 경우 위증죄가 인정된다고 본다(대판 2012. 10. 11, 2012도6848).

판례 증언거부권의 불고지와 위증죄 성립 여부

① 위증죄 성립을 긍정한 경우

• 전 남편에 대한 도로교통법 위반(음주운전) 사건의 증인으로 법정에 출석한 전처가 증언거부권을 고지 받지 않은 채 공소사실을 부인하는 전 남편의 변명에 부합하는 내용을 적극적으로 허위진술한 사안에서, 대법원은 증인으로 출석하여 증언한 경위와 그 증언 내용, 증언거부권을 고지 받았더라도 그와 같이 증언을 하였을 것이라는 취지의 진술 내용 등을 전체적·종합적으로 고려할 때 선서 전에 재판장으로부터 증언거부권을 고지 받지 아니하였다 하더라도 이로 인하여 증언거부권이 사실상 침해당한 것으로 평가할 수는 없다는 이유로 위증죄의 성립을 긍정하였다(대판 2010. 2. 25, 2007도6273). 이 사건 1심 공판기일에 피고인은 재판장이 증언을 하지 않을 수 있다는 사실을 알았다면 증언을 거부했을 것이냐는 신문에 대하여 그렇다 하더라도 증언을 하였을 것이라는 취지로 답변을 하기도 하였다.

② 위증죄 성립을 부정한 경우

• 재판장이 신문 전에 증인에게 증언거부권을 고지하지 않은 경우에도 당해 사건에서 증언 당

시 증인이 처한 구체적인 상황, 증언거부사유의 내용, 증인이 증언거부사유 또는 증언거부권의 존재를 이미 알고 있었는지 여부, 증언거부권을 고지 받았더라도 허위 진술을 하였을 것이라고 볼 만한 정황이 있는지 등을 전체적·종합적으로 고려하여 증인이 침묵하지 아니하고 진술한 것이 자신의 진정한 의사에 의한 것인지 여부를 기준으로 위증죄의 성립 여부를 판단하여야 한다. 그러므로 헌법 제12조 제2항에 정한 불이익 진술의 강요금지 원칙을 구체화한 자기부죄거부특권에 관한 것이거나 기타 증언거부사유가 있음에도 증인이 증언거부권을 고지받지 못함으로 인하여 그 증언거부권을 행사하는 데 사실상 장애가 초래되었다고 볼 수 있는 경우에는 위증죄의 성립을 부정하여야 할 것이다(대판 2010. 2. 25, 2009도13257; 2010. 1. 21, 2008도942 전원합의체).

(3) 진술의 허위성 판단

위증이란 허위의 진술을 의미한다. 그러므로 진술의 허위성 여부는 위증죄 여부를 판단하는 핵심기준이 된다. 객관설(김/김, 김/서, 백형구, 손동권, 이/장/강, 이정원, 임웅, 전지연, "위증죄에서 진술의 허위성", 한림법학포럼, 1998, 119면)은 증인의 기억력과의 일치 여부가 아니라 객관적 사실에 반하는 증언은 위증이라고 판단하는 입장이다. 반면에 주관설(강일원, 김성돈, 배종대, 오영근, 정/박, 진계호, 판례)은 객관적 사실과의 일치 여부가 아니라 증인의 기억에 반하는 증언을 위증이라고 보는 입장이다. 그러므로 만일 증인이 기억에 반하는 증언을 하였으나 결과적으로 객관적 사실과 합치되는 증언을 한 경우에는 객관설의 입장에서는 위증이 아니지만 주관설에 의하면 위증이 성립한다(대판 1982. 9. 14, 81도105). 또한 전문한 사실을 마치 목격한 사실처럼 진술하는 것도 경험의 경위에 관하여 기억에 반하는 진술을 한 것이므로 허위성이 인정된다(대판 1984. 3. 27, 84도48).

증언의 허위성 여부는 그 증언의 단편적인 구절에 구애될 것이 아니라 증언 전체를 일체로 파악하여 판단하여야 하므로 사소한 부분에 관하여 기억과 불일치하더라도 증언의 전체적 취지가 객관적 사실과 일치되고 그것이 기억에 반하는 진술이 아니라면 위증이 아니라는 것이 주관설적인 판례의 입장이다(대판 2007. 10. 26, 2007도5076).

판례 **진술의 허위성(주관설)**

• 위증죄에 있어서의 위증은 선서한 증인이 자기의 기억에 반하는 사실을 진술함으로써 성립되고 설사 그 증언이 객관적 사실에 부합된다고 하더라도 기억에 반하는 진술을 한 때에는 위증죄의 성립에 영향이 없다. 증언이 증인의 기억에 반하는 것인지의 여부가 불분명한 경우에 증언이 객관적 사실과 부합되면 특단의 사정이 없는 한 기억에 반하는 진술을 하였다고 단정할 수 없고, 또한 증언의 전체적 취지가 객관적 사실과 일치하고 그것이 기억에 반하는 공술이 아니라면 극히 사소한 부분에 관하여 기억과 불일치하는 점이 있다 하더라도 그것이 신문취지의 몰이해 또는 착오로 인한 진술이라고 인정된다면 위증죄는 성립될 수 없다(대판 1989. 1. 17, 88도580; 1982. 9. 14, 81도105).

(4) 허위진술의 대상 및 방법

허위진술의 대상은 증인이 경험한 내적·외적 사실이며 가치판단을 제외한다. 증인의 진술이 경험한 사실에 대한 법률적 평가이거나 단순한 의견에 지나지 아니하는 경우에는 위증죄에서 말하는 허위의 진술이라고 할 수 없다(대판 1996. 2. 9, 95도1797). 허위진술의 방법에는 제한이 없다. 직접신문뿐만 아니라 반대심문에 대한 답변도 포함된다. 부작위에 의한 위증죄의 성립 여부에 대해서는 긍정설과 부정설이 있는 바 증인신문에 대한 묵비에 의해 허위진술에 상응하는 정도에 이를 때에만 인정된다고 보아야 한다.

3. 주관적 구성요건

위증죄는 고의범으로서 과실 위증을 처벌하지 않는다. 허위성 여부에 관하여 주관설을 따르면 증인이 기억에 반하는 진술을 하면 객관적 사실과 일치하더라도 위증의 고의가 인정된다.

4. 기수시기

위증죄는 미수범을 처벌하지 않는다. 증인의 증언은 그 전부를 일체로 관찰·판단하는 것이므로 선서한 증인이 일단 기억에 반하는 허위의 진술을 하였더라도 그 신문이 끝나기 전에 그 진술을 철회·시정한 경우 위증이 되지 않는다(대판 2008. 4. 24, 2008도1053).

5. 위증교사

위증죄는 자수범이므로 공동정범이나 간접정범의 성립은 인정되지 않는다. 반면에 위증교사나 위증방조죄의 성립은 가능하다.

자기의 형사사건에 관하여 타인을 교사하여 위증을 하게 한 경우 교사범이 성립하는지 여부에 대하여 적극설(판례, 김/김, 백형구, 정영일)과 소극설(김/서, 배종대, 이정원, 이형국, 임웅, 정/박)이 대립하고 있다. 판례는 적극설에 입각하고 있다. 적극설은 위증교사행위는 피고인의 방어권의 남용에 해당한다거나 정범에게 위증죄가 성립하는 이상 교사자에게도 인정하여야 한다는 입장이다. 그러나 피고인에게는 증인적격이 없으므로 위증죄의 구성요건을 충족할 수 없다고 보아야 한다. 또한 피고인이 타인을 교사하여 위증하게 하는 것은 자신이 허위의 진술을 하는 것과 다를 바 없고, 이는 자기의 형사사건에 대한 증거인멸행위를 처벌하지 않는 형법의 규정(제154조 참조)과 비교해 보아도 알 수 있다. 그러므로 이 경우에는 피교사자만이 위증죄에 해당한다고 보아야 한다.

판례 자기의 형사사건에 관한 위증교사죄의 성립 여부

• 피고인이 자기의 형사사건에 관하여 허위의 진술을 하는 행위는 피고인의 형사소송에 있어서의 방어권을 인정하는 취지에서 처벌의 대상이 되지 않으나, 법률에 의하여 선서한 증인이 타인의 형사사건에 관하여 위증을 하면 형법 제152조 제1항의 위증죄가 성립되므로 자기의 형사사건에 관하여 타인을 교사하여 위증죄를 범하게 하는 것은 이러한 **방어권을 남용하는 것이라고 할 것이어서 교사범의 죄책을 부담케 함이 상당할 것**이다(대판 2004. 1. 27, 2003도5114).

6. 자백 · 자수

재판이나 징계처분이 확정되기 전에 자백이나 자수를 한 때에는 필요적 감면을 하도록 규정하고 있다. 재판이나 징계처분이 잘못 내려지는 것을 회피하기 위한 정책적 규정이라고 볼 수 있다.

7. 죄 수

하나의 사건에 관하여 한 번 선서한 증인이 같은 기일에 여러 가지 사실에 관하여 기억에 반하는 허위의 진술을 한 경우 이는 하나의 범죄 의사에 의하여 계속하여 허위의 진술을 한 것으로서 포괄하여 1개의 위증죄를 구성하는 것이고 각 진술마다 수개의 위증죄를 구성하는 것이 아니다(대판 2007. 3. 15, 2006도9463). 마찬가지로 같은 심급에서 변론기일을 달리하여 수차 증인으로 나가 수개의 허위진술을 하더라도 최초에 한 선서의 효력을 유지시킨 후 증언한 이상 1개의 위증죄를 구성한다.

8. 모해위증죄

제152조(모해위증) ② 형사사건 또는 징계사건에 관하여 피고인, 피의자 또는 징계혐의자를 모해할 목적으로 전항의 죄를 범한 때에는 10년 이하의 징역에 처한다.

제153조(자백, 자수) 전조의 죄를 범한 자가 그 공술한 사건의 재판 또는 징계처분이 확정되기 전에 자백 또는 자수한 때에는 그 형을 감경 또는 면제한다.

모해위증죄謀害僞證罪는 피고인, 피의자, 징계혐의자를 불이익하게 할 목적으로 위증을 한 경우에 성립한다. 모해 목적이 달성되지 못하더라도 본 죄는 성립한다. 모해할 목적을 가진 자가 모해할 목적이 없는 자를 교사하여 본 죄를 범하게 한 경우에 판례는 '목적'을 형법 제33조가 규정하는 신분 요소로 파악하여 교사자는 모해위증교사죄로 처벌하고, 피교사자에게는 단순 위증죄가 성립한다고 본다(아래 판례).

판례 모해할 목적과 제33조의 신분 요소

• 형법 제33조 소정의 이른바 신분관계라 함은 남녀의 성별, 내·외국인의 구별, 친족관계, 공무원인 자격과 같은 관계뿐만 아니라 널리 일정한 범죄행위에 관련된 범인의 인적관계인 특수한 지위 또는 상태를 지칭하는 것인 바, 형법 제152조 제1항은 '법률에 의하여 선서한 증인이 허위의 공술을 한 때에는 5년 이하의 징역 또는 2만 5천원 이하의 벌금에 처한다'고 규정하고, 같은 법 조 제2항은 '형사사건 또는 징계사건에 관하여 피고인, 피의자 또는 징계혐의자를 모해할 목적으로 전항의 죄를 범한 때에는 10년 이하의 징역에 처한다'고 규정함으로써 위증을 한 **범인이 형사사건의 피고인 등을 '모해할 목적'을 가지고 있었는가 아니면 그러한 목적이 없었는가 하는 범인의 특수한 상태의 차이에 따라 범인에게 과할 형의 경중을 구별하고 있으므로, 이는 바로 형법 제33조 단서 소정의 "신분관계로 인하여 형의 경중이 있는 경우"에 해당한다** 고 봄이 상당하다(대판 1994. 12. 23, 93도1002). 따라서 대법원은 피고인이 특정인을 모해할 목적으로 공소외인에게 위증을 교사한 이상, 피교사자(정범)인 공소외인에게 모해의 목적이 없었다고 하더라도, 형법 제33조 단서의 규정에 의하여 피고인을 모해위증교사죄로 처단할 수 있다고 판시하였다.

이와 달리 통설은 고의나 목적 등과 같은 주관적 구성요건 요소는 신분 요소에 해당하지 않으므로 목적 여부에 따라 적용 법조를 달리하는 것이 아니라 공범의 종속성 원칙에 따라 처리하여야 한다고 본다. 그 결과 교사자(정범) 역시 단순 위증교사죄에 해당한다는 입장이다. 목적범에서 목적은 행위자와 관련된 특수한 지위나 상태를 의미하는 것이 아니라 행위 결과를 지향하는 가중적인 고의에 해당한다고 볼 수 있다. 그러므로 목적범에서 목적이 없는 자를 교사한 모해의 목적을 가진 교사자 역시 단순 위증죄의 교사범이 된다고 보는 것이 타당하다.

Ⅲ. 허위, 모해허위(감정, 통역, 번역)죄

제154조(허위의 감정, 통역, 번역) 법률에 의하여 선서한 감정인, 통역인 또는 번역인이 허위의 감정, 통역 또는 번역을 한 때에는 전 2조의 예에 의한다.

법률에 의하여 선서한 감정인, 통역인 또는 번역인이 허위의 감정·통역 또는 번역을 하거나 모해할 목적으로 허위의 감정·통역 또는 번역을 한 때에 성립한다. 감정인이란 특수한 지식·경험을 가진 제3자가 그 지식·경험에 의하여 알 수 있는 법칙이나 법칙을 적용하여 내린 판단을 법원 또는 법관에게 보고하는 것을 말한다(형사소송법 제169조 이하 참조).

Ⅳ. 증거(인멸, 은닉, 위조, 변조)죄, (위조, 변조)증거사용죄, 증인(은닉, 도피)죄, 모해(제1항, 제2항 각 죄명)죄

1. 증거(인멸, 은닉, 위조, 변조)죄, (위조, 변조)증거사용죄, 모해증거인멸 등 죄

제155조(증거인멸 등과 친족간의 특례) ① 타인의 형사사건 또는 징계사건에 관한 증거를 인멸, 은닉, 위조 또는 변조하거나 위조 또는 변조한 증거를 사용한 자는 5년 이하의 징역 또는 700만원 이하의 벌금에 처한다.
③ 피고인, 피의자 또는 징계혐의자를 모해할 목적으로 전 2항의 죄를 범한 자는 10년 이하의 징역에 처한다.
④ 친족 또는 동거의 가족이 본인을 위하여 본 조의 죄를 범한 때에는 처벌하지 아니한다.

(1) 의 의

증거인멸죄는 타인의 형사사건 또는 징계사건에 관한 증거를 인멸·은닉·위조 또는 변조하거나(증거인멸·은닉·위조·변조), 위조 또는 변조한 증거를 사용하는 경우에(위조·변조 증거 사용) 성립하는 죄이다. 이는 수사와 심판 기능을 오도하거나 방해하는 죄에 해당한다. 그러나 수사·심판작용에 대하여 구체적으로 위험을 발생시킬 것을 필요로 하지 않는다(추상적 위험범).

모해증거인멸죄는 피고인, 피의자 또는 징계혐의자를 모해할 목적으로 증거를 인멸·위조·변조하는 등의 행위를 함으로써 성립한다. 목적범으로서 모해의 목적이 달성되었는지 여부는 불문한다.

(2) 구성요건

1) 행위객체

행위객체는 타인의 형사사건 또는 징계사건에 관한 증거이다. 증거 가운데 증인은 증인은닉죄나 증인도피죄 규정(제155조 제2항)이 있으므로 제외된다(손동권, 이/장/강, 이정원, 강일원). 징계사건은 국가에 의한 징계사건을 의미하고 사인 간의 징계사건은 해당하지 않는다. 자기의 형사사건이나 징계사건은 제외되며, 자기에 대한 형사처분이나 징계처분을 피하기 위하여 증거자료를 인멸한 행위가 동시에 공범이나 제3자의 형사사건이나 징계사건에 관한 증거인멸의 결과가 되는 경우에도 본 죄에 해당하지 않는다(대판 1995. 9. 29, 94도2608). 인멸행위시에 아직 수사절차가 개시되기 전이라도 장차 형사사건이 될 수 있는 것까지 포함한다(대판 2003. 12. 12, 2003도4533).

2) 행 위

행위는 증거를 인멸 · 은닉 · 위조 · 변조 또는 사용하는 것이다. 위조는 타인의 형사사건 또는 징계사건과 관련된 새로운 증거를 만들어 내는 것을 말하며 증거 자체를 위조한 것으로 볼 수 없는 허위진술을 하는 것은 포함되지 않는다. 그러나 참고인이 타인의 형사사건 등에 관하여 제3자와 대화를 하면서 허위로 진술하고 이러한 허위진술이 담긴 대화 내용을 녹음한 녹음파일 또는 이를 녹취한 녹취록은 증거위조죄에서 말하는 증거에 해당하고 허위의 증거를 새로이 작출하는 행위이기 때문에 위조에도 해당한다(대판 2013. 12. 26, 2013도8085). 참고인의 허위진술 자체 또는 참고인 작성의 허위사실확인서 등과는 달리 그 진술 내용만이 증거자료로 되는 것이 아니고 녹음 당시의 현장음향 및 제3자의 진술 등이 포함되어 있어 그 일체가 증거자료가 되기 때문이다. 또한 녹음의 자연스러움을 뒷받침하는 현장성이 강하여 수사기관의 증거가치 판단을 오도할 위험성을 증대시킬 수 있기 때문이다.

사용한다는 것은 위조 · 변조된 증거를 진정한 증거로 법원이나 수사기관 또는 징계기관에 제공하는 것을 말한다. 변호사가 위조 증거인 사실을 알면서 증거조사를 청구하는 것도 사용에 해당한다(강일원). 위조 · 변조한 증거를 사용한 경우에도 단순일죄에 해당한다고 보아야 한다.

3) 관련자의 형사사건

자기의 형사사건에 대한 증거인멸을 위하여 타인을 교사한 경우 증거인멸교사죄의 성립 여부에 대해서는 적극설(대판 2000. 3. 24, 99도5275)과 소극설(통설)로 나뉜다. 범인은닉죄나 위증죄와 마찬가지로 본인은 정범이 될 수 없으므로 교사행위 역시 형사책임을 인정하지 않는 것이 타당하다.

공범자의 형사사건에 대한 증거가 본 죄의 행위객체에 포함되는가에 대해서는 긍정설, 부정설 및 절충설이 있다. 공범자의 형사사건에 대한 증거는 곧 자기 자신의 형사사건에 대한 증거이므로 공범자의 형사사건에 관한 증거도 자기의 형사사건에 관한 증거와 마찬가지로 취급하는 것이 타당하다. 그렇더라도 공범자만을 위한 증거인 경우에는 제외시켜야 하므로 본 죄가 성립한다고 보는 절충적 입장이 타당하다(다수설).

판례 자기의 형사사건에 대한 증거인멸

• 증거인멸죄는 타인의 형사사건 또는 징계사건에 관한 증거를 인멸하는 경우에 성립하는 것으로서, 피고인 자신이 직접 형사처분이나 징계처분을 받게 될 것을 두려워한 나머지 자기의 이익을 위하여 그 증거가 될 자료를 인멸하였다면, 그 행위가 동시에 다른 공범자의 형사사건이나 징계사건에 관한 증거를 인멸한 결과가 된다고 하더라도 이를 증거인멸죄로 다스릴 수 없고, 이러한 법리는 그 행위가 피고인의 공범자가 아닌 자의 형사사건이나 징계사건에 관한 증

거를 인멸한 결과가 된다고 하더라도 마찬가지이다(대판 1995. 9. 29, 94도2608). 자기의 형사사건에 대한 증거인멸이 동시에 공범자의 형사사건에 대한 증거를 인멸하게 되더라도 본 죄가 성립하지 않는다는 판결이다.

(3) 친족 간의 범행과 특례

친족 또는 동거의 가족이 본인을 위하여 본 조의 죄를 범한 때에는 처벌하지 아니한다. 기대불가능성을 이유로 하는 책임조각사유이다. 사실혼 관계에 있는 경우에는 친족에 포함되지 않는다는 것이 판례의 입장이다(아래 판례). 그러나 범인은닉죄의 경우와 마찬가지로 포함된다고 해석하는 것이 타당하다.

판례 사실혼 관계에 있는 자가 친족에 포함되는지 여부

• 형법 제151조 제2항 및 제155조 제4항은 친족, 호주 또는 동거의 가족이 본인을 위하여 범인도피죄, 증거인멸죄 등을 범한 때에는 처벌하지 아니한다고 규정하고 있는 바, 사실혼 관계에 있는 자는 민법 소정의 친족이라 할 수 없어 위 조항에서 말하는 친족에 해당하지 않는다고 할 것이다(대판 2003. 12. 12, 2003도4533).

2. 증인(은닉, 도피)죄

제155조 ② 타인의 형사사건 또는 징계사건에 관한 증인을 은닉 또는 도피하게 한 자도 제1항의 형과 같다.
③ 피고인, 피의자 또는 징계혐의자를 모해할 목적으로 전 2항의 죄를 범한 자는 10년 이하의 징역에 처한다.
④ 친족 또는 동거의 가족이 본인을 위하여 본 조의 죄를 범한 때에는 처벌하지 아니한다.

본 죄는 타인의 형사사건 또는 징계사건에 관한 증인을 은닉하거나 도피하게 함으로써 성립한다. 증인은 선서한 증인뿐만 아니라 선서하지 않은 증인과 수사기관에서의 참고인을 모두 포함한다(통설). 모해 목적인 경우의 가중처벌 및 친족 간의 범행특례규정은 증거인멸죄의 경우와 같다. 증인도피죄는 타인의 형사사건 또는 징계사건에 관한 증인을 은닉 · 도피하게 한 경우에 성립하기 때문에 자기의 이익을 위하여 증인이 될 사람을 도피하게 하였다면, 그 행위가 동시에 다른 공범자의 형사사건이나 징계사건에 관한 증인을 도피하게 한 결과가 된다고 하더라도 이를 증인도피죄로 처벌하지 않는다(아래 판례).

판례 자기를 위한 증인도피교사

• **사건개요** : 범죄조직 "홍성식구파"를 결성한 피고인 1, 2가 적대세력인 A를 제거하기 위하여 조직원인 피고인 3, 4, 5와 공모하여 칼로 A의 양쪽 다리 아킬레스건을 절단하는 범행을 한 후 조직원 1~2명을 경찰에 자수시켜 상해가 '홍성식구파'의 계획된 범행이 아니라 마치 자수한 조직원의 우발적인 범행인 것처럼 허위진술하게 함으로써 사건을 축소·은폐하려 하였다. 그런데 만일 범행현장을 목격한 B가 경찰에 출석하여 사실대로 진술할 경우 자칫 범행의 전모는 물론 나아가 범죄단체 구성 사실까지 밝혀질 것을 우려한 나머지 B로 하여금 경찰에 출석하지 못하도록 범행 직후 등 2차례에 걸쳐 B에게 경찰서에 출석하여 진술하지 못하고 다른 곳으로 도피하도록 하였다.

판결이유 : 대법원은 증인도피죄는 타인의 형사사건 또는 징계사건에 관한 증인을 은닉·도피하게 한 경우에 성립하는 것으로서, 피고인 자신이 직접 형사처분이나 징계처분을 받게 될 것을 두려워한 나머지 자기의 이익을 위하여 증인이 될 사람을 도피하게 하였다면, 그 행위가 동시에 다른 공범자의 형사사건이나 징계사건에 관한 증인을 도피하게 한 결과가 된다고 하더라도 이를 증인도피죄로 처벌할 수 없다고 판시하였다(대판 2003. 3. 14, 2002도6134).

특정범죄 가중처벌 등에 관한 법률(제5조의 9 제1항)은 고소·고발 등 수사 단서의 제공, 진술, 증언 또는 자료제출에 대한 보복의 목적으로 또는 고소·고발 등 수사 단서의 제공, 진술, 증언 또는 자료제출을 하지 못하게 하거나 고소·고발을 취소하게 하거나 허위의 진술·증언·자료제출을 하게 할 목적으로 증인 등을 살해한 때에는 사형, 무기 또는 10년 이상의 징역에 처한다고 규정하고 있다. 그러나 고소·고발을 취소하게 하거나 허위의 진술·증언·자료제출을 하게 할 목적으로 살인을 하는 경우는 현실적으로 상정하기 어려우므로 고소·고발 등 수사 단서의 제공, 진술, 증언 또는 자료제출을 하지 못하게 할 목적의 살인만이 적용대상이 된다고 보아야 할 것이다. 동법은 또한 자기 또는 타인의 형사사건의 수사 또는 재판과 관련하여 필요한 사실을 알고 있는 자 또는 그 친족에게 정당한 사유없이 면담을 강요하거나 위력을 행사한 사람은 3년 이하의 징역 또는 300만원 이하의 벌금에 처한다(동법 제5조의9 제4항)고 규정하고 있다.

제 5 절 무고의 죄

제156조(무고) 타인으로 하여금 형사처분 또는 징계처분을 받게 할 목적으로 공무소 또는 공무원에 대하여 허위의 사실을 신고한 자는 10년 이하의 징역 또는 1천 500만원 이하의 벌금에 처한다.

제157조(자백·자수) 제153조는 전조에 준용한다.

Ⅰ. 의의 및 보호법익

무고죄誣告罪는 타인으로 하여금 형사처분 또는 징계처분을 받게 할 목적으로 공무소 또는 공무원에 대하여 허위사실을 신고한 경우에 성립한다. 무고죄의 보호법익과 관련해서는 국가의 형사사법기능보호설, 개인적 법익설, 절충설(통설)이 있다. 무고죄는 국가의 형사사법기능을 보호하기 위한 것도 있지만 무고로 인하여 피해를 입게 될 개인의 불이익을 방지하기 위한 점도 무시할 수 없다. 그러므로 무고죄는 국가의 수사와 소추 및 심판 기능을 포함한 형사사법 작용을 보호하면서 동시에 피무고자를 보호하는 기능을 한다고 보아야 한다(절충설, 판례).

특정범죄 가중처벌 등에 관한 법률(제14조)은 동 법에 규정된 죄에 대하여 형법상의 무고죄를 범한 자는 3년 이상의 유기징역에 처한다는 가중적인 무고죄 처벌규정을 두고 있다. 그리고 국가보안법은 타인으로 하여금 형사처분을 받게 할 목적으로 국가보안법 위반죄에 대하여 무고 또는 위증을 하거나 증거를 날조·인멸·은닉한 자는 해당 조문에 정한 형에 처한다(제12조 제1항). 그리고 범죄수사 또는 정보의 직무에 종사하는 공무원이나 이를 보조하는 자 또는 이를 지휘하는 자가 직권을 남용하여 제1항의 행위를 한 때에도 동등하게 처벌하되 최저 2년 이상의 법정형에 처하도록 하고 있다(동조 제2항).

Ⅱ. 구성요건

1. 객관적 구성요건

(1) 행위주체·행위객체

무고죄의 주체에는 제한이 없다. 타인 명의의 고소장을 대리하여 작성하고 제출하는 형식으로 고소가 이루어진 경우 그 명의자는 고소의 의사가 없이 이름만 빌려준 것에 불과하고 명의자를 대리한 자가 실제 고소의 의사를 가지고 고소행위를 주도한 경우라면 그 명의자를 대리한 자를 신고자로 보아 무고죄의 주체로 인정된다(대판 2007. 3. 30, 2006도6017).

타인은 자연인으로서 사망한 사람은 제외된다.

(2) 허위의 사실

신고 내용인 허위의 사실은 객관적으로 실체적 진실에 반하는 것을 의미한다. 허위사실의 신고라 함은 신고사실이 객관적 사실에 반한다는 것을 확정적이거나 미필적으로 인식하고 신고하는 것을 말한다. 그러므로 본인은 허위라고 생각하고 신고하였으나 진실인 경우에는 무고죄에 해당하지 않는다. 만일 신고자가 객관적 사실관계를 토대로 한 나름대로의 주관적인 법률 평가를 잘못하여 결과적으로 허위의 사실을 신고한 경우에는 허위사실을 신고한 것으로 볼 수 없으며 허위사실을 신고한다는 주관적 인식도 없었다고 보아 무고죄가 인정되지 않는다(대판 1985. 6. 25, 83도3245). 자신이 상대방의 범행에 공범으로 가담하였음에도 자신의 가담 사실을 숨기고 상대방만을 고소한 경우 무고죄가 성립하지 않는다(대판 2008. 8. 21, 2008도3754). 고소 내용이 상대방의 범행 부분에 관한 한 진실에 부합하므로 이를 허위의 사실로 볼 수 없기 때문이다. 또한 상대방의 범행에 자신이 공범으로 가담한 사실을 숨겼다고 하여도 그것이 상대방에 대한 관계에서 독립하여 형사처분 등의 대상이 되지도 않는다.

그리고 만일 신고한 내용이 범죄행위를 구성하지 않을 경우에는 무고죄는 성립하지 않는다(대판 2008. 1. 24, 2007도9057). 반면에 허위로 신고한 사실이 신고 당시 형사처분의 대상이 될 수 있었던 경우에는 무고죄가 성립한다. 객관적으로 고소사실에 대한 공소시효가 완성되었더라도 고소를 제기하면서 마치 공소시효가 완성되지 않은 것처럼 고소한 경우에는 국가기관의 직무를 그르칠 염려가 있으므로 무고죄를 구성한다는 것이 판례의 태도이다(대판 1995. 12. 5, 95도1908). 반면에 공소권이 소멸되었음이 분명한 경우에는 무고죄가 성립하지 않는다(대판 1970. 3. 24, 69도2330).

판례 신고 당시 형사범죄 구성 여부

- 허위의 사실을 신고한 행위가 무고죄를 구성하기 위해서는 신고된 사실 자체가 형사처분의 대상이 될 수 있어야 하므로, 가령 허위의 사실을 신고하였더라도 신고 당시 그 사실 자체가 형사범죄를 구성하지 않으면 무고죄는 성립하지 않는다. 그러나 허위로 신고한 사실이 무고행위 당시 형사처분의 대상이 될 수 있었던 경우에는 국가의 형사사법권의 적정한 행사를 그르치게 할 위험과 부당하게 처벌받지 않을 개인의 법적 안정성이 침해될 위험이 이미 발생하였으므로 무고죄는 기수에 이르고, 이후 그러한 사실이 형사범죄가 되지 않는 것으로 판례가 변경되었더라도 특별한 사정이 없는 한 이미 성립한 무고죄에는 영향을 미치지 않는다(대판 2017. 5. 30, 2015도15398).

허위사실의 정도는 형사처분이나 징계처분을 받게 될 위험이 있는 정도이면 된다. 고소 내용이 터무니없는 허위사실이 아니고 사실에 기초하여 그 정황을 다소 과장한 데 지나지 아니한 경우에는 무고죄가 성립하지 아니한다. 그리고 신고를 받은 공무원이 수사에 착수하였는지의 여부는 본 죄의 성립에 영향을 주지 않는다(대판 1983. 9. 27, 83도1975).

판례 **무고죄가 인정되는 허위사실의 정도**

• 무고죄는 타인으로 하여금 형사처분 또는 징계처분을 받게 할 목적으로 공무소 또는 공무원에 대하여 허위의 사실을 신고하는 때에 성립하는 것으로, 여기에서 허위사실의 신고라 함은 신고사실이 객관적 사실에 반한다는 것을 확정적이거나 미필적으로 인식하고 신고하는 것을 말하는 것이므로, 신고사실의 일부에 허위의 사실이 포함되어 있다고 하더라도 그 허위부분이 범죄의 성부에 영향을 미치는 중요한 부분이 아니고, 단지 **신고한 사실을 과장한 것에 불과한 경우에는 무고죄에 해당하지 아니하지만, 그 일부 허위인 사실이 국가의 심판작용을 그르치거나 부당하게 처벌을 받지 아니할 개인의 법적 안정성을 침해할 우려가 있을 정도로 고소사실 전체의 성질을 변경시키는 때에는 무고죄가 성립**될 수 있다(대판 2004. 1. 16, 2003도7178). 피고인이 도박자금으로 대여한 금전의 용도에 대하여 이를 숨기고 단순한 금전대출로 경찰서에 허위신고한 것이 무고죄의 허위신고에 해당한다고 한 판결이다.

(3) 무고의 대상

타인으로 하여금 형사처분이나 징계처분을 받게 할 목적이 있어야 한다. 그러므로 자기무고自己誣告는 본 죄에 해당하지 않는다. 따라서 자기 자신을 무고하기로 제3자와 공모하고 이에 따라 무고행위에 가담하였더라도 이는 자기 자신에게는 무고죄의 구성요건에 해당하지 않아 범죄가 성립할 수 없는 행위를 실현하고자 한 것에 지나지 않아 무고죄의 공동정범으로 처벌할 수 없다(대판 2017. 4. 26, 2013도12592).

그러나 제3자를 교사·방조한 피무고자에 대해서는 무고교사, 무고방조범으로 처벌한다(아래 판례). 이 경우 피교사자는 무고죄에 해당한다. 예를 들면 채무자가 부모로부터 채무변제를 위한 경제적 지원을 받기 위하여 채권자로 하여금 자신을 절도죄로 고소하여 달라는 부탁을 한 경우 채권자가 채무변제를 받기 위하여 고소한 경우 채무자에게 무고교사죄가 인정되고 채권자에게는 무고죄가 성립한다.

판례 **제3자에 대한 무고교사 및 방조**

• 형법 제156조의 무고죄는 국가의 형사사법권 또는 징계권의 적정한 행사를 주된 보호법익으로 하는 죄이나, 스스로 본인을 무고하는 자기무고는 무고죄의 구성요건에 해당하지 아니하여 무고죄를 구성하지 않는다. 그러나 피무고자의 교사·방조하에 제3자가 피무고자에 대한 허위의 사실을 신고한 경우에는 제3자의 행위는 무고죄의 구성요건에 해당하여 무고죄를 구성하므로, 제3자를 교사·방조한 피무고자도 교사·방조범으로서의 죄책을 부담한다(대판 2008. 10. 23, 2008도4852).

(4) 무고행위

무고죄에서 무고행위는 형사처분이나 징계처분을 받게 할 목적으로 허위사실을 신고하는 것이다. 무고로 인하여 형사절차나 징계절차가 새롭게 시작되지 않더라도 이미 진행 중인 절차가 '타인'에게 불리하게 작용하도록 하는 것도 무고죄에 해당한다고 할 수 있다(독일 형법 제164조 제1항 참조). 허위신고로 말미암아 타인에게 유리할 수 있는 사실관계가 왜곡되어 파악하도록 하거나 불리한 허위증거로 인하여 형사처분이나 징계처분이 이루어질 수 있기 때문이다. 신고한 사실이 객관적 진실에 반하는 허위사실이라는 요건은 검사의 적극적 증명이 있어야 한다. 그러므로 신고사실의 진실성을 인정할 수 없다는 소극적 증명만으로 곧 그 신고사실이 객관적 진실에 반하는 허위의 사실이라 단정하여 무고죄의 성립을 인정할 수는 없으며, 신고 내용에 일부 객관적 진실에 반하는 내용이 포함되어 있더라도 그것이 범죄의 성부에 영향을 미치는 중요한 부분이 아니고 단지 신고사실의 정황을 과장하는 데 불과하다면 무고죄는 성립하지 않는다(대판 2019. 7. 11, 2018도2614). 무고가 많은 것은 우리 형사사법의 현실인 점은 부인할 수 없다. 그러나 억울한 범죄 피해자를 보호하는 것 역시 중요하다. 특히 일반적으로 피해자와 가해자만이 존재하는 성범죄에서 피해자의 고소를 심리적으로 제약하는 현실을 개선할 필요가 있다는 점에서 이를 반영한 대법원의 입장은 타당하다.

허위사실의 신고방식은 구두에 의하건 서면에 의하건 관계가 없고, 서면에 의하는 경우에도 그 신고내용이 타인으로 하여금 형사처분 또는 징계처분을 받게 할 목적의 허위사실이면 충분하며 그 명칭을 반드시 고소장이라고 하여야만 무고죄가 성립하는 것은 아니다(대판 2014. 12. 24, 2012도4531; 1985. 12. 10, 84도2380).

판례 **성폭행 고소와 무고죄 성립 여부**

• 성폭행이나 성희롱 사건의 피해자가 피해사실을 알리고 문제를 삼는 과정에서 오히려 피해자가 부정적인 여론이나 불이익한 처우 및 신분 노출의 피해 등을 입기도 하여 온 점 등에 비추어 보면, 성폭행 피해자의 대처 양상은 피해자의 성정이나 가해자와의 관계 및 구체적인 상황에 따라 다르게 나타날 수밖에 없다. 따라서 개별적, 구체적인 사건에서 성폭행 등의 피해자가 처하여 있는 특별한 사정을 충분히 고려하지 않은 채 피해자 진술의 증명력을 가볍게 배척하는 것은 정의와 형평의 이념에 입각하여 논리와 경험의 법칙에 따른 증거판단이라고 볼 수 없다.

위와 같은 법리는, 피해자임을 주장하는 자가 성폭행 등의 피해를 입었다고 신고한 사실에 대하여 증거불충분 등을 이유로 불기소 처분되거나 무죄판결이 선고된 경우 반대로 이러한 신고내용이 객관적 사실에 반하여 무고죄가 성립하는지 여부를 판단할 때에도 마찬가지로 고려되어야 한다. 따라서 성폭행 등의 피해를 입었다는 신고사실에 관하여 불기소처분 내지 무죄판결이 내려졌다고 하여, 그 자체를 무고를 하였다는 적극적인 근거로 삼아 신고내용을 허위라고 단정하여서는 아니 됨은 물론, 개별적, 구체적인 사건에서 피해자임을 주장하는 자가 처하였던 특별한 사정을 충분히 고려하지 아니한 채 진정한 피해자라면 마땅히 이렇게 하였을 것이라는 기준을 내세워 성폭행 등의 피해를 입었다는 점 및 신고에 이르게 된 경위 등에 관한 변소를 쉽게 배척하여서는 아니 된다(대판 2019. 7. 11, 2018도2614).

2. 주관적 구성요건

무고자는 허위의 사실이라는 점을 주관적으로 인식하고 신고하여야 한다. 고의의 정도에 대해서는 확정적 고의를 필요로 한다는 견해도 있지만 무고죄에서만 미필적 고의를 배제할 근거는 없다고 보아야 한다(아래 판례). 또한 무고죄는 목적범으로서 타인으로 하여금 형사처분 또는 징계처분을 받게 할 목적이 있어야 한다.

판례 무고죄의 고의

• 무고죄에 있어서 범의는 **반드시 확정적 고의임을 요하지 아니하고 미필적 고의로서도 족하다 할 것**이므로, 무고죄는 신고자가 진실하다는 확신 없는 사실을 신고함으로써 성립하고 그 신고사실이 허위라는 것을 확신함을 필요로 하지 않는다(대판 2007. 4. 26, 2007도1423).

• 무고죄에 있어서 형사처분 또는 징계처분을 받게 할 목적은 허위신고를 함에 있어서 다른 사람이 그로 인하여 형사 또는 징계처분을 받게 될 것이라는 인식이 있으면 족하고 그 결과발생을 희망하는 것까지를 요하는 것은 아니므로 고소인이 고소장을 수사기관에 제출한 이상 그러한 인식은 있었다고 보아야 한다(대판 2006. 8. 25, 2006도3631).

• 무고죄에 있어서 허위사실의 신고라 함은 **신고사실이 객관적 사실에 반한다는 것을 확정적이거나 미필적으로 인식하고 신고하는 것**을 말하는 것이므로 객관적 사실과 일치하지 않는 것이라도 신고자가 진실이라고 확신하고 신고하였을 때에는 무고죄가 성립하지 않는다고 할 것이나, 여기에서 진실이라고 확신한다 함은 신고자가 알고 있는 객관적인 사실관계에 의하더라도 신고사실이 허위라거나 또는 허위일 가능성이 있다는 인식을 하지 못하는 경우를 말하는 것이지, 신고자가 알고 있는 객관적 사실관계에 의하여 신고사실이 허위라거나 허위일 가능성이 있다는 인식을 하면서도 이를 무시한 채 무조건 자신의 주장이 옳다고 생각하는 경우까지 포함되는 것은 아니다(대판 2000. 7. 4, 2000도1908, 2000감도62).

3. 위법성

무고죄는 피무고자의 승낙에 의해서 위법성이 조각되지 않는다. 무고죄는 국가의 형사사법 기능이라는 법익을 보호하기 때문이다(아래 판례).

판례 승낙무고의 경우

• 무고죄는 국가의 형사사법권 또는 징계권의 적정한 행사를 주된 보호법익으로 하고 다만, 개인이 부당하게 처벌 또는 징계 받지 아니할 이익을 부수적으로 보호하는 죄이므로, 설사 무고에 있어서 피무고자의 승낙이 있었다고 하더라도 무고죄의 성립에는 영향을 미치지 못한다. 그리고 무고죄에 있어서 형사처분 또는 징계처분을 받게 할 목적은 허위신고를 함에 있어서 다른 사람이 그로 인하여 형사 또는 징계처분을 받게 될 것이라는 인식이 있으면 족한 것이고 그 결과 발생을 희망하는 것까지를 요하는 것은 아니므로, 고소인이 고소장을 수사기관에 제출한 이상 그러한 인식은 있었다고 보아야 한다(대판 2005. 9. 30, 2005도2712).

4. 기수시기

무고죄의 기수시점은 신고가 공무소나 공무원에게 도달한 때이다. 수사권이나 징계권이 없는 관할관청으로 발송하였으나 도달하지 않은 때에는 당해 관청에 도달한 때에 기수가 된다. 피고인이 최초에 작성한 허위 내용의 고소장을 경찰관에게 제출하였을 때 이미 허위사실의 신고가 수사기관에 도달되어 무고죄의 기수에 이른 것이며, 그 후 그 고소장을 되돌려 받았더라도 이미 기수에 이른 무고죄의 성립에 영향을 미치지 않는다(대판 1985. 2. 8, 84도2215).

5. 자백 · 자수

무고죄에 있어서 자백은 형의 필요적 감면사유에 해당한다(제153조 참조). 자백이란 자신의 범죄사실, 즉 타인으로 하여금 형사처분 또는 징계처분을 받게 할 목적으로 공무소 또는 공무원에 대하여 허위의 사실을 신고하였음을 자인하는 것을 말하고, 단순히 그 신고한 내용이 객관적 사실에 반한다고 인정함에 지나지 아니하는 것은 이에 해당하지 아니한다(대판 1995. 9. 5, 94도755).

6. 죄 수

하나의 행위로 동일인에 대하여 형사 또는 징계처분을 받게 할 목적으로 수개의 허위사실을 신고한 경우에는 일죄가 성립한다(통설). 반면에 단일의 신고로 수인을 무고한 때에는 수죄의 상상적 경합이 인정된다(통설). 동일인에 대하여 같은 내용의 허위신고서를 여러 통 작성하여 수개의 관공서에 제출한 행위는 수죄가 성립한다고 보는 견해(강일원)도 있지만 보호법익의 관점에서 보았을 때 일죄가 성립한다고 보는 것이 타당하다.

판례색인

헌법재판소 결정

대법원 판결

대법원 결정

하급심 판결

사항색인

총 론

각 론

ㅈ

저자 소개

박상기(朴相基)

[약 력]

연세대학교 법학과 졸업
독일 Göttingen대학 법학박사(Dr.iur.)
독일 Bonn대학, Frankfurt대학, 미국 위스컨신 Law School, 일본 게이오대학 방문교수
사법시험, 행정고등고시, 입법고시 출제위원
연세대 법대 학장
한국형사법학회 회장
한국형사정책학회 회장
사법개혁위원회 위원
한국형사정책연구원 원장
법무부 형사법개정특별위원회 위원
연세대학교 법학전문대학원 교수
법무부장관
연세대학교 법학전문대학원 명예교수

[주요 저서]

독일형법사, 율곡출판사, 1993
형의 집행유예에 관한 연구, 한국형사정책연구원, 1993
형사정책(공역), 한국형사정책연구원, 1993
인과관계와 객관적 귀속(공역), 박영사, 1995
형법연습, 박영사, 2003
형법총론[제9판], 박영사, 2012
형법각론[제8판], 박영사, 2011
형사정책(공저)[제11판], 한국형사정책연구원, 2016
형법의 기초, 집현재, 2016
형사특별법(공저)[제3판], 집현재, 2020

전지연

[약 력]

연세대학교 정법대학 행정학과 졸업
연세대학교 대학원 법학과 졸업(법학석사)
독일 괴팅겐(Göttingen)대학교 법학박사(Dr.iur.)
영국 켐브리지(Cambridge)대학 법과대학 연구교수
한림대학교 법학부 부교수(1998-2002)
사법시험위원, 행정고시위원, 입법고시위원, 변호사시험위원
한국형사법학회 학회지(형사법연구) 편집위원장
법무자문위원회 남북법령연구특별위원회 형사소위 위원장
법무·검찰개혁위원회 위원
연세대학교 법과대학 학장/법무대학원 원장
연세대학교 법학전문대학원 원장
한국형사법학회 회장
현재 연세대학교 법학전문대학원 교수

[주요 저서]

제조물의 하자로 인한 형사법상 책임에 관한 연구, 한국형사정책연구원, 1997
법과 사회범죄, 한림대학교 출판부, 1997
법학개론(공저), 박영사, 2008
특정범죄가중처벌등에관한법률, 한국형사정책연구원, 2008
형법총론 판례교재(공저), 준커뮤니케이션즈, 2009
북한형법 주석(공저), 법무부, 2015
북한 형사소송법 주석(I)(공저), 법무부, 2015
현대사회의 범죄와 형벌(공저), 박영사, 2017
문서와 범죄(공저), 집현재, 2017
형사특별법(공저), 제3판, 집현재, 2020
형사특별법 판례 50선(공저), 집현재, 2020

[제 5 판]

형 법 학 – 총론 · 각론 –

2013년 9월 5일 초 판 발행
2015년 2월 20일 제2판 발행
2016년 8월 17일 제3판 발행
2018년 8월 20일 제4판 발행
2021년 2월 22일 제5판 발행

저 자 박상기 · 전지연
발행인 위 호 준
발행처 도서출판 **집현재**
04091 서울특별시 마포구 토정로 222
한국출판콘텐츠센터 417호
전화 (02)332-4922 Fax (02)3142-4922
홈페이지: www.jhjbook.co.kr
e-mail: jyp4922@naver.com
출판등록 2010년 10월 25일
등록번호 제105-91-57581호

정가 52,000원 ISBN 979-11-89295-28-8